赤本の掲載

傾向と対策

これまでの出題内容から，問題の「**傾向**」を分析し，来年度の入試に向けて具体的な「**対策**」の方法を紹介しています。

問題編・解答編

- 年度ごとに問題とその解答を掲載しています。
- 「**問題編**」ではその年度の試験概要を確認したうえで，実際に出題された過去問に取り組むことができます。
- 「**解答編**」には高校・予備校の先生方による解答が載っています。

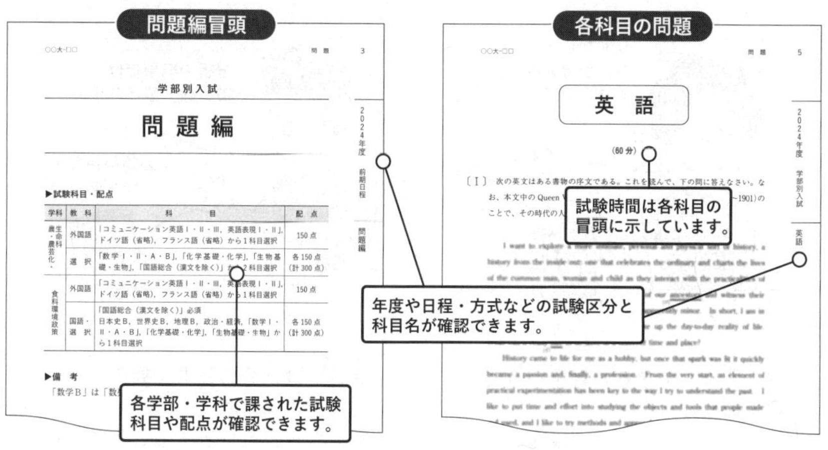

他にも，大学の基本情報や，先輩受験生の合格体験記，在学生からのメッセージなどが載っていることがあります。

掲載内容について

著作権上の理由やその他編集上の都合により問題や解答の一部を割愛している場合があります。なお，指定校推薦入試，社会人入試，編入学試験，帰国生入試などの特別入試，英語以外の外国語科目，商業・工業科目は，原則として掲載しておりません。また試験科目は変更される場合がありますので，あらかじめご了承ください。

受験勉強は

過去問に始まり，

STEP 1

なにはともあれ

まずは解いてみる

しずかに…
今，自分の心と
向き合ってるんだから

ムーン

それは
問題を解いて
からだホン!

過去問は，**できるだけ早いうちに解く**のがオススメ！
実際に解くことで，**出題の傾向，問題のレベル，今の自分の実力**がつかめます。

STEP 2

じっくり具体的に

弱点を分析する

間違いは自分の弱点を教えてくれる**貴重な情報源。**
弱点から自己分析することで，**今の自分に足りない力や苦手な分野**が見えてくるはず！

合格者があかす 赤本の使い方

傾向と対策を熟読
（Fさん／国立大合格）
大学の出題傾向を調べるために，赤本に載っている「傾向と対策」を熟読しました。

繰り返し解く
（Tさん／国立大合格）
1周目は問題のレベル確認，2周目は苦手や頻出分野の確認に，3周目は合格点を目指して，と過去問は繰り返し解くことが大切です。

赤本の使い方 解説

過去問に終わる。

STEP 3

志望校にあわせて

苦手分野の重点対策

参考書や問題集を活用して，苦手分野の**重点対策**をしていきます。**過去問を指針**に，合格へ向けた具体的な学習計画を立てましょう！

STEP 1▶2▶3

サイクルが大事!

実践を繰り返す

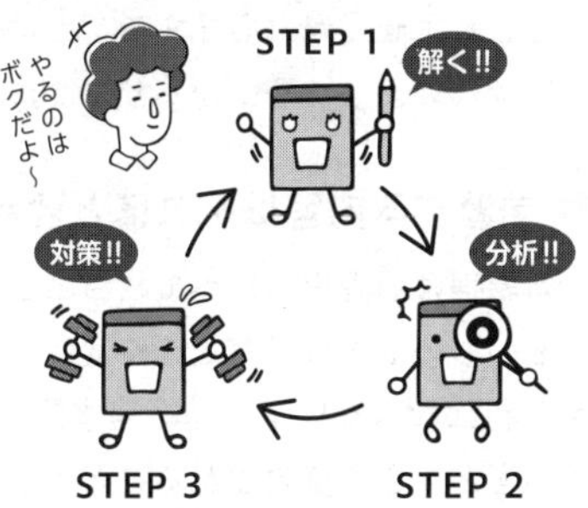

STEP 1～3を繰り返し，実力アップにつなげましょう！
出題形式に慣れることや，**時間配分を考えること**も大切です。

目標点を決める
(Yさん／私立大合格)
赤本によっては合格者最低点が載っているので，それを見て目標点を決めるのもよいです。

時間配分を確認
(Kさん／私立大学合格)
赤本は時間配分や解く順番を決めるために使いました。

添削してもらう
(Sさん／私立大学合格)
記述式の問題は先生に添削してもらうことで自分の弱点に気づけると思います。

新課程入試 Q&A

2022年度から新しい学習指導要領（新課程）での授業が始まり，2025年度の入試は，新課程に基づいて行われる最初の入試となります。ここでは，赤本での新課程入試の対策について，よくある疑問にお答えします。

Q1. 赤本は新課程入試の対策に使えますか？

A. もちろん使えます！

旧課程入試の過去問が新課程入試の対策に役に立つのか疑問に思う人もいるかもしれませんが，心配することはありません。旧課程入試の過去問が役立つのには次のような理由があります。

● 学習する内容はそれほど変わらない

新課程は旧課程と比べて科目名を中心とした変更はありますが，学習する内容そのものはそれほど大きく変わっていません。また，多くの大学で，既卒生が不利にならないよう「経過措置」がとられます（Q３参照）。したがって，出題内容が大きく変更されることは少ないとみられます。

● 大学ごとに出題の特徴がある

これまでに課程が変わったときも，各大学の出題の特徴は大きく変わらないことがほとんどでした。入試問題は各大学のアドミッション・ポリシーに沿って出題されており，過去問にはその特徴がよく表れています。過去問を研究してその大学に特有の傾向をつかめば，最適な対策をとることができます。

出題の特徴の例	・英作文問題の出題の有無 ・論述問題の出題（字数制限の有無や長さ） ・計算過程の記述の有無

新課程入試の対策も，赤本で過去問に取り組むところから始めましょう。

Q2. 赤本を使う上での注意点はありますか？

A. 志望大学の入試科目を確認しましょう。

過去問を解く前に，過去の出題科目（問題編冒頭の表）と 2025 年度の募集要項とを比べて，課される内容に変更がないかを確認しましょう。ポイントは以下のとおりです。科目名が変わっていても，実際は旧課程の内容とほとんど同様のものもあります。

英語・国語	科目名は変更されているが，実質的には変更なし。 **▶▶ ただし，リスニングや古文・漢文の有無は要確認。**
地歴	科目名が変更され，「歴史総合」「地理総合」が新設。 **▶▶ 新設科目の有無に注意。ただし，「経過措置」（Q３参照）により内容は大きく変わらないことも多い。**
公民	「現代社会」が廃止され，「公共」が新設。 **▶▶「公共」は実質的には「現代社会」と大きく変わらない。**
数学	科目が再編され，「数学 C」が新設。 **▶▶「数学」全体としての内容は大きく変わらないが，出題科目と単元の変更に注意。**
理科	科目名も学習内容も大きな変更なし。

数学については，科目名だけでなく，どの単元が含まれているかも確認が必要です。例えば，出題科目が次のように変わったとします。

旧課程	「数学Ⅰ・数学Ⅱ・数学 A・数学 B（数列・ベクトル）」
新課程	「数学Ⅰ・数学Ⅱ・数学 A・**数学 B（数列）・数学 C（ベクトル）**」

この場合，新課程では「数学C」が増えていますが，単元は「ベクトル」のみのため，実質的には旧課程とほぼ同じであり，過去問をそのまま役立てることができます。

Q3. 「経過措置」とは何ですか?

A. 既卒の旧課程履修者への対応です。

多くの大学では，既卒の旧課程履修者が不利にならないように，出題において「経過措置」が実施されます。措置の有無や内容は大学によって異なるので，募集要項や大学のウェブサイトなどで確認しておきましょう。

○旧課程履修者への経過措置の例

- 旧課程履修者にも配慮した出題を行う。
- 新・旧課程の共通の範囲から出題する。
- 新課程と旧課程の共通の内容を出題し，共通範囲のみでの出題が困難な場合は，旧課程の範囲からの問題を用意し，選択解答とする。

例えば，地歴の出題科目が次のように変わったとします。

旧課程	「日本史 B」「世界史 B」から 1 科目選択
新課程	「**歴史総合**，日本史探究」「**歴史総合**，世界史探究」から 1 科目選択※ ※旧課程履修者に不利益が生じることのないように配慮する。

「歴史総合」は新課程で新設された科目で，旧課程履修者には見慣れないものですが，上記のような経過措置がとられた場合，新課程入試でも旧課程と同様の学習内容で受験することができます。

要チェックだホン

新課程の情報は WEB もチェック！
より詳しい解説が赤本ウェブサイトで見られます。
https://akahon.net/shinkatei/

科目名が変更される教科・科目

	旧課程	新課程
国語	国語総合 国語表現 現代文A 現代文B 古典A 古典B	現代の国語 言語文化 論理国語 文学国語 国語表現 古典探究
地歴	日本史A 日本史B 世界史A 世界史B 地理A 地理B	歴史総合 日本史探究 世界史探究 地理総合 地理探究
公民	現代社会 倫理 政治・経済	公共 倫理 政治・経済
数学	数学Ⅰ 数学Ⅱ 数学Ⅲ 数学A 数学B 数学活用	数学Ⅰ 数学Ⅱ 数学Ⅲ 数学A 数学B 数学C
外国語	コミュニケーション英語基礎 コミュニケーション英語Ⅰ コミュニケーション英語Ⅱ コミュニケーション英語Ⅲ 英語表現Ⅰ 英語表現Ⅱ 英語会話	英語コミュニケーションⅠ 英語コミュニケーションⅡ 英語コミュニケーションⅢ 論理・表現Ⅰ 論理・表現Ⅱ 論理・表現Ⅲ
情報	社会と情報 情報の科学	情報Ⅰ 情報Ⅱ

目　次

2022年度

2021年度

掲載内容についてのお断り

- 複合文化学科のB方式（理科系）の問題は，『早稲田大学（教育学部〈理科系〉)』に掲載しています。

基本情報

沿革

1882（明治 15） 大隈重信が東京専門学校を開校
1902（明治 35） 早稲田大学と改称
1904（明治 37） 専門学校令による大学となる
1920（大正 9） 大学令による大学となり，政治経済学部・法学部・文学部・商学部・理工学部を設置
1922（大正 11）早慶ラグビー定期戦開始。アインシュタイン来校
1927（昭和 2）大隈講堂落成
1949（昭和 24） 新制早稲田大学 11 学部（政治経済学部・法学部・文学部・教育学部・商学部・理工学部〔各第一・第二／教育学部除く〕）発足
1962（昭和 37）米国司法長官ロバート・ケネディ来校
1966（昭和 41） 社会科学部を設置
1974（昭和 49）エジプト調査隊，マルカタ遺跡の発掘
1987（昭和 62） 人間科学部を設置
1993（平成 5）ビル・クリントン米国大統領来校

2003（平成 15）	スポーツ科学部を設置
2004（平成 16）	国際教養学部を設置
2007（平成 19）	創立 125 周年。第一・第二文学部を文化構想学部・文学部に，理工学部を基幹理工学部・創造理工学部・先進理工学部に改組再編
2009（平成 21）	社会科学部が昼間部に移行

シンボル

1906（明治 39）年に「弧形の稲葉の上に大学の二字を置く」という校章の原型が作られ，創立 125 周年を機に伝統のシンボルである校章・角帽・早稲田レッドをモチーフとし，現在の早稲田シンボルがデザインされました。

早稲田大学について

早稲田大学の教育の基本理念を示す文書としての教旨は，高田早苗，坪内逍遥，天野為之，市島謙吉，浮田和民，松平康国などにより草案が作成されました。その後，教旨は初代総長・大隈重信の校閲を経て 1913（大正 2）年の創立 30 周年記念祝典において宣言され，今日の早稲田の校風を醸成するに至っています。

早稲田大学教旨

早稲田大学は学問の独立を全うし学問の活用を効し
模範国民を造就するを以て建学の本旨と為す

早稲田大学は**学問の独立**を本旨と為すを以て
之が自由討究を主とし
常に独創の研鑽に力め以て
世界の学問に裨補せん事を期す

早稲田大学は**学問の活用**を本旨と為すを以て
学理を学理として研究すると共に
之を実際に応用するの道を講し以て
時世の進運に資せん事を期す

早稲田大学は**模範国民の造就**を本旨と為すを以て
個性を尊重し　身家を発達し　国家社会を利済し
併せて広く世界に活動す可き人格を養成せん事を期す

教旨の概要

◎学問の独立

学問の独立は**在野精神**や**反骨の精神**などの校風と結び合います。早稲田大学は，自主独立の精神をもつ近代的国民の養成を理想とし，権力や時勢に左右されない科学的な教育・研究を行うことを掲げています。

◎学問の活用

歴史上，日本が近代国家をめざすため，学問は現実に活かしうるもの，すなわち近代化に貢献するものであることが求められました。これが学問の活用です。ただし，早稲田大学はこの学問の活用を安易な実用主義ではなく，**進取の精神**として教育の大きな柱の一つとしました。

◎模範国民の造就

早稲田大学は庶民の教育を主眼として創設されました。このことが反映された理念が模範国民の造就です。模範国民の造就は，グローバリゼーションが進展する現代にも通ずる理念であり，豊かな人間性をもった**地球市民の育成**と解釈されます。

早稲田大学校歌

作詞　相馬御風
作曲　東儀鉄笛

一、
都の西北　早稲田の森に
聳ゆる甍は　われらが母校
われらが日ごろの　抱負を知るや
進取の精神　学の独立
現世を忘れぬ　久遠の理想
かがやくわれらが　行手を見よや
わせだ　わせだ　わせだ　わせだ
わせだ　わせだ　わせだ

二、
東西古今の　文化のうしほ
一つに渦巻く　大島国の
大なる使命を　担ひて立てる
われらが行手は　窮り知らず
やがても久遠の　理想の影は
あまねく天下に　輝き布かん
わせだ　わせだ　わせだ　わせだ
わせだ　わせだ　わせだ

三、
あれ見よかしこの　常磐の森は
心のふるさと　われらが母校
集り散じて　人は変れど
仰ぐは同じき　理想の光
いざ声そろへて　空もとどろに
われらが母校の　名をばたたへん
わせだ　わせだ　わせだ　わせだ
わせだ　わせだ　わせだ

学部・学科の構成

（注）下記内容は 2024 年 4 月時点のもので，改組・新設等により変更される場合があります。

大　学

●政治経済学部　早稲田キャンパス

政治学科

経済学科

国際政治経済学科

●法学部　早稲田キャンパス

法律主専攻（司法・法律専門職，企業・渉外法務，国際・公共政策）

●教育学部　早稲田キャンパス

教育学科（教育学専攻〈教育学専修，生涯教育学専修，教育心理学専修〉，初等教育学専攻）

国語国文学科

英語英文学科

社会科（地理歴史専修，公共市民学専修）

理学科（生物学専修，地球科学専修）

数学科

複合文化学科

●商学部　早稲田キャンパス

経営トラック，会計トラック，マーケティングトラック，ファイナンストラック，保険・リスクマネジメントトラック，ビジネスエコノミクストラック

●社会科学部　早稲田キャンパス

社会科学科（『平和・国際協力』コース，『多文化社会・共生』コース，『サスティナビリティ』コース，『コミュニティ・社会デザイン』コース，『組織・社会イノベーション』コース）

●国際教養学部　早稲田キャンパス

国際教養学科

●**文化構想学部**　戸山キャンパス

文化構想学科（多元文化論系，複合文化論系，表象・メディア論系，文芸・ジャーナリズム論系，現代人間論系，社会構築論系）

●**文学部**　戸山キャンパス

文学科（哲学コース，東洋哲学コース，心理学コース，社会学コース，教育学コース，日本語日本文学コース，中国語中国文学コース，英文学コース，フランス語フランス文学コース，ドイツ語ドイツ文学コース，ロシア語ロシア文学コース，演劇映像コース，美術史コース，日本史コース，アジア史コース，西洋史コース，考古学コース，中東・イスラーム研究コース）

●**基幹理工学部**　西早稲田キャンパス

数学科

応用数理学科

機械科学・航空宇宙学科

電子物理システム学科

情報理工学科

情報通信学科

表現工学科

●**創造理工学部**　西早稲田キャンパス

建築学科

総合機械工学科

経営システム工学科

社会環境工学科

環境資源工学科

※学科を横断する組織として「社会文化領域」を設置。

●**先進理工学部**　西早稲田キャンパス

物理学科

応用物理学科

化学・生命化学科

応用化学科

生命医科学科

電気・情報生命工学科

●人間科学部　所沢キャンパス
人間環境科学科
健康福祉科学科
人間情報科学科

●スポーツ科学部　所沢キャンパス／一部の授業は東伏見キャンパス
スポーツ科学科（スポーツ医科学コース，健康スポーツコース，トレーナーコース，スポーツコーチングコース，スポーツビジネスコース，スポーツ文化コース）

（備考）学科・専攻・コース等に分属する年次はそれぞれ異なる。

大学院

政治学研究科 / 経済学研究科 / 法学研究科（法科大学院）/ 文学研究科 / 商学研究科 / 基幹理工学研究科 / 創造理工学研究科 / 先進理工学研究科 / 教育学研究科 / 人間科学研究科 / 社会科学研究科 / スポーツ科学研究科 / 国際コミュニケーション研究科 / アジア太平洋研究科 / 日本語教育研究科 / 情報生産システム研究科 / 会計研究科 / 環境・エネルギー研究科 / 経営管理研究科（WBS）

教育の特徴

早稲田大学には，各学部の講義やカリキュラムのほか，グローバルエデュケーションセンター（GEC）により設置された科目や教育プログラムもあります。GEC の設置科目はすべて学部・学年を問わず自由に履修でき，国内外の幅広く多様な分野で活躍するための「第二の強み」を作ることができます。GEC の教育プログラムは 4 つに大別されます。

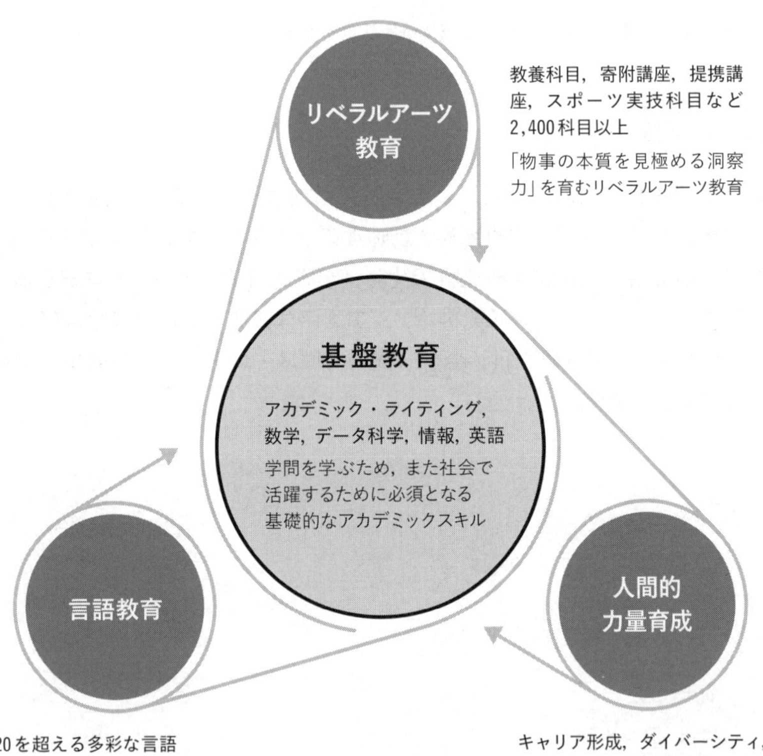

イベント情報

早稲田大学は，高校生・受験生に向けた情報発信の機会として，全国各地においてイベントを実施しています。

◎キャンパスツアー

キャンパスの雰囲気を体感できるイベントです。在学生ならではの声や説明を聞くことができ，モチベーションUPにつながります。

対面型ツアー／オンライン型ツアー

◎オープンキャンパス

例年7～8月頃に東京をはじめ，仙台・大阪・広島・福岡にて実施されています。学生団体によるパフォーマンスも必見です。

◎進学相談会・説明会

全国100カ所近くで開催されています。

受験生応援サイト「DISCOVER WASEDA」

講義体験や詳細な学部・学科紹介，キャンパスライフ，施設紹介，合格体験記といった様々な動画コンテンツが掲載されています。

DISCOVER WASEDA
https://discover.w.waseda.jp ▶

奨学金情報

奨学金には，大学が独自に設置しているものから，公的団体・民間団体が設置しているものまで多くの種類が存在します。そのうち，早稲田大学が独自に設置している学内奨学金は約150種類に上り，すべて卒業後に返還する必要のない給付型の奨学金です。申請の時期や条件はそれぞれ異なりますが，ここでは，入学前に特に知っておきたい早稲田大学の学内奨学金を取り上げます。（本書編集時点の情報です。）

◎めざせ！ 都の西北奨学金　入学前

首都圏の一都三県（東京都・埼玉県・千葉県・神奈川県）以外の国内高校・中等教育学校出身者を対象とした奨学金です。採用候補者数は1200人と学内の奨学金の中でも最大で選考結果は入学前に通知されます。

給付額⇨年額45〜70万円　収入・所得条件⇨1,000万円未満※
※給与・年金収入のみの場合。

◎大隈記念奨学金　入学前　入学後

入学試験の成績，または入学後の学業成績を考慮して学部ごとに選考・給付されます。公募を経て選考される一部の学部を除き，基本的には事前申請が不要な奨学金です。

給付額⇨年額40万円（原則）　収入・所得条件⇨なし

◎早稲田の栄光奨学金　入学後

入学後に海外留学を目指す学生を支援する制度で，留学出願前に選考から発表まで行われます。留学センターが募集する，大学間協定によるプログラムで半期以上留学する学生が対象です。

給付額⇨半期：50万円，1年以上：110万円　収入・所得条件⇨800万円未満※
※給与・年金収入のみの場合。

その他の奨学金も含む詳細な情報は，
大学 Web サイト及びその中の奨学金情報誌を
ご確認ください。

大学ウェブサイト
（奨学金情報）
▼

入試データ

入学試験の名称・定義

〔凡例〕

●：必須　一：不要　▲：以下の注意事項を参照

※1 英語以外の外国語を選択する場合に必要
※2 数学を選択する場合に必要
※3 提出しなくても出願可能（提出しない場合は，加点なしの扱い）
※4 出願時に「スポーツ競技歴調査書」「スポーツ競技成績証明書」の提出が必要

一般選抜

早稲田大学の試験場において試験を受ける必要が**ある**入試。

学部	入試制度	共通テスト	英語4技能テスト	大学での試験
政治経済学部	一般	●	—	●
法学部	一般	▲※1 ※2	—	●
教育学部*	一般（A方式）	▲※1	—	●
	一般（B方式）	▲※1	—	●
	一般（C方式）	●	—	●
	一般（D方式）	●	—	●
商学部	一般（地歴・公民型）	▲※1	—	●
	一般（数学型）	▲※1	—	●
	一般（英語4技能テスト利用型）	▲※1	●	●
社会科学部	一般	—	—	●
国際教養学部	一般	●	▲※3	●
文化構想学部	一般	▲※1	—	●
	一般（英語4技能テスト利用方式）	—	●	●
	一般（共通テスト利用方式）	●	—	●

（表つづく）

学　部	入試制度	共通テスト	英語４技能テスト	大学での試験
文学部	一般	▲※1	—	●
	一般（英語４技能テスト利用方式）	—	●	●
	一般（共通テスト利用方式）	●	—	●
基幹理工学部	一般	—	—	●
創造理工学部	一般	—	—	●
先進理工学部	一般	—	—	●
人間科学部	一般	—	—	●
	一般（共通テスト＋数学選抜方式）	●	—	●
スポーツ科学部	一般（共通テスト＋小論文方式）	●	—	●

＊教育学部の 2022・2021 年度については，下記の通りの実施であった。

学　部	入試制度	共通テスト	英語４技能スコア	大学での試験
教育学部	一般	—	—	●

大学入学共通テスト利用入試

早稲田大学の試験場において試験を受ける必要が**ない**入試。

学　部	入試制度	共通テスト	英語４技能テスト	大学での試験
政治経済学部	共テ利用（共通テストのみ方式）	●	—	—
法学部	共テ利用（共通テストのみ方式）	●	—	—
社会科学部	共テ利用（共通テストのみ方式）	●	—	—
人間科学部	共テ利用（共通テストのみ方式）	●	—	—
スポーツ科学部	共テ利用（共通テストのみ方式）	●	—	—
	共テ利用（共通テスト＋競技歴方式）	●※4	—	—

入試状況（競争率・合格最低点など）

◯基幹理工学部は学系単位の募集。各学系から進級できる学科は次の通り。

学系Ⅰ：数学科，応用数理学科

学系Ⅱ：応用数理学科，機械科学・航空宇宙学科，電子物理システム学科，情報理工学科，情報通信学科

学系Ⅲ：情報理工学科，情報通信学科，表現工学科

◯先進理工学部は第一志望学科の志願者数・合格者数を表記。合格最低点は，「第二志望学科」合格者の最低点を除く。

◯合格者数に補欠合格者は含まない。

◯競争率は受験者数÷合格者数で算出。ただし，共通テスト利用入試（共通テストのみ方式）の競争率は志願者数÷合格者数で算出。

◯合格最低点は正規・補欠合格者の最低総合点であり，基幹理工・創造理工・先進理工学部を除き，成績標準化後の点数となっている。成績標準化とは，受験する科目間で難易度による差が生じないように，個々の科目において得点を調整する仕組みのこと。

◯2022 年度以前の教育学部理学科地球科学専修志願者で，理科の地学選択者については，理学科 50 名のうち若干名を「地学選択者募集枠」として理科の他の科目選択者とは別枠で判定を行っている。合格最低点欄の〈　〉内は地学選択者募集枠の合格最低点を示す。

◯基幹理工学部・創造理工学部の「得意科目選考」の合格最低点は除く。

〈基準点について〉

◯教育学部：すべての科目に合格基準点が設けられており，基準点に満たない場合は不合格となる。また，以下の学科は，それぞれ次のような条件を特定科目の合格基準点としている。

国語国文学科⇨「国語」：国語国文学科の全受験者の平均点

英語英文学科⇨「英語」：英語英文学科の全受験者の平均点

数学科⇨「数学」：数学科の全受験者の平均点

◯商学部：英語 4 技能テスト利用型では，国語，地歴・公民または数学それぞれにおいて合格基準点が設けられており，基準点に満たない場合は不合格となる。

◯スポーツ科学部：小論文が基準点に満たない場合は不合格となる。

2024 年度一般選抜・共通テスト利用入試

大学ホームページ（2024 年 3 月 12 日付）より。

2024 年度合格最低点については本書編集段階では未公表のため，大学公表の資料でご確認ください。

学部・学科・専攻等				募集人員	志願者数	受験者数	合格者数	競争率
政治経済	一般	政治		100	1,005	846	294	2.9
		経済		140	1,269	995	318	3.1
		国際政治経済		60	402	327	148	2.2
	共通テスト	政治		15	401	—	133	3.0
		経済		25	1,672	—	606	2.8
		国際政治経済		10	293	—	103	2.8
法	一般			350	4,346	3,809	703	5.4
	共通テスト			100	2,044	—	567	3.6
教育	一般（A方式・B方式）	教育	教育学	教育学	95	1,008	934	100	9.3
				生涯教育学		1,123	1,046	76	13.8
				教育心理学		632	578	57	10.1
			初等教育学		20	355	333	30	11.1
		国語国文			80	1,308	1,226	179	6.8
		英語英文			80	1,379	1,269	318	4.0
		社会	地理歴史		140	1,712	1,609	207	7.8
			公共市民学			1,464	1,413	255	5.5
		理	地球科学		20	704	625	86	7.3
		数			45	841	757	132	5.7
		複合文化			40	924	865	110	7.9
	一般（C方式）	教育	教育学	教育学	20	22	19	5	3.8
				生涯教育学		41	35	15	2.3
				教育心理学		22	19	9	2.1
			初等教育学		5	9	7	3	2.3
		国語国文			15	61	54	15	3.6
		英語英文			15	106	92	42	2.2
		社会	地理歴史		25	52	47	22	2.1
			公共市民学			38	35	16	2.2

（表つづく）

学部・学科・専攻等				募集人員	志願者数	受験者数	合格者数	競争率
教育	一般(C方式)	理	生物学	15	235	116	51	2.3
			地球科学	5	41	34	13	2.6
		数		10	127	71	38	1.9
		複合文化		10	87	72	12	6.0
	一般(D方式)	理	生物学	10	160	145	31	4.7
商	一般	地歴・公民型		355	7,730	7,039	695	10.1
		数学型		150	2,752	2,329	400	5.8
		英語4技能テスト利用型		30	412	359	76	4.7
社会科学	一般			450	8,864	7,833	869	9.0
	共通テスト			50	1,384	—	361	3.8
国際教養	一般			175	1,352	1,229	380	3.2
文化構想	一般	一般		370	6,898	6,618	783	8.5
		英語4技能テスト利用方式		70	2,410	2,355	339	6.9
		共通テスト利用方式		35	1,123	993	206	4.8
文	一般	一般		340	7,755	7,330	860	8.5
		英語4技能テスト利用方式		50	2,375	2,307	326	7.1
		共通テスト利用方式		25	1,057	873	191	4.6
基幹理工	一般	学系Ⅰ		45	581	524	189	2.8
		学系Ⅱ		210	2,822	2,534	703	3.6
		学系Ⅲ		65	1,128	1,032	205	5.0
創造理工	一般	建築		80	763	675	176	3.8
		総合機械工		80	1,029	931	217	4.3
		経営システム工		70	660	594	148	4.0
		社会環境工		50	452	412	113	3.6
		環境資源工		35	370	338	94	3.6
先進理工	一般	物理		30	798	735	195	3.8
		応用物理		55	457	422	134	3.1
		化学・生命化		35	391	355	103	3.4
		応用化		75	1,196	1,097	303	3.6
		生命医科		30	827	724	148	4.9
		電気・情報生命工		75	517	465	133	3.5

（表つづく）

学部・学科・専攻等			募集人員	志願者数	受験者数	合格者数	競争率
人間科学	一般 一般	人間環境科	115	2,180	1,973	320	6.2
		健康福祉科	125	2,124	1,977	296	6.7
		人間情報科	100	1,528	1,358	200	6.8
	一般 数学選抜方式	人間環境科	15	236	223	59	3.8
		健康福祉科	15	162	153	44	3.5
		人間情報科	15	258	242	70	3.5
	共通テスト	人間環境科	5	452	—	102	4.4
		健康福祉科	5	233	—	77	3.0
		人間情報科	5	352	—	99	3.6
スポーツ科学	一般		150	1,090	914	303	3.0
	共通テスト	共通テストのみ方式	50	460	—	93	4.9
		競技歴方式	50	359	—	141	2.5

2023年度一般選抜・共通テスト利用入試

学部	方式	学科	専攻等	募集人員	志願者数	受験者数	合格者数	競争率	合格最低点／満点
政治経済	一般	政治		100	824	708	260	2.7	151.5/200
		経済		140	1,481	1,192	322	3.7	159.0/200
		国際政治経済		60	561	462	131	3.5	158.5/200
	共通テスト	政治		15	358	—	103	3.5	—
		経済		25	1,632	—	467	3.5	
		国際政治経済		10	353	—	111	3.2	
法	一般			350	4,780	4,269	811	5.3	90.25/150
	共通テスト			100	1,836	—	510	3.6	—
教育	一般（A方式・B方式）	教育	教育学 教育学	95	942	867	112	7.7	93.682/150
			教育学 生涯教育学		687	655	114	5.7	90.002/150
			教育学 教育心理学		722	677	64	10.6	94.023/150
			初等教育学	20	632	590	40	14.8	92.795/150
		国語国文		80	1,194	1,120	199	5.6	106.451/150
		英語英文		80	1,642	1,520	328	4.6	107.858/150
		社会	地理歴史	140	1,929	1,827	217	8.4	97.546/150
			公共市民学		1,771	1,686	248	6.8	94.899/150
		理	地球科学	20	670	597	94	6.4	89.272/150
		数		45	903	806	149	5.4	122.042/150
		複合文化		40	1,216	1,130	129	8.8	117.045/150
	一般（C方式）	教育	教育学 教育学	20	35	27	9	3.0	173.200/240
			教育学 生涯教育学		21	21	10	2.1	155.700/240
			教育学 教育心理学		15	15	6	2.5	167.000/240
			初等教育学	5	13	13	2	6.5	170.200/240
		国語国文		15	66	60	17	3.5	185.500/240
		英語英文		15	78	66	32	2.1	168.200/240
		社会	地理歴史	25	61	58	26	2.2	175.400/240
			公共市民学		57	51	20	2.6	182.000/240

（表つづく）

学部・学科・専攻等				募集人員	志願者数	受験者数	合格者数	競争率	合格最低点／満点
教育	一般（C方式）	理	生物学	15	199	129	76	1.7	148.000/240
			地球科学	5	36	35	10	3.5	176.700/240
		数		10	91	74	27	2.7	121.500/240
		複合文化		10	45	41	22	1.9	163.700/240
	一般（D方式）	理	生物学	10	204	191	51	3.7	150.300/240
商	一般	地歴・公民型		355	7,949	7,286	656	11.1	131.6/200
		数学型		150	2,490	2,129	370	5.8	109.05/180
		英語4技能テスト利用型		30	279	246	63	3.9	127/205
社会科学	一般			450	8,862	7,855	826	9.5	78.92/130
	共通テスト			50	1,329	—	355	3.7	—
国際教養	一般			175	1,357	1,222	304	4.0	142.8/200
文化構想	一般	一般		370	7,353	7,049	736	9.6	131.7/200
		英語4技能テスト利用方式		70	2,694	2,622	355	7.4	85/125
		共通テスト利用方式		35	1,164	992	217	4.6	146/200
文	一般	一般		340	7,592	7,110	840	8.5	129.8/200
		英語4技能テスト利用方式		50	2,429	2,339	332	7.0	85/125
		共通テスト利用方式		25	1,115	875	203	4.3	146/200
基幹理工	一般	学系Ⅰ		45	509	463	177	2.6	190/360
		学系Ⅱ		210	3,048	2,796	640	4.4	206/360
		学系Ⅲ		65	1,079	993	194	5.1	199/360
創造理工	一般	建築		80	768	697	169	4.1	196/400
		総合機械工		80	988	909	267	3.4	179/360
		経営システム工		70	629	584	154	3.8	191/360
		社会環境工		50	507	452	129	3.5	184/360
		環境資源工		35	280	259	90	2.9	180/360
先進理工	一般	物理		30	738	668	145	4.6	205/360
		応用物理		55	565	517	119	4.3	188/360
		化学・生命化		35	379	345	119	2.9	194/360
		応用化		75	1,060	962	325	3.0	195/360
		生命医科		30	736	637	170	3.7	196/360
		電気・情報生命工		75	557	509	147	3.5	188/360

（表つづく）

学部・学科・専攻等				募集人員	志願者数	受験者数	合格者数	競争率	合格最低点／満点
人間科学	一般	一般	人間環境科	115	1,977	1,794	283	6.3	87.40/150
			健康福祉科	125	2,038	1,865	273	6.8	85.72/150
			人間情報科	100	1,951	1,761	221	8.0	86.92/150
		数学選抜方式	人間環境科	15	166	161	66	2.4	276.7/500
			健康福祉科	15	204	194	46	4.2	282.2/500
			人間情報科	15	240	232	74	3.1	296.0/500
	共通テスト		人間環境科	5	343	—	90	3.8	—
			健康福祉科	5	366	—	92	4.0	
			人間情報科	5	387	—	92	4.2	
スポーツ科学	一般			150	972	804	257	3.1	159.9/250
	共通テスト	共通テストのみ方式		50	455	—	92	4.9	—
		競技歴方式		50	270	—	143	1.9	—

（備考）合格最低点欄の「—」は非公表を示す。

2022 年度一般選抜・共通テスト利用入試

学部	区分	学科・専攻等	募集人員	志願者数	受験者数	合格者数	競争率	合格最低点／満点
政治経済	一般	政治	100	908	781	252	3.1	152/200
		経済	140	1,470	1,170	312	3.8	155/200
		国際政治経済	60	523	424	133	3.2	155.5/200
	共通テスト	政治	15	297	—	85	3.5	—
		経済	25	1,365	—	466	2.9	
		国際政治経済	10	309	—	89	3.5	
法	一般		350	4,709	4,136	754	5.5	89.895/150
	共通テスト		100	1,942	—	550	3.5	—
教育	一般	教育 教育学 教育学	100	950	889	106	8.4	95.160/150
		教育 教育学 生涯教育学		1,286	1,221	94	13.0	96.741/150
		教育 教育学 教育心理学		691	623	65	9.6	95.679/150
		教育 初等教育学	20	444	408	39	10.5	93.047/150
		国語国文	80	1,389	1,312	190	6.9	106.903/150
		英語英文	80	2,020	1,871	340	5.5	110.163/150
		社会 地理歴史	145	2,057	1,929	228	8.5	97.443/150
		社会 公共市民学		2,100	2,002	275	7.3	96.009/150
		理 生物学	50	554	503	122	4.1	85.250/150
		理 地球科学		687	610	98	6.2	86.571/150 〈83.250〉
		数	45	903	818	178	4.6	120/150
		複合文化	40	1,427	1,326	150	8.8	114.255/150
商	一般	地歴・公民型	355	8,230	7,601	694	11.0	130.6/200
		数学型	150	2,648	2,276	366	6.2	109.4/180
		英語4技能テスト利用型	30	899	774	80	9.7	133.7/205
社会科学	一般		450	9,166	8,082	823	9.8	89.451/130
	共通テスト		50	1,132	—	305	3.7	—
国際教養	一般		175	1,521	1,387	342	4.1	151.1/200
文化構想	一般	一般	370	7,755	7,443	832	8.9	134/200
		英語4技能テスト利用方式	70	3,004	2,929	375	7.8	85.5/125
		共通テスト利用方式	35	1,183	957	203	4.7	142.5/200

（表つづく）

学部・学科・専攻等			募集人員	志願者数	受験者数	合格者数	競争率	合格最低点／満点
文	一般	一般	340	8,070	7,532	741	10.2	131.9/200
文	一般	英語4技能テスト利用方式	50	2,646	2,545	332	7.7	86.5/125
文	一般	共通テスト利用方式	25	1,130	862	170	5.1	148/200
基幹理工	一般	学系 I	45	615	559	142	3.9	178/360
基幹理工	一般	学系 II	210	2,962	2,675	673	4.0	181/360
基幹理工	一般	学系 III	65	967	886	165	5.4	176/360
創造理工	一般	建築	80	759	684	151	4.5	185/400
創造理工	一般	総合機械工	80	968	875	240	3.6	161/360
創造理工	一般	経営システム工	70	682	623	158	3.9	178/360
創造理工	一般	社会環境工	50	464	416	133	3.1	163/360
創造理工	一般	環境資源工	35	239	222	62	3.6	163/360
先進理工	一般	物理	30	697	643	162	4.0	196/360
先進理工	一般	応用物理	55	471	432	143	3.0	176/360
先進理工	一般	化学・生命化	35	437	388	120	3.2	175/360
先進理工	一般	応用化	75	1,173	1,059	259	4.1	180/360
先進理工	一般	生命医科	30	695	589	146	4.0	186/360
先進理工	一般	電気・情報生命工	75	594	543	138	3.9	172/360
人間科学	一般	一般　人間環境科	115	1,845	1,671	242	6.9	88.5/150
人間科学	一般	一般　健康福祉科	125	1,923	1,757	266	6.6	85.5/150
人間科学	一般	一般　人間情報科	100	1,921	1,715	252	6.8	87/150
人間科学	一般	数学選抜方式　人間環境科	15	135	126	48	2.6	306.1/500
人間科学	一般	数学選抜方式　健康福祉科	15	111	106	41	2.6	293.5/500
人間科学	一般	数学選抜方式　人間情報科	15	239	227	75	3.0	321.9/500
人間科学	共通テスト	人間環境科	5	266	—	85	3.1	—
人間科学	共通テスト	健康福祉科	5	198	—	77	2.6	
人間科学	共通テスト	人間情報科	5	273	—	98	2.8	
スポーツ科学	一般	一般	150	988	847	223	3.8	163/250
スポーツ科学	共通テスト	共通テストのみ方式	50	475	—	109	4.4	—
スポーツ科学	共通テスト	競技歴方式	50	331	—	119	2.8	—

（備考）合格最低点欄の「—」は非公表を示す。

2021 年度一般選抜・共通テスト利用入試

学部・学科・専攻等				募集人員	志願者数	受験者数	合格者数	競争率	合格最低点／満点
政治経済	一般	政治		100	870	738	261	2.8	148/200
		経済		140	2,137	1,725	331	5.2	156/200
		国際政治経済		60	488	387	138	2.8	151/200
	共通テスト	政治		15	382	—	104	3.7	—
		経済		25	1,478	—	418	3.5	
		国際政治経済		10	314	—	113	2.8	
法	一般			350	4,797	4,262	738	5.8	90.295/150
	共通テスト			100	2,187	—	487	4.5	—
教育	一般	教育	教育学 教育学	100	1,440	1,345	77	17.5	97.688/150
			教育学 生涯教育学		876	835	76	11.0	93.818/150
			教育学 教育心理学		521	484	59	8.2	95.653/150
			初等教育学	20	378	344	30	11.5	92.096/150
		国語国文		80	1,260	1,195	166	7.2	107.224/150
		英語英文		80	1,959	1,834	290	6.3	110.955/150
		社会	地理歴史	145	2,089	1,974	214	9.2	97.496/150
			公共市民学		1,630	1,558	244	6.4	95.140/150
		理	生物学	50	454	395	89	4.4	86.245/150
			地球科学		676	612	112	5.5	87.495/150〈84.495〉
		数		45	823	739	173	4.3	118.962/150
		複合文化		40	933	880	142	6.2	112.554/150
商	一般	地歴・公民型		355	8,537	7,980	681	11.7	131.35/200
		数学型		150	2,518	2,205	419	5.3	107.60/180
		英語4技能テスト利用型		30	250	214	66	3.2	120.05/205
社会科学	一般			450	8,773	7,883	739	10.7	78.62/130
	共通テスト			50	1,485	—	214	6.9	—
国際教養	一般			175	1,622	1,498	330	4.5	155.94/200
文化構想	一般	一般		430	7,551	7,273	702	10.4	130.6/200
		英語4技能テスト利用方式		70	2,585	2,532	340	7.4	85/125
		共通テスト利用方式		35	1,348	1,146	172	6.7	149.5/200

（表つづく）

学部・学科・専攻等			募集人員	志願者数	受験者数	合格者数	競争率	合格最低点／満点
文	一般	一般	390	7,814	7,374	715	10.3	130.8/200
		英語4技能テスト利用方式	50	2,321	2,239	243	9.2	87.5/125
		共通テスト利用方式	25	1,281	1,037	162	6.4	150/200
基幹理工	一般	学系Ⅰ	45	444	403	150	2.7	198/360
		学系Ⅱ	210	2,937	2,689	576	4.7	219/360
		学系Ⅲ	65	908	823	169	4.9	213/360
創造理工	一般	建築	80	686	634	141	4.5	218/400
		総合機械工	80	874	806	215	3.7	192/360
		経営システム工	70	721	662	146	4.5	206/360
		社会環境工	50	394	374	106	3.5	202/360
		環境資源工	35	273	260	67	3.9	202/360
先進理工	一般	物理	30	713	661	139	4.8	229/360
		応用物理	55	402	370	125	3.0	210/360
		化学・生命化	35	392	359	116	3.1	206/360
		応用化	75	1,123	1,029	308	3.3	209/360
		生命医科	30	829	716	132	5.4	219/360
		電気・情報生命工	75	573	524	154	3.4	198/360
人間科学	一般	一般　人間環境科	115	1,916	1,745	190	9.2	87.620/150
		一般　健康福祉科	125	2,043	1,894	244	7.8	85.601/150
		一般　人間情報科	100	1,407	1,270	161	7.9	85.616/150
		数学選抜方式　人間環境科	15	189	182	43	4.2	—
		数学選抜方式　健康福祉科	15	137	134	36	3.7	—
		数学選抜方式　人間情報科	15	196	186	51	3.6	—
	共通テスト	人間環境科	5	421	—	77	5.5	—
		健康福祉科	5	296	—	76	3.9	
		人間情報科	5	370	—	72	5.1	
スポーツ科学	一般		150	842	686	195	3.5	159.7/250
	共通テスト	共通テストのみ方式	50	482	—	96	5.0	—
		競技歴方式	50	314	—	122	2.6	—

（備考）合格最低点欄の「—」は非公表を示す。

募集要項の入手方法

一般選抜・大学入学共通テスト利用入試の出願方法は「WEB 出願」です。詳細情報につきましては，入学センター Web サイトにて 11 月上旬公開予定の入学試験要項をご確認ください。

問い合わせ先

早稲田大学 入学センター
〒169-8050 東京都新宿区西早稲田 1－6－1
TEL (03)3203-4331(直)
MAIL nyusi@list.waseda.jp
Web サイト https://www.waseda.jp/inst/admission/

大学所在地

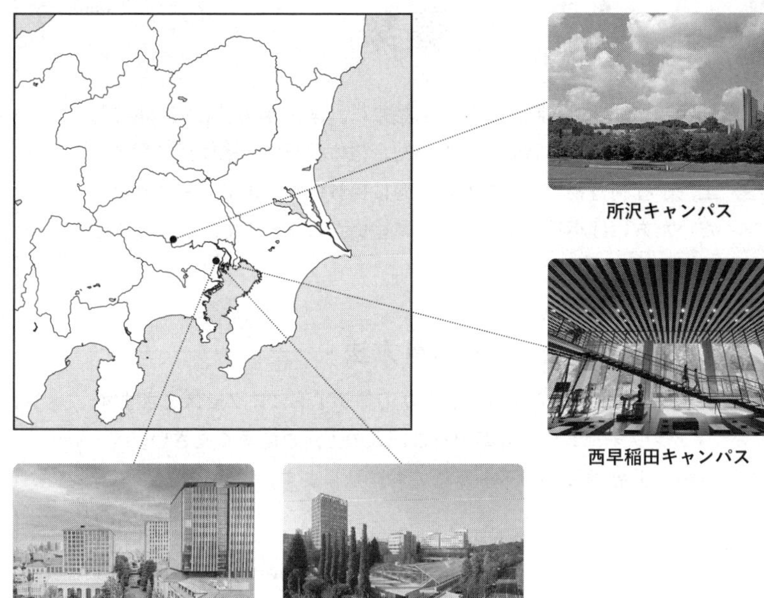

所沢キャンパス

西早稲田キャンパス

早稲田キャンパス

戸山キャンパス

早稲田キャンパス	〒169-8050	東京都新宿区西早稲田１－６－１
戸山キャンパス	〒162-8644	東京都新宿区戸山１－24－１
西早稲田キャンパス	〒169-8555	東京都新宿区大久保３－４－１
所沢キャンパス	〒359-1192	埼玉県所沢市三ヶ島２－579－15

早稲田大学を
空から
見てみよう！

各キャンパスの
空撮映像はこちら ▶

気になること、聞いてみました！

在学生メッセージ

大学ってどんなところ？　大学生活ってどんな感じ？
ちょっと気になることを，在学生に聞いてみました。

以下の内容は 2020～2023 年度入学生のアンケート回答に基づくものです。ここで触れられている内容は今後変更となる場合もありますのでご注意ください。

メッセージを書いてくれた先輩　［政治経済学部］M.K. さん　［法学部］W.S. さん
［文化構想学部］K.M. さん　［教育学部］S.T. さん
［商学部］W.S. さん　［国際教養学部］M.G. さん
［文学部］H.K. さん　N.M. さん　［人間科学部］R.T. さん

大学生になったと実感！

自分のための勉強ができるようになったこと。高校生のときは定期テストや受験のための勉強しかしていなかったのですが，大学に入ってからは自分の好きな勉強を自分のためにできるようになり，とても充実しています。（W.S. さん／法）

自分で自由に履修を組めることです。高校生までと違い，必修の授業以外は興味のある授業を自分で選べます。履修登録はかなり手こずりましたが，自分の興味や関心と照らし合わせながらオリジナルの時間割を考えるのはとても楽しいです。（N.M. さん／文）

高校生の頃は親が管理するようなことも，大学生になるとすべて自分で管理するようになり，社会に出たなと実感した。また，高校生までの狭いコミュニティとまったく異なるところがある。早稲田大学は１つの小さな世界のようなところで，キャンパス内やキャンパス周辺を歩いているだけで日本語以外の言語が必ず耳に飛び込んでくる。そのような環境にずっと触れるため，考え方や世界の見方がいい意味ですべて変わった。今まで生きてきた自分の中で一番好きな自分に出会えるところが大学だと思う。（K.M. さん／文化構想）

大学生活に必要なもの

軽くて使いやすいパソコンです。毎日授業がありパソコンを持ち歩くので，とにかく軽いものが良い！ Windows か Mac かは学部・学科で指定されていないのであれば好きなほうを選んで良いと思います！ iPhone とつなぐことができるので私は Mac がお気に入りです！（S.T. さん／教育）

大学生になって一番必要だと感じたものは自己管理能力です。特に，私の通う国際教養学部は必修授業が少なく，同じ授業を受けている友達が少ないため，どの授業でどのような課題が出ているかなど，しっかりと自分自身で把握しておかなければ単位を落としかねません。私は今までスケジュール帳を使うことはあまりなかったのですが，大学生になり，授業の情報やバイト，友達との約束などをまとめて管理することが必要不可欠となったので，スケジュールアプリを使い始め，とても重宝しています。（M.G. さん／国際教養）

この授業がおもしろい！

英会話の授業です。学生が英語力別に分けられ，ランダムに 3，4 人のグループを組まれます。1 グループにつき 1 人の講師がついて，100 分間英語だけで会話をします。文法を間違えたときや何と言っていいかわからないとき，会話に詰まったときなどに講師が手助けしてくれます。最初は私には難しすぎると思っていましたが，意外と英語が話せるようになり楽しかったです。また，少人数のためグループでも仲良くなれて，一緒に昼

ご飯を食べていました。（M.K. さん／政治経済）

ジェンダー論の授業が興味深かったです。高校までは，科目として習うことがありませんでしたが，「ジェンダーとは何か」という基本的な問いから，社会で起きている問題（ジェンダーレストイレは必要か，など）についてのディスカッションを通して，他の学生の考え方を知ることができました。（H.K. さん／文）

心理学概論です。心理学の歴史と研究方法の特徴を学んだ後に，心は発達的にどのように形成されるのか，人が環境についての情報を入手するための心の働き，欲求や願望の充足を求めるときの心の動き方，経験を蓄積し利用する心の仕組み，困難な場面に直面したときの心の動き方と心の使い方などについて学ぶ授業です。もともと心理学に興味はあったのですが，この授業を通してより一層心理学に対する興味・関心が深まりました。（R.T. さん／人間科学）

大学の学びで困ったこと＆対処法

大学の課題はレポート形式になっていることが多く，疑問提起が抽象的で答え方に困ることがあります。同じ授業を履修している学生に話しかけてコミュニティを作っておくことで，課題の意味を話し合ったり考えを深め合ったりできます。（H.K. さん／文）

レポートの締め切りやテストの日程などのスケジュール管理が大変だったことです。スケジュールが自分で把握できていないとテスト期間に悲惨なことになります。私はテストやレポートについての連絡を教授から受け取ったらすぐにスマホのカレンダーアプリに登録するようにしています。（N.M. さん／文）

部活・サークル活動

国際交流のサークルに入っています。人数が多いため，自分の都合が合う日程でイベントに参加することができます。また，海外からの留学生と英語や他の言語で交流したり，同じような興味をもつ日本人学生とも交流したり，と新たな出会いがたくさんあります。（H.K. さん／文）

受験生に向けて早稲田を紹介する雑誌を出版したり，学園祭で受験生の相談に乗ったりするサークルに入っています。活動は週に1回ですが，他の日でもサークルの友達と遊んだりご飯を食べに行ったりすることが多いです。みんなで早慶戦を見に行ったり，合宿でスキーをするなどイベントも充実しています。（N.M. さん／文）

私は現在，特撮評議会というサークルに入っています。主な活動内容は，基本的に週に2回，歴代の特撮作品を視聴することです。仮面ライダーやスーパー戦隊をはじめとした様々な特撮作品を視聴しています。また，夏休みには静岡県の別荘を貸し切って特撮作品を見まくる合宿を行います。特撮好きの人にとってはうってつけのサークルだと思うので，特撮に興味のある人はぜひ来てください!!（R.T. さん／人間科学）

交友関係は？

語学の授業ではクラスがあり，いつも近くの席に座るような友達が自然とできました。クラス会をしたり，ご飯に行ったりして，より仲が深まりました。（W.S. さん／法）

入学前の学科のオリエンテーションの後，一緒にご飯を食べに行って仲良くなりました。他にも授業ごとに仲の良い友達を作っておくと，授業が楽しみになり，また重い課題が出た際に協力できるのでおススメです。「隣いいですか？」「何年生ですか？」「学部どちらですか？」等なんでもいいので勇気をもって話しかけてみましょう！　仲の良い友達が欲しいと

みんな思っているはず！（S.T. さん／教育）

いま「これ」を頑張っています

アフリカにインターンシップに行く予定なので，英語力を伸ばすために外国人ゲストが多く訪れるホテルや飲食店で働いています。また，日本のことをもっとよく知りたいので国内を夜行バスで旅行しています。車中泊の弾丸旅行なので少し大変ですが，安価で旅行できることが最大の魅力です。体力的にも今しかできないことだと思うので楽しみます！（M.K. さん／政治経済）

英語とスペイン語の勉強です。複合文化学科では第二外国語ではなく専門外国語という位置付けで英語以外の外国語を学びます。体育の授業で留学生と仲良くなったことで，自分も留学したいという思いが強まりました。まだ行き先を決められていないので英語とスペイン語の両方に力を入れて取り組んでいます！（S.T. さん／教育）

塾講師のアルバイトを頑張っています。授業準備は大変ですが，自分の受験の経験を活かしながらどのように教えたらわかりやすいかを考えるのは楽しいです。保護者への電話がけなどもするので社会に出る前の良い勉強になっています。（N.M. さん／文）

普段の生活で気をつけていることや心掛けていること

スキマ時間の活用です。大学生は自由な時間が多いため油を売ってしまいがちになります。空きコマや移動時間は話題の本や興味のある分野の専門書を読んだり英語の勉強をしたりして，少し進化した自分になれるようにしています！　もちろん空き時間が合う友達とご飯に行ったり，新宿にショッピングに出かけたりもします！　せっかくのスキマ時間は何かで充実させることを目標に，１人でスマホを触ってばかりで時間が経ってしま

うことがないように気をつけています。（S.T. さん／教育）

無理に周りに合わせる必要など一切ない。自分らしく自分の考えを貫くように心掛けている。また，勉学と遊びは完全に切り離して考えている。遊ぶときは遊ぶ，学ぶときは学ぶ。そう考えることで自分のモチベーションを日々高めている。（K.M. さん／文化構想）

おススメ・お気に入りスポット

早稲田大学周辺のご飯屋さんがとても気に入っています。学生割引があったり，スタンプラリーを行ったりしているので楽しいです。また，授業終わりに友達と気軽に行けるのでとても便利です。（W.S. さん／法）

文キャンの食堂です。授業の後，空きコマに友達と行ってゆっくり課題を進めたり，おしゃべりしたりできます。テラス席は太陽光が入るように天井がガラスになっているため開放感があります。お昼時にはとっても混むため，早い時間帯や，お昼時を過ぎた時間帯に使うのがおススメです。（H.K. さん／文）

大隈庭園という早稲田キャンパスの隣にある庭園が気に入っています。天気が良い日はポカポカしてとても気持ちが良いです。空きコマに少しお昼寝をしたり，そこでご飯を食べることもできます。（N.M. さん／文）

入学してよかった！

いろいろな授業，いろいろな人に恵まれているところが好きです。早稲田大学の卒業生に声をかけていただいて，アフリカでインターンシップをすることにもなりました。授業の選択肢も多く，乗馬の授業や国際協力の授業，法学部や文学部の授業，教員免許取得のための授業など，様々な授業があります。選択肢が多すぎて最初は戸惑うこともあるかと思いますが，どんな人でも自分らしく楽しむことができる環境が整っているところが私にとっては早稲田大学の一番好きなところです。（M.K. さん／政治経済）

全国各地から学生が集まり，海外からの留学生も多いため，多様性に満ちあふれているところです。様々なバックグラウンドをもつ人たちと話していく中で，多角的な視点から物事を捉えることができるようになります。また，自分よりもレベルの高い友人たちと切磋琢磨することで，これまでに味わったことのないような緊張感，そして充実感を得られます。（W.S. さん／商）

高校生のときに「これ」をやっておけばよかった

学校行事に積極的に参加することです。大学では，クラス全員で何かを行う，ということはなくなります。そのため，学校行事を高校生のうちに全力で楽しむことが重要だと思います。大学に入ったときに後悔がないような高校生時代を送ってほしいです。（H.K. さん／文）

英語を話す力を養うことだと思います。高校では大学受験を突破するための英語力を鍛えていましたが，大学生になると，もちろんそれらの力も重要なのですが，少人数制の英語の授業などで英語を使ってコミュニケーションを取ることが多くなるため，英語を話す力のほうが求められます。私は高校時代，スピーキングのトレーニングをあまりしなかったので，英会話の授業で詰まってしまうことがしばしばありました。高校生のときに英語を話す力をつけるための訓練をしていれば，より円滑に英会話を進められていたのではないかと感じました。（R.T. さん／人間科学）

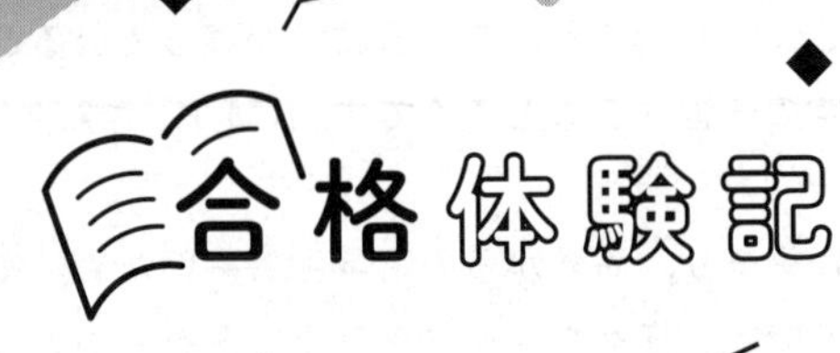

みごと合格を手にした先輩に，入試突破のためのカギを伺いました。
入試までの限られた時間を有効に活用するために，ぜひ役立ててください。

（注）ここでの内容は，先輩方が受験された当時のものです。2025 年度入試では当てはまらないこともありますのでご注意ください。

・アドバイスをお寄せいただいた先輩・

M.Y. さん　教育学部（英語英文学科）
一般選抜 A 方式 2024 年度合格，東京都出身

最後まであきらめない気持ちと今まで努力した自分を信じてあげる気持ち，そして何より絶対にこの大学に受かるという強い意志が合格に導いてくれたのだと思います。自分で認められるくらい努力したのなら，最後は運も味方についてくれます。

その他の合格大学　上智大（外国語），立教大（異文化コミュニケーション〈共通テスト利用〉），明治大（国際日本）

T.H. さん　教育学部（社会科）
一般選抜 A 方式 2024 年度合格，神奈川県出身

合格のポイントは，やはり基礎を固めることだと思います。難しい参考書をやってみたくなる気持ちはよくわかりますが，それをぐっとこらえて基礎を繰り返す忍耐力も大切だと思いました。焦らず地道に努力すれば，きっと道は開けるはずです！

その他の合格大学　上智大（法），明治大（法），明治大（情報コミュニケーション），明治大（農〈共通テスト利用〉），中央大（商〈共通テスト利用〉），國學院大（経済）

S.T. さん　教育学部（複合文化学科）
一般選抜 C 方式 2023 年度合格，福島県出身

私は幼い頃から本を読むことや文章を書くことが好きだったので，共通テストと総合問題（小論文）の併用型で受験しました。自分に合った教科や方式を見極めて受験に臨んだこと，そして最後まであきらめず妥協せずに対策したことが合格のカギだったのだと思います。

その他の合格大学　早稲田大（スポーツ科），明治大（農），青山学院大（社会情報），法政大（人間環境〈共通テスト利用〉）

Y.N. さん　教育学部（教育学科）
一般選抜 2022 年度合格，神奈川県出身

絶対にこの大学に合格したいという思いをもち続けたことがいい方向に効いてくれたと思います。体に気をつけながら本番で力を出し切れるようにこれからも頑張ってください。応援しています。

その他の合格大学　聖心女子大（現代教養），國學院大（人間開発）

入試なんでもQ&A

受験生のみなさんからよく寄せられる，
入試に関する疑問・質問に答えていただきました。

「赤本」の効果的な使い方を教えてください。

A 過去問記録帳というものを作り，赤本をただ解いて終わらせるのではなく，かかった時間，正答率，分析などをノートに書き，次の年度の過去問を解くようにしていました。このようにすることで，自分の弱点や学部の傾向がわかり，徐々に正答率が伸びていきました。また，私は英語の長文の読解力を上げたかったので，第１志望の学部の赤本のみならず他のたくさんの学部の英語の過去問に触れるようにしました。

（M.Y. さん）

1年間の学習スケジュールはどのようなものでしたか？

A 高校３年生の夏休みに入る前は英単語，古文単語，熟語，世界史用語などの基礎を徹底していました。夏休みはとにかく英語に力を注ぎました。１日12時間程勉強するうち，７時間程英語に費やしていました。また８月に第１志望の大学の赤本を見て，入試問題の難易度を把握するところから勉強の方向性を確立させました。９月からは志望校の過去問演習を始め，12月には第５志望までの過去問５年間分を１周終わらせました。１月は過去問２周目を始め，自分の志望以外の大学の過去問もたくさん解くようにしました。

（M.Y. さん）

 どのように学習計画を立て，受験勉強を進めていましたか？

A 学習計画を書き込める様式になっている市販のルーズリーフを活用し，主に１週間に１日を目安に予備日を設けていました。また，したいと思っていたことができなかったときに落ち込まないように，１日にすることを「しなければならないこと」「できたらうれしいこと」「時間が余ったらすること」のように分けていました。期間の長さにかかわらず，ある地点までの目標を定めることも効果的だったと思います。私の勉強計画で一貫していたことは，したいことと達成したことを目で見られるようにすることでした。　（Y.N. さん）

Q 学校外での学習はどのようにしていましたか？

A 私は個別指導の塾に通っており，わからないところがあったらすぐに教えてもらうようにしました。また，教えてもらったことを教科書に書き込んだり，英語長文の構文をノートにまとめたりして，その日のうちに復習できるようにしました。　（M.Y. さん）

Q 早稲田大学教育学部を攻略する上で特に重要な科目は何ですか？

A 英語が一番重要だと思います。教育学部は 2022 年度から英語の難易度が跳ね上がり，並大抵の英語力では絶対に受からないと思い，教育学部だけでなく社会科学部の赤本も 8 年分解きました。英単語や英熟語は市販の単語帳を一通り完璧にしたら，長文の中で自分がわからなかった単語をまとめて自分だけの単語帳を作り，入試直前まで語彙を増やし続けました。実際，文脈で判断できなくても単語の意味がわかっていたから突破できた問題もたくさんあるので，語彙力を上げることは本当に大切だと思います。　（M.Y. さん）

A　教育学部では，すべての科目に合格基準点が設けられているため，いずれか 1 つの科目でカバーしようとしないほうが安全だと思いますが，すべての科目で満遍なく得点することを前提にお話しするのであれば，日本史が重要であったかなと個人的には思います。知識でカバーできる部分もあるからです。早稲田の日本史を攻略する上で，用語集は必須です。私は，教科書で理解した流れに肉づけしていくような感覚で用語集を活用していました。用語集の解説が選択肢になっていることもあれば，記述問題のヒントになることもあります。　(Y.N. さん)

苦手な科目はどのように克服しましたか？

A　私は英語が大の苦手で 11 月の共通テスト模試ですら 5 割という有様でした。ですが，どんなに嫌いでも毎日英語長文に触れることは継続して行いました。長文を読んだ後はその日の悪かったところを書き出し，次の日にそこを意識して読解するなど毎日少しずつでも進歩できるように工夫しました。また，読んでいて詰まった単語はその日のうちに必ず押さえるようにしました。英語は伸びが現れにくい科目ですが，日々努力していれば伸びるタイミングがくるはずなので，毎日の継続が克服のカギだと思います。　(T.H. さん)

A　私は理系でありながら数学を速く解くことが苦手だったので，基礎問題を迅速に解けるようにし，応用問題にとりかかる時間を多くしようと考えました。そこで，苦手分野を中心に青チャートの例題や練習問題に取り組み，翌日に見返して頭の中で解答をスラスラ思い出すことができるかを確認していました。また，疲れている日は無理せずソファーに座ってリラックスしながら青チャートを眺めたり，直近の数日に解いた問題を復習したりするようにしました。　(S.T. さん)

スランプに陥ったとき，どのように抜け出しましたか？

A　私は一時期，国語の選択肢問題がうまく解けなくなりスランプになりました。得意科目がなくなったような気がしてとても焦りましたが，自分が過去に解いた問題を見返して解答にたどり着くまでの思考回路を思い出したり，先輩や友達に励ましてもらったりしてメンタルを正常に保つことでなんとか抜け出すことができました。スランプは自分への自信がなくなることで深刻になることもあるので，普段よりもワンランク下げた問題を解くなどして自信をつけていくことも重要だと思います。

（T.H. さん）

模試の上手な活用法を教えてください。

A　模試を受験するまでの勉強はもちろん，結果返却後の振り返り作業が非常に大切だと思います。満点を取れない限りはどこかしらに自分が理解できていないことがあるということになります。模試のレベルにかかわらず，自分自身の抜けを埋めるように活用することが，どの受験校の試験にも活きてくると思います。また，順位や偏差値はあくまでもその模試に限ったものなので，必要以上にそれに影響されなくてもいいと思います。私は，模試は本番に向けて少しでも理解を深めるための材料であるという考え方をしていました。

（Y.N. さん）

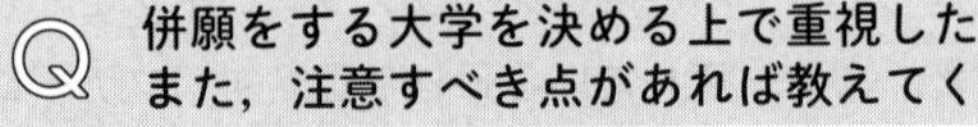

併願をする大学を決める上で重視したことは何ですか？ また，注意すべき点があれば教えてください。

A　併願校を選ぶにあたっては，配点と自分に合った問題形式かどうかを意識して考えるようにしました。特に配点は合格のしやすさを相当変えてくるものです。併願だからといって軽視していいものではありません。自分に少しでも有利になるように時間をかけ入念に調べ上げるべきだと思います。

（T.H. さん）

試験当日の試験場の雰囲気はどのようなものでしたか？
緊張のほぐし方，交通事情，注意点等があれば教えてください。

A　受験日が平日の場合，おそらく朝の通勤ラッシュと時間がかぶります。そのため人混みが苦手な人は，急行を避け各駅停車で行くなどの工夫をするといいと思います。また早稲田大学は多くの受験者が集まるので，他大学で試験慣れをしてきた人たちでも早稲田特有の緊張感を感じると思います。焦ったときに行うルーティンを決めておいたり，自分が落ち着けるようなお菓子をいつもより多く持って行ったりするなどの対策をしておくとよいです。またトイレは長蛇の列ができるので，空いている校舎に移動して済ますなど臨機応変な行動を取りましょう。（T.H. さん）

時間をうまく使うためにしていた工夫を教えてください。

A　私は，電車と自転車で往復 3 時間かけて通学していました。毎日電車に 2 時間ほど乗っていたので，その時間に単語帳を眺めたり，帰宅後にやるべき勉強をリスト化したりして時間を有効に使うよう意識しました。入試直前期は自転車通学の区間をバスに切り替え，バスの中でも参考書やノートを見て少しでも勉強できるようにしました。また，休日は夜更かしして勉強してしまいがちになるかと思いますが，体調を崩しては元も子もないので，勉強したいときは無理のない程度に早起きすることをおすすめします。（S.T. さん）

受験生へアドバイスをお願いします。

A　進路決定にあたり，先生や家族など周りの人の声にはよく耳を傾けてほしいと思います。そして冷静に考え，最終的には自分の意思で判断してください。特に，出願の時期はあまり時間がありません。そのようなときも，焦らず情報を収集・精査し，自分が最も優先する事項は何かを明確にすることで，後悔のない選択につながると思います。みなさんの希望進路の実現を心からお祈りしています。（S.T. さん）

科目別攻略アドバイス

みごと入試を突破された先輩に，独自の攻略法や
おすすめの参考書・問題集を，科目ごとに紹介していただきました。

英　語

英語長文で出合ったわからない単語をなるべくその都度覚えることが大切だと思います。また，教育学部は様々なジャンルの英文が出るので理系を含め他学部の過去問もたくさん解いたほうがよいです。（M.Y. さん）

おすすめ参考書　『早稲田の英語』（教学社）

早稲田の英語は難問も多いですが，基本的な単語・熟語の知識があれば解ける問題も多くあります。ここを取れないとかなり痛い失点になるため，基礎的な単語帳も疎かにしないほうがいいと思います。（T.H. さん）

おすすめ参考書　『共通テスト対応英単語 1800』（ナガセ）

日本史

早稲田大学教育学部ではテーマ史が出されることがあります。他の学部の問題も含めて早稲田頻出のテーマがあるので，取りこぼさずライバルと差をつけましょう。（T.H. さん）

おすすめ参考書　『日本史用語集』（山川出版社）

まずは何よりも基礎を固めることが重要です。基礎的な知識や理解の組み合わせで解くことが可能な問題も決して少なくはありません。「すべて選べ」の問題などを攻略し，より高得点を目指す場合には，用語集の解説レベルの内容をしっかりと把握しておく必要があります。しかし，そういった問題の選択肢の中には，用語説明の正誤判定や時代背景との不一致などで判断できるものも紛れているため，ぜひ諦めずに取り組んでください。
(Y.N. さん)

おすすめ参考書　『早稲田の日本史』（教学社）
『日本史用語集』（山川出版社）

世界史

早稲田といっても用語集に載っていないような用語が問われる問題はほぼなく，大体基礎知識があれば消去法で解けます。まずは一問一答などで知識を蓄え，問題演習等で間違えた箇所を教科書に書き込んでいくとよいと思います。
(M.Y. さん)

おすすめ参考書　『実力をつける世界史 100 題』（Z会）

国　語

まずは知識でカバーできる古文単語，漢文の構文，現代文語彙などは完璧に押さえましょう。教育学部の現代文はかなりの難問もよく出題されるので，過去問で慣れていくのがいいと思います。
(T.H. さん)

おすすめ参考書　『現代文キーワード読解』（Z会）

自分がどの程度の時間があれば十分な読解ができるのかを把握しておくことが重要だと思います。早稲田大学の古文や漢文は注が少なく，スラスラと読むことは容易ではないこともありますが，自分が得意な分野をしっかり得点できるように，現代文との兼ね合いで時間配分を決めてみてください。単語の知識のみならず文法事項や文脈判断など，様々な力を合わせて使うことが求められる問題であると思います。
(Y.N. さん)

おすすめ参考書　『世界一わかりやすい 早稲田の国語 合格講座』
（KADOKAWA）

総合問題（小論文）

複合文化学科の総合問題は要約と意見論述で構成されていて，問題内容もさることながら時間的制約が厳しいので，自分の書きやすい構成を事前にいくつか準備しておくことをおすすめします。また，同じ接続詞ばかりを繰り返すのではなく，多様な接続詞を効果的に使えるように整理しておくと，本番でまとまりのある文章を書きやすいのではないかと思います。

（S.T. さん）

おすすめ参考書 『資料と課題文を攻略して合格答案を書くための小論文のオキテ PRO』（KADOKAWA）

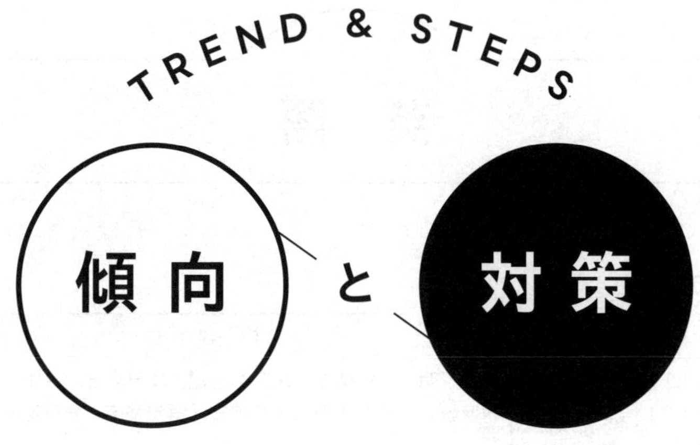

科目ごとに問題の「傾向」を分析し，具体的にどのような「対策」をすればよいか紹介しています。まずは出題内容をまとめた分析表を見て，試験の概要を把握しましょう。

注　意

「傾向と対策」で示している，出題科目・出題範囲・試験時間等については，2024 年度までに実施された入試の内容に基づいています。2025 年度入試の選抜方法については，各大学が発表する学生募集要項を必ずご確認ください。

掲載日程・方式・学部

2023 年度より新たに入試方式に加わったＣ方式のサンプル問題については，本書には掲載していません。早稲田大学の公式ウェブサイトでご確認ください。

英　語

▶A 方式

年度	番号	項　目	内　容
2024 ●	〔1〕	読　解	内容説明，空所補充，段落の主題，同意表現，主題
	〔2〕	読　解	内容説明，同意表現，空所補充，語句整序，内容真偽，主題
	〔3〕	読　解	空所補充，欠文挿入箇所，内容真偽，内容説明，同意表現，主題
2023 ●	〔1〕	読　解	内容説明，同意表現，空所補充，段落の主題，内容真偽
	〔2〕	読　解	内容説明，内容真偽，空所補充，語句整序，同意表現，主題
	〔3〕	読　解	内容説明，空所補充，段落の主題，主題
2022 ●	〔1〕	読　解	内容説明，空所補充，内容真偽
	〔2〕	読　解	内容説明，同意表現，空所補充，段落の要約，語句整序，内容真偽
	〔3〕	読　解	内容説明，段落の要約，空所補充，内容真偽
	〔4〕	読　解	内容説明，同意表現，具体例
2021 ●	〔1〕	読　解	語句整序，空所補充，同意表現，内容説明，内容真偽
	〔2〕	読　解	同意表現，同一用法，具体例，内容説明，内容真偽，主題
	〔3〕	読　解	空所補充，同意表現，内容説明，内容真偽
	〔4〕	読　解	同意表現，内容説明，語句整序，アクセント，内容真偽
	〔5〕	会 話 文	内容説明，空所補充，同意表現

（注）　B 方式（理科系）と共通問題。
　●印は全問，◑印は一部マークシート法採用であることを表す。

読解英文の主題

年度	番号	類　別	主　題	語　数
2024	〔1〕	言　語	意味は底が浅い	約 1080 語
	〔2〕	科学技術	AI で人間は愚劣化するのか	約 970 語
	〔3〕	医　療	なぜ死の直前に意識清明状態が突発するのか	約 1280 語

年度	番号	分野	内容	語数
2023	〔1〕	歴　史	「歴史の書き換え」に心配は無用	約 1040 語
	〔2〕	進化論	ダーウィンの誤り：表情で感情はわからない	約 1840 語
	〔3〕	教　育	脳は同時作業がどれだけ得意なのか	約 910 語
2022	〔1〕	進化論	『人間の由来』150 周年	約 730 語
	〔2〕	人類学	人類初の赤ん坊の世話をしたのは誰か？	約 1050 語
	〔3〕	環境論	気候不安にかかった人に手を貸す人たち	約 1110 語
	〔4〕	教　育	大学入学でアファーマティブ・アクションを支持する 5 つの理由	約 860 語
2021	〔1〕	心　理	文化心理学論	約 650 語
	〔2〕	教　育	2 言語および 2 文化教育	約 950 語
	〔3〕	科学論	宇宙で変わる人間の身体	約 570 語
	〔4〕	心　理	子どもは生まれついての楽観派	約 680 語

高度な速読力・語彙力が問われる

01 基本情報

試験時間：90 分。

大問構成：大問 3 ～ 5 題。2022 年度以降，すべて長文読解問題で会話文問題はなくなっている。

解答形式：全問マークシート法の選択式。

02 出題内容

2022 年度以降，読解問題のみの出題となっている。設問は内容理解を問うものが中心であるが，空所補充や語句整序が混じる。英文の総語数は 3000 語を超え，入試としては屈指の長さである。設問文もすべて英語であり，受験生の負担はさらに重くなっている。読解力重視の姿勢は鮮明である。

読解英文については，論説文が用いられることがほとんどで，出典は大学の教科書，著名な新聞，雑誌などが多い。話題は教育学部にふさわしく，教育（児童心理・発達心理）に関係するものが頻出する。また，理系の文章が採用されるのも顕著な特徴である。理解には一定程度の背景知識を要する文章も出題されており，幅広い知的な関心をもつ受験生が求められている。設問は類型的だが，「適さないもの」を選択する設問や，複数解答を求める設問もあり，うっかりミスをしないことが肝心である。設問内容では，英文の内容に関するものが中心となり，段落の要旨や，筆者の意図，段落間の関係，さらには全体の表題を問うものが多い。語句整序問題も，①日本語がない，②文法・語彙ではなく，論旨の理解が問われる，という点に注意が必要である。読解力そのものを試そうという鮮明な方向性が表れている。

03 難易度と時間配分

長文読解問題に使われる英文は，難解な構文が多く含まれて英文を読むこと自体が難しいといったタイプではないが，語彙レベルはかなり高度で，語句注も最低限であり，受験生にとっては相当な覚悟が必要である。設問形式は標準的で，特に練習が必要なものはなく，読解力があれば解ける出題になっている。とはいっても，単なる語学的知識で片づく問題はわずかなので，解答には時間がかかる。まさしく速読即解が求められている。英文の内容と設問の量と質，そして，試験時間を考慮すれば，要求される英語力はかなり高く，相当な難問である。

対策

読解問題で高得点をとれる力を養成することに尽きる。では，どうすれば，必要な読解力が身につくだろうか。速読力とよく言われる。しかし，内容がわからないのに速く読んでも，意味はない。要するに，英語の意味がすぐにわかる力がないといけない。「力があるから，速く読める」のであって，「速い」は，理解の後からついてくるものなのだ。速く読めるようになりたければ，英語力を地道に高めるしかない。それはつまり，語学の王道を歩む，ということである。では，具体的にどうすればよいだろうか。

01 語彙・熟語力をつける

語彙・熟語力増強というと，単語集で勉強することだと思うかもしれない。それも悪くはないだろう。だが，「標準レベル」では不十分で，「上級レベル」まで進んでおくことが望ましい。もしかすると，それでもまだ足りないかもしれない。だから，「読みながら学ぶ」という姿勢が大切になる。学習素材の隅々まで目を通して，そこに出てきた語彙・表現を学ぶのである。それを単語集が支えるという構図ができれば，力は飛躍的に伸びていくだろう。

02 文法・作文力を伸ばす

読解問題といいながら，本文該当箇所が理解できるかどうかは，実は語彙力と並び，文法力が鍵になる。さらに，空所補充や語句整序の形式では，それが一層鮮明になる。A方式の入試では現在のところ直接問われていない文法・英作文系の知識が，実は鍵を握っているといっても過言ではない。試験に出ない，などと考えて，読解力の基礎をなす分野の学習を軽んじると，学力全体の伸びを抑えてしまうことにもなりかねない。文法問題集などで十分に反復練習を積み，知識を積み上げていってほしい。正確な読解のために文法力がどれほど重要かは，どんなに強調してもしたりないくらいである。それに，選択肢には文脈がないことにも注意しよう。文法力に裏付けられた正確な読解力が，選択肢を正確に読み取るのに大きな力を発揮してくれる。こちらも，地道に練習を重ね，丁寧に基礎力を培っていこう。また，江川泰一郎著『英文法解説』（金子書房）などがあると，文法への理解が深まり，学力全体の伸びの基礎になる。

03 構文理解力を養う

とりたてて難解な構文理解が問われるわけではないが，構文把握の力がなければ，英文を立ち止まることなくすらすら読み進んでいくことなど不可能である。読む英文が長ければ長いほど，不正確な理解が重なりやすくなり，最終的に，論旨の把握は困難になってしまう。「長文だから，細かい英文理解は不要だ，わからないところは飛ばして読むのだ」といった，「楽のできる」勉強法が，全く役に立たないことは，本書収載の問題を1題やってみれば，たちどころにわかるだろう。まずは，国公立難関大向けの読解参考書・問題集（200語程度の英文）を，1冊でいいからしっかり読み込むことが望ましい。参考書・問題集を選ぶ基準は，(i)自分の好みに合うかどうか，(ii)解説が文法的に整理されているかどうか。その上で，英文の意味に即した解説が充実しているものを選ぶこと。01 02で培った力が定着するよう意識しよう。

04　多読に挑む

語学の王道，それは経験値を上げることに尽きる。要するに，なるべく多くの英文に触れることである。それによって，養った語彙力・文法力・構文力を自在に使いこなす経験を積むことができる。多くの英文に触れ，新たな知見に出合うことが，学習意欲を一層かき立てることにもなるだろう。内容の濃い，知的刺激に富む文章にたくさん触れることが，学習の好循環を生む一番の勘どころといってよい。まとまった内容をもった説明文で，1題がなるべく500語以上のものを探そう。800語超なら理想的である。話題に理系的なものがある程度含まれていることも，選ぶ際の大切な基準になる。こうした参考書・問題集を探すコツは，設問を無視すること。マーク式の選択問題がついていることにこだわって探しても，いいものはないかもしれない。むしろ，設問の種類を気にせず，レベルの高い英文に触れることのほうが大切である。国公立大学を含め難関レベルと言われる他大学の出題問題なども，積極的に利用するのがよいだろう。

▶C方式：英語英文学科

年度	番号	項　目	内　容
2024 ◑	〔1〕	読　解	A．内容説明，同意表現，主題 B．同意表現，内容説明，空所補充
	〔2〕	読　解	要約（250字）
	〔3〕	英作文	意見論述（150語）
2023 ◑	〔1〕	読　解	A．内容説明，空所補充，段落の主題，主題 B．空所補充，段落の主題，内容説明（250字他）
	〔2〕	英作文	意見論述（150語）
サンプル	〔1〕	読　解	A．内容説明，空所補充，主題 B．同意表現，段落の主題，主旨，内容真偽，内容説明（250字他）
	〔2〕	英作文	意見論述（150語）

（注）2023年度から出題。
●印は全問，◑印は一部マークシート法採用であることを表す。

一級の速読力・思考力・英作文能力が必要

01 出題形式は？

英語英文学科では，2023年度からC方式として「英語」が課されている。試験時間は90分。

2023・2024年度とも読解と英作文からなるが，論述問題および作文課題は読解英文に関連している。読解英文Aは，2023年度はA方式〔3〕，2024年度はA方式〔2〕と共通問題。解答形式は，全問マークシート法のA方式とは異なり，マークシート法が10または11問，そして論述問題および英作文は記述式になっている。

02 出題内容はどうか？

〔1〕は関連するA・B 2つの英文を用いた読解問題。Bは，Aを受けて，意見や疑問をまとめた内容が提示される。選択式の設問は，A方式と一部同じであった。また，2023年度〔1〕と2024年度〔2〕では日本語での論述問題が出題されており，本文から必要な情報を正しく抽出するこ

とが求められた。

2023 年度〔2〕および 2024 年度〔3〕は，〔1〕の内容を踏まえた意見論述（英作文）で，与えられた英文からの引用という条件が付された。

03 難易度は？

読解問題に使用された英文は，Aは 900〜1000 語程度の身近で最新の話題をとりあげた論文，BはAをもとにした，比較的読みやすい英文となっている。設問形式は標準的で，特に練習が必要なものはなく，読解力があれば解ける問題になっている。とはいっても，単なる語学的知識で片づく問題はほぼなく，選択肢すべてに目を通す必要があるため，解答には時間がかかる。記述問題も，語学知識ではなく，「情報を抽出する力」が問われ，解答には一定の時間を要する。

英作文は，「賛成・反対」の変形問題で，よくある形式。語数は 150 語程度なので，負担は軽くない。「引用」は普通，練習しない形式なので慣れる必要があるとはいえ，問題文に方法が例示されているので，それほど神経質になる必要はないだろう。

試験時間 90 分を，マークシート法の問題に 55 分，和文記述に 15 分，英作文に 20 分と割り振るなら，1600 語超を 30 分で読み，マークシート法の設問（10 問程度）を 25 分で解くことになる。相当の語学力が要求されることが数字からわかる。和英両方の記述問題の量と質を考慮すれば，難問レベルと言って差し支えないだろう。

対策

01 読解問題対策

まずは読解問題で高得点を取れる力を養成する必要がある。問われるのは内容の理解である。そのためにはまず，基本的な英語力が不可欠と言える。すなわち，①語彙・熟語力，②基礎的文法力，③構文把握力である。この勉強に，何か特別なものなどない。地道に語彙力をつけ，文法的な知識を増やし，それを反復練習し，英文を読む中で構文理解の力を伸ばしていく，という当たり前の勉強を重ねるしかない。近道はない。

①語彙・熟語力をつける

できれば，標準レベル以上の力をつけてほしい。方法は，自分の好みで単語用参考書を使ってもいいし，単語ノートを自力で作ってもいいし，片っ端から辞書を引く，でもかまわない。自分のやり方をしっかり確立しよう。おすすめは，「文の中で言葉を覚える」こと。英語の文章にたくさん触れながら，語句を覚えていくと，効率がよい。教材の隅々まで，しっかり目を通して，経験値を高めることも大切。単語は誰でも覚えられないものだ。「すぐ忘れる」ことを心配せず，繰り返し繰り返し反復練習すればよい。地道な努力を嫌がらず，続けられる人になろう。

②文法・作文力を伸ばす

読解問題といっても，実は文法力が試されている場合はよくある。入試では直接問われない文法系の知識が，実は鍵を握るとさえ言えるだろう。しっかりした文法参考書は，英語力の向上に欠かせない。江川泰一郎著『英文法解説』（金子書房）などがあると，理解が深まり，学力全体の伸びの基礎になる。とりわけ選択肢を正確に理解するのに，文法力は不可欠である。選択肢には文脈がないからである。自分に合った標準から上級の文法問題集を見つけ，それを使って十分に反復練習を積み，知識を積み上げていってほしい。こちらも，地道に練習を重ね，丁寧に基礎力を培っていこう。

③構文理解力を養う

とりたてて難解な構文理解が問われるわけではないが，構文把握の力がなければ，短い試験時間の中で，英文をさらさらと読み進んでいくことは不可能に近い。まずは，国公立難関大学向けの読解参考書・問題集（200語程度の英文）を，1冊でいいからしっかり読み込むことが望ましい（ここでも，自分好みの本を見つけよう！）。その際，①，②で培った力が定着するような本を見つけてほしい。参考書・問題集を選ぶ基準は，(i)自分の好みに合うかどうか，(ii)解説が文法的に整理されているかどうか。その上で，英文の意味に即した解説が充実しているものを選ぶこと。

02 和文記述問題対策

私学では，記述式の問題はほとんどないので，書く練習を意識的にしておく必要がある。200字程度の和文を普段から日常の学習の中で書いていないと，試験場で平常心は保てないだろう。私学用の受験参考書には，こうしたものは見つからないかもしれないので，国公立大学用の中級～上級レベル問題集で，最低500語程度，できれば800語超の素材が扱われているものを探すとよいだろう。日々，日本語表現力に磨きをかけていこう。

03 英作文対策

まず基本は，短文の例文の蓄積から始めよう。文法力の鍛錬も兼ねて，300文以上は，日本語を見たら，すらすら英語が出てくる状態が望ましい。基礎力が固まったら，『大学入試“すぐ書ける”自由英作文』（教学社）のような自由英作文の問題集で，発展学習に取りかかろう。今後はわからないが，今のところ「賛成・反対」タイプの問題となっているので，その形式を重点的に勉強するのがよいだろう。大学は「構成の整った」英文を求めている。「構成の整った」の具体的な意味は，大学の発表する模範解答を見る限り，「自分の意見」「理由１」「具体例」「理由２」「結論＝自分の意見の確認」という構成のことのようである。そうした構成を念頭に置きながら学習を進めると，実力を伸ばしやすいだろう。

早稲田「英語」におすすめの参考書

Check!

- ✓『英文法解説』（金子書房）
- ✓『早稲田の英語』（教学社）
- ✓『大学入試“すぐ書ける”自由英作文』（教学社）

赤本チャンネルで早稲田特別講座を公開中

実力派講師による傾向分析・解説・勉強法をチェック →

日本史

▶A方式

年度	番号	内容	形式
2024 ◑	〔1〕	ヤマト政権～律令国家成立期の政治と対外関係	記述・選択
	〔2〕	「参天台五台山記」―成尋の入宋からみる平安時代中～後期の政治・対外関係・文化 ⊘**史料・地図**	選択・正誤・記述
	〔3〕	「東遊雑記」―蝦夷地からみた江戸時代の対外関係と政治・文化 ⊘**史料**	記述・選択・正誤・配列
	〔4〕	「五日市憲法草案」他―19 世紀後半の民衆の思想と政治意識 ⊘**史料**	記述・選択・配列
	〔5〕	大正時代～1980 年代の社会運動を中心とした歴史 ⊘**史料**	記述・選択・正誤・配列
2023 ◑	〔1〕	遣新羅使からみた古代の対外関係 ⊘**史料**	記述・選択
	〔2〕	絵巻物からみた平安時代中期～鎌倉時代の政治・社会・文化 ⊘**史料・視覚資料**	選択・正誤・記述
	〔3〕	三閉伊一揆からみた江戸時代の政治と社会 ⊘**史料**	記述・選択・正誤
	〔4〕	3 人の女性作家からみた近現代の総合問題 ⊘**史料**	記述・選択・正誤・配列
	〔5〕	憲法からみた近現代の政治・外交・社会 ⊘**史料**	記述・選択・正誤・配列
2022 ◑	〔1〕	薬子の変からみた奈良・平安時代の政治と文化 ⊘**史料**	記述・正誤・選択
	〔2〕	「大乗院寺社雑事記」―応仁・文明の乱の時期の政治・経済・文化 ⊘**史料**	選択・記述
	〔3〕	江戸幕府の政治と民意の反映 ⊘**史料**	記述・選択
	〔4〕	環境問題からみた近現代の歴史	記述・正誤・選択
	〔5〕	農民運動からみた近代の政治・経済・社会・文化 ⊘**史料**	記述・選択・正誤

年度	番号	内容		形式
2021 ◑	〔1〕	律令国家の地域支配	⊘**史料**	記述・選択
	〔2〕	鎌倉幕府と都市鎌倉	⊘**視覚資料・地図**	選択・配列・記述
	〔3〕	国学と蘭学	⊘**史料**	記述・選択・正誤
	〔4〕	近現代の沖縄		記述・正誤・選択
	〔5〕	民本主義と大正デモクラシー	⊘**史料**	記述・選択・正誤

（注）●印は全問，◑印は一部マークシート法採用であることを表す。

近現代史からの出題に注意
五者択一の選択問題，史料問題攻略がカギ

01 基本情報

試験時間：60 分。

大問構成：大問 5 題。小問数は 40 問前後で推移している。

解答形式：記述式もあるが，五者択一の選択式（マークシート法）が中心で，「該当するもの（しないもの）をすべて選べ」という，正解数がわからない選択問題も出題されている。また，3 つの文の正誤を判定する問題や，事項の年代順を問う配列問題もある。

なお，2025 年度は出題科目が「日本史探究」となる予定である（本書編集時点）。

02 出題内容

① 時代別

年度を通してみれば，古代から昭和戦後まで全時代にわたって出題されているが，出題が多いのは江戸時代と明治以降の近現代史である。戦後に関しては，2021 年度は琉球処分と沖縄戦，祖国復帰に関する沖縄史，2022 年度は環境問題，2023 年度は憲法を中心とした近現代史，2024 年度は近現代の社会運動が大問で出題された。原始（縄文・弥生時代）の出題頻度は低いが，2021 年度は火炎土器と支石墓，2023 年度は弥生時代などに関する知識が問われた。

②　分野別

政治・外交・社会経済・文化など各分野にわたって広く出題されている。後回しにしがちな昭和の政治・外交・経済問題も目立っており，昭和戦前～戦後の問題が連続して出題されている。また，2021 年度〔5〕と 2023 年度〔5〕で早稲田大学卒の石橋湛山が問われたように，早稲田大学に関連する人物・出来事は要注意である。時事と関連づけた出題にも要注意で，過去には 2018 年に亡くなった石牟礼道子の『苦海浄土　わが水俣病』に関連した問題が出題された。石牟礼道子と『苦海浄土』は 2022 年度〔4〕のリード文にも登場した。2023 年度〔5〕の日本国憲法前文を引用した問題は，日本政府による防衛力増強の方針や，ロシアのウクライナ侵攻などを意識したものと受け取れる。

③　史料問題

史料を素材とした問題が多出しており，しかも史料集などでは見ることのないものも頻繁に出題されている。2021 年度は古代（『続日本紀』の短文 2 点）・近世（『直毘霊』と平賀源内の滑稽本）・近代（民本主義），2022 年度は古代（『日本後紀』）・中世（『大乗院寺社雑事記』）・近世（江戸幕府の法令 2 点）・近代（小作問題に関する論説），2023 年度は古代（遣新羅使の短歌 5 首・外交史料 5 点）・中世（『法然上人絵伝』の詞書）・近世（『獄中記』）・近代（詩歌 2 点）・現代（日本国憲法の前文と第 24 条），2024 年度は古代（『参天台五台山記』）・近世（『東遊雑記』）・近代（19 世紀の民衆の思想や政治意識に関わる史料 7 点と『貧乏物語』）などの史料問題がみられた。2022 年度の『大乗院寺社雑事記』や 2024 年度の『参天台五台山記』などの長文の引用もあるので，史料問題には最大の注意が必要である。基本史料の問題演習を通じて史料に慣れ，初見の史料でも大意を読み取れる学力を養っておきたい。特に 2024 年度は，〔2〕で史料から読み取れることを 7 つの選択文から，また〔5〕では史料に記されていないことを 5 つの選択文からすべて選ぶ問題が出題され，高度な史料読解力に加えて手際の良さも問われた。また，2021・2023・2024 年度には絵巻物や地図を用いた問題が出された。

03 難易度と時間配分

多くの問題が教科書に記載されている標準レベルの内容であるが，一部に難しい問題が含まれている。2023・2024 年度は史料の読解力と論理的思考力を問う問題が増え，例年より難化している。2021 年度〔4〕近衛上奏文や沖縄返還合意のプロセス，2023 年度〔4〕石川啄木の短歌や戦後の朝鮮出身者の国籍問題，〔5〕日本国憲法第 24 条の条文など，特に近現代史に難問が集中している。「政治・経済」など公民分野と連動した学習が有効だろう。なお，2024 年度は〔2〕の平安時代後期の史料問題の難度が高かったので，近現代ばかりを重視するのは避けたい。

標準レベルの問題を取りこぼしなく解答し，かつ難問にも時間が割けるようにしたい。見直しの時間も確保しておくこと。正文・誤文選択問題の選択肢には判断に迷うものが散見されるが，そこで時間を取られ過ぎないように気をつけよう。

対策

01 「教科書」の徹底学習

教科書本文はもちろんのこと，欄外の脚注・図版・系図・資料やその解説，特に文化史の重要事項のまとめなどにも十分に注意を払いながら，教科書の細部まで学習しておくことが望ましい。単に太字を追うのではなく，本文の精読を通じて流れの中で歴史的名辞を把握するように努めたい。難問対策として，歴史的名辞は『日本史用語集』（山川出版社）で教科書記載頻度の低いもの（頻度数①～③）についても精読しておく必要があるが，これはあくまでも頻度の高い基礎事項や最重要語句を十分に理解してからのことである。まずは，基本を重視した学習を優先しよう。

02 歴史的名辞の正確な記述

選択式の出題が中心であるが，記述式の問題も必ず含まれているので，歴史用語は正確に覚え，書けるようにしておこう。2021 年度〔1〕の渤海，2022 年度〔2〕の樵談治要，2023 年度〔4〕の石川啄木，2024 年度〔3〕の廃仏毀釈などでケアレスミスをしないように注意しておく必要がある。また，過去には難読語の読み方も出題されている。

03 常に年表を準備した学習

正確な時代把握を求める問題や配列問題も頻出している。出来事を流れに沿って年代順で把握しているかどうかが問われる設問，ある期間内（あるいはその後）に起きた出来事をすべて選ぶ問題に対応するためには，図説資料集に収録されている年表を活用し，常に前後関係や因果関係を確かめながら学習していくと効果的である。なかでも政治・外交・文化史の重要事項の時代順を，脈絡を意識しながら確かめることを怠らないようにしたい。

04 史料学習を十分に行う

史料に慣れることが史料文の読解力を身につける近道である。『詳説 日本史史料集』（山川出版社）などの史料集を熟読することはもちろんだが，その際に史料の注や解説を参考にしながら，史料文全体の意味も考えていきたい。特に史料についている解説は，歴史知識を広げる内容が含まれているので必読である。初見史料の場合，重要なのはその史料が何を物語るものなのかをまずとらえることである。そのためには，日頃から史料集を用いながら，判断のもとになるキーワードを見つける訓練をしておこう。特に 2023 年度〔5〕では，史料の読解をふまえた国語的考察力を問う難度の高い設問が複数みられた。2024 年度〔2〕問 5 や〔3〕問 11，〔5〕問 4 なども，史料や文章の読解力を十分に養っておかないと，60 分の試験時間では処理しきれない。

05 既出問題で応用力を育成する

本シリーズを利用して早稲田大学の他学部の問題も含め，過去の問題を研究しよう。既出問題に精通することによって高得点も可能となる。長めのリード文と史料から読み取ったそれぞれの情報をリンクさせながら考察させるタイプの大問構成が目立つので，対策は必須である。「すべて選べ」「２つ選べ」という解答条件も意識して過去問演習に取り組もう。本書や本シリーズの解答・解説，講評を通じて必要な知識を獲得していきたい。また，早稲田大学の頻出テーマの重点対策には『早稲田の日本史』（教学社）や『攻略日本史 テーマ・文化史 整理と入試実戦』（Ｚ会）などが役立つだろう。

世界史

▶A方式

年度	番号	内容		形式
2024 ●	〔1〕	交易・交流で結ばれた特別な地域	⊘地図	正誤・選択・配列
	〔2〕	社会主義運動		選択・正誤・配列
	〔3〕	EU 加盟国のムスリム人口	⊘統計表	選択・正誤
	〔4〕	東南アジア		選択・正誤・配列
2023 ●	〔1〕	世界史上の人々の移動・移住		選択・正誤
	〔2〕	バルト海地域の歴史		選択・正誤・配列
	〔3〕	テュルクの歴史		選択・正誤
	〔4〕	唐と周辺民族		選択・正誤・配列
2022 ●	〔1〕	古代・中世ヨーロッパの疫病		選択・正誤
	〔2〕	戦間期のドイツ・ポーランド		選択・正誤・配列
	〔3〕	イラクの歴史		選択
	〔4〕	華夷思想について		選択・正誤・配列
2021 ●	〔1〕	古代～現代におけるバルカン半島の歴史	⊘表	選択・正誤・配列
	〔2〕	大学の歴史		選択・正誤・配列
	〔3〕	民族の移住・征服・融合		選択・正誤・配列
	〔4〕	清朝末期の変動		選択・正誤・配列

（注）　●印は全問，◑印は一部マークシート法採用であることを表す。

中国史が頻出
正文（誤文）選択問題は難度の高い問題を含む

01 基本情報

試験時間：60 分。

大問構成：大問 4 題。解答個数は 50 個程度。

解答形式：全問マークシート法による選択式。複数の正答を選ぶ設問もみられるが，2023・2024 年度はいずれも正答 1 つの設問となった。また，2024 年度は地図の出題があったので，今後注意が必要である。

なお，2025 年度は出題科目が「世界史探究」となる予定である（本書編集時点）。

02 出題内容

① 地域別

欧米地域 2 題，アジア地域を中心としたその他の地域から 2 題が基本となることが多いが，欧米地域中心の大問であってもアジア地域が小問で問われたり，また，その逆もある。現代史という観点から多地域にまたがる出題がみられることもある。

欧米地域：例年，ヨーロッパに関しては，比較的広範囲からの出題となっている。また，年度によっては南北アメリカからの出題もみられる。

アジア地域：2024 年度は中国史そのものの出題はなかったが，例年中国史の出題が多く，大問 1 題が中国，他の 1 題が中国以外の地域というパターンが基本である。中国史では，中国のみの視点ではなく，東南アジアや中央アジアなどその他のアジア，日本など周辺地域も含めた視点が必要となる問題が出題されるので注意したい。中国史以外では，イラク史・イラン史・オスマン帝国史といったイスラーム世界やインドからの出題頻度も高い。

また，スラヴ民族史やアフリカ史などの見落としがちな地域に関して小問レベルで問われる場合もあるため，未学習の地域を残さないこと。

② 時代別

ヨーロッパに関しては近世以降の比重が大きい。アジア地域では中国の各王朝を1つのユニットとして問う傾向があり，王朝ごとの整理が必要であろう。中国以外では，一国・一地域のかなり長い期間が問われる場合が多い。また，2021年度以降，20世紀末や21世紀初頭の事項が出題されているので，引き続き戦後史にも注意が必要である。

いずれにせよ，欧米地域・アジア地域を問わず，古代から現代までの(21世紀まで視野に入れた）きめ細かな学習が求められている。

③ 分野別

政治史・社会経済史が中心である。これらは短文の正誤判定とともに出題されることが多く，難問が散見される。また，年度によっては語句選択問題にも難問がみられる。政治・経済・社会と文化の関連も押さえておきたい。政治・経済・社会を中心に，それらの歴史事項に宗教や文化を関連させながら学習を進めることが大切である。

03 難易度と時間配分

大半は標準レベルであるが，正文（誤文）選択問題を中心に難度の高い問題が散見される。

① 語句選択問題の難易度

大半が教科書・用語集レベルである。正解が受験生にとって未知の人物(用語）であったとしても，他の人物（用語）の正確な知識があれば消去法で解答できる場合が多い。

② 正文（誤文）選択問題の難易度

難問は，正文（誤文）選択問題に多く，一部に教科書・用語集レベルを超えた選択肢もみられるが，難問にみえる問題でも消去法によって正解できることが多い。選択肢の1つが教科書・用語集にない用語を含む文章でも，他の選択肢は教科書・用語集レベルの正確な知識があれば正誤判定できることが多く，地道な学習に裏づけられた自分の知識を総動員して取り組めば正解できるようになっている。また，2021年度は「すべて選べ」という設問がみられた。消去法では正解できないため，難度は非常に高くなる。

時間配分については，60 分で総計 50 個程度の解答個数であるので，消去法も活用しながらテンポよく解答していくこと。できれば見直しの時間も残しておきたい。

01 教科書の精読

まずは，基本となる教科書の内容を理解することが大切である。正文（誤文）選択問題には教科書・用語集のレベルを超えた選択肢もあるが，教科書レベルの知識の応用（消去法など）で対応できる問題も多い。教科書レベルの問題を取りこぼさないことこそ，合格の絶対条件であろう。

なお，年代が直接問われることは比較的少ないが，年代配列問題が例年出題されているので軽視はできない。本来，世界史学習では制度や社会の変化，他の時代・地域との比較対比は大切なことであり，その意味で「いつ」は重要な要素をなす。よって，常に「いつ」にも注意して教科書を精読しよう。

02 用語集・歴史事典・資料集の活用

正文（誤文）選択問題や正誤問題の場合，その根拠となる知識は用語集などの説明文の中に含まれていることが多い。そのため，『世界史用語集』（山川出版社）などを常に参照しながら学習を進めたい。それらの用語集は「読むもの」と考えて，たとえ教科書記述頻度の低い用語であっても，必ず説明まで読んでおくことが必要である。高度な歴史知識が問われるので，『角川世界史辞典』（角川書店）や『世界史小辞典』（山川出版社）の併用も意味があるだろう。また，細かい地名やその位置が問われるなど地理的知識がポイントとなる問題も多い。2022 年度は「漢委奴国王」の金印のつまみ部分は何の生物かが問われた。教科書や図説には必ず写真があるが，しっかり見ておかねば解けない難問である。図説・資料集・地図を常に見つつ学習を進めたい。

03 文化史・現代史の対策

文化史は，単に人名と作品の暗記だけでは歯が立たず，政治・社会状況との関連など，詳細な内容で問われることも多くなっている。文化史関連の人物については，『タテヨコ総整理　世界史×文化史　集中講義 12』（旺文社）などを利用して整理し，さらに『世界史のための人名辞典』（山川出版社）などでその生涯（活躍した年代）を追っておくとよいだろう。

現代史については，21 世紀まで視野に入れて，現代の国際政治や国際関係，歴史上の地域の現在の国名にも注意を払っておく必要がある。

04 多くの問題にあたる

問題の大半は教科書・用語集レベルであり，それを超えた難問でも消去法によって解答できるものが多い。よって，教科書・用語集レベルの知識（情報）をどれだけ正確に理解しているかがポイントとなる。01 02 で示した学習によって必要な知識（情報）は獲得できるが，それだけでは抜け落ちてしまう可能性もある。これを防ぎ，さらに知識を定着させるには問題演習が欠かせない。早稲田大学の出題形式に慣れ，他学部の問題も含めて徹底的に対策するには，過去 10 年分の良問を精選した『早稲田の世界史』（教学社）が役に立つ。小問ごとに難易度を示しているので，難問を見きわめる訓練もできる。多くの問題にあたり，できなかった箇所を教科書・用語集などでチェック・確認すれば，応用力も育成できよう。

05 本書および本シリーズの利用法

❶ 過去問を解く

試験時間の 60 分を目安に行うとよい。解答のペースをつかむためにも，各設問への時間配分を考えながら時間を設定して解いてみよう。

❷ 解答・解説を見て，チェックする

(i) **語句の選択・記述問題**……できなかった箇所を教科書などで確認し，書いて，覚えていく。

(ii) **正文（誤文）選択問題**……まず，できなかった問題に対しては，なぜ間違い（正誤の判定ミス）を犯したのか，解説を見て考える。次に，各設問の誤文選択肢のどこが誤っているのかチェックし，その箇所が教科書などではどのように説明されているのかを確認する。その際，教科書・用語集・参考書に記されていない場合は，受験レベルを超えた部分と考えて，参考程度にとどめる。

❸　他学部の問題にもあたる

正文（誤文）選択問題や正誤問題，年代関連の選択問題は，早稲田大学のどの学部でも出題されている。よって，他学部の問題にも上記❶→❷の手順であたれば，問題形式に慣れて実戦力が養われ，さらに問題を解くのに必要な知識（情報）も効果的に獲得できるだろう。

地　理

▶A方式

年度	番号	内　容	形　式
2024 ◑	〔1〕	アジアの世界遺産	記述・選択・正誤・配列
	〔2〕	アジア各国の経済発展　⊘統計表	選択・記述
	〔3〕	ヨーロッパの農業	記述・選択
	〔4〕	日本国内の自然災害	選択・記述
2023 ◑	〔1〕	世界や日本の湖沼	選択・記述
	〔2〕	船舶の貨物輸送　⊘グラフ・統計表	記述・選択
	〔3〕	地中海に面した都市と国　⊘統計表	記述・選択
	〔4〕	中部アメリカの地域的特色	記述・選択
2022 ◑	〔1〕	アジアの島嶼国　⊘統計表	選択・記述
	〔2〕	世界の食料生産と食文化　⊘統計表	記述・選択
	〔3〕	アメリカ合衆国の地誌　⊘統計表	記述・選択
	〔4〕	世界の大地形	選択・記述
2021 ◑	〔1〕	世界各地の民族・領土問題　⊘統計表	選択・記述
	〔2〕	イギリス・オーストラリア・中国・メキシコをめぐる国際関係と貿易　⊘統計表	選択・記述
	〔3〕	南アメリカ4カ国の地誌	記述・選択
	〔4〕	ヨーロッパの地誌　⊘統計表	記述・選択

（注）　●印は全問，◑印は一部マークシート法採用であることを表す。

世界の地名や経緯度の位置関係の把握が大切
時事問題・歴史など幅広い知識の習得も重要

01　基本情報

試験時間：60分。

大問構成：大問4題。解答個数は50個程度。

解答形式：主に記述法と選択法で問われるが，2024年度は正誤法もみられた。選択問題ではマークシート法が採用されている。リード文の空欄を補充する完成形式や下線部についての出題などで，地名または地理用語を答えるものが多い。

なお，2025年度は出題科目が「地理総合，地理探究」となる予定である（本書編集時点）。

02 出題内容

自然災害，工業，都市，民族・領土問題，国家群・貿易など系統地理を含む全範囲から出題されており，2023年度は地形や交通をテーマとする大問がみられた。

世界地誌では地名について問われることが多いのが大きな特徴で，出題される地名は各地域の基本的地名だけではなく，やや詳細なものも含まれる。2021年度〔4〕ゾーリンゲン，2023年度〔4〕アカプルコなど，やや難と思われる地名も毎年のように出題されている。また，2021年度〔2〕Brexit，2022年度〔2〕食品ロス，2023年度〔3〕ロシアのウクライナ侵攻，2024年度〔4〕線状降水帯など，時事的な問題が頻出している。さらに，歴史や文化を中心に受験生の幅広い関心や教養をみる問題も要注意である。

資料として地図を用いた出題は近年みられないが，統計表はよく用いられている。

03 難易度と時間配分

いくつか詳細な地名や数値を問う小問も含まれているが，基本的な設問を取りこぼすことなく確実に得点を積み重ねることが，何よりも大事である。試験時間には比較的余裕があると思われるので，取り組みやすい問題から解いていき，統計表を読み解く問題などにじっくり時間をかけたい。

01 基本事項の徹底学習を

難関大学だからといって，難問ばかり出題されるわけではない。受験対策としてまず大切なことは，教科書をすみずみまで徹底学習し，地理学習における重要事項，重要地名をしっかり理解することである。また，『地理用語集』（山川出版社）などを用いて，知識の整理・定着をはかりたい。早稲田大学のようなハイレベルの入試では，基本問題の取りこぼしは致命的であることを肝に銘じておこう。

02 地図帳を活用した学習を

近年は白地図が使用されることはほとんどなく，もっぱらリード文で地域の説明がなされており，具体的な地名は空欄となっている場合が多い。このような文章からある地域や都市の位置を把握したり，類推をしたりするのは，かなり高度な地理的認識が必要であり，差がつくポイントとなる。したがって，地理の学習の際には必ず地図帳を開いておき，いつでも世界各地域の地図がイメージできるようにしておきたい。その際，経度・緯度にも注意するように心がけよう。また，自分の知らない地名が出てきたら，必ず地図帳でその位置を確かめる習慣も身につけておきたい。

03 歴史や時事問題に関する幅広い教養学習

得点差が生じる難しい地名や用語は，2023年度〔3〕カルタゴのように，「地理」ではなじみが薄くても「世界史」では重要な地名や用語である場合が多い。リード文は各地域の自然環境や産業に加えて，文化や歴史的背景を述べたものであることが多いので，地誌学習の際には，各地域の大まかな歴史を整理しておくことをすすめる。さらに，世界遺産に登録された自然景観・史跡にも興味をもつなど，世界各地域の現状や文化に幅広い関心をもつことを心がけたい。受験勉強の合間に「世界遺産」写真集などを開くことも，遠回りのように思えるが，早稲田大学の場合，たいへん有効な学習になる。

国際情勢・時事問題も頻出で，それらへの関心と理解が不可欠である。「公共」や「政治・経済」の教科書または資料集を用いて，国際政治や国際経済などの分野に目を通し，テレビや新聞で扱われるニュースや時事問題に強くなっておくことが望まれる。

04 過去問の演習を繰り返す

ヨーロッパやアジアなど世界各地の地誌が頻出であり，過去に出題された内容が切り口を変えて問い直されることも珍しくない。難問と思える高度な知識を要求する問題や歴史的な視点からの問題も，繰り返せば易問となる。もちろん，統計数値は時間とともに変化するので，過去問演習を行う際には，『データブック オブ・ザ・ワールド』（二宮書店）などを活用し，必ず最新の統計を確認しながら学習を進めること。

国　語

▶A方式

年度	番号	種　類	内　容
2024 ●	〔1〕	現　代　文	内容説明，空所補充
	〔2〕	現　代　文	書き取り，空所補充，内容説明，欠文挿入箇所，内容真偽
	〔3〕	古　　　文	読み，口語訳，内容説明，文法，語意，人物指摘，文学史
	〔4〕	漢　　　文	口語訳，訓点，漢詩の知識，空所補充，内容真偽
2023 ●	〔1〕	現　代　文	内容説明，四字熟語，空所補充，内容真偽
	〔2〕	現　代　文	書き取り，内容説明，文章の構成，主旨
	〔3〕	古　　　文	空所補充，敬語，内容説明，口語訳，人物指摘，和歌解釈，文学史
	〔4〕	漢　　　文	口語訳，空所補充，内容説明，省略語補充，書き下し文，主旨
2022 ●	〔1〕	現　代　文	内容説明
	〔2〕	現　代　文	書き取り，内容説明，空所補充，内容真偽
	〔3〕	古　　　文	空所補充，敬語，人物指摘，口語訳，語意，和歌修辞，文法，文学史
	〔4〕	漢　　　文	書き下し文，口語訳，内容説明，訓点，空所補充，内容真偽
2021 ●	〔1〕	現　代　文	内容説明，段落挿入箇所，空所補充，主旨
	〔2〕	現　代　文	書き取り，内容説明，空所補充
	〔3〕	古　　　文 漢　　　文	口語訳，空所補充，文法，四字熟語，内容真偽，文学史 内容説明，訓点，口語訳，人物指摘

（注）　●印は全問，◑印は一部マークシート法採用であることを表す。

出典内容一覧

年度	番号	類　別	出　典
2024	〔1〕	評　論	「『稼ぐ子ども』をめぐるポリティクス」元森絵里子
	〔2〕	評　論	「『祖型』としての景物」野田研一
	〔3〕	説　話	「発心集」鴨長明
	〔4〕	雑　書（詩）	「癸辛雑識」前集　周密

年度	番号	項目	内容
2023	〔1〕	評　論	「漂泊のアーレント 戦場のヨナス」戸谷洋志・百木漠
	〔2〕	評　論	「自己と他者」田中彰吾
	〔3〕	軍　記 物　語	延慶本「平家物語」
	〔4〕	説　話	「夷堅志」洪邁
2022	〔1〕	評　論	「フーコーの風向き」重田園江
	〔2〕	評　論	「日本人と神」佐藤弘夫
	〔3〕	物　語	「夜の寝覚」
	〔4〕	文　章	「稼説送張琥」蘇軾
2021	〔1〕	評　論	「この明るい場所」五十嵐沙千子
	〔2〕	評　論	「識字の社会言語学」かどやひでのり
	〔3〕	説　話 史　伝	「沙石集」無住 「史記」司馬遷

現代文は高度な読解力と選択肢吟味力が必要
古典も標準以上のレベルでの習熟を

01 基本情報

試験時間：90分。

大問構成：大問3，4題で，〔1〕〔2〕が現代文，古文と漢文は〔3〕と〔4〕に分けて出題されるか，〔3〕が古文と漢文となることもある。

解答形式：すべて選択式（マークシート法）となっている。

02 出題内容

① 現代文

評論2題の出題が続いている。評論は人文科学の分野に属するものが主流で，文芸・言語・人間・文化などを論じている。設問は内容説明を中心とし，書き取り，内容真偽や空所補充，主旨などが出題される。論理の構造や主題の展開について，長めの選択肢によって読解の正確さを試す設問が特徴的である。

② 古　文

主に中古・中世の物語・説話から出題されている。設問は口語訳や内容説明が例年出題されている。ほかに人物指摘・文法・語意など，基本的な読解や知識が問われる。文学史は2021年度から4年連続で出題されている。和歌を含む文章からの出題も多く，和歌修辞や和歌解釈もよく問われ，2022年度は和歌中の掛詞を指摘する問題が出題された。

③　漢　文

さまざまな出典から出題されている。設問は，訓点や書き下し文などの標準的なものに加え，内容把握を問う説明問題や口語訳，内容真偽が出題される。2024年度には漢詩の知識，過去には漢詩解釈が出題されたこともある。

03　難易度と時間配分

現代文，特に評論は内容が高度であり，厳密な読解と選択肢吟味をしないと設問に対応できない。古文・漢文は全体としては標準的なレベルであるが，一部やや難しい問題が含まれることが多い。総合的にみると，やや難であるといえる。

時間配分は，大問4題の場合は1題20分を目安とし，残った時間を迷う問題の再検討にあてるとよいだろう。

対策

01　現代文：評論の柔軟な読解力を高める

現代文は評論の読解力錬成を基本に据えるが，その前提としてまず読解の基本姿勢を固めたい。それは先入観を捨てて，素直に筆者の主張に耳を傾ける態度である。優れた評論ほど，常識を超えて既成の考え方に挑戦する視点をもっているはずだから，読む側にもそれを受け入れる柔軟な態度が必要になる。評論の読解が困難なときは，何か自分の思い込みが理解を妨げているのではないかと反省する態度がほしい。

読解力を鍛える具体的な方法としては，解答・解説のしっかりした評論問題集を選んで，多様な問題に挑戦することである。例えば，『大学入試

全レベル問題集 現代文』シリーズ（旺文社）を，最終的には「5 私大最難関レベル」を見据えつつ，自分のレベルに合ったものから学習をスタートするのがおすすめである。また，共通テストの過去問の活用もすすめる。いずれの場合も，解答の正誤だけにこだわるのでなく，論理構造の核心を押さえることを目標にすることが大切である。メインの設問である内容説明の場合，核心をとらえる読みができていれば，本文と選択肢の照合が確実になり，安定した正誤の判別ができるはずである。判断の難しい選択肢であればあるほど，読解の正確さが正しい解答を導くのだから，むやみに量をこなすよりも，納得するまで読み込んで読解の質を高めなければならない。また問題集だけでなく，新書や「〜ブックス」「〜シリーズ」のような叢書の中から，出題傾向にも沿い，自分自身も興味・関心のもてるテーマのものをじっくり読み，教養を磨くことは，迂遠なようでも大切な基礎固めである。特にフランス現代思想を中心とした哲学思想の基礎知識と理解は，出題者側の題材選択につながる知的背景をなしていることが多く，問題文の読解の助けにもなる。読書記録を取り，内容の整理・要約などを形に残す工夫をすることも自身の励みになるだろう。

02 古文：授業で基礎を固めて応用力をつける

早稲田大学の受験生なら，古文の基礎学力は身についているだろう。それでも毎日の授業を大切にして，特に予習に力を入れることが学習効率を高める。その地道な努力があってこそ，もう一段高い読解力を目指す基礎ができる。その場合も，ただ問題集や参考書の数をこなして満足するのではなく，解答に失敗したり疑問を感じたりするたびに，基本事項に立ち戻ってきちんと納得し，より確実になった知識でまた問題文に立ち向かうようにする。これを繰り返すことが読解力の向上と自信につながる。たまたまその問題が解ければよいというのではなく，古文そのものの本格的な読解力を鍛えて，どんな文章にも自信をもって立ち向かうことを目標としよう。

また，通釈ができれば解けるというわけではないので，平安時代を中心に古典の生まれた時代の社会構造・人間関係・生活背景などにまで踏み込んで理解しておきたい。『大学入試 知らなきゃ解けない古文常識・和歌』

（教学社）はそのきっかけ作りに最適であろう。興味・関心をもっていれば，平生の学習を通じて多くのことが学べる。なお，共通テストの過去問が活用できることは，現代文と同様である。

03 漢文：基本事項を確実にマスターする

漢文は古文にも増して，授業こそが最高の学習の場である。授業第一主義で，あくまでも基本に忠実に，訓読・書き下し・訓点・句法・歴史的背景・漢詩の規則などの基礎力を確実にする努力をしよう。その中でも，漢文の構文を意識して読む練習をしておくと，どの場合にも応用でき，設問を解く手がかりにもなるので，積極的に取り組みたい。また，過去には漢詩が出題されたこともあるので，漢詩の形式・押韻の規則にも気をつけておきたい。その上で『入試精選問題集 漢文』（河合出版）など，1冊の問題集にじっくり取りくむことで実戦力を身につけていきたい。

04 融合問題対策：つながりを意識して読解力を養う

融合問題は現代文・古文・漢文のいずれかを組み合わせ，それぞれに異なる文体・内容を関連させる読みを要求するもので，早稲田大学の特色の一つといえる。教育学部ではここ数年出題されていなかったが，2021年度には融合問題ではないものの，古文の題材と漢文の題材とが関連づけられて出題された。知の応用力を求める時代の傾向にもかなう出題である。難関校過去問シリーズの『早稲田の国語』（教学社）を活用して他学部のものも含めて過去問を解き，慣れておこう。現代の文章の根底にも古典の表現や思想的基盤があるのだから，つながりを意識して国語の学習を深めることは，日本文化の理解にも役立つ。

早稲田「国語」におすすめの参考書

- ✓『早稲田の国語』（教学社）
- ✓『大学入試 知らなきゃ解けない古文常識・和歌』（教学社）
- ✓『大学入試 全レベル問題集 現代文 5 私大最難関レベル 改訂版』（旺文社）
- ✓『入試精選問題集 漢文』（河合出版）

▶C方式：国語国文学科

年度	番号	種　類	類別	内　容	出　典
2024 ◑	〔1〕	現代文	小説	内容説明（180字他）	「軍用露語教程」小林勝
	〔2〕	古　文	説話	文学史，和歌解釈，内容説明（100字）	「宇治拾遺物語」「撰集抄」
	〔3〕	漢　文 現代文	小説 小説	熟語，書き下し文，訓点，内容真偽，表現効果	「人虎伝」李景亮 「山月記」中島敦
2023 ◑	〔1〕	現代文	小説	内容説明（100字他），表現効果（200字）	「横浜なんかに住んでてすみません」姫野カオルコ
	〔2〕	古　文	歌物語	箇所指摘，内容説明（60字），文学史	「今物語」藤原信実
	〔3〕	近　代文語文	評論	空所補充，白文，書き下し文，内容真偽	「日本道徳論」西村茂樹
サンプル	〔1〕	現代文	小説	内容説明，意見論述（250字）	「変容」村田沙耶香
	〔2〕	古　文	歌論	内容説明（50字），人物指摘，文学史	「無名抄」鴨長明
	〔3〕	近　代文語文	紀行	同意語，同じ意味の漢文，口語訳，漢詩の知識，内容説明	「米欧回覧実記」久米邦武

（注）　2023年度から出題。
●印は全問，◑印は一部マークシート法採用であることを表す。

小説・古文は心情把握と巧みな記述力が必要
文語文，漢文訓読体に慣れておくこと

01　出題形式は？

国語国文学科では，2023年度からC方式として「国語」が課されている。試験時間は90分。

2024年度は，現代文（小説）1題，古文1題，漢文とそれに関係する現代文1題の出題で，解答はマークシート法による選択式と記述式の併用。A方式（全問マークシート法）とは異なり，記述式に重点がおかれた出題で，字数制限が設けられているものと，字数制限がなく大きめの解答欄が用意されているものの両方がある。

事前に提示されたサンプル問題と初年度の2023年度は，現代文（小説）

・古文・近代文語文各１題で構成されていた。

02 出題内容はどうか？

〔１〕は現代文で，小説が出題されている。設問は，選択式の内容説明のほか，登場人物の心情や関係を読み取る，骨のある記述問題が出題されている。

〔２〕は古文で，主に中世の作品が出題されている。設問は，文学史が選択式で出題されるほか，内容説明や和歌解釈などが記述式で出題されている。2024 年度は，同じ内容で解釈の違う２つの説話が出題された。

〔３〕は近代文語文または漢文＋現代文の形で出題されている。いずれにしても，主に漢文の素養が問われる。2024 年度は，漢文を元に書かれた小説の結末が漢文と異なっていることについて，なぜ小説化に当たって作者がそのようにしたのかを考えさせる記述式の問題が出題された。

03 難易度は？

現代文（小説）の本文自体は易しいが，記述式に重点がおかれており，記述量も多く読解力と表現力の両方が必要とされ難しい。選択式の設問は標準的だが，問題文全体から読み取れる情報を正確に処理しなくてはならない。

古文の本文自体はそこまで難しくないが，設問の指示に従って制限字数内で記述するのはやや難しい。箇所指摘は標準的。選択式の文学史は易しい。

〔３〕が漢文＋現代文形式の場合は，漢文自体がわかりやすく，現代文からあらすじもわかるので本文理解は易しい。近代文語文は，文字数が多く読み慣れないと難しいだろう。漢文に関する設問は，漢文の基礎が備わっていれば解ける標準的なレベルである。2024 年度に出題された，小説化に当たっての表現意図を記述する問題は，意図自体は容易に推測できるものの，文章にまとめるのは難しい。

大問が３題あるが，それぞれ 25 分を目安に解いて，残った時間を記述解答の見直しにあてたい。もしも記述式の設問をまとめるのに時間がかかりすぎるようなら，焦らずに他の大問の選択式を先に解き，後で落ち着いてしっかり書くなど，臨機応変に自分に合ったやり方を工夫してほしい。

01 現代文

小説が出題され，登場人物の心情や関係性について記述式で問われている。まずは『ちくま小説入門 改訂版 高校生のための近現代文学ベーシック』（筑摩書房）で，さまざまな小説を読み，小説読解の基礎を学ぼう。また，普段から小説をよく読み，登場人物の心情や関係性を読み飛ばさずにしっかり把握するようにしよう。記述をまとめる際には，最初に長く書いておき，そこから短く刈り込んでいけば冗漫さが避けられ，要点を簡潔かつ端的に述べることができる。選択式の設問の解答も，評論で出題されるような本文の言い換えではなく，事実関係を整理した結果得られる心情把握であるから，記述と同じような対策が有効である。

02 古　文

教科書や参考書によって，接続助詞「を・に・ど・ば」や助詞「と・など」に着目して，動作主体・発話部分の判別を繰り返そう（教学社『風呂で覚える古文文法』が便利)。敬意の対象も常に明確にしておこう。記述では，登場人物の心情について50～100字でまとめる練習をし，指導者に見てもらうこと。文学史はジャンルごとに作品と作者を覚えること。古典文法や古語の語意などもA方式の過去問によって学習しておくとよい。和歌の含まれる文章や，和歌そのものがテーマの文章が出題されているので，和歌の知識も必須である。和歌にまつわる文学史を国語便覧で確認し，和歌の修辞についてもひととおり押さえておきたい。古文や和歌の基本・応用問題を多く収載している『大学入試 知らなきゃ解けない古文常識・和歌』（教学社）などで問題演習を重ねておくとよい。

03 漢文（近代文語文）

漢文の基本的な素養が必要とされる。書き下し文や口語訳，漢文の語順把握などの訓練をしておきたい。また，使役・受身・反語などの基本句形を参考書などで学習しておこう。

総合問題

▶C方式：教育学科

年度	番号	内　容
2024	〔1〕	**問題解決のプロセスと留意点**　⊘英文 内容説明（40・60・100字），意見論述（200字）
	〔2〕	**図書館の活用法** 内容説明（100字），意見論述（200字）
2023	〔1〕	**不登校などを研究する際の留意点**　⊘グラフ・英文 (1)要約（200字） (2)英文和訳 (3)資料読解（200字），意見論述（400字）
サンプルA	〔1〕	**古代ギリシアの教育制度** (1)現代日本の教育との比較（800字） (2)アテネの教育を現代日本で行ったら，どのように非難されどのように賞賛されるか（800字）
サンプルB	〔1〕	**観察の理論依存性** (1)内容説明（400字） (2)内容説明・具体例（200字） (3)意見論述（400〜800字）
サンプルC	〔1〕	**日本の教育システムにおける垂直的序列化と水平的画一化**　⊘グラフ (1)内容説明（200字） (2)グラフ中のＡ～Ｅにあてはまる国 (3)例示と理由説明（200字） (4)具体的場面を用いて内容説明（400〜800字） (5)意見論述（400〜800字）
サンプルD	〔1〕	**コンピュータと教育** (1)・(2)内容説明（各100字） (3)意見論述（800〜1200字）

（注）　2023年度から出題。

和文・英文の課題文読解をもとに短論述の小問に答える総合問題型の出題

01 出題形式は？

教育学科では，2023 年度からＣ方式として「総合問題」が課された。試験時間は 90 分。

サンプル問題や 2023 年度は大問１題での出題であったが，2024 年度は大問２題の出題となった。2024 年度の〔１〕は和文と英文の２つの課題文の読解をもとに 40～100 字と少ない字数での内容説明３問と，200 字での意見論述１問，〔２〕は和文の課題文の読解をもとに，100 字の内容説明と 200 字での意見論述が課された。2023 年度は，グラフ資料が付された和文，英文，さらにグラフ資料が課され，すべての資料を複合的に組み合わせての分析が求められていたことを考えると，2024 年度はかなりシンプルな設問・資料構成となったと言える。

02 出題内容はどうか？

2024 年度は，〔１〕で問題解決のプロセスと留意すべき点について述べた和文と，その内容を補足する英文が課され，少ない字数ではあるが，緻密な読解をもとに問題の条件や解答の推測，課題文の主張を踏まえて学習者の留意すべき点についての意見論述が求められた。〔２〕では図書館の役割，活用法について述べる和文の読解をもとに，生涯学習の基盤としての図書館の活用法について意見論述が求められた。２つの大問は独立しているが，「問題解決」という共通のキーワードを通して人々の「学び」について問われており，課題文の丁寧な読解力と少ない字数で端的にポイントをまとめる思考力と表現力が求められた。

2023 年度は，教育のもたらす恩恵や教育の拡大の現状について述べた和文とグラフ資料，それに対し懐疑的な意見を投げかける英文，さらに，不登校の児童生徒についてのグラフ資料が課された。それぞれの個別の読み取りだけではなく，相互に組み合わせての分析，教育についての基礎的な理解をベースに，１つの資料から得られた知見を他の資料と照合し分析する思考力が求められた。

サンプル問題では，課題文はすべて教育に関するものであったが，古代から現代，理論から具体的課題と，それぞれの内容は多岐にわたっており，日ごろから教育に関する話題に幅広く触れていることが求められていると言える。

03 難易度は？

個々の課題文，英文，グラフ資料は標準的なレベルであり，読み取りの難度は高くない。しかし，英文も含め資料ごとの読み取りが課され，ピンポイントでの具体的な論述が求められるため，解答字数は少なめであるものの，難度は低くない。小問数が多いので，手早く課題文のポイントの読解や和訳，グラフ資料の読解を行った上で，複数の資料相互の関係をつかみ，記述することが必要である。

ただし，課題文やグラフ資料の読み取りと分析に重きが置かれており，論述字数も少ないため，教育についての専門的な知識を展開する余地はそれほど大きくない。資料で提供された情報を理解して論を展開できるだけの，教育の意義や現状についての基礎知識と問題意識が要求される。

対策

01 長文課題文を素早く読みこなす練習を積む

2023・2024 年度の問題では比較的読みやすい和文の課題文が課されたが，サンプル問題では文語文も出題されている。また，2023 年度の問題，サンプル問題の課題文は長文の場合が多かった。多様な課題文の形式に慣れるとともに，長文の課題文を素早く読みこなすための練習が必要である。出題された課題文を参考にした上で，教育学あるいは人文科学，社会科学についての書籍を読んでおくとともに，ある程度の長さのある文章を時間を区切って 100 字ないし 200 字に要約する練習を積んでおこう。こうした分野の文章に慣れることができ，論述の際に材料となる，教育についての知識も蓄えることができる。さらに，サンプル問題で出題された文語文や，2023・2024 年度に出題された英文の読み取りにも対応できるよう，古文，英語の学習もしっかりと行っておくことが重要である。

02 グラフや統計資料の読解に慣れる

2023 年度の問題，サンプル問題では，グラフや統計資料の読解と分析が課される問題が多かったため，データ分析の対策も行っておこう。教育に関する新書では統計資料を扱っていることも多いため，統計資料と本文とを合わせて読むことで，データの読み解き方を学べる。さらに，「公共」の資料集や，官公庁のウェブページから「子供・若者白書」（内閣府）などの白書類で様々な現代社会や子ども，教育に関するグラフや統計資料を読み取る練習を行うとよい。グラフ，統計資料を読み取る際は，何を示しているデータなのか，データにはどのような特徴があるのか，どのようなことが言えるのかという点を中心に読み取った上で，データの解説を読んで自分が正しくデータを読み取れているかを確認しよう。さらに，そのデータから読み取ったデータの特徴や変化の背景・要因は何かをまとめる練習をしておくとよい。

03 複数資料に対応した論述練習を行う

様々な課題文，資料を組み合わせての論述の訓練も行っておきたい。ある事象について述べている文章とそれに関連するグラフなどの統計資料をもとに，両者からどのような結果が導き出せるのかを考えてみよう。その際には，課題文，グラフのそれぞれの関係性，特徴に触れながら論述を組み立てる。また，あるテーマについての複数の視点・立場の主張が掲載されている新聞記事などの文章を読み，それぞれの立場はどのような点で異なっているのか，また自分はどのように考えるのかを理由とともにまとめる練習もよいだろう。いずれも，過去問やサンプル問題，もしくは類似の出題を行っている大学の過去問を素材にするとよい。論理的に記述が行えているかという観点から自らチェックするとともに，第三者に添削してもらうようにしたい。

▶C方式：社会科

年度	番号	内　容	
2024	〔1〕	**結婚と男女の役割分担に関する日本人の意識と現実** (1)説明選択 (2)資料解釈（450字）	⊘グラフ
	〔2〕	**日本における緩やかなデフレ** (1)内容説明（400字） (2)内容説明（200字） (3)グラフ選択	⊘グラフ
2023	〔1〕	**難民問題** (1)説明選択 (2)内容説明（450字）	⊘地図
	〔2〕	**見方の多様性について** (1)内容説明（125字） (2)意見論述（400字）	
サンプル	〔1〕	**黒死病による人口減が人々の暮らしに与えた影響** グラフの読み取り・考察（150～250字）	⊘グラフ
	〔2〕	**データベース社会に特有のプライバシー問題** (1)事例選択 (2)内容説明・意見論述（200字） (3)意見論述（600字）	

（注）　2023年度から出題。

歴史的事件が生じる原因や背景を分析させる出題

01　出題形式は？

社会科では，2023年度からC方式として「総合問題」が課された。試験時間は90分。

2024年度は，大問2題，小問5問であった（2023年度は大問2題，小問4問)。うち2問は選択問題，3問は論述形式であった。大問2題とも，日本語で書かれた複数の資料文とグラフを読み，それに関連する事実を問うたり，内容をまとめさせたりする問題であった。

なお，出題方針の中では「英語の資料」が用いられる可能性も示されているので注意したい。

02 出題内容はどうか？

2024年度は，〔1〕では，日本人の結婚観と男女の役割分担について調査した複数の資料を参照して，問1で日本人の結婚観についての資料の読み取り問題が出題され，問2で現代日本の家族や男女の役割についての「理想」と「現実」の変化やギャップについて350～450字で論述するという内容であった。

〔2〕は，物価に関する問題で，1990年末頃から日本で長期に渡って起きた緩やかなデフレについて述べた複数の資料を参照して，問1ではなぜ日本で長期的に緩やかなデフレが続いてきたのかを350～400字で論述し，問2では緩やかなデフレがまずいのかどうかについて，その理由とともに150～200字で論述し，問3では資料文を参照しながら，インフレ期，デフレ期の価格の動きを表したグラフを選択するという問題が出題された。

2023年度は，〔1〕は，難民問題をテーマとする出題で，問1では世界の難民問題の知識が問われ，問2ではロヒンギャ難民の発生について，その「素因」と「要因」を2つの資料の読解と背景知識に基づいてまとめさせる内容であった。

〔2〕は，社会的事象に関する見方の多様性をテーマとする出題で，問1ではナチズムと新左翼運動について論じた2つの資料からそれぞれの見解の違いをまとめさせ，問2ではその違いが生じる理由を考察させる内容であった。

なお，サンプル問題の出題内容は以下の通り。

〔1〕はグラフを用いた出題で，1270～1410年の英国の人口と1人あたりのGDPを読み取らせ，それらの関係について考察させる内容であった。

〔2〕は複数の文字資料（日本語）を用いた出題で，情報化社会の中で変容するプライバシー概念について説明した課題文をもとに，GPS捜査について考えさせる内容であった。

03 難易度は？

いずれの問題も社会科の専門的な知識を問うものではないが，資料の単純な読み取りにとどまらず，与えられた情報を組み合わせて論理的に考察し，一歩踏み込んで論述することを期待する出題であると言える。

2024 年度は，〔1〕〔2〕とも，資料を読み取り論述する問題が中心であった。〔1〕も〔2〕も資料の読み取りはそれほど難しくはないが，その読み取った内容を踏まえて論述するというときに，資料の読み取りと論述の内容がうまくかみ合っていなければならない。また，字数が 400～450 字なので，論旨をうまくまとめなければならない。限られた時間の中で，それらの点に留意して論述する必要がある。

2023 年度では，やや詳細な知識を問う問題も出題された。論述問題においては，比較的平易な複数の資料を組み合わせたり比較したりすることで，社会的問題の原因や背景を考察する能力が問われている。全体として，総合問題として標準的な難易度と言えるだろう。

01 読解力の養成

2024 年度も，2023 年度と同様，日本語の資料文が複数与えられ，資料横断的に内容をまとめさせたり，資料間の見解の違いを考えさせたりする問題であった。一つ一つの資料の文章・内容は平易だが，それぞれの資料を正確に読み取ることができなければ，それらの資料を比較することはできない。常日頃から，現代文や小論文などの入試問題を使って，精密な読解の練習を積んでおきたい。

またサンプル問題のように，与えられる資料が日本語の文章とは限らず，グラフや英語である可能性があることも考慮に入れて対策してほしい。

02 政治・経済分野の知識獲得

2024 年度は，小問 5 問のうち 3 問は論述問題であったが，「政治・経済」に関連する知識をある程度持っていたほうが取り組みやすい内容であった。例えば，2024 年度〔2〕の緩やかなデフレの問題は，物価についての知識を持っておけば，解答しやすい問題であったと言える。「政治・

経済」あるいは「公共」の教科書や参考書を使って学習するとよいだろう。

03 論述力の養成

自分の見解を論述するというよりも，比較的短い字数で資料の内容をコンパクトにまとめる能力が重視されている。知識があればあるほど，あるいは資料文の読解ができればできるほど，論述内容に多くのことを盛り込もうとするが，設問で求められているポイントを正確に理解した上で，必要十分な論述を行う力を養う必要がある。この論述力を身につけるためにも，小論文を課す大学の問題を数多く解答し，添削指導を受けることを勧める。

▶C方式：複合文化学科

年度	番号	内　容
2024	〔1〕	**科学分析の方法論と社会** ㊦英文 (1)・(2)要約（350字2問） (3)2つの文章の関連性指摘と意見論述（500字） (4)英文和訳 (5)内容説明（80字）
2023	〔1〕	**外国語・文学・翻訳の意義** (1)要約（400字） (2)意見論述（1200字）
サンプルA	〔1〕	**「個」と「全体」に関わる3つのテクスト** ㊦写真 (1)要約（200字） (2)意見論述（1200字）
サンプルB	〔1〕	**言語普遍性に関わる2つのテクスト** (1)図解の読み取り（400字） (2)意見論述・具体例（1200字）

（注）　2023年度から出題。

複数の資料をもとに与えられたテーマについて多角的に論じる

01　出題形式は？

複合文化学科では，2023年度からC方式として「総合問題」が課された。2024年度は大問1題の構成で，和文2つ，英文1つの課題文が提示され，課題文の要約，2つの和文課題文の関連性の指摘，意見論述，英文和訳，内容説明が出題された。試験時間は120分。

2023年度とサンプル問題（A・B）は和文のみの大問1題であった。また，サンプル問題は写真や図解も含まれていたが，複数の資料を解釈し，多面的に考える力を問う点では各年度で共通している。

02　出題内容はどうか？

サンプル問題も含めると，与えられる資料は論説・随筆・美術作品・図解など多岐にわたり，それらが扱うテーマも科学・歴史・社会・生・思考・言語・文学・翻訳など幅広い。人間に関わる事象全体を広く〈文化〉として捉えようとする複合文化学科の姿勢が反映されていると言える。

2024年度は，科学分析の方法論に関する3つの課題文をもとに，科学と社会・政治構造との関係を読み解き，科学の理想像を考察する内容となった。比較分析の枠組みという学術的な英文の読解力も試された。

03 難易度は？

課題文は比較的平易な日本語で読みやすく，予備知識を要するものでもないが，日常的な感覚から一段深めた考察を求めるものであるため，文体に左右されずに論理構造を正しく把握するには，相応の読解力が必要となる。また，サンプル問題・2023・2024年度で設問の数や構成，英文の有無は異なるが，いずれにしても複数の課題文を読解したうえで，合計1500字前後の記述が要求されている。意見論述問題が含まれることを踏まえ，要約問題等は手際よくこなす必要がある。高度な構成力と表現力も求められており，試験時間が120分もあるとはいえ，全体として難度は高いと言えよう。

01 要約・和訳の訓練を徹底的に行う

複数ある設問のうち，意見論述等，構成を練るのに時間がかかる問題に十分な時間を残しておくには，課題文の要約や和訳を正確かつスピーディーに仕上げる必要がある。似たようなテーマを扱った他学部・他大学の小論文や国語の過去問を利用して，300～400字程度で要約する練習を重ねよう。解説の中で課題文の要約が示されている場合は，それと見比べて自分が書いたものを再検討し，また，可能であれば先生にも見てもらうと効果的だ。英文についても，他学部・他大学の英語の問題で英文和訳の訓練も行い，精読力や日本語表現力を高めたい。

02 意見論述に慣れる

同様に，制限字数が500〜1000字程度の過去問を利用して，論旨の一貫性が崩れないように留意しながら，自分の意見を明確に述べる練習を積んでおこう。やはり，書いたものは先生に見せてアドバイスをもらい，納得できるまで書き直すことが肝要である。また，長文論述においては，設問要求との対応を明示できるような論理構成・段落構成が重要になるので，数をこなすのが難しいようであれば，自分の意見の要点とその根拠を含めて，全体の構成を簡潔にまとめて書き出していくだけでもよい。

03 文化・芸術・社会に幅広い関心をもつ

複合文化学科では人間に関わる事象全般を広く〈文化〉と捉える。そのため，出題されるテーマに関連する予備知識を身につけるというより，むしろ，多様なテーマに柔軟に対応できるような，事象への眼差し，思考の方法をこそ養うべきだろう。社会科や国語の日頃の教科学習で触れる内容はもちろん，いろいろな分野のニュースを見たり新書を読んだりする中で，自分自身の関心を広げること，そして，身近に起こるちょっとした出来事や身の回りの事物を含む，個別的・具体的な事象の向こうに，どのような普遍的・抽象的事実や意味・価値が隠れているのだろうかと，考える習慣をつけることが重要である。

（参考） A方式「政治・経済」：2021・2022年度

年度	番号	内　容	形　式
2022 ●	〔1〕	国際資本移動　⊘統計表	選　択
	〔2〕	会社法と会社企業	選択・計算
	〔3〕	「憲法第7版」―憲法改正と憲法保障　⊘史料	選　択
	〔4〕	「社会契約論」―代議制と一般意志　⊘史料	選　択
2021 ●	〔1〕	ジェンダーの視点から見た日本の選挙制度	選択・正誤
	〔2〕	国連による国際人権保障の進展	選　択
	〔3〕	日本の医療保険制度　⊘グラフ	選　択
	〔4〕	新自由主義と市場経済のあり方	選択・正誤

（注） ●印は全問，◑印は一部マークシート法採用であることを表す。

2024年度

解答編

一般選抜：文科系（A方式，C方式）

解答編

英　語

◀A　方　式▶

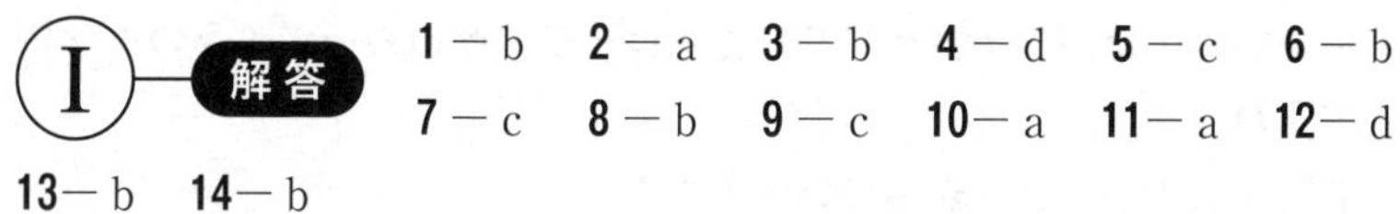

I　解答　1－b　2－a　3－b　4－d　5－c　6－b　7－c　8－b　9－c　10－a　11－a　12－d　13－b　14－b

全訳

《意味は底が浅い》

［1］　就学前の子どもは毎日，10 個以上の新たな単語の意味を学習し，その語の意味を十分に理解しているので，それらを用いて円滑な意思伝達ができる。子どもはこうした語を用いて，自分がいいと思ったり悪いと思ったりすることをめぐって，雑多な意見を表明し，すぐさま「ずるい！」と叫ぶ。だが，幼い子どもにしても，そうではない私たちにしても，本当にこうした言葉が何を意味するのかどうしてわかるのだろうか。というのも，数千年間にわたって，最も頭脳明晰な思想家たちは，こうした日常的概念，善とか，正邪の違いとか，公正とは何かとかは，流砂の中に沈んでしまう概念であることを見出してきたからである。どうして幼い子どもに，哲学者たちが分析に苦しんできた概念が習得できるのであろうか。

［2］　答えとしては，哲学者は一般「深層」概念理論を提供するという難題と格闘しているというわけである。その概念とは，生じうるあらゆる事例や場面で機能するはずの概念であり，善とか，公正，大義，精神といった概念の根本的な意味を説明することになる。しかし，子どもも大人も，十分に明確な意味をつかみさえすれば，その場面の具体的な意思伝達にか

かわる難題に対処できる。うまく意思疎通するには，「ずるい！」という叫びは，小さいほうのケーキをあてがわれたり，待たされて行列を作ったりしているときに子どもが感じている憤慨を表現しなくてはならない。しかし，こうした意思伝達では，その子（あるいは不運な親）が一般公正理論を思い描いている必要はない。実は，私たちがうまくやっていくのに用いる「意味」なるものは，しばしば意外なほどに底が浅いのである。

[3]　たとえば，子どもが「生」と「死」をどう使うかを考えてみよう。ハーバード大学の発達心理学者，スーザン＝ケアリー先生がその話題について，娘のイライザと交わした次のような会話は，有益で実に楽しい。テレビ番組で誰かが銃撃されたときのイライザ（3歳半）の説明は，こうである。「ああ，死んじゃった。私わかるもん。だって，動いてないよ」 これは，私たち大人が「死んでいる」のをどう定義するかと，頼もしいほどよく似ている。だが，次にケアリー先生はイライザのぬいぐるみのクマについて尋ねる。

E：…この子，これからはいつも生きてるんだよ。
S：今生きてるの？
E：いいえ，死んでる。そんなわけないでしょ。
S：生きてるの，死んでるの？
E：死んでる。
S：昔は生きてた？
E：いいえ。生きてるのと死んでるのとの中間くらい。ときどき動くもん。

その次に来るのは，驚くべき質問である。

E：死んだらどうやってトイレに行くのかな？
S：なんですって？
E：きっと，トイレは地下にあるんだ。
S：死んだらトイレに行かなくていいんだよ。何もしないんだから。ただ寝ているだけ。食べたり，飲んだりはしないの。だからトイレに行かなくていいんだよ。
E：でも，死ぬ前に食べたり飲んだりしたよ。トイレに行かなきゃ，死ぬちょっと前に。

イライザは，確かに「生」と「死」の明白で明瞭な概念をもっていない。

ぬいぐるみのクマは生きてはいない。だがここでもまた，クマはときどき動くのだから，生きていなければならない。あるいはことによると，どこか中間段階にあるのかもしれない。また，死者も，見たところ，正常な身体機能を維持している。別の事例で（3歳8カ月），イライザは，「おかしいよ，銅像は死んでるのに，それでも会えるよ」と言い張る。おじいちゃんは死んじゃったから，会えないでしょ，というのである。

[4]　イライザは，明らかに観察眼の鋭い理論家である。また言葉の連想ゲームをするのがとても得意だ。「生」と「死」という言葉を人々はむやみに口にしているが，何を言おうとしているのか。そう，死んだものは動かないようだとか，死んだ人には会えないとか。だが，大人の観点からすると，きわめて中心的であるように思える，「生」と「死」は生物にしか当てはまらないという考え方は，イライザには欠けているか，ことによると二義的にすぎないようである。本当に驚くべきなのは，就学前の子どもとの関わりの大半で，たいていは，子どもたちの言葉の理解が私たちとは根本的に異なるなどとは，つゆほども思わないということである。連想ゲームでの行動や身振りの解釈と全く同じように，子どもたちは言葉の意味を十分に理解できるので，言葉が使われるのを聞いている眼前の具体的な状況の意味を理解することができる。撃たれて動かない人物は，「死んでいる」と言われる。親戚やペットもまた，もう会えないと，死んだと言われる。幼い子どもたちは，周囲の大人たちに代わって自らの連想ゲームを生み出し，そうした同じ言葉を驚くほど上手に使うことができる。実際，本当に上手なので，概念的な大矛盾（たとえば，ぬいぐるみのクマは生きても死んでもいる）が，日常会話の中では，まずもって出現しないほどなのである。

[5]　しかし，同じことが大人の意思伝達でも生じる。「生きている」とは一体何であろうか。一般的な生物学の教科書にできるのはせいぜい，一覧表を作るくらいのことである。生物は，成長，繁殖，摂食，排泄し，体内の化学反応と体温を制御し，単細胞または多細胞からなり，遺伝子によってその特性を伝える，など。しかし，これではやっかいな事例，たとえばウィルス（細胞はなく，独立して繁殖できない），ウィロイド（寄主植物の内部で自律的に複製される鎖環状 RNA），プリオン（伝染性のタンパク質），さらには未来の人造人間（機械は生命をもつことなく意識をもて

るのだろうか）が，漏れてしまう。「生」の定義は，「善」や「正義」，「正邪」の定義同様，数千年間にわたる果てしない，解決することのない議論の主題であった。そして「生」の概念も矛盾に満ちている。あの世の生はある種の生ではないのだろうか。もしそうなら，生物学的な基準は大半が捨て去るべきものなのか。想像上のあの世に暮らす人々は本当は死んでいないのか。人体超低温冷凍術についてはどうなのか。生命活動の一時停止は一種の生なのか，死なのか，それともどこかその中間なのか。

[6]　この種の疑問は，私たちが日常の意思伝達で行っている，圧倒的多数の言葉による連想ゲームでは，ほぼ見当外れである。まず，やっかいな事例は普通の会話ではほぼ生じない。大切なのは，私たちが実際に日常生活で生じる事態に対処する際，きわめてうまくやっていけるということなのである。私たちは「生」の心的な定義を必要とせずに，存命中の親戚や亡くしたペットについて語ることができる。それは，「ゴリラ」の生物学的な定義を必要とせずに，キングコングのまねができるのと同じことである。

[7]　就学前の子どもも大人も，連想ゲームで身振りを使うように，言葉を使う。それは，独創的で，矛盾に満ちたやり方であるが，その場の言語ゲームをうまく切り抜けるには，十分なやり方なのである。言語を学ぶ際に，私たちは言葉によって独創的な会話ゲームをすることができるようになっていく。そして，そうした会話ゲームをするには，想定される意思伝達の目的や，状況の内容，過去の言葉遣いに注意を払わねばならない。というのも，意思伝達という氷山の隠れた部分が，言葉それ自体とちょうど同じだけ重要だからである。

出典追記：The Language Game: How Improvisation Created Language and Changed the World by Morten H. Christiansen and Nick Chater, Bantam Press

解説

1.「下線部(1)の意味は，…」

当該下線部は「こうした日常的概念…は，流砂の中に沈んでしまう概念である」という意味。「流砂の中に沈んでしまう概念」とは，次の文に「分析に苦しむ」概念のことであると説明されている。

選択肢はそれぞれ

a.「こうした思想は異常である」

b.「ありふれた思想は定義し難い」
c.「ありふれた思想は文化を通じて普遍的な意味をもつことはない」
d.「こうした概念を日常的な会話で見出すことは，きわめて珍しい」
という意味だから，正解はbに決まる。

2.「空所［　2　］に入れるのに最もふさわしい答えを選びなさい」

当該空所部分は直前に述べられた「一般深層概念理論」の「深層概念」を，具体化して説明する部分である。

選択肢はそれぞれ
a.「生じうるあらゆる事例や環境で機能するはずの概念」
b.「子どもが理解することも認知することもできない概念」
c.「人々が他者と有意義に結び付くことができるようにする概念」
d.「人間精神の暗いほうの側面にかかわる概念」
という意味。この部分が general theory of relativity「一般相対性理論」にならった表現であり，空所部分に「一般性」の説明が入るとわかれば，aが正解だと判断できる。第1・2段から，古今の思想家や哲学者たちが日常的な概念に対して挑んだことは，表面的な意味ではなく，物事の奥深くにある本質的な部分や普遍的な概念をとらえることであったことが読み取れる。

3.「本文によれば，下線部(3)の例示ではないものは次のうちどれか」

当該下線部は「その場面の具体的な意思伝達にかかわる難題」という意味。

選択肢はそれぞれ
a.「自分の望むものを表現する」
b.「公正の理論を説明する」
c.「自分の感情を伝えるのにふさわしい言葉を見出す」
d.「大きいほうのケーキをねだる」
という意味。この中で「具体的な意思伝達」に関係しないもの，すなわち抽象的な議論にかかわるものは，bである。

4.「筆者は『公正』を段落[1]・[2]でどう定義しているか」

第1段第4文（After all, the …）では「公正の本質」について sunk in conceptual quicksand と述べている。流砂ということは，固まっていないということ。ここから推測が可能。また第2段で述べられているのは「小さいほうのケーキをあてがわれる」という不正，「待たされて行列を作る」憤り，という具体例であり，さらに第2段第4文（But this communication …）に「日常生活の中では，一般的な理論を気にかける必要はない」と述べられている。ここからも「公正の定義」が日常生活では不要であると筆者が考えていることが推測できる。

選択肢はそれぞれ

a．「誰もが等しい大きさのケーキを受け取ること」

b．「ひいきのない公正な取り扱い」

c．「就学前の子どもは一人ひとり列に並んで待つこと」

d．「明確な定義はなされていない」

という意味だから，解答としてはdが最も適切である。

5．「イライザと，その観察の実例を挙げる理由は何か」

イライザとの対話からわかるのは，「生と死」をめぐる概念が幼児では整理されていないことである。

選択肢はそれぞれ

a．「子どもの人生の意義の理解について語るため」

b．「死についての文化的理解を示すため」

c．「子どもの概念的な理解の矛盾を例証するため」

d．「子どもの自然界との関係を探るため」

という意味だから，正解はcに決まる。

6．「イライザの生と死の理解に最もよく当てはまるものはどれか」

第3段のEとSのやり取りの後にある Eliza doesn't, surely 以下にイライザの認識が提示され，「動いたら生きていて，会えなければ，死んでいる」と述べられている。

選択肢はそれぞれ

a．「影像は，それが見えないと生きている」

b．「動かないもの，見えないものは生きていない」

c．「テレビで撃たれた人は実在しないから，死ぬはずはない」

d．「生と死は同じことである」

という意味だから，上記の検討に合致するのはbである。

7．「空所［　4　］を埋めるのに最もふさわしいのはどれか」

当該空所部分は，「イライザには欠けているか，ことによると（　　　）

にすぎないようである」という意味だから，空所は「欠けている」に近い意味の語だとわかる。

選択肢はそれぞれ，a.「基本的な」，b.「第一義的な」，c.「二義的な」，d.「不可欠な」という意味だから，正解はcだと判断できる。

8.「この文章で，charadesが意味しているのは何か」

charadesは「連想ゲーム」のことで，第4段第2文（And she is…）と第7文（Just as with…）に登場するが，第7段冒頭に再度出現し，その文末にthe language games of the momentと説明してある。

選択肢はそれぞれ，a.「言語変化」，b.「言語ゲーム」，c.「手話」，d.「言語記号」という意味であるが，正解はbであることは明白。

9.「空所［　A　］，［　B　］，［　C　］を埋めるのに最もふさわしい語の組み合わせを選びなさい」

まず空所［　C　］から考える。当該部分は「子どもたちの言葉の理解が私たちとは（　　）異なる」という意味であるから，［　C　］には「全く」という意味になる語が入るとわかる。選択肢中，その意味に近いのはradically「根本的に」である。よって，aとcに絞れる。空所［　A　］は「『意味』なるものは，しばしば（　　）底が浅い」という意味になるが，ここにはunexpectedly「意外なほどに」を入れれば，うまく文意が通る。第2段では，「その瞬間の意思疎通をうまくやり過ごすだけの意味さえわかればよい，一般的な概念は気にしなくてもよい」とあることから，厳密な，深い「意味」を求めていないことがわかる。よって，正解はcに決まる。なおpromisinglyは「前途有望なほどに，未来に希望がもてるほどに」の意。

10.「段落[5]の質問すべてを最もよく説明するのはどれか」

当該段落中の質問はすべて，生死の境界を問うもの。

選択肢はそれぞれ

a.「手に入る明確な解答は何もない質問」

b.「哲学者は誰一人考えたことのない質問」

c.「科学者しか答えられない質問」

d.「心霊，宗教的で明確な解答のある質問」

という意味。第5段第5文（The definition of…）に「解決することのない議論の主題であった」とある。よって，正解はaに決まる。

11.「段落[6]で，筆者のいいたいことの要点は何か」

当該段落は「日常の会話では，厳密な概念の定義は要らない」ということが話題の中心である。

選択肢はそれぞれ

a.「大半の人々は，意味のもつ哲学的な問題に関心をもつ必要はない」

b.「私たちは他者の使う語の定義を記憶する必要がある」

c.「人々が生と死の意味をうまくさばいていく理由はたくさんある」

d.「子どものゲームは，生と死に関して学ぶことの重要部分である」

という意味だから，正解はａに決まる。

12.「似たような類比となるように下線部(5)を置き換えるのに最もふさわしいのはどれか」

当該下線部は「キングコングのまねをするのに，ゴリラの生物学的な定義（は必要ない)」という意味。これは，「日常生活の中で簡単なことをするのに，難しいことは要らない」という意味。

選択肢はそれぞれ

a.「太陽を研究するのに火星の理解（は必要ない)」

b.「スーパーマリオをするのにパイプの分類（は必要ない)」

c.「体重が200キロもある霊長類だというのにゴリラの意味（は必要ない)」

d.「紙飛行機を作るのに飛行の仕組みに関する科学的な知識（は必要ない)」

この中で上記の検討にあうのは，ｄである。

13.「下線部(6)の意味はどれか」

当該下線部は「意思伝達という氷山の隠れた部分」という意味。

選択肢はそれぞれ

a.「意思伝達にとって巨大な障害となる母語の違い」

b.「目に見えず未知のままになっている意思伝達の大部分」

c.「しばしば深く，冷たく，有害な，子どもと大人の間の意思伝達」

d.「世代間の意思疎通で示されない真の意図」

という意味だから，正解はｂに決まる。

14.「本文の要旨として最も適切なのはどれか」

本文の要旨は「人間の意思伝達では，実は厳密な意味はそれほど大きな役割を果たしていない」ということ。

選択肢はそれぞれ

a.「人間が言葉を使ってはっきり意思疎通できるのは，共通の理解をすでに分かち合っているからである」

b.「日常的なふれ合いであってさえ，私たちは常にさまざまな概念の意味をうまくさばいていく」

c.「幼い子どもが連想ゲームをするのは，大人と同じように言語を使うのが上手ではないからである」

d.「暮らす国が違えば，話す言葉がないとき，用いられる非言語的な戦略はさまざまである」

という意味だから，正解はbに決まる。

語句・構文

(第1段) pre-school「就学前の」 fluent「流ちょうな」 welter「混乱状態，ごった混ぜ」 all too「ひどく」 wail「泣き叫ぶ」 after all「だって～だから（「理由」を表す）」 millennia（複数形）「数千年」 notion「観念，概念」 quicksand「流砂」 analyse「分析する」

(第2段) wrestle「格闘する，取り組む」 only have to *do* to *do'*「～しさえすれば…できる」 deal with～「～を処理する，～に対処する」 outrage「激怒」 queue「行列」 have～in mind「～を考えている」 get by「うまく切り抜ける，なんとかやっていく」 shallow「浅い，浅薄な」

(第3段) developmental psychologist「発達心理学者」 instructive「教育上ためになる，教育的な」 interchange「交換，やり取り」 can tell「わかる，知る」 in between「～の中間に」 distinct「明瞭な，はっきりわかる」 intermediate「中間の，中級の」 carry on with～「～を続ける，続行する」 exclaim「叫ぶ，絶叫する，言う」 statue「彫像，立像」

(第4段) observant「よく見ている，めざとい，観察眼が鋭い」 reasoner「論理的に考える人，推論する人」 astute「機敏な，目先の利く，抜け目のない」 verbal「言葉の，言葉による」 biological organism「生物，生物学的有機生命体」 perspective「遠近法，見方，眺望，展望」 not have the faintest inkling that S V…「S V…であるということなど全くわからない，～などとはこれっぽっちも思わない」 as with～「～

と同様に」 interpretation「解釈」 hear a word used「言葉が使われるのを耳にする」 describe *A* as *B*「*A* を *B* だと言う，評する」 well enough that S V「十分よく～なのでSVできる，SVするほど十分にうまく～」 that 節が不定詞と同様に enough と相関的に使われている。conceptual contradiction「概念的な矛盾」 show up「出現する，姿を現す」

(第５段) S can do no better than *X*「(S は *X* よりましなことなど全くできない→) S にできるのはせいぜい，*X* くらいなものだ」 descriptive list「例示表」 reproduce「繁殖する，生殖する」 excrete「排出する，分泌する」 chemistry「化学反応」 trait「形質，特質」 tricky「扱いにくい，ひねくれた」 viroid「ウィロイド（小型の RNA からなる植物病原体）」 replicate「複製する」 autonomously「自律的に」 host「寄主，宿主」 android「人造人間，ヒト型ロボット」 unresolved「未解決の」 afterlife「来世，死後の生」 criteria＜criterion「基準，標準」 cryogenic「人体冷凍術の」 animation「生命活動」(suspended animation は「仮死状態」のこと)

(第６段) irrelevant「見当違いの，関連性のない」 What matters is that S V「重要なのは～ということだ」 get along well「うまくいく」 no more need *A* to *B* than need *X* to *Y*「*A* がなくても *B* できるのは，*X* がなくても *Y* できるのと同じだ」 mime「～のものまねをする」

(第７段) contradictory「矛盾した，相容れない」 get through ～「～を切り抜ける，やり抜く」 communicative objective「意思伝達する目的」 linguistic usage「言葉の使い方，語法」 iceberg「氷山」

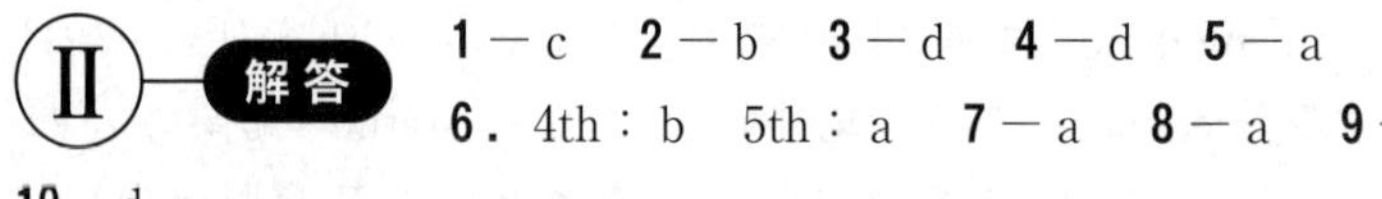

Ⅱ　解答　**1**－c　**2**－b　**3**－d　**4**－d　**5**－a

6．4th：b　5th：a　**7**－a　**8**－a　**9**－c

10－d

全訳

《AI で人間は愚劣化するのか》

［1］　現代の歴史家は 1967 年を特に盛りだくさんの年であると考える。第三次中東戦争，愛の夏（ヒッピー運動），サージェント・ペッパー（ビートルズのアルバム），記録に残る最初の米国人宇宙飛行士たちの死，郊外

ユートピア・ミルトンキーンズの創設。それに，いろいろなことが起こりすぎて半ば忘れられているが，ことによると全件中最重要かもしれないこと。それ以降，我々の脳の一部を使わずに済ますようにしてくれた，最初の機器の発明である。

［2］　ダラスの青年技師，ジェリー＝メリマン氏とその同僚が，その雇用主，テキサス・インスツルメンツのおかげで，カルテック電子計算機を私たちにもたらした。400ドルでシャツのポケットサイズのプラスチック製の箱が手に入ったのである。それについているボタンと記号を押せば，瞬時に，しかも非の打ち所のない正確さで，どんな単純な算術計算問題を聞いても，答えを出してくれたのだ。そしてきわめて重要なことに，その箱がやってのける仕事は目に見えなかった。ソロバンや計算尺は，頭脳労働節約機器だったかもしれないが，それでもなお私たちが，一定の灰白質を使う必要があった。カルテック計算機は私たちをすっかり解放してくれ，日常生活から数学的な退屈をすべて除去してくれた。

［3］　メリマン氏の魔法を生み出す役に立ったのは半導体とアルゴリズムだった。そして以来60年間，そして他の同じだけ恵まれた技術者の手中にあって，ずっとそうあり続けてきた。情け容赦のないほどに。

［4］　ただ彼らからの贈り物ばかりを，私たちはずっと欲していたのかもしれない。私たちの脳は今や，楽をしていられる。たとえば，私たちが紙の地図を読むのに，あるいは六分儀と羅針盤と経線儀とを使って，自分がどこにいるかを知るのに，どんな大脳の隅々を使っていたにしろ，それらは今や，冷蔵倉庫に保管されることとなった。GPSによってこれまで必要になりそうな方角はすべて示されてしまった。単語の綴り方とか，一番うまい文章の綴り方がはっきりしないって？（そういう場合は）1980年代以降は，OEDやファウラー現代用法辞典が一冊，至急必要になったりなどすることは，もうなくなってしまった。コモドール社のワードチェックとその後継版が，そうした問題の面倒を見てくれる。

［5］　そして1998年4月，ブリスベーンの会議で（現在大富豪の）ペイジとブリンという2人の米国青年による「大規模ハイパーテキスト・ネット検索エンジンの分析」という論文のプレゼンの後，グーグルができ，それがこの四半世紀間，私たちの抱くあらゆる疑問に，ほとんどどんなことに関してでも，数マイクロ秒で答えを出してきた。オープンAI社は，より

一層先進的なものを現在生み出しつつあり，それによって，頭脳労働の必要があることでまだ残っていた，ありとあらゆることが吹っ飛んでしまいそうである。

[6]　このことで，この数カ月間，深い絶望感が広まることになった。曰く，私たちの頭は必然的に使われなくなって，萎縮するか，膨張するか，どちらであれ悪いほうになるそうだ。

[7]　悪夢のごときモデル，といっても私たちの身体のことであるが，それは『ウォーリー』のような映画であり，人間は汚染されたゴミだらけの世界を捨てて，準軌道宇宙に浮かぶコクーンの中で死ぬまで暮らすという2008年公開のディストピア的世界観である。ここでは人間が筋力の衰えた無気力な人々に進化してしまい，リクライニングチェアに閉じこもり，粥状高カロリー食をチューブから絞り出して摂りながら，ぼんやりテレビ画面を眺めているのである。

[8]　そこで今やって来るのは，人間の知力に対する同じだけ恐ろしい世界観である。機械が日常的な知的作業をすべて代わりに行うようになって，私たちの脳は文字通り思考しなくなり，私たちの頭は終わりなき白昼夢を見る安息の場となる。私たちの精神は死を迎えるであろう。内在する知識は消え去っていく。もうあまり必要ないのである。いつでもタッチパネルをほんのちょっとこすれば，今やいつでも出てくるのだから。それにつれて，人間の英知という概念は，それが知識と経験の混合物である以上，蒸発してしまうだろう。社会は，ゆっくりともがき，朽ちてゆくだろう，身も心もすべて。

[9]　こうした見方も，私たちの未来の命運の一つである。だが，私は災難を予言しようというのではない。少なくとも，人間の知力に関する限りは。今やすべてが知の地獄へと向かっているという考えは，怪しいと私は思っている。むしろ，楽観するだけの十分な理由が見て取れる。また，私がこの希望を見出すのは，古代ギリシャの六賢人である。彼らこそ，知識という思想それ自体の基礎を築き，それを定義したのだった。ピタゴラス，ソクラテス，プラトン，アリストテレス，ヘロドトス，ユークリッドである。

[10]　これらの人物は，当然時代を経て尊崇を集め，神聖視されてきたが，彼らの知力は基本的に今日の私たちの最上層とほとんど変わらない。ただ

し一つ重要な点が違う。この男たちが暮らしていた時代には，彼らが知るべきことは，うんと少なかったのである。

[11] カール＝ポッパーの吹き出しそうになる，よく引かれる発言，「知は有限だが，無知は無限」は，もちろん客観的真実であるが，それでも現代の知的宇宙の知識量は，古典時代の知的エリート層が存在していた頃に比べて，計り知れないほどに巨大である。この六賢人のような人々はほとんど旅することはなく（アリストテレスは別にして），ほとんど知られていない地理，ほんのわずかしかない歴史，既存のほんのわずかしか書かれなかった先行記載に取り囲まれるのが必然の世界に暮らしていた。

[12] だから，彼らの知能は，同時代の知識全体にどっぷりとつかっていたとはいえ，ほぼ「白紙」，空っぽに近く，何でも取り込み，考える準備ができており，目的のために準備が整っていた。

[13] それゆえに，現代の知性は，今日のアルゴリズムが今や「不要」だとみなしかねないあらゆる情報が除去されてしまうや，彼ら同様に考え，探求し，驚嘆し，熟慮し，想像し，独創を生む準備が整うであろう。

[14] だから私は今日のアルゴリズム革命を，必要不可欠な浄化作業だと考えている。それは，私たちが現代の知的生活でたまりにたまったブリコラージュすべてを除去し，今よりまともな音声対雑音の割合に回帰し，新たなる無邪気さを私たちに恵み，可能性で満たしてくれる手段となる運動なのである。

[15] 夢物語に聞こえるかもしれないが，このできたばかりのポストAI社会には，新たなユークリッド，新たなプラトン，新たなヘロドトスの登場を見ることさえあり得る。そうした人物は今，出を待ち構え，ミルトンキーンズを創設したのが誰であれ，その遺灰から復活し，私たちに新版の倫理学を書き著したり，新たに人間の幸福の価値を指し示してくれたりするばかりになっているかもしれない。アリストテレスが2500年前，見事にそうしてくれたように。

[16] 電子人間に任せるのが一番かもしれない時間つぶしの見せかけの労働を，私たちの知能から除いてくれることの真の利益がこういうことであるなら，私はそれが待ちきれない。

解説

1.「筆者が下線部(1)を詳細に論じる理由はどれか」

当該下線部に対する筆者の評価は，前段落末尾に「それ以降，我々の脳の一部を使わずに済ますことができるようになった，最初の機器」とある。

選択肢はそれぞれ

a.「筆者は1967年を懐かしく思っている」

b.「筆者は，その非の打ち所のない正確性に感銘を受けている」

c.「筆者はそれが，私たちの脳の一部を使わずに済ませられるようにしてくれた最初の機器であると考えている」

d.「筆者は電子計算機が私たちの生活を，この60年間安楽にしてくれたことを強調したいと思っている」

という意味。よって，正解はcに決まる。

2.「下線部(2)を置き換えるのに最も ふさわしいのはどれか」

当該下線部は「(灰色の物質→)（脳の）灰白質」という意味。

選択肢はそれぞれ，a.「計算本能」，b.「脳細胞」，c.「曖昧な発想」，d.「電子計算機」という意味だから，正解はbに決まる。

3.「下線部(3)の『広まった絶望感』を示しているのは誰か」

それが誰かは，当該下線部の直後の「私たちの頭は必然的に使われなくなって，萎縮するか，膨張するか，どちらであれ悪いほうになる」という発言を語っている人物である。

選択肢はそれぞれ

a.「毎日しなくてはならない時間つぶしにする仕事の量のせいで，自分の手のことを心配している人々」

b.「実行する必要のある，辛い知的作業について心配している人々」

c.「ディストピア的な見方のせいで，汚染された世界を放棄することになるだろうと心配している人々」

d.「自分の脳を現在のようには使わなくなってしまうだろうと心配している人々」

という意味だから，正解はdに決まる。

4.「筆者が下線部(4)に言及する理由はどれか」

第7段では，「人の身体」がAIに頼りきった未来には映画のような悪夢になってしまうとしている。続く第8段冒頭で「同様の悪夢が人の知力（精神）に対してやってくる」とある。つまり nightmare model for our bodies と dire vision for our minds の対比である。なおこの（悪夢の）モデルに対する筆者の姿勢は第9段第2文（But I am …）に「不同意」だと述べられている。

選択肢はそれぞれ

a.「筆者は，人々にその映画は未来のディストピア的な見方を提示し，それは悪夢であると警鐘を鳴らしたいと思っている」

b.「筆者は，将来人間はついには，本当に毎日を来る日も来る日も，自宅内でテレビ画面の前で，高カロリーゼリーを食べながら過ごすことになりかねないと心配している」

c.「筆者は，この映画の中で人間の体に起きたのと似たようなことが，将来人間の精神にも起きるだろうと，読者を説得しようと試みている」

d.「筆者は，人間の身体の未来に関する悲観的な見方を，人間精神の未来に関する悲観的な見方と対比したいと思っている」

という意味。よって，正解はdに決まる。

5.「空所［　5A　］，［　5B　］，［　5C　］に最もふさわしい単語の組み合わせを選びなさい」

与えられている語は「地獄」「楽観」「希望」である。

［　5A　］部分は「今やすべてが知の（　　　）へと向かっているという考え」という意味。これは第7段に登場した nightmare model を受けるのだから「地獄」がふさわしいとわかる。

［　5B　］部分は「（　　　）だけの十分な理由が見て取れる」の意。ここは先の「地獄に向かっているという考え」に対する「不同意」の継承と読み取れるから，「楽観すること」がふさわしいとわかる。

［　5C　］部分は「私がこの（　　　）を見出すのは，古代ギリシャの六賢人である」の意。この部分は先行する「楽観」を受けた叙述なのだから「希望」がふさわしいとわかる。

以上より，aが適当である。

6.「下の5つの選択肢を用いて空所［　6　］を最もふさわしい仕方で埋めなさい。4番目と5番目の位置の選択肢を記しなさい」

当該空所部分は「彼らの知能は，…，ほぼ『白紙』，空っぽに近く，（　　　）になっていた」という意味。選択肢から (be) ready to *do*「～するばかりになっている，準備が整っている」，take it all in「何でも取り込む」という意味が読み取れる。そこで (be) ready to take it all in とすれば，文意が通る。

7.「下線部(7)が筆者によって用いられている理由はどれか」

当該下線部は「夢物語に聞こえるかもしれないが」という意味。この後に続く主節の内容が，「夢物語だ」と周りから言われることをあらかじめ認容していることがわかる。

選択肢はそれぞれ

a.「筆者は，AI 後の社会の知的生活に関する自分の見解に対する批判を予期している」

b.「筆者は，AI 後の社会の新たなる無邪気さの出現に疑いを抱いている」

c.「筆者は，AI 後の社会でアリストテレスの重要性に人々が気づいているかどうかに確信がもてない」

d.「筆者は，AI 後の社会に新たな哲学者が出現するきっかけを AI が作るかもしれないと考えている」

という意味だから，正解は a に決まる。

8.「本文の内容に沿わないのは次のうちどれか」

選択肢はそれぞれ

a.「古代ギリシャに比べると，現代人の頭はほぼ空っぽである」

b.「GPS はほぼ六文儀や羅針盤，経線儀に取って代わった」

c.「AI 技術のおかげで，知的生活は今よりまともな音声対雑音の割合に回帰するかもしれない」

d.「1967 年に発明された最初の電子計算機は，ソロバンとは全く違っていた」

という意味。第 12 段に「古代ギリシャ人の頭はほぼ空っぽだった」とある。よって，不一致なのは a だとわかる。

9.「筆者の考えを最もよく反映しているものは次のうちどれか」

最終段から，筆者が AI の能力が人間にプラスになるかもしれないと考えていると読み取れる。選択肢はそれぞれ

a.「筆者は，AI が未来の人間を怠惰な夢想家に変えてしまうのを恐れている」

b.「筆者は，AI に反対しているのではなく，起きるかもしれないマイナスの影響を心配している」

c.「筆者は，AI によって私たちの知的能力がより十全に発揮できるようになると考えている」

d.「筆者は，AI のアルゴリズムが古代ギリシャの哲学者の才覚を超えるだろうと考えている」

という意味。よって，上記の検討に合致しているのは，c だとわかる。

10.「この文章に最もふさわしい表題は何か」

本文の主旨は，「AI で人間は怠惰になると思われているが，AI のおかげでくだらないことをせずにすめば，古代ギリシャ世界の再来になるかもしれない」という AI 推しである。

選択肢はそれぞれ

a.「人間の脳は，くつろぐことができるようになるのだろうか」

b.「アリストテレスとカール＝ポッパーは正しかった」

c.「アルゴリズム革命は悪夢である」

d.「AI で人間は愚劣化するのか」

という意味だから，上記の AI 推しにふさわしいのは d である。

語句・構文

（第 1 段） count O as C「O を C だと考える」 astronaut「宇宙飛行士」 founding「創建，創設」 suburban「郊外の」 utopia「理想郷，理想の地」 crush「押し合い，雑踏，群衆」 consequential「重要な，重大な」 henceforward「これからは，今後は」

（第 2 段） courtesy of ～「～のおかげで，好意によって」 electronic「電子の，電子的な」 calculator「計算機」 instant「瞬間，瞬時」 impeccable「非の打ち所のない，申し分ない」 accuracy「正確，精密」 arithmetical「算数の，計算の，算術の」 abacus「ソロバン」 slide rule「計算尺」 mental labour「頭脳労働」 device「装置，機器」 make use of ～「～を利用する」 tedium「退屈，単調」

（第 3 段） semiconductor「半導体」 algorithm「アルゴリズム，計算法」 relentlessly「容赦なく，冷酷に，厳しく」

（第 4 段） *X* is all (that) S V …「S V … なのは *X* だけだ」 wish for ～「～を望む，欲する」 cerebral「大脳の，脳の」 nook and cranny「隅々」 sextant「六分儀」 compass「羅針盤，方位磁石」 chronometer「経線儀，精密な時計」 put *A* into storage「*A* を倉庫で保管する」

urgent need「緊急の必要，必要に迫られること」
(第 5 段) presentation「プレゼン，発表，説明」 conference「会議，協議，相談会」 anatomy「解剖，分析，詳細な調査」 web search「ネット検索」 microsecond「マイクロ秒，百万分の一秒」 blow *A* out of the water「*A* を完全にやっつける，撃沈する」 what remains of～「～のうちで残っていること」
(第 6 段) inevitably「必然的に」 atrophy「衰える，退化する」 distend「拡張する，膨張する」
(第 7 段) dystopian「ディストピアの，暗黒郷の」 abandon「放棄する，遺棄する」 choke「窒息させる，詰まらせる」 live out *one's* life「余生を送る，最後まで過ごす」 cocoon「繭，保護するもの（本文では宇宙ステーションのこと）」 suborbital space「準軌道宇宙」 maroon「閉じ込める，置き去りにする」 mush「粥状のどろどろしたもの」 glassily「ガラスのように，ぼんやりと，無表情に」 telescreen「テレビスクリーン」
(第 8 段) dire「恐ろしい，悲惨な，不吉な」 haven「安息の地，避難所」 daydream「白昼夢を見る，空想にふける」 moribund「瀕死の，絶滅しかけている」 inherent「内在する，固有の，本来備わっている」 on tap「いつでも使える」 evaporate「蒸発する」
(第 9 段) doom「悲運，破滅，悪い運命」 doomsayer「厄災を予言する人」 so far as S is concerned「S に関する限り」 sextet「六人組，六重奏（団）」 foundation「基盤，根本，基本原則」
(第 10 段) figure「人物，姿，図形，数字」 revere「あがめる，尊崇する」 sanctify「神聖にする，聖別する，神聖視する」 essentially「本質的に，本来」
(第 11 段) droll「ひょうきんな，おどけた」 finite「有限の，限界のある，限定された」 infinite「無限の，不定の，果てしない」 objectively「客観的に，事実に基づいて」 contemporary「現代の，同時代の」 immeasurably「計り知れないほど，とても」 classical times「古典時代，古代ギリシャ・ローマ時代」 circumscribe「～の周囲に線を引く，線で取り囲む，境界を定める」 prior「先行する，前の，以前の」 description「記述，叙述，説明」
(第 12 段) be steeped in～「～に没頭する，夢中になる，浸りきる」

tabulae rasae（複数形）「タブラ・ラサ，何も書かれていない白紙状態」 be primed for ～「～の用意ができている」

（第 13 段） Which is why ～≒And that is why ～「それゆえに～」 purge *A* of *B*「*A* から *B* を取り除いてきれいにする，浄化する」 contemplate「熟考する，熟慮する」

（第 14 段） revolution「革命」 cleanse「洗浄する，清める，浄化する」 rid *A* of *B*「*A* から *B* を取り除く，除去する」 accumulate「蓄積する，貯める，積み上げる」 bricolage「ブリコラージュ（ありあわせのものを利用して作ること）」 sound-to-noise ratio「音声対雑音比」 gift *A* with *B*「*A* に *B* を贈る，与える」

（第 15 段） Fanciful though it may sound≒Fanciful as it may sound≒Though it may sound fanciful　post-AI society「ポスト AI 社会，AI 後社会」 emergence「出現，登場」 in the wings「舞台の袖に隠れて，待ち構えて，控えて」 rise from the ashes「廃墟から立ち上がる，復活する」 the Ethics「倫理学」 *cf.* the Nicomachean Ethics「ニコマコス倫理学」（アリストテレスの主著） afresh「新たに，再び」

（第 16 段） clear *A* of *B*「*A* から *B* を取り除く，一掃する」 can hardly wait「待ちきれない」

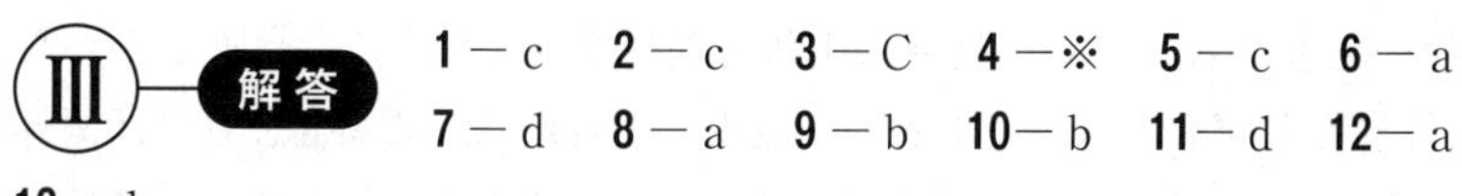

Ⅲ　解答

1－c　**2**－c　**3**－C　**4**－※　**5**－c　**6**－a
7－d　**8**－a　**9**－b　**10**－b　**11**－d　**12**－a
13－d

※4については，選択肢の記述に不適切な部分があったため，適切な解答に至らないおそれがあると判断し，解答の有無・内容にかかわらず，受験生全員に得点を与える措置が取られたことが大学から公表されている。

全訳

《なぜ死の直前に意識清明状態が突発するのか》

［1］　数十年の間，研究者やホスピスの看護者，呆然とした家族たちが，畏怖しながら見つめていたのは，アルツハイマーやその他の認知症を患う人々が突然，記憶と人格を死の直前に取り戻す姿であった。家族の人々にとって，それは再出発の機会のように思えるかもしれないが，多くの熟練した医療従事者にとっては，それは死期が近いしるしにもなりかねない。

クリストファー＝カー先生は，ニューヨーク州バッファロー市のホスピス・緩和ケア・センター最高執行責任者であり，最高医療責任者であるが，先生は数百人の末期患者の意識清明状態を研究してきた。先生は，こうした事態は「たいてい人生最後の数日間に起きます」と語る。このような「終末期清明状態」は，言葉や他者との「連結性」といった認知能力の突発回復と定義される。これは，ジョージ・メイソン・ユニバーシティのアンドリュー＝ピータースン先生に従った定義である。先生は，生命倫理学と意識の研究者であり，ナショナル・インスティテュート・オブ・ヘルスによって委嘱されたその現象の研究論文の共著者である。

[2]　この連結性は，失われた意思疎通能力や状況認識の回復にとどまらない。「清明状態を目にする家族の人々にとって，とても感銘深く思われることは，いわば『昔の本人』の出現ですね」と，ピータースン先生は語る。「彼らは周囲がわかるだけでなく，自分と他者との関係がどういうものかをも理解している明白な証拠があるように思われます」 それがあだ名を使うことであったり，昔からの内輪の冗談を言うことであったりしても，である。

[3]　こうした事態が驚くべきことに思えるとはいえ，それらはごくありふれている。「私たちの研究は，はやりの研究ではありません」と語るのは，ジェイソン＝カーラウィッシュ先生（ペン・メモリー・センターの老年病の学者であり，NIH 研究の上級主任研究員）である。にもかかわらず，「私たちが意識清明であるのを見出した時期は，認知症患者では例外というよりむしろ，普通にあることなのです。それが示唆しているのは，そうなれば終わりだという考え方はすべて正しいわけではない，ということです」とつけ加える。代わりに先生が示唆するのは，意識清明の発現は病態の一部であって，異常事態ではないと見るべきだということである。「実際に私たちは，こうした様々な事態が死亡する数カ月，さらには数年前に生じることがあったのを見出したのです」と，カーラウィッシュ先生は述べる。そうであるとしても，カー先生やパーニア先生を含め多くの専門家は，こうした事態の大半は死期の接近と結びついていることで意見が一致している。「彼らは死を迎える支度をしているようなものでしょうか」と，パーニア先生は語る。

[4]　こうした広範な一時的な認知的復活のもつ潜在的な意味は深く大き

い。「それが示唆するのは，残っている神経組織があるかもしれない，経路や神経機能とかも，ということです。ことによるとそれが認知機能の回復に役立つかもしれないのです。それがなければ永遠に機能が損なわれたと考えていた人たちなんですよ，それって」と，ピータースン先生は語る。

［5］　とはいえ，この現象に関する研究はいまだ揺籃期にある。「何らかの形でこういった症状の出現（清明状態）に結びついているかもしれない死の間際に，脳内で何が起きているのか実際はわかっていません」とピータースン先生は言う。このような不確実性にもかかわらず，死の間際や死んだときの脳活動に関する他の研究は，科学者や臨床医に病気や死にかけの脳の内部で起きているプロセスの一部に，より深い洞察を与える可能性がある。

死を迎えるとき脳に何が起きるのか？

［6］　『プロシーディングズ・オブ・ザ・ナショナル・アカデミー・オブ・サイエンス USA』5月号に掲載された研究で，ミシガン大学の研究者は，生命維持装置を外した後，心停止を生じつつあった昏睡状態の4名中2名に，組織的脳活動が急増するのを観察した。この研究は，10年以上に及ぶ動物研究を踏まえていたが，その一つが，2013年のPNAS研究であり，そこでは心臓毒に暴露されたラットの同期性脳活動の同様の急増が明らかになった。また，2015年の研究では，ラットは窒息死であった。こうした調査のすべてで，研究者はガンマ波の活動が心停止の最初のわずか数分内で急増し，それから停止するのを見出した。ガンマ波は，たいていは覚醒や緊張，記憶想起と結びついた脳波の周波数である。

［7］　ジモ＝ボルジギン先生は，神経学者でありミシガン大学の分子・統合生理学の准教授であるが，この3研究すべてに関与している。臨死の被験者のガンマ波の急増は，先生が「後部皮質の『ホットゾーン』」と呼んでいる脳領域で特に激しかった。そこは，頭蓋後部に位置している。他の研究者の一部は，この領域は意識的経験にも，不可欠なのかもしれないと考えている。この領域の脳部位は，視覚，聴覚，運動知覚に関係するが，その知覚は，臨死体験をして回復した人が報告する体外離脱体験に関係していると先生が信じている現象である。昏睡状態の人間で観察されたものに類似したガンマ波活性化パターンは，健康な人間の，おなじみの映像，

たとえば人間の顔などの認知が含まれる活動と関係していると，先生は付言する。

[8]　人間と動物の研究両方で，実験対象の脳は，酸素供給の急減の後に活動の急増を示したと，ボルジギン先生は語る。「それが酸素を取り戻すために，この恒常性の仕組みを活性化させるわけです。激しく呼吸するか，心拍を速くするかのどちらかでね」と，先生は付言する。ボルジギン先生が立てている仮説は，心停止となったヒトや動物で観察された，より複雑な脳活動の急増の多くは，脳が恒常性すなわち生物的平衡を，酸素欠乏を探知した後，再確立しようとしている結果でもあるというものである。先生はさらに推測を進めて，こうした生存機能は，死をめぐる認知の他の変化に関係しているのかもしれないと考える。「私は，認知症患者の終末期清明状態は，脳の行うこうした類の最後の最後の努力のおかげかもしれないと思っています」とボルジギン先生は語る。それは，生理組織が不全となったときに自らを保護するためになされるのである。

[9]　NYU ランゴンのパーニア先生は，酸素不足に対する脳の反応は，少なくとも一部，臨死清明経験の原因であるとすることに賛成である。2017 年から 2020 年にかけて，パーニア先生は AWARE II と命名された研究を主導した。研究者が米国と英国の 500 名以上の心肺蘇生法を実施された重篤患者の脳活動を監視する研究であった。患者は心肺蘇生法を受けながら視聴覚刺激に暴露された。心停止後の出来事の記憶を検査するためであった。生き延びた人々は後に，蘇生過程中に，どれだけの意識があったかに関して，面接を受けた。パーニア先生によれば，生存者 5 人に 1 人が心停止後に起きた清明経験を報告した。AWARE II チームは心肺蘇生法実施中に脳活動の不意の急増をも観察したと，先生は語る。「心停止から 20 秒以内に，脳は死んでしまいます」と，先生は語る。しかし，「たいてい 5 分以内に，まあ，長引くこともありますが，ほんの短期間の脳電流の復活を見ることになります」。先生は，観察される脳活動の周波数は，意識経験と結びついた周波数に近いと付言する。

[10]　パーニア先生は，死にゆく脳が，日々の暮らしを営む間，個別の課題に集中できるようにしてくれる通常の抑圧機能を失うのだと思っている。「死ぬ際には，脳は酸素と栄養がなくなり，それで終了となるのです」と，先生は語る。「この終了過程がブレーキを外すのです…，それで突然起き

るらしいことは，正常時は接続できない部分の脳に接続できるようになるのです…。すべての思考，記憶，他のあらゆる人々との交流が出現します」しかし，先生は，心停止を経験する人々は，清明状態を経験するのであって，幻覚ではないことを強調する。「錯覚ではないのです」と，パーニア先生は自分の研究した蘇生者について語り，彼らが経験しているのは，「夢でも幻覚でもない」という。先生の以前の研究は，蘇生した重篤患者が中心であったとはいえ，先生は昏睡状態であったり，認知症を患ったりしている人々の終末期清明状態は，類似過程の産物なのかもしれないと思っている。先生は後者の現象の研究に，最近は加わっている。

[11]　死にゆく人々の覚醒経験の完全な説明は，つかみどころのないままである。しかし，研究の描く死の構図はますます，信じがたいほどに活発で複雑なものとなっており，ことによるとさらに重要なことに，カー先生の説明するとおり，「人間らしいもの」になっている。認知症のある人々に関しては，カーラウィッシュ先生は，そうした人たちの意識は，変わり果てて二度と取り戻せなくなっていると考えたりせず，「彼らの心になお細心の注意を払わなければいけないのです。一部はまだ残っているのですから。ひどく損傷しているとしても，です」と語る。

出典追記：Why Dying People Often Experience a Burst of Lucidity, Scientific American on June 12, 2023 by Jordan Kinard

解説

1.「空所 α を埋めるのに最も ふさわしいのはどれか」

当該空所部分は「清明状態を目にする家族の人々にとって，とても（　　）思われることは，いわば『昔の本人』の出現である」という意味。認知症だった人が元に戻るのを目にした家族がどう思うかを考える。

選択肢はそれぞれ，a.「キラリと光る」，b.「ありふれた」，c.「感銘深い」，d.「稀な」という意味だから，c がふさわしいとわかる。

2.「空所 β と γ を埋めるのに最もふさわしい語の組み合わせを選びなさい」

当該空所部分は「意識清明の発現は（　　　）の一部であって，（　　）事態ではないと見るべきだ」という意味。第3段第3文（Nevertheless, he adds, …）に「認知症患者では例外というよりむしろ，普通にある」と述べられているから，β には「普通のこと」，γ には「例外的なこと」

を表す言葉が入るとわかる。

選択肢に含まれる単語はそれぞれ，abnormal「異常な」，disease「病気」，afterlife「あの世，来世」，exceptional「例外的な」という意味。よって，β には disease が，γ には abnormal または exceptional がふさわしいとわかる。そうなっているのは，c である。

3.「空所A，B，C，Dは，次の文がどこに入るかを示している。最もふさわしいものを選びなさい」

入れるべき文は「とはいえ，この現象の研究はいまだに揺籃期である」という意味。よって，この文の後には，研究がまだまだ不足していることを示す文がくるとわかる。そうなっている箇所は，「私たちは実は，…どんなことが脳の中で起きているのかわからないのです」が続いている空所Cである。

5.「段落[6]のラットを使った実験の記述で，言及されていないのは次のうちどれか」

選択肢はそれぞれ

a.「脳活動は毒が与えられた後に観察された」

b.「ガンマ波の活動は酸素不足になったときに観察された」

c.「組織的な脳活動の急増は，最後の数日間生きていたときに観察された」

d.「心臓が止まった後の時期に，もっとはっきり覚醒していたかもしれない」

という意味。本文にはラット実験において「最後の数日間」という言及はない。よって，正解は c に決まる。

6.「段落[7]・[8]のジモ＝ボルジギン先生の主張に一致しないものは，次のうちどれか」

選択肢はそれぞれ

a.「人と動物の両方が含まれる実験で，実験対象の脳活動は酸素レベルが突然低下した後，減少した」

b.「頭蓋後部近くの脳領域は，死に向かう個人の身体離脱経験と関係する」

c.「昏睡状態の患者のガンマ波活性化のパターンは，よく知っている映像を識別する健常人に見られる様式に類似している」

d.「脳が酸素不足を認識したとき，生物学的均衡を回復しようとする試みは，終末期清明状態の原因かもしれない」
という意味。第8段第1文（In both the …）に「酸素供給の急減の後に活動の急増を示した」とある。よって，aの記述は不一致だとわかる。

7.「段落[8]とそれ以前の2つの段落の関係をどう評するのが最も適当か」

第8段に述べられているのは，先行段落の研究成果をもとに，仮説が立てられているということである。

選択肢はそれぞれ

a.「段落[8]は，先行段落を補強する追加の証拠を提供する」

b.「段落[8]は，先行段落の成果をまとめている」

c.「段落[8]は，先行段落の記述を批判している」

d.「段落[8]は，先行段落で提供された議論を深めている」

という意味。上記の検討に合致するのは，dだと判断できる。

8.「AWARE II 研究の説明として適切でないものは，次のうちどれか」

選択肢はそれぞれ

a.「心停止数秒前に脳活動は消失するのがわかった」

b.「研究者は危篤患者の脳活動を監視した」

c.「蘇生過程の患者の記憶が探査された」

d.「研究者は心肺蘇生法実施中に脳活動が予期せず急増するのを観察した」

という意味。第9段第3文（The patients were …）に「心停止後の出来事の記憶を検査するため」とある。よって，aが一致しないとわかる。なお，bは同段第2文（Between 2017 and …），cは同段第3・4文（The patients were … the resuscitation process.），dは同段第6文（The AWARE II …）にそれぞれ一致する。

9.「下線部(1)の言い換えとして最もふさわしいのはどれか」

当該下線部は「錯覚の」という意味。

選択肢はそれぞれ，a.「珍しい」，b.「誤解した」，c.「筋の通った」，d.「心理的な」という意味。よって，一番近いのはbだと判断できる。

10.「下線部(2)の意味に最も近いのはどれか」

当該下線部は「つかみどころがない，とらえにくい」という意味。

選択肢はそれぞれ，a．「前途有望な」，b．「不完全な」，c．「圧倒的な」，d．「有意義な」という意味。よって，一番近いのはbといえる。

11.「ジェイソン＝カーラウィッシュ先生は，認知症を患う人々をどう考えているか」

同先生の考えは最終段末尾（“we should still …）に「その心になお細心の注意を払わなければいけないのです。一部はまだ残っているのですから。ひどく損傷しているとしても」と述べられている。

選択肢はそれぞれ

a．「その人々の意識は，信じがたいほどに活発なままである」

b．「その人々の意識は徐々に消えていく」

c．「その人々の意識は永遠に損なわれている」

d．「その人々の意識は一部は変わらずに残っている」

という意味だから，正解はdに決まる。

12.「筆者は（　　　）と本文から推論できると考えるのが妥当である」

選択肢はそれぞれ

a．「認知能力の衰えは，後戻りできない過程であるという考えを疑わしく思っている」

b．「科学的な思考をもとに，死に関して迷信を抱いている」

c．「死に向かう過程を検証する新理論を確立した」

d．「心停止の処理に対する投資を支援している」

という意味。最終段落に述べられているのは，「認知機能を失っているように見える人間にも，回復の可能性は残されている」ということ。rather than assuming their consciousness has been irrevocably changed「取り戻すことができないように変化してしまったと想定するのではなく…」や，some aspects are still there「いくつかの意識の側面はまだそこに（生きて）ある」とあることからわかる。これに合致するのは，aだと判断できる。

13.「この本文に最も適切な表題は何か」

本文の主旨は「終末期清明状態の研究からわかったこと」である。

選択肢はそれぞれ

a．「心停止となるとき人間の脳に何が起きるか」

b．「アルツハイマー病の患者が死に向かうときに何を経験するか」

c.「脳科学は生と死をどう説明するか」

d.「なぜ死に向かう人々はよく清明期の発現を経験するのか」

という意味。上記の主旨に最もふさわしいのは，dだとわかる。

語句・構文

（第1段） stunned「唖然としている，呆然としている」 dementia「認知症」 a second lease on life「人生の第2ラウンド（lease は「人生での限られた期間」という意味）」 chief executive officer「最高執行責任者」 palliative care「緩和ケア」 lucid「意識清明な，正気の」 terminally ill people「末期患者」 terminal lucidity「終末期清明状態」 cognitive「認知の，認知的な」 bioethics「生命倫理（学）」 co-author「共同執筆する」 phenomenon「現象」 commission「委任する，委嘱する」

（第2段） situational awareness「状況認識」 additionally「そのうえ，さらに加えて」 be it the use …＝whether it may be the use … longstanding「ずっと昔からの，長く行われている」 inside「内情に通じた」

（第3段） As surprising as these events might seem＝Though these events might seem surprising　prevalence「普及，流行，優勢」 gerontologist「老人学，老年学」 investigator「調査員，研究員」 episode「（病気の）段階，期間，発現」 a variety of ～「さまざまな～」

（第4段） potential「潜在的な，起こりうる」 implication「影響，結果，含意」 temporary「一時的な，束の間の」 resurgence「復活」 neural network「神経組織，神経網」 pathway「通路，進路，細道」 impair「害する，損なう」

（第5段） uncertainty「不確実性，不明確，曖昧」 provide *A* *B*「*A*（人）に *B*（もの）を供給する」 clinician「臨床医，臨床学者」 diseased「病気にかかった，罹患した」

（第6段） surge「急上昇，急増，殺到，大波」 life support「生命維持装置」 build on ～「～を足場とする」 PNAS＝Proceedings of the National Academy of Sciences　synchronized「同期した，同期性の」 cardiac toxin「心臓毒，心臓に害になる毒素」 typically「たいていは，概して」 wakefulness「目がさえていること」

（第7段） neurologist「神経学者」 associate professor「准教授」

physiology「生理学」 subject「被験者，実験動物」 intense「強烈な，激しい」 refer to O as C「O を C と呼ぶ」 posterior cortical「(頭蓋) 後部皮質の」 hot zone「慎重な対処を要する危険地域」 auditory「聴覚の，聴覚にかかわる」 out-of-body experience「体外離脱体験」 activation「活性化，活動化」 akin to ～「～に似通っている，類似している」

(第 8 段) spike「(グラフの) 山形に折れた部分，急増，急上昇」 hypothesize that S V「S V であると仮定する」 biological equilibrium「生物学的平衡，生物平衡」 speculate that S V「S V と推測する，見当をつける」 last-ditch「のっぴきならない，死力を尽くした」

(第 9 段) be responsible for ～「～の原因である」 monitor「監視する，監視調査する」 audiovisual「視聴覚の，視聴覚による」 stimuli＝stimulus「刺激」の複数形。flatline「(脳波の水平化→) 生命活動の徴候を失う，死ぬ」 reemergence「再出現」 transient「一時的な，束の間の」

(第 10 段) suppression「抑圧，抑制，鎮圧，隠蔽」 day-to-day「毎日起きる，日々の」 shut down「電源が切れる，終了する，落ちる」 hallucination「幻覚，幻影，妄想」 participate in ～「～に参加する」

(第 11 段) incredibly「信じがたいほど，とても」 humanized「人間らしい，人間的な」 irrevocably「取り返しがつかないほど，取り戻せないほど」 pay close attention to ～「～に細心の注意を払う」

講 評

2024 年度も 2023 年度同様，読解問題だけの構成である。小問数は 2023 年度の 32 問から増加して 37 問となった。総語数は 3400 語弱で，2023 年度に比べると 1 割減少したが，試験時間は 90 分なので，1 分当たり 40 語程度の速度でないと，問題を読み切ることさえできない計算である。受験生には非常に厳しい出題が続く。

I は，幼児の言語特性を論じる評論文で，一般書籍からの出題。発達心理学と言語論を融合した論述で，身近な話題であったが，幼児語，あるいはその発想をうまくつかめるかどうかがポイント。設問 4 に苦しめられた受験生もいたことだろう。

Ⅱは今話題の「テクノロジー論」で，2023 年度に続き英国の高級紙『ガーディアン』からの出題。ユーモアもあり，ひねりもきいていて，読解にかなりの力を要する問題だった。その意味で設問 9 および 10 で戸惑った受験生が多かったかもしれない。

Ⅲは「終末期清明状態」を論じる評論文で，こちらも 2023 年度に続き『サイエンティフィック・アメリカン』誌からの出題。医療系学部でみられるような文章で，詳細な注があるにしても，論旨把握に手こずった受験生は少なくなかったと思われる。

総じて，強固な文法的基礎の上に，十分な語彙力と読解スピードが備わっている英語力が必要な問題ばかりである。英文が読めていれば，設問は解ける。その意味では素直な出題なのである。だが，単語の意味を並べるだけだったり，大雑把な意味がなんとなくわかる程度だったりの英語力では，解けない。大学で学問をするのに必要十分な英語力を身につけるべしという大学の発する強いメッセージを受け取ろう。それに応えて一歩ずつ，コツコツ努力を重ねよう。語学の王道，日々の努力の積み重ねである。今から，始めよう。

◀C 方 式▶

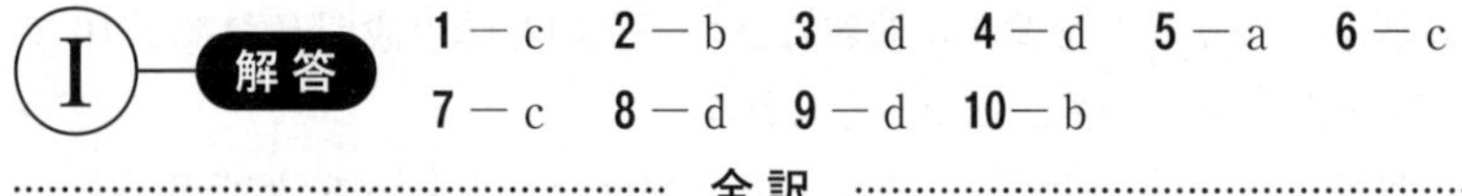
Ⅰ 解答 1－c　2－b　3－d　4－d　5－a　6－c
7－c　8－d　9－d　10－b

全訳

《AI では脳の仕事は減らない》

Passage A：◀A方式▶〔Ⅱ〕に同じ。

Passage B

［1］　この 50 年間くらいで，あらゆる種類のデジタル技術によって，先進国の普通の人の生活はずいぶん楽になった。しかし，同時にますます多くの人々が，人工知能（AI）の現在進行中の発達が，最終的に私たちの心身双方に破滅的な影響を及ぼすのではないか，と懸念しているように思われる。しかし，サイモン＝ウィンチェスター氏の記事によれば，悲観する必要はないとのことだ。ウィンチェスター氏の言い分には，私たちの知能を必要としない課題ということになれば，一理あるけれど，私の意見としては，AI の進歩が人間精神を解放し，人生を熟慮する時間が増えるようになると考えるのは，単純すぎると言いたい。むしろ，AI に頼るようになればなるほど，人間の脳は忙しくなるだろうと私には思える。

［2］　そもそも，ウィンチェスター氏は「不要な情報」について語るとき何を想定しているのか，あまり明確でない。氏は記事の冒頭で電子計算機の発明を論じるが，言うまでもなく，この機器が広く使用されるようになっても，学校教育課程から算数が除外されることにはならなかった。同様に，GPS は便利な道具であるけれども，そのせいで頭がおかしくなる人も多かった。道案内が間違っていることがあるからだ。だから，GPS が完全に信頼できるわけではないかぎりは，私たちは地図の読み方を知ることは不可欠になるだろう。もちろん，一般的に言って，こうした発明が私たちの生活を手軽にすることは認めるけれども，重要なのは，計算や地図の見方に関する基本的な知識はやはり必要だということである。

［3］　これに関連して，私は機械翻訳の最近の発達に関して問題提起したいと思う。チャット GPT とはつまり，平均的な学生よりも論文を書くのがうまく見えるチャットボットのことだが，その登場以来，人間は将来外

国語をもう学ばなくてよくなるのではないかという可能性を，私は考えに考えてきた。実は，この筋書きは言語学者，ニコラス＝オストラー氏によって，その2010年の著書，『ラスト・リンガ・フランカ：イングリッシュ・アンティル・ザ・リターン・オブ・バベル』の中で予想されていた。オスラー氏によれば，英語のような共通語の必要は，機械翻訳が私たちに代わって働くようになるから消えてしまうのだそうだ。個人的には，人間が外国語をもう学習しなくなるという考えは好みではない。英語学習者として，自分自身の母語とは全く異なる言語のレンズを通して世界を見られることで，自分はとても豊かになったように感じるし，それだけでもう十分に，外国語を学習する理由になっていると思う。そのうえ，機械翻訳に完全に依存することで，やり取りされる情報が本当に元の言語の忠実な翻訳になっているのかどうか，人間が判断することができなくなってしまう。それゆえに，学校や大学で外国語教育を提供，奨励し続け，確実に2言語話者，多言語話者が世界に残るようにすることが重要であるように思われる。別言すれば，間違いなく外国語の知識が「不要な知識」だという扱いをすべきではないのである。

[4]　ネット上にはたくさんの誤った，誤解を招く，有害な「情報」もまたある。この種の「コンテンツ」こそ，除去しなければならないと私は思う。もしも誰かがゴミやデタラメをネットに上げる可能性に制約を課すべきではないのなら，受け取る大量の情報の価値を評価できるようにするのに十分な教育を子どもに施すことは，それだけ重要になる。空っぽの頭が大量にネット上を漂うのは，一番望ましくない事態である。

[5]　全く異なる理由ではあるけれども，なんとか地球を住みやすい場所のままにしておけるのなら，人間の知的生活の未来に関して悲観的になりすぎてはいけないという著者の意見に賛成である。これまで示そうとしてきた通り，AIに頼るようになればなるほど，自分の頭を使い続けることがますます重要となる。だから，最も重要なのは，教育の重要性を忘れずにいることなのである。

解説

1～4． ◀A方式▶〔Ⅱ〕の1～4に同じ。

5． 同　7に同じ。

6． 同　9を参照。

7.「下線部(1)はどういう意味か」

当該下線部は「そのせいで頭がおかしくなる人も多い」という意味。選択肢はそれぞれ

a.「そのせいで，多くの人々は誤った場所に連れて行かれた」

b.「そのせいで，多くの人々は車酔いになった」

c.「そのせいで，多くの人々は困惑して失望した」

d.「そのせいで，多くの人々はナビゲーションシステムを使うのを避けるようになった」

という意味だから，正解はcに決まる。

8.「Passage B 第3段の目的の一つだと考えられないものは次のうちどれか」

当該段落は「機械翻訳」という話題を導入する働き。それは前段落に関する新たな事例であり，Passage A にはない話題である。選択肢はそれぞれ

a.「Passage A で提示された意見に反論する」

b.「Passage B 第2段で示された議論を深める」

c.「Passage A で論じられなかった AI 技術の具体例を論じる」

d.「Passage B 第4段の主旨を支える証拠を提供する」

という意味。Passage B の第4段は「不要情報」に対する意見で，話題が転換されている。よって，正解はdに決まる。

9.「空所［　2　］を埋めるのに最も適切なものは，次のうちどれか」

当該空所部分は「私たちが望む（　　　）は，空っぽの頭が大量にネット上を漂うことである」という意味。「空っぽの頭…」は，どう考えても「望ましくない事態」であるから，空所には「私たちが望まないのは」という意味になる語句だと考えられる。選択肢の中で，否定的な意味になるのはdのみで，「望む最後のこと≒一番望まないこと」となる。

10.「次の Passage A の内容のうちで，Passage B の筆者も述べそうなことはどれか」

選択肢はそれぞれ

a.「そこで今やって来るのは，人間の知力に対する同じだけ恐ろしい世界観である」(Passage A，第8段)

b.「だが，私は災難を予言しようというのではない。少なくとも，人間

の知力に関する限りは，である」(Passage A，第９段)

c．「だから私は今日のアルゴリズム革命を，必要不可欠な清掃作業だと考えている」(Passage A，第 14 段)

d．「夢物語に聞こえるかもしれないが，このできたばかりの AI 後社会には新たなユークリッド，新たなプラトン，新たなヘロドトスの登場を見ることさえあり得る」(Passage A，第 15 段)

という意味。Passage B 最終段第１文に I agree with the author … とあり，「楽観論に賛成」であることがわかる。よって，正解は a 以外だとわかる。Passage B の筆者は AI による人類の知力への悪影響を心配している（第１段第４文〈While Winchester may …〉以下）ことから，d のように手放しで賛成しているわけではない。また，第２段では「不要な情報（≒知識）」というものに懐疑的で，ある程度の知識を蓄えることを必要と考えていることからも，c も Passage B の筆者の意見とは相容れない。よって，正解は b に決まる。

語句・構文

（第１段） make the lives (O) … easier (C)「生活を楽にする」 ongoing「継続している，進行中の」 eventually「結局は，ついに」 have effects on ～「～に影響を及ぼす」 have a point「一理ある」 when it comes to ～「～ということになると」 naïve「世間知らずの，単純素朴な（悪い意味であることに注意)」 contemplate「熟考する」

（第２段） to begin with「そもそも，まず初めに」 school curriculum「学校教育課程」 drive *A* nuts「気を狂わせる」 wrong directions「間違った道案内」 the point is that S V …「要するに，重要なのは…だ」

（第３段） machine translation「機械翻訳」 apparently「一見，見かけ上」 scenario「脚本，筋書き，シナリオ（イタリア語から)」 linguist「言語学者」 lingua franca「国際共通語，混成語」 idea of *A doing*「*A* が～するという考え」*doing* は動名詞。*A* は動名詞の意味上の主語。mother tongue「母語」 reason enough to *do*「～するのに十分な理由」 enough は形容詞。 consist of ～「～からなる，構成される」 faithful「忠実な，誠実な」 stimulate「刺激する，奨励する」 make sure「～するよう確保する」 bilingual「２言語話者の」 multilingual「多言語話者の」 treat *A* as *B*「*A* を *B* だとみなす，思う」

(第 4 段) misleading「誤解を招く，紛らわしい」 put restrictions on ～「～に制限を加える」 upload「(情報をネットに) アップロードする」 all the more「それだけますます」 evaluate「評価する，見積もる」 surf the Internet「ネットサーフィンする」
(第 5 段) although for a ～ reason「～な理由で，だとはいえ」although が節ではなく，前置詞句を結合している形。 livable「住みよい，住みやすい」 remind *A* of *B*「*A* に *B* を思い出させる」

Ⅱ　解答　古代ギリシャの哲人たちは，その優れた知性で今なお尊崇を集めているが，その知力は現代の人間の最上層と大差ない。違うのは，古代には現代のような膨大な知識の蓄積はなかった。幸い，最近になって，AI が急速に発達し，こうした膨大な知識をすべて個人が吸収する必要はなくなりそうである。そうなれば，知力に余裕が生まれ，古代の哲人たち同様，本来の独創性を発揮して見事な業績を生み出す人々が登場すると予想できるから。(180～250 字)

解説

まず，「悲観する必要がない」理由がどこに述べられているのかをつかむ。前半はすべて，悲観する（よくある）理由である。第 9 段になってようやく，筆者の真意が記述されることをつかむ。その主旨を簡潔に示そう。

①誰しも否定することのできない知の巨人，ギリシャの哲人たちを引き合いに出し，②その人々の知力に，現代最高の知性も匹敵することを述べ，③その違いは，環境にある，と論を進める。そして，④「膨大な知識の蓄積」が現代人にとっての負担であり，⑤それを近年発達が著しい AI が補助してくれるなら，⑥ギリシャの哲人が昔果たした偉業を，現代人も生み出すだろう，という結論に到達する。その論理を簡潔にまとめれば，十分に制限字数内に収まるであろう。

Ⅲ　解答例　Of course, our brains will have to work vastly less, the more AI advances. I do not understand why Tanaka thinks our brains will be busier, the more we rely on AI. There is no one who performs complex arithmetical calculations without using a pocket-sized electronic calculator except for examinees who are not allowed to use it. When you want to read an article or webpage online in a language you cannot understand, there is no problem: Google will translate it into your mother tongue. So, I definitely agree with Winchester. In our times we spend an excessive amount of time learning an immense pile of knowledge accumulated from time immemorial. If advanced AI rids us of that dreary work, we will be able to concentrate on genuinely creative activities. Needless to say, the use of AI should be regulated to a certain degree, but AI will free us from boring uncreative work to perhaps enable another Einstein to appear in the foreseeable future.（150語程度）

解説

「AIによって脳が行う作業が減るか，増えるか」に対しての意見を論述する課題である。「減る」と考えるなら，Passage A で指摘された，「計算機」「GPS」「OED」などの例を論拠にするといいだろう。「増える」とするのなら，Passage B で指摘された「ナビゲーションの誤り」「外国語学習を欠く不利益」「ネットのデマ」を使うとよいであろう。

いずれにしても，自分の意見を一方的に述べるのではなく，Passage A, B の内容についての論評を入れておくと，論旨の展開も容易になって，まとまりのある英文を書くのに大いに資するだろう。

講評

2024年度は，2023年度同様，読解と英作文の二部構成，マークシート法による選択式と記述式の二本立てであった。英文2つの総語数は1600語超で，マークシート問題に割ける時間を60分とすれば，1分30語程度のスピードでは解答時間は5分ほどになってしまう計算になる。2023年度同様，相当な速読力が必要な出題だった。話題は「AIの影響」というきわめて身近な話題で，新聞記事からの出題であった。設問はほとんどが素直な出題で，読解力が忠実に反映されただろう。9は，英語の実力を試す良問であった。

和文記述問題は，Passage A の要約問題といってもいい出題で，英文から情報を取り込む能力が問われた。本文の半分以上が「枕」で，それを筆者の本論だと勘違いすると，全く筋違いの解答になりかねない。大人にはありふれた書き方であるが，受験生には厳しかったかもしれない。こうした文を普段読んでいるかどうか，読書の質が問われたと言える。

自由英作文問題は，あるものについて「増えるか減るか」を問う形式で，よくある「賛成・反対論」の変形方式であり，2023 年度同様「引用の義務」が課されたとはいえ，書きやすい設定であった。150 語程度という分量は，試験時間から考えて相当の負担で，事前に解答の時間配分を考慮したかどうかで，明暗が分かれたかもしれない。

日本史

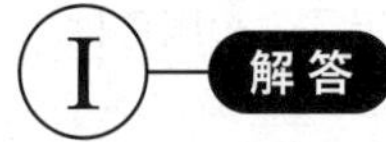

問1．乙巳　**問2**．評　**問3**．蔭位　**問4**．イ
問5．イ　**問6**．エ　**問7**．ウ　**問8**．エ　**問9**．オ

解説

《ヤマト政権～律令国家成立期の政治と対外関係》

問1．干支は，十干と十二支の組み合せ60通りを用いた年代などの表記法で，「乙巳」や「壬申」「戊辰」などがある。古代中国に起源を持ち，朝鮮や日本でも用いられた。

問2．リード文の５段落目に「701年の大宝令では『［　D　］』は『郡』と改められ，国・郡・里制となった」とあるので，「評」だと判断できる。「評」も「郡」も「こほり」と読んだ。

問3．蔭位（おんい）の制は，三位以上の孫，五位以上の子が，父祖の位に応じて一定の位に就くことができる制度。

問4．イ．正文。中央豪族には臣や連，地方豪族には君や直，渡来系氏族には忌寸（いみき）・史（ふひと）・村主（すぐり）などの姓（かばね）が授与された。姓はヤマト政権が諸豪族に対し，氏族の出自や職掌に応じて氏ごとに与えた政治的称号で，この政治・社会体制を氏姓制度という。

ア．誤文。采女（うねめ）は地方豪族が朝廷に出仕させた女性である。

ウ．誤文。下戸と大人は「魏志」倭人伝が記す邪馬台国の身分である。

エ．誤文。部曲は豪族の私有民で，大王家の私有民は子代・名代といった。

オ．誤文。品部を率いたのは伴造である。国造はヤマト政権の地方官で，地方の有力豪族が任じられた。

問5．イ．誤文。冠位十二階は氏姓制度の世襲制を打破し，有能な人材を登用することなどを意図し，個人の功績や能力に対して授与された。

ウ．正文。冠位十二階では，蘇我氏などの大豪族は授与の範囲外であった。

エ．正文。憲法十七条の第３条に「詔（みことのり）を承（うけたまわ）りては必ず謹（つつし）め。君をば則ち天とす。臣をば則ち地とす」とあり，詔（天皇の命令）には必ず従うように規定されている。

問6．冠位十二階は徳・仁・礼・信・義・智のそれぞれを大徳・小徳のように大小に分け，冠の色（紫・青・赤・黄・白・黒）とその濃淡で位階を示した。

問7． ウ．正文。泉蓋蘇文（せんがいそぶん）は難だが，消去法で正答が得られる。

ア．誤文。百済ではなく高句麗遠征の失敗で隋は衰退，滅亡した。

イ．誤文。唐が誤り。遣隋使が持参した「日出づる処の天子」の国書は，隋の皇帝煬帝から無礼とされた。

エ．誤文。百済から五経博士が来日して儒教が伝わったのは6世紀初期である。

オ．誤文。刀伊の入寇は1019年のことである。

問8． エ．正文。藤原京の造営は天武天皇の時代に始まり，天武天皇の死後，あとを継いだ持統天皇の時の694年に遷都した。

ア．誤文。有間皇子は孝徳天皇の皇子で有力な皇位継承者であったが，斉明天皇の時代（658年）に中大兄皇子に警戒されて粛清された。

イ．誤文。和同開珎の鋳造は元明天皇の時代の708年である。

ウ．誤文。壬申の乱に勝利した大海人皇子は近江大津宮を廃し，飛鳥浄御原宮を造営して即位して天武天皇となった。

オ．誤文。持統天皇と天武天皇の間に生まれた草壁皇子は皇太子のまま早世し，持統天皇は草壁皇子と妹の阿閉皇女（後の元明天皇）との皇子である文武天皇に譲位した。

問9． 古代国家の土地と人々の支配に関する正文を選ぶ。まずは，5つの選択文から明らかな誤文を消去した上で，残った選択肢について「文章全体を踏まえて」検証するのが効率的である。

オ．正文。最後の段落で「E（蔭位）の制により，……畿内の上級貴族層は再生産された」「郡司は律令制以前の旧国造層から任じられたことから，在地支配のあり方も温存された」と述べ，「このような二重構造こそが日本の律令国家の特徴であった」と結論づけている。

ア．誤文。ヤマト政権の大王は屯倉という直轄地を所有した。

イ．誤文。冠位十二階では，蘇我氏など一部の有力豪族は範囲外であった。

ウ．誤文。3段落目の「改新の詔には公地公民制や地方行政組織に関する記述があるが，これらは『日本書紀』による潤色を含んでいるとされる」「改新の詔は，古代国家が目指すべき国家像の『青写真』であったといわれている」，4段落目の「国家が人々を戸籍によって掌握するのは，…670

年につくられた庚午年籍をまたねばならなかった」などから判断できる。

エ．誤文。庚午年籍は，天智天皇の670年に氏姓を正す根本台帳として作成された。永久保存を命じられたが，現存しない。

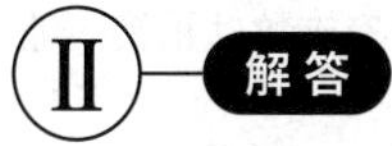

問1． エ　**問2．** オ　**問3．** ウ　**問4．** ウ
問5． ウ・エ・カ　**問6．** 天台　**問7．** 開封〔汴京〕

解説

《成尋の入宋からみる平安時代中～後期の政治・対外関係・文化》

問1． 正解はエ。延久4（1072）年に後三条天皇は公定の宣旨枡を採用し，それまでの多様な枡を統一した。延久から後三条天皇の時代の出来事に絞り込める。

アの記録荘園券契所は後三条天皇が1069（延久元）年に設置した。また，イの法勝寺は六勝寺の最初の寺で，白河天皇が造営した。ウの後三年合戦は1083～87年なので，イ・ウは除外できる。オの貞仁親王（白河天皇）の立太子は難だが，父後三条天皇の即位（1068年）に伴うと判断できる（立太子はその翌年）。

問2． 遣唐使が停止（894年）された9世紀末から11世紀初めの対外関係に関する誤文を選ぶ。イとオが相反する内容なので，どちらかが誤文だと推測できる。

オ．誤文。「中国の文化的影響が薄れ」は誤り。国風＝非唐風とみて正文と判断してしまいそうだが，それまでに摂取した大陸文化を基礎に国風文化が成立したというのが実際で，教科書等にも明記されている。

ア．正文。菅原道真は建議書で遣唐使停止の理由に「大唐の凋弊（疲弊）」をあげる。

イ・エ．正文。遣唐使停止の背景には，唐や新羅の商人が博多に来航するようになり，遣唐使を派遣しなくても唐物（からもの）の入手が容易になったこともあった。唐物とは中国などから舶載された品々のことで，絹織物や陶磁器・書籍・香料・薬品などに代表される。『枕草子』や『源氏物語』にも唐物を賛美する叙述がみられる。

ウ．正文。907年に唐が滅亡し，五代十国が興亡した時代（呉越国はその一つ）を経て960年に宋（北宋）が建国されると，宋の商人が博多に来航するようになった。

問3． 成尋が入宋した11世紀の服装に関する誤文を選ぶ。詳細な知識・理解が要求され，用語集の解説や図表のイラストなどに留意しておく必要がある。

ウ．誤文。女房装束を十二単ともいうが，「12枚重ねて着る決まり」は誤り。アにあるように重ね着して美しさを強調したが，その枚数は正装・略装，寒暖などによって調節された。

問4． 明州（めいしゅう）（のちの寧波）の位置を地図中から選ぶ。寧波は後の日明貿易での勘合船の入港地として，その位置を押さえておきたいが，すぐそばにエ（杭州）もあって紛らわしい。

問5．「すべて」という条件のため，史料読解力がある受験生でも7つの選択文と長文の【史料】との照合を丹念に行わねばならず，判断に迷う選択肢もあり時間と手間がかかる。

ウ．正文。成尋らは（四月）四日の最後で，「明州の界内なり」すなわち明州の一角に至っている。そして，廿二日に「市を見ゆ」と続くので，明州の市を見学したと読め，巨大な市場と「売買言い尽くすべからず」と活発な売買の様子が読み取れる。

エ．正文。三月十五日に「船頭等皆，給物を悦ぶ。密々相構うる（用意する）なり。志与の物（贈物）は米五十斛・絹百疋・褂二重・砂金四小両・（中略）等なり」とある。

カ．正文。十九日に「陳一郎（陳詠），来向す。五度日本に渡る人なり。善く日本語を知れり。申して云く，『陳詠を以て通事となし，……』といえり。悦びながら約束し了んぬ」とある。

ア．誤文。三月十五日の最後に「海辺の人来たる時，諸僧皆一室内に隠れ入り，戸を閉じて音を絶つ」とある。

イ．誤文。（五月）十三日に「国清寺の大門の前に至り，……寺主を以て引導の人となし，一々焼香礼拝す。感涙極まりなし」とある。引率されて礼拝しているのは成尋たちであり，「多くの人を引率して礼拝しているのを見て」は誤り。

オ．誤文。三月十五日に，肥前国松浦郡壁島で成尋が乗った「唐人の船」と船頭等の描写があるが，他の船についての記述はない。

キ．誤文。（四月）四日に，船は「明州に入らんとするも，明州に入れず」，「越州の指南人（水先案内人）」の案内で「東山の北辺」に停泊している。

よって，明州の役人との対面の記述はない。

問6． 天台山は中国仏教の三大霊場の一つで，天台宗発祥の地。最澄もここで学んで日本に天台宗を伝えた。問題文の情報から正答を導くのはかなり難しい。

問7． 難問。北宋の都である開封（汴京）が正解。問題文の「皇帝の慰留を受けて宋に留まり」から，宋の都に留まったであろうと推測できる。

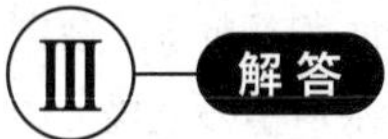

問1． 場所請負　**問2．** 廃仏毀釈　**問3．** エ
問4． エ・オ　**問5．** ア　**問6．** オ　**問7．** オ
問8． ア　**問9．** イ　**問10．** エ　**問11．** オ

解説

《蝦夷地からみた江戸時代の対外関係と政治・文化》

問1． 松前藩は，当初，アイヌとの交易権を上級家臣に知行として与える商場知行制をとっていたが，後には，和人商人による場所請負制へと移行した。

問2． 明治政府は1868年，神仏習合を禁じる神仏分離（判然）令を出した。その結果，諸藩の政策や国学者・神職・民衆により，全国的に極端な廃仏毀釈が行われた。

問3． エ．誤文。薩摩藩は琉球でも検地を行い，石高制に基づく支配を行った。

問4．「東蝦夷地で起こった，アイヌ蜂起の事件」とは1789年のクナシリ・メナシ（国後・目梨）の蜂起のことで，アイヌ最後の蜂起である。それより後に起こった出来事をすべて選ぶ。

エ．正しい。徳川斉昭は幕末の水戸藩主で，大塩の乱や郡内騒動，モリソン号事件など内憂外患の状況を踏まえ，幕政改革の必要を進言した。1838年の戊戌の年に書かれたので「戊戌封事」と呼ばれる。

オ．正しい。庄内藩で三方領知替え反対一揆が起こったのは1840年である。三方領知替えは3藩を同時に転封させることで，この時は武蔵川越藩の松平家を出羽庄内に，庄内藩の酒井家を越後長岡に，長岡藩の牧野家を川越に転封させるものであった。しかし，庄内藩領民の反対一揆などにより翌年撤回された。

　アの田中丘隅が『民間省要』を提出した将軍は徳川吉宗（在職1716～

45年）であり，イのシャクシャインの蜂起は1669年，ウの佐野政言が田沼意知を刺殺したのは田沼政治末期の1784年である。

問5． 18世紀後半以降の外国船の出没に伴い，開国を唱えた人とその著作の組み合せを選ぶ。

ア．正しい。本多利明は『経世秘策』で開国・貿易や船舶の建造，蝦夷地などの開発を説いた。他に『西域物語』などの著作がある。

イ．誤り。『経済要録』は佐藤信淵の重商主義的な経世書である。

ウ・エ．誤り。『稽古談』は海保青陵の重商主義的な経世書である。会沢安（正志斎）は水戸藩士で『新論』を著したが，内容は水戸学の立場での尊攘論である。

オ．誤り。『西洋紀聞』は屋久島に潜入して捕らえられたイタリア人宣教師シドッチの尋問をもとに，1715年に新井白石が著した西洋の歴史・地理・風俗などの記録である。

カ．誤り。西川如見と『華夷通商考』の組み合せは正しいが，内容は長崎で見聞した海外事情や通商の記録で，刊行も17世紀末である。

問6． zの大黒屋光太夫の帰国（1792年のラクスマン来航），xのロシア船による樺太・択捉襲撃は，レザノフ来航（1804年）時の幕府の冷淡な対応に反発して起こった事件。yのゴローウニン事件（1811年）は，xによる緊張関係が，国後島測量中のロシア軍艦艦長ゴローウニンの拘禁と，ゴローウニンの部下による高田屋嘉兵衛拿捕事件に発展した。1813年に解放された嘉兵衛の尽力でゴローウニンも釈放され，事件は平和的に解決された。

問7． 幕府による全蝦夷地直轄化（1807年）後に関する正文を選ぶ。

オ．正文。常陸大津浜へのイギリス捕鯨船員上陸は1824年で，翌年の異国船打払令発令のきっかけの一つとなった。

ア．誤文。蝦夷地は1821年に松前藩に還付された。

イ．誤文。琉球と中国（清）との冊封関係が解消されるのは，明治政府による琉球処分による。

ウ．誤文。朝鮮通信使は1811年，江戸へは赴かず対馬までの派遣に変更された。

エ．誤文。イギリス軍艦の長崎侵入は1808年のフェートン号事件のことだが，目的は中国船ではなくオランダ船の拿捕が正しい。ヨーロッパにおけるナポレオン戦争の余波で，オランダ船がいなかったことから出島のオランダ商館員を人質にとり，薪水・食料を強要して立ち去った。

問8． ア．誤文。蝦夷地（北海道）には弥生文化は伝播せず，縄文文化⇒続縄文文化⇒擦文文化⇒アイヌ文化と移行した。

問9． 空欄 A には松平定信が入る。定信の政策でないものを選ぶ。

イ．誤り。南鐐二朱銀を鋳造したのは田沼意次である。南鐐二朱銀は最初の計数貨幣としての銀貨（それまでの銀貨は秤量貨幣）で，「江戸（東）の金遣い，大坂（西）の銀遣い」といわれた江戸時代の複雑な貨幣制度を，計数貨幣に一本化する狙いがあった。

問10. 設問文の「中世に神道・儒教・仏教の統合を唱えた」から，室町時代後期に唯一神道を創始した吉田兼倶を想起したい。

問11. 〈史料〉に記されていない文を選ぶ。

オ．誤文。〈史料〉の最後に「言語なども，チンプンカンプンにて解せざる」理由を「日本人の聞きなれざるゆえにて」と記している。そして，日本語も中国人にはチンプンカンプンだと続ける。したがって，〈史料〉の著者（古川古松軒）は聞き慣れればアイヌの言語も文化も理解できると考えていたことが読み取れる。

ア．正文。〈史料〉の中ほどに「(日本の）今の世にても……亀を焼きて亀卜の占いと称して吉凶をいうことあり。(アイヌが）狐の頭にて吉凶をいうも，さして替わりはなきことなるべし」とある。

イ．正文。〈史料〉の中ほどから「今日本にて出家・山伏の祈禱せるを見れば，……埒もなきことをなして，世人をさしてあやまたしむるよりは，蝦夷の祈禱こそたのもしかるべし」と述べている。

ウ．正文。〈史料〉の後半に「日本も上古は蝦夷の地にかわりしことは少しもなく，無為にして太平なりしものなり」とある。

エ．正文。ウの文にさらに続けて，「今の蝦夷地には領主・地頭というものもなく，無為（自然のまま）にしておさまり，直ぐなる風俗はうらやましきことなり」と述べている。

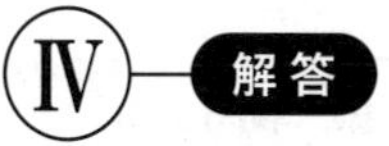

問1． 地租改正　**問2．** 佐倉惣五郎　**問3．** ウ

問4． ウ

解説

《「五日市憲法草案」他－19世紀後半の民衆の思想と政治意識》

問1.〈史料1〉の「去年検地租額ノ事ニ就キ」が決め手。1873年の地租改正条例により地租改正が実施されたが，「貢額従来ニ比シテ減ゼズ」「従来之レ莫キ所ノ税ヲ収ム」といった理由から地租改正反対一揆が起こった。

問2.〈史料2〉の「一身を犠牲に供して当時（江戸時代）の将軍に直訴」から，下総佐倉藩領の名主で，藩主堀田家の苛政を4代将軍徳川家綱に直訴した佐倉惣五郎が思い浮かぶであろう。「漢字5字で」という指示もヒントになる。年貢減免は実現したが，惣五郎は死罪となり，義民として伝説化した。

問3.〈史料4〉の「朝敵」や「官位被召上」「土地不残御召上」から，新政府の小御所会議（1867年12月）で辞官納地を命じられ，鳥羽・伏見の戦い（1868年1月）の敗戦で朝敵と断罪された徳川慶喜のことだとわかる。〈史料4〉末尾の「赤報隊」は相楽総三らが結成した草莽隊で，官軍の先導隊として，年貢半減令を布告しながら進軍したが，新政府の方針変更により偽官軍として処断された。

問4.〈史料5〉は「五日市憲法草案」(1881年）の一部である。国民の権利が重視されていることから，私擬憲法の一つであることがわかるであろう。1880年の国会開設の勅諭や翌年の明治十四年の政変を機に，私擬憲法の作成が盛んになった。〈史料6〉は「当今世直と唱ひ」から幕末・維新期の世直し一揆を想起したい。〈史料7〉の大意は“我らの目的は高利貸しのため困窮する人々の惨状を見るに忍びなく，有志で相談して返済延期を債権者に要求したが拒否され，債権者への説得を警察署へ願い出たが，取り上げてもらえなかったので，授業料負担の軽減のための3カ年休校，雑税の軽減などを強訴することであり，決して政府に敵対するものではない”というものである。よって，1884年に起きた秩父事件の関係者の主張だと判断できる（空欄 C には「秩父」が入る)。よって，史料6（幕末・維新期）→史料5（私擬憲法）→史料7（秩父事件）の順になる。

問1. 日本労働総同盟　**問2.** 河上肇　**問3.** エ
問4. ア・オ　**問5.** イ　**問6.** 女子挺身隊

問7. ウ　**問8.** エ　**問9.** オ　**問10.** エ　**問11.** オ

解説

《大正時代～1980年代の社会運動を中心とした歴史》

問1. 日本労働総同盟（1921年）は，1912年に鈴木文治らが設立した友愛会が，大日本労働総同盟友愛会（1919年）を経て発展・改称されたもので，活動方針も労資協調主義から階級闘争主義へと転換した。

問2. 河上肇は京大教授で，『貧乏物語』で奢侈根絶による貧困問題の解消を主張した。

問3. 貧乏を詠んだ短歌を選ぶ。エの石川啄木の歌が正答であることは容易に判断できよう。生前の啄木は職業を転々とし，歌人・詩人としても不遇で，26歳の若さで肺結核のため死去した。啄木が失意の思いを込めた短歌集が『一握の砂』で，エはその中の一首である。

問4. 〈史料〉（『貧乏物語』）に記されていないことをすべて選ぶ。「すべて」という条件のため，5つの選択文すべてを〈史料〉と照合する必要がある。

ア・オ．不適。〈史料〉の後半で貧乏を根絶するための3つの条件をあげている。その第一は富者が自発的に奢侈を廃することで，これはアの努力と節約にあたりそうだが，第二は所得差の是正，第三は各種生産事業の国営化であり，「努力と節約こそが，貧乏を根絶する道」や「貧乏からの脱出は，個人にかかっている」とは述べられていない。

イ・ウ．適当。〈史料〉の前半に示された「所論の要旨」に「(二)……貧富の懸隔を存する限り」，また「(三)……富者が……奢侈贅沢品を購買し需要する限り」，「貧乏を根絶することは到底望みがない」とある。

エ．適当。〈史料〉の後半にある，貧乏を根絶するための3つの条件のうち，第三の提言内容がこれに相当する。

問5. ④米騒動（1918年）→②三・一独立運動（1919年）→③全国水平社結成（1922年）→①無産政党員の衆議院議員初当選（1928年）の順。

問6. 女子挺身隊は地域・職域・学校別に組織され，工場や農村で勤労奉仕した。

問7・問8. 新婦人協会は平塚らいてうや市川房枝らを中心に1920年に結成された。先生の3番目の発言にもあるように，女性の政談集会参加などを禁じた治安警察法第5条4項の改正を実現させた。

問9. GHQ による初期占領政策に関する誤文を選ぶ。ア～ウは明らかな正文だが，エ・オの判断がやや難しい。

オ．誤文。日本国憲法第 27 条は国民の勤労の権利と義務などを定め，第 28 条で勤労者の団結権・団体交渉権・団体行動権を保障するが，外国人については言及していない。

エ．正文。労働基準法第 4 条は「使用者は，労働者が女性であることを理由として，賃金について，男性と差別的取扱いをしてはならない」と規定する。

問10. 占領政策の転換に関する 3 つの文の正誤を判定する。

①誤文。自衛隊ではなく警察予備隊である。朝鮮戦争勃発（1950 年）→警察予備隊発足（同）→サンフランシスコ平和条約発効・独立回復（1952 年）→保安隊に改編（同）→防衛庁設置と自衛隊創設（1954 年）の流れを理解しておこう。

②正文。戦後に再燃した中国での国共内戦で，1948 年に共産党の優勢が明らかになったことが，アメリカの対日占領政策の転換につながった。翌年，毛沢東が率いる共産党により中華人民共和国の建国が宣言され，敗れた蔣介石の国民党は台湾に逃れた（中華民国政府）。また，1948 年には大韓民国と朝鮮民主主義人民共和国が建国されている。

③正文。赤字を許さない超均衡予算などのドッジ＝ラインや，シャウプ税制改革によりインフレは終息したが，深刻なデフレに見舞われた。

問11. オが正解。旧ソ連のゴルバチョフによるペレストロイカ（改革）は 1980 年代後半のこと。アの阪神・淡路大震災は 1995 年，イのバブル経済崩壊は 1991 年，ウの日本による PKO 派遣は 1992 年の PKO（国連平和維持活動）協力法成立以降，エのロッキード事件発覚は 1976 年である。

講評

2024 年度も例年通り大問 5 題構成で，設問数は 2023 年度から 1 問減って 42 問であった。解答形式は，記述式が 12 問，マークシート法による選択式が 30 問で，例年とおおむね同じ割合であった。選択式は語句選択や 5 択の正文・誤文選択が中心である。その中で，「すべて選べ」という形式の選択問題が例年出題されていて，2024 年度も 3 問出題された。そのうち2問は長文の史料の読み解きを前提としたもので，難度はかなり高い。また，短文や史料を年代順に並べる配列問題が3問出題された。時代別では古代12問，中世6問，近世9問，近現代15問で，おおむね例年並みの配分であった。例年，大問5題中の過半数で史料が出題されているが，2024年度も4題で史料が出題され，初見史料の読解力を問う設問が目立った。また，地図を用いたⅡの2問はかなりの難問である。大問すべてで史料が出題された2023年度に続いて2024年度も難度は高く，手間のかかる問題もあって時間的にも厳しい。

Ⅰはヤマト政権～律令国家完成までの中央・地方の政治制度に関するリード文をもとに，当該期の政治と対外関係に関する知識・理解を問う。問7は消去法で正答が得られる。問9は「文章全体を踏まえて」という条件にこだわると時間不足になりかねないので，まずは基本的な知識・理解から選択肢を絞り込もう。大問全体ではやや易～標準のレベルである。

Ⅱは1072年に入宋した成尋の旅行記『参天台五台山記』を用いた史料問題である。問5は長文の史料から読み取れることを7つの選択文からすべて選ぶもので，確かな史料読解力に加えて手間と時間を要する難問である。問3の平安時代の服装に関する選択問題は，詳細な知識・理解が必要。問6・問7の地図上の中国の仏教の聖地と都市名を問う記述問題は，かなりの難問である。また，問2は国風文化＝純日本的，という思い込みがあるとミスリードされやすい。大問全体でも難問のレベルである。

Ⅲは江戸時代の蝦夷地に関するリード文と，18世紀末に幕府巡見使に随行した古川古松軒の見聞記『東遊雑記』を用いて，蝦夷地や室町時代～明治維新期の対外関係や政治・社会・思想・信仰などについて問う。問4は「アイヌ蜂起の事件」が1789年のクナシリ・メナシ（国後・目梨）の蜂起だとわかることが前提。問7は正文の常陸大津浜でのイギリス捕鯨船員上陸事件が，異国船打払令の一因となったことを知っていても，それを漁民との「交流」と判断するのは難しい。誤文のうちウの最後の朝鮮通信使の年代もやや難である。問11の史料に記されていないことを選ぶ問題も手間がかかる。その他は基本的な知識・理解で対応できるので，大問全体としては標準のレベルである。

Ⅳは19世紀後半の民衆の思想や政治意識に関する史料7点を用いた問題。問1～問3は各史料を読み解いたり，解答条件を参考にしたりすることで正答が得られる。問4の3つの史料の配列問題も，ヒント・キーワードを拾っていけば，それぞれ何に関係する史料か判断できる。全体として標準のレベルである。

Ⅴは先生と生徒の会話文や史料をもとに，近現代の社会問題を中心に知識・理解を問う。Aは大正時代から昭和戦前の社会問題に関する出題で，河上肇の『貧乏物語』が長文で引用された。問4は5つの選択文から『貧乏物語』に記されていないものを「すべて」選ぶもので，手間と時間を要する。Bは大正時代から1980年代の女性の地位に関する会話文をもとに，当該期の政治・経済・対外関係・社会について問う。問9の誤文選択問題は，エとオの判断が難しい。その他は基本的な知識・理解で解けるので，大問全体の難易度は標準のレベルである。

世界史

1 解答

問1. (1)―c　(2)―d　(3)―a
問2. (4)―c　(5)―d　(6)―b　(7)―d
問3. (8)―d　(9)―c　(10)―a　(11)―b　(12)―a

解説

《交易・交流で結ばれた特別な地域》

問1. (1)　①誤文。アッシリア王国の都ニネヴェはティグリス川中流東岸に位置する。

②正文。

(2)　d．正文。

a．誤文。ムセイオンが設けられたのはアレクサンドリア。

b．誤文。パルテノン神殿はドーリア式の建築物である。

c．誤文。「万物の尺度は人間」はソフィストのプロタゴラスのことば。

(3)　①，②ともに正文。

問2. (4)　cが正しい。②フランスでジャックリーの乱が起きたのは1358年→①「教皇のバビロン捕囚」が終わったのは1377年→③ヤゲウォ（ヤゲロー）朝の成立は1386年

(5)　d．正文。

a．誤文。ノルマン朝はウィリアム1世の征服で成立したため，王権は強かった。

b．誤文。シモン＝ド＝モンフォールはヘンリ3世に対して反乱を起こした。

c．誤文。百年戦争開始当初，ノルマンディー地方はイングランド領ではない。

(6)　b．正文。

a．誤文。マジャール人はウラル語系の民族。

c．誤文。フリードリヒ2世は，第5回十字軍でアイユーブ朝のスルタンと交渉し，イェルサレムを一時回復した。

d．誤文。ハンザ同盟の盟主はリューベック。

(7)　d．正しい。ヴェネツィアの位置は地図中のB。
①誤文。サン＝ヴィターレ聖堂があるのはラヴェンナである。
②正文。
問3．(8)　d．誤文。コルテスのメキシコ征服（1521年）に続いて，ピサロがインカ帝国を征服した（1533年）。
(9)　c．正文。
a．誤文。大量の銀が流入したヨーロッパでは，銀価格の下落に伴って物価が2～3倍に上昇するインフレーションが起こった。
b．誤文。ポトシ銀山は現在のボリビアに位置する。
d．誤文。17～18世紀のヨーロッパにおける新しい物産の流入による消費生活の変化を「生活革命」という。
(10)　①，②ともに正文。
(11)　b．正文。
a．誤文。コシューシコはアメリカ独立戦争に参加したのち，ポーランド分割に対抗しクラクフでの蜂起を指導した。
c．誤文。トマス＝ジェファソンは反連邦派の指導者。
d．誤文。ヴァンデー県を中心に起こった農民蜂起は，国民公会が実施した30万人の募兵に農民が反発して起きた反革命運動である。
(12)　aが正しい。史上初の黒人共和国はB．ハイチであり，ハイチは東にあるドミニカとA．イスパニョーラ島を分け合うカリブ海の国である。

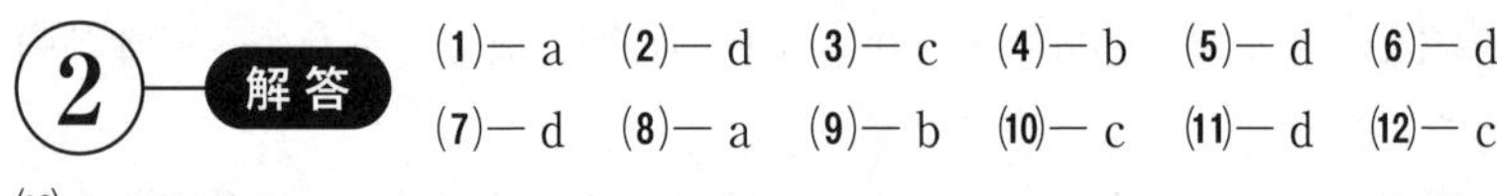
2　解答
(1)―a　(2)―d　(3)―c　(4)―b　(5)―d　(6)―d
(7)―d　(8)―a　(9)―b　(10)―c　(11)―d　(12)―c
(13)―c

解説

《社会主義運動》

(1)　a．誤文。メアリ1世は旧教に復帰し，新教徒を弾圧した。
(2)　d．誤文。ジョゼフ＝チェンバレンはアイルランド自治法案に反対して自由党を離脱し，植民地相として保守党内閣に加わった。
(3)　c．誤文。グラッドストン内閣が1871年に労働組合法を制定した。
(4)　①正文。
②誤文。二月革命後の臨時政府に入閣した社会主義者はルイ＝ブランであ

る。フランスの初期社会主義者フーリエは，この時すでに死去している。

⑸ d．誤文。明治政府は富岡製糸場（群馬県）のような官営の模範工場を通じて技術の普及を図った。

⑹ b．シュタイン・ハルデンベルクの改革が行われたのは 19 世紀初頭→c．ドイツ統一と憲法制定のための国民議会開催は 1848 年→d．ビスマルクの鉄血政策の議会演説は 1862 年→a．デンマークとの開戦は 1864 年

⑺ d．誤文。アメリカ合衆国で，政府に批判的な知識人や文化人などを共産主義者として社会的に排除する「赤狩り」（マッカーシズム）がさかんになったのは，1950 年代前半である。

⑻ a．正文。

b．誤文。国立作業場の閉鎖に抗議して，パリの労働者が六月蜂起を起こした。

c．誤文。パリで二月革命が起こり，国王ルイ＝フィリップはイギリスに亡命した。

d．誤文。ロシアは，コシュートの指導するハンガリーの独立運動を抑圧した。

⑼ b．誤文。第 2 次エジプト＝トルコ戦争処理のためのロンドン会議（1840 年）では，イギリス・ロシア・プロイセン・オーストリアが条約を結び，ロシアが 1833 年に秘密裏に獲得したダーダネルス・ボスフォラス両海峡の軍艦の独占通行権を破棄させ，ロシアの南下を阻止した。

⑽ c．誤文。マルサスら古典派経済学は，国家の経済活動への介入を排除し，自由な経済活動を重視することを説いた。これに対し，ドイツのリストは自由貿易を批判して保護関税政策を主張した。

⑾ c．ナポレオン 3 世がメキシコ遠征に失敗したのは 1867 年→b．ナポレオン 3 世が普仏戦争でスダン（セダン）で捕虜になったのは 1870 年→d．1871 年 1 月にフランス臨時国防政府がドイツに降伏→a．1871 年 3 月，臨時政府が結んだ屈辱的な講和条約に反対し，社会主義者やパリの民衆が革命的自治政府を樹立

⑿ ①誤文。1878 年はビスマルクが社会主義者鎮圧法を制定した年。撤廃されたのはビスマルクの辞職後の 1890 年である。

②正文。

⒀　c．正文。

a．誤文。バクーニンは無政府主義革命家で，その思想はナロードニキ運動に影響を与えた。

b．誤文。第2インターナショナルは1889年にパリで結成され，ドイツ社会民主党が主導した。結成当時，フランス社会党（1905年結成），イギリス労働党（1906年成立）は存在していない。

d．誤文。第3インターナショナル（コミンテルン）の第7回大会では，各国共産党に民主主義勢力との協力による「人民戦線」の形成を求める方針が採択された。

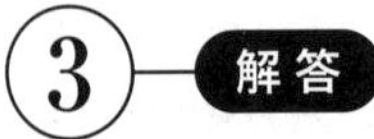

⑴―d　⑵―d　⑶―b　⑷―d　⑸―a　⑹―c
⑺―d　⑻―a　⑼―c　⑽―bまたはd※1
⑾―d　⑿―※2

※1　⑽については，選択肢に正解として扱うことができるものが複数あったため，そのいずれを選択した場合も得点を与える措置が取られたことが大学から公表されている。

※2　⑿については，選択肢の記述に不適切な部分があったため，適切な解答に至らないおそれがあると判断し，解答の有無・内容にかかわらず，受験生全員に得点を与える措置が取られたことが大学から公表されている。

解説

《EU加盟国のムスリム人口》

⑴　d．正文。

a．誤文。英仏協商を結んでいたイギリスがフランスを支援したため，1912年にモロッコはフランスの保護国となった。

b．誤文。第一次モロッコ事件の事後処理のための国際会議が開かれた都市は，スペインのアルヘシラス。

c．誤文。第二次モロッコ事件では，ドイツがアガディールに軍艦を派遣した。タンジールは第一次モロッコ事件でヴィルヘルム2世が訪問し，列国会議を求めた都市。

⑵　dが正しい。

①誤文。クリミア戦争の講和条約は1856年にパリで結ばれた。また，ビスマルクは講和会議を仲介してはいない。

②誤文。青年トルコ革命は1908年に起きた。ドイツがバグダード鉄道の

敷設権を得たのはそれ以前の1899年。

(3)　b．正文。

a．誤文。イギリスの支援で1885年に結成されたのはインド国民会議。全インド＝ムスリム連盟の結成は1906年。

c．誤文。英印円卓会議は1930～1932年にロンドンで開かれた。

d．誤文。1911年に首都はカルカッタからデリーに移転した。

(4)　d．誤文。1875年にスエズ運河会社の株を買収したのは保守党のディズレーリ首相。

(5)　a．誤文。英仏協商ではモロッコにおけるフランスの優越が承認された。

(6)　c．正しい。

a．アブド＝アルアジーズ（イブン＝サウード）はネジドのスルタンで，1926年にヒジャーズ＝ネジド王国（1932年サウジアラビア王国に改称）をたてた人物。

b．ナセルはエジプト革命（1952年）を主導した軍人・政治家で，その後，大統領に就任した。

d．フセイン（フサイン）はアラブ独立運動の指導者で，1916年にヒジャーズ王国をたてたが，イブン＝サウードに敗れ，王国も1925年に滅んだ。

(7)　dが正しい。aのアドワは1896年にイタリア軍が侵攻し，エチオピア軍に大敗した地。b．エリトリア，c．ソマリランドはイタリアが1880年代に獲得した。

(8)　aが正しい。サヌーシー教団はメッカで創設されたイスラーム神秘主義教団で，リビアに本拠地を移し，1911年以降イタリアの進出に抵抗した。

b．バーブ教はイランの新宗教で，1848年にその教徒が社会改革を唱え，カージャール朝の専制に対して蜂起したが，鎮圧された。

c．マフディー国家はムハンマド＝アフマドがスーダンで反英闘争を展開し，樹立した国家。エジプト・イギリス連合軍により鎮圧された。

d．ワッハーブ派は18世紀におこったイスラーム教の原点回帰をめざす改革派で，各地のイスラーム復興運動に影響を与えた。

(9)　c．誤文。『医学典範』を著したのはイブン＝シーナー（アヴィケンナ）。

(10)　b．誤文。カルティニはインドネシアの女性解放運動・民族運動の指導者。インドネシア最初の大衆的民族組織であるイスラーム同盟（サレカット＝イスラーム）の創設はカルティニの死後である。

d．誤文。「倫理政策」の対象となったのは，オランダ「本国」ではなく，植民地統治していた「インドネシア」である。

(11)　d．正しい。1878 年のベルリン条約で国際的に独立が承認された国は，ルーマニア，セルビア，モンテネグロである。

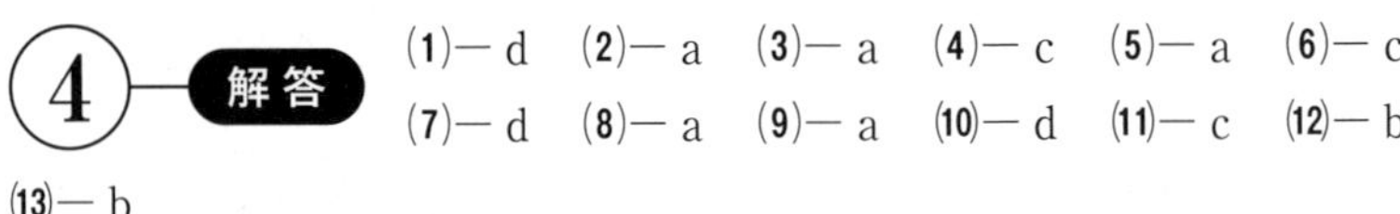

4 解答

(1)－d　(2)－a　(3)－a　(4)－c　(5)－a　(6)－c
(7)－d　(8)－a　(9)－a　(10)－d　(11)－c　(12)－b
(13)－b

解説

《東南アジア》

(1)　d．誤文。メディチ家のもと，ルネサンスの中心となったのはフィレンツェ。

(2)　a．正しい。

bの占城とdの林邑はベトナム中部のチャンパーの中国名。cの扶南はメコン川下流にクメール人かマレー人がたてた国の中国での呼称。

(3)　a．誤文。東ティモールは旧ポルトガル領である。

(4)　c．正しい。ブミプトラは土地の子（マレー系住民と先住民）の意で，1970 年代からマレー人を経済的に優遇する政策が実施された。のちにマハティール首相のもと，日本を模範とした近代化をめざすd．ルックイースト政策が推進された。

b．ドイモイ（刷新）政策はベトナムが 1986 年からとった市場経済・対外開放政策。

(5)　①，②ともに正文。

(6)　c．誤文。マラッカ王国は明の後ろ盾によりアユタヤ朝への従属から脱した。

(7)　a．第 1 回インド国民会議（ボンベイ）は 1885 年→b．ベンガル分割令の発布は 1905 年→d．ローラット法の制定は 1919 年→c．ガンディーの塩の行進は 1930 年

⑻　a．誤文。アンコール＝ワットはヒンドゥー教寺院として創建され，のちに仏教寺院となった。

⑼　a．誤文。阮福暎はタイのラーマ1世とフランス人宣教師ピニョーの援助で阮朝をたてた。

⑽　d．正しい。

aのファン＝チュー＝チンは20世紀初めのベトナム民族運動の指導者，bのホー＝チ＝ミンはベトナム独立運動の指導者，cの李舜臣は亀甲船で日本軍を破った朝鮮の武将。

⑾　①誤文。イギリスの海峡植民地はペナン・マラッカ・シンガポールからなる。

②正文。

⑿　b．正しい。パレンバンはスマトラ島東南部の港市。

⒀　b．誤文。シンガポールを関税のかからない自由港として開港させたのは，イギリスの植民地行政官ラッフルズである。

講評

1　交易・交流で結ばれた特別な地域をテーマに，これに関連する事項が問われた。問2の⑷は年代を覚えていないと判断が難しい。問3の⑿ではハイチの位置が問われたが，イスパニョーラ島の西部であることをおさえておきたい。

2　社会主義運動に関する大問。⑷，⑿は2文正誤選択問題で，正確な判断が求められた。⑹はドイツ統一の流れ，⑾はパリ＝コミューンを巡る因果関係を考えて解答したい。

3　EU加盟国のムスリム人口をテーマに主に中東，アフリカに関する事項が問われた。⑹，⑻は細かい事項であったが，消去法で対処したい。

4　東南アジアをテーマとした大問。⑷のブミプトラ政策はやや難。⑸の「バリ島には現在もヒンドゥー文明が残っている」の判断は世界史の知識としては難しい。

解答形式は全問マークシート法であった。2文正誤判定問題が8問で，正文か誤文かを選択する問題も2024年度は増加した。全体を通じての難易度は 2023 年度と同程度で，教科書レベルを超える詳細な知識も問われた。古代から現代世界まで幅広く出題されたが，2024 年度は近現代史の占める割合が高い。用語集レベルの知識が問われる設問もあるため，日頃の学習から用語集を併用し，その説明をおさえておくことが必要である。

地　理

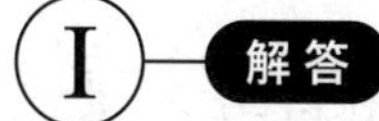

問1． ①イスタンブール
②バーミアーン〔バーミヤン〕 ③タージ＝マハル
④カナート ⑤万里の長城
問2． a－ロ　b－ロ　c－ホ　d－ハ　e－ハ
問3． ハ　**問4．** ロ

解説

《アジアの世界遺産》

問1． ①ヨーロッパ・アジア大陸間の海峡に面する歴史的な都市はトルコのイスタンブールで，ビザンツ帝国ではコンスタンティノープルと称した。
②アフガニスタンのバーミアーンは，インドと中央アジアを結ぶ古代の交通路が通過した渓谷に位置する。断崖に刻まれた2体の巨大な仏像は，偶像崇拝を否定するイスラーム原理主義のタリバン政権によって破壊され，危機遺産リストに登録された。
③インド北部にあるタージ＝マハルは，白大理石造りの霊廟である。
④蒸発を防ぐ目的で地中に造成された灌漑用の水路は，紀元前のイランに起源をもち，カナートとよばれる。
⑤古代の中国において，北方民族の侵入に備えて築かれた長大な防壁は，万里の長城である。

問2． a．ボスポラス海峡は，ダーダネルス海峡とともにヨーロッパとアジアの間に位置し，イスタンブールはボスポラス海峡の南西側にある。ジブラルタル海峡はヨーロッパとアフリカの間に，ホルムズ海峡はアラビア半島のオマーンとイランとの間に，マゼラン海峡は南アメリカ大陸南端とフエゴ島の間に位置する。
b．アフガニスタンの首都はカブールである。イスラマバードはパキスタン，テヘランはイラン，バグダッドはイラクの首都である。
c．アグラは，インドの首都デリーから南南東に約180kmの距離に位置する。なお，ガンジスデルタはインド東部からバングラデシュに広がる低平地，デカン高原はインド半島の大部分を占める高原，パンジャブ地方はインド北西部からパキスタン北東部にかけて広がる地方であり，ヒマラヤ山麓はインドとネパールの国境周辺に位置する。

d． 乾燥地域では地表水に恵まれないものの，地下水は存在する。地下水を含む地層を帯水層とよび，それが地表に出現した地点がオアシス（泉地）となる。

e． 万里の長城の東端は，中国の東北部に位置する渤海沿岸になる。渤海は，シャントン（山東）半島とリヤオトン（遼東）半島に囲まれ，ホワンホー（黄河）が流入する内海である。

問3． ハが正しい。(v)正文。ボスポラス海峡には3つの橋梁が架かっているほか，1989年以降，市街地には複数路線の地下鉄が建設されてきた。交通渋滞や大気汚染に悩む発展途上国の大都市では，しばしば公共交通網の整備が推進されてきた。

(w)誤文。2001年9月にアメリカ合衆国で発生した同時多発テロを契機とするアフガニスタン戦争によりタリバン政権は崩壊した。しかし，タリバンは2021年に首都カブールを再び制圧し，政権を掌握した。

(x)誤文。アルハンブラ宮殿はグラナダを都とするイスラーム王朝（ナスル朝）の王宮として建造されたが，モスクワのクレムリン宮殿はロシア正教の中心地に位置し，かつてのロシア皇帝の居城である。

(y)正文。地下水路を利用した灌漑システムを，北アフリカではフォガラ，中国ではカンアルチンとよぶ。アラビア半島のオマーンにもファラジ（複数形でアフラージュ）とよばれる同様の灌漑システムがみられ，2006年に世界文化遺産に登録された。

(z)誤文。降水量が少なく，遊牧民族の分布域にも近い中国北部では，水田稲作ではなく，小麦や雑穀などの畑作が行われてきた。

問4． ロが正しい。①～③がそれぞれ位置する国は，北からトルコ，アフガニスタン，インドの順である。①のイスタンブールは北緯40度付近，②のバーミアーンは北緯35度付近，③のタージ＝マハルは北緯27度付近に位置している。

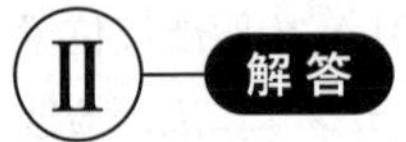

問1． ハ　**問2．** ハ　**問3．** 技術貿易
問4． **1．** テルアヴィヴ　**2．** ムンバイ〔ボンベイ〕
問5． **a**－ニ　**b**－ロ　**c**－ロ　**d**－ハ　**e**－ロ　**問6．** ハ

問7. イ　**問8.** ラオス

解説

《アジア各国の経済発展》

あらかじめA～Dの文が述べているアジアの国を確認する。Aは,「1997年にASEANに加盟」「内陸国」などから，東南アジアのラオスと判断する。Bは,「隣接する国々と戦争を重ねた」「世界中から集まる資金」などから，ユダヤ人国家イスラエルとなる。Cは,「1991年より経済開放政策に転換」「ICT産業が発達」などからインドと考える。Dは,「周辺の産油国」「2022年には国際的なスポーツ大会」から，サッカーのワールドカップ大会が開催された中東のカタールとなる。

問1. イ（厦門）は福建省，ロ（汕頭）とニ（珠海）は広東省の都市で，いずれも経済特区が設置されている。5カ所の経済特区に対し，経済技術開発区はハ（天津）を含む200以上の都市に設けられている。

問2. SAARCは南アジア地域協力連合（South Asian Association for Regional Cooperation）の略称で，インド，パキスタン，バングラデシュ，スリランカ，ネパール，ブータン，モルディブ，アフガニスタンの8カ国が加盟している。南アジア諸国の生活水準向上や文化の発展などを目指す組織である。UNCTADは国連貿易開発会議，OECDは経済協力開発機構，TICADはアフリカ開発会議（Tokyo International Conference on African Development）の略称である。

問3. 特許権やノウハウのやり取り，技術指導などの対価として，支払額や受取額が発生する国際的な取引を技術貿易という。

問4. **1.** 国際的には未承認である首都エルサレムに代わって，多くの国の大使館が集まり，経済の中心にもなっているのはテルアヴィヴである。

2. アラビア海西岸に位置し，インド国内最大の人口を有する都市とされ，綿工業，自動車産業が発達しているのはムンバイ（旧称ボンベイ）である。

問5. **a.** ラオスに隣接する中国の省は，雲南省である。雲南省のクンミン（昆明）とラオスの首都ビエンチャンを結ぶ高速鉄道「中国ラオス鉄道」は，2021年12月に開業した。

b. イスラエルは，隣接する国として南西にエジプト，北東にシリア，北にレバノン，東にヨルダンがある。

c. 市場経済と計画経済を混合した体制を混合経済とよぶ。独立後のインドでは，市場経済を基本としつつ，その弊害を抑えるために生産の多くを公営企業が担い，価格の統制も図る混合経済体制が採られてきたが，1991年に市場原理と競争を重視する経済改革が進められた。

d．デカン高原南部に位置し，大学・研究機関や航空・宇宙産業が立地していたベンガルール（2014年にバンガロールから改称）では，外国資本の進出とともにハイテク産業が成長し，「インドのシリコンヴァレー」とよばれるようになった。

e．カタールの首都はドーハである。アブダビはアラブ首長国連邦，リヤドはサウジアラビアの首都である。ドバイは，アラブ首長国連邦の構成国の1つである。

問6～問8．表1中の③は，輸出額に占める「液化石油ガス」の割合がきわめて高く，また「原油」の割合も高いので，中東に位置するカタールと考える。輸出入額が最も少なく，主要な輸出品の多くが一次産品となっている④は，他国と比べて経済水準が低いラオスである。ラオスは，国境を流れるメコン川からの水力発電を隣国のタイなどに輸出している点も特徴的である。①と②については，①には「繊維と織物」が，②には「航空機」が含まれる点に注意すると，①を「綿工業」が発達してきたインド，②を「先端技術産業も発展」しているイスラエルと判断する。インドのムンバイやイスラエルのテルアヴィヴは，ダイヤモンドの集散地として知られ，研磨業も盛んである。

Ⅲ　解答　**問1．A．**混合　**B．**砂糖

C．大陸氷河〔氷床〕（氷河，スカンディナヴィア氷床も可）

D．ポー

問2．a―ニ　**b**―ニ　**c**―ハ　**d**―ハ　**e**―ロ　**f**―イ　**g**―ハ

h―ニ

問3．ロ

解説

《ヨーロッパの農業》

最初に1～6の文章がとりあげた農作物と家畜について確認する。1の農作物は，「原産地は西アジア」「ヨーロッパでの栽培は南部の地中海沿岸

地域」「パンに加工」などから，小麦である。2の家畜は，「ドングリ・キノコ等を餌」から，雑食性の豚である。3は，根を活用する工芸作物であることや「しぼりかすが飼料」に利用されることから，テンサイと考えられる。4は，「南米原産」「寒冷で肥沃でない土地でも育つ」から，ジャガイモである。5は，「アジア原産」「比較的夏季に雨が多い地域で栽培」から，稲（コメ）と考える。6は，「地中海沿岸地域を中心に栽培」「油脂原料」から，オリーブである。

問1．A． 小麦などの穀物栽培と，家畜飼育を組み合わせる農業形態は混合農業である。

B． 18世紀末にドイツでテンサイの根から砂糖を製造する技術が確立された。

C． 最終氷期に大陸氷河（氷床）に覆われたヨーロッパ北部には，氷河により侵食を受けた荒地が広く分布している。

D． イタリア北部を東流するポー川が形成した沖積平野（パダノヴェネタ平野）では，小麦，トウモロコシ，コメなどが栽培されている。

問2．a． えん麦，大麦，ライ麦はいずれも寒冷な気候条件下でも栽培されてきたが，えん麦と大麦は飼料としての用途が多くを占め，パンの原料となるのはライ麦である。

b． 西岸海洋性気候がほとんどを占める北西ヨーロッパから東ヨーロッパには，落葉広葉樹が多く分布している。針葉樹は主に亜寒帯気候に広がっている。

c． スペインでは，EC（ヨーロッパ共同体）に加盟した1980年代頃から，安価な労働力とブランド力の強いイベリコ豚の人気により養豚業が急速に成長した。

d． 冷涼な気候を好むテンサイの最大の生産国はロシアであるが，製糖原料のほか飼料としても活用されてきたため，混合農業の盛んなフランスやドイツでの生産も多い。

e． トマトの原産地は，ジャガイモと同様に南米のアンデス高地と考えられている。キャベツはヨーロッパ，ぶどうは西アジア，りんごは中央アジアが原産地とされる。

f． イタリア北部は，夏季の降水に恵まれる温暖湿潤気候区に属しており，イタリアがヨーロッパで最大のコメの生産国となっている。

g． 常緑の硬葉樹で夏の乾燥にも強いオリーブの生産量は，地中海沿岸に位置し，平坦な土地が広がり，大規模集約的栽培法で大量に生産できるスペインが第1位となっている。

h． 地中海沿岸地域を中心にローマ帝国が栄えた当時，寒冷なヨーロッパ北部に居住していたゲルマン人は，家畜の乳や肉を主な栄養源とし，バターやラード（豚の脂肪）などの動物性油脂も用いた。

問3． ロ．不適。「農作物の品種改良」については1～6のいずれの文章でも触れられていない。

イ．適当。1で寒冷な気候条件下でライ麦の栽培が行われたこと，2でかつて森林の中で豚の放牧が盛んであったこと，4でジャガイモが寒冷で肥沃でない土地でも育つこと，5でコメが地中海周辺地域の中でも比較的夏季に雨が多い地域で栽培されてきたこと，6で夏季に高温で乾燥する地中海沿岸地域を中心にオリーブが栽培されてきたことなどに言及されている。

ハ．適当。4で南米原産のジャガイモが16世紀にヨーロッパへ導入され，他の農作物を補う食糧として，さらに飼料として重要な役割を果たしてきたことが指摘されている。

ニ．適当。3で砂糖を製造する方法が発明されたために，テンサイの栽培が盛んになったことが述べられている。また5でも，灌漑施設の整備や直播栽培技術がヨーロッパにおける稲作の発達に関わっていることが記されている。

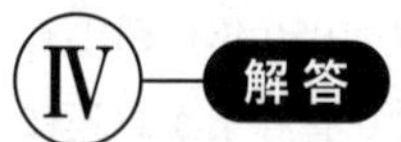

問1． a―ハ　b―イ　c―ハ　d―ニ

問2． 線状降水帯　**問3．** 内水氾濫

問4． アンダーパス　**問5．** 流域（集水域も可）　**問6．** 海溝

問7． 活断層　**問8．** 阪神・淡路大震災　**問9．** 東北地方太平洋沖地震

解説

《日本国内の自然災害》

問1． **a．**「北陸新幹線の車両基地」を手がかりに，長野県東部から北流する千曲川を選ぶ。北陸新幹線は長野県の北東部を走行している。木曽川と天竜川は長野県南部を，黒部川は富山県を流れる。

b． 荒川は，埼玉県と東京都を流れ，東京湾に注ぐ。鬼怒川は，利根川の支流で，栃木県から千葉県に流下する。相模川は，山梨県から神奈川県を流れ，相模湾に注ぐ。那珂川は，栃木県から茨城県に向かって流れ，太平洋に注ぐ。

c．日本列島付近には，東北日本弧の形成に関わる北アメリカプレートと太平洋プレート，西南日本弧の形成に関わるユーラシアプレートとフィリピン海プレートが集まっている。

d．東日本大震災を引き起こした東北地方太平洋沖地震のマグニチュードは 9.0 で，関東大震災の大正関東地震（マグニチュード 7.9）を上回る日本での観測史上最大の地震であった。

問2．線状降水帯とは，積乱雲が上空の風に流されるとともに，同じ場所で次々と発生し続けることで出現する線状に延びる強雨域をいう。2014年8月に広島県で発生し，土砂災害をもたらした集中豪雨以降，線状降水帯の語が広く用いられるようになった。

問3．堤防の決壊などにより引き起こされる外水氾濫に対し，主要河川などへ雨水を排水できず，都市内部にあふれ出して発生する水害を内水氾濫とよぶ。

問4．アンダーパスとは，他の道路や鉄道をくぐり抜けるために掘り下げられた道路のことである。アンダーパスには雨水が集中しやすく，冠水時に車両が水没する事故もたびたび発生している。

問5．分水界となる尾根に囲まれ，雨水や融雪水が地表を流下して河川に集まってくる範囲を流域あるいは集水域という。

問6．一般に海洋プレートが大陸プレートの下に沈み込む海底は，周囲の大陸棚や大洋底よりも深くなっており，特に水深が 6000 m を超える海底地形を海溝，6000 m に達しない地形をトラフ（舟状海盆）とよぶ。

問7．最近数十万年間に繰り返し活動し，今後も活動する可能性が高い断層を特に活断層とよぶ。日本の陸域には約 2000 の活断層の存在が確認されている。

問8．直下型地震であった兵庫県南部地震の災害は，阪神・淡路大震災と呼ばれている。阪神・淡路大震災では，死者 6433 人，家屋の全壊 10 万戸以上という甚大な被害を出した。

問9．東日本大震災をもたらした東北地方太平洋沖地震は，北アメリカプレートと太平洋プレートの境界に当たる日本海溝付近で発生した。

講評

例年通り，大問が4題，解答個数が50個で，各大問でリード文が用いられた。形式では選択法と記述法に加えて，正誤法もみられた。地名や用語，統計的な基本知識に関する問題が多くを占めるが，時事的な用語が問われる点は早稲田大学の特徴といえる。

Ⅰ　各文章が説明する世界遺産はいずれもポピュラーで，取り組みやすい印象を受ける。ただし，問2のc・eや問4では，日頃から地図帳で位置を確認する習慣の大切さを痛感する。問3は一部で判断に迷うが，組み合わせで正解に至ることができる。

Ⅱ　AのラオスとDのカタールは，リード文中の情報から慎重に判断したい。問2のSAARCと問4のテルアヴィヴはやや詳細な知識であるが，全体的には標準レベルといえる。

Ⅲ　2で取り上げられた家畜は，「ドングリ・キノコ等を餌として育ち」より，草食の牛や羊を除外して考える。問2のc・d・f・gでは統計的な知識が必要で，hのラードもやや難しい。リード文から読み取れない特色を選ぶという問3は，新傾向の出題といえる。

Ⅳ　問1のa・bでは日本地誌の学力が要求された。問2～問4では，いずれも時事的な用語が問われたが，「線状降水帯」は2020年度にも出題されている。東日本大震災を引き起こした地震の名称を答える問9も，やや難しい。

総合問題

◀教育学科▶

①　解答例　**問一　（ア）** 要塞にいる独裁者から国を解放するため，将軍が大軍を率いて要塞を攻撃しようとした。しかし要塞から放射状に伸びる道に地雷を仕掛けられ，少人数なら通れるが大規模な軍隊は道を通過できない。どうすればよいか。(100字以内)

（イ） 弱い放射線を一方向からではなく周囲の全方向から腫瘍に集中するように当てる。(40字以内)

（ウ） 建物には四方に窓があるが，一つの窓から建物の中に消火剤を放射しようとすると消火剤の勢いで壁が壊れ建物が崩れてしまう。(60字以内)

問二　著者は，学習の場面で問題を数多く解き正解を聞いたとしても，やりっぱなしにして問題スキーマを形成しなければ転移は起こらず理解は深まらないと述べている。私は，学習者が何かを学ぶ場面では，問題を解いた後に「なぜはじめはうまく解けなかったのか」を振り返りその要因を考えるとともに類似問題に共通する条件と解決法を探り，別の類似の問題に適用できるような問題スキーマを形成するよう留意することが望ましいと考える。(200字以内)

解説

《問題解決のプロセスと留意点》

問一　（ア）　資料①の「軍隊問題」について説明した資料②の英文をもとに，その概要を説明する問題である。資料①では，「軍隊問題」と「消火問題」は「放射線治療問題」に“類似問題として使ったのを少し脚色したもの”と説明されている。よって，「放射線治療問題」と同様の解決法を示す必要があると推測でき，また，「消火問題」と同様の「どのようにすればよいか」という解決法を聞いていることがわかる。そのことを念頭に資料②の英文から問題の概要をつかむとよい。ポイントとなるのは，資料②の次の内容である。

The dictator ruled the country from a strong fortress.「独裁者が強固な要塞から国を統治していた」

Many roads radiated outward from the fortress like spokes on a wheel.「多くの道路が車輪のスポークのように要塞から放射状に伸びていた」

A great general arose who raised a large army at the border and vowed to capture the fortress and free the country of the dictator.「一人の偉大な将軍が現れ，国境で大軍を率いて要塞を占領し独裁者の国を解放することを誓った」

The ruthless dictator had planted mines on each of the roads.「冷酷な独裁者が道のそこかしこに地雷を仕掛けていた」

The mines were set so that small bodies of men could pass over them safely,「地雷は少人数であれば安全に通過できるように設置されていた」

However, any large force would detonate the mines.「しかし，大規模な軍隊では地雷が爆発してしまう」

これらの内容を「消火問題」の文末と同様の形でまとめればよい。ただし，指定の字数が100字以内と，かなり少ないため，資料②の英文の和訳をそのまま並べては必要な情報をまとめきれない。問題を成立させるための必要な条件に留意し表現を工夫したうえで，〔解答例〕に挙げたように絞り込もう。

（イ） 資料①で省略した「放射線治療問題」に対する有効な解答の一つとは何か，資料①と資料②を参考に説明する問題である。「放射線治療問題」の解答を考えるうえで留意すべき条件は次の２点である。

- 腫瘍を破壊するうえで十分な強度の放射線では正常な組織も破壊される
- 弱くすると正常な組織は安全だが腫瘍が治療できない

次に，資料①で「放射線治療問題」の類似問題とされている「軍隊問題」についても，資料②をもとに条件を整理すると，（ア）で読み取ったように，

- 要塞から放射状に伸びる道に地雷を仕掛けられ，大規模な軍隊は道を通過できない
- 少人数なら地雷がある道を通過できるが，要塞を占領するには大軍が必

要である

という形にまとめられる。さらに，資料②では「軍隊問題」のこの条件のもとでの解決法を次のように説明している。

He divided his army up into small groups and dispatched each group to the head of a different road.「将軍は軍を小グループに分け，それぞれのグループを別々の道路の先頭に派遣した」

When all was ready he gave the signal, and each group charged down a different road.「すべての準備が整うと，将軍は合図を送り，すべての集団がそれぞれの道を突撃した」

All of the small groups passed safely over the mines, and the army then attacked the fortress in full strength.「すべての小集団が無事に地雷を越え，軍隊は総力を挙げて要塞を攻撃した」

これは〈大きな力を一つの方向からかけられないときに，小さな力を全方向から集めて大きな力とする〉という解決法である。この解決法を「放射線治療問題」に当てはめれば，〈弱い放射線を一つの方向からではなく多くの方向から腫瘍に集中的に当てる〉ことで解決できるとわかる。

(ウ) 資料①の「消火問題」が「放射線治療問題」に対する有効なヒントとなるために，記されているべき条件を資料①と資料②を参考にして説明することが求められている。「消火問題」が「放射線治療問題」の解決法を考えるうえでの有効なヒントとなるためには，「放射線治療問題」と同様の条件が付され，同様の解決法が適用されている必要がある。（イ）でまとめたように「放射線治療問題」の条件は，

- 腫瘍を破壊するうえで十分な強度の放射線では正常な組織も破壊される
- 弱くすると正常な組織は安全だが腫瘍が治療できない

の2点である。つまり〈大きな力を一つの方向からかけられないときに，小さな力を全方向から集めて大きな力とする〉ことで解決できる。「消火問題」については，条件の一つはすでに「相当の量の消火剤を外から放射しないと消えそうにない」と設定されているので，「放射線治療問題」と同様に解決ができるもう一つの条件を考えればよい。〔解答例〕では，「一つの窓から放射しようとすると壁が壊れ建物が崩れてしまう」という条件を挙げているが，これ以外にも〈大きな力を一つの方向からかけられないときに，小さな力を全方向から集めて大きな力とする〉という解決法が使

える。これをふまえた「窓が小さいため一つの窓から放射できる消火剤の量が限られる」といった条件でもよい。

問二　資料①で著者が述べる学習者の記憶や理解の特徴のうち，学習者の理解を妨げると思われるものを読み取り，何かを学ぶ場面で学習者はどのような点に留意していくことが望ましいか，意見を述べる問題。まず，「学習者の理解を妨げると思われるもの」について，資料①で著者は次のような形で繰り返し述べている。

• 問題スキーマを形成することや，それを使って問題を解くことの難しさを考慮することなく，ただ正解を眺めたり，たくさんの問題を解いていれば，だれでも自動的に解けるようになるという印象を与えている（第6段落）

• 自然に類推が生じて，転移がうまく起こるのはけっこう難しい（第7段落）

• いくら問題とその解を聞いても，「要するに，努力すれば報われたという話」というようにまとめた被験者たちは，さっぱり報われなかった（最後から2段落目）

• 子どもたちのふだんの学習の様子を聞いてみると，問題が解けるにせよ，解けないにせよ，やりっぱなしのことが多いのが目につく（最終段落）

さらに，こうした状況を防ぐためには，「解をやっと出したり，わからなくて正解を聞いたりした後にこそ，その経験から何を引き出すか（問題スキーマの形成）が，次の機会への転移を促す重要な要因となる」と最終段落で述べている。

以上の内容から，〈問題スキーマを形成することなくただ正解を眺めたり，たくさんの問題を解くことや，やりっぱなしにする〉ことが学習者の理解を妨げるという著者の主張がうかがえる。これをふまえ，〈問題を解いた後は，うまく解けなかった理由を考え，次に問題に取り組む際の教訓を引き出す〉〈収束スキーマを形成する〉というポイントを足がかりに，具体的に学習者が何を留意すべきかを考えていけばよいだろう。

2　**解答例**

問三　選んだ立場：図書館員

図書館員は仕事を通して，図書館とは何かという理念を掘り下げ，広い世界に目を向ける。そのうえで，本を知り読者を知り

サービスを組み立て，さまざまな人の思いや考え方，状況を学びながら活動している。(100 字以内)

問四　私も筆者が言うように，図書館を生涯学習の基盤として活用するのが望ましいと考える。図書館司書は本を探す道案内人として，読者自身の問題の解決に役立つ本を彼らの知識と経験をもとに提案してくれる。数多くの本から自分が必要とする本を見つけた経験は，読者自身が自力で問題解決をしたという成功体験だと言える。その成功体験は，学校を卒業し教育の場から離れたあとも人生のよりどころとなるはずだ。(200 字以内)

解説

《図書館の活用法》

問三　読書や図書館のために努力する人たちが，仕事を通して何を学び，どのように考えながら活動してきているのかについて，「図書館員」「出版関係者」「市民団体関係者」の 3 つの立場から一つ選び，説明する問題である。まず，〔解答例〕に挙げた「図書館員」だが，何を学びどのように考えながら活動してきているのかについては，資料③の第 24～27 段落で説明されている。その中でポイントとなるのは次の内容である。

• 図書館員は，目標を一人ひとりの読者に据えて，毎日の図書館サービスの充実を図るのは当然だが，それを考える補助線として，縦と横のラインを考える（第 24 段落）

• 縦のライン：図書館とは本来何なのかという理念を掘り下げ，その設置目的に従ってどういうサービスを提供するのか組み立てる（第 25 段落）

• 横のライン：図書館を取り巻く広い世界に目を向ける＝図書館は「本」にかかわるさまざまな分野の人たちに囲まれて存在している（第 26 段落）

• この人たちの本についての思いや考え方，現実の状況を知ることが図書館活動を広げ，深める。こういう人たちの本づくりにかける思いから学ぶべきことは大きい（第 27 段落）

　次に，「出版関係者」について書く場合だが，何を学びどのように考えながら活動してきているのかについては，第 19～23 段落の次の内容が参考になるだろう。

• 今後はそれぞれの「本」の長所を組み合わせて内容の理解を進めることが多くなる。→ものの動きを知る，普段は近づけないものを見る臨場感は映像，言葉の陰翳を知るためには音声の記録，さまざまな機能が加えられ

る電子媒体が便利。一方，従来の本は抽象的な思考に至るモデルでもある（第 19 段落）

• 同じ本を繰り返し読むことで新しい面が開ける→著者の考えを本にまとめるために編集者をはじめ，さまざまな分野の専門知識を総合している→本は一国の文化の表徴（第 20 段落）

• 本と新しい媒体の組み合わせと誰もがそれを自由に使える条件が必要（第 23 段落）

これらの内容は，直接「出版関係者」が「学び」「考えている」内容としては記述されていないので，「映像，音声，電子媒体，従来の本の形態の長所をどのように組み合わせることが効果的か，またそれを自由に使える条件とは何かを考え，さまざまな分野の専門知識を総合するために学びながら活動している」といった形でまとめるとよいだろう。

「市民団体関係者」については，第 29～31 段落で説明されている「子どもと本との出会いの会」「NPO ブックスタート」「本の学校」「ビブリオバトル」の活動内容が参考になる。

•「子どもと本との出会いの会」：さまざまな分野の人たちを網羅して国際子ども図書館設立を広い立場から支援，横の広がりを作り出す（第 29 段落）

・「NPO ブックスタート」：保健所，図書館，保育園，市町村の関係部局などを横につなぎ，読者と本をつなぐ（第 30 段落）

・「本の学校」：本を楽しみ，本について考える広場を作る（第 31 段落）

・「ビブリオバトル」：本についてのさまざまな見方を横につなぐ（第 31 段落）

これらも直接「市民団体関係者」が「学び」「考えている」内容としては記述されていないので，ここで挙げられた具体的な市民団体の活動をもとに，「読者が置かれたさまざまな状況をもとに読者と本をつなぐ新たな場を創出するために，どのように保健所，図書館，保育園，市町村の関係部局など多くの人を横につなぐことができるかを考え活動している」といった形でまとめるとよいだろう。いずれの立場を選んだ場合であっても，100 字以内と制限字数が少ないため，重要なポイントに絞り込むことが必要である。

問四　「一人の人」の問題解決への援助という観点から図書館を生涯学習

の基盤と捉える筆者の主張をふまえ，人々は図書館をどのように活用していくのが望ましいかを述べる問題である。まず，資料③の筆者の主張を確認しよう。問題解決における図書館の役割に言及しているのは，第7～11段落である。ポイントは次の通り。

• 司書は読者に代わって本を読み問題を解決しない→自分で解決できた喜びはその読者のもの（第8段落）

• この本を読みなさい，と押しつけるのではなく，いくつかの本を見せて「お役に立つものがありましたら」というのが本来の方法（第9段落）

• こうした案内を受けるうち，読者は自分に必要なものを探す方法を自然に理解する→図書館は「教え込まれるところ」ではなく，「自分の感覚を働かせて学び取るところ」（第10段落）

また，図書館を生涯学習の基盤と捉える筆者の主張は，第14～16段落で説明されている。ポイントとなるのは，

•「一人の人」の問題解決への援助が図書館に用意されており「わからないと思ったことが自分にもわかる」と思い，「できないと思ったことが自分にもできる」喜びを持てるようにする（第14段落）

• 成績評価とは関係のない司書から，自分に適した援助が得られ，それにより自分が選ぶことを重ねて力を育て，問題を解決することが期待される（第15段落）

• その力が動き出すのを待つのが図書館である（第16段落）

以上の内容から，〈図書館は読者が問題解決のための方法を自分で学び取るところ〉であり，〈問題解決のための自分に適した援助が用意されている〉場であることをふまえたうえで，人々は図書館をどのように活用していくのが望ましいかを述べればよい。200字と制限字数が少ないため，自分独自の意見を述べる余地は少ないが，注意したいのは「生涯学習の基盤である」と捉えていることが設問で述べられていることだ。単に図書館が自らの問題解決の援助を行う場であることだけではなく，生涯学習の基盤として，学校を卒業し「教育」を受ける立場ではなくなった人々の問題解決と成長を支える貴重な場であることを押さえて意見を述べられるとよいだろう。

講評

教育学科C方式として2年目となる，2024年度の総合問題は，1つの大問で4つの小問が課された2023年度とは異なり，問題解決のプロセスと留意すべき点について述べる和文資料①と，資料①で紹介されている問題を説明した英文の資料②の読解をもとに4つの小問に答える大問1，そして図書館の役割，活用法について述べる和文の資料③の読解をもとに，2つの小問に答える大問2の2つの大問が出題された。2023年度は複数のグラフ資料の読み取りも求められ，和文と英文と併せて重層的な分析が求められたが，2024年度は大問1と大問2とで独立しての出題となり，また，和文と英文の2つの課題文が課された大問1も，英文の役割は明確であり，課題文の読み取り方は比較的シンプルな部類であったと言える。

また，2023年度は200字の要約，読解問題，400字の論述問題と，ある程度まとまった解答字数が課されたが，2024年度は40～200字と，かなり短めの字数の小問を数多く課す形式となった。読み取るべき資料群の単純化，解答字数の減少によって，易化したようにも見えるが，小問ではより緻密な読解が求められており，指定の字数内に端的にまとめるのは難しい。また，大問2の問三のように，説明問題でありながら問いに直接対応する記述が課題文中に見当たらないものもあり，易化は大きくないと言える。また，2024年度の論考については，設問にはっきりと示されている。課題文の読解を踏まえての論述が求められているため，解答の自由度はあまり高くない。設問で何が問われているかをしっかりと押さえその指示に従って分析できる思考力が必要だが，それが身につけられていれば，十分に太刀打ちできる問題である。

◀社　会　科▶

I　解答

問1. B

問2. 資料Ⅰ－②から，年々，結婚した女性が職業をもち続けることについて《家庭専念》や《育児優先》の割合が減少し《両立》の割合が増えており，2013年以降は50％を超えていることが読み取れる。また資料Ⅰ－③から，年々，夫の家事は《すべきでない》の割合が減少し《するのは当然》の割合が増えており，2013年と2018年は《するのは当然》の割合は89％になっていることが読み取れる。これらの点から，男性は外で仕事，女性は家で家事育児といった性別役割分担の意識が弱くなり，男性女性に関わりなく，家事育児を行うべきだという意識が年々強くなっていると推測される。ところが，資料Ⅰ－④から，20歳以上の平日の家事時間を男女別でみると，1995年から2015年にかけて，確かに男女の差は徐々に縮まりつつあるものの，どの年も女性の家事時間の方が長く，2015年では女性は男性の4倍の家事時間を費やしていることが読み取れる。以上の分析から，年々，男女とも性別役割分担の意識が弱くなってはいるものの，実際にはまだ女性に家事育児の負担が偏っていることがわかる。(350字以上450字以内)

解説

《結婚と男女の役割分担に関する日本人の意識と現実》

問1. 正解はBである。注意すべきなのは「世代」という言葉である。世代とは生まれた年代によって区分されるものであって，同じ年齢層であっても，1993年と2018年では世代は異なる。つまり，資料1－①のグラフにおいて1993年に「30～34歳」の年齢層であった世代（1959～1963年生まれ）は．25年後の2018年では「55～59歳」の年齢層に当たる。この世代を見てみると，1993年の時点で結婚するのが当然と考える人の割合は，男性が40％，女性が19％であり，2018年の時点で，男性が33％，女性が22％となっている。その上の1954～58年生まれの世代は，1993年で男性が31％，女性が24％，2018年で男性が33％，女性が18％，1949～53年生まれの世代は，1993年で男性が40％，女性が25％，2018年で男性が41％，女性が17％，1944～48年生まれの世代は，1993年で男性が48％，女性が39%，2018年で男性が45%，女性が31%である。以上からすると，同じ世代で1993年と2018年を比較すると，若干の増減はあるものの，結婚するのが当然と考える人の割合は大きくは変化しないといえる。

A.「どの世代でも年齢を重ねるにつれて，結婚するのが当然だと考えるようになる」という記述は誤りである。同じ世代で1993年と2018年を比較すると，1959～63年生まれの男性，1954～58年生まれの女性，1949～53年生まれの女性，1944～48年生まれの男女では，結婚するのが当然だと考える人の割合は減少している。

C.「結婚するのが当然だと考える人の割合はどの世代でも女性の方が多い」という記述は誤りである。1993年の調査においても2018年の調査においても，《するのが当然》と考えている割合はどの世代においても男性の方が多いことがわかる。

D.「自分が結婚したかどうかで」とあるが，そもそもこの調査結果では被験者が未婚か既婚かはわからない。

問2． 設問は，「これらの質問項目とグラフから，現代日本の家族やそこでの男女の役割についての『理想』と『現実』の時代的な変化や，『理想』と『現実』の間のギャップなど」を読み取って，論述することである。まず，それぞれの資料から何が読み取れるのかを考える。

資料Ⅰ－②のグラフからは，(i)年々，《家庭専念》や《育児優先》の割合が減少し《両立》の割合が増えていること，(ii)特に，2013年からは《両立》が50%を超えるようになったことが読み取れる。また，資料Ⅰ－③から，(iii)年々，夫の家事は《すべきでない》の割合が減少し，《するのは当然》の割合が増えていること，(iv)2013年と2018年は《するのは当然》の割合は89%と，90%近くになっていることが読み取れる。さらに，資料Ⅰ－④から，20歳以上の平日の家事時間を男女別でみると，(v)1995年から2015年にかけて，確かに男女の差は徐々に縮まりつつあること，(vi)どの年も女性の家事時間の方が長く，2015年では女性は男性の約4倍の家事時間を費やしていることなどが読み取れる。

これらの読み取り結果を使って，現代日本の家族やそこでの男女の役割についての「理想」と「現実」の変化や，「理想」と「現実」の間のギャップなどについて論述する。論述のポイントは，各資料の読み取り結果をうまく論述に取り入れることである。資料の読み取り結果(i)から(vi)をすべて盛り込む必要はないだろうが，各資料Ⅰ－②・③・④のそれぞれに一度は言及してほしい。〔解答〕では，資料Ⅰ－②と資料Ⅰ－③から，男女の役割についての「理想」の変化を読み取り，さらに資料Ⅰ－④から「現実」を読み取って，分析に活用している。

Ⅱ　解答

問1． 日本でデフレが長期的に続いた理由として，資料Ⅱ－②にあるように，円安による原材料価格の高騰や労働者不足による人件費の上昇によるコスト高で，本来なら製品価格の上昇で対応しなければならない状況であるにもかかわらず，他社との価格競争に負けないために，企業が価格を据え置いていたことが挙げられる。デフレが緩やかであった理由としては，資料Ⅱ－③，資料Ⅱ－④にあるように，銘柄の世代交代の際に，旧世代において下がっていた価格を，新世代発売時に引き上げる値戻しで，企業がコスト上昇に対応していたことにより，全銘柄を含む特定の商品全体の平均単価の変動は小さくなり，消費者物価指数の低下が緩やかとなったことが挙げられる。また，資料Ⅱ－④によると，世代内の価格引き上げには抵抗する消費者も，世代交代の際の値戻しには寛容になる。こうした消費者の対応も緩やかなデフレが続いた理由である。(350字以上400字以内)

問2． 緩やかなデフレはまずいと考える。デフレは，短期的には商品を比較的安価に提供できるという点で消費者に利益をもたらすが，長期的には，デフレ下では，企業が新商品を開発しても，それに見合った価格を設定できず，投資資金の回収が困難となるために，商品開発に消極的になって，良い商品が市場に出回るのを妨げることになり，結局は消費者にとっても不利益をもたらすと思われるからである。(150字以上200字以内)

問3． **ロ)**－(A)　**ハ)**－(C)

解説

《日本における緩やかなデフレ》

問1． デフレ（デフレーション）とは，物価が下落する現象をいう。それが1990年末から，日本では長期にわたって緩やかに続いた理由を，資料から読み取って論述する問題である。単にデフレの原因ではなく，そのデフレが長期に，そして緩やかだった理由を問うている点に注意が必要である。また，この問題においても，資料を読み取ったことを踏まえて論述することが求められている。自分の独自の意見を述べることよりも，資料を丁寧に読み取っていくなかで，おのずと自分の意見が述べられていくという展開の方が説得力のある論述となるだろう。

〔解答〕では，デフレが長期的に続いた理由として，資料Ⅱ－②から，(i)「価格据え置き」の「常態化」を読み取って，コスト高によって本来なら製品価格を上昇させたいのに，それができなかったことを挙げている。デフレが緩やかだったことについては，資料Ⅱ－③，資料Ⅱ－④から，企業が，(ii)旧世代の価格低下を新世代の発売時に価格を上げる値戻しでコスト上昇に対応していたことを読み取ってその理由としている。そして資料Ⅱ－④から，(ii)に対しては(iii)消費者も寛容であったことなどを読み取って，緩やかなデフレが続いた理由に加えている。

問2． 緩やかなデフレがまずいのか，まずくないのかについて，〔解答〕はまずいという立場で書いている。その具体的な理由として，資料Ⅱ－②から，デフレが企業に商品開発の意欲を失わせ，結局は消費者にも不利益になることをあげている。

問3．ロ) (A)である。資料Ⅱ－④の第6段落に，「インフレ期には，一段上がってしばらく水平でその後でまた一段上がるというように上り階段でした」という記述がある。この記述を踏まえると，この現象を正しく表しているのは(A)となる。

ハ) (C)である。資料Ⅱ－④の第7段落に，「デフレ期には，商品の価格は発売から時間が経つにつれて低下してしまうのですが，後継商品を投入することにより，ようやくもとの水準まで値戻ししているとみることができます」という記述がある。これを踏まえると，この現象を正しく表しているのは(C)である。

講評

Ⅰ　問1は，男女別に示した結婚観について，1993年調査と2018年調査を示したグラフを参照して，日本人の結婚観について読み取れることを選択する問題である。ポイントは「世代」という言葉の意味を正確に理解できるかどうかという点にある。問2は，さらに家庭と仕事，夫の家事，20歳以上の男女の平日の家事時間を示したグラフを参照しつつ，現代日本の家族やそこでの男女の役割についての「理想」と「現実」のギャップなどについて読み取れることをまとめさせる問題である。それぞれのグラフから，「理想」と「現実」のギャップを読み取れるかどうかがポイントとなるが，グラフを丁寧に読めば解答はそれほど難しくないだろう。

Ⅱ　1990 年末頃から日本で発生したデフレが緩やかであったという資料Ⅱ－①～④（出典はすべて同じ）を参照して，問 1 は，資料を踏まえて，日本で長期的に緩やかなデフレが続いてきた理由を論述する問題である。生じたデフレが長期であったこと，そしてそれが緩やかであったことの 2 つのポイントについて原因をまとめる必要がある。問 2 は，資料を踏まえて，日本のような緩やかなデフレはまずいのか，まずくないのかを，具体的な理由をまじえて論述する。字数が 150～200 字と短いので，ポイントを端的にまとめる必要がある。問 3 は，資料を参照して，インフレ期とデフレ期の価格の動きを示す図を選択する問題である。資料Ⅱ－④を正確に読み取ることができれば，解答は容易だろう。

◀複合文化学科▶

解答　**問題1．** 身近にはいろいろな数値が存在し，それらは客観的とみなされがちである。しかし，数値を客観的で普遍的に通用するものととらえるべきではなく，その算出プロセスを考慮する必要がある。人が数値を客観的とみなすようになった背景としては，グローバル化が挙げられる。遠距離の交易が行われるようになり，統一的な尺度や標準化が求められた。それまで各地域で独自に使用していた尺度に代わって，メートル法が普及し，数値は没個人化・非人格化の道具となったのである。その後，米国の保険数理業界を中心に，政治的圧力に対抗する手段として，量的な計算が用いられるようになった。米国では，ヨーロッパのような階層社会ではなく，専門家判断への信頼が弱かったため，様々な分野で標準化された計算が重用され，社会全体で定量化が進んだ。(300字以上350字以内)

問題2． 比較は順番づけを行うための行為であり，比較する対象と共通の尺度という2要素が必要となる。比較する対象については，具体的な個物として対象を確定しなければならず，共通の尺度については，特に定性的データを比較する際，尺度をどう作るかが決定的に重要になる。特に，物理的境界がない国や社会を質的に比較する場合には，比較対象を「区切るもの」と「区切られるもの」，尺度を決めて「序列をつけるもの」と決められた尺度で「序列をつけられるもの」がおのずと生じる。これまでの比較研究では，力のある欧米諸国の学問が主導し，欧米社会のあり方を標準として，他の国・社会がそこからどの程度逸脱しているかが測られてきた。力のある欧米諸国を基準とした近代化論的な比較となっている以上，国・社会の比較は平等，互換的な行為とはいえない。(300字以上350字以内)

問題3．〔解答例〕資料1と資料2を通していえるのは，科学分析から社会・政治構造の影響力を排除することの難しさである。資料1の通り，米国では，政治的圧力に対抗するために定量化が用いられ，逆に英国やフランスでは階層的な政治秩序を背景に，計算よりもエリートの判断および自由裁量が重視された。資料2によれば，国や社会の質的比較には，力の強い国や集団の学問が大きな影響力を持ち，これが社会科学の通例であるという。科学のあるべき姿として，様々な価値観や分析方法を認める柔軟さを備え，公平性や客観性を確保していく努力が不可欠ではないかと私は考える。一部の科学者が社会・政治的な優位性を背景に，他集団の科学のあり方を軽視したり，自らの価値観や利害にとらわれたりすれば，科学の目指す合理性や完全性から遠ざかる可能性があるからだ。そして，個々の科学者は，自国以外の現実や価値観への理解を深めようと意識する必要がある。完全に中立でいることは難しいかもしれないが，物事を多角的な視点で考察し，自身と異なる意見に広く触れ続けてこそ，科学が発展していくのではないだろうか。(400 字以上 500 字以内)

問題 4． ①あなたはまるで探検者であり，大半のことが当たり前になっている母国にいるときには決してしないであろう形で，あらゆる物事を認識し，それについて考えようとする。
②要するに，良い比較とは多くの場合，未知のものごとを経験することと，何かが見当たらないという経験をすることからくるものだ。

問題 5． 比較を行う際，その人の状況，階層，性別，教育水準，年齢，母語について考えるべきで，比較対象の社会で言語の壁を越えたとき，それらが変化する可能性に留意すること。(80 字以内)

解説

《科学分析の方法論と社会》

問題 1．【資料 1】の主旨を要約する。第 2 段落以降の各段落の要旨やキーワードを確認し，つなげていけば問題ない。後の問題 3 でも【資料 1】の理解度が試されるので，くまなく内容を把握しておくこと。

問題 2．【資料 2】において，比較という行為について，どう述べられているか，国や社会の比較を中心に要約する。まず，【資料 2】第 7 段落第 3 文「何かを比較するためには，…」～第 8 段落第 1 文「次に必要なものは，…」に，比較に一般的に必要な要素として，「比較する対象」と「共通の『ものさし』」の 2 点が挙げられており，また「比較」の「目的」が第 11 段落で述べられているので，これらを比較の基本的な性質として示す。

　次に，国や社会の比較という視点を付け加える。第 9 段落「しかしながら，…」以降の随所に「国や社会」の比較の特徴について言及されているので，それらを丁寧に拾っていく。特に注目すべき点として，第14段落に「この二者が存在してはじめて，比較という実践が成り立つ」とある。その二者（比較するものと比較されるもの）の力関係を背景に，欧米の学問の尺度で比較が行われ，その結果，比較という実践が「平等でも互換的でもない」（第15段落第1文）ものとなった旨が論じられている。第15段落第1文に「ここで重要なのは，…」とあるように，国や社会の比較に関する，筆者の主たる問題意識はこの部分と考えられる。また，この欧米標準の尺度が近代化論であることも盛り込むとまとまるだろう。

問題3．【資料1】と【資料2】の⑴関連性を文中から具体的に引用することで指摘し，⑵科学のあるべき姿や留意すべき点について，自分の考えを述べる。

⑴まず，問題1と問題2で確認したように，【資料1】は，定量化や数値化を，【資料2】は質的（定性的）な比較分析を議論の中心としている。両資料に共通性を見出す手がかりとして，【資料1】第6～8段落で政治的圧力と定量化の関係が述べられており，【資料2】第13～16段落で国・集団の力と質的比較分析の関係が述べられている。つまり，その時代の社会・政治の力関係と科学分析のあり方が無縁ではないという点に両資料の関連性があるといえる。設問に「具体的に引用」との条件があるので，課題文の文言を極力利用する。

⑵次に，自分の考えを述べる。自由論述ではあるが，⑴で関連性を抽出している以上，そこから大きく逸れないよう，唐突な内容にならないよう注意したい。〔解答例〕は，科学や科学者の価値観や意識に関する内容としたが，別の視点として，例えば，科学の中立性と研究費の問題を論じることもできよう。国が力を入れる科学研究には資金が集まりやすい反面，国の影響を排除できないおそれがある。また，経済力の高い国の科学が優位に立つという問題も発生する。資金面から科学の平等性や独立性を守る仕組みについて論じるのも一手である。

問題4．【資料3】の下線部①と②を和訳する。

①, where … の部分は，非制限用法として区切って訳すのではなく，at home にかかるように訳すとよい。この文章だけ読むと解釈に迷うだろうが，下線部②直前の文章で確証を得ることができる。すなわち，If you then … back home, は，別の国に長く滞在すると母国にいたときのように

いろいろな物事が当たり前になる，という意味である。ここから，母国とはいろいろな物事が当たり前である場所だと読み取れる。下線部①の訳出にもこの筆者の考えを反映させる。

②まず，冒頭の The point being that の解釈に迷うかもしれないが，頻出表現 the point is that との類似性はすぐに気づくべきである。文全体の動詞となり得る動詞が come しかないことから，The point being that は，the point is that 由来の慣用表現と解釈でき，副詞句的に「要点としては」「要するに」などと訳す。次に，the experience of strangeness and absences は，字面のみだと抽象的な訳文になるので，文脈も含めて理解する。下線部①の次の文章 What you will start to notice, … 以降，同段内では，ある国で存在する言葉や概念が，別の国には「存在しないこと」への気づきについて，具体例を交えて説明されている。次の段落の冒頭で Such a period … good for training … seriously comparative, … not yet any automatic translation … とあるように，外国語の習得に苦闘している期間は，まだ自分の頭の中で言葉を自動的に翻訳できないからこそ，いろいろなことに興味を持ったり（curious），注意深くあったり（observant）することができ，深い比較を訓練するには良いのだと筆者は述べている。簡単ではないが，下線部②の語句が直前２段落ではどう説明されているのかまで意識しながら訳したい。

問題５．【資料３】で筆者が指摘する，比較を行う際の留意点４点のうち，第４点を簡潔に説明する。第４点は，【資料３】の第４段（A fourth point …）で説明されているので，その第１文の to think about … comparisons が留意点の内容と推測できる。さらに，続く第２文 But these things can change. の意味も解答に反映させる必要がある。では，どういう状況で these things が変わると筆者は指摘するのか。第４段を読み進めると，問題４で訳した下線部①がヒントになる。… at home, where so much is taken for granted とあるように，母国にいるときには当たり前と認識しているものの中に，these things も含まれると考えられる。そして，下線部①の直前の文章に Then, …, you cross …, find yourself in another world とある通り，比較対象の国で言語の壁を乗り越えると，別世界での自分を発見する。このとき，様々な物事が当たり前でなくなり，these things までもが変わり得る。解答においては，この部分まで意識した説明が適切であろう。深い考察が必要な問題である。

講評

2024 年度は，定量化に関する和文，比較研究に関する和文と英文，合計 3 つの課題文が出題された。複合文化学科は「人間にかかわる事象全般を広く〈文化〉と捉えたうえで，それを多元的・多面的に考察する力を育成する」との目標を掲げている。そのため，幅広いテーマが出題されているが，2024 年度の出題は総じて，社会科学分析の根幹に通底する内容となった。和文，英文とも，まだ学術書に本格的に触れていない受験生にとって，深く理解するのは簡単ではなかったと推察される。2023 年度の出題と比べると，英文が加わり，和訳や要約も出題された。設問の数も増え，各設問の制限字数も少なくないため，手際よく簡潔にまとめる能力が求められた。加えて，複数の和文から要点を抽出する読解力や論述力，英文の精読力と日本語での表現力も問われた点を踏まえると，難易度の高い問題であったといえる。

講評

一　現代文：戦争下の陸軍予科士官学校における教官と生徒の交流と葛藤を描いた小説である。問一は本文と選択肢の説明を正確に照合する必要がある。問二は「特攻要員」になった者が生きて帰れないことを「残酷な現実」と表現した説明と、「峰」の矛盾に満ちた言動への理解が必要である。問三と問四は、文中の表現を根拠に登場人物の心理や関係性を読み取り、それを適切な表現で説明する問題であり、かなり難しい。

二　古文：二〇二三年度に続き和歌に関する説話であったが、二〇二四年度は二つの文章が用いられた。問五の藤原俊成と『千載和歌集』の関係は二〇二三年度も問われている。過去問の重要性を認識しよう。問六は和歌の比喩の説明で平易。問七は同じ内容の説話でも解釈が違うということに目を向けさせる問題。最終問にふさわしい良問である。

三　漢文：原文が『山月記』執筆時点で中島敦が利用できた書籍によっている。「人虎伝」と「山月記」の正確な比較という点で丁寧に配慮されたものである。問八は漢文で「弱冠」が二十歳であることは常識で、これを知っていれば四字熟語は容易。問九は不可能表現と漢文の語順に習熟していれば迷わない。問十は日本語にしたときの品詞の区別や返読文字の知識が必要である。問十一は袁傪が李徴の妻子をどのように取り扱ったかということが「人虎伝」末尾の主軸であることを読み取れば解きやすくなる。問十二は漢文と現代文の読み比べではあるが、登場人物の差に気づけば記述しやすい。「ダブルテクスト」型の出題は共通テストで当然になっており、どういう観点で読み比べればよいのかを素早く見抜くことが必要である。

問九　「不能」はどちらも返読文字。その直前に読むのは動詞でなければならず「屈」しかない。「くつするあたはず」となっているハかホ以外は不適。「屈跡卑僚」は動詞＋目的語＋補語の順で、「跡を卑僚に屈す」と読むのが適切。

問十　「悲泣」は李徴が悲しんで泣いていること（名詞）であり「泣くは悲し」でも「悲しく泣く」でもない。「悲泣」は主語ではなく目的語が強調のため前に出たもの。「悲泣」を先頭に読み、続けて「聞く」と読んで「悲泣（は）聞くに忍びざる所」とすればよい。「所」と「不」は返読文字、「忍」と「聞」は動詞である。文末に断定の「なり」をつければ、「聞くに忍びざる所なり」と読める。

問十一　ハが以下により適切。②の二文目「乃取他道、不復由此」とあり、「袁傪は、虎の言うように帰路を他郡にとって無事に帰任し」が適切。次に②の五文目「遂以己俸均給」とあり、「自らの俸給を等しく分け与えた」も適切。さらに②の六文目「徴妻子免飢凍」とあり、「李徴の妻子は生活に困窮することが無かった」も適切。

イ、「すでに人事不省になりつつある李徴」も「出会いの記念」も不適。

ロ、「結局は弔いの手紙や霊柩を家族に送り届けなかった」が不適。

ニ、②の四文目に「求先人之柩」とあるが、そもそも李徴は虎になっただけで死んではいないので遺体があるはずがない。袁傪が「息子が上京するのを待ちうけて霊柩を引き渡した」は不可能である。

ホ、「その重要な任務の功績によって、すぐさま」が不適。昇進したのは「後」のことである。

問十二　「人虎伝」の末尾には李徴と別れた袁傪と李徴の妻子のその後が描かれ李徴は登場しない。袁傪は親切にふるまい昇任を果たし李徴の妻子は救われた。これに対し「山月記」は最後まで李徴の物語として描き、題名の通り李徴が月を仰いで咆哮したあと隠れるところで完結している。このことにより、李徴に焦点が当たり、悲劇がいっそう際立つ。なお、小説の題名が「人虎伝」ではなく「山月記」であることも関連させられればなおよいだろう。

数里ほど進み、峰に登って見たところ、虎が林の中から躍り出て大きく吠え、険しい谷を皆震わせるようだった。

②後に（傪は）南から帰った。そこで他の道を取って再び前の道は通らなかった。使を派遣して手紙と死者を弔うための贈り物を持たせ、徴の息子に（徴の）死を知らせた。一箇月余りして徴の息子は虢略から都へ来て、傪のところを訪れ、亡き父の棺を求めた。傪はしかたなく、事細かに（徴の）事績の記録を述べ、とうとう、傪は自分の俸給を等しく分与した。（そのおかげで）徴の妻子は飢え凍えを免れた。傪は後に官職が兵部侍郎にまでなった。

読み　【冒頭】隴西の李徴は、皇族の子にして、虢略に家す。徴少くして博学、善く文を属す。弱冠州府貢に従ふ。時に名士と号せらる。天宝十五載春、（略）進士の第に登る。後数年、調せられて江南尉に補せらる。徴性疎逸、才を恃んで倨傲なり。跡を卑僚に屈する能はず。

【末尾】①虎又曰く、「使して回るの日、幸はくは道を他郡に取り、再び此の途に遊ぶ無かれ。吾今日尚ほ悟むるも、一日都て酔はば、則ち君此を過ぐるも、吾既に省せず。（略）此吾の切祝なり。君前み去ること百余歩、小山に上り、下視せば尽く見えん。此に将に君をして我を見しめんとす。勇を矜らんと欲するに非ず。君をして見て復た再び此を過ぎざらしめんとなり」と。（略）別を叙すること甚だ久し。傪乃ち再拝して馬に上り、草茅の中を回視すれば、悲泣聞くに忍びざる所なり。傪も亦大いに慟き、行くこと数里、嶺に登りて之を看れば、則ち虎林中より躍り出でて咆哮し、巌谷皆震ふ。

②後南中より回る。乃ち他道を取り、復た此に由らず。使を遣し書及び賻贈の礼を持ち、徴が子に訃せしむ。月余にして徴が子虢略より京に入り、傪に詣りて先人の柩を求む。傪已むを得ず、具に其の伝を疏し、遂に己が俸を以て均給す。徴が妻子飢凍を免る。傪後官兵部侍郎に至る。

解説

問八　空欄Aに入るのは「弱冠」で、典拠は『礼記』曲礼上の「二十を弱と曰ひて冠す」である。イ、「汗牛充棟」、ロ、「十干十二支」、ハ、「間髪を容れず」、ニ、「忙中閑有り」、ホ、「冠婚葬祭」。したがって、「冠」を含むホが適切。

出典　李景亮（りけいりょう）「人虎伝」
中島敦「山月記」

解答

問八　ホ
問九　ハ
問十　ニ
問十一　ハ
問十二　「人虎伝」の末尾を用いてしまうと、李徴の妻子が飢凍を免れ袁傪が出世したことまで含むために救済的要素が加わり散漫な印象になるが、用いなければ月に向かって咆哮する李徴を退場させることによって、最後まで李徴を主人公として、小説を悲劇的に完結させることができるから。

全訳

【冒頭】隴西の李徴は、皇族の子孫で、虢略に住んでいた。徴は若いときから博学で、立派に詩文を作った。二十歳のときには地方長官の推薦を受けて官吏登用試験を受けた。それで時の人々は名士と呼んだ。天宝十五年の春、（略）官吏登用試験に合格した。その後数年して、選ばれて江南尉に任ぜられた。徴はものごとにこだわらぬあらっぽい性質で、才能あることを自負しておごり高ぶっていた。それで低い官職に身を屈することができなかった。

【末尾】①虎がまた言うことには、「使いの任務を終えて帰る日には、他郡の道を選んで、再びこの道を通らないでくれ。私は今日はまだ覚醒しているが、一日中酔ったなら、君がここを過ぎても、私はもう思い出せない。（略）これは私の切実な願いだ。君がここを去って百歩余り先に進み、小山に登り、見下ろしたならば、（このあたりが）すべて見尽くせるだろう。そこでまさしく君に私の姿を見せようとするのだ。勇猛さを誇りたいのではなく、君に（恐ろしい虎の姿を）見せ、再びここを通り過ぎないようにさせたいのだ」と。（略）（二人は）別れの挨拶をまことに長く交わした。傪はそこで再び挨拶して馬に乗り、草やぶの中を見回すと、悲しく泣く声が聞くに耐えられないほどだった。傪もまた大いに嘆き、

C、ハの『千載和歌集』が適切。後白河院の命による勅撰集で、撰者は藤原俊成のみである。

問六 端的に言えば、「花」を「宿のあるじ」にたとえているのだが、何を何に、ではなく、「何をどのようにたとえているのか」を答えなければならないので、なぜ「花」が「宿のあるじ」のようだ、と表現したのかを、上の句の解釈を根拠にまとめる。「春来てぞ人も訪ひける」とは、春になって花が咲いたので、その花を見るために人が訪ねてきた、ということである。「山里」は四条大納言が出家して住んでいる山深い庵のことで、下の句の「宿」と同じ〝山里にある私の家〟を指す。自分ではなく花を目当てに人が訪ねてくることから、この家の主人は私ではなく花なのだ、と冗談めかして詠んだ趣向の歌である。

問七 兼方は「去年見しに…」の歌が俊成に批判されたため、「花こそ」という下の句の一部が共通している俊忠の歌を根拠に反論しようとした。しかし、【B】の語り手からすれば、俊忠の歌は反論の根拠にならないというのである。まず、【B】の終わりから二文目「ただ花こそといふ、こそをにくみ給ふにはあらじものを」とその前の「『花こそ物は思はざりけれ』といふ、むげによはき句なり」に着目する。俊成は「こそ」の部分をとがめたわけではなく、下の句全体をとても弱いと批判したのだと語り手は述べている。ここは語り手が俊成の意図を推測して説明した部分であり、「どのような理由から」については、この部分をまとめるとよい。次に、「どのような評価」については、文末に記されている語り手自身の考え「なにしにか俊忠の歌にはひとしむべき」に着目する。「なにしにか」は反語である。「ひとしむ」は「等しむ」と表記して〝同列に並べる〟という意味である。兼方の歌と俊忠の歌を同列に並べるべきではない、と解釈できる。したがって、〈同列にはできないのだから、反論の根拠にもならない、という評価を下した〉という内容でまとめる。「花こそ宿のあるじなりけれ」は、花が家の主人だ、という意外性のあることを詠む趣向が優れているのであって、「花こそものは思はざりけれ」のように、花はものを思わない、という当たり前のことを（わざわざ係助詞「こそ」を使って強調して）大げさに詠んでいるのとは比べ物にならないのである。

と詠んでいらっしゃるのは、秀歌として世間の評判になってもてはやされているではないか。その歌に、『人も訪ひける』とあり、また、『宿のあるじなりけれ』とあるではないか。（私が）『花こそ』と言っているのは、それと同じ用法なのに、どうして四条大納言の歌は優れていて、兼久の歌はよくないという道理になるのか。こういう人が歌撰びを拝命して撰びなさるのは、あきれたことだ」と言って出て行ってしまった。

　侍が、通俊の所へ行って、「兼久がこのように申して出て行ってしまいました」と語ったところ、治部卿は頷いて、「そうだった、そうだった。もうそれは言うな」とおっしゃった。

【B】兼方が（取り次ぎの者に）、「（俊成に）このようにと申し上げなさってください」と言って、「花こそやどのあるじなりけれ」とだけ言って出て行ってしまった。俊成はお聞きになって、「やはりそのことだった」とおっしゃいました。「花こそ」といふ句を、（俊成が）「非難なさった」と（兼方が）聞いて、「俊成の父、俊忠の歌の『花こそ』という句はどうなのだ」と、問いただしたのだ。ただ、中納言（＝俊成）が非難なさったのは「『去年見しに色もかはらず咲きにけり』という（上の句）までは、（その下の句として）どのような趣の句でも付くに違いないのですが、『花こそものは思はざりけれ』というのは、（当たり前すぎて）とても弱い句だ」とけなしなさった（のでしょう）。単に、「花こそ」という（表現の）、「こそ」（の部分）をとがめなさったのではないのだろうに。そうである以上は、どうして、俊忠の歌と同列に並べられようか。いや、できない。

解説

問五　**a**、ロの『三宝絵』は平安時代成立の仏教説話集、ハの『沙石集』は鎌倉時代成立の仏教説話集、ニの『醒睡笑』は江戸時代成立の笑話集、ホの『大和物語』は平安時代成立の歌物語。イの『今昔物語集』が適切だが、これは平安時代後期に成立した説話集である。

b、直前の『山家集』に着目すればニの「西行」が適切。『撰集抄』は江戸時代まで西行の作と信じられていたが、実際は、西行ではなく、後の時代の人が〈西行が書いた〉という体裁で書いた作品であることが明らかになっている。

出典　【A】『宇治拾遺物語』〈巻第一　十　秦兼久通俊卿の許に向ひて悪口の事〉
【B】『撰集抄』〈巻八第二〇〉

解答

問五　春になると、花を目当てに山里の自分のところに人が訪ねてくることから、花を、自分よりもよほどこの家の主人のようだ、とたとえている。

問六　a―イ　b―ニ　c―ハ

問七　俊成は下の句全体が上の句に対してとても弱いと批判しているのであり、「こそ」だけをとがめたわけではないという理由から、兼方の歌と俊忠の歌は同類にはできず、反論の根拠にはならないという評価を下している（一〇〇字以内）

全訳

【A】今となっては昔のことだが、治部卿通俊卿が、後拾遺和歌集をお選びになった時、秦兼久が出向いて、「ひょっとしたら自分の歌が（後拾遺和歌集に）入るだろうか」と思って様子をうかがったところ、治部卿が出てきて座って話をして、「どんな歌を詠んだのか」とおっしゃったので、「これというたいした歌はありません。後三条院が崩御なさった後、円宗寺に参りましたところ、花のつややかな美しさは昔と変わっていませんでしたので、お詠みいたしました」と言って

「去年見たのと色も変わらず花は美しく咲いたことよ。まことに花というものはものを思わないのだなあとお詠みいたしました」と言ったところ、通俊卿は、「まあまあよく詠めている。ただし、けれ、けり、けるなどということは（和歌に詠むには）それほどよくもない言葉だ。それはそれとして、『花こそ』という文字は召使の少女などの名にしてしまうのがよいのだ（＝和歌に詠むには不適切だ）」と言って、それほどお褒めにもならなかったので、（兼久は）言葉少なに立ちあがって、侍たちがいる所に（行って）、「ここの殿は少しも歌の詳しい事情をわかっていらっしゃらないのだろう。こういう人が歌撰びを承っていらっしゃるのはあきれたことだ。四条大納言の歌に、

　春が来てから初めて人が訪ねてくる山里は、自分などよりもよほど桜の花こそがこの家の主人だったのだなあ

は「峰」がまるで見知らぬ他人のように見えた、ということを表している。さらに、傍線部の次の段落に「その光を奪い去って行ったのは、今眼の前に立っている、この貧弱な痩せた男だ」「この灰色の皮膚を持った男が一体どういう男なのかを理解できず、また理解する必要もなくなった」とある。「輝いた日の光」を与えておきながらそれを奪ったのは「峰」であるから、「潔」にはその矛盾が理解できず、今まで慕っていた「峰」がまるで他人のように見えたのである。字数制限はないが、解答欄は一行二五～三〇字強×二～三行程度書ける大きさなので、五〇～一〇〇字弱くらいでまとめるとよい。

問四　本文前半の末尾には「やっぱり、峰教官は、ほかの教官たちとは違っていた、それにしても、こんな本を貸してくれるなんて、何ていい教官だろう」とあり、二人の会話の前半でも、「潔」は「白い頬に鮮かな血の色を浮べていた。眼は、そのために全身を投げ出しても悔いのない希望を持つ者の、熱っぽい、輝き出すような光をたたえていた」「憑かれたように早口で」「微笑した」「潔の眼は酔ったようにうるんで、優しく峰の顔を見ていた」と描写されている。ここまでは、「潔」は、輝く本の世界を与えてくれた「峰」を慕い、その世界を共有することを期待している。「峰」の方でも、「峰はその眼を見て、うたれたようにたちすくんだ」「峰の眼は、一瞬、何もかも忘れ果てたように、輝いた」と、「潔」の希望に同調し、嬉しく思う。しかしそれはほんの一瞬のことで、「峰の顔が硬くこわばって来た。それから、突き放すようにとげとげしい眼になった」「峰の顔に毒々しい笑いがふきあげた」『また冷たい笑いが浮んだ」とあるように、「潔」の希望を踏みにじり、突き放す。「峰」には、学生時代にロシア語に情熱を燃やし、原書を「片っ端から読みあさった」という過去があった。そのときの情熱と同じ情熱を今「潔」の眼に見たのだが、「潔」は間もなく特攻要員となって若い命を散らす運命にある。一方の自分は、「潔」たち生徒を戦争に送り出すために、かつて情熱を燃やしたロシア語を教える身となっている。こうした屈折した「峰」の思いと、その思いから出た行動は、「潔」には理解できず、問三で解答したように、見知らぬ他人のように感じられたのである。こうして、理解しあえない二人はよそよそしい、疎遠な関係になった、ということを説明する。

な情景が外国にもある」、ニ、「文化的な雰囲気」「描かれた自然の美しさ」は不適切。ホも、「厳しい訓練の疲れが吹き飛んでしまった」が不適切。「大きく見開かれた」とはいえ、「赤く、はれぼったい眼」であることには変わりない。ロかハだが、ハは、「早くそれらの意味を知りたいと好奇心に突き動かされている」が不適切。「すぐり」という言葉から得られた新鮮な驚き（「たちまち、小さな緑色の葉や、……その酸っぱい味に痙攣した……」）や、その後の「あ、あ、と彼は胸の中で小さな声をあげた」「潔は夜の二時間の中で解き放たれる思いがした」は、本の世界に夢中になり、読書の間だけは軍の世界から解放される、ということなので、単なる「好奇心」ではなく、ロの「新たな世界」「興奮で胸を高鳴らせている様子」の方が適切である。

問二　ニが適切。「思いもよらない『潔』のロシア語に対する情熱に驚き」が、傍線部から二段落前の二文目「じっとみつめていた峰の顔に、はじめは疑わしいような、やがて、どうしても信ぜざるを得ないような表情が走り過ぎた」に対応している。「かつての自分に通じるもの」が、傍線部から十六行後の「峰」の発言「おれもな、学生時代は片っ端から読みあさった、片っ端からだ」に対応している。「おれ」の後の「も」（同類を示す）が、ニでは「通じる」（似通う）で説明されている。「卒業後の『潔』を待ち受ける残酷な現実」が、さらに九行後の「峰」の発言「お前たちは、名誉ある特攻要員になるのだ」に対応している。「彼に対する期待や賞讃を懸命に振り払おうとしている」が、傍線部より一つ前にある「峰」の発言箇所から四文前の「峰の眼は、一瞬、何もかも忘れ果てたように、輝いた」と二文前の「突き放すようにとげとげしい眼になった」に対応している。「潔」に対する眼が変化する様子が描かれ、「突き放すように」によって好意的感情を「懸命に振り払おうとしている」ことが表現されている。

問三　「潔」は、傍線部の前では「いいえ、忘れません、教官殿」「忘れません、教官殿」と繰り返し、後では「わかりました、教官殿」と言っており、この間に「潔の眼は輝きを失って」いる。つまり、傍線部で表現されている「潔」の思いとは、どうしても失いたくなかった、輝く「本の世界」が奪い去られたときの思いである。傍線部では、「峰」のことを「喋りつづける、痩せた、猫背の一人の男」と表現していることに着目しよう。この表現は、「潔」の眼に

▲Ｃ　方　式▼

出典　小林勝「軍用露語教程」（中井英夫他『セレクション戦争と文学　7　戦時下の青春』集英社文庫）

解答

問一　ロ

問二　ニ

問三　「峰」によって与えられた、大切な光輝く本の世界が永遠に消えうせたが、その光を奪い去ったのも彼であり、その矛盾した行動を理解できず、「峰」が見知らぬ他人のように感じられたという思い。

問四　「潔」は、輝く本の世界を与えてくれた「峰」を慕い、その世界を共有することを期待し話しかける。「峰」はそんな「潔」にかつての自分のロシア語への情熱を見るが、特攻要員になる「潔」の運命と、今では生徒を戦争に送り出すためにロシア語を教える境遇を自嘲する気持ちから「潔」の希望を踏みにじる。「潔」にはその屈折した思いが理解できず、両者はよそよそしい関係になった。（一八〇字以内）

要旨

「潔」が「峰」から貸与されたロシア語の本に夢中になり「いい教官」だと感じたという前半と、本を暗誦しはじめた「潔」をさえぎって特攻要員になることを突きつけた「峰」を他人のように感じた後半とによって構成された、戦時下の特殊な環境での青春を描いた小説。なお、小説末尾には、彼らの卒業式が描かれ、不可解な「峰」の言動もロシア語も意味がなくなった「潔」の空虚が描かれている。

解説

問一　傍線部1の時点では、「すぐり」というタイトルの意味のみを辞書を引いただけの段階であるから、イ、「自然豊か

どのように変遷していったのかを論じた文章である。文章の緻密な読解をもとに、選択肢を丁寧に精査することが求められる設問が中心となっている。解き方を確認しておくとよい。

二　現代文：石牟礼道子の『苦海浄土』を分析し、その特徴を明らかにした文章である。公害という社会問題を扱った内容でありながら、文学作品としての描写に目を向けるという点に、問題を解く際の面白さと難しさがある。二〇二三年度より漢字が二問増えたが、知識だけでは解ききれないものも含まれていた。

三　古文：『発心集』からの出題。月の異名や文学史などは、かなり易しい問題であった。そこを確実に得点したうえで、読解問題に臨みたい。単語力、文法知識など基礎力を問われている設問は手早く確実に解答したうえで、最終的には本文全体で何が主張されているのかまで読み取る力が求められている。

四　漢文：『癸辛雑識』前集からの出題。出典は非常に珍しいが、理解しやすい内容の文章である。詩の形式や押韻などについては、句形や語彙と併せて押さえておきたい。

問三十一　漢詩において空所補充の問題が出題された場合、手掛かりになりやすいのは押韻と対句である。押韻は基本的に偶数句の末尾で行い、七言詩の場合はさらに第一句の末尾でも踏むのが原則である。今回の場合、一句目（起句）の最後の語は「児（ジ）」、承句は「飛（ヒ）」とイ段の音になっている。これに該当する選択肢はハ、「帰」。意味も確認すると〝君はどこから（蝶に）なって飛んで帰ってきたのだ〟となり、内容として適している。

問三十二　傍線部3を注釈も用いながら口語訳すると、「接武不相弁」は〈（参列者が）一歩一歩あゆみを進めようとしても、お互いに区別がつかず〉、「揮之不開」は〈これ（＝蝶）を払いのけても視界は開けず〉、「践踏成泥」は〈（人々が蝶を）踏むためそれは泥のようになっていた〉とそれぞれ訳すことができる。これを満たすホが正解となる。

イ、「手で払わないかぎりは」が誤り。手で払っても、視界は開けないのである。また「泥」にも触れていない。

ロ、「前に進むことも忘れて立ち尽くし」「やっと前方が見極められるようになって」「前に進むことができた」はすべて本文にない。

ハ、「どこが最後尾かも見極められず」「ただ地団駄を踏んで困り果てるばかり」が不適。

ニ、「やがて両手で乱暴に蝶をたたき落として踏みつけた」が誤り。

講評

九〇分で現代文の評論二題、古文と漢文が各一題で、記述問題はなく、すべてマークシート解答という出題である。設問数はほぼ例年通りで、難易度も大きな違いはない。全体的には、本文と選択肢を丁寧に見比べれば正解しやすい良問が多いが、単純なキーワードの有無だけで判断できないものも散見されるので、時間配分に気をつけたい。

一　現代文：最近の問題として捉えられがちな「児童虐待」や「子どもの貧困」がテーマ。そこで論じられる「子どもらしくない子ども」は明治期の角兵衛獅子の頃から存在しており、それがどのように扱われ、それに向けての視線が

イ、「飲食起居」は並列で表現されているが、「支障をきたすほど」の部分が本文になく、誤り。

ロ、「飲食起居」は並列で表現されており、後半も内容と合致しているため、これが正解。

ハ、傍線部の述語は「不置也」であり、主語は「其蝶」である。そこが江氏とされていて、誤り。漢文は古文とちがい、主語が変わる際には明示されることが多いことを知っておきたい。

ニ、「江氏が飲食の準備のため立ったり座ったり」の部分が動作として並列ではないので誤り。また、後半の「蝶はようやくしばしの間、身辺を離れる」も本文にない。

ホ、「食事することも立ち上がることもできない」が誤り。「できない」という記述は本文にない。

問二十九　返り点を付ける問題で着目したいのは、動詞など述語になる語である。その上に例えば「能」があれば可能、「不」があれば打消、「未」があれば〝まだ～しない〟、「見」や「被」があれば受身、というように、意味が加わっていく。また、述語となる語の下には〝～に・～と・～より〟がついて返読する補語か、〝～を〟がついて返読する目的語がつく。また、本問では「ただし、『割恋』を一つの熟語と見なす」とあるのも見落とさないようにしたい。

まず、述語の軸となるのは「割恋」である。その上に「能」、その上に「未」とあるので、未レ能レ割-恋と一見なりそうだが、ハイフンでつながった熟語の上にレ点をつけると、例えば今回の「割」の後に読むのは「恋」なのか「能」なのかわからなくなってしまう。この場合は、〈未レ能二割一-恋〉とすればよい。次に「於」であるが、これは置き字で英語の前置詞と同じような働きをし、基本的に読まないので返り点はつかない。「少妻稚子」から「割恋」に返るので一二点を用いる。結果として「能」に三点がつき、イが正解となる。

問三十　漢詩は、「近体詩」と「古体詩」の二種類に大きく分けることができる。近体詩は一句の字数や一首の句数、韻の踏み方など、形式面の規則が定められている詩である。「五言」や「七言」は一句あたりの語数で、一首が四句から成り立っているものを絶句、八句から成り立っているものを律詩と呼ぶ。この詩は一句あたり七語で四句からなるので、七言絶句である。

（そのとき）初めて明之の話がうそではなかったと（私＝筆者は）信じた。

読み　楊昊字は明之、江氏の少艾を娶り、連歳子を得たり。明之客死するの明日、蝴蝶の大い（き）さ掌のごとき有り、江氏の傍に徊翔して、竟日にして乃ち去る。訃を聞くに及び、族を聚めて哭せば、其の蝶復た来り江氏を繞り、飲食起居にも置かざるなり。蓋し明之未だ少き妻稚き子を割恋する能はず、故に蝶に化して以て帰る爾ならん。李商嘗て詩を作り之を記して曰く、

碧梧翠竹名家の児
今栩栩たる蝴蝶と作りて飛ぶ
山川阻深にして網羅密なり
君何れの処より化して飛帰すと

李鐸諫議鳳翔に知たり。既に卒し、蝴蝶万数の殯所よりして以て府宇に至る有りて、蔽映して足を下す処無し。官府の弔奠、武を接するに相弁ぜず、之を揮ふも開かず、践踏して泥と成る。其の大なる者扇のごとくして、月を踰えて方めて散ず。

楊大芳謝氏を娶り、謝亡びて未だ殮めざるとき、蝶の大い（き）さ扇のごとき有り、其の色紫褐にして、翩翩として帳中より徘徊し、窓戸の間に飛集し、終日にして乃ち去る。

始めて明之の事の誣ひざるを信ず。

解説

問二十八　傍線部の直前は「其の蝶復た来り江氏を繞り」となっており、蝶が再びやって来て江氏のそばを飛び回っている様子である。傍線部「起居」とは〝立ち居振る舞い〟のこと。傍線部を書き下すと「飲食起居にも置かざるなり」となり、「飲食起居」は全て並列であることがわかる。また、「にも」とあることから、「置かず」は直前部と同様に江氏のそばを飛んでいるという動作を表現していることを読み取りたい。そのうえで選択肢を確認する。

※問三十三については、設問の記述に不適切な部分があったため、適切な解答に至らないおそれがあると判断し、解答の有無・内容にかかわらず、受験生全員に得点を与える措置が取られたことが大学から公表されている。

全訳

楊昊のあざなは明之で、江氏の若くて美しい女性を妻にめとり、毎年続けて子どもをさずかった。明之が旅先で亡くなった次の日、蝴蝶で大きさが掌ぐらいあるものがいて、江氏のそばを飛び回り、丸一日すると飛び去った。（明之の）訃報を聞き、一族が集まって嘆き悲しんでいたところ、その蝶が再び飛んできて、江氏のまわりを飛び、（江氏が）飲食する時も、立ったり座ったりする時も、そこから離れなかった。（私＝筆者が）思うに、明之は若い妻、幼い子どもたちを恋しく思い、まだ別れることができず、だから蝶に化けてそれで帰ってきたのだ。李商が以前詩を作り、この様子を記して言うことには、

あおぎりや緑の竹のように（育つ）名家の子どもたち
今、喜ぶ蝴蝶となって飛ぶ
山川は険しく遠く鳥や虫を捕らえる網やわなの目は細かい
君はどこから（蝶に）なって飛んで帰ってきたのだ

李鐸は諫議となり、鳳翔の知事となった。すでに亡くなり、何万という数の蝴蝶が（李鐸の）棺を安置しているところから府宇（鳳翔の役所）まで集まり、周りを覆いつくして視界を遮り、足を下ろすところもない。役所主催の葬儀では、（参列者が）一歩一歩あゆみを進めようとしても、お互いに区別がつかず、これ（＝蝶）を払いのけても視界は開けず、（人々が蝶を）踏むためそれは泥のようになっていた。（蝶のうち）大きなものは扇ぐらいの大きさで、次の月になってようやくいなくなった。

楊大芳は謝氏を妻とし、（妻の）謝が亡くなって遺体を棺に納める前に、蝶で大きさは扇ぐらいのものが、その色は紫と褐色で、ひらひらと舞いながらとばりの中を飛び回り、窓や戸の間に飛び集まって、丸一日すると飛び去った。

問二十六　傍線部7「毒蛇を捨つるが如く、道のほとりに捨つべし」は、直前の「弥勒の世には、……地獄に堕ちけるものなり」を踏まえた表現。「財を見ては深く恐れ厭ふべし」とあるので、財産を持つことを避けるよう勧めている。したがって、正解はロ。

イ、「家族という宝は悪の根源」という描写は本文中にない。また、捨てるよう勧めているのは財産。

ハ、「弥勒の世では財産は大事なものとなる」が本文と矛盾する。

ニ、「釈迦の遺法は地獄に堕ちるもと」の部分が本文と矛盾し、不適。

ホ、後半の「禍いを捨てる方法」が誤り。捨てるべきは財産であり、禍を捨てるという内容は本文中にない。

問二十七　『発心集』は鎌倉初期の仏教説話集。鴨長明晩年の編著。イ、『松浦宮物語』は鎌倉初期の物語。作者は藤原定家とされるが未詳。ロ、『徒然草』は、鎌倉時代末期に成立したとされる兼好法師による随筆。ハ、『枕草子』は清少納言によって書かれた、平安時代の随筆。ニ、『十訓抄』は鎌倉時代中期の説話集。編者未詳。ホ、『方丈記』は鴨長明による鎌倉時代の随筆。よって、正解はホ。

出典　周密『癸辛雑識』前集〈化蝶〉

解答

問二十八　ロ
問二十九　イ
問三十　ホ
問三十一　ハ
問三十二　ホ
問三十三　※

ニ、「自分の家族からだけは」の部分が誤り。男は家族を捨てたいのではなく、仏道修行をしたいというのが本意。

ホ、「自分の裕福さに気付いた」の部分もイと同様に出家のきっかけに当たる部分であり、誤り。

問二十三　「かなしくす」は「かなしうす」と同じで〝かわいがる〟の意。これを正確に訳出している選択肢はハ、「あやしげなる法師がいとおしんでいた娘」とニ、「南筑紫という聖人がかわいがっていた娘」である。傍線部5を含む第三段落は男（＝後の南筑紫）が出家する場面であり、また、「あやしげなる法師」が登場するのは第六段落で、この傍線部5より後である。正解はニ。

問二十四　**A**、「行ひける」直前の第三段落は、出家しようとするのを娘が止める場面。「行ひ」は動詞「行ふ」の連用形で〝仏道修行をする〟の意。よって、正解はイ、「南筑紫の聖人」。なお、続く部分に「かのむすめ」とあるが、このように主語が明示される場合、その直前部分の主語はそれと別の人物であるはずなので、そこからも正解がイであると判断できる。

B、前に「いとあやしげなる法師の蓑笠着たる出で来たつて」とある。「蓑笠着たる」の「たる」は存続の助動詞「たり」の連体形、「礼み歩く」も連体形。「法師の」の「の」は同格を表し、「着たる」の後に「法師」が省略されている。この法師は堂の導師を行い、第七段落で「この導師は、天台の明賢阿闍梨になんありける」と述べられている。よって、ホが正解。

C、「見せたりければ」は、第五段落で聖人が見た夢の内容を書き付けたものを、証拠として法師に見せている場面。主語はイ、「南筑紫の聖人」である。

問二十五　「おのづから」は副詞で、〝①自然と　②偶然・たまたま〟の意である。また、「たより」は多義語で〝①頼みとするもの　②縁・ゆかり　③ついで・機会　④音信・手紙〟などの意味を持つ。傍線部6は「あやしげなる法師」が「南筑紫の聖人」から堂の供養をしてほしいと頼まれるものの、断ろうとしている場面であり、傍線部は〝たまたまことのついでがあって〟と訳すとよい。よって、正解はイ。

り」の連用形。

ロ、直前はハ行四段活用「あふ」の未然形「あは」。「あはぬ身かな」の「ぬ」は「身」に接続しているので連体形。「ぬ」が連体形なのは打消の助動詞「ず」。

ハ、直前はハ行下二段活用「衰ふ」の連用形「衰へ」。これが正解。

ニ、直前はハ行四段活用「給ふ」の未然形「給は」。推量の助動詞「む」の已然形「め」である。

ホ、直前はハ行四段活用「いふ」の終止形または連体形「いふ」。「なる」は断定の助動詞「なり」の連体形である。

問二十一　**Ⅰ**、「あからさまなる」は形容動詞「あからさまなり」の連体形。意味は〝①急に・にわかに　②ほんのちょっと・一時的に〟であるので、選択肢としてはロ、「急に思いついたというふうで」が最初に候補となる。しかし、それだと前後の文と整合性がとれない。男は妻子や家族に出家を止められることをおそれ、「あからさまなる体ながら」京を目指したにもかかわらず、往来の人に不思議がられたのである。そこで〝ほんのちょっと〟を口語訳として、〝ほんのちょっと出かけるという様子で〟をやや意訳したハ、「なにげないふうをよそおって」が正解となる。

Ⅱ、「なべてならず」は頻出の慣用句で、〝並ひと通りではない〟の意。よって、ロが正解。

問二十二　問二十一のⅠでも確認したように、男が家族に出家を妨げられないよう京へ向かう場面である。「さすがに」は〝そうはいってもやはり〟と訳すので、ここでは〈なにげないふうをよそおって京へ向かった、とは言ってもやはり〉と続く。「しるかり」は形容詞「著(しる)し」の連用形。意味は〝はっきりとわかる〟である。ここでは、男の出家に向かおうという決意が周囲にわかったということなので、ハが正解。なお、文末の「けむ」で、読点に続く形は挿入句となる。読解の際には筆者や語り手の感想と捉えるとよい。

イ、「我が家を見てこの世の無常を悟った」のは出家のきっかけであり、その具体的な内容が周囲から見えたわけではない。

ロ、「ものの気色やしるかりけん」は南筑紫自身の様子なので、不適。

落ちた者である』といって、『毒蛇を捨てるように、（財産は）道端に捨てるべきだ』と言っている」。

解説

問十七 陰暦の月の呼び名についての出題。睦月、如月、弥生、……といった各月の呼び名はもちろん、一～三月が春、四～六月が夏、七～九月が秋、十～十二月が冬といった季節も押さえておきたい。

問十八 「ありがたく」は形容詞「ありがたし」の連用形で〝めったにない・めずらしい・すばらしい〟の意。「こそ……め」は係り結びで、「め」は推量の助動詞「む」の已然形。強意を表している。よって、正解はロ、「めったにいないだろう」。

問十九 傍線部「はかなく」は形容詞「はかなし」の連用形で〝頼りない・むなしい〟の意。「執心」は〝ものごとに執着する心〟で直前の「惜しみたくはへたる物」（＝財産）への執心をいっている。「ほだす」は〝つなぎとめる・束縛する〟という意味だが、「ほだし」は〝仏道修行の妨げとなる係累〟という意味でよく使われる。「三途」は「三途の川」という語はよく知られているが、〝悪行の報いとして死後に落ちていく三つの世界〟の意味もある。三つの世界とは、（注）にもある三悪道と同じ。「三途」の「途」は〝道〟と同義である。ここでの「なん」は直前の語が連用形なので〈完了（強意）の助動詞＋推量（意志）の助動詞〉。「む」は「こと」に接続しているので、ここでは婉曲である。以上より、正解はニ。

問二十 「我が家にまた帰り入りなば」とあり、「な」は接続助詞「ば」につながっている。接続助詞「ば」には、①未然形＋「ば」で、順接の仮定条件、②已然形＋「ば」で、順接の確定条件、の二種類の用法がある。已然形が「な」であることはないので、ここは①で、「な」は完了の助動詞「ぬ」の未然形である。完了の助動詞「ぬ」は連用形に接続する（ここでは、ラ行四段活用「帰り入る」の連用形「帰り入り」に接続している）ので、選択肢では直前が連用形になっているかどうかを見て絞り込めばよい。

イ、直前は名詞「者」。「筑紫の者にて」の「に」は名詞から接続しており「である」と訳すので断定の助動詞「な

師で蓑を着た者がやって来て、拝みながら歩くことがあった。すぐに、（南筑紫は）この法師をつかまえて、「（あなたを）お待ち申し上げていましたよ。早くこの堂を供養なさってください」と言った。法師が驚いて言うことには、「（私は）まったく、そのような才覚がある者ではない」と言う。（法師は）「身分の卑しい者（＝私）が、たまたま用事があって、参拝に参っただけなのだ」と言って、論外のことだとふるまうけれど、（南筑紫が）以前夢のお告げがあった様子などを語って、書き付けていた月日が、たしかに今日にあたっていることを見せたので、（この法師は）逃げる方法もなくなって、「それならば、（定まった作法の）形のとおりに（供養を）申し上げましょう」と言って、蓑も笠も脱ぎ捨てて、すぐに本尊の前の座にのぼって、並一通りではなく、立派に説法をした。

　この導師は、（実は）天台宗の明賢阿闍梨であったのだった。高野山を拝もうと思って、こっそりと姿を目立たないようにして参詣したのである。これ以来、この阿闍梨を、高野山では浄名居士の化身と呼ぶのであるそうだ。

　そうして、この聖人（＝南筑紫）は特に貴いという評判があって、白河院が帰依なさった。高野山は、この聖人の時から殊に栄えたのだった。ついには、臨終の際にも一切の邪念をもたずに一心に仏法を念じ、往生を遂げたということが、詳しく伝記にも見える。惜しむはずの資財にことつけて、（かえって）世を厭う心を発した（＝出家を決意した）とかいうのは、めったにないほどすばらしい心である。

　賢明な人が言うことには、「（現世と来世の）二世の苦難を受けることとは、財産をむさぼる心を源とする。他人もこれに熱中し、自分も深く執着するからこそ、争いねたんで、貪欲さもますます強くなり、怒りや憎しみもいっそう栄えた。（欲深さは）他人の命をも絶ち、他人の財産をもかすめとる。家が滅び、国が傾くまでも、みなこれ（＝財産をむさぼる心）より起こるのである。だからこそ、『欲が深いから、災いが重い』とも説き、また、『欲の因縁によって、地獄道・餓鬼道・畜生道の三悪道に堕ちる』とも説いている。

　このようであるから、『弥勒（＝未来の世に出現し、人々を救うことになっている仏）の世には、財産を見ては深く恐れそれを遠ざけるのがよい。この釈迦が遺した仏法の弟子は、これ（＝財産）のために戒律を破り、罪を作って、地獄に

昨日までは生きていた人が、今日には亡くなっている。朝には栄えた家も、夕方には衰えてしまう。一度目を閉じて（死んで）しまった後、惜しんで蓄えたものは何の役に立つのだろう（、いや、何の役にも立たない）。浅はかに（財産に対する）執着心にとらわれて、永く（悪行の報いとして死後に落ちていく三つの世界である）三途に沈んでしまうことは、たいそう悲しいなあ」と、たちまち無常を悟る心が強くおこった。また、思うことには、「もし我が家に帰り入ったならば、妻子もいる、身内の者も多い。きっと（出家を）妨げられるだろう。ただ（すぐに）ここを離れて、知らない世界に行って、仏道修行をしよう」と思って、ほんのちょっと（出かける）という様子のままで、京都に向かって出発した。

その時、そうは言ってもやはり（普通ではない）様子がはっきりしていたのだろうか、道行く人たちは不思議がって、（南筑紫の）家に告げたので、（家族が）驚き騒いでしまった様子は、当然である。その中に、（南筑紫が）かわいがっていた娘で十二、三歳ほどである者がいた。（娘は）泣きながら（南筑紫に）追いついて、「私を捨てて、どこへ行かれるのですか」と袖をつかんで引き止めたところ、（南筑紫は）「ああ、お前に（出家を）妨げられるまいぞ」と言って、刀を抜き、（自らの）髪を切り落とした。娘は恐れおののいて、（南筑紫の）袖を放して、帰ってしまった。

このようにしながら、（南筑紫は）ここ（＝筑紫）からそのまま高野山に登って、頭を剃って、願いのとおりに仏道修行をした。あの（南筑紫の）娘は、（一度は父親を）恐れてとどまったけれど、やはり、行方を尋ねて（やって来て）、尼になって、高野山のふもとに住んで、死ぬまで、（出家した父親の）衣類の洗濯や、裁縫などをして、孝養を尽くした。

この聖人は、後に徳が高くなって、身分の高い人も賤しい人も帰依しない者はなかった。（南筑紫が新たに）堂を建て、供養しようとした時、中心となって仏事を執り行う僧を（誰に頼むのがよいか）思い悩んでいた時に、夢に見たことには、「この堂は、何日、何時に、浄名居士がいらっしゃって、供養なさるはずである」と人が告げるのを見たので、そのまま枕元の衝立に書き付けた。たいそう不思議ではあるけれど、何か理由があるのだろうと思って、自然に日を送った。

まさにその日になって、堂に飾り付けをして、（南筑紫が浄名居士を）待ち遠しく待っていたところ、朝から雨まで降って、まったくよそから人が入ってくることもない。やっとその（夢のお告げの）時間になり、たいそうみすぼらしい法

解答

問十七　ニ
問十八　ロ
問十九　ニ
問二十　ハ
問二十一　Ⅰ―ハ　Ⅱ―ロ
問二十二　ハ
問二十三　ニ
問二十四　A―イ　B―ホ　C―イ
問二十五　イ
問二十六　ロ
問二十七　ホ

全訳

あまり遠くない昔、高野山に、南筑紫といって、貴い聖人がいた。もともと筑紫の出身であって、（出家する前、筑紫にいた頃は）所有する領地などもたくさんある中に、この国の習わしとして、田地を多く持っているのを、すばらしいことだと思っている習慣であるのだが、この男は家の前に五十町ほど持っていた。

（その当時）八月頃であっただろうか、朝外に出てみると、稲穂がゆらゆらと生えととのって、（稲穂のうえに）一面に露が心地よくついていて、（その風景が）遠くまで見えわたっているので、（南筑紫が）思うことには、「この国に（願いが）思い通りにかなう（ほど豊かである）と評判の人は多い。しかし、（自分のように）門田を五十町も持っている人は、めったにいないだろう。下郎の身には分不相応なことだなあ」と心にしみて思い座っていたときに、前世からの因縁が（そのような気持ちを）引き起こしたのだろうか、また、思うことには、「そもそも、これは何ごとだ。この世の有り様は、

皇居前」が示されており、それらは「正反対」であると述べられており、水俣病患者と国家の立場は隔たりが大きく「絶望的」ともいえるので、これが正解である。Ⅰ、第五・六段落で述べられているのは「故郷の心」と「『故郷の心』に……心象風景」。これらの間には、〈唐突感〉〈一種の飛躍〉はあるものの、引用文著者の中でそれらはつながっており、「隔たり」とは言えない。Ⅱ、直前で隔たりのある二つのものが明示されていない。Ⅳ、直前で並列して述べられているのは「遠景」と「近景」だが、それらに隔たりがあるという記述はない。Ⅴ、「すでにここに展開されている風景（らしきもの）」と「対象に距離を置いた遠近法的な〈描写〉」は対比されているが、単純な差異であり「絶望的」と表現するにはふさわしくない。

問十六　イ、前半部は第七段落、後半部は第十二〜十四段落で述べられている。

ロ、水俣病の患者たちが郷里のことに思いをはせているのは、第一段落から用いられている「故郷の心」という語から読み取ることができ、記念撮影の出来事はそれが集約的だからこそ筆者が論を展開しているので、合致する。

ハ、第十二・十三段落の内容と合致。「見る者の身体性」は第十三段落の「触覚的な刺戟」と合致しているととらえる。

ニ、「視界にとらわれて物事の本質を見失うことへの警鐘を鳴らしている」が本文にない。なお、ニの「視覚中心的なもの足らざるを得ない」は、正しくは「視覚中心的なものたらざるを得ない」とすべきだと思われる。

ホ、前半部は第十二・十三段落の内容、後半部は第七段落の内容と、それぞれ合致。

ヘ、「懐疑的」「水俣の漁村は読者にとってイメージするのが困難」の部分が本文にない。

出典　鴨長明『発心集』〈高野の南に、筑紫上人、出家登山の事〉

して機能している。そして視点が存在するということは、表象された対象物もまた特定性・個別性を帯びる」と述べられている。つまり、同じものを視ていたとしても、視る角度によって表象（イメージ）される像は異なるということである。よって、空欄Bに適するのはロ、「個人」である。イ、「時間」はここでは関係ない。ニ、「集団」、ホ、「社会」は個別の視点、イメージとは対極にある。ハ、「形象」は〝表に現れている形〟であり、「特定性・個別性」の説明にならないので不適。

問十四　傍線部3は直後で「風景（らしきもの）」として「展開されている」と説明されている。第十一段落に「風景（らしきもの）」は、「視界を語ろうとする〈描写〉ではない」とあり、その前の「視線の移動ではなく声の移動」をたどる記述を受けている。また、第十三段落の「さざ波」のレトリックの説明で、視る者の「まなざし」が「触覚的な刺戟」を受けた状態を指すと述べられている。よって、「風景（らしきもの）」は、触覚そして前にあげた聴覚（＝声）も含んだ言葉だとわかる。これが「視覚上の風景」、つまり「対象に距離を置いた遠近法的な〈描写〉」とは対比関係にあることを理解して、選択肢を確認する。すると、ホの前半が「視覚上の風景」ではないことと対応しており、後半が「声の移動」にあたる部分と対応するので、これが正解。

イ、「魅力ある自由なレトリックを駆使する表現を試みる」が誤り。傍線部の前で「容易には解読しがたいレトリック」とあるが、「レトリックを駆使する」ことを目的としたのではない。石牟礼道子は心象的なイメージを描いた結果、そのような表現になったのである。

ロ、「目に映る第一印象を優先」は「視覚上の風景」であるので不適。

ハ、「事前に……客観的に検討」「自身の価値評価を再検証」はいずれも本文にない。

ニ、「共通語」「地域語」の比較は本文にない。

問十五　欠文挿入箇所についての問題。多くの場合、指示語や接続詞が判断の根拠となる。本問では「そこにある絶望的なほどの隔たり」とは何と何との隔たりかを確認する。Ⅲの前で「自分たちの生活世界、その『祖型』」と「東京、

照性／対称性の発見」と述べられている。一見同じ被写体であるものが、実は対称的な関係であるという様子を説明している、イが正解である。

問十一 「故郷の心」の初出は第一段落。引用部「カメラの奥に彼らがそのときふかぶかと覗き視たのは、つまり故郷の心だった」の部分である。皇居の前にいる水俣病患者たちはカメラの向こうにある故郷を視ている。その心象風景が第五段落引用部「門構えなどなにもない……くり広げられていた」の部分である。筆者がこの部分について自説を述べているのは第八段落。「漁師たる患者たちは、……という事件」の部分を図式化すると、次のようになる。

東京　皇居　水俣病患者たち（視る）↓　↑（撮る）カメラ　故郷の心・自分たちの生活世界、「祖型」　水俣

よって正解はハ。イは「出郷の際に切り捨ててしまった」、ロは「上京することで新たに創り出した」、ニは「東京に再現した水俣」がそれぞれ不適。ホは、想起させられたのは故郷のことであるが、それは第十一段落以降で「イメージ上の風景」と述べられており、過去の風景と限定されていない。

問十二 「抽象的」とは〝いくつかの事物に共通なものを抜き出して、それを一般化して考えるさま〟のこと。傍線部に当てはめると、個人としての水俣病患者たちが、ナショナルな建物である皇居や警視庁、国会議事堂の前を散歩したり写真を撮ったりする行為を抽象化すると、第四段落で述べられているように皇居（＝国家）と水俣（＝患者）の呼応関係が明らかになる。これを表している選択肢はハ。「批評性」とは〝ものごとの是非や善悪について判断する性質〟であり、実際に引用部著者もこの行為をきっかけに、論を展開している。イは「東京では無力である」の部分が不適。ロは対比関係を「上京する者たちはほとんど」と「水俣病の患者たち」としているのが誤り。ニは「自暴自棄的行為」の部分が誤り。ホは「本来は来たくはなかった」の部分が本文にない。

問十三 空欄Bを含む第十一段落では、『苦海浄土』の描写について、それは風景ではなく「想像上の風景」「イメージ上の風景」であるとし、それらと「視覚上の風景」の差異を説明している。「視覚上の風景」とは、われわれが日常生活の中で実際に視る風景である。そこでは「視る者（この場合は書き手）は対象世界の外部に位置し、特定の視点と

空を指していない「心象」的なものであり、非遠近法ともいうべき多視点性あるいは視点移動を秘めているのが特徴である。

解説

問九 **a**、「威嚇」は〝威力をもっておどすこと〟の意。イ、「萎縮」、ロ、「委細」、ハ、「経緯」、ニ、「繊維」、ホ、「権威」。

b、「追尋」は〝目的を達するまでどこまでも追い求めること〟という意味。イ、「円陣」、ロ、「無尽蔵」、ハ、「迅速」、ニ、「尋問」、ホ、「甚大」。なお、「追尋」はよく使われる語ではないので、本文から類推する。「『祖型』の問題を追ジンするために、……迂回してみたい」とあるので、「追ジン」は〝より深く考える〟というような意味の語であると読み取る。そのうえで、「陣」は〝軍隊を配置すること〟、「尽」は〝尽きる〟、「迅」は〝速い〟、「尋」は〝尋ねる〟、「甚」は〝甚だしい〟とそれぞれの意味を考え、そこから最適な語を選ぶという手順で考えるとよい。

c、「滞留」は〝滞り留まる〟の意。イ、「滞納」、ロ、「逮捕」、ハ、「体内」「胎内」、ニ、「忍耐」、ホ、「交代」「交替」。

d、「精妙」は〝極めて細かく巧みであること〟の意。イ、「凄惨」、ロ、「精米」、ハ、「犠牲」、ニ、「粛清」、ホ、「申請」。

問十 まず、選択肢の各語句の意味を確認する。イ、〈逆説的〉は〝一見矛盾しているようで、真理を含む説〟のこと。〈一見～、実は～〉の構文で説明されやすい。ロ、〈究極的〉は〝あるものごとが突き詰められて極まっているさま〟の意。ハ、〈対比的〉は〝比べあわせることで、それぞれの特徴や性質の違いが明確になるさま〟の意。ニ、〈主観的〉は〝個々の感情や意識、経験に基づいた視点や判断によるさま〟の意。ホ、〈可逆的〉は〝変化したものが元の状態に戻ることができる状態〟のこと。空欄Aは「写真には被写体が視ている世界は映し出されない。画像として記録されているのは、被写体である自分たちが視てはいないものである」と続き、「皇居と水俣――この呼応関係、対

能性を含んだ視線」「探求」「記述」である。したがって、正解はニ。イ、「その歴史を見失うことなく、……目を向けていくこと」が誤り。歴史や文化が問題にはなっていない。ロ、「十分に法律で守られていなかった」と「子どもらしくない子ども」の登場は関わりがない。ハ、「意識を克服」は、「探求」「記述」にならない。ホ、「都市と農村とでは……」の部分が本文になく、誤り。

出典　野田研一「『祖型』としての景物―『苦海浄土』における風景の構造」（野田研一・後藤隆基・山田悠介編著『石牟礼道子と〈古典〉の水脈―他者の声が響く』文学通信）

解答

問九　a―ホ　b―ニ　c―イ　d―ロ

問十　イ

問十一　ハ

問十二　ハ

問十三　ロ

問十四　ホ

問十五　ハ

問十六　ニ・ヘ

要旨

石牟礼道子は『苦海浄土』で、東京に訴えにきた水俣病患者が皇居二重橋を背景に写真を撮影した瞬間を、「カメラの奥に彼らがそのときふかぶかと覗き視たのは、つまり故郷の心だった」と表現した。患者たちは、カメラのレンズを通して自分たちの生活世界の「祖型」を、それとは正反対の東京、皇居前から覗き視たのである。そして続けて「故郷の心」に相当するかのような風景を書き連ねる。この石牟礼文学で描き出される「風景（らしきもの）」は、「いま／ここ」の時

語で「包摂する」様子を示す語が適する。よって、正解はホ、「一枚岩の表象」である。「一枚岩」とは〝組織などがしっかりとまとまっていることのたとえ〟である。

問六　傍線部4を含む第六段落は「第一に」で始まり、第七段落は「第二に」で始まっている。この部分は第五段落「大正期から……にかけて、この階層差と差別の構図を覆い隠すような、より積極的な曲芸する子どもの表象も見受けられるようになる」についての説明となっている。また、第六段落を細かく見ると、前半部では「ノスタルジーの視線」、後半部では「並行して、……芸能史、サーカス史のなかに位置づけようという動き」について述べられている。傍線部4の直前「民俗芸能としての……書き留めたり」との対応も考えると、正解はロとなる。第五段落の問題提起と照らすと、イ、「差別的なまなざしを強めてしまう」、ニ、「その文化の問題点よりも面白さに関心を向けていく」は誤りと判断できる。ハ、「歴史、文化が失われていくことを危ぶむ」は第六段落前半の「ノスタルジーの視線」、ホ、「けなげな主人公」は第七段落で述べられている内容であり、傍線部の説明とは内容的にずれている。

問七　傍線部5の前を見ると、「新中間層」は、差別的視線を内包して「かわいそうだがけなげな子ども」を消費する、「より階層的に近い層」は、（差別される側と）同一視されることを忌避、蔑視を再生産する、とわかる。これをもとに選択肢を確認すると、ニ、「意識することはな」いは「内包」と一致。「まなざしを共有」は自分が差別する側にまわるということなので、「同一視されることを忌避」と一致すると判断でき、これが正解。イの「裕福な都市中間層」が「差別されている側を恐れ」、「差別される側」も「その恐れを自覚」や、ロの「差別される側」も「それら裕福な人々への憎悪をつのらせていく」や、ハの「差別する側」が「十分な救済の必要を求めていない」、「対策が間に合わない」や、ホの「十分に認識されていない」、「その対応策が講じられない」という内容は、それぞれ本文にないので誤り。

問八　筆者は、傍線部6に続く部分で「いまなすべき」ことを「公然の秘密だったはずの多様な論理が……探求することであり、……記述していくことが重要である」としている。ここでのキーワードは「多様な論理の存在」「排除の可

まれた中間に位置する「村の子どもたち」について述べられている。「村の子どもたち」は、「獅子の児と遊ぶとひぜんが伝染るぞ」と言い、その母親も「言うことを聞かぬと獅子の児に呉れてやるぞ」と言って、獅子の子を村の中では差別している。しかしその一方で、村の外部では自分たちが「あ、月潟か。……一つしなつて見せろ」と言われ差別される側にまわるのである。村の外では他者である都市新中間層的なまなざしを、村の中では自分たちのものにすることで差別する側にまわっている。よって、正解はハ、「内面化」、つまり〝他の社会の価値や規範を、自分の価値や規範として受け入れること〟である。他の選択肢の意味は「形骸化」が〝内容や意義を失い形だけの存在となること〟、「戯画化」が〝事を滑稽に、または風刺的に描き出すこと〟であることを押さえておきたい。

問四　傍線部3「憐憫と蔑視の視線が交錯している」とある。ここでは助詞「と」に着目したい。「と」は別の二つのものを並列する働きをしている。「どういうことか」という設問なので、これを的確に言い換えた選択肢を選べばよい。まず除外されるのがハとニである。ハは前半部「角兵衛獅子の……とらえかた」〈が、〉後半部「それら……生み出していること」のように、主述の関係となっている。これはニも同様で、助詞「と」と対応していない。その上で、残る三つの選択肢を検討する。なお、「憐憫」は〝あわれむこと〟、「蔑視」は〝あなどり見下すこと〟の意である。イ、前半部「可哀そう」が憐憫、後半部「一段下の存在とする差別的」が蔑視と捉えることができ、これが正解。ロ、前半部「労働力としてみなす」、後半部「守り、教育しようとする」はいずれも憐憫や蔑視ではない。ホ、前半部「見下して」は蔑視、後半部「哀れむ」は憐憫と捉えられるが、これをそれぞれ「子どものまなざし」「大人のまなざし」と限定している点が誤り。そのような内容は本文中にない。

問五　選択肢の共通部分「表象」とは〝象徴的に表すこと、イメージ〟の意である。空欄Bを含む一文は「『子ども』観が『誕生し』……わかりやすい図式とはおよそ異なり、そこに、児童保護の視線、全年少者を『子ども』という［B］に包摂するという発想は希薄である」となっている。「わかりやすい図式」とは、全年少者を「子ども」という語でまとめ、その捉え方を「子ども」観とする、ということである。空欄Bにはそれと同様に、「子ども」を一つの

一世紀初頭にかけて「児童虐待」や「子どもの貧困」が「発見」されたが、これらは以前から公然の秘密として存在しており、この多様な論理がいかにして忘れられ、どのように残っているかを探求することが、われわれが今なすべきことである。

解説

問一　まず、本文冒頭の角兵衛獅子については、（注）を確認しておくこと。傍線部1の直前には、「親もなく学校にも行けない『かわいそう』な獅子を引き合いに出しながら、勉強し親を困らせないように」とある。そして後の引用文において、獅子は「かれ等ハ誠に可哀さうなもの」、「阿父さま阿母さま又ハ兄さま姉さまなどのお傍にゐて、学校へあげて頂いたり、お朋友と遊んだりすることハ出来ません」などと説明されている。したがって、ハが正解。イ、「親や学校の役割を子どもが理解できるように」、ロ、「子どもにとって働くことの大変さが分かるように」、ニ、「子どもが学ぶ努力の必要性を身につけるように」、ホ、「子どもがつらい環境にある他者への思いやりをもてるように」は、いずれも引用文の意図の解釈が誤り。また、角兵衛獅子をイ、「批判すべきもの」、ニ、「見習うべき我慢強いもの」としている点も誤りである。

問二　傍線部2を含む一文を読むと、「階層的な差異は絶対」とし、獅子については「彼らを『子どもらしい子ども時代』に包摂する発想はない」と述べている。「包摂」とは〝一定の範囲の中につつみ込むこと〟の意である。獅子と対比されているのは「『子どもらしい子ども時代』を享受」する、「『恵まれた』家庭」の「裕福な」子どもであり、これに獅子を「包摂する」としている選択肢を選ぶ。よって、正解はホ。イ、「経済的な地位の違いを意識し、階層的に位置づける」、ロ、「それぞれの子どもたちの環境に応じて位置づける」、ハ、「労働している子どもが悪影響を与える」はいずれも「包摂」とは逆の考え方である。ニは〈裕福な子どもの中に角兵衛獅子と同様の救済すべき子どもを見出す〉の意となり、角兵衛獅子そのものを裕福な子どもの中に含めるということではない。

問三　空欄Aを含む第三段落には、「圧倒的な優位に立つ都市新中間層」と獅子をはじめとする「下層の渡世稼業」に挟

国語

▲A方式▼

一

出典　元森絵里子「『稼ぐ子ども』をめぐるポリティクス―児童保護をめぐる多様な論理」（元森絵里子・高橋靖幸・土屋敦・貞包英之共著『多様な子どもの近代―稼ぐ・貰われる・消費する年少者たち』青弓社）

問一　ハ

問二　ホ

問三　ハ

問四　イ

問五　ホ

問六　ロ

問七　ニ

問八　ニ

要旨

明治時代、中流の人々にとって、「子どもらしい子ども時代」を享受できない獅子たちは、憐憫や蔑視の対象だった。それが大正期から昭和期になり、それらにノスタルジーを感じ、芸能史やサーカス史の中に組み込もうとする動きや、獅子を「けなげで子どもらしい子ども」と位置づける動きにより、そうしたイメージは覆い隠された。二十世紀末から二十

////////////////////// ・memo・ //////////////////////

2023年度

解答編

解答編

英語

◀A　方　式▶

I　**解答**　1－c　2－c　3－c　4－d　5－c　6－b
7－b　8－b・d　9－d　10－d　11－d

◆全　訳◆

≪「歴史の書き換え」に心配は無用≫

［1］　人々は出し抜けに，歴史を書き直す危険のことをひどく心配している。どうやら私たちは，過去の大部分が忘れられたり，ひどくなると「消去」されたりする可能性を警戒しないといけないらしい。私たちは，歴史があたかも世の中にたっぷり白い塗料があるかのごとく「白塗り」され，やっかいで複雑な部分が消えてしまう危険を警戒していないといけない。一方，生み出したあらゆる論争など素知らぬふりで，エドワード＝コルストン像は，ブリストル湾の底に鎮座している。

［2］　歴史家は「歴史の書き換え」によって生じる脅威をあまり心配していない。歴史の書き換えは自分の職業であり，プロとして努力していることだからである。私たちはいつでも，過去を再評価し，自分が知っていると思っている筋書きを解釈し直す作業に携わっている。レオポルト＝フォン＝ランケは近代的歴史研究の創始者の一人であるが，氏が語ったこととは裏腹に，歴史は「それが実際にどう生じたのか」ばかりではなく，私たちが過去や，過去と自分たちとの関係をどう考えているかをも見出すことが中心にあるのである。過去は亡きものかもしれないが，歴史は生きていて，今このときに構築されているのである。

［3］　この議論でもう 1 つ，忘れてはならない大事なことは，立像が過去を記録したり，過去のことを人々に教育したりするのに，とりわけ効果的

な役目をするわけではないということである。英国民の「帝国の郷愁」という思いと，私たちの多くにとって生まれる前に消えていた帝国に，私たちは国家として憧れているという考えとをめぐって，近年多くが書かれてきた。しかし，この国の帝国の過去との関係は，記憶よりむしろ抹消と忘却の上に築かれている。それは過去に口を閉ざし続けることである。他の人間を奴隷としたり，数百の丸腰の市民たちを殺害したり，帝国の職務として他のぞっとする犯罪を実行した男たちや，彼らを統轄した一人の女性の記念碑の数は，帝国の犯罪をめぐって私たちが真剣に交わした会話の数とは対照的である。立像が倒されるたびに，私たちは少しずつ学ぶ。

［4］ 一部の人々は，英国人はただあまりにお行儀がいいので，帝国主義の影の面を語れないのだと言うだろう。しかし，こうした会話がないのは，過去を恥じているからではない。英国人が自らの帝国の歴史を恥じるには，それを知らなければならないし，帝国の暴力の最悪の暴挙と，帝国の統治の単純な日々の不正をどちらも理解しなければならない。

［5］ しかし，多くの英国人はこのことを知らないし，たいてい知ろうともしない。それどころか，国家として，私たちは過去の人々の行動を，ただ時代が違い，価値観も違ったと言い張って免罪し，当時多くの勇敢な人々がこうした残虐行為に抗議し，抵抗し，倦むことなく力を尽くしてそれらを明らかにし，非難しようとしたことを忘れている。

［6］ 立像の撤去をめぐる罵声は，英国の一部の人々が英国の過去へのいかなる批判にも不快感を抱くことを示している。だが彼らのそれの望み方には，２方向ある。歴史的な悪業の罪悪感を免れようとするが，しかし，自らが歴史的業績だとみなしているものを誇りたくもある。その最も明白な一例は，英国人がうれしそうに，奴隷貿易の終了に英国の果たした大いに称揚される役目ばかりを挙げて，奴隷貿易を論じるその語り口である。しかし，引き倒される立像の主の男たちは，奴隷廃止論者ではなく，奴隷商たちであった。その人たちの罪状を認めることは，多くの英国人にとって，ただ街頭で彼らの前を通り過ぎるのより，はるかに難しい。そして別の英国人にとっては，毎日この像を目にせざるを得ず，この男たちにちなんで名づけられた講堂や演奏会場にいることは，日々の暴力行為であり，それに耐えられなかったのだ。

［7］ こうした立像や，演奏会場，講堂の多くは，ビクトリア朝末期か，

20 世紀半ばの帝国最後の日々に建造され，その名がついた。偶然ではない。帝国は，植民地とその住民たちが海外で従属を強いられた間も，そうした植民地が反撃し独立を勝ちえたときも，常に，政治的・文化的事業として母国で構築された。帝国はただ英国で「たまたま」生じたのではなかったのだ。帝国は一時のぼんやりとした考えで手に入るようなものではなかったのであり，帝国主義は政治的，軍事的，経済的な企みであると同様，文化的な事業でもあった。そしてそれは，常に更新されなければならないものだった。こうした立像はこの国の歴史を中立的に物語ることはない。それらは建立された時代の英国の地位をめぐる不安に対する政治的な記念碑なのだ。

［8］　立像を撤去することは歴史を「白塗り」することだという主張は，こうした立像がともかくも英国の帝国主義の過去についての微妙な意味合いの話術の一環であったという弁解である。しかし，そうではなかったのだ。とりわけ，私たちには奴隷所有者の立像はあるが，奴隷貿易の犠牲者や帝国の暴力の他の犠牲者たちの立像はないのだから。2007 年以来，リバプールに奴隷制博物館はあったが，帝国博物館はない。もっとも，私たちの博物館には，英国の以前の帝国財産であった略奪宝物が満ち満ちているのだけれど。また，奴隷貿易の犠牲者のための国立記念館もない。もし歴史の白塗りについて語りたいのなら，ここから始めるのがよかろう。

［9］　私たちの世界観が変化するように，当然ながら，私たちの祖先が祝うことに決めた英雄や勝利に対する私たちの態度もまた変わる。そうした英雄たちが英雄であるどころではなくなったら，その立像を建てておくことは，私たちが手にしていると力説する近代的な価値観に対する侮辱となるのである。これは，悪意ある歴史抹消なのではない。これは新たな証拠と思想に基づく，歴史の再評価なのだ。歴史記述とは，こうしたものである。そして，もしコルストン像を引き倒すのであれば，もういくつか立像を引き倒さねばいけなくなるのではないかと批判するなら，そう，その通り。やればよい。筆者は賛成である。

◀解　説▶

▶1．「本文から，エドワード＝コルストン像の撤去は（　　　）だと筆者は考えていると推論できる」

最終段最終文（This historian …）に，前文の「コルストン像を引き倒すことがいくつか他の立像を引き倒すことにつながるのではないか」という批判を受けて，「筆者は賛成である」とある。その理由は，同段冒頭（As our ideas …）に「私たちの世界観が変化するにつれ，…英雄や勝利に対する私たちの態度もまた変わる」とある。

選択肢はそれぞれ

a．「よい考えだ。なぜなら，撤去は帝国主義の過去について人々の心配を減らすからだ」

b．「よい考えではない。なぜなら，撤去は単に不都合な歴史を抹消するだけだからだ」

c．「問題ではない。なぜなら，人々の歴史観は研究が進歩するにつれて変わるからだ」

d．「問題だ。なぜなら，帝国主義の過去について学ぶ機会が永遠に失われるからだ」

という意味。上記の検討に合致するのは，c である。

▶ 2．「下線部(1)を置き換えられないのは（　　）」

当該下線部は「白塗りされる」という意味。選択肢はそれぞれ，a．「抹消される」，b．「除去される」，c．「磨かれる」，d．「一掃される」という意味だから，正解は c に決まる。

▶ 3．「空所［ 2 A ］，［ 2 B ］，［ 2 C ］に当てはまる言葉を選びなさい」

当該空所部分は「過去は［ 2 A ］かもしれないが，歴史は［ 2 B ］しており，今このときに［ 2 C ］いるのである」という意味。直前の 2 文（We are … relationship to it.）を参照すれば，それぞれ［ 2 A ］には dead「亡きもの」，［ 2 B ］には alive「生きている」，［ 2 C ］には constructed「構築される」が入るとわかる。そうなっているのは，c である。

▶ 4．「筆者が下線部(3)を導入するのは（　　）するためである」

当該下線部は「英国民の『帝国の郷愁』という思いをめぐって，近年多くが書かれてきた」という意味。下線部を含む文の次文以降，段落最後まで，筆者はそうした「郷愁」に批判的な態度を取っている。

選択肢はそれぞれ

a．「英国帝国史は忘れられても抹消されてもいないと言う」

b.「英国の偉大な伝統は現在まで伝わらなかったという無念を示す」
c.「一部の人々は英国の国粋主義のために苦しんだことを示唆する」
d.「英国の過去をロマンチックに描く保守的な傾向に警鐘を鳴らす」
という意味だから,「郷愁」への批判的な見方を示しているのは, dだとわかる。

▶5.「空所［ 4 ］を埋めるのに最もふさわしい解答を選びなさい」

設問は要するに,「帝国主義時代の英雄の記念碑の数と, 帝国の悪事を論じる回数がどのような関係になっているのか」を問うている。空所を含む文直前の silences from the past から「議論の数が圧倒的に少ない」ことが読み取れる。選択肢はそれぞれ stand と組み合わさった場合, a.「目立つ」, b.「～に比べて立つ」, c.「～と対照的である」, d.「～を表す」という意味だから, 正解はcだとわかる。

▶6.「段落［4］の要旨は, 英国民は（　　）すべきだということである」

第4段最終文（For the …）などから, 当該段落の主旨は「英国民は, その帝国の歴史を知らなければならない」ということだとわかる。

選択肢はそれぞれ
a.「帝国主義の過去について不用意な会話を避ける」
b.「帝国主義的統治と暴力という遺産を理解する」
c.「自分自身の過去の帝国主義的歴史を賛美する」
d.「帝国主義的歴史について語るときは行儀が悪くなる」
という意味だから, 前述の検討にふさわしいのは, bだとわかる。

▶7.「下線部(5)を置き換えるのに最もふさわしいのは（　　）」

当該下線部は「～を免除（解放）する≒～を容赦する」という意味。選択肢はそれぞれ, a.「～に有罪宣告する」, b.「～を許す」, c.「～を非難する」, d.「～を強調する」という意味だから, 正解はbに決まる。

▶8.「次のうちのどれが段落［6］の筆者の考えを最もよく表しているか。最も適したものを2つ選びなさい」

当該段落に示された筆者の考えは,「(記念碑取り壊しに反対する）英国人は過去の悪業を免れたくも, 業績を誇りたくもあるが, 一部それ（=そういった記念碑を見かけること）に耐えられないと思う人もいた」ということ。

選択肢はそれぞれ

a．「一部の人々は，歴史的な人物像の前を歩いて通ることは，歴史的な罪業の贖罪と英国の業績の回復につながると信じている」

b．「一部の人々は，ある種の歴史的な記念碑をたまたま目にすることがあってもよいとする考えに反対している。それらがあまりにもぞっとするようなものだからである」

c．「一部の人々は，歴史的な立像は公開展示されるべきではなく，どこか以前の英国植民地とは無関係な場所に保存しておくべきであると言い張っている」

d．「一部の人々は，過去に対して責任を取ることと，過去を尊重することの間に葛藤を感じているがゆえに，特定の記念碑の取り壊しに抗議している」

e．「一部の人々は，元奴隷所有者の記念碑は，人々がその歴史的な背景について思いを巡らせるのに役立つがゆえに，重要であると言い張っている」

という意味だから，特定の記念碑に対する「不寛容」を示す b と，「葛藤」を示す d が正解だとわかる。

▶ 9．「段落［7］の主目的は，（　　　）を示すことである」

当該段落第 3 文（Empire was …）に「帝国は，…常に政治的，文化的事業として…構築された」とある。

選択肢はそれぞれ

a．「大英帝国は国内でも海外の植民地でも重要な文化的，政治的事業であることが知られていた」

b．「一部の人々は歴史的な記念碑の存在に反対意見をもっているが，私たちはそれらを引き倒したり，歴史的な事実を白塗りしたりする危険をもっと知る必要がある」

c．「私たちは特定の立像や，会館，講堂の歴史的な価値を見くびってはならない。というのも，ひとえに，それらは今より以前の世紀に設立されたからである」

d．「歴史的な事物は，植民地が独立のために戦っていた間に，どうして英国民が自分自身の歴史を語って，自分自身の強さを示そうとしたのかを示している」

という意味だから，上記の記述に合致するのは，ｄだとわかる。

▶10.「下線部(6)は，筆者が（　　　）したいと望んでいることを示している」

当該下線部は要するに「像撤去に反対するのは，帝国主義の過去を擁護する口実だ」ということ。

選択肢はそれぞれ

ａ.「歴史的な記念碑を建立することに関して代替的な仮説を提示する」

ｂ.「歴史を別の立場から見るために，新たな議論を導入する」

ｃ.「歴史的な記念碑の重要性をめぐる自分の議論に支持を与える」

ｄ.「対立する視点を拒絶して，自分の意見を強化する」

という意味だから，正解はｄに決まる。

▶11.「次の文のうち，筆者の歴史に対する姿勢を最もよく表しているものはどれか」

筆者の歴史に対する姿勢を端的に示すのは，最終段第３文（This isn't a sinister …）後半のコロン以下の記述である。

選択肢はそれぞれ

ａ.「新たな証拠と思想をもってしても，過去の英雄や勝利に対する私たちの姿勢をあたらめることは倫理的に誤っており，厳に慎まなければならない」

ｂ.「立像は，現代の価値観というレンズを通して詳細に観察する限り，大英帝国に関して微妙な意味合いの視点を提供してくれるのだから，それらから大いに学ぶことができる」

ｃ.「歴史は，証拠と思想の堅牢で明確な出どころを提供してくれるのだから，私たちは祖先の歴史的な業績を顕彰し，一般大衆からの批判を無視しようとするのは当然だ」

ｄ.「歴史家は常に歴史を書き直しているのだから，人々は新たな証拠と思想に基づくことで，自分の意見を評価し直すことに心配する必要はないのだ」

という意味。前述の記述に沿っているのは，ｄだとわかる。

●語句・構文●

（第１段）peril「危険，危難」 vigilant「油断のない，警戒を怠らない」 swath「帯状の場所，（大部分の）地帯」 erase「～を抹消する，～を拭って消す」 alert「油断のない，警戒している」 whitewash「白い塗料(名詞)，白い塗料で～を塗る，～(表面など）を取り繕う」

（第2段） pose a threat「脅威となる」 endeavour「真剣な努力，試み」 pioneer「先駆者，草分け，開拓者」

（第3段） hold on to～「～をもち続ける，～を手放さない」 document「～を記録する，～を文書で立証する」 nostalgia「郷愁，ノスタルジー」 yearn for～「～を切望する，～を慕う」 enslave「～を奴隷にする」 unarmed「武装していない，丸腰の」 civilian「一般人，民間人，市民，文民」 horrific「ぞっとする，恐ろしい」 service「職務，服務，兵役，軍務」 preside「主宰する，統轄する，座長をする」 critically「決定的に，注意深く，批判力をもって」 every time S V「SがVするたびごとに」 every timeは接続詞的に働き，副詞節を導く。

（第4段） have it that S V「SがVであると言う」 the dark side「暗黒面，影の部分」 imperialism「帝国主義」 For the British to be…, they … have to *do*.「英国民が…であるためには，～しなければならない…」 For the British はto不定詞の意味上の主語。このto不定詞は〈目的〉を表し，〈義務・必要〉を表すhave toと，相関して用いられる。

（第5段） atrocity「残忍，残虐行為」 so that S might *do*「Sが～するために」は〈目的〉の副詞節を導く。uncover「～を暴く，～をむき出しにする」

（第6段） outcry「抗議（を示しての絶叫・悲鳴)，怒声」 critique「批評，評論」 laud「～を賛美する」 abolitionist「(奴隷）廃止論者」 own up to～「～を認める，～を白状する」 lecture theatre「講堂」 name *A* after *B*「*A*に*B*にちなんで名前をつける」

（第7段） Victorian「ビクトリア朝の，ビクトリア女王時代（1837～1901年）の」 coincidence「偶然の一致，符合」 subjugate「～を支配下に置く，～を征服する」 fight back「抵抗する，攻撃を食い止める」 fit「発作，興奮，気まぐれ」 absence of mind「放心状態，上の空」

（第8段） pretence「弁明，言い訳，口実」 nuanced「微妙な差異のある，陰影を帯びた」 not least「特に，とりわけ」 victim「犠牲者，被害者，餌食」 plunder「～を略奪する，～を強奪する」

（第9段） as S V, so do *X*「SがVするように，*X*もまたVする」 so以

下には倒置が生じ，ＶＳとなる。commemorate「～を記念する，～を祝う」 anything but「少しも～でない」 insult「侮辱の言葉，無礼な行為」 sinister「不吉な，悪い，悪意ある」 historiography「歴史記述，修史，史料編纂」 bring on～「～を引き起こす」 This historian の This は，この文を書いている人を指す。よって，訳は「この歴史家」ではなく「筆者」とした。

Ⅱ 解答

1－b　2－c　3－d　4－b　5－b　6－c
7．5－b　6－e　8－d
9．Third：c　Seventh：a　10－a　11－c　12－a　13－c
14－b　15－b　16－a

◆全　訳◆

≪ダーウィンの誤り：表情で感情はわからない≫

［1］ 表情の動きは，自分の感情を他者に伝えるのだろうか。はいと答えると思うのなら，考え直した方がいい。この問題は論争を起こしている。一部の専門家は，世界中の人間が特定の感情を表す，明確で見分けのつく表情をすると主張する。たとえば，嬉しいと微笑み，怒るとしかめっ面になり，怖いと息が詰まって目を見開く。微笑みやしかめっ面などが感情を示す普遍的な表情であることを示しているとおぼしき数百の研究を彼らは指摘する。彼らはまた，チャールズ＝ダーウィンの1872年の著書『人及び動物の表情について』をよく引用して，普遍的表情が自然選択によって進化したという主張の支えにしようともした。

［2］ 別の科学者が指摘するのは，情動の間の表情の動きはあまりに広範に変化するので，感情的な意味の普遍的な標識にはなり得ないことを示す大量の反証である。人間は自分の敵の転落を企てるとき，憎みながら微笑んだり，ひどい駄洒落を耳にして，楽しみながらしかめっ面をするかもしれない。メラネシア文化では，目を見開いて息を詰めた表情が象徴するのは，攻撃であって，恐怖ではない。こうした専門家は，普遍的と言われている表情は，単に文化的な固定観念を表しているに過ぎないと語る。はっきりさせておこう。論争している両陣営とも，表情の動きは，所定の感情に対して変化するという点については認めている。意見の違いの中心にあるのは，誰かが何を感じているかを探知することができるほどの画一性が

あるかどうかということなのだ。

［3］　この議論は学問の世界だけの話ではない。その帰趨（≒帰結）は重大な結果を生じる。今日では，カメラで観察している，いわゆる感情読み取り装置が，人工知能を用いて面接の間の表情の動きを不利に評価したために，仕事で不採用になるかもしれない。米国の法廷では，被告の表情に悔悟の念が欠けているとみなされた場合，裁判官や陪審員の下す判決が，ときに重くなり，さらに死刑にもなりかねない。全国の保育園児は，微笑みは満足，しかめっ面は怒りと見分けるよう教わり，その他表情に関する固定観念を，本や，ゲーム，顔だけのポスターから教わる。そして，自閉症スペクトラムのある子どもは，一部は他者の感情を感じ取るのが難しいのだが，その子たちにとって，こうした教育が意思伝達の改善に転化することはない。

［4］　では，正しいのは誰なのか。その答えにかかわってくるのは，何も知らなかった医師と，科学的な過誤，ダーウィンの著作の 1 世紀に及ぶ誤読である。皮肉にも，彼自身の観察によって提供される強力な解法は，現代の感情の理解に変容をもたらしているのである。

［5］　普遍的な表情という想定の出どころをたどると，いくつかの根源に行き着くが，極めつきは，19 世紀のフランス人医師，ギヨーム＝ベンジャミン＝アマン＝デュシェンヌによる一連の写真である。写真術の初期に，デュシェンヌは人間の表情筋を電気的に刺激して，その収縮を撮影したのだった。

［6］　氏の撮った写真は，ダーウィンが『表情』の中で，特定の表情の動きは感情の普遍的徴候となると提起するきっかけになった。ダーウィンの書には，嬉しいと人間は微笑むとある。悲しいと，顔をしかめる。よく話として語られるように，ダーウィンは感情が，普遍的に生み出され，識別され，他の動物と共通する，生まれつきの，生物学的根拠のある表現をもつことを発見したわけである。その話では，表情の動きはある種の通信システムであり，人の顔を見て，その感情状態を探知し，重要な情報を受け取って，自分も，それに相手も，元気に生き延びていけることになっている。

［7］　というか，そういうことになっているらしい。（実際には）ダーウィンは間違っており，その誤りは桁外れなことを示す証拠の方が優勢だ。

実生活では，人間が特定の感情を表現する仕方には，途方もない変異がある。たとえば，怒ると，都市文化の人間が顔をしかめる（あるいは顔をしかめる表情の動きをある程度する）のは，そういった場面のたった35%ほどだということが，情動の間の表情の動きの研究の二次解析によって示されている。しかめっ面は怒りに特有というのでもない。人間は他の理由，たとえば，集中しているときやおなかが張っているときにも，顔をしかめる。同じだけの途方もない変異が，研究されたあらゆる感情にも，人の感情状態を教えてくれるとされる他のあらゆる手段にもある。生理機能でも，声でも，脳の活動であってもである。

［8］　だから，感情AIシステムは，感情を探知できない。それは身体の信号，たとえば表情筋の動きを探知しているが，そうした信号のもつ心理的な意味は探れない。動きと意味の融合は，西欧の文化や科学に深く埋め込まれている。一例は，600万を超えるインターネット上の顔の動画に機械学習を応用した，最近注目を浴びている研究である。AIシステムを鍛えた人間の評価者が，動画の表情の動きを標識するよう依頼を受けたのだが，彼らに与えられた使用できる標識は，「怒っている」といった感情語だけで，「顔をしかめる」といった身体的記述ではなかった。そのうえ，動画の匿名の人間が，そのときに感じているのは何か（それがあれば，の話だが）を確かめる客観的な方法はなかったのである。

［9］　また，表情の動きは単に，人の脳が取り入れる，ずらりと並ぶ，はるかに大量の環境情報の中の，ほんの1つの信号に過ぎないという証拠もかなりある。人間に顔をしかめている表情を単独で見せるとしよう。そうすれば彼らは苦痛や失望を感じ取るかもしれない。しかし，全く同じ顔をレースのゴールラインを越える走者につけて見せてみよう。そうすると同じしかめっ面が勝利の喜びを伝えるのである。表情は，人間の内的な状態を伝える信号としては，居並ぶ他の信号よりも，力が劣ることがよくある。

［10］　ダーウィンの『表情』は，怒りといった特定の感情の事例は，明確で不変の身体的な原因または状態，すなわち本質なるものを共通してもつと示唆している。それは事例を，たとえ表面上の差異があっても，同じものにする。科学者はこれまで，様々な本質を提起してきており，その一部は，表情の動きのようにすぐに目にすることができるが，また別のもの，たとえば複雑で，精緻な様式のある心拍と呼吸，体温といったものは，専

門の機器を用いてはじめて観察できる。このような本質信仰は，本質主義と呼ばれるが，それは直観的に納得できる。が，有害でもある。本質など存在しないと証明することはほぼ不可能だからである。本質を信じてはいるが，何度やっても目にすることができない場合，それでも信じ続けることはよくある。とりわけ，研究者は，道具や手法が不十分だから，求める本質が見つからないなどとすることで，その信念を正当化しがちである。

[11]　この謎の解答は，ダーウィンのさらに名高い著書『種の起源』に見出すことができる。『表情』に先立つこと 13 年前の著書である。皮肉にも，それが名高いのは，生物学が「本質主義の身動きできなくなるほどの握力を回避する」のに役立ったからであるとは，有名な生物学者エルンスト＝マイヤーの言である。『起源』出版以前，学者が信じていたのは，それぞれの生物種には理想型があり，それは神の手によるのであり，決定的な特性があって，それが他のすべての生物種とその生物種とを分け隔てる本質なのだということだった。これを「イヌの品評会」的な生物学と考えてほしい。イヌの品評会では，それぞれの出場犬は仮説上の理想のイヌに照らして評価される。理想からの逸脱は，誤りと考えられる。ダーウィンの『起源』が提起したのは，根源的なことに，1 つの生物種は多様な個体の巨大な集合であり，その中心に本質などありはしないということだった。理想のイヌなど存在しない。それは，多数の多様なイヌを統計的にまとめたものなのだ。変異は過誤ではない。それは環境による自然選択に不可欠の成分なのだ。しかし，感情ということになると，ダーウィンは本質主義の虜になり，自らの最重要知見に目を塞いだのである。

[12]　本質主義の力がダーウィンを，感情に関する見事なほどに馬鹿げた思想へと導いた。それには，感情の不安定は縮れ毛の原因となるとか，昆虫は恐怖と怒りとを身体の一部を狂ったようにこすり合わせることで表現するといったことが含まれる。

[13]　本質主義は同じく感情 AI システムの設計者を誘惑し，ダーウィンの後ろについて，この心地よい道を進み，感情は自然選択によって進化し，重要な機能を果たすという想定を抱かせたようである。しかし，実際に『表情』を読んでみれば，ダーウィンはほとんど自然選択に言及していないことがわかるだろう。ダーウィンは表情が進化によって機能をもつようになったとも書いていない。実は，正反対を書いたのだ。微笑み，しかめ

っ面，目を見開くなどの身体表現は，「無目的」であって，もはや機能を果たすことのない痕跡としての運動である，と。ダーウィンは，この記述を10回以上『表情』で述べた。ダーウィンにとって感情表現は，人間は動物であり，人間は進化したのだという動かしがたい証拠だった。その論理により，もしも人間が表情を他の動物と共有してはいるが，その表情が機能的に無益であるなら，それらは，その表情が役目を果たしていた，失われて久しい共通の祖先に由来したことになるからである。

［14］『表情』は100余年の間，誤って引用されてきた。どうしてそんなことになったのか。私は解答を見つけた。それは，20世紀初頭の心理学者，フロイド＝オールポートの研究に潜んでいた。1924年の著書，『社会心理学』にて，オールポート氏はダーウィンの著作から概括的な推論を行って，表情は新生児では痕跡として始まるが，すぐに有益な社会的機能をもつと言った。氏は，「祖先には生物として有益な反応であったが，子孫には表情の痕跡が残っているのではなく，この両方の機能が子孫に残っており，前者は後者が発達する土台としての役目を果たすと考えられる」と書いた。

［15］　オールポート氏の考えは，不正確ではあったけれど，遡ってダーウィンの考えであるとされ，考えの似かよった科学者に熱心に採用された。彼らは今度は表情が普遍的であると書けて，不可侵のチャールズ＝ダーウィンの後継者を名乗ることができた。ただ1つの文章で，オールポート氏は西欧の感情理解を誤導したのだった。それは，科学だけでなく，法律，医学，大衆の目も，そして今や感情AIシステムにも及んだ。

［16］　にもかかわらず，この科学小話にはハッピーエンドがある。実生活上の感情の事例で私たちが観察するような変異には名前があるからである。それは，ダーウィン自身が動物で観察したのと同じ変異である。『起源』の中で，ダーウィンは，動物が多様な個体の集合であり，その中心に生物としての本質はないと述べた。この重要な観察は集団思考として，より広く知られるようになり，現代の遺伝学研究でも支持されている。

［17］　集団思考は，生物学を過去100年間変革し続け，今では感情の科学を変革している。生物の種同様，所定の感情，たとえば，恐怖，悲嘆，高揚といったものは，様々な事例の巨大な集団である。人間は実際に，恐ろしくて目を見開いて息が詰まるが，恐ろしくて顔をしかめたり，恐ろしく

て泣いたり，恐怖に直面して大笑いしたり，一部の文化では，恐ろしくて眠りに落ちたりすることにさえなりかねない。本質などありはしない。変異が普通であり，それは人間の生理と状況に密接に結びついている。種の変異が，それを構成する個体の暮らす環境に結びついているのとちょうど同じである。

[18]　ますます多くの情動の研究者が集団思考をより重視し，過去の本質主義的な発想を乗り越えつつある。感情AIの支持者とこの製品を製造，販売する企業にとって，余分をそいで，表情筋運動は，特定の感情に普遍的に対応しているわけではないと認めるときである。感情が同じでも，それに伴う表情の動きは違っていたり，表情の動きは同じでも，感情の意味が違ったり（あるいはなかったり）することもあるのは，証拠上明らかである。原則は，変異の方であって，同一性ではないのである。

[19]　ダーウィンの『表情』は，科学的な手引き書の定番ではなく，歴史的文書であるとみるのが一番いい。それによって，ここではさらに意義深い教訓が得られる。科学は権威によって得られる真理ではない。科学とは様々な環境下で繰り返される観察による，疑問の定量化のことなのだ。どんな別格の科学者であれ，誤りを犯しうる。幸い，誤りは科学の過程の一部である。それらは発見を生む好機なのだ。

出典追記：Facial Expressions Do Not Reveal Emotions, Scientific American on April 27, 2022 by Lisa Feldman Barrett

◀解　説▶

▶1.「第2段の下線部(1)をどう解釈するのが最もよいか」

当該下線部は「普遍的と言われている表情は，単に文化的な固定観念を表しているに過ぎない」という意味。

選択肢はそれぞれ

a.「外見上の普遍的な表情は文化的な固定観念のようなものだ」

b.「他者が普遍的な表情と呼んでいるものは，文化的な固定観念の事例である」

c.「文化的な固定観念として知られているものは，普遍的な表情によって引き起こされる」

d.「いわゆる文化的な固定観念は普遍的な表情にほとんど取って代わってしまった」

という意味だから，正解はbに決まる。

▶ 2.「次の文のうち，どれが第 3 段の下線部(2)の適切な言い換えになっていないか」

当該下線部は「この議論は学問の世界だけの話ではない。その帰趨（≒帰着）は重大な結果を生じる」という意味。

選択肢はそれぞれ

a.「この議論に無関心であってはならない重要な理由がある」

b.「表情が普遍的なものかどうかはどうでもいいという意見もあるかもしれないけれど，実際に重要なのだ」

c.「表情が正しく識別されない以下の重要な事例を考えてみよう」

d.「その議論の帰趨が決定的になり得る事例を考えるのは，難しくない」

という意味だから，当該下線部と同様の意味にならないのは，c だとわかる。

▶ 3.「次のうち，本文の内容にそぐわないものはどれか」

選択肢はそれぞれ

a.「表情に関する議論の帰趨は，実生活に影響を及ぼし，たとえば仕事に就けなかったりする」

b.「一部の専門家は，いわゆる普遍的な表情は文化的な固定観念を表しているに過ぎないと主張する」

c.「議論の両陣営の学者は，表情は特定の感情に応じた変異があることで意見が一致する」

d.「感情を表す普遍的な表情があるかどうかをめぐる議論は，もっぱら理論的なものである」

という意味。下線部(2)に「学問的であるだけでなく，重大な影響がある」とあるから，「もっぱら理論的」ではないとわかる。よって，d は明らかに本文に反する。theoretical は実際の経験などと対比的に，「(実践に基づかない）理論的な，理論上の」という意味で用いられる。

▶ 4.「第 4 段の下線部(3)の『科学的な過誤』を犯したのは誰か」

第 6 段以下から，それが Darwin の仕業であることがわかる。特に第 7 段第 2 文の A preponderance of evidence shows that Darwin was wrong や，第 11 段最終文の When it came to emotions, however, Darwin [　6　(fell prey to)] essentialism からそれが読み取れるだろう。Duchenne は，下線部直前の an unwitting physician のことで第 5 段に出

ており，Mayr は第11段第2文（Ironically, it …）の heralded biologist であり，Allport は下線部の後の a century-long misinterpretation の張本人である。

▶ 5．「次のうち，本文の内容にそぐわないものはどれか」

選択肢はそれぞれ

a．「一部の人々は集中しているときに，顔をしかめる」

b．「しかめっ面は都会文化の人々にとって，たいてい怒りを意味する」

c．「顔をしかめることは，喜びを表すこともある」

d．「顔をしかめることは，必ずしもおなかが張っていることを示すとは限らない」

という意味。第7段第4文（In anger, for …）に「都会人のたった35%」とある。b の more often than not は「たいてい」の意なので，不一致だとわかる。

▶ 6．「下線部(4)は何か」

当該下線部は「この謎」という意味。

選択肢はそれぞれ

a．「特定の感情が本質を共有している事例」

b．「科学者によって提起された本質の多様性」

c．「直観的で有害な本質思考」

d．「本質のありかを突き止める道具や手法の欠如」

という意味。ここでの conundrum の具体的な意味は，直前の第10段第3～最終文（This belief in … they seek.）に記述がある。第10段第3文（This belief in …）に「intuitive である」，第10段第4文（It's also …）に「pernicious（≒injurious, harmful）だ」と述べられている。よって，正解は c に決まる。

▶ 7．「空所［　5　］に入れるのに最もふさわしいものを a～d から，空所［　6　］に入れるのに最もふさわしいものを e～h から選びなさい」

当該空所［　5　］部分は「本質主義の身動きできなくなるほどの（　　）を回避する」という意味。選択肢はそれぞれ，a．「捕獲」，b．「握力」，c．「握りこぶし」，d．「打撃」という意味。直前の修飾語 paralyzing「麻痺させるような」にふさわしい名詞は b である。

当該空所［ 6 ］部分は「ダーウィンは本質主義を（ ）した」という意味。選択肢はそれぞれ，e.「～の虜になる」，f.「～と衝突する，～と口論する」，g.「～に頼る，～に依存する」，h.「～とけんかする」という意味。本文から空所には「信奉した」といった意味の語が入ると読み取れる。そうなっているのはeである。

▶8.「第5～11段の内容に関する以下の文のうち，正しいのはどれか」

選択肢はそれぞれ

a.「ダーウィンは，表情が自然選択によって感情の進化に重要な役割を果たしたという意見だった」

b.「ダーウィンは，エルンスト＝マイヤーによって提起された本質主義の概念を生物学の発展に重要な役割を果たしたといって称賛した」

c.「ダーウィンは，フランス人医師デュシェンヌに人間の表情の写真を撮るよう命じた」

d.「ダーウィンは，自然選択の研究の後に，表情と感情の関係について執筆した」

という意味。第11段冒頭（A solution …）の記述から，「『種の起源』の後で『表情』を著した」ことが読み取れる。よって，dが正しいとわかる。

▶9.「下の8つの選択肢を用いて空所［ 7 ］を埋めなさい。3番目と7番目を示すこと」

当該空所部分は「ダーウィンにとって感情表現は，（ ），人間は進化したのだという（ ）だった」という意味。選択肢から空所［ 7 ］の直後の that は evidence に続く同格節を導くと読み取れる。そうすると，evidence that S V and that … という全体の構造が決まる。そこで，残った単語でできる英文を考えると「人間は動物である（という動かしがたい証拠だった）」という内容にすればよいとわかり，were compelling evidence that humans are animals and … という英文が得られる。

▶10.「下線部(8)を置き換えることができるのは（ ）」

当該下線部は「潜んでいる」という意味。選択肢はそれぞれ，a.「隠れている」，b.「曝されている」，c.「あらわにされている」，d.「忘れられている」という意味だから，正解はaに決まる。

▶11.「空所［ 9A ］と［ 9B ］にふさわしい語を選びなさい」

当該空所部分は「祖先には生物として［ 9A ］な反応であったが，

子孫には［ 9B ］な痕跡が残っているのではなく，この両方の機能が子孫に残っており，前者は後者が発達する土台としての役目を果たすと考えられる」という意味。直前文（In his 1924 …）に expressions begin as vestigial in newborns「表情は新生児では痕跡」とあるので，［ 9B ］には expressive が入るとわかる。なお，第13段第4文（In fact, …）の expressions were "purposeless"—vestigial movements にも対応している。［ 9A ］には useful「有益な」を入れると，同段最終文（By his …）にある common ancestor for whom the expressions were useful に対応して，祖先にとって生物的反応だった表情の原型が進化したことになる。よって，正解は c に決まる。

▶12.「空所［ 10 ］を埋めるのに最もふさわしいのは（　　）」

当該空所部分は「ただ1つの文章で，オールポート氏は西欧の感情理解を（　　）した」という意味。選択肢はそれぞれ，a.「～を誤導した」，b.「～を誤解した」，c.「～を虐待した」，d.「～を誤算した」という意味。目的語は「感情理解」であるから，空所には「～を誤らせる」という意味の動詞が入るとわかる。そうなっているのは a である。

▶13.「次のうち，本文の内容にそぐわないものはどれか」

選択肢はそれぞれ

a.「集団思考は感情の研究者の間でますます人気が高まっている」

b.「集団思考は人間と動物には本質がないとみなしている」

c.「集団思考はもともと，有名な心理学者，フロイド＝オールポート氏によって提唱された」

d.「集団思考は遺伝学の見地から理にかなっている」

という意味。オールポートの提唱したのは，ダーウィンの本質論の修正であって，集団思考ではなかったことは，第14段全体や第15段第1文（Allport's idea, …）から明らか。よって，正解は c である。

▶14.「空所［ 11 ］を埋めるのにふさわしい語句を選びなさい」

当該空所部分の直前に「感情が同じでも，それに伴う表情の動きは違っていたり，表情の動きは同じでも，感情の意味が違ったり（あるいはなかったり）することもあるのは，証拠上明らかである」とある。よって，それに続くのにふさわしいのは，「同じ感情を，様々な表情が表し，同じ表情が様々な感情を示す」という内容の文だとわかる。

選択肢はそれぞれ

a．「原則は，画一性の方であって，変異ではない」

b．「原則は，変異の方であって，画一性ではない」

c．「原則は，変異と画一性の両方である」

d．「変異と画一性は，原則ではない」

という意味だから，前述のような意味になるのは，bだとわかる。

▶15.「筆者が同意すると本文から推論できるとするのが理にかなう考えは（　　　）」

選択肢はそれぞれ

a．「表情は感情の普遍的な徴表（徴候）である」

b．「生物の種に本質はない」

c．「昆虫は身体の局所をこすり合わせることで恐怖や怒りを表現する」

d．「感情は自然選択によって進化した」

という意味。第 16 段最終 2 文（In *Origin*, … of genetics.）から「動物に本質はないという考えが，現代遺伝学でも支持されている」ことがわかる。よって，筆者はｂに賛成すると読める。

▶16.「この文章の最も適切な表題は（　　　）」

選択肢はそれぞれ

a．「ダーウィンの誤り：表情で感情はわからない」

b．「ダーウィンの『種の起源』と『人及び動物の表情について』：比較論」

c．「表情論：ダーウィンは本質主義の先駆者」

d．「ダーウィンは恩人：表情に関するダーウィンの研究がいかにして AI 産業を改革したか」

e．「ダーウィンからオールポートまで：社会心理学の歴史」

という意味。本文の主旨は，端的に「表情に普遍性はない」とまとめられる。それを表現しているのは，ａである。

●語句・構文●

(第 1 段) contentious「論争を起こす，係争の」 specific「特定の，明確な，具体的な」 scowl「顔をしかめる」 gasp「あえぐ，息が止まる」 frown「眉をひそめた顔，渋面」 universal「普遍的な」

(第 2 段) a mountain of counterevidence「山ほどの反証」 beacon「かが

り火，標識，指標」 plot「～を企む，～を秘かに計画する」 downfall「転覆，破滅」 pun「地口（≒韻を利用した駄洒落），駄洒落」 aggression「攻撃，侵略行為」 alleged「真偽の疑わしい」 stereotype「固定観念，通念」

（第3段） outcome「結果，所産」 consequence「成り行き，帰結」 harsh sentence「過酷な判決」 defendant「被告（人）」 remorse「悔悟，悔恨，後悔」 disembodied「肉体のない，実体のない」 autism spectrum「自閉症スペクトラム（症）」 translate「至る，つながる，生み出す」

（第4段） unwitting「うっかりした，無意識の，知らずにしでかした」 resolution「解決，解答，決断，決議」

（第5段） notably「特に，顕著に」 stimulate「～を刺激する，～を興奮させる」 contraction「収縮，短縮」

（第6段） the way S V,「SがVするように」 the wayは〈様態〉の副詞節を導く接続詞として働く。innate「生まれつきの，固有の」 signaling system「通信システム」

（第7段） preponderance「優勢，優位，多数」 doozy「どでかいもの，すごい（ひどい）もの」 variability「変異性，変わりやすいこと」 meta-analysis「二次分析，メタ分析」 purportedly「噂によれば，評判では」 physiology「生理（学）」

（第8段） conflation「合成，融合」 embedded「埋め込まれた，深くに置かれた」 high-profile「人目をひく，異彩を放つ」 objective「客観的な」 if anything「もしあるとしても」 anonymous「匿名の」

（第9段） considerable「かなりの，相当の」 array「隊列，列挙，ずらりと並んだざま」 grimace「しかめっ面をする，しかめっ面」 identical「全く同じ，同一の」

（第10段） distinct「はっきりした，明瞭な」 immutable「不変の，変えられない」 superficial「浅薄な，皮相な，見せかけの」 intertwined「もつれ合った，絡み合った」 intuitive「直観的な，直観でわかる」 pernicious「破滅的な，有害な」 virtually「ほとんど（ない），事実上」

（第11段） *On the Origin of Species*『種の起源』 ダーウィンの進化論を世に問うた著作（1859年）。正式には *On the Origin of Species by means of Natural Selection, or the preservation of favoured races in the struggle for life* という題名。celebrate「～を称賛する，～を祝賀する」 defining properties「決定的な特質，特徴」 dog show「イヌの品評会，展覧会」 hypothetical「仮説上の，仮定された」 deviation「逸脱，偏向」 ingredient「成分，原料，内容物」 when it comes to～「～ということになると」

(第12段) imbalance「不安定，不均衡，不つり合い」 frizzy「細かく縮れている」 frantically「半狂乱で，気も狂わんばかりに」 rub「～をこする〔もむ／なでる／さする〕」

(第13段) lure「～を誘惑する，～をおびき寄せる」 assumption「仮説，想定，仮定」 via「～によって，～を通じて」 barely「辛うじて，どうにか，ほとんど～ない」 vestigial「痕跡的な，名残の，退化した」 long-gone「かなり前からなくなってしまった」

(第14段) psychologist「心理学者」 sweeping「広範な，包括的な」 inference「推論，推測」 reaction being present の being は動名詞なので「反応が存在していること」という意味になる。descendant「子孫，末裔」

(第15段) attribute *A* to *B*「*A* を *B* に起因すると考える」 heir「相続人，承継者」 unassailable「難攻不落の，議論の余地のない，疑いえない」

(第16段) name for～「～を表す名前〔名称〕」 genetics「遺伝学」

(第17段) given「一定の，所定の，特定の」 elation「高揚，意気揚々」 intimately「密接に，親密に」

(第18段) market「～を市場で売る〔販売する〕」 map「(位置が) 対応する」 accompany「～を随伴する，～を伴う」

(第19段) definitive「決定的な，完成した」 quantification「定量化，数量化」

III **解答** 1－d 2－a 3－d 4－c 5－b

◆全 訳◆

≪脳は同時作業がどれだけ得意なのか≫

［1］ 文字打ち，電子メール，フェイスブックその他のソーシャルメディアへの投稿は，学生が勉強しながら行っている活動のうちで，飛び抜けて

ありふれたデジタル活動である。そう語るのは，ローゼン先生である。これは問題である。こうした活動は実際は知能面でとても複雑であり，それらは学業で求められるのと同じ知能的な資源である，言語を使い，意味を解析することに依存しているからである。

［2］　デイビッド＝マイヤー先生は，ミシガン大学の心理学教授であるが，先生は学習時の注意分割の効果を研究してきたので，脳の同時作業能力に強硬路線をとっている。「大半の条件下では，脳は2つの複雑な仕事を同時には全くできません。そんなことができるのは，2つの仕事がどちらもとても単純であるか，同じ知能的な資源をめぐって互いに競合しないときだけです。一例は，洗濯物をたたむこととラジオで天気予報を聞いているといったことでしょう。それは結構です。しかし，テキストを打ちながら講義を聴くとか，宿題をしつつフェイスブックを見ていることなんて，こうした課題のそれぞれがとても大変であり，それぞれが脳の同一領域を使うのですよ。すなわち，前頭前野をです」

［3］　若者が2つの難しい課題を同時にこなせると考えているのは，マイヤー先生も認めているが，「若者は錯覚しています」と先生は断言する。誰にとっても自分の心的な過程がどれほどうまく作用しているのかを正しく評価するのは難しいと，先生は指摘する。こうした過程の大半は意識されないからである。そして，と，マイヤー先生は付け加える。「いわゆる『デジタル世代』の脳に，同時作業の非効率を被らずに済ませる魔法など何もありません。彼らはそうするのが好みでしょうし，その中毒だとさえ言えるかもしれませんが，始めから終わりまで1つの課題に集中する方がはるかによいという事実を避けて通ることはできないのです」

［4］　研究者は，学業の最中に学生が同時作業をするときに続々と生じるマイナスの結果を記録してきた。最初に，宿題は，仕上げるのに時間がかかるようになる。注意をそらす活動に時間が取られ，また，宿題に戻ったときに題材のことをおさらいし直さなければならないからである。

［5］　第2に，何度も頭の中で作業を中断しては再開することで生じる知能的疲労によって，間違いが増えてしまうのである。そうした課題転換の認知的な負担が，とりわけ高くなるのは，学生が異なる表現「規則」を要求する課題を交互に行う場合である。たとえば，国語の論文に求められる正式で，正確な言語と，友人に送る電子メールのくだけた，仲間内の語り

口といったものである。

［6］ 第3に，学生の注意が分散されると，自分が取り組んでいるものの記憶の持続が損なわれることである。私たちは，事柄や概念を思い出せないときに，記憶がなくなったとよく考えるけれども，記憶がなくなったのは，実はもっと前，はじめに記憶を保存，変換したときに起きていたかもしれないのである。記憶に最も大切なのは，変換の時点であり，数十の研究室内研究によって，変換中に注意が分散していると，その情報の記憶がうまくいかなくなったり，全くできなかったりすることが証明された。ローゼン先生によって注目された不運な学生が証明しているように，私たちはそもそも自分の意識に本当に入らなかったものは，記憶できない。そして先月の研究によって，授業中にノートパソコンで同時作業する学生は，自分だけでなく，その人が何をしているのかを見ている周りの学生にも，注意散漫を引き起こしてしまうことが示された。

［7］ 第4に，ある研究の示唆するところでは，気が散ると，脳は実際に情報を異なる，あまり有用ではない仕方で処理，貯蔵するのである。『米国科学アカデミー紀要』の2006年の研究で，テキサス・オースティン大学のラッセル＝ポルドラック先生と同僚2名が被験者に，コンピュータで学習活動をしながら，第2の課題もするよう依頼した。勉強している間に鳴る楽音を数えてもらったのだ。2つの課題を同時にこなした調査被験者は，第1の課題だけをした被験者とほぼ同じだけ，きっちり学習しているように見えた。しかし，さらに調査してみると，前者の集団は新しい知識を新規環境に拡張して，それに基づいて考えるのがあまりうまくないとわかった。それは心理学者が学習転移と呼ぶ基幹能力なのである。

［8］ ポルドラック先生の実験中に撮影された脳スキャン写真から明らかになったのは，異なる脳領域が2つの条件下で活性化しているということであり，脳は同時に2方向の情報に注意しなければならない場合，別種の記憶を行っていることが示された。結果が示唆しているのは，「たとえ注意散漫が学習の全体水準を落としていないとしても，獲得された知識が新状況の下で柔軟に応用しにくくなっていることもありうる」ということだと，科学者は述べた。

［9］ 最後に，研究者は，学習中のメディアを利用した同時作業が学生の成績と負の相関があることを明らかにし始めている。ローゼン先生の調査

では，15 分間の観察期間中にフェイスブックを使った学生は，そのサイトに行かなかった学生より学業平均値が低かった。また，レイノル＝ジャンコ先生は，ハーバード大学インターネットと社会のためのバークマン・センターのファカルティ・アソシエイトであるが，氏による最近の２つの研究で，テキスト打ちやフェイスブックを，授業中と宿題の勉強中に使っていると，それが大学生の学業平均値とマイナスの相関を示すことがわかった。「きちんと勉強しようとしながらフェイスブックの使用やテキスト打ちに手を出していると，学生の認知処理の能力に大きな負荷がかかり，深いところの学習を妨げることになりかねない」と，ジャンコ先生と共著者は書く（もちろん，テキストを打ったりフェイスブックを使ったりする学生は，意志力が弱かったり，やる気がなかったりする学生であって，それゆえに，彼らのテクノロジー使用はさておいても，学業平均値が低いということも十分ありうる）。

◀解　説▶

▶１．「マイヤー先生によれば，同時作業が問題なのは，どのような場合か」

マイヤー先生に関する記述は第２段および第３段にある。第２段第１文のコロン（：）の直後の引用符中の第１文（“Under most …）には「脳は２つの複雑な仕事を同時には全くできない」とある。

選択肢はそれぞれ

a.「複数のたやすい仕事は同時にできる」

b.「どちらの課題も脳の前頭前野が必要ではない」

c.「遠く離れた脳領域を要する課題がまとめてなされる」

d.「同じ脳領域を使う２つの課題を同時にする」

という意味だから，「２つの複雑な仕事を同時にする」の意味になるのは，dだとわかる。

▶２.「空所［　1　］を埋めるのに最もふさわしいものはどれか」

当該空所部分は「研究者は，（　　　）を記録〔立証〕してきた」という意味。よって，空所には次文の First 以下，Second（第５段冒頭）以下，Third（第６段冒頭）以下…と続く具体例が表す事態が入るとわかる。

選択肢はそれぞれ

a.「(学業の最中に学生が同時作業をするときに）続々と生じるマイナス

の結果」

b.「能率的に勉強するためのたくさんの方策」

c.「学習を促進する一連の現象」

d.「一連の報告された共通の学生の感覚」

という意味だから，正解は a に決まる。

▶3.「第6段で筆者が述べていることの要点は何か」

当該段落の要点は「変換中に注意が分散していると，その情報の記憶がうまくいかなくなったり，全くできなかったりする」ということ。第6段第1～3文（Third, students' … at all.）の内容がヒント。

選択肢はそれぞれ

a.「同時作業実行中に保存された情報は，新情報の貯蔵を妨げる」

b.「同時作業は，記憶に情報が貯蔵されることに影響しない」

c.「脳を同時作業によって刺激することは，記憶容量を増やす」

d.「変換しようとしている情報は，同時作業実行中は正しく保存できない」

という意味。前述の検討内容に合致しているのは，d である。

▶4.「筆者がポルドラック先生の脳スキャン写真に言及するのは，（　）を指摘するためである」

ポルドラック先生の脳スキャン写真に関する記述は第8段全体にある。そこで指摘されているのは「獲得された知識が新状況の下で柔軟に応用しにくくなっているかもしれない」ということ。

選択肢はそれぞれ

a.「より広い脳領域が同時作業実行中の記憶の転換にかかわっていること」

b.「脳活動が同時作業実行中に突然増加する瞬間」

c.「同時作業実行中に変換された記憶の性質の独自性」

d.「同時作業実行中に変換された記憶がどのように後から思い出されるか」

という意味。c の「独自性」とは，「応用のしにくさ」だと読めるので，これが正解。

▶5.「この文章の表題として最もふさわしいのは，次のうちどれか」

本文の主旨は「同時作業を実行すると学習に害がある」ということ。

選択肢はそれぞれ

a.「同時作業を実行すると，学生の履修成績は向上するか」

b.「脳は同時作業がどれだけ得意なのか」

c.「同時作業を実行するデジタル世代の脳は，どれだけ特別か」

d.「同時作業が有効なのは，どんなときか」

という意味。脳は同時作業は苦手かもしれない，という含みのあるbが正解になる。

●語句・構文●

(第1段) by far「ずば抜けて，群を抜いて，断然」 undertake an activity「活動を行う〔企てる〕」 draw on ～「～に頼る」 parse「～を解析する，～を解剖する」

(第2段) divided attention「注意分散」 take a firm line on ～「～に強硬路線をとる」 multitask「同時作業する，並行処理する，マルチタスクをする」 compete with *A* for *B*「*A* と *B* をめぐって競争〔競合〕する」 demanding「過度に要求する，厳しい，きつい」 prefrontal cortex「大脳の前頭前野〔前頭前皮質〕」

(第3段) at once「同時に」(ここでは，「すぐに」という頻出の意味ではない) “they are deluded,” の deluded は「錯覚している，勘違いしている」という意味の形容詞。there is nothing magical about ～「～には魔法じみたところは，どこにもない」 keep O from *doing*「Oが～しないようにする〔妨げる〕」 addicted「中毒している，溺れている」 get around ～「～をうまく避ける，～を避けて通る」

(第4段) assignment「宿題，課題」 distract「～の気を散らせる」 re-familiarize「～をもう一度習熟させる〔ならす〕」

(第5段) pick up the〔a〕thread(s)「中断していたものを再び始める，よりを戻す」 cognitive「認知の，認知的な」 alternate between ～「～の間を行きつ戻りつする」

(第6段) subsequent「次の，続いて起きる」 work on ～「～に取り組む」 impair「～を害する，～を悪くする」 encode「～を暗号化する，～を符号に転換する」 retention「保持，記憶」 laboratory study「研究室内研究」 attest「証言する，証明する」 laptop「ノートパソコン」

(第7段) probe「精査する，探査する」 adept「熟練した，熟達した，うまい」 extrapolate *A* to *B*「*A* をもとに *B* に当てはめて推論する〔推定する／敷衍する〕」 transfer「(学習の) 転移」
(第 8 段) brain scan「脳走査写真，脳スキャン写真」 result in ～「～に終わる，～に帰着する」 acquisition「獲得」
(第 9 段) grade-point average（＝GPA）「学業平均値」 correlate「～を相関させる，～を相互に関係させる」 preclude「～を妨げる〔邪魔する／排除する〕」 plausible「もっともらしい，もっともな」

❖講　評

2023 年度も，2022 年度同様，読解問題だけの構成である。小問数は 2022 年度の 40 問からさらに減少して，32 問となった。読解問題の話題は，文系 1 題，理系 1 題，教育関係 1 題という構成になっている。総語数は 3800 語弱で，2022 年度から変化はなく，試験時間は 90 分なので，1 分当たり 40 語の速度でないと，問題を読み切ることさえできないことになる。受験生には非常に厳しい出題である。

Ⅰは歴史をめぐる論説文で，英国の高級紙『ガーディアン』からの出題。語彙レベルが高く，議論の展開も単純ではないから，受験生は論旨把握に苦労したであろう。設問は実はそれほど高級なことを聞いているのではないのだが，全般に厳しい出題であった。

Ⅱは「心理学＋進化論」をめぐる論説文で，『サイエンティフィックアメリカン』誌からの出題。2000 語に迫る長文であり，進化論理解の基礎がないと，読み通すだけでも至難だったと思われる。『日経サイエンス』誌などを読んでいると，あるいは有利だったかもしれない。例年通り，語句整序も内容理解力が問われており，単なる作文力では対応できなかった。

Ⅲは「ながら勉強」というきわめて身近な話題で，教育関係の記事からの出題であった。設問も素直で，逆にこの大問ではミスができないというプレッシャーがかかったかもしれない。5 の表題は，困った受験生も多かろう。

総じて，強固な文法的基礎の上に，十分な語彙力と読解スピードが備わっている英語力が必要な問題ばかりである。ノウハウやテクニックに依存しない正確な読解力，論旨把握力を涵養するようにという，大学の発する強いメッセージが感じ取れる。それに応えるには一歩ずつ，コツコツ努力するしかない。語学の王道は，日々の努力の積み重ねである。さあ，始めよう。

◀C　方　式▶

I　**解答**　Q１～Q５．◀Ａ方式▶Ⅲに同じ。

Q６－c　Q７－d　Q８－a　Q９－d　Q10－a

Q11.　B－c　C－b

Q12.〈解答例１〉Ａという現象と，Ｂという現象に相関関係があったとしても，その関係は表面上に過ぎず，真の関係が隠れている場合がある。本文の「デジタルを利用した同時作業をしている学生は学業平均値が低い」という研究成果は，実は表面的なもので，真に相関しているのは，学生の意欲の低さ，意志力の弱さと低学力である可能性があり，意欲がなく，意志力が弱いことが，デジタル作業と学業との同時作業を引き起こしている可能性もあるため，「同時作業」自体と低学力には，因果性がないかもしれない，ということを付言するため。(180～250 字)

〈解答例２〉学習活動中にメッセージ送信やフェイスブックの利用といったマルチタスクに従事することと学生の学業成績に負の相関関係があることを示唆する研究結果が報告されている一方で，学習中にマルチタスクをする傾向にある学生の学業成績が低くなっているのは，そうでない学生に比べて，そもそも自制心や学習意欲を欠いていることが原因であると解釈することもできるため，研究結果に関しては，マルチタスク以外の要因も考慮に入れ，慎重な判断をする必要があることを読者に注意喚起するため。(180～250 字)

◆全　訳◆

≪脳は同時作業がどれだけ不得意か≫

Passage A：◀Ａ方式▶Ⅲに同じ。

Passage B

サクラ＝スズキより

［１］　アニー＝マーフィー＝ポール氏の論文で議論されている，同時作業の脳に及ぼす影響に関する研究結果には，考えさせられた。日々の忙しい暮らしでは，同時作業の誘惑に抵抗することは本当に難しいが，同時作業が学習にマイナスの影響を及ぼすかもしれない可能性を，私は真剣に考えたことは一度もなかった。しかし，この論文では，世間一般の考えとは反

対に，私たちは複数のやっかいな課題を同時に行うのがあまりうまくないという考えの証拠が示されている。一番感心したのは，同時作業をどっさりしているときの，私自身の学業成績を説明してくれるように思える研究成果であった。私は，授業で教わった考え方の応用を求められる問題解決の課題で，成績がよかったためしがないけれど，それらをどれくらいよく覚えているかの試験を受けると，たいていかなり上出来なのである。この例から当然明らかなように，論文に示された成果は重大な結果をもたらしかねず，真剣に受け止めなければならない。しかし，警鐘を鳴らすのは時期尚早であるかもしれないという，いくつかの理由を議論したく思う。

［2］　まず，どの程度，この論文で述べられている研究の成果が同時作業全般に当てはまるのか，はっきりしない。たとえば，ポルドラック先生の実験では，学生は，楽音を数えながら行うコンピュータベースの学習活動に参加するよう求められた。言うまでもなく，楽音を数えることは私たちが普通にしているような活動ではないから，学生が講義中にテキスト打ちをするとか，宿題をしている最中に，フェイスブックで短いメッセージを書くとかするよう言われた場合に，同じ結果が出るのかは，疑わしい。論文はまた，デジタルを利用した同時作業と成績の間に関連性がある可能性を示唆する他の研究を引用しているが，同時作業が学習を阻害すると結論するのに証拠が十分なのかどうか，確信がもてない。さらに研究する必要があると指摘するのは，私が最初ではないことも，強調しておきたい。『インターナショナル・ジャーナル・オブ・エデュケーショナル・テクノロジー』誌に掲載されたメイ先生とエルダー先生による長大な論評（2018年）で，メディアを使った同時作業は確かに注意と作業記憶を阻害することが示された一方，実行された課題の類型や課題の目的，実行されたときの条件，学習者個々人の差異といったいくつかの要因を精査する必要があると論じられている。

［3］　もう1つ考慮すべき重要な問題は，メイ・エルダー論文（2018年）は，同時作業は理論的にどう説明できるのかを論じているということである。2人は認知制御について，2つの異なった見解を記述している。「注意分散仮説」と「注意訓練仮説」である。前者の仮説によると，同時作業中に主要課題があまりうまくできないのは，課題に一定限度の注意しか割り当てられないからだということになる。他方，後者の仮説は，十分な訓

練があれば認知制御の程度は向上することもあると主張している。メイ・エルダー論文には，既存の研究は注意分散仮説を支持しているように思われると書かれている一方，注意訓練仮説とよく一致する成果もある。このことが示唆しているのは，脳が同時作業に慣れて，認知的な利得が生じるかもしれないという可能性を排除すべきでないということだ。ここで，多言語使用との興味深い結びつきがあるかもしれないことにも注意したい。多言語使用もまた，認知制御を向上させることが示されてきたのである。

［4］　より広い観点から，私は学習と同時に行う活動の許容範囲をもっと知りたいと思う。どんな種類の活動を学習時間中に，逆効果を生じることなく行えるのか，ということだ。たとえば，静かな環境で学習するのが好きではない人々がいることはよく知られている。そうした学生は，うるさい喫茶店や家庭で音楽を聴きながら勉強しているかもしれないし，彼らにとってそうした特定の環境・条件は，うまく学習するための前提条件かもしれない。子どもにとって茶の間で，他の家族がともにいる状態で宿題をする方がよいと論じる人々もいる。明らかに，そうした子どもたちは，他の家族が互いに言葉を交わしたり，電話したり，テレビを見たりすることで，気が散るかもしれない。研究成果がこうした事例にも拡張できるのかどうか，それとも，それぞれ別々に取り扱わなければいけないのかどうかは，興味深い問題である。

［5］　最後に，本文を読んで私は，少なくともある種の同時作業は学習にマイナスの効果があることがよくわかった。しかし，本文で紹介された成果を，同時作業一般にまで一般化するのは時期尚早のように思われる。そのうえ，適切な条件や事情のもとでは，同時作業がプラスの効果をもつこともありうるという可能性を真剣に考えるべきである。

◀解　説▶

▶Q6.「下線部(3)で，本文 B の筆者は本文 A に言及のある［　X　］によってなされた研究に言及している」

直後の that … academic performance 部分をふまえると，当該下線部は「私自身の学業成績を説明してくれるように思える」成果の意である。具体的には，下線部に続くコロン以下の文（I never … remember them.）から「覚えてはいるが，応用ができない」という成績であるとわかる。そのような結論を示していた研究は，本文 A の第 7 段の記述，特に同段第

2文（In a 2006 …）および最終文（But upon …）などから，ラッセル＝ポルドラック先生他の研究だとわかる。

▶Q7.「第2段の筆者の主要論点は（　　　）である」

当該段落の主旨は第2段第1文（To start …）にある「この論文で述べられている研究の成果が同時作業全般にどの程度当てはまるのか，はっきりしない」ということ。

選択肢はそれぞれ

a.「楽音を数えることにかかわる同時作業についてのより多くの研究がなされるべきである」

b.「ポルドラック先生は，その実験の成果を記述するだけの十分な情報を提供していない」

c.「ポルドラック先生の研究成果は，デジタルを利用した同時作業にかかわる他の研究の成果と矛盾する」

d.「同時作業の学習に及ぼす影響は，様々な仕方で将来の研究で精査される必要がある」

という意味。「はっきりしない」ということは，はっきりさせるためにはもっと（異なる方法で）多くの研究が必要だ，ということ。よって，正解はdだとわかる。第2段最終文（In an …）の内容もヒントになるだろう。

▶Q8.「本文Bの第3段で紹介されている仮説の中で，本文Aの筆者が同意しそうなのは（　　　）である」

本文Aの筆者は終始，「ながら勉強はいけない」と主張している。

選択肢はそれぞれ

a.「注意分散仮説のみ」

b.「注意訓練仮説のみ」

c.「注意分散仮説と注意訓練仮説の両方」

d.「注意分散仮説と注意訓練仮説のどちらでもない」

という意味だから，正解はaに決まる。

▶Q9.「筆者は第3段で多言語使用に言及して，それが，（　　　）であることを示している」

多言語使用への言及の目的については，第3段最後から2文目（This suggests …）に「脳が同時作業に慣れて，認知的な利得が生じるかもしれない可能性がある」とあることから推測できる。

選択肢はそれぞれ
a.「広く研究されてきた類の課題」
b.「脳の能力を向上させるのによく使われる類の課題」
c.「学習に有害であることがわかってしまったものの例」
d.「大変な処理能力を要することであるが多くの人が訓練によってうまく対処できるようになる何か」
という意味だから，正解はdになるであろう。

▶Q10.「第4段で言及されている活動は，本文Aの第7段で言及されているポルドラック先生の課題とどう違うか」

本文Aの第7段に言及のある課題は「楽音数え」，本文Bの第4段で言及されている活動は，「うるさい喫茶店で，あるいは家で音楽を聴いたり，リビングで家族のたてるありふれた音を聞いたりしながらの勉強」である。

選択肢はそれぞれ
a.「学習者は2つ目の課題に，積極的にかかわるようには求められない」
b.「主要課題は，大変な認知活動を伴う」
c.「この種の同時作業は，学生の間ではあまり普通ではない」
d.「この種の同時作業は，より問題が多いことが研究で示された」
という意味だから，正解はaだと判断できるだろう。

▶Q11.「以下の文のうち，空所［　B　］と［　C　］を埋めるのに，最もふさわしいものはどれか」

B．本文Bの主旨から，空所には，「同時作業一般を論じるには，もっと研究する必要がある」といった意味の文がくるはずだと読み取れる。

選択肢はそれぞれ
a.「そして，子どもたちはうるさい環境で宿題をしないよう促されるべきである」
b.「そして，既存の研究の証拠は，若者の同時作業に関する考え方と一致している」
c.「しかし，本文で紹介された成果を，同時作業一般にまで一般化するのは時期尚早のように思われる」
d.「しかし，単純な課題だけにかかわる同時作業の研究をもっと行わなければいけない」
という意味だから，正解はcに決まる。

C．本文 B の主旨から，空所には「同時作業をすることで，認知能力が向上する」といった意味の文がくると読み取れる。

選択肢はそれぞれ

a．「2 言語使用者の適切な訓練プログラムは，彼らの学業成績を向上させるだろう」

b．「適切な条件や事情のもとでは，同時作業がプラスの効果をもつこともありうる」

c．「前の研究で発見されたデジタル世代の脳の特別な能力は，将来確認されうる」

d．「学生に学習しながら同時作業するよう強制することは，実は彼らの意欲をなくさせるかもしれない」

という意味だから，正解は b に決まる。

▶Q12．本文 A の第 9 段で下線部直前まで（Finally, researchers … a coauthor.）に書かれている「ながら勉強をしていると，成績が悪くなる」という研究成果の解釈は，1 つではないことが示されていることをつかむ。メールやフェイスブックなどを使用し，「ながら勉強」をしている学生の成績が悪い場合，「ながら勉強」をしているせいで（原因）→「成績が悪い」（結果），と考えてしまいがちであるが，実は，「ながら勉強」は「意欲の低さ」などの結果であって，「低学力」の真の原因は「やる気のなさ」だという解釈も十分に成り立つことを付加的に示していることを簡潔に述べるとよい。

〈解答例 1〉では，その辺りの内容を，自分の言葉でわかりやすくまとめる形で書いたが，〈解答例 2〉では，より本文の流れに沿う形で，本文に登場する具体的な単語などを多く引用する形で作成した。multitasking「同時〔並行〕作業をすること，マルチタスクをすること」 willpower「意志力，自制心」

●語句・構文●

Passage B

（第 1 段）food for thought「考えるべきこと，考えさせられる事柄」 temptation「誘惑」 contrary to popular belief「世間一般の考えとは逆に〔反対に〕」 application「応用」 whereas「～であるのに反して」 consequence「結果，成り行き」 premature「時期尚早な」

(第 2 段) to start with「まず第 1 に」 to what extent S V「どの程度までSがVするか」 interfere with ～「～を妨げる」 stress「～を強調する」 extensive「長大な，広範な」 working memory「作業記憶」
(第 3 段) cognitive control「認知制御」 scatter「～をばらまく，～をまき散らす」 hypothesis「仮説，前提」 allocate「～を割り当てる，～を配分する，～を取っておく」 rule out ～「～を除外する，～を認めない」 multilingualism「多言語使用」
(第 4 段) perspective「見方，視点，遠近法」 session「会期，会合，学期，(ある活動のための) 時間」 bring about ～「～を引き起こす，～を生じさせる」 adverse effect(s)「逆効果」 prerequisite「前提条件，必要条件」
(第 5 段) in conclusion「最後に，結論として」

II 解答例

〈解答例 1〉 I definitely agree with the opinion that multitasking should be avoided while studying. With respect to my own experience, it really is true "that it is far better to focus on one task from start to finish." I was once working on an English assignment while watching YouTube videos and suddenly found that I was repeatedly reading the same part of the passage! So, as one of those "digital natives," I have now been convinced that "there's nothing magical about" my brain "that keeps (it) from suffering the inefficiencies of multitasking." I also find Poldrack's arguments very persuasive because I always multitask when I study, and I'm not good at solving advanced-level questions on tests. Now that I have read this article, I have keenly realized the importance of concentrating on one thing at a time and avoiding multitasking while learning. Every student who regularly tries multitasking while studying should immediately abandon that bad habit and focus on the tasks they have to complete. (150 語程度)

〈解答例 2〉 I disagree with the view that multitasking while studying should be avoided for the following two reasons. The first reason is that multitasking can be beneficial for cognitive development.

According to the "trained attention hypothesis," the degree of cognitive control during multitasking can be enhanced through training. This means that the more you practice multitasking, the more you adapt to it, which in turn allows you to better control your cognitive attention and learn more effectively. The second reason is that some people can learn better when multitasking than when focusing on one task. As stated in Passage B by Sakura Suzuki, although some students prefer quiet environments, others like studying in a noisy café or at home while listening to music. Therefore, in order to maximize learning efficiency, you need to take personal differences into consideration. For the above-mentioned reasons, I believe it is premature to conclude that studying and engaging in other activities simultaneously should be avoided.（150 語程度）

◀解 説▶

まず，賛成か反対かを明確にする。次に，その理由を述べる。理由は複数挙げないと，150 語程度の長さにならない。理由を示す際に，本文に示された研究成果を引用することで，設問の指示を満たすことができる。英文中の印象的な部分をいくつか，うまく切り抜くことを目指そう。引用の仕方は設問に示されているので，それを参考にすればよいが，全く同じ表現を用いなければならないわけではない。最後に，結論をつけて文をまとめる。このような手順が踏んであれば，「構成の整った英文」になっていると言える。

〈解答例 1〉では，与えられた主張に対して賛成という立場で，本文 A の第 3 段第 3 文（And, Meyer …）のマイヤー先生の言葉や本文 A の第 7 段最終文（But upon …）のポルドラック先生の研究結果，そして自身の体験を交えつつ解答した。〈解答例 2〉では，与えられた主張に対して反対という立場で，本文 B でスズキさんが第 3 段第 1 ～ 5 文（Another important … attention hypothesis.）で言及しているメイ・エルダー論文の「注意訓練仮説」や本文 B の第 4 段第 3 文（Such students …）の内容に触れ，マルチタスクで認知能力が発達し効率的な勉強が可能になるかもしれない，にぎやかな環境下の方が勉強しやすいと感じる人もいる，という理由を述べた。

❖講　評

2023 年度は，2022 年度に公表されたサンプル問題通りの構成で，読解と英作文の 2 部構成，マークシート法による選択式と記述式の 2 本立てであった。英文 2 つの総語数は 1700 語弱で，マークシート問題に割ける時間を 60 分とすれば，1 分 30 語のスピードでは解答時間はほぼゼロになってしまう出題だった。相当な速読力を要したわけである。話題は「ながら勉強」というきわめて身近な話題で，A は教育関係の記事からの出題であった。設問はほとんどが素直な出題で，実力が反映されただろうが，Q5 の表題は，与えられた情報から発展的に推測する必要があったため，困った受験生も多かったであろう。

和文記述問題は，解答が直接本文に記述されているわけではなく，大学生に必要な「論理的な思考能力」が問われた。大人にはありふれた議論であるが，高校生には厳しかったかもしれない。普段の読書量の蓄積が問われたとも言える。

英作文問題は，ごく普通の「賛成・反対（pros and cons）論」で，「引用の義務」があるにしても，書きやすいテーマ設定だったであろう。150 語は試験時間から考えてもかなりの負担で，時間配分を事前に考慮したかどうかで，明暗が分かれたかもしれない。

日本史

Ⅰ　解答

問1．高句麗・百済　問2．壱岐　問3．オ　問4．エ
問5．ウ　問6．ア　問7．イ　問8．オ

◀解　説▶

≪遣新羅使からみた古代の対外関係≫

▶問1．古代の朝鮮半島には，半島北部から中国東北部にかけて高句麗が，半島の南東部には新羅，南西部には百済の3国が鼎立した。7世紀後半，唐と結んだ新羅が，百済と高句麗を滅ぼして半島を統一した。

▶問2．遣新羅使（北路経由の遣唐使も）は，九州北岸から壱岐・対馬両島を経て朝鮮半島南岸を目指した。

▶問3．日本と新羅の関係に関する正文を選ぶ。

オ．正文。唐が安史の乱（755～763 年）で乱れると，中国東北部から沿海州にあった渤海が唐・新羅に進出する動きをとり，これに連動して藤原仲麻呂が新羅遠征を計画したが，実行には至らなかった。

ア．誤文。筑紫国造磐井は新羅と結んで 527 年に反乱を起こしたが，物部麁鹿火が率いる大王軍に討たれた。

イ．誤文。正しくは，倭と百済の連合軍が，白村江の戦い（663 年）で唐・新羅連合軍に敗れた。

ウ．誤文。渤海は唐や新羅との緊張関係から，日本に提携を求めて使節（渤海使）を頻繁に派遣した。唐や新羅との緊張が薄れると，渤海使は日本との文化交流や交易目的に変化した。

エ．誤文。新羅との使節の往来が途絶えた後も，新羅の商人が博多などに来航して交易や人の往来は頻繁であった。また，唐の商人も来航して唐物（高級織物や陶磁器などの舶載品）をもたらした。894 年の遣唐使停止の背景には，民間交易の活発化もあったのである。

▶問4．遣隋使に関する史料を選ぶ。

エ．適当。『隋書』倭国伝の中の，600 年の遣隋使に関する記事である。なお，『日本書紀』にはこのときの遣隋使の記述はない。

ア．不適。『宋書』倭国伝が記す，478 年の倭王武の上表文である。

イ．不適。日本人留学僧の栄叡と普照が鑑真（史料中の「大和尚」）に日本への渡航（東遊）を要請する『唐大和上東征伝』の一節である。

ウ．不適。107 年の倭の国王帥升らの遣使を伝える『後漢書』東夷伝の記事である。

オ．不適。239 年の邪馬台国の女王卑弥呼の遣使を伝える「魏志」倭人伝の記事である。

▶問 5．遣新羅使が詠んだ短歌から読み取れる事柄を選ぶ。

ウ．正文。リード文（①〜⑤の短歌を含む）の 6 行目に「736 年 2 月に任命された遣新羅使」とあり，29 行目には「春に遣新羅使が任命された後，②の歌が詠まれている」とある。②の短歌は「秋になったら逢えるのに」と，別れを悲しむ妻（あるいは恋人）を気遣うものであるから，遣新羅使任命当初は，その年の秋までには帰国する予定であったとわかる。

ア・イ．誤文。リード文の 8 行目に「遣新羅使人等，別れを悲しみて贈答し，海路に及んで情を慟めて思ひを陳ぶ」とあるように，個人的な心情を詠んだものであって，公的な場を意識した内容ではない。また，日本語を万葉仮名で表記した短歌を，新羅で披露しても理解されないであろう。

エ．誤文。短歌③・④に生駒山（奈良県と大阪府の境にある山）を越えていとしい人に逢いに行くと詠まれ，リード文 31 行目に「その後この遣新羅使は瀬戸内海を西へと出発したようだ」などとあるように，平城京に妻を残しての旅立ちであった。

オ．誤文。リード文の 24〜32 行目から，平城京を発った一行が難波を経て武庫の浦に至ったことや，彼らの旅路が順調ではなかったことが読み取れる。「（難波に）到着後すぐに武庫の浦へ向けて出発した」かどうかは判然としないが，短歌③・④にあるように，（おそらく難波から）生駒山を越えて妻に逢いに行っていることから，一行が難波で停滞していたことが推測できる。

▶問 6．古代の難波に関する誤文を選ぶ。

ア．誤文。橘奈良麻呂の変（757 年）ではなく，藤原広嗣の乱（740 年）が正しい。このとき，聖武天皇は恭仁京から難波宮・紫香楽宮へと遷都を繰り返し，745 年になって平城京に還都した。

正文のイ〜オは，いずれも難波に関する基本知識である。

▶問 7．瀬戸内海沿岸地域に関する正文を選ぶ。

イ．正文。紫雲出山遺跡は香川県にある高地性集落である。

ア．誤文。寒冷化が進んだのは旧石器時代で，縄文時代は温暖であった。

ウ．誤文。箸墓古墳は奈良県桜井市にある，前期古墳の中で最大規模の前方後円墳である。

エ．誤文。大野城は大宰府防衛のため筑紫（北九州）に築かれた朝鮮式山城である。讃岐は現在の香川県である。

オ．誤文。公営田が設けられたのは平安時代初期で，場所も大宰府管内である。

▶問８．オ．藤原百川は式家藤原宇合の子である。藤原不比等の子藤原武智麻呂は南家，藤原房前は北家，宇合は式家，藤原麻呂は京家の祖となった。

アの藤原仲成は式家藤原種継の子，イの藤原基経は北家藤原良房の養子，ウの藤原緒嗣は百川の子，エの藤原冬嗣は北家藤原内麻呂の子で良房の父にあたる。奈良時代から平安時代初期の藤原氏については，とくにその系譜を確認しておきたい。

Ⅱ　解答

問１．ウ　問２．イ　問３．エ　問４．ウ
問５．イ・ウ　問６．オ　問７．滝口　問８．崇徳天皇

◀解　説▶

≪絵巻物からみた平安時代中期～鎌倉時代の政治・社会・文化≫

▶問１．鎌倉時代の僧侶のうち，対立する勢力から弾圧されたものの，流罪には至らなかった者を選ぶ。「対立する勢力」を旧仏教界と理解すれば，イの明恵（華厳宗）とオの貞慶（法相宗）は消去できる。鎌倉仏教の開祖のうち，アの日蓮（日蓮宗。法華宗とも）は他宗を激しく排撃し，そのため鎌倉幕府によって伊豆や佐渡に配流された。エの親鸞（浄土真宗。一向宗とも）も師の法然（浄土宗）に連座して越後に流罪となり，赦免後は関東で布教した。正解の道元（曹洞宗）も延暦寺の圧迫を受けたが，越前に招かれて永平寺を開き，世俗を離れて厳格な宗風を築いた。

▶問２．押領使に関する誤文を選ぶ。

イ．誤文。押領使は当初は臨時の職として諸国に置かれ，天慶の乱（939～941 年）後に常置となった。細かな知識だが，他の選択肢は基本知識なので，消去法で正解したい。

▶問３．預所に関する正文を選ぶ。

エ．正文。教科書・史料集必掲の肥後国鹿子木荘立荘の経緯を記す史料（「東寺百合文書」）に「(開発領主の子孫の中原）高方は庄家領掌進退の預所となる」とあることも参考にしたい。

アは受領，イは主に地頭（預所は荘官の上位者であり，公領である郷には設置されない)，ウは在庁官人，オは有力農民である田堵や名主の説明文である。

▶問４．難問。源義朝に関する誤文を選ぶ。

ウ．誤文。義朝の屋敷跡に建てられたのは，浄妙寺ではなく，同じく鎌倉五山となる寿福寺である。かなりの難問だが，他の選択肢の大半は基本的な知識で消去できる。オはやや難だが，図録などに「三条殿焼討巻」の場面が載っている。

▶問５．難問。鎌倉時代の武士の館の特徴として写真１・２から読み取れることを選ぶ問題だが，写真がそれほど鮮明でないので，「すべて選べ」という条件が厳しい。会話文にもあるように，写真１は『法然上人絵伝』のうち，法然の父漆（漆間とも）時国（左端の平装で刀を構える人物）の館に源定明が夜討ちをかけている場面，写真２は『一遍聖絵（一遍上人絵伝)』のうち，信濃国の大井太郎の館である。

イ．正文。オ．誤文。写真１の右手の門前に弓矢を持つ定明配下の武士２人が描かれるが，門に扉はなく，前の細い溝か堀に沿って塀か垣根らしきものが見えるだけである。また，写真２の館は開放的で，防御施設らしきものは描かれておらず，「飛び越えられない大きな堀」や「堅固な土塁」はいずれからも確認できない。問われているのは写真１・２から読み取れることであり，教科書や図録などに掲載される武士の館の復元模型（国立歴史民俗博物館蔵）やイラストなどを根拠に判断しないよう気をつけたい。

ウ．正文。写真１の法然の父が襲われている部屋は畳敷きで，障壁画が描かれた襖か板戸も見られる。障壁画＝桃山文化と決めつけないよう気をつけたい。また，写真１の中央の部屋や，写真２の女性や子どもらがいる部屋も畳敷きのようである。

ア．誤文。写真２の建物の屋根はいずれも板葺きのようである。

エ．誤文。写真１の建物には縁側が，写真２の建物には廂や縁側が描かれている。なお，写真２の縁側の床板が１枚抜け落ちているのは，一遍らを迎えて大勢で踊念仏を行ったため，床を踏み抜いてしまったからである。写真２のさらに右手には，館を去る一遍一行が描かれている。

▶問６．史料（詞書）に述べられていないことを選ぶ。

オ．誤文。史料の最後の方に「時国，いささか本姓に慢ずる心ありて」とあり，もとの源の姓を誇っていたことが読み取れる。したがって，「先祖（史料２行目の「源の年」）が…流罪となったことを恥じていた」とはいえない。

ア．正文。史料の２行目にあるとおりである。

イ・エ．正文。史料の３行目以降に，美作国に流罪となった源年が「当国久米の押領使」の漆の元国の娘と結婚して男子が生まれ，元国が外孫の男子を養子として跡を継がせた経緯や，跡を継いだ男子が源の姓を改めて漆の盛行と名乗ったことなどが記されている。

ウ．正文。史料６行目には，時国を襲った「明石の源内武者定明」について「伯耆守源長明が嫡男」「当荘（史料１行目にある稲岡荘）の預所」と記されている。

▶問７．平安時代後期のことなので，「宮中の警護を任務とした武士」から滝口（の武士）が導けるだろう。清涼殿は天皇の常の居所である。

▶問８．保元の乱（1156 年）は鳥羽院政のもとで不遇をかこっていた崇徳上皇方と，近衛天皇の死後に即位した上皇の弟・後白河天皇方との戦いである。

Ⅲ　解答

問１．逃散　問２．醍醐　問３．ア　問４．オ　問５．ウ・オ　問６．イ　問７．ア　問８．オ　問９．エ　問10．ウ

◀解　説▶

≪三閉伊一揆からみた江戸時代の政治と社会≫

▶問１．逃散とは隣接する他領へ逃れることで，逃散先の領民となることを訴えた。中世では荘園領主への抵抗を目的に，荘民が集団で耕作を放棄して荘外に逃亡した。強訴と並ぶ農民らの対領主闘争方法であった。

▶問２．やや難。当山派修験道は真言系で，本山は京都の醍醐寺三宝院である。一方，本山派修験道は天台系で，紀伊の熊野三山を拠点に京都の聖護院（しょうごいん）を本山とした。修験道は神道や密教・陰陽道などをもとに，日本

で成立した呪術的な山岳信仰である。江戸幕府は全国の修験者（山伏）を当山派か本山派に所属させて統制下に置いた。修験道から正解を直接導くのはやや難だが，醍醐寺三宝院表書院・庭園など，文化史分野から気づいた受験生もいたであろう。なお，江戸時代の修験道は2020年度にも教育学部で出題された。

▶問3．秋田藩の鉱山なので，ア．院内鉱山（銀山・銅山）が正解。イ．佐渡金山，ウ．生野銀山（但馬），エ．石見銀山，オ．別子銅山（伊予）は主要鉱山なので消去法でも正解が導ける。秋田藩の鉱山には阿仁銅山もあった。

▶問4．江戸時代の百姓の生活に関する3つの文の正誤を判定する。x・yは押さえておきたい内容だが，zは受験生の世代では難問であろう。

x．誤文。近世の百姓身分の大半は農業民であったが，田畑を所持しながら，あるいは所持せずに，商業や手工業・運送業・漁業などを本業とする農村部の人々も百姓身分に含まれた。また，農閑期に副業として手工業や物流などに携わることは，東北地方に限らず一般的であった。

y．誤文。江戸時代後期，名主・庄屋などの有力農民は困窮農民に資金を貸し付け，質にとった田畑を集積して大地主に成長した。一方，田畑を失った農民は小作人に転落するなど，商品経済の浸透により農村の階層分化が進んだ。村方騒動や世直し一揆が頻発したことからも判断できるし，リード文や史料からも困窮農民の実相が読み取れる。

z．正文。盂蘭盆会などの年中行事や庚申講などの民間信仰は，社交や娯楽の場でもあった。また，さまざまな旅芸人が村々を訪れ，農民たちによる歌舞伎も上演された。現在でも農村歌舞伎として各地に伝承されている。

▶問5．嘉永の三閉伊一揆（リード文に1853年とある）より前に起こった出来事をすべて選ぶ。ウのビッドルの来航は1846年，オのオランダ国王の開国勧告は1844年である。なお，1853年はペリーが浦賀に来航した年でもある。

▶問6．19世紀に実施された藩政改革に関する正文を選ぶ。

イ．正文。鍋島直正は反射炉を築造して大砲製造所を設置するなど，佐賀藩（肥前藩）の軍備の近代化も図った。

ア．誤文。調所広郷は黒砂糖の専売制を「中止」ではなく強化した。また，巨額の負債の棚上げや琉球経由の密貿易を行うなどして，薩摩藩の財政を再建した。

ウ．誤文。細川重賢（銀台）による熊本藩の藩政改革は 18 世紀のこと。

エ．誤文。佐竹義和（よしまさ）は秋田藩主であり，米沢藩主として藩政改革を行ったのは上杉治憲（鷹山（ようざん））が正しい。また，両者による改革は，寛政の改革と同じく 18 世紀後半が中心である。

オ．誤文。岡山藩主池田光政による藩政改革は 17 世紀である。なお，光政の「光」は 3 代将軍徳川家光から一字を賜った。

▶問 7．「小○」の幟で一揆勢が訴えようとした事柄を選ぶ。「小○」（こまる）とは「困る」とかけたダジャレである。

ア．正文。イ～オ．誤文。リード文の 8 ～ 9 行目に一揆勢が「(盛岡) 藩に荷担する関係者宅を打ちこわした上，隣の仙台藩領を目指した」とあり，10～11 行目には仙台藩に「盛岡藩主の交代，あるいは，三閉伊地域を仙台藩領とするか幕府領とするかを求める願書」と「盛岡藩政批判の願書」を提出したとあることから明らかである。

▶問 8．近世の公家・朝廷に関する誤文を選ぶ。

オ．誤文。尊号一件（1789 年）のときの天皇（光格天皇）が閑院宮家出身であることは正しいが，閑院宮家が創設されたのは 6 代将軍徳川家宣のときで，新井白石の建議による。

ア．正文。吉田家は本姓卜部氏で，吉田神社（京都市）の神職を務める唯一神道の宗家である。

イ．正文。土御門家は平安時代の陰陽師安倍晴明の子孫である。

エ．正文。1758 年の宝暦事件のことである。

▶問 9．「我み（身）出ぽん（奔）致人」とは「自身が出奔（逃げ出して姿をくらますこと）する人」という意味なので，飢饉や農村の窮乏で都市に流入した浮浪民を指す無宿（人）が正しい。「出奔」を「誠に大あやま（誤）りに御座候」と否定する一方，「田地なくとも，日びに働ばしの（凌）ぐものにて御座候」と述べているので，他の選択肢は消去できる。オの日用は日雇・日傭とも書き，日雇い労働者のことである。

▶問 10．史料に記されていないことを 1 つ選ぶ。史料を現代語訳すると次の通りである。

「人間は借金ができれば悪心が起こる。いかに借金ができても，悪心を起こしてはならない。たとえば，いくら借金があっても，田地やさまざまな物品を，ある分だけ渡す心になれたなら，（借金は）少しも恐れるに足りない。田地がなくても，日々に働けば何とかなるものである。貧乏を恐れることはない。ことによっては，田地を惜しんで自分が（村を）逃げ出す人が多くいる。誠に大きな誤りである。人間と田地を比べれば，人間は三千年に一度しか咲かない優曇華のような（尊い）存在である。田地は石川原のようなものである。（田地を売り惜しんで村を逃げ出すのは）石川原を惜しんで優曇華の花を捨てるようなものである。このような大きな誤りをしてはならない」
したがって，ウは史料とは正反対の内容である。

Ⅳ 解答

問１．舞姫　問２．石川啄木　問３．エ　問４．オ
問５．イ　問６．ア　問７．エ　問８．エ　問９．イ

◀解　説▶

≪３人の女性作家からみた近現代の総合問題≫

▶問１．森鷗外自身のドイツ留学を題材としたデビュー作品なので『舞姫』が正解。鷗外は東京大学医学部を卒業し，陸軍軍医に任官してドイツに留学した。その後，陸軍軍医総監に昇る一方，明治文壇の中心としても活躍した。

▶問２．正確な漢字表記が求められる。石川啄木は韓国併合を苦々しく思い，この短歌を詠んでいる。この短歌を載せるのは一部の史料集に限られるが，早稲田大学を志望するならば，日本の帝国主義的アジア進出に異を唱えた言論人や文化人には留意してしかるべきである。

▶問３．明治維新期の身分制解体に関する誤文を選ぶ。
エ．誤文。徴兵逃れがなくなる時期を判断するのは難しいが，残りの選択肢がすべて明らかな正文なので，消去法で正解できる。

▶問４．戦前の民法に関する３つの文の正誤を判定する。
①誤文。1890 年に公布された，フランス人顧問ボアソナードが起草した民法は，日本の伝統的家族制度を破壊するものだという批判のために施行は見送られた。その後，「家」制度を重視した新民法が公布・施行された。
②正文。リード文の４行目に，樋口一葉が女戸主であったと記されている。
③正文。①で述べたボアソナード起草の民法（旧民法）に対し，穂積八束が「民法出デ、忠孝亡ブ」と批判するなど民法典論争が起こった。

▶問5．近代の不況に関する3つの文の正誤を判定する。

①正文。日本は日露戦争に辛勝したが，多くの死傷者を出した。また，膨大な戦費を外債や増税でまかなったが，ポーツマス条約で賠償金は得られなかった。

②正文。大戦景気で成金が生まれる一方，物価の高騰が民衆の生活を直撃した。そのため，米騒動などの民衆運動や労働運動・小作争議が高揚した。

③正文。これを戦後恐慌と呼ぶ。

▶問6．言論・思想の統制に関する誤文を選ぶ。

ア．誤文。治安維持法の制定は1925年である。「国体ヲ変革シ又ハ私有財産制度ヲ否認スルコトヲ目的」とした結社の組織や加入を禁止し，無政府主義や社会主義思想を取り締まりの対象とした。だが，やがて拡大解釈され，満州事変から日中戦争の頃には，自由主義や平和主義の思想も弾圧の対象となった。

イ．正文。滝川事件は1933年のこと。

ウ．正文。天皇機関説問題は1935年のこと。政府の国体明徴声明により，大正デモクラシーの指導理論であった天皇機関説は葬られた。

エ．正文。1937～38年の人民戦線事件である。

オ．正文。1940年，津田左右吉は国粋主義者らの非難を受け，『神代史の研究』などの著書が発禁処分となり，出版法違反で起訴された。

▶問7．日中戦争期の出来事の配列問題。

③抗日民族統一戦線の成立（1937年9月の第2次国共合作）→④南京事件（1937年12月）→①第一次近衛声明（1938年1月）→②ノモンハン事件（1939年5～9月）の順になる。日中戦争の始まり（盧溝橋事件・1937年7月）→第2次国共合作→南京事件→第一次近衛声明，という流れを理解しておきたい。なお，②を張鼓峰事件（1938年7～8月。日本の主力は朝鮮駐屯軍で，関東軍は一部動員）とみることもできるが，正解は変わらない。

▶問8．戦時と戦後の生活に関する誤文を選ぶ。正文はすべて明らかな内容なので，消去法でも正解できる。

エ．誤文。戦後も食糧難は続き，配給制も継続された。米穀配給制度は，米の生産量が需要量を上回った1955年頃に実体を失っていたが，1982年の改正食糧管理法施行まで名目上は存続した。

▶問9．日本と朝鮮に関する文の正誤判定問題だが，②はかなりの難問。
①正文。日中戦争期の朝鮮では，日本語常用の強制や宮城（皇居）遙拝，神社参拝などの皇民化政策が推進され，日本式の氏名に変えさせる創氏改名も行われた。
②正文。戦後の日本本土に残った朝鮮出身者は，サンフランシスコ平和条約発効により日本国籍を失った。在日韓国・朝鮮人に関わる差別や偏見は今もなお残る問題である。
③正文。産米増殖計画の教科書記載頻度は低いが，早稲田大学志望者ならば土地調査事業とともに押さえておきたい。

V 解答

問1．普遍　問2．不戦　問3．エ　問4．※
問5．オ　問6．エ　問7．イ　問8．イ・エ

※問4については，設問に対する適切な解答がなかったため，受験生全員に得点を与える措置が取られたことが大学から公表されている。

◀解　説▶

≪憲法からみた近現代の政治・外交・社会≫

▶問1．難問。公民分野の出題であり，かつ日本国憲法の前文をそらんじている受験生はごくわずかだろう。それでも史料（前文）を精読すれば，最初の空欄Aの前の文に記された「国政は，国民の厳粛な信託によるもの」であることや，2番目の空欄Aの直前にある「いずれの国家も，自国のことのみに専念して他国を無視してはならない」という「政治道徳の法則」は，全世界の国々や国民に当てはまるべき原理だと判断できよう。したがって，これらは「普遍の原理」「普遍的なもの」だと国語的に解釈したい。
▶問2．「1928 年」の「世界ではじめての戦争放棄に関する条約」は不戦条約である。パリ不戦条約ともいうが，設問には「漢字で記せ」との指示がある。なお，日本では条文の「人民ノ名ニ於テ」という文言が，天皇の外交大権を侵害するものだという批判が起こり，政治問題化したことも押さえておきたい。
▶問3．大日本帝国憲法に関する誤文を選ぶ。ウの判断に迷うだろうが，正解（誤文）は明らかである。
エ．誤文。貴族院と衆議院は対等の関係であった。なお，日本国憲法では

法律案や予算の議決，条約の承認，内閣総理大臣の指名などで衆議院の優越が規定されている。

▶問５．世界の戦争と国際的な平和を目指す動きに関する誤文を選ぶ。

オ．誤文。サンフランシスコ平和条約の締結は1951年9月8日だが，条約が発効して日本が主権（独立）を回復したのは1952年4月28日である。その後，日本は国際連合に加盟を申請したが，ソ連の拒否権行使により阻まれた。1956年10月の日ソ共同宣言調印でソ連が日本の加盟を支持したことを受け，1956年12月に加盟が実現した。

ア．正文。国際連盟創設の提唱国であったアメリカは，孤立主義の共和党が優位な上院の反対によって加盟しなかった。

ウ．正文。1919年に，朝鮮では反日独立運動である三・一独立運動（万歳事件）が，中国では反日・反帝国主義を唱える五・四運動が起こった。

▶問６．日本における反戦・平和の主張に関わる文を年代順に配列する。

②日露開戦に反対する内村鑑三や社会主義者（幸徳秋水や堺利彦ら）の反戦論・非戦論（1903年～）→①石橋湛山のシベリア出兵反対の論説（1918年～）→③柳宗悦（むねよし）の三・一独立運動への理解（1919年）→④ヨーロッパの反ファシズム運動を紹介した『世界文化』の発行（1935年）の順になる。④はファシズムが台頭した1930年代前半が想起できればよい。ちなみに，石橋湛山は早稲田大学卒である。なお，湛山によるシベリア出兵反対の論説は多数あって，出兵の全期間（1918～22年）に及ぶが，一般的な理解に立ってエを正解とした。

▶問７．難問。下線部ｅをふまえ，日本国憲法第24条の条文として正しいものを選ぶ。下線部ｅの「日本での女性の低い地位の理解をふまえて」に留意すれば，まずは「両性の本質的平等」が正しいと判断でき，選択肢はイ・ウ・オに絞られる。ただ，「20世紀における国際的な迫害」から「個人の尊厳」「個人の権利」「個人の自由」のいずれを選ぶかは判断材料を欠く。強いて言えば，「迫害」とは力ある者が弱い立場にある人々を虐げる理不尽な行為であるから，「迫害」をなくすためには「個人の尊厳」を重視すべきだと考えることが可能であろう。

▶問８．難問。史料（日本国憲法の前文）に記されていないものをすべて選ぶ。選択肢の各文と長めの史料を読み比べながら消去していくことになるが，「すべて選べ」とあって難度は高い。

以下の2点は史料に記されていない。

イ．史料の7～8行目に「恒久の平和を念願し，…平和を愛する諸国民の公正と信義に信頼して，われらの安全と生存を保持しようと決意した」とある。したがって，恒久平和実現のためには「諸国民の公正と信義」が重要であって，「自由の確保」には言及していない。

エ．史料の2～3行目に「政府の行為によって再び戦争の惨禍が起ることのないように…，…主権が国民に存することを宣言し」とあることなどから，「政府の役割」よりも国民の役割が「優先して強調されている」と判断したい。

一方，アは史料の12行目に，ウは10～11行目に，オは3行目に記されている。

❖講　評

2023年度も例年通り大問5題構成で，設問数は2022年度から1問増えて43問であった。解答形式は，記述式が10問，マークシート法による選択式が33問で，例年とおおむね同じ割合であった。選択式は語句選択や正文・誤文選択が中心である。その中で，「すべて選べ」という形式の選択問題は，2022年度の4問に対して，2023年度は2問に減少したが，2問とも史・資料の読み解きを前提としたもので難度は高い。また，3つの文の正誤判定問題が5問出題された。形式は異なるが，すべての選択肢の見極めが必要である点では同じである。また，短文を年代順に並べる配列問題も2問出題された。時代別では原始・古代11問，中世5問，近世10問，近現代17問で，近現代が全体の3分の1以上を占めている。例年，大問5題中の過半数で史料が出題されているが，2023年度は5題すべてで史料が出題され，読解力を問う設問が目立った。また，視覚資料としてⅡで絵巻物が2点出題された。全体的に史・資料の読解力と論理的思考力を問う問題が増えた分，例年より難化した。

Ⅰは遣新羅使に関するリード文をもとに，原始～平安時代初期の知識・理解を問う。リード文には使節が詠んだ短歌5首が添えられており，問5はリード文と短歌の読解から正解を導く。その他の問題はいずれも基本レベルで，全体的にはやや易のレベルである。

Ⅱは『法然上人絵伝』と『一遍聖絵（一遍上人絵伝）』の絵画2点と

前者の詞書を用いた史・資料問題で，問５・問６はその読解が要求される問題である。問５の正文選択問題は判断材料となる絵画があまり鮮明でないことに加え，「すべて選べ」という条件のため難度が高い。その他の問題では問４が難問。それら以外はほとんどが基本レベルで，全体的には標準～やや難のレベルである。

Ⅲは江戸時代末期の三閉伊一揆に関するリード文と史料をもとに，江戸時代の政治・社会に関する知識・理解を問う。問２の当山派修験道の本山醍醐寺三宝院がやや難。問７・問９・問10は史料読解力を問われるが，それほど難しいものではない。問４の正誤判定問題の一部に判断に迷うものがあった。問６の藩政改革に関する正文選択は，内容と時期の観点から判断したい。問８も判断に迷う選択肢が並ぶが，正解となる誤文は明白である。全体的には標準～やや難のレベルである。

Ⅳは近現代の女性文学者３人（樋口一葉・林芙美子・茨木のり子）に関するリード文と史料（詩歌２点）をもとに，近代全般および昭和戦後に関わる知識・理解を問うが，史料はアクセント程度の扱いである。問９の正誤判定の文の一部が難問。その他は難問に思えても，他の選択肢の正誤が明らかだったり，リード文中にヒントがあったりなど，実際にはそれほど難しくはない。全体的にはやや難のレベルである。

Ⅴは日本国憲法に関する高校生の会話文に，憲法の前文を引用した問題である。憲法からみた近現代の政治・外交・社会に関する知識・理解とともに，会話文と憲法の前文の読解力に基づいた考察力を問う。安倍晋三による改憲構想や昨今の日本政府・与党の防衛力増強方針，ロシアのプーチン大統領によるウクライナ侵攻などをふまえたと思われる時事的な出題である。問１・問７・問８は，憲法の前文の読み込みで得られた情報からの推論によって正解へと至る難度の高い問題である。その他は一部に難度の高い選択肢があるが，他の正誤は明らかなので，全体的にはやや難～難のレベルである。

世界史

1

解答

問1．(1)— b　(2)— a　(3)— d
問2．(4)— b　(5)— c　(6)— b　(7)— c
問3．(8)— a　(9)— c　(10)— c　(11)— d　(12)— a　(13)— c

◀解　説▶

≪世界史上の人々の移動・移住≫

▶問1．(1)b．誤文。クレタ（ミノア）文明の担い手は民族がはっきりしておらず依然不明である。イオニア人はギリシア人の一派で後にアテネを建設した民族である。また，クレタ文明は青銅器文明である。鉄器は前12 世紀末頃にバルカン半島を南下したドーリア人がギリシア・エーゲ海域にもたらしたとされている。

(2) a が正解。アラム文字がフェニキア文字から派生したものである。

(3) d が正解。ローマ帝国とゲルマン人の居住地の境になっていたのはドナウ川。フン人の圧迫に押された西ゴート人が 376 年にドナウ川を越え，保護を求めてローマ帝国領内に進入した。以後，ゲルマン諸族のローマ帝国領内への大規模な移動が続いていく。

▶問2．(4)a．誤文。アルフレッド大王はデーン人の侵入を撃退したが，イングランドの統一はこれより前の 829 年，ウェセックス王エグバートによってなされた。

c．誤文。ヘースティングズの戦いで，ノルマンディー公ウィリアムはアングロ＝サクソンの支配層を倒して 1066 年にノルマン朝を開いた。デーン朝は 1042 年に崩壊している。

d．誤文。両シチリア（ノルマン＝シチリア）王国の建国は 12 世紀(1130 年）のことである。

(5)a．誤文。テノチティトランはマヤ文明ではなくアステカ文明の都市国家。

b．誤文。アメリカ先住民文明はトウモロコシ栽培を基礎として成立した。

d．誤文。ユカタン半島ではマヤ文明の都市国家が栄えた。アステカ王国はメキシコに建国され繁栄した国家。

⑹正解はｂ。東方植民とは，エルベ川以東のスラヴ人地域へのドイツ人による進出の動きを指す。ａはマジャール人，ｃは西スラヴ系モラヴィア人，ｄはリトアニア人による建国である。

⑺①誤文。アルビジョワ十字軍を提唱したのは，ウルバヌス２世ではなくインノケンティウス３世である。

②正文。

▶問３．⑻ａ．誤文。ゴアを占領し，ポルトガルのアジア貿易の拠点としたのはインド総督アルブケルケである。ヴァスコ＝ダ＝ガマは，インド航路を初めて開いた航海者。

⑼パナマ地峡を横断し太平洋に到達したｃのバルボアのみがスペイン人。ａのアメリゴ＝ヴェスプッチはイタリア人，ｂのカブラルとｄのマゼランはポルトガル人である。

⑽ｃ．誤文。台湾のオランダ勢力は，鄭成功とその一族によって駆逐された。鄭成功一族は台湾を拠点に清朝に対する抵抗運動を行ったが，康熙帝の時に征服された。

⑾ｄ．誤文。イギリスがケープ植民地を獲得したのはナポレオン戦争の時である。つまり19世紀初頭であり，ウィーン議定書で正式にオランダからイギリスに割譲された。

⑿①正文。ポルトガルが交通の要衝マラッカを占領して，商人らに高関税を課すようになると，ムスリム商人らはマラッカを避けてスマトラ島の北から南側を通過し，ジャワ島との間にあるスンダ海峡を通るようになった。このためスマトラ北端のアチェ王国や，ジャワ島のマタラム王国の港市が栄えた。

②正文。スペインは中米のアカプルコとフィリピンのマニラを結び，この航路では中国産の絹・陶磁器やインド産の綿布とアメリカ大陸の銀が交換された。

⒀ａ．誤文。新人が出現するのは約20万年前頃である。

ｂ．誤文。サハラ砂漠の岩塩とニジェール川流域の金の交易（塩金交易）で栄え，ムラービト朝の攻撃を受けて衰退したのはガーナ王国である。

ｄ．誤文。ヨーロッパ商人によってアメリカ大陸・カリブ地域に連行された黒人奴隷は1000万人～2000万人に達するとされている。

2 解答

(1)―c (2)―a (3)―c (4)―a (5)―d (6)―c
(7)―d (8)―d (9)―b (10)―d (11)―a (12)―b

◀解 説▶

≪バルト海地域の歴史≫

▶(1) aのキューバ危機は1962年のこと。bのアメリカ合衆国のソ連承認は1933年のこと。dのアメリカ軍のアフガニスタン攻撃は2001年，同時多発テロ事件の首謀者とされるビン=ラーディンをかくまうターリバーン政権を崩壊させるために攻撃した。

▶(2) a．誤文。イスラエルとPLO（パレスチナ解放機構）が相互承認したパレスチナ暫定自治協定は，オーストリアのウィーンではなくアメリカのワシントンで調印された。交渉は秘密裏にノルウェーのオスロで行われたため，別名オスロ合意とも呼ばれる。

▶(3)①誤文。三十年戦争のきっかけは，ベーメンへのカトリック強制に対する新教徒の反乱であった。

②正文。

▶(4)バルト海・北海交易圏では，b～dのような生活必需品が主に取引された。

▶(5) d．不適。イギリス東インド会社軍がフランスとベンガル諸侯の軍を破ったプラッシーの戦いは，1757年である。北方戦争は1700～21年まで，ロシア・ポーランド・デンマークとスウェーデン間の戦い。

▶(6) cが正解。トルストイはナポレオン戦争を題材に『戦争と平和』を著した。

▶(7)やや難問。aのエカチェリーナ2世のクリミア半島進出は18世紀後半，bの大津事件は1891年，cの青年将校の蜂起とはデカブリストの乱のことであり1825年，dのナロードニキの一派による皇帝爆殺事件は1881年のこと。よってa→c→d→bの順となり，正解はdとなる。それぞれの正確な年代は詳細な内容であるが，関係する皇帝として，a：エカチェリーナ2世，b：アレクサンドル3世の子ニコライ，c：ニコライ1世，d：アレクサンドル2世から正答を導きたい。

▶(8) d．誤文。ウィーン会議において，オスマン帝国はベッサラビアをロシアに割譲した。

▶(9)①正文。

②誤文。エンクルマ指導の下，イギリスからの独立を果たしたのはガーナである。ギニアはセク＝トゥーレ指導の下，フランスから独立した。

▶⑽ d．不適。大ブリテン＝アイルランド連合王国は，1801年，イギリスがアイルランドを併合することで成立した。同君連合とは，別個の国の君主を1人が兼任する国家形態を指す言葉である。

▶⑾ a．誤文。リトアニアをはじめバルト三国は独立国家共同体（CIS）に参加していない。

▶⑿ b．誤文。NATO（北大西洋条約機構）の成立は1949年で，これに対抗して1955年にワルシャワ条約機構が成立した。

3　解答

⑴－b　⑵－d　⑶－d　⑷－b　⑸－※　⑹－b
⑺－b　⑻－d　⑼－b　⑽－d

問1．a　問2．※　問3．a

※⑸・問2については，選択肢の記述に不適切な部分があったため，適切な解答に至らないおそれがあると判断し，受験生全員に得点を与える措置が取られたことが大学から公表されている。

◀解　説▶

≪テュルクの歴史≫

▶⑴ bが正解。aのエフタルは5～6世紀に中央アジアで，cの柔然は5～6世紀にモンゴル高原で活動した騎馬遊牧民。dのスキタイは前6～前3世紀に黒海の北方の草原地帯で活動した騎馬遊牧民である。

▶⑵やや難問。a．誤文。突厥は552年に柔然を滅ぼして建国した。

b．誤文。突厥は内紛と隋の離間策によって東西に分裂した。

c．誤文。西突厥は7世紀半ばに唐に敗れ，他のトルコ系民族の台頭によって滅亡した。

▶⑶ d．誤文。ウイグルはもともと突厥に支配されていたが，744年に自立し，唐で起こった安史の乱鎮圧に援軍を送るなど，強勢を誇った。

▶⑷ aのアイユーブ朝はエジプトに建国した。建国者サラディンはクルド系だが，軍の主力はクルド系とトルコ系のマムルークであった。cのカラハン朝は中央アジアにトルコ人が建てた王朝。dのサーマーン朝は中央アジアにイラン系軍人が建国した。

▶⑹ b．誤文。スレイマン1世は1529年に第1次ウィーン包囲を行い，ヨーロッパに脅威を与えたが，２度目のウィーン包囲が行われるのは1683 年のことである。

▶(7) a のアルバニアは 1912 年独立，b のギリシアは 1830 年独立，c のモンテネグロは 1878 年独立，d のボスニア・ヘルツェゴヴィナは 1992 年独立である。よって，正解は b となる。

▶(8)①誤文。青年トルコ革命で，アブデュルハミト２世はミドハト憲法の復活を承認し，立憲帝政を宣言したが，自らの退位は承諾していない。

②誤文。ミドハト＝パシャが大宰相になり憲法を発布，帝国議会を制定したのは 1876 年。青年トルコ革命の際にはすでに亡くなっている。

▶(9) b が正解。他の３地域はいずれもイギリスの委任統治下に置かれた。

▶(10) d．誤文。スルタン制の廃止は 1922 年，ムスタファ＝ケマルによって宣言された。これによりスルタンが亡命して帝国が滅亡，翌年トルコ共和国が成立した。カリフ制は世俗化政策の中で決定され，1924 年に廃止された。

▶問１．現在サマルカンドがあるのは a のウズベキスタンである。

▶問３． a のセルビアは NATO（北大西洋条約機構）には加盟していない。

4 解答

(1)― c　(2)― c　(3)― b　(4)― c　(5)― d　(6)― b
(7)― c　(8)― d　(9)― b　(10)― c　(11)― c　(12)― d

◀解　説▶

≪唐と周辺民族≫

▶(1) a．誤文。阿倍仲麻呂は玄宗に重用された。

b．誤文。祆教はゾロアスター教の中国名である。

d．誤文。大秦景教流行中国碑は漢字とシリア文字で刻まれている。

▶(2)①誤文。訪印僧の法顕は，その著書『仏国記』の中で，グプタ朝最盛期の王チャンドラグプタ２世のことを超日王と記している。

②正文。

▶(3)「春望」の作者は b の杜甫である。

▶(4) c．誤文。1959 年のチベット反乱で，インドに亡命したのはダライ＝ラマ 14 世である。

▶(5) a．新羅による加耶諸国滅亡は 562 年。b．唐・新羅連合軍が百済を滅ぼしたのは660年。c．唐・新羅連合軍が高句麗を滅ぼしたのは668年。d．百済再興のために出陣して日本水軍が唐・新羅連合軍に大敗した白村江の戦いは663年。よってa→b→d→cとなり，3番目はdとなる。

▶(6) b．不適。広開土王の時代に隆盛したのは高句麗である。

▶(7)渤海の都はcの上京龍泉府。なお，よく似ているdの上京臨潢府は遼（契丹）の都である。

▶(8) a．不適。大運河造営で民衆が疲弊したのは隋の時代。

b．誤文。塩の密売人が起こした唐末の大反乱は黄巣の乱である。

c．誤文。タラス河畔の戦いで唐はアッバース朝の軍勢に敗れた。

▶(9) b．誤文。楽浪郡は313年に高句麗によって滅ぼされた。帯方郡も同時期に韓族によって攻略された。

▶(10) c．誤文。遊牧民に猛安・謀克制を適用したのは女真族の金である。

▶(11)雲州はcの大同付近のことである。ちなみに，燕とは幽州（燕京）つまり現在の北京のことである。

▶(12) d．誤文。ホラズム朝と対立しつつ，パミール高原東西のトルコ人をまとめたのは西遼（カラキタイ）。

❖講　評

1　世界史上の人々の移動・移住をテーマとして古代から近世までの世界史が問われた。難問は見られないが，(4)・(8)・(11)・(13)などは正確な知識・理解を求められており，このあたりで差がつくのではないかと思われる。

2　バルト海地域の歴史についてのリード文から，近世から現代の欧米史が問われた。戦後史からの出題が多いが，いずれも冷静に取り組めば正解できる問題である。(10)は歴史用語の正確な理解を問う良問。

3　古代から現代に至るテュルクの歴史を概観し，紀元前の世界から現代までを幅広く問うている。いずれの設問も詳細な内容を問うものとなっており，2023年度の大問の中で最も難度が高い。

4　唐と周辺民族の歴史がテーマの大問。オーソドックスなテーマではあるが，設問の難度は高めである。(4)・(9)・(12)は教科書レベルでは対応できない問題。2023年度の大問の中で最も点差のつく大問であったと思われる。

解答形式は，記述式がなく，全問マークシート法であった。また，2021年度に出題された「すべて選べ」という形式の問題は，2022年度に引き続き2023年度もなかった。正誤判定問題は2022年度5問に対し2023年度は6問。全体を通じての難易度は2022年度並みで，教科書レベルを超える詳細な知識もいくつか問われた。

これまでの傾向通り，現代史からの出題が多い点が特徴的である。対策としては現代史部分，つまり最後まで教科書をしっかり精読することに加え，図説などの現代史部分もしっかりまとめて学習することである。また，問われる内容は教科書レベルを超えるものが散見される。日頃の学習から用語集を用い，その説明文章に目を通すこと，そして図説の写真や図版とその説明文もしっかり読むこと，これらが大切になってくる。

地理

Ⅰ　解答

問1．a－ハ　b－イ　c－ニ　d－ロ　e－ハ
問2．リチウム　問3．デトロイト
問4．アオコ（赤潮も可）　問5．ニ　問6．汽水　問7．シジミ
問8．ハ

◀解　説▶

≪世界や日本の湖沼≫

▶問1．a．紅海（アカバ湾）から続く地溝に形成された死海を境に，西側のイスラエル，パレスチナ自治区と東側のヨルダンが接する。

b．ウユニ塩湖は，ナスカプレートの沈み込みによって，アンデス山脈の隆起とともに上昇した海水に起源を持つ。

c．氷期の北アメリカは，現在の五大湖付近までをローレンタイド氷床に覆われ，ロッキー山脈周辺にはコルディレラ氷床も存在した。

d．火山活動に伴って陥没したくぼ地をカルデラという。火口（マグマの噴出口）やマール（水蒸気爆発によって生じたくぼ地）は，「陥没したくぼ地」に当たらない。

e．桧原湖は，「磐梯山」が形成した堰止湖であることから，福島県と判断する。

▶問2．「ノーベル化学賞」「充電式電池」などから，スマートフォンやパソコンなどでの利用が拡大したリチウムイオン電池を思い出したい。

▶問3．デトロイトは，ヒューロン湖，エリー湖と結ばれたセントクレア湖岸の自動車産業都市である。2013 年には税収不足により財政破綻に陥った。

▶問4．一般に，富栄養化が進行した海域で，微細藻類（植物プランクトン）が異常に増殖した状態を赤潮，それが湖沼で発生する現象をアオコと呼んでいる。

▶問5．流れ山とは，火山体の崩落により，大量の土砂が山麓に堆積した丘陵状の地形をいう。ただし本問は，消去法での判断も容易である。カールは氷河の侵食によって，砂州は海岸の波の働きによって，環礁はサンゴ

礁によって，それぞれ形成される地形であり，山体崩壊とは関係がない。

▶問6．淡水と海水とが混合する水域を，汽水域と呼ぶ。川から流れ込む淡水量は季節によって変化するほか，海水量も干満の影響を受けるため，汽水域には塩分濃度の変化に適応できる独特の生物が生息している。

▶問7．2019 年の内水面漁業の漁獲量は，北海道，島根県，青森県が上位を占めており，いずれも汽水域に生息するシジミ（ヤマトシジミ）が主要な漁獲物となっている。

▶問8．八郎潟では，第二次世界大戦後の食料不足を解消するために，オランダの技術協力を得て 1957（昭和 32）～1977（昭和 52）年に干拓事業が推進された。干拓地には大潟村が成立するとともに，かつての湖底は大規模な農地に転換された。

Ⅱ 解答

問1．1．便宜置籍船 2．ハブ 3．ロッテルダム 4．ニューオーリンズ

問2．a―ハ b―ハ c―イ d―ニ e―ハ f―ニ

問3．ハ 問4．ロ

◀解 説▶

≪船舶の貨物輸送≫

▶問1．1．パナマやリベリアでは，船主が納める便宜置籍船の登録税などが重要な外貨の獲得源となっている。

2．各国・地域からの航空路線を一点に集中させる輸送方式を，自転車の車輪に見立ててハブ・アンド・スポークと呼ぶ。海上輸送でもハブに当たる港湾は，貨物が集まる国際物流の拠点になっている。

3．ユーロポートは，EEC（ヨーロッパ経済共同体）時代の 1960 年代に，ライン川（問2．b）河口に位置するロッテルダムに造成された。ライン川は，主要加盟国のフランスとドイツ（西ドイツ）の国境を経て，オランダから北海に注ぐ国際河川で，海上交通との接点に当たるロッテルダムは物流拠点に適していた。

4．ニューオーリンズは，1718 年にフランスが建設した新オルレアン（オルレアンはフランス中部の都市）を起源とする。

▶問2．a．イランとオマーンに挟まれたホルムズ海峡は，ペルシア湾岸で原油を積み込むすべての油送船（タンカー）が通過する。なお，ジブラ

ルタル海峡は大西洋と地中海を結ぶ海峡，ボスポラス海峡は黒海と地中海につながるマルマラ海を結ぶ海峡，ロンボク海峡はインドネシアのバリ島とロンボク島の間の海峡である。

c．エルベ川はチェコからドイツ北部に流れる国際河川で，河口にエスチュアリー（三角江）がみられ，その近隣には国際貿易港のハンブルクが立地する。

d．モンバサは，ケニア南部の港湾都市である。なお，ケープタウンとダーバンは南アフリカの港湾都市，モガディシュはソマリアの港湾都市かつ首都である。

e．北アメリカ最大のミシシッピ川は，穀物などの重要な輸送路であり，支流ミズーリ川との合流点にはセントルイスが所在する。

f．ロサンゼルスは，太平洋岸で最大の後背地（ヒンターランド）をかかえ，中国や日本などアジア諸国との貿易拠点でもあるため，コンテナ取扱量がアメリカ合衆国で最も多くなっている。

▶問3．ばら積み貨物船とは，穀物や石炭，鉄鉱石などの鉱物を梱包せずに運搬する専用船のことである。なお，Bは油送船，Cはコンテナ船，Dは一般貨物船を指している。

▶問4．コンテナ取扱量の増加率が高く，2020年の順位が第1位のAは，経済発展に伴って生産や消費が増大した中国でも最大の商工業都市・上海である。第2位のBは，インド洋と太平洋を往来する船舶が集まり，東南アジアを代表するハブ港を有するシンガポールである。また，Cは深圳，Dは釜山が該当する。かつて先進国と中国を中継した香港は，中国の他港が成長したあおりを受けて，コンテナ取扱量が減少傾向を示すEである。

問1．①バノーニ　②カルタゴ

問2．1．タラント　2．チュニス　3．ベイルート

問3．第3のイタリア〔サードイタリー〕

問4．q－ロ　r－ハ　s－ハ　問5．ハ

問6．(u)－イ　(v)－ニ　問7．ロ

◀解　説▶

≪地中海に面した都市と国≫

▶問1．①文章1は，「国の大きな社会問題である経済の南北格差」から，

イタリアの都市について述べていると判断できる。イタリアでは，1950 年代に当時の財務大臣が主導してバノーニ計画が策定され，高速道路（アウトストラーダ・デル・ソーレ）の南部への延伸をはじめとするインフラ整備や産業振興が図られた。

②難問。文章 2 は，「『アラブの春』と呼ばれる一連の民主化運動の先駆け」から，チュニジアの都市を対象にしていると判断する。カルタゴは，フェニキア人（地中海東岸地域の海洋民族）が建設した植民市に由来する古代都市で，古代ローマと地中海の覇権を争った。

▶問 2．1．「商業港・漁港に加えて軍港」としても知られ，「鉄鋼コンビナート」が建設されたイタリア南部の港湾都市は，タラントである。

2．チュニジアの「首都」は，チュニスである。

3．難問。文章 3 は，「東地中海」「1975 年から約 15 年間続いた内戦」などから，レバノンの都市を対象としている。レバノンの「首都」であり，「2020 年 8 月に…化学物質が大きな爆発事故」を起こした都市は，ベイルートである。

▶問 3．イタリア中部のフィレンツェ，ボローニャ，ヴェネツィアなどには職人技術を継承した中小企業が集積しており，水平的な分業体制を活用しながら，高級家具や皮革製品などが生産されてきた。技術力の高いモノづくりを得意とする一帯を，北部・南部に対抗する産業地域として，「第 3 のイタリア」と呼ぶ。

▶問 4．q．2011 年にチュニジアで起こり，長期独裁政権の崩壊を招いた民主化運動を，「ジャスミン革命」と呼ぶ。カーネーション革命は，1974 年にポルトガルで発生した軍事クーデタを指す。また，ジョージアでは 2003 年に反政府デモを経て親欧米政権が成立し（バラ革命），ウクライナでは 2004 年に大統領選挙の不正を訴える抗議運動が激化した（オレンジ革命）。

r．難問。杉は，国章のほか，レバノン国旗にも描かれている。レバノン杉は，かつてヨーロッパから中東の地中海沿岸に広く自生していたが，用材として伐採が進み，現在の分布はレバノン付近に限られる。

s．難問。文章 5 は，「国土全体は標高 800〜1,200 m 前後の高原が卓越」することや，2022 年 2 月より交戦状態にあるロシアとウクライナの「外相同士が会談」を行ったことから，トルコの都市に関するものと考える

(都市名はアンタルヤ)。ロシア，ウクライナと黒海を挟んで向かい合うトルコは，両国に対し中立的な立場をとってきた。トロス山脈は，トルコ南部を横断する山脈である。

▶問5．文章4は，「面積315 km^2，人口約44万人という小国」から，イタリア・シチリア島の南方に浮かぶ島国マルタの都市に関する文と考える(都市名はバレッタ)。

▶問6．マルタは1814年のウィーン会議でイギリス領となったので，(u)国の首都は西岸海洋性気候区に位置するロンドンである。また，問4のsで述べた通り，(v)国はトルコとなるので，首都は地中海性気候区に位置するアンカラである。次に雨温表からイ～ホの気候区を判別する。まず無樹林気候には，年降水量（29.7 mm）が乾燥限界値（20×22.3°C＝446）を大きく下回る砂漠気候区のハが該当する。なお，最暖月が10°Cを下回る寒帯は，イ～ホに含まれていない。続いて最寒月平均気温に注意すると，ホは熱帯，他は温帯に位置することがわかる。温帯のイ・ロ・ニのうち，各月とも湿潤なイがロンドンに該当する。ロ・ニは，ともに夏季に乾燥する地中海性気候区に位置するが，気温の年較差が小さいロに対し，ニは冬季の気温が低く，年降水量も比較的少ない。アンカラが内陸の高原に位置することを考慮して，ニを選ぶ。

▶問7．トルコは，1952年にギリシャと同時にNATO（北大西洋条約機構）に加盟している。一方，EU（ヨーロッパ連合）への加盟は，EC（ヨーロッパ共同体）時代の1987年に申請が行われ，2005年から加盟交渉も開始されたが，トルコがかかえる人権問題やキプロス問題のために，実現していない(2022年末現在)。

解答

問1．A．熱帯収束〔赤道低圧〕　B．ハリケーン
C．プランテーション　D．エコツーリズム

問2．a－イ　b－ロ　c－イ　d－ロ　e－イ　f－イ　g－イ　h－ハ

問3．ハ

◀解　説▶

≪中部アメリカの地域的特色≫

▶問1．A．地球を取り巻く気圧帯には，上昇気流が卓越する熱帯収束帯

（赤道低圧帯），亜寒帯低圧帯（高緯度低圧帯）と，下降気流が卓越する亜熱帯高圧帯（中緯度高圧帯），極高圧帯（極高圧部）の4種類が存在する。低緯度に雨季をもたらす気圧帯には，熱帯収束帯が該当する。

B．風速が約33m／秒に達し，カリブ海周辺地域から北アメリカに襲来する強い熱帯低気圧をハリケーンと呼び，しばしば「大きな被害」がもたらされる。

C．大航海時代以降，宗主国が植民地に資本や技術を投下し，特定の商品作物を輸出向けに大量生産するプランテーションが拡大した。

D．エコツーリズムとは，地域固有の自然環境，歴史・文化の体験や学習を主眼とする観光をいう。

▶問2．a．カリブ海プレートは，西方からココスプレートが沈み込むほか，北～東側で北アメリカプレート，東～南側で南アメリカプレートと接している。大西洋最深の海溝はプエルトリコ島の北側に位置するので，本問では北アメリカプレートを選ぶ。

b．イスパニョーラ島の西半部を占め，ドミニカ共和国と接するハイチは，最貧国の1つである。

c．亜熱帯高圧帯から熱帯収束帯に向かって吹く貿易風は，自転の影響を受けて北半球では北東風，南半球では南東風となる。

d．サトウキビは，17世紀にブラジルや西インド諸島に移植され，イギリスなどでのコーヒーや紅茶の消費拡大を背景に，生産量が増大した。こうして西インド諸島・アメリカ大陸からヨーロッパに砂糖やタバコ，ヨーロッパからアフリカ大陸に武器など，アフリカ大陸から西インド諸島・アメリカ大陸に奴隷を輸出する三角貿易が発展した。

e・f．1889年にワシントンでパン＝アメリカ会議が開催され，南北アメリカ諸国の政治的・経済的な関係強化が目指された。中南アメリカに対するアメリカ合衆国の指導的立場が強まるとともに，近隣のカリブ海地域には，アメリカ合衆国からの投資や観光客が増加した。

g．やや難。メキシコの「観光開発のモデル」となるような著名なリゾート地には，アカプルコとカンクンが該当するが，太平洋側のアカプルコに対し，カンクンはカリブ海に面している。なお，プエルトバヤルタも太平洋側に位置するメキシコの観光・保養地，プンタレナスは南極ツアーの発着地となるチリ南部の港湾都市である。

h．ヘリテージとは，「遺産，継承物，伝承」を意味する語である。

▶問３．イ．正文。特定の農作物に依存すると，病害虫などの発生によりその農産物が出荷できない場合，収入を得られなくなる。

ロ．正文。特定の農作物に依存すると，その国際価格が下落した場合，得られる外貨が目立って減少することになる。

ハ．誤文。一般に，小麦のように，多くの地力を必要とする農作物を栽培する際には，輪作がしばしば導入されてきた。一方，モノカルチャー経済下のプランテーション農園で単一作物の栽培が継続されてきた実情を踏まえると，主に「連作障害のリスクが高い農作物」が栽培されてきたとは考えにくい。

ニ．正文。商品作物の輸出により外貨を獲得することが優先されたため，国内の消費者に向けた食料生産が伸び悩み，輸入や援助に頼ることも珍しくなかった。

❖講　評

大問が４題，解答個数が50個という出題量や，リード文が用いられ選択法と記述法からなる設問形式は，例年を踏襲している。主に地名や用語が問われたが，世界史の知識が必要な問題や判別に悩む問題もみられ，2022年度よりもやや難化した。

Ⅰ　問１のｅは，「磐梯山」から判断したい。問２のリチウムは難しいが，問題文から「リチウムイオン電池」を想起できれば解答できる。問４のアオコや問７のシジミについては，小・中学校の理科や社会で学習した事項を思い出す必要がある。

Ⅱ　おおむね標準的な出題内容であったが，問１のロッテルダム，問２のモンバサや問３で，点差がつきそうである。

Ⅲ　文章１がイタリアのタラントを指すことは容易であるが，文章２・３・５については時事的な話題に明るいかどうかがカギになる。さらに，文章４で取り上げられたマルタも，受験生にはなじみが薄い。問１のカルタゴ，問２のベイルート，問４の杉やトロス山脈は難しく，問６ではイ～ホに該当する都市が不明であるため，ロとニの判別が難しい。

Ⅳ　多くの問題が，標準レベルの知識で対応できるが，問２のアカプルコはやや難しい。また，ｂでハイチ，ｈでヘリテージを選ぶためには時事問題への関心が必要である。さらに e については，世界史の学習事項も活用できるとよい。

総合問題

◀教育学科▶

解答例

問一　人類は知識によって意識をより高い水準に引き上げてきた。教育によって知識を得ることは、健康を向上させ寿命を延ばし、富を得る基礎となるため、教育に力を入れた国は豊かになる。また、教育に力を入れるほど民主的で平和な国になる。こうした恩恵から教育の拡大は人類の進歩のなかで最も大切になる。教育の拡大の現状としては、様々な教育の格差は世界的に縮小傾向にあるので、まもなく教育の恩恵はほぼ世界中に広がりそうである。（二〇〇字以内）

問二　①ピンカーにとって、現代の生活は、ほぼあらゆる点において以前にやってきたものより優れている。そしてここで彼は、現に手の込んだ統計を作成し、それは、毎日どの点でも、すなわち、健康、安全、教育、快適さ、その他の考慮に値するほとんどの変数によっても、あらゆることが実際にどれほどどんどんよくなりつつあるかを示すと主張している。

②「西洋文明」は本当に皆の生活をよりよくしたのか。これは結局、人間の幸福をどのように測定するかという問題になるのだが、それは周知のように難しいことである。ある生き方が本当により満足のいくものか、充実しているものか、幸せなものか、あるいは、そうでなければ、他の生き方よりも好ましいものかどうかを決定するために、これまでに誰かが発見してきたほとんど唯一の信頼できる方法は、人々に両方の生き方を十分に経験させ、選択の自由を与え、その後、実際に人々がどうするかを観察することである。

問三　(一)図5によれば、中学校では九一年から十年間不登校生徒の割合が増え続けているが、図5だけではその要因はわからない。図6を見ると、七六年から九七年まで中学校での学校ぎらい出現率が増加し続け、八六年以降でその傾向が顕著になっている。しかも、それと軌を一にして長期欠席生徒出現率も増え続けている。これらから、九〇年代に中学校の不

登校生徒の割合が増加し続けた要因の一つを学校ぎらいの生徒の増加として特定できる。（二〇〇字以内）

（二）資料②が指摘するように、西洋文明的な現代の生活が以前のものよりも望ましいか否かは簡単に結論づけられない。それにもかかわらず、資料①の著者ピンカーは、そうした生活を絶対視している。これは、西洋文明以外の多様な文化を軽視しているという点で問題である。さらに、ピンカーは、西洋文明をもたらす教育制度は善であり教育の拡大が恩恵をもたらすと信じきっている。しかし、資料③は、教育の拡大の中で学校制度に苦しめられている子どもが増加し、不登校という問題が発生している現実を示している。これは、教育の拡大が恩恵ばかりをもたらすとは限らないことの証左である。以上から、不登校などの教育事象を研究する際は、教育の拡大が問題をもたらすこともあるという認識を持ちながら、教育の目指す生き方や教育制度そのものを問い直すべきという示唆が得られる。生き方は一つではないことを念頭に置き、別の教育のあり方を模索するべきである。（四〇〇字以内）

◀解　説▶

≪不登校などを研究する際の留意点≫

▶問一　資料①の主旨を二〇〇字以内で要約する問題である。資料①のポイントは以下の通りである。

第一～三段落

【知識を得ることの意義】

・人類はあらゆる場所で知識を獲得し、知識を蓄積し共有してきた。

・知識は人間であることの意味を絶えず考え直させ、知ることで、わたしたちはもっと外へと目を開くことができ、意識をより高い水準に引き上げることができる。

第四～十二段落

【教育のもたらす影響】

・教育のもたらす明らかな影響は、健康の向上、寿命を延ばすことであり、現代では、読み書きや計算の能力は富を得るための基礎である。

・実際、教育に力を入れた国は豊かになることが示唆されている。

・精神的な領域でも、教育に力を入れるほど民主的で平和な国になるというすばらしい恩恵がある。

第十三〜二十六段落

【教育の拡大の現状】

・教育の拡大は人類の進歩のなかで最も大切になってくる。

・教育の恩恵はほぼ世界中に広がりそうである。

（その理由）読み書きのできる子ども，基礎教育を受ける子ども，高等教育を受ける人が世界中で増加し，教育の格差が縮小している。

・その他の点でも教育の格差は縮小傾向にある。

（例）女性を学校に行かせないという究極の性差別も減少している。

以上の内容をまとめることになる。

必須となるのは，【知識を得ることの意義】と【教育のもたらす影響】についてまとめることと，教育の拡大の重要性と教育の恩恵がほぼ世界中に広がりそうであるという現状の指摘である。【教育のもたらす影響】は，かなり具体的に説明されているため，どの程度要約に盛り込むか迷うが，二〇〇字とかなり短い字数であるため，「健康の向上」「寿命を延ばす」「富を得るための基礎」と「豊かになる」こと，「民主的で平和な国になる」といった点に絞ろう。また，第十三段落以降は図1〜4の解説となっているが，これらも一つ一つ取り上げていては字数が足りなくなる。様々な教育の格差は世界的に縮小傾向にあると要約し，その上で，この事実が「まもなく教育の恩恵はほぼ世界中に広がりそうである」という主張を裏付けているというようにまとめると，字数内に収まるだろう。

▶問二　資料①に関連して人類学者と考古学者がコメントしている資料②の下線①・②を日本語に訳す問題である。設問で示されているように，資料②は資料①への論評である。そこで，資料①の著者ピンカーの「教育に力を入れることで国は豊かになり民主的で平和な国になる。まもなく教育の恩恵はほぼ世界中に広がる」という主張に対して資料②がどのように応答しているのかという観点から読み進めると，内容を理解しやすい。

下線①の文意をくみ取るためには，次の点を押さえておくとよい。すなわち，資料①の図1〜4のグラフが教育格差の縮小を示す統計であり，ピンカーにとっては，それらのデータが「まもなく教育の恩恵はほぼ世界中に広がる」という主張の裏付けになっていることである。「教育の恩恵」の具体的な中身は，資料①の第四〜十二段落に書かれている。こうした点をふまえれば，下線①の elaborate statistics 以下の意味を取りやすいだろう。

また下線②に関しては、下線②のすぐ後の文の(a) the violent chaos and abject poverty of the 'tribal' stage in human development と(b) the relative security and prosperity of Western civilization という対比に着目しよう。この対比が読みとれれば、下線②の趣旨が資料①でピンカーが正しいものとして前提としている 'Western civilization' に対して疑問を投げかけるところにあるとわかる。こうした点に注意して和訳しよう。

▶問三 （一）図5のデータだけではなく、図6のデータもあわせて参照することではじめて得られる知見を述べることが求められている。まず図5のデータは、小学校と中学校の不登校児童生徒の割合を示している。このデータからは、不登校児童生徒の割合（小・中合計）が途中平成十三年（二〇〇一年）から平成二十四年（二〇一二年）まで微減もしくは横ばいの時期はあるものの、平成三年（一九九一年）から令和二年（二〇二〇年）までの約三十年間増加傾向にあること、平成二十九年以降増加のペースが速まっていること、中学校生徒のほうがより不登校生徒の割合が高いことが読みとれる。また、中学校では、平成三年（一九九一年）から平成十三年（二〇〇一年）までの十年間と平成二十五年（二〇一三年）から令和二年（二〇二〇年）までの八年間で、不登校生徒の割合が増加している。次に図6のデータに着目すると、図5にはなかった一九九一年以前の中学校の長期欠席生徒出現率と、一九六六年以降の学校ぎらい出現率の動きがわかる。このデータからわかるのは、「中学校の長期欠席生徒出現率は一九五二年時点では約三・五%とかなり高かったが一九七二年までは減少を続け、その後一九七九年以降に増加に転じ、一九八六年から一九九七年にかけて増え方が激しくなっていること」と、「学校ぎらい出現率は一九六六年から一九七六年まではほぼ横ばいだが、一九七六年頃から増加傾向に転じ、一九八六年から一九九七年にかけてその傾向に拍車がかかっていること」である。これらを勘案すると、「長期欠席生徒出現率と学校ぎらい出現率は、ほぼ同じペースで増加していることから、少なくとも一九七九年から一九九七年にかけて長期欠席生徒出現率を増加させている要因の一つは学校ぎらいの生徒の増加である」と結論できる。図5で確認したように、不登校の児童生徒の割合は小学校よりも中学校のほうが多く、中学生の不登校の割合は一九九〇年代にかけて増加し続けていた。図6から引き出した上の結論は、この事実に対して一定の説明を与える。すなわち、中学校で不登校の生徒が増えている要因の一つは中学生の学校ぎらいである、と。以上を指定の字数内にまとめればよい。

(二)　資料②の指摘をふまえ、資料①の主張の抱える問題点を挙げた上で、資料①～③をあわせて読むことで得られる、不登校などの教育事象を研究する上での示唆を述べる問題である。資料②で行っている指摘とは、「ピンカーは、西洋文明により現代の生活はほぼあらゆる点で以前より優れているという立場に立つが、ある生き方が他の生き方よりも本当に望ましいのかを判断するには両方を十分に経験させるしかなく、実証的なデータはピンカーの結論が間違っていることを示唆している」というものである。この指摘をふまえると、問一でまとめた資料①の「教育に力を入れることで国は豊かになり民主的で平和な国になる。まもなく教育の恩恵はほぼ世界中に広がる」というピンカーの主張は、西洋文明をもたらす教育制度を善であると信じて疑わないものであり、現在の教育制度にどうしてもなじめない子どもたちや、他の多様な地域、時代の文化に根差した生き方の存在が無視されているという問題があることがわかる。これが資料①の主張の抱える問題点と言えるだろう。これらの内容をふまえて、資料③の長期欠席生徒の出現率のデータに着目すると、(一)で見たように、日本の中学校では、一九七九年頃から長期欠席生徒が学校ぎらいを理由に増加に転じており、ピンカーの「教育に力を入れることで国は豊かになり民主的で平和な国になる」といういいことずくめのような主張が必ずしも正しくないとわかる。これらの読み取り結果から、不登校などの教育事象を研究する上での示唆を導き出すとすれば、ポイントとなるのは、「現代的な価値観に沿った生き方やその生き方を約束する教育制度」を優れたものと見なす見方に疑問を抱くこと、教育の拡大がかえって問題をもたらしているという認識の重要性であろう。

〔解答例〕では、以上の内容をまとめている。論述問題ではあるが複数の資料の読み取り結果から導き出される結果をまとめることが求められるため、解答の幅はそれほど広くはない。設問でどのように論考を行い、結論を導き出せばよいかが指示されているので、それに沿って必要な情報を整理し、論理的に結論が導き出せるようにしよう。

❖講　評

C方式として初めての出題となる二〇二三年度の総合問題は、教育の意義と現状についての肯定的かつ楽観的な主張をまず読み取り、その主張に懐疑的なコメントをする英文の和訳、さらに不登校の児童生徒についてのグラフを読み取り、最終的にすべての資料を総合することで得られる「不登校などの教育事象を研究する上での示唆」を述べるという重層的な問題であった。事前に提示されていたサンプル問題も、複数の立場・主張の比較、複数資料の相互の関係性の読みとりを課してはいたが、二〇二三年度の出題は資料の多彩さで群を抜いた内容であった。

ただし、八〇〇字や一二〇〇字の論述を求め総解答字数が多めであったサンプル問題に対し、二〇二三年度は、要約、読解問題が各二〇〇字、論述問題も四〇〇字以内と解答字数はコンパクトなものとなっていた。さらに、資料を組み合わせての分析などが求められているものの、どのような論考が求められるかは設問ではっきりと示されているため、解答の自由度はそれほど高くなく、発想力よりも課せられたタスクを素早く正確にこなす力が問われる問題と言える。長文を素早く精確に読み解く力と、複数の資料を設問の指示通りに論理的につなぎ、組み合わせて分析できる思考力とがしっかりと身についていれば、時間内に解くことは十分可能であろう。

◀社　会　科▶

I　解答　問1．B

問2．ロヒンギャ難民流出の構造的な根底にあり問題を長期化させている「素因」の一つとして，宗教問題が挙げられる。仏教徒が多くを占めるミャンマーにおいて，イスラム教徒であるロヒンギャは少数民族であった。ロヒンギャの住んでいたラカイン州では仏教徒が帰還に反対しており，2012年には仏教徒との衝突で10万人以上のロヒンギャが国内避難民となっている。もう一つの「素因」としてミャンマー政府に対するロヒンギャの不信感が挙げられる。ミャンマー政府は国内居住歴が確認できた難民には国籍申請資格のある身分証を渡すと主張しているが，ロヒンギャ難民の中にはこの約束を信用できない者もいる。ロヒンギャ難民流出の直接の原因である「要因」として考えられるのは，2017年8月のロヒンギャ武装組織アラカン・ロヒンギャ救済軍（ARSA）による警察襲撃事件である。これに対し政府軍や警察が掃討作戦を実施し，多数のロヒンギャが殺害され，家を焼かれた後，約70万人が難民となって同じイスラム教徒が多く住むバングラデシュに流出したとされる。(350字以上450字以内)

◀解　説▶

≪難民問題≫

▶問1．B．正文。1979年のソ連の軍事侵攻をきっかけとしてアフガニスタンは内戦状態となり，大量の難民がイランやパキスタンに流出した。

A．誤文。aはシリアだが，2003年にフセイン政権が崩壊したことで多数の難民が発生したのはイラクである。

C．誤文。cはブータンである。

D．誤文。dはミャンマーだが，民主化を求めるクメール，マレー系住民が政府の迫害を逃れタイで難民生活を続けているのはカンボジアである。

▶問2．資料①と資料②の内容を踏まえ，ロヒンギャ難民の流出の「素因」と「要因」を具体的に説明する内容説明問題。まず資料①から素因と要因に関する一般的説明を抽出し，次に資料②を参考にしてロヒンギャ難民問題における素因と要因を具体的に挙げる必要がある。なお，資料②の読み取りだけではロヒンギャ難民問題の素因と要因を正確に述べることはできず，ロヒンギャ難民問題に関する背景知識も求められている。

資料①では，「多面的で，多層的」な難民流出に至る過程を説明するために，難民流出の原因を「素因」（根本原因）と「要因」（発生要因）に区別している。「素因」とは，難民流出の「構造的に根底」にあり「危機を早め，時には永続化させる」ものの，「常に難民流出につながるわけでは」ない原因であり，具体例として「欠乏，貧困，地域や国内統治の欠如や能力不足，緊急事態への対処不能，高度の不平等，人権侵害，基本的サービスの不足」，「頻発する政治紛争，権威主義体制の国でのあらゆる抑圧形態，慢性的に貧弱な統治」などが挙げられている。「要因」とは，「移動を助長する要因（引き金）」すなわち難民流出の「直接の原因」であり，具体例として「テロ行為の続発，戦争，革命の勃発，大量虐殺」，「旱魃と飢餓」などが挙げられている。

資料②では，最終段落の「仏教徒らが帰還に反対」という記述から，ロヒンギャ難民の「素因」の一つに宗教問題があると推論できる。ミャンマーは仏教徒が多数を占める国で，ロヒンギャはイスラム教を信仰する少数民族である。1982 年の国籍法施行の際にはロヒンギャを国籍法の適用外としたため，ロヒンギャは無国籍となった。また宗教対立に加えて，資料②のタイトルや第 8 段落で言及されている，ロヒンギャのミャンマー政府に対する不信感も難民問題を長期化させる「素因」として挙げられる。一方，ロヒンギャ難民問題の「要因」となったのは，第 5 段落の「2017 年 8 月のロヒンギャ武装組織アラカン・ロヒンギャ救済軍（ARSA）による警察襲撃事件」である。これに対して政府軍や警察が掃討作戦を実施し，多数のロヒンギャ難民がイスラム教徒の多いバングラデシュに流出したことが述べられており，ロヒンギャ難民発生の直接的原因とみなすことができる。

Ⅱ 解答

問 1．田野氏はナチズムへの肯定的評価を暴論と批判し，多様な見方の中にも妥当性の高いものと低いものがあると主張する。宮台氏はテルアビブ事件やウクライナ戦争を例に，素朴な勧善懲悪では複雑な社会を語ることができず，見え方の多元性を引き受ける必要があると主張する。（75 字以上 125 字以内）

問2．〔解答例〕両氏の見解に違いをもたらしている要因について，いくつかの解釈が考えられるものの，世の中に普遍的価値があることを認めるかどうかが両者の見解の相違の要因であると私は考える。田野氏は，普遍的価値が存在し，多様な言説の妥当性はその価値を基準に決定されるものであり，言説の人気によって左右されるものではないと考えている。ナチスの政策で肯定できることはないと田野氏は断言し，ナチズムを再評価する言説も逆張りと呼んで批判する。それに対して宮台氏は，普遍的価値の存在に懐疑的であり，複雑な社会の見え方は視座の置き方によって変化するという見え方の多元性を引き受けて善悪判断を行わなければならないと考えている。宮台氏はその例として，テルアビブ事件を日本の世論は批判したのに対して，パレスチナ人らは喝采したことを挙げている。(300字以上400字以内)

◀解　説▶

≪見方の多様性について≫

▶問1．見方の多様性について，資料①の田野氏と資料②の宮台氏の見解の違いを説明する内容説明問題。田野氏の見解は，資料①の最終段落における「様々な見方すべてに，等しく価値があるわけじゃない。妥当性の高いものと低いものが存在しています」という記述に示されている。同様に宮台氏の見解は，資料②の「『ここではないどこか』など現実には存在しない」から始まる段落の「視座の置き場所で世界の見え方は変わる。見え方の多元性を引き受けた上で何を善とするか。素朴な勧善懲悪では複雑な社会を語れない」という記述に示されている。

▶問2．田野氏と宮台氏の見解の違いをもたらす要因について自分の考えを述べる意見論述問題。問1で田野氏と宮台氏の見解の違いについて説明したことを踏まえて，その要因を考える必要がある。両氏ともに，見方の多様性そのものを否定しているわけではない。ただ，田野氏は多様な見方によって相対化することができない，絶対的かつ普遍的な価値があると考えている。例えば，第二次世界大戦時に，ナチスが行ったユダヤ人虐殺（ホロコースト）のような行為が許されてはならず，それを肯定する言説も認められないと田野氏は述べる。それに対して宮台氏は，テルアビブ事件が日本では非難されパレスチナ人には称賛されることを例として挙げ，どの立場にも妥当する普遍的な価値の存在に懐疑的な姿勢を示す。宮台氏によれば，世界の見え方は視座の置き方によって変わるものであり，この見え方の多元性を前提に，善悪を判断する必要がある。やや文字数に余裕があるため，田野氏，宮台氏が挙げた具体例にも言及しつつ，両者の見解の相違の原因を丁寧に説明すべきだろう。

なお，意見論述問題一般に当てはまることだが，本問が見方の多様性／見え方の多元性に関する問題であることから，自身の考えが唯一の正解ではなく，別様の考えもあり得ることを意識した文体や文末表現を特に心がけたい。

❖講　評

Ⅰ　難民問題に関連して，問１は，アジア地域で発生した難民の現状について問う問題である。難民発生の原因となった地域紛争についての知識を持っていれば，解答は容易である。問２は，難民の発生について素因と要因があるという資料①と，ロヒンギャ難民の問題を具体的に説明する資料②を踏まえて，ロヒンギャが難民として流出した素因と要因をまとめさせる問題である。資料②の内容を資料①に当てはめて分析させるという出題で，資料②から素因や要因を読み取らなければならない。ロヒンギャ問題に関する知識を持っていた方が解答しやすかっただろうが，必ずしも知識を前提とした問題ではない。字数には余裕があると思われるので，資料②をしっかり読み取ることが必要である。

Ⅱ　ナチズムを再評価する議論を断固認めないとする資料①と，テルアビブ事件などの左翼運動を例に挙げながら，社会で起きている様々な現象には常に相対的な見え方があるとする資料②を踏まえて，問１は，見方の多様性について，資料①と資料②の見解の違いをまとめる問題が出題された。資料①と資料②は，必ずしも同じ社会問題を論じているわけではないので，両資料の相違点がそれぞれの資料において明確になっているわけではない。したがって，両資料の内容を掘り下げて相違点を探っていく作業が必要になる。字数が厳しいので，コンパクトにまとめる必要がある。問２は，両資料の見解の違いをもたらしている要因について論じる問題である。見解論述問題であるが，字数が300字以上400字以内ということもあり，自分の見解を明確にしていくことよりも，両資料の相違点の原因だと思われるものを丁寧に書くことの中で見解を示すことのほうが重要だと思われる。

◀複合文化学科▶

解答 問題1．我々は翻訳文学を読むべきだ。自分とは異なった背景・言語・文化の人々への嫌がらせに走る人間は，無差別的カテゴリーを言語によって設定しそれにしたがって行動している。そうした無意識が下す命令に抵抗するには，文学という言語的吟味の領域で，多くの時間を費やして，ある行為や言葉の意味と射程をよく考えてみなければならない。そして，文学の核心をなす翻訳は，人の感受性と思考を造形する。それは，ありとあらゆる思考の発生の瞬間にある翻訳であり，異質なものを瞬間的に見とり，本当には語りえないその残像を言葉で包囲しながら文の網にすくいとってゆく行為である。けれども同時に，通常の意味での翻訳という行為がもつ厚みと力を無視することはできない。外国語と格闘し，あるいはその翻訳文を苦労しつつ読むという迂回を経てはじめて，人は自国語内の翻訳という経験さえも発見できるからだ。(300 字以上 400 字以内)

問題2．〔解答例〕資料1では，文学は言語的吟味の領域であり，現実の直接性を欠く分だけ多くの時間を費やして，ある行為や言葉の意味と射程をよく考えてみることができるとされている。また，最も根源的な層における翻訳とは，あらゆる思考の発生の瞬間にある，本当には語りえない異質なものの残像を言葉にしようとする行為であるとされている。一方，資料2では，筆者がロシア語を学ぶに当たり，いちばん好きだったのは文学精読の授業だったとある。また，私たちの心の底にある根源的な得体の知れないものを言葉にしていくことは，その言語で思考できるようになるための第一歩なのかもしれないとされている。したがって，2つの資料の類似点は，言葉になりえないものを言葉にしようとするところに思考が生じると考え，そのため，時間をかけて言葉を吟味する文学を重視していることにある。

現在，ビッグデータや人工知能の活用によって，ある言語の文章を別の言語の文章に変換する自動翻訳の精度はますます高まっている。私たちは，インターネットブラウザやスマートフォンのアプリを用いて，外国語の文章をほとんど即座に日本語の文章に変換でき，その逆のこともできるようになった。自動翻訳は，これまで文学の領域で行われていた翻訳の作業とは，比較にならない即効性と利便性をもつといえるだろう。しかし，自動翻訳は，ある言語の文や語を，それらに対応する別の言語の文や語に置換しているだけの，極めて表層的なものである。そこには，文脈やニュアンスも含めてその言葉が適切かを吟味する過程はなく，本当には言葉になりえないものを言葉にしようとする過程もない。

私は，外国語・文学・翻訳について，それらは，生まれ育った環境の中で知らぬ間に形成されてきた，常識や偏見を揺るがす機会をもたらすものだと考える。言葉になりえないものを言葉にしようとするところに思考が発生するのであれば，私たちのものの見方や考え方は，言語によってしばられていることになる。そのため，ひとつの言語の，しかも慣れ親しんだ言葉だけに囲まれていては，思考は固まり，偏見が偏見と自覚されることもない。ここに，私たちが外国語を学び，翻訳文学を読むことの意義がある。外国語の文学は，異質なものを言葉にしようとする試みが，その外国語によって行われたものであり，私たちにとって異質な思考を内包している。自動翻訳は，それすらも瞬時に慣れ親しんだ言葉に変換してしまうが，翻訳文学は，異質な思考を別の言語によって言葉にしようと，時間をかけて言葉を吟味するものである。したがって，外国語を学ぶ中で外国語の文学を読むこと，あるいは翻訳文学を読むことは，外国語による異質な思考を部分的に追体験し，それによって自分自身のものの見方や考え方を相対化することにつながると考えられるのである。（1,000字以上1,200字以内）

◀解　説▶

≪外国語・文学・翻訳の意義≫

問題１．【資料１】の内容を要約する。冒頭に「結論からいおう」とあり，「翻訳文学に興味を失った文化とその言語は…頽廃し，衰弱する。…以上，…翻訳文学を読むべきだ」（第１段落）とあるので，その根拠を読み取って整理していくことになる。

【資料１】は，その論展開を俯瞰すると，大きく４つのブロックに分けることができる。まず，第１・２段落では，先のように「翻訳文学を読むべきだ」という結論が示される。次いで，第３～５段落では，異なる文化的背景をもつ人々への攻撃が起きるのは，まさに「文学」の問題だと指摘される。その理由は，一方で，異質な他者への攻撃が，言語によって設定されたカテゴリーをもとに行われるからであり，他方で，異物嫌いの無意識的噴出に対抗することができるのは，意識的に言葉について問う努力だけだからである。「文学」という言語的吟味の領域では，多くの時間を費やして，ある行為や言葉の意味と射程をよく考えてみることができる。

さらに，第6～9段落では，「文学…あるいは文学の核心をなす翻訳は，人の感受性と思考を造形する」（第7段落）ことが示される。人間は言葉を使った対話によって自分や社会をデザインするため，異種並存社会に生きる人間の判断はすべて必然的に「文学的＝批評的」なものにならざるをえない。たとえば，西欧諸語からの翻訳によって変形をこうむった近代日本語を使って生きる人々は，誰もが（正宗白鳥や小林秀雄がそうであるように）「翻訳人」なのである。最後に，第10・11段落では，もっとも根源的な層における「翻訳」が，あらゆる思考の発生の瞬間にある，本当には語りえないものを言葉にしようとする行為であると指摘される。そうした翻訳にとっては，オリジナルが外国語である必要すらないが，外国語やその翻訳文を苦労しつつ読むという通常の意味での「翻訳」こそが，自国語内の翻訳を発見させ，「異質な思考，異質な言葉のアレンジメントを，ある言語に移入しようと試みる」「文学」の基盤ともなっているのである。

以上の内容について，主張とその根拠との関係が明確になるように留意しながら，端的にまとめればよい。

問題2．【資料1】【資料2】の類似点をそれぞれの文章から引用することで指摘しつつ，「自動翻訳」の精度がますます高まりつつある昨今の状況を踏まえ，外国語・文学・翻訳についての自身の考えを述べる。

まずは，2つの資料の類似点を明らかにする。【資料2】は筆者がロシア語を学んだ際のエピソードをつづったものだが，筆者は数ある授業の中で「いちばん好きだったのはエレーナ先生が教える文学精読の授業」と振り返っている（第5段落）。そして，「語学学習」において「私たちの心の底にある…もっと根源的な，どろどろとした得体の知れないもの…を掬って言葉にしていくことは，その言語で思考できるようになるための第一歩」（第11段落）としている。また，「文学に精通していたエレーナ先生は，どういうときにどういう言葉を使えばそこに魔力が宿るのかについても，知り尽くしていた」（最終段落）ともある。したがって，2つの資料はいずれも，時間をかけて言葉を吟味する「文学」と，言葉の深層にある，言葉以前のものを言葉にしようとする「思考」を重視しているといえる。

そのような視点から「自動翻訳」の精度がますます高まりつつある昨今の状況を見ると，確かにそれは直ちに反応が返ってくる便利なものではあるが，言葉の表面的な有用性においてのみ働いており，言葉の吟味や深層の思考を欠いていると考えられる。このことから翻って，外国語・文学・翻訳の意義を論じていくことが，答案の基本方針となるだろう。

〔解答例〕では，２つの資料の類似点を明示した上で，現在の自動翻訳のあり方とその問題点を指摘し，外国語・文学・翻訳に時間をかけて取り組むことが，既存の思考様式を揺るがすことにつながるとまとめた。他にも，自動翻訳を適切に利活用しながら外国語・文学・翻訳と関わる方策を示したり，自動翻訳の技術が今後飛躍的に発達した場合に外国語・文学・翻訳がどのように変容するかを予測したりと，様々な内容が考えられる。しかし，設問要求の主題はあくまでも「外国語・文学・翻訳について」であり，２つの資料に共通する主張が前提となる以上，そこまで自由度は高くない。いずれにせよ，設問要求との対応を明確にした上で，長い論述の中でも論旨の一貫性が保たれるよう，構成を工夫することが肝要である。

❖講　評

2023 年度は外国語・文学・翻訳に関わる２つの課題文が出題された。複合文化学科は「人間にかかわる事象全般を広く〈文化〉と捉え，それを多元的・多面的に考察する力を育成する」との目標を掲げており，どのようなテーマが出題されても不思議ではないが，2023 年度の出題は，入学後に本格的に取り組むことになる第２外国語の学習の意義について，先んじて考察させることを意図したものと考えられよう。課題文の文字量はさほど多くなく，日本語としても平易ではあったが，文体に惑わされずに論展開を正確に読み取り，端的な要約を示すには，相応の読解力が求められた。また，意見論述の制限字数が多く，複数の設問要求・条件を満たしつつ，一貫した論旨の中で論じていくには，高度な構成力と表現力が求められ，難問であったといえる。

（漢字カタカナ表記の漢文訓読調）で一部に白文表記を含む。「評論」とも「漢文」ともいえる大問。問七は空欄以降に出てくる「仏教」「耶蘇教」を例とみて熟語を自分で考えて記述する。問八は「二重否定」と「使役」の語順、問九は「不能」の読み方が問われていて「漢文」の設問といってよい。問十は、合致するものを本文と照合して除外し本文に根拠がないものを不合致として解答する。漢字カタカナ交じり（一部は白文表記）の本文は読むのに時間はかかるが、本文も選択肢も内容としては難しくない。

ニ、「他国では、世教と世外教の少なくとも一つが道徳の規範として尊崇されているのが常だが……国民の道徳的規範として相応しい教えが存在しなくなった」は、第二段落末文「則世界何レノ国ニ於テモ、或ハ世教或ハ世外教ヲ以テ道徳ヲ維持セザル者ナキニ、我国独リ道徳ノ標準トナル者ヲ亡失シタレバナリ」と合致。また第二段落に、政府が神儒混淆の教えを立てたことや神道に大いに助力してもうまくいかなかったことが記されているので、「維新政府が江戸時代とは相異なる規範を打ち立てようとして成功しなかった」も適切。

❖講　評

一の小説は、『風のささやき――介護する人への13の話』の中の一話で、「はじめに」に「介護する人は、ふと胸の内を洗いざらい打ち明けたいときがあると思うのです。でも打ち明けられないことがほとんどだと想像します」とある。問一は、プロフィールから、朋子だけが血縁の実子なので介護が期待されていることを読み取る。問二は、「はい」が建前を仕方なく肯定し、「でも」はそれに対して口に出して言いがたい本音を語りはじめるときに使われていることを踏まえる。問三は、「前半の部分」だけでは主人公の立場と事情がわからないが「プロフィール」によってそれがわかり、「プロフィール」だけでは揺れる気持ちがわからないが「前半の部分」によって感覚的にわかるという相互性に着目し、全体として主人公の状況と心理が読者に伝わるという効果について記述する。

二の古文は、鎌倉時代の説話集『今物語』で藤原信実が作者。平安時代後期以降の比較的新しい説話を集めたもの。和歌を中心に連歌や恋愛に関する上流男女の話題が多い。問四の発話箇所指摘は「と」に着目して直前にカギ括弧をつけるところからはじめるとよい。問五はいったん長く記述しておいてから自分で添削して字数内にまとめるとよい。誰と誰のどういうところが「一つ」なのかがわかるように記述したい。問六のa・c・dは常識で、bだけがやや紛らわしいが、八代集の順をきちんと覚えていれば間違えないだろう。

三の評論は、明治時代の啓蒙思想家西村茂樹の『日本道徳論』（一八八七年初版）からの出題。漢文訓読調の原文

らそれぞれ動詞に返るべきなので「去悪就善」の順となり「テ」と読まれている置き字「而」が間に入る。ここまでで【どのような】に相当する表現となり、そのような「者」に「非ザル」とするためには「非令人去悪而就善者」の順にして、この上に「無」をつければよい。返り点をつけると、「無(シ)下非(ザル)レ令(ムルニ)二人(ヲシテ)去(リ)レ悪(ヲ)而就(カ)一レ善(ニ)者上」となり、二の語順が適切。

▼問九　「此」は「この」、「教」は直前の「神儒混淆ノ教」を指す名詞なので「をしへ」、「遂」は「つひに」である。「不能」は〝〜できない〟という意味で「〜あたはず」とし、その直前は「こと」または連体形である。「成立」は熟語として「せいりつ」としても、二語で「なりたつ」でもよい。

▼問十　ホの「仏教界の強力な反対にあい……世教としての儒道と同じ役割を果たせなかった」が合致せず、解答となる。「果たせなかった」理由は、第二段落三文目の末にあるように「当時人智開達ノ度ニ不能伴」だったからである。

イ、「下層の民のみが信仰する対象となり……求心力は完全に失われ……道徳的規範とはなり得なくなった」は、第二段落四文目のはじめに「仏教ハ久シク下等ノ民ノ間ニ行ハレ、中等以上ノ人士ハ之ヲ信仰スルコト極メテ罕(まれ)ナルヲ以テ……功力ヲ不能現」とあることに合致。

ロ、「政府は新たに神道と儒道を混淆した世外教を起こしそれを強化したため、儒道は廃れて……道徳的規範力を失った」は、第一段落後半に「全国ノ大名士族ハ皆儒道ノ教育ニ依ラザルハナシ」、第二段落二文目に「儒道ヲモ廃棄シ、別ニ神儒混淆ノ教ヲ立テ」、続く三文目に「廃棄セル儒道ハ復タ起スベカラズ……道徳ノ根拠ヲ失ヒ」とあることに合致。

ハ、第二段落に、政府が「神儒混淆ノ教」を起こしたが成り立たず、「中等以上ノ人士ハ道徳ノ根拠ヲ失ヒ」とあり、またこれ以降に「神道ト云フ者ハ一時政府ニテ大ニ之ニ助力シ、頗ル隆盛……当時人智開達ノ度ニ不能伴」とあって、順を入れ替えてこれらを合わせると、「政府の肝いりで勢力も大いに隆盛に向かった神道であったが……新時代を切り拓こうとする中等以上の人士の心をつかむことはできず」と合致する。

ないものはなかった。この大名士族というものは他の三民（農工商）の上に立ち、全国のあらゆる権威はすべてこの人々に握られたので、儒教の流行はまことに隆盛を極め、どの大名もおおかた儒教の学校をその領地に設立し、政治法律ともに儒教を根拠にしてその制度を定め、仏教のようなものはただ下層の人々だけが信仰するにとどまり、その勢力はとても儒教に及ばず、そのままの状態が徳川幕府の末期に及んだ。

王政復古となった明治維新の初め、旧来のものを一掃してすべての様相を一変させた。これによって従来武士が尊び奉って道徳の標準としてきた儒教をも廃し、別に神道と儒教とを混交した教えを立ち上げてこれに代えようとした。しかしこの教えは成り立たず、いったん廃棄した儒教は復帰させることができず、こうして日本の中流以上の人々は道徳の根拠を失い、封建の時代に比較すると人々の心を固く結びつける力を緩ませ、人民の道徳が次第に健全な精神を失う兆候が芽生えはじめた。神道というものは一時的に政府が大いに助勢し、たいへん隆盛に向かおうとする勢いがあったが、とうていその説くところは当時の人間の知恵の伸展の度合いにはついていけなかった。仏教は久しく下層の人々の間で実践され、中流以上の人々は信仰することがきわめてまれだったので、ともに（神道も仏教も）人々の心を固く結ぶ力を発揮することができず、そこで道徳という一つのことになると、我が国は世界中で一種特別な国となっている。なぜなら世界のどの国においても、あるところでは世教あるところでは世外教によって道徳を維持していないものはないのに、我が国だけが道徳の標準となるものを失ってしまったからである。

◀解　説▶

▼問七　「あなた自身が考えて」とあるので、解答そのものは文中にない。解答の手掛かりとして、第一段落二文目に「印度ノ仏教西国ノ耶蘇教ハ皆世外教ナリ」とあり、また傍線部1の少し前に「世外教ハ信仰ヲ主トス」ともあるので、「世外教」（西村による造語）とは「宗教」のことだとわかる。

▼問八　「非ザル者ナシ」は二重否定であり、最初が「無非」で下に【どのような】「者」かが記される。次に「人ヲシテ」と対応する使役の助動詞「シムル」を確認。「令」が使役の助字なので「令人」となる。その下は「ヲ」「ニ」か

三

出典　西村茂樹「日本道徳論」（大久保利謙編『明治文学全集3　明治啓蒙思想集』筑摩書房）

解答

問七　宗教

問八　ニ

問九　このをしへつひにせいりつする（こと）あたはず

問十　ホ

◆全　訳◆

そもそも天下に道徳を説く教えは多くあるが、総合的にこれを見ると二種類に過ぎない、一つを「世教」と言い、もう一つを「世外教」（またこれを宗教という）と言う。中国の儒教、ヨーロッパの哲学はみな世教であり、インドの仏教や西洋のキリスト教はみな世外教である。なぜこれ（前者）を世教というのか、儒教や哲学はともに現世のことを説き、この身の修養を説き、この現在の国家および社会を調和することを説くからだ。仏教とキリスト教はどうして世外教というのか、その教えは現世のことを言わないわけではないが、その最後に行き着くところは未来の応報と死後の魂の落ち着くところにあるからだ。一般に世界万国すでに国がある場合は必ず世教、世外教の一種がないところはない。世教は人として行うべき正しい道を主とし、世外教は信仰を主としている。どちらもそれによって人々の心を固く結びつけ、また人を悪から離れて善に向くようにさせる以外のものはない、つまり道徳を教えるのではないものはない。西洋諸国で多く世外教によって中流以下の人々の心を固め、世教（哲学）によって中流以上の人々の知恵を啓き導く。また東洋では中国のようなところは古くから世教（儒教）を上層と下層との共通の教えとし、世外教（仏教）は途中からこの国に入ってきたものの、その勢力はまったく儒教に及ばず、今日に至っている。日本のようなところは、世教と世外教とが相次いで他国から入ってきて、その中で仏教は上層下層両方で一般に実践され、儒教のみは上層の社会にだけ実践されたが、初めは勢力がまったく仏教に及ばず、三百年前から儒教は大いに武家において実践され、全国の大名士族はすべて儒教の教育に従わ

の橋なのだろうか

と、高らかに朗詠して退出した。これは宮内卿の歌なのであった。本格的な名人の風流心は、こんなわけで一致するものなのだろうか。

▲解　説▼

▼問四　発話内容を引用する助詞「と」に着目する。一つ目は、第一段落三文目に「と御尋ねありければ」とあり、摂政殿の宮内卿への発話なので、その直前の「ありのままに」の末尾を抜き出す。発話のはじめは同段落二文目の「宮内卿を召して」の直後からであり、続く三文目の「心に思はんやう」からではないことに注意する。文をまたぐことになるが、二文目の「いづれかすぐれ侍る」も「御尋ね」の内容なので、ひとまとまりの箇所と考える。二つ目は、三文目に「とばかり申して」とあり、宮内卿の返事としての発話なので、その直前の「いづれともわきがたく候」のはじめと末尾を抜き出す。三つ目は、三文目に「とあながちに問はせ給ひければ」とあり、再び摂政殿の宮内卿への発話なので、その直前の「いかにいかに」のはじめと末尾を抜き出す。なお、和歌の直後に二カ所「と」があるが、「明けば又……」の歌は宮内卿が書いておいたものなので「発話」ではない。「かささぎの……」の歌は、これを治部卿が「ながめて」（＝朗詠して）であり、「申して」ではないので「発話」とはしない。

▼問五　摂政のお尋ねに対して、家隆も定家も互いの歌を秀歌として挙げたので、作者は「上手の心は……一つなりける」という感慨を抱いたと考える。また設問文に「人物同士の関係を踏まえて」とあるので、ここから想定される関係を、敬意を払いあう関係などと書き出したい。最後に「上手の心は……一つなりける」を、名人の風流心は一致するものだなあ、という感慨としてまとめる。

▼問六　『万葉集』を除いてどれも勅撰和歌集。そして『続古今和歌集』を除き、ロからリまでが勅撰和歌集のうちの最初の八つで成立順に並んでいる。「定家」から『新古今和歌集』を選び、その「親の藤原俊成」から一つ前の『千載和歌集』を選ぶ。また「勅撰和歌集」の「始まり」から『古今和歌集』を選び、「仮名序」から紀貫之を選ぶ。

二

出典　藤原信実『今物語』＜四〇　定家と家隆＞（講談社学術文庫）

解答

問四　当時～まに・いづ～く候・いか～かに

問五　定家と家隆は敬意を払いあう関係で、互いの歌を秀歌として摂政に挙げたことから、名人の風流心は一致するものだなあという感慨。（六〇字以内）

問六　a－リ　b－チ　c－ロ　d－ハ

◆全　訳◆

最近は、和歌の道が、特にもてはやされているので、宮中や、仙洞御所や、摂政家など、いずれの場所でもそれぞれに、和歌の奥底を極めていらっしゃる。臣下がたくさん評判になっていた中に、治部卿定家、宮内卿家隆という（のは）、和歌の伝統的家風が途切れることなく、歌の道で名を得た人々なので、この二人には誰も及ばなかったが、あるとき、摂政殿が、宮内卿をお呼びになって、「いまどき正統的な歌人がたくさん評判になっている中で、誰が優れているでしょうか。自分の思うとおりに、ありのままに（言いなさい）」とお尋ねになったが、（家隆は）「どなたとも判別つけがとうございます」とだけ申し上げて、心に思うところがある様子なので、（摂政が）「どうだどうだ」と強いてお尋ねになったところ、（家隆は）懐から畳紙（たとうがみ）を落として、そのまま退出した。（摂政が）ご覧になると、

八月十五夜の今宵が明けたら、また秋の半ばも過ぎてしまうことになるだろう。傾く名月が惜しいだけなのか（いや、名月が沈んでしまうことだけでなく、この秋が過ぎてしまうのも惜しいことよ）

と書いてあった。この歌は治部卿の歌である。このようなお尋ねがあるだろうとどうしてわかるだろう、いやわかるはずがない。ただ、もともと興趣を感じて、書きつけて、お持ちになっていたのであるようだ。

その後、（摂政殿は）今度は治部卿をお呼びになって、先のようにお尋ねになると、こちらも申し上げようがなくて、鵲（かささぎ）が渡すという橋はどこにあるのか。夕方に降りる霜が空に白く輝いて峰をおおっているが、その白い架け橋がそ

は先妻の子で、その子である甥姪たち（朋子からみての関係）は母と血縁がない。母にとって血縁の実子は朋子しかいない。実子である朋子に会うと母がうれしそうだと語る「相手」の価値観は、グループホームの職員や血縁関係にない人による介護より実子である朋子による介護を、親は人に言わないようにしているが実は望んでいて当然だというものである。これは前半の後ろから六行目の「病気になった親のそばにいないってことは、いけないことに、まだ、なってるから」からも読み取れる。

▼問二　「はい」で一応の肯定を表す一方で、「でも」で反発心や精一杯やっていることを認められない辛さを表している。前者については、傍線部1の三行前「相手の言うとおりだから。はい」、前半の後ろから六行目「病気になった親のそばにいないってことは、いけないことに、まだ、なってるから」に着目して、介護は実子がすべきという価値観もわかる、という内容を解答に入れる。だから、前半の最終二行の「お母さんに、私、何もしてあげられてない。横浜なんかに住んでてすみません」という気持ちになるのである。後者については、前半の後ろから十五行目に「会社をやめて、二十四時間、母の横にいないとだめなのね」とあるが、プロフィール第四段落四文目に「仕事にもやり甲斐を感じ、努力も怠らず、業績も認められ、そこそこに出世もできた」ともあり、仕事は絶対にやめたくないのだろうと読み取れる。そんな中でも休みには「五時間くらいかかる」横浜から富山へ訪問しているのに、「もっと」を求められ続けることの辛さ、やりきれない気持ちを説明する。

▼問三　「プロフィール」によって「前半の部分」だけではわからない人間関係や主人公の現在の立場などが示される。そして、それらの人間関係や立場から、前半で述べられている朋子の気持ちとそのように思う事情を説明するのがよい。特に「横浜なんかに住んでてすみません」という題名がどういう事情によるのかが前半の部分とプロフィールの双方を読むことによって読者に伝えられる。

◀C　方　式▶

一

出典　姫野カオルコ『風のささやき――介護する人への13の話』＜横浜なんかに住んでてすみません＞（角川文庫）

解答

問一　ホ

問二　病気の母のそばにいるべきだという価値観もわかり、訪問しかできずにすまないと思っているが、会社をやめてずっとそばにいるわけにもいかず、遠くてもなるべく帰っているのにさらに求められるのは辛いという思い。

問三　前半だけでは朋子がなぜ富山の母の所に「もっと帰らないとならない」と感じ「横浜なんかに住んでてすみません」と思うのか不明だが、プロフィールで、母には継子や義理の孫がいるものの血縁は朋子だけで、介護を期待される立場にあることや、朋子が独身で仕事にやり甲斐を感じていることが明かされる。双方によって、周囲から期待される役割と自身の生活や人生が相容れない、どうしようもなさややりきれなさが読者により伝わる。（二〇〇字以内）

◆要　旨◆

母が富山のグループホームに入居中だが、遠い横浜に住み仕事もあるため、休日にできるだけ帰るのが精一杯の主人公の気持ちを描く前半の部分と、家族の事情を記したプロフィールによって構成された小説。

◀解　説▶

▼問一　「顔つきがちがう」ことについては前半の後ろから十三行目の「お母様がとってもうれしそうだってこと」に着目する。「顔つき」は母のものであり「娘さん」は「朋子」である。「プロフィール」によれば、富山県滑川市で母（悦子）はグループホームに入居していて、簡単に訪問できるのは地元にいる「A男」や甥姪たちであろう。「A男」

設問数はほぼ例年通りで、全体的な難易度も大きな違いはない。現代文の本文と一部の選択肢がやや難しく、判断に慎重さが求められ、時間がかかる場合もある。

一　現代文：ドイツの思想家アーレントとヨナスの、科学とテクノロジーとの関係についての考えをひもとく文章である。四字熟語の知識も問われたが、文章の丁寧な読解を問う設問が中心となっている。例年そうであるが、選択肢に紛らわしいものがあり、慎重な読みと判断が問われ、そこに時間をとられる可能性がある。総じて、文脈を踏まえてその部分を考え、読み取る問題が多く、解き方を確認しておくとよい。

二　現代文：自己の身体が主観的世界を他者へと開いていく仕組みを論じた、現象学的な哲学思想の文章からの出題である。精密な論理を組み立てていく哲学思想の文体に慣れていないと読みにくいであろう。逆接表現がつなぐ前後の論理関係を読み取る設問が二問出されていて、論理展開の読み取りが問われる文章であることを示している。選択肢の細かい表現で判断が左右される設問もある。特に問十二については、大学から公表された解答はハであるが、ニを選んだ受験生が多かったと思われる。設問の意図の読み取りと、本文のより慎重な文脈的読み取りが重要となる。

三　古文：『平家物語』からの出題ではあるが、延慶本という教科書ではなじみのない異本からの出題である。文章は和歌二首を含んだ恋愛譚となっていて、王朝ものの趣があるので、軍記物語のような読みやすさはない。物語としては難しくはないので、解答は基本的な古文の知識と読解力とで対応できる。最後の文学史の問題は難問になっている。関連する日本史などの知識を集めて推測する力が試されていると言うべきであろう。

四　漢文：怪異な話を集めた本からの出題で、不思議な力をもった「瓶」の物語である。短く、内容は「オチ」から逆算もできる、わかりやすいものなので、確実に正解したい。問三十一の書き下し文の設問は、漢文の構文理解を問うものでもあるので、文を構造的に見る力を養って臨むことが最も肝要である点は、例年と変わらない。

切である。したがってホが正解。

▼問三十　「酔僕」が「触砕」したことを表現している文で、前提となっているのは前の文で「秘惜」であることがわかった「瓶」が、その後どうなったかを説明しているので、主語は「瓶」である。よって、「触砕」は「瓶」が〈砕かれた〉ことを表すよう、受け身の表現として読む。つまり、受け身の構文「為二A所一B」（AノBスル所ト為ル＝AにBされる）または「為レA所レB」（Aノ為ニBセラル＝AにBされる）のうちの、「所」が省略され「為」だけが残った表現だと考えられる。「所」を補った文は「為酔僕所触砕」となり、「酔僕の為に触れ砕かる」または「酔僕の触れ砕く所と為る」と訓読する。

▼問三十一　〝その瓶がいつの時代のものであるかをわかる人はいなかった〟という意味で、返り点は「無四人能識三其為二何時物一也」となり、「人の能く其の何れの時の物為るかを識る無きなり」と訓読する。イは「それをよくしりて」という読みが構文としてあり得ない。「能」を述語「あたふ」ではなく修飾語「よく」として読むなら、「能識其」を「それをよく」と読むことはできない。ロは「よくそれをしりて」という文は「（能）識＋其」に対応するが、「ためにいづれのときのものもなき」であれば、語順は「為無何時物」になるはずなので、傍線部と矛盾する。ハとホは「ひとなくして」とそれ以下に分けているが、意味不明である。

▼問三十二　イは「この瓶を『秘惜』に変えた一大発見」が不可。もともと底にこのような仕掛けのある瓶であるゆえに不思議な機能をもつ瓶だったのであり、「変えた」「一大発見」とは言えない。ロは「外見からは予想もつかない精密さ」「不可視の工芸装飾」が不可。ハは「あの世の苦役を描いたもの」「冥界に由来する」が根拠がなく、不可。ニは「不思議な機能よりも底部の……細密な画」に「『秘惜』の価値」を見ている点が不可。

❖講　評

九〇分で現代文の評論二題、古文と漢文が各一題で、記述問題はなく、すべてマークシート解答という出題である。

（瓶は）砕かれてしまった。その（割れた瓶の）中を見ると、普通の陶器と同じであった。ただ瓶の二重になった底が厚さ二寸ほどもあり、（その中に）幽鬼が火を手にして盛んに燃やしている画があった。非常に精巧に刻まれていた。その瓶がいつの時代のものであるのかをわかる者は誰もいなかった。

読み　張虞卿は、西京伊陽県小水鎮に居す。古瓦瓶を土中に得たり。色甚だ黒し。頗る之を愛す。書室に置き花を養ふ。冬に方りて極めて寒し。一夕水を去るを忘る。為に凍裂せんことを意ふ。明日之を視るに、凡そ他物の水有る者皆凍るに、独り此の瓶のみ然らず。之を異とす。試みに注ぐに湯を以てすれば、終日冷めず。張或とき客と郊に出るに、瓶を篋に置く。水を傾け茗を瀹するに、皆新たに沸く者の如し。是より始めて秘惜たるを知る。後に酔僕の為に触れ砕かる。其の中を視るに、常の陶器と等し。但だ夾底厚さ幾ど二寸、鬼の火を執て以て燎く有り。刻画甚だ精し。人の能く其の何れの時の物為るかを識る無きなり。

▲解　説▼

▼問二十六　文の基本構成〈述語＋目的語〉を「忘去水」に当てはめると、全体の述語は「忘」でその目的語の位置に「去水」があるので、《「去水」を忘る》となる。その「去水」は述語「去」＋目的語「水」で〈水を去る〉となり、全体を合わせると、《〈水を去ること〉を忘る》という二重の文になっている。水を捨て忘れていたので、翌朝水が凍って瓶が割れるという事態が懸念されたのである。

▼問二十七　「［X］物」は「皆凍」↔「独此瓶」だけが「不然」、とされている対置構造から、「此瓶」と対置される「［X］物」となる「他」が入る。

▼問二十八　「之」を目的語とする述語として「異」を読むので「之を異とす」と訓読する表現になる。ほかのすべての水は凍っていたのに、この「瓶」の水だけが凍っていないのを、不思議に思ったのである。

▼問二十九　〈水が凍らない〉瓶であることの不思議さを、さらに確認させられる出来事となるので、家で入れておいたお湯が、出かけた先でもまだ冷めないでいるどころか、まるで熱々の沸かしたてのようであった、と解釈するのが適

家物語』と同じく源平合戦の時代を描いているが、伝説的な脚色が多く、美化の度合いが強いことから、成立は遅く、室町時代と推定されている。よって、承久の乱を描いた『承久記』が答えとなる。

四

出典　洪邁『夷堅志』〈甲志巻一五　伊陽古瓶〉

解答

問二十六　ロ

問二十七　イ

問二十八　ハ

問二十九　ホ

問三十　ニ

問三十一　ニ

問三十二　ホ

◆全　訳◆

張虞卿(ちょうぐけい)は、西京の伊陽県にある小水鎮(ちん)に住んでいた。(あるとき)古い素焼きの瓶を土の中から掘り出した。色が非常に黒い。これをたいそう気に入った。書斎に置いて花を活けていた。ちょうど冬となりひどく寒くなった。ある晩(瓶の中の)水を捨てるのを忘れてしまった。そのせいで(水が)凍って(瓶は)割れてしまっただろうと思った。明くる日にこれを見にいくと、おおよそ他の器で水が入ったものはすべて凍っていたのに、ただこの瓶だけはそうではなかった。(張は)これを不思議に思った。試しにお湯を注いでみると、一日中冷めなかった。張はあるとき客と一緒に郊外へ出かけたが、瓶を箱の中に入れておいた。中の水を注いでお茶をいれると、すべて新しく沸かしたばかりのお湯のようであった。これによって初めて(この瓶が)秘蔵し愛惜するべき珍品であるとわかった。その後酔った使用人が引っかけて落とし

ことをうらむ気持ちを伝えているのである。

▼問二十一　どちらも、兵衛佐に責められた姫君が初めて自分が思う人のことを打ち明けている言葉である。その相手が小松殿であり、それが「殿上の淵酔」の場であったことが語られている。「見初め」たのがどちらなのかが問題で、その人が「ひたすら穂にあらはれて言ひし事」を、もう一方が「聞かざりけれど」となったのだから、〈見初めて気持ちを伝えた〉のが小松殿、その気持ちにその場では応えなかったのが姫君となる。よって、傍線部3の主語は小松殿、傍線部4の主語は姫君である。

▼問二十二　姫君が、小松殿とのなれそめを語っている言葉なので、この二人の間の「思い」である。したがって正解はイ。直後の「知らせたりしかば」の「しか」は過去の助動詞「き」の已然形なので、「ば」は確定条件になる。よって、すでに心の内を打ち明けている小松殿の「思い」とも解釈できるが、選択肢で姫君と小松殿の間の「思い」になっているのはイしかない。

▼問二十三　「雲井」は場所としては〈雲上人〉がいる場所をいうが、この場合は法皇のことを指す。法皇から吹いてくる激しい風とは、法皇からの求愛を指す。それが「御書」として届けられたのである。

▼問二十四　（Ⅰ）「殿上の淵酔」での「ちぎる心」を歌っているのだから、関係を「むすびつる」相手は小松殿である。
（Ⅱ）「ほどけもやせむ」の「や」は〈疑問・反語〉の働きをする係助詞で、推量の助動詞「む」と同時に使われているので、反語の意味を作り、「ほどけもす」を反語で打ち消す表現となる。法皇からの求愛をはねつけ、父から親子の縁を切るとまで言われても捨てることのできない、姫君の小松殿に対する秘めた強い愛情を表しているのである。よって、ハが正解。

▼問二十五　どれもジャンルとしては軍記物語なので、かなり細かい知識が問われている。ロの『太平記』は南北朝の動乱を描くもので、ホの『応仁記』は応仁の乱を描いたもの、ということで鎌倉時代よりも後だから外せる。ハの『陸奥話記』は平安時代後期の前九年の役を描いたもので『平家物語』より早い平安時代の成立。イの『義経記』は『平

ならば嘆くだろうと思ってのことだよ」とおっしゃるので、「小松殿が（恋心を打ち明け）申し上げなさる（ことがあった）と聞いた。さてはそのことでは」と思って、兵衛佐は、小松殿のもとへ参上し、これこれのことなのですと申し上げたところ、三位の中将（＝小松殿）は、「そのようなことが（確かに）あった」と思い当たって、人目を避けて急いでお車を遣わして、（姫君を）お迎え申し上げたということだ。

▲解　説▼

▼問十七　A、「心の優なる」姫君が口ずさんだ歌に対する感想だから「やさしけれ」が入る。「やさし」は上品な美しさを表す。

B、法皇からの申し入れを喜んだ成親卿が、肝心の娘が拒絶しようとしているのを知って、親不孝な態度だと責めている言葉で、「今まで父子の義」を考えるとそのような親不孝な態度は残念なことだと強く嘆く表現になるので、「くやしけれ」が入る。

▼問十八　すべて謙譲の補助動詞の用法であり、動作対象となっている人物への敬意を表している。

a、「離れ」の動作主は成親卿で、娘に向かって親子の縁を切ると言っているので、敬意の対象は姫君である。

b、親子の縁を切るから誰も娘の元へ足を運んではならぬと成親卿が周囲の者に言い渡したことに対して、皆が「おそれ」たのである。よって、敬意の対象は成親卿である。

c、心に思い決めた人がいながら、姫君がそれを幼時から仕える兵衛佐に打ち明けなかったことについて、兵衛佐が嘆き、「うらみ」の気持ちを表明しているのだから、敬意の対象は姫君である。

▼問十九　「色に出づ」は〝心の内の気持ちが表に現れる〟の意。兵衛佐は、「むすびつる……」と詠んだ歌に姫君の恋心が現れているのを見て、初めて姫君に心に思う人がいることを知ったのである。

▼問二十　「おく」は〝隔てる〟の意。「こころおく」で〝心に隔てをおく〟ことを表す。「心うけれ」は「心憂し」の已然形で、つらい気持ちを表すので、姫君が心に愛する人がいながらも自分（＝兵衛佐）には何も教えてくれなかった

と、（姫君が）歌を口ずさみなさったのは優美なことだ。父の成親卿は、法皇の恋文があることをお聞きになり、うろたえ騒ぎお喜びになるけれども、姫君が（法皇の求愛を）お聞き入れなさらないので、「親のためにも不孝な方でいらっしゃったものを、今まで父と子との情義を思っていたのが腹立たしいことだ。（そんなことなら）今日からは父子の縁を切り申し上げる。あんな娘のところへは誰も行き通ってはならぬ」とおっしゃったので、身分の高い者も低い者も皆（お父上を）恐れ申し上げて、（姫君のところへ）通う者はいない。（姫君の）乳母子に、兵衛佐と申した女房（がいて、その女房）一人が、かろうじて許されて通ったのだった。これにつけても、姫君は、恋心のつらさを、元結（＝髪を結ぶこより）に書きすさびなさった。

あのとき結んだ愛情を深く結び込んだ元結に、愛を誓った心はほどけもしましょうか、いや決してほどけることはありません

と思いのままに書きつけて、結んで捨てなさった。兵衛佐は、これを（拾って広げて）見たその後で、（初めて）思い人があるのだと知ったのだった。「思わず表に現れてしまった心の中を（何も伝えてくれないのでは）どうやって知ることができようか、知りようもない」と、ゆっくり徐々に（姫君に）諫め申し上げたことには、「女性の御身とおなりになったのなら、このような（法皇のような高貴な方に求愛されるという）ご幸福を、神様にも祈り仏様にもお願い申し上げることこそ望ましいことでございます」と申し上げたところ、姫君は、涙を抑えなさって、「我が身の尽きない思いは罪深いものなので、（いくら高貴な方に求愛されようと）何事も仕方のないことなのだよ」と言って、（着物を）頭からかぶって臥しておしまいになった。兵衛佐が、再度（姫君に）申し上げたことには、「幼い頃からどこへ立ち去ることもなくて、なじみお仕え申し上げてきたのに、このように私にお心を隔てて（何もおっしゃってくださらないで）いなさったのはつらいことです」と、あれこれと夜通し恨み言を申し上げたので、姫君は、その道理に押されて、「以前行われた殿上での酒宴で（私を）見初めた方が、ひたすらに気持ちを表に出して言い寄ったことを、（私は）聞き入れなかったのだけれど、この上ない心の内を知らせていたので。どれほど、このように（法皇に求愛され、父も乗り気だ）と（あの方が）聞いた

三

出典　延慶本『平家物語』〈第三末〉

解答

問十七　A―ニ　B―ロ
問十八　a―ニ　b―ロ　c―ニ
問十九　ニ
問二十　ニ
問二十一　3―ハ　4―ニ
問二十二　イ
問二十三　イ
問二十四　（Ⅰ）―ハ　（Ⅱ）―ハ
問二十五　ニ

◆全　訳◆

この（小松殿の）北の方と申し上げるのは、故中御門の新大納言成親卿の姫君である。（二人が結婚する前、姫君は）容貌が世にもまれなほどに優れ、心ばえの優雅なことも、世にめったにないほどであるので、並の人と結婚させるようなことはかわいそうに思われて、「女御やお后にも（したいものだ）」と父も母も思いなさっていた。このような噂が広まっていたので、これを耳にする人で、「たいそうなことだ」と思わない者はなかった。法皇が、この事情をお耳に入れなさって、色好みなお心で、こっそりと恋文をお送りになったけれども、（姫君は）これも心に染まないつまらないことだと思って、お返事も申し上げなさらない。

雲上のお方から届けられる激しい風のような気持ちが私にはつらくて、そうでなくてもこぼれる涙がいっそう激しく流れることです

直後では、「自己の身体は他者の身体と最初から絡まり合って経験されている」のであって「同じ表情を自己の顔に引き起こしうる特別な物体として」他者の顔を知覚しているのだ、との説明が続く。「新生児模倣」は〈単なる共鳴反復〉だと言いながら、実はそれほど単純なものではなく、〈自他の身体が絡まり合う特別な経験〉という深い意味があるのだ、と説明していることになる。よって、イが正解。

▼問十五　「新生児」の段階で、人は「ケルパーとして現れる自己の顔を知る」前に「他者の顔に出会う」。「他者のケルパー」と絡まり合いつつ「自己のライプ」を経験し、それによって「ケルパーとして現れる自己」を知るのである。それと同じ経緯説明が、傍線部でも繰り返されている。この経験によって自己の身体を「他者と共有される世界」にあるものと捉えるのだからホが正解。イは「閉じられた系だが」が不可。ロは「根底的な相互関係を支えていたライプ」が不可。ハは「ライプより先にケルパーを自己として把握」が不可。二段落前に「自己の身体（自己のライプ）は他者の身体（他者のケルパー）と最初から絡まり合って経験されている」とある。ニは「単なるケルパーとしての自己を通して他者を模倣する」が不可。人は「ケルパーとして」始めることはできない。

▼問十六　本文の展開を追ってみると、〈世界を主観的な表象世界と捉える神経構成主義的世界観は、他者の経験とつながる身体の存在により否定される。身体は、ライプとケルパーとが重なり合う経験の場であり、新生児模倣が示すように、人は他者との出会いの中で自己の身体を知るのであって、そうした身体の間主観性は、そのまま意識が世界へと接続するあり方を示すものである〉となる。人のあり方を、主観的世界を超えた間主観的な他者の世界との関係性の中に求めようとする意図がここからくみ取れるので、ニを正解とする。イは「身体」の「空間的広がり」に限定している点が、ホは「安定する」とまとめている点が、それぞれ主旨に合わない。

▼問十二　直後に示されている「こうした考え方」と〈それを否定するしかたで存在する私の身体〉との対置関係が答えとなる。「こうした考え方」とは、「自己の脳」が構築する「世界」と「他者の脳」が構築する「世界」とは「別々の世界に閉ざされ」ているとする「考え方」をいう。まず、イは「他者が脳の内部に閉ざされた表象として指し示すことができること」が「別々の世界」の説明になっていないので不可。ロは「他者」が把握する世界にまったく言及されていないので、不可となる。ホは、「他者は私のかゆい場所を指し示すことができる」というのは「神経構成主義」の考え方を否定するものとして説明されているので不可。「自己の身体と他者の身体とは相互関係にない」も不適切。残るハとニは、いずれも「神経構成主義の前提を拡大すれば」から始まるので、同様の表現で始まる第二段落に着目する。ニの「自己のかゆみは自己完結した形でイメージ化されているはずである」は第二段落から逸脱しているが、ハの「私の脳の表象は……出会うことができない」は、第二段落を適切に要約しており、ハが正解となる。ハの後半の「私の脳は他者の脳をケルパーとして認識」も、第二段落の「私が出会うことができるのは、……他者の脳そのものではない」という説明を〈否定するしかたで存在する私の身体〉を説明したものと捉えれば、妥当な説明と言える。

▼問十三　直後に「幻肢が幻肢として認識されるのは、そもそも、脳内の表象に還元されない、四肢の主観的な空間的広がりを、私たちがもともと知っているから」だと説明されている。「幻肢」は、物理的に現れる「ケルパー」としての身体のあり方と区別されるからこそ「幻肢」と認識される。「身体」をすべて「神経表象」に還元してしまうと、つまり「身体」はすべてイメージとして存在しているとすると、「幻」か否かの区別が不可能となる。「幻肢」という現象を他と区別して認識することができなくなるのである。よって、イが正解。ロは「主観身体を脳内だけの現象だとする」という同意概念の反復に意味がなく、またハ・ニ・ホ同様に、「幻肢」が「認識不可能」である問題の説明になっていない。

▼問十四　直前では、「他者の顔に出会う」新生児が、そこで「新生児模倣」を行うことについて、その「模倣」が「特定の表情を意図的に模倣するわけではなく、たんに共鳴的に反復しているだけ」だと指摘する。「しかし」を介して、

問十六　ニ

◆要　旨◆

主観的な経験世界を神経表象に還元する見方は、私と他者との現象空間を一致させる自己の身体によって否定される。私の身体はライプとケルパーとが重なり合う場である。ライプの経験である幻肢も、空間的に存在しないケルパーを認識の前提としている。私たちの主観的な経験世界は、身体化されて世界へと埋め込まれている。新生児が他者の身体との出会いを通じて自己の身体を経験するように、人は自己の身体を他者の身体の経験と絡まり合う形で経験するのである。自己の身体が間主観的な領域で構成されるように、人の意識も身体を介して他者の世界へと接続しているのである。

▲解　説▼

▼問九　新生児は〈寒い〉〈空腹〉〈不快〉といった「出来事」を、連続的にではなく、そう感じたとき、その都度独立して経験している、ということなので、「間欠的に」と形容している。

▼問十　身体のシステムの例を挙げる文脈から、「免疫」に並ぶものとして考えれば、「新陳代謝」の「代謝」だとわかる。

▼問十一　(Ⅰ)次の段落で「神経構成主義の前提を拡大し」て構築された「世界の表象」のあり方を見ると、「私が経験している主観的な世界の表象」は「他者の脳の内部で構成されている世界像には接近するすべがない」ので「別々の世界に閉ざされたしかたで存在する」ものだと説明されている。よって、ロが正解。自己と他者との間の「一致」として説明するイ・ハ・ニはすべて不可。ホは「自己も他者もイメージにすぎない」が不可。

(Ⅱ)「自己の身体」について、「主観的に経験される私の現象空間と、他者が経験している現象空間とが一致する場所に現れる」ものだと説明し、その傍証として「かゆみを感じる部位」が自分の感じている場所と友人から指摘される場所とが一致することを挙げている。ニはこの具体例の説明にとどまっているので、これを一般化したイを正解とする。ロは「他者の主観的に取り込まれてしまう」、ハは「身体だけは表象にならない」、ホは「他者の脳内に生み出された身体表象と同じ」が、それぞれ不可。

ジーの根源」はそこにある。よって、ハが正解。イは「最小の単位」が「自然のどういった対象にも含まれている」としているだけで、そのことの意味の説明がない。ロは「変形できる単位」「単位の多寡」が不可。ニは「変化しない同一の要素の組み合わせ」が不可。ホは「数式によってあらわせるもの」が不可。「方程式に代入され」て操作されるのと「数式によってあらわ」すのとは意味がちがい、「数式」で表されるのは「対象」そのものではなく「対象」の性質である。

▼問八　「現在の科学的な認識を放棄しない限り」「何かを知るということが、それが何によって構成されているかを知ることである、という思考法から自由にならない限り」私たちは「テクノロジーのもとに従属し続けていることになる」という指摘から考える。問題は「科学」の「認識」の仕方にあるのだから、イ・ハ・ホは合致する。また、ニは、問二で確認した内容と合致する。しかし、ロの「生活の利便性」の問題は、認識の問題とは次元が違い、本文の主旨とは無関係である。

二

出典　田中彰吾『自己と他者――身体性のパースペクティヴから（知の生態学の冒険　J・J・ギブソンの継承3）』〈序〉（東京大学出版会）

解答

問九　ホ

問十　ハ

問十一　（Ⅰ）―ロ　（Ⅱ）―イ

問十二　ハ

問十三　イ

問十四　イ

問十五　ホ

▼問四「何かを作る営み」である「テクノロジー」と、「何かを認識する営み」である「科学」との「一致」は、「『作ること』が『知ること』と同一視され、認識の対象が制作の対象になる」点にあると、傍線部の直後に説明されている。その一致点のもとで「すべての自然現象が制作の対象」となる。このような「科学」と「テクノロジー」との一致点を説明しているのはニである。イは「客観的に」「有用なものを作ろうとする」が本文になく不適切。ロは「科学」を「テクノロジー」を支える「知識」と位置づけている点が不可。ハはいきなり「自然を作り変えようとする」に結びつけ、かつ「変え」るとしている点が不可。ホは「科学」を「テクノロジー」を通して存在が実感されるものとしている点が不可。

▼問五　問われているのは、何を説明するために「実験」に言及したか、という文脈的な理由である。それは傍線部の直前の「テクノロジーを生み出した近代の特徴」を説明するためである。その特徴が「科学の中に実験が取り入れられた」ことにあり、あるものが「『いかに』生じたか」を科学が問題にしたことによって、「近代」は「テクノロジーを生み出」せた、というのである。イがこの内容に相当する。ロは「有用なテクノロジー」という限定が不適切。ハは「科学の発展に大きく寄与した」という概論的説明でしかない。ニは「技術の際限のない広がり」が方向違い。ホは「客観的に」を問題にしている点がずれており、「テクノロジー」との関係性の説明もない。

▼問六「実験」が「観察さるべき現象を作り出す」行為であり、「自然現象」が「要素の組み合わせ」によって説明されうるものとして捉えられている点を指摘する内容に続いて、「宇宙」さえも「作業場のリアリティに技術的に翻訳できる」ようなものと化す、というのである。次の段落にも、「科学において宇宙全体が技術的なものとして解釈される」との指摘が重ねられている。よって、ニの「技術的に制作された人工物」が入る。

▼問七「科学」を特徴づける方法は「分析」であり、「分析」は「自然現象」を「最小の物質によって構成されている」ものとして捉える。それにより「自然現象」は「方程式に代入され」「量的な数値によって表現される」要素の組み合わせと見なされる。「自然現象」は「技術的な操作の対象」となり「制作」されるものとなるのである。「テクノロ

ている、とヨナスもアーレントも考えている。テクノロジーは科学とは区別しがたいものであり、科学は自然のすべてを認識対象とし、制作の対象ともする。自然は実験によって再現されうる現象とされ、宇宙は自然科学の分析によって認識され、最小の物質へと還元されて、要素の組み合わせとして捉えられる。テクノロジーの根源はそこにあり、自然現象は技術的な操作対象となり、制作されたものとして解釈されるのである。つまり、テクノロジーは科学的な認識に基づいたものである以上、私たちは科学的認識を放棄しないかぎり、テクノロジーへの従属から距離を取ることはできないのである。

▲解　説▼

▼問一　テクノロジーは「全体に対して絶え間なく不調和を引き起こ」し、その「不調和を調整」する「フィードバック」が「また新たな不調和を引き起こす」、という具合に「無限に自己増殖」する「自然」のようなものと捉えている。これをまとめたハが正解。イは「不調和を調整すること」だけを捉え「不調和を引き起こす」点が欠けているので不可。ロは「揺れ動く」が不可。ニは「調和を乱そうとする動き」だけに焦点を当てている点で不正確。ホは「際限のない運動を続けていこうとする」だけである点が不可。

▼問二　アーレントは、テクノロジーを「オートメーション」すなわち「自分で動き、したがって意図的で目的を持った介入の範囲外にあるすべての運動過程」であり、「自然の事物」に見出される、「自然の力のごときもの」だと捉えている。したがって、「テクノロジーが社会に蔓延していく事態」を「自然が世界を侵食する過程」だと見なしている。よって、ホが正解。イは「融合させていく力」、ロは「自然に影響を与え、その自然を次第に損なっていくもの」、ハは「人工的に作られた環境へと作り変えていくもの」、ニは「全体としての調和を作り出していく」が、それぞれ不可。

▼問三　「テクノロジーとは科学を応用した技術である」という一般的な理解にふさわしい四字熟語は「一蓮托生」である。他の選択肢は「腹背」「背反」「異夢」「異曲」と、背いたり異なっていたりといった意味が含まれるので不可。

国語

▲A 方 式▼

一

出典 戸谷洋志・百木漠『漂泊のアーレント 戦場のヨナス――ふたりの二〇世紀 ふたつの旅路』〈第7章 考察――アーレントとヨナスの比較 20xx 自然・対話・想像力――アーレントとヨナスにおけるテクノロジーの問題／戸谷洋志〉（慶應義塾大学出版会）

解答

問一 ハ

問二 ホ

問三 ホ

問四 ニ

問五 イ

問六 ニ

問七 ハ

問八 ロ

◆要　旨◆

テクノロジーは、無限に自己増殖する点に本質があり、自然と同様に必然的に世界に広まり人間を従属させる力を持っ

/////////////////// · memo · ///////////////////

2022年度

解答編

解答編

英語

I

解答　1－d　2－a　3－c　4－b　5－b　6－c
7－b・d　8－c　9－b　10－c

◆全　訳◆

≪『人間の由来』150周年≫

1871年に，チャールズ＝ダーウィンは「生物学者にとって最も高度で最も興味深い問題，人間の由来の問題」に取り組んでいた。現状に異を唱え，ダーウィンは自然選択と性選択論，また，最近採用した「最適者生存」論を展開し，人間の出現のための筋書きを作成した。ダーウィンは進化の歴史や解剖学，知的能力，文化的な素質，人種，性の差異を探った。一部の結論は，斬新で洞察に満ちていた。人間と他の動物とは，程度の違いであって，質の違いではないという氏の認識は，先駆的なものだった。氏は協力と社会的な学習，累加的な文化に焦点を当て，それが人間の進化研究の核心であり続けた。しかし，ダーウィンの他の主張の一部は，無様で危険なほどに誤っていた。『由来』は，学びを得る文献であり，尊崇するものではない。

ダーウィンは，人間を自然界の一部であり，すべての生物にとって同じ過程と様式に従って祖先の霊長類から進化した（その子孫である）とみなした。ダーウィンにとっては，人体や人知を知るためには，他の動物と，血統と時間に沿って進んでいく変化を伴ったその由来を知らねばならないわけである。しかし，こうした理想的な枠組みと一部の革新的な推論があったにもかかわらず，『由来』はしばしば，問題をはらみ，偏見が生じ，害を生む。ダーウィンが人間の進化の結末を記述したとき，自分は資料と客観性，科学的な思考に基づいていると思っていた。しかし，その書物の多くで，そうではなかった。『由来』は，きわめて多数のダーウィンの時代の科学的な書物と同様，人種差別的，性差別的な人間観を提示している。

ダーウィンはアメリカ大陸とオーストラリアの原住民の資質と行動が欧州人以下であるように描写している。アフリカ大陸の民族は一貫して認知的に発育不全であり，低能で，他の人種より劣等だと言っていた。こうした主張は混乱を生む。なぜなら，『由来』の中でダーウィンは自然選択を人種を区別する過程とすることに反論し，人種を特徴付けるのに使われる特徴は，成功を得るための素質に比べて機能していないと述べていたからである。科学者として，ここで立ち止まって考えなければいけなかったのに，ダーウィンは依然，人種間の進化的な差異を根拠もないのに言い募るのである。単なる人種の順位付けにとどまらず，帝国や植民地主義，そして大量虐殺を，「最適者生存」説によって正当化するのである。これもまた，混乱を生む。ダーウィンが奴隷制に対して強硬な姿勢をとっていたからである。

『由来』の中で，ダーウィンは女性を（白人）男性より，素質に劣り，しばしば「下等人種」同様だと決めつけた。具体的な資料も生物学的な査定評価もなかったにもかかわらず，男性の方が，勇敢で活力にあふれ，独創的で頭脳的であると記述し，自然選択と性選択を使ってそれを正当化した。人間でも，動物界でも，進化の過程で男性の力が中心であり，女性は受動的とする，その確固たる主張は，ビクトリア朝と現代に相通ずる女性嫌悪と響き合うのである。

自分自身の生涯では，ダーウィンはエディンバラでアフリカ系の子孫である南米人の生物学者ジョン＝エドモンストーンから学び，英軍艦ビーグル号でフエゴ島人とかなり深い付き合いを経験した。娘のヘンリエッタは『由来』の重要な編集者であった。ダーウィンは洞察力のある科学者だったのだから，人種と性に関する本人の見解が資料と自分自身が味わった経験からもっと影響を受けるべきだった。だが，ダーウィンの人種差別，性差別の思想は，同僚の科学者と自らの属する社会の見解のこだまとなって，ダーウィンの現実の知覚を仲介する強力な役割を果たした。

今日，学生はダーウィンが「進化論の父」であり，天才科学者であると習う。学生はダーウィンが有害で根拠のない偏見をもっていたため，資料と経験に対する自らの見方を歪めてしまった英国人であることもまた，習わなければならない。人種差別主義者や性差別主義者，白人至上主義者は，その一部に学者もいるが，そういった人々は，『由来』の中に現存していることによって「確認された」概念や命題を誤った信念の支えとして利用しているのであり，大衆はその多くを無批判に受け入れているのである。

『人間の由来』は，人間の進化科学の歴史上最大の影響力をもつ書物の一つである。私たちはダーウィンを重要な洞察については，認めてもよいが，その無根拠で有害な主張は押し戻さねばならない。今日，『由来』のことを考えるとき，人種は人間の生物としての変異の有効な記述ではなく，「男の」脳と「女の」脳，あるいは性差に関連するいかなる単純な生物学的パターンにも，生物学的に首尾一貫性はないのであり，「最適者生存」が進化の過程の変動の型を適切に表現しているわけではないということを，はっきりと証明する資料に注意を向けた方がよい。学会は進化科学の受け継がれてきた偏見と害悪を拒絶することができるが，それには様々な意見をいれる必要を見据え，それに基づいて活動し，包括的なやり方を進化研究の中心とすればよいのである。最終的に，『由来』から学ぶことによって照らし出されるのは，今日の人間の進化研究の最も高度で最も興味深い問題である。それは，人間の進化科学への移行である。「男」を人間の代わりにするのはやめにして。

◀解　説▶

▶ 1.「第1段と第2段の関係は，どう言えるか？」

a.「第2段は前段の議論を支える追加的な証拠を提供している」

b.「第2段は前段と対照をなす」

c.「第2段は前段とは異なる話題を論じている」

d.「第2段は前段で提供された議論を深めている」

第2段は前段で提示されたダーウィンの『由来』の誤りが何かを具体的に論じている。よって，正解はdだとわかる。

▶ 2.「AとBの両方を埋めるのに最もよいのは（　　　）である」

空所Aを含む文の前半は「こうした主張は（　　　）である」という意味。どちらの空所の前後の記述も相矛盾している。a.「混乱を招く」，b.「累加的な」，c.「魅力的な」，d.「影響力をもつ」という意味だから，正解はaに決まる。

▶ 3.「著者が下線部(1)の人々に言及しているのは（　　　）を示すためである」

a.「ダーウィンのこうした人々との関係がその進化論の基礎を形成した」

b.「ダーウィンはこうした人々に対して，個人的な関係に基づいて人種差別的，性差別的な見解をもっていた」

c.「ダーウィンは，こうした人々と密接な関係をもっていたにもかかわらず，人種と性に関して偏見をもっていた」

d.「ダーウィンはこうした人々とともに，その最も重要な著作を書いた」

当該下線部の 2 文後（Darwin was a …）に「人種と性に関するダーウィンの見解が資料と自分自身が味わった経験からもっと影響を受けるべきだった」とある。それはつまり，「受けるべきだったにもかかわらず，実際は受けなかった」ということ。正解は c に決まる。

▶ 4.「著者はチャールズ＝ダーウィンとその進化論についてどう考えているか？」

a.「根拠のない有害な主張をより子細に見れば，科学的な資料と経験に関するダーウィンの見解を見分けられる」

b.「科学に対するダーウィンの貢献を尊重しながら，その進化論にある偏見と危険も見分けなければならない」

c.「『人間の由来』をさらに学ぶことにより，男女の生物としての特性の理解を深めることができる」

d.「『最適者生存』の思想に基づいて，人間の進化の重要性を批判的に考慮し直さなければならない」

筆者の考えは，第 6 段第 1・2 文（Today, students are … data and experience.）および第 7 段第 1・2 文（"The Descent of … and harmful assertions.）から「ダーウィンの進化論に関する先駆的な洞察は評価に値するが，根拠のない有害な偏見については批判されねばならない」と読み取れる。正解は b に決まる。

▶ 5.「著者によれば，ダーウィンの女性に対する見解は，（　　）である」

ダーウィンの女性論は第 4 段第 1・2 文（In "Descent," Darwin … and biological assessment.）にあり，これは第 5 段最終文（But Darwin's racist …）で著者によって女性蔑視的だと指摘されている。選択肢はそれぞれ，a.「世間知らずの」，b.「差別的な」，c.「微妙な」，d.「偏執的な」という意味だから，正解は b に決まる。

▶ 6.「本文によれば，次のうちどれが正しい記述か？」

a.「ダーウィンの人間や他の動物に関する分析の大半は，科学的に誤っていることが判明した」

b.「『最適者生存』と『自然選択』の理論は，個別に取り扱わなければならない」

c.「男女についてのダーウィンの思想は，当時の社会的な性に関する固定観念を反映している」

d.「人種差別主義者や性差別主義者，白人至上主義者について学生はより多くを学ばねばならない」

第 5 段最終文（But Darwin's racist …）に「ダーウィンの偏見は，社会の見解の反映である」という趣旨の記述がある。よって，正解は c に決まる。

▶ 7.「次の記述のうち本文の内容に沿わないものを 2 つ選べ」

a.「ダーウィンの社会的な性に関する偏向は，科学に対するその貢献とともに認知されなければならない」

b.「ダーウィンの進化論は，ヨーロッパの生存競争に対する今日の認識に影響している」

c.「ダーウィンの思想は，多くの人々が気付いていない数多くの論争を巻き起こすような側面を含んでいる」

d.「ダーウィンは，人種の違いから生じた反証ゆえに，自然選択という自説を捨ててしまった」

e.「ダーウィンは欧州人と非欧州人の知的能力には差があると考えていた」

b は，英文の意味自体が判然とせず，本文との対応が不明瞭である。また，「ダーウィンが自然選択論を捨てた」という記述は本文にはない。よって，正解は b と d であると判断できるだろう。

▶ 8.「本文に基づくと，著者はダーウィンがどう取り扱われるべきだと考えているか？」

a.「人間の進化をよりよく理解するには，ダーウィンの思想を拒絶しなければならない」

b.「社会的な性と人種の平等の先駆者として，ダーウィンは認められなければならない」

c.「ダーウィンの理論の正負の両面に照らして，ダーウィンを提示しなければならない」

d.「ダーウィンをその性差別的，人種差別的な見解ゆえに，教科書から除外しなければならない」

第6段第1・2文（Today, students are … data and experience.）および第7段第1・2文（“The Descent of … and harmful assertions.）から，ダーウィンの善悪両面を示すことが望ましいと考えているとわかる。よって，正解はcに決まる。

▶9.「本文はどんな人の見解から書かれていると推論するのが合理的か？」

a.「現場報告を行う有名な社会科学者」

b.「人類学分野の最近の議論への参加者」

c.「人種や社会的な性の違いを見ている心理学者」

d.「学者の言論の自由の権利を守る法律活動家」

本文は『人間の由来』についての論文であり，ダーウィンの人間の由来に関する考え方を論じている。それを論じるのは，人類学者がふさわしいであろう。よって，正解はbに決まる。

▶10.「著者が支持する研究の好例にならないものは次のうちどれか？」

a.「人間の進化に女性が果たした役割に焦点を当てる研究」

b.「ダーウィンの思想がどのように植民地主義を正当化するのに使われたかをさらに明らかにする研究」

c.「人種的な優越を確認するため，遺伝検査を用いる研究」

d.「性的な差異の2重の性質を問う研究」

第7段第3文（Reflecting on “Descent” …）の記述から，「人種的優越」は無用の概念だとわかる。よって，正解はcだとわかる。

●語句・構文●

（第1段）tackle「～に取り組む」 descent「由来，起源，系統，家系，降下」 status quo「現状」 deploy「～を配置する，～を展開する」 sexual selection「性選択」 scenario「台本，筋書き，シナリオ」 innovative「革新的な」 trailblazing「先駆的な，開拓する」 cumulative「累積的な」 venerate「～を尊敬する，～をあがめる」

（第2段）ancestral primates「祖先の霊長類，サル類」 modification「変更，修正」 lineage「血統，家系」 inference「推論，推定」 injurious

「有害な，害をなす」 objectivity「客観性」 outcome「結果，成り行き，結末」 tome「本，学術書」 racist「人種差別的な，人種差別をする」

（第3段） consistently「一貫して」 refer to O as C「OをCと呼ぶ」 cognitively「認知的に」 depauperate「発育不全の，貧弱な」 refutation「反駁，反論」 colonialism「植民地主義」 genocide「大量虐殺，集団殺戮」 robust「強い，強硬な，確固とした」

（第4段） identify O as C「OをCと確認する，OをCと認定する」 akin「同族の，同種の」 invoke「～を行使する，～を発動する」 assessment「査定，評価」 adamant「きわめて堅い，強固な，不屈の」 agency「作用，働き，力」 resonate「反響する，共鳴する」 misogyny「女性不信，女性嫌悪」

（第5段） substantive「実質的な，かなり多くの」 Fuegian「フエゴ島人」 perceptive「洞察の鋭い，鋭敏な，知覚の」 echo「反響させる，～のこだまを返す」 mediator「仲介者，媒介者，仲裁人」

（第6段） warp「曲げる，歪める，曲解する」 supremacist「至上主義者」 academic「大学教職員，学徒，学者」 validate「～の正当性を立証する，～を有効にする，～を認可する」 uncritically「無批判に」

（第7段） influential「強い影響力のある」 acknowledge「認める，同意する」 push against「押しつける，押し当てる」 unequivocally「明確に，はっきりと」 valid「正当な，有効な」 variation「変形物，異体，変異体」 coherence「統一，一貫性」 simplicity「単一性，簡単，単純，簡素」 dynamics「変動の型，力学，活力，動力学，動学」 legacy「遺産」 diverse「種々の，多様な」 inclusive「包括的な，非差別的でない，両性を含む」

II 解答

1－c　2－c　3－b　4－a　5－b　6－c
7－a　8－c　9－a・e　10－b

◆全　訳◆

≪人類初の赤ん坊の世話をしたのは誰か？≫

最初の赤ん坊の面倒を誰が見たんですか？　困ったことに，このきわめて適切な質問は，私たちが本当は知らない事実を知っていることを前提としているのである。あるいは，ティム＝ホワイト先生という，カリフォルニア大学バークレー校の，助けになる，あざ笑うことなど決してない古人類学者が語ったとおり，「最初の赤ん坊が見つかったら儲けもの！」なのだ。

先生は，進化の鎖は長く，はっきりした始まりもないと言いたいのである。化石の記録を見て，見つけたものを「人間」と「非人間」という区分に分類するのはたやすいが，それは，後知恵で得た有利な立場のおかげである（そしてそうした区分けでさえ，実はそれほどたやすいことではない。しかし，それはまた後ほど触れよう）。

その時点では，誰も特定の赤ん坊が最初の人間であるとは，わからなかっただろう。サルに似たアウストラロピテクスのルーシーが人間の子どもを産んで，誰もが「ほう！　この子に一体何が起きちゃったんだ⁉（元のアウストラロピテクス語からの翻訳です）」のようになった日など，決してなかったのだ。もっとヒトに近縁の直接の祖先である直立原人が周りに立ってヒトの赤ん坊をじっと見つめていた瞬間さえも，ありはしなかった。そうではなく，むしろ木々の最初のつぼみに目をとめて…次にある日見渡してみると，春が満開になっているのに気づくみたいなものだ。一夜のうちに起こったりはしなかった。ゆっくりと，徐々に変化したのだ。

生物を種類に分けて個別のくっきりとした区分に入れるという仕事は重要な科学であると同時に，これぞインチキみたいなものでもある。「種」の考えは元々，進化論がまとまる以前の時代の産物である。カール＝リンネなどのヨーロッパの初期科学者は，キリスト教の神が動物や植物，人間を今の形に創造し，それぞれの種は互いに明確に異なっていると信じていた。

しかし，分類学は，その分類の対象と同様，進化した。その進化の一つは，種の間の境界は実はかなりいい加減だという認識である。種の視覚的な見分け方は，固定されたものでなく，数世代のうちに動物は，どこか新たな場所に移動したり，住んでいる場所が変化したりすれば，行動や見かけを変えていく。そうなった場合，なお同じ種だと言えるのだろうか？

同様に，学校で違う種は生存できる子孫をともに作ることはできないと習ったかもしれない。だがしかし，違う種の動物は多くは交雑可能である（ライガーを考えてみればよい）。

「厳格な分類は，流動的な進化を反映しません。そんなこと，とてもできないのですよ」と，ホワイト先生は語った。

そして，もし生きて呼吸している動物を明瞭で明確な種に分類することが，それほどやっかいなことなら，化石記録でそれをするのをちょっと考えてみてほしい。手元にはどれか所定の種に当たるかもしれない生物のたった1個か2個の標本しかないというのに。1つの小さな化石集団を取り上げ，それを別の集団と比較し，そうだ，それらは異なる2種だと全員の意見がほぼ一致していると決定するには「時には数十年にわたる未確定と論争の時期を要することになりかねません」と，古人類学者のリック＝ポッツ先生は語った。ポッツはスミソニアン学術協会のヒューマンオリジンズプログラムを率いている。

ポッツ先生が教えてくれたが，概して，科学者はヒトと，それ以前に現れたヒト未満とを丸い頭骨といった特徴に基づいて区別している。「何か長めで引き伸ばされて見え，額が低いものとは違っているわけです」とポッツ先生は語った。また，ヒトの特徴は，はっきり顔が小さく，脳を入れておく頭骨の部分のほぼ真下に位置することだとした。「初期人類って，顔が脳の入れ物の前部についた柄みたいに見えます。突き出しているんですね」と，先生は語った。

しかし，こうした特徴から，必ずしも何が現生人類で，何がそうではないかを決めるのがたやすくなるわけではない。例えば，南アフリカのフロリスバッド遺跡で見つかった25万9千年前の化石を取り上げてみよう。この部分頭骨は，「世界最古の人間化石」の資格を争う候補の一例であるが，それが本当にヒトなのか原生人なのかを決める事情を，私たちはまったく把握していないのです，とポッツ先生は語った。

その頭骨は丸いので，ヒトであることを期待するだろうが，通常の私たちの頭骨よりは厚くもある。だいたいは，明確にヒトだという特徴があるけれど，他に，古い方の種と結びつくいくつかの特徴もある。その遺跡からごっそり頭骨が出ていれば，何が起きたのかを明瞭に示す構図が得られるだろうと，ポッツ先生は語った。これが特に初期のヒトの集団なのか，ほんのたまたまヒトの側にちょっと近づいた原生人集団の一個体なのかを知ることができるだろう。しかし，たった一つ頭骨があるだけなのだ。だから科学者たちはそれを議論し続けている。

最初の赤ん坊が誰であれ，誰かが確かにその世話をした。進化論的には，誰かがそれをしなくてはいけなかったのだ。現生人類の赤ん坊は，祖先の類人猿の赤ん坊より余計に，またより長い期間（そしておそらくより多くの人が）面倒をみなければならないからである。300 万年前，そうした祖先は今日の私たちよりはるかに早く成人した。化石歯のエナメル質の層の検査によって，初期のヒト科生物は 3 歳で最初の臼歯がはえたことが知られており，これは私たちの倍の速度である。現生人類はもっとゆっくり大人になるが，それは大きくて複雑な脳の発育に大量のエネルギーを費やすからだとポッツ先生は語った。「脳は本当に高くつきます。私たちはゆっくり大人になるのであり，その脳が成熟するのに長期間かかるのです」

そして，私たちヒトが発達するにつれ，赤ん坊の世話をすることや，赤ん坊を亡くしたことを取り巻く儀式や文化もまた発達した。

ちょうど先週，雑誌『ネイチャー』が，アフリカ大陸のヒトの知られる限り最古の埋葬を明らかにした論文を掲載した。墓穴は，ケニヤの洞窟の突出部の下で見つかったのだが，そこには約 7 万 8 千年前に生きていた 2，3 歳の子どもの骨が含まれていた。その子は，明らかにヒトであり，明らかに世話をされてもいた。骨の配置から，その体にはしっかりと死者を覆う布が巻かれ，横向きに安置され，頭は枕の上に置かれていたことが示唆される。

その種の入念な世話をする行動と，ヒトの赤ん坊の存在という概念そのものは，分かちがたく結びついている。脳が大きくなるにつれ，赤ん坊はより多くを必要とするようになり，常に増大し続ける脳をもつ親は，その必要を満たすためにさらに独創性を増したのである。ヒトではない親をもつヒトの赤ん坊が見つかることなど決してないだろう。変化は余りにゆっくりだから，それは無理な相談なのだ。しかし，完全にヒトとなった赤ん坊を生み出す過程はまた，完全にヒトとなった養護者をも生み出したのである。

「その子の父と母にとって，その子は 2 人の赤ん坊だったのです」と，ホワイト先生は語った。「そして，亡くなったのです」

◀解　説▶

▶ 1．「なぜティム＝ホワイト先生は下線部(1)を語ったのか？」

a．「なぜなら，それがきわめて優れた質問だったから」

b．「なぜなら，手助けしたかったけれども，自分で研究できなかったから」

c.「なぜなら，先生は成功の可能性に疑いを抱いていたから」

d.「なぜなら，先生は後知恵で得た有利な見方をすべきだと考えているから」

当該下線部は「最初の赤ん坊が見つかったら儲けもの」という意味。第2段第1文（His point is …）から，「そんなことはうまくいきそうにない」と考えていたとわかる。よって，正解はcに決まる。

▶2.「下線部(2)を一番うまく言い換えているのはどれか？」

a.「現在の時点で」

b.「ちょうどよい時期に」

c.「その時点で」

d.「すぐに」

当該下線部は「その時点では」という意味。正解はcに決まる。

▶3.「著者はなぜ下線部(3)はアウストラロピテクス語からの翻訳ですと付言したのか？」

a.「追加の情報を与えるため」

b.「本文にユーモアの味を加えるため」

c.「ルーシーが話していた言語に関して誤解が生じるのを避けるため」

d.「ルーシーに関してなされた議論の威力を高めるため」

Australopithecine は Australopithecus の（固有）形容詞形であるから，「アウストラロピテクス語」の意。そんな言語があるかどうかも怪しいのだから，翻訳したというのはユーモラスな著者のしゃれ。なお，austral は「南の」，pithecus は「サル，類人猿」の意。正解はbに決まる。

▶4.「下線部(4)は何を意味するか？」

a.「山のようなでたらめ」

b.「多くの優れた科学」

c.「よく出来たレシピ」

d.「重要な発見」

当該下線部は文字通りには「たっぷりの混じり気なしのリンゴソース」だが，それでは何のことか意味不明。この applesauce は，nonsense の含みで使われる語でもある。正解はaに決まる。

▶5.「なぜ著者は下線部(5)の species という言葉を引用符で挟んだの

か？」

a．「種はほとんどの人々が知っている言葉ではないから」

b．「種の考えは，造語当時から変わってしまったから」

c．「赤ん坊は人間の違う種であり，世話を要するから」

d．「人間は他の動物と比べて，特別な種だから」

当該下線部直後に「元々は…」とあって，昔とは異なる概念となっていることがわかる。正解はbに決まる。

▶ 6．「空所A，Bを埋めるのに最もよい言葉はどれか？」

a．A．「流動的な」　B．「柔軟な」

b．A．「静的な」　B．「厳格な」

c．A．「厳格な」　B．「流動的な」

d．A．「柔軟な」　B．「静的な」

当該空所部分は「(　A　) な分類は，(　B　) な進化を反映しないので，そんなことはできないのです」という意味。直前の２つの段に「種の概念」が実は明確ではなく揺れ動くものだと示されていた。文意に沿うような文章を作るには，Aには「きっちりとした」，Bには「変化していく」という意味がふさわしい。そうなっているのはcである。

▶ 7．「第９段を最もよく要約している文章はどれか？」

a．「初期人類と人になる前の原人とでは，頭骨の特徴が異なる」

b．「大きな顔をもつ人間は，人になる前の原人により近縁である」

c．「ヒトの顔は目立って前に突き出ている」

d．「ヒトの丸い頭骨は，小さくなった顔の原因である」

当該段の主旨は「現生人類は丸みを帯びた頭骨をもっており，それに対して原人は長めで引き伸ばされたような額が低い頭骨をもっている」ということ。正解はaに決まる。

▶ 8．「下線部(6)を置き換えることができない単語は次のうちどれか？」

a．「明らかに」

b．「明白に」

c．「考えられないほど」

d．「疑いの余地なく」

当該下線部は「明らかに」という意味。正解はcに決まる。

▶ 9．「下の８語を使って空所Cを埋めると，どう並べるのが最適か。3

番目と6番目の語を記しなさい」

a.「見つける」, b.「人間」, c.「決して」, d.「非人間の」, e.「ともに」, f.「だろう」, g.「赤ん坊」, h.「親」という意味。これらをヒントに，当該空所部分の意味を考えると，be never going to〜「決して〜ないだろう」, human baby「ヒトの赤ん坊」, nonhuman parents「ヒトではない親」というグループになる。ここまで考えれば，空所前後の文脈から「初めてのヒトの赤ん坊が，ヒトではない親から生まれるなどということはあり得ない」という英文を作ればいいとわかる。それはYou're (never going to find a human baby with nonhuman parents).となる。

▶10.「本文の内容に沿う文章は，以下のうちどれか？」

a.「科学者は比較的低い額をより複雑な脳と結びつけて考える」

b.「人間の脳の大きさの増大は，養護の需要を高めた」

c.「人間の頭骨は，ヒトの脳の大きさの拡大のために徐々に厚くなった」

d.「化石歯のエナメル質の層は拡大する子育て能力の証拠を形づくる」

第15段第2文（As brains got …）と一致するのでbが正解。

●語句・構文●

(第1段) presuppose「予想する，〜を前提とする」 sardonic「冷笑的な，嘲り笑う」 paleoanthropologist「古人類学者」

(第2段) sort *A* into *B*「*A*を*B*に分類する，*A*を*B*に振り分ける」 vantage point「見晴らしのきく位置，有利な立場」 hindsight「後知恵，結果がわかってからの判断」 categorization「類別化，範疇を立てること」

(第3段) There was never a day when〜「〜する日など決してなかった」 whenは関係副詞である。Lucy the Australopithecus「アウストラロピテクスのルーシー」 Donald Johansonらによって1974年にエチオピアで発見された有名な化石。全身の4割ほども出土し，化石個体がThe Beatlesの名曲Lucy In The Sky With Diamondsにちなんで命名された。give birth to〜「〜を生む」 What the heck「一体何」 Homo erectus「ホモ・エレクトゥス，直立原人」

(第4段) simultaneously「同時に」 piece together〜「〜をつなぎ合わせる」 Carl Linnaeus「カール＝リンネ」 スウェーデンの植物分類学者。

protoscientist「初期科学者」

（第5段）taxonomy「分類学，分類法」 messy「乱雑な，ゴタゴタした」

（第6段）viable「生きていける，生育できる」 interbreed「雑種を作る，異種交配する」 liger「ライガー」 ライオン lion とトラ tiger の交雑種。

（第8段）complicated「込み入った，入り組んだ，複雑な」 specimens「見本，標本，試料」 To *do* ～ take decades「～するには，何十年もかかる」

（第9段）rounded「丸い，丸みのある」 as opposed to ～「～とは対照的に，対立して，まったく違って」 forehead「額」 haft「柄，つかをつける」

（第10段）distinction「差異，特徴」 fossil remains「化石（遺体，遺物）」 the Florisbad site「フロリスバッド遺跡」 化石人類の主要な産地。vie for ～「競って～を求める」 title「称号，資格」 proto-human「原生人の，原生人のような」

（第11段）typically「概して，通常は」 for the most part「大部分は，たいていは」 associate *A* with *B*「*A* を *B* と結びつけて考える」 a bunch of ～「～の束，一団，山」

（第12段）ape「類人猿」 hominid「ヒト科の動物」 molar「臼歯」

（第13段）so *do* S「S もまた～する」 losing them「赤ん坊を失うこと」 caring for babies とともに placed around にかかっている。

（第14段）*Nature*『ネイチャー』 イギリスの科学専門週刊誌。アメリカの *Science*『サイエンス』と並ぶ有名高級誌。document「文書で証明する，詳細に報道する」 burial「埋葬」 overhang「突出部，張り出し部分」 grave pit「墓穴」 unambiguously「明白に，疑いなく」 shroud「死体を包む布，屍衣，経帷子」 lay *A* on *A*'s side「*A* を横に寝かせる」

（第15段）elaborate「精巧な，丹念な，丹精した」 inextricably「分けることができないほど，密接不可分に」 link *A* together「*A* を結びつける，*A* をつなげる」 ever-larger-brained「常に大きくなる脳をもった」

（第16段）it died「自分の子が亡くなってしまった」 it は7万8千年前に埋葬された子のこと。

Ⅲ 解答

1―b 2―d 3―c 4―b・d 5―c 6―b
7―a 8―b 9―c 10―b

◆全 訳◆

≪気候不安にかかった人に手を貸す人たち≫

2017 年に結婚した後で，ブリット＝レイさん夫妻は，子どもを作るかどうかを話し合い始めた。話はすぐに気候変動になり，その子たちが受け継ぐことになるかもしれない地球のことになった。

「本当に重大です」と，レイ先生は語った。彼女は現在スタンフォード大学とロンドンスクールオブハイジーン・アンド・トロピカルメディスンの博士研究員である。「予想外でした」 気分が落ち込み，ストレスがかかって，新たな気候報告を読んだり，活動家が話すのを聞いたりすると，泣いてしまったとレイ先生は語った。

ジェニファー＝アトキンソン先生は，ワシントン大学ボセル校の環境人文科学准教授であるが，学生が社会崩壊や大量絶滅が怖くて眠れないと言ってきた後，鬱状態になった。

2 人の女性が経験したことを表す色々な言葉があり，例えば環境不安とか気候悲嘆とか言ったりするが，レイ先生はそれを環境苦悩と呼んでいる。「気候危機に目覚めたときに現れるのは不安だけではありません」と，先生は語った。「畏怖，悲嘆，恐怖なのです」

これは珍しいことでもないのである。イェール大学とジョージメイソン大学の研究者によれば，この 5 年間のうちに，気候変動を「本当に心配している」米国人の数は 2 倍以上となり，26％に達した。2020 年に，アメリカ精神医学会の世論調査で米国人の半数以上が気候変動の精神的健康に及ぼす影響を懸念していることがわかった。

リーサ＝ヴァン＝サステレン先生はワシントン D.C. を本拠とする精神科医であり，クライメット・サイカイアトリー・アライアンスの共同創設者であるが，その組織は環境意識の高いセラピストの名簿作りをしている。彼女は，近年気候不安のために助けを求める患者の急増を「絶対に」見たと語った。

しかし，気候不安が浸透していくにつれて，自分自身とその周囲の人々両方のためにそれを緩和しようと努める人々の数もまた増えた。

例えば，レイ先生は，科学コミュニケーションで博士号をもっているけれど，不安と気候変動に関するあらゆるものをできる限り読むようになり，ついには自分の研究分野を変え，それにすっかり集中することになった。彼女はその研究成果と対処法を週報の『ジェンドレッド』で分かち合っている。週報には 2 千人を超える購読者がいる。2022 年春，彼女はその話題の書籍を刊行する予定である。

「私の目標は，大雑把には皆があまり孤独だと感じないよう手を貸すことです」とレイ先生は語った。「私たちは自分を取り戻すことができれば，燃え尽きたりせずに，これほど長期にわたるこれだけの危機の中で，どうあるべきかがわかるでしょう」

アトキンソン先生は，自分自身と自分の学生の気持ちを和らげたいと願って，環境悲嘆と気候不安のセミナーを計画した。

環境苦悩は一定の仕方で出現し，将来どんなことになるのかという苦悩から，個々の買い物や行動を巡る極端な罪悪感までに及ぶと，ヴァン＝サステレン先生は言う。その症状は臨床的な不安症状を反映することがあるとはいえ，環境苦悩は科学的な事実に対する合理的な反応だと見られると先生は語った。軽い事例では，取り組みは要するけれど，病的とする必要はないものというわけである（極端な不安の事例では，専門的な助力を求めることが大切だとヴァン＝サステレン先生は話した）。

多くの米国人にとって，環境苦悩のカウンセリングは比較的受けやすい。しかし，一部の地域では，とりわけさほど裕福ではない国々では，むしろまれにしかもてない特権のように見えるかもしれない。

クリティーは，エンバイアロンメンタル・ディフェンス・ファンドの上席気候科学者であるが，2 つの世界の両方にまたがって活動している。クリティー先生（彼女の名前は一語だけである）はコロラド州ボルダーに本拠を置きつつ，気候悲嘆を経験している人々のために研修会と避難所の運営を指揮している。また，気候変動に伴う極度の干ばつと洪水によって生計が直接脅かされているインドの農民とともに働いている。

クリティー先生は生化学と微生物学の博士号をもっているが，あらゆる背景をもつ人々が気候変動にまつわる感情を処理しなくてはならないと思っていると語った。彼女は自分の活動を奨学金や段階的な支払い，寄付金ベースの講座により，手の届きやすいものにしている。授業の一部は有色人種の人々専用であるが，こうした人々がしばしば気候変動の最前線にいるのであり，その環境悲嘆はしばしば人種的なトラウマと渾然一体となっていると彼女は語った。

おそらく気候変動の最悪の影響を感じることはないだろう白人と富裕層について，クリティー先生は，そういう人々も自分の悲嘆に直面することが重要なのだと語った。彼女曰く，そうすることで，「自分がこれほどに辛い思いをしているのなら，もっと恵まれていない人々の身に何が起きているのだろうか？」といった問題を熟慮するようになれるのである。

彼女の過去の研修会参加者の一部は，生活様式を変えたり，環境運動に参加したりするきっかけをつかんだ。それは集団で実行されれば，地球全体を利することになり得る選択である。「怒りや悲しみ，恐怖を表現する手段を与えていないのに，根本的に改革するよう人々に促したりはできません」と，クリティー先生は語った。

シェリー＝ベドニー氏はソーシャルワーカーであり，また，ネイティブアメリカンカウンセリング・アンド・ヒーリングコレクティブという，4人のネイティブアメリカン女性が所有する医療チームの共同創立者であるが，その見方に同感だと語った。担当の患者は，環境不安といった言葉を使わないけれど，ネイティブアメリカンは自らの土地と文化を失ったことを「いつでも悲しんでいる」とベドニー氏は語り，患者にそうした感情に向き合うよう促す。「もしも心の準備ができていなかったり，悲しみから逃げてしまえば，それが何度でも襲ってくるでしょう」と彼女は語った。

ネイティブアメリカンではない人々については，その悲しみの過程の一部が原住民社会の負わされた過去と現在のトラウマを認めることであるのを望んでいるとベドニー氏は語った。そのとき，私たちは「団結して，母なる大地を癒やす過程につく」ことができるでしょうと彼女は言うのだった。

そして，気候悲嘆に対処している人々がたいてい力説するのはそのことである。つまり，地球を悲しむことを葬り去ってはならないということだ。実は，社会全体で処理する場合，それが実のところ強力な武器になるかもしれないのである。

「本当に大切なのは，これが普通となるようにすることです」と，レイ先生は語った。「それは，この実にまっとうな苦悩に対処している人々に手を貸すためだけでなく，こうした変化が生じるのを可能にすることで，実行可能な気候についての運動が活性化するからでもあるのです」

レイ先生によれば，気候変動を心配している人々が増えていることが，その解決の触媒になり得るそうだ。これは彼女とその夫が子どもを作ってみようと決断したほどに重大なことなのである。「こうした感情をもっているのがもはや私たちだけではないとなれば，そんなに悪いことではないのです」

科学がその支えになっている。研究によれば，社会的な支援によって，ストレスに負けない力がつき，所属意識があれば，意欲が強まる可能性があるそうだ。

アトキンソン先生もまた，自分のセミナーの最大の価値は，同じ志をもつ人々を結びつけられることだったと語った。彼女が言うには，「やっているのは自分一人であるかのごとく感じているのに，立ち上がって組織と戦いたいと思う人が誰かいますか？」とのことだ。

しかし，歳月のたつうちに，環境苦悩に関する彼女の見方は，変わった。「私たちの怒りは正義を求める欲求から生じ，悲嘆は共感から生じるのです」と，彼女は語った。「もし私たちがそうした感情を失えば，この戦いにとどまろうとする意欲そのものを失ってしまうでしょう。本当に驚いたのはそのことだったのです。私が克服したいと思っていたものが，実際は超能力のようなものだったとわかったのですから」

◀解　説▶

▶1.「次のうちで，環境不安の例として言及されていないものはどれか？」

a.「社会の崩壊や大量絶滅に関する不安による睡眠不足」

b.「深刻な森林伐採についての不安のせいで植樹計画に参加すること」

c.「気候報告や活動家の警告を聞いて，悲しくなったり鬱になったりすること」

d.「気候変動と，自分の子どもが暮らすことになる地球の未来を恐れること」

環境不安の例は本文冒頭から第3段に記述されている。「植樹計画」といった記述は本文にはない。よって，正解はbだとわかる。

▶2.「第5段から第8段の要約として最もふさわしいものは，次のうちどれか？」

a.「気候不安は広く行き渡ってしまったので，有名大学は不安な人々への支援を拡大するのに重要な役割を果たしてきた」

b.「気候不安は広く行き渡ってしまったので，まず自分の利益を第一に考えるようになった」

c.「気候不安は広く行き渡ってしまったので，学術出版物が正しい情報の重要な情報源だとみなされるようになった」

d.「気候不安は広く行き渡ってしまったので，人々は気候問題を巡る不安を小さくするよう努めるようになった」

指定段では，気候不安に悩む人々の増加につれ，それに対処しようとする人々も増えているという趣旨が記述されている。よって，正解にふさわしいのはdだとわかる。

▶3.「空所Aを埋めるのに最もふさわしいのはどれか？」

当該空所を含む文は「多くの米国人にとって，環境苦悩のカウンセリングは比較的（　　　）である」の意。直後に「しかし，一部の地域では，…むしろまれにしかもてない特権のように見えるかもしれない」とあるから「たやすく受けられる」といった意味の語が入るとわかる。選択肢はそれぞれ，a.「入手できない」，b.「途方もなく高価な」，c.「手に入れやすい」，d.「高価な」という意味だから，正解はcに決まる。

▶4.「下線部(1)は，次のうちのどの2つに言及しているか？」

当該下線部は「2つの世界の両方にまたがって活動している」という意味だが，第 12 段および下線部の直後にそれに関する具体的な記述がある。第 12 段では豊かな社会とそうではない社会，下線部の直後では一つは「研修会と患者の避難所」，もう一つは「インドの農民」である。選択肢はそれぞれ，a.「生化学と微生物学」，b.「異なる種類の社会」，c.「研修会と患者の避難所」，d.「合衆国とインド」という意味。第 12 段の記述に当てはまるのはbである。また，研修会などをしているのは先生の本拠がある合衆国のコロラド州だと考えられるので，下線部の直後の記述に当てはまるのはdということになる。よって，bとdが正解。

▶5.「クリティー先生の研修会の記述として，適切でないものは次のうちどれか？」

a.「彼女の研修会で，個々人が異なる経歴にもかかわらず思いや感情を共有できるようになる」

b．「彼女の研修会で，裕福な人々は自分の生活がどのように環境問題の害をますます受けやすくなっているかを知ることができる」

c．「彼女の研修会で，個々人が負の感情を活動を起こすことなく表現できるようになる」

d．「彼女の研修会で，有色人種の人々は環境不安が人種的なトラウマとない交ぜになっていることを知ることができる」

当該の記述は第14～16段にある。cは，第16段第1文（Some of her …）の内容と矛盾する。よって，cが正解。

▶6．「下線部(2)で，ベドニー氏が言い表していることはどれか？」

a．「私たちは，原住民が他の人には理解できない問題に常に苦しんでいることを知らねばならない」

b．「私たちは，様々な背景をもつ人々が，伝統的な感情を受け止めながら，ともに務めを果たさなければならないということを理解しなければならない」

c．「私たちは，地球は原住民にとって母のごとく絶対的に重要なものなのだから，自然環境を救わねばならない」

d．「私たちは，原住民とその背景にはふさわしくないから，『環境不安』という語の代わりに新語を造語しなければならない」

当該下線部は「母なる大地を癒やす過程につく」という意味。ベドニー氏は第18段第1文（As for non-Native …）で，ネイティブアメリカンではない人たちの grieving process「悲しみの過程」について述べている。ベドニー氏はその「悲しみの過程」が「原住民社会の負わされた過去と現在のトラウマを認めること」を含むのを望んでおり，下線部の the healing process はネイティブアメリカンではない人たちの grieving process と対になるように提示された表現であることがわかる。また，下線部の直前で come together「団結する」という表現があるので，ネイティブアメリカンとそうでない人々がともに「癒しの過程」を始めることが，下線部でベドニー氏が強調したかったことであると考えられる。「原住民社会の負わされた過去と現在のトラウマを認めること」と「ネイティブアメリカンとそうでない人々がともに『癒しの過程』を始めること」という2点に一致するのはbである。

▶7．「空所B，Cに最もふさわしいのはどれか？」

a．B．「まっとうな」 C．「実行可能な」

b．B．「まっとうな」 C．「不合理な」

c．B．「不合理な」 C．「実行可能な」

d．B．「不合理な」 C．「まっとうな」

当該空所部分は「この実に（　B　）な苦悩に対処している人々に手を貸すためだけでなく，こうした変化が生じることを可能にすることで，（　C　）な気候についての運動が活性化するからでもある」という意味。Bには「正当な」といった意味の語，Cには「実行できる」あるいは「当然の」といった意味がふさわしいとわかる。正解はａに決まる。

▶8．「第 21 段から第 24 段までで言及されていないのは，次のうちどれか？」

a．「アトキンソン先生の研修会は同じような傾向の人々を結びつけることができる」

b．「科学的な研究は人々の所属感情を強化することができる」

c．「人々の不安は，それに対処する処方箋に変わることもあり得る」

d．「負の感情は，問題と戦うよう人々を駆り立てることもあり得る」

第 22 段では「所属意識があれば意欲が強まる可能性があると研究が示している」と述べられており，「科学研究が所属感情を強化する」という内容ではないので，ｂの記述は本文と矛盾する。よって，正解はｂに決まる。

▶9．「筆者は環境不安に立ち向かう最も重要な方法は（　　　）することだと考えている」

a．「気候問題に極端な不安を感じるときは，医師に診てもらう」

b．「経済的な不均衡や人種差別を，課税計画によって解決する」

c．「人々の不安を分かち合い，気持ちがより強く結びついて行動を起こせるようにする」

d．「自分の不安を楽しみに変え，気候変動の成功を願う」

第 23 段ではアトキンソン先生のセミナーの「最大の価値」が述べられているが，筆者はこれを紹介することによって気候変動に伴う不安に対処するのに最も重要な論点を述べようとしていると考えられる。それは「同じ志をもつ人々を結びつける」ことによって「立ち上がって組織と戦いたい」という意欲を支えることだとされている。正解はｃだとわかる。

▶10.「科学者・活動家に関して，次のうち正しいのはどれか？」

a.「ベドニー氏は地球について悲嘆しすぎることは，環境苦悩の人種間の理解を妨げるので避けなければならないと思っている」

b.「クリティー先生は，第1世界の研修会で恵まれない人々への同情の重要性を強調している」

c.「アトキンソン先生は，環境苦悩を外部の助力なしに耐え忍ぶ方法を教えるので，地球の未来に関する学生の不安を和らげることができる」

d.「レイ先生夫妻は，子どもをもつことを諦めた。その子たちの未来が人種的に多様な社会ではあまり希望がないからである」

第15段の趣旨にほぼ沿っているといえるので，bが正解。

●語句・構文●

(第1段) inherit「～を相続する，～を受け継ぐ」

(第2段) postdoctoral fellow「博士研究員」 activist「活動家」

(第3段) associate professor「准教授」 humanities「人文(科)学」 depressed「鬱(病)の，消沈した」 social collapse「社会崩壊」

(第4段) term for ～「～を表す言葉」 dread「大きな恐怖，畏怖の念」

(第6段) psychiatrist「精神科医」 directory「人名録，氏名簿」 therapist「治療専門家，療法士，セラピスト」 surge「大波，うねり，殺到」

(第7段) prevalence「普及，流行，横行」 alleviate「～を緩和する，～を軽減する」

(第8段) findings「研究成果，結論」 subscriber「購読者，申込者，加入者，出資者」

(第9段) for the long haul「長期的には，長い目で見れば」

(第10段) assuage「～を和らげる，～を緩和する」

(第11段) manifest「～を明らかにする，～を明示する」 anguish「苦痛，苦悶，悲痛」 symptom「兆候，症状，症候」 clinical「臨床の，臨床治療の」 address「～に取り組む」 pathologize「病気だとみなす，病的だと考える」

(第12段) rare privilege「稀な特権，特典，権利」

(第13段) workshop「研修会，研究会，研究集会」 retreat「隠れ家，避難所，退却，後退」 livelihood「暮らし，生計」 drought「干ばつ，日照り，渇水」

（第 14 段）doctorate「博士号」 biochemistry「生化学」 microbiology「微生物学」 affordable「入手可能な，手頃な」 donation「寄付」 the front line「最前線，矢面」 compound「混ぜる，混合する，調合する」 trauma「トラウマ，心的外傷」

（第 15 段）regarding「～に関して」 affluent「裕福な，豊富な」 crucial「決定的な，きわめて重大な」 contemplate「～を熟考する」

（第 16 段）collectively「集合的に，集団で」 as a whole「全体としての，ひとまとめでの」 radical「根本的な，基本的な，徹底的な，過激な，急進的な」

（第 17 段）group practice「グループ診療（専門の違う医師が協力して行なう診療）」 client「依頼者，相談者」 haunt「とりつく，出没する，絶えず浮かぶ」

（第 18 段）as for ～「～に関しては」 inflict *A* upon〔on〕*B*「*A* を *B* に与える，*A* を *B* に負わせる，*A* を *B* に課する」 come together「集まる，まとまる，和解する」 heal「癒やす，直す，修復する」

（第 19 段）underscore「～に下線を引く，強調する」 communally「共同で，公共的に，共同社会として」 potent「力強い，有力な，影響力のある」

（第 20 段）normalize「～を常態にする，～を正常化する」 transformation「変化，変質，変容，変形」 energize「元気づける，活力を与える，励ます」

（第 21 段）catalyst「触媒（の働きをするもの）」 so much so that ～「とてもそうなので～」 not nearly ～「決して～でない」

（第 22 段）resilience「弾力，弾性，復元力」 motivation「意欲，自発性，積極性，動機付け，誘因」

（第 23 段）put it (in a way)「(～のように) 言う」 Who wants ～?「誰が～望むだろうか？」（誰も望まない）という含み。

（第 24 段）compassion「思いやり，深い同情」 get rid of ～「～を取り除く」 superpower「異常な力，超大な力」

Ⅳ 解答

1－d　2－c　3－a　4－b・e　5－e　6－b
7－c　8－a　9－c　10－d

◆全　訳◆

≪大学入学でアファーマティブ・アクションを支持する 5 つの理由≫

文章 1：大学入学でアファーマティブ・アクションを支持する 5 つの理由

米国史上長い間，一流大学はほぼ裕福で，大半が白人の米国人のためのものだった。20 世紀になってはじめて，こうした機関は積極的に多様性を優先し，アファーマティブ・アクションといった手段を取り入れることで，入学機会を拡大するようになった。アファーマティブ・アクションとは，人種と民族を学生の志願の全体的な評価の一環として考慮する，綿密に組み立てられた方式である。アファーマティブ・アクションは，多様性を拡大し，さもなければアメリカの高等教育制度から閉め出されてしまう人々が，上級学位を獲得する機会を得ることを担保することができる大学がもつ最良の手段の一つである。

合衆国最高裁判所は繰り返し入学許可に際し，人種を使うことを支持してきたにもかかわらず，一部の集団は有色人種の学生の入学機会を侵害し続けている。こうした勢力は，トランプ政権に強力な盟友を見出した。同政権は連邦政府の権力を最大限利用して，アファーマティブ・アクションを脅かそうとしてきた。アファーマティブ・アクションが白人学生を害していることを証明できなかったものだから，そうした勢力は戦術を変え，一部の有色人種の学生が教育機会を得るのに手を貸すことが，資格十分のアジア系米国人学生に対する差別を生じさせるという俗説を押し立てるようになった。この有害な俗説は，アジア系米国人社会は均等一様であるという間違った話術を永続化し，民族間の重大な社会経済的な差異を無視し，アファーマティブ・アクションが緩和するのに役立ってきた，際だった人種内不均衡に目を塞がせている。この戦術は今に始まったことではない。不当な制度を保守しようとする集団や個人は長きにわたって，有色人種の社会に不和の種を蒔こうとしてきたのだ。

そうした勢力が，教育の平等に向けたこの国の進歩を阻み，有色人種の社会を互いに対立させようとつとめてきたにもかかわらず，指導的な市民権集団は，アファーマティブ・アクションの利用を守り続けており，また，研究によってその必要が明らかになり続けている。人種を意識した入学方式は，高等教育での人種的平等を求める戦いに不可欠であり続けている。このコラムでは，大学入学制度でアファーマティブ・アクションを支援する５つの理由を探ってみる。

表１：大学入学制度でアファーマティブ・アクションを支持する５つの理由

1．有色人種の学生は大学のキャンパスでは比率が不当に低いままである
2．多様性を優先することは，あらゆる人種の学生の利益になる
3．教育のアファーマティブ・アクションは，収入に焦点を絞るだけではできない仕方で多様性を拡大する
4．アファーマティブ・アクションは大学が入学者選抜を平等にしていく方に向かうのに役立つ
5．アファーマティブ・アクションは社会の流動性を高めるのに役立つ

数十年間，一流大学はその門戸を有色人種の学生に閉ざしてきた。その結果，有色人種の学生は国内最上級機関で，大幅に不当な比率のままになっている。アファーマティブ・アクションは，大学が志願者を評価する手法により意識的になることで，この差別の及ぼす影響に対抗するものだ。簡潔に言えば，アファーマティブ・アクションは，大学がその人種，民族，収入，身分ゆえに歴史上組織から閉め出されていた人々に機会を提供することを保証するのである。それゆえに，政策立案者や立法者が人種を意識した入学者選抜方針の使用を保護しようとつとめることはきわめて重要である。さもなければ，不平等が維持され続け，米国の高等教育制度は最も利益を得られる人々の役に立たなくなるだろう。

文章２：アファーマティブ・アクション反対派は最高裁がハーバード大学の方針に関する訴訟の審理を開くよう求める

Ⅰ．アファーマティブ・アクションの反対派は木曜に，自身が提起したハーバード大学に反対する主張を最高裁が受け入れて，大学入学に際して人種を配慮することを長く認め，とりわけ黒人とヒスパニック系の人々のための機会を増大させてきた判例を覆すように求める。

Ⅱ．異議申立人は，ハーバードカレッジがアジア系米国人に固定観念を押しつけ，初年度授業で人数を制限することで違法にアジア系米国人を差別しているのは，一定の少数派学生を有利に扱っているためだと主張する。

Ⅲ．裁判官が，公正な入学を求める学生対ハーバード大学の議論を聞くことに同意するなら，それは，1978 年に高裁によって初めて認められ，2003 年に確認された大学の慣行に対して大きな反対を提起することになるだろう。異議申立人は，ミシガン大学事件，グッター対ボリンジャー訴訟の 2003 年の判決は取り消されるべきだと言う。

Ⅳ．加速する人種的な緊張と是正が生じたこの時期に提起されている以上，弁論は 2021-22 年の最高裁法廷の最大の争議の一つを提起することになるだろう。申告は今期には間に合わない。

Ⅴ．「ハーバード大学のアジア系米国人志願者への不当な扱いはすさまじい」と SFFA の異議申立人は主張し，「ハーバード大学は人種の均衡化を図り」，大学の多様性に向けた「人種中立的な選択肢を無視している」と論じる。

Ⅵ．下級審はハーバード大学を支持し，偏向，人種均衡，多様性創出のための実行可能な人種中立的な選択肢という主張を却下した。11 月に，ボストンを本部とするある控訴裁判所は，ハーバード大学の選抜過程は，アジア系米国人志願者に固定観念を押しつけたり，不利益を課したりしていないと判決した。

◀解　説▶

▶1．「文章 1 に基づくと，なぜ大学は 20 世紀にアファーマティブ・アクションを採用したのか？」

a．「合衆国最高裁が，志願者を吟味する過程での全体的な評価に人種を用いることを支持したから」

b．「資格十分のアジア系米国人学生に対する差別を防ぐための手段が必要だったから」

c．「一部の集団が，有色人種の学生が一流大学に入る機会をもつことを支持し続けていたから」

d．「大学は様々な民族的，人種的経歴をもつ学生を入学させたいと思っていたから」

理由は第 1 段第 2 文（Only in the …）に「多様性確保のため」と明示されている。正解は d に決まる。

▶2．「文章 1 に基づくと，アファーマティブ・アクションに関連していないものは，次のうちどれか？」

a．「大学キャンパスの多様性を推進すること」

b.「入学の際に民族性を考慮すること」

c.「有色人種の社会に不和の種をまくこと」

d.「高等教育の人種的平等を支援すること」

アファーマティブ・アクションとは，第1段第2文（Only in the …）後半に「人種と民族を学生の志願の全体的な評価の一環として考慮する方式」とある。正解はcに決まる。

▶3.「下線部(1)の言い換えとして，最も適切なものは次のうちどれか？」

a.「アファーマティブ・アクションが取られなければ」

b.「多様性が拡大されれば」

c.「上級学位が得られなければ」

d.「人種と民族が考慮されれば」

「それがなければアメリカの高等教育制度から閉め出されてしまうもの」とは，「アファーマティブ・アクション」のことだとわかる。正解はaに決まる。

▶4.「下線部(2)の例示となる，文章2内の2つの段はどれか？」

当該下線部は「資格十分のアジア系米国人学生に対する差別」という意味。これについて述べている段落はⅡとⅤである。

▶5.「表1の『5つの理由』のうち，次の文章が最もよく例証している理由はどれか？」

「低所得層の学生や有色人種の学生は，高等教育を受ける機会を得るのに直面する障壁にもかかわらず，研究によれば，ひとたび最高位の教育機関に入学を許されれば，低所得層の学生は高い割合で学位を取得，卒業後は富裕層の学生と同程度の収入を得ることがわかっている。こうした研究成果が示唆するのは，すべての学生は，経歴に関係なく，最高位の教育機関が提供する価値から利益を得るということである。だから，一部の人々が低所得層の学生や有色人種の学生はえり抜きの大学での学問の厳しさに圧倒されることがあると論じている一方，研究では，その正反対が示唆されているのである。

アファーマティブ・アクションは，すべての学生が，資産，特権，経歴を問わず，えり抜きの大学の提供する利益から恩恵を受ける機会を得ることを保証することによって，土俵の公平化に役立ちうる。その結果，低所得層の学生や有色人種の学生は，貧困を脱し中産階級に歩を進める可能性をみずから高めることになる」

設問に示された文の第２段最終文（As a result, …）に「低所得層の学生や有色人種の学生が中産階級に歩を進める」とあるが，これは生まれつき低所得層だったり有色人種だったりする人々がその階級に固定化されるのを防ぐので，「社会的流動性の担保」になると考えられる。したがって，正解は５である。

▶６.「文章１と文章２の関係は，次のうちどれか？」

ａ.「文章２はいくつかの具体例によって文章１の見解を支えている」

ｂ.「文章２は文章１で論じられたアファーマティブ・アクションに反対する弁論の例をあげている」

ｃ.「文章２は文章１で説明されたアファーマティブ・アクションの利益に関して詳細に論じている」

ｄ.「文章２はアファーマティブ・アクションの原因に，文章１はその結果に焦点を当てている」

文章１はアファーマティブ・アクションの解説とその社会的意義を述べた文章であるが，文章２はアファーマティブ・アクションに反対を唱える人々の法廷での主張と，それが現在のところ受けている判決などを紹介している。適切なのはｂのみ。

▶７.「文章２によれば，アファーマティブ・アクションの反対者はなぜハーバード大学の方針に異を唱えているのか？」

ａ.「申し立てによれば，ハーバード大学は大学入学で人種を配慮することを長く認めてきた先例を覆した」

ｂ.「ハーバード大学は，黒人とヒスパニック系の学生よりさらに多くのアジア系米国人学生の入学を不当に認めてきたかもしれない」

ｃ.「ハーバード大学はアファーマティブ・アクションを使って，一定の学生集団を差別してきたかもしれない」

ｄ.「ハーバード大学の入学者選抜でのアファーマティブ・アクションの使用は，人種的教育的平等を達成したかもしれない」

文章２のⅡに，反対理由が「アジア系米国人に対する差別」だと示されている。正解はｃに決まる。

▶８.「下線部(3)の『異議申立人』は，大学入学者選抜でのアファーマティブ・アクションの使用は（　　）と思っていると合理的に推論できる」

a．「それは人種の均衡化につながると考えられるから違憲である」

b．「それが多くの要因の中の一つとして人種を扱うなら合憲である」

c．「たとえそれが教室の多様性を拡大するとしても，違憲である」

d．「それがすべての志願者を平等に扱っているから合憲である」

異議申し立ての主旨は「アファーマティブ・アクションの使用は黒人・ヒスパニックに特に有利で，アジア系に不利だから不当である」というもの。そして，「異議申立人」はそれをⅤで racial balancing という言葉で表している。よって，正解はaに決まる。

▶9．「文章1の筆者は下線部(4)が（　　　）であると感じる可能性が最も高い」

a．「意外で不合理な決定」

b．「アジア系米国人学生に有利な判決」

c．「アファーマティブ・アクションを支持する合理的な決定」

d．「アジア系米国人社会の均質性を支持する決定」

当該下線部は「アファーマティブ・アクションに対する異議申立人」に不利な判決である。つまり，アファーマティブ・アクションを支持する人には有利な判決を意味しており，文章1はアファーマティブ・アクションを支持する内容であった。正解はcに決まる。

▶10．「文章1の下線部（A，B，C，D）のうち，設問9に対する解答の根拠として最もふさわしいのはどれか？」

設問9の解答を導くには，文章1がアファーマティブ・アクションを支持する内容であることを証明する根拠があればよいことになる。下線部(A)は，アファーマティブ・アクションに反対する意見に関する記述であるため不適。下線部(B)も，アファーマティブ・アクションに反対する意見に関する記述であるため不適。下線部(C)は，アファーマティブ・アクション以前の事態の記述であり，これだけでは根拠に乏しいため不適。下線部(D)はアファーマティブ・アクションを支持する内容であり，かつ「政策立案者や立法者」の役割に言及しているので，アファーマティブ・アクションに反対する人々の主張を退けた判決に関する問いである設問9の内容にも合う。よって，正解はdに決まる。

●語句・構文●

文章1：（第1段）predominantly「主に，大部分は」 prioritize「優先させる，優先順位をつける」 diversity「多様性」 tailored「あつらえた，仕立てた」 ethnicity「民族性，民族意識」 holistic「全体論的な，全人的な」 postsecondary「中等（教育）に続く」

（第2段）the U.S. Supreme Court「合衆国最高裁」 uphold「～を支持する」 admissions「入学者選抜」 undermine「～を掘り崩す，～を徐々に害する」 ally「盟友，味方」 administration「政府，政権」 leverage「～にてこ入れする，～を強化する」 tactics「戦術，兵法」 myth「作り話，伝説，俗説」 discrimination「差別」 perpetuate「～を永続化する」 homogeneity「均一，同質」 stark「際だった，厳しい，過酷な」 disparity「不均衡，格差」 division「不和，分割，区分」

（第3段）impede「遅らせる，妨げる」 pit *A* against *B*「*A* を *B* に対抗させる」 higher education「高等教育」

（表1）underrepresented「不十分に代表された，少ない比率で表示された」 mobility「流動性」

（第4段）top-tier「最上層の，最上の階層の」 combat「～と戦う，～に反抗する」 intentional「意図的な，故意的な」 applicant「志願者，志望者」 put simply「簡潔に言えば」 identity「身元，正体，自分らしさ」 persist「固執する，持続する，残存する」

文章2：（Ⅰ）opponent「反対者，敵対者」 overrule「～を覆す，変更を強いる」 precedent「先例，判例」 enhance「増進する，高める，強める」

（Ⅱ）unlawfully「不法に，法に違反して」 stereotype「～に決まり切った見方をする」

（Ⅲ）justice「裁判官，判事」 endorse「裏書きする，是認する，支持する」 affirm「（原判決を）確認する，支持する」 strike down「（裁定を）取り消す，無効にする」

（Ⅳ）accelerate「加速する」 session「開廷（期間）」 file「正式に提起する，提出する，申請する」

（Ⅴ）mistreatment「虐待，酷使」 appalling「ぞっとする，恐ろしい，すさまじい」 contend「主張する，争う」 alternative「選択肢，代案」

(Ⅵ) side with「～に味方する，～の側につく」 reject「却下する，退ける」 workable「実行可能な，実現できる」 screen「選別する，ふるいにかける，選考する」

❖講 評

2022 年度は，2021 年度まで大問で出題されていた会話文はなくなり，読解問題 4 題のみとなった。小問数も 50 問から 40 問に減少した。読解問題のテーマは，理系が 2 題，環境問題が 1 題，教育関係が 1 題という構成になっている。総語数は 3800 語弱となり，会話文の減少を加味すると 2021 年度から 700 語ほど増えたが，試験時間は 90 分のままなので，受験生には大変厳しい出題となっている。

Ⅰは，ダーウィン論で，科学誌『サイエンス』からの論説文。語彙レベルが高すぎて，逆に余り差がつかなかったかもしれない。難解でも，粘り強く挑戦する姿勢が問われたといえる。

Ⅱは「人類学」が話題で，ユーモアと感動にあふれるシャレた文であったが，それだけにくだけた表現が多く，これも受験生には厳しかっただろう。語句整序も内容理解力が問われており，単なる作文力では対応できないことに注意。

Ⅲは「気候変動の心理的負担」が話題で，2 年続けて『ニューヨークタイムズ』紙からの出題。4 は，設問の意図の把握に苦労した受験生が多かっただろう。

Ⅳは「アファーマティブ・アクション」が話題。人種差別と大学という政治の絡むデリケートな話題。米国社会の抱える人種問題と高等教育の関わりを考えるという，社会的視野の広さが問われた。8 は，選択肢の読み方が難しく，解答に困ったかもしれない。

総じて，強固な基礎の上に，十分な語彙力と読解スピードとが加わった英語力が必要な問題ばかりである。ノウハウやテクニックに依存しない正確な読解力，論旨把握力を養成するようにという大学からの強いメッセージが聞こえる。それに応えるには一歩ずつ，コツコツ努力するしかない。今日，今から，始めよう。

日本史

I 解答

問1．嵯峨 問2．壬申の乱 問3．ア・エ 問4．エ
問5．オ 問6．エ 問7．エ 問8．オ 問9．イ

◀解 説▶

≪薬子の変からみた奈良・平安時代の政治と文化≫

▶問1．旧都平城京に移った平城太上天皇と，平安京にある嵯峨天皇との兄弟対立は，史料にもあるように「二所朝廷」と評された。

▶問2．壬申の乱は天智天皇死去の翌672年，天皇の弟で吉野にあった大海人皇子と，天皇の皇子で近江朝廷の大友皇子が皇位を争った内乱である。美濃で「東国の兵の動員に成功した」大海人皇子が勝利し，即位して天武天皇となった。

▶問3．桓武天皇の在位中（781～806年）の出来事をすべて選ぶ。

ア．勘解由使は国司交替時の不正を防ぐため797年に設置された令外官，エ．健児制は軍団兵士制に代えて，792年に郡司の子弟などを中心に編制された地方兵制である。イ．検非違使の設置とオ．『弘仁格式』の完成，カ．『文華秀麗集』の成立は嵯峨天皇の時代，ウ．元慶官田の設置は陽成天皇の時代の879年になる。ウの判断がやや難。

▶問4．平城京に関する正文を選ぶ。

エ．正文。元明天皇は天智天皇の皇女で草壁皇子の妃。その在位期間（707～15年）に和同開珎の発行（708年）や平城京遷都（710年）が行われた。

ア．誤文。条里制は耕地の区画法。京内の区画は条坊制による。

イ．誤文。羅城門は「平城宮（平城京の中枢区域）」ではなく「平城京」の正門である。平城宮の正門は朱雀門で，そこから南に伸びる朱雀大路の南端に羅城門があった。

ウ．誤文。西大寺は右京に，大安寺は左京にあった。京外にあった主要寺院は，左京の東に張り出した外京のさらに東に位置する東大寺である。

オ．誤文。長岡京・平安京遷都後も，平城京には東大寺や興福寺などの寺院が残り南都として栄えたが，中心地は外京とその周辺部であった。大極

殿があった平城宮跡は次第に耕地化していった。

▶問５．藤原冬嗣は北家の祖である藤原房前の曾孫で，「蔵人頭」に任じられ北家興隆の礎を築いた。「薬子の兄」の藤原仲成は式家の藤原種継の子である。

▶問６．三関は，反乱者の東国逃亡の防止，畿内防衛のために設けられた古代の関所で，東海道の伊勢鈴鹿，東山道の美濃不破，北陸道の越前愛発（のち近江逢坂）に置かれた。

▶問７．大宰府における出来事として誤っている文を選ぶ。

エ．誤文。道鏡は下野の薬師寺に左遷された。

ア．藤原広嗣の乱は 740 年，イ．藤原純友の乱は 939～41 年，ウ．刀伊の入寇は 1019 年，オ．菅原道真の左遷は 901 年の出来事である。

▶問８．薬子に関して，史料が述べる内容として正しい文を選ぶ。

オ．正文。「先帝（桓武天皇）の万代宮と定め賜へる平安京」とある。

ア．誤文。「（薬子が平城太上天皇の）御言には非ざる事を御言と云ひ…」とある。

イ．誤文。「（薬子の）悪事種種在るとも，太上天皇に親しく仕へ奉るに依りて（太上天皇は）思ひ忍びつつ御坐せり」とある。

ウ．誤文。「（薬子が）平安京を棄て賜ひ，停め賜ひてし（廃止された）平城古宮に遷さむと（太上天皇に）奏し勧め」たとある。

エ．誤文。「（薬子が）天下を擾乱し，百姓を亡弊す」とある。

▶問９．平城太上天皇の変と同様に，律令制下における天皇と太上天皇の対立を背景として起きた政争・反乱の事例を選ぶ。

イ．恵美押勝（藤原仲麻呂）の乱（764 年）は，光明皇太后の死後，発言力を強めて道鏡を重用する孝謙太上天皇側と，劣勢になった南家の藤原仲麻呂に擁立された淳仁天皇側との対立を背景として起きた兵乱である。道鏡を除こうとして挙兵した仲麻呂は敗死し，淳仁天皇は廃されて孝謙太上天皇が重祚した（称徳天皇）。

Ⅱ　解答

問１．オ　問２．ウ　問３．エ　問４．ウ　問５．ア
問６．オ　問７．西陣織　問８．樵談治要

◀解　説▶

≪応仁・文明の乱の時期の政治・経済・文化≫

▶問1．1466年（応仁・文明の乱勃発の前年）の「公方（将軍)」は，8代足利義政。

オ．誤文。幕府は古河公方足利成氏を追討するため，義政の庶兄足利政知を派遣したが，政知は関東諸将の支持を得られず，伊豆の堀越に留まって成氏と対抗し堀越公方と呼ばれた。したがって，「鎌倉において」は誤りである。

▶問2．史料の筆者が「公方の儀は正体なし」と感じた理由を選ぶ。

ウ．正解。そのすぐ前に「公方は御見所（傍観)」とあり，すぐ後では「もっての外の事（とんでもないこと)」と批判していることが手がかりとなる。政治への意欲を失い文化に傾倒した足利義政に関する一般的なイメージからも正解を導き出したい。山城の国一揆などの記事でも知られる出典の『大乗院寺社雑事記』は，奈良の興福寺大乗院門跡の尋尊の日記である。支配階級（上流貴族出身の特権的僧侶）からみた事件の記録・評価であることを踏まえて，史料を読み取ろう。

エ．誤り。将軍の弟は足利義視（史料中の「今出川殿」）であり，亡くなっていない。

オ．誤り。将軍の息子は後の9代将軍足利義尚だが，誕生間もない時期である。

▶問3．史料1の「［　A　］・［　B　］両人，大名の頭として相計らう」から，応仁・文明の乱における西軍の主将山名宗全（持豊）と東軍の主将細川勝元だとわかる。

▶問4．史料1に「A（山名宗全）は，衛門佐のこと扶持あるべしと云々。B（細川勝元）は当畠山管領に合力すべしと云々」とあるように，管領畠山氏の家督をめぐる対立の記事である。山名宗全は畠山義就（衛門佐）を，細川勝元は畠山政長（管領）を支援した。

▶問5．足利義政の正室日野富子に関する誤文を選ぶ。

ア．誤文。9代将軍足利義尚は近江守護六角氏の討伐を強行したが，陣中で病没した。六角氏が分国法「六角氏式目」を制定したことや，上洛する織田信長に滅ぼされた経緯からも，「(義尚が）滅ぼした」は誤りだと判断できよう。

イ．正文。日野氏は藤原北家出身の公家で，足利義満以来，代々の将軍との姻戚関係を背景に権勢をふるった。

エ．正文。日野氏は 11 世紀中期に京都南郊の醍醐日野に氏寺の法界寺を建立した。阿弥陀堂と阿弥陀如来像は国風文化期の浄土信仰の代表例として，図説類に写真が掲載されている。

▶問 6．「内府亭」の対応を筆者が「御生涯（命を終えること）に及ぶべし」と思った理由として当てはまる文を選ぶ。

オ．正解。そのすぐ前に「大門・小門前に大堀を成され畢んぬ。万一火事出来これあらば，御出の道あるべからざる」とあり，門の前まで掘ってしまっては火事の際に屋敷から出ることができないとしている。

▶問 7．西陣織は京都の高級絹織物。応仁・文明の乱で西軍の本陣が置かれたことから，西陣の地名がついた。

▶問 8．「当代随一の学者」「当時の将軍に上呈された政治意見書」から，一条兼良が 9 代将軍足利義尚のために著した『樵談治要』と判断したい。

Ⅲ　解答

問 1．目安　問 2．評定所　問 3．ア・ウ　問 4．ア
問 5．ウ　問 6．イ　問 7．オ　問 8．エ　問 9．オ
問 10．イ・オ

◀解　説▶

≪江戸幕府の政治と民意の反映≫

▶問 1．江戸時代の民衆による訴状の名称は「目安」である。「漢字 2 字」の条件や享保の改革における目安箱の設置，史料 1 に 3 カ所ある「目安」の用例から判断できる。

▶問 2．「江戸幕府の最高裁判機関」は評定所である。評定所では老中・三奉行や大目付らが重大事案や管轄をまたぐ訴訟などを評議した。

▶問 3．文章中の「1633 年」より，将軍は徳川家光（在職 1623〜51 年）。

ア．高山右近のマニラ追放は 1614 年。

イ．参勤交代の制度化は家光による寛永の武家諸法度（1635 年）の時。

ウ．シャクシャインの戦いは 1669 年。

エ．オランダ商館の長崎出島移転は 1641 年。

オ．やや難。紫衣事件が起こったのは 1627 年である。紫衣事件は大御所徳川秀忠が将軍家光を補佐していた時期なので判断が難しい。

▶問 4．「1637 年に西九州で起こった」のは島原の乱（島原・天草一揆）。

ア．誤文。島原は肥前だが，天草は肥後の島嶼部である。

ウ・オ．正文。島原城主の松倉氏，天草領主の寺沢氏の暴政に領民は不満を高めていた。島原はかつてキリシタン大名の有馬晴信，天草は小西行長の所領であった。行長は関ヶ原の戦いで西軍について処刑され，晴信は事件に巻き込まれ所領没収となり 1612 年に死を命じられた。したがって，両地には多くの家臣が牢人となって土着した。彼らは益田時貞（天草四郎）を首領に立て，キリスト教徒や民衆とともに原城跡に立て籠った。

▶問 5．保科正之は徳川秀忠の庶子，徳川家光の異母弟である。4 代将軍徳川家綱を補佐して幕政に重きをなした。

ア．誤文。家光と将軍の座を争ったのは同母弟の徳川忠長である。

イ．誤文。米沢藩主は江戸時代を通じて上杉氏である。保科正之は山形藩主の後，会津藩主 23 万石に取り立てられた。

エ．誤文。保科正之の意見により，寛文の武家諸法度で殉死の禁止が口達された。朱子学を重んじたことは正しく，山崎闇斎を師に招いた。

オ．誤文。熊沢蕃山を登用したのは岡山藩主池田光政である。

▶問 6．やや難。18 世紀に設立された郷学を選ぶ。含翠堂は 1717 年，摂津の平野郷町に設立された。ア．閑谷学校も郷学だが，岡山藩主池田光政が 1668 年に設立した。ちなみに，有力家臣の子弟は元服時に主君から名の 1 字を拝領することが多かった。このしきたりを知っていれば，池田光政は 3 代将軍徳川家光の時に元服した 17 世紀の大名だと推測できる。ウ．古義堂は古学の伊藤仁斎が京都に開いた学塾，エ．日新館は会津藩の，オ．弘道館は水戸藩の藩校（藩学）。

▶問 7．オ．正解。「代官衆に非分（道理に合わないこと）がある場合は，届なしに直接目安（訴状）を申し上げるべき事」と読める。

▶問 8．「訴状を受け付ける箱（目安箱）を設置した」将軍は 8 代徳川吉宗である。吉宗の将軍時，目安箱への投書によって実現した政策を選ぶ。

エ．正しい。小石川養生所は町医師小川笙船（しょうせん）の投書により，幕府が小石川薬園内に設けた貧困者救済の医療施設である。その他の選択肢も吉宗の時代の施策だが，「投書によって実現したもの」から民生に関わる政策だと考えればよい。目安箱への投書が採用された例では，他に町火消の設置があげられる。

▶問 9．史料 2 に示されていない内容の文を選ぶ。

オ．誤文。「けみやう（名前）ならびに住所等これなきすてふみ（捨文）いたし，法外（非常識）の事共もこれあり」「訴人の名ならびに宿（住所）書付これなくは，これまた取り上げざるもの也」とある。

▶問 10.「17 世紀」に「非合法の百姓一揆」の指導者として処刑されたと伝承されている人物をすべて選ぶ。

イ．礫茂左衛門は上野沼田藩主真田氏の，オ．佐倉惣五郎（木内宗吾）は下総佐倉藩主堀田氏の苛政を訴えて処刑されたと伝えられる（義民伝承）。

エ．由井正雪は牢人らによる騒擾未遂事件である慶安の変（1651 年）の，ア．戸次庄左衛門は承応の変（1652 年）の首謀者であるが，後者は難しい。ウ．佐野政言は 1784 年に若年寄田沼意知を江戸城中で殺害した旗本である。

Ⅳ　解答

問 1．古河　問 2．谷中　問 3．ア　問 4．エ
問 5．オ　問 6．イ　問 7．※

※問 7 については，選択肢の記述に不適切な部分があったため，解答の有無・内容にかかわらず，受験生全員に得点を与える措置を取ったことが大学から公表されている。

◀解　説▶

≪環境問題からみた近現代の歴史≫

▶問 1．古河財閥は鉱山業を中心に発展した。

▶問 2．やや難。谷中村は栃木県の最南端にあった村で，現在は渡良瀬遊水地内に村の跡が残る。

▶問 3．産業革命に関する 3 つの文の正誤を判定する。

①誤文。電力がエネルギー供給の中心となるのは，大戦景気の頃からである。1915 年には，福島県の猪苗代水力発電所から東京への長距離送電が始まった。

②正文。1897 年に綿糸の輸出高が輸入高を上回った。ただし，原料の綿花は中国やインド・アメリカからの輸入に依存しており，綿業（紡績業）は輸入超過であったことも押さえておきたい。一方の製糸業は，国産の繭を原料とした生糸を輸出して，外貨獲得の中心産業となった。

③正文。政府は東京と大阪に砲兵工廠を建設し，旧幕府から引き継いだ横

須賀製鉄所を拡充して横須賀造船所に，さらには横須賀海軍工廠とした。

▶問４．第１回衆議院議員選挙に関する誤文を選ぶ。

エ．誤文。「政費節減・民力休養」は政府支持の吏党ではなく，政府と対決した民党側の主張である。

▶問５．高度経済成長の時代（1955〜73 年）に関する誤文を選ぶ。

オ．誤文。日本の為替相場が固定相場制から変動相場制に移行したのは，1960 年代ではなく 1973 年である。

ア．正文。神武景気（1955〜57 年）→岩戸景気（1958〜61 年）→オリンピック景気（1963〜64 年）→いざなぎ景気（1966〜70 年）と大型景気が続いた。

▶問６．公害に関する３つの文の正誤を判定する。

①・②正文。四大公害裁判は熊本県の水俣病と富山県のイタイイタイ病，新潟県の新潟水俣病，三重県の四日市ぜんそくをめぐる訴訟である。

③正文。水俣病は新日本窒素肥料（現チッソ）水俣工場が有機水銀を含んだ廃液を水俣湾に排出し，住民らが汚染された魚介類を食したことで発生した。イタイイタイ病は三井金属神岡鉱業所排出のカドミウムが神通川を，新潟水俣病は昭和電工鹿瀬工場排出の有機水銀が阿賀野川を汚染したことによる。また，四日市ぜんそくは四日市石油コンビナートから排出された亜硫酸ガスなどによる大気汚染が原因である。

V　解答

問１．労働農民　問２．長塚節　問３．ア　問４．ア
問５．ウ　問６．イ　問７．オ　問８．イ・エ

◀解　説▶

≪農民運動からみた近代の政治・経済・社会・文化≫

▶問１．1925 年に普通選挙法が成立すると，３年後に予定される第１回普通選挙を目標に，無産政党の活動が活発化した。杉山元治郎らが 1926 年に結成した労働農民党は，結成後すぐに党内対立が激化し，12 月には左派の労働農民党，右派の社会民衆党，中間派の日本労農党に分裂した。

▶問２．長塚節は正岡子規に入門し，その万葉調の写生歌論を継承したが，次第に短歌から写生文や小説へと移行し，長編小説『土』を著した。

▶問３．松方デフレ（松方財政）に関する正文を選ぶ。

ア．正文。デフレにより米価・繭価が下落したが，地租は定額金納であっ

たため困窮する農民が続出した。

イ．誤文。松方デフレを背景に起きた激化事件は，自由党急進派や困窮農民らによる。

ウ・エ．誤文。「文明開化への違和感」からの「反政府一揆」や「コレラ騒動」は松方デフレによる一揆・騒擾事件とは別のもの。

オ．誤文。不換紙幣は金貨や銀貨など本位貨幣（正貨）との兌換義務がない紙幣である。したがって，不換紙幣の発行で起こるのは，デフレーションではなくインフレーションが正しい。明治政府は西南戦争の戦費のため不換紙幣を乱発し，さらに相次いで設立された国立銀行が不換銀行券を発行したため，激しいインフレーションが起こっていた。そのため，1881年に大蔵卿に就任した松方正義は，増税と緊縮財政によって不換紙幣の整理を進めるデフレ政策をとり，1882 年に中央銀行として日本銀行を設立し，1885 年から銀兌換銀行券を発行して銀本位制を確立した。

▶問４．やや難。自然主義に関する３つの文の正誤を判定する。自然主義は理想を排して現実を客観的に描こうとする文学の潮流で，島崎藤村の『破戒』や田山花袋の『蒲団』に代表される。やがて作家自身の身辺や心境を赤裸々に描写する私小説の傾向を強めた。

①正文。夏目漱石は個人主義の立場から人間の心理を追求し，森鷗外は近代的な自我を追求するロマン主義の立場から，自然主義を批判した。

②誤文。白樺派は個人主義・理想主義の立場から自然主義に対抗し，大正期の文壇の主流となった。

③正文。世界史の内容でやや難だが，自然主義はフランスのゾラが提唱し，フランスを中心にヨーロッパ各国に広まった。

▶問５．日本資本主義の形成に関する３つの文の正誤を判定する。

①正文。群馬県の富岡製糸場が三井に払い下げられたことなど，官営事業の払い下げ先を教科書や図説類の一覧で確認しておこう。

②正文。松方財政で銀本位制が確立して物価が安定すると，金利が低下して株式取引が活発化した。その結果，1886〜89 年には鉄道・紡績・鉱業などの分野で会社設立がブームとなり（企業勃興），産業革命が始まった。

③誤文。海運業は当初岩崎弥太郎の三菱の独占状態であった。1885 年に三菱と共同運輸会社が合併し日本郵船会社となった。

▶問６．第一次世界大戦にともなう世界情勢の変化に関する誤文を選ぶ。

イ．誤文。不戦条約（1928年）はパリで調印された。ワシントン会議（1921～22年）では海軍軍縮条約と，太平洋および中国における現状維持を約した四カ国条約・九カ国条約が結ばれた。

▶問7．史料中の「社会と労働者の発見」に関連した誤文を選ぶ。その直前の「欧州戦争（第一次世界大戦，1914～18年）によって起った思想革命によって」に留意したい。

オ．誤文。青鞜社の結成は1911年。時期的に「平塚らいてう」によるものとしては，1920年設立の新婦人協会が正しい。

ア．正文。築地小劇場は1924年に誕生した劇団・劇場。新劇演出家の小山内薫は，明治期には新劇団体の自由劇場を創設している。

イ．正文。第1回メーデーは1920年に東京の上野公園で開催された。

ウ．正文。1927～37年頃の日本資本主義論争は『日本資本主義発達史講座』を刊行した講座派と，雑誌『労農』によった労農派の間で行われた，日本の資本主義の性格と革命の在り方をめぐる論争である。

▶問8．史料に関する誤文をすべて選ぶ。

イ．誤文。史料に「温情主義という名によって体裁のよい拘束を受けるよりも，自由平等生活のより貴重にして」とあるので，「温情主義を通じ」た自由平等生活をめざすのではない。

エ．誤文。史料に「明治維新の大改革によって国家と資本家とを発見した」「長くおおい隠されていた農村における小作人階級を発見したのは，それ以後のきわめて最近のことであった」とあるので，「小作人階級は，資本家の発見とともに見出された」のではない。

❖講　評

2022年度も例年通り大問5題構成で，設問数は2021年度から1問減って42問であった。解答形式は，記述式が10問，マークシートによる選択式が32問で，2021年度とおおむね同じ割合であった。「すべて選べ」という難度の高い設問形式の選択問題は，2021年度の2問に対して，2022年度は4問に増加した。また，3つの文の正誤判定問題が5問出題された。形式は異なるが，すべての選択肢を見きわめる必要がある点では同じである。時代別の内訳では古代9問，中世8問，近世10問，近現代15問と，例年とほぼ同じ割合であった。近現代が全体の約

3分の1を占めている点は要注意である。例年，大問5題中3，4題で史料が出題されていて，2022 年度は4題で出題された。2021 年度に5年ぶりに出題された視覚資料（と地図）を用いた問題は，2022 年度はみられなかった。全体としてみれば，2022 年度は，判断に迷う問題や難問がみられた 2021 年度に比べると，若干易化した。

Ⅰは薬子の乱に関するリード文と史料をもとに，奈良時代・平安時代の政治と文化に関する知識・理解を問う。問1・問2の記述問題は基本レベルである。選択問題もおおむね基本レベルだが，問3は「すべて選べ」という条件のため，元慶官田の判断がやや難。問6では 2021 年度に続いて，畿内七道諸国に関する知識が問われた。問8は史料を丁寧に読めば正解が得られる。全体的にはやや易のレベルである。

Ⅱは『大乗院寺社雑事記』を用いた本格的な史料問題で，応仁・文明の乱と当該期の政治・経済・文化について知識・理解を問う。問7・問8の記述問題は基本レベル。選択問題のうち問2・問3・問4・問6は史料の内容に関わるもので，問2と問6は読解力を要するが難解なものではない。問3と問4は乱の対立関係の知識が問われるが，問3は史料中に大きなヒントがある。全体的な難易度は標準レベルである。

Ⅲはリード文と史料2点を用いて，江戸時代の政治と文化について知識・理解を問う。記述問題のうち，問1はリード文と史料を読み比べれば正解が得られる。「すべて選べ」という選択問題は，問3の紫衣事件と問 10 の戸次庄左衛門の判断がやや難・難である。その他では，問6の含翠堂がやや難で，同じ郷学の閑谷学校を設立年代から消去できるかどうかがカギ。問7は史料の読解問題だが，難解なものではない。問8は「投書」＝民政に関わるものと考えれば正解が得られる。全体の難易度としては標準レベルである。

Ⅳは足尾鉱毒事件と水俣病に関するリード文をもとに，近現代の政治・経済・社会に関する知識・理解を問う。公害・環境などの社会問題は早稲田大学では要注意のテーマなので，記述問題のうち問2の谷中村はやや難のレベルだが正解したい。3つの文の正誤判定問題は3問あったが，問3と問6はすべて基本的内容である。問7は大学から全受験生に得点を与える旨の発表があった。選択肢②の学生運動の背景に関する部分が原因と思われる。問4と問5の誤文選択問題は，すべての選択肢が基本的内容である。全体としては標準のレベルである。

Ⅴは農民運動に関するリード文と史料をもとに，近代の政治・経済・社会・文化について知識・理解を問う。記述問題では問１の労働農民党が答えにくかったかもしれない。３つの文の正誤判定問題は，問５は基本レベルだが，問４は自然主義と明治・大正期の文壇について正確な知識が問われ，やや難。４問ある正文・誤文選択問題では，問８が「すべて選べ」とあって難問の印象を与えるが，史料を丹念に読めば正解が得られる。全体としては標準～やや難のレベルである。

世界史

1 解答

(1)— d (2)— d (3)— b (4)— c (5)— c (6)— b
(7)— c (8)— b (9)— d (10)— a (11)— d (12)— b

◀解 説▶

≪古代・中世ヨーロッパの疫病≫

▶(1)正解はｄ。前429年にアテネを襲った疫病で亡くなった指導者とはペリクレスのことである。ペリクレス亡き後，アテネの政治は衆愚政治に陥った。

▶(2)正解はｄ。14世紀半ばの西ヨーロッパ諸国で猛威を振るった「黒死病」とはペストの別名である。

▶(3)ｂ．誤文。神聖ローマ皇帝にも融資したフッガー家は，アウクスブルクの豪商である。

▶(4)ｃ．誤文。14～15世紀の西ヨーロッパでは，農奴解放が進んだ。

▶(5)やや難。ａ．誤文。ハンザ同盟の在外四大商館はベルゲン，ロンドン，ブリュージュ，ノヴゴロドの4都市に置かれた。やや詳細な内容である。

ｂ．誤文。ジェノヴァは共和国であったが，ミラノは共和国ではなく公国である。

ｄ．誤文。ドミニコ修道会はパリではなく，南部のトゥールーズで設立された。やや詳細な内容である。

▶(6)正解はｂ。12世紀以降，アラビア語文献のラテン語への翻訳活動が盛んに行われたカスティリャ王国の中心都市はトレドである。こうした翻訳活動はシチリア島でも盛んであった。

▶(7)ａ．誤文。ジャンヌ＝ダルクは，フランス中部の町オルレアンを包囲していたイングランド軍を撃退した。

ｂ．誤文。百年戦争（1339～1453年）開始時にフランス王位の継承権を主張していたのはプランタジネット朝の王エドワード3世（在位1327～77年）である。

ｄ．誤文。百年戦争後もイギリスの支配下にとどまった大陸領はカレー市のみである。

▶(8) a．誤文。ジェントリは，議会の下院に参加した。

c．誤文。百年戦争で活躍したエドワード黒太子は王位に就くことなく病死している。

d．誤文。イングランド王国がアイルランドを併合するのは，1801 年，ジョージ 3 世の頃である。また，ウェールズを正式に併合するのは，16 世紀，ヘンリ 8 世の時代である。

▶(9)①誤文。フリードリヒ 2 世が中心的役割を果たした十字軍は第 5 回十字軍である。

②誤文。大空位時代は 1256 年に始まり 1273 年に終息する。金印勅書はカール 4 世によって 1356 年に発布された。

▶(10) a．誤り。帰納法を確立し経験論の流れを形成したのはイギリスのフランシス＝ベーコン。フランスのデカルトは演繹法を確立し，大陸合理論の流れをつくった。

▶(11)やや難。d．誤文。ヤゲウォ朝の首都はクラクフである。

▶(12)①正文。

②誤文。「タタールのくびき」を脱し，北東ロシアを統一したのはモスクワ大公のイヴァン 3 世である。

2 解答

(1)— b　(2)— b　(3)— b　(4)— c　(5)— c　(6)— a
(7)— c　(8)— c　(9)— c

問 1．(A)— b・h　(B)— e・f　(C)— a・j　問 2．c

◀解　説▶

≪戦間期のドイツ・ポーランド≫

▶(1) b．誤文。中国でパリ講和会議に抗議して北京大学の学生を中心に起こった運動は，五・四運動である。五・三〇運動は 1925 年に上海で起こった反帝国主義運動のこと。

▶(2) b．誤文。第一次世界大戦後のパリ講和会議で，フィウメはイタリア領にはなっていない。1924 年にムッソリーニ政権がフィウメを併合した。

▶(3) b．誤文。常設国際司法裁判所はオランダのハーグに置かれた。

▶(4) c．誤文。ポーランドは，ダンツィヒの返還とポーランド回廊を横断する陸上交通路確保というヒトラーの要求を拒否した。

▶(5)①誤文。シュレジエンを占領したプロイセンのフリードリヒ 2 世が戦ったオーストリアは，イギリスの支援を受けていた。
②正文。
▶(6) b ～ d．不適。シエラレオネはイギリスの，ソマリランドはイギリスやイタリアの，マダガスカルはフランスの勢力下にあった。
▶(7)①誤文。ドーズ案では賠償の支払い方法と期限の緩和が決定された。
②正文。
▶(8)1923年にドイツ首相兼外相となった(ア)はシュトレーゼマン，彼と国際協調路線を進めたフランスの外相(イ)はブリアンである。同じく国際協調を進めたアメリカ合衆国の国務長官ケロッグも含めたこの3名は，その功績からノーベル平和賞を受賞している。
▶(9) c．誤文。イギリスの挙国一致内閣を組織したマクドナルドは保守党ではなく労働党である。
▶問1．(A)やや難。ドイツ西部の国境維持やラインラントの非武装を確認した条約はロカルノ条約。bのロカルノはスイス南部の都市でイタリア語圏のティチーノ州に属している(h)。
(B)東アジア・太平洋地域の国際秩序について話し合ったのはワシントン会議。eのワシントンは，合衆国の首都として新たに建設され，1800年に政府所在地が移転した(f)。それまでの合衆国の首都はフィラデルフィアであった。
(C)フランスとアメリカ合衆国が提唱した不戦条約とはパリ不戦条約のこと。aのパリでは，第3回万国博覧会が開催された(j)。なお，このときの提唱者が(8)の〔解説〕にあるブリアン（仏）とケロッグ（米）であることから，ブリアン・ケロッグ条約ともいう。
▶問2．(A)のロカルノ条約は1925年締結，(B)のワシントン会議は1921～22年の開催，(C)のパリ不戦条約は1928年に結ばれた。よって，(B)→(A)→(C)の順となり，正解はcとなる。

3 解答

(1)― c　(2)― a　(3)― a　(4)― c　(5)― b　(6)― d
(7)― c　(8)― b　(9)― b　(10)― b

問1．a　問2．d

◀解　説▶

≪イラクの歴史≫

▶(1) c．誤り。ニネヴェはアッシリア人の都市。前 8 世紀よりアッシリア王国の首都とされた。

▶(2) a．誤文。ユダ王国を滅ぼしたネブカドネザル 2 世は新バビロニア（カルデア）王国の最盛期の王。なお，彼はこの時ユダ王国の住人をバビロンに強制連行した。これがバビロン捕囚の始まりである。

▶(3) a．誤文。ササン朝は，アルダシール 1 世がパルティア王国を倒して建国した。

▶(4)ニハーヴァンドの戦いでササン朝軍を破ったのは，第 2 代正統カリフのウマルの時代である。

▶(5) a．誤文。アッバース朝に対抗してカリフを称したのは，ファーティマ朝と後ウマイヤ朝。

c．誤文。アッバース家はムハンマドの叔父の家系であり，アリーの子孫の家系ではない。

d．誤文。非アラブ人改宗者はマワーリーと呼ばれた。ズィンミーとは庇護民と訳される，ムスリムの支配下に保護された非ムスリムを指す言葉。

▶(6) d．誤文。バグダードはユーフラテス川の西岸ではなくティグリス川の西岸を中心に建設された都市である。

▶(7)バグダードを征服し，アッバース朝を滅ぼしたモンゴル軍の首領はフラグである。

▶(8) b．誤文。エジプトのマムルーク朝（1250～1517 年）を滅ぼしたのはスレイマン 1 世（在位 1520～66 年）の父セリム 1 世（在位 1512～20 年）の時である。

▶(9) 3 B の B とはベルリン，バグダード，イスタンブルの 3 都市の頭文字である。イスタンブルの旧名ビザンティウム（Byzantium）の B をとっている。

▶(10)難問。a．誤文。湾岸戦争では，サウジアラビアやアラブ首長国連邦（UAE）等のアラブ諸国が多国籍軍に加わっている。

c．誤文。サダム＝フセインは，イラン・イラク戦争（1980～88 年）での経済的疲弊を解消しようとし，隣国クウェートへの侵攻を行った。この侵攻に対して，アメリカを中心に多国籍軍が派遣されたのが湾岸戦争

(1991 年) である。

d．誤文。湾岸戦争時，日本が自衛隊を派遣して支援したのは国連軍ではなくアメリカを中心とする多国籍軍である。

▶問1．難問。aのイラク―イランの組み合わせが正しい。イランは国民のほぼすべてに近い割合で，イラクは国民の約6割がシーア派である。

▶問2．難問。現在，民族の独立国家を持たないクルド人は，複数の国家にまたがって居住しているが，最も多いのがトルコ，次いでイラン・イラクとなっている。かなり詳細な内容である。

4

(1)―d　(2)―a　(3)―b　(4)―c　(5)―a　(6)―b
(7)―※　(8)―※　(9)―a　(10)―d

問1．b　問2．b　問3．d

※(7)(8)については，設問の記述に不適切な部分があったため，解答の有無・内容にかかわらず，受験生全員に得点を与える措置を取ったことが大学から公表されている。

◀解　説▶

≪華夷思想について≫

▶(1) dが正しい。東夷と南蛮はよく聞く表現であるから，aとdのいずれかに絞れる。周の都鎬京を西から襲った民族の「犬戎」から，西が戎であると予測したい。華夷思想においては周辺の異民族に対し蔑称を用い，東を夷，西を戎，南を蛮，北を狄と呼び，これらを総称して夷狄と呼んだ。

▶(2) b．誤文。永楽帝は靖難の役で甥の建文帝を倒し，政権を奪った。

c・d．誤文。民衆強化のために六諭（聖諭六言）を制定したのも，六部を皇帝直属としたのも初代皇帝の洪武帝である。

▶(3) b．誤文。鄭和の艦隊はアフリカの東岸，マリンディまで至った。タンジールはモロッコの港町である。

▶(4) c．誤文。仏教が栄え，大蔵経を刊行したのは高麗の時代。李氏朝鮮（朝鮮王朝）時代は朱子学が栄えた。

▶(5) b～d．誤文。無学な庶民にも真の道徳が備わっているとし，知行合一による実践を重視したのは陽明学。代表的学者としては李贄（李卓吾）が有名である。

▶(6)難問。a．誤文。琉球は17世紀に薩摩の島津氏に服属した。

c．誤文。琉球を統一した中山王が拠点としたのは浦添城である。

d．誤文。琉球の進貢船は秋に中国に向かい，春に帰港した。
▶(9) a．イギリスが東インド会社を設立したのは 1600 年。
b．オランダが東インド会社を設立したのは 1602 年。
c．ポルトガルのインド総督アルブケルケがゴアを占領したのは 1510 年。
d．レガスピがマニラを占領し城郭都市を建設したのは 1571 年。
したがって，c→d→a→bとなり，古いほうから3番目はaとなる。
▶(10) dのハルハは現在のモンゴル国に該当する地域。
▶問1～問3．中国の史書『後漢書』の東夷伝に「倭の奴の国王が光武帝に朝貢使節を派遣してきたので，国王の印綬を与えた」と記載がある。18 世紀末に福岡県の志賀島から出土した金印に「漢委奴國王」とあったことから，この金印が上記の記述のものだとされた。この金印のつまみは蛇の形をしている。図説や教科書に写真が挙がっているとはいえ，問3は難問である。

❖講　評

[1]　古代から中世のヨーロッパの疫病をテーマに，古代ギリシア・中世の東西ヨーロッパの歴史，絶対王政期の文化が問われた。(5)は中世都市に関する詳細な内容，(11)は西スラヴ諸国とその周辺国に関する詳細な事項が問われており，やや難問である。その他は基本的な問題が多く，取りこぼさないようにしたい。

[2]　戦間期のドイツ・ポーランド関係のリード文から，20 世紀前半の欧米史が問われている大問。波線部に関する設問の問1は地名とその説明の組み合わせを求める問題で難度が高い。(2)・(4)・(7)など事象の正確な理解を問うものが多く，苦戦した受験生が多いと思われる。

[3]　古代から現代に至るイラクの歴史を概観し，古代オリエント史から現代史までを幅広く問うている。(10)や波線部に関する設問は，現代史で非常に難度が高いが，その他の問題は基本的なレベルである。しっかり正答しておきたい。

[4]　華夷思想をテーマに，中国史および周辺国の歴史，ヨーロッパのアジア進出について問われている。(6)の琉球に関する問題は，教科書や図説の小文字で書かれた内容が問われているハイレベルな問題。また，波線部に関する設問の問3はかなり細部の事柄が問われており，普段か

ら教科書や図版の写真に目を通していたとしても難しく感じた受験生は多かったのではないだろうか。

解答形式は，2021 年度と同じく記述式がなく，全問マークシート式であった。また，2021 年度出題された「すべて選べ」という形式の問題はなく，代わって地名とその説明の組み合わせを求める問題が出題された。内容はほぼ例年通りで，教科書レベルを超える詳細な知識もいくつか問われた。教科書の精読に終始せず，用語集の説明，図説の写真や図版とその説明文にまで目を通し，理解するように心がけよう。日本史関連やきわめて最近の現代史についても出題があった。隅々まで穴のない学習をしたい。2022 年度は歴史事象の年代配列問題は 2 問だけであったが，例年出題が見られる。歴史用語の知識を増やすだけでなく，出来事の流れや因果関係をつかんでいくことが肝要である。

地理

解答　問1．a－イ　b－ニ　c－ロ　d－ニ　e－イ

問2．A．ペルシア〔アラビア〕 B．ティモール C．ジョホール D．ポーク

問3．インドネシア　問4．p－イ　q－ホ

◀解　説▶

≪アジアの島嶼国≫

1の国は，「全土でBW気候」が卓越することや「1人あたりGDP」が高いことなどから，西アジアの産油国であるバーレーンとなる。2は「小スンダ列島」「2002年に独立」から東ティモール，3は「都市国家」「金融業や貿易業」からシンガポール，4は多数派民族と少数派民族との「内戦状態が長く続いてきた」ことなどからスリランカと判断できる。

▶問1．a．イスラエル，イラン，トルコなどを除き，西アジアではアラビア語を用いるアラブ系が多くを占める。

b．オセアニアは，おおよそ日付変更線以東のポリネシア，以西で赤道以北のミクロネシア，以南のメラネシアに区分される。

c．東ティモールの旧宗主国は，カトリックの布教に積極的に取り組んだポルトガルである。

d．シンガポール島の面積は約700 km^2 で，約600 km^2 の淡路島や東京都特別区の面積をやや上回る。

e．スリランカの多数派民族は，インド＝ヨーロッパ語族のシンハラ人で，仏教徒が多い。一方，少数派民族はドラヴィダ語族のタミル人で，ヒンドゥー教徒が多い。

▶問2．A．バーレーンを含む西アジアの産油国は，ペルシア湾周辺に集まっている。

B．ティモール島は，バリ島以東の小スンダ列島で最大の島嶼である。

C．シンガポールとマレーシアを隔てるジョホール水道は，最も狭い箇所で幅が約1 km しかなく，両国を鉄道，道路，水道が結んでいる。

D．インド半島とスリランカ（セイロン島）を隔てるポーク海峡には浅い大陸棚が広がり，両岸から大規模な砂嘴も発達している。

▶問 3．ティモール島の西半分は，17 世紀半ばにオランダが占領し，1859 年のリスボン条約でオランダとポルトガルによって東西に分割された。第二次世界大戦後に西ティモールはインドネシア領として独立したが，東ティモールでは 1974 年までポルトガルの支配が続いた。

▶問 4．ペルシア湾に位置するバーレーンの主な輸出品である「一次資源を加工」したｐには，石油製品や液化天然ガスなどの二次エネルギーを想起し，サウジアラビアが含まれるｕとｚに注意する。このうちアメリカ合衆国が第 1 位となっているｕが石油製品，イラクが第 3 位となっているｚが原油に該当する。スリランカの主な輸出品であるｑは，茶（セイロンティー）であり，イギリス植民地時代から生産の盛んなケニアを含むｙが該当する。なお，ｖは大豆，ｗは石炭，ｘは米の主な輸出国を示している。

Ⅱ　解答

問 1．A．フォー（ブン，フーティウも可）　B．減反　C．食品ロス（フードロスも可）

問 2．a―ニ　b―ニ　c―ロ　d―ロ　e―イ　f―イ　g―ロ

問 3．ロ　問 4．イ

◀解　説▶

≪世界の食料生産と食文化≫

文章 1 が述べる「この国」は，「1980 年代から集団農業生産が実質的に解体された」ことや，米の「輸出量でも世界第 3 位」であることから，ベトナムである。文章 2 は，米の生産量が「世界第 2 位」であることや「ミルクの生産量・消費量も増加」していることからインドと考える。文章 3 は「日本の政府開発援助」「世界第 1 位の大豆生産国」に注意し，ブラジルと考える。文章 4 は，1960 年代に国民の所得水準の向上とともに食生活が変化したことや，「自給を達成できているのは米などに限られる」ことなどから，日本である。

▶問 1．A．米粉でつくったベトナムの平麺をフォーと呼ぶ。他にもベトナムではブンやフーティウが知られるが，ビーフンは中国南部や台湾の米麺を指すので不適。

B．日本では，1970 年代より米の作付面積の削減を求める減反政策が推進され，麦や大豆への転作が奨励された。

C．農林水産省では，本来食べられる食品が廃棄された2019年度の食品ロスは約570トンに達すると推計している。なお，FAO（国連食糧農業機関）の定義では，農地での生産や工場での加工・製造および卸売・流通段階での食料の損失はフードロス，小売・外食業や家庭での損失はフードウェイストと呼んで区別している。食品ロスとは，フードロスとフードウェイストを合わせた概念とされる。

▶問2．a．ベトナム南部では，東南アジア最長のメコン川が大規模な三角州を形成している。

b．フランスは，19世紀後半から1954年まで北部ベトナム，中部ベトナム，南部ベトナム，カンボジア，ラオスからなるインドシナ連邦を保護領・植民地として支配した。

c．インドの米と小麦の生産量は，いずれも中国に次いで世界第2位である（2019年）。

d．インドでは，牛を神聖視するヒンドゥー教徒のほか，豚肉の食用を禁忌とするイスラム教徒も多い。鶏肉は，宗教的な制約がなく，価格も安価なために消費量が多い。

e．セラードは，ブラジル高原に広がる灌木の多い熱帯草原で，1970年代以降に日本からの資金・技術協力を得て，農地開発が進展した。なお，セルバはアマゾン川流域の熱帯雨林，パンパはアルゼンチン・ラプラタ川周辺の温帯草原，リャノはベネズエラ・オリノコ川流域の熱帯草原を指す。

f．経済発展に伴う食生活の変化が進展した中国では，食肉や油脂の消費量が増加し，飼料用や搾油用の大豆需要が増加した。

g．2019年現在，ブラジルは牛肉と鶏肉の世界最大の輸出国である。そのうち一人あたり消費量が多いのは，牛肉よりも安価な鶏肉である。なお，豚肉と羊肉の世界最大の輸出国は，それぞれアメリカ合衆国とオーストラリアである。

▶問3．ロ．誤文。インド人の大多数が信仰するヒンドゥー教では牛肉の食用が認められていないので，「牛肉の需要の増加」は誤り。

▶問4．「乳児死亡率」が最も低く，「1人あたりGNI」が最も高いニは，先進国の日本である。「1人1日あたり食料供給栄養量」が最も多いハをヨーロッパ系の国民が多いブラジル，続くロを旧宗主国の「食文化の影響」を受けているベトナムと考える。「著しい経済成長」を遂げているものの，約14億人の人口をかかえるインドは，「1人あたりGNI」が4カ国中で最も低いイである。

III **解答** 問1．A．EEZ　B．ユーコン　C．ニューオーリンズ　D．適地適作　E．シェール　F．セグリゲーション　G．ソルトレークシティ

問2．ロ　問3．ハ　問4．ロ　問5．ハ　問6．ロ　問7．ロ

◀解　説▶

≪アメリカ合衆国の地誌≫

▶問1．A．EEZは，排他的経済水域（Exclusive Economic Zone）の略称である。

B．「最も広い面積」のW州は，「北米大陸で最も標高の高い」デナリ（マッキンリー）山が位置するアラスカ州である。ユーコン川は，カナダのロッキー山脈に水源をもち，アラスカ州を横断してベーリング海に注ぐ。

C．北アメリカで流域面積が最も広いミシシッピ川の下流部に位置するX州は，「大規模なデルタ」「たびたびハリケーンが通過」などからルイジアナ州と判断する。最大都市のニューオーリンズは，2005年にハリケーンカトリーナが通過した際に大規模な高潮被害に見舞われた。

D．効率的な適地適作が普及しているアメリカ合衆国では，農業地域区分が明瞭で，生産性の高い農業が営まれている。ただし単一耕作を一因とする土壌侵食も深刻化しており，農業の多角化も図られている。

E．頁岩層からの採掘技術が確立したことに加え，2000年代に入って資源価格の高騰に伴い採算性が相対的に向上したことで，シェールオイルやシェールガスの生産が急拡大した。

F．人種・民族や所得水準など社会集団ごとに居住地の分化が進むセグリゲーションは，移民や外国人労働者が多く居住するアメリカ合衆国やヨーロッパの大都市でより顕著である。

G．2002年に冬季オリンピックが開催された宗教都市は，ユタ州（Z州）に位置するソルトレークシティである。キリスト教系の新宗教・モルモン教の総本山が所在する。

▶問2．小笠原諸島から続くマリアナ諸島のグアム島は，フィリピン海プレートの東縁部に位置することに注意し，オーストラリア東部（メルボル

ン）と経度が近いと推定する。

▶問3．ニューオーリンズを含むアメリカ合衆国の南東部ではCfaが広く占めているが，フロリダ半島南部にはAmも分布している。Csはアメリカ合衆国西部，Dfは北部に広がる。

▶問4．一般に年間降水量が500mm程度の半乾燥地域では，樹林が発達しづらい一方で草原が卓越し，厚い腐植層をもつ黒色土が分布する。アメリカ合衆国でも，肥沃なプレーリー土を基盤に「綿花，冬小麦，春小麦の栽培地域」が広がる西経100度の経線に沿って，年間降水量500mmの等値線が延びている。

▶問5．まず，「野菜や果樹，米など」が栽培され，「最大の農産額」をほこるY州がカリフォルニア州であることを確認する。カリフォルニア州は，原油などの「鉱産資源に恵まれ」，ロサンゼルスとサンフランシスコの「二つの大都市」を中心に先端技術産業が盛んなので，ハが正解。特にサンフランシスコ南方のサンノゼ周辺は「半導体工場やコンピュータ・ICT関連企業」が集中し，シリコンヴァレーと呼ばれている。イは，「食品加工業や農業用機器」「バイオエタノール」から中西部（アイオワ州など）を想起する。ロは，「シリコンマウンテン」がデンヴァーの呼称であることから，コロラド州となる。ニは，「自動車関連産業」が集まるデトロイトを含むミシガン州について述べている。

▶問6．やや難。貧困状態にある人口の割合が19.0%と最も高い州は，黒人の比率が高い南部のルイジアナ州（X州）である。なお，11.8%がカリフォルニア州，10.1%がアラスカ州，8.9%がユタ州である。

▶問7．民族宗教といわれるヒンドゥー教とユダヤ教に関しては，アジア系が大多数を占めるイをヒンドゥー教，白人が大多数を占めるホをユダヤ教と考える。さらに中南アメリカにルーツをもつヒスパニックの割合が高いニはキリスト教（カトリック）と判断できる。ロとハは，ともにアジア系の割合が比較的高いが，特にイスラム教は北アフリカや東アフリカにも広まっているため，黒人の割合が高いロが該当する。残ったハが仏教である。

解答　問1．A—ハ　B—ロ　C—ハ　D—イ　E—ニ
問2．(X)—ロ　(Y)—イ　問3．ロ

問４．①ピルバラ　②ダモダル　③背斜　④ガワール　⑤ギニア

◀解　説▶

≪世界の大地形≫

▶問１．Ａ・Ｂ．マントルの上に浮かんだ状態にある地殻の変動や溶融した岩石（マグマ）が引き起こす火山活動は，地球内部の熱エネルギーを源泉とし，内的営力に分類される。

Ｃ・Ｄ．一般に古生代に形成された造山帯を古期造山帯，中生代以降に造山運動が生じた地域を新期造山帯と呼んでいる。ただし，論文の筆者は，「造山帯」が，元来，プレート論とは異なる理論で用いられた言葉であることを問題点として指摘している。

Ｅ．安定陸塊を構成する侵食平野のうち，先カンブリア時代の岩盤が広く露出したものを楯状地，基盤岩の上に古生代や中生代の地層が堆積しているものを卓状地と呼んでいる。両者は，起伏や形状などの地形的な特徴ではなく，地質構造の違いによって区別される。

▶問２．(X)ユーラシア大陸中央部に位置するアルタイ山脈は，古期造山帯に分類される。ただし，アルタイ山脈やテンシャン山脈は，衝突によりヒマラヤ山脈を形成したインド＝オーストラリアプレートからの圧力が及ぶ変動帯に当たっており，隆起が復活した山脈である。

(Y)ヨーロッパ東部のカルパティア山脈は，新期造山帯（アルプス＝ヒマラヤ造山帯）に属している。

▶問３．ロ．誤文。現在，主流ではない考え方は，1960 年代後半に確立されたプレート論（プレートテクトニクス）ではなく，地向斜造山理論である。19 世紀後半に発表された地向斜造山理論では，大陸縁辺部や大陸間で沈降を続ける海底に厚い堆積層が形成された後，褶曲が起こり，次いで隆起して山脈が形成されると説いた。

▶問４．①ピルバラ地区では，1960 年代からニューマン，トムプライスなどで大規模な鉄山開発が始まった。併行して鉱石を輸送するための鉄道が建設され，ポートヘッドランドやダンピアに輸出港が整備された。

②ジャルカンド州からウェストベンガル州に向かって東流するダモダル川流域で開発が進んだダモダル炭田は，ジャムシェドプルなどインド東部に立地する工業都市の動力源となってきた。

③石油は，空隙の多い砂岩層などを地下水とともに移動する。地層の褶曲

がみられる箇所では，比重の大きい水が向斜構造部分を満たすため，石油は背斜部分に集中する傾向がある。

④サウジアラビアの首都リヤドとペルシア湾との間に位置するガワール油田は，1948 年に発見された世界最大の油田である。

⑤アフリカ最大の産油国であるナイジェリアでは，ギニア湾に注ぐニジェール川の三角州に油田が集中している。さらに近年は，コートジボワール，ガーナ，ナイジェリア，ガボン，アンゴラなどの沖合で海底油田の開発が進んでいる。

❖講　評

大問 4 題構成で，解答数 50 個という出題量は，例年と同様である。いずれの大問でもリード文が用いられ，地誌的な出題が目立った点も例年通りである。一部で判断に迷う問題がみられたものの，全般的には標準レベルの出題であった。

Ⅰ　文章 1 のバーレーンの判定は難しいが，ペルシア湾岸諸国であることを認識できれば解答可能である。問 4 で扱われた統計表には，輸出量に関わる数値は記載されていないが，国名だけで判定できる。

Ⅱ　ベトナム，インド，ブラジル，日本の食料生産と食文化について幅広く問われ，「ピンクの革命」や「食品ロス」など時事的な用語もとり上げられた。問 2 の g では，牛肉（一人当たり消費量が約 37 kg）と鶏肉（同約 47 kg）でやや迷う。

Ⅲ　リード文中のW～Zの州名がわからなくても解答できるが，各州の地理的な位置を把握しながら取り組む必要がある。さらに問 2 でメルボルンを選択する上でも，日頃から地図帳を活用した学習の大切さを痛感する。問 6 はやや難しい。問 7 ではロとハを判別する際に，イスラム教がアフリカへも伝播したことを思い出す必要がある。

Ⅳ　本問では，現行の教科書にみられる大地形の扱いに対して問題を提起する論文が用いられた。問 3 の地向斜造山理論は難しいが，プレート論が「現在は主流ではない」という記述が誤りであることは明らかである。他の問題はいずれも標準的な知識で対応できる。

政治・経済

I 解答

(1)—②・⑤　(2)—①・③　(3)—①・③　(4)—⑤　(5)—※
(6)—④　(7)—⑥　(8)—②・④　(9)—②・③

※設問(5)については，設問の記述に不適切な部分があったため，解答の有無・内容にかかわらず，受験生全員に得点を与える措置を取ったことが大学から公表されている。

◀解　説▶

≪国際資本移動≫

▶(1)難問。②正文。日本は戦前から貸し手と借り手の間を金融機関（特に銀行）が媒介する間接金融が中心の国である。高度成長期には，企業の旺盛な資金需要に対して，銀行はオーバーローン（預金額以上に貸し付けること。不足分は日銀からの借入れで賄った）でそれに応えた。また，銀行融資は，国民の高い貯蓄率や護送船団方式（日銀や大蔵省の保護と規制の政策）に支えられて安定的な金融システムであった。

⑤正文。第1次産業と第2次産業の就業人口は，1960年において32.7%と29.1%，1965年において24.7%と31.5%であった（「変化する産業・就業構造」総務省統計局）。この間に産業間就業人口の逆転現象がみられる。

①誤文。「対日貿易赤字」以下の表現は，輸出自主規制の品目に自動車を加えれば，1980年代以降の日本経済にあてはまる。

③誤文。1950年の日本の国民所得に占める農林水産業の比率は25.1%であった（「昭和25暦年国民所得調査報告」内閣府）。

④誤文。高度経済成長期以降の日本経済において，第2次産業の就業人口（全体の23～34%）が，第3次産業の就業人口（全体の36～64%）を上回ったことはない（「変化する産業・就業構造」総務省統計局）。

▶(2)難問。①正文。1986年1月から円高不況に対処するため日銀は公定歩合を段階的に引き下げ，1987年2月に年率2.5%になって落ち着いた。金利の低下に後押しされて借入金による土地転がしや財テクがブームとなり，株価や地価の高騰（資産価格の高騰＝バブル経済）の一因となった。

③正文。資本移動の制限（資本規制）は，金融システムの安定や為替の安定のために，預金引き出しや為替管理などによって，政府が国内外の資本移動を規制することである。金融危機の際には必要となることがある。
②誤文。1980年代後半には円高の影響で輸入価格が下落したが，複雑な流通機構がその影響を吸収したことによって物価は安定的に推移した。
④誤文。1バーレル当たりの原油価格は，石油危機以前は2～3ドル前後，1980年代前半は30ドル前後，1980年代後半は10～20ドル前後で推移した。
▶(3)難問。①正文。19世紀末に本格化する帝国主義の時代には，欧米列強は，過剰資本の輸出，あるいは，資源と市場を求めて植民地経営に乗り出した。そのため本国と植民地との間の資本移動は，自由に活発に行われた。
③正文。所得の再分配は，高額所得者に累進課税を行い，低所得者に社会保障の給付を行うことで実現される。1980年代にドイツの宰相ビスマルクが行った各種社会保険の立法，あるいは，1911年に制定されたイギリスの失業保険制度などは，所得の再分配としての意義をもっている。
②誤文。公共事業などの財政政策によって景気変動を抑制するのは，フィスカル＝ポリシー（伸縮的財政政策）の考え方である。第二次世界大戦後，各国政府に広まった。
④誤文。金本位制の下では兌換紙幣が発行されるため，為替レートは自動的に決まる。例えば日本では0.75グラムの金が1円，アメリカでは1.5グラムの金が1ドルであるとき1ドル＝2円という為替レートが成立する。このように考えると後半の記述は間違いであることがわかる。
▶(4)⑤が正解。WTO（World Trade Organization，世界貿易機関）は，1995年にGATT（関税と貿易に関する一般協定）に代わって成立した。自由で開かれたグローバルな貿易の振興をめざす国際機関である。中国は2001年末にWTOへの加盟を果たした。それ以降，安価で豊富な労働力を強みに海外からの直接投資を積極的に受け入れた。やがて中国は「世界の工場」と呼ばれるようになりその貿易額は飛躍的に増大した。
▶(6)④が正解。自然災害や国際紛争などのリスクに際してサプライチェーンを絶たれないようにするためには，生産・物流に関して複数のルートをあらかじめ用意する必要がある。それは生産・物流の分散化をはかっておくことに他ならない。

▶(7)⑥が正解。まず注目すべきは，タックスヘイブンとなったアイルランドの法人税率である。アイルランドは1995年の段階では日本と同レベルの法人税率40%台であったが，2003年には同税率が12.5%になった。そこで世界の多くの企業がアイルランドを節税のための拠点として利用するようになった。アイルランドの法人税率が下がればその影響を受けるのが隣国イギリスである。そのためイギリスは2017年に法人税率を19%まで引き下げ，主要先進国の中では法人税率の最も低い国となった。日本は，アメリカがトランプ政権下の2017年に法人税率の引き下げに踏み切ったことで，法人税率の引き下げを行った。しかし，日本は，なお法人税の実効税率が30%ほどあり，主要先進国の中ではその税率が最も高い国である。

▶(8)難問。②正文。公正取引委員会は，株式取得などにより他の事業者の事業活動に制約を与えて市場を支配しようとする行為（支配型私的独占）については，独占禁止法第3条および同第7条1項の規定により，排除措置命令を出すことができる。

④正文。1960年代後半，日本では開放経済体制の移行にともない産業再編成と呼ばれた大企業の体制強化・系列化が進んだ。大型合併や旧財閥系企業集団の結束が本格化したのもその頃である。

①誤文。企業買収が成立するためには，基本的に被買収企業の総株式の過半数が取得できればよい。そのことによって被買収企業の株主総会の議決を支配しその経営権を取得できるからである。

③誤文。2000年代後半の時点では，親会社が持株会社である比率は低く，「持株会社が敵対的買収からの企業防衛において主要な役割を果たすようになった」とはいえない。

▶(9)難問。②正文。日本の農業生産はコメから付加価値の高い野菜・果物・畜産の品目に移行してきている。日本の食料自給率（農林水産省統計）を2020年度でみると，カロリーベースが37%，生産額ベースが67%であった。

③正文。戸別所得補償制度は，通常，農業生産に要した費用が販売価格を上回る場合，その差額を交付金として直接支払う制度である。2010年に導入されたこの制度は，2013年に名称変更され経営所得安定対策制度と

なった。また，2014年には多面的機能支払制度，中山間地域等直接支払制度，環境保全型農業直接支払制度の3制度を統合した日本型直接支払制度が創設された。

①誤文。各国の農産物に対する関税は，食料の安全保障の観点から高く設定されている。ドイツ・フランス・イギリスは20%で，日本の12.5%より高い。食料自給率は，アメリカとカナダのほか，フランスが高い。フランスのカロリーベースの食料自給率は，近年はほぼ120～130%台である(農林水産省統計)。

④誤文。G7を構成する国の中で1次エネルギー自給率（2018年，IEA「World Energy Balances 2019」）をみると，日本（11.8%）とドイツ（37.4%）以外は5割を超えている。

II　解答

(1)―④　(2)―④　(3)―⑤　(4)―②　(5)―①・②・③
(6)―①　(7)―②　(8)―⑤　(9)―※

※設問(9)については，解答の有無・内容にかかわらず，受験生全員に得点を与える措置を取ったことが大学から公表されている。

◀解　説▶

≪会社法と会社企業≫

▶(1)④正文。近年の各種会社設立件数をみると，株式会社が7～8割程度，合同会社が2～3割程度，合資会社や合名会社は50件前後で推移している。

①誤文。有限会社は新設できないが，会社法施行以前から存続している有限会社についてはそのままの商号で存続することができる。

②誤文。合同会社は，有限責任社員のみで構成される。

③誤文。合名会社は，旧商法の時代からあった会社形態である。

⑤誤文。持分会社は合名会社，合資会社，および合同会社の総称である。このうち，会社のすべての債務に責任を負う無限責任社員のみで構成されるのは合名会社だけである。

▶(2)④が正解。株主総会は株式会社の最高議決機関であるが，それは最高意思決定機関であることを意味する。

▶(3)⑤が正解。所有と経営の分離は，大企業の経営が，個人の資本家ではなく，専門経営者（雇用経営者）にゆだねられるようになったことをいう。その背景には，株式の分散と大衆化，法人株主の増大，経営の複雑化・専門化などがある。

▶(4)②誤文。株主の権利に会社に株式を買い取ってもらう権利はない。

▶(5)指名委員会等設置会社とは，指名委員会，監査委員会および報酬委員会という3つの委員会を通じて経営全般を監督する取締役と，業務を執行する執行役を分離した組織形態をもつ株式会社である（会社法第2条12項ほか）。

①誤文。取締役の選任・解職を決定するのは株主総会（会社法第341条）である。指名委員会は，その議案内容を決定する（同第404条1項）。

②誤文。取締役は会社法または会社法に基づく命令に別段の定めがある場合を除き指名委員会の業務を行うことはできない（会社法第415条）と定められている。したがって，代表取締役は指名委員会の委員になることはできない。

③誤文。各委員会は3名以上の委員で構成される（会社法第400条1項）が，その委員の過半数は社外取締役でなければならない（同第400条3項）。

④正文。各委員会の選任は会社法第400条2項，その解職は同第401条1項の規定による。

▶(6)①正文。ESG投資は，環境（Environment）・社会（Social）・ガバナンス（Governance）のそれぞれの要素を評価・選別して行う投資である。ESG課題を積極的に組み入れた国連責任投資原則（UNPRI）の発表以降，世界に広がった。

②誤文。機関投資家は，法人の大口投資家のことである。

③誤文。投資銀行の業務は，銀行業ではなく証券業である。その業務は，企業などの資金調達や企業買収をサポートする証券業務が中心となる。

④誤文。機関投資家は主に銀行や保険会社であり，株式投資については大口の資金を長期的な視点で運用するのが普通である。

▶(7)②が正解。ストック・オプションは，企業の役員や従業員に対し成功報酬として付与される自社株購入権である。1997年の商法改正で本格的に導入され，現在の会社法では新株予約権として扱われる。この報酬制度の導入は，役職員の株価上昇への関心や業績向上への意欲を促す効果があるとされる。

▶(8)⑤が正解。企業Aの付加価値は，消費者への販売額800万円（=200円×40000個）から製粉業者に支払った小麦粉代金300万円を差し引いた残り，500万円である。人件費200万円は国民経済計算にあるGDP統計の雇用者報酬に相当する。企業Aの付加価値は，雇用者報酬（人件費200万円）に企業所得（300万円）を加えたものだから，人件費を差し引く必要はない。

III 解答

(1)A―③　B―⑨　C―⑪　D―②
(2)E―⑩　F―⑪　G―②　H―⑧　I―⑥
(3)―④　(4)―③

◀解　説▶

≪憲法改正と憲法保障≫

▶(1)A．③が正解。硬性憲法は，法律より厳格な改正手続きを定める憲法である。

B．⑨が正解。軟性憲法は，通常の法律と同じように改正される憲法である。

C．⑪が正解。近代立憲主義とは，近代憲法の原理に立脚して国家権力を制限し個人の権利と自由を守ろうとする考え方である。

D．②が正解。天皇制は，長く続いた権威や伝統を背景にもっており保守的な要素に支えられている。それは，「国民の崇敬と信従を喚起し，維持する部分」，つまり，憲法の尊厳的部分の説明と内容的に合致している。

▶(2)E．⑩が正解。日本国憲法第65条に「行政権は，内閣に属する」とあるので，内閣は「行政権を統括するはず」ということになる。

F．⑪が正解。中央官僚機構というのは，中央省庁に属する高位の行政官僚の組織をいう。例えば，法案を準備するのは内閣や衆参両院に置かれている法制局，予算案を編成する財務省主計局は，中央官僚機構の組織である。

G．②が正解。政権政党（与党）は，国の政治機構を動かす政治権力を得た政党の意味である。選挙による国民の支持に基づき議会で多数勢力となれば政権政党となる。その代表（首相）は内閣を組織し行政各部を指揮監督する。

H．⑧が正解。最高裁判所は，違憲審査における終審として憲法を守る使命をもち憲法の番人とされる。違憲審査権はすべての裁判所がもつが,「最終的に有権解釈権者たる最高裁判所」の判断が決定的に重要である。最高裁によって，ある法律の規定が違憲だと判断された場合には，その規定はその事件においてのみ，効力を否定され適用されない。しかし，その判例（最高裁違憲判決）はその後の裁判所の判断を拘束する。

I．⑥が正解。前後の文脈からあてはまる語句を探す。直前の「憲法と現実の距離には許容限度があろう」という表現から考えると，現実と対比される⑥の「神話」がその候補に浮かぶ。憲法を「神話」であるとすると憲法は現実との距離がありすぎる。それゆえ，⑥は，直前の「許容限度があろう」と呼応した表現をとっていると考えられる。また，2つ目の空欄のある文は，憲法の機能的部分と尊厳的部分との関係性を叙述している。その内容から考えると,「神話」は憲法の機能的部分に対比される尊厳的部分の比喩表現である。「神話」は憲法の「国民の崇敬と信従を喚起し，維持する部分」の比喩表現としてあてはまる。文末にあるように,「神話」は，憲法の機能的部分の機能性（憲法の現実的側面）を支えているという内容も理にかなう。

▶(3)④正文。フランスの政治家・思想家トクヴィル（1805～59年）は,「地方自治制度の自由に対する関係は，小学校が学問に対してもつ関係と同じである」（主著『アメリカの民主政治』）と述べている。イギリスの政治家・法学者ブライス（1838～1922年）は,「地方自治は民主主義の学校」（主著『近代民主政治』）と述べている。2人の言葉は互いに通じる面がある。地方自治は，住民自身が地域の問題を自分たちの責任で，自分たちの機関を通して処理していく積極的な意義をもっている。それゆえ，地方自治は，国政レベルの民主主義を学ぶ場だというのである。

①誤文。ブライスもトクヴィルも多数者の専制を支持していない。それどころかトクヴィルは，民主政治における多数者の専制を危険視している。

②誤文。生没年から考えて，ブライスが，18世紀に生きたアダム＝スミスに先駆けて自由放任主義を唱えることはできない。

③誤文。ブライスではなく，エドワード＝コークであれば，正しい。

▶(4)③正文。国民投票については，国民投票法が制定されている。同法によれば，憲法改正原案は衆議院100名以上，参議院50名以上の議員の賛成で国会に提出され，国会に設置される憲法審査会で審理される。憲法審査会で可決された憲法改正案は，各議院の総議員の3分の2以上の賛成で，国会がこれを発議する（日本国憲法第96条）。憲法改正案の承認に必要な国民投票における承認には，有効投票総数の過半数の賛成が必要となる。なお，投票は内容ごとに区分して行い，満18歳以上の日本国民が国民投票権を有する。

①誤文。「特別の国民投票で」以下の内容が間違いである。

②・④誤文。日本国憲法は憲法改正手続きを第96条で規定している。その他の間違いについては，上述の国民投票法の内容を参照するとよい。

Ⅳ　解答

(1)―①　(2)―③　(3)―②　(4)―①　(5)―②　(6)―③
(7)―①　(8)―④　(9)―④　(10)―②

◀解　説▶

≪代議制と一般意志≫

▶(1)①が正解。タイトル部分や前後の文脈から，Aは市民の代表者であり，会議における市民の代行者であると推理することで，代議士の語句が割り出せる。

▶(2)③が正解。アの語句は，「公共の問題」に対比できる「私的な問題」があてはまる。また，イの語句については，都市国家で市民が結集する機関を選べばよい。

▶(3)②正文。求められているのは，私的な問題は「はるかに減少しさえする」の理由説明である。国家がよく構成されていればいるほど，市民の心の中では，公共の問題が私的な問題よりも優先される。その結果として共同の幸福（公共の福祉）の総和がさらに大きくなる。その過程では，各個人は個別に配慮して自分の幸福を求める必要は少なくなっていくと考えられる。

▶(4)①が正解。一つ目の空欄Cの前後は衆愚政治の状況を表現している。市民が自分の生活や利益にばかり関心を向けないのであれば，政治は堕落して市民による公共の意志は見出せない。そのことを一般意志が「支配しない」と言っているのである。

▶(5)②正文。一般意志は公共の利益をめざす市民の共通意志である。それは，各人の利益を意味する個別意志（特殊意志）の総和である全体意志とは異なる。それは，共同体を指導する基本的指針となるもので，共同体の成員が結集できる社会公共の精神，社会公共の意志である。

▶(6)シエイエス（1748～1836年）は，フランス革命の口火を切った人物である。「第三身分とは何か。すべてである。今日まで何であったか。無である。何を要求するのか。それ相応のものに」（『第三身分とは何か』1789年）と題するパンフレットを発表し，第三身分だけで構成される国民議会を提唱した。

▶(7)①が正解。ルソーが主著『社会契約論』（1762年）を刊行した当時，イギリスは本格的な議会政治の時代を迎え，啓蒙思想家の多くもその政治を高く評価した。しかし，直接民主政治を理想としていたルソーはイギリスの代議制（間接民主政治）を批判している。

▶(8)④正文。選挙民と選挙される側（議員）の一体性は実は選挙期間だけのことであって，議員は選ばれてしまうと，自らの利益のために行動することが多い。そして，選挙民は彼らに屈従を強いられ，選挙民の利益は無視される。ルソーは以上の趣旨で④の一文を書き，間接民主政治を批判している。

▶(9)④が正解。古代の共和国は古代ギリシャのアテネを，古代の君主国は同じくスパルタを考えればよいだろう。なお，ローマ帝国の元老院や民会は代表制の機関である。中世から近代にかけてのベネチア共和国は貴族による代表制をとっている。

▶(10)②が正解。『社会契約論』は，社会契約説や人民主権論，一般意志による国家論などで有名である。フランス革命に直接的な影響を与えたほか，日本でも中江兆民によって『民約訳解』として紹介され，明治10年代の自由民権運動に大きな影響を与えた。

❖講　評

Ⅰ　専門性の高い国際資本投資の沿革を問う出題であった。(1)，(2)，(3)，(8)，(9)は正しい選択肢をすべて選ぶ問題であり，詳細な知識を必要とする場合が多く，難問であった。(1)，(2)，(7)，(9)のように統計上の数値データが絡む問題が多かった。(3)は帝国主義の時代と現代とを対比する歴史的観点の問題，(7)は時事問題。慎重な検討を要する設問が多かったので時間配分上の工夫が必要であったと思われる。

Ⅱ　会社企業に関連した出題であった。設問ごとの難易度に差があり，全体としては標準からやや難の出題であった。難しいのは，(5)の指名委員会等設置会社に関する設問であり，詳細な知識が問われた。(6)のESG 投資や(7)のストック・オプションは時事用語である。(8)の計算問題は難しくはないが，人件費は企業の付加価値であると気づくことがポイント。

Ⅲ　憲法に関連した基本的な知識と理解，読解力が問われた。(2)は論文の読解力をベースに語句をあてはめる問題である。空欄Ⅰでは論理的な考察も求められた。(3)のブライス，(4)の日本国憲法の改正手続きに関する問題は，消去法を駆使し丁寧に選択肢を選ぶと難しくはない。

Ⅳ　ルソーの『社会契約論』の文章をもとにした空所補充の問題であった。政治分野の基本知識がベース。読解力，論理的な判断力を駆使する必要はあろうが，選択肢の判別に困るほどではない。なお，(1)の空欄Aは文章のタイトルがヒントである。(6)はフランス革命に欠かせない人物である。

しい。主語が明示されていないまま変わってしまうところがいくつもあるので、「大納言」が自分の不倫を棚に上げて勝手な説得を妻の「大君」にしている発言内容を手掛かりにすると、それに困らされている姉妹の苦悩との対比が見えてくる。書かれた年代が文学史問題として問二十八に問われているが、選択肢の作品もマイナーなものが多く、難度は高めである。つまり、『夜の寝覚』のあらすじを知っているくらいでないと、難しく感じられる問題になっている。

四　漢文：唐宋八大家の一人、蘇軾の文章からの出題。「穀物の育て方」について語る内容が、そのまま人材を育成し有能な者を任用する知恵につながっていく内容になっている。内容の読み取りの正確さが自ずと解答を導くので、選択肢の吟味に注力するのではなく、文章の全体的な構造を読み取るところに注力した方がよい。問三十は「更」の字の意味が焦点になっているので、一般的な語彙力の応用として「変更、更改、更衣」の「更」として意味を推定するような力があると読み取りの助けになる。訓点の問題は必ず正解できるように、文を構造的に見る力を養うことが肝要である。

者」は「虚」が中身がない虚ろな者の意になるので、中身がある者に育てる、と考えると、空欄Aは「強」か「剛」のどちらか、空欄Bは「充」か「実」のどちらかになる。よって、ニが正解。

▼問三十四　イの「三十歳過ぎには仕官できるようにする」は「古之人」の育て方の説明になるので不可。ロの「可能な限りすべての資材を集約的に投与し、むだなく効果的に行う」という内容は本文にないので不可。ハは「もともと優れた人材を」が不可。「弱者」も「虚者」もじっくりと育成したとある。ホは「何事につけ大らかだった」が不可。「閔閔焉如嬰児之望長也」とあり、〈心配して気をもむ様〉が描かれている。よって、ニとへが正解。

❖講　評

九十分で現代文の評論二題、古文と漢文が各一題で、記述問題はなく、すべてマークシート解答という出題である。設問数は現代文が計十七問、古文が十一問、漢文が六問と例年通り。全体的な難易度も大きな違いはない。大問一の現代文の本文と一部の選択肢、古文の本文がやや難しく、時間がかかる場合もある。

一　現代文：フランスの思想家ミシェル＝フーコーの思想を手掛かりに近代国家の権力の様相を追求する文章である。選択肢に紛らわしいものが多く、慎重な読みと判断が問われ、その点に時間をとられる可能性がある。特に問二は読み取りの比重の置き方に応じて判断が変わる可能性があり、慎重な対応が求められる。設問の表現や選択肢の表現などの細かいところにこだわりすぎると、設問の意図から離れる可能性もあるので、大きく問題を見るとよい。

二　現代文：日本人と神との関係の変化を、前近代から近代以降への変化として対比して論じる文章である。全体的に文章も設問もそれほど難しくはなく、標準的な問題である。

三　古文：平安末期頃に書かれた『夜の寝覚』という物語からの出題。主人公の男が、自分の妻の妹と密通し子を生ませたことに、妻も妹も苦悩させられるという物語で、三者の思いが交錯する場面を問題文として出題しており、場所として出てくる「大殿」とそこに引き取られた「姫君」とも絡んで、関係性の理解が問われる問題である点で、やや難

▼問三十　「富人之稼」（＝〝富める人の穀物の育て方〟）についての説明で、田畑が美しく耕されかつ多くの田畑がある（「其田美而多」）場合に、「可以更休、而地力得全」となることから考える。「更」には〝入れかえる〟の意がある〈更改、更衣、変更〉。「得レ全」は「全」が目的語になるので〈全きを得〉と読み〝完全な状態を得る〟の意となる。よって、イが正解。ロは「休憩と耕作を交互に行える」が不可。「休憩」は「其田美而多」と直接の関係がなく、この文脈では労働の仕方は問題にされていない。ハの「体力を温存」するため「耕作を休むこと」も不可。ニも「労働力はその間に十分回復して」が不可。ホは「さらに十分な休みを取る」が不可。「更」を〝さらに〟と読んで添加の意味ととるのは文脈に合わない。

▼問三十一　直前文の「百畝之田」は注に「標準的とされる田畑の広さ」とされているので、「其田美而多」に比べてずっと小さな田畑の場合との対比が示されていると考えられる。それゆえ、「寸寸而取之」と〈一寸ずつ〉を単位として「日夜以望之」という働き方をして、その結果が「地力竭矣」となるのである。「つく」と読む「竭」は〝尽きる〟の意で、「得全」と対照的な意味となる表現である。よって、ホが正解。

▼問三十二　「非有以大過今之人也」を「今の人より大いに優れていたわけではない」という意味になるように訓点をつける。文の構造は〈今の人より大いに優れている〉ということを否定する形を考えればよいので、「非」（＝あらズ）が「有以大過今之人」を否定する形とする。「有以大過今之人」の「有」は返読文字なので、「以大過今之人」全体を主語となる部分として「有」へと返る。「優れて」は「過ぐ」。〈「今之人」に対して「過」である〉ということが「有る」、という文の組み立てになる。「大いに」は「過今之人」を修飾する形でその上にあればよく、「大いに今の人に過ぐ」と読む。よって、返り点は「非レ有三以大過二今之人一也」となり、「以て大いに今の人に過ぐること有るに非ざるなり」と書き下す。

▼問三十三　「弱者」をじっくりと〈養って〉成長を待つ（「待其成」）と［A］になり、「虚者」をじっくりと〈養って〉成長を待つと［B］になる、と人を育てる方法を説く文になるように考える。「弱者」は強い人間に育て、「虚

を待ち、実力がない者は時間をかけて養い育て力を備えた者となるのを待つ。こうして三十歳になった後で職に就かせ、五十歳を過ぎた後で爵位を受けさせたのだ。長く身をかがめて力をためているうちに成長し、十分育った後で任用し、力が溢れるほど余るくらいになって流れ出し、満を持した先に発揮する。これこそが昔の人が今の人に大いに勝っている理由であり、今の為政者が及ばない理由でもあるのだ。

読み　盍ぞ嘗みに富人の稼を観ざるや。其の田美にして多く、其の食足りて余り有り。其の田美にして多ければ、則ち以て更休むべく、而して地力全きを得。其の食足りて余り有れば、則ち之を種うること常に時に後れず、而して之を斂むること常に其の熟するに及ぶ。故に富人の稼は常に美にして、秕少なくして実多く、久しく蔵して腐らず。今吾十口の家にして、百畝の田を共にす。寸寸にして之を取り、日夜以て之を望み、鋤耰銍艾、上に相尋こと魚鱗の如くして、地力竭く。之を種うること常に時に及ばずして、之を斂むること常に其の熟するを待たず。此れ豈に能く復た美稼有らんや。

古の人、其の才以て大いに今の人に過ぐること有るに非ざるなり。平居自ら養ひて敢へて軽しく用ひず以て其の成るを待つ所以の者、閔閔焉として嬰児の長ずるを望むが如し。弱き者は之を養ひて以て剛きに至り、虚なる者は之を養ひて以て充つるに至る。三十にして後仕へ、五十にして後爵す。久しく屈するの中に信びて、既に足るの後に用ひ、既に溢るるの余りに流れて、満を持するの末に発す。此れ古の人の大いに人に過ぐる所以にして、今の君子の及ばざる所以なり。

◀解　説▶

▼問二十九　「盍」は「何不二――一」と同じ意を表す再読文字「盍ぞ〜ざる」である。この時点で口を選ぶことができる。ニとホの「けだし」は「蓋」で、字形の似ている別の字なので注意すること。「嘗」は選択肢で「こころみに」と読みが限定されている。「於」は下に補語相当の語句がくることを示す置き字で、文末の「乎」は「や」（または「か」）と読む。

四

出典　蘇軾「稼説送張琥」（『唐宋八大家文読本』〈巻二十四〉）

解答

問二十九　ロ

問三十　イ

問三十一　ホ

問三十二　ハ

問三十三　ニ

問三十四　ニ・ヘ

◆全　訳◆

どうして富んだ人の穀物の育て方を見ないのか（見てみるべきだ）。その田畑は美しく耕されて何面にも広がっているし、食料は十分にあって余りあるほどである。その田畑が美しく耕されて広がっていれば、それを利用して田畑を代わる代わる休ませて、土地の力を完全なものにすることができる。食料が十分で余りあるほどであれば、種植えにいつも時期おくれにさせずに済み、その収穫もいつも十分熟すのを待つことができる。だからこそ富んだ人の穀物はいつも良質で、秕は少なく実のつまったものが多く、長期にわたって貯蔵しても腐らない。いま自分が十人家族で、百畝の田畑を一緒に耕しているとする。（すると）田畑を少しずつ分けて、昼も夜もずっと田畑に向かい、その土を耕し種まきしてならし草を刈って、魚の鱗のようにぎっちりと耕し尽くしてしまい、土地の力が尽きて痩せきってしまう。種植えはいつも時期を逃し、収穫もいつも熟す前にしてしまう。これではどうして再び豊かな収穫が得られようか、得られるはずがない。

昔の人は、その才能が今の人より大いに優れていたというわけではない。（ただ昔の人は）常日頃から自分をじっくりと養生させて決して軽々しく人を任用することはせずにその人が成長するのを待っていたというその理由は、心配して気をもみながら子どもが成長するのを待ち望んでいるのと同じであった。弱い者はじっくりと養い育てて強い人間になるの

をいちいち気にする〟）のは「なほなほしき際」（＝〝卑しい身分の女〟）だというのである。よって、対義語は「やむごとなし」。「大納言」の理屈は〈高貴な女は、高貴な男を夫とするもので、高貴な男は多くの女と関係をもつのが当然なのだから、妻もそれを平然と受け入れるべきだ〉というものである。

▼問二十五　直後に「げに、『そこに、その人をおぼす』とも聞かねば」とあり、「大納言」の〈思い人〉が「そこ」にいる、と聞き出すことができなかった、とあるので、〈大君〉が「大納言」の浮気相手を探させたが、誰との噂さえなく、相手はわからなかったというのである。

▼問二十六　「よそふ」は〝ことよせる、たとえる、なぞらえる〟意なので、意味としては「姫君」を「なでしこの花」になぞらえていることになるが、「よそへ」自体は掛詞になっていない。よって、「なでしこの花」が〈撫子〉の花と〈撫でし子〉とを掛けていると考える。「大納言」は、〈見れば見るほどいっそう美しく輝くこの撫子の花にもまして姫君は美しいですよ〉と〈中君〉に誘いかけ、会おうとしているのである。

▼問二十七　「いとあはれに思ひやらるる御程なるを」は、「大殿」に引き取られて以来会っていない自分の子の「姫君」に〈たいそうしみじみと心惹かれ思いやられる頃合いですので〉と「対の君」が〈中君〉に会うことを勧めている場面である。「なる」は名詞「程」に接続する断定の助動詞「なり」の連体形である。ロ以外は、ハの「散ればなりけり」の「なり」も含めてすべて断定の助動詞「なり」であるが、ロの「ふちとなりぬる」の「なり」だけは四段動詞の「成る」の連用形である。「淵」は川の流れのよどんで深くなっているところを言い、恋心が積もって〝淵になってしまった〟というのである。

▼問二十八　『夜の寝覚』の成立がおよそ十一世紀後半で、同時期に『堤中納言物語』『浜松中納言物語』がある。『落窪物語』『うつほ物語』は『源氏物語』成立以前の十世紀後半、『松浦宮物語』『有明の別れ』は十二世紀後半の成立である。

▼問二十一　うわべは何でもないように装っていた夫（大納言）も、夫婦生活の中で（「世には」）何か落ち着かない様子が感じられたが（「静心なげなる御気色とは見つれど」）、「そのこと」と格別はっきりと思い当たることがないので、「おのづから」（＝〝自然と〟）「深くも咎められたまはぬに」と、夫の落ち着かない様子を咎めることができなかった、と思い返しているのである。よって、イが正解。ハの「誰とは思い当たらなかった」は「誰」と言っている時点で誰かとの浮気を疑っていたことになるので、不可。

▼問二十二　Ⅰ、「わりなし」の「わり」は〈ことわり〉すなわち〝道理〟の意で、〝道理に合わないことだなあ〟と「大納言」がいつまでも自分の浮気を気に病む〈大君〉の態度を嘆いているのである。この場合の〈道理〉は直後に説明されていて、〈結婚以前の女が知らぬ間に生んだ子なのだから〉〈男とは浮気をするものだし、でも私は違うのだから〉というものである。「道理」という点で嘆いているので、相手を軽んずる「馬鹿だなあ」よりも「困るなあ」の方がよい。Ⅱ、「いぶせし」は〝気がかりだ、気が晴れない〟の意。直前の文の「こなた」は問十九の選択肢から〈中君〉を指すとわかる。〈中君〉は、苦しむ姉の様子を聞き、「大納言」との関係が煩わしくなり、彼からの手紙にまったく返事を書かない。だから、「大納言」は「おぼつかなく、いぶせく」感じ、その慰めに「姫君」をかわいがるのである。よって、ニが正解。

▼問二十三　「大納言」が浮気を疑う〈大君〉への弁明として、「男はさのみこそはべれ」（＝〝男は浮気をするものではありますが〟）と前置きしながら、自分は「埋もれ木」のようなもので、決して浮気はしませんと説得している場面である。「人の心」は〈大君〉の心を指し、「おぼし咎む」は、〈大君〉に対する尊敬語を使っているので、〈大君〉が〝咎める〟ように〝お思いになる〟ことを言う。「よもしはべらじ」は〈呼応の副詞「よも」＋サ変動詞「す」の連用形「し」＋丁寧の補助動詞「はべら」＋打消意志の助動詞「じ」〉である。よって、ニが正解。

▼問二十四　「なほなほし」は〝平凡だ、つまらない〟の意。「あまたかかづらひ通ふは、世のつねの男の性」が〈多くの女のもとに通うのは世の男の性だ〉という「大納言」の開き直りの言葉で、「かかる筋をかく思ふ」（＝〝その浮気性

したる」のは〈大君〉で、知らないうちに夫「大納言」が誰かに生ませた女の子が「大殿」＝（〝大納言の父関白邸〟）に引き取られかわいがられているのを知り、「世の中」（＝〝夫婦仲〟）を「恨めしく」感じているのである。よって、ハの「ものしげに」（＝〝不快に〟）かホの「にくげに」（＝〝憎らしく〟）が入る。空欄Bは姉の夫である「大納言」の子を人知れず産み心身ともに弱っている〈中君〉のもとに「大納言」が会いたいと手紙で伝えてきたことに対して、姉が心を痛めている噂を聞いている〈中君〉が「いかでか」（＝〝どうして会えましょうか〟）と否定的に思っている場面。消極的な意味になる語は「つつましげにて」しかない。

▼問十九　aの「見たまひて」の「見る」は、夫の隠し子の存在を知って夫婦仲に不快な気持ちを感じている〈大君〉の様子を「見て」いる大納言に対する尊敬の補助動詞「たまひ」だから、敬意の対象は「大納言」。bは不機嫌になっている妻〈大君〉に対して、「大納言」が言い訳（〝独身時に通っていた女が知らないうちに生んだ子〟〝父が勝手に引き取っていて、見たら実にかわいらしい〟）をしつつ、あなたにも見せたいと説得している場面で、「見せ」という自分の行為に献上の補助動詞「たてまつら」を添えているのだから、敬意の対象は「見せ」る相手の〈大君〉。cは生んだ子を義父の「関白邸」に迎え取られて静養している〈中君〉が、召使いの子どもに庭の草花の手入れをさせ、その様子を見ている場面。「たまふ」は尊敬の補助動詞で、「見」ている〈中君〉への敬意を表す。

▼問二十　①は「大納言」が妻〈大君〉に対して生まれた子を私同様にかわいく思ってほしいと求める場面で、「おぼせ」の主語は〈大君〉。②はそう言う夫に対し〈大君〉がこの数年間の夫の様子を思い返し、表面上は何もないかのように装っていた様子を「おぼしのどめたる上べばかり」と考える場面で、「おぼし」の主語は「大納言」。③は機嫌を直さない妻〈大君〉に対して〝その子が生まれた時期を考えなさい、あなたとの結婚より後か（いや前でしょう）〟と言い募っている場面で、「おぼせ」の主語は〈大君〉。④は、夫の言い訳に説得されない〈大君〉が嘆く気持ちを抱き続けていることを言う場面で、「おぼし」の主語は〈大君〉。⑤は、その妻の様子に大納言が、そんなに嘆くことか、と疑問に思う場面で、「おぼす」の主語は〈大君〉。

誰なのか探させなさるけれども、まったく、「あそこに、その方をお思いになって（会って）いる」とも（噂を）聞かないので、たいそうお嘆きになり、弁の乳母が、心をいらだたせ抑えきれない不満を（周囲の人に）口にするのを、中君におかれては、耳にするにつけても、いっそう難儀な気持ちになるにつれて、（大納言からの手紙の）お返事なども、いっそう書かなくなってしまう。（大納言は）気がかりで、心晴れないまま日々が過ぎてゆくその慰めに、姫君を、ただただ一日中抱いて愛おしみ申し上げなさる。宰相の君という人で、母乳の出る者を、御乳母として召し出した。

　生後五十日のお祝い、百日のお祝いなども過ぎて、この姫君が、目にもまぶしいほどに、日ごとに光り輝く美しさを増していらっしゃる様子は、あまりに尋常ではないのを、（大納言は）しみじみと愛おしく見つめながら、鼠が鳴くように口を鳴らしてあやしていらっしゃると、（姫君が）何か話をするかのようにたいそう声をあげて、声高々と何回もお笑いになるそのかわいらしさは、「あの石山での、あるかないかの微かな火影（の中で目にした中君の顔立ち）に、実によく似ているものだ」と、（大納言は）じっと見つめなさっていると、たいそう悲しい気持ちになるので、見るに見かねるお気持ちになり、手に色が移るほどに赤い紙に、撫子の花を折って包んで、

　「この撫子の花に託した姫君の可愛らしさを何度でもしみじみと心に受けて見てください。見るたびごとにますます
　　美しく輝きを増す撫子の花のように姫君も日々に美しくなっていますよ

たった今にでもお目にかけたいものです」などとだけ、いつものように言葉数多くではなく、素晴らしい筆跡でお書きになっているのを、中君におかれても、御前の壺庭にあるもの（＝〝撫子の花〟）を、召使いの童を下ろして、草花の手入れをさせてご覧になっているときであったので、いつも以上に目が引きつけられなさっていると、対の君なども、「たいそうしみじみと（姫君のことが）思いやられる頃合いですので、今回は（お返事をしたためなさってはいかが）」と、お勧め申し上げるのだけれど、「どうして書けましょうか」と、遠慮するような様子で、返事をお書きにならない。

▲解　説▼

▼問十八　空欄Aは、前書きに「大納言」と〈大君〉との夫婦の会話場面だとある。「いとなべて世の中恨めしく」「おぼ

忍びながら通った女性のもとに、このような（子が生まれる）ことがあったのも、（私が）知らないでいたうちに、父上がお聞きになって、（お屋敷に）引き取りお迎えになったということで、会いに行きました。かわいらしい様子をしていたので、どうして、私ひとり見捨てるように思えましょうか（できるはずがありません）、そうあるべき（ふさわしい）機会に、何とかして（あなたに）お目にかけたいと思っております。（私と）同じ（ご慈愛の）気持ちでいらっしゃってくださいと申し上げなさるけれど、（大君は）ちょっと顔を赤くして、何年も、落ち着いていらっしゃる表面的な態度だけはそのような様子もお見せにならず、（でも自分たち）夫婦の仲については、何か思うことがありそうで、落ち着きがなさそうなご様子だとお見受けしたのだが、このことだと明確になる何か（＝〝証拠になること〟）がなくて、自然と（大納言を）深く（事情を）問い詰めることもなさらずにいると、（お父上の屋敷に）姫君をお迎えになってそれ以降は、我が身の運命のつらさを思い知りなさって、穏やかならぬお気持ちでいらっしゃるのを、（大納言が）「困りますね。（姫君が）生まれた時期をお考えください。ご自分の（私との結婚の）後かと。（それに）たとえそう（＝〝結婚後〟）だとしても、男はただそのようなものなのです。けれども、（私は）不思議なくらい律儀な男でして、（浮かれた男女関係の世界から遠ざかって）埋もれ木などのようになってしまっておりました身なので、あなたの心を傷つけて、おとがめになるような振る舞いは、決していたしますまい」と申し上げても、（大納言のまなざしは思い人がいる）あちらの方をつい見やってしまっていて、何とももの悲しいことだ。

このようにばかり（大君は）心安まる様子もなく、（夫を）お恨みになっている様子でいるのだが、（大納言は）「どうしてこのように（恨みに）思っていらっしゃるのだろうか。多くの女性と関係をもって通うのは、世間では普通にある男の本性というもので、身分卑しい女性なればこそ、このような方面のことをこうして（恨めしく）思うものだ。（大君のような高貴な身分の方に）ふさわしい態度ではない」などとお思いになるので、姫君についてはやはり、一日の隔てでさえも、昼間の間（に会わない）だけでも恋しくて気がかりになるので、関白邸ばかりに居続けなさるようになり、（大君のもとには）枝が家の周囲を囲んでしまうほどに足を運ばない通いぶりにおなりになったので、（大君は相手の女性を）

たとまでは言っていない。

三

出典　『夜の寝覚』〈巻二〉

解答

問十八　ハ

問十九　a―ロ　b―ハ　c―ホ

問二十　ロ

問二十一　イ

問二十二　Ⅰ―ロ　Ⅱ―ニ

問二十三　ニ

問二十四　ニ

問二十五　ハ

問二十六　ホ

問二十七　ロ

問二十八　ホ

◆全　訳◆

大納言の父関白邸では、他のことどころではなく、この（姫君の）お世話で明け暮れしなさる。生後五十日のお祝いの日を数えて、世の人々の準備や、賑やかなさまの評判を、（大納言の妻の）大君はお聞きになって、「このような人（＝姫君）がこの世に生まれて来る（大納言の）お相手の方がいたというのに、何も知らなかったことだ」と、まったく夫婦仲のすべてが恨めしく、不快にお思いになっているのをご覧になって、大納言は、「独り身でおりましたとき、時々人目を

後の安息を祈る光景」がなくなった、との指摘がある。よって、ホが正解。イは「それまで重要視されていたカミや死者も有効に利用された」が不可。ロは「カミの意思を具現化するのは人間であるという主張がなされ」が不可。ハは「個人生活の充実のために経済が重視された」が不可。ニは「生きて社会に貢献することがあらゆることに優先された」が不可。

▼問十六　前問で確認した「人間間、集団間の緩衝材の消失」がもたらした問題点を踏まえて考える。傍線部の直後に「愛情や信頼」「不可視の存在を取り込んだ、生死の双方の世界を貫くストーリー」の必要性が指摘され、「目に見えぬものに対する強いリアリティが共同体のあり方を規定」するので「人間と人間を越える存在が、いかなる関係をもちながら公共空間を作り上げているか」が「重要なポイントとなる」と説明されている。よって、ホが正解。イは「カミは人間が創造した理想の形」が不可。ロは「カミが歴史上果たした役割」が不可。ハは「カミは……一般社会に広く浸透している」が不可。ニは「カミ」によって「利他的な思考を育て得る」が不可。

▼問十七　※選択肢の表現に不適切な部分があり、全員に得点を与える措置がとられた設問。「本文の趣旨に当てはまらないもの」を選ぶ設問で、イとニは本文の趣旨の範囲内だと考えられるが、他は検討が必要。まずロは、「神仏が道標であった時代に回帰して」が明らかに不可。近代以前に「回帰」するなどという主張はどこにもないし、含意としてもあり得ない。また、ホの「生命維持装置」について「それによって生かされる人間とその恩恵から疎外される人間を峻別し」も明らかに不可である。本文は、「生命維持装置につながれた患者が、本人の意思にかかわりなく生かされ続ける」状況について、「親族」が患者を「取り囲んで見守り、その穏やかな臨終と死後の安息を祈る光景」があった以前の状況と比べて問題だと指摘しているのであって、「生命維持装置」をめぐって恩恵を受ける者とそうでない者との峻別が起こることを問題にしているわけではない。また、ハの「カミの存在の空無化は、人間あるいは国同士の利害の対立を激化させ」も、本文の趣旨とは違う表現になっていると考えることもできる。本文はあくまでも「緩衝材の消失」となり「敵愾心が高揚するような異様な時代が到来した」と述べるにとどまり、「対立を激化させ」

た関係になることを示す表現になるように考える。よって、〝行き来ができなくなる〟意を作るイの「往還」が入る。ロの「転換」は世界自体が別のものに変わることを言い、ハの「巡回」は何カ所かを順番にたどっていくことを言うので不可。〈因循不可能〉は意味不明な表現になり、〈可逆不可能〉という表現も存在しない（〈不可逆〉と表現する）ので、ニとホはどちらも不可。

▼問十二　二段落前に（往還）不可能な一線を引くことによって、生者の世界から死を完全に排除しようとした」とあるので、傍線部のある段落冒頭の「人が死の世界に足を踏み入れてしまえば」は、肉体の死によって死者が生者の世界との間の「一線」を越えて「別世界の住人」になった状態を指す。だから、「生者による一方的な追憶と供養の対象と化」すのである。よって、ニが正解。イは空欄A直後に「生者の世界から死を完全に排除しようとした」とあるので紛らわしいが、「死者は生活から即時に排除されるべきである」が不可。そのように考えたからといって死者の側の「能動性」が失われるとは限らない。また、「追憶と供養」はするのだから、「死者」を「生活」から完全に排除しているのではない。ロは「生者の記憶にだけ出現する」が不可。「能動性」が失われる理由になっていない。ハは「共同体の歴史」が不可。ホは「科学的思考によって」が不可。

▼問十三　「右の生の世界」に「数えきれないほどの道しるべ」があり、「反対側の死の世界」への「斜面」は「闇に包まれ、道しるべがひとつもない」と説明されている比喩表現は、「道しるべ」を頼りに歩く道があり、その左右がまったく様相が違っていて、かつ「斜面」が広がってもいる光景を描いているので、ニの「痩せた山の尾根」が正解。

▼問十四　「近代社会」が「この世界から人間以外の神・仏・死者などの超越的存在＝カミ」をどう扱ったかは、「生者の世界から死を完全に排除しようとした」（第七段落）ことから明らかで、当てはまるのはロの「放逐」しかない。

▼問十五　前の段落に「近代化」が「公共圏から神や仏や死者を追放するとともに、特権的存在としての人間をクローズアップ」させ「人権の観念を人々に植え付け」たとの説明があり、傍線部直後に「カミが公共空間を生み出す機能を停止したことに伴う人間間、集団間の緩衝材の消失」によって「国民間の敵愾心が高揚」したり「穏やかな臨終と死

◆要　旨◆

現代人は生と死の間に明確な一線を引いているが、前近代の社会では生と死の間に中間領域があり、生者と死者は交流しつつ同じ空間を共有していた。死を生者の世界から排除するいまの日本と違い、かつて生者は死者と交流し、死は両者の新しい関係の始まりを意味した。しかし、近代人にとって死は孤独と暗黒の世界であり、それゆえ近代医学は延命を至上視する。人類は長い歴史のなかでカミや動植物も世界の構成員としてきたが、近代化はカミを公共圏から追放した。緩衝材としての公共空間が失われ、人間間、集団間に深刻な問題がもたらされた。人間にとってカミはなくてはならない存在である。人間と人間を超える存在がいかなる公共空間を作り上げているかを明らかにすることが重要である。

▲解　説▼

▼問九　aの「追善」も「善処」も高難度の語彙。bの「隠蔽」は必須語彙だが「偏平足」はやや難しく「建蔽率」は一般的に「建ぺい率」と平仮名表記されるもので難しいが、「蔽」の〝おおう〟という意味を当てはめてみれば推定できる。cの「慌ただしい」「繁忙期」「恐慌」「危惧」、dの「重篤」「隠匿」「篤志家」「督促状」も難度が高い語彙になる。

▼問十　「生者と死者」の間では「遊離魂を体内に呼び戻すことによって死者を蘇生させようとする」（第四段落）ことや、「亡者が現世で身にまとった怒りや怨念を振り捨て、穏やかな祖霊へと上昇していくことを後押しするための供養」（同）をすることが指摘され、「生前から、死後の世界へ向かう助走ともいうべきさまざまな儀礼が営まれ」（第五段落）たり、「死が確定して以降も、長期にわたって追善供養が続けられ」（同）たりと、「生者の世界と死者の世界が重なり合う長い期間があるという認識」（同）があったと説明されていることから、ハが正解となる。イは「生者たちによる儀式が最優先」が、ロは「カミが死を宣告する」が、ニは「存在する空間を入れ替わる」が、ホは「死者を忘却することで他界に関わる」が、それぞれ不可。

▼問十一　直後に「生者の世界から死を完全に排除しようとした」とあるので、「生者の世界」と「死」とが切り離され

を規範とする意識が「個人のレベル」に転化することで「平均人」の概念が生まれ（第十四段落）、傍線部の「人間の正常／異常の分類」につながった。この〈必然的な経緯〉が、「偶然ではない」理由となる。よって、ニが正解。イ・ロ・ハはすべて「偶然ではない」理由の説明になっていない。ホは「人間の正常／異常の分類への関心」につながらない。

▼問八　「肌の色、性別、年齢」という条件をすべて満たすものは人間の何に当たるかを考えれば、イの「経歴」、ロの「出自」、ホの「本質」でないのは明らか。ニの「平均」は「……によって分類する」につながらない。ハが正解。

二

出典　佐藤弘夫『日本人と神』〈終章　神のゆくえ　3　重なり合う生と死の世界〉（講談社現代新書）

解答

問九　a―ロ　b―ホ　c―ニ　d―ハ

問十　ハ

問十一　イ

問十二　ニ

問十三　ニ

問十四　ロ

問十五　ホ

問十六　ホ

問十七　※

※問十七については、選択肢の記述に不適切な部分があったため、解答の有無・内容にかかわらず、受験生全員に得点を与える措置を取ったことが大学から公表されている。

則性・自然性を有するものとして認識された社会および人口」と表現されているので、ニが正解。ハも「全体」というキーワードを押さえており、間違っているわけではないが、傍線部にある「人口」という語をそのまま用いている点で最善ではない。

▼問四　傍線部の次の段落に、「『率』の一定性……は、社会に秩序が保たれていることの証左であり、率の激しい変動は、……介入のための指標となる」とあるので、ホが正解。ただし、ホの「人口構成を」という表現がどこにかかるのかが不明瞭である。〈人口構成に関わる〉ぐらいの意味で押さえておけばよいだろう。イは「人口を一定に保つため」が不可。ロは「出生率、……犯罪率こそが社会秩序を不安定にする」が不可。「率」自体ではなく「率」の「激しい変動」が不安定にする。ハは「人口構成が一定であるのが望ましい」が、ニも「人口構成は最重要項目」が不可。「人口」の「構成」比率は問題ではない。

▼問五　「究極的にはどういう事態を招く」かとは、「個人の正常性からの逸脱」が「分類、階級づけ」においてどれほど悪い事態をもたらしうるか、を問うものである。ただし「適切でないもの」を選ぶという問い方になっているので、最も〝悪くない〟事態となるものを選ぶことになる。よって、イが正解。他の選択肢はいずれももたらされうる事態である。

▼問六　「外部のない秩序」とは、傍線部の同段落にあるように、「その人が属する社会のどこかに必ず位置を占める」ことをいっている。よって、ホが正解。「正常性からの逸脱」があったとしても、「正常性＝平均＝規範的状態は、現実社会の外にある超越的な規範（たとえば自然法）によって根拠づけられること」はないのである。イ・ニは「超越的」が、ロは「外部に位置づけ」が、ハは「外部に排除」が不可。

▼問七　「偶然ではない」理由が問われているので、〈必然的な経緯〉である点を見ればよい。社会統計学の中に人口統計学が含まれると考えると、人口統計学は、生政治の対象としての人口の計測を可能とし、それによって人口における「正常性」を規範とした秩序維持を「政治的・経済的目標」（第十三段落）として浮かびあがらせた。その「正常性」

けられたのである。

◀解　説▶

▼問一　傍線部の内容を「最初に構想した」とされる「国家理性論」については、第四段落に説明があり、第三文に「そこでは国家全体の富や豊かさの増大、国家の力の増大は、その中に生きる個人の幸福や健康な生と結びつけられた」とある。この結びつきが「国家理性論」の基本的な考え方（＝前提）だと読み取れる。よって、イが正解。ロは国家の力の増大に触れていない。ハの「増大させるために」という説明も誤りとは言い切れないが、傍線部の内容からずれている。ニは本文に書かれていない。ホは紛らわしいが、「または減少」が余計である。たしかに第四段落最終文に「相関して増大したり減少したりする」とあるが、これは「知と権力の枠組み」の説明である。「国家理性論」がめざすのは「国家の力をいかに強め、維持するか」である。

▼問二　まず「生政治」について、傍線部のある段落から内容を読み取ると、「全体と個、国家の繁栄と個人の幸福との結合」を実現させる一手法であり、「出生率、死亡率、……、健康状態」を持った「人の集合」＝「人口」に対して行われることがわかる。また、公衆衛生を通じて「人間の生のあり方に積極的に介入する」（第九段落）ものだと本文にある点から考える。イは「遺伝学や優生学の影響」「個人のレベルの問題に還元」が不可。ロは「生政治の目的」を「公衆衛生の向上」としている点が不可。「公衆衛生の向上」は〈手段〉にすぎない。ニは「全体と個別を同時に計測できる人口統計学」が不可。ホは書かれている内容の論理がおかしい。「数字」は「統計」の結果出てくるもののはず。また、「人口統計学の発展によって生政治が行えるようになった」は傍線部の「人口……の発見……が、生政治を可能にしている」の繰り返しで、理由説明にならない。よって、ハが正解。ただし、ハは、傍線部の「社会に固有の『自然性』によって構成される人口という対象」が表現する「人の集合」としての捉え方への言及が弱い点が引っかかるが、許容範囲と考える。

▼問三　傍線部の次の段落に「集合体に固有のレベルである人口」「集合体、すなわち『社会』」「『全体』とは、固有の規

国語

一

出典　重田園江『フーコーの風向き――近代国家の系譜学』＜第2章「生のポリティクス」と新しい権利1　生政治―対象としての「人口」＞（青土社）

解答

問一　イ

問二　ハ

問三　ニ

問四　ホ

問五　イ

問六　ホ

問七　ニ

問八　ハ

◆要　旨◆

生政治は、生に関わるすべてを「政治化」し、生物学的総体としての人口を対象とする。その土壌は一七世紀以降の国家理性論にある。国家理性論は、国家の繁栄と個人の幸福とを結合させ、統計学が発見した「人口」という集合体への公衆衛生を介した管理を行う生政治を手法としたのである。その際、生政治は、人口という集合体に対して「正常性」という概念からの逸脱の度合いを介入の指標とした。この正常性という概念はやがて個人のレベルに転化され、「平均人」という概念を生み出し、個人の分類、階級づけを生んだ。社会全体のレベルでの正常性と個人の正常性はこのように結びつ

2021年度

解答編

解答編

英語

I **解答**　1－d　2－b　3－b　4－b　5－d　6－a
7－d　8－b　9－c　10－a

◆全　訳◆

≪文化心理学論≫

私たちは疑問をはっきり言うことから共同研究を始めた。日本人研究者の忍先生はなぜアメリカの生活はこれほど異様なのか不思議に思った。アメリカ人研究者のヘーゼル先生は日本の奇妙さにまつわる逸話で迎え撃った。文化心理学は，奇妙をおなじみに，おなじみを奇妙に変えることである。私たちが分かち合った文化の出会いは，私たちを仰天させ，心理的な機能ということでは，文化がものをいうのだということを思い知らせたのだった。

日本での数週間にわたる英語が堪能な学生相手の講義の後で，ヘーゼル先生はどうして学生は何も言わないのかしらと思った。質問もなく，論評もない。先生は学生に自分と違う考えに興味があると断言していた。それなのにどうして反応が何もないのか。議論や討論，批判的思考の印は，どこへ行ってしまったのか。たとえ先生が「麺類はどの店が一番おいしいか」という簡明な質問をしても，答えは常に，音が聞こえるほど息を吸った後，「どうでしょう」であった。日本の学生は好みも，思想も，意見も，心構えもないのか。こうしたものがないのなら，頭の中には何があるというのか。自分が何を考えているかを言わなかったら，どうしてその人のことがわかるというのか。

忍先生はなぜアメリカの学生がただ講義を聴くだけではないのか，常にお互いの話を遮り，互いに，また教授と，話し合っていなければいけないと感じるのはなぜなのかを知りたいと思った。なぜ論評と質問が強い感情を表現し，競争力をもったのか。こうした言い争いの意味は何だったのか。

なぜ知性は，お互いをよく知っているクラスの中でさえ，他人を負かすことと結びついているように見えたのだろうか。

忍先生は，客人に好みを聞きまくるアメリカの世話役への驚きを表明した。ワインがいいですか，ビールですか。清涼飲料ですか，ジュースですか。あるいは，コーヒーですか，紅茶ですか。なぜどうでもいい好みを聞いて面倒をかけるのか。世話役はこの場面にふさわしい飲み物が何なのかを確かにわきまえており，ただ何かふさわしいものを提供することができたのに。

好きなものを選ぶのが面倒ですって。ヘーゼル先生は，日本でのとりわけ屈辱的な一体験の鍵を握っているのはこれなのかしらと思った。ヘーゼル先生以外は全員生粋の日本人の８人連れがフランス料理店に入った。誰もが一般的なレストランの作法に従い，メニューを読み込んだ。ウエーターが近づいてきて，そばに立った。ヘーゼル先生は，好みのオードブルとアントレを告げた。その次に続いたのは，日本人の世話役と日本人の客の間の張り詰めた話し合いであった。食事が出されると，それは先生が注文したものではなかった。席に着いていた人全員に，同じ食事が出された。これはひどく不快なことだった。自分の夕食を選べないのなら，どうしてそれを楽しめるだろうか。誰もが同じ食事を出されるのなら，メニューに何の意味があったのか。

同じだという感覚は，日本ではよい，あるいは望ましい感覚なのだろうか。ヘーゼル先生が京都で寺の境内を歩いていたとき，通路に分かれ道があり，「順路」という標識があった。誰が順路を通りたいだろうか。特別な，人のあまり通らない道はどこだろうか。非順路を選ぶのは，アメリカ人には自明の進路かもしれないが，この場合には，その道は境内の外の寺のゴミ捨て場に続いていた。順路は退屈で何事もない道のことを示していたのではなく，適切であり，良好な道のことだったのである。

こうしたやりとりが，私たちの実証研究の発端となり，私たちに，それぞれが一番よく知っている様式の他にも生活様式があることを思い知らせてくれた。これまで，大半の心理学は，中流の白人アメリカ人を対象に研究する中流の白人アメリカ人環境にいる心理学者によって生み出されてきた。他の社会文化環境では，人としてどうあるべきかや，意義ある人生をどう送るのかをめぐって様々な考え方や習慣があってもいいし，この違いが心理的機能に影響を及ぼす。このような認識は，私たちが共同研究と文化心理学に関心を抱き続ける原動力となっている。

◀解　説▶

▶1．「下線部(1)を正しい順に並べたとき，5番目と9番目はどれか」 まず，並べ替えてできる文の意味を考える。直前の，「講義に対する反応が何もない」という内容を受けて，「先生は…と断言していた」となり，続いて「それなのにどうして反応が何もないのか」となるのだから，下線部は「意見を言うことはいいことだ（と断言した)」になると判断できる。選択肢から節が続くと判断できるから，assure の基本形 assure *A* that SV … という VOO 構文を想定する。that 節内の主語は語形から she（＝ヘーゼル先生）が想定されるから she was interested in ideas …(i)という文ができる。were は主語が複数名詞でなければならず，また hers があることを考え合わせると，ideas were different from hers（＝her ideas)…(ii)とできる。(i)と(ii)を関係詞 that で結合して assure の VOO 構文に埋め込めば，… assured [students (that) she was interested in ideas that were different from hers] となる。assure の目的語の標識である that は省略可能であるが，主格関係詞は原則として省略不可であることに注意する。できた文の5番目と9番目は in / different であるから，正解は d である。

▶2．「空所［　2　］に最もふさわしい返答は何か」

a．「私の知ってる店は3つあります」

b．「場合によります（＝決められない)」

c．「2つ目の通りの奥です」

d．「この辺には麺類の店はないです」

学生は質問に答えないという記述を受けて「一番おいしい店は？」と聞いても，返事は「…」だったというのだから，当該空所にふさわしいのは，「返事にならない返事」だとわかる。よって，正解は b に決まる。

▶3．「空所［　3　］に最もふさわしい答えを選べ」 当該空所部分には文が続いているから curious の後に節をつなぐ形を考える。curious に続く前置詞は about や as to が考えられるが，c．as to では節がつながらないので，間接疑問の節が前置詞の目的語となる a と b に絞られる。what は代名詞だから文の要素となるので，後続の文と不適合。よって，正解は b に決まる。

▶ 4.「下線部(4)と最もよく一致する語句はどれか」

a.「〜とうまくやっていく」

b.「〜に勝利する」

c.「〜を取り除く」

d.「〜と意思が通じ合う」

get the best of 〜 は「〜をしのぐ，負かす」といった意味。よって，正解は b に決まる。

▶ 5.「空所［　5　］に最もふさわしい答えを選べ」

a.「狭い選択肢」

b.「重大な選択」

c.「有意義な用件」

d.「些細な決断」

当該空所を含む部分は「なぜ…で客を苦しめるのか」という意味。前文に「ワインがいいですか，ビールですか。清涼飲料ですか，ジュースですか。あるいは，コーヒーですか，紅茶ですか」とあり，すべて単に好みのものを選ぶことが求められている。「単なる好みの選択」を表すのにふさわしい d に決まる。

▶ 6.「空所［　6　］に最もふさわしい答えを選べ」

a.「読み込んだ」

b.「教えた」

c.「学習した」

d.「強調した」

当該空所を含む部分は「誰もが一般的なレストランの作法に従い，メニューを…していた」という意味。フランス料理店でメニューを使ってすることといえば，メニューから料理をじっくり選ぶことであろう。よって，正解は a だとわかる。

▶ 7.「空所［　7　］に最もふさわしい答えを選べ」

a.「成功の予想」

b.「同情的な答え」

c.「不気味な印象」

d.「同一だという感覚」

当該空所を含む部分は「…は，日本ではよい，あるいは望ましい感覚なのだろうか」という意味。次に導入されるのは「順路」という話題。順路とは，誰もが通る同じ道ということ。よって，ここには前段の後ろから4文目以降の「全員同じ料理」を受ける表現がくると読み取れる。よって，この検討に合致するdが正解だとわかる。

▶8.「下線部(8)は何を指しているか」 当該下線部を含む文は「それは境内の外の寺のゴミ捨て場に続いていた」の意。「ゴミ捨て場に行く道」とは，non-ordinary path「非順路」のこと。そうなっているのはbである。

▶9.「下線部(9)に置き換えることができないのはどれか」

a.「奮い立たせる，刺激する」

b.「挑発する，刺激する」

c.「許す」

d.「刺激する」

当該下線部は「～に燃料を供給する，焚きつける」という意味。allow には積極的に何かを生じさせるという意味はないから，正解はcに決まる。

▶10.「本文に関して正しいのは次のうちどれか」

a.「著者は，読者に非西洋的な環境を心理学に組み込むことを考慮するよう奨励している」 最終段（These exchanges inspired …）の内容に一致。

b.「ヘーゼル先生は，なぜ日本人は同一性に重きを置くかに明確な答えをもっている」 日本人の同一性重視に関しては，空所［ 6 ］と空所［ 7 ］を含む段落に記述されているが，そこにはヘーゼル先生が出した答えは何も記述されていない。

c.「忍先生は，ある問題について論議しようとするアメリカ人学生は，頭がよくないと示唆している」 アメリカ人学生の論争好きに関しては，下線部(4)を含む文に，「なぜ知性は，お互いをよく知っているクラスの中でさえ，他人を負かすことと結びついているように見えたのだろうか」とあり，むしろ論争と頭のよさとがリンクしているようだと論じられている。

d.「忍先生は，日本人はアメリカ人より情緒的に安定していると考えている」 本文には，日米両国人の情緒の安定度に関する記述はない。

●語句・構文●

(第1段) collaboration「共同研究，合作，協力」 out loud「声に出して，

大声で」 weird「異様な，風変わりな，気味の悪い」 anecdote「逸話，小話」 cultural psychology「文化心理学」 when it comes to～「～ということになると」 functioning「機能すること」

(第2段) good command of～「(語学など) が堪能であること」 comment「批評，論評」 critical thinking「批判的思考法」 straightforward「まっすぐな，直接の，わかりやすい」 invariably「いつも，決まって，変わることなく」 audible「音が聞こえる，聞き取れる」 intake「取り入れ，吸い込み，摂取量」

(第3段) interrupt「邪魔する，話を遮る」 competitive edge「他に負けない強み，競争力」 What is the point of～?「～の意味は何か」 associate *A* with *B*「*A* を *B* と結びつけて考える」

(第4段) amazement「驚き，仰天」 bombard *A* with *B*「*A* を *B* で攻め立てる」 burden *A* with *B*「*A* に *B* を負わせる，*A* を *B* で苦しめる」 appropriate「適切な，妥当な」

(第5段) humiliating「屈辱的な」 script「脚本，台本，一連の作業」 announce「発表する，宣言する，知らせる」 Next was a tense conversation「次に来たのは張り詰めた話し合いだった」 C be S という，be を挟んで S と C が入れ替わる形式。disturbing「平穏を乱す，不安を招く」

(第6段) desirable「望ましい，当を得た」 fork「分岐（点)，分かれ目」 denote「～を示す，意味する，象徴する」 unchallenging「刺激のない，興味をそそられない，魅力のない」

(第7段) inspire「生じさせる，奮い立たせる」 experimental「実験的な，実験に基づく」 way of life「生活様式，暮らしぶり」 setting「周囲の状況，環境，舞台，背景」 respondent「応答者，回答者」 sociocultural context「社会文化的な環境」

II　解答

1－c　2－b　3－b　4－a　5－c　6－d
7－a　8－c　9－c　10－b

◆全　訳◆

≪2言語および2文化教育≫

幼稚園から始めたのだが，ジャパトリック＝スミス君は授業時間の大半をスペイン語で教わる。初めは，わけがわからず難しかった。家族は英語を話していたからである。先生は絵を使ったり，身振りを使ったりしたので，言葉や考えを学ぶことができた。スミス君はあたかもおかしな新世界に入り込んでしまったかのように，失望し，わかってもらえないように感じた。

だが，スミス君は今や 6 年生となったので，両言語をうまく話したり，読んだり，書いたりできる。またどちらの文化にも違和感がない。スミス君の子守とその家族はメキシコ出身であり，ほとんどスペイン語を話すのだが，彼らはスミス君の第 2 の家族となり，その文化のお祝い事や家族休暇をスミス君と分かち合っている。

両言語と文化とを快適に行き来するジャパトリック君の能力は，アデラント市のビクトリア＝マガサン小学校でスミス君が出席している双方向没入（DI）課程のおかげである。その課程が 7 年前に始まったとき，大半の親たちは信用していなかった。しかし時代は変わった。今や待機名簿ができ，学校はもう 1 つ幼稚園クラスを増設して需要に応えている。

全州での DI 課程の人気の高まりは，今日市場が全世界的になる中で，多言語技能は生徒に競争力を与えてくれる長所なのだという理解を反映している。実は，「グローバル経済に向けたカリフォルニア教育（Ed.G.E.）推進法」が，11 月の投票でカリフォルニア教師協会（CTA）によって支持されたが，その計画はこの能力を，生徒の多言語教育を受ける機会を拡大し，教師や親，学校が教育課程を決める力を強めるのを認めることで強化しようと努めている。

強まる流れ

DI は幼稚園から始まり，授業の 90％は第 2 言語で，10％は英語でなされる。英語教育は徐々に増える。4 年生では比率は 50 対 50 になる。学校はこの原則を変えて，始めの英語の割合を高くしてもよい。目標は 2 言語識字力を養成し，生徒が 2 言語を流暢に話し，読み，書けるようにすることである。

カリフォルニア全州の学校は DI 課程を拡大し，親の要求に応えようとしてきた。彼らは，多様化する州と世界経済の中で，第 2 言語が子どもたちの利益になると信じている。過去 10 年間にわたって，合衆国の DI 課程の数は10倍に増加したと，合衆国教育省は指摘している。カリフォルニア州には，369の2言語学校があり，その大半はスペイン語だとカリフォルニア州教育省（CDE）は言う。

「カリフォルニアという多様化する州ではそれが，明らかに流行になっています」と，エレナ＝ファハルド氏は論評している。氏は，CDEの言語政策・指導局理事である。

DIを実施した大半の地区では，その実施はかなり最近のことだったのであり，その課程の大多数は小学校でなされている。歴史の古いDI課程をもつ地区，たとえばサンフランシスコ市やチコ市は，中学レベルの課程を作ったが，一方大急ぎでそれを作って，始めたものを生徒が続けられるようにしている地区もある。たとえば，フリーモント市は，標準中国語DI課程を中学校に入学することになる子どもたちのために作成中である。

この課程は，移民家族にも評判がいい。彼らは子どもたちに自分の母国語で読み書きしてもらいたいのである。また，少数民族家族にも受けている。彼らは子どもたちに自分たちの伝統遺産を維持してもらいたいのである。

1998年の提案227号が，英語学習者は英語で教育されることを命じた後，ラテンアメリカ系住民の親たちは，廃止される2言語教育に代わるものとして，DI課程をあてにした。すべての生徒に開かれており，英語学習者に特化してはいなかったから，DI課程は成功してきたのである。(Ed.G.E.推進法は，提案227号を無効とすることになった)

マガサン小学校では，多くのDI課程登録者はメキシコやラテンアメリカ出身だと語るのは，ルビー＝サンドバル先生である。先生は，ジャパトリック君の5・6年生合同クラスを教えている。

「英語が主言語である国に住んでいる英語学習者にとって，双方向没入課程は，生徒の言語と文化を保護する方法です」と，アデラント地区教員協会会員は語る。

エイドリアン＝ルイス君は6年生で，幼稚園からその課程に参加していたが，ルイス君は祖父母とスペイン語で話すことができるのを楽しんでいる。「2人は英語を話さないので，この授業がなければ，2人と言いたいことを伝え合うことはできないでしょう」と語る。

すぐに結果は出ない

スタンフォード大学大学院教育学研究科の 2014 年の研究は，初期研究の成果と同じことを述べる。英語単独の教室の生徒は短期の成績はよいが，長期間にわたると，DI 課程の生徒が追いつき，最終的には学業面でも言語面でも追い抜くのである。スタンフォードの研究からわかるのは，中学の頃までには DI 課程の生徒は，英語単独課程にいた生徒より，相当高得点を取るようになるということである。

研究では，他の利点も明らかになっている。2 言語主義は生徒の推論力や注意制御，問題解決能力を向上させ，年齢が上がったときには，認知症になるのが遅くなるのである。

「第 2 言語を学習することは，生徒の脳を刺激するのに役立ちます」と，サンドバル先生は語る。「双方向没入課程では，生徒はよりたくさん頭の体操をします。だから彼らには何でも楽になるのです。学習障害のある生徒でさえ，第 2 言語を学ぶと学業面の成績が上がります」

チコ市の農村社会では，ローズデール小学校のスペイン語 DI 課程が，より包括的な環境を作り出すのに役立ってきたと，当地で勤務する先生方は述べる。

「たいてい，学校では校庭の一方の側にある生徒集団がいて，反対側に違う文化の別集団がいます」と述べるのは，ドン＝キンスロー先生である。先生は，5 年生を教え，チコ市統一教員協会会員である。「しかし，没入課程では，生徒はとても強く結びつき，分派はできません。大きな 1 つの社会があるだけです」

1 年生を受けもつ教員のルーデス＝キャセッタ先生は賛成する。「それが子どもたちの他者に対する理解と受容を広げることになるのです」と先生は言う。「またそれによって子どもたちは，違う文化の中にいるのがどういうことなのかを，見通すことができるのです。自国を出ることなく，別の文化がどんな風に見えるのかわかるのです」

しかし，始めは難しいかもしれないと，先生も認める。時に DI 課程の親たちは子どもたちが幼稚園であまり言葉を話していないのではないかと心配し，医者に診せに行ったりする。多くは，子どもたちは両言語を「処理」しているだけなのだが，それはちょっとばかり大変だったりする，とキャセッタ先生は言う。最終的に，子どもたちに何かが「カチッ」とひらめき，たいていの場合，言語化が始まる。

◀解　説▶

▶1．「下線部(1)の言い換えとして最も適切なのは，次のうちどれか」

a．「2国間を往来する」

b．「外国語で話したり，読んだり，書いたりする」

c．「言語的・文化的な障壁を乗り越える」

d．「多文化的な行事に出席する」

当該下線部は「両言語と文化とを快適に行き来する」という意味。「快適に行き来する」とは，「移動に障害がない」ことだと読み取れる。よって，この検討から正解はcに決まる。

▶2．「下線部(2)と同じ意味で“edge”が使われているのは，次の文のうちどれか」

a．「私は川縁まで歩いた」

b．「大学は優位に立つためさらに多くの研究者を探している」

c．「彼の声には鋭い敵意があった」

d．「母と私はパニックになりかけた」

当該下線部の“edge”はcompetitiveと相まって「(競争上の優位＝) 競争力」という意味になる。よって，同じ意味になっているのはbだとわかる。

▶3．「下線部(3)の具体例として最も適切なものは次のうちどれか」

a．「子どもたちが級友と同じくらい流暢に英語を使うのを期待する，合衆国のスペイン語を話す家族」

b．「子どもたちが中国の公用語である，標準中国語で読み書きするのを期待する，合衆国の標準中国語を話す家族」

c．「子どもたちが韓国語ではなく英語で読み書きするのを期待する，合衆国の韓国語を話す家族」

d．「スペイン語の双方向没入（DI）課程に入るのを期待する，合衆国の英語を母語として話す家族」

当該下線部は「子どもたちに自分たちの伝統遺産を維持してもらいたい少数民族家族」という意味。これらの中で親と同じ言語を使うことになるものが正解だから，bに決まる。

▶4．「下線部(4)に語義が最も近いものを選びなさい」

a．「廃止された」

b.「実施された」

c.「施行された」

d.「減らされた」

当該下線部が「廃止された」という意味になることは，直前の「英語学習者は英語で教育されることを命じた」という記述と「2言語教育」との関係を考慮すれば，ほぼつかめるだろう。よって，正解はaに決まる。

▶5.「下線部(5)を最もよく説明する語を選べ」

a.「包括的な」

b.「密接に結びついた」

c.「党派的な，派閥の」

d.「同化された」

当該下線部は「校庭の一方の側にある生徒集団がいて，反対側に違う文化の別集団がいる」という意味。その直後の文の「しかし，没入課程では，生徒はとても強く結びつき，分派はできない」という発言から，「普通は分派ができる」とわかる。よって，正解はcに決まる。

▶6.「双方向没入（DI）課程に関して，次の文のうち正しくないのはどれか」

a.「移民家族に人気がある」 **A GROWING TREND** 第5段冒頭（The programs are also …）に一致。

b.「第2言語での授業が 90％まで」 **A GROWING TREND** 冒頭に一致。

c.「子どもたちの文化的な能力を養成する」 **RESULTS ARE NOT IMMEDIATE** 第6段第3文（“And it gives them …）の趣旨に合致する。

d.「中学校レベルの方がよくある」 **A GROWING TREND** 第4段冒頭（Most of the districts …）に「その課程の大多数は小学校でなされている」とある。よって，一致しないので，これが正解。

▶7.「双方向没入（DI）課程の生徒に当てはまらないものは，次の成果のうちどれか」

a.「DIの生徒は，短期では英語単独課程の生徒よりも成績がよい」 **RESULTS ARE NOT IMMEDIATE** 第1文に「英語単独の教室の生徒は短期の成績はよい」（Students in English-only classrooms perform …）とあるので，当てはまらない。よって，これが正解。

b.「DI の生徒は学業と言語の両方の能力を伸ばすにはしばらくかかることがある」 **RESULTS ARE NOT IMMEDIATE** 冒頭の記述に当てはまる。

c.「DI の生徒は英語単独の教室の生徒より優れた問題解決能力を身につけるかもしれない」 **RESULTS ARE NOT IMMEDIATE** 第 2 段（Research shows other benefits: Bilingualism …）の記述に当てはまる。

d.「DI 課程は学習障害を持つ生徒でさえ学業面で成績が向上することを可能にするかもしれない」 **RESULTS ARE NOT IMMEDIATE** 第 3 段最終文（Even students with learning disabilities …）の記述に当てはまる。

▶ 8.「この文章の表題に最もふさわしいのはどれか」

a.「外国語教育」

b.「効果的な包括的教育」

c.「2 言語および 2 文化教育」

d.「早期幼児教育」

この文章は，2 言語教育のもたらす利益をめぐる論述だから，正解は c に決まる。

▶ 9.「双方向没入課程の目的ではないものはどれか」

a.「子どもたちの異なる文化に対する前向きな姿勢を養成する」 **RESULTS ARE NOT IMMEDIATE** 第 6 段第 2・3 文（"It expands children's understanding and … what another culture looks like."）の記述から，目的であるとわかる。

b.「子どもたちの 2 言語で話したり，読んだり，書いたりする能力を伸ばす」 **A GROWING TREND** 第 1 段最終文（The goal is to foster …）に記述されている。

c.「移民の子どもたちが合衆国の文化に順応するのに役立つ」 **A GROWING TREND** 第 5 段（The programs are also …）には，「順応」とは逆の事態が記述されている。よって，目的だとは言いがたいので，これが正解。

d.「子どもたちに学業や言語，文化の面で成績をよくしてもらう」 **A GROWING TREND** 第 1 段最終文（The goal is to foster …），**RESULTS ARE NOT IMMEDIATE** 第 1 段の内容から，目的であるこ

とが推認できる。

▶10. 「双方向没入課程の今後生じそうな問題点は何か」

a. 「生徒が母語に重大な欠陥があるという経験をするかもしれない」 こうした事態は，本文には何も記述がない。

b. 「親が子どもたちの言語の発達に不安を抱くかもしれない」 **RESULTS ARE NOT IMMEDIATE** 最終段第2文（Sometimes DI parents worry that …）に述べられている事態から，この問題が起きてもおかしくないとわかる。よって，これが正解。

c. 「親がその課程を受けている子どもたちと疎遠になるかもしれない」 親は子どもたちの話す2言語のうちのどちらかが母語であるから，そのような可能性はない。

d. 「生徒が英語単独課程の仲間に追いつかないといけないという重圧を受けるかもしれない」 **RESULTS ARE NOT IMMEDIATE** 第1文の記述から，時間の経過とともに追いつけるのだから，そうした問題が生じると考える根拠はない。

英文の出典：Bilingual and Biliterate, California Educator Volume 20, Issue 9, May/June 2016 by Sherry Posnick-Goodwin, California Teachers Association

●語句・構文●

（第1段）kindergarten「幼稚園」 at first「初めは」 pantomime「身振りで表現する」 concept「概念，観念，構想」 frustrated「落胆した，挫折した」 as though ～「あたかも～かのように」

（第2段）now that SV「SがVだから〔なので〕」 feel at home「気楽にする，くつろぐ，精通している，達者である」 celebration「祝典，祭典，祝賀会」

（第3段）benefit「利益，利得，手当」 dual「2の，二重の，二元的な」 immersion「没頭，夢中，浸漬」 skeptical「懐疑的な，疑い深い」 waiting list「補欠人名簿」 meet demand「需要を満たす，需要に応じる」

（第4段）popularity「大衆性，はやり，評判，人気」 multilingual「多言語を話せる」 asset「価値あるもの，長所，美点，財産，資産」 competitive「競争力の，競争に耐える，他に負けない」 ballot「投票，投票用紙」 seek to *do*「～しようとする，努める」 solidify「凝固させる，固める，強固にする」 expand「～を増やす，拡大する，膨張させる」

A GROWING TREND

（第 1 段）instruction「教育，教授」 ratio「比率，割合」 formula「常套句，手法，原則」 foster「～を養成する，育成する」 biliteracy「2 言語の読み書き能力」 fluently「流暢に，すらすらと」

（第 2 段）diverse「様々な，多様な」 tenfold「10 倍の，10 倍に」 Department of Education「教育省」

（第 3 段）definitely「明確に，きっぱり」 trend「動向，傾向，流行」 administrator「管理者，行政官，理事」

（第 4 段）district「地区，区域」 implement「履行する，実行する，施行する」 scramble to *do*「先を争って～する」 Mandarin「標準中国語，北京語」 in the works「進行中で，完成途上で」（be）about to *do*「まさに～しようとしている」

（第 5 段）ethnic「民族の，少数民族に関する，民族的な」 heritage「承継物，遺産，伝承，伝統」

（第 6 段）Proposition *A*「（住民投票にかける）提案〔条例〕*A*（数字）号」 mandate「義務づける，命令する」 Latino「（米国在住の）ラテンアメリカ系の」 specifically「明確に，特に，とりわけ」 flourish「繁栄する，栄える，成功している」

（第 7 段）enrollee「登録者，入会者」 combination「組み合わせ，結合，合同」

（第 8 段）preserve「保護する，保存する」 Teachers Association「教員協会，教師会」

RESULTS ARE NOT IMMEDIATE

（第 1 段）Graduate School「大学院」 echo「～をそのまま繰り返す，忠実に写す」 finding「結論，成果，結果」 catch up to ～「～に追いつく」 counterpart「（対をなすものの）片方，対応物」 surpass「～をしのぐ，～に勝る」 substantially「大いに，かなり」

（第 2 段）bilingualism「2 カ国語使用，2 カ国語に通じること」 reason「推論する」 dementia「認知症」

（第 3 段）stimulate「刺激する，興奮させる」 learning disability「学習障害」

（第 4 段）rural「田舎の，農村の，農耕の」 inclusive「包括的な，全部込みの」

（第 5 段） typically「概して，通常は」 playground「校庭」 observe「（観察に基づいて）述べる」 intertwine「より合わせる，織り合わせる，結びつける」 faction「党派，派閥，分派」

（第 6 段） perspective「見通し，展望，前途」 what it is like to *do*「～するというのはどういうことなのか」 間接疑問文。it は仮主語で不定詞以下が真主語となる。what は like の目的語だから，文字通りには「何に似ているか」である。without them having to *do*「彼らが～しなくてよいままに」 them は目的格であるが，動名詞 having の意味上の主語であることに注意。have to leave the country to see ～「～を知るために国を出る」 have to は義務を表し，ここでは to see ～という「目的」を示す表現を伴っている。

（第 7 段） in the beginning「始め（のうち）は」 verbalize「言葉に表す」 process「加工する，処理する」 overwhelming「圧倒的な，抗しがたい」 eventually「最終的に，ついに，結局は」 click「カチッと音がする，ぱっとひらめく」 take off「離陸する，飛び上がる，うまく行き始める」

III 解答

1－d　2－b　3－d　4－d　5－d　6－c
7－a　8－b　9－c　10－a

◆全　訳◆

≪宇宙で変わる人間の身体≫

スコット＝ケリー氏は 340 日間，国際宇宙ステーションに乗り込んで地球を回りながら，自分自身のデータを集めた。氏は自分の腕から血液を抜いた。尿を保存した。コンピューターゲームをして記憶と反応速度を検査した。目の形を測定した。

240 マイル下では，ケリー氏の双子の弟で，やはり宇宙飛行士を務めるマーク氏が全く同じ検査を行った。今や，この 2 人の男たちの比較によって，宇宙で人間の身体に何が起きるのかを知るまたとない機会が与えられたのだ。それも，分子レベルに至る細かさで。ケリー氏（55 歳）が地球に帰還してちょうど 3 年後の木曜に，NASA の研究者が，氏の身体は軌道にいる間に極めて多数の変化を経験していたことを報じた。DNA はいくつかの細胞中で変異していた。氏の免疫系はたくさんの新たな信号を生み出していた。氏の微生物叢には，新種のバクテリアが入っていた。

こうした生物学的な変化の多くは無害であり，地球に帰還した後に消えてしまうようであった。しかし，遺伝子の変異や，帰還後の認知検査の数値の低下を含め，修正されずに科学者に不安を生じさせたものもあった。一部の人々はそのリスクは制御できると考えたが，一方で宇宙飛行士が火星あるいはその向こうまで長期の旅をするのは安全なのか疑問を抱く人もいた。最終的な答えは，さらに多くの宇宙飛行士の研究で決まることだろう。

「私はそれが，今日まででの人間対象の最も包括的な評価だと思います」と，エリック＝トポル博士は語った。博士はスクリプス研究所所長であるが，この研究には関与しなかった。「これに近いものが何かあったとは承知していません」

宇宙飛行士が打ち上げられるようになってからほぼ60年経つけれども，宇宙生活に関して科学者がまだわからないことはたくさんある。専門誌『サイエンス』で発表された，NASAの双子研究のような調査を用いて，同局は宇宙飛行士を長期となる飛行に送り出す前に，疑問のいくつかに答えを出したいと願っている。

2012年にNASAはケリー氏を選び，ロシアのミハイル＝コルネンコ飛行士と合流して宇宙ステーションに乗り込み，1年に及ぶ宇宙旅行挑戦の試験に挑んでもらった。以前の調査の倍の期間である。任務の発表に先立つ段階で，ケリー氏は担当者に自分と自分の双子の弟を比べる計画はあるかと尋ねた。「こんな2人の男がいるんだよ。遺伝的に同じ2人が」と告げたのを，ケリー氏は覚えていた。「2人は面白い実験に役立つよ」

担当者にはそんな計画はなかったが，すぐその申し出に応じることに決めた。マーク＝ケリー氏が同意してくれたので，NASAの双子研究が誕生したのだった。兄弟を比較することによって，NASAは任務中にスコット＝ケリー氏が経験した変化をよりよく理解できればよいと願っていた。

「2人が双子だということで，本当に選択肢がぐっと絞られるのです」と，スーザン＝ベイリー氏は語った。氏はコロラド州立大学の癌生物学者であり新研究の共著者である。「言えるのは，わかる限りでは，こうした変化は宇宙飛行のせいだということです」

10の研究班が双子用の実験を立案した。大量の研究がどっとやって来そうだ。しかし，ケリー氏にとって，その経験は以前の任務と大差ないように感じられた。たとえば，無重力で自分の血液を抜くのは，日常茶飯事だった。「私のいた頃には２，３回こぼしちゃったことがありました」と，ケリー氏は言った。「ただ手を伸ばして，血の塊をつかめばいいだけです」

数多くの測定によって，科学者が最終的に見出したのは，ケリー氏はたった６カ月宇宙ステーションに滞在した宇宙飛行士とほぼ同じだけ変化を起こしたということだった。最後には生物学的な変化は，ゆっくりになったのであり，ことによると人体は宇宙で新たな平衡状態に達することを示唆しているのかもしれない。

◀解　説▶

▶１．空所［　１　］に入れられないものを選ぶ。a～c は文法的に正しいので入れられる。d は倒置が起きているが，この文は間接疑問文なので，疑問文の変形は生じない。よって，文法的に誤っているので入れられない。これが正解。

▶２．下線部(2)を置き換えるのに最もふさわしいものを選ぶ。この still は，比較級を修飾して「さらに」という意味になる用法。選択肢の中で，比較級を修飾できる副詞は b のみ。

▶３．下線部(3)に置き換えられないものを選ぶ。当該下線部は「今日まで」という意味。選択肢の中で，その意味にならないのは d．「そのうちに」である。

▶４．下線部(4)に置き換えられないものを選ぶ。当該下線部の指示対象は「双子実験」である。選択肢の中で，実質的にその意味にならないのは d．「この研究所」である。

▶５．下線部(5a)と(5b)が表しているものを選ぶ。当該下線部はどちらも１年間宇宙ステーションに乗り込む人物の発言であるから，スコット＝ケリー氏だとわかる。そうなっているのは d である。

▶６．空所［　６　］に入れるのに最もふさわしいものを選ぶ。take him up on the offer とすれば，「その人の申し出に応じる」の意となって，文意が通る。そうなっているのは c である。

▶７．「下線部(7)の言い換えとして最もふさわしいのは」

a．「私たちは観察された変化が宇宙飛行のせいであると確信している」

b.「私たちは予定通り実験を行うほかない」

c.「私たちは双子の兄弟を2人とも同時に宇宙に送り出すだろう」

d.「私たちは双子の生物学的な検査以外の選択肢を生み出すだろう」

当該下線部は「選択肢の幅をぐっと狭める」という意味。その具体的な意味は直後の文に記述されている「こうした変化は宇宙飛行のせいだと言える」(“We can say that, … these changes are due to spaceflight.”) である。よって，正解はaに決まる。

▶8．下線部(8)を置き換えるのに最もふさわしいものを選ぶ。当該下線部は「(雪崩のような→) ～の殺到，どっと押し寄せること」という意味。選択肢はそれぞれ，a.「～の稲妻」，b.「大量の～」，c.「有害な」，d.「迅速な」という意味だから，正解はbに決まる。

▶9．空所［　9　］に入れるのに最もふさわしいものを選ぶ。当該空所を含む部分は「ことによると人体は宇宙で新たな平衡状態に達することを…しているのかもしれない」という意味である。選択肢はそれぞれ，a.「主張している」，b.「提案している」，c.「示唆している」，d.「忠告している」という意味。当該空所の直前に述べられている「変化がゆっくりになった」(the pace of biological change slowed) ことは，「平衡状態に達している」ことを示していると考えられるから，cがふさわしいとわかる。

▶10.「本文に関して正しいのは次のうちどれか」

a.「スコット＝ケリー氏は2度以上宇宙を旅した」 下線部(8)を含む段の第2文 (But to Mr. Kelly, the …) に「その経験は以前の任務と大差ないように感じられた」とあり，missions が複数形なので，少なくとも以前に2度は宇宙を経験したことがわかる。よって，正解。

b.「マーク＝ケリー氏はスコット氏に続いて宇宙へ出た」 双子の兄弟ともに宇宙飛行士であるが，どちらが先に宇宙飛行したのかは，本文には記述されていない。

c.「スコット＝ケリー氏は，マーク氏の2倍長く宇宙に滞在した」 マーク氏がどれだけの期間宇宙にいたかは，本文には記述されていないので，2倍とはいえない。

d.「マーク＝ケリー氏は宇宙にいるときに偶然負傷した」 マーク氏の宇宙滞在の詳細は，本文には記述されていない。

●語句・構文●

（第 1 段）circle「～の周りを回る」 aboard「～の中で〔中へ〕，～に乗って」 urine「尿」

（第 2 段）twin「双子，双生児」 astronaut「宇宙飛行士」 carry out～「～を実行する，実施する」 identical「同一の，同じ」 comparison「比較」 molecular「分子の」 orbit「軌道」 mutate「突然変異する，変化する」 immune system「免疫系」 a host of～「たくさんの～」 microbiome「微生物叢（micro-：微小な，biome：生物群系）」

（第 3 段）biological「生物（学）の，生物による」 genetic「遺伝子の，遺伝的な」 cognitive「認知の，認識の」 provoke「挑発する，引き起こす，誘発する」 manageable「操作・管理できる，処理しやすい，御しやすい」

（第 4 段）comprehensive「包括的な，広範囲にわたる」 assessment「査定，評価，課税」 director「管理者，長官，局長，所長」

（第 5 段）aloft「空高く，空中に，飛んで」 investigation「調査，取り調べ，研究」 agency「（行政機関の）局，機関，庁，代理店，仲介」

（第 6 段）cosmonaut「（ロシアの）宇宙飛行士」 run-up「前段階，準備段階，助走，高騰」 announcement「発表，公表，告示」 official「高官，官僚，役人，担当者，職員」 make for～「～に役立つ，寄与する」

（第 8 段）cancer「癌」 co-author「共著者」

（第 9 段）previous「以前の」 zero gravity「無重力」 routine「日課，おきまりの手順，日常茶飯事」 a couple「2 つの，いくらかの」 a couple of～の of が落ちた表現。spill「こぼれること，こぼれたもの」 reach out「手（腕）を伸ばす」 blob「粘りのある丸いしずく，どろっとした塊」

（第 10 段）measure「測定，計量，計測」 equilibrium「つり合い，平衡，均衡（equi-：等しい，libra＝balance　起源はラテン語）」

Ⅳ　解答

1－a　2－c　3－b　4－a　5－b　6－b
7－c　8－a　9－d　10－a

◆全　訳◆

≪子どもは生まれついての楽観派≫

初対面の印象に基づいて誰かの性格判断をするのは気が引けるかもしれない。大人なら大半はおそらく，見知らぬ人間がいくつかの異なる環境下でどう振る舞うかを知って，新たに来た人がよい人なのか，悪い人なのか，信頼できる人なのかを判断したいものだろう。

幼い子どもたちは，性格判断をする場合に際立って警戒心が薄い。幼い子どもたちはしばしばポジティビティ・バイアスを示す。それは，ポジティブな活動に焦点が絞られたり，自分や他人，動物や物に対してさえポジティブな判断を促す情報を選りすぐって処理したりする性向のことである。

子どもたちがバラ色眼鏡で世界を見るとして，なぜそれが問題なのか。過度に楽観的な子どもたちは，知らずに危険な状況に陥ることになりかねないし，建設的なフィードバックから学習できなかったり，したがらなかったりしかねない。そして，「フェイクニュース」と無数の情報源の時代には，強力な批判的思考をもった子を育て，大人になったときに十分な知識を得て人生の判断ができるようにすることが，かつてないほど重要である。私のような心理学者は，ごく幼い頃に出現するように見えるこうした楽観を調査して，それがどう働くのかについてよりよく理解し，なぜどのようにそれが最終的に時間とともに消えていくのかを理解しようとしている。

多くの点で，子どもたちは優れた思考力をもつ。幼年期に子どもたちはその環境の中から，注意深くデータを集め，世界に関する仮説を作ろうとする。たとえば，子どもたちは動物のような生きているものは，椅子といった無生物とは全く異なる振る舞いをすることを理解する。未就学児童でさえ，専門家と非専門家の違いがわかるし，専門家ごとに専門知識は異なることがわかる。医者は人間の身体がどう働くのかを知っているし，車がどう働くかを知っているのは機械工だといった具合だ。子どもたちは人間の正確さの記録をたどって，その人たちが未知の物体の名前といったことの知識源として信用できるかを決めさえする。

これほどの疑い深さは，印象的であるが，それが，子どもたちが中立の判断ではなく，価値判断をするように言われたときには，痛いほどに欠けている。ここでは，子どもたちはポジティビティ・バイアスの明確な証拠を見せてくれる。

たとえば，同僚と私がこれまで示したのは，3～6歳児は1つのポジティブな行動を見さえすれば，お話の人物が善人だと判断するけれど，いくつかのネガティブな行動を見ないと悪人と判断しないということである。私がこれまでに見出したことには，子どもたちは見知らぬ人についてのネガティブな特徴の説明（たとえば「悪人」）を確実な性格判断から排除するが，ポジティブな特徴の説明（たとえば「善人」）はすぐに受け入れるということもある。

子どもたちは専門的な知識に関する情報を非評価的な領域（犬の品種のことを知る場合のように）でうまく使う一方，否定的な評価をする専門家を信頼しようとしない。たとえば，私の研究室の調べでは，6～7歳児は飼育係によるなじみのない動物のポジティブな説明（「人なつっこい」のような）は信頼するが，ネガティブな説明（「危ない」のような）の方は無視するのだった。代わりに，ポジティブな説明をする素人を信頼した。

そのほかの私たちの研究では，子どもたちは専門家の否定的な図画の査定を信じないで，代わりにポジティブに判断する素人団体の方を信用した。そして，未就学児童は問題解決やお絵かきについての自分自身の成績をポジティブに評価する傾向がある。仲間の方が上出来だと教えられた後になってさえも，である。

要するに，研究からわかるのは，ポジティビティ・バイアスは早くも3歳から出現し，幼年期中期で頂点に達し，幼年期末期になって初めて弱まるということである。

心理学者には，なぜ子どもたちがそれほど楽観的なのかは，はっきりとはわからない。一つには，大半の子どもたちが幸運にも幼年期にもつことができるポジティブな社会的経験のせいであろう。

年齢とともに，子どもたちは厳しい現実に触れていく。子どもたちは自分の仲間も含め，人間同士の能力の違いがわかり始め，そしてこのことで他者との関係で自分がどこに立っているかという意識も生まれる。子どもたちは最後には，教師から評価的なフィードバックを受け取り，これまで以上に多様なネガティブな関係の経験を味わい始める。たとえば，いじめである。

そうだとしても，子どもたちはしばしば頑固に楽観的なままである。逆の証拠があるにしてもなのだ。ここでは異なる力が作用しているのかもしれない。ポジティブであることは子どもたちの心にあまりに強く根付いているので，子どもたちは相容れない証拠に注目し，それを人間に関する作業仮説に統合することに苦労するのかもしれない。アメリカの子どもたちはまた，他人に意地悪なことを言ってはいけないと教えられるし，厳しい事実を語る善意の人の意図に疑いを抱くのかもしれない。それゆえに，子どもたちは新しい知識を学ぶときに専門知識よりも善意の方に重きを置くのかもしれない。

◀解　説▶

▶1．下線部(1)を置き換えるのに最もふさわしいものを選ぶ。当該下線部は「無数の」という意味。myriad は「1万」を表すギリシア語起源の語。選択肢はそれぞれ，a．「数え切れない」，b．「事実上」，c．「疑わしい」，d．「確認されていない，確証のない」という意味だから，正解は a に決まる。

▶2．下線部(2a)と(2b)が表しているものを選ぶ。それぞれの it の指示対象は，幼い子どもたちのもつポジティビティ・バイアスのことである。ポジティビティ・バイアスとは，過度に楽観的に物事を見ること。それにふさわしいのは，c だとわかる。

▶3．「下線部(3)が指示しているのは何か」

a．「子どもたちが中立の判断をするとき」

b．「子どもたちが価値判断をするとき」

c．「子どもたちがポジティブな判断をするとき」

d．「子どもたちが疑い深い判断をするとき」

here は基本的に直前の内容を指示する。直前に記述されているのは「子どもたちが中立の判断ではなく，価値判断をするように言われたときに」だから，正解は b に決まる。

▶4．下線部(4)を置き換えるのに最もふさわしいものを選ぶ。当該下線部は「信じなかった，疑った」という意味。選択肢はそれぞれ，a．「疑った」，b．「感知した」，c．「誤解した」，d．「尊敬しなかった」という意味だから，正解は a に決まる。

▶5．「下線部(5)を正しい順に並べたとき，5番目と9番目はどれか」　まず下線部を見て as early as 3 years of age「早くも3歳（から）」がつかめるかどうか。残っているのは is present だけ。以上から is present as early as 3 years of age という英文ができる。よって，5番目，9番目は as / age であるから，正解は b である。

▶ 6．下線部(6)と同じアクセントをもつものを選ぶ。benevolence は第2音節にアクセント。-ence という語尾の語は，原則として2つ前の音節にアクセントがくる。選択肢の中で，同じく第2音節にアクセントのある単語は b である。

▶ 7．「本文で言及されているポジティビティ・バイアスの言い換えとして最もふさわしいのは」

a．「ポジティブなフィードバックから学ぶ性向」

b．「ポジティブな情報の効果的な利用」

c．「ポジティブな評価を好むこと」

d．「ポジティブな決断をする能力」

ポジティビティ・バイアスについては，第2段第2文後半（a tendency to focus on …）に「ポジティブな活動に焦点が絞られたり，自分や他人，動物や物に対してさえポジティブな判断を促す情報を選りすぐって処理したりする性向」と説明されている。よって，正解は c に決まる。

▶ 8．「本文の実験の説明で言及されていないのは，次のうちどれか」

a．「子どもたちは，否定的な評価が専門家からくると，それをすぐに受け入れる」 第7段第1文後半の記述（they are reluctant to trust …）に反する。よって，正解。

b．「子どもたちは自分自身の能力をとてもポジティブに評価する」 第8段第2文（And preschoolers tend to evaluate …）に同趣旨の記述がある。

c．「子どもたちは『危険な』といった否定的な評価を無視しがちである」第7段第2文（For example, …）に同趣旨の記述がある。

d．「子どもたちは非評価的な領域で中立的な判断をすることができる」第5段第1文（This level of skepticism …）に同趣旨の記述がある。

▶ 9．「本文に最もよく合致するのは，次の文のうちどれか」

a．「アメリカの未就学児童は自分の言いたいことを言うようにと教えられる」 本文には記述されていない。

b．「ポジティビティ・バイアスの一つのありそうな理由は，『フェイクニュース』である」「ポジティビティ・バイアスの理由」についての記述は，下線部(5)の次の段の第２文（It's likely due in part …）にあるが，「フェイクニュース」についてはそこでは触れられていない。

c.「子どもたちは専門家ではない人を専門家よりも信頼する」 下線部(4)を含む文（In our other research, children …）に，「ネガティブな発言をする専門家を信じないで，ポジティブな意見を言う非専門家を信じた」という内容の記述がある。これは，ネガティブな意見を信じないでポジティブな意見の方を子どもたちが信じることを示しているのであって，「専門家より非専門家を信じる」ことを示しているわけではない。

d.「ポジティビティ・バイアスがどこからくるのかは，必ずしも明らかというわけではない」 下線部(5)の次の段の第１文（Psychologists don't know for sure …）に同趣旨の記述がある。よって，これが正解である。

▶10.「本文によれば，なぜポジティビティ・バイアスは問題なのか」

a.「それが子どもたちを危険にさらすから」 下線部(1)の直前の文の前半の記述（Children who are overly optimistic …）に合致する。よって正解。

b.「それは時間とともに減衰するから」 これは「問題ではなくなる」理由であって，不適。

c.「それにはいじめやその他のネガティブな経験が含まれるから」「ネガティブな経験」については，本文の終わりから２つ目の段（With age, children are exposed …）に記述があるが，ポジティビティ・バイアスのもつ問題との関係は何も触れられていない。

d.「それが相容れない証拠にあまりに大きく注目するから」「相容れない証拠」についての記述は最終段第２文後半（Because positivity is so ingrained …）にあるが，それとポジティビティ・バイアスがもつ問題とがどう関わるかについては，はっきりした記述がない。

●語句・構文●

（第１段）encounter「出会い，遭遇」 mean「劣った，卑劣な，意地の悪い」 trustworthy「信頼できる，当てになる」

（第２段）strikingly「際立って，著しく，人目を引くほど」 cautious「用心深い，慎重な」 selectively「選りぬいて，選りすぐって」 promote「促進する，助長する，振興する」

(第 3 段) overly「過度に, 過剰に」 optimistic「楽観的な, 楽天的な」 unwittingly「無意識に, 知らずに」 feedback「フィードバック, (自分に戻ってくる) 反響, 意見」 fake「偽の, まやかしの, インチキの」 informed「物事をよく知った上での」 optimism「楽観主義, 楽観論」 figure out ～「～を理解する, ～がわかる, 解決する」

(第 4 段) sophisticated「洗練された, 凝った, しゃれた, 精巧な」 animate「生きている, 生命のある」 preschooler「就学前の児童, 未就学児童」 can tell the difference「違いがわかる, 区別できる」 mechanic「機械工, 整備士」 track「後を追う, たどる」 accuracy「正確さ, 精密さ, 精度」

(第 5 段) skepticism「懐疑論, 疑い」 sorely「痛いほど, ひどく, 激しく」 make evaluative rather than neutral judgments は, evaluative が judgments にかかっている。すなわち make (V) [evaluative (形容詞 1) rather than neutral (形容詞 2)] judgments (O) という構造をつかむ。neutral「中立の, 中性の」

(第 6 段) colleague「同僚」 only need to *do* ～ to *do* …「～しさえすれば, …できる」 reject「拒絶する, 断る, 却下する」 trait「特徴, 特質, 特性」 credible「信頼できる, 当てになる」 readily「すぐに, 直ちに, 容易に」

(第 7 段) whereas「一方で, ～であるのに, ～にしても」 expertise「専門的な技術, 知識, 意見」 domain「分野, 領域, 範囲」 breed「品種, 種族, 血統, 集団」 lab「研究室 (laboratory の短縮形)」 zookeeper「(動物園の) 飼育係」 disregard「～を無視する, 注意を払わない」

(第 8 段) assessment「査定, 評価, 影響調査」 artwork「アートワーク (本文以外の挿絵, 図画, 図版など)」 laypeople「素人, 門外漢, 専門家でない人」 outperform「～より成績がよい」

(第 9 段) altogether「要するに, 概して, 全体的に見て」 late childhood「幼年期末期, 幼年期の終わり頃」

(第 10 段) for sure「確かに, 確実に」 due to ～「～のせいで, おかげで, ために」 in part「一つには, ある程度, いくぶん」

(第 11 段) expose *A* to *B*「*A* を *B* にさらす, 触れさせる」 harsh reality「厳しい現実, 過酷な現実」 peer「同等の人, 同僚, 仲間」 a variety of ～「様々な～」 bullying「いじめ」

（第 12 段）stubbornly「頑固に，執拗に，断固として」 contrary「正反対の，逆の」 at play「作用して，働いて」 ingrain「～に深くしみこませる」 struggle to *do*「～しようともがく，努力する」 integrate「～を統合する，まとめる」 contradictory「矛盾する，相容れない，正反対の」 working theories「作業仮説」 well-meaning「善意の」 prioritize「～に優先順位をつける，～を優先させる」

V　解答

1－a　2－c　3－c　4－c　5－d　6－b
7－b　8－b　9－d　10－b

◆全　訳◆

≪しっかりマリーとぐうたらアナ≫

マリー：あー，本当に？　アナ。このお部屋もっと掃除してくれると思ったけど。

アナ　：それ，今年の私の抱負…。

マリー：で？

アナ　：そんなものは，1月末まででおしまい。

マリー：抱負って，1月までなの…？　そんなんだから，パジャマでのらくらして，ジャンクフード食べて，1週間ジムにも行ってないのね。

アナ　：毎朝ひどく痛い思いをするのにはうんざりしたの。いたるところが痛いのに，朝起きて授業に行くのは難しい。それに，月間無料体験，先週で終わったし，お金ないし。

マリー：たったの1カ月でジムをやめたの？　心配なのよ。今週授業だけは行ったの？

アナ　：来年一緒に卒業できないのはもうわかってる。だから何？　それに，この番組，授業よりずっとましよ。

マリー：ちょっと，しつけを受けないと，ほんとにだめね。

アナ　：あんたみたいに？

マリー：私の部屋はきれいだし，最終レポートも仕上げたし，今日はベジタリアン食しか食べてないわ。

アナ　：ポテトは野菜よ。

マリー：ポテトチップは違うわよ。もうほんとに悲しいわ，アナ。

アナ　：たぶん，私は自分って人間が気に入ってるし，新年の抱負もいらないし。

マリー：私もあなたみたいな人好きだけど，でもましな暮らし方をしてほしい。ほら，家賃は分担だけど，私はあなたの後片付けをするつもりはないの。

アナ　：うへっ，了解。ピザの箱，捨てとく。

マリー：それが始まり。たぶん，ブロッコリーとニンジンも下のお店で買えるでしょ。

アナ　：いっぺんには無理よ，マリー。

◀解　説▶

▶1．「マリーがこの対話で怒っている理由としてふさわしくないのはどれか」

a．「アナはお金がない」

b．「アナはまともに役目を分担していない」

c．「アナは新年の抱負をあきらめた」

d．「アナはちょっとしつけがいる」

マリー自身が言及していないのは a だから，正解は a に決まる。

▶2．「空所［　A　］に最もふさわしい語句はどれか」

a．「どうしてお医者さんに診てもらわなかったの？」

b．「朝ご飯に何を食べたの？」

c．「たったの 1 カ月でジムをやめたの？」

d．「運動が好きじゃないの？」

当該空所直前の「月間無料体験，先週で終わったし，お金ないし」という発言への反応としてふさわしいものを考える。よって，正解は c だとわかる。quit「やめる，放棄する」 A-A-A 型の不規則変化動詞。

▶3．「マリーとアナの関係は何か」

a．「母と娘」

b．「同僚」

c．「ルームメート」

d．「家主と借り主」

2 人の関係がわかるのは，マリーの後ろから 2 番目の発言の第 2 文 (Look, we may share the rent)。「家賃を分担」していることから考える。よって，正解は c に決まる。

▶ 4．「下線部(1)の語句でアナが言おうとしているのはどういうことか」

a．「ごく小さいステップで階下まで歩くつもりよ」

b．「ほんとに子どもがほしいの」

c．「よくなりたいけど，急には変われないの」

d．「一人ぼっちはイヤ」

当該下線部は「ベビーステップ（赤ん坊のあゆみ）」という意味。直前でマリーが，ピザの箱を捨てたうえで野菜を買うよう言ったのに対し，「赤ん坊の歩き方＝よちよち歩き（なので，いっぺんには無理）」だと返答していると読み取れる。よって，この検討に合致するのは c だとわかる。

▶ 5．「マリーとアナの最も正確な性格付けはどれか」

a．「２人は似たような興味と責任感をもっている」

b．「２人は十分な家賃を稼ぐのに苦労している」

c．「２人はお互いを大切にしていない」

d．「２人は全く違う性格をしている」

対話全体から，２人が対照的な性格であると読み取れる。よって，正解は d がふさわしい。

▶ 6．「アナがジムに行かなくなった一つの理由は何か」

a．「運動のせいでアナは病気になった」

b．「続けていれば，お金を払わなくてはいけなかっただろう」

c．「大好きなテレビ番組が見られなくなった」

d．「そのせいで，授業に集中することが難しくなった」

「理由」については，アナの第３発言（I just got tired of …）で述べられている。その中に「月間無料体験，先週で終わったし，お金ないし」とある。よって，正解は b に決まる。

▶ 7．「この会話が行われた可能性が最も高い月はどれか」

アナの第２発言（Those things only last until …）と，続くマリーの発言の第１文から，新年から１カ月と少し過ぎていることが読み取れる。よって，b の２月が正解。

▶ 8．「お昼に一番マリーが食べていそうな料理は，次のうちどれか」

a．「ファストフード店のハンバーガー食」

b．「食品店の生野菜サラダ」

c.「自家製フライドチキン」

d.「ベーコン，レタス，トマトのサンドイッチ」

マリーの本日の食事については，その第6発言（My room is clean, I …）に「ベジタリアン食」とある。この中でベジタリアン食はbしかない。

▶9.「2人の建物の1階にはおそらく何があるか」

a.「ピザの食堂」

b.「衣料品店」

c.「フィットネスセンター」

d.「スーパー」

マリーの最終発言第2文（Maybe you could pick up …）から，「ブロッコリーとニンジン」を売っているお店があるとわかる。よって，この中でブロッコリーとニンジンを売っていそうなのはdである。

▶10.「マリーはアナをどう思っているか」

a.「引っ越して出て行ってほしいと思っている」

b.「アナが好きだけれど，がっかりだという思いがある」

c.「ありのままのアナが好き」

d.「アナが大嫌いだけれど，家賃がいる」

マリーのアナに対する思いは，マリーの後ろから2番目の発言の第1文（I like who you are …）にある。「好きだけど，直してほしいところがある」というわけである。よって，この検討に合致するのはbである。

●語句・構文●

（マリーの第1発言）seriously「冗談抜きで，まじめに，本気で」

（アナの第1発言）New Year's resolution「新年の抱負」

（アナの第2発言）last「続く，もつ，持ちこたえる」

（マリーの第3発言）count「有効である，重要である」 sit around「漫然と過ごす，のらくら暮らす」

（アナの第3発言）get tired of ～「～にうんざりする，飽き飽きする」 hurt「(傷などが) 痛む」 besides「そのうえ」 out of cash「文無しで，現金がなくて」

（アナの第4発言）what's the point?「それが何だっていうのか」 way better「ずっとよい」 way は副詞であることに注意。

（マリーの第5発言）discipline「しつけ，修行，稽古」

（アナの第 7 発言）who I am「私のような人物」 先行詞が省かれている。
（マリーの第 8 発言）rent「家賃，部屋代」

❖講　評

2021 年度は，2020 年度と同様，読解問題 4 題，会話文問題 1 題という構成であった。小問数は各大問 10 問の計 50 問。読解問題すべてに内容真偽の設問がみられたことに注意。4 つの読解問題のうち，3 つが教育関係のものであり，はっきりと問題傾向が表れている。総語数は 2800 語程度となり，2020 年度より 1000 語以上増え，試験時間 90 分を考慮すれば，受験生の負担はかなり重くなった。

Ⅰはよく知られた日米の学生気質の話題。語句整序は和文がないので難度が高く力の差が出ただろうが，あまり時間をかけすぎると他に響くことを肝に銘じてほしい。

Ⅱは「2 言語教育」が話題で，長めの英文ではあったが特に難しい表現もなく，取り組みやすかったであろう。

Ⅲは「双子の宇宙飛行士」が話題で，『ニューヨークタイムズ』紙からの出題。空所［　6　］は，厳しい出題で苦労した人が多かっただろう。内容自体はわかりやすかった。

Ⅳは「児童心理学」分野のポジティビティ・バイアスが話題。内容は特に専門性が高いものではない。下線部(1)はレベルが高かった。文全体の理解が問われる設問が多く，全体を俯瞰する力がなければ厳しい出題だったろう。

Ⅴの会話文問題は，対照的な 2 人が登場して，こうした「ずれた」やりとりを苦にしない英語力が問われた。下線部(1)など，文脈なしには意味不明であるから，高い識別力が要求される出題だっただろう。

総じて，強固な基礎の上に，十分な語彙力と読解スピードとが加わった英語力を要する問題ばかりになっていて，語学本来の学習過程を実践するように，コツコツ努力を続けるようにという大学からの強い メッセージが聞こえてくる。この声によく耳を傾け，一歩ずつ前進していこう。

日本史

I　解答

問1．日向　問2．渤海　問3．オ　問4．ウ
問5．ウ　問6．イ　問7．オ　問8．エ　問9．イ

◀解　説▶

≪律令国家の地域支配≫

▶問1．日向国は現在の宮崎県。西都原（さいとばる）古墳群を知らなくても，「薩摩国（現，鹿児島県西部）を分立させた」後に，「四郡を割き……大隅国（現，鹿児島県東部）を置く」ことが可能な国を考えればよい。

▶問2．8世紀後半に「中国東北部から朝鮮半島北部を支配していた」のは渤海（698～926年）で，正確に書けることが正解の要件である。

▶問3．蝦夷との戦争に関する正文を一つ選ぶ。

オ．正文。坂上田村麻呂は791年に征夷副使，797年に征夷大将軍に任じられて蝦夷征討にあたり，802年に阿弖流為を帰順させた。時期が8～9世紀にまたがっていてやや細かい。田村麻呂は阿弖流為の助命を嘆願したが，朝廷に容れられなかった。

ア．誤文。渟足（ぬたり）柵・磐舟柵は日本海側に設けられた。それぞれ現在の新潟市と新潟県村上市に位置する。

イ．誤文。阿倍比羅夫が正しい。安倍頼時は前九年合戦（1051～62年）のときの陸奥の豪族である。

ウ．誤文。伊治呰麻呂が焼いたのは多賀城である。

エ．誤文。文室綿麻呂が東北に派遣されたのは9世紀（811年）。

▶問4．蝦夷との境界領域に設置された城柵でないものを一つ選ぶ。

ウ．基肄（きい）城は663年の白村江敗戦後，大宰府防衛のため北九州に築かれた朝鮮式山城である。やや難だが，消去法で正解できる。

エの多賀城（現，宮城県多賀城市）には陸奥国府と鎮守府が置かれた。坂上田村麻呂がオの胆沢城（現，岩手県奥州市）を築いて鎮守府をここに移し，その前衛としてアの志波城（現，盛岡市）を築いた。イの秋田城（現，秋田市）は出羽柵を移して築かれた。

▶問5．奈良時代前期の公卿・歌人の大伴旅人に関する正文を一つ選ぶ。

ウ．正文。大伴旅人の歌は『万葉集』に約 80 首が入集する。

ア．誤文。『類聚国史』（892 年成立）の編者は菅原道真で，六国史の内容を分類して年代順に収録した。

イ．誤文。最初の勅撰漢詩集である『凌雲集』（814 年成立）の編者は小野岑守や菅原清公らである。

エ．誤文。大伴家持は旅人の子である。また，家持は『万葉集』の編者の一人に目されるが，断定はできない。

オ．大伴金村が継体天皇を擁立したのは 6 世紀初めのこと。金村は旅人の祖先にあたる。

▶問 6．中央の支配に対する地方の抵抗事件を一つ選ぶ。

イ．磐井の乱は 527 年，北九州の筑紫国造磐井が新羅と結んで起こした。アの恵美押勝の乱（764 年）は藤原仲麻呂が道鏡を排斥しようとして敗れた事件，ウの昌泰の変（901 年）は藤原時平の讒言で菅原道真が大宰府に左遷された事件，エの乙巳の変（645 年）は中大兄皇子らが蘇我氏を滅ぼした政変で，いずれも中央での権力闘争である。オの刀伊の入寇（1019 年）は中国東北部（満州）の女真族が九州北部に侵入した事件。

▶問 7．「公民化した蝦夷」の［ C ］から考えると正答を得やすい。部曲は大化以前の豪族の私有民，防人は九州北部に配置された兵士なので，［ C ］は俘囚が正解だとわかる。「東北で……715 年……関東などから移住させ……開拓を担わせた」人々の［ B ］は，田堵は平安中期の公領・荘園の耕作・徴税請負人なので時代が合わず，柵戸が正解になる。

▶問 8．古代の宮都に関する誤文を一つ選ぶ。

エ．誤文。平城京を東西に走る大路が北の一条大路から南の九条大路まであったことや，平城宮（内裏や諸官衙）が平城京の中央北端にあったことなどを知っていれば，「左京八条二坊」では平城宮から遠すぎて，長屋王邸の位置としてふさわしくないと判断できる。「左京三条二坊」が正しい。教科書や図表の都城図で平城京の特徴（左京・右京の位置関係や朱雀大路，外京など）をよく確認しておこう。2021 年度文学部では，平城京の地図に示された邸宅の主（長屋王）を問う記述問題が出題された。

オ．正文。六勝寺は院政期に創建された皇室御願寺の総称で，賀茂川以東の東山岡崎（白河）一帯に建立された。

▶問 9．地域の歴史について述べた文として誤っているものを一つ選ぶ。

イ．誤文。支石墓は朝鮮半島南部の影響を受けた九州北部の墓制。
ア．正文。火炎土器は炎が燃え上がるような装飾を施した深鉢の縄文土器。
ウ．正文。群馬県太田市の太田天神山古墳は全長 210 m（東日本最大），岡山市の造山古墳は全長 360 m（全国第 4 位）の前方後円墳である。
エ．正文。大宰府は現在の福岡県太宰府市に置かれ，外交使節の応接と西海道諸国の統轄を担当して「遠(とお)の朝廷(みかど)」といわれた。
オ．正文。戒壇は僧尼に戒律を授ける場で，東大寺と下野薬師寺・筑紫観世音寺の戒壇をあわせて天下（本朝）三戒壇といった。

II　解答

問１．エ　問２．オ　問３．ウ　問４．エ　問５．イ
問６．ア　問７．和賀江島　問８．時衆　問９．見世棚

◀解　説▶

≪鎌倉幕府と都市鎌倉≫

▶問１．『一遍上人絵伝』ともいう。写真１は図表などにもあまり載っていない場面だが，教師の「この絵は各地を遊行(ゆぎょう)して念仏を広めようとした［ B ］が……北条時宗に制止されている」という会話がヒントになる。
▶問２．鎌倉幕府開設や都市鎌倉に関する誤文を一つ選ぶ。難問。
オ．誤文。鶴岡八幡宮を建立したのは源義家の父頼義である。
ア．正文。石橋山の戦いに大敗した頼朝は海路房総半島に逃れ，千葉常胤らに迎えられて再起し，陸路鎌倉入りした。
イ．正文。図１で若宮大路の北端にある神社が鶴岡八幡宮である。
エ．正文。鶴岡八幡宮から武蔵大路に向かった先の寺院が寿福寺である。頼朝はこの地に御所を造営しようとしたが，手狭で父義朝を祀る祠もあったことから大倉の地（地図中の③）を選んだという。
▶問３．切通(きりどおし)は山や丘を開削した通路で，鎌倉の７カ所の切通（鎌倉七口）は鎌倉防衛の要でもあった。切通に関する誤文を一つ選ぶが難問。
ウ．誤文。名越(なごえ)切通は三浦半島に通じる道で，六浦(むつら)津（現，横浜市金沢区）に向かうには朝比奈切通を通った。六浦津は北条氏が重視して支配し，一門の金沢(かねさわ)実時はこの地に金沢文庫を設けた。
オ．正文。1243 年に完成した最初の鎌倉大仏は木造で，1252 年に鋳造が始まった金銅仏が現在の鎌倉大仏である。
▶問４．北条時宗に関連した誤文を一つ選ぶ。

エ．誤文。弘安の役後も鎌倉幕府は警戒態勢を緩めず，異国警固番役は幕府滅亡まで続いた。

イ．正文。霜月騒動は 1285 年，内管領の平頼綱ら御内人勢力が有力御家人の安達泰盛一族を滅ぼした事件。

オ．正文だが難問。「公方＝将軍」と考えて誤文と判断した受験生は多いだろう。中世で「公方」は広く公権力を意味し，鎌倉時代後期，①得宗に対してより上位にある将軍を「公方」と呼び始めたという説と，②得宗が幕府の公権力を行使する際に「公方」の呼称を用いるようになったとする説がある。文の前半に関係して，朝廷から本所一円地住人（非御家人）を動員する権限を認められたことは押さえておきたい。

▶問５．写真１に描かれた，役人らに追い払われる異色の人々に関する適切な文を一つ選ぶ。すべて中世の被差別民に関するものだが，教師の会話「一般の都市住民からは疎外された存在」をヒントに考えたい。

イ．適切。一遍は世俗の一切を捨て去って遊行し，「遊行上人」「捨聖」と呼ばれた。そのため，『一遍聖絵』には多くの非人が登場する。

アの下人は売買・相続の対象であった。ウの後半は室町時代の同朋衆のことで，足利義満に仕えた能の観阿弥・世阿弥父子や，足利義政に天下第一と讃えられた作庭師の善阿弥らが有名。エは「農村に居住」が会話に合致せず，オの所従は下人とともに武士や名主に隷属した。

▶問６．鎌倉幕府の将軍御所は③（大倉御所）→①（宇都宮辻子御所）→②（若宮大路御所）の順。ヒントもなく，かなりの難問。

▶問７．和賀江島は石を積み上げて築造され，現在も満潮時には水没するがその遺構をとどめる（鎌倉時代唯一の築港跡として国の史跡に指定)。2021 年度法学部でも和賀江島が記述問題で出題された。

▶問８．やや難。一遍を開祖とする念仏の教えを時宗，一遍に従って諸国を遊行した人々を時衆といった。

▶問９．鎌倉時代，農村部では『一遍聖絵』にもみられる備前国福岡市（現，岡山県瀬戸内市）のような定期市（三斎市）が開かれたが，京都・鎌倉などの都市では常設の店舗である見世棚が営業した。2021 年度文化構想学部でも見世棚が記述問題で出題された。

Ⅲ 解答

問1．群書類従　問2．平賀源内　問3．オ　問4．イ
問5．エ　問6．ア・オ　問7．イ　問8．ウ
問9．エ　問10．イ・ウ

◀解　説▶

≪国学と蘭学≫

▶問1．塙保己一は武蔵国児玉（現，埼玉県本庄市）に生まれ，幼くして失明したが，賀茂真淵らに国学を学んだ。優れた記憶力を生かし，国内の古書や古典を分類・集大成した『群書類従』を編纂した。

▶問2．「蘭学の知識を生かして寒暖計など新奇なものを製作した」から平賀源内を想起できるかがカギ。源内はエレキテル（摩擦起電器）や火浣布（防火布）なども製作した。

▶問3．［ A ］は「17 世紀後半」から，徳川光圀の依頼で『万葉代匠記』を完成させたオの契沖に限られる。アの伴信友は江戸後期の文献考証学者，エの藤田幽谷は江戸後期の水戸学者なので時期が合わず，イの海保青陵とウの佐藤信淵は江戸後期の経世家で時期もジャンルも異なる。

▶問4．下線部 a の「儒教・仏教を批判し」や「『漢意』を排し」を参考に史料 1 を読み解こう。「［ G ］の道には因果とし」は，仏教の因果応報思想を想起できたかがポイント。「［ H ］の道々」は「これらみなひがこと」と否定しているので，「漢の道々」だと判断したい。

▶問5．［ C ］は「19 世紀」と「復古主義」から平田篤胤だと推測できる。正解の松尾多勢子は教科書等には載らないが，消去法で考えたい。オの竹内式部は宝暦事件（1758 年），アの山県大弐は明和事件（1767 年）で処罰された尊王家で時期が合わない。イの石田梅岩は 18 世紀の心学者，ウの安藤昌益は封建制や階級制を否定した 18 世紀の思想家でジャンルも時期も異なる。

▶問6．将軍［ D ］は「漢訳洋書の輸入緩和」から 8 代将軍徳川吉宗だとわかる。吉宗の政治にあてはまらないものを「すべて」選ぶ。
アの寄場組合の設置は文化・文政期（19 世紀前半），オの株仲間の解散は天保の改革時である。イの新田開発の推進とカの倹約令は吉宗の政治（享保の改革）の基本事項。ウの日光社参は徳川家光が頻繁に行っていて有名だが，歴代将軍では秀忠・家光・家綱・吉宗・家治・家慶が参詣した。用語集の解説レベルで，ウの判断は難しい。

▶問7．「将軍側近」は新井白石。白石に関する誤文を一つ選ぶ。
イ．誤文。閑院宮家を創設した。
ア．正文。シドッチを尋問して『西洋紀聞』と『采覧異言』を著した。
エ．正文。正徳金銀を鋳造させた。
▶問8．空欄［　E　］には蛮社の獄（1839年）が入る。この事件に関する正文を一つ選ぶ。
ウ．正文。1837年のモリソン号事件のこと。渡辺崋山は『慎機論』を，高野長英は『戊戌夢物語』を著して幕府の対外強硬策を批判した。
ア．誤文。フェートン号事件は1808年，イギリス軍艦フェートン号が長崎港に侵入した事件。
イ．誤文。渡辺崋山は永蟄居を命じられて後に自刃し，高野長英は投獄されたが脱獄し，数年間の潜伏の後に幕吏に発見されて自殺した。
エ・オ．誤文。1828年のシーボルト事件の説明になる。ただし，シーボルトはドイツ人である。
▶問9．史料2の大意にあたる文を一つ選ぶ。
エ．正文。「(唐の法も）風俗に応じて教へざれば，又却つて害あり」や「其仕うちは替れども，礼といへば皆礼なり」「変に応じて作るべし」などがヒントになる。
▶問10．幕末に来日した外国人を2人選ぶ。正解の2人の滞日が明治期にも及んでいるので，やや難である。
イ．フルベッキはオランダ生まれのアメリカ人宣教師で，1859年に来日して長崎で英学を教授した。また，明治政府の顧問にもなった。
ウ．ヘボンはアメリカ人宣教師・医師で1859年に来日した。ヘボン式ローマ字を考案し，明治学院を創立した。
アのモースはアメリカ人動物学者。東京大学で生物学を教授し，大森貝塚を発掘した。エのベルツはドイツ人医師。東京大学で講義し，滞日中の記録『ベルツの日記』で知られる。オのボアソナードはフランス人法学者で，刑法や民法を起草した。

Ⅳ 解答

問1．琉球処分　問2．近衛文麿　問3．エ　問4．ウ
問5．イ　問6．ウ　問7．ア　問8．エ

◀解　説▶

≪近現代の沖縄≫

▶問 1．琉球王国を日本に編入した明治政府の一連の措置を琉球処分という。

▶問 2．近衛文麿は日本の敗戦は必至であり，戦争継続が日本の共産化を招くことを危惧し，「国体護持」のためにも早期に戦争を終結させることを天皇に文書で上奏した。これを近衛上奏文というが，難問。

▶問 3．廃藩置県に関する 3 つの文の正誤を判定する。

①誤文。知事ではなく知藩事が正しい。

②・③正文。

▶問 4．明治政府の国境・領土の確定と地方制度に関する誤文を一つ選ぶ。

ウ．誤文。衆議院議員選挙法が北海道全土で施行されたのは 1904 年（本土は 1890 年）である。

イ．正文。北海道旧土人保護法は 1899 年に制定され，1997 年のアイヌ文化振興法の制定により廃止された。

エ．正文。1875 年，樺太はロシア領，千島全島は日本領と決めた。

オ．正文。沖縄県では旧来の諸制度が温存され（旧慣温存策），制限付きで地方自治が認められたのは 1909 年，衆議院議員選挙法が施行されたのは 1912 年のことである。

▶問 5．沖縄戦に関する 3 つの文の正誤を判定する。①～③ともすべて正文。

①鉄血勤皇隊は軍の通信隊などに配属され，1780 人中 890 人が戦死した。ひめゆり学徒隊は沖縄師範学校女子部と県立第一高等女学校の生徒で編制された看護隊。その他の女学校の生徒も白梅・瑞泉・なごらんなどの学徒隊に編制された。女子学徒隊は 581 人中 334 人が死亡した。

②1941 年，当時の陸軍大臣東条英機が示達した「戦陣訓」の中の「生きて虜囚（捕虜）の辱めを受けず」が，軍人のみならず民間人にも影響を及ぼしたことが悲劇を拡大した。なお，戦争捕虜の保護は 1907 年のハーグ陸戦法規に規定されていて，日本も批准していた。

▶問 6．サンフランシスコ平和条約に関する誤文を一つ選ぶ。

ウ．誤文。講和会議には代表権問題から中国（中華人民共和国と中華民国）は招請されず，インドはビルマやユーゴスラヴィアとともに出席を拒否した。なお，ソ連とポーランド・チェコスロヴァキアは会議には出席したが，平和条約への調印を拒否した。

ア．正文。全面講和は，中国やソ連を含む全連合国と講和条約を締結すべきだとする主張。東京大学総長の南原繁らが主張し，講和の早期実現のためアメリカ主導による西側諸国のみとの単独講和やむなしとする政府（吉田茂内閣）を批判した。

▶問７．ベトナム戦争に関する３つの文の正誤を判定する。

①・②正文。

③誤文。ベトナム反戦運動は，アメリカや世界各地に広がった。日本でも「ベトナムに平和を！市民連合」（べ平連）が結成された。

▶問８．沖縄返還協定に関連する３つの文の正誤を判定する。

①正文。1960 年に沖縄県祖国復帰協議会が結成された。

②誤文。アメリカは沖縄の祖国復帰運動が反米感情につながり，将来の基地使用の障害となることを危惧した。1967 年，佐藤栄作首相とジョンソン大統領の会談で，「両三年内に双方の満足しうる返還の時期について合意すべき」という日本側の強い要望に対し，大統領が「日本国民の要望は，十分理解している」と述べ，両国が「沖縄の施政権を日本に返還するとの方針の下に……沖縄の地位について共同かつ継続的な検討を行うことに合意した」。つまり，両国間で合意されたのは施政権返還の方針の下に「沖縄の地位について共同かつ継続的な検討」を行うことであって，アメリカが沖縄の「施政権返還を約束した」と言い切るのはやや難がある。1969 年の佐藤首相とニクソン大統領の会談で 1972 年の返還が合意され，1971 年の沖縄返還協定調印を経て返還が実現した。

③正文。1965 年以降，沖縄の嘉手納基地などを発進した B52 が，北ベトナム爆撃（北爆）を行った。

V 解答

問１．平民　問２．社会民主党　問３．ウ

問４．エ・オ　問５．（解説参照）

問６※．ウ（オも可）　問７．オ

※問６については，選択肢に正解として扱うことができるものが複数あり，そのいずれを選択した場合も得点を与えることとしたと大学から発表があった。

◀解　説▶

≪民本主義と大正デモクラシー≫

▶問 1．「貴族」の対極となる階層として平民を想起したい。史料は頻出の吉野作造「憲政の本義を説いて其有終の美を済すの途を論ず」(『中央公論』1916 年 1 月号）で，空欄 A には民本（主義）が入る。

▶問 2．史料の文脈から，この時期以前に国民主権を掲げた政党を考えよう。社会民主党は 1901 年に片山潜・安部磯雄・幸徳秋水らが結成した日本最初の社会主義政党で，直後に治安警察法により結社禁止を命じられた。その宣言には「純然たる社会主義と民主主義に依り……」とある。

▶問 3．史料に関わる誤文を一つ選ぶ。

ウ．誤文。黎明会は吉野らを中心に，デモクラシーの普及を目的に 1918 年に結成された。その吉野は史料で B 主義を否定的に評している。

エ・オ．正文。民本主義は天皇主権か国民主権かについては論じず，民衆本位の主権運用のために普通選挙と政党内閣制の実現を説いた。

▶問 4．第一次護憲（憲政擁護）運動に関する正文をすべて選ぶ。消去法が使えないため，オの判断が悩ましい。

エ．正文。

オ．正文。日比谷焼打ち事件と同様，政府系新聞社や交番が襲撃された。

ア・ウ．誤文。第一次護憲運動は 1912 年，第 3 次桂太郎内閣の成立に対し，立憲政友会の尾崎行雄や立憲国民党の犬養毅らを中心に，「閥族打破・憲政擁護」を唱えて展開された倒閣運動である。尾崎は議会で「彼等は玉座（天皇の座）を以て胸壁（弾除け）となし，詔勅を以て弾丸に代へて政敵を倒さんとするもの」と桂首相ら藩閥政治家を弾劾した。桂内閣は 1913 年 2 月に 53 日で退陣し，これを大正政変という。

イ．誤文。大正政変後に成立した第 1 次山本権兵衛内閣が総辞職する原因となったジーメンス事件（1914 年）のことで，かつ「陸軍高官」は「海軍高官」の誤り。

▶問 5．第二次護憲運動に関する 3 つの文の正誤を判定する。

①正文。「憲政の常道」期のこと。戦前の政党内閣は「慣例」であって，制度化されたものではないことに留意したい。

②誤文。立憲国民党は革新倶楽部が正しい。

③誤文。「清浦圭吾」は「清浦奎吾」の誤り。貴族院を基盤とする清浦内

閣が，衆議院無視の超然主義の立場を取ったことなどは正しい。

なお，問５については，不適切な表記があり適切な解答に至らないおそれがあるため，受験生全員に得点を与えることとしたと大学から発表があった。

▶問６．普通選挙に関する誤文を選ぶ。

ウ．誤文。1928 年の第１回普通選挙で無産政党は８議席を獲得した。

オ．誤文。「普選実施（第１回普通選挙）」は田中義一内閣（立憲政友会）時の 1928 年。陸軍大臣宇垣一成による陸軍軍縮（宇垣軍縮）は加藤高明内閣（1924～26 年）時なので，「普選実施とともに……行われた」は誤り。

イ．正文。1928 年の三・一五事件や翌年の四・一六事件のこと。また，1928 年に治安維持法を改正して，最高刑を死刑に引き上げた。

なお，問６については，選択肢に正解として扱うことができるものが複数あり，そのいずれを選択した場合も得点を与えることとしたと大学から発表があった。

▶問７．大正期（1912～26 年）の出来事に関する３つの文の正誤を判定する。

①正文。石橋湛山は植民地放棄の小日本主義を唱えた。湛山は早稲田大学卒で早稲田大学の入試では頻出の人物である。

②誤文。1919 年創刊の『改造』が正しい。『白樺』は武者小路実篤や志賀直哉ら白樺派同人による文学誌で，1910（明治 43）年の創刊。

③誤文。天皇機関説事件が起きたのは 1935（昭和 10）年である。

❖講　評

2021 年度も例年通り大問５題構成で，設問数は 2020 年度から１問減って 43 問であった。解答形式は，記述式が 11 問，マークシートによる選択式が 32 問で，2020 年度と概ね同じ割合であった。「すべて選べ」という難度の高い設問形式の正誤問題は，2021 年度は２問であった。一方で，３つの文の正誤を判定する問題が登場するようになり，2020 年度は２問，2021 年度は６問出題された。形式は異なるが，すべての文の正誤を見極める必要がある点では同じである。時代別の内訳では原始・古代９問，中世９問，近世９問，近現代 16 問と，例年とほぼ同じであった。近年みられなかった原始からの出題が，2021 年度は誤文選択問題の中で復活した。近現代が全体の約3分の1を占めている点は要注意である。例年，大問5題中3，4題で史料が出題されていて，2021年度も3題で出題された。また，視覚資料（と地図）を用いた問題が5年ぶりに出題された。2021年度の難易度は，正誤判定問題が増えた分だけ難化した。

Ⅰは律令国家の地域支配について知識・理解を問う。問1は旧国名に関する知識が必須である。問3はア・イが明らかな誤文だが，他の正誤判定は詳細な知識が求められる。問4・問7は消去法によって，問8は都城制（条坊制）の基本が理解できていれば正解できる。全体的にはやや易～標準のレベルである。

Ⅱは『一遍聖絵』と鎌倉の地図を用いて，鎌倉幕府と都市鎌倉に関する知識・理解を問う。『一遍聖絵』は図表などであまり取り上げられていない場面で，会話文をもとに読み解いていくことが肝要である。問2の源頼義による鶴岡八幡宮勧請や，問8の時衆はやや難。問3の切通と問6の将軍御所の変遷はかなりの難問。問5は『一遍聖絵』と会話文を参考に，選択肢を慎重に吟味したい。全体の難易度は高い。

Ⅲは未見史料2点を交えて，国学と蘭学の発展や江戸時代の政治・対外関係などについて知識・理解を問う。問2はリード文の「寒暖計など新奇なものを製作した」がヒント。問4と問9は史料読解力が試される。問5は消去法で正解できるが，問6は「すべて選べ」とあって日光社参の判断がやや難。問10の来日外国人も，来日時期の判断がやや難である。全体の難易度は標準レベルである。

Ⅳは近現代の沖縄を中心に，北海道や小笠原などの地域も含めて知識・理解を問う。琉球処分や沖縄戦・米軍基地問題など，歴史的・社会的意識に基づいた問題が多い。早稲田大学では要注意のテーマで，教育学部では2018年度に続いて大問での出題である。問2の近衛文麿（近衛上奏文）は難問。問5の沖縄戦の悲劇はしっかり押さえておきたい。問8の正誤判定問題は文②の内容が微妙で，判断が割れる。問2・問8を除けば標準レベルだが，8問中4問が正誤判定問題のため，やや難のレベルである。

Ⅴは頻出史料の吉野作造「憲政の本義を説いて其有終の美を済すの途を論ず」（『中央公論』1916年1月号）を用いて，民本主義と大正デモクラシーについて問う。大正デモクラシーも頻出テーマである。問１・問２は史料の読解と論理的な思考力が問われる。問４は「すべて選べ」とあってオの判断が難しい。問５は誤植のため正答がなく，問６は正答が複数あっていずれも正解とする旨の大学発表があった。受験生が迷う問題が複数あり，やや難のレベルである。

世界史

1 **解答**　(1)—b　(2)—a　(3)—c　(4)—c　(5)—b　(6)—c
(7)—a　(8)—b　(9)—b　(10)—c

問1．a　問2．c

◀解　説▶

≪古代～現代におけるバルカン半島の歴史≫

▶(1) a のクノッソスはクレタ島に，c のトロイヤと d のミレトスはエーゲ海に面する小アジアに位置する。

▶(2) a．誤文。ペロポネソス戦争は，アテネ中心のデロス同盟とスパルタ中心のペロポネソス同盟の戦争である。コリントス同盟は，カイロネイアの戦いに勝利したマケドニアのフィリッポス 2 世が盟主となり，スパルタを除くギリシア諸ポリスと結んだ同盟である。

▶(3)ハギア＝ソフィア大聖堂はビザンツ様式の大聖堂で，6 世紀にユスティニアヌス帝によって建設された。オスマン帝国のもとでモスクとされ，4 本の尖塔（ミナレット）が付け加えられた。

▶(4)難問。c．誤文。ブルガリア帝国を建設したブルガール人は 9 世紀にギリシア正教を受容している。その後，11 世紀前半にビザンツ帝国に併合され，12 世紀後半に再び独立を回復している（第 2 次ブルガリア帝国）。

▶(5)①正文。

②誤文。オスマン朝スルタン・バヤジット 1 世は，アンカラの戦いでティムールの軍勢に敗北して捕虜となり，間もなく死去した。これによりスルタン位が約 10 年間空位となり，オスマン帝国は亡国の危機に瀕した。

▶(6)オスマン帝国がバルカン半島のキリスト教の少年を徴用した制度は，デヴシルメ制と呼ばれる。徴用された少年はイスラームに改宗後，教育や訓練を施され，イェニチェリや高級官僚となった。

▶(7) a．誤文。ムハンマド＝アリーが，シリアの行政権を要求したことから起こった第 1 次エジプト＝トルコ戦争では，ロシアはオスマン帝国を支援した。第 2 次エジプト＝トルコ戦争では，ムハンマド＝アリーはフランスの支援を受けている。

▶(8)難問。a．セルビアは，1815 年にオスマン帝国宗主権下の自治公国となった。
b．ブルガリアは，1878 年のサン＝ステファノ条約でロシア保護下の自治公国となった。
c．サン＝ステファノ条約に反発した列強の意向を受け，ドイツのビスマルクが同じ 1878 年にベルリン会議を開催した。そこで結ばれたベルリン条約により，モンテネグロ，ルーマニア，セルビアの独立が国際的に承認された。
d．1859 年にモルダヴィアとワラキアが合併して連合公国を形成し，1861 年にはルーマニア自治公国と改称，オスマン帝国がこれを承認した。
　したがって，a→d→b→c の順となり，3 番目は b となる。a と d の年代が非常に詳細な内容で，難問である。
▶(9)ユーゴスラヴィアのティトー首相は，ソ連のスターリンの影響力を拒否し，独自の社会主義建設と外交を進めたため，1948 年にコミンフォルム（共産党情報局）を除名された。
▶(10)1989 年，ルーマニアでは，民主化運動でチャウシェスク政権が倒れ，チャウシェスク大統領は処刑されている。
▶問 1．やや難。1992 年に起こったボスニア内戦で激しく対立したのは，ムスリムとセルビア人とクロアティア人である。
▶問 2．難問。クロアティア人は，カール大帝時代のフランク王国に服属し，その影響下でカトリックを受容している。

2　解答　(1)―d　(2)―a　(3)―a　(4)―b　(5)―a　(6)―d
(7)―c　(8)―a　(9)―a　(10)―a

問 1．b，i　問 2．d，h　問 3．a，g

◀解　説▶

≪大学の歴史≫

▶(1)ファーティマ朝は 909 年に成立し，サラディン（サラーフ＝アッディーン）が自立してアイユーブ朝を興す 1171 年まで続いた。a のアユタヤ朝の成立は 1351 年，b の靖難の変は 1399～1402 年，c の大憲章（マグナ＝カルタ）の承認は 1215 年，d のノルマンディー公国の成立は 911 年。よって，d が正解となる。

▶(2)アズハル学院は，10 世紀にカイロで設立された。

▶(4)b．誤文。シュマルカルデン同盟は，カール 5 世のルター派弾圧策に抗議して新教派の諸侯と帝国都市で結成された。

▶(5)b．誤文。イエズス会士のアダム＝シャールが暦の作成（『崇禎暦書』）に貢献した。モンテ＝コルヴィノは元代の中国を訪れたフランチェスコ会修道士で，中国で初めてカトリックを布教した。

c．誤文。フランシスコ＝ザビエルは，日本布教の後，中国布教をするべく広州に向かったが，広州港外の上川島で病没した。よって，中国で布教活動は行っていない。

d．誤文。イエズス会は 16 世紀（1534 年）に結成された。

▶(6)d．誤文。オクスフォード大学を模範として設立されたのがケンブリッジ大学である。

▶(7)a．王権停止は，立法議会時代の 1792 年，8 月 10 日事件を受けて行われた。

b．人権宣言は，国民議会時代の 1789 年 8 月に採択された。

c．徴兵制は，国民公会時代の 1793 年 2 月に実施され，これに反対するヴァンデーの乱が起こった。

d．反ロベスピエール派のクーデタ（テルミドール 9 日のクーデタ）は，1794 年 7 月に起こった。これによりジャコバン派の恐怖政治が終了する。

したがって，b→a→c→d の順となり，3 番目は c となる。

▶(8)1806 年に消滅した帝国とは神聖ローマ帝国のことである。

a．誤文。神聖ローマ帝国は，三十年戦争の講和条約であるウェストファリア条約で，スウェーデンに西ポンメルンを割譲した。

▶(9)空欄に当てはまる国とはプロイセンである。

a．誤文。ティルジット条約により，プロイセンはナポレオン 1 世から広大な領土の割譲を迫られ，ナポレオン 1 世は割譲させた地にワルシャワ大公国とウェストファリア王国を建て，自身の支配下に置いた。

▶(10)a．誤文。イギリス産業革命の技術革新は，毛織物業の分野ではなく綿織物業の分野から始まった。

▶問 1．難問。イギリスで，第 2 回選挙法改正を提唱したのは b．ジョン＝スチュアート＝ミルである。ベンサムの功利主義哲学を発展させた彼は，女性の i．参政権も主張した。

▶問2．功利主義哲学を創始し，人生の目的であるh．幸福は量的に測定できると主張したのはd．ベンサムで，彼の「最大多数の最大幸福」という言葉は有名。

▶問3．国家のg．経済活動への介入を排除する自由放任主義を主張したのは，a．アダム＝スミスで，彼は古典派経済学（自由主義経済学）を創始した。

3　解答

(1)—b　(2)—a　(3)—a　(4)—d　(5)—b　(6)—a
(7)—b　(8)—c　(9)—a　(10)—c　(11)—b　(12)—d
(13)—c

◀解　説▶

≪民族の移住・征服・融合≫

▶(1)b．誤文。半坡遺跡は黄河中流域の遺跡で仰韶文化に分類される。水田耕作の跡が確認された長江下流域の遺跡としては河姆渡遺跡が有名である。

▶(2)a．誤文。紙が普及するのは後漢の頃である。宦官の蔡倫が製紙法を改良したことで次第に広まった。

▶(3)a．誤文。秦では始皇帝によって文字は篆書（小篆）に統一され，漢代になると隷書が普及した。

▶(4)d．五胡とは匈奴・鮮卑・羯・氐・羌の5つの異民族を指す。契丹は10世紀に中国北方に遼を建国したモンゴル系遊牧民である。

▶(5)b．誤文。謝霊運は自然の美しさを詠った南朝宋の詩人。「蘭亭序」は東晋の書家である王羲之の作品。

▶(6)a．誤文。フン人は，451年のカタラウヌムの戦いで西ローマ・ゲルマン連合軍に敗れた。

▶(7)①正文。

②誤文。教皇レオ3世により戴冠された国王とはカール大帝（1世）であるが，彼はメロヴィング朝ではなくカロリング朝の国王である。

▶(8)①誤文。ポーランド人・チェック人は西スラヴ人に属すが，ウクライナ人は東スラヴ人に属す。

②正文。

▶(9)難問。a．第6代の孝文帝は486年に村落制度の三長制を開始した。

b．孝文帝が平城から洛陽に都を遷都したのは494年のことである。

c．北魏の第3代太武帝が華北を統一したのは439年である。

d．道武帝は386年に即位し北魏を創始した。

したがって，d→c→a→bの順となり，3番目はaとなる。

▶⑽c．誤文。「ウズベク族の将軍の一人」が誤り。イランにサファヴィー朝を建国したのは神秘主義教団の長であったイスマーイール1世である。

▶⑾b．誤文。柔然は，6世紀中頃突厥に滅ぼされた。キルギスの攻撃を受けて崩壊したのはウイグルである。

▶⑿やや難。d．正文。

aは「村落共同体」は自給自足的な共同体を指すことから，中継貿易などを行う遊牧国家にはなじまない。bは「喜捨と巡礼」がイスラーム教に関連することから，遊牧国家とは関連が薄く，cも「神権政治」は中国の殷が代表的なものであるため，これも対象外と判断したい。

▶⒀やや難。空欄には，オアシス都市の商業民と遊牧民の名称の組み合わせが入る。このため，cのオアシス都市の商業民であるソグド人と遊牧民である突厥の組み合わせが正解。

a．不適。東胡は匈奴以前にモンゴル高原東部に割拠した遊牧民。アム川流域にバクトリア王国を建国したバクトリア人は，オアシス都市を押さえ商業活動に従事したが，地域が離れており，東胡との共生関係は認められない。

b．不適。鮮卑は遊牧民だが，カーリミー商人は紅海経由の海上交易に携わったムスリム商人。

d．不適。モンゴルは大遊牧国家を建設したが，一方の客家は中国において4世紀以後華北から南に移住した集団の子孫をさす呼称であり，オアシス都市の商業民ではない。

解答　⑴―a　⑵―b・d　⑶―b　⑷―d　⑸―a　⑹―a　⑺―a　⑻―a・c　⑼―a　⑽―c　⑾―a・c　⑿―a

◀解　説▶

≪清朝末期の変動≫

▶⑴b．不適。曹雪芹は長編小説『紅楼夢』を著した。『長生殿伝奇』は洪昇が著した戯曲である。

c．不適。馬致遠は元代に元曲『漢宮秋』を描いた人物。

d．不適。蒲松齢は怪談短編集である『聊斎志異』を著した。

▶(2) a・c．不適。キャフタ条約締結と軍機処創設は，雍正帝の治世下のことである。

▶(3) b．誤文。イギリスのアジア三角貿易は，インドのアヘンを清に，清の茶をイギリスに，イギリスの綿織物をインドに輸出する貿易であり，これによってイギリスは，茶の輸入で清に流入した大量の銀を回収することに成功した。

▶(4) a・b．不適。外国公使の北京滞在と外国人内地旅行の自由はいずれも北京条約の内容である。

c．誤り。南京条約で開港された五港は上海・寧波・福州・厦門・広州である。天津港は北京条約で開港された。

▶(5) a．円明園はイエズス会士カスティリオーネが設計した北京郊外のバロック式離宮であったが，アロー戦争で英仏軍により廃墟となった。

▶(6) a．誤文。アロー戦争を利用してロシア帝国が清に圧力をかけて結んだのはアイグン条約であるが，その内容は黒竜江以北をロシアに割譲し，ウスリー川以東（沿海州）を清との共同管理地とするというものであった。

▶(7)やや難。魏源はアヘン戦争後に a の『海国図志』を編纂した。b の『海国兵談』は江戸時代に林子平が，ロシアの南下を警戒して海防論を展開した書物。c の『皇輿全覧図』はイエズス会士のブーヴェが清代に作製した中国初の実測地図。d の『天工開物』は明の宋応星が著した図解入りの産業技術説明書である。

▶(8)難問。a．誤文。日本に支持されて 1884 年に反乱（甲申政変）を起こしたのは，大院君ではなく開化派の金玉均らである。

c．誤文。長崎清国水兵事件（1886 年）は，日本の清に対する劣勢を印象づけた事件。

▶(9) a．誤文。八旗（制）は，清（後金）の初代ハンであるヌルハチが創始した。

▶(10)①誤文。曾国藩が組織したのは湘軍である。

②正文。

③誤文。李鴻章が組織したのは淮軍。なお，捻軍とは太平天国の乱と同時

期に，清に対して反乱を起こした武装集団のことである。

▶⑾ b．誤文。イラワジ（エーヤワディー）川下流域にタウングー朝を建国したのはモン人ではなくビルマ人である。

d．誤文。スリランカとの交流によりパガン朝に広まったのは大乗仏教ではなく上座部仏教である。

▶⑿難問。a．コンバウン朝が三次にわたるビルマ戦争に敗れたのは1885 年だが，その翌年 1886 年にビルマはインド帝国に編入された。

b．清が天津条約でベトナムへのフランスの保護権を承認したのは 1885 年のことである。

c．日本が韓国を併合するのは 1910 年の日韓併合条約によってである。

d．明治政府が琉球王国を廃止し琉球藩を設置したのは 1872 年のことである。

したがって，d→b→a→c の順となり，3番目は a となる。

❖講　評

1　バルカン半島の古代から現代に至る歴史を概観し，古代ギリシア・ローマ，スラヴ世界，オスマン帝国，東欧諸国の歴史が問われた。⑷はブルガリアの歴史という未学習になりやすい地域が問われており難問。⑻はセルビアやルーマニアが自治公国となった年代を判断する必要があり，難問である。波線部に関する問 1 と問 2 も，クロアティア人やそのカトリック受容についてかなり詳細な知識を要求している。

2　大学の歴史をテーマに，主に中世以降のヨーロッパ史を政治・経済・宗教・文化などから幅広く問うている。⑺の年代配列問題はフランス革命の正確な理解が求められている。問 1 のジョン＝スチュアート＝ミルと女性参政権は見落としがちな事項で得点差が生じる可能性がある。

3　民族の移住・征服・融合に関する文章から，中国史・ヨーロッパ史・中央ユーラシア史が問われた。⑼の北魏に関する年代配列問題はかなり詳細な内容で難問である。また，⑿・⒀は思考力や判断力が問われる問題で，今後はこうした出題に注意が必要になってくると思われる。

4　清朝末期という比較的短い時代範囲から問題が作られているが，4つの大問の中で最も難度が高い。特に注意したいのが，⑵・⑻・⑾の「すべて選べ」という設問である。これだけでも難度は相当上がる上に，この大問は概して詳細な事項が問われているものが多い。今回，最も得点差の開いた大問であろう。特に(8)はａが誤文でｂが正文であるとすぐに判断できるだろうが，ｃの長崎清国水兵事件とｄの宮古島島民がかなり細かい知識のため，正誤の判断が難しいと思われる。また，(12)の年代配列問題も難しい。

解答形式は，2020 年度までの記述式がなくなり，全問マークシート法による選択式となるという大きな変化があった。また，「すべて選べ」という形式の問題が複数出題された。内容はほぼ例年通りで，教科書レベルを超える詳細な知識もいくつか問われた。教科書の精読は基本中の基本として，用語集や図説の文章にまで目を配っておく必要がある。また，2021 年度も日本史関連の設問が見られた。開国後の日本については特に注意して学習しておくこと。歴史事象の年代配列問題も 4 問出題されている。歴史用語の知識を増やすことだけに終始せず，出来事の流れや因果関係をつかむようにしておきたい。

地理

問1．X―ハ　Y―イ　Z―ニ

問2．A．アラブ首長国　B．チェルノーゼム〔黒土〕
C．イスラム　D．嘆きの壁

問3．①―ア　②―イ　⑤―ウ　問4．ウ・オ

◀解　説▶

≪世界各地の民族・領土問題≫

▶問1．X．シリアには，レバノン，ヨルダン，イラクのほか，イスラエルとトルコが隣接している。UNHCR（国連難民高等弁務官事務所）によればトルコは世界最大の難民受け入れ国である（2019 年）。

Y．選択肢の中で黒海に面する国はウクライナのみである。

Z．ミャンマー西部とはインドとバングラデシュが国境を接するが，インドとの間には移動の障壁となるパトカイ山脈が存在する。

▶問2．A．湾岸協力理事会（GCC）には，サウジアラビア，アラブ首長国連邦，バーレーン，オマーン，カタール，クウェートが加盟している。

B．黒海北岸から西シベリアにかけての一帯には肥沃度の高い黒土が分布し，ロシア語でチェルノーゼムと呼ばれる。

C．ミャンマーでは，イスラム教を信仰し，ベンガル語方言を用いるロヒンギャをバングラデシュからの「不法移民」とみなしてきた。

D．嘆きの壁は，紀元1世紀にローマ軍により破壊されたユダヤ教の神殿遺構とされる。

▶問3．まず，イスラム教が大多数を占めるア国を①（シリア），キリスト教の割合が高いエ国を③（ロシア）と考える。イスラム教とキリスト教がともに多いイ国は②（レバノン）である。ウ国はイスラム教徒のパレスチナ人のほか，表に示されていないユダヤ教徒が多くを占める⑤（イスラエル）である。イスラム教とキリスト教がともに少ないオ国は，国民の大半が仏教を信仰している④（ミャンマー）である。

▶問4．ア．正文。テルアビブはイスラエル建国時（1948 年）の首都で，現在も多くの国が大使館を置いている。

イ．正文。3つの宗教の聖地が集まる東エルサレムは，第3次中東戦争でイスラエルに占領された。
ウ．誤文。東エルサレムとゴラン高原を占領し，西岸地区への入植をすすめているのはイスラエルである。
エ．正文。オスロ合意により，西岸地区とガザ地区でパレスチナ解放機構（PLO）による暫定自治が認められた。
オ．誤文。イスラエルは国境を接するエジプトと 1979 年に和平条約を結んでいる。2020 年にはアラブ首長国連邦，バーレーンとの和平協定にも合意したが，イランとは依然として敵対的な関係が続いている。

Ⅱ　解答

問1．a―イ　b―ハ　c―ハ　d―ロ　e―イ
問2．Brexit　問3．白豪主義
問4．マキラドーラ　問5．A―ニ　B―ロ　C―イ　D―ホ

◀解　説▶

≪イギリス・オーストラリア・中国・メキシコをめぐる国際関係と貿易≫

▶問1．a．EC（ヨーロッパ共同体）は，ECSC（ヨーロッパ石炭鉄鋼共同体）や EEC（ヨーロッパ経済共同体）を統合する形で 1967 年に発足し，1993 年に EU（ヨーロッパ連合）に改組された。なお，1973 年に EC に加盟し，2020 年に EU から離脱したA国はイギリスである。
b．TPP（環太平洋パートナーシップ協定）は，太平洋に面したシンガポール，ブルネイ，チリ，ニュージーランドの 4 カ国から始まった経済連携協定である。歴史的にA国（イギリス）と密接な貿易関係をもち，TPP にも加盟するB国は，オーストラリアである。
c．FTA は，Free Trade Agreement（自由貿易協定）の略である。
d．まず「独自の政治体制」「約 70 カ国の交通・経済・情報インフラの整備を支援」などから，C国を中国と判断する。中国による「大規模な開発投資をともなう貿易政策」は一帯一路を指している。中国に近接する国々が加盟する地域協力機構は，ASEAN（東南アジア諸国連合）である。
e．「世界最大の GDP を持つ」アメリカ合衆国を隣国とし，アメリカ合衆国への入国者をめぐる摩擦をかかえているD国はメキシコである。NAFTA（北アメリカ自由貿易協定）は，メキシコとアメリカ合衆国，カナダとの間で 1994 年に発効した自由貿易協定である。ただし，2020 年に

は新たな貿易協定としてUSMCA（アメリカ合衆国・メキシコ・カナダ協定）が発効している。

▶問2．Brexitは，Britain（英国）とExit（退出する）を組み合わせた造語である。

▶問3．オーストラリアでは，1901年に移民制限法が制定され，ヨーロッパ系言語による入国審査を行うことで，非ヨーロッパ系移民の入国を阻止するなどの白豪主義政策が採られてきた。

▶問4．マキラドーラでは，国内で加工・組立を行い，製品を輸出している企業を対象に，原材料や部品の輸入関税が優遇された。

▶問5．A国：A国（イギリス）は，先進工業国に特徴的な「機械類」「自動車」「医薬品」などの輸出額が多いうえ，北海油田で産出する「原油」も主要な輸出品なのでxが該当する。

B国：B国（オーストラリア）は，西部で産出する「鉄鉱石」や東部で産出する「石炭」の輸出額が多く，vが該当する。

C国：急速な工業化をとげ，「世界の工場」と呼ばれるC国（中国）は，輸出総額が最大であることや「機械類」「衣類」など労働集約的な各種の工業製品が輸出されていることからuと考える。

D国：新興工業国のD国（メキシコ）は，「機械類」「自動車」の輸出額が多いほか，温暖な気候下で栽培される「野菜・果実」の輸出も盛んなyである。

なお，wはブラジル，zはインドの輸出状況を示している。

Ⅲ 解答

問1．A．ラプラタ　B．ガウチョ　C．ファベーラ　D．マラカイボ

問2．a―ロ　b―ハ　c―ロ　d―イ　e―ニ　問3．イ　問4．ロ　問5．ロ　問6．ハ

◀解　説▶

≪南アメリカ4カ国の地誌≫

1は「首都はアンデス山脈の麓」「インカ帝国の都」などからペルー，2は「パンパ」「ヨーロッパ系移民の割合が高い」などからアルゼンチン，3は「世界最大の流域面積をほこる河川」「良質な鉄鉱石を産出し日本へも輸出」などからブラジル，4は「オリノコ川」「ギアナ高地」などから

ベネズエラについてそれぞれ述べた文と判断する。

▶問１．A．アルゼンチンの首都ブエノスアイレスは，エスチュアリーを形成するラプラタ川河口右岸に立地している。

B．エスタンシアはアルゼンチンに見られる大規模な農園の呼称で，穀物を栽培する耕地や牧場で構成されている。エスタンシアで牧牛に従事する労働者をガウチョと呼ぶ。

C．ブラジルの大都市に見られるスラムをファベーラと呼び，貧困や犯罪発生率の高さなどの深刻な問題をかかえている。

D．マラカイボ湖はカリブ海と狭い水路で結ばれた汽水湖である。

▶問２．a．クスコはアンデス山脈中の標高約 3400 m に位置する都市で，インカ帝国の遺跡が数多く見られる市街地は世界文化遺産に登録されている。

b．パタゴニアは，南アメリカ大陸南部地域の呼称であるが，アンデス山脈以東・コロラド川以南のアルゼンチン領のみを指して用いられることが多い。

c．ブラジル高原北端部に位置するカラジャスは世界最大規模の埋蔵量をほこる鉄山で，1980 年代に開発が進展した。なお，ブラジル高原南東部に位置するイタビラもブラジルを代表する鉄山であるが，すでに第二次世界大戦期より開発が行われている。チュキカマタは銅鉱を産出するチリ北部の都市名，ピルバラは鉄山が集中するオーストラリア西部の地域名である。

d．ブラジル最大の都市は，ブラジル高原南端部に位置し，コーヒー豆の集散地としても知られるサンパウロである。港湾都市であるリオデジャネイロには植民地時代より首都機能が置かれていたが，1960 年にブラジリアへ遷都された。

e．オリノコ川流域の低地に広がる熱帯草原をリャノと呼ぶ。セラードはブラジル高原に広がる灌木の多い熱帯草原，セルバはアマゾン川流域に広がる熱帯雨林の呼称である。

▶問３．海抜高度が高くなると気温が低下するため，年中高温多雨の気候が適するカカオは最も低い土地で栽培されている。綿花も温暖な気候を好むが，栽培地はカカオより高所にまで広がる。コーヒーは昼夜の気温差が大きい高原が栽培適地とされる。ジャガイモは冷涼な気候を好み，原産地であるアンデス山脈の高地で主食として伝統的に栽培されてきた。

▶問4．永住を目的として，日本から海外に本拠地を移した日本人とその子孫を日系人と呼ぶ。2017 年現在，海外に在住する日系人は約 380 万人と推計されており，ブラジル（約 190 万人）とアメリカ合衆国（約 130 万人）が多くを占めている。

▶問5．ブラジルの主要な輸出品目は，大問Ⅱ問5で扱われた統計表wで示された通り大豆と鉄鉱石が上位を占めている。経済発展に伴って飼料や油脂原料となる大豆および粗鋼の原料となる鉄鉱石の需要が増大した中国は，ブラジルにとって最大の輸出相手国となっている（2018 年）。

▶問6．OPEC（石油輸出国機構）には，アンゴラ，リビアなどアフリカから7カ国，イラン，サウジアラビアなどアジアから5カ国およびベネズエラの計 13 カ国が加盟している（2021 年2月現在）。近年インドネシア（2016 年），カタール（2019 年），エクアドル（2020 年）が脱退したが，東南アジアの産油国ブルネイはOPEC に加盟したことがない。

Ⅳ　解答

問1．A．二圃　B．地力　C．U字　D．石炭

問2．a―イ　b―イ　c―ニ　d―ハ　e―イ　f―ニ　g―ニ　h―ロ

問3．ロ

◀解　説▶

≪ヨーロッパの地誌≫

▶問1．A．古代のヨーロッパでは，農地を作物栽培地と休閑地の2つに分割し，毎年交互に入れ替える二圃式農業が行われていた。

B．地力は，土地が作物を生育させる能力をいう。同じ畑で同じ種類の作物を続けて栽培すると，養分が急速に失われて地力は衰える。

C．氷河の侵食を受けた谷は，比較的広い底面と急な側壁が特徴的で，U字谷と呼ばれる。一方，河川の流水に侵食された谷は，V字谷と呼ばれる。

D．ドイツ西部のルール地方にはヨーロッパ有数のルール炭田が広がっている。

▶問2．a．二圃式農業や三圃式農業では，大麦などの夏作地や，小麦などの冬作地，休閑地が設けられた。ここでは，18 世紀に「ヨーロッパの畑作が（　a　）を必要としないものに進化」とあるので，休閑地が正解となる。家畜を放牧して地力の回復が図られた休閑地は，輪栽式農業（ノーフォーク農法）で姿を消した。

b．ノーフォーク地方はイギリス南東部の地方名である。

c．氷河の末端などに土石が堆積した地形をモレーンと呼ぶ。エスカーは，氷河の下を流れた融氷水の堆積物からなる堤防状の地形を指す。

d．フィヨルドは，ノルウェーの沿岸部のほか，北アメリカ北部，チリ南部，ニュージーランド南部などに発達している。

e．工業化の進展が比較的早かった NIEs（新興工業経済地域群）に含まれる韓国では，他の工業で原料となる粗鋼の生産も盛んである。

f．ドイツ西部のゾーリンゲンやイギリスのシェフィールドは，伝統的な刃物の産地として知られる。

g．タラントには，イタリア南部の経済開発を促進するバノーニ計画に基づいて大規模な製鉄所が建設された。グダニスクはポーランド，バルセロナはスペインの伝統的な港湾都市である。ノルウェー北部のナルヴィクは，スウェーデンで産出する鉄鉱石の積出港として知られる。

h．掘込港湾は，水際線が単調な砂浜海岸などを内陸側に掘り込んで造成されており，茨城県の鹿島港や北海道の苫小牧東港が代表例である。

▶問３．米の自給率が高いｃとｄが，温暖な南ヨーロッパに位置するイタリアとスペインのいずれかである。イタリアは北部のパダノヴェネタ平野で穀物生産が盛んなことを踏まえるとｄ，スペインは豚の飼育頭数が EU で最も多いことを踏まえるとｃと推察できる。なお，自給率が全般的に高いａが農業大国のフランス，米やトウモロコシが０％のｂが高緯度に位置するイギリスである。

❖講　評

例年と同様に，2021 年度も大問 4 題構成，解答個数 49 という出題形式であった。各大問でリード文から国や地域について考察することが求められ，資料としては統計表のみが用いられた点も例年通りであった。解答形式については，2020 年度にみられた正誤法は姿を消し，従来の記述法と選択法に戻ったが，選択法にマークシート法が採用された。一部でやや詳細な知識について出題されたが，全般的に取り組みやすい内容であった。

Ⅰ　世界の民族・領土問題が扱われ，時事的な話題に関心のある受験生であれば特に難問は見当たらない。問３はイスラム教とキリスト教が拮抗しているレバノンがやや難しいが，消去法でも正解できる。

Ⅱ　リード文を丁寧に読めば，Ａ～Ｄ国の判定は難しくない。問１の選択肢の中には一部に見慣れない略称が含まれているものの，問われた内容は標準的な知識である。問２の Brexit は，時事的な話題であり，正確な知識の有無で差がつくかもしれない。

Ⅲ　リード文を用いてペルー，アルゼンチン，ブラジル，ベネズエラについて多面的に問われたが，問１・問２の用語や地名はいずれも標準的である。問３については，カカオ，綿花とも低地で栽培されているが，より高温な地域に産地が集中するカカオを選ぶ。問４は難しい。

Ⅳ　ヨーロッパの農業，地形，工業に関するリード文を用い，問１・問２では空欄に用語・地名を補充することが求められた。ｆのゾーリンゲンがやや難しい。

政治・経済

I 解答

(1)—①　(2)—②　(3)—③　(4)—①　(5)—④　(6)—①
(7)—③　(8)—①　(9)—④　(10)—④　(11)—③・④

◀解　説▶

≪ジェンダーの視点から見た日本の選挙制度≫

▶(1)①が適切。日本の参議院通常選挙では非拘束名簿式比例代表制が採用され，2001年から，候補者名か政党名いずれかを記入する投票となった。非拘束名簿式比例代表制では，政党の提出した候補者名簿の中から記名による得票数の多かった候補者から順に当選する。

▶(2)②正文・①誤文。セックスが生物学的な性的差異であるのに対し，ジェンダーは社会的・文化的につくられる性的差異である。ジェンダーは「男は男らしく，女は女らしく」といったイメージで表される差異である。

▶(3)③が適切。国会議員に占める女性の割合は，2017年10月の総選挙後の衆議院で10.1%（47人），2019年7月の通常選挙後の参議院で22.9%（56人）となっている。2020年1月現在の世界の下院（日本の場合は衆議院）の女性議員の比率を比較すると，日本は世界191カ国中165位にとどまる（朝日新聞，SDGsAction）。

▶(4)①正文。日本の衆議院選挙の方式である小選挙区比例代表並立制の場合，比例代表制の部分（465名中の176名）については，この方式（拘束名簿式）を採っている。日本の場合，有権者が候補者名を投票用紙に記入するとその投票は無効となる。

②誤文。非拘束名簿式では，政党は順位付けのない候補者名簿を提出する。

③・④誤文。拘束名簿式，非拘束名簿式のいずれであっても，政党はあらかじめ候補者名簿を作成しておかなければならない。

▶(5)④が適切。土井たか子（1928～2014年）は，1969年から衆議院議員を12期務め，この間に日本社会党委員長（1986～91年），衆議院議長（1993～96年）などを歴任した。

①不適。市川房枝（1893～1981年）は大正時代からの女性運動家であり，戦後は参議院の無所属議員の集まりである第二院クラブに属し女性の地位

の向上や平和運動に尽力した。

②不適。中山マサ（1891～1976 年）は，戦後の政治家で衆議院議員，女性初の閣僚（厚生大臣，1960 年）となった人物である。

③不適。園田天光光（1919～2015 年）は，女性初の国会議員（衆議院議員 1946～52 年）の一人である。

▶(6)①が適切。選挙区定数は選挙区ごとに選出される議員定数のことである。かつての衆議院の中選挙区制では選挙区における選挙区定数の配分（定数配分）が問題になった。

③不適。「当該選挙区から選出できる議員数を定める係数」は紛らわしいが，選挙区定数はあらかじめ法的に定めるものだが，係数として算出された数値（例えば，有権者数を一定の人口で割った場合の整数値）と同じとは限らない。

▶(7)③が適切。空欄の前後の表現に注目すれば，国民の政治不信にまで発展したロッキード事件（1976 年）しか考えられない。この事件は，ロッキード社の全日空への旅客機売り込みに絡んだ事件であったが，政府高官のみならず，田中角栄元首相の逮捕にまで及び，戦後最大の構造汚職事件（政・官・財界の癒着とそこから生じる事件）となった。この種の事件（1988 年のリクルート事件，1991 年の佐川急便事件やゼネコン汚職事件など）は国民の政治不信を招き，政治（選挙）制度改革を求める背景となった。

①不適。シーメンス事件（1914 年）は，大正時代の疑獄事件である。

②不適。下山事件（1949 年）は，連合国軍占領下で起こった事件で，同年に起こった三鷹事件，松川事件とともに国鉄三大ミステリー事件と呼ばれる。

④不適。KDD 事件（1979 年，国際電信電話株式会社，現 KDDI）は，ロッキード事件と同種の構造汚職事件である。しかし，どちらかと言えば企業と官僚との癒着を糾弾する声が強く当時の「政治腐敗」を象徴する事件とは言えない。

▶(8)①が適切。1950 年以降の衆議院選挙は，40 年以上にわたり 1 選挙区から原則 3 ～ 5 人を選ぶ中選挙区制で実施された。1994 年，公職選挙法の改正によって中選挙区制に代わり小選挙区比例代表並立制が導入された。

▶(9)④正文。小選挙区比例代表並立制の「並立制」というのは，2 つの選挙制度を合わせた制度という意味である。1994年の改正法の概要は，300名を小選挙区制（1選挙区から1名を選出），200名を比例代表制で選出し，全体の定数は500名。比例代表制は全国を11ブロックに分けて実施するというものであった。なお，改正法では，候補者は小選挙区，比例代表区のいずれにも立候補が可能という重複立候補なども認められた。

②誤文。小選挙区比例代表併用制の説明である。

▶⑽④が適切。小選挙区制は，各選挙区において，最も得票数が多かった1名だけが当選する制度なので，小政党は当選者を出しにくく，大政党に圧倒的に有利である。このことを踏まえ，空欄前後の記述から判断する。

▶⑾本文の「ジェンダー・クオータは，……候補者や議席の一定割合を女性と男性に割り当てる仕組みである」の箇所に注目する。

③適切。「議席の一定割合に関して候補者を女性に限定」するのは，上述の割り当ての仕組みに合致する。

④適切。「すべての政党に対して候補者の一定割合を女性とすること」は，上述の割り当ての仕組みに合致する。

①不適。「女性候補者の得票数に一定の係数を掛けること」は，上述の割り当ての仕組みとは異なる。

②不適。「得票数が拮抗した場合に，女性有権者の投票に比重を付けた上で当選者を決めること」は，上述の割り当ての仕組みとは異なる。

Ⅱ　解答　⑴—③　⑵—②　⑶—④　⑷—②　⑸—②　⑹—④

◀解　説▶

≪国連による国際人権保障の進展≫

▶⑴③が適切。ア．国連憲章は，1945年6月のサンフランシスコ会議で採択された国連の基本文書である。その前文で「基本的人権と人間の尊厳及び価値と男女……の同権とに関する信念をあらためて確認し」と謳い，第1条3項では「目的」として国連が差別のない基本的人権の尊重を加盟国に助長奨励することを述べている。

イ．世界人権宣言は，すべての人間の自由と平等，安全，経済的・社会的・文化的権利を記し，人権尊重に関する世界共通の基準として宣言された。

ウ．国際人権規約は，世界人権宣言を具体化し批准国に人権保障の法的義務を負わせる条約である。A規約とB規約，および選択議定書から成る。A規約は社会権的内容の「経済的，社会的及び文化的権利に関する規約」，B規約は自由権的内容の「市民的及び政治的権利に関する規約」である。

▶(2)②が適切。ネルソン＝マンデラ（1918～2013年）は，1993年，デクラーク大統領（当時）とともにアパルトヘイト（南アフリカの人種隔離政策）終結と平和的な国内改革への努力に対してノーベル平和賞を受賞した。翌年，黒人として初めて南アフリカ大統領（任：1994～99年）に就任した。

▶(3)④が適切。人種差別撤廃条約は，正式には「あらゆる形態の人種差別の撤廃に関する国際条約」といい，1969年に発効している。あらゆる形態の人種差別の禁止と，その根絶のための国家の義務を定める。

▶(4)②正文。国連の基本文書である国連憲章が第二次世界大戦中に連合国側のみによって審議され採択されたことは，国連の成立やその機構的性格に影響を与えた。原加盟国51カ国すべてが連合国の一員であること，大戦に指導的役割を果たした5大国の優越的地位（とくに安全保障理事会における5大国一致の原則）などは，憲章成立までの状況を反映している。

①誤文。「中華人民共和国」ではなく中華民国が正しい。中華人民共和国は1949年に成立し，その後も1971年まで国連における代表権をもっていなかった。

③・④誤文。第二次世界大戦中の枢軸国が戦後に国連に加盟した年については，イタリアが1955年，日本が1956年，ドイツ（当時はドイツ民主共和国〈東ドイツ〉とドイツ連邦共和国〈西ドイツ〉とに分断されていたが，国連に同時加盟）が1973年である。

▶(5)①・③誤文。日本は1985年に女子差別撤廃条約を批准するにあたり，女性差別をなくす法的措置を義務づけられた。その一つが男女雇用機会均等法の制定（1985年）であり，同法のもと政府は女性差別の撤廃に取り組みその後の女性の社会進出に大きな影響を与えた。前述の法的措置には，国籍法の改正（出生による国籍取得に関して父系血統主義から父母両系血統主義へ）や高校家庭科の男女共修がある。

④誤文。日本政府は，2011年，国連女性差別撤廃委員会から，「民法改正法案の採択」の取り組みを今後1年以内に国連に報告するよう勧告を受け

た。当該の改正法案の主な内容は，婚姻年齢を男女とも 18 歳に統一すること，選択的夫婦別姓制度の導入，婚外子と婚内子の相続分の同等化，女性のみに課せられている 6 カ月の再婚禁止期間の廃止である。なお，国連女性差別撤廃委員会は，女子差別撤廃条約の実施に関する進捗状況を検討するために同条約第 17 条に基づいて設置された機関である。

▶(6)④正文。障害者権利条約は，第 24 条 2 項(a)において，「障害のある人が障害を理由として教育制度一般から排除されないこと」を求めており，いかなる前提条件も付けずに障害者の自律と平等への権利を確保するインクルーシブ教育の必要性を定めている。なお，この教育の前段階とされるインテグレーション（統合教育）と比較すると，同じ場所で教育するが障害者と健常者とは区別される点に違いがある。

①誤文。日本は，障害者権利条約の批准書を 2014 年に国連に寄託し，同年に加盟を承認された。2021 年現在，日本の同条約選択議定書への署名は行われていない。

②誤文。障害者権利条約は，第 1 条（目的）や第 3 条（一般原則）などで，障害者を権利の主体として位置づけている。

③誤文。障害者権利条約は「障害に基づくあらゆる差別を禁止」（第 5 条）しており，差別に対する除外の規定はない。

III　解答

(1)―⑥　(2)―④　(3)イ―①　ウ―⑥　(4)エ―②　オ―④
(5)カ―①　キ―②　(6)B―④　C―②　(7)―②　(8)―⑥

◀解　説▶

≪日本の医療保険制度≫

▶(1)⑥が適切。アメリカでは，2010 年の医療保険制度改革法（オバマケア）によって，国民全体の 91～92％が医療保険に加入する状況となったが，残りは無保険の状態で残っている。アメリカでは，連邦政府や州が運営する公的医療保険・医療扶助が国民全体をカバーできず，民間保険，とくに雇用主提供医療保険の占める割合（全体の 6 割）が高いため，国民皆保険が徹底しないと考えられる。

▶(2)④が適切。法律上は 1958 年に改正された国民健康保険法によって国民皆保険が実現した。1961 年からこの制度は施行されたので，2021 年は国民皆保険が日本で開始してから，ちょうど 60 年にあたる。

▶(3)イ．①が適切。国民健康保険は，健康保険法が適用される被用者以外の全国民を対象とした医療保険制度である。具体的には，自営業者，農業者，民間企業や公務員を退職した人（年金生活者），パートやアルバイトなどの非正規雇用者などを対象としている。原則として市区町村が運営を行うが，特定業種（建設・医師・美容など）に関しては国民健康保険組合が運営する場合もある。

ウ．⑥が適切。2008年から，新たな高齢者向け医療保険制度として，後期高齢者医療制度（長寿医療制度）が発足した。このときの制度改革の内容は，まず，老人保健制度と退職者医療制度を廃止。75歳以上の高齢者を一般の健康保険から分離し，都道府県単位の後期高齢者医療広域連合が主体となって独立型健康保険の形で制度を運営する。負担の内訳は，本人の保険料10%，公費約50%（国4：都道府県1：市町村1），各種医療保険からの支援金約40%である。

▶(4)エ．②が適切。健康保険組合には，常時700人以上を被保険者とする大企業の単一型健康保険組合，同業種の複数の企業が共同で設立し常時3000人以上を被保険者とする総合型健康保険組合，同一都道府県内に展開する健保組合が合併した場合の地域型健康保険組合がある。いずれも厚生労働省の認可を受けて運営する。

オ．④が適切。各種共済組合には，国家公務員とその扶養者が対象の「国家公務員共済組合」，地方公務員とその扶養者が対象の「地方職員共済組合」，私立学校の職員とその扶養者が対象の「私学共済（日本私立学校振興・共済事業団）」などがある。共済組合は特定被用者保険の分類に属し，医療保険の他に年金の業務も行う。なお，2015年の法改正で，従来の共済年金は厚生年金に統合されている。

▶(5)国民医療費とは，病気やケガの治療のために医療機関に支払われた，保険診療の対象となりうる1年間（年度）の医療費の総額をいう。毎年増加傾向にあり，対国民所得比で1割を超えるようになった。

カ．①が適切。保険料の推移を示すのは，系列Aの曲線である。2018年度で国民医療費をみると，保険料が49.4%（被保険者負担：28.2%，事業主負担：21.2%），公費が38.1%（国庫負担：25.3%，地方負担：12.9%），患者負担が11.8%であった。国民医療費における保険料負担と公費負担とを比較すると，保険料の比重が大きく近年は全体の半分程度を占めている。

キ．②が適切。公費の推移を示すのは，系列Bの曲線である。公費は，1990 年代から社会の高齢化とともに上昇基調にあり，近年は国民医療費全体の 4 割程度まで増加し財政を圧迫している。

▶(6)B．④が適切。小学校入学から 70 歳未満まで，保険加入者本人・家族とも医療費の自己負担分は，３割である。

C．②が適切。75 歳以上の後期高齢者における医療費の自己負担分は，１割（現役並みの所得者は 3 割）である。

▶(7)②が適切。図 2 の左図では，境界部分で 2 つの年齢の受診行動に対する段差がある。75 歳以上の人の受診行動は変化しなかったはずなので，74 歳以下の人の受診行動が下方にシフトしていることが読み取れる。そのことから 70〜74 歳の人は 1 割から 2 割へと窓口負担が増えたので受診行動を抑制したことがわかる。一方，図 2 の右図では，日常生活上の問題への影響（主観的健康度）は前述の境界部分がなめらかに連続している。受診行動を抑制したはずの年齢の人の主観的健康度には影響した様子が見られない。つまり当該の年齢の人の健康度に違いがなかったということになる。

▶(8)⑥が適切。EBPM（Evidence-based Policy Making）は，公共政策学の用語で「証拠に基づく政策立案への取り組み」を意味している。EBPM の推進は，政府の「経済財政運営と改革の基本方針（骨太の方針)」にも 2017 年以降，毎年掲げられている。そのため，政策効果の測定に重要な関連情報や統計データの資料確保が課題になっている。

Ⅳ 解答

(1)―②　(2)―①・④　(3)―②・④・⑤
(4)(a)―②　(b)―③　(c)―⑤　(5)―①・②・④
(6)―②・④・⑤

◀解　説▶

≪新自由主義と市場経済のあり方≫

▶(1)②正文。直接金融は，企業が株式や社債などを発行し証券市場を通して資金調達をする方式である。大企業は中小企業と比較して社会的信用が高く，株式の上場など直接金融での資金調達が行いやすい。「資本の論理」とは，資本循環の優位性，つまり利益をより効率的に，より安全にあげられるところに資本（資金）が流れていくという論理である。一般に大企業には「規模の利益」があり，そのため経営上の体力があり，それだけ社会的な信用が高く「資本の論理」上も優位な立場にある。

①誤文。中小企業は大企業よりも社会的信用が低いことが多く，銀行融資を受けにくい。

③誤文。社債やコマーシャルペーパー（公開市場で割引形式で発行される短期の高額無担保の約束手形）による資金調達は，直接金融である。社会的信用の高い大企業でないと，上述の方法による資金調達は難しい。

④誤文。中小企業でも株式の発行を通じた資金調達ができる。

⑤誤文。ベンチャー企業は，先端技術や独自のアイデアにより新しい市場を開拓する企業である。

▶(2)①正文。廉売は安売りのこと。不当廉売は，独占禁止法の禁止する私的独占，不当な取引制限，不公正な取引方法の中の「不公正な取引方法」に当たり禁止されている。

④正文。独占禁止法の番人である公正取引委員会は，内閣の指示に従って調査を行うだけでなく，審決と呼ばれる勧告および審判を行う権限をもち，不当廉売に対して不当な価格設定の排除を行う権限を有する。

②誤文。正当な方法で商品を安く生産し安く販売することは不当廉売に当たらない。

③誤文。不当廉売においては，競争相手を駆逐するために一時的に採算を度外視した低価格で販売する。その期間は消費者にとってメリットがある。

⑤誤文。小売店がフードロスを避けるために生鮮食料品の原価割れの販売を行うことは不当廉売には当たらない。

▶(3)新自由主義は，18 世紀のアダム＝スミスに代表される古典的自由主義に対して，1970 年代以降台頭してきた新しい自由主義という意味で用いられる。自由な個人の立場を擁護し，市場メカニズムを重視する点に特徴がある。

②正文。新自由主義では，政府による市場への介入は最小限にとどめるべきであると主張する。

④正文。シカゴ学派のフリードマン（アメリカ，1912～2006 年）は，貨幣調整を通じて景気浮揚をはかろうとするマネタリズムの経済理論を背景にスミス以来の経済的自由主義の立場（新自由主義）を標榜した。そして，

ケインズ流の「大きな政府」を批判し「小さな政府」を提唱した。「小さな政府」論はアメリカの 1980 年代前半のレーガン大統領の新保守主義の基調となり，レーガンの経済政策，レーガノミックスに反映された。

⑤正文。日本での新自由主義に基づく「小さな政府」への動きは，中曽根康弘内閣（1982～87 年）の時代に行政改革，三公社や行政サービスの民営化，規制緩和などで具体化した。なお，三公社とは，日本国有鉄道（国鉄），日本電信電話公社（電電公社），日本専売公社の 3 つの公共企業体を指している。

①誤文。新自由主義は，ケインズ流の経済学や経済政策に批判的である。

③誤文。新自由主義では，「小さな政府」の下で，企業が自由に競争することが望ましいと考える。

▶(4)(a)②正文。ある地域での新たなビールを販売する大型ディスカウントストアの開店は，その地域で安い価格でのビールの供給が可能になることを意味する。このときビール市場では，供給曲線が右にシフトするが，需要曲線はそのままである。

(b)③正文。ワインの供給量が急減すればワイン価格は上昇し，代わって代替材であるビールの需要が増加する。このときビール市場では，需要曲線が右にシフトするが，供給曲線はそのままである。

(c)⑤正文。ビール販売店の新たな参入がなければ，ビールの需要も供給も変化がない。したがって，ビール市場では，需要曲線も供給曲線も変化しない。長期的にはビール販売店の経営者の多くが高齢などを理由に店を閉じ市場の供給者数は減少し，その状態では需要曲線はそのままで，供給曲線は左側にシフトする。よって，長期の変化を考えれば，①が正解となるが，前の設問(a)・(b)と合わせてみれば，問われているのは短期的な変化であると考えられるので，⑤を正解とすべきである。

▶(5)カルテルは企業連合ともいい，同業種の企業が独立性を維持したまま協定を結び企業間の競争をなくすことで市場を支配する独占形態である。販売カルテルは，企業がその販売に際し価格・生産量・販売ルートなどについて協定を結ぶものである。

①・②誤文。販売カルテルにおいては，価格競争が排除され，協定によって高い価格が設定されることが多い。また，消費者は商品の購入に際し消費者主権（商品を主体的な判断で自由に選ぶ権利）を阻害され不当に高い

価格でも購入せざるを得ないのであるから価格面でのデメリットは大きくなる。

④誤文。独占禁止法には，農協や漁協などの一定の組合の行為などに対しての適用除外カルテルがある。なお，不況に対処するためのカルテル（不況カルテル），技術向上や事業改善など企業合理化のためのカルテル（合理化カルテル）の２つについては，以前は認められていたが，1999 年の改正で認められなくなった。

③正文。中小企業等協同組合は，法律上，販売カルテルが認められるが，大型スーパーマーケットはそれに参加できない。

⑤正文。石油，携帯電話，半導体などの国際市場では同業他社との間で販売地域を分け合う形でのカルテル行為があるとされる。

▶(6)②正文。第２段落「他方で，同じ零細店舗でも……公平な競争とは言えない」，第３段落「親が酒屋でなくとも参入できる，ビジネス機会の平等性を大原則とすべきである」の２カ所から判断できる。

④正文。第３段落冒頭「新自由主義の視点で考えれば，……企業には『生存権』はなく，消費者に選ばれない生産者は生き延びられない」の箇所から判断できる。

⑤正文。第２段落以降は，酒の小売販売免許の自由化を糾弾する意見（第１段落）に対する反論になっている。その反論では，酒の小売販売免許制度について，「特定の事業者だけに免許という既得権を保障する」一種の販売カルテル（最終段落）のようになっており，それは公平な競争とは言えず，また「消費者の視点が欠けている」（第２段落）。つまり，その制度は消費者にとって望ましくないということである。

①・③誤文。

❖講　評

Ⅰ．停滞している女性の政界進出の問題と日本の選挙制度とをあわせて出題された。全体に教科書レベルの基本事項をベースにした出題で，難しくはないが，(6)・(11)では「係数」が具体的に何を意味するかで迷った受験生が多かったのではないかと思われる。

Ⅱ．主に国連と関連の人権条約に関して出題された。(2)・(4)は世界史にも関連した出題であった。(6)は障害者権利条約に関してかなり突っ込んだ出題であり発展学習の成果が問われたといえる。全体には教科書に準じた出題で解答しやすかったと思われる。

Ⅲ．医療保険制度に関する標準的な知識が多く出題された。(5)は医療保険の背景知識とグラフ解読とをからめた出題である。(7)はリード文や「備考」に即したグラフ解読と判断力を試す出題である。いずれも，やや難。(8)は最近の用語で専門性が高いが，消去法で解答できる。

Ⅳ．新自由主義の視点から見た「酒の小売販売免許の自由化」をテーマに経済思想，金融，独占禁止法関連の法制，需給曲線の理解などがさまざまな観点から出題された。ベーシックな出題だが，(5)④の判断は迷うであろう。該当するものをすべて選ぶ出題(2)・(3)・(5)・(6)は正確さととりこぼしのないことがポイントになる。(6)は読解力を試す出題であるが，丁寧に読めば難しくない。

しくないが、設問が問おうとしていること自体を慎重に考える必要がある。選択肢の表現に幅があるものもあり、例えば問十四は、傍線部と選択肢との間にある論理を読み取る必要があるので、やや難しい。すぐに本文の内容にとびつく前に、設問の意図を慎重に判断することが求められる。

三　甲　古文：仏教説話集『沙石集』からの出題。本文の後半が別の事柄をたとえにした説明になっており、その内容がやや抽象的でわかりにくい表現も出てくるので、全体をうまくまとめて理解することが必要となる。空所補充問題が多く、仏教用語関連の四字熟語が選択肢に並び難しく感じられたとしても、文脈から慎重に判断すればそれほど難しくはない。

三　乙　漢文：『史記』からの出題。本文の大部分が、語り手が主君に提案するたとえ話になっているので、その全体の構造をうまく読み取ることが重要になる。設問になっている傍線部がすべて訓点を省いた白文になっており、設問でも読み方は示されていないので、ある程度は白文を読むことができた方がよい。問二十九は傍線部自体読めなくても解答可能だが、問三十一は「不」が何を否定しているのかを構文から判断し、問三十四は「不如」がかかる内容を構文から判断することが必要である。少し高いレベルでの漢文読解力の鍵は構文理解にある。

及ばない／～の方がよい／～の方がましだ〟という意になる。何が〈よい／まし〉なのかは、文の構造から判断する。「称病而無出」の部分は、「而」が文と文とをつなぐ働きをする語なので、「称病」で一文として読み、「無出」で一文として読む。文は述語を定めればよいので、「称病」は〈述語＋補語〉と見て「病と称する」、「無出」は「無」が返読文字なので〈述語＋主語〉となり「出ること無し」と読む。そのうえで、何が〈よい／まし〉なのか、つまり「不如」がどこまでかかるかは、「称病」までか「称病而無出」全体かのどちらかになる。前者だと〝病だと称した方がよく、出ないことにする〟となり、後者だと〝病だと称して出ないことにする方がよい〟となるので、後者が正しいとわかる。解答はロが紛らわしい。「戦功を褒められても」が「皆曰、『善射』」に対応しているように見えるが、「戦功を褒められ」たからといって「出兵」することにはならないので、表現自体が不自然。よって、イが正解。

❖講　評

九〇分で現代文の評論二題、古文と漢文が各一題（二〇二〇年度と同様、三を【甲】古文、【乙】漢文として出題）である点は例年と同じだが、一部にあった記述式がなくなり、解答形式がすべてマークシート法による選択式となった。設問数は現代文が計十七問、古文が十一問、漢文が六問とほぼ例年通りで、全体的な難易度も大きな違いはないが、空所補充問題が多く出題された。一の現代文の本文と、古文の本文後半、漢文の本文がやや難しく、人によって読解に時間がかかることも予想される。

一　現代文：思想家ハンナ＝アーレントの政治を前提に人間のあり方を「複数性」という概念で捉えようとした思考を論じた文章である。選択肢の表現が本文の要点を取り出す書き方になっているので、文章内容の方向性をうまく読み取ることが必要である。特に問八は、本文にほとんど言及がない「政治」との関わりを問う設問になっているので、前書きに示された位置づけと、本文の最後部分の内容とを自分で結びつけ読み取ることが必要である。

二　現代文：識字運動のあり方自体に非識字者への差別を再生産する矛盾があることを論じた文章である。本文は難

なら私からあなたに射撃を教えることができよう）と言ったので、「養由基」は怒って剣を手にして「客安能教我射乎」（客安くんぞ能く我に射を教へんや＝お前がどうして、この私に弓を教えることができるのか）と言い返したのである。よって、ホが正解。「善」と腕前を認めはしているので、イの「全く認められず」、ロの「それを理解されない」は不可。「養由基」が指導しようとしたわけではないので、ハの「指導を拒まれた」も不可。ニの「射撃の欠点を直された」も不可。この傍線部Bの時点ではまだ何も具体的な指摘は受けていないし、この後の発言も「射撃」そのものの「欠点」を指摘されたわけではない。

▼問三十一　「善いところで息めておかなければ」とは、後の「少焉気衰力倦」（＝集中力が欠けてくること）という結果を生むにいたる仮定条件にあたるので、より丁寧に言い換えるならば、〝皆に善いと言われているところでやめる、ということをしないならば〟という意味になる。つまり、「不」は「以善息」全体を否定する関係になるので、構文として合致するのはイかハ。しかし、イだと「以」の働きが不分明になるので、ハが正解で、「善を以て息めずんば」と仮定表現に読むとよい。

▼問三十二　百発百中の腕前を披露して喝采を浴びていたところでやめずに（「不以善息」）、「少焉気衰力倦」となった結果「一発不中者」となったときに「百発尽息」となる、というのである。「一発不中者」は「一たび発して中たらずんば」と読むとよい。「尽息」は「尽く息む」と読むことになる（実際の訓読では推量の意を加えた「尽く息まん」）が、「百発」に該当するのはそれまでに的中させてきた「百発」以外には考えにくいので、「尽息」はすでに射て的中させてきた「百発」について称賛が「息む」、つまり的中させてきた意味がなくなることを言うと考えられる。よって、ロが正解。

▼問三十三　「蘇厲」が「周君」に「白起」の梁攻めを断念させるための、「白起」に説く内容を説明している箇所なので、直前に「破韓・魏、扑師武、北取趙藺・離石者」とある通り、「公」と呼びかけている相手は「白起」である。

▼問三十四　「白起」に梁攻めを断念させる内容として考える。「不如称病而無出」の「不如」は「～に如かず」で〝～に

に対応する「知」と「行」とが入る。文章の呼応関係を考えれば、Ⅵに「知」、Ⅶに「行」を入れるのが自然であるが、Ⅵに「行」、Ⅶに「知」を入れても、文意は変わらない。

▼問二十六　我が子の死を悲しむ妹を非難した「厳融房」が、逆に妹から〈腹立ちにとらわれるのはどうなのか〉と反論され、何も言えずに退散したことから、「智者と多聞とは別なり」「多聞広学なる僧の中に、心得ぬ事どもの見聞え候ふ」「知る事のかたきにはあらず。よくする事のかたきなり」という教訓を引き出してきた展開を踏まえて考える。「かの上人」（＝「厳融房」）に対して、「妹」が劣っていたもの（Ⅷ）は、選択肢の中では「多聞」となり、勝っていたもの（Ⅸ）は、選択肢の中では「智恵」となる。

▼問二十七　最後の段落に「仏法はその道高く、その理かすかなり。学びがたく、まどひやすし。知る事なほたやすからず、行ずる事いよいよかたし」とあるので、ホが正解。イは「弓矢をとる武士」すべてが「あたふたすることはない」としている点が不可。「心も剛なる」者は「希（まれ）なり」と述べ、皆がその覚悟通り実行できるわけではないとしている。ロは「賢者となるのが仏教の最終的な目標」が不可。ハは「厳融房は真の仏教の修行者でなかったために、人の情愛を理解できなかった」が不可。ニは「教義をたくさん学んだほうが仏教を究める上では近道」が不可。そうした内容は本文にない。

▼問二十八　『日本霊異記』の成立は平安時代である。

乙：▼問二十九　傍線部の前の文意を取ればよい。「蘇厲」は秦が韓・魏の国を倒して趙の藺・離石まで奪えたのは、すべて白起という将軍の功績だ（「皆白起也」）と見抜き、その白起がさらに梁の国を攻めようとしている（「今又将兵、出塞攻梁」）ので、「梁破れなば、則ち周危からん」と考え、周君に対して白起に人を送って梁攻めを思いとどまるような説得工作を提案している（傍線A部分）のである。

▼問三十　百発百中の弓の腕前を見せた「養由基」に対して一人の男（「一夫」）が「善、可教射矣」（＝よろしい、これ

ふ」の「の」はすべて格助詞「の」の主格の用法だが、ニ「学生の才覚あるも」は格助詞「の」の同格の用法で、〝学僧で、才知ある者であっても〟くらいに訳す。

▼問二十一　Ⅱは、「生老病死の国にをりながら」も「妹」が感じている「愁ひ」の内容を表す語が入ると考える。愛する我が子に死なれたのだから「愛別離苦」（＝愛する者との別れの苦しさ）が入る。Ⅲは、「生ある者必ず滅す。会者は定めて離るる」といった別れが必ずある国で、「前後の相違、母子の別れ」がもたらされる根拠となる言葉が入る。「老少不定」は、「老少」が〝年老いた者と年若い者〟の意で、老いも若きも寿命は定まらないものであることを言う。だから「前後の相違、母子の別れ」があるのである。

▼問二十二　2の「離るる」は下二段活用の動詞「離る」の連体形。4の「怖ぢ」は上二段活用の動詞「怖づ」の連用形。

▼問二十三　子を失った悲しみにとらわれている妹を道理に反した愚かなふるまいだと責める兄に対して、妹が〈人が腹を立てることは良くないことなのではないか〉と暗に兄の態度を批判する問いを返したところ、兄は自分のこととは気づかずに、「腹立ち」は「貪瞋痴（とんじんち）の三毒」と言って主たる煩悩の一つだから「恐ろしき過（とが）」であると断定的に答えている。したがって、「疑ひにや及ぶ」の「や」は単なる疑問ではない。〝疑うことか、いや疑いようがない〟と反語の意となる。

▼問二十四　空欄を含む段落の初めに「過（とが）を知りて、過をあらため、理（ことわり）を弁（わきま）へて、理をみだらざるは、実の賢人智者なるべし」とあり、その延長上に、「智者」について「道理を弁へて知れるがごとく」「心明らかに悟りある」者だと説明する文脈であることから、Ⅳの「恐れ」の対象は「過」だと考えられ、Ⅴの「心得て」いるものは「理」だと考えられる。

▼問二十五　「多聞広学なる僧の中に、心得ぬ事どもの見聞え候ふ」残念さを訴える言葉を受けて、「知る事のかたきにはあらず。よくする事のかたきなり」という書物の言葉を引用し示すに至る文脈から考える。何と何とが異なっているのかといえば、「知る事」と「よくする事」とが異なっているのだから、ⅥとⅦには「知る事」と「よくする事」と

り過ぎ韓を背にして梁を攻めようとしている。一挙に攻め落とし梁を手中にできないならば、それ以前の功績のすべてが無駄になるでしょう。だからあなたは病気だと称して出陣しないほうがよいでしょう」と。

読み　秦韓・魏を破り、師武を扑し、北のかた趙の藺・離石を取りしは、皆白起なり。是善く兵を用ひ、又天命有り。今又兵を将ゐて、塞を出で梁を攻む。梁破れなば、則ち周危からん。君何ぞ人をして白起に説かしめざるや。曰へ、「楚に養由基といふ者有り。射を善くする者なり。柳葉を去ること百歩にして之を射、百たび発して百たび之に中つ。左右観る者数千人、皆曰く、『善く射る』と。一夫有りて其の旁に立ち、曰く、『善し、射を教ふべし』と。養由基怒り、弓を釈て、剣を搤りて、曰く、『客安くんぞ能く我に射を教へんや』と。客曰く、『吾能く子に左を支へ、右を詘むるを教ふるに非ざるなり。夫れ柳葉を去ること百歩にして之を射、百たび発して百たび之に中つるも、善を以て息めずんば、少して気衰へ力倦み、弓撥り矢鉤まり、一たび発して中たらずんば、百たび発せしもの尽く息まん』と。今韓・魏を破り、師武を扑し、北のかた趙の藺・離石を取りしは、公の功多し。今又兵を将ゐて塞を出で、両周を過ぎ、韓に倍きて梁を攻む。一挙して得ずんば、前の功尽く棄てられん。公病と称して出づる無きに如かじ」と。

▲解　説▼

甲：▼問十八　「厳融房といふ学生」が「あまりに腹のあしき上人」だったので、彼に学んでいる「修行者ども」はいつも叱られてばかりいた、という状況を受けての傍線部になる。「常には心よからずのみありけれ」の〈いつも不愉快だった〉の主語は「厳融房」とも「修行者ども」ともとれるが、「よき学生」は「厳融房」が学僧としては優れていたことを言い、だから「修行者ども」は「忍びて」（＝我慢して）学んでいたのだから、ハが正解となる。

▼問十九　「厳融房」の「妹」が最愛の子に先立たれひどく嘆き悲しんでいると、「よその人」も慰めに来てくれ、しかし、兄である「厳融房」は妹を訪ねて来さえしなかった。「情け」を欠いた兄の態度を妹は「恨み」に思っているのだから、空欄にはその兄の薄情さを嘆き非難する「うたて」（形容詞「うたてし」の語幹の用法）が入る。

▼問二十　イ「上人の訪はれぬ」、ロ「かの女房の恨み申され候ふ」、ハ「御心得のある」、ホ「心得ぬ事どもの見聞え候

は幽遠である。学ぶのは難しく、迷いやすいものだ。知ることもいっそう簡単ではなく、行うことはますます難しい。無限の昔から今に至るまで知るに至らず、今日はじめて（たまたま仏法に）出会った。めったにないことに信じて行おうとすることそれ自体がありがたいものなのである。仏の心を知って、仏の行いを学ぶということが、どうして簡単にできようか。我が身にはなじみやすい世間のことを、知ったとおりに行うことがどれほど難しいことかを思って、仏法の習得しがたく、行いがたいことを想像し、学者をけなしてはならないと知るべきだ」と申したので、（世俗の人は私のこの）道理に（納得させられ）屈しました。さきの上人（＝厳融房）は、この道理をわきまえていなかったので、かえって在俗の人（＝妹）の言うことに言葉を返せなかったのである。妹は多聞においては劣っていて、（しかし）智恵においては勝って（いたので）、かえって（兄を）問い詰めることができたのである。

乙：秦が韓・魏を破り、師武将軍を打ち倒して、北方の趙の藺・離石の地を奪えたのは、すべて白起将軍の功績です。彼が巧みに兵を用い、また天佑も得たのです。今さらにまた、兵を率いて要塞を出て、梁の国を攻めようとしています。梁が敗れてしまったならば、いよいよ周の国も危うくなるでしょう。周君はどうして人を送って白起将軍に説いて聞かせないのでしょうか。このように言い聞かせるのです、「楚の国に養由基という者がいます。弓を巧みに扱う者です。柳の葉から百歩離れてその葉を射て、百発百中だった。取り囲む見物人が千人余、皆口々に、『よくぞ射たものだ』と称えた。ところが一人の男が養由基の傍らに立ち、こう言った、『よろしい、これなら私からあなたに射撃を教えることができよう』と。養由基は怒って、弓を捨て、剣を手に取り、こう言った、『お前がどうしてこの私に射撃を教えることができるというのか』と。男はこう言うのだった、『私はあなたに左手を支え、右手を引き絞るこつを教えられるというわけではありません。そもそも教えたいのは柳の葉から百歩離れて葉を射て、百発百中させたとしても、称賛を浴びたところで止めないならば、やがて気力が衰え集中力がなくなり、弓は反りかたよって矢先は外れて、それで射た一発が的中しなかったならば、これまでの百発への称賛もすべて意味を失うであろう』と。今韓と魏を破り、師武将軍を打ち倒して、北方の趙の藺・離石の地を奪えたのは、あなたの功績に負うところが多い。しかし今また兵を率いて要塞を出て、周の二国を通

い。恐ろしい罪です」と言うとすぐさま、「ならばどうして、それほどよくご理解があるのに、（あなたの）お腹立ちはひどく激しいのですか」と言うと、（厳融房は）急に返事に詰まり、言い返す言葉がなくて、「もうよい、それならばいくらでも思う存分嘆き悲しみなさい」と言って、怒って出て行ってしまった。本当に返答に困ったように聞こえたのだった。

　物の道理を知るのと、知っている通りに行うのとは、別のことである。だから過ちを知って、その過ちを改め、道理をわきまえ、その道理を外れないようにするのは、本当の賢人智者であるにちがいない。多聞広学であるけれども、我が身の過ちを改めず、心の偏りを直さないのでは、むだに他人の宝を数えるようなものだ。だから七種の聖財の中で、智者と多聞とは別になっている。才学に富んだ学僧といえども、どうして知っている通りに行うことができようか。行いに優れた智者という者は、広く物を知ることはなくとも、道理をわきまえて知っているようなもので、過ちを恐れ道理を心得て、心に確かな悟りがある者を言うのである。真実の教えにかなった行（ぎょう）というものは、（仏の教えを）多く聞くことから起こるということで、多聞は真実の智を生じる因縁となるのである。

　ある世俗の人が言うに、「智恵がない愚かな俗世の者が、（道理を離れ悪をなす）不当不善であるのは、当然のことだ。（しかし）多聞広学の僧侶の中に、不届きなことが見聞されますのは、何を習い知りなさったのか（情けなく）、甲斐がないことだ」と申したことを、この道理に則って、「知ることと行うこととは違っている。だからある書に、「知ることが難しいのではない、ただしく行うことが難しいのである」と言っている。「まず世間で弓を取って戦う人が、合戦の場で名誉も求めず、命も捨てずに、逃げ隠れし、おびえてじたばたするのは、残念で恥ずかしいことだと知っていますでしょうか」と尋ねると、「どうして知らない者がおりましょうか」と答える。「それでは、このことを知っている人は、どの人も剛健な心を持っているのか」と問うて、「そのような者はまれである」と答えるに至って、「であるならば世間のことは始まりのない昔からずっと慣れて来たものとして、名利を求め、恥辱を知り、敵と打ち合い、我が身の安全を忘れて命を捨てるようなことは、（生まれ変わりを繰り返す）多生（たしょう）に慣れてきたこと（だからこそできるの）であって、より安易に生きるべき道において、やはり心強く生きる者はまれで、愚かな者は多いものである、まして仏法の道は高遠で、その道理

（厳融房の）妹である女性が、最愛の息子に死なれて、人の親の習いとはいいながら、ひどく嘆き悲しむので、身内ではない人も訪ねてきて慰めたのに、この上人は訪ねても来なかったことを、「なんと薄情なことか。これほどに嘆いているのに上人は訪ねもしないとは。よその人でさえも情けをかけてくれるというのに」とこぼしたところ、弟子の中で（それを）耳にした者がいて、「あの女性が恨み言を申されておられると聞きますので、お訪ねになってはどうでしょう」と（厳融房に）言うと、いつものごとく腹を立てて、「おろかな女よ。法師の妹などというような者ともなれば、普通の在俗の人と同じであってはならないものだ。生老病死が常の世に住んでいながら、愛別離苦の悲しみなどはないはずだと思っていたのか。なんと愚かな。どうしようもない女であることよ。さてさて訪ねて行き、（道理を）説いて聞かせてこよう」と言って、せかせかと支度して行った。「本当なのか、お前さんが悲しんでいるのに訪ねてこないと恨み言をこぼしなさっているというのは」と言うと、「あまりの悲しさに、心も普通ではいられないままに、そんなことも口にしたのかもしれません」と（妹が）言うと、「愚かな人だな。何と言ってもこの法師の身内の証しとして、世間の普通の人と同じようでいらっしゃってよいものか。生あるものは必ず死ぬものです。出会った者とは必ず別れるものであって、人の住む世はもともと老少不定（ふじょう）の世界なのです。前後が逆で死ぬことも、母と子が別れることも、この世にないことではないのです。（今さら）初めてのことのように嘆き驚くべきことではありません。（あなたの嘆きようは）返す返すも残念なことです」と、叱りつけたところ、「型どおりのこととして、その道理は承知しておりますけれども、我が身を分けて世に生まれてきて、愛情深く育ってきたうえに、心ばえも頼もしく育ってきましたので、どんな道理があろうとも忘れてしまい、ただひたすら別れが悲しく思われたのです」と言って、涙も拭うこともできずに嘆いたので、「なんとも愚かしいことよ。道理を知りながら、それでも嘆いてよいものか。そんなだから、道理を知った甲斐もあろうことか。情けない」と言って、ますます責めたてたのだった。

少しあって、この女は、涙をぬぐって、「そもそも人が腹を立てて怒ることは、良くないことなのですか、または悪くないことなのですか」と尋ねるので、（厳融房が）「それは貧瞋痴（とんじんち）の三毒と言って、主たる煩悩の一つです。疑いようもな

問二十二　2―ホ　4―ハ
問二十三　ニ
問二十四　Ⅳ―ホ　Ⅴ―ロ
問二十五　Ⅵ・Ⅶ―ハ・ヘ（順不同）
問二十六　Ⅷ―ホ　Ⅸ―イ
問二十七　ホ
問二十八　ハ
乙：問二十九　ハ
問三十　ホ
問三十一　ハ
問三十二　ロ
問三十三　ハ
問三十四　イ

◆全　訳◆

甲：中ごろ、甲斐の国に厳融房という学僧がいた。修行者が（彼に）よく食事や身の回りの世話などして、学んでいた。いささか性格の悪い上人であって、修行者たちが、午前の食事、それ以外の時の食事の、支度をして上人に給仕をする際に、湯が熱いときにも、またぬるいときにも叱りつけ、支度が遅いのも腹を立てて怒り、（逆に）早く持ってくると、「この出家に物を食わせまいとするのか」と言って、食べるのを途中で止めて箸を置き叱った。（そこで修行者が御膳を出す）頃合いを見計ろうとして、障子の隙間から覗くと、（厳融房は）「あいつは何を見ているのか」と言ってよりいっそう腹を立てたので、いつもただ不愉快でしかなかったけれども、優れた学僧であったので、我慢して学ぶのだった。

とと矛盾しているので、不可。ロは「互いの結びつきによって少数の識字者よりも優位な立場をとる」が不可。「少数」なのは「非識字者」であり、「識字者」同士の「結びつき」への言及も本文にない。ハの「自分たちのもつ価値観が疑わしいということを意識できない」は、それ自体間違っているわけではないが、「差別を固定化・再生産していく」直接的な理由にはならないので、不可。ホの「社会の生産性を高めていこうという意識」は本文と何の関係もない。

▼問十七　「〈一義的なもの（＝根本的でないもの）〉とされている「これ」とは、「非識字者に対する差別」「非識字者に対する識字化の奨励、文字の称揚」が「同化主義・差別行為である」ことを指す。それに対して、〈一義的なもの（＝根本的なもの）〉として想定されているのは、「非識字者差別の母体となっている」「文字使用を自明視する社会、その社会を日々維持しつづけている識字者の日常的行為」である。「識字者にとっては日常の行為のつみかさね」が「非識字者」という「少数者」を排除するという「構造」こそが、差別問題の〈一義的〉な課題なのである。よって、イが正解。ロとニは「識字運動をする人々」「識字運動」の問題としている点が不可。ハは「非識字者のもっている考え方や価値観を否定してしまうこと」が不可。積極的な「否定」が問題なのではない。ホは「非識字者を意図的に排除、差別すること」が不可。

三

出典　甲：無住『沙石集』〈巻第三下　厳融房與妹女房問答事〉
乙：司馬遷『史記』〈巻四　周本紀〉

解答

甲：問十八　ハ
問十九　イ
問二十　ニ
問二十一　Ⅱ―ニ　Ⅲ―ロ

うな権力関係を「識字者」が維持し続けようとする理由・動機は何かを問うものである。ロの「少数者の側の人々が、差別されているという意識をそれほど強く感じてはいない」は、「識字者」側から見れば、感じていないのなら差別し続けてもいいと考えていることを意味するので、不可。ハの「非識字者の権利や意見が分かりにくい」も、ニの「多数を占める識字者にまでその声がとどかない」も同様で、「分かりにくい」「声がとどかない」から差別し続けてもかまわないと考えているとは思えない。残るイとホの選択肢の表現は、紛らわしいが、イは、〈文字を使えないから苦しんでいるのであって、非識字者も当然文字を使えるようになるべきだ〉という意味で考えると、〈所属を変える〉ことをよしとする「同化主義」の考えを示していることになる。「同化主義」に立てば、「非対称な関係」は変える必要はなくなるので、傍線部の理由となる。一方、ホの「少数の非識字者のために自らの権利や便利さに制限を受けてしまう」は、〈非識字者の存在が識字者側の権利を制限する〉意ならば、事実関係の理解が間違っているので不可となる。よって、「同化主義」の考え方を示したものとして、イを正解とする。

▼問十五　傍線部の「同化主義」とは、「非識字者」も「識字者」に「同化（＝異なる性質を自らと同じにさせること）」すべきだと考える立場を言う。よって、ロが正解。イは「少数者の側」も「価値観を共有する」としている点で一方的な「同化」にならないので、不可。ハの「多数の人によって共有されている」から「正当」だというだけでは、「非識字者」を「同化」させることにならないので、不可。ニの「文字の読み書き」能力の価値を疑うのは、「同化主義」を否定する考えになるので、不可。ホの「非識字者はしだいに減り、やがてすべて識字者となるという考え」は、何もする必要がないことになり、「同化主義」も否定されるので、不可。

▼問十六　「少数者が多数者に『所属がえ』」する「同化主義」に基づいた運動は、識字問題に関しては、〈字を知らないよりも知っていた方が圧倒的によい〉のだから「非識字者」は「識字者」に「所属がえ」をすべきだ、と主張することになる。ゆえに、「非識字者」を劣位に置く「差別」はいつまでも解消されず、「固定化・再生産」されていくのである。この考え方に合致しているのはニである。イは傍線部5の直前に「差別に対峙するはずの識字運動」とあるこ

っている」という説明は、文字以前の「ことば」こそがその力をよくもつという事実を見えにくくしながら「文字」の重要性を強調していることになる。「文章は、人間の心を運ぶ車」も、文章以外の人間関係が心を育むという面を見えにくくしながら「文章」の重要性を強調する。「文字を持たない生活とは、人間として感性まで奪われた生活である」に至っては、「文字」だけが人間の「感性」を保証するかのように聞こえる。これらの「過剰な意味づけ」を説明するのはイである。ロは「表現者の心理や内面」が不可。「表現者」の問題ではない。ハは「本来もっている価値」が不可。〈本来／非本来〉という問題ではない。ニは「文字を使うことができない人々をあらかじめ除外し」が不可。「文字を学ぶということ」の意味を説く四つめの事例は、「文字を使うことができない人々」にも当てはまる。ホは「文字そのものがもっているかのように表現」が不可。四つの事例の中に、「文字そのもの」の価値を主張しているものはない。

▼問十三　Aは、「文字」の「人間の心を運ぶ」機能を認める空欄前の表現に対して、「ほかの表現手段」の可能性を指摘する表現が対置され、逆接的関係にあるので、「とすれば」「あるいは」は不可。Bは、直前の「ほかの表現手段にはないのだろうか」が「ない」ことに対する疑問形の表現になっているのに対して、「ある」場合を仮定したときの別の疑問形「すぐれたものだ、といえるのだろうか」を対置させる表現になっている。よって、対置関係を示す「あるいは」が入り、ほかのものは入らない。Cは、「ほかの表現手段にはないのだろうか」「すぐれたものだ、といえるのだろうか」「（無文字社会のひとびとは）『人間として感性』がないのだろうか」と並べた疑問形の表現が、それぞれ〈ほかの表現手段にもある〉〈すぐれたものだ、とはいえない〉〈（無文字社会のひとびとにも）『人間として感性』はある〉という意味を伝える反語表現にほかならないことを指摘する表現を、導いている。内容を考えれば「（無文字社会のひとびとは）『人間として感性』がないのだろうか」は疑問ではなく反語であることは明らかなので、Cには「もちろん」が入る。よって、ハが正解。

▼問十四　「非対称な関係」とは、「識字者」が「非識字者」に対して取り結ぶ一方的な権力関係を言う。設問は、そのよ

ける社会のありようが、非識字者への差別を生み出し、差別構造を再生産・強化するからである。文字に普遍的価値をあたえる識字運動は、非識字者の識字者の側への「所属がえ」を促す「同化主義」をもちこんでいる。同化主義はそれ自体が差別を固定化するイデオロギーなのである。しかし、真の問題は、文字使用を自明視する識字者の日常的行為の積み重ねが、非識字者を差別する社会構造を無意識のうちに強化していることにある。

▲解　説▼

▼問十　直前の「レトリックは、そのおもしろさ・表現としての効果をうむ『意味のずらし』が意識されなく」なることが傍線部の根拠である。よって、「意味のずらし」を意識しないことで現実との混同が起きると考え、ハが正解。イは「本質的」「社会的な問題を引き起こす」が不可。「問題」が起こった時点で「混同」は成り立たない。ロは「もとと同じものと見なされやすい」が不可。ニは「違いが、明確に指摘できないほど微妙なものである」が不可。「文字」と「空気」との違いを指摘することはそれほど難しくはない。ホは「互いの性質を似通わせていくようになる」が不可。そのような変化を想定することはできない。

▼問十一　「作為」が〈意識的になす行為〉を指すことに注意する。「識字者」が「文字のよみかきができなければ、それだけで呼吸困難にもひとしいくるしみを甘受しなければならない状態においこまれる」社会をつくることがここで言う「作為」であり、具体的には「文字は空気だ」というスローガンや、「空気とおなじだから、それをえるのは権利である」との主張、「文字をとりもどす」という考え方、がそれにあたり、それらの「作為」が「差別構造を再生産・強化」するのである。よって、ニが正解。イの「苦しい思いをしばしば経験」、ロの「それを積極的に認めようとはしない」、ハの「必ずしも無視してはいない」、ホの「権利がしばしば見過ごされてしまう」はどれも「作為」の説明にもなっていない。

▼問十二　「過剰な」とは〈程度がはなはだしいさま〉を言う。文字・文章の意味や価値を指摘する四つの事例は、必要以上に強調するものになっているというのである。「文字は人びとのものの見かた・考えかたをかたちづくる力をも

と推測される。本文を通して明らかにされた「人間の」「条件」は、最後の段落に、「『人間』というものの唯一可能なあり方」として、「『人間』という抽象は、具体的な個の複数性において存在する」「差異ある個々人の複数性が確保される空間が『人間』の空間なのだ」と説明されている。これに合った説明になっているのはホである。イは「『人間』一般にあてはまる特質」が不可。ロは「過去や未来を想像する力」「最終的な意見の一致を目指した『政治』」が不可。ハは「人々が異なる『政治』的な立場によって分断されている」が不可。ニは「世界のあり方に対して発言する意志を持たない人々」「『政治』に参加する資格」が不可。

二

出典　かどやひでのりの文章（かどやひでのり・あべやすし編著『識字の社会言語学』〈第1章　日本の識字運動再考　2　これまでの識字運動が内包する問題〉生活書院）

解答

問九　a―ニ　b―ロ　c―ニ

問十　ハ

問十一　ニ

問十二　イ

問十三　ハ

問十四　イ

問十五　ロ

問十六　ニ

問十七　イ

◆要　旨◆

「文字は空気だ」という識字運動のスローガンには、根本的な矛盾がある。識字を人間の生活に不可欠のものと価値づ

かける相手たる「他の『われ』」との関係について、「自らを伝えて初めて、人は他者の眼前に現れることができる」（傍線部4の段落の一つ前の段落）と表現し、それが「他者」であると示している。

▼問五　〈互いの考えを理解し合おうとして話し合う〉行為について、それが「事実」であることを「誰もが現に今そこかしこで行っている」ものだと形容する表現として考える。

▼問六　傍線部の「唯一存在の逆説的な複数性」とは、「人間」だけが話すことで他の有機的生命とは違う「複数性」をもつという特徴を言い、その要点は「人間」だけが「差異を表明し、他と自分を区別することができる」ことにある。このとき、「逆説的」な関係にあるのは、話し合う条件として、話せば理解されうるという「等しさ」と、しかし話さないと理解されない「差異性」を同時に持っていることを指す。よって、イが正解。ロは「生まれつき異なる身体を持っている」が不可。ニは「意見の対立を確認しあう」が不可。それでは他の生物も同じになる。ハは「いったん他人との間に距離を設ける必要がある」が不可。ホは「他の生物とは異なり」が不可。「有機的生命」であれば、「種としての同一性と個としての多様性の二つの側面」をもっているとある。

▼問七　傍線部を含む段落の二段落前に、人間は「ただ『そこにいる』だけでは、その人の差異は明らかにならず、他の人と区別されることができない」とあり、他者に対する「話すこと（speech）と行い（action）」による働きかけがあってこそ「他者の眼前に現れることができる」のである。そのあり方をよく表しているのはハである。イは「アイデンティティ」の「作りかえ」として説明している点が不可。ロは「集団の中で意見をまとめていく作業」が不可。ニは「世界とかかわる」「『人間』としての集合的な価値観」が不可。ホは「『人間』として成長していく」が不可。

▼問八　選択肢は共通してアーレントの「政治」に対する考えを説明している。つまり、アーレントが考える「人間の複数性」は「政治」とどうつながるのかを読み取ることが求められている。「政治」への直接的な言及は前書きに示された位置づけと冒頭の第一段落にしかなく、そこには「複数性が政治の——同時に人間の——条件だ」とあるだけなので、「政治」は「人間の」「条件」に即したものであるべきだ、というのがアーレントの「政治」についての考えだ

▲解　説▼

▼問一　アーレントは「複数性」こそが人間の条件であると考え、それを「人間（Man）ではなく、人々（Men）」だと表現している。傍線部の「単一的『人間』の規範性」とは、「この複数性を集約＝解消する単一的『人間』の規範性」として働く「人間（Man）」という概念を指す。このとき、「集約＝解消」される「複数性」とは、「等しさと差異を条件として語られる」人間のあり方、すなわち、相手が〈自分とは違う他の「われ」〉だからこそ話し合おうとし、〈「等しい」者であるから〉こそわかり合える、というあり方を指している。そのような「複数性」の説明になっているものを選ぶ。イは「『人間』と他の生物とを区別」、ロは「国家や民族などの集団の中」、ホは「時代や文化によって異なる『人間』という理念」が明らかに不可。ハの「個人の中にある複数の側面」は「それ以上分割できない基本的な単位」に対するものとして説明しているので、不可。ニは「人間の複数性」は「数えられる異他的なもの」であり、傍線部の後半と合致する。よって、ニを答えとする。

▼問二　「多数性」は必ずしも「複数性」を意味しないということの要点は、「多数」性が「同じもの」の集まりとして認識され「数えられる異他的なもの」が認められない場合には「複数性」は確保されない、という点にある。その点が一致するのはハである。イは「多くの人々が集まる」と即座に「個別性や多様性が失われ」るとしている点が不可。ロは「矛盾するものではない」という説明自体が論旨と合わない。ニは「取るに足らないものが集まっても」が不可。ホは「大きな力を発揮する」「多くの人々があえて自分の個性を主張しない」が不可。

▼問三　「話せばわかる」関係であり「話さなければわからない」関係でもあるような「われわれ」のあり方を説明する文章を挿入するのだから、「われわれ」が「互いに話し合っている」状態にあるという「事実」を指摘する空欄Xの直後の段落表現を手掛かりに、文脈を確認する。挿入文の最後の「話さなければわからない」を受けて、「だからこそ、われわれは話すのだ。」と続いていると考えられる［Ⅳ］に入れるのが自然である。

▼問四　直前の「自分とは違う他の『われ』」「異他的なもの」を言い換える語が入る。後の文脈をたどると、自分が話し

国語

一

出典 五十嵐沙千子『この明るい場所――ポストモダンにおける公共性の問題』＜1 アーレントの公共性 1-1 人間の条件、政治の条件 1-2 複数であるということ＞（ひつじ書房）

解答

問一 ニ
問二 ハ
問三 ニ
問四 ロ
問五 ニ
問六 イ
問七 ハ
問八 ホ

◆要　旨◆

アーレントは、複数性が政治の条件であり、人間の条件であると考えた。問われるべきは人間（Man）ではなく人々（Men）の複数性であるが、多数は必ずしも複数を意味しない。人間の複数性は、他者との等しさと差異とを条件にした「われわれ」として現れる。自分を他者に理解してもらおうと話したり行いをしたりすることで、他者と等しいと同時に異なる唯一の自分が世界に姿を現すのである。それがアーレントの考える人間の本来性であり、人間の唯一可能なあり方なのである。

大学赤本シリーズ

早稲田大学

教育学部〈文科系〉

教育学科・国語国文学科・英語英文学科・社会科・
複合文化学科〈文科系－A方式、C方式〉

別冊問題編

2025

矢印の方向に引くと
本体から取り外せま

目　次

問題編

2024年度

問題編

一般選抜：文科系（A方式，C方式）

問題編

〔一般選抜：文科系（A方式）〕

▶試験科目・配点

教　科	科　目	配　点
外国語	「コミュニケーション英語Ⅰ・Ⅱ・Ⅲ，英語表現Ⅰ・Ⅱ」，ドイツ語，フランス語のうちから１科目選択	50点
地歴・公民	日本史Ｂ，世界史Ｂ，地理Ｂのうちから１科目選択	50点
国　語	国語総合，現代文Ｂ，古典Ｂ	50点

▶備　考

- 複合文化学科志願者は，文科系（Ａ方式）または理科系（Ｂ方式）のどちらかを選択する。
- 英語英文学科志願者は，外国語において必ず英語を選択しなければならない。
- 外国語において，ドイツ語・フランス語を選択する場合は，大学入学共通テストの当該科目〈省略〉を受験すること。共通テストの配点（200点）を教育学部（Ａ方式）の配点（50点）に調整して利用する。
- 国語国文学科受験者の国語，複合文化学科受験者の外国語，英語英文学科受験者の英語の得点は，調整後に1.5倍する。
- すべての教科で合格基準点（非公表）を設けている。基準点に満たない教科がある場合は，合計点が合格最低点を超えていても不合格となる。また，上記に加え，国語国文学科は国語，英語英文学科は英語の合格基準点（Ａ方式での当該学科全受験者の平均点）も設けている。

〔一般選抜：文科系（C方式）〕

▶試験科目・配点

学　科	教　科	科　　目	配　点
教育学科	総合問題	資料を読み解いたうえで，読解力・思考力・文章力ならびに教育への関心を問う問題とする。	150 点
国語国文学科	国　語	国語総合，現代文 B，古典 B ※読解力・思考力・文章力を問う問題とする。	150 点
英語英文学科	英　語	コミュニケーション英語Ⅰ・Ⅱ・Ⅲ，英語表現Ⅰ・Ⅱ ※資料を読み解いたうえで，日英両言語で解答する問題とする。	150 点
社会科	総合問題	社会への関心を問い，日本語または英語の資料や図表を読み解いたうえで，解答する問題とする。	150 点
複合文化学科	総合問題	複数の資料を読み解いたうえで，自分の考えを論理的に述べる論述問題とする。	150 点

▶備　考

- 大学入学共通テストの得点（5 教科 7 科目：配点 90 点）と上記個別試験の得点（配点 150 点）を合算して，合否を判定する。
- 国語国文学科の「国語」は A 方式の問題とは異なる。
- 英語英文学科の「英語」は A 方式と一部共通の問題とする。

英 語

◀A 方 式▶

(90 分)

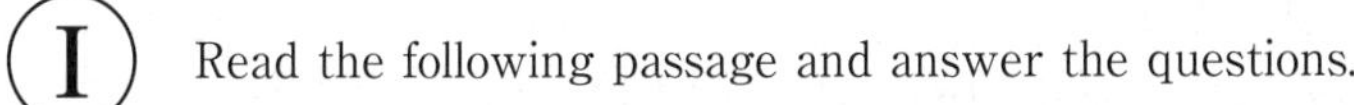

I Read the following passage and answer the questions.

[1] Pre-school children learn the meanings of more than ten new words each day, and they understand the meanings of those words well enough to use them in fluent communication. They use these words to express a welter of opinions on what they think is good or bad, right or wrong, and all too readily wail “It’s not fair!”. But how can a young child — and the rest of us — really know what these words mean? After all, the most brilliant thinkers across millennia have found that (1)these everyday notions — goodness, the difference between right and wrong, the nature of fairness — are sunk in conceptual quicksand. How can young children master concepts that philosophers struggle to analyse?

[2] The answer is that philosophers wrestle with the challenge of providing a general theory of “deep” concepts — [2] — to explain the fundamental meaning of such notions as *good, fair, cause, mind* and so on. But children and adults only have to get meaning sufficiently clear to deal with (3)the specific communicative challenge of the moment. To communicate successfully, a cry of “It’s not fair!” must express the outrage a child feels when given a smaller slice of cake or made to wait in a queue. But this communication does not require the child (or the unfortunate parent) to have a general theory of fairness in mind. Indeed, the “meaning” that allows us to get by successfully is often [A] shallow.

[3]　Consider, for example, how children use *alive* and *dead*. Susan Carey, a developmental psychologist at Harvard, had the following instructive and rather delightful interchanges with her daughter Eliza on the subject. When someone is shot on a TV programme, Eliza (three years and six months) explains: "He's dead — I can tell because he's not moving." This seems [　**B**　] similar to how we adults define *dead*. But then, Carey asks about Eliza's toy bear:

E：... She'll always be alive.

S：Is she alive?

E：No — she's dead. HOW CAN THAT BE?

S：Is she alive or dead?

E：Dead.

S：Did she used to be alive?

E：No, she's middle-sized in between alive and dead. She moves sometimes.

And then comes the astonishing question:

E：How do dead people go to the bathroom?

S：What?

E：Maybe they have bathrooms under the ground.

S：Dead people don't have to go to the bathroom. They don't do anything; they just lie there. They don't eat or drink, so they don't have to go to the bathroom.

E：But they ate or drank before they died — they have to go to the bathroom from just before they died.

Eliza doesn't, surely, have a clear and distinct concept of *alive* and *dead*. Her toy bear is not alive; but then again, her bear moves sometimes, so it must be alive, or perhaps it's in some intermediate state. And dead people are, it seems, still carrying on with normal bodily functions. On a separate occasion (aged three years and eight months) she exclaims: "Isn't it funny — statues aren't alive, but you can still see them?" Her grandfather is not alive, and you can't see him, she notes.

[4] Eliza is clearly a very observant reasoner. And she is also an astute player of verbal charades. People throw around the words *alive* and *dead*, but what are they getting at? Well, dead things don't seem to move; and you can't go to see dead people. But the idea that *alive* and *dead* only apply to biological organisms — which seems so central from an adult perspective — seems to be absent or perhaps only [**4**] for Eliza. What is really astonishing is that, in most of our interactions with pre-school children, we mostly don't have the faintest inkling that their understanding of words is so [**C**] different from ours. Just as with the interpretation of actions and gestures in charades, children learn to understand words well enough to make sense of the current, specific context in which they hear a word used. The motionless person who has been shot is called *dead*. Relatives and pets — who are no longer seen — are also described as dead. Young children can create their own charades for the adults around them, using those same words remarkably well — in fact, well enough that huge conceptual contradictions (such as toy bears being both alive and dead) almost never show up in daily conversation.

[5] But the same issues arise when adults communicate. What is it, precisely, to be *alive*? Typical biology textbooks can do no better than a descriptive list: living things grow, reproduce, eat and excrete, regulate their internal chemistry and temperature, are composed of one or more cells, pass on their traits through their genes and so on. But this leaves tricky cases such as viruses (not composed of cells, not able to reproduce independently), viroids (circular RNA strands that replicate autonomously inside a host plant), prions (infectious proteins), and even the androids of the future (could a machine be conscious without being alive?). The definition of *life*, like the definitions of *good*, *justice*, *right* and *wrong*, has been the subject of endless and unresolved debates for millennia. And our conception of *life* is full of contradictions. Wouldn't an afterlife be a type of life? And if so, should the biological criteria be mostly thrown out? The people in an imagined afterlife

aren't actually dead, are they? And what about cryogenic freezing — is suspended animation a form of life, or death, or does it fall somewhere in between?

[6] These types of questions are mostly irrelevant in the vast majority of linguistic charades we play in everyday communication — the tricky cases just don't arise much in ordinary conversation. What matters is that we can get along well enough when dealing with the situations that actually occur in daily life. We no more need a mental definition of *life* to talk about living relatives or dead pets than we need (5) a biological definition of *gorillas* to mime King Kong.

[7] Both pre-school children and adults use words as players use gestures in charades — in creative, contradictory ways that are good enough to get through the language games of the moment. In learning a language, we are learning to play creative conversational games with words. And playing those conversational games requires paying attention to likely communicative objectives, the contents of the environment, and past linguistic usage — (6) the hidden parts of the communication iceberg are just as important as the words themselves.

1. Underline (1) means that

a. these ideas are extraordinary.

b. ordinary ideas are difficult to define.

c. common ideas do not have universal meanings across cultures.

d. it is quite uncommon to find these ideas in everyday conversation.

2. Choose the best answer that fits in blank [2].

a. concepts that are supposed to work in every possible case and context

b. concepts that children cannot understand or recognize

c. concepts that allow people to meaningfully connect with others

d. concepts that involve the darker side of the human mind

3. Based on the context, which of the following is **NOT** an example of underline (3)?

a. Expressing what one wants
b. Explaining a theory of fairness
c. Finding the right word to communicate one's feelings
d. Asking for a bigger piece of cake

4. How do the authors define *fairness* in paragraphs [1]-[2]?
a. Everyone receiving an equal portion of cake
b. Just treatment without favouritism
c. Pre-schoolers waiting in line one by one
d. No clear definition is offered

5. What is the reason for the example of Eliza and her observations?
a. To talk about children's grasp of the meaning of life
b. To indicate cultural understandings of death
c. To illustrate contradictions in children's conceptual understanding
d. To explore children's relationship with the natural world

6. Which statement would best fit Eliza's understanding of life and death?
a. Statues are alive when you do not look at them.
b. Things that do not move or cannot be seen are not alive.
c. People who are shot on TV are not real, and cannot die.
d. Life and death are the same thing.

7. Blank [4] can be best filled by:
a. elementary
b. primary
c. secondary
d. necessary

8. What is meant by the word "charades" in this passage?
a. language changes
b. language games
c. sign languages
d. language signs

9. Choose the combination of words that best fits in blanks [A], [B], and [C].

a. [A] promisingly　[B] unexpectedly
[C] radically
b. [A] promisingly　[B] radically
[C] unexpectedly
c. [A] unexpectedly　[B] promisingly
[C] radically
d. [A] unexpectedly　[B] radically
[C] promisingly
e. [A] radically　[B] unexpectedly
[C] promisingly
f. [A] radically　[B] promisingly
[C] unexpectedly

10. All of the questions in paragraph [5] are best described as:
a. questions with no clear answers available.
b. questions that no philosophers have considered.
c. questions that only scientists can answer.
d. questions with clear spiritual and religious answers.

11. What is the authors' main message in paragraph [6]?
a. Most people need not be concerned by philosophical questions of meaning.
b. We need to memorize the definitions of words that other people use.
c. People have numerous reasons to negotiate the meanings of life and death.
d. Children's games are an important part of learning about life and death.

12. Which of the following could best replace underline (5) to create a similar analogy?
a. an understanding of the planet Mars to study the sun
b. the classification of pipes to play the videogame Super Mario Brothers
c. the meaning of gorillas to say that they are 200 kilogram

primates

d. a scientific knowledge of flight mechanics to make a paper airplane

13. What is meant by underline (6)?

a. the differences in mother tongue that are a titanic obstacle to communication

b. the large amount of communication that remains unseen and unknown

c. the communication between children and adults that is often deep, cold, and damaging

d. the true intentions that are not revealed in intergenerational communication

14. Which statement best summarizes this article?

a. People are able to communicate clearly using words because we already share a common understanding.

b. We are constantly negotiating the meaning of different concepts even in daily interactions.

c. Young children play charades because they are not good at using language the same way as adults.

d. People in different countries use different nonverbal strategies to communicate when they lack the vocabulary to speak.

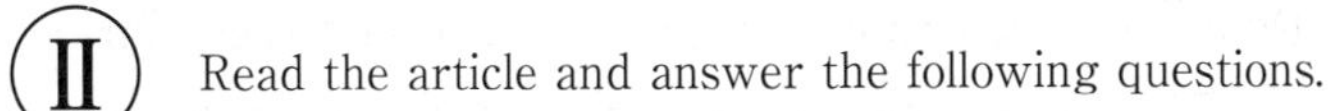

II　Read the article and answer the following questions.

[1]　Modern historians count 1967 as an especially busy year: the six-day war[1], the summer of love[2], Sgt Pepper[3], the first recorded deaths of American astronauts, the founding of the suburban utopia of Milton Keynes. And also, half-forgotten in the crush, perhaps the most

[1]six-day war: 第三次中東戦争
[2]summer of love: アメリカを中心とする愛と平和を求めるヒッピー・ムーブメント
[3]Sgt Pepper: ビートルズのアルバム（Sgt. Pepper's Lonely Hearts Club Band）の名称

consequential event of all: the invention of the first device ever that permitted us to henceforward stop using a part of our brains.

[2]　A young Dallas engineer named Jerry Merryman and his team gave us, courtesy of his employers, Texas Instruments, (1)the Cal-Tech electronic calculator. For $400 you could own a shirt-pocket-sized plastic box with buttons and symbols that, if pressed, would answer in an instant, and with impeccable accuracy, any simple arithmetical question you might ask it. And most important, it performed its work invisibly. The abacus and the slide rule might have been mental labour-saving devices, but they still required you to make some use of your (2)grey matter; the Cal-Tech freed you up entirely, removing all mathematical tedium from your daily life.

[3]　It was semiconductors and algorithms that helped make Merryman's magic, and for the 60 years since, and in the hands of other similarly blessed engineers, they have continued to do so, relentlessly.

[4]　Their gifts have been all we might ever have wished for. Our brains can now relax. Whatever cerebral nooks and crannies we employed, for instance, to read paper maps, or to use sextants and compasses and chronometers to find out where we were, have now been put into cold storage: GPS has given us all the direction we might ever need. Not sure how to spell a word or how best to compose a sentence? From the 1980s onward there has been no urgent further need for an OED[4] or a copy of Fowler's Modern English Usage: Commodore's WordCheck and its successors have such matters taken care of.

[5]　And after the presentation in April 1998 at a conference in Brisbane by two (now very rich) young Americans named Page and Brin, of their paper The Anatomy of a Large-Scale Hypertextual Web Search Engine, we had Google, which, for the past quarter-century, has

[4]OED: Oxford English Dictionary

been able to answer all our questions about just about anything in microseconds. OpenAI is currently inventing even more advanced things that promise to blow out of the water whatever still remains of the requirement to do mental work.

[6] (3)<u>This has in recent months led to widespread hand-wringing</u>. Our minds, it is said, will inevitably fall out of use, atrophying, or distending, whichever is worse.

[7] The nightmare model — for our bodies — is a movie like (4)<u>Wall-E</u>, that dystopian vision from 2008 in which humans, having abandoned their polluted and garbage-choked world, live out their lives in cocoons suspended in suborbital space. Here they have evolved into flaccid slobs[5], marooned in recliners, fed on high-calorie mush from squeeze-packs while gazing glassily at telescreens.

[8] So now there comes a similarly dire vision for our minds. With machines doing all our daily mental tasks for us, our brains will become literally thoughtless, our minds a haven for endless daydreaming. We will become spiritually moribund. As inherent knowledge vanishes, no longer much needed since it is now always on tap at the slightest brush of a touch-glass surface, the concept of human wisdom, which is after all a mix of knowledge and experience, will evaporate. Society will slowly flounder and decay, body, mind and soul.

[9] This is one vision of our future doom. But I am not a doomsayer — not so far as our minds are concerned, at least. I challenge the notion that all is now going to intellectual [**5 A**]. Rather I see ample reason for [**5 B**]. And I draw this [**5 C**] from the sextet of Ancient Greeks who laid the foundations for and defined the very idea of knowledge: Pythagoras, Socrates, Plato, Aristotle, Herodotus and Euclid.

[10] These figures, rightly revered and sanctified by time, had minds essentially little different from the finest of our own today — except in

[5]flaccid slobs: 筋力が衰えた無気力な人々

one important respect: there was, in the centuries in which these men lived, so much less for them to know.

[11] Karl Popper's droll and much-quoted remark that "knowledge is finite but ignorance is infinite" is objectively true, of course — and yet the amount of knowledge in our contemporary mental universe is immeasurably more vast than that in which the intellectual elite of classical times existed. These six and their like travelled little (Aristotle excepted), existing in a world necessarily circumscribed by so little known geography, by very much less history, by the existence of so little written prior description.

[12] Their minds, though steeped in the totality of contemporary knowledge, were thus almost *tabulae rasae* — nearly empty, [**6**], ready to think, primed for purpose.

[13] Which is why our modern minds, once they have been purged of all that today's algorithms might now deem *unnecessary* information, will be as ready as theirs were to think, to inquire, to wonder, to contemplate, to imagine, to create.

[14] So I see today's algorithmic revolution as a necessary cleansing, a movement by which we rid ourselves of all the accumulated bricolage of modern intellectual life, returning us to a more reasonable sound-to-noise ratio, gifting us with a renewed innocence, filled with potential.

[15] (7)Fanciful though it may sound, this new-made post-AI society could even see the emergence of a new Euclid, a new Plato, a new Herodotus. Such figures may now be waiting in the wings, ready to rise from the ashes of whoever created Milton Keynes, maybe to write us a new edition of the Ethics, or teach us afresh the true worth of human happiness, as Aristotle did so impeccably, 2,500 years ago.

[16] If that is the true benefit of clearing our minds of the busywork that is perhaps best left to electronic others, then I can hardly wait.

1. The author discusses underline (1) in so much detail because

a. he feels nostalgic about the year 1967.

b. he is impressed by its impeccable accuracy.

c. he thinks it was the first device that enabled us to stop using parts of our brains.

d. he wants to stress that electronic calculators have made our lives easier in the past 60 years.

2. Underline (2) can be best replaced by:

a. arithmetical instinct

b. brain cells

c. vague ideas

d. electronic calculator

3. Who are showing the "widespread hand-wringing" in underline (3)?

a. People who worry about their hands because of the amount of busywork they do every day

b. People who worry about the exhausting mental work they need to perform

c. People who worry that dystopian visions will cause us to abandon our polluted world

d. People who worry that we will stop using our brains the way we are using them now

4. The author mentions underline (4) because

a. he wants to warn people that the movie presents a dystopian vision of the future which might cause nightmares.

b. he is worried that in the future people might really end up spending day after day inside their homes in front of telescreens while feeding themselves with high-calorie jellies.

c. he is trying to convince the reader that something similar to what has happened to human bodies in this movie will happen to human minds in the future.

d. he wants to compare a pessimistic view of the future of the human body with a pessimistic view of the future of the human mind.

5. Choose the combination of words that best fits in blanks [5 A

], [5 B], and [5 C].

a. [5 A] hell　[5 B] optimism
[5 C] hope

b. [5 A] heaven　[5 B] optimism
[5 C] hope

c. [5 A] hell　[5 B] pessimism
[5 C] despair

d. [5 A] heaven　[5 B] pessimism
[5 C] despair

6. Use the five choices below to fill in blank [6] in the best way. Indicate your choices for the FOURTH and FIFTH positions.

a. in
b. it all
c. ready
d. take
e. to

7. Underline (7) is used by the author because

a. he anticipates criticism of his vision of intellectual life in post-AI society.
b. he has doubts about the emergence of a renewed innocence in post-AI society.
c. he is not sure whether people will be aware of the relevance of Aristotle in post-AI society.
d. he thinks AI may trigger the emergence of new philosophers in post-AI society.

8. Which of the following statements is **NOT** in line with the content of the article?

a. Compared to the ancient Greeks, our minds are almost empty.
b. GPS has largely replaced sextants, compasses, and chronometers.
c. Thanks to AI technology, intellectual life may return to a more reasonable sound-to-noise ratio.
d. The first electronic calculator invented in 1967 was very

different from an abacus.

9. Which of the following statements best reflects the opinion of the author?

  a. The author is afraid that AI will turn future human beings into lazy daydreamers.

  b. The author is not against AI, but he is worried about its possible negative effects.

  c. The author thinks that AI will enable us to exercise our intellectual capacities more fully.

  d. The author thinks that AI algorithms will surpass the ingenuity of ancient Greek philosophers.

10. What is the most appropriate title for this article?

  a. Will our brains be able to relax?

  b. Aristotle and Karl Popper were right

  c. The algorithmic evolution is a nightmare

  d. Will AI make us stupid?

Read the article and answer the following questions.

[1] For decades, researchers, hospice caregivers and stunned family members have watched with awe as people with Alzheimer's or other forms of dementia suddenly regain their memories and personalities just before death. To their family members it might seem like a second lease on life, but for many experienced medical workers, it can be a sign the end is near. Christopher Kerr, chief executive officer and chief medical officer at the Center for Hospice and Palliative Care in Buffalo, N.Y., has studied the lucid visions of several hundred terminally ill people. He says these events "usually occur in the last few days of life." Such "terminal lucidity" is defined as the unexpected return of cognitive faculties such as speech and "connectedness" with other people, according to George Mason University's Andrew Peterson, a researcher of bioethics and consciousness who co-authored a study of

the phenomenon commissioned by the National Institutes of Health.

[2] This connectedness goes beyond the return of lost communication ability and situational awareness. "One thing that seems to be quite [α] for family members who observe lucidity is something we call the 'old self' emerging," Peterson says. "There seems to be clear evidence that they're aware not merely of their surroundings ... but additionally understanding what their relationships to other people are" — be it the use of a nickname or a reference to a longstanding inside joke.

[3] As surprising as these events might seem, they are quite common. "Our study wasn't a prevalence study," says Jason Karlawish, a gerontologist at the Penn Memory Center and senior principal investigator of the NIH study. Nevertheless, he adds, "what we found is lucidity was more common than it was the exception in dementia patients, which would suggest that the idea of it being terminal is not entirely correct." Instead he suggests that episodes of lucidity should be seen as part of the "[β] experience" rather than as [γ] events. "We've actually found that a variety of these episodes occurred months, even years, before the person died," Karlawish notes. Even so, many experts including Kerr and Parnia[1] agree that most of these episodes are associated with the approach of death. "It's almost like they're preparing themselves to die," Parnia says.

[4] [A] The potential implications of these widespread, temporary cognitive resurgences are profound. [B] "It suggests there may be neural networks that are remaining, and/or pathways and neural function, that could help potentially restore cognitive abilities to individuals we otherwise think are permanently impaired," Peterson says.

[5] [C] "We don't actually know what's going on in the brain during the dying process that may in some way connect to these

[1]Sam Parnia: a critical care physician at NYU Langone Health

episodes," Peterson says. [D] Despite this uncertainty, other research into brain activity near or at the time of death could provide scientists and clinicians greater insight into some of the processes occurring in the diseased and dying brain.

WHAT HAPPENS IN THE BRAIN AS PEOPLE DIE?

[6] In a study published in *Proceedings of the National Academy of Sciences USA* in May, researchers at the University of Michigan observed a surge of organized brain activity in two out of four comatose[2] people who were undergoing cardiac arrest[3] after being removed from life support. This work built on more than a decade of animal research, including a 2013 PNAS study that revealed a similar surge in synchronized brain activity in rats exposed to a cardiac toxin and a 2015 study in which rats were killed by asphyxiation[4]. In all of these investigations, the researchers found that gamma-wave activity surged within the first few minutes of cardiac arrest and then ceased. Gamma waves are a frequency of brain wave typically associated with wakefulness, alertness and memory recall.

[7] Jimo Borjigin, a neurologist and an associate professor of molecular and integrative physiology at the University of Michigan, was involved in all three studies. The surge of gamma waves in dying subjects was particularly intense in a brain region Borjigin refers to as the "posterior cortical 'hot zone,'" located near the back of the skull. Some other researchers believe this region may also be essential to conscious experience. The parts of the brain in this area are related to visual, auditory and motion perception — a phenomenon Borjigin believes is involved in the out-of-body experiences reported by people who come close to death and recover. She adds that gamma-wave activation patterns akin to those observed in the comatose people are

---

[2]comatose: 昏睡状態の

[3]cardiac arrest: 心停止

[4]asphyxiation: 窒息

associated with activities that include the recognition of a familiar image ― such as a human face ― in healthy people.

[8] In both the human and animal studies, the subjects' brain showed a spike in activity after the sudden reduction of oxygen supply, Borjigin says. "It starts to activate this homeostatic[5] mechanism to get oxygen back, either by breathing harder or making your heart beat faster," she adds. Borjigin hypothesizes that much of the surge in more complex brain activity observed in humans and animals undergoing cardiac arrest is also a result of the brain attempting to reestablish homeostasis, or biological equilibrium, after detecting a lack of oxygen. She further speculates that these survival mechanisms may be involved in other changes in cognition surrounding death. "I believe dementia patients' terminal lucidity may be due to these kinds of last-ditch efforts of the brain" to preserve itself as physiological systems fail, Borjigin says.

[9] NYU Langone's Parnia agrees that the brain's reaction to the loss of oxygen is at least partially responsible for lucid experiences surrounding death. Between 2017 and 2020 Parnia led a study called AWARE II, in which researchers monitored the brain activity of more than 500 critically ill people in the U.S. and U.K. who were receiving CPR[6]. The patients were exposed to audiovisual stimuli while undergoing CPR to test their memory of events after cardiac arrest. Those who survived were later interviewed about how aware they were during the resuscitation process. According to Parnia, one in five survivors reported lucid experiences that occurred after their heart stopped. The AWARE II team also observed an unexpected spike in brain activity during CPR, he says. "Within 20 seconds of cardiac arrest, the brain flatlines," Parnia says. Yet "usually within five minutes ― but it could be longer ― we're seeing a reemergence of a transient period of brain electricity." He adds that the frequencies of

---

[5]homeostatic: 恒常性の

[6]CPR: cardiopulmonary resuscitation の略，心肺蘇生法

brain activity observed are similar to those associated with conscious experience.

[10] Parnia believes the dying brain loses the usual suppression mechanisms that allow us to focus on individual tasks during our day-to-day lives. "When you die, your brain is deprived of oxygen and nutrients, so it shuts down," Parnia says. "This shutting down process takes away the brakes ..., and suddenly what seems to be happening is: it gives you access to parts of your brain that you normally can't access .... All your thoughts or your memories or your interactions with everyone else come out." But he stresses that the experiences of people undergoing cardiac arrest are lucid, not merely hallucinations. "They're not delusional,(1)" Parnia says of the resuscitated people he studied, and what they're experiencing is "not dreams or hallucinations." Although his previous studies focused on resuscitated critically ill people, Parnia believes that terminal lucidity in people who are comatose or have dementia may be the product of a similar process. He is currently participating in a study on the latter phenomenon.

[11] A full explanation for the conscious experiences of dying people remains elusive(2). But research increasingly paints a picture of death as an incredibly active and complex process — and, perhaps more importantly, "a humanized one," as Kerr describes it. As for people with dementia, Karlawish says that rather than assuming their consciousness has been irrevocably changed, "we should still pay close attention to their mind because some aspects are still there, though they may be quite damaged."

1. Blank [α] can be best filled by:

a. gleaming　　b. common

c. profound　　d. rare

2. Choose the combination of words that best fits in blanks [β] and [γ].

a. [β] abnormal　　[γ] disease
b. [β] afterlife　　[γ] exceptional
c. [β] disease　　[γ] abnormal
d. [β] exceptional　　[γ] afterlife

3. The four blanks [A], [B], [C], and [D] show where the next sentence could be inserted. Choose the best choice.
Nevertheless, research into this phenomenon is still in its early phases.

4. According to paragraphs [1]-[5], which of the following claims is **NOT** consistent with the description of terminal lucidity?
  a. Terminal lucidity gives us clues to comprehend what is happening in the patient's brain.
  b. Terminal lucidity occurs when neutral networks that were regarded as damaged are restored.
  c. Terminal lucidity is explained as the sudden recovery of cognitive abilities.
  d. Terminal lucidity enables the patients to unexpectedly recollect their relationship with other people.

※4については，選択肢の記述に不適切な部分があったため，適切な解答に至らないおそれがあると判断し，解答の有無・内容にかかわらず，受験生全員に得点を与える措置が取られたことが大学から公表されている。

5. Which of the following is **NOT** mentioned in the description of the experiments using rats in paragraph [6]?
  a. Brain activity was observed after poison was administered.
  b. Gamma-wave activity was observed when deprived of oxygen.
  c. A surge of organized brain activity was observed in the last few days of life.
  d. They may have been more alert in the moments after their hearts stopped.

6. Which of the following claims is **NOT** consistent with Jimo Borjigin's assertions in paragraphs [7] and [8]?
  a. In experiments including both humans and animals, the brain

activity of the subjects decreased after a sudden drop in oxygen levels.

b. The areas of the brain near the back of the skull are involved in the out-of-body experiences of dying individuals.

c. The comatose patients' gamma-wave activation patterns resemble those seen in healthy individuals who recognize a familiar image.

d. The brain's attempt to restore biological balance when it notices a lack of oxygen may be the cause of terminal lucidity.

7. How can we best describe the relationship between paragraph [8] and the previous two paragraphs?

a. Paragraph [8] provides additional evidence supporting the previous paragraphs.

b. Paragraph [8] summarizes the results of the previous paragraphs.

c. Paragraph [8] criticizes the statements of the previous paragraphs.

d. Paragraph [8] deepens the discussion provided in the previous paragraphs.

8. Which one of the following statements is **NOT** appropriate for the description of the AWARE II study?

a. Several seconds before cardiac arrest, brain activity was found to disappear.

b. Researchers monitored the brain activities of critically ill people.

c. Patients' memory of the resuscitation process was explored.

d. Researchers observed an unexpected spike in brain activity during CPR.

9. Underline (1) can be best paraphrased as:

a. unusual b. mistaken

c. reasonable d. psychological

10. Which is the closest in meaning to underline (2)?

a. promising b. incomplete

c. overwhelming　　d. significant

11. What does Jason Karlawish think about people with dementia?
   a. Their consciousness remains incredibly active.
   b. Their consciousness fades away gradually.
   c. Their consciousness is permanently impaired.
   d. Their consciousness partly exists unchanged.

12. It can be reasonably inferred from the article that the author
   a. questions the idea that cognitive decline is a one-way process.
   b. holds superstitious beliefs about death based on scientific ways of thinking.
   c. has established a new technology to examine the dying process.
   d. supports investment in the treatment of cardiac disease.

13. What is the most appropriate title for this article?
   a. What happens in people's brains when they undergo cardiac arrest?
   b. What Alzheimer's patients experience when they are dying
   c. How does brain science explain life and death?
   d. Why dying people often experience a burst of lucidity

◀C　方　式▶

（90分）

I．読解問題

次の英文（Passage A, Passage B）は，同じテーマについて書かれた文章である。Passage A はある評論家が自身の見解をまとめたもので，Passage B はそれを読んだ学生が関連する研究を調べ，意見や疑問をまとめたものである。2つの英文を読み，1から10の問題に答えなさい。

Passage A

By Simon Winchester

[1] Modern historians count 1967 as an especially busy year: the six-day war[1], the summer of love[2], Sgt Pepper[3], the first recorded deaths of American astronauts, the founding of the suburban utopia of Milton Keynes. And also, half-forgotten in the crush, perhaps the most consequential event of all: the invention of the first device ever that permitted us to henceforward stop using a part of our brains.

[2] A young Dallas engineer named Jerry Merryman and his team gave us, courtesy of his employers, Texas Instruments, <u>the Cal-Tech electronic calculator</u>(1). For $400 you could own a shirt-pocket-sized plastic box with buttons and symbols that, if pressed, would answer in an instant, and with impeccable accuracy, any simple arithmetical question you might ask it. And most important, it performed its work invisibly. The abacus and the slide rule might have been mental labour-saving devices, but they still required you to make some use of your <u>grey matter</u>(2); the Cal-Tech freed you up entirely, removing all mathematical tedium from your daily life.

[3] It was semiconductors and algorithms that helped make Merryman's magic, and for the 60 years since, and in the hands of other similarly blessed engineers, they have continued to do so, relentlessly.

[4] Their gifts have been all we might ever have wished for. Our brains can now relax. Whatever cerebral nooks and crannies we employed, for instance, to read paper maps, or to use sextants and compasses and chronometers to find out where we were, have now been put into cold storage: GPS has given us all the direction we might ever need. Not sure how to spell a word or how best to compose a sentence? From the 1980s onward there has been no urgent further need for an OED[4] or a copy of Fowler's Modern English Usage: Commodore's WordCheck and its successors have such matters taken care of.

[1] six-day war：第三次中東戦争
[2] summer of love：アメリカを中心とする愛と平和を求めるヒッピー・ムーブメント
[3] Sgt Pepper：ビートルズのアルバム（Sgt. Pepper's Lonely Hearts Club Band）の名称
[4] OED：Oxford English Dictionary

[5] And after the presentation in April 1998 at a conference in Brisbane by two (now very rich) young Americans named Page and Brin, of their paper The Anatomy of a Large-Scale Hypertextual Web Search Engine, we had Google, which, for the past quarter-century, has been able to answer all our questions about just about anything in microseconds. OpenAI is currently inventing even more advanced things that promise to blow out of the water whatever still remains of the requirement to do mental work.

[6] (3)This has in recent months led to widespread hand-wringing. Our minds, it is said, will inevitably fall out of use, atrophying, or distending, whichever is worse.

[7] The nightmare model — for our bodies — is a movie like (4)Wall-E, that dystopian vision from 2008 in which humans, having abandoned their polluted and garbage-choked world, live out their lives in cocoons suspended in suborbital space. Here they have evolved into flaccid slobs[5], marooned in recliners, fed on high-calorie mush from squeeze-packs while gazing glassily at telescreens.

[8] So now there comes a similarly dire vision for our minds. With machines doing all our daily mental tasks for us, our brains will become literally thoughtless, our minds a haven for endless daydreaming. We will become spiritually moribund. As inherent knowledge vanishes, no longer much needed since it is now always on tap at the slightest brush of a touch-glass surface, the concept of human wisdom, which is after all a mix of knowledge and experience, will evaporate. Society will slowly flounder and decay, body, mind and soul.

[9] This is one vision of our future doom. But I am not a doomsayer — not so far as our minds are concerned, at least. I challenge the notion that all is now going to intellectual hell. Rather I see ample reason for optimism. And I draw this hope from the sextet of Ancient Greeks who laid the foundations for and defined the very idea of knowledge: Pythagoras, Socrates, Plato, Aristotle, Herodotus and Euclid.

[10] These figures, rightly revered and sanctified by time, had minds essentially little different from the finest of our own today — except in one important respect: there was, in the centuries in which these men lived, so much less for them to know.

[11] Karl Popper's droll and much-quoted remark that "knowledge is finite but ignorance is infinite" is objectively true, of course — and yet the amount of knowledge in our contemporary mental universe is immeasurably more vast than that in which the intellectual elite of classical times existed. These six and their like travelled little (Aristotle excepted), existing in a world necessarily circumscribed by so little known geography, by very much less history, by the existence of so little written prior description.

[12] Their minds, though steeped in the totality of contemporary knowledge, were thus almost *tabulae rasae* — nearly empty, ready to take it all in, ready to think, primed for purpose.

[13] Which is why our modern minds, once they have been purged of all that today's algorithms might now deem *unnecessary* information, will be as ready as theirs were to think, to inquire, to wonder, to contemplate, to imagine, to create.

---

[5] flaccid slobs：筋力が衰えた無気力な人々

[14] So I see today's algorithmic revolution as a necessary cleansing, a movement by which we rid ourselves of all the accumulated bricolage of modern intellectual life, returning us to a more reasonable sound-to-noise ratio, gifting us with a renewed innocence, filled with potential.

[15] (5)Fanciful though it may sound, this new-made post-AI society could even see the emergence of a new Euclid, a new Plato, a new Herodotus. Such figures may now be waiting in the wings, ready to rise from the ashes of whoever created Milton Keynes, maybe to write us a new edition of the Ethics, or teach us afresh the true worth of human happiness, as Aristotle did so impeccably, 2,500 years ago.

[16] If that is the true benefit of clearing our minds of the busywork that is perhaps best left to electronic others, then I can hardly wait.

1. The author discusses underline (1) in so much detail because
   a. he feels nostalgic about the year 1967.
   b. he is impressed by its impeccable accuracy.
   c. he thinks it was the first device that enabled us to stop using parts of our brains.
   d. he wants to stress that electronic calculators have made our lives easier in the past 60 years.
2. Underline (2) can be best replaced by:
   a. arithmetical instinct
   b. brain cells
   c. vague ideas
   d. electronic calculator
3. Who are showing the "widespread hand-wringing" in underline (3)?
   a. People who worry about their hands because of the amount of busywork they do every day
   b. People who worry about the exhausting mental work they need to perform
   c. People who worry that dystopian visions will cause us to abandon our polluted world
   d. People who worry that we will stop using our brains the way we are using them now
4. The author mentions underline (4) because
   a. he wants to warn people that the movie presents a dystopian vision of the future which might cause nightmares.
   b. he is worried that in the future people might really end up spending day after day inside their homes in front of telescreens while feeding themselves with high-calorie jellies.
   c. he is trying to convince the reader that something similar to what has happened to human bodies in this movie will happen to human minds in the future.
   d. he wants to compare a pessimistic view of the future of the human body with a pessimistic view of the future of the human mind.
5. Underline (5) is used by the author because
   a. he anticipates criticism of his vision of intellectual life in post-AI society.
   b. he has doubts about the emergence of a renewed innocence in post-AI society.
   c. he is not sure whether people will be aware of the relevance of Aristotle in post-AI society.
   d. he thinks AI may trigger the emergence of new philosophers in post-AI society.
6. Which of the following statements reflects the opinion of the author?
   a. The author is afraid that AI will turn future human beings into lazy daydreamers.
   b. The author is not against AI, but he is worried about its possible negative effects.
   c. The author thinks that AI will enable us to exercise our intellectual capacities more fully.
   d. The author thinks that AI algorithms will surpass the ingenuity of ancient Greek philosophers.

Passage B

By Atsushi Tanaka

[1] In the past fifty years or so, all kinds of digital technologies have made the lives of the average human being in developed countries a lot easier. At the same time, however, more and more people seem to be concerned that ongoing developments in artificial intelligence (AI) will eventually have disastrous effects on both our minds and bodies. According to the article by Simon Winchester, however, there is no need to be pessimistic (A). While Winchester may have a point when it comes to tasks for which we do not really need our intellect, I would like to argue that it is naïve to think that advances in AI will free our minds and give us more time to contemplate life. Rather, it seems to me that the more we rely on AI, the busier our brains will be.

[2] To begin with, Winchester is not very clear about what he has in mind when he talks about 'unnecessary information'. He starts his article with a discussion of the invention of the electronic calculator, but needless to say, widespread use of this device has not led to the removal of arithmetic from school curriculums. Likewise, although GPS is a useful tool, it has driven many people nuts (1) because of its tendency to give wrong directions. So as long as GPS cannot be completely trusted, it will be necessary for us to know how to read a map. Of course I agree that, generally speaking, these inventions make our lives easier, but the point is that we still need basic knowledge about arithmetic and map reading.

[3] Related to this, I would like to raise some issues concerning recent developments in machine translation. Since the release of ChatGPT, a chatbot that apparently does a better job at writing essays than the average student, I have thought a lot about the possibility that in the future people may not need to learn a foreign language anymore. In fact, this scenario is predicted by the linguist Nicholas Ostler in his 2010 book *The Last Lingua Franca: English Until the Return of Babel*. According to Ostler, the need for a lingua franca like English will soon disappear because machine translation will do the work for us. Personally, I don't like the idea of people not learning foreign languages anymore. As a student of the English language, I feel very much enriched by being able to see the world through the lens of a language that is completely different from my own mother tongue, and I think that alone is already reason enough to study a foreign language. Moreover, pure reliance on machine translation would make it impossible for people to judge whether the information that is exchanged really consists of faithful translations of the original words. Therefore, it seems to be important to keep providing and stimulating foreign language education in schools and universities to make sure that there remain enough bilingual or multilingual people in the world. In other words, knowledge of foreign languages should surely not be treated as 'unnecessary information'.

[4] There is also a lot of false, misleading, and harmful 'information' on the Internet. This is the kind of 'content' that in my opinion should be made subject to cleansing. If we don't want to put restrictions on the possibility for anyone to upload junk or nonsense, it is all the more important that children receive a good education in which they learn to evaluate the large amount of information thrown at them. [2] we want is large numbers of empty minds surfing the Internet.

[5] Although for quite a different reason, I agree with the author that — if we manage to keep our earth livable — we should not be too pessimistic about the future of human intellectual life. As I have tried to show above, the more we rely on AI, the more important it will be for us to keep using our

brains. The most important thing, therefore, is that we keep reminding ourselves of the importance of education.

7. What is the meaning of underline (1)?
   a. It has caused many people to be taken to the wrong location.
   b. It has caused many people to get car sick.
   c. It has caused many people to get annoyed and frustrated.
   d. It has caused many people to avoid using navigation systems.

8. Which of the following **CANNOT** be considered one of the purposes of paragraph 3 of passage B?
   a. To argue against the opinion presented in Passage A
   b. To develop the argument presented in paragraph 2 of Passage B
   c. To discuss a concrete example of AI technology that is not given in Passage A
   d. To provide evidence for the main idea of paragraph 4 of Passage B

9. Which of the following best fits blank [2] ?
   a. Anything
   b. Everything
   c. The first thing
   d. The last thing

10. Which of the following statements from Passage A might the author of Passage B also say?
   a. So now there comes a similar dire vision for our minds. (Passage A, paragraph 8)
   b. But I am not a doomsayer — not so far as our minds are concerned, at least. (Passage A, paragraph 9).
   c. So I see today's algorithmic revolution as a necessary cleansing. (Passage A, paragraph 14)
   d. Fanciful though it may sound, this new-made post AI-society could even see the emergence of a new Euclid, a new Plato, a new Herodotus. (Passage A, paragraph 15)

Ⅱ. 日本語論述問題

Passage Bの筆者が下線部(A)のように述べる理由をPassage Aから探し，180～250字の日本語でまとめなさい。尚，句読点や引用符などはそれぞれ一字と数えること。また，アルファベットは2文字で日本語1文字分とする。

Ⅲ．英語論述問題

Passage A と Passage B を読み，次の問いに対する自分の意見を明確にして，構成の整った英文1パラグラフにまとめなさい。（150語程度）

As our reliance on AI increases, will our brains need to work more, or will they need to work less?

解答の際は，Passage A または Passage B で述べられていることを一回以上引用すること。ただし，引用は最小限とし，その方法は下の例を参考にすること。

【引用例】

*According to Kayne, scientists need to study global warming and its causes and effects. However, ...

*I strongly agree with Kim’s point that extreme weather events such as larger storms and wildfires are likely to become more frequent ...

*White’s study shows/suggests that ...

*In her article, Brown says, “humans are responsible for climate change.” While this may be true, ...

日本史

（60分）

I　次の文章を読み，下記の**問1～9**に答えよ。**問1～3**については，それぞれの解答を記述解答用紙に記入せよ。**問4～9**については，それぞれの解答を選び，マーク解答用紙の記号をマークせよ。

ヤマト政権は大王と豪族による連合政権的な性格を持っていたが，6世紀頃には，a 氏姓制度によって氏を単位として地方豪族を掌握し，また部民制によって人々を支配するようになった。

7世紀になると，b 厩戸王らの政策によって氏族制にかわって官僚制を導入することが目指された。冠位十二階では身分に応じて服や冠など身につけるものの色を定め，儒教的な徳目を表す語である徳・［ A ］・［ B ］・信・義・智の六種をそれぞれ大小に分けて十二階とした。しかし，王族や大臣は冠位制の対象外とされ，地方豪族に冠位が与えられた形跡もない。さらにその他の中央豪族も，全員冠位が与えられたわけではなかったようである。このように冠位十二階は，一部の豪族を序列化した制度に過ぎなかった。

c 東アジアにおける国際的な緊張を背景として，645年には［ C ］の変と呼ばれるクーデタが起こり，蘇我氏の本宗家は滅亡した。翌年に出されたとされる改新の詔には公地公民制や地方行政組織に関する記述があるが，これらは『日本書紀』による潤色を含んでいるとされる。改新の詔は，古代国家が目指すべき国家像の「青写真」であったといわれている。

7世紀半ばには「［ D ］」がおかれ，地方支配の一元化と官僚制的な支配が目指されるようになった。人々は人為的に戸に編成されたが，そのまとまりを「五十戸（さと）」といい，後に「里」と表記されるようになった。しかし，国家が人々を戸籍によって掌握するのは，対外戦争での敗戦を経験した後の670年につくられた庚午年籍をまたねばならなかった。

d 天武・持統朝では王権が伸長し，地方行政組織として国・［ D ］・里制が整備されるとともに，豪族の官僚化が進展するなど，律令国家の建設が進められた。そして701年の大宝令では「［ D ］」は「郡」と改められ，国・郡・里制となった。また，冠位制にかわって官位制が成立し，それまでの冠にかわって帯に付けられた飾りの材質や大きさによって，官人の位が表されるようになった。

官位制の下では，個人の位階に応じて官職が与えられた。しかし［ E ］の制により，父祖が高位にあった場合に子や孫は，21歳になった時，一定の位階が与えられた。これによって，畿内の上級貴族層は再生産されたのである。また地方支配においても，郡司は律令制以前の旧国造層から任じられたことから，在地支配のあり方も温存された。このような二重構造こそが日本の律令国家の特徴であった。

問1　空欄［ C ］にあてはまる干支を，漢字で記せ。

問2　空欄［ D ］にあてはまる語を，漢字で記せ。

問3　空欄［ E ］にあてはまる語を，漢字で記せ。

問4　下線部**a**に関連して，ヤマト政権による人々の支配について述べた文として，正しいものはどれか。一つ選べ。

ア　大王の娘で，地方豪族のもとに嫁いだ者を采女という。

イ　地方豪族には主に君や直の姓が与えられた。

ウ　下戸と大人という身分の別があった。

エ　大王家の私有民を部曲という。

オ　品部は国造に率いられて，専門的な職能で奉仕した。

問5　下線部**b**について述べた文として，誤っているものはどれか。一つ選べ。

ア　冠位十二階の制度の下では，功績に応じて冠位が上昇することがあった。

イ　冠位十二階では，豪族ごとに冠位が割り当てられた。

ウ　蘇我馬子に対しては，冠位は与えられなかった。

エ　憲法十七条では，大王と豪族との間の君臣関係について述べられている。

オ　憲法十七条では，豪族が官僚として大王に仕える上での心構えが説かれている。

問6　空欄［A］・［B］にあてはまる語の組み合わせとして，正しいものはどれか。一つ選べ。

ア　A：愛　B：礼　　**イ**　A：愛　B：法　　**ウ**　A：善　B：福

エ　A：仁　B：礼　　**オ**　A：善　B：法　　**カ**　A：仁　B：福

問7　下線部**c**に関連して，7世紀前半の東アジア情勢について述べた文として，正しいものはどれか。一つ選べ。

ア　隋は百済への遠征によって衰退し，滅亡した。

イ　倭国の遣唐使が持参した国書は，唐の皇帝煬帝から無礼とされた。

ウ　高句麗では泉蓋蘇文のもとに，権力が集中した。

エ　百済は倭国との関係を深めるために，五経博士を派遣して儒教を伝えた。

オ　九州北部に刀伊が来襲した。

問8　下線部**d**の時期の出来事として，正しいものはどれか。一つ選べ。

ア　有間皇子が滅ぼされた。

イ　和同開珎が鋳造された。

ウ　大海人皇子は難波宮で天武天皇として即位した。

エ　天武天皇は新都の造営を始めた。

オ　持統天皇は天武天皇との間に生まれた皇子に譲位した。

問9　文章全体を踏まえて，古代国家の土地と人々の支配について述べた文として，正しいものはどれか。一つ選べ。

ア　ヤマト政権下では，大王に直轄地はなく，豪族を介して土地と人々を所有していた。

イ　冠位十二階によって氏族制は打破され，すべての豪族は官僚となった。

ウ　改新の詔が出されたことで，豪族の私有民は廃止され，すべて国家によって把握された。

エ　庚午年籍は，壬申の乱を経て防衛体制の整備の一環として作成された。

オ　日本の律令国家では，官僚制の中に氏族制的な要素が残存していた。

Ⅱ　次の史料は，11世紀に中国に渡った僧・成尋(じょうじん)の日記の一部である（但し，文言の一部を改変している）。これを読んで，**問1〜7**に答えよ。**問1〜5**については，それぞれの解答を選び，マーク解答用紙の記号をマークせよ。**問6〜7**については，解答を記述解答用紙に記入せよ。

【史料】

延久四年(a)三月十五日寅の時，肥前国松浦(まつら)郡壁島(かべしま)において，唐人の船(b)に乗る。一の船頭は曾聚字は曾三郎，南雄州の人。二の船頭は呉鋳字は呉十郎，福州の人。三の船頭は鄭慶字は鄭三郎，泉州の人。三人同心して船に乗らしむるなり。船頭等皆，給物(きゅうもつ)を悦ぶ。密々相構うるなり。志与の物は米五十斛(こく)・絹百疋・褂(c)(うちかけ)二重・砂金四小両・（中略）等なり。（中略）辰の時，西風吹くにより船を出さず。壁島の西南浦に在り。（中略）海辺の人来たる時，諸僧皆一室内に隠れ入り，戸を閉じて音を絶つ。この間の辛苦，宣(の)べ尽くすべからず。

（四月）四日巳の時，順風あるに依りて，船を出して西に向かいて行き，帆を上げて船を馳す。（中略）金鶏(きんけい)山，港の口の東畔にあり。人家なし。港より明州(d)に入らんとするも，明州に入れず。直ちに西に向かいて越州に赴かしめたり。越州の指南人出で来るに依りて，申の時，船を出して東山の北辺に向かい，同二点，船を止む。人家数十あり。明州の界内なり。（中略）

十九日雨下る。（中略）陳一郎(陳詠)，来向す。五度日本に渡る人なり。善く日本語を知れり。申して云く，「陳詠を以て通事となし，［　A　］に参るべし」といえり。悦びながら約束し了んぬ。（中略）

廿二日，（中略）戌の時，呉船頭・林廿郎・李二郎と相共に出でて市を見ゆ。（中略）市の東西は三十余町，南北は三十余町，一町ごとに大路あり。小路は百千なり。売買言い尽くすべからず。

（五月）十三日，天晴る。卯の時，宿を出ず。（中略）山を行きて五里を過ぎて，未の一点，国清寺の大門の前に至り，橋殿を漸く見る。（中略）寺主を以て引導の人となし，一々焼香礼拝す。感涙極まりなし。

問1　下線部aの年にあった出来事として正しいものはどれか。一つ選べ。

ア　記録荘園券契所が設置された。
イ　法勝寺が完成した。
ウ　後三年合戦の賞として源義家は院への昇殿を許された。
エ　宣旨枡が制定された。
オ　貞仁親王（後の白河天皇）が皇太子となった。

問2　下線部bに関連して，9世紀末〜11世紀初めの日本の対外関係について述べた文として誤っているものはどれか。一つ選べ。

ア　菅原道真は，当時の中国の情勢に鑑み，遣唐使の中止を献策した。
イ　当時の貴族社会では，中国からもたらされた唐物への需要が大きかった。
ウ　当時の博多では呉越国や宋の商人が活発に来航した。
エ　朝廷は大宰府を通じて，優先的に貿易品を買い上げげた。
オ　遣唐使の中止により中国の文化的影響が薄れ，国風文化が成立した。

問3　下線部cに関連して，この時代の服装について述べた文として誤っているものはどれか。一つ選べ。

ア　女性は色の異なる袿を何枚も重ね着して美しさを強調した。
イ　公卿は朝儀に際しては束帯を着用した。
ウ　女官の正装である女房装束では，袿を12枚重ねて着る決まりであった。
エ　装束の下着には，本来，庶民の日用着である小袖を着用した。
オ　衣冠や直衣が宿直の時の服装であったのに対し，束帯は昼装束とも呼ばれた。

問4　下線部 **d** は後に寧波と呼ばれた都市である。この都市は，**【図】** 中の記号**ア**～**オ**のどの位置にあるか。

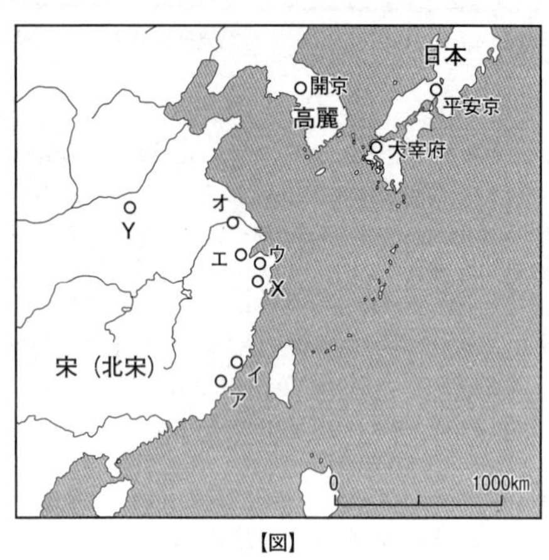

【図】

問5　**【史料】** から読み取れることとして正しいものをすべて選べ。

ア　成尋は出航に適した風を待っている間，海辺に暮らす人々を船に招き入れ，交流した。

イ　成尋は国清寺で住職が多くの人を引率して礼拝しているのを見て，感激した。

ウ　明州には多くの通りが走る巨大な市場があり，売買が活発に行われていた。

エ　成尋は船頭に対し，ひそかに用意した米や砂金などで報酬を払い，船に乗せてもらった。

オ　肥前国松浦郡壁島は，宋をはじめ多くの国へ向かう船で賑わう港町として発展していた。

カ　成尋の通訳を務めたのは，日宋間を何度も往復し，日本語に堪能な宋人であった。

キ　成尋は船が明州に着いた後，明州の役人と対面した。

問6　[A] には，**【図】** の **X** の位置にあり，アジアの多くの人から仏教の聖地として崇められ，日本からも何人もの僧が訪れた山の名前が入る。この山の名前は何か。漢字２字で答えよ。

〔解答欄〕 ＿＿＿ 山

問7　成尋は皇帝の慰留を受けて宋に留まり，**【図】** の **Y** にある都市で亡くなった。この都市名を漢字２字で答えよ。

Ⅲ　次の文章とそれに関連する史料を読み，**問1～11**に答えよ。**問1～2**については，それぞれの解答を記述解答用紙に記入せよ。**問3～11**については，それぞれの解答を選び，マーク解答用紙の番号をマークせよ。

江戸時代，a蝦夷地は松前藩がアイヌとの交易を独占していた地域として知られている。松前藩はアイヌと交易するための商場を多数設け，その交易権を上級家臣に知行として与えた。その後，b商人が運上金を松前藩に上納してアイヌとの交易を担うようになる。アイヌは不等価交換を強要されるとともに，交易の際に行われたオムシャという儀礼は，しだいに松前藩からアイヌに掟を伝える支配の年中行事となっていった。加えて，c交易を任された商人はアイヌを雇って漁場経営を行い，運上金の競り上げなどの理由によりアイヌを酷使するようになる。

d外国船が日本近海に現れるようになると，東蝦夷地は幕府の直轄地となった。e日本とロシアとの関係は一時的に緊張状態となり，f幕府は西蝦夷地も含めて蝦夷地すべてを直轄地とした。この間，幕府はアイヌに対して和人の風俗を強制し，同化政策を進めた。

こうした経緯から，江戸時代の和人とアイヌとの関係は和人による支配が貫かれてアイヌには従属が強いられるとともに，和人はみなアイヌを見下していたと思われがちである。もちろん，全般的にそうした傾向は強かったが，gアイヌには自律的な生活と独自の文化があっただけでなく，下記の〈**史料**〉の著者である古川古松軒（こしょうけん）のように，アイヌと接触したことにより和人社会を相対化する視点を持つ者もいた。古松軒は備中国の薬種業を営む家に生まれた地理学者で，各地を旅行した記録を遺している。下記の〈**史料**〉は，将軍代替わりにあたって諸国の政治や民の生活を視察する目的で，幕府から1788年に派遣された巡見使に随行する機会を得て，古松軒が記した奥羽・松前の紀行文『東遊雑記』の一部である。古松軒はその後，幕政改革を主導した老中［　A　］に召し出され，江戸近郊の地理調査を命じられた。古松軒は必ずしもすべてを平等に見ていたのではないが，彼の著作は，自分とは異なる常識を知ることがそれを相対化する機会になりえることを示している。

〈**史料**〉

蝦夷地には仏法・神道ということを知らず，山神を祭るには山を祭り，海神を祭るには海にのぞみて何やら唱えることのよし。（中略）病気してむつかしくなれば，祈禱者のごとく称せる夷来りて，狐の頭の白骨となりしを前後左右に投げて占いをなして，病人の吉凶をつげて，（中略）謝儀少なき家には，（中略）日本の米・酒・衣類などを出して，祈禱者のきげんをとるということなり。この物語も馬鹿らしきことに聞こゆれども，日本にても上古の風俗はこれらのことにかわりしことなく，今の世にても［　B　］家において，亀を焼きて亀卜（きぼく）の占いと称して吉凶をいうことあり。狐の頭にて吉凶をいうも，さして替わりはなきことなるべし。これらのことは上古の風俗残りて，雅にして殊勝の意もあれども，今日本にてh出家・山伏の祈禱せるを見れば，殊勝に思うことは少しもなくて，怪しき邪法を奇特と名付けて，埒もなきことをなして，世人をさしてあやまたしむるよりは，蝦夷の祈禱こそたのもしかるべし。日本も上古は蝦夷の地にかわりしことは少しもなく，無為にして太平なりしものなり。今の蝦夷地には領主・地頭というものもなく，無為にしておさまり，直ぐなる風俗はうらやましきことなり。言語なども，チンプンカンにて解せざることなれども，日本人の聞きなれざるゆえにて，日本の言語も中華の人の聞きてはチンプンカンにて，一つとして解することにはあらず，蝦夷の言語しいて笑うことにはあらず。

問1　下線部bの制度を何というか。漢字で記せ。

〔解答欄〕＿＿＿＿制

問2　下線部hのような祈禱は神前や仏前で行われた。明治政府は神仏を融合させた和人の信仰習俗を否定したが，この宗教政策を契機に起こった寺院や仏像の破壊運動を何というか。漢字4字で記せ。

問3　下線部aに関連して，江戸時代の対外関係についての説明で，誤っているものはどれか。一つ選べ。

ア　松前藩によって独占された対アイヌ交易では，アイヌを介して蝦夷錦と呼ばれる中国の絹織物も取り引きされた。

イ　対馬藩によって独占された対朝鮮貿易では，その利益が家臣に分与された。

ウ　オランダ商人･中国商人との長崎貿易は，特定商人によって独占された。

エ　薩摩藩によって独占された対琉球貿易にあたって，異国とされた琉球には検地を行わず，石高制による支配の例外とした。

オ　幕府が朝鮮通信使や琉球使節を迎え入れるにあたって，これら使節を日光東照宮に参詣させるなど，将軍の威厳が異国まで鳴り響いているような演出が行われた。

問4　下線部cを背景として東蝦夷地で起こった，アイヌ蜂起の事件より後に起こった出来事はどれか。すべて選べ。

ア　田中丘隅が将軍に「民間省要」を提出した。

イ　シャクシャインが蜂起した。

ウ　佐野政言が若年寄の田沼意知を刺殺した。

エ　徳川斉昭が将軍に「戊戌封事」を提出した。

オ　庄内藩で三方領知替え反対一揆が起こった。

問5　下線部dにともなって，この時期に開国を唱えた人とその著作の組み合わせで正しいものはどれか。一つ選べ。

ア　本多利明―経世秘策　　**イ**　本多利明―経済要録　　**ウ**　会沢安―稽古談

エ　会沢安―新論　　**オ**　西川如見―西洋紀聞　　**カ**　西川如見―華夷通商考

問6　下線部eに関する次の出来事を，時系列に正しく配列したものはどれか。一つ選べ。

x　ロシア船が樺太や択捉島を襲撃した。

y　ゴローウニン事件が起こった。

z　漂流した大黒屋光太夫がロシア船によって帰国した。

ア　x―y―z　　**イ**　x―z―y　　**ウ**　y―x―z

エ　y―z―x　　**オ**　z―x―y　　**カ**　z―y―x

問7　下線部fの後の，日本列島を取り巻く状況についての説明で，正しいものはどれか。一つ選べ。

ア　幕府が倒れるまで蝦夷地は幕府の直轄地であり続け，そのまま明治政府に引き継がれた。

イ　蝦夷地すべてが幕府の直轄地になったのと同年，琉球は中国との冊封関係を解消した。

ウ　蝦夷地すべてが幕府の直轄地になったのと同年，朝鮮通信使の来日が終了した。

エ　北方でのロシアとの緊張に加えて，長崎でもイギリス軍艦が中国船の拿捕をねらって侵入した。

オ　常陸国大津浜でイギリスの捕鯨船と漁民が交流したように，日本列島の民間人が外国船に接触する機会があった。

問8　下線部gに関連して，蝦夷地をはじめ日本列島各地の文化についての説明で，誤っているものはどれか。一つ選べ。

ア　13世紀以前の蝦夷地では，縄文文化から弥生文化を経て擦文文化が展開した。

イ　アイヌ社会にはユーカラと呼ばれる口承の叙事詩があった。

ウ　和人社会には，日待･月待など多様な民間信仰や五節句の行事があった。

エ　蝦夷地で採取された昆布は日本列島各地の料理文化に影響を与えた。

オ　琉球王府によって編纂された『おもろさうし』は，琉球社会に伝わる古い歌謡を集めたものである。

問9　空欄 A の政策でないのはどれか。一つ選べ。

ア　人足寄場を設置した。　**イ**　南鐐二朱銀を鋳造した。　**ウ**　出版統制令を発令した。

エ　学問吟味を実施した。　**オ**　林家の私塾で朱子学以外の講義を禁止した。

問10　空欄 B には，中世に神道・儒教・仏教の統合を唱えたことで知られる公家の家名が入る。該当するのはどれか。一つ選べ。

ア　北畠　**イ**　近衛　**ウ**　土御門　**エ**　吉田　**オ**　白川

問11　和人とアイヌの社会を比較して述べている**〈史料〉**に，記されていないことはどれか。一つ選べ。

ア　アイヌ社会で狐の白骨の頭を前後左右に投げて占いをするのと，和人社会で亀を焼いて吉凶を占うのに大きな違いはない。

イ　和人社会で宗教者が祈禱して人々をだましているのより，アイヌ社会の祈禱の方が頼りになる。

ウ　和人社会も昔はアイヌ社会と同じように，作為するところがなく太平であった。

エ　アイヌ社会には領主というものはなく，平穏無事で安定しており，ありのままの風俗はうらやましいことである。

オ　アイヌ社会の言語は和人にとって聞き慣れず，わけがわからないので，和人がアイヌ文化を理解することは難しい。

Ⅳ　19世紀後半の民衆の思想や政治意識に関わる次の**史料1～7**を読み，**問1～4**に答えよ。**問1～2**については，それぞれの解答を記述解答用紙に記入せよ。**問3～4**については，それぞれの解答を選び，マーク解答用紙の番号をマークせよ。なお，設問のない空欄もある。

〈史料1〉

去年検地租額ノ事ニ就(つ)キ，農民ノ服セザル者多シ。然シ威厳ヲ以(もっ)テ之(これ)ヲ抑(おさ)ヘル。（中略）貢額従来ニ比シテ減ゼズ，而(しか)シテ山辺ノ諸在ニ於テハ或ハ焉(これ)ヲ増ス。シカノミナラズ従来之レ莫(な)キ所ノ税ヲ収ム。

〈史料2〉

人家の軒下にて一人のチョボクレ（注1）が大音張り上げ，彼の A が一身を犠牲に供して当時（注2）の将軍に直訴する一齣(せき)の慷慨(こうがい)悲憤(ひふん)のところを語り居る折から，通行の巡査が中止解散を命じて直にチョボクレを拘引(こういん)せられたりとか（後略）。

（注1）チョボクレ：ここでは大道芸人のこと。

（注2）当時：ここでは江戸時代。

〈史料3〉

A は昔の民権家といふより，之を祈れば自由を得らるゝなどゝ誰がいひ初めけん（後略）。

〈史料4〉

B 儀，朝敵タルヲ以官位被召上(めしあげられ)，且(かつ)従来御預之(の)土地不残(のこらず)御召上ニ相成(あいなり)，以後ハ天朝御領ト相成候。尤(もっとも)是迄(これまで) B 之不仁(ふじん)ニ依(よ)り，百姓共之難義モ不少(すくなからざる)義ト被思召(おぼしめされ)，当年半減之年貢ニ被成下(なしくだされ)候間(あいだ)，天朝之御仁徳厚(じんとくあつく)相心得(あいこころえ)可申(もうすべし)（後略）。

官軍赤報隊　執事

〈史料5〉

日本国民ハ各自ノ権利自由ヲ達ス可シ，他ヨリ妨害ス可ラス，且国法之ヲ保護ス可シ。

凡ソ日本国民ハ族籍(ぞくせき)位階ノ別ヲ問ハス，法律上ノ前ニ対シテハ平等ノ権利タル可シ。

凡ソ日本国民ハ日本全国ニ於テ同一ノ法典ヲ準用シ，同一ノ保護ヲ受ク可シ，地方及(および)門閥若(もし)クハ一人一族ニ与フルノ特権アルコトナシ。

〈史料6〉

一　質地証文之儀は，拾ケ年賦にて相返し可申事。

一　質物之義は，夏入用之品は不残只今相返し可申事。

（中略）

右之通，当今世直と唱ひ，村々一円誘引被致(いたされ)，無余義(よぎなく)書類差出(さしだし)申候間，此段御届奉申上(このだんおとどけもうしあげたてまつり)候。

〈史料7〉

我等ノ目的ハ当 C 郡中高利貸ノ為メ，身代限リヲ為ス耳(のみ)ナラス，目下活路ヲ失シ一家離散ノ場合ニ立至リ，其(その)惨状(さんじょう)見ルニ忍ヒサルヨリ，我々有志者申合(もうしあわせ)，貸金ハ十ケ年据置(すえおき)，四十ケ年賦延期ヲ債主へ迫リタルモ不聞入(ききいれざる)ヨリ，債主へ御説諭ノ儀，再度警察署へ願出タルモ，御採用無之(これなき)ニ付，学校費ヲ省ク為メ，三ケ年間之休校，雑税ノ減少等ヲ強願スルノ目的ナリ，決シテ官司(かんし)ニ敵スル意ニアラス。

問1　**史料1**はある事件の背景を述べている。その事件が起こる原因となった政府の政策は何か。漢字で記せ。

問2　**史料2・3**の空欄 A に該当する人物の名前を漢字5字で記せ。

問3　**史料4**の空欄 B に該当する人物はだれか。一つ選べ。

ア　孝明天皇　　イ　徳川家茂　　ウ　徳川慶喜　　エ　松平慶永　　オ　明治天皇

問4　**史料5～7**が作成された時期を，時系列に正しく配列したものはどれか。一つ選べ。

ア　5－6－7　　イ　5－7－6　　ウ　6－5－7

エ　6－7－5　　オ　7－5－6　　カ　7－6－5

V　次の**A**と**B**の文章とそれに関連する史料は，高校の先生と生徒が，日本史の授業をめぐって行った会話と，そこで習った史料である（史料は現代かなづかいに改めた）。これらの文章と史料を読み，**問1～11**に答えよ。**問1～2**および**問6**は，それぞれの解答を記述解答用紙に記入せよ。**問3～5**および**問7～11**については，それぞれの解答を選び，マーク解答用紙の記号をマークせよ。

A

先生：第一次世界大戦から満州事変に入るまでの授業が終わったところですね。当時の時代をよく示すエピソードを紹介してみよう。評論家で有名だった大宅壮一（おおやそういち）は，1930年に，大手印刷会社の印刷工のエピソードを紹介している。「鋳造しても鋳造しても，すぐにまた不足をつげる二つの活字がある。それは「女」と「階」の二字であるが，殊に前者に対する需要は最近急激に増大し」ている。「「階」はいうまでもなく「階級」その他の熟語をつくるのに必要な字であるが，「女」という字が使用される場合は，今更説明するまでもないであろう。」

生徒：活字が足りなくなるというのは，どういうことですか。

先生：当時は，印刷の際に，活字を一つずつ拾って組み合わせて文章をつくっていた。今日は，需要が増大していた「階」と「女」の活字を例に，勉強した時代を復習してみよう。まず「階」の字からだ。「階級」という言葉を聞くと，授業からどのようなことを思い出すかな。

生徒：労働運動や農民運動がおきたことや，思想の問題でしょうか。

先生：そうだね。第一次世界大戦以降に本格的にみられた大きな変化だね。労働運動が発展するなかで，1921年には労働組合の組織である［A］がつくられている。「階級」という言葉がはやった時代を象徴する新聞連載があった。1916年9月から12月まで大阪朝日新聞に連載された［B］の「貧乏物語」だ。連載が始まると，「貧乏物語」はたちまちに大反響を呼び起こした。「貧乏物語」の一節を紹介してみよう。

〈史料〉

それ貧乏は社会の大病である。これを根治せんと欲すれば，まず深くその病源を探ることを要す。これ余が特に中編を設け，もっぱらこの問題の攻究にあてんと擬せしゆえんである。（中略）これよりただちに下編に入らんとす。下編は，すなわち貧乏退治の根本策を論ずるをもって主題となすもの，おのずからこの物語の眼目である。

今論を進めんがため，重ねて中編における所論の要旨を約言せんか，すなわちこれを左の数言に摂することを得（う）。いわく，

（一）　現時の経済組織にして維持せらるる限り，

（二）　また社会にはなはだしき貧富の懸隔を存する限り，

（三）　しかしてまた，富者がその余裕あるに任せて，みだりに各種の奢侈（しゃし）贅沢品を購買し需要する限り，

貧乏を根絶することは到底望みがない。

今日の社会に貧乏を絶たざるの理由すでにかくのごとし。されば吾人にしてもしこの社会より貧乏を根絶せんと要するならば，これら三個の条件に鑑みてその方策を樹つるのほかはない。

第一に，世の富者がもし自ら進んでいっさいの奢侈贅沢を廃止するに至るならば，貧乏存在の三条件のうちその一を欠くに至るべきが故に，それはたしかに貧乏退治の一策である。

第二に，なんらかの方法をもって貧富の懸隔のはなはだしきを匡正し，社会一般人の所得をして著しき等差なからしむることを得るならば，これまた貧乏存在の一条件を絶つゆえんなるがゆえに，それも貧乏退治の一策となしうる。

第三に，今日の如く各種の生産事業を私人の金もうけ仕事に一任しおくことなく，たとえば軍備または教育のごとく，国家自らこれを担当するに至るならば，現時の経済組織はこれがため著しく改造せらるる訳であるが，これもまた貧乏存在の一条件をなくするゆえんであって，貧乏退治の一策としておのずから人の考え至るところである。

生徒：なぜこの連載がはやったのですか。

先生：連載では，貧乏に関する古今東西の実例がわかりやすく紹介されており，そのなかには近代の短歌や，中世の河原乞食の文章などがある。［ B ］の人道主義的で情熱あふれる文章も反響を呼んだ一因だったが，時代背景をよく考えることが大事だね。明治以降，「立身出世」や「優勝劣敗」が盛んに言われていたのちに大戦景気がやってきて，船成金などと言われたが，物価が高騰したので，好景気は庶民におよばなかった。そこに「貧乏物語」が登場し，衝撃を与えた。これらのことをふまえて，「貧乏物語」から読み取れることをまとめてみよう。

生徒：わかりました。

先生：授業では，「貧乏物語」が書かれた時代のあと，先に紹介した大宅壮一の文章が書かれた1930年頃になると，時代が大きく変わることについてふれた。第一次世界大戦から1930年頃までの時代の変化を理解するのも大切だね。

生徒：そうですね。

問1　空欄［ A ］にあてはまる語句を，漢字で記せ。

問2　空欄［ B ］にあてはまる姓名を，漢字で記せ。

問3　下線部**a**に該当する短歌はどれか。一つ選べ。

ア　海恋し　潮の遠鳴り　数えては　少女となりし　父母の家（与謝野晶子）

イ　夕焼け空　焦げきはまれる　下にして　氷らんとする　湖の静けさ（島木赤彦）

ウ　あるじなき　垣ねまもりて　故郷の　庭に咲きたる　花菫かな（樋口一葉）

エ　はたらけど　はたらけど　なおわが生活(くらし)楽にならざり　じっと手を見る（石川啄木）

オ　白鳥は哀しからずや　空の青海のあをにも　染まずただよふ（若山牧水）

問4　下線部**b**の理解として，**〈史料〉**に記されていないものをすべて選べ。

ア　努力と節約こそが，貧乏を根絶する道である。

イ　経済的に余裕のある者が贅沢品を購入する限り，貧乏を無くすことはできない。

ウ　貧富の差が大きい限り，貧乏は無くならない。

エ　生産事業を国家が担えば，経済組織は大きく改造される。

オ　貧乏からの脱出は，個人にかかっている。

問5　下線部**c**の経緯を説明した，以下の①～④の文章を年代順に並べると，正しいものはどれか。一つ選べ。

①　衆議院議員総選挙において，はじめて無産政党から当選した。

②　朝鮮では，独立を求める三・一独立運動が全土に広がった。

③　被差別部落の差別と貧困を解消するために全国水平社が結成された。

④　富山県の漁村の女性たちは，米価の暴騰に抗議する行動を起こし，米騒動と呼ばれた。

ア　②→③→①→④　　**イ**　④→②→③→①　　**ウ**　④→③→②→①

エ　③→④→①→②　　**オ**　④→③→①→②　　**カ**　③→①→④→②

B

先生：先週は，「階」の字をめぐって話をした。今日は，もう一つの言葉の「女」をとりあげてみよう。日本史の教科書で，近現代の歴史のなかに「女」が登場するのは，どのような内容があるかな。

生徒：日露戦後から第一次世界大戦後にあらわれた女性解放の思想や運動，アジア・太平洋戦争中に未婚の女性が［ C ］として動員されたこと，その後は，戦後の日本国憲法や占領政策のところですね。ほかには思いつかないのですが。

先生：1980年代には，男女雇用機会均等法も書かれている。それでも，1930年に「女」の活字が多く使われたこととくらべると，教科書のなかの女性の記述が少ないことに気づくよね。記述は少ないけど，教科書の女性の記述をつなぐ大事な動きがある。今日はその動きを紹介してみよう。戦後，ＧＨＱの強力な支援により労働省に婦人少年局がおかれた。女性と子どもの労働を管轄する大事な組織だ。その初代婦人少年局長に選ばれたのは山川菊栄という人だ。どこかで聞いたことのある人ではないかな。

生徒：たしかに聞いたことがありますね。第一次世界大戦後の女性の思想と運動のところに出てきました。

先生：そうだね。第一次世界大戦後，市川房枝らは［ D ］をつくる。当時の女性は参政権がなかっただけでなく，政治運動に参加することも禁止されていた。［ D ］は，それに反対する運動をおこし，その結果，<u>女性の政治参加を禁止していた法律</u>(d)が改正されることになった。この間，山川や伊藤野枝らは，別の組織をつくって女性解放をめざす運動を展開した。

生徒：なぜそのような人が初代婦人少年局長になったのですか。

先生：これはまだ勉強していないけど，山川が婦人少年局長になったのは1947年９月であり，占領政策の初期にあたる。占領政策には，<u>初期占領政策</u>(e)とその後の<u>占領政策の転換</u>(f)の変化があり，その転換をよく理解すると山川が初代婦人少年局長に選ばれた理由がわかる。先に紹介した，<u>1980年代の男女雇用機会均等法の制定</u>(g)を推進したのは，労働省婦人少年局とその系譜を引く婦人局だった。こうしてみると，第一次世界大戦前後の女性解放の思想は，その後，占領政策に結びつき，さらに，男女雇用機会均等法を推進する思想にもつながった。教科書に「女」の記述は少ないけど，山川菊栄をあいだにおくと，各時代の女性の記述につながりがみえる。このような歴史の学び方もあるよ。

生徒：面白いですね。

問６　空欄［ C ］にあてはまる語句を，漢字で記せ。

問７　空欄［ D ］に該当する団体名はどれか。一つ選べ。

ア　青鞜社　　**イ**　赤瀾会　　**ウ**　新婦人協会
エ　婦人参政権獲得期成同盟会　　**オ**　婦人問題懇話会

問８　下線部ｄにあてはまる法律はどれか。一つ選べ。

ア　治安維持法　　**イ**　保安条例　　**ウ**　集会条例　　**エ**　治安警察法　　**オ**　新聞紙条例

問９　下線部ｅの説明として，誤っているものはどれか。一つ選べ。

ア　占領政策は，日本の非軍事化と民主化を基本にした。
イ　ＧＨＱは，民主化のための五大改革を日本政府に指示した。
ウ　農村の民主化のために農地改革が行われた。
エ　男女同一労働同一賃金などを定めた労働基準法が制定された。
オ　日本国憲法のもとで，日本に住む外国人の団結権が認められた。

問10　下線部ｆの説明として，正誤の正しい組合せはどれか。一つ選べ。

①　転換した占領政策のもとで自衛隊が発足した。
②　占領政策の転換の背景には，朝鮮半島の分断と中国国民党の後退という東アジア情勢の変化があった。
③　経済安定化のために，ドッジ・ラインによって，インフレ収束がめざされた。

ア　①―正　②―正　③―正　　**イ**　①―正　②―正　③―誤　　**ウ**　①―誤　②―正　③―誤
エ　①―誤　②―正　③―正　　**オ**　①―正　②―誤　③―正　　**カ**　①―誤　②―誤　③―正

問11　下線部 **g** と同じ1980年代の事項はどれか。一つ選べ。

ア　阪神・淡路大震災　　**イ**　バブル経済崩壊　　**ウ**　日本によるＰＫＯ派遣

エ　ロッキード事件発覚　　**オ**　ゴルバチョフによるペレストロイカ

世界史

(60 分)

1 歴史上には，多様な物品が運ばれると同時に，遠く隔たった民族をさまざまな形で結びつける特別な地域が存在していた。このことに関する以下の**問1～3**の文章を読み，下線部(1)～(11)に関する問いと問(12)について，a～dないしa～fの選択肢の中から答えを1つ選び，**マーク解答用紙**の所定欄にマークしなさい。

問1　地中海世界では，古代以来，地中海東岸のシリア・パレスティナ地方が(1)，東西を結ぶ海陸交通の接点となっていた。古代世界では，この地方を含めて，地中海を媒介としてさまざまな民族が交錯し，歴史的な痕跡を残している。なかでも古代ギリシア世界が形作った文化は(2)，古代ローマ時代(3)に生まれたキリスト教とともに，その後のヨーロッパ文明の基幹となった。

(1)　この地域がその一角をなす「肥沃な三日月地帯」の社会と文明について述べた次の文①と②の正誤の組合せとして，正しいものはどれか。

① アッシリア王国は，西はナイル川流域にいたる全オリエントを初めて統一し，ユーフラテス川流域に位置するニネヴェを首都とした。

② 太陰暦に閏月による補正を加えた太陰太陽暦が生み出された。

a ①－正　②－正　　b ①－正　②－誤
c ①－誤　②－正　　d ①－誤　②－誤

(2)　古代ギリシア文化について，正しい説明はどれか。

a　アテネには，当時，世界最大規模の図書館をもつムセイオンが設けられ，自然科学研究の中心となった。

b　アテネのパルテノン神殿は，柱頭に渦巻装飾を持つイオニア式の建築物である。

c 「万物の尺度は人間」と述べたアリストテレスの学問は多方面に及び，彼は「万学の祖」と称された。

d　ミレトスを中心として，自然現象を神話によらずに合理的に説明しようとするイオニア自然哲学が起こり，その後のギリシア哲学の発達の始まりのひとつとなった。

(3)　ローマ時代について述べた次の文①と②の正誤の組合せとして，正しいものはどれか。

① 第1回ポエニ戦争の勝利によって獲得されたシチリア島は，当時の地中海世界における有力穀物生産地であり，最初の属州としてローマに統治されることとなった。

② コンスタンティヌス帝が創設したソリドゥス金貨（ノミスマ）は，その後の地中海交易において広く用いられた。

a ①－正　②－正　　b ①－正　②－誤
c ①－誤　②－正　　d ①－誤　②－誤

問2　中世ヨーロッパ(4)の都市の多くは，西ヨーロッパを北西から南東に横断するように存在した都市ベルト地帯と呼ばれる地域において，たがいに結び付きあいながら発展した。それを北からたどると，まず，イングランド王国(5)のロンドンがあり，海峡を越えると，ブリュージュやガン（ヘント）を代表とするフランドル地方の諸都市，さらに東に進むと，ケルン，フランクフルト，ニュルンベルクなどの中部・南部のドイツ(6)の諸都市，そして，アルプスを越えるとヴェネツィア，ジェノヴァ，ミラノなどの北イタリア諸都市(7)があり，中部イタリアでは，フィレンツェなどがあった。12～13世紀には，フランス王国の北東部に位置するシャンパーニュ伯領において国際的な定期市が開催されて，ヨーロッパ北部の都市と地中海沿岸の都市の貿易を結びつけることとなった。14世紀に入ると，ジェノヴァなどの商船が，ジブラルタル海峡から大西洋に出て，直接フランドル地方に到達するようになり，その後のヨーロッパ諸国の大西洋進出の始まりともなった。

（4）　中世ヨーロッパに起こった出来事について述べた次の文①～③が，年代の古いものから順に正しく配列されているものはどれか。

① 「教皇のバビロン捕囚」が終わった。
②　フランスで，ジャックリーの乱が起こった。
③　ポーランドで，ヤゲウォ（ヤゲロー）朝が成立した。

a　①→②→③　　b　①→③→②
c　②→①→③　　d　②→③→①
e　③→①→②　　f　③→②→①

（5）　イングランド王国について，正しい説明はどれか。

a　ノルマン朝はフランス出身の君主をいただく外来の王朝だったため，王権は弱体だった。
b　シモン＝ド＝モンフォールは，ヘンリ2世に対する反乱を起こし，その後の議会制のさきがけとなる集会を主導した。
c　百年戦争開始当初，イングランドはノルマンディー地方を領有していた。
d　エドワード3世の長子エドワード黒太子は，百年戦争の前半に活躍した。

（6）　ドイツについて，正しい説明はどれか。

a　オットー1世は，アルタイ語系のマジャール人を撃退したのち，皇帝として戴冠した。
b　1356年の金印勅書では，3人の大司教と4人の領邦君主からなる7選帝侯による多数決制が定められた。
c　皇帝フリードリヒ2世は，マムルーク朝との外交交渉により，イェルサレムを一時回復した。
d　ハンブルクは，ハンザ同盟の盟主として君臨した。

（7）　下線部（7）の都市のひとつであるヴェネツィアの位置を示す次の地図中のAまたはBと，この都市について述べた下の文①または②との組合せとして正しいものはどれか。

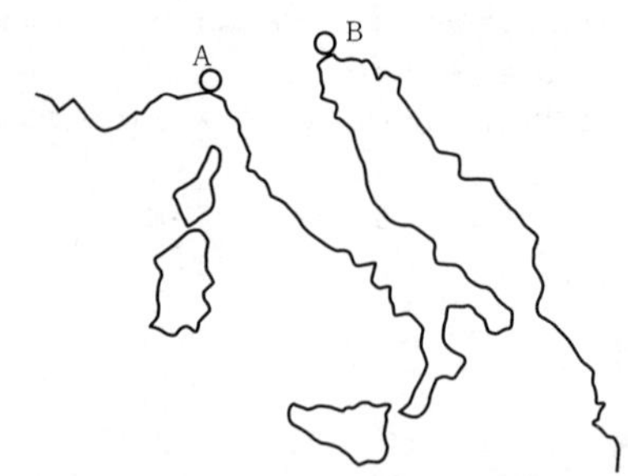

① ユスティニアヌス大帝を描いたモザイク壁画で名高いサン＝ヴィターレ聖堂がある。

② 1866年のプロイセン＝オーストリア戦争後の講和条約で，イタリア王国に併合された。

a A－①　　b A－②　　c B－①　　d B－②

問3 環大西洋世界(8)もまた，交易や政治の舞台となった。大西洋をめぐって取引された物産としては，銀や砂糖(9)，コーヒー，綿花，タバコ，干しダラなどが代表的である。アフリカの奴隷も含めて，大西洋を舞台として行われた三角貿易は，特にイギリスやフランスなどの西ヨーロッパ諸国に大きな利益をもたらし，産業革命(10)の前提となる資本蓄積が促されることとなった。政治に関しては，18世紀後半から19世紀前半に起こった大西洋革命(11)という一連の変革が注目される。そこでは，アメリカ独立戦争とフランス革命のほか，西インド諸島，南米にまで及ぶ各地で，共和制の国々が成立した。なかでも［A］では，史上初の黒人共和国である［B］が誕生した。

(8) 環大西洋世界におけるスペインの進出について，誤っている説明はどれか。

a 女王イサベルの後援を得たコロンブスは，大西洋を横断して到着した土地を「インド」の一部であると考えていた。

b ドミニコ会修道士ラス＝カサスは，『インディアスの破壊についての簡潔な報告』を著し，先住民の窮状を訴えた。

c トルデシリャス条約により，ローマ教皇が設定したスペインとポルトガルの植民地分界線は西方へ移された。

d ピサロのインカ帝国征服に続いて，コルテスはメキシコを征服した。

(9) 銀と砂糖について，正しい説明はどれか。

a 大量の銀が流入したヨーロッパでは，銀価格が下落するのに伴って，デフレーションが起こった。

b アメリカ大陸最大の銀山だったポトシ銀山は，現在のペルーにある。

c サトウキビのプランテーションは，16世紀にブラジルで本格化し，17世紀にはカリブ海の島々に拡大した。

d 17～18世紀のヨーロッパにおける，砂糖やコーヒーなどの新しい物産が流入したことによる消費生活の変化は，「消費革命」と呼ばれる。

(10) 産業革命について述べた次の文①と②の正誤の組合せとして，正しいものはどれか。

① イギリスと比較すると，西ヨーロッパ諸国での産業革命は大きく遅れ，ほぼ1830年代に本格化した。

② イギリス初の鉄道の営業運転は，綿工業の中心地マンチェスターと綿製品の輸出港リヴァプールを結んで行われた。

a ①－正　②－正　　b ①－正　②－誤

c ①－誤　②－正　　d ①－誤　②－誤

(11) 大西洋革命について，正しい説明はどれか。

a コシューシコ（コシチューシコ）は，クラクフでの蜂起を指導した後，アメリカにわたり，アメリカ独立戦争に参加した。

b アルゼンチン出身のサン＝マルティンは，チリとペルーの独立を指導した。

c 独立後のアメリカ合衆国では，第3代大統領となるトマス＝ジェファソンが連邦派として，連邦政府の権限強化を主張した。

d フランス西部のヴァンデー県を中心に，国民公会を支持する革命派の農民蜂起がおこった。

(12)　文章中の空欄 A と B に当てはまる地名と国名との組合せとして正しいものはどれか。

a　A－イスパニョーラ島　B－ハイチ
b　A－イスパニョーラ島　B－ドミニカ
c　A－バハマ諸島　B－ハイチ
d　A－バハマ諸島　B－ドミニカ

2　社会主義運動について述べた以下の文章を読み，下線部(1)～(13)に関する問いについて，a～dの選択肢の中から答えを1つ選び，**マーク解答用紙**の所定欄にマークしなさい。

産業革命期のイギリスでは人口が急増し，全体として国の富は増大した。ヴィクトリア女王の下(1)(2)でのイギリスの繁栄は，こうした経済発展に支えられていた。一方，労働者は繁栄を必ずしも享受していたわけではなく，その生活は悲惨なものだった。そうした中で，労働者の待遇改善(3)を唱え尽力した工場主や知識人(4)もいた。

工業生産の拡大が進む中(5)，労働者の国際的団結による社会主義社会の実現がカール＝マルクスらによって説かれた。マルクスは，プロイセン王国(6)のトリーア生まれであったが，プロイセン政府の言論統制(7)を批判する政治的活動を行い，さらに，1848年(8)の『共産党宣言』により共産主義運動の中心人物と目され，各国政府から危険視されたため，ロンドン(9)に逃れざるをえなかった。ロンドンでのマルクス家の暮らしは，労働者に負けず劣らず困窮していたが，1860年半ばにようやく安定を見た。生涯の大作『資本論』(10)の執筆や社会主義運動の組織化に注力できるようになった。だが，パリ＝コミューン(11)後，運動への弾圧は激化した。弾圧が強まったのはフランスだけではなかった。フランスとの戦争に勝利して成立したドイツ帝国での抑圧も苛烈になっていった(12)。

この間，父カールを助けたのが，マルクス家の四女エリノアである。「トゥッシー（エリノアの愛称の一つ）は私なんだ」と言うほど，父はこの娘の才能を評価した。19世紀の最後の20年間，労働者運動の国際化の機運が再び高まる中で，父の著作の英訳を行い，マルクス主義の普及に尽力した。また，第2インターナショナル(13)結成に向けての交渉や協議でも重要な役割を担った。政治的活動ではこのように活躍したものの，他方で，病弱な内縁の夫の介護に明け暮れ，政治活動にも支障が出るようになった。最後は，その夫の裏切りに絶望し，43歳でこの世を去ったのだった。

(1)　イギリスの女王について，誤っている説明はどれか。

a　ヘンリ8世の娘メアリ1世は，旧教徒を弾圧した。
b　ジェームズ2世の娘メアリ2世は，夫と共に即位し，共同統治を行なった。
c　ヘンリ8世の娘エリザベス1世は，貧民を救済する救貧法を制定した。
d　ジェームズ2世の娘アン女王は，スコットランド女王に即位した。

(2)　ヴィクトリア女王治世のイギリス政治について，誤っている説明はどれか。

a　1860年代，自由党と保守党の二大政党が政権を交替して担当する議会政党政治が成立した。
b　クリミア戦争でオスマン帝国を支援した。
c　自由党からアイルランド自治法案が提出された。
d　帝国の重要性を強調したジョセフ＝チェンバレンが，保守党から離脱し，植民地相として自由党内閣に加わった。

(3)　イギリスにおける労働者の権利について，誤っている説明はどれか。

a　1824年に団結禁止法が撤廃されて，労働組合の結成が認められた。
b　1833年の一般工場法により，18歳未満の者の労働時間が制限された。
c　ディズレーリ内閣が労働組合法を制定し，組合の法的地位が認められた。
d　民主的な選挙制度を求める労働者が，19世紀前半，人民憲章を掲げて政治運動を起こした。

（4） 社会主義思想を奉じる工場主や知識人について述べた次の文①と②の正誤の組合せとして，正しいものはどれか。

① 徒弟から身を立て，工場経営者となったオーウェンは，アメリカで共産社会ニューハーモニーの設立を試みた。

② フランスの社会主義者フーリエは，二月革命後の臨時政府に入閣した。

a ①－正　②－正　　b ①－正　②－誤

c ①－誤　②－正　　d ①－誤　②－誤

（5） 世界各地の工業化について，誤っている説明はどれか。

a 19世紀前半，ディズレーリは，国際市場でのイギリスの強さを表現する言葉として，「世界の工場」を用いた。

b 1869年に大陸横断鉄道が開通し，西部開拓が促進されて，アメリカ合衆国の国内市場が拡大した。

c クルップが発展させた鉄鋼大企業が，プロイセンの軍事力を支えた。

d 明治政府は，民営の模範工場を通じて進んだ技術の普及を図り，製紙業や紡績業が日本の重要な輸出産業となった。

（6） プロイセンの内政・外交に関する出来事を古い順に並べたとき3番目にくるのはどれか。

a オーストリアとともに，シュレスヴィヒ・ホルシュタインをめぐる対立から，デンマークと開戦した。

b シュタイン・ハルデンベルクが，農民解放，都市の自治，営業の自由などを含む改革をおこなった。

c ドイツ統一と憲法制定について議論するため，国民議会が開かれた。

d ビスマルクが首相任命直後，「現下の大問題は演説や多数決によってではなく，鉄（武器）と血（兵士）によって決定される」と演説した。

（7） 歴史上の言論や思想統制について，誤っている説明はどれか。

a 乾隆帝による『四庫全書』の編纂には，禁書の捜索という側面もあった。

b ジョルダーノ＝ブルーノが，地動説を唱えて異端とされた。

c ナチス＝ドイツでは，言論・出版の自由が奪われ，政治的反対派やユダヤ人は，ゲシュタポによって監視された。このため，アインシュタインやフロイトが亡命した。

d 1970年代後半，アメリカ合衆国で，共産主義とのたたかいを名目に，連邦政府職員の公職追放や，政府に批判的な知識人・文化人への弾圧が始まった。

（8） ヨーロッパで1848～1849年に起きた出来事について，正しい説明はどれか。

a ウィーンで蜂起が起こり，メッテルニヒが失脚した。

b 国立作業場の開設に抗議して，パリで労働者が蜂起した。

c パリで革命が起こり，国王ルイ＝フィリップがオーストリアに亡命した。

d ロシアは，コシュートの指導するポーランドの独立運動を制圧した。

（9） この地について，誤っている説明はどれか。

a 17世紀末にイングランド銀行が設立され，その後周辺に金融・保険・海運などの業者が集まり，イギリス経済の中心地となった。

b 1840年に開かれた会議で，ダーダネルス・ボスフォラス両海峡の軍艦通過を，イギリスが認めさせた。

c 第1回万国博覧会が開催され，イギリスの近代工業力の成果を国内外に誇示した。

d 北海貿易の中心となり，フランドルに毛織物の原料である羊毛を輸出した。

(10)　19世紀から20世紀初めに発展した近代諸科学について，誤っている説明はどれか。

a　ドイツのヘルムホルツが，エネルギー保存の法則を提唱した。

b　ポーランド出身のマリ＝キュリーは，物理学と化学の２分野でノーベル賞を受賞した。

c　マルサスらの古典派経済学が関税などによる国家の保護が必要であると説いたのに対し，リストは自由放任主義が経済発展に必要であると主張した。

d　19世紀後半には，細菌学や予防医学が発展し，公衆衛生についての知識も広がり，幼児死亡率が低減した。

(11)　パリ＝コミューンをめぐる出来事を古い順に並べたとき３番目にくるのはどれか。

a　社会主義者やパリの民衆がドイツとの屈辱的な講和に反対し，革命的自治政府を樹立した。

b　ナポレオン３世が，スダン（セダン）で捕虜となった。

c　ナポレオン３世が，メキシコ遠征に失敗した。

d　フランス臨時国防政府が，ドイツ軍に降伏した。

(12)　ドイツにおける社会主義運動について述べた次の文①と②の正誤の組合せとして，正しいものはどれか。

①　1878年，社会主義者鎮圧法が撤廃されると，社会民主党が急速に勢力を拡大した。

②　労働者を社会主義運動から切り離すことを目的の一つとして，ビスマルクにより社会保険制度が導入された。

a　①－正　②－正　　b　①－正　②－誤

c　①－誤　②－正　　d　①－誤　②－誤

(13)　国際的労働者組織インターナショナルについて，正しい説明はどれか。

a　デカブリストのバクーニンは，第１インターナショナルに加入したが，マルクスとの対立により除名された。

b　1889年，ドイツ社会民主党が中心となり，フランス社会党やイギリス労働党と協力して，ベルリンで第２インターナショナルが結成された。

c　第２インターナショナルは，帝国主義や軍国主義への反対運動を組織した。

d　1935年，第３インターナショナル（コミンテルン）の第７回大会で，社会民主主義勢力との対立が深まった。

3 ＥＵ加盟国のムスリム人口について述べた以下の文章を読み，下線部(1)～(12)に関する問いについて，a～dの選択肢の中から答えを１つ選び，**マーク解答用紙**の所定欄にマークしなさい。

下の表は2019年におけるＥＵ加盟国の中でムスリム人口の多い国を示したものである。上位５ヶ国はいずれも100万人以上のムスリム人口を有している。

順位	国名	ムスリム人口（千人）
1	ドイツ	3,591
2	イギリス	2,971
3	フランス	2,801
4	イタリア	1,211
5	スペイン	1,168
6	オランダ	975
7	ブルガリア	700
8	ギリシア	524
9	ベルギー	462
10	スウェーデン	401

出典：店田廣文「世界と日本のムスリム人口　2019／2020年」
Research Papers : Muslims in Japan, No.19, January 2021, p.8

これらの国々の中で，スペインはその国土にかつてイスラーム王朝が栄え，ブルガリアとギリシアはオスマン帝国に従属した過去があるが，その他の国々は国民の多くがキリスト教徒であり，イスラームとの密接なつながりはないといえよう。にもかかわらず，現在多くのムスリム人口を抱える理由は，イスラーム地域に対する植民地支配や移民の積極的な受け入れといった近現代の歴史的背景によるものである。

最大のムスリム人口を有するドイツは(1)，19世紀末以来オスマン帝国との関係を(2)強め，第一次世界大戦では同盟国として共に戦った。第二次世界大戦後，当時の西ドイツ政府が1960年代に外国人労働者の受け入れを推進したため，トルコから多くのムスリムがドイツに出稼ぎに赴いた。やがて彼らは故郷の家族も呼び寄せ，ドイツの中にトルコ人コミュニティが形成された。

２位のイギリスは，インド帝国を(3)統治し，中東においても19世紀末にエジプトを占領し，オスマン帝国滅亡後には現在のパレスチナ・ヨルダン・イラクに相当する地域を委任統治領としていた。(4)３位のフランスは(5)，1830年にアルジェリアに侵攻して統治下に置き，19世紀末から20世紀初頭にはチュニジア，モロッコを保護国化した。さらに，第一次世界大戦後にはシリアを委任統治領とした。(6)４位のイタリアも(7)，20世紀初頭フランスに対抗してリビアに侵攻し(8)，第二次世界大戦後は，地中海に長い海岸線を有する半島国家という地理的条件の下，中東・北アフリカから多くの移民・難民を受け入れた。

５位のスペインでは，かつてアンダルシアにイスラーム王朝が栄えたが，15世紀末にはキリスト教徒が国土を奪回した。(9)19世紀初頭にはモロッコ北部を保護領としていた時期があり，近年モロッコ系の移民が増加している。６位のオランダは，現在世界最大のムスリム人口を有するインドネシアを植民地支配した。(10)ブルガリアと(11)ギリシアは(12)オスマン帝国から独立した国々である。

このようにヨーロッパのムスリム人口動態は，過去の植民地支配の歴史と第二次世界大戦後の高度経済成長期における労働力の需要の高まりが大きな影響を及ぼしているが，近年はアジア・アフリカ地域からの難民の増加も少なからず要因となりつつある。

（1） モロッコをめぐるドイツとフランスとの対立について，正しい説明はどれか。

a　イタリアがフランスを支援したためドイツは譲歩し，1912年モロッコはフランスの保護国となった。

b　第一次モロッコ事件の事後処理のため，セオドア＝ローズヴェルトの提唱でスペインのマドリードで国際会議が開かれた。

c　ベルベル人の反乱鎮圧にフランス軍が投入されたことに対抗して，ドイツは軍艦をタンジールに派遣した。

d　モロッコのスルタンを訪問したヴィルヘルム２世はフランスの進出に反対を表明した。

（2） ドイツとオスマン帝国の関係について述べた次の文①と②の正誤の組み合わせとして，正しいものはどれか。

①　クリミア戦争の講和会議はビスマルクの仲介でベルリンで開催された。

②　オスマン帝国は，青年トルコ革命後に親独政策を強めてドイツにバグダード鉄道の敷設権を与えた。

a　①－正　②－正　　b　①－正　②－誤

c　①－誤　②－正　　d　①－誤　②－誤

（3） インド帝国について，正しい説明はどれか。

a　イギリスの支援で1885年に全インド＝ムスリム連盟が結成された。

b　インド民族運動の指導者ティラクはスワラージ要求を掲げた。

c　英印円卓会議の後，1919年インド統治法が制定された。

d　1911年にデリーからカルカッタへ首都を移転した。

（4） イギリスの中東地域への進出について，誤っている説明はどれか。

a　イギリスの委任統治領であったイラクとトランスヨルダンは，それぞれ1932年と1946年に王国として独立した。

b　イギリスはエジプト王国独立後も1954年までスエズ運河地帯駐屯権を維持した。

c　ウラービーの反乱を機に1882年エジプトを軍事占領し，事実上保護下においた。

d　1875年保守党のチェンバレン首相はスエズ運河会社の株を買収して経営権を握った。

（5） フランスの北アフリカ進出について，誤っている説明はどれか。

a　1904年フランスはイギリスと英仏協商を結び，エジプトにおけるイギリスの，アルジェリアにおけるフランスの優越を相互承認した。

b　シャルル10世による1830年のアルジェリア出兵が植民地化の起点となった。

c　西アフリカ・サハラ地域とジブチの連結を目指すフランスのアフリカ横断政策は，イギリスの縦断政策と衝突し，1898年にファショダ事件が起こった。

d　1881年のチュニジア保護国化は翌年の三国同盟結成の要因となった。

（6） シリアは1920年３月に王国として独立したが，同年８月セーヴル条約によってフランスの委任統治領とされた。独立時に国王に即位したのは誰か。

a　アブド＝アルアジーズ　　b　ナセル

c　ファイサル　　d　フセイン（フサイン）

（7） 1911～1912年の北アフリカのオスマン帝国領をめぐる戦争後，イタリアが獲得した地域はどこか。

a　アドワ　　b　エリトリア

c　ソマリランド　　d　トリポリ・キレナイカ

(8)　イタリアのリビア植民地化に抵抗したイスラーム勢力はどれか。

a　サヌーシー教団　　b　バーブ教徒
c　マフディー国家　　d　ワッハーブ派

(9)　下線部(9)について，誤った説明はどれか。

a　アブド＝アッラフマーン3世はファーティマ朝に対抗してカリフを称した。
b　アルハンブラ宮殿は代表的なスペイン＝イスラーム建築である。
c　イブン＝ルシュド（アヴェロエス）の『医学典範』は，ラテン語に翻訳されてヨーロッパの医学界にも大きな影響をあたえた。
d　ナスル朝の首都グラナダの陥落で，キリスト教徒の国土回復運動（レコンキスタ）は完了した。

(10)　オランダのインドネシアにおける植民地支配について，誤っている説明はどれか。

a　アンボイナ事件を機にイギリス勢力をインドネシアから締め出した。
b　カルティニがオランダからの独立を掲げてイスラーム同盟（サレカット＝イスラーム）を結成した。
c　19世紀，オランダ政庁はジャワ島の農産物に対して強制栽培制度を導入した。
d　オランダ本国でインドネシアでの植民地政策に世論の批判が高まり，20世紀初頭，「倫理政策」が開始された。

(11)　1878年のベルリン条約でブルガリアはオスマン帝国支配下の自治公国とされたが，同条約で独立が国際的に承認された国はどこか。

a　アルバニア　　b　クロアティア
c　ボスニア・ヘルツェゴヴィナ　　d　ルーマニア

(12)　ギリシアについて，誤っている説明はどれか。

a　イギリス・フランス・ロシアはギリシアを支援して独立戦争に介入した。
b　1829年，オスマン帝国はロシアとの条約でギリシアの独立を受け入れた。
c　第一次世界大戦後，ギリシア軍はアナトリアに侵攻した。
d　第二次バルカン戦争において，ギリシアはオスマン帝国と戦った。

※　(12)については，選択肢の記述に不適切な部分があったため，適切な解答に至らないおそれがあると判断し，解答の有無・内容にかかわらず，受験生全員に得点を与える措置が取られたことが大学から公表されている。

4 東南アジアについて述べた以下の文章を読み，下線部(1)〜(13)に関する問いについて，a〜dの選択肢の中から答えを1つ選び，**マーク解答用紙**の所定欄にマークしなさい。

政治的独立性をもった海の中継地を港市国家と呼ぶ。ヨーロッパにおいては13世紀から18世紀まで東地中海の交易を主宰したヴェネツィア(1)があり，アジアにおいてはマレー半島，スマトラ島(2)，ジャワ島の沿岸に南シナ海とインド洋を結ぶ無数の港市国家が栄えていた。13世紀末にジャワ島にたったマジャパヒト王国は，ほぼ現在のインドネシア全域(3)の交易を掌握した。港市国家はやがて内陸にも影響を及ぼし，交易を通じてさまざまな民族が共存・共生したため(4)，東南アジア島嶼部にはインド文明(5)，イスラーム文明などと，現地の文化が融合した民族文化がつくり出された。

ポルトガルが1511年に香辛料貿易の中心マラッカ(6)を軍事占領し，地中海と東アジアを結ぶ直航ルートを支配し，その後ヨーロッパ列強が東南アジアに進出すると，中継貿易でなりたっていた港市国家は次第に衰退していった。イギリスはビルマのコンバウン朝を滅ぼし，1886年にインド帝国(7)に併合した。ナポレオン3世治下のフランスはインドシナへの侵略を開始し，南部からメコン川を北上してカンボジア王国(8)，ついでベトナム(9)を保護国化し(10)，1887年にはベトナムとカンボジアをあわせてフランス領インドシナ連邦を設立させ，1899年にはラオスもこれに加えた。

東南アジア島嶼部の植民地化はオランダとイギリス(11)の間で競われた。1824年の英蘭協定によりオランダはイギリスのマレー半島支配を認めるかわりに，マラッカ海峡の西と南の地域の支配権を獲得した。その結果，マレー人(12)の世界は現在のマレーシアとインドネシアに分裂した。

東南アジアの港市国家はいったん衰退したものの，20世紀前半に地球が一つの市場経済の下に統合されたとき，それぞれの地域の情報と資本を仲介するシンガポール(13)などの新しい港市国家が誕生した。

(1) ヴェネツィアについて，誤っている説明はどれか。

a　アジアの物産品をヨーロッパ各地に運ぶレヴァント貿易で栄えた。

b　ヴェネツィアの商人マルコ＝ポーロは大都に来て，元につかえた。

c　第四回十字軍はヴェネツィアの商人の意図に従ってコンスタンティノープルに向った。

d　メディチ家のもとでルネサンスの中心地となった。

(2) マレー半島やスマトラ島沿岸の港市国家の集合体で宋に朝貢した国家はどれか。

a　三仏斉　　b　占城　　c　扶南　　d　林邑

(3) インドネシアの歴史について，誤っている説明はどれか。

a　旧スペイン領東ティモールは1976年にインドネシアに併合されたが，1999年に独立が決まった。

b　スカルノの指導下にインドネシア国民党が結成され，ムルデカ運動を提唱した。

c　1955年にバンドンで開催されたアジア＝アフリカ会議はアジア・アフリカ諸国の民族運動に大きな影響を与えた。

d　20世紀初頭，知識人が中心となり最初の民族主義団体ブディ＝ウトモが結成された。

(4) マレーシアの独立後，華僑（華人）の経済力は警戒され，マレー人優遇政策が実施された。その政策はどれか。

a　改革・開放政策　　b　ドイモイ政策

c　ブミプトラ政策　　d　ルックイースト政策

(5) インド文明について述べた次の文①と②の正誤の組合わせとして，正しいものはどれか。

①　ジャワ島などで演じられている人形影絵劇ワヤンは『マハーバーラタ』などのインド古典をもとにしたものが多い。

②　イスラーム化がすすんだインドネシアにあって，バリ島には現在もヒンドゥー文明が残っている。

a　①－正　②－正　　b　①－正　②－誤

c　①－誤　②－正　　d　①－誤　②－誤

(6)　マラッカ王国について，誤っている説明はどれか。

a　支配者階級がイスラーム教に改宗し，東南アジアのイスラーム化の拠点となった。

b　ポルトガルのマラッカ占領後，逃れたマレー人がジョホール王国を建設した。

c　明の後ろ盾によってスコータイ朝への従属から脱した。

d　インド洋とシナ海と東南アジアの流通網を結びつけた。

(7)　インド帝国に関する出来事を古い順に並べたとき3番目にくるのはどれか。

a　第一回インド国民会議がボンベイで開催された。

b　反英運動の中心となったベンガル州を二つに分割する法令を発布した。

c　非暴力を掲げるガンディーにより塩の行進が組織された。

d　令状なしの逮捕・投獄を行う権限をインド総督にあたえるローラット法を制定した。

(8)　カンボジアの歴史について，誤っているものはどれか。

a　スールヤヴァルマン2世がアンコール＝ワットを大乗仏教の寺院として建設した。

b　急進左派のポル＝ポト政権は都市民の農村への強制移住，通貨の廃止などを行った。

c　1993年の総選挙の際にはUNTACの要請で日本の自衛隊が停戦監視要員などを派遣した。

d　中国史料でカンボジアは真臘と呼称された。

(9)　ベトナムの歴史について，誤っている説明はどれか。

a　カンボジアのラーマ1世とフランス人宣教師ピニョーの支援をうけ阮福暎はベトナムを統一した。

b　李朝は中国文明の受容につとめ農業を重視した。

c　陳朝の時，漢字の部首をもとにしてベトナム独自の文字チュノムが考案された。

d　明の制度を取り入れた黎朝は西山の乱で滅亡した。

(10)　フランスの侵略に対抗した黒旗軍を率いたのはだれか。

a　ファン＝チュー＝チン　　b　ホー＝チ＝ミン

c　李舜臣　　d　劉永福

(11)　イギリスについて述べた次の文①と②の正誤の組合わせとして，正しいものはどれか。

①　ペナン，マラッカ，アチェからなる海峡植民地を成立させた。

②　産業革命の進展にともない錫の需要が増大したことを背景に，マレー半島に多くの錫鉱山を開発した。

a　①－正　②－正　　b　①－正　②－誤

c　①－誤　②－正　　d　①－誤　②－誤

(12)　マレー人の港市国家群が連合してできたシュリーヴィジャヤは大乗仏教国であった。この国の都は以下のどれか。

a　パータリプトラ　　b　パレンバン

c　ボロブドゥール　　d　マタラム

(13)　シンガポールについて，誤っている説明はどれか。

a　ASEANの創立時からのメンバーである。

b　この地を開港させたカーゾンが近代的な都市を建設した。

c　1942年に日本軍が占領し昭南と改称し，中国軍を支援する華僑を摘発した。

d　1965年にリー＝クアンユーがマレーシアからの独立を宣言した。

地　理

（60分）

I 次の1～5の文章はアジアの世界遺産について述べたものである。文章をよく読み，以下の問いに答えよ。

1．「（　①　）歴史地域」はヨーロッパとアジア大陸の間の（　a　）海峡に面し，両大陸の重要なかけ橋として，またローマ帝国，ビザンツ帝国，オスマン帝国の首都として栄えてきた。6世紀のアヤソフィア大聖堂や16世紀のスレイマニエモスクなどを抱えるが，現在，(v)急速な都市の拡大による大気汚染などの影響が懸念されている。

2．「（　②　）渓谷の文化的景観と古代遺跡群」は，アフガニスタンの首都（　b　）の北西約120㎞にあり，交通の要衝である。この地の文化的景観と遺跡群には，紀元前3世紀～同2世紀にかけてのバクトリア王国固有の芸術と宗教が，多様な文化の影響を受け，ガンダーラ芸術へと変遷していく様相が表れている。渓谷の岩壁には多くの石窟寺院が残り，立像仏としては世界最大といわれた2体（55mと38m）は，(w)2001年3月タリバン政権に爆破され世界に衝撃を与えた。

3．1632年から22年の歳月をかけて，（　c　）に位置するアグラの町に建てられた「（　③　）」は，ムガル帝国第5代皇帝のシャー・ジャハーンが，亡くなった最愛の妃ムムターズ・マハルのために建立した。中心のドームの高さは58m，周辺に4本のミナレット（尖塔）がそびえている。外観はペルシア風だが，内部はインド的な造りで，(x)世界的にも最も美しいイスラーム建築の傑作といわれている。

4．イランの乾燥地域では，農業を営む恒久的な集落の多くは，伝統的な「（　④　）」によって支えられている。（　④　）とは，水が上流部の（　d　）から，時には何キロメートルにもわたり，(y)重力に従って地下トンネルを流れるという灌漑システムである。（　④　）は，貯水槽の水や住民たちの憩いの場なども提供するもので，集落や農地全体を含む持続可能な水利システムといえる。

5．「（　⑤　）」は，（　e　）沿岸からゴビ砂漠まで全長約6000㎞といわれる長大な防壁として築かれた。その起源は紀元前8世紀～同5世紀にさかのぼり，紀元前3世紀に当時の皇帝が北方民族の侵入に備えて修築し，さらに西方に延ばした。現在残っている（　⑤　）はほとんどが後世のものである。（　⑤　）は，古代中国における(z)農耕民族と遊牧民族の対立と交流の歴史を反映している。

（出典：UNESCO World Heritage Convention のウェブサイトの記載を一部改変）

問1　文中の空欄①～⑤に最もよくあてはまる語をそれぞれ記述解答用紙の所定欄に記入しなさい。

問2　文中の空欄 **a** ～ **e** にあてはまる語をそれぞれ以下の語群より一つ選び，その記号をマーク解答用紙の所定欄にマークしなさい。該当するものがない場合は，「**ホ**．該当なし」を選びなさい。

a（**イ**．ジブラルタル　**ロ**．ボスポラス　**ハ**．ホルムズ　**ニ**．マゼラン　**ホ**．該当なし）

b（**イ**．イスラマバード　**ロ**．カブール　**ハ**．テヘラン　**ニ**．バグダッド　**ホ**．該当なし）

c（**イ**．ガンジスデルタ　**ロ**．デカン高原　**ハ**．パンジャブ地方　**ニ**．ヒマラヤ山麓　**ホ**．該当なし）

d（**イ**．オアシス　**ロ**．自噴井　**ハ**．帯水層　**ニ**．貯水池　**ホ**．該当なし）

e（**イ**．黄海　**ロ**．東シナ海　**ハ**．渤海　**ニ**．南シナ海　**ホ**．該当なし）

問3　文中の下線部(v)～(z)に関連した以下の文章について，正誤の組み合わせとして正しいものを下の**イ**～**ホ**のなかから一つ選び，その記号をマーク解答用紙の所定欄にマークしなさい。

(v)　交通渋滞の対策として，海峡横断橋や地下鉄の建設が進められている。

(w)　タリバン政権はその後崩壊し，国連主導による民主主義国家建設が進んだ。

(x)　スペインのアルハンブラ宮殿やロシアのクレムリン宮殿などもイスラーム建築として著名である。

(y)　同様の灌漑システムは，北アフリカやアラビア半島，中国のシンチヤンウイグル自治区などにも見られる。

(z)　この地域の農耕文化は，水田稲作に豚・牛・鶏などの家畜を伴うことが特色である。

選択肢	(v)	(w)	(x)	(y)	(z)
イ．	正	正	正	誤	誤
ロ．	誤	誤	誤	正	正
ハ．	正	誤	誤	正	誤
ニ．	誤	正	誤	正	誤
ホ．	誤	正	誤	正	正

問4　文中の①～③を緯度順に並べたときの説明として正しいものを下の**イ**～**ホ**のなかから一つ選び，その記号をマーク解答用紙の所定欄にマークしなさい。

イ．①が最も高緯度，②が最も低緯度である。

ロ．①が最も高緯度，③が最も低緯度である。

ハ．②が最も高緯度，①が最も低緯度である。

ニ．②が最も高緯度，③が最も低緯度である。

ホ．③が最も高緯度，①が最も低緯度である。

Ⅱ　次の文章は世界各国の経済発展について述べたものである。続くA～Dの文はアジア各国の経済発展について述べたものである。よく読み，以下の問いに答えよ。

各国の経済発展には歴史的経緯や政情，地政学的な位置，国内資源の有無などが反映され，各国政府がとる経済政策の影響も大きい。例えば，国内資源や低賃金労働力の活用，特定産業の育成など経済政策の重点の置き方は様々である。また，政府主導か民間主導，国内企業育成か海外企業誘致など方策も様々である。こうした経済政策の成功例として中国の経済特区や(p)経済技術開発区があり，これは先進地域が主導して全国を牽引する地域開発政策であり，こうした政策は国内で地域間格差が生じやすいという問題点もある。経済発展には国民全体の購買力向上が伴うことも重要であり，この点においては中間所得層の個人消費拡大による国内市場の成長が注目される。一方，広域市場を活用する方策として(q)経済的な協力組織に加盟する国々もある。経済発展には工業の果たす役割が大きく，短期間に工業化を果たし，工業製品の輸出に力を入れる国は多い。近年，輸出においてはハードウェアばかりでなく，ソフトウェアも重要な位置を占めはじめ，(r)特許などの提供や受け入れによる貿易収支は国の技術力や産業競争力を把握する指標として注目されている。

次にA～Dのアジアの国々について経済発展の様子をみてみよう。

A．植民地支配から独立後，内戦が繰り返されたが1975年に現在の国が成立した。1980年代以来，市場経済を導入して開放経済政策を推進し，1997年にASEANに加盟した。内陸国のため周辺諸国と接続する交通網が重要となり，周辺国との経済的つながりは深い。近年では中国との関係を深め，首都と隣接する中国の（　a　）の中心都市とを結ぶ鉄道が開通した。

B．（　b　）などの隣接する国々と戦争を重ねたこともあって軍事産業が発達し，この影響もあって先端技術産業も発展した。世界中から集まる資金とあいまって付加価値の高い産業に重点をおき，国力を高めている。行政機関の多くは首都よりも経済の中心都市である（　1　）にあり，日本もこの都市に大使館を設置している。

C．植民地時代から民族資本により綿工業や鉄鋼業が発達し，独立後は（　c　）体制により輸入代替型工業を発達させた。1991年より経済開放政策に転換し，この国のシリコンヴァレーと呼ばれた（　d　）を中心にICT産業が発達した。また，外国自動車メーカーの進出が進み，西岸に位置するこの国で人口最大の都市とされる（　2　）は自動車産業の中心地の一つである。

D．周辺の産油国に比べてこの国は天然ガスの品質が高いが，石油・天然ガス依存型経済からの脱却のための産業育成を推進している。こうした動きは周辺諸国でも活発化しており，この一帯では都市間競争が激化しつつあり，首都の（　e　）にある空港はハブ空港としての地位を高めつつある。こうした競争のなか2022年には国際的なスポーツ大会を開催するなどして差別化を図ってきた。

問1　下線部(p)に該当するものを以下より一つ選び，その記号をマーク解答用紙の所定欄にマークしなさい。

イ．厦門　　ロ．汕頭　　ハ．天津　　ニ．珠海

問2　下線部(q)に関連して，アジアで展開するこのような組織に該当するものを以下より一つ選び，マーク解答用紙の所定欄にマークしなさい。

イ．UNCTAD　　ロ．OECD　　ハ．SAARC　　ニ．TICAD

問3　下線部(r)について，このような貿易を何というか記述解答用紙の所定欄に記入しなさい。

問4　文中の空欄**1**・**2**に入る最も適した地名を記述解答用紙の所定欄に記入しなさい。

問5　文中の空欄**a**～**e**に入る最も適した語句をそれぞれ以下の選択肢のなかから一つ選び，その記号をマーク解答用紙の所定欄にマークしなさい。

a（**イ**．広西壮族自治区　**ロ**．広東省　**ハ**．海南省　**ニ**．雲南省）
b（**イ**．イラク　**ロ**．エジプト　**ハ**．サウジアラビア　**ニ**．トルコ）
c（**イ**．計画経済　**ロ**．混合経済　**ハ**．市場経済　**ニ**．連合経済）
d（**イ**．コルカタ　**ロ**．チェンナイ　**ハ**．ベンガルール　**ニ**．ニューデリー）
e（**イ**．アブダビ　**ロ**．ドーハ　**ハ**．ドバイ　**ニ**．リヤド）

問6　表1・2の①～④は文**A**～**D**の国々の貿易の状況を表したものである（表1と表2の①～④は同じ国である）。表中の空欄**X**には共通の品目が入る。空欄**X**に該当するものを以下より一つ選び，その記号をマーク解答用紙の所定欄にマークしなさい。

イ．金属製品　**ロ**．船舶　**ハ**．ダイヤモンド　**ニ**．肉類

問7　文**C**に該当する国を表1・2の①～④から一つ選び，その記号をマーク解答用紙の所定欄にマークしなさい。

イ．①　**ロ**．②　**ハ**．③　**ニ**．④

問8　表1・2の④の国名を記述解答用紙の所定欄に記入しなさい。

表1

		輸出入額（百万ドル）（2020年）	主要輸出入品の輸出・輸入額に占める割合（%）（2021年）									
①	輸出	324205	石油製品	13.7	機械類	11.4	（　**X**　）	6.3	鉄鋼	6.0	繊維と織物	5.6
	輸入	485927	原油	18.7	機械類	18.6	金（非貨幣用）	9.8	化学薬品	6.0	（　**X**　）	4.6
②	輸出	49290	機械類	27.1	（　**X**　）	14.6	精密機械	10.2	化学薬品	4.2	航空機	3.9
	輸入	69454	機械類	24.3	自動車	8.2	原油	7.0	（　**X**　）	6.7	医薬品	4.0
③	輸出	51504	液化石油ガス	61.2	原油	14.2	石油製品	9.0	プラスチック	3.6	化学薬品	2.5
	輸入	25835	機械類	27.4	自動車	6.6	鉄鋼	4.1	医薬品	3.1	精密機械	3.0
④	輸出	5541	電力	16.3	野菜と果実	10.8	金（非貨幣用）	9.0	銅鉱	8.6	動物	5.8
	輸入	5848	機械類	22.8	石油製品	10.1	自動車	8.0	鉄鋼	5.2	牛	5.1

出典：データブック　オブ・ザ・ワールド2023年版

表2

		金額による輸出・輸入相手国・地域の割合（%）（2021年）									
①	輸出	アメリカ	18.1	アラブ首長国	6.4	中国	5.8	バングラデシュ	3.6	(香港)	2.9
	輸入	中国	15.3	アラブ首長国	7.6	アメリカ	7.3	スイス	5.2	サウジアラビア	4.9
②	輸出	アメリカ	27.1	中国	7.3	インド	4.5	オランダ	3.7	イギリス	3.4
	輸入	中国	18.1	アメリカ	10.2	ドイツ	6.2	トルコ	6.1	イタリア	3.8
③	輸出	中国	15.5	日本	13.6	インド	12.8	韓国	12.8	シンガポール	6.1
	輸入	中国	16.3	アメリカ	11.8	インド	6.4	ドイツ	5.8	イギリス	5.7
④	輸出	タイ	34.7	中国	28.8	ベトナム	19.6	インド	2.1	オーストラリア	1.7
	輸入	タイ	49.6	中国	25.8	ベトナム	8.0	日本	3.5	アメリカ	2.5

出典：データブック　オブ・ザ・ワールド2023年版

Ⅲ 次の1～6の文章は，ヨーロッパにおける農作物・畜産物の生産と消費について述べたものである。文章をよく読み，以下の問いに答えよ。

1．この農作物の原産地は西アジアと言われ，ヨーロッパでの栽培は南部の地中海沿岸地域で始まった。その後，栽培地域はヨーロッパ北部にまで広がり，夏季に栽培する作物や家畜飼育を組み合わせた（　A　）農業のもとで栽培が発展した。また（　A　）農業では，この作物のほか寒冷な気候条件の下でも栽培できる（　a　）が主にパンに加工するための食用として栽培されてきた。

2．この家畜の飼育は，古くからヨーロッパのほとんどの地域で盛んに行われてきた。特に北西ヨーロッパから東ヨーロッパにかけては（　b　）を含む森林が広範に広がり，かつては森林の中での林間放牧が盛んであった。この家畜は森林内で得られるドングリ・キノコ等を餌として育ち，肉は住民の重要なタンパク源となった。2021年現在，国内消費量も多い（　c　）がこの家畜の肉のヨーロッパ最大の生産国となっている。

3．この農作物はヨーロッパ原産で，18世紀末にこの農作物の根から（　B　）を製造する方法が発明され，19世紀～20世紀にかけて栽培が盛んとなった。この作物は葉や（　B　）を製造した際に出るしぼりかすが飼料として利用できるため，（　A　）農業の代表的な作物となった。ヨーロッパの中では，この農作物の生産量（2021年）は，ロシア，フランス，（　d　）の順で多く，世界の中でもヨーロッパ諸国の生産割合が高くなっている。

4．この農作物は南米原産で，16世紀にヨーロッパに導入された。寒冷で肥沃でない土地でも育つことから，（　C　）によって侵食された土地が広がるヨーロッパ北部を中心に栽培が盛んとなった。他の農作物の生産量の不足を補う食糧として，また家畜の飼料として重要な役割を果たしてきた。この作物のように原産地が南米で，その後ヨーロッパで栽培が広がった農作物として（　e　）などがある。

5．この農作物はアジア原産で，地中海の周辺地域の中でも比較的夏季に雨が多い地域で栽培されてきた。ヨーロッパで最大の生産国は（　f　）で，灌漑施設や管理組織が整った（　D　）川流域が栽培の中心地となっている。直播栽培技術の普及によって生産性が向上し，輸出量も順調に増加してきたが，その多くは消費量が増えつつあるヨーロッパ各地に輸出されている。

6．この農作物は北アフリカ原産で，夏季に高温で乾燥した気候条件の下に置かれる地中海沿岸地域を中心に栽培されている。世界第1位の生産国（2021年）は（　g　）である。古くから油脂原料として利用されており，栽培地域の伝統料理には欠かせない食材となっている。一方，この作物を栽培できない地域では，バターや（　h　）が料理用油脂として伝統的に使用され，ヨーロッパの食文化の多様性を生み出している。

問1　文中の空欄A～Dに該当する語を記述解答用紙の所定欄に記入しなさい。

問2　文中の空欄a～hに該当するものを下記の語群からそれぞれ一つ選び，その記号をマーク解答用紙の所定欄にマークしなさい。

a（イ．えん麦　ロ．大麦　ハ．とうもろこし　ニ．ライ麦）
b（イ．硬葉樹　ロ．常緑広葉樹　ハ．針葉樹　ニ．落葉広葉樹）
c（イ．イギリス　ロ．オランダ　ハ．スペイン　ニ．ポーランド）
d（イ．チェコ　ロ．デンマーク　ハ．ドイツ　ニ．ベルギー）
e（イ．キャベツ　ロ．トマト　ハ．ぶどう　ニ．りんご）
f（イ．イタリア　ロ．スペイン　ハ．フランス　ニ．ルーマニア）
g（イ．イタリア　ロ．ギリシャ　ハ．スペイン　ニ．ポルトガル）
h（イ．大豆油　ロ．パーム油　ハ．綿実油　ニ．ラード）

問3　**1**～**6**の文章の内容から読み取ることができるヨーロッパの農業の特色として適当ではないものを，下の**イ**～**ニ**の中から一つ選び，その記号をマーク解答用紙の所定欄にマークしなさい。

イ．気候や土壌などの自然条件の違いが，農業経営の内容に反映されてきた。

ロ．農作物の品種改良によって，自然条件による制約を克服してきた。

ハ．大陸間の人々の交流によって，農耕文化は大きな変化をとげてきた。

ニ．技術の発達によって農作物の価値が変化し，生産にも影響を与えてきた。

Ⅳ　次の文章**1**と**2**は，日本国内で発生する自然災害のうち，風水害と地震の特徴および，それぞれの災害の具体例について述べたものである。文章をよく読み，以下の問いに答えよ。

1．近年，前線の停滞や台風の通過に伴う集中豪雨①が頻繁に発生している。大量の雨水が河川に流入すると，河川の水が堤防を越えたり，堤防が決壊したりして水害が起こる。令和元年東日本台風（2019年10月の台風19号）の通過では，関東・甲信越地方や東北地方などで記録的な大雨となり，各地で大規模な水害が発生した。たとえば，長野県を流れる（　**a**　）川の決壊で北陸新幹線の車両基地が浸水したり，埼玉県を流れる（　**b**　）川の支流の決壊では，老人福祉施設が水没したりするなどの甚大な被害が出た。

いっぽう，おもに都市部では河川の水位が上昇した時や，下水道などの排水能力を上回る雨が降った時に，雨水が河川に排水されずにあふれ出して浸水する被害②もみられる。交差する鉄道や道路などの下を通過するため，周辺の地面よりも低くなっているような道路③や地下街では，冠水するリスクが極めて高い。

水害を軽減するための対策として，これまで河川にダムや堤防を建設するなどの方法がとられてきたが，近年では，このような人工的な構造物に頼る方法だけでなく，河川の（　**E**　）全体を通じた総合的な治水へと，水害対策への考え方が見直されつつある。

2．日本列島は（　**c**　）つのプレート境界が集まる変動帯に位置している。プレートの運動によって，日本列島には圧縮する力がかかり続けており，地震が頻繁に発生する。地震には，プレート内部の断層がずれ動くことによって発生するタイプの地震と，海洋プレートが大陸プレートの下に沈み込む場所である（　**F**　）やトラフで歪みが解放されることによって発生する（　**F**　）型の地震とがある。

断層のうち，最近数十万年間に繰り返し活動し，今後も活動する可能性が高いものを（　**G**　）という。たとえば（　**G**　）型の地震の例としては，1995年1月17日午前5時46分に発生した兵庫県南部地震がある。この地震は（　**H**　）を引き起こし，神戸市を中心に建物や高速道路が倒壊して，6千人を超える死者を出した。

いっぽう，（　**F**　）型の地震の例としては，2011年3月11日午後2時46分に発生した三陸沖を震源とするマグニチュード（　**d**　）の地震④が挙げられる。この地震は東日本大震災を引き起こし，関東地方から北海道にかけての広い範囲に津波が到達して，2万人を超える死者・行方不明者を出した。

問1　文中の空欄**a**～**d**に該当するものをそれぞれ選択肢のなかから一つ選び，その記号をマーク解答用紙の所定欄にマークしなさい。

a（**イ**．木曽　**ロ**．黒部　**ハ**．千曲　**ニ**．天竜）

b（**イ**．荒　**ロ**．鬼怒　**ハ**．相模　**ニ**．那珂）

c（**イ**．2　**ロ**．3　**ハ**．4　**ニ**．5）

d（**イ**．6.0　**ロ**．7.0　**ハ**．8.0　**ニ**．9.0）

問2　下線部①に関して，集中豪雨をもたらす一因である「次々と発生する積乱雲が，数時間にわたってほぼ同じ場所を通過または停滞することで作り出される，強い降水を伴う雨域」を何というか。記述解答用紙の所定欄に記入しなさい。

問3　下線部②のような浸水被害を何というか。記述解答用紙の所定欄に記入しなさい。

問4　下線部③のような形状を示す道路を何というか。記述解答用紙の所定欄にカタカナで記入しなさい。

問5　文中の空欄**E**には「降水が河川に流れ込む範囲」を意味する語が入る。この語を記述解答用紙の所定欄に記入しなさい。

問6　文中の空欄**F**に該当する語を，記述解答用紙の所定欄に記入しなさい。

問7　文中の空欄**G**に該当する語を，記述解答用紙の所定欄に記入しなさい。

問8　文中の空欄**H**に該当する災害の名称を，記述解答用紙の所定欄に記入しなさい。

問9　下線部④の地震の名称を，記述解答用紙の所定欄に記入しなさい。

総合問題

◀教育学科▶

（90分）

（注）解答に際して、文字数の指定がある場合には、改行で生じる余白および句読点も文字数に含めること。
解答欄に句読点を記入する際には、句読点も1マスに記入すること。　**解答用紙は横書き**

1　以下の**資料①**は、市川伸一が著した『考えることの科学』（中央公論新社、一九九七年発刊）の第七章「推論は知識に誘導される」より抜粋したものである。また、**資料②**は、**資料①**で紹介されている研究者の一人であるホリオークが他の研究者（サガード）と共著した書籍（K.J.,Holyoak and P.,Thagard (1995) *Mental Leaps : analogy in creative thought*, The MIT Press.）の一部を抜粋したものである。これらの資料を読み、次の**問一**と**問二**に答えなさい。なお、解答では、改行で生じる余白および句読点も文字数に含む。

問一　**資料①**で省略した「放射線治療問題」の解決方法や「軍隊問題」や「消火問題」について、**資料①**と**資料②**を参考にして、次の（ア）〜（ウ）に解答しなさい。

（ア）**資料①**の「軍隊問題」とは、どのような話なのか。同じ内容を説明した**資料②**の英文について、その概要を一〇〇字以内で説明しなさい。

（イ）**資料①**で省略した「放射線治療問題」に対する有効な解答の一つとは何か。**資料①**と**資料②**を参考にして、四〇字以内で説明しなさい。

（ウ）**資料①**の「消火問題」が「放射線治療問題」に対する有効なヒントとなるためには、どのような条件が記されているべきか。**資料①**と**資料②**を参考にして、六〇字以内で説明しなさい。（なお、条件の主旨が同じであれば、出典の文章と異なっていてもよい。）

問二　**資料①**において著者が述べている学習者の記憶や理解の特徴のうち、学習者の理解を妨げると思われるものがある。何かを学ぶ場面で、学習者はどのような点に留意していくことが望ましいといえるか。あなたの意見を二〇〇字以内で述べなさい。

資料①　市川伸一著『考えることの科学』の第七章「推論は知識に誘導される」（一部抜粋）

問題解決における推論

（前略）最も高次の思考活動とされる問題解決について、推論と知識がどのようにかかわっているかを見てみよう。与えられた条件のもとで解を導く。問題解決は、まさに推論の連続である。では、問題解決のプロセスでどのような知識が使われ、推論が行なわれているのだろうか。はじめは、算数や数学の問題を例にとって考えてみよう。

まず、問題状況を理解するプロセスがある。これは、知覚や文章理解と同様に、知識を使いながら状況の表象をつくることといえる。ここでは、さまざまな**問題スキーマ**（注1）、つまり問題のタイプとかパターンについての知識が使われるだろう。算数の問題文を読んで、ツルとカメが出てきたので「ああ、きっとツルカメ算だろう」と「ツルカメ算スキーマ」を呼び出せれば、それに基づいて問題をさらに読み進むことになる。状況の手がかりからスキーマを呼び出すことと、呼び出したスキーマを使って状況を解釈することという推論がここにはある。登場する動物が違っていて、ダチョウとゾウになったり、もっと変形されてタコとイカになったりすると、ツルカメ算スキーマの呼び出しは難しくなる。そして、もし適切なスキーマが呼び出せない「新手の問題」のときには、とりあえず文字通りに問題文を理解しておくなり、状況を正確に把握しておくしかない。

次に、解法を探すというプロセスでの推論がある。すでに問題スキーマができているようなものなら、解決の手続き的な知識（注2）が付随している場合が多いに違いない。それを適用して解けるなら、話は簡単である。解法の記憶があやふやな場合もあるだろうが、「だいたいこんなふうにすれば解けたはずだ」ということで、解き進んでいける。では、スキーマをうまく呼び出せなかったときは、どうするだろうか。この場合は、より一般的な方略を使うこととなる。たとえば「問題を図に表わし、状況を把握しやすくする」「下位問題に分割して、とりあえずの目標を立てる」「過去に解いた似たような問題を思い出して類推する」などである。これらは、**ヒューリスティックス**であるが、確率判断の領域とはややニュアンスが違い、肯定的な意味で使われている。つまり解法の発見を促すような「うまい方針」ということになる。ヒューリスティックスには、もっと細かい条件によって呼び出されるもの（たとえば受験数学で使われる「大小比較の問題は、差をとって符号を判定せよ」というようなテクニック）もあるが、こうなるとしだいに「スキーマに付随する手続き的な知識」と近いものになってくる。

問題解決をどれくらい知識に頼るかというのは、かなり個人差や「好み」があるように思われる。たとえば初期の人工知能研究者たちは、一般的なヒューリスティックスを重視した。これは当時コンピュータの容量からいっても、知識表現の技術からいっても、やむをえないことだった。また、より少ない法則や手順で多くの問題を解くという節約の原理にもかなっている。正統派の数学者もそうではないだろうか。問題のパターンを覚え込んでそれで解くというのは、未知の問題に立ち向かう能力とはいえないし、第一ウツクシクない。できるだけ知識は少なく、応用できる範囲は広いもの（解き方ないしは学習者）をよしとするコンセンサスがあるように思える。

しかし、文章理解の研究と同様、初期の人工知能のいきづまりや、エキスパート（専門的な技能をもった熟達者）についての認知心理学的研究を経て、一九七〇年代には、**領域固有の知識**が必要なことが強調されるようになる。たとえば、物理学の問題をスラスラと解く研究者などの解決過程を見ると、実に多くの問題スキーマや解法の手続きをもっていることがわかる。チェスや将棋などのプレイヤーも同様である。彼らは、たとえ本人が直接意識していなくても、長い間の問題解決経験を知識として蓄積し利用している。認知心理学では、ヒューリスティックスや解法の手続きなども含めて「知識」と呼ぶことが多い。その上で「問題解決は知識である」という言い方をするのである。

ところが、ときおり受験指南書で見かけるような「数学は暗記科目であり、問題の解法パターンを覚えれば、だれでもできるようになる」という意見にも、私はけっして賛成できない。問題スキーマを形成することや、それを使って問題を解くことの難しさを考慮することなく、ただ正解を眺めたり、たくさんの問題を解いていれば、だれでも自動的に解けるようになるという印象を与えているからである。もちろん、そうした方法で問題が解けるようになる人もいるし、応用力がつく人もいる。しかし、それは数学に関する概念的な知識を使いながら解答を理解したり、問題スキーマやヒューリスティックスを個々の問題に適用するための補助的な知識をつくりあげるということを意識的、あるいは無意識的に行なっているためと思われる。

問題を解いた経験が他の問題の解決を促進するということは、心理学では**転移**（transfer）という現象として扱われてきた。自然に類推が生じて、転移がうまく起こるのはけっこう難しいことが、実験的に確かめられている。この分野の古典的な問題としてドゥンカー（K.Duncker）の「放射線治療問題」がある。ご存知の方も多いかもしれないが、ひとまず紹介しておこう。

放射線治療問題　胃の中に悪性の腫瘍のある患者がいるが、手術による摘出が不可能である。放射線によって破壊することができるが、十分な強度を与えると、それによって正常な組織も破壊されてしまう。弱くすると、正常な組織は安全だが、腫瘍が治療できない。どうすれば、腫瘍だけを破壊できるだろうか。

この問題に対する有効な解答の一つは、【問一（イ）】ことである。答えを聞いてしまえば簡単なようだが、けっこう難しい。この問題の前に類似の問題を解くことによって、転移が生じるかどうかということをさまざまの研究者が調べている。とりわけおもしろいと思うのは、ジック（M.L.Gick）とホリオークによる実験である。次の問題は、彼らが類似問題として使ったのを少し脚色したものである（**註：本試験問題では、設問の関係で記載内容の全部、あるいは一部を省略している**）。

軍隊問題　…【問一（ア）】

消火問題　…ある建物で火事が起きた。かなり火が激しく、相当の量の消火剤を外から放射しないと消えそうにない。【問一（ウ）】

さて、どのようにして火を消したらいいだろうか。

（**中略**）こうした問題を先に与えることによって、どれくらい転移が生じるだろうか。実験の結果では、単にこうした問題の解を聞いても、なかなか自発的にヒントとしては利用されないという。転移が生じたのは、「この問題がヒントになっている」とあからさまに教示された場合が一つである。

もう一つの場合というのは、これら二つの類似問題の解を聞いて、「いったいどのような話だったか」を要約させたときに、「（**省略：類似問題の共通した内容について、妥当な解釈から導いた要約**）」というまとめ方をした被験者たちである。これは、いわば「収束スキーマ」とでもいうべき問題スキーマを形成したことになると、ジックとホリオークは言う。いくら問題とその解を聞いても、「要するに、努力すれば報われたという話」というようにまとめた被験者たちは、さっぱり報われなかったのだ。

ちなみに、私はここ数年、学習相談室を大学の研究室に設置して、小・中・高校生の教科学習の個別相談・指導に応じるという活動を行なっている。その中で、子どもたちのふだんの学習の様子を聞いてみると、問題が解けるにせよ、解けないにせよ、やりっぱなしのことが多いのが目につく。一日何時間勉強したか、何ページ分問題を解いたか、ということにばかり注意が向いてしまうようなのだ。私たちの学習指導では、問題解決プロセスの最後における重要な「推論」として、「なぜはじめはうまく解けなかったのかを考えて、一般的な教訓として引き出す」ということを強調している。これは、問題理解と解法発見における推論プロセスに焦点をあててきた認知心理学的研究においてさえも、盲点となっていたように思える。ジックとホリオークの研究が示すように、解をやっと出したり、わからなくて正解を聞いたりした後にこそ、その経験から何を引き出すかが、次の機会への転移を促す重要な要因となるのである。

（註1）　スキーマ（schema）については、市川伸一著『考えることの科学』において、本問題の引用個所（**資料①**）の前に、次のような文章により紹介されている。

「会話や文章の理解において私たちが使う知識体系は、一般にスキーマ（schema）と呼ばれている。心理学でこの用語が導入されたのは認知心理学の成立よりも古く、一九三〇年代にさかのぼる。イギリスの心理学者バートレット（F.C.Bartlett）は、大学生を被験者としてアメリカ・インディアンに伝わる民話を用いて記憶実験を行なった。このようななじみのない話を聞くと、再生されるたびにストーリーがどんどん変わってしまう。記憶というのは、聞き手のスキーマに適合するように解釈され、変容されていくものである。これは、テープレコーダーやビデオの『記録』と、人間の記憶との大きな違いである。」

（注2）　手続き的知識とは、行為に関する知識であり、繰り返し行うことで意識せずに秩序だった行動が可能になる知識のこと。例えば、自転車の乗り方などは、反復練習により、次に何をすべきかを常に意識しなくても、乗りこなすことができるようになる。

※　**資料**①での文献の引用に際して、本文中の注釈の追加、表記の変更、文章の一部省略を行った。

資料② K.J.,Holyoak and P.,Thagard (1995) *Mental Leaps : analogy in creative thought*, The MIT Press.（**一部抜粋**）

The Fortress Story (from Gick and Holyoak, 1980)

A small country fell under the iron rule of a dictator. The dictator ruled the country from a strong fortress. The fortress was situated in the middle of the country, surrounded by farms and villages. Many roads radiated outward from the fortress like spokes on a wheel. A great general arose who raised a large army at the border and vowed to capture the fortress and free the country of the dictator. The general knew that if his entire army could attack the fortress at once it could be captured. His troops were poised at the head of one of the roads leading to the fortress, ready to attack. However, a spy brought the general a disturbing report. The ruthless dictator had planted mines on each of the roads. The mines were set so that small bodies of men could pass over them safely, since the dictator needed to be able to move troops and workers to and from the fortress. However, any large force would detonate the mines. Not only would this blow up the road and render it impassable, but the dictator would destroy many villages in retaliation. A full-scale direct attack on the fortress therefore appeared impossible.

The general, however, was undaunted. He divided his army up into small groups and dispatched each group to the head of a different road. When all was ready he gave the signal, and each group charged down a different road. All of the small groups passed safely over the mines, and the army then attacked the fortress in full strength. In this way, the general was able to capture the fortress and overthrow the dictator.

〔注〕dictator 独裁者／fortress 要塞／radiated outward from～放射状に外に／border 国境／vowed to～と誓う／troops 軍隊／poised at 態勢を整えた／disturbing 不穏な／detonate 爆轟する／undaunted 臆することなく／dispatched 派遣された

Analogical problem solving, Cognitive Psychology Volume 12, Issue 3, July 1980 by Mary L. Gick and Keith J. Holyoak

2　以下の**資料③**は、竹内悊が著した『生きるための図書館―一人ひとりのために』（岩波新書、二〇一九年）より抜粋したものである。この資料を読み、次の**問三**、**問四**に答えなさい。なお、解答では、改行で生じる余白および句読点も文字数に含む。

問三　読書や図書館のために様々に努力する人たちが、仕事を通して何を学び、どのように考えながら活動してきているのか。「図書館員」・「出版関係者」・「市民団体関係者」の三つの立場から一つ選び、本文中の語を用いながら一〇〇字以内で説明しなさい。

問四　「一人の人」の問題解決への援助、という観点から、筆者は図書館を生涯学習の基盤であると捉えている。筆者の主張をふまえながら、人々は図書館をどのように活用していくのが望ましいとあなたは考えるか、二〇〇字以内で述べなさい。

資料③　竹内悊著『生きるための図書館　一人ひとりのために』（一部抜粋）

昔からの本の形ばかりでなく、今は音声や映像の記録が、新しい形で次々と出てきました。ここでは煩雑を避け、それらを一括して「本」と呼びたいと思います。

これは人間が感じ取ったり、考えたり、行動したりしたことと、その分析、検討の記録です。それは、内容も形態もまことに個性的で、多種多様です。そこでその特徴を組み合わせて理解を助けるのが、これからの図書館の新しい活動となることでしょう。

人もまた、一人ひとり違います。何人かで同じテーマを調べると、その考え方も、その人の持つ条件も、それぞれに違います。ただ、初めてその仕事をするときにどうしたらよいか迷い、調べはじめて壁にぶつかり、困るという点では、よく似ています。

それに対して、できるだけ多種多様な「本」を備えて、読者が見つけやすいように用意するのが図書館です。その存在を読者に知らせるのには、「本」そのものが読者に語りかける方法と、「本」の語ることを聞き取って、図書館員がそれを人に伝える方法との二つがあります。

図書館では本を新着書架に並べたり、時の話題でまとめて展示をしたり、著者名、書名、出版社名をすぐ目にできるように、その面を上にして目立つところに置いたり（面展示とか面出しと言います）して、本が読者に語りかけるようにします。新着書ばかりではなく、蔵書を公開書架上に並べること自体が本の言葉を聞く場なのです。

また、図書館の広報に新着書のリストを載せたり、蔵書の中から一つのテーマにかかわるさまざまな本を取り上げて紹介したりします。こういったことが公開書架では探しにくい本と人とをつなぎます。また、子どもたちのためのお話し会では、本というものは面白いもの、楽しいものであることを伝えるのが目的ですが、その時のお話やブックトークは、著者に代わってその思いを子どもたちに伝える仕事です。つまり、この時の主役は著者ですから、担当者は著者が何を語りたいかを事前によく考え、どう表現するかを慎重に考えるのです。

図書館には、相談係とか参考係というデスクに司書を置いています。蔵書の利用だけでなく、図書館で働く人の知識や経験を利用できるのです。この人は、本の世界の道案内人ですから、読者が目的の本を見つけるまでは、本棚のあいだを歩いていっしょに探してくれます。

でも読者に代わって本を読み、問題を解決することはしません。わからないことを自分で解決できた喜びは、その読者のものです。それがその人の次の問題解決に役立ちます。この質問は、その人のプライバシーの一つですから、図書館で働く人はその秘密を守ります。

そして、この本を読みなさい」と押しつけるのではなく、いくつかの本を見せて「この中で貴方のお役に立つものがありましたら」というのが本来の方法です。それには図書館員の経験と知識の蓄積が必要です。さらに、図書館には選書から始まって「本」の整理や保管、貸し出しに至るまでさまざまな仕事がありますが、その全部が充実し、組織化されて、やっと「本と人とをつなぐ仕事」ができます。その一館で解決できない質問に対しては、図書館という組織全体がそれを支えます。

こうした案内を受けるうちに、読者は、自分に必要なものを探す方法を自然に理解するでしょう。司書が本を見せながら具体的に説明することで、それがわかってくるのです。だから図書館は「教え込まれるところ」ではなく、「自分の感覚を働かせて学び取るところ」です。

昔から「読み、書き、計算する能力」を人間の知的能力としてきましたが、今は図書館で「必要なものを探す能力」を身につけるようになったのです。これは、一生使える能力です。こうした学び方にまだ慣れていない人には、必要な手ほどきをします。それが、その人と「本」とをつなぐ入り口になることでしょう。

二一世紀に入って、大きな災害が続きますし、また来るといわれている大震災への備えも強調されています。そんな中で突然の被害からやっと自分を取り戻した人が、避難生活の中で一人になれる場所を図書館に求め、持ち帰って読む本を探し、次いで被災の処理や連絡のために図書館を使う、という生活のパターンが各地から報告されています。図書館とは本好きの人たちが行く特別なところ、という長い間のイメージが、災害から立ち上がるための一つのよりどころにまで変わってきたのです。それには、災害発生以前の図書館サービスがあってこそです。

もう一つ大事なことは、子どもたちのことです。大人は図書館の復興を待ってくれますが、子どもたちの心の痛手に対しては、最初の一週間が大事だ、といわれています。読み聞かせにもお話にも、絵本の提供にも、大きな恐れに直面した子どもたちの心を癒すこまやかな配慮が必要です。これもまた普段からの準備と、災害後すぐに動きだせる態勢、行政の理解と施策が必要ですし、子どもの成熟と成長にかかわる人たちみんなで考え、準備を重ねるべきことの一つでしょう。図書館はそのための本の供給源であり、混乱の中にあっても、実施の場として働くのだと思います。

ここで述べた「一人の人」の問題解決への援助が、学校図書館でも大学図書館でも、また県および市町村立図書館でも用意されていて、「わからないと思ったことが自分にもわかる」と思い、「できないと思ったことが自分にもできる」という喜びを持つことができるのは、人が生きるうえで大事なことではないでしょうか。

今日、学校教育の普及によって、教育とは集団でおこなうものと考えられているようです。しかし、その教育の受け手からいえば、それに乗り切れない自分がある。そこに、成績評価とは関係のない司書から、自分に適した援助が得られ、それにより自分が選ぶことを重ねて力を育て、問題を解決することが期待されます。

ただ、その力がいつ動きだすかはわかりません。それを「待つ」のが図書館です。これは、人の成熟と成長とにかかわる仕事として、教育のうちですが、本人の力の発動を「待つ」という点で、「育」の分野です。そして「教」と「育」とを体験した人が、それを自分の中で総合することで、その人の「教＋育」が形成されるのでしょう。これには長い時間がかかりますが、これこそ生涯学習の基盤ではないでしょうか。

この、一人の人の可能性を大事にすることは、教育現場では以前からあたりまえのことでしたが、今日ではそれが見えにくくなっていると思います。さらに、読書とは個人の努力の一つであり、必要な本は自分で買うべきだ、という考え方もありました。それを公費によって多種多様な本を集め、それぞれの人のその時の感性や理解力に応じて、本来の力の成長を援助しようという考え方に進んできたのです。

図書館があるから本を買う必要はない、というのではなく、図書館で見て、自分に必要だと思ったから買う、という考えが自然に生まれてくるのです。例えば生徒たちと学校司書、あるいは生徒どうしの会話の中に、こういう「人と本とのかかわり」が見えてくるのです。

今後は、それぞれの「本」の長所を組み合わせて、内容の理解を進めることが多くなるでしょう。ものの動きを知るとか、普段は近づけないものを見る臨場感は映像の独擅場（どくせん）ですし、言葉の陰翳（いんえい）を知るためには音声の記録が適切です。また、電子媒体の場合には、今までの本ではできなかったさまざまな機能が加えられて、まことに便利です。一方、従来の本は、抽象的な思考に至るモデルでもありますし、また一行ずつ、一ページずつをたどって著者との対話に導かれ、その考えの理解に至る―時にはそれを超えることもある―ものです。

また、同じ本を繰り返し読むことで、そのたびに新しい面が開けることもあります。それは、著者の考えを本という形にまとめるために、編集者をはじめ、さまざまな分野の専門知識を総合していますから、その全体も細部も、ともにその内容の表現なのです。そこで本は一国の文化の表徴ともいわれます。また、紙の上に印字をすることからくる安定性も、分析し思索を深めるためには必要だという生物学者からの提言もあります。もう一つ、幼い時に読んだ本を後年手にすると、そのころの自分に出会える、というのも、本ならではのことです。

「ひとり灯のもとに文をひろげて、見ぬ世の人を友とする」といった吉田兼好、「一日に一五分、決まった時間に読書を」といったルイス・ショアーズ（米国図書館学者、一九六〇年代の国際的指導者の一人）、「卒業後は毎晩一ページ、洋書を読みなさい」と学生に諭した石橋湛山（たんざん）（元首相）の言葉は知識の獲得だけでなく、静かな「自分の時間」を持つことが大事だ、といっているのかもしれません。

さらにいえば、思索を深めるのに、便利さだけでいいのか、無駄とも思える思考の低迷や遍歴も必要ではないのでしょうか。読書の価値は、そういうところにもあろうか、と思います。

そこで本と新しい媒体の組み合わせと、誰もがそれを自由に使える条件が必要です。それには、それぞれの組み合わせを援助する「本と人とをつなぐ人」とその考え方とが大事になります。

図書館員は、目標を一人ひとりの読者に据えて、毎日の図書館サービスの充実を図るのは当然ですが、それを考える補助線のようなものはないでしょうか。それがないと、熱意が空回りをするばかりで、読者の求めるものとは違った方向に走る恐れがあります。世の中で、作り手の論理と受け手の感覚とは、往々にして食い違うからです。この場合、私見では縦と横とのラインで考えたらどうかと思っています。

まず縦のラインは、図書館とは本来何なのか、という理念を掘り下げること、そしてその図書館の設置目的に従ってそれぞれの分野の本を知り、読者の要求を知って、どういうサービスを提供するかを組み立てます。それをまとめて、その時の到達目標を考え、さらに将来の理想像を立ち上げたいと思います。

横のラインは、図書館を取り巻く広い世界に目を向けることです。図書館は「本」にかかわるさまざまな分野の人たちに囲まれて、図書館として存在しています。その人々には、まず著者、次にその著作を本の形にする人（編集者、装丁家、印刷者、製本師、製紙業その他本の材料となるものを生産、供給する人々）、本の流通業者、書店員、古書店員、傷んだ本を修復する製本師（諸（もろ）製本と呼ばれ、一冊の本に長い生命を与える仕事。出版製本の原型でもあり、現在では国際的な広がりと深さとを持ちます）、写本を持つ個人や機関、さらにそれぞれの仕事の道具や用品を作り、供給する人々など、そして、読者、今は読まなくてもいずれは読むかもしれない人々が含まれます。

この人たちの本についての思いや考え方、現実の状況を知ることが、図書館活動を広げ、深めることでしょう。こういう人たちの本づくりにかける思いは、この本で述べた図書館員の仕事に対する熱意と努力とに通じ合うものがあると思います。表面には現れないかもしれませんが、こちらにそれがあれば、いろいろな面から感じ取ることができましょう。そこから学ぶべきことは大きいと思います。

この思いが、今までの縦割り状況を破って、横のつながりを作り出していきます。

一九九三年、「子どもと本との出会いの会」が結成されました。これは、さまざまな分野の人たちを網羅して、日本で最初の国際子ども図書館（国立）の設立計画に賛同し、その設立を広い立場から支援するものでした。横の広がりの顕著な例と言えましょう。この団体は、二〇〇二年、上野に国立国会図書館の分館として国際子ども図書館が設立されたことで、その使命を終わり、解散しました。

NPOブックスタート（二〇〇〇年発足）は出版界を基盤としてすべての赤ちゃんに本を届ける活動をしています。これによって保健所、図書館、保育園、市町村の関係部局などを横につなぎ、赤ちゃんの時から絵本に親しむ生活環境づくりへの理解と協力とを生みました。それまで図書館とは無縁であった若い母親たちが、保健所での定期健診の時にこの活動を知り、新しい読者になっています。

鳥取県でおこなわれた「本の国体ブックインとっとり'87「日本の出版文化展」」（地方出版物を主体とした展示会）やその主催団体「本の学校」の活動も、従来の壁を超えて、本を楽しみ、本について考える広場を作ろうとしています。また、高校生や大学生が参加する「ビブリオバトル」の活動は、読者がこれと思う本を持ち寄り、五分間でそれを紹介、その中からその日の「チャンプ本」を投票によって決めています。これもまた、本についてのさまざまな見方を横につなぐものといえましょう。

さらに日本書籍出版協会は、出版活動の前向きな発展のためには、図書館の資料費の増額が必要と考えて、二〇一六年三月、「図書館資料購入費、図書館整備充実に関わる経費について」を文部科学大臣宛てに提出し、このところ低落を続けている図書購入費の増額を強く要望しました。このように「横のつながり」は、今、次々と広がっているといえましょう。そこから社会全般につながると思います。

※　**資料**③での文献の引用に際して、本文中の見出し等の文章の一部を省略した。

◀社　会　科▶

（90 分）

I　世論調査とは，ある事柄についての人びとの意見の分布を，統計的手法を用いて明らかにしようとするものである。さまざまな事象についての人びとの意見の分布は，年齢，世代，性別によって大きく異なる場合もあれば，そうでない場合もある。また，同じ世代や性別でも，年齢の変化や時代の変化によって意見の分布が変化する場合がある。ほぼ同一の質問項目を用いた継続的な世論調査からは，ある社会や集団の意見や意識の時間的な変化を知ることができる。世論調査の結果が示す意識の分布と変化は，その社会や集団に属する人びとの価値観とその変動を示しており，それらは経済や政治，社会や文化のあり方や変動とさまざまな形で関係していると考えられる。社会に関わる調査には世論調査以外にも，人びとの社会生活や社会的諸活動，企業や政府の活動や実績などについての実態調査も存在する。こうした調査では，質問文にその時代や社会の価値観が反映されている場合もあり，調査の設計・実施や分析においてはそのことに注意することも必要になる。社会科学はこうした調査のデータを用いて，社会のあり方やそこに働く様々なメカニズムを解明しようとするのである。

このような調査から読み取れ，あるいは推測される社会のあり方について，**問1**と**問2**に答えなさい。

問1　**<資料Ⅰ－①>**は，ＮＨＫ放送文化研究所が５年ごとに行なっている世論調査「日本人の意識」の，結婚に関する考え方についての質問と，それに対する1993年と2018年の回答の集計結果を，男女年齢層別にグラフ化したものである。これらのグラフから読み取れることとしてもっとも適当なものを，次のなかからひとつ選びなさい。

A　どの世代でも年齢を重ねるにつれて，結婚するのが当然だと考えるようになることがわかる。

B　同じ世代で比較すると，結婚するのが当然と考える人の割合は，30代以降は大きくは変化しないことがわかる。

C　男性と女性を比較すると，結婚するのが当然だと考える人の割合はどの世代でも女性の方が多いことがわかる。

D　自分が結婚したかどうかで，結婚についての考え方は変化することがわかる。

<資料Ⅰ－①>

質問：以下には，結婚についての考え方がのせてありますが，あなたのお考えは甲と乙のどちらに近いでしょうか。

甲　人は結婚するのが当たり前だ　　《するのが当然》

乙　必ずしも結婚する必要はない　　《しなくてよい》

グラフ　結婚すること（男女年層別）

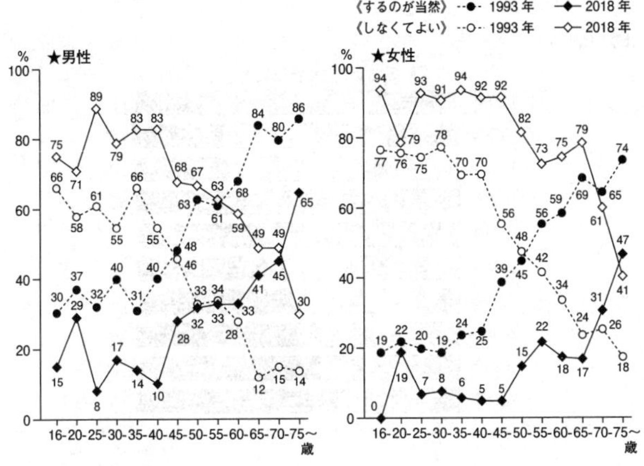

［ＮＨＫ放送文化研究所［編］(2020)『現代日本人の意識構造［第九版］』ＮＨＫ出版ｐ.23，同付録ｐ.32。表現は一部改めた。］

問２　**<資料Ⅰ－②><資料Ⅰ－③><資料Ⅰ－④>**は，**<資料Ⅰ－①>**と同じ「日本人の意識」調査と，同じくＮＨＫ放送文化研究所が実施している「国民生活時間調査」から，夫婦や家庭に関する質問と，それらに対する回答の集計結果をグラフ化したものである。これらの質問項目とグラフから，現代日本の家族やそこでの男女の役割についての「理想」と「現実」の時代的な変化や，「理想」と「現実」の間のギャップなど，どのようなことが読みとれ，それらについてどのようなことが考えられるのかを，350字以上450字以内で述べなさい。

＜資料Ⅰ－②＞

質問：結婚した女性が職業をもち続けることについては，どうお考えでしょうか。以下の中から，あなたのお考えに近いものを選んでください。

1．結婚したら，家庭を守ることに専念したほうがよい　《家庭専念》

2．結婚しても子どもができるまでは，職業をもっていたほうがよい　《育児優先》

3．結婚して子どもが生まれても，できるだけ職業をもち続けたほうがよい　《両立》

グラフ　家庭と仕事（全体）

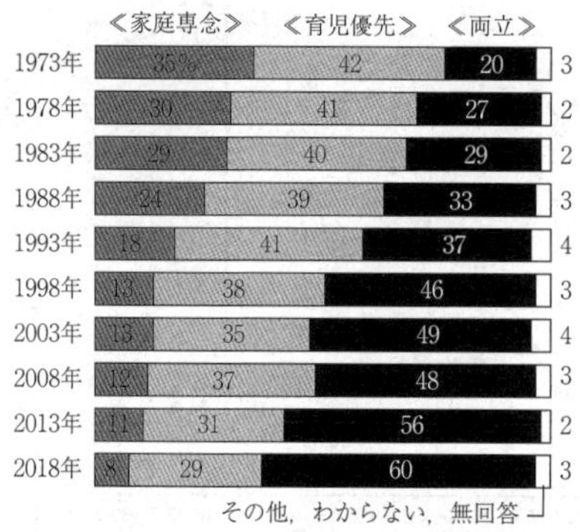

［ＮＨＫ放送文化研究所［編］(2020)『現代日本人の意識構造［第九版］』ＮＨＫ出版 p. 50，同付録 p. 12。表現は一部改めた。］

<資料Ⅰ－③>

質問：以下には，父親が台所の手伝いや子どものおもりをすることについて，甲，乙２つの意見をのせてあります。あなたはどちらに賛成しますか。

甲　台所の手伝いや子どものおもりは，一家の主人である男子のすることではない　《すべきでない》

乙　夫婦は互いにたすけ合うべきものだから，夫が台所の手伝いや子どものおもりをするのは当然だ《するのは当然》

グラフ　夫の家事（全体）

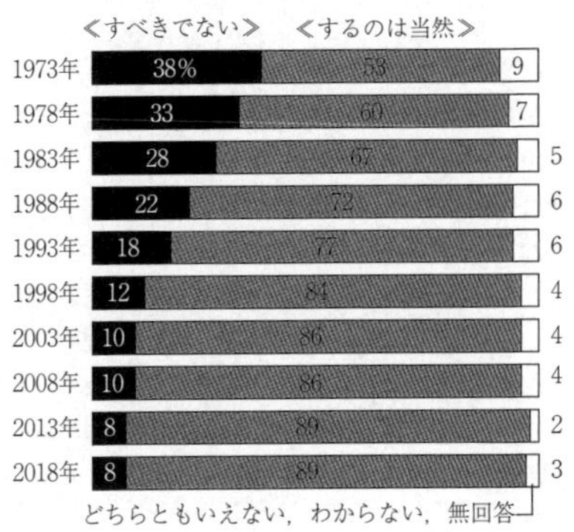

［ＮＨＫ放送文化研究所［編］(2020)『現代日本人の意識構造［第九版］』ＮＨＫ出版ｐ.54。同付録ｐ.13。表現は一部改めた。］

<資料Ⅰ－④>

グラフ　ＮＨＫ放送文化研究所「国民生活時間調査」による20歳以上の男女の平日の家事時間（1995年に調査方式を変更したため，その前後は直接比較できない）

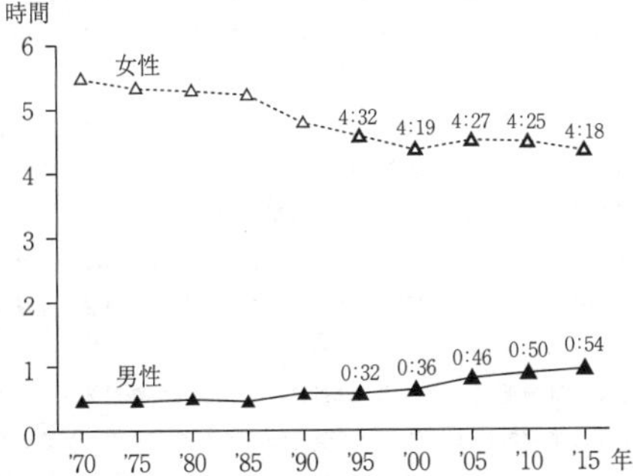

［ＮＨＫ放送文化研究所［編］(2020)『現代日本人の意識構造［第九版］』ＮＨＫ出版ｐ.56。グラフ上の「0：54」，「4：18」はそれぞれ「54分」，「４時間18分」を意味する。］

Ⅱ　1990年代末頃から日本が経験してきたデフレ（モノやサービスの価格<物価>が持続的に下落すること）には二つの特徴がある。第一は慢性デフレと言われるほど物価下落が長期にわたって続いたこと，第二はそのデフレがマイルドだったこと，である。「マイルド」とは，対前年比でみた消費者物価のマイナス幅が大きくても２％ほどで，平均的には１％弱程度だった，という意味である。

以下の資料は，日本のデフレがなぜ緩やかだったのかについて研究者が書いた論考の一部を抜粋したものである。資料を読み，**問１，２，３**に答えなさい。

<資料Ⅱ－①>

日銀が金利ゼロ[出題者注 1)]をはじめた当時，国際的な研究者の集まりに出かけると，誰もが金利ゼロの世界はどんなことになっているのかと興味津々で聞いてきました（研究者でも経験していないことを理解するのが容易ではないことは，ハイパーインフレのことで私自身よく理解しているところです）。ところが，後に他の国も金利ゼロを実体験するようになると，そうした質問はされなくなり，かわりにデフレで何か困ったことが起こっていないかと聞かれるようになりました。おたがい経済学者なので，インフレやデフレになると社会と経済がどんなふうに混乱するかはよく理解しています。ですが日本のデフレは，消費者物価指数（ＣＰＩ）が毎年１～２％下がる程度の緩やかなデフレです。この程度のデフレであれば何も困ることはないのではないかというのが，彼らの質問の意図でした。さらに言えば，何も困らないのなら日銀はデフレを放置してもよいのではないかという意味も込められています。

インフレやデフレ（激しいデフレ）が私たちの生活にどんな悪影響を及ぼすかについては，さまざまな説があります。しかしながら日本のデフレは規格外なので，そうした説はどれも役に立ちません。だから，具体的に何がまずいのか(イ)というのは，超のつく難問なのです。

<資料Ⅱ－②>

この超難問を考えるきっかけは，ＳＮＳで「＃くいもんみんな小さくなってませんか日本」という話題が盛り上がったことでした。(中略)

ＳＮＳを見ると，小型化は消費者を騙すためのものであるかのようなニュアンスの投稿が目につきます。ですが，本当に企業は消費者を騙そうとしているのでしょうか。(中略)

騙そうとしているわけではないとすると，企業はいったいなぜ小型化を行うのでしょうか。そんなことを考えていたとき，商品の小型化をとりあげたあるテレビ番組の企画のお手伝いをする機会がありました。(中略)

インタビューで経営者が答えた減量の理由は明快で，コスト削減でした。円安で食品の製造コストの多くを占める輸入原材料の価格は趨勢的に上昇します。さらに労働者不足が深刻で人件費の上昇が追い打ちをかけます。それやこれやで製造原価が上がっているので，本来であれば原価の上昇を製品価格に転嫁すべきという理屈は，経営者も当然わかっています。しかし，少しでも値上げをすると顧客が逃げてしまうのではないかと彼らは恐れています。製造原価が上がっているのはライバル企業も同じでしょうが，あちらは耐え忍んでいるのにこちらだけが価格を上げたとなれば，取り返しのつかないことになってしまう，ここはやはり耐えて価格を据え置くべきだという結論になってしまうのです。とはいえ，生産工程の無駄はすでに撤廃して省いているので，これ以上の合理化は不可能です。残る手立ては商品のサイズを小さくすることくらいしかない――こうして，価格は変えない，しかし商品は減量するというところに行き着いたわけです。

このテレビ番組の映像でとくに印象的だったのは，減量に取り組む人たちが苦闘する様子です。昼間の仕事を終えた後で技術陣が集まり，味や満足度を犠牲にすることなく量を減らすにはどうすればよいかを議論し，製造機械の微調整や試作品づくりを何日にもわたって繰り返す――その番組の映像では彼らのそんな姿が映し出されていました。それを観たときにはじめて，商品の小型化というのは，作る方からすればまっさらの新商品を世に送り出すのと同じくらいの労力が必要で，企業からすればこれも立派な「商品開発」なのだということを理解しました。(中略)

原価の上昇分を価格に転嫁するというのは，通常の社会であれば，フェアな行為です。恥ずるところは何ひとつありません。しかし価格据え置きが常態化し，消費者もそれが当然と考える社会では，フェアな転嫁も許されず，その結果，深夜の「商品開発」が行われているのです。しかも，その「商品開発」は，消費者が決して喜ぶことのない類のものです。それどころかＳＮＳは消費者の怒りで満ちています。表面価格の引き上げも小型化も，どちらも消費者を怒らせるのです。

あれだけの労力を本物の商品開発に使えば，これまで見たことのない新商品が生まれ，多くの消費者を喜ばせることができるはずなのにと悔しく思うと同時に，現場の方々の悔しさは私の比ではないだろうと想像しました。価格据え置きの常態化は，現場の技術者から前向きな商品開発に取り組む機会を奪うというかたちで，社会に歪みを生んでいるのです。（中略）

たとえば，企業が新商品を開発して市場に投入し，勝負をかけようと考えたとします。それには当然，投資が必要です。経営者は，その投資資金を回収するために，商品価格を高く設定したいと考えます。ところが，企業が価格支配力[出題者注2)]を失っていると，せっかく良い商品を作ったとしても，価格を高めに設定できません。投資資金を回収できないのであれば，商品開発をしても損をするだけです。そう考える経営者は，新商品の開発を最初から諦めてしまいます。そのとき経営者はどういう戦略をとるのか。行き着く先はコストカット，つまり，後ろ向きの経営です。

＜資料Ⅱ－③＞

メーカーのかたと価格の話をすると必ず出てくる話題は，誰が価格決定の権限をもっているかということです。彼らの説明では，いったん製品を投入すると価格決定の権限は小売りなどの流通業者がもつようになり，自分たちが価格について口を挟む余地はなくなるとのことです。商品によって多少の差はあれ，そうしたことが実際に起こっているのでしょう。

しかし，それは裏を返すと，新商品を投入するタイミングこそメーカーが主導権を発揮する最大のチャンスであることを意味します。（中略）

キットカットのメーカーであるネスレ日本のｗｅｂサイトを見てみると，定番のものが10種類，それ以外に期間限定・数量限定のもの，さらには地域限定のものがたくさんあり，全部合わせるとその種類数は50を優に超えています。（中略）

キットカットの発祥の地である英国や米国ではこれほどの種類はなく，せいぜい10種類程度しか売られていません。（中略）

商品の種類数が多いということは，個々の商品が短命だということを意味しています。スーパーの棚のスペースには限りがありますから，多くの種類を並べようとすれば，回転を速くしなければならないからです。短命ということは，新陳代謝が活発ということです。したがって，新商品の価格を設定する機会も多いということです。（中略）

商品の新陳代謝がなされるときに，それにともなって価格はどのように変化するでしょうか。具体的にみてみましょう。

手はじめに，300店舗のスーパーでのシャンプーの販売履歴データを使って，２種類の指標を作ります。最初の指標は「単価」です。これは，ある時点でのスーパーの棚にあるシャンプーの全銘柄の平均価格です。具体的には，ある月において販売実績のあったシャンプーの全銘柄について，その販売金額の合計値を販売数量の合計値で割ったものです。図１の細線はこのように計算した単価を示しています。シャンプーの単価は1990年代前半に上昇した後，90年代半ば以降はほぼ一定で推移していることがわかります。つまり，単価でみる限り，シャンプーにはデフレは起こっていません。

学生に販売履歴データをわたしてそこから物価を計算せよという宿題を出すと，大部分の学生は単価を計算してきます。ところが単価は物価の指標としては実は不適切なので，あまりいい点数はつけられません。なぜなら，今月のシャンプーの商品（銘柄）と先月のそれは同じではないからです。先月は売っていたのに今月はない（商品の退出），その逆に，先月はなかったが今月は売っている（商品の参入）という商品があります。今月と先月で異なる銘柄の集合を比較しているので，銘柄間の価格差も単価の変化に混入してしまいます。たとえば，先月を最後に退出した銘柄が高級なシャンプーで，今月新たに登場した銘柄が廉価なシャンプーという場合，今月の単価は前月比で下がりますが，それをもって物価が下がったとは言えないのです。

異なる銘柄を比較するという単価の難点をクリアするには，先月と今月の両月に存在していた銘柄の集合だけを対象にして，その価格差を測るという方法が考えられます。具体的には，両月に存在していた銘柄（「共通銘柄」とよぶことにします）のそれぞれについて，先月から今月にかけての価格の変化率を計算し，その平均をとります。この計算では，両月に存在していた銘柄だけを使うので，退出商品や参入商品は無視することになります。図1の太線はこうやって計算された「共通銘柄価格」を表しています。(中略)

図1

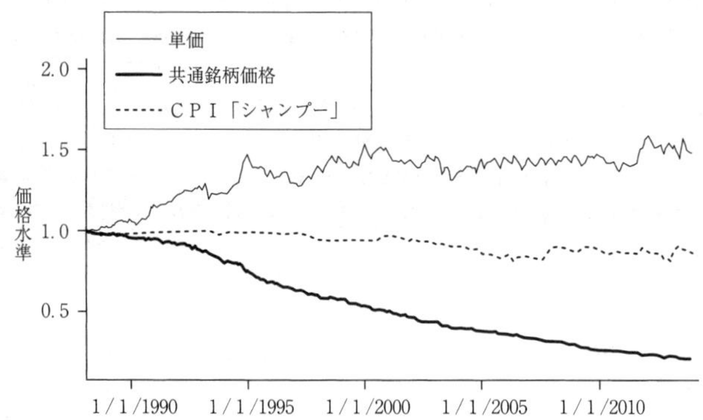

単価と共通銘柄価格の動きがこれほどまでに違うのはなぜでしょうか。2つの指標の違いは，計算対象をシャンプーの全銘柄とするか，それとも共通銘柄に限定するかでした。これを裏返せば，単価と共通銘柄価格の違いをみることによって，共通銘柄に含まれない銘柄（新たに登場した銘柄と市場から退出した銘柄）の価格がどのような性質をもつかが類推できます。単価が1990年代半ば以降ほぼ一定であるのに対して，共通銘柄価格が下落しているということは，ある銘柄の新世代が登場するときの価格が，前月に退出したその銘柄の旧世代の価格より高い，つまり，世代交代にともなって価格が上昇したことを意味しています。

<資料Ⅱ－④>

図2は，すべての商品を対象として，①退出時の価格－誕生時の価格（●で表示），②後継商品の誕生時価格－先代商品の退出時の価格（■で表示），③後継商品の誕生時価格－先代商品の誕生時価格（▲で表示），この三種類の価格差を計算した上で，ある月に退出したすべての商品について，三種類の価格差の平均値をプロットしたものです。

①についてみると，1990年代初頭のインフレ期はほぼゼロですが，その後，徐々にマイナス幅が大きくなり，90年代後半以降のデフレ期にはマイナス10%を超えています。これは，先ほどシャンプーの例でみた，商品の価格が生涯を通じて下落することに対応しています。

②については，1990年代はじめは10%足らずですが，その後は徐々に大きくなり，2000年代には15%に達しています。つまり，新商品の投入時の価格はその商品の先代の退出時の価格を上まわっており，その度合いはデフレ期に高まっています。

③についてみると，1990年代初頭のインフレ期には10%程度の正の値になっています。つまり，インフレ期には，ある商品の誕生時の価格はその商品の先代の誕生時の価格を上まわっていました。ところが，90年代半ば以降はほぼゼロ，またはわずかなマイナスへと低下しています。デフレ期には，先代の誕生時の価格を上まわることができなくなったことを意味しています。

図２

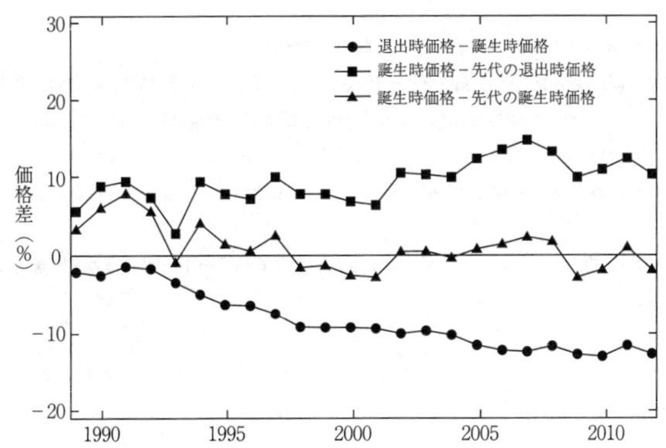

以上の結果を模式的にまとめたのが図３です。インフレ期(ロ)には，誕生から退出までの生涯における価格変化はほとんどありません。一方，商品の世代交代時には価格が上昇しており，この上昇が趨勢的な価格上昇を作り出します。同様の性質は米国のデータでも確認されています。これに対して，デフレ期(ハ)にはインフレ期と著しく異なることが起こっています。第一に，生まれてから退出するまでのあいだに，価格が10%超下がっています。デフレ下で発売から時間が経った商品の人気が薄れ，特売で辛うじて販売数量を確保するといった状況が生まれていることを示唆しています。

第二に，デフレ期には，ある商品の誕生時の価格はその商品の先代が誕生したときの価格と同じという傾向があります。インフレ期には，一段上がってしばらく水平でその後でまた一段上がるというように上り階段でした。仮にデフレ期にはインフレ期の反対のことが起こるのであれば，下り階段になるはずです。その結果，ある商品の誕生時の価格はその先代の誕生時の価格より低くなるはずです。しかしそうした誕生時価格の切り下げはなされていません。誕生時価格は，不思議なことに上がりも下がりもせず，その意味で価格硬直性があります。（中略）

デフレ期には，商品の価格は発売から時間が経つにつれて低下してしまうのですが，後継商品を投入することにより，ようやくもとの水準まで値戻ししているとみることができます。仮にこの値戻しがなく，誕生時の価格が世代交代のたびに切り下がっていったとすれば，企業はそれに見合う大幅な経費削減（賃金カットなど）を迫られていたことでしょう。これを回避できたのは世代交代時の値戻しのおかげです。（中略）

世代内の値上げは，まったく同じ商品の価格が引き上げられるということなので，消費者の抵抗は少なくありません。しかし，世代交代時には，商品の中味はともかく（実際，私たちの推計ではデフレ期の品質改善は限定的でした），少なくとも見た目は大きく変わるので，先代との値段の比較が難しくなり，消費者の抵抗も和らぐということです。（中略）

こうした議論を踏まえると，日本の企業は，世代内の値上げが十分でない分を世代交代時の値上げで補おうとしたのだと考えられます。つまり，消費者の怒りを恐れるあまり，原価の上昇に対して，世代内での表面価格の引き上げというもっとも標準的な対応を諦め，小型化によるステルス値上げと，世代交代時の値戻しという，変則的な方向に向かったとみることができます。

［渡辺努（2022）『物価とは何か』講談社，第４章の一部を抜粋。本資料の図１および２は，同著の図４－17および４－19。図３は，図４－20を元に出題者が作成したものである。原著で漢数字表記のものは，本資料では算用数字に変更した。］

出題者注

1）　日本銀行がいわゆる「ゼロ金利政策」を開始したのは1999年である。

2）「価格支配力」とは，企業が自社の製品やサービスの価格を決定することができる力のことを指す。例えば少しでも価格を上げるとライバルに顧客が流れてしまう場合，価格支配力は低いと考えられる。

3）　**問3**の図（**A**）～（**F**）は模式図であり，図中の目盛は何らかの単位を示すものではない。図中のP_{birth}，P_{death}，$P_{rebirth}$は，それぞれある商品の誕生時価格，その商品の退出時価格，後継商品の誕生時価格を指している。

問1　なぜ日本では長期的に緩やかなデフレが続いてきたのか，**資料Ⅱ－**①～④の論考を踏まえて，350字以上400字以内で論述しなさい。

問2　**資料Ⅱ－**①～④の論考を踏まえて，日本のような緩やかなデフレはまずいのか，まずくないのかを（下線部（**イ**）を参照），その具体的な理由とともに，150字以上200字以内で論述しなさい。

問3　資料**資料Ⅱ－**④の下線部（**ロ**）と（**ハ**）の各時期の価格の動きを表したものとして，最も適当なものを図3の（**A**）～（**F**）から一つずつ選択しなさい。[出題者注 3)]

ロ）インフレ期

ハ）デフレ期

図3

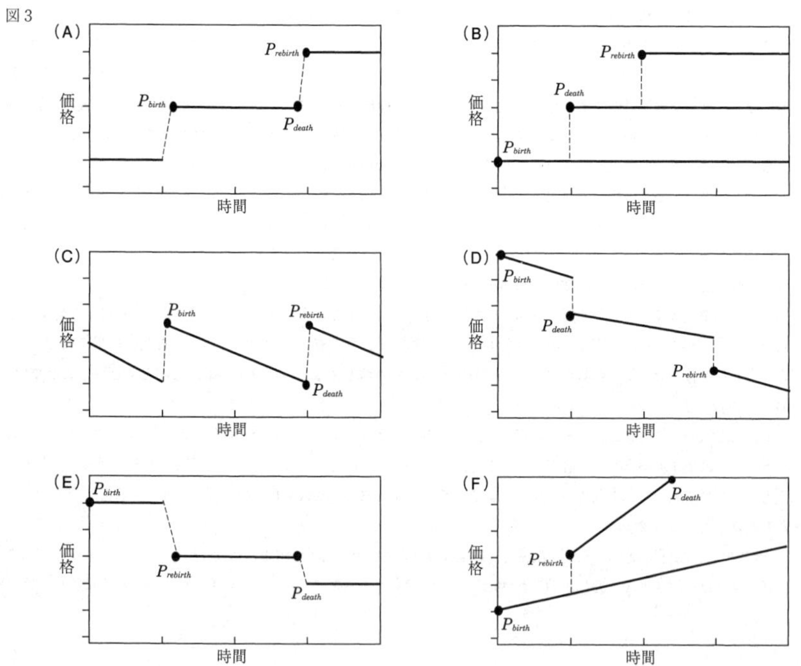

◀複合文化学科▶

(120 分)

以下の【資料1】～【資料3】を読んで，**問題1～問題5**に答えなさい（資料には一部改変あり）。

問題1　【資料1】の主旨を300字以上350字以内で要約しなさい。

問題2　【資料2】は，ナショナリズム研究の分野で基本図書の一つとされる『想像の共同体』の著者ベネディクト・アンダーソンが2005年に早稲田大学で行った講義をめぐって，その講義を収録した書籍の編著者梅森直之が執筆した解説からの抜粋である。【資料2】の編著者は比較という行為について，とくに国や社会を比較することについて，どのように述べているか。要点を300字以上350字以内でまとめなさい。

問題3　【資料1】と【資料2】とを結びつけ，2つの資料の関連性をそれぞれの文章から具体的に引用することで指摘しつつ，科学のあるべき姿，および留意すべき点について，あなたの考えを400字以上500字以内で述べなさい。

問題4　【資料3】は，アンダーソンが自身の研究者としての歩みを振り返りながら比較の枠組みについて論じた文章である。下線部①及び下線部②を日本語に訳しなさい。

問題5　【資料3】でアンダーソンは，比較を行う際の留意点として4点を挙げている。そのうちの第4点を簡潔な日本語80字以内で説明しなさい。

【資料1】

本冊子の昨年夏号に，フィギュアスケートの採点方式の歴史は，「美と技をいかに客観的に測るか」についての人類の模索の歴史なのだと書いた。主観を取り除き，客観的に測りたい対象を数値にするのは大変難しいことだ。

ところで，ひとは数値にすると客観的であると思いこむ傾向がある。番組の視聴率，受験校の偏差値など，身近な数値はいろいろある。しかし，巷で流通している数値をそのまま信用するのではなく，一つの数値が定義されるその場面に立ち返って再考することが必要である。何を無視し，何を重要なものとするのか，何をノイズと判断し，何をシグナルとみなすか，その判断によって数値の近似の仕方や算出の仮定が異なり，数値の値そのものも変わる。そのような近似と仮定のプロセスを考慮せずに算出された数値そのものを客観的で，どこにでも通用するグローバルなものとしてとらえるのは誤りであろう。

それではなぜ，そのような数値が客観的とみなされて流通してしまうのであろうか。科学史家セオドア・M・ポーターは，なぜ人類が数値を客観的とみなすのかの理由を分析した。グローバル化がすすみ，遠く離れた地域の人々とモノや知識の交易をすすめようとするときには，個人に由来した知識や地域に依存した知識は使いにくくなる。そういうときに交易や交流の標準化に役立つのが数値である。ローカルノレッジが通用しなくなるとき，標準化が求められ，新しい信頼の技術として数が登場する。その意味で，数字とは「没個人化」「非人格化」（原語は impersonality）の道具なのである。

例をあげよう。十八世紀のヨーロッパでは町役場にはよく，その地域で通用する1ブッシェル（質量単位で27.2キログラム）の容器が陳列されていた。これは小麦やオート麦を交換するときの単位であった。小麦はオート麦より高く評価されていたので，通常は平らにしたときの尺度で交換された。一方，オート麦は山盛りで売られていた。産業革命以前の世界では，すべての地域が，ときにはすべての村が，独自の尺度をもっていた。しかし，交易網がより大規模になるにつれ，尺度を統一する必要性がでてきた。ヨーロッパ大陸ではフランス革命が統一した尺度をつくり上げるうえで契機となった。計測における平等を保障するために，政治的な革命がメートル法の浸透に役立った。正確で統一された尺度が，経済を特権による秩序から法律の支配へと移行させたのである。メートル法は，現場の農民のために考案されたものではない。メートル法は，真のブッシェルを地方に持ち帰ったのではなく，ブッシェルを捨てて完全になじみのない量と名前によるシステムを選ばせた。

この例において，各地方のブッシェルは地方によって異なるため，遠く離れた地域との交易には使えない。ブッシェルというローカルノレッジが通用しなくなるとき，標準化が求められ，メートル法という新しい信頼の技術が登場したのである。メートル法はその意味で没個人化の道具である。

このように，没個人化・非人格化の道具が「数値」なのである。では何故，社会のなかで定量化がすすむのであろうか。ふだん，定量化とは，不当な政治的圧力が加わらなければ，客観性を追求するために推進されると言われている。しかし，史実の分析から，実は逆であることが判明した。定量化とは，力をもつ部外者が専門性に対して疑いの目をむけたときにこそ，発生するのである。政治的圧力さえなければ客観性が保てるのではなく，圧力にさらされてこそ，その適応として客観性がつくられるのである。

とくに二十世紀初頭の米国の保険数理士のおかれた状況を分析するとそれがよくわかる。米国の当時の文化状況は，量的な計算手続きのほうが信頼されたのであり，専門家判断は信頼されなかった。計測の尺度や手続きの規格化による客観化によって合意に至ることが，政府の官僚や外部者たちに対するもっとも強力な防衛となった。つまり，政治的圧力に対抗するために定量化が用いられたのである。それに対し，十九世紀半ばの英国の保険数理士たちは，政府の標準化の圧力に対して自らの専門性を守ることに成功した。英国の政治秩序は十分に階層的であり，客観性や正確さといったものよりも信頼や敬意に拠っていた。紳士であることに敬意と信頼が払われ，標準化された計算・没個人的規則よりも紳士の判断のほうが重要だったのである。同様にフランスにおいても，エコール・ポリテクニーク（フランスの高等教育研究機関。トップクラスの理工系大学の一つ）出身者であることに敬意と信頼が払われ，「ただの計算」（標準化された計算・没個人的規則）よりもエリートの判断および自由裁量のほうが重要であった。

生徒を類別するためのＩＱテストや，公衆の意見を定量化するための世論調査，薬を認可するための洗練された統計手法や，公共事業を評価するための費用便益分析やリスク分析，これらはすべて，米国の科学および米国文化独特の産物である。つまり，建国の歴史も浅く，専門家がエリートとして信頼されることのない米国社会で，市民からの疑いの目や社会からの圧力に対抗するために，これらの定量化は発展したのである。

（藤垣裕子「科学と社会を考える　第９回」『白水社の本棚』2023年春号）

【資料２】

すでに幾度か見たように，『想像の共同体』に続くアンダーソンの著作のタイトルは，一九世紀末に活躍したフィリピンの思想家であり革命家，ホセ・リサールの著作の一節から取られている。『比較の亡霊』という謎めいたタイトルだ。そしてこのタイトルは，アンダーソンが，『想像の共同体』以後に踏み出した新しい歴史の方法を，象徴的に示す標語ともなっている。

「比較の亡霊」という言葉は，リサールの優れたナショナリズム小説『ノリ・メ・タンヘレ』のなかに登場する。この小説の舞台は，一九世紀後半のフィリピンであり，物語は，裕福でハンサムな青年メスティーソである主人公イルバラが，スペイン帝国主義の圧政から祖国を解放するという理想に燃えて，長期にわたるヨーロッパ留学から帰国するところからはじまる。そして当該の言葉は，リサール自身を色濃く投影したこの主人公が，帰国間もない時期に，マニラの街を馬車のなかから眺めるその一シーンのなかに，ひっそりと次のように挿入されている。

そこは雑多な人々が群れ集う繁華街である。それぞれの衣装を身にまとったヨーロッパ人，中国人，現地人たち，行商人，半裸の運び屋，屋台，宿屋，食堂，商店，牛車を引く水牛，騒音と運動，陽の光，強烈な匂い，混じり合う色彩……。そうした景色を眺めながら，イルバラは，知らず知らずのうちに，微笑みながら，少年時代の追想に浸る。

しかし「植物園が見えてくると，彼の愉しい追想も消え去ってしまった。比較の亡霊が，彼をヨーロッパの植物園に連れ去ったからである」。ここでイルバラは，植物の葉を茂らせ，つぼみを開かせるために多くの努力とお金が費やされているヨーロッパの植物園を思い出す。そこは植民地から来た人間にとって，豪華で，周到に手入れされた公共の空間であった。

植物園から目を背けたイルバラの目に，壁と壕で囲まれ，まるで「祖母の時代のドレスをまとった生気のない若い娘」のような古いマニラの街並みが広がる。イルバラは考える。「海の向こうにヨーロッパがある。多くの美しい国々。つねなる激動のなかで，幸福を求め，夢とともに目覚め，失望とともに眠る……。彼らはその破滅のただ中で幸せなのだ。そして海のこちらには，霊的な人々がいる。彼らは，物事を責めたりはしないが，霊を崇拝すると自称する人々よりも，遥かに霊的であろう」。

アンダーソンは，こうした印象的なリサールの記述に，次のようなコメントを加えている。「このことばによってリサールが言おうとしたのは，ひとたびそれに触れたら，以後はけっしてマニラのことを同時に考えずにはベルリンを体験できず，ベルリンのことを考えずにはマニラを体験できなくさせてしまう新しい不安定な二重性の意識のことである」。アンダーソンはまた，「東南アジア」のフィールドにおいて，彼自身もまた，こうした「めまいのような」感覚に見舞われた経験について記している。アンダーソンは，自らに取り憑いたこの「比較の亡霊」を悪魔祓いしようとはしない。むしろ彼が試みたのは，すべての歴史を，この「亡霊」の視点から，すなわち二重性の意識において見直してみることであった。いわば彼自身が「比較の亡霊」となって，読者を「不安定な二重性の意識」に誘うことが目ざされたのである。

「比較の亡霊」とは何か。その正体を明らかにする鍵は，通常われわれがどのような操作で，「比較」しているかを見つめ直してみることだ。何かを比較するためには，どうしても必要なものが二つある。その第一は，比較する対象である。ミカンとリンゴ，商社マンとフリーター，日本とアメリカ。これらの対象が存在してはじめて，僕たちはそのあいだを比較することができる。

次に必要なものは，共通の「ものさし」である。色，重さ，甘さ……，こうした特定の尺度に照らすことでミカンとリンゴという異なる果物は比較可能になる。人間とて同じことだ。本来かけがえのない個人同士がそれでも比較可能となるのは，成績や年収といった共通の「ものさし」で測られる限りにおいてである。国や社会を対象とする社会科学も，いろいろな「ものさし」で，さまざまな対象を測っている点においては日常生活における比較の場合とそれほど異なっているわけではない。

しかしながら，国や社会を比較する場合と，ミカンとリンゴを比較する場合には異なる点もある。その第一は，ミカンやリンゴが，具体的な個物として外界から明確に区別されているのに対し，国や社会は，そのような物理的境界を持たないことである。

国や社会の境界は，ミカンやリンゴの場合とは異なって，あくまでも人間があたまのなかで引いたものだ。国境線に出かけてみたところで，そこに地図帳の赤いラインが物理的に存在しているわけではない。だから比較するという行為は，その想像の境界を受け入れ，比較の対象を作り出すところからはじまる。比較という行為自体が，国や社会という想像の共同体を生みだしてゆく営為の重要な一部であるというわけだ。

そもそも比較するという行為には目的がある。それは比較されるもののあいだに，順番をつけることだ。そのさい，比較されるもの（ちょっと専門家っぽくデータと呼んでみよう）には，通常二つの種類がある。一つめは，純粋に客観的な数字（定量的データ）である。色や重さや甘さ（果物の場合），成績や年収（個人の場合），人口，面積，識字率，ＧＤＰ（国の場合）……。こうした数字が定量的データの具体例である。

二つめは，対象の性質の評価を含むもの（定性的データ）である。民主化や近代化の程度を比較するという場合，この種のデータの解釈が，重要になることが多い。国や社会を比較する場合と，ミカンとリンゴを比較する場合では，「ものさし」の使い方も異なってくる。「このミカンとこのリンゴ，どちらが重いでしょう」。こうした比較には，正確な秤さえあれば，簡単に答えることができる。「日本とアメリカ，さてどちらが大きいでしょう」。こうした量的比較の場合も答えは一つしかない。では，「日本とアメリカ，さてどちらが民主的でしょう」。こうした質的比較に答えることは非常にむずかしい。民主化の度合いを測る「ものさし」は，けっして一つではないからだ。

しかしながら，国家や社会を対象とする比較の場合，僕たちが関心を持つのは多くの場合こうした質的な比較である。量的な比較の場合と異なって，質的比較の場合には，誰が，どのように「ものさし」を作るかが，決定的に重要な意味を持つ。

国や社会を比較するということは，人びとの集団を区切り，その集団に順列を付けるということだ。区切るものと区切られるもの，序列をつけるものとつけられるもの，この二者が存在してはじめて，比較という実践が成り立つ。

ここで重要なのは，この比較という実践が，けっして平等でも互換的でもないことである。なぜなら，ある国や集団は，圧倒的に比較する側にあり，他の国や集団は，つねに比較される側であり続けるということが社会科学の通例であったからだ。学問といえども力の一種である。力の強い国や集団の学問は，必然的に大きな影響力を持つ。そして現代社会において，そうした強い力を持った国や集団といえば，いうまでもなく西ヨーロッパとアメリカである。

これは結局のところ，西ヨーロッパとアメリカの学問が，他の国や社会を区切り序列化する地位にあったということだ。それは別言すれば，かれらがかれらの「ものさし」で，他の国や社会を測ってきたということだ。かれらの「ものさし」は，当然のことながらかれらの経験に基づいて構成されている。つまり，彼らの国や社会のあり方こそが，標準とみなされてきたということなのだ。

これまで多くの比較研究は，それぞれの国や社会の特徴を明らかにするというよりも，当該の国や社会が，西洋の国や社会のあり方からどれほど逸脱しているかを実際に測ってきた。そしてその逸脱の程度を，時間軸を利用して序列化したものが，近代化論と呼ばれるものさしである。

このものさしのからくりは，多様に存在する空間的な差異を，時間的な遅れとして，一元的に説明することにある。西洋の国や社会のあり方により近い国や社会は，より近代的だと評価され，そうでない国や社会は，より近代的でないと位置づけられる。一九四五年，連合軍最高司令官として日本統治の重責を担うことになったアメリカのマッカーサー将軍は，当時の日本の民主主義の成熟度を評し，アメリカがもう四〇代なのに対して日本はまだ一二歳の少年であると述べた。そして現在多くの人が，現代の中国を，高度経済成長時代の日本の姿と重ねあわそうとしている。これが近代化論と呼ばれるパラダイムのはたらきである。

「比較の亡霊」は，こうした近代化論的な比較の論理が現実に破綻するところにあらわれる。なぜ，そしてどのように近代化論は破綻するのか。それは実際の人々の生活が，境界によって分けられるものでも，異なる時間を生きるものでもないからだ。フィリピンは，ドイツと別の世界に存在しているわけではない。それは海を隔ててつながっている。だからフィリピンはドイツの過去でなく，ドイツはフィリピンの未来でもない。マニラの雑踏とヨーロッパの植物園は，ともにいまという同じ時間に存在しているのだ。

僕たちは，いまという同じ時間を，世界の人々とつながりながら生きている。近代化論的な比較は，そのつながりを境界によって分断し，いまという同じ時間を近代と前近代という異なる歴史へわりあてる。「比較の亡霊」が出現するのは，まさにこの瞬間である。境界によって分断され，異なる時間へと追いやられた人々のつながりが，現実のなかで回帰する。すなわち「比較の亡霊」とは，近代化論的な比較により抑圧されたグローバルな現実そのものを意味している。

（梅森直之編著『ベネディクト・アンダーソン　グローバリゼーションを語る』光文社，2007年）

【資料3】

It is important to recognise that comparison is not a method or even an academic technique; rather, it is a discursive strategy. There are a few important points to bear in mind when one wants to make a comparison. First of all, one has to decide, in any given work, whether one is mainly after similarities or differences. It is very difficult, for example, to say, let alone prove, that Japan and China or Korea are basically similar or basically different. Either case could be made, depending on one's angle of vision, one's framework, and the conclusions towards which one intends to move. (In the jingoist years on the eve of the First World War, when Germans and Frenchmen were encouraged to hate each other, the great Austro-Marxist theoretician Otto Bauer enjoyed baiting both sides by saying that contemporary Parisians and Berliners had far more in common than either had with their respective medieval ancestors.) Here I have tried, as perhaps offering a useful example, to show how the comparative works I wrote between the early 1970s and the 2000s reflected, in their real difference, changing perspectives, framings and (political) intentions.

A second point is that, within the limits of plausible argument, the most instructive comparisons (whether of difference or similarity) are those that surprise. No Japanese will be surprised by a comparison with China, since it has been made for centuries, the path is well trodden, and people usually have their minds made up already. But a comparison of Japan with Austria or Mexico might catch the reader off her guard.

A third reflection is that longitudinal comparisons of the same country over a long stretch of time are at least as important as cross-national comparisons. One reason for this has to do with the power of a certain kind of textbook-style national history that doesn't disdain myths and has a vested interest in continuity and perpetuating an ancient 'national identity'. Scots who want to believe and insist that they have long been oppressed by the English do not like to be reminded that London was ruled by a Scottish dynasty through most of the 17th century; likewise many Japanese do not take kindly to the suggestion that their country's earliest 'emperors' may have been partly Korean in origin. Hence scholars can profit immensely by reading widely in ancient history.

A fourth point is that it is good to think about one's own circumstances, class position, gender, level and type of education, age, mother language etc when doing comparisons. But these things can change. When you start to live in a country whose language you understand barely or not at all, you are obviously not in a good position to think comparatively, because you have little access to the local culture. You feel linguistically deprived, lonely and even isolated, and you hunt around for some fellow nationals to stick with. You cannot avoid making comparisons, but these are likely to be superficial and naive. Then, if you are lucky, you cross the language wall, and find yourself in another world. ①You are like an explorer, and try to notice and think about everything in a way you would never do at home, where so much is taken for granted. What you will start to notice, if your ears and eyes are open, are the things you can't see or hear. You will begin to notice what is not there as well as what is there, just as you will become aware of what is unwritten as well as what is written. And this works both for the country you are living in and the one from which you came. Often it starts with words. Indonesian, for example, has a special word, *gurih*, for the taste of rice ('deliciously pungent' according to one dictionary). If you come from England, you are then startled to realise that the taste of rice can't be described with a designated English word. On the other hand, Indonesian has no word like the English 'sepia' for the colour of old photographs. The same is true of concepts. Javanese has a word, *longan*, for the empty space under a chair or bed, which English does not.

Such a period of struggling with a new language is especially good for training oneself to be seriously comparative, because there is not yet any automatic translation of foreign words into the language in your head. You gradually get to know enough to notice more, and yet you are still an outsider. If you then stay on long enough, things get taken for granted again, as they were back home, and you tend to be much less curious and observant than before — you start to say to yourself: 'I know Indonesia inside out.'

②The point being that good comparisons often come from the experience of strangeness and absences.

(Benedict Anderson, "Frameworks of Comparison", *London Review of Books*, Vol.38, No.2, 2016)

出題者注
discursive：discourse の形容詞形／jingoist：好戦的愛国主義者／plausible：妥当と見なせる／
observant：観察眼の鋭い

すぐさま兵部侍郎に昇任してその名を知られた。

問十二　「山月記」の作者は、小説化に当たって、「人虎伝」の末尾の②の部分を用いていない。なぜ用いなかったのか。あなたの考えを記述解答欄に記せ。

〔解答欄〕タテ一五・六センチ×ヨコ三・五センチ

イ　悲㆓泣所不㆒㆑忍聞

ロ　悲泣所㆓不㆑忍聞㆒

ハ　悲泣所㆑不㆓忍聞㆒

ニ　悲泣所㆑不㆑忍㆑聞

ホ　悲㆓泣所㆒㆑不㆑忍㆑聞

問十一　「人虎伝」の末尾に記された内容に合致するものを次の中から一つ選び、解答欄にマークせよ。

イ　すでに人事不省になりつつある李徴は、帰路にはこの道を通ることがないように願う一方、出会いの記念に叢中から躍り出て咆哮する勇姿をみせたいと伝えた。

ロ　人間の自覚が失われるのを危惧して、帰路は他郡を通るよう忠告する虎に哀慟する袁傪ではあったが、結局は弔いの手紙や霊柩を家族に送り届けなかった。

ハ　袁傪は、虎の言うように帰路を他郡にとって無事に帰任し、自らの俸給を等しく分け与えたので、李徴の妻子は生活に困窮することが無かった。

ニ　虎との辛い別れをした袁傪は帰任後、李徴の妻子に手紙と弔いの品を使者に届けさせるとともに、李徴の息子が上京するのを待ちうけて霊柩を引き渡した。

ホ　虎に言われた通りに道を他郡にとって無事に帰任を果たした袁傪は、その重要な任務の功績によって、

問八　空欄 A には、国語辞典に「男子二十歳の称、元服して成年に達すること」と説明される漢字二字の語が入る。その語の下の漢字を含む熟語を、次の中から一つ選び、解答欄にマークせよ。なお、その下の漢字は、カタカナで表記している。

イ　カン牛充棟　**ロ**　十カン十二支　**ハ**　カン髪を容れず
ニ　忙中カン有り　**ホ**　カン婚葬祭

問九　傍線部**1**「不能屈跡卑僚」の書き下し文として最も適切なものを、次の中から一つ選び、解答欄にマークせよ。

イ　よくひれうにあとをくつせず
ロ　よくくつせずひれうをあとにす
ハ　あとをひれうにくつするあたはず
ニ　あとをくつしてひれうたるあたはず
ホ　ひれうよりもあとにくつするあたはず

問十　傍線部**2**「悲泣所不忍聞」の返り点として最も適切なものを、次の中から一つ選び、解答欄にマークせよ。

洟れた。袁傪も幾度か叢を振返りながら、涙の中に出発した。

一行が丘の上についた時、彼等は、言われた通りに振返って、先程の林間の草地を眺めた。忽ち、一匹の虎が草の茂みから道の上に躍り出たのを彼等は見た。虎は、既に白く光を失った月を仰いで、二声三声咆哮したかと思うと、又、元の叢に躍り入って、再び其の姿を見なかった。

（『国訳漢文大成』「人虎伝」、『中島敦全集』「山月記」による。）

注　隴西：地名。　李徴：人名。　虢略：地名。
従州府貢：州の推薦を受けて科挙を受験すること。
天宝十五載：七五六年。天宝は唐の玄宗皇帝の年号。載は年の意。
江南尉：官職名。　倨傲：おごり高ぶること。
虎榜：及第者名を記した掲示板。俊才を虎に例えた。
狷介：人と融和しないこと。　呉楚：地方名。
汝墳：地名。　嶺南：地名。　観察御史：官職名。
袁傪：人名。　商於：地名。　南中：嶺南に同じ。
賻贈：死者を弔うための贈り物。　兵部侍郎：官職名。

此。」（略）叙別甚久。傪乃再拝上馬、回視草茅中、2悲泣所不忍聞。傪亦大慟、行数里、登嶺看之、則虎自林中躍出咆哮、巌谷皆震。②後回自南中。乃取他道、不復由此。遣使持書及賻贈之礼、訃於徴子。月余徴子自虢略入京、詣傪求先人之柩。傪不得已、具疏其伝、遂以己俸均給。徴妻子免飢凍焉。傪後官至兵部侍郎。

〔山月記〕そうして、附加えて言うことに、袁傪が嶺南からの帰途には決して此の途を通らないで欲しい、其の時には自分が酔っていて故人を認めずに襲いかかるかも知れないから。又、今別れてから、前方百歩の所にある、あの丘に上ったら、此方を振りかえって見て貰いたい。自分は今の姿をもう一度お目に掛けよう。勇に誇ろうとしてではない。我が醜悪な姿を示して、以て、再び此処を過ぎて自分に会おうとの気持を君に起させない為であると。

袁傪は叢に向って、懇ろに別れの言葉を述べ、馬に上った。叢の中からは、又、堪え得ざるが如き悲泣の声が

傲（がう）ナリ。 1 不能屈跡卑僚。

〔山月記〕隴西の李徴は博学才穎、天宝の末年、若くして名を虎榜に連ね、ついで江南尉に補せられたが、性、狷（けん）介、自ら恃む所頗る厚く、賤吏に甘んずるを潔しとしなかった。

> 李徴は職を辞するが、生活の資を得るために呉楚の地に赴いた。一年余して、その帰路に汝墳の宿屋で発狂して行方不明となった。
>
> 翌年、嶺南に使いする観察御史の袁傪（さん）が朝まだきに商於の界を出発したとき、虎に襲われる。その叢中に身を隠した虎の声こそ旧友の李徴のものに他ならなかった。二人はしばし語らいの時を過ごす。（要約は「人虎伝」に基づく。）

【末尾】

〔人虎伝〕①虎又曰、「使回日、幸取道他郡、無再遊此途。吾今日尚悟、一日都酔、則君過此、吾既不省。（略）此吾之切祝（ねがひ）也。君前去百余歩、上小山、下視尽見。此将令君見我焉。非欲矜勇。令君見而不復再過

問七　自分の歌に対する通俊（俊成）の評価に対する兼久（兼方）の主張（反論）に対して、【A】【B】ではことなる評価がなされている。【B】の語り手は、どのような理由から、どのような評価を下しているか。空欄 X にあてはまる言葉を記述解答用紙に100字以内で記せ。

兼方が俊成の批判に対して、過去の名歌で『花こそ』が使われていることを根拠に反論したことについて、

X

。

（三）　中国唐代の小説「人虎伝」は、中島敦の小説「山月記」の典拠として知られる。次に示すそれぞれの【冒頭】と【末尾】の部分とを読んで、あとの問いに答えよ。なお、設問の都合上、返り点・送り仮名を省いた箇所がある。

【冒頭】

〔人虎伝〕隴西李徴、皇族子、家於虢略。徴少博学、善属文。 A 従州府貢焉。時号名士。天宝十五載春、（略）登進士第。後数年、調補江南尉。徴性疎逸、恃才倨

（注）つきぬべげに…「べげ」は、「べし」の語幹「べ」に接尾辞「げ」のつづいたもの。

問五　次の文章の空欄に当てはまる言葉として最も適切なものを、あとのa～cの選択肢から選び、それぞれ解答欄にマークせよ。

【A】の『宇治拾遺物語』は十三世紀成立の説話集で多彩な話を収めるが、先行する『［a］』や『古本説話集』、『古事談』などと酷似する話も多く収められている。【B】の『撰集抄』も十三世紀成立とみられる作者不詳の仏教説話集だが、作者が歌集『山家集』で知られる［b］に仮託されており、そのためか、【B】ではエピソードの時期が実際よりも後の時代に変更されている。藤原俊成は実際には『［c］』の撰者であることからも、【A】【B】では【A】の方が実際の時期に合致すると判断できる。

a　イ　今昔物語集　　ロ　三宝絵　　ハ　沙石集　　ニ　醒睡笑　　ホ　大和物語
b　イ　阿仏尼　　ロ　鴨長明　　ハ　兼好法師　　ニ　西行　　ホ　藤原定家
c　イ　拾遺和歌集　　ロ　詞花和歌集　　ハ　千載和歌集　　ニ　新古今和歌集　　ホ　新勅撰和歌集

問六　傍線部1の和歌は、何をどのようにたとえているのか。記述解答欄に記せ。

〔解答欄〕タテ一五・六センチ×ヨコ二・〇センチ

侍、通俊のもとへ行きて、「兼久こそかうかう申して出でぬれ」と語りければ、治部卿うち頷きて、「さりけり、さりけり、物ないひそ」といはれけり。

（『宇治拾遺物語』）

（注）治部卿通俊卿　…　藤原通俊（一〇四七―一〇九九）。『後拾遺和歌集』の撰者。
　去年見しに　…　『金葉集』に左近将兼方の作として入集している歌。
　四条大納言　…　藤原公任（九六六―一〇四一）。博学多才で詩歌にも優れた。

【B】（※【A】の秦兼久が兼方に、通俊が藤原俊成、四条大納言が俊成の父俊忠に、それぞれ対応している。）

……兼方、「かくと申させ給へ」とて、「花こそやどのあるじなりけれ」とばかり云ひて、出にけり。俊成きき給ひて、「をちあはれぬ」とぞのたまはせ侍りける。

花こそといふ句を、「かたぶき給ふ」と聞きて、「俊成の父、俊忠の歌の花こそはいかに」と、とがめけるなり。但し、中納言の難じ給へるは、「『去年見しに色もかはらず咲きにけり』といふまでは、いかなる風情の句もつきぬべげに侍るに、『花こそ物は思はざりけれ』といふ、むげによはき句なり」と、そしり給へるにこそ。ただ花こそといふ、こそをにくみ給ふにはあらじものを。しかる上は、なにしにか俊忠の歌にはひとしむべき。

（『撰集抄』）

（二）次の【A】は『宇治拾遺物語』所収の説話であり、【B】は『撰集抄』に収められた同内容の説話の後半部分である（時代と登場人物に違いがある）。これらを読んで、あとの問いに答えよ。

【A】今は昔、治部卿通俊卿、後拾遺を撰ばれける時、秦兼久行き向かひて、「おのづから歌などや入る」と思ひてうかがひけるに、治部卿出でゐて物語して、「いかなる歌か詠みたる」といはれければ、「はかばかしき候はず。後三条院かくれさせ給ひて後、円宗寺に参りて候ひしに、花の匂ひは昔にも変はらず侍りしかば、つかうまつりて候ひしなり」とて、

「去年見しに色もかはらず咲きにけり花こそものは思はざりけれ

とこそつかうまつりて候ひしか」といひければ、通俊の卿、「よろしく詠みたり。ただし、けれ、けり、けるなどいふ事は、いとしもなきことばなり。それはさることにて、花こそといふ文字こそ女の童などの名にしつべけれ」とて、いともほめられざりければ、言葉少なに立ちて、侍どもありける所に、「この殿は大方歌の有様知り給はぬにこそ。かかる人の撰集承りておはするはあさましき事かな。四条大納言歌に、

1 <u>春来てぞ人も訪ひける山里は花こそ宿のあるじなりけれ</u>

と詠み給へるは、めでたき歌とて世の人口にのりて申すめるは。その歌に、『人も訪ひける』とあり、また、『宿のあるじなりけれ』とあめるは。『花こそ』といひたるは、それには同じさまなるに、いかなれば四条大納言のはめでたく、兼久がはわろかるべきぞ。かかる人の撰集承りて撰び給ふ、あさましき事なり」といひて出でにけり。

イ　苛酷な軍隊生活の中でもロシア語の原書に熱心に取り組んだ「潔」の生き生きした様子を羨ましく感じながらも、そんな「潔」の才能を伸ばすことを許さない戦争の不条理に対して、強い憤りを覚えている。

ロ　軽い気持ちで手渡した難解な原書を見事に暗誦してみせた「潔」のロシア語の資質に舌を巻きうろたえながらも、教官と生徒という立場を考え、「潔」に自分の動揺を気取られてはならないと取り繕っている。

ハ　自分自身が教えることに自信を持てずにいるロシア語に真剣に向き合っている「潔」の姿勢に心を打たれながらも、「潔」が向かう戦場ではロシア語は役に立たないだろうという諦めと無力感にとらわれている。

ニ　思いもよらない「潔」のロシア語に対する情熱に驚き、かつての自分に通じるものを感じながらも、卒業後の「潔」を待ち受ける残酷な現実を想像し、彼に対する期待や賞讃を懸命に振り払おうとしている。

ホ　短期間でチェーホフの短篇を読みこなせるようになった「潔」の成長ぶりを頼もしく感じながらも、軍務とは関係ない文学の世界に「潔」を没入させてしまったことに対して、後ろめたい思いを感じている。

問三　傍線部**3**「彼は、喋りつづける、痩せた、猫背の一人の男の顔をじっと見ていた」とあるが、ここには「潔」のどんな思いが表現されていると考えられるか。記述解答欄に記せ。

〈解答欄〉タテ一五・六センチ×ヨコ二・〇センチ

問四　問題文から読み取ることができる「潔」と「峰」の関係について一八〇字以内でまとめ、記述解答欄に記せ（句読点等も一字に数える）。

「潔」のどんな様子が表現されているか。その説明として最も適切なものを次の中から一つ選び、解答欄にマークせよ。

イ　軍の学校に入学する以前、故郷で親しんでいた自然豊かな情景が外国にもあると知り、急にロシア語の世界を身近に感じ始めている様子。

ロ　新しい言葉との出会いが、自分にとって新たな世界の入口になるかも知れないという期待から、興奮で胸を高鳴らせている様子。

ハ　軍隊用の教科書では見たことのないロシア語の単語と出会い、早くそれらの意味を知りたいと好奇心に突き動かされている様子。

ニ　戦争とはまるで関わりのない文化的な雰囲気にとまどいながらも、描かれた自然の美しさに心の安らぎを感じている様子。

ホ　たった一つの単語から鮮やかな情景を想像させてくれる文学の力に驚き、厳しい訓練の疲れが吹き飛んでしまった様子。

問二　傍線部**2**「突然、峰は右手をつき出して、烈しく言った」とあるが、このときの「峰」の思いの説明として最も適切なものを次の中から一つ選び、解答欄にマークせよ。

潔の眼は輝きを失って、鈍くなった。3彼は、喋りつづける、痩せた、猫背の一人の男の顔をじっと見ていた。
それから、低い声で言った。

――わかりました、教官殿。

潔は、自分の眼から、輝きが全く失われてしまったことには、無論、気がつかなかった。ただ彼は、ここ半年の間、毎晩、輝いていた二時間があって、そしてそれというのも、古びた一冊の原書が机の上に開かれるからだということ、そして、実は、その古びた外見にもかかわらず、その本の世界へはいって行くと、その世界には、真に輝いた日の光があるということ、そして今は、永遠にその光が消えうせたということ、その光を奪い去って行ったのは、今眼の前に立っている、この貧弱な痩せた男だ、ということをぼんやりと感じていたのだ。そして、遂に、彼には、この灰色の皮膚を持った男が一体どういう男なのかを理解できず、また理解する必要もなくなったことを感じたのだ。

潔は、敬礼した。彼は峰に背をむけた。人けのなくなった、冷えきった長い廊下を、一度もふりかえらずに、歩いて行った。

（注1）クルイジョーフニク … ロシアの小説家チェーホフの短篇「すぐり」のこと。

（注2）天覧 … 天皇が観賞・観覧すること。

問一　傍線部**1**「昼間の烈しい訓練の疲れで、赤く、はれぼったい眼が大きく見開かれた」とあるが、ここには

――原書は返してもらおう。

――は？

――お前は航空へ行くんだ、もうロシア語どころではなかろう。

潔は幾分青ざめた顔つきになった。

――もうすぐ、香取には、天覧(注2)に供する模範答案を作成してもらわねばならん。もう、それくらい出来たら、原書も必要なかろう。それから、……峰は、潔の眼を深々とのぞきこむようにしながら言った、……香取は必要以上に原書を読みすぎたようだな。おれもな、学生時代は片っ端から読みあさった、片っ端からだ、然し、今はな、こうして皆を立派な将校生徒に（この時、また冷たい笑いが浮んだ）しようと思って教官をやっている。模範答案を作りあげたら、もうロシア語は忘れろ。

――いいえ、忘れません、教官殿。

潔は、小さな声で、弱々しく、そして、のろのろと言った。彼の眼から次第に、光が消えて行きつつあった。

潔は、もっと小さい声で言った。

――忘れません、教官殿。

――そんなものをいくら暗誦したって、もう無駄だ……無駄だ、と峰は我を忘れたように大きな声で言った、彼は自分が教官で、潔が生徒であることなど忘れてしまったかのようだった。

――生徒隊長殿もいつも航空生徒には訓辞されているではないか、お前たちは、名誉ある特攻要員になるのだと。

そして潔は、微笑した。じっとみつめていた峰の顔に、はじめは疑わしいような、やがて、どうしても信ぜざるを得ないような表情が走り過ぎた。峰の眼は、一瞬、何もかも忘れ果てたように、輝いた。がしかし、次の瞬間、彼はぶるっと頭をふった。峰の顔が硬くこわばって来た。それから、突き放すようにとげとげしい眼になった。ようやく、彼は、低い声で言った。

——ちょっと、やってみい。

潔は棒立ちになったまま、すらすらと暗誦しはじめた。一字一句もつかえず、正確に発音しながら、彼はつづけた。

2 突然、峰は右手をつき出して、烈しく言った。

——やめえ。もういい。

峰と潔は黙ってむかいあって立っていた。潔の眼は酔ったようにうるんで、優しく峰の顔を見ていた。峰は、かすれた声で言った。

——香取は、航空へ進むそうだな。

——そうであります、教官殿。と潔はおうむ返しに答えた。自分が何を言ったか、ろくに考えていないような返事だった。

——すると、もう一ト月で卒業だな。

——そうであります、教官殿。

峰の顔に毒々しい笑いがふきあげた。彼はすぐ、その笑いをおし殺して、ゆっくりと、言ったのだ。

まるで海のようにゆったりとその姿を彼の体の中にひろげて行き、ロシア語を習うと聞いた時から浮んで離れることのなかった二つの死体が、次第々々に薄れて、広い平原の彼方へ、ゆっくりと沈んで行くのを見たのである。

この夜から、自習時間は、その名前の如くまさしく自習時間そのものになった。潔は夜の二時間の中で解き放たれる思いがした。峰の家を訪れた時の不快さは、嘘のように消えてしまった。潔は思った。

——やっぱり、峰教官は、ほかの教官たちとは違っていた、それにしても、こんな本を貸してくれるなんて、何ていい教官だろう。

武蔵野に秋が来た。風が日一日と冷たくなり、木々の葉が風の弦をうけてかきならす音は、日ましに、乾いた、単調な音に変って行った。そして、どんなに鋭く、強く風の弦が木々に触れても、もう音楽は聞えなくなった。木々は裸になっていた。そして、雪よりも一足先に、雪よりも白く、B29が青い空に浮ぶようになった。

年を越えて空襲は烈しさの度を加えて行った。午前も午後も、正常な課業が中断されることが多くなっていった。潔が峰教官に会う回数も、だから、減っていった。そんな、或る日の朝だった。

ロシア語の授業が終ってから、寒い廊下の一隅で、潔は、峰教官を呼びとめた。潔は寒さにもかかわらず、白い頬に鮮かな血の色を浮べていた。眼は、そのために全身を投げ出しても悔いのない希望を持つ者の、熱っぽい、輝き出すような光をたたえていた。こんな眼は、もう、栄養の乏しい、睡眠不足と烈しい訓練にうちのめされている生徒たちの誰にも発見できないものだった。峰はその眼を見て、うたれたようにたちすくんだ。

——教官殿、と潔は憑かれたように早口で言った、私は、クルイジョーフニクを全部、暗誦いたしました。

Крыжовник　クルイジョーフニク(注1)……

無論、彼はそんな単語を知らなかったので辞書をめくった。すると、戦車や重砲とは、絶対に何の関係もない言葉が出て来たのだ。彼はじっと目をこらした――すぐり、という文字の上に。たちまち、小さな緑色の葉や、しなやかで細く長い枝や、それらの間の、緑色の、紫色の、小さなガラス玉のような実が、潔の眼の前をさえぎった。彼の舌は、その酸っぱい味に痙攣(けいれん)した……

1 昼間の烈しい訓練の疲れで、赤く、はれぼったい眼が大きく見開かれた。彼の指はあわただしく、ひっきりなしに辞書をめくった。実際、軍用露語教程にはない単語ばかりが並んでいた。彼が理解できる言葉と言えば……デアル……デアッタ……シカシ……などという類のものだけだった。が、彼は、人間が、高い、嶮しい山を一歩々よじ登って行くように、進んで行ったのだ。一行をやっと終り、二行目にはいった。彼は読んだ……

……было(ブイロ) тихо(チーホ), не(ネ) жарко(ジャールコ) и(イ) скучно(スクーチノ)……

彼は自分流に直訳した。

――静かだった、暑くなかった、そして……彼は終いの単語を引いた。スクーチノ……副詞、退屈に、面白くなく。淋しく。

――静かだった、暑くなかった、そして、退屈だった……そして退屈だった……

あ、あ、あ、と彼は胸の中で小さな声をあげた。そして、退屈だった……こんな言葉の、そしてこんな表現の通用する世界は、この学校の中には全くなかったのだ。そして彼はブイロ・チーホ、ネ・ジャールコ・イ・スクーチノ、とまるで詩の一節でも暗誦するかのように繰り返していると、夏の、さえぎるものの何物もない平原が、

▲C　方　式▼

（九〇分）

（一）　次の文章は、小林勝の小説「軍用露語教程」の一節である。アジア太平洋戦争下、陸軍予科士官学校に入学した一七歳の「潔」は、命令でロシア語を学習することになった。ロシア語の教官「峰」は規律に厳しい人物だったが、「潔」は他の生徒たちが苦労したロシア語の発音を見事にこなすことができた。ある日、「峰」の自宅に招かれた「潔」は軍隊を離れた交流を期待するが、「峰」は終始堅苦しい姿勢を崩さないまま、「潔」の帰りがけにロシア語の分厚い本を手渡した。以下は、「潔」が初めてその本を開く場面である。これを読んで、あとの問いに答えよ。

実際、彼は何気なく、厚い古びた表紙をめくったのだ。紙はすっかり茶色に変色していた。かびくさい匂いがうっすらと、たちのぼって来た。それは、パリパリいう新鮮な音と、強い印刷インクのにおいのする露語教程とは、まるきり違っていた。潔は、自分が、古いじゅうたんのしきつめてある、暖かいが幾分暗い、どこか書斎とでもいった処へ連れこまれて行くような、不思議なときめきを感じた。それは、入校以来、決して味わったことのない雰囲気だった。彼は思わず、小さな身震いをした。

彼はもう一枚めくった。すると、多分それは、誰かの小説であるらしく、大きな題字が出て来た、彼は読んだ、

ハ　本文の作者は死後の魂が蝶と化す奇譚をかねがね聞き知ってはいたが、楊大芳の妻の話を聞くまでは、それらが作り話ではないかと半信半疑であった。

ニ　李鐸の死後、鳳翔の役所に飛来した蝶の特徴は量的な多さにあり、それが来る日も来る日も現れ、三週間ほど飛来しつづけたことが、とりわけ奇妙な出来事であった。

ホ　李商の詩では、異郷で没した楊昊の化した蝶が飛んできたはるか遠い道のりに思いをはせ、様々な苦難や危険を冒して、はるばる若妻に会いに来た奇跡を詠じている。

※問三十三については、設問の記述に不適切な部分があったため、適切な解答に至らないおそれがあると判断し、解答の有無・内容にかかわらず、受験生全員に得点を与える措置が取られたことが大学から公表されている。

ロ　弔問の列に並ぶやいなや、蝶の大群に囲まれ、前に進むことも忘れて立ち尽くし、手で振り落とし、足で踏みつけて、やっと前方が見極められるようになって、前に進むことができたのだった。

ハ　弔問の列に並ぼうにも、蝶の大群に視界を奪われ、どこが最後尾かも見極められず、手で振り払おうとしても次々に飛んでくるためどうにもできず、ただただ地団駄を踏んで困り果てるばかりだった。

ニ　弔問客は、にわかに蝶の大群に囲まれ、視界が奪われて、どちらに歩みを進めてよいのかも分からず途方に暮れ、やがて両手で乱暴に蝶をたたき落として踏みつけたために、地面は無数の死骸で覆い尽くされた。

ホ　葬儀の列に並んで前に歩みを進めようと思っても、蝶の大群によって、まったく前が見えず、手で振り払っても一向に視界が開けないため、思わず踏みつけて、蝶の死骸があちこち泥土にまみれている有様であった。

問三十三　本文の説明として、**ふさしくないもの**を次の中から一つ選び、解答欄にマークせよ。

イ　李商の詩は本文の叙述には含まれない内容を補い、江氏の周囲を離れない蝶を楊昊の魂が化したものという前提で詠じている。

ロ　この文では、人が死後に蝶に化した例を三つ掲げ、死者の性別や飛来した蝶の多寡の相違など、多様な様態を具体的に紹介している。

ハ　未レ能レ割二恋於少妻稚子一

ニ　未五能四割三恋於二少妻稚子一

ホ　未レ能二割恋一於二少妻稚子一

問三十　この詩の詩型として、最も適切なものを次の中から一つ選び、解答欄にマークせよ。

イ　七字律詩　**ロ**　長言短句　**ハ**　七言律詩　**ニ**　七字短歌　**ホ**　七言絶句

問三十一　空欄 **A** に入れる字として、最も適切なものを次の中から一つ選び、解答欄にマークせよ。

イ　回　**ロ**　来　**ハ**　帰　**ニ**　去　**ホ**　舞

問三十二　傍線部**3**「接武不相弁、揮之不開、践踏成泥」の意味として、最も適切なものを次の中から一つ選び、解答欄にマークせよ。

イ　葬儀に参列する弔問の客がどう歩みを進めていいか分からぬほどで、手で払わないかぎりは前方が見えず、踏みつぶして進むほか方法がないくらい、おびただしい数の蝶の大群であった。

問二十八　傍線部**1**「飲食起居不置也」の意味として、最も適切なものを次の中から一つ選び、解答欄にマークせよ。

イ　江氏の飲食や日常のさまざまな動作でさえ、蝶が身辺にまとわりつくため、支障をきたすほどであった。

ロ　江氏が食事する時にも、立ったり座ったりの動作の時にも、蝶は片時も身辺から離れることがなかった。

ハ　蝶がねんごろに傍らを舞い飛ぶので、江氏は気を取られて飲食や平素の諸動作を思わず忘れるほどであった。

ニ　江氏が飲食の準備のため立ったり座ったりする時に、蝶はようやくしばしの間、身辺を離れるくらいであった。

ホ　食事することも立ち上がることもできないほど悲しみに暮れる江氏を慰めるかのように、蝶は彼女の身辺を離れなかった。

問二十九　傍線部**2**「未能割恋於少妻稚子」の返り点の付け方として、最も適切なものを一つ選び、解答欄にマークせよ。ただし、「割恋」を一つの熟語と見なすこととする。

イ　未レ能三割‐恋二於少妻稚子一

ロ　未レ能レ割‐恋三於二少妻稚子一

府宇ニ(上)蔽(へい)映(えい)シテ無(二)下(レ)スヲ足処(一)。官府ノ弔(てう)奠(でん)、3接(レ)スルニ武ヲ不(二)相弁(一)ぜ、揮(レ)フモ之ヲ不(レ)開カ、践(せん)踏(たふ)シテ成(レ)ル泥ト。其ノ大ナル者如(レ)クシテ扇ノ、踰(レ)(こ)エテ月ヲ方(はじ)メテ散ズ。

楊大芳娶(二)リ謝氏(一)ヲ、謝亡ビテ未(レ)ダ殮(をさ)メルトキ、有(二)リ蝶ノ大イサ如(レ)キ扇ノ(一)、其ノ色紫褐ニシテ、翩(へん)翩(ぺん)トシテ自(二)リ帳中(一)徘徊シ、飛(二)ビ集シ窓戸ノ間(一)ニ、終日ニシテ乃チ去ル。始メテ信(二)ズ明之之事ノ不(レ)ルヲ誣(し)ヒ。

（周密『癸辛雑識』前集による）

（注）楊昊…十二世紀の人。　少艾…若くて美しい女性。　李商…十二世紀の詩人李彭、字商老のこと。　栩栩…喜ぶさま。　網羅…鳥や虫を捕らえる網やわな。　李鐸…未詳。十一世紀以前の人。　諫議…李鐸の官職名。　知鳳翔…鳳翔は今の陝西省にある地名で、その知事になること。　殯所…棺を安置している所。　府宇…鳳翔の役所。　蔽映…おおい尽くし視界を遮ること。　官府弔奠…役所主催の葬儀。　接武…一歩一歩歩みを進めること。　楊大芳…本文の作者周密と同じく十三世紀の人。　殮…遺体を棺に納めること。　翩翩…ひらひら舞い飛ぶさま。　誣…事実無根のでたらめを言うこと。

(四)

次の文章を読んで、あとの問いに答えよ。設問の都合上、返り点・送り仮名を省いた箇所がある。

楊昊字明之、娶江氏少艾、連歳得子。明之客死之明日、有蝴蝶大如掌、徊翔於江氏傍、竟日乃去。及聞訃、聚族而哭、其蝶復來繞江氏、[1]飲食起居不置也。蓋明之[2]未能割恋於少妻稚子、故化蝶以帰爾。

李商嘗作詩記之曰、

碧梧翠竹名家児
今作栩栩蝴蝶飛
山川阻深網羅密
君従何処化飛 A

李鐸諫議知鳳翔。既卒、有蝴蝶万数自殯所以至

ロ　財産があるといろいろ悪いことが起こるので、毒蛇を捨てるように捨てないといけないということ。
ハ　弥勒の世では財産は大事なものとなるので、毒蛇を捨てるように財産以外を捨てるのがよいということ。
ニ　宝とも言うべき釈迦の遺法は地獄に堕ちるもとであるので、毒蛇を捨てるように捨てるべきであるということ。
ホ　財産への執着が深いと禍いも重くなるので、毒蛇を捨てるように禍いを捨てる方法を身につけなければならないということ。

問二十七　『発心集』の作者が書いた作品を次の中から一つ選び、解答欄にマークせよ。

イ　松浦宮物語　　ロ　徒然草　　ハ　枕草子　　ニ　十訓抄　　ホ　方丈記

い。

イ　南筑紫の聖人　ロ　むすめ　ハ　浄名居士　ニ　賢き人　ホ　明賢阿闍梨

問二十五　傍線部**6**「おのづからことのたよりあつて」の解釈として最も適切なものを次の中から一つ選び、解答欄にマークせよ。

イ　たまたま用事があって
ロ　天からのお告げがあって
ハ　自分自身の事情があって
ニ　いつのまにか何かの事情で
ホ　自分の許に連絡があったので

問二十六　傍線部**7**「毒蛇を捨つるが如く、道のほとりに捨つべし」の説明として最も適切なものを次の中から一つ選び、解答欄にマークせよ。

イ　家族という宝は悪の根源であるので、毒蛇を捨てるように家族を捨てた方がよいということ。

イ　我が家を見てこの世の無常を悟ったことが周りからも見てとれたこと。
ロ　南筑紫の聖人の影響で仏道を目指す決意をしたことが明瞭であったこと。
ハ　家族や財産を持っていた男が出家を決意した様子が普通ではなかったこと。
ニ　自分の家族からだけは離れたいという強い気持ちがおもてに現れていたこと。
ホ　自分の裕福さに気付いたうれしさが他人にもわかるほどであったということ。

問二十三　傍線部**5**「かなしくしけるむすめ」の解釈として最も適切なものを次の中から一つ選び、解答欄にマークせよ。

イ　家のなかの騒ぎで悲しみにくれていた娘
ロ　往来の人がすばらしいと感心していた娘
ハ　あやしげなる法師がいとおしんでいた娘
ニ　南筑紫という聖人がかわいがっていた娘
ホ　出家の決心をした父親に悲しんでいた娘

問二十四　傍線部**A**「行ひける」、傍線部**B**「礼み歩くありけり」、傍線部**C**「見せたりければ」の動作主体として、最も適切なものをそれぞれ次の中から一つ選び、解答欄にマークせよ。同じものを複数回選択してもよ

Ⅰ

イ　明らかに異常な様子で

ロ　急に思いついたというふうで

ハ　なにげないふうをよそおって

ニ　必ず出家をとげるという決意をもって

ホ　これから出家をするという格好にして

Ⅱ

イ　一般的な形で

ロ　一通りではなく

ハ　納得がいかない様で

ニ　不満を言いながらも

ホ　なげやりにはならず

問二十二　傍線部**4**「さすがにものの気色やしるかりけん」の説明として最も適切なものを次の中から一つ選び、解答欄にマークせよ。

問十九　傍線部3「はかなく執心にほだされて、永く三途に沈みなんことこそ、いと悲しけれ」の説明として最も適切なものを次の中から一つ選び、解答欄にマークせよ。

イ　この世は無常であるのに、出世に執着して三途の川を渡れないのはかなしいということ。
ロ　家族はとても大事なものだが、それに執着して死後に成仏できないのはかなしいということ。
ハ　自分の持っている財産は大したものだが、死後には持って行けないのはかなしいということ。
ニ　つまらない財産などに執着して、三悪道に堕ちて苦しむのはかなしいことであるということ。
ホ　昨日生きていた人も今日は死んでしまう世の中で、確かなものはないのはかなしいということ。

問二十　傍線部a「な」と同じ助動詞を次の中から一つ選び、解答欄にマークせよ。

イ　筑紫の者にて　　ロ　あはぬ身かな　　ハ　夕に衰へぬ
ニ　供養し給はめ　　ホ　化身といふなるべし

問二十一　傍線部Ⅰ「あからさまなる体ながら」、傍線部Ⅱ「なべてならず」の解釈として、最も適切なものをそれぞれ次の中から一つ選び、解答欄にマークせよ。

礼盤…本尊の前の座。
瞋恚…怒り憎むこと。
三悪道…地獄道、餓鬼道、畜生道のこと。

問十七　傍線部**1**「八月」の読み方として適切なものを次の中から一つ選び、解答欄にマークせよ。

イ　ふづき　**ロ**　うづき　**ハ**　むつき　**ニ**　はづき　**ホ**　みなづき

問十八　傍線部**2**「ありがたくこそあらめ」の解釈として最も適切なものを次の中から一つ選び、解答欄にマークせよ。

イ　むずかしいことだろう
ロ　めったにいないだろう
ハ　過ごしにくいことだろう
ニ　感謝の気持ちでいっぱいだ
ホ　あってはならないことだろう

るばかりなり」とて、ことのほかにもてなしけれど、兼ねて夢の告げのありしやうなんど語りて、書き付けたりし月日の、たしかに今日にあひかなへることを C見せたりければ、遁（のが）るべき方なくて、「さらば、形の如く申し上げ侍らん」というて、蓑笠脱ぎ捨てて、たちまちに礼盤（らいばん）に上つて、Ⅱなべてならず、めでたく説法したりけり。

この導師は、天台の明賢阿闍梨になんありける。かの山を拝まんとて、忍びつつさまをやつして詣でたりけるなり。これよりこの阿闍梨を、高野には浄名居士の化身といふなるべし。

さて、この聖人は殊に貴き聞こえありて、白河院の帰依し給ひけり。高野は、この聖人の時より殊に繁昌しにけり。つひに、臨終正念にして、往生を遂げたる由、委（くは）しく伝に見えたり。惜むべき資財に付けて、厭心（えんしん）を発しけん、いとありがたき心なり。

賢き人のいふ、「二世の苦を受くることは、財（たから）を貪る心を源とす。人もこれに耽（ふけ）り、我も深く着（ぢやく）する故に、諍（あらそ）ひ妬みて、貪欲もいやまさり、瞋恚（しんい）も殊に栄えけり。人の命をも絶ち、他の財をもかすむ。家の亡び、国の傾くまでも、みなこれより発る。この故に、『欲深ければ、わざはひ重し』とも説き、また、『欲の因縁を以て、三悪道に堕す』とも説けり。

かかれば、『弥勒の世には、財を見ては深く恐れ厭ふべし。この釈迦の遺法の弟子、これがために戒を破り、罪を作りて、地獄に堕ちけるものなり』とて、7『毒蛇を捨つるが如く、道のほとりに捨つべし』といへり」。

（『発心集』による）

（注）荘厳して…飾り付けして。

「我が家にまた帰り入りなば、妻子あり、眷属も多かり。定めて妨げられなんず。ただこの所を別れて、知らぬ世界に行きて、仏道を行はん」と思うて、あからさまなる体ながら、京へ指して行く。

その時、さすがにものの気色やしるかりけん、往来の人あやしがりて、家に告げたりければ、驚き騒ぎてけるさま、ことわりなり。その中に、かなしくしけるむすめの十二、三ばかりなる者ありけり。泣く泣く追ひ付きて、「我を捨てては、いづくへおはしますぞ」とて、袖をひかへたりければ、「いでや、おのれに妨げらるまじきぞ」とて、刀を抜き、髪を押し切りつ。むすめ恐れをののきて、袖をば放して、帰りにけり。

かくしつつ、これよりやがて高野の御山へ上つて、頭をそりて、本意のごとくなん行ひける。かのむすめ、恐れてとどまりたりけれど、なほ、跡をたづねて、尼になりて、かの山の麓に住みて、死ぬるまで、物うち洗ぎ、裁ち縫ふわざをしてぞ、孝養しける。

この聖人、後には徳高くなつて、高きも賤しきも帰せぬ人なし。堂を作り、供養せんとしける時、導師を思ひ煩ふあひだに、夢に見るやう、「この堂は、その日、その時、浄名居士のおはしまして、供養し給ふべきなり」と人の告ぐる由見ければ、すなはち枕障子に書き付けつ。いとあやしけれど、やうこそあらめと思うて、おのづから日を送りけり。

まさしくその日になつて、堂荘厳して、心もとなく待ち居たりければ、朝より雨さへ降りて、さらにほかより人のさし入るもなし。やうやう時になりて、いとあやしげなる法師の蓑笠着たる出で来たつて、礼み歩くありけり。すなはち、これをとらへて、「待ち奉りけり。とくこの堂をこそ供養し給はめ」といふ。法師驚きていはく、「すべて、さやうの才覚の者にはあらず」といふ。「あやしの者の、おのづからことのたよりあつて、参り来たれ

ホ　石牟礼道子が『苦海浄土』で試みている描写とは、定点観測ではなく、移動するまなざしから繰り出されるものであり、描き出される漁村の風景は「祖型」を志向する心象風景を描き出している。

ヘ　近代文学の風景記述とは遠近法が土台になっており、石牟礼道子が『苦海浄土』で挑戦した手法はそれに対して懐疑的なので、描き出された水俣の漁村は読者にとってイメージするのが困難である。

（三）

次の文章を読んで、あとの問いに答えよ。

中ごろ、高野に、南筑紫といふて、貴き聖人ありけり。もとは筑紫の者にて、所知なんどあまたある中に、かの国の例として、門田多く持ちたるを、いみじきことと思へる習ひなるを、この男は家の前に五十町ばかりなん持ちたりける。

1 八月ばかりにやありけん、朝さし出でて見るに、穂波ゆらゆらと出でととのほりて、露こころよく結びわたして、はるばる見え渡るに、思ふやう、「この国にかなへる聞こえある人多かり。然れども、門田五十町持てる人は、2 ありがたくこそあらめ。下郎の分にはあはぬ身かな」と、心にしみて思ひ居たるほどに、さるべき宿善や催しけん、また、思ふやう、「そもそも、これは何ごとぞ。この世の有様、昨日ありと見し人、今日はなし。朝に栄ゆる家、夕に衰へぬ。一度眼閉づる後、惜しみたくはへたる物、何の詮かある。3 はかなく執心にほだされて、永く三途に沈みなんことこそ、いと悲しけれ」と、たちまちに無常を悟れる心強く発（おこ）りぬ。また、思ふやう、

問十五　文中から次の一文が脱落している。次の文が入る場所として最も適切なのは、（Ⅰ）～（Ⅴ）のうちどこか。一つ選び、解答欄にマークせよ。

そこにある絶望的なほどの隔たり。

イ　Ⅰ　**ロ**　Ⅱ　**ハ**　Ⅲ　**ニ**　Ⅳ　**ホ**　Ⅴ

問十六　本文の内容と**合致しないもの**を、次の中から**二つ**選び、解答欄にマークせよ。

イ　『苦海浄土』に登場する「祖型」としての漁村とは、典型的で伝統的な生活形態そのものであり、一見して風景のように描き出されてはいるが、遠近法的なリアリズムの手法ではない。

ロ　水俣病の患者たちは、東京に来ている間も常に郷里のことに思いをはせており、それが集約的に現れたものとして、二重橋前での記念撮影の際に身なりを整えて臨んだ出来事はとらえられる。

ハ　『苦海浄土』のレトリックの中には、見る者の身体性、とりわけ感覚に訴えかけるものが存在し、それらは定点から風景を説明するという役割を逸脱して独自な世界に読者を誘うものである。

ニ　風景描写とは本来、視覚中心的なもの足らざるを得ない性質があるが、聴覚を活かした『苦海浄土』の描写は、視界にとらわれて物事の本質を見失うことへの警鐘を鳴らしていると考えられる。

ハ　形象

ニ　集団

ホ　社会

問十四　傍線部**3**「視る者のまなざしが対象世界との距離をあらかじめ失ったかのような表現」とはどういう意味か。その説明として最も適切なものを、次の中から一つ選び、解答欄にマークせよ。

イ　風景の描写の際に、視覚上の再現性から解放されて、魅力ある自由なレトリックを駆使する表現を試みること。

ロ　風景の描写の際に、目に映る第一印象を優先して、把握したそのテーマを描写の全体に及ぼすような表現を試みること。

ハ　風景の描写の際に、事前にもたらされた情報を客観的に検討して、自身の価値評価を再検証するような表現を試みること。

ニ　風景の描写の際に、共通語の語彙や文法にとらわれることなく、地域語の特異性や豊潤さを含むような表現を試みること。

ホ　風景の描写の際に、視覚中心的な定点を定めた写実的な表現ではなく、聴覚を生かし、自在に展開を図る表現を試みること。

して最も適切なものを、次の中から一つ選び、解答欄にマークせよ。

イ　水俣で魚の狩猟によって生活を成り立たせていた漁師たちが、国家の権力を象徴するビルの谷間をさまようことで、彼らが東京では無力であることを暗に表しているということ。

ロ　上京する者たちはほとんどが、皇居や警視庁、国会議事堂といった国家を体現する建造物を観光目的で訪れるのであるが、水俣病の患者たちにはそうした余裕はないということ。

ハ　長年水俣病を患って来た者たちが、東京にある皇居や警視庁、国会議事堂といった建物の間を散歩することが、極めて批評性が高い問いかけの代替的行為となっているということ。

ニ　近代化の負の遺産である水俣病を患った者たちが、国家の中枢である首都の建造物に対して表敬訪問をするということ自体が、矛盾に満ちた自暴自棄的行為になっているということ。

ホ　南方の海浜聚落の漁師たちが、水俣病を患ったことにより、本来は来たくはなかった皇居の二重橋という国家的な建造物の前で、写真撮影をするという行為に及んでいるということ。

問十三　空欄 **B** に入る表現として最も適切なものを、次の中から一つ選び、解答欄にマークせよ。

イ　時間

ロ　個人

d　セイ妙

イ　セイ惨　ロ　セイ米　ハ　犠セイ　ニ　粛セイ　ホ　中セイ

問十　空欄 A に入る語として最も適切なものを、次の中から一つ選び、解答欄にマークせよ。

イ　逆説　ロ　究極　ハ　対比　ニ　主観　ホ　可逆

問十一　傍線部1「故郷の心」について、筆者（野田研一）はどのようにとらえているか。その説明として最も適切なものを、次の中から一つ選び、解答欄にマークせよ。

イ　漁師である水俣病患者たちが、出郷の際に切り捨ててしまった親族のこと。
ロ　漁師である水俣病患者たちが、上京することで新たに創り出した共同体のこと。
ハ　漁師である水俣病患者たちが、東京で常に意識していた出身の海浜聚落のこと。
ニ　漁師である水俣病患者たちが、被写体となったことで東京に再現した水俣のこと。
ホ　漁師である水俣病患者たちが、カメラの存在によって想起させられた過去のこと。

問十二　傍線部2「ナショナルなものの核（たる建築物）と抽象的に交叉し」とはどういう意味か。その説明と

定であることを示している。「遠近法が欠けている」理由は、この視点の不定性にある。

（野田研一「「祖型」としての景物――『苦海浄土』における風景の構造」による）

（注）『苦海浄土』……水俣病事件をテーマとした文学作品。

問九　傍線部**a**～**d**のカタカナを漢字で表現したとき、同じ漢字をカタカナ部分に用いるものを、次の中からそれぞれ一つ選び、解答欄にマークせよ。

a　イ嚇

イ　イ縮　**ロ**　イ細　**ハ**　経イ　**ニ**　繊イ　**ホ**　権イ

b　追ジン

イ　円ジン　**ロ**　無ジン蔵　**ハ**　ジン速　**ニ**　ジン問　**ホ**　ジン大

c　タイ留

イ　タイ納　**ロ**　タイ捕　**ハ**　タイ内　**ニ**　忍タイ　**ホ**　交タイ

象世界との距離をあらかじめ失ったかのような表現は、すでにここに展開されている風景（らしきもの）が、対象に距離を置いた遠近法的な〈描写〉ではないことを示している。（　Ｖ　）

「さざ波」が「こそばゆいまぶたのよう」とは、こみいったレトリックである。「さざ波」のｄセイ妙な光のゆらめきときらめきを、まなうらに反映した結果、まなざしがいくぶん触覚的な刺戟（しげき）を受けている、そんな状態を指しているように見える。夏の眩（まぶ）しい景観を眺め入るまなざし。それがさざ波のゆらめく光と同化した状態。夏の陽光の記憶であろう。加えて、この風景は先に記したように「ゆっくりと舞い降りるかのような動きを感じさせる」。つまり、固定された一つの視点から全体の構図を遠近法的に捉えようとするものではなく、何に担われてかは不明なものの、ゆっくりと移動するまなざしなのだ。諏訪春雄『日本人と遠近法』における、「線遠近法とは結局、静止した一つの視点で見える空間をえがきあげることである」という言葉を参照するならば、石牟礼の視点はけっして「静止的」あるいは固定的ではない、非遠近法的ともいうべき多視点性あるいは視点移動を秘匿している。

たとえばこれに近似した風景記述がある。三島由紀夫の小説「潮騒」（一九五四年）である。この作品について、『われらにとって美は存在するか』（一九五六年）の著者服部達（たつ）は、「自然描写が持つ或る特殊性」を見いだして、「この描写には、遠近法が欠けている」という明晰（めいせき）な指摘をしていた。服部によれば、理由の一つは、記述されている事象や事物のサイズがバランスを欠いていること。大きいはずのものが小さく、小さいはずのものが大きく描かれているというのだ。もう一点は、対象に対して「作者の眼」がつねに正対する位置にあることである。背中を向けているはずの人物の前面に「作者の眼」が回り込んでいるという。これらは、作者の視点が不

へと至る。大きな視点から徐々に小さな視点へと事象を点綴（てんてい）しながら、ゆっくりと舞い降りるかのような動きを感じさせる。対象全体が遠景から近景へ推移する、あるいは収束するといいかえてもよい。（ Ⅳ ）

とはいえ、この一節はそもそも風景なのであろうか。とりわけ、蜜柑畑以降の記述は、じつのところ「子どもたちのあげる声」の移動をたどっている。したがって、このあたりの記述は、厳密には視線の移動ではなく声の移動である。風景という概念が視覚を中心とするのであれば、非風景的な記述ともいえる。これは、眼前に広がる視界を語ろうとする〈描写〉ではない。風景（らしきもの）であっても風景ではない。あえていうならば、想像上の風景なのである。視覚上の風景ではなく、イメージ上の風景だといえばもう少し核心に迫れるであろうか。この場合、イメージというのは「画像」的なものというより、「心象」的なものである。まったく視覚性を帯びていないとはいえないものの、それが「いま／ここ」にある風景ではないという点に、視覚上の風景との差異がある。視覚上の風景は、それが視る者の外部に広がる世界の態様であり、〈描写〉とはその外部世界を描き取ろうとする行為を意味する。そしてそのとき視る者（この場合は書き手）は対象世界の外部に位置し、特定の視点として機能している。そして視点が存在するということは、表象された対象物もまた特定性・個別性を帯びることになり、〈 B 〉の存在を象徴することになる。

石牟礼道子は、ここで外部世界を〈描写〉しようとはしていない。この風景（らしきもの）には厳然たる外部性が希薄である。理由は二つある。第一に、描出される風景が「いま／ここ」の時空を指していない「心象」的なものであるからである。引用文の時制が過去形であるように、これは回想なのだ。第二に、「こそばゆいまぶたのようなさざ波の上に」という容易には解読しがたいレトリックの存在である。この、3視る者のまなざしが対

皇居前で、カメラのレンズを通して自分たちの生活世界、その「祖型」を、それとは正反対の東京、皇居前から改めて「覗き視た」という事件がそこに現出する。（　Ⅲ　）

このように提示された「祖型」の問題を b追ジンするために、本論ではまず、『苦海浄土』における風景の問題へと迂回してみたい。石牟礼文学で風景（らしきもの）が描き出されるとき、それはあくまでも風景（らしきもの）であって、風景ではない、というのが本論の仮説である。そこに描き出される風景（らしきもの）を、暫定的に〈原風景〉と名づけておく。それはまず最初に『苦海浄土』のこんな場面に現れる。

> 年に一度か二度、台風でもやって来ぬかぎり、波立つこともない小さな入江を囲んで、湯堂部落がある。湯堂湾は、こそばゆいまぶたのようなさざ波の上に、小さな舟や鰯籠などを浮かべていた。子どもたちは真っ裸で、舟から舟へ飛び移ったり、海の中にドボンと落ち込んでみたりして、遊ぶのだった。
>
> 夏は、そんな子どもたちのあげる声が、蜜柑畑や、夾竹桃や、ぐるぐるの瘤をもった大きな櫨の木や、石垣の間をのぼって、家々にきこえてくるのである。
>
> （第一部第一章「椿の海」）

『苦海浄土』の開巻劈頭、最初に目に入る一節である。『苦海浄土』はこのような風景（らしきもの）から始まるのだ。水俣の湯堂地区を描出した、読者の心に cタイ留してやまない、じつに印象深い一節である。記述は、波穏やかな入江、小さな舟、鰯籠、子どもたち、蜜柑畑、夾竹桃、櫨の木、石垣へと推移しながら湯堂部落の家々門構えなどなにもない漁師わらの聚落。門はなくとも網を立て拡げればそれでもう、誰それの家だと格好がついてしまい、タコ壺を積み重ねればそれがすなわち隣との境にもなる。ボラ籠を庭先にころがしておけば、その転がり工合で、その家のひと夏の、漁の水揚げ量が推察されてしまう風通しの良さの中に、ひとつの浜の、全体の暮らしがくり広げられていた。

（傍点原文、同前）

これが「故郷の心」という言葉を直接引き受けたかのように語られる情景である。彼ら「水俣病患者」たちがカメラの向こうに唐突に「覗き視た」ものである。読者には依然として「唐突感」は残留する。ただ、逆にいえば、この唐突感つまり一種の飛躍そのものが、論理より重要だったのかも知れない。（ Ⅰ ）

ともあれ、「故郷の心」と石牟礼が名づけているものは何か。それは、漁師たちの聚落、網、タコ壺、ボラ籠、浜と推移するこの記述のなかに象られ集約されている。その様相を石牟礼は「南方系海浜聚落の祖型」と呼び、このあと数頁にわたってまさしく「祖型」と呼ぶべき海浜聚落をめぐる語りを展開してゆく。「祖型」とは水俣周辺の漁村に固有の、基本的、典型的かつ伝統的な生活形態を意味している。まぎれもなく、海浜聚落の「祖型」としての景観のありようである。（ Ⅱ ）

そして、首都の中心に迷い込んだ「水俣病患者」たちを囲むように聳え立つ、2ナショナルなものの核（たる建築物）と抽象的に交叉しつつ、その対極にあって、彼らは「病いの業苦や貧困や侮蔑、永い年月」を「身の内に」容れた水俣という「故郷の魂」の世界、すなわち自らの出自を見つめていたのである。漁師たる患者たちは、

（石牟礼道子『苦海浄土（くがいじょうど）』第三部第三章「鴻」）

漁民である患者たちにとって、あくまで闘争の場でしかない東京、「非日常的でおそろしく、どこやらいまわしくて」ならない「イ嚇」[a]的な東京。彼らがいるのは、皇居、警視庁そして国会議事堂が三角形で結ばれる国家の中枢地域であり、「みえざる魔都の深奥部」であったと石牟礼は記している。

やがて一行は、記念写真を撮ってもらおうと皇居周辺にいる「写真屋」に声をかける。身なりを整えたり、姿勢を正したりしたのち、撮影に入る。その撮影の瞬間について石牟礼はこんなふうに書いた――「カメラの奥に彼らがそのときふかぶかと覗き視たのは、つまり故郷の心だった」と。

唐突である。カメラに向かって注目する彼らが、そのときレンズの奥に「覗き視た」のは、「故郷」であり、その「心」であるとはいったいどういう話なのか。被写体である患者たちの背後には皇居二重橋が写っている。しかし、［ A ］的だが、写真には被写体が視ている世界は映し出されない。画像として記録されているのは、被写体である自分たちが視てはいないものである。彼らは皇居に背を向けているのだから。だからこそ、同じ瞬間に彼らがカメラの奥に何を視ていたのかが重要になる。そこで、石牟礼は、「ふかぶかと覗き視たのは、つまり故郷の心だった」と書いてしまう。皇居と水俣――この呼応関係、対照性／対称性の発見は何を意味しているのであろうか。また、「故郷の心」[1]とはいったい、何であろうか。

石牟礼は、先の引用文に直接続けて、「故郷の心」に相当するかのような心象風景を一気に書き連ねてゆく。心象風景と呼ぶのは、そこに論理の言葉は皆無だからである。次のように。

（二）

次の文章を読んで、あとの問いに答えよ。

　一九七一年冬、川本輝夫ら自主交渉派の一行が、東京駅近くにあるチッソ本社で社長との直接交渉に入り、同時に本社前で患者たちとの長期にわたる座り込みを開始した。患者たちの大半が漁師である。彼らは本社での座り込みからハンガー・ストライキに至る過程で体調を悪化させたため、医師団の忠告によっていったんハンストを解き、皇居周辺の「逍遥（しょうよう）」＝「サンポ」に出ることになった。警視庁の旧ビルと国会議事堂と皇居の見える一帯を観光客めいて歩き回った一行は、皇居二重橋を背景に、記念写真を撮ってもらうことにした。その場面を石牟礼道子（いしむれみちこ）は次のように描いている。

　ポケットからいそいそと彼らは「水俣病患者（みなまたびょうかんじゃ）」というタスキをとり出した。

「水俣病患者ちゅう字のところの、はっきり写るごて、きちんとかけろ、二重橋の前で。日本人じゃけん」

タスキをそのようにかけっこし、ボタンを点検したり、体の脇や胸を撫で合っていたが、しごくまじめな顔付になった。

「写真屋さん、ハイ、よかばい。よか男に写してはいよ」

直立不動の姿勢をとってそのようにいい、男たちはあの不思議そうなまなざしをいよいよつぶらにして、まっすぐカメラのレンズにのぞき入った。

カメラの奥に彼らがそのときふかぶかと覗き視（のぞきみ）たのは、つまり故郷の心だった。

とはどういうことか。最も適切なものを次の中から一つ選び、解答欄にマークせよ。

イ　子どもは保護され、教育されるべきものとする見方では十分に見出すことのできない子どもたちがいたことに目を向け、その歴史を見失うことなく、その文化の面白さに改めて目を向けていくこと。

ロ　保護され、教育されるべき子どもたちが、十分に法律で守られていなかったことに自覚的になることを通して、子どものもっている価値の重要さを理解していくこと。

ハ　家庭や学校で大事にされるべき子どもたちの中に、実はより貧しい子どもたちへの差別的なまなざしがひそんでいたことを意識し、その意識を克服していくこと。

ニ　大事に保護され、教育されるべき子どもというイメージの誕生、浸透を自明のものとすることなく、そこからはずれる多様な子ども像にも眼を向けていくこと。

ホ　子どもに対するとらえ方は都市と農村とでは大きく異なっているため、それぞれの子どもの歴史や文化を互いに見直し、理解しようとすること。

その子どもたちの過酷な現実を軽視してしまうものとしてとらえている。

問七　傍線部**5**「蔑視を再生産するという構図」とあるが、その具体的な説明として最も適切なものを次の中から一つ選び、解答欄にマークせよ。

イ　裕福な都市中間層の人々は、自分たちの階層がおびやかす存在として差別されている側を恐れ、差別される側もその恐れを自覚して新たな差別を生み出してしまう状況。

ロ　裕福な都市中間層の人々は差別している対象を自分たちとは異なるものとしてとらえ、また差別される側の人々もそれら裕福な人々への憎悪をつのらせていく状況。

ハ　差別する側にある人々は、見下している階層の人々に十分な救済の必要を認めていないため、差別されている人々を救うための対策が間に合わないまま続いていく状況。

ニ　差別する側は哀れむだけで自らの差別的なまなざしを意識することはなく、また差別される側に近い人々もまたそのまなざしを共有し、差別に加担してしまう状況。

ホ　差別されている側の現実が、差別している側にも、また差別されている側にも十分に認識されていないために、その対応策が講じられないままになってしまっている状況。

問八　傍線部**6**「いまなすべきは、このような「子どもらしくない子ども」の登場に驚くことではないだろう」

ロ　多様な子どもの表象
ハ　忌避すべき表象
ニ　卑屈な表象
ホ　一枚岩の表象

問六　傍線部**4**「芸能史、サーカス史のなかに位置づけようという動き」とあるが、そのことを本文ではどのようにとらえているか。最も適切なものを次の中から一つ選び、解答欄にマークせよ。

イ　こうした動きは、角兵衛獅子の子どもを日常からかけ離れた特異なものとして位置づけていくため、これら子どもに対する差別的なまなざしを強めてしまうものとしてとらえている。
ロ　こうした動きは、角兵衛獅子の子どもを学術的、客観的なものさしでとらえようとするため、子供へのまなざしにひそんでいる差別性や階層性を見えにくくしてしまうものとしてとらえている。
ハ　こうした動きは、角兵衛獅子の歴史、文化が失われていくことを危ぶむがゆえに、それらの子どもを含めた文化を肯定的にとらえてしまう傾向があるものとしてとらえている。
ニ　こうした動きは、角兵衛獅子を芸能やサーカスといった娯楽としてとらえていくため、その文化の問題点よりも面白さに関心を向けていく危うさをもったものとしてとらえている。
ホ　こうした動きは、角兵衛獅子の子どもを逆境にあるけなげな主人公のように位置づける傾向があるため、

問四 傍線部**3**「憐憫と蔑視の視線が交錯している」とはどういうことか。最も適切なものを次の中から一つ選び、解答欄にマークせよ。

イ 角兵衛獅子の子どもたちの境遇を可哀そうとするとらえかたや、その子どもたちを一段下の存在とする差別的なとらえ方がともに存在していること。

ロ 角兵衛獅子の子どもたちを労働力としてみなすまなざしと、その子どもたちを守り、教育しようとするまなざしが交じり合っていること。

ハ 角兵衛獅子の子どもたちを可哀そうなものとするとらえかたが、それら子供に対する差別的なまなざしを生み出していること。

ニ 角兵衛獅子の子どもを差別し、忌避するとらえかたが、その子どもたちを労働させてもよいとするまなざしを生む要因となっていること。

ホ 角兵衛獅子を見下してとらえる子どものまなざしと、角兵衛獅子の子どもたちを哀れむ大人のまなざしとが交じり合っていること。

問五 空欄 **B** に入る最も適切な語句を次の中から一つ選び、解答欄にマークせよ。

イ 自由な表象

問二　傍線部**2**「彼らを「子どもらしい子ども時代」に包摂する」とは具体的にどういうことか。最も適切なものを次の中から一つ選び、解答欄にマークせよ。

イ　家族や学校で保護され、教えられるべき子どもと、角兵衛獅子の子どもとの間にある経済的な地位の違いを意識し、階層的に位置づけること。

ロ　家族や学校で保護され、教えられるべき子どもと、角兵衛獅子の子どもをそれぞれの子どもたちの環境に応じて位置づけること。

ハ　家族や学校で保護され、教えられるべき子どもにとって、角兵衛獅子のような労働している子どもが悪影響を与えるものとして位置づけること。

ニ　家族や学校で保護され、教えられるべき子どもの中に、角兵衛獅子と同様の救済すべき子どもを見出し、位置づけること。

ホ　家族や学校で保護され、教えられるべき子どもと同じような子どもとして、角兵衛獅子の子どもたちを位置づけること。

問三　空欄 **A** に入る最も適切な語句を次の中から一つ選び、解答欄にマークせよ。

イ　無名化　　**ロ**　形骸化　　**ハ**　内面化　　**ニ**　実体化　　**ホ**　戯画化

ひぜん……疥癬（かいせん）。皮膚病の一種。

問一　傍線部**1**「しつけ」とあるが、続く引用文の事例で「角兵衛獅子」はそのためにどのように利用されているのか。最も適切なものを次の中から一つ選び、解答欄にマークせよ。

イ　子どもを守り、育てるという親や学校の役割を子どもが理解できるように、親の教えで学校に行っていない角兵衛獅子を批判すべきものとして用いている。

ロ　子どもにとって働くことの大変さが分かるように、厳しい環境におかれている角兵衛獅子をつらく、可哀そうな存在として用いている。

ハ　子どもが学校や親をありがたいものと思うように、それらを欠いた角兵衛獅子をめぐまれていない哀れむべきものとして用いている。

ニ　子どもが学ぶ努力の必要性を身につけるように、つらい修練を重ねる角兵衛獅子を見習うべき我慢強いものとして用いている。

ホ　子どもがつらい環境にある他者への思いやりをもてるように、厳しい経済環境のなかで働く角兵衛獅子をけなげで同情すべきものとして用いている。

枚岩の「子ども」とみない論理の「線」も多種多様にそこには絡まっていたことがみえてきた。

このあと、戦後日本は、高度経済成長期を経て「一億総中流」を信じる時代になる。親がいない子は少なくなり、高校進学までも準義務化するなかで、「子ども／大人」＝「保護・教育／就労」は常識として定着したかにみえる。ただ、それでも、みえづらくなったとはいえ、ある世代までにとっては、階層構造のなかで、有用な労働力は年少者でも使う、恵まれない年少者を教訓や見せ物として消費するという世界が日本のなかに存在していることは、公然の秘密だった——いや秘密でさえなかった——はずである。

にもかかわらず、二十世紀末から二十一世紀初頭にかけて、「児童虐待」や「子どもの貧困」などが次々と「発見」され、あたかも「最近の問題」であるかのように驚きをもって語られる。そこに、「子ども（期）の変容」や「子ども（観）の消滅」といった学術的診断が重ね合わされることもある。6 いまなすべきは、このような「子どもらしくない子ども」の登場に驚くことではないだろう。公然の秘密だったはずの多様な論理がどのようにして忘れられ、またどのように残っているかを探求することであり、現代の事象の分析でも、多様な論理の存在や排除の可能性を含んだ視線が潜在化したり顕在化したりする様相自体を冷静に記述していくことが重要である。

（元森絵里子「『稼ぐ子ども』をめぐるポリティクス」による）

（注）角兵衛獅子…子どもたちが逆立ちや宙返りなど軽業で演じる獅子舞。かつては親方が子どもたちを連れ諸国を巡業した。

しが浸透し始めたかにみえてしまう構図が、こうして成立したといえる。

工場法から児童虐待防止法へという出来事を一面からみると、近代家族と学校教育が年少者を「子どもらしい子ども」へと包摂していく時代に、そこからこぼれ落ちる恵まれない層の「児童労働」「児童虐待」が社会問題化され、それらを規制する法制度ができていったという、「誕生→浸透」図式をおおむね支持しているようにもみえる。しかし、より多様な視点から見直せば、そこには、近代以前に由来するものや近代になって生まれたものを含む、制度領域や階層によって異なる、年少者をめぐる多様な論理が交錯している。

児童保護（児童福祉）の源流にあたる法ができて規範が浸透し始めたかのようにみえても、年少者を有益で安価な労働力とみる視線や、哀れという感情も含めて消費する視線は消えたわけではない。別の論理の世界は残り続け、新たな差別と消費の構造が生み出されもしている。工場という近代産業にいったん組み込まれた年少者をめぐっては、結果として労働力として不要になった低年齢の年少者を手放すようにして法が成立した。しかし、使える者は使うという別の力学は、潜在化するものの残っている。非近代的な稼ぎ方の一形態といえる曲芸する年少者をめぐっては、近代的な子ども観が広がるなかで古い形態の角兵衛獅子が消費価値を失って消滅していく一方で、幼い者が曲芸をすること自体を芸や風物として消費する構造は潜在的には温存したまま、曖昧に児童虐待防止法が成立する。そこには、新中間層は差別的視線を内包しながら「かわいそうだがけなげな子ども」を消費し、より階層的に近い層は同一視されることを忌避して5蔑視を再生産するという構図が温存されている。

このように、一面からみれば子ども観の「複合体」の「誕生」ともみえかねない歴史は、より雑多な「線」が交錯したものだった。近代的子ども観の「誕生」という図式でみようとするとみえなくなるような、年少者を一

るに至ったことを、今更自覚せずにはゐられない」と回想している。並行して、民俗芸能としてのルーツが神事か大道芸かを確定しようとしたり、軽業としての芸の種類を書き留めたりと、4芸能史、サーカス史のなかに位置づけようという動きも出てくる。

第二に、大衆文化で角兵衛獅子が「子どもらしい子ども時代を与えられていないが、けなげで子どもらしい子どもたち」として人気を博するようになる。中流家庭向け雑誌の表紙や挿絵には、正月などに合わせて「汚い」「病気がうつる」といったイメージとは程遠い、いかにも「子どもらしい」角兵衛獅子が登場するようになっている。角兵衛獅子の杉作少年が活躍する大仏次郎（おさらぎじろう）『鞍馬天狗』シリーズの第一話「角兵衛獅子」が「少年倶楽部」（大日本雄弁会講談社）に連載されたのは一九二七年から二八年（昭和二―三年）である。同様に、小説や戯曲で、貧困のため不幸にも売られてしまった、「かわいそう」だが「けなげ」な角兵衛獅子や、単に正月の風物詩として「かわいらしい」角兵衛獅子が多く描かれるようになる。十九世紀以降、児童文学が興隆するなかで、チャールズ・ディケンズ『オリバー・ツイスト』（一八三八年）のように、不幸な生い立ちだが無垢（むく）な子どもというモチーフがある種の典型として描かれることが増えるが、角兵衛獅子はまさに、「不幸にも子どもらしい子ども期を与えられていない、子どもらしい子ども」という矛盾した表象として、子ども期を享受できる層に、ロマン主義的、童心主義的な文脈で消費されるに至る。

こうして、差別的な視線のすれ違いをはらんだ階層差や地域差が、一見すると「子ども時代を享受できている恵まれた子」と「子ども時代を享受できていないかわいそう（だがけなげ）な子」という近代的子ども観のサブカテゴリーに位置づけられるようになる。あたかも中流からかわいそうな層へと、子どもの保護・教育のまなざ

というのが母親などの常套語」であり、村の外部では「『あ、月潟か。獅子の児だな。一つしなつて見せろ』とからかわれるのが堪えられない苦痛であつた。これら卑屈な社会意識は獅子の家族たちの間にはいっそう濃厚なものがあつた」という。つまり、農村地域でも、都市新中間層的なまなざしを［A］して、自分たちが下層の渡世稼業と同一視されることに反発しながら／だからこそ、村のなかではその稼業を差別するのである。

ここでは、近代の意味論の変動のなかで、階層と都鄙（とひ）の圧倒的な差が温存され、それを前提とした3憐憫（れんびん）と蔑視の視線が交錯している。「子ども」観が「誕生」し「浸透」したとも解釈できるようなわかりやすい図式とはおよそ異なり、そこに、児童保護の視線、全年少者を「子ども」という［B］に包摂するという発想は希薄である。

だが一方で、大正期から昭和期（一九一〇年前後から二〇年代後半）にかけて、この階層差と差別の構図を覆い隠すような、より積極的な曲芸する子どもの表象も見受けられるようになる。

第一に、角兵衛獅子稼業が時流に合わずに消えていくのと入れ替わるように、消えゆく「芸能」であるとか「郷土」の芸能であるといったノスタルジーの視線が出てくる。文部省唱歌「故郷（ふるさと）」が発表された一九一四年（大正三年）ごろから「ふるさと」「郷土」を懐かしむ言説が増え、昭和初期（一九二〇年代半ばから三〇年代）には、郷土史や郷土教育が流行する。その結果、明治末期（一九一〇年前後）には「恥ずかしい」「卑屈の種」だった角兵衛獅子も、児童虐待防止法ができたころにはすでに「なつかしむ」対象になっている。前述の出身者は、「少年時代、その獅子の産地であるといふだけの理由で月潟村の者であるといふことが、他村の人達に対する甚だしい卑屈の種となった予さへが（略）全国的に名ある越後獅子を思ひ出の中になつかしむ情を多分に有す

て、学校へあげて頂いたり、お朋友と遊んだりすることハ出来ません。（略）鬼見たやうな親方に責め使はれて居る。

　世の中にハこんな可哀さうなものもあるかと思へバ、皆さん方の御身分ハ、実に結構ぢやありませんか。能くダヾをこねて阿父さまや阿母さまを困らせて居らッしやる方もあるやうですが……それハ学校へも往かない子ですねえ。（傍点は引用者）

　ほかにも、裕福な家庭の子どもの挿絵を添えて、獅子の境遇を哀れんで施しをするような物語が流通している。中流の人々にとって、「子どもらしい子ども時代」を享受できない獅子たちは憐憫の対象だが、社会事業家のようにそれを救済するとまでは思わず、その場の施しをして終わりか、せいぜい「恵まれた」家庭の子どもへの教訓に用いるのである。階層的な差異は絶対であり、そこを横断して2彼らを「子どもらしい子ども時代」に包摂する発想はない。

　この構図をもっと露骨に示すのが、「汚い」「病気がうつる」といった忌避の感情である。とりわけ、圧倒的な優位に立つ都市新中間層は哀れみ施す余裕があるが、そうでない層にその余裕はない。角兵衛獅子発祥の地とされる月潟（つきがた）村出身者は、戦後になって、少年の日の思い出として、消滅直前の明治末期（一九一〇年前後）の月潟の状況に言及している。そこでは、村の子どもたちは、「『獅子の児と遊ぶとひぜんが伝染（うつ）るぞ』と言って薄気味悪く思つて避けていた」というのである。加えて、「村の子供たちさえ之と共通な一種の劣等感を有していた」という。というのは、「かの地方ではわが子をたしなめる場合『言うことを聞かぬと獅子の児に呉れてやるぞ』

国語

▲A方式▼

（九〇分）

（一）次の文章を読んで、あとの問いに答えよ。

玉乗りや角兵衛獅子（かくべえじし）の社会問題化が始まる明治三十年代から四十年代（一八九〇年代後半から一九一〇年前後）に、都市新中間層向けの教育的な読み物のなかで、親もなく学校にも行けない「かわいそう」な獅子を引き合いに出しながら、勉強し親を困らせないように1<u>しつけ</u>をする文章がみられる。

小さな獅子頭（ししがしら）をかぶつて、太鼓をたゝき笛を吹き、二人またハ三人連れ立つて来る角兵衛獅子ハ、皆さんも見て知つてゐらッしやいませう。一昨日社へでますとき、十二三のが太鼓をたゝき、八歳か九歳ぐらゐのを二人連れ、歩いて居たのを見ましたから、今日ハそのお話をしませう。

かれ等ハ誠に可哀さうなもので、皆さん方のやうに、阿父さま阿母さま又ハ兄さま姉さまなどのお傍にゐ

/////////////////// · memo · ///////////////////

/////////////////// · memo · ///////////////////

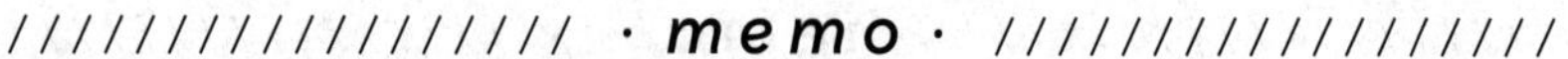

2023年度

問題編

■一般選抜：文科系（A方式，C方式）

問題編

〔一般選抜：文科系（A方式）〕

▶試験科目・配点

教　科	科　目	配　点
外　国　語	「コミュニケーション英語Ⅰ・Ⅱ・Ⅲ，英語表現Ⅰ・Ⅱ」，ドイツ語，フランス語のうちから1科目選択	50点
地歴・公民	日本史B，世界史B，地理Bのうちから1科目選択	50点
国　　語	国語総合，現代文B，古典B	50点

▶備　考

- 複合文化学科志願者は，文科系（A方式）または理科系（B方式）のどちらかを選択する。
- 英語英文学科志願者は，外国語において必ず英語を選択しなければならない。
- 外国語において，ドイツ語・フランス語を選択する場合は，大学入学共通テストの当該科目〈省略〉を受験すること。共通テストの配点（200点）を教育学部（A方式）の配点（50点）に調整して利用する。
- 英語英文学科受験者の英語，複合文化学科受験者の外国語，国語国文学科受験者の国語の得点は，調整後に1.5倍する。
- すべての教科で合格基準点（非公表）を設けている。基準点に満たない教科がある場合は，合計点が合格最低点を超えていても不合格となる。また，上記に加え，英語英文学科は英語，国語国文学科は国語の合格基準点（A方式での当該学科全受験者の平均点）も設けている。

〔一般選抜：文科系（C方式）〕

▶試験科目・配点

学　科	教　科	科　　　目	配　点
教育学科	総合問題	資料を読み解いたうえで，読解力・思考力・文章力ならびに教育への関心を問う問題とする。	150点
国語国文学科	国　　語	国語総合，現代文B，古典B ※読解力・思考力・文章力を問う問題とする。	150点
英語英文学科	英　　語	コミュニケーション英語Ⅰ・Ⅱ・Ⅲ，英語表現Ⅰ・Ⅱ ※資料を読み解いたうえで，日英両言語で解答する問題とする。	150点
社会科	総合問題	社会への関心を問い，日本語または英語の資料や図表を読み解いたうえで，解答する問題とする。	150点
複合文化学科	総合問題	複数の資料を読み解いたうえで，自分の考えを論理的に述べる論述問題とする。	150点

▶備　考

- 共通テストの得点（5教科7科目：配点90点）と上記個別試験の得点（配点150点）を合算して，合否を判定する。
- 国語国文学科の「国語」はA方式の問題とは異なる。
- 英語英文学科の「英語」はA方式と一部共通の問題とする。

英語

◀A 方 式▶

(90 分)

I Read the article and answer the following questions (1)-(11).

[1] People are suddenly very concerned about the perils of rewriting history. We must be vigilant, apparently, to the possibility that great swaths of the past will be forgotten or, worse, "erased". We must remain alert to the risk that our history will be "whitewashed"(1) — as if there were enough whitewash in the world — with the difficult, complex bits disappeared. Meanwhile, unaware of all the controversy he has caused, Edward Colston's[1] statue lies peacefully at the bottom of Bristol harbour.

[2] Historians are not too worried at the threat posed by "rewriting history". This is because rewriting history is our occupation, our professional endeavour. We are constantly engaged in a process of re-evaluating the past and reinterpreting stories that we thought we knew. Despite what Leopold von Ranke — one of the pioneers of modern historical research — said, history is not only about finding out "how it actually happened", but also about how we think about the past and our relationship to it. The past may be [2 A] but history is [2 B], and it is [2 C] in the present.

[3] The other important thing to hold on to in this debate is that statues do not do a particularly effective job of documenting the past or educating people about it. (3)Much has been written recently about

---

[1] エドワード・コルストン：イギリスの奴隷貿易商，慈善家

British "imperial nostalgia", and the idea that as a nation we yearn for the empire that, for many of us, ended before we were born. But this country's relationship to its imperial history is built more on erasure and forgetting than on remembering—it is a series of silences from the past. The number of monuments to men who enslaved other humans or who killed hundreds of unarmed civilians or who performed other horrific crimes in the service of empire, or the woman who presided over them, stands [4] the number of critically engaged conversations we have about empire's crimes. Every time a statue comes down, we learn a little more.

[4] Some people would have it that the British are just too polite to talk about the dark side of imperialism. But it isn't shame about the past that prevents us from having these conversations. For the British to be ashamed of their imperial history, they would have to know about it, and to understand both the worst excesses of imperial violence and the simple daily injustice of imperial rule.

[5] But many British people don't know about this, and mostly they don't care to find out. Instead, as a nation, we exonerate(5) the actions of people in the past by claiming that it was simply a different time, with different values, forgetting that many brave people at the time protested against these atrocities, and resisted, and worked tirelessly so that they might be uncovered or condemned.

[6] The outcry about the removal of the statue shows that some people in Britain are uncomfortable with any critique of Britain's past. But they want it both ways: to be free of guilt for historical sins, but to be proud of what they see as historical achievements. The most obvious example of this is the way that the British are comfortable talking about the slave trade only through Britain's much-lauded part in ending the slave trade. But the men whose statues are being pulled down were not abolitionists but enslavers: owning up to their crimes is much more difficult for many British people than simply walking past them in the street. And for other British people, having to see these

statues every day, sitting in lecture theatres and concert halls named after these men, is a daily act of violence that has become unbearable.

[7] Many of these statues, and concert halls, and lecture theatres, were built and named either in the late Victorian period, or in the dying days of empire in the middle of the 20th century. This isn't a coincidence. Empire was continually constructed as a political and cultural project at home both while the colonies and their populations were being subjugated overseas and when those colonies fought back and took their independence. Empire did not just "happen" to the British — the empire was not gained in a fit of absence of mind — and imperialism was a cultural project as much as a political, military or economic endeavour, one that had to be constantly rejuvenated. These statues do not provide a neutral narration of this country's history, they are political monuments to anxieties about Britain's status at the times that they were erected.

[8] (6) The claim that removing the statue is "whitewashing" history is a pretence that these statues were somehow part of a nuanced conversation about Britain's imperial past. But they weren't, not least because we have statues to slave owners, but no statue to the victims of the slave trade or other victims of imperial violence. Since 2007, there has been a Museum of Slavery in Liverpool, but there is no Museum of Empire — although our museums are full of plundered treasures from Britain's former imperial possessions — and there is no national memorial to the victims of the slave trade. If you want to talk about whitewashing history, perhaps start here.

[9] As our ideas about the world change, it is natural that so too does our attitude to the heroes and victories that our ancestors chose to commemorate. When those heroes were anything but heroic, leaving their statues standing is an insult to the modern values we claim to hold. This isn't a sinister erasure of history: this is re-evaluating our history based on new evidence and ideas. This is historiography. And if the criticism is that bringing down Colston means we might have to

pull down some more statues, then sure: bring it on. This historian approves.

1. From the article, it can be inferred that the author thinks the removal of Edward Colston's statue is
   a. a good idea because the removal helps people become less anxious about the imperial past.
   b. not a good idea because the removal merely erases the inconvenient history.
   c. not a problem because people's view of history changes as research progresses.
   d. a problem because the opportunity to learn about the imperial past is lost forever.
2. Underline (1) **CANNOT** be replaced by
   a. erased　　**b.** removed
   c. brushed up　　**d.** wiped out
3. Choose the words that best fit in blanks [2 A], [2 B], and [2 C].
   a. [2 A] alive　[2 B] dead　[2 C] constructed
   b. [2 A] alive　[2 B] constructed　[2 C] dead
   c. [2 A] dead　[2 B] alive　[2 C] constructed
   d. [2 A] dead　[2 B] constructed　[2 C] alive
   e. [2 A] constructed　[2 B] alive　[2 C] dead
   f. [2 A] constructed　[2 B] dead　[2 C] alive
4. The author introduces underline (3) in order to
   a. deny that British imperial history has been forgotten or erased.

b. show regret that the great tradition of Britain has not been passed down to the present day.

c. suggest that some people have suffered because of British nationalism.

d. warn against the conservative tendency to romanticize the past in Britain.

5. Choose the best answer that fits in the blank [4].

a. out **b.** in comparison to

c. in contrast to **d.** for

6. The main point of paragraph [4] is that the British people should

a. avoid careless conversations about the imperial past.

b. understand the legacy of imperial rule and violence.

c. glorify their own past imperial history.

d. be less polite when talking about their imperial history.

7. Underline (5) can be best replaced by

a. convict **b.** forgive

c. blame **d.** highlight

8. Which of the following statements best describes the author's ideas in paragraph [6]? Choose the **TWO** best statements.

a. Some people believe that walking past statues of historic figures would lead to the redemption of their historical sins and the restoration of Britain's achievements.

b. Some people object to the idea of coming across certain kinds of historical memorials since they feel they are too horrendous.

c. Some people claim that historical statues should not be publicly exhibited, and that they should be preserved somewhere unrelated to the former British colonies.

d. Some people protest against the demolition of certain monuments because they feel conflicted between taking responsibility for the past and honoring the past.

e. Some people insist that monuments of former slave owners are important because they help people reflect on their historical background.

9. The primary purpose of paragraph [7] is to show that

a. the British Empire was known to be an important cultural and political project both at home and in its overseas colonies.

b. while some people argue against the presence of historical monuments, we need to be more aware of the dangers of pulling them down and whitewashing historical facts.

c. we should not underestimate the historical value of certain statues, halls, and lecture theatres, simply because they were founded in previous centuries.

d. historical objects demonstrate how British people tried to narrate their own history to show their own strength while the colonies were fighting for their independence.

10. Underline (6) indicates that the author wants to

a. present an alternative hypothesis about erecting historical monuments.

b. introduce a new argument to look at history from a different standpoint.

c. provide support for her claim about the importance of historical monuments.

d. reject the opposing viewpoint to make her argument stronger.

11. Which of the following sentences best describes the author's attitude towards history?

a. Even with new evidence and ideas, revising our attitudes towards past heroes and victories is ethically wrong and should be strongly discouraged.

b. We can learn a lot from statues because they provide a nuanced perspective on the British Empire as long as we look at them closely through the lens of modern values.

c. As history provides a solid and definite source of evidence and ideas, we should attempt to commemorate our ancestors' historical achievements and ignore criticism from the general public.

d. Historians are always rewriting history, so people do not need to worry about reevaluating their opinions by drawing on new evidence and ideas.

II　Read the article and answer the following questions (1)–(16).

[1] Do your facial movements broadcast your emotions to other people? If you think the answer is yes, think again. This question is under contentious debate. Some experts maintain that people around the world make specific, recognizable faces that express certain emotions, such as smiling in happiness, scowling in anger and gasping with widened eyes in fear. They point to hundreds of studies that appear to demonstrate that smiles, frowns, and so on are universal facial expressions of emotion. They also often cite Charles Darwin's 1872 book *The Expression of the Emotions in Man and Animals* to support the claim that universal expressions evolved by natural selection.

[2] Other scientists point to a mountain of counterevidence showing that facial movements during emotions vary too widely to be universal beacons of emotional meaning. People may smile in hatred when plotting their enemy's downfall and scowl in delight when they hear a bad pun. In Melanesian culture, a wide-eyed gasping face is a symbol of aggression, not fear. These experts say (1) the alleged universal expressions just represent cultural stereotypes. To be clear, both sides in the debate acknowledge that facial movements vary for a given emotion; the disagreement is about whether there is enough uniformity to detect what someone is feeling.

[3] (2) This debate is not just academic; the outcome has serious consequences. Today you can be turned down for a job because a so-called emotion-reading system watching you on camera applied artificial intelligence to evaluate your facial movements unfavorably during an interview. In a U.S. court of law, a judge or jury may sometimes hand

down a harsher sentence, even death, if they think a defendant's face showed a lack of remorse. Children in preschools across the country are taught to recognize smiles as happiness, scowls as anger and other expressive stereotypes from books, games and posters of disembodied faces. And for children on the autism spectrum, some of whom have difficulty perceiving emotion in others, these teachings do not translate to better communication.

[4] So who is right? The answer involves an unwitting physician, a scientific error (3) and a century-long misinterpretation of Darwin's writing. Ironically, his own observations offer a powerful resolution that is transforming the modern understanding of emotion.

[5] The assumption of universal facial expressions can be traced back to several sources, most notably a set of photographs by 19th-century French physician Guillaume-Benjamin-Amand Duchenne. In the early days of photography, Duchenne electrically stimulated people's facial muscles and photographed the contractions.

[6] His photographs inspired Darwin to propose in *Expression* that certain facial movements were universal signs of emotion. In happiness, Darwin wrote, people smile. In sadness, they frown. The way the story is usually told, Darwin discovered that emotions have innate, biologically based expressions that are made and recognized universally and shared with other animals. That story presents facial movements as a sort of signaling system in which you can look at a person's face, detect their emotional state and receive important information to keep you — and them — alive and healthy.

[7] Or so it would seem. A preponderance of evidence shows that Darwin was wrong, and his mistake was a doozy. In real life, people express a given emotion with tremendous variability. In anger, for example, people in urban cultures scowl (or make some of the facial movements for a scowl) only about 35 percent of the time, according to meta-analyses of studies measuring facial movement during emotion. Scowls are also not specific to anger because people scowl for other

reasons, such as when they are concentrating or when they have gas. The same tremendous variation occurs for every emotion studied — and for every other measure that purportedly tells us about someone's emotional state, whether it's their physiology, voice or brain activity.

[8] Emotion AI systems, therefore, do not detect emotions. They detect physical signals, such as facial muscle movements, not the psychological meaning of those signals. The conflation of movement and meaning is deeply embedded in Western culture and in science. An example is a recent high-profile study that applied machine learning to more than six million internet videos of faces. The human raters, who trained the AI system, were asked to label facial movements in the videos, but the only labels they were given to use were emotion words, such as "angry," rather than physical descriptions, such as "scowling." Moreover there was no objective way to confirm what, if anything, the anonymous people in the videos were feeling in those moments.

[9] There's also considerable evidence that facial movements are just one signal of many in a much larger array of contextual information that our brain takes in. Show people a grimacing face in isolation, and they may perceive pain or frustration. But show the identical face on a runner crossing the finish line of a race, and the same grimace conveys triumph. The face is often a weaker signal of a person's internal state than other signals in the array.

[10] Darwin's *Expression* suggests that instances of a particular emotion, such as anger, share a distinct, immutable, physical cause or state — an essence — that makes the instances similar even if they have superficial differences. Scientists have proposed a variety of essences, some of which are easily seen, such as facial movements, and others, such as complex, intertwined patterns of heart rate, breathing and body temperature, that are observed only with specialized instruments. This belief in essences, called essentialism, is compellingly intuitive. It's also pernicious because it is virtually impossible to prove

that an essence doesn't exist. People who believe in essences but fail to observe them despite repeated attempts often continue to believe in them anyway. Researchers, in particular, tend to justify their belief by suggesting that tools and methods are not yet sufficient to locate the essences they seek.

[11] A solution to (4) this conundrum can be found in Darwin's more famous book *On the Origin of Species*, written 13 years before *Expression*. Ironically, it is celebrated for helping biology "escape the paralyzing [5] of essentialism," according to heralded biologist Ernst Mayr. Before *Origin* was published, scholars believed that each biological species had an ideal form, created by God, with defining properties—essences—that distinguished it from all other species. Think of this as the "dog show" version of biology. In a dog show, each competitor is judged against a hypothetical ideal dog. Deviation from the ideal is considered error. Darwin's *Origin* proposed, radically, that a species is a vast population of varied individuals with no essence at its core. The ideal dog doesn't exist—it is a statistical summary of many diverse dogs. Variation is not error; it is a necessary ingredient for natural selection by the environment. When it came to emotions, however, Darwin [6] essentialism, ignoring his most important discovery.

[12] The power of essentialism led Darwin to some beautifully ridiculous ideas about emotion, including that emotional imbalance can cause frizzy hair and that insects express fear and anger by frantically rubbing their body parts together.

[13] Essentialism likewise appears to lure designers of emotion AI systems to follow Darwin down this comfortable path, with its assumption that emotions evolved via natural selection to serve important functions. But if you actually read *Expression*, you'll find that Darwin barely mentioned natural selection. He also did not write that facial expressions are functional products of evolution. In fact, he wrote the opposite: that smiles, frowns, eye widening and other

physical expressions were "purposeless"—vestigial movements that no longer serve a function. He made this statement more than 10 times in *Expression*. For Darwin, emotional expressions [7] that we've evolved. By his logic, if we share expressions with other animals, but the expressions are functionally useless for us, they must have come from a long-gone, common ancestor for whom the expressions were useful.

[14] *Expression* has been cited incorrectly for more than 100 years. How did this happen? I discovered the answer lurking(8) in the work of an early-20th-century psychologist, Floyd Allport. In his 1924 book *Social Psychology*, Allport made a sweeping inference from Darwin's writing to say that expressions begin as vestigial in newborns but quickly assume useful social functions. He wrote, "Instead of the biologically [9 A] reaction being present in the ancestor and the [9 B] vestige in the descendant, we regard both these functions as present in the descendant, the former serving as a basis from which the latter develops."

[15] Allport's idea, though incorrect, was attributed back to Darwin and eagerly adopted by like-minded scientists. They could now write about facial expressions as universal and claim to be the heirs of the unassailable Charles Darwin. With a single sentence, Allport [10] the Western understanding of emotions, not only in science but in law, medicine, the eyes of the public and now emotion AI systems.

[16] Nevertheless, this scientific tale has a happy ending because there is a name for the kind of variation we observe in real-life instances of emotion. It's the same variation that Darwin himself observed in animal species. In *Origin*, Darwin described an animal species as a collection of varied individuals with no biological essence at its core. This key observation became known more generally as population thinking, and it's supported by the modern study of genetics.

[17] Population thinking has been revolutionizing biology for the past century, and it is now revolutionizing the science of emotion. Like a

species, a given emotion such as fear, grief or elation is a vast population of varied instances. People may indeed widen their eyes and gasp in fear, but they may also scowl in fear, cry in fear, laugh in the face of fear and, in some cultures, even fall asleep in fear. There is no essence. Variation is the norm, and it is intimately linked to a person's physiology and situation, just as variation in a species is linked to the environment its members live in.

[18] An increasing number of emotion researchers are taking population thinking more seriously and moving beyond the essentialist ideas of the past. It is time for emotion AI proponents and the companies that make and market these products to cut the hype and acknowledge that facial muscle movements do not map universally to specific emotions. The evidence is clear that the same emotion can accompany different facial movements and that the same facial movements can have different (or no) emotional meaning. [11].

[19] Darwin's *Expression* is best viewed as a historical text, not a definitive scientific guide. That leads to a deeper lesson here: Science is not truth by authority. Science is the quantification of doubt by repeated observation in varied contexts. Even the most exceptional scientists can be wrong. Fortunately, mistakes are part of the scientific process. They are opportunities for discovery.

1. How can underline (1) in paragraph [2] best be interpreted?
   - **a.** The apparent universal expressions are similar to cultural stereotypes.
   - **b.** What others call universal expressions are instances of cultural stereotypes.
   - **c.** What we know as cultural stereotypes are caused by universal expressions.
   - **d.** So-called cultural stereotypes have all but replaced universal expressions.

2. Which of the following sentences is **NOT** an appropriate

replacement of underline (2) in paragraph [3]?

a. There are important reasons why we should not be indifferent to this debate.

b. One might argue that it does not matter whether facial expressions are universal, but it does matter.

c. Consider the following serious examples of cases in which facial expressions are not recognized correctly.

d. It is not difficult to think of cases for which the outcome of the debate could be crucial.

3. Which of the following statements is **NOT** in line with the content of the article?

a. The outcome of the debate on facial expressions has real-life consequences, such as being rejected for a job.

b. Some experts contend that so-called universal expressions simply represent cultural stereotypes.

c. Academics on both sides of the debate agree that facial expressions vary for a given emotion.

d. The argument over universal facial expressions of emotion is solely theoretical.

4. Who made the "scientific error" in underline (3) in paragraph [4]?

a. Duchenne **b.** Darwin

c. Mayr **d.** Allport

5. Which of the following statements is **NOT** in line with the content of the article?

a. Some people scowl when they are concentrating.

b. Scowls are more often than not an indication of anger for people in urban cultures.

c. Scowling is sometimes an indication of delight.

d. Scowling does not necessarily indicate having gas.

6. What is the "conundrum" in underline (4)?

a. Instances of a particular emotion sharing an essence

b. The variety of essences proposed by scientists

c. The intuitive and harmful belief in essences

d. The lack of tools and methods to locate essences

7. Choose the answer that best fits blank [5] from a-d, and the answer that best fits blank [6] from e-h.

For blank [5]:

a. catch
b. grip
c. fist
d. punch

For blank [6]:

e. fell prey to
f. fell foul of
g. fell back on
h. fell out with

8. Which of the following statements about the content of paragraphs [5]-[11] is true?

a. Darwin argued that facial expressions have played an important role in the evolution of emotions through natural selection.

b. Darwin celebrated the concept of essentialism proposed by Ernst Mayr for its important role in the development of biology.

c. Darwin ordered the French physician Duchenne to make photographs of people's facial expressions.

d. Darwin wrote about the relation between facial expressions and emotions after his work on natural selection.

9. Use the eight choices below to fill [7] in the best way. Indicate your choices for the **THIRD** and **SEVENTH** positions.

a. animals　b. humans　c. evidence
d. compelling　e. and　f. that
g. are　h. were

10. Underline (8) can be best replaced by:

a. hidden　b. exposed
c. revealed　d. forgotten

11. Choose the words that best fit in blanks [9 A] and [9 B].

a. [9 A] purposeless　[9 B] expressionless
b. [9 A] purposeless　[9 B] expressive
c. [9 A] useful　[9 B] expressive
d. [9 A] useful　[9 B] expressionless

12. Blank [10] can best be filled by:

a. misdirected **b.** misapprehended

c. mistreated **d.** miscalculated

13. Which of the following statements is **NOT** in line with the content of the article?

a. Population thinking is becoming increasingly popular among emotion researchers.

b. Population thinking views humans and animals as being essenceless.

c. Population thinking was originally proposed by a famous psychologist, Floyd Allport.

d. Population thinking makes sense from the viewpoint of genetics.

14. Choose the correct phrase to fill in blank [11].

a. Uniformity, not variety, is the rule.

b. Variety, not uniformity, is the rule.

c. Variety and uniformity are the rule.

d. Variety and uniformity are not the rule.

15. It can be reasonably inferred from the article that the author agrees with the idea that

a. facial expressions are universal signs of emotions.

b. species have no essences.

c. insects express fear and anger by rubbing their body parts.

d. emotions evolved via natural selection.

16. The most appropriate title for this article is:

a. Darwin was Wrong: Your Facial Expressions Do Not Reveal Your Emotions

b. Darwin's *On the Origin of Species* and *The Expression of the Emotions in Man and Animals*: A Comparison.

c. Facial Expressions: Darwin as a Pioneer of Essentialism

d. Our Debt to Darwin: How Darwin's Work on Facial Expressions Revolutionized the AI Industry

e. From Darwin to Allport: A History of Social Psychology

III Read the article and answer the following questions (1)-(5).

[1] Texting, emailing, and posting on Facebook and other social media sites are by far the most common digital activities students undertake while learning, according to Rosen.[1] That's a problem, because these operations are actually quite mentally complex, and they draw on the same mental resources — using language, parsing meaning — demanded by schoolwork.

[2] David Meyer, a psychology professor at the University of Michigan who's studied the effects of divided attention on learning, takes a firm line on the brain's ability to multitask: "Under most conditions, the brain simply cannot do two complex tasks at the same time. It can happen only when the two tasks are both very simple and when they don't compete with each other for the same mental resources. An example would be folding laundry and listening to the weather report on the radio. That's fine. But listening to a lecture while texting, or doing homework and being on Facebook — each of these tasks is very demanding, and each of them uses the same area of the brain, the prefrontal cortex."

[3] Young people think they can perform two challenging tasks at once, Meyer acknowledges, but "they are deluded," he declares. It's difficult for anyone to properly evaluate how well his or her own mental processes are operating, he points out, because most of these processes are unconscious. And, Meyer adds, "there's nothing magical about the brains of so-called 'digital natives' that keeps them from suffering the inefficiencies of multitasking. They may like to do it, they may even be addicted to it, but there's no getting around the fact that it's far better to focus on one task from start to finish."

[4] Researchers have documented [1] when students multitask while doing schoolwork. First, the assignment takes longer to

---

[1]Larry Rosen: a psychology professor at California State University-Dominguez Hills（この記事の前節で触れられている）

complete, because of the time spent on distracting activities and because, upon returning to the assignment, the student has to re-familiarize himself with the material.

[5] Second, the mental fatigue caused by repeatedly dropping and picking up a mental thread leads to more mistakes. The cognitive cost of such task-switching is especially high when students alternate between tasks that call for different sets of expressive "rules"—the formal, precise language required for an English essay, for example, and the casual, friendly tone of an email to a friend.

[6] Third, students' subsequent memory of what they're working on will be impaired if their attention is divided. Although we often assume that our memories fail at the moment we can't recall a fact or concept, the failure may actually have occurred earlier, at the time we originally saved, or encoded, the memory. The moment of encoding is what matters most for retention, and dozens of laboratory studies have demonstrated that when our attention is divided during encoding, we remember that piece of information less well—or not at all. As the unlucky student spotlighted by Rosen can attest, we can't remember something that never really entered our consciousness in the first place. And a study last month showed that students who multitask on laptops in class distract not just themselves but also their peers who see what they're doing.

[7] Fourth, some research has suggested that when we're distracted, our brains actually process and store information in different, less useful ways. In a 2006 study in the *Proceedings of the National Academy of Sciences*, Russell Poldrack of the University of Texas-Austin and two colleagues asked participants to engage in a learning activity on a computer while also carrying out a second task, counting musical tones that sounded while they worked. Study subjects who did both tasks at once appeared to learn just as well as subjects who did the first task by itself. But upon further probing, the former group proved much less adept at extending and extrapolating their new

knowledge to novel contexts — a key capacity that psychologists call transfer.

[8] Brain scans taken during Poldrack's experiment revealed that different regions of the brain were active under the two conditions, indicating that the brain engages in a different form of memory when forced to pay attention to two streams of information at once. The results suggest, the scientists wrote, that "even if distraction does not decrease the overall level of learning, it can result in the acquisition of knowledge that can be applied less flexibly in new situations."

[9] Finally, researchers are beginning to demonstrate that media multitasking while learning is negatively associated with students' grades. In Rosen's study, students who used Facebook during the 15-minute observation period had lower grade-point averages than those who didn't go on the site. And two recent studies by Reynol Junco, a faculty associate at Harvard's Berkman Center for Internet & Society, found that texting and using Facebook — in class and while doing homework — were negatively correlated with college students' GPAs. "Engaging in Facebook use or texting while trying to complete schoolwork may tax students' capacity for cognitive processing and preclude deeper learning," write Junco and a coauthor. (Of course, it's also plausible that the texting and Facebooking students are those with less willpower or motivation, and thus likely to have lower GPAs even aside from their use of technology.)

1. According to Meyer, multitasking is a problem when
   a. multiple easy tasks are performed at the same time.
   b. neither of the tasks involves the prefrontal cortex of the brain.
   c. tasks that involve distant brain areas are performed together.
   d. two tasks that use the same brain area are conducted at once.

2. Which of the following best completes blank [1]?
   a. a cascade of negative outcomes that occur
   b. a multitude of strategies for working efficiently

出典追記：You'll Never Learn!, Slate on May 3, 2013 by Annie Murphy Paul

c. a series of phenomena that promote learning

d. a range of common student perceptions reported

3. The author's main point in paragraph [6] is that

a. information saved during multitasking blocks storage of new information.

b. multitasking does not affect storage of information in memory.

c. stimulation of the brain by multitasking increases memory capacity.

d. the information one intends to encode cannot be saved properly during multitasking.

4. The author mentions Poldrack's brain scans in order to point out

a. the involvement of wider brain areas in memory encoding during multitasking.

b. the moment at which brain activity suddenly increases during multitasking.

c. the uniqueness of the quality of memory encoded during multitasking.

d. the way in which memory encoded during multitasking is recalled later.

5. Which of the following would be the best title for this passage?

a. Does multitasking improve students' course grades?

b. How good is the brain at multitasking?

c. How special are the brains of multitasking digital natives?

d. When is multitasking effective?

◀C 方 式▶

（90分）

I．読解問題

次の英文（Passage A, Passage B）は，同じテーマについて書かれた文章である。Passage Aはある研究者がこれまでに行われてきた研究内容をまとめたもので，Passage Bはそれを読んだ学生が関連する研究を調べ，意見や疑問をまとめたものである。2つの英文を読み，Q1からQ12の問題に答えなさい。

Passage A

By Annie Murphy Paul

[1] Texting, emailing, and posting on Facebook and other social media sites are by far the most common digital activities students undertake while learning, according to Rosen[1]. That's a problem, because these operations are actually quite mentally complex, and they draw on the same mental resources — using language, parsing meaning — demanded by schoolwork.

[2] David Meyer, a psychology professor at the University of Michigan who's studied the effects of divided attention on learning, takes a firm line on the brain's ability to multitask: "Under most conditions, the brain simply cannot do two complex tasks at the same time. It can happen only when the two tasks are both very simple and when they don't compete with each other for the same mental resources. An example would be folding laundry and listening to the weather report on the radio. That's fine. But listening to a lecture while texting, or doing homework and being on Facebook — each of these tasks is very demanding, and each of them uses the same area of the brain, the prefrontal cortex."

[3] Young people think they can perform two challenging tasks at once, Meyer acknowledges, but "they are deluded," he declares. It's difficult for anyone to properly evaluate how well his or her own mental processes are operating, he points out, because most of these processes are unconscious. And, Meyer adds, "there's nothing magical about the brains of so-called 'digital natives' that keeps them from suffering the inefficiencies of multitasking. They may like to do it, they may even be addicted to it, but (1)there's no getting around the fact that it's far better to focus on one task from start to finish."

[4] Researchers have documented [　A　] when students multitask while doing schoolwork. First, the assignment takes longer to complete, because of the time spent on distracting activities and because, upon returning to the assignment, the student has to re-familiarize himself with the material.

[5] Second, the mental fatigue caused by repeatedly dropping and picking up a mental thread leads to more mistakes. The cognitive cost of such task-switching is especially high when students alternate between tasks that call for different sets of expressive "rules" — the formal, precise language required for an English essay, for example, and the casual, friendly tone of an email to a friend.

[1] Larry Rosen：a psychology professor at California State University-Dominguez Hills（この記事の前節で触れられている）

[6] Third, students' subsequent memory of what they're working on will be impaired if their attention is divided. Although we often assume that our memories fail at the moment we can't recall a fact or concept, the failure may actually have occurred earlier, at the time we originally saved, or encoded, the memory. The moment of encoding is what matters most for retention, and dozens of laboratory studies have demonstrated that when our attention is divided during encoding, we remember that piece of information less well — or not at all. As the unlucky student spotlighted by Rosen can attest, we can't remember something that never really entered our consciousness in the first place. And a study last month showed that students who multitask on laptops in class distract not just themselves but also their peers who see what they're doing.

[7] Fourth, some research has suggested that when we're distracted, our brains actually process and store information in different, less useful ways. In a 2006 study in the *Proceedings of the National Academy of Sciences*, Russell Poldrack of the University of Texas-Austin and two colleagues asked participants to engage in a learning activity on a computer while also carrying out a second task, counting musical tones that sounded while they worked. Study subjects who did both tasks at once appeared to learn just as well as subjects who did the first task by itself. But upon further probing, the former group proved much less adept at extending and extrapolating their new knowledge to novel contexts — a key capacity that psychologists call transfer.

[8] Brain scans taken during Poldrack's experiment revealed that different regions of the brain were active under the two conditions, indicating that the brain engages in a different form of memory when forced to pay attention to two streams of information at once. The results suggest, the scientists wrote, that "even if distraction does not decrease the overall level of learning, it can result in the acquisition of knowledge that can be applied less flexibly in new situations."

[9] Finally, researchers are beginning to demonstrate that media multitasking while learning is negatively associated with students' grades. In Rosen's study, students who used Facebook during the 15-minute observation period had lower grade-point averages than those who didn't go on the site. And two recent studies by Reynol Junco, a faculty associate at Harvard's Berkman Center for Internet & Society, found that texting and using Facebook — in class and while doing homework — were negatively correlated with college students' GPAs. "Engaging in Facebook use or texting while trying to complete schoolwork may tax students' capacity for cognitive processing and preclude deeper learning," write Junco and a coauthor. (2)(Of course, it's also plausible that the texting and Facebooking students are those with less willpower or motivation, and thus likely to have lower GPAs even aside from their use of technology.)

Q 1. According to Meyer, multitasking is a problem when

a. multiple easy tasks are performed at the same time.

b. neither of the tasks involves the prefrontal cortex of the brain.

c. tasks that involve distant brain areas are performed together.

d. two tasks that use the same brain area are conducted at once.

Q 2. Which of the following best completes [A] in Paragraph 4?

a. a cascade of negative outcomes that occur

b. a multitude of strategies for working efficiently

c. a series of phenomena that promote learning

出典追記：You'll Never Learn!, Slate on May 3, 2013 by Annie Murphy Paul

d. a range of common student perceptions observed

Q3. The author's main point in Paragraph 6 is that

a. information saved during multitasking blocks storage of new information.

b. multitasking does not affect storage of information in memory.

c. stimulation of the brain by multitasking increases memory capacity.

d. the information one intends to encode cannot be saved properly during multitasking.

Q4. The author mentions Poldrack's brain scans in order to point out

a. the involvement of wider brain areas in memory encoding during multitasking.

b. the moment at which brain activity suddenly increases during multitasking.

c. the uniqueness of the quality of memory encoded during multitasking.

d. the way in which memory encoded during multitasking is recalled later.

Q5. Which of the following would be the best title for Passage A?

a. Does multitasking improve students' course grades?

b. How good is the brain at multitasking?

c. How special is the brain of multitasking digital natives?

d. When is multitasking effective?

Passage B

By Sakura Suzuki

[1] The results of research on the influence of multitasking on the brain discussed in Annie Murphy Paul's article are food for thought. In our busy daily lives, it can indeed be difficult to resist the temptation to multitask, but I never seriously considered the possibility that multitasking may have negative effects on learning. In this article, however, evidence is presented for the idea that, contrary to popular belief, we are not very good at performing multiple demanding tasks at once. What struck me the most was the study finding (3) that seems to explain my own academic performance when engaged in heavy multitasking: I never do well on problem-solving tasks that require applications of concepts that I learn in class, whereas I usually do fairly well when tested on how well I remember them. As should be clear from this example, the results presented in the article may have important consequences and should be taken seriously. However, I would like to discuss a number of reasons why it may still be premature to sound the alarm bells.

[2] To start with, it is not clear to what extent the results of the studies cited in this article apply to multitasking in general. In Poldrack's experiment, for instance, students were asked to participate in a computer-based learning activity while counting musical tones. Needless to say, counting musical tones is not the kind of activity we are normally engaged in, so it is questionable whether similar results would be found if students were asked to write a text message during a lecture or to write some short messages on Facebook while doing their homework. The article also cites some other studies suggesting a possible link between digital multitasking and grades, but I am not sure whether the evidence is enough to conclude that multitasking interferes with learning. I would like to stress that I am not the first one to point out that more research needs to be done. In an extensive review article by May and Elder (2018) published in the *International Journal of Educational Technology*, it is argued that while it has been demonstrated that media multitasking does interfere with both attention and working memory, it is necessary to investigate several factors such as the type of tasks performed,

the goals of the tasks and the conditions under which they are performed, and individual differences between learners.

[3] Another important issue to consider is that May and Elder (2018) discuss how multitasking could be explained by theory. They describe two different views on cognitive control: the "scattered attention hypothesis" and the "trained attention hypothesis". According to the former hypothesis, the primary task is performed less successfully during multitasking because there is only a limited amount of attention that can be allocated to tasks. The latter hypothesis, on the other hand, maintains that sufficient training may increase the degree of cognitive control. While May and Elder write that the existing research seems to support the scattered attention hypothesis, there are also results that chime well with the trained attention hypothesis. This suggests that we should not rule out the possibility that our brains can get used to multitasking and that it may have cognitive benefits. Note that there may be an interesting connection here with multilingualism, which also has been shown to increase cognitive control.

[4] From a more general perspective, I would like to know more about the permissible range of activities during learning: what kind of activities can be performed during a learning session without bringing about any adverse effects? For example, it is well known that there are people who do not like studying in a quiet environment. Such students may study in a noisy café or at home while listening to music, and for them such specific environments or conditions may be a prerequisite for successful learning. There are also people who argue that it is better for children to do their homework in the living room in the presence of other family members. Obviously, such children could be distracted by other family members talking to each other, making telephone calls, or watching television. An interesting question is whether the research results also extend to cases like these, or whether they should be treated separately.

[5] In conclusion, the article has convinced me that at least certain types of multitasking have negative effects on learning, [B]. Moreover, we should seriously consider the possibility that [C].

Q6. In the underlined part (3), the author of Passage B is referring to the study conducted by [X] mentioned in **Passage A**. (Choose the best option to fill [X].)

a. Junco
b. Meyer
c. Poldrack
d. Rosen

Q7. The author's main point in Paragraph 2 is that

a. more studies of multitasking involving counting musical tones should be conducted.
b. Poldrack did not provide sufficient information to describe the results of his experiments.
c. Poldrack's findings contradict those of other studies involving digital multitasking.
d. the effects of multitasking on learning should be examined in various ways in future studies.

Q8. Among the hypotheses introduced in Paragraph 3 of Passage B, the author of Passage A is likely to agree with

a. the scattered attention hypothesis only.
b. the trained attention hypothesis only.

c. both the scattered attention hypothesis and the trained attention hypothesis.
d. neither the scattered attention hypothesis nor the trained attention hypothesis.

Q9. The author mentions multilingualism in Paragraph 3 to show that it is
a. a type of task that has been researched extensively.
b. a type of training often used to increase brain capacity.
c. an example of something that has been found harmful for learning.
d. something demanding that many people learn to handle well.

Q10. How do the activities mentioned in Paragraph 4 differ from Poldrack's task mentioned in Paragraph 7 of Passage A?
a. The learner is not required to actively engage in a second task.
b. The main task involves demanding cognitive activities.
c. This type of multitasking is less common among students.
d. Studies have shown that this type of multitasking is more problematic.

Q11. Which of the following best complete blanks [B] and [C]?

Options for [B]
a. and children should be discouraged from working on assignments in noisy places
b. and the existing research evidence is consistent with young people's belief about multitasking
c. but it seems too early to generalize the results introduced in the article to multitasking in general
d. but more research on multitasking involving only simple tasks should be conducted

Options for [C]
a. appropriate training programs for bilinguals would enhance their academic performance
b. multitasking may have positive effects under appropriate conditions and circumstances
c. the special capacity of digital natives' brains found in previous studies can be confirmed in the future
d. forcing students to multitask while studying may in fact demotivate them

Q12. Passage Aの下線部(2)において，筆者は"Of course, it's also plausible that the texting and Facebooking students are those with less willpower or motivation, and thus likely to have lower GPAs even aside from their use of technology."と述べている。著者がこの記述を本文に加えた意図は何か。180～250字の日本語で答えなさい。尚，句読点や引用符などはそれぞれ一字と数えること。また，アルファベットは2文字で日本語1文字分とする。

II．英作文

Passage A の下線部 (1) において，筆者は“there’s no getting around the fact that it’s far better to focus on one task from start to finish.”と述べている。この記述に関連して，次の主張に対する自分の意見を，賛成か反対かを明確にして，構成の整った英文１パラグラフにまとめなさい。（150語程度）

Multitasking should be avoided while studying.

解答の際は，Passage A または Passage B で述べられていることを一回以上引用すること。ただし，引用は最小限とし，その方法は下の例を参考にすること。

【引用例】

* According to Tanaka, the age of artificial intelligence has come. However, …
* I strongly agree with Kim’s point that we should take advantage of new technologies because …
* White’s study shows/suggests that …
* In her article, Brown says, “Robots cannot replace human beings.” While this may be true to some extent, …

日本史

（60分）

I　次の文章を読み，下記の**問1～8**に答えよ。**問1～2**については，それぞれの解答を記述解答用紙に記入せよ。**問3～8**については，それぞれの解答を選び，マーク解答用紙の記号をマークせよ。

古代に日本と新羅[a]の間では，新羅使や遣新羅使と呼ばれる外交使節が行き来した。新羅使は779年まで来航し，遣新羅使は836年まで派遣されていることが日本の史料から確認できるが，これらの使節の実態については分かっていないことも多い。特に遣新羅使については，新羅滞在中の記録が日本のみならず朝鮮半島の史料にもほとんど見えない。これは，新羅の国史は12世紀に編纂された『三国史記』[b]に依らざるを得ないという史料的な限界も関係している。遣隋使[c]や遣唐使についての記述が，中国の史料にも様々のこされているのと対照的である。

遣新羅使について正史から知ることのできる情報は多くなく，例えば736年2月に任命された遣新羅使について『続日本紀』では，出発後，翌年正月に帰国して入京するまでの道中についての記述はない。

一方で『万葉集』巻十五には，「遣新羅使人等，別れを悲しみて贈答し，海路に及んで情（こころ）を慟（いた）めて思ひを陳（の）ぶ。所に当たりて誦ひし古歌を幷（あわ）せたり」としてこの遣新羅使に関係する歌[d]が，①～⑤など145首も採録されている。

① 武庫の浦の入江の渚鳥（すどり）羽ぐくもる君を離れて恋に死ぬべし
（武庫の浦の入江の洲に巣くう水鳥が子を羽に包むように，大事にしてくださったあなたから引き離されたら，私は恋しくて死んでしまうでしょう。）

② 秋さらば相見むものを何しかも霧に立つべく嘆きしまさむ
（秋になったら逢えるのに，どうして霧となって立ちこめるほど嘆かれるのか。）

③ 夕さればひぐらし来鳴く生駒山越えてそ我（あ）が来る妹（いも）が目を欲（ほ）り
（夕方になるとひぐらしが来て鳴くさびしい生駒山を越えて，私は向かう。もうひと目いとしいあの人に逢いたくて。）

④ 妹に逢はずあらばすべなみ岩根踏む生駒の山を越えてそ我が来る
（いとしいあの人に逢わないでいるとやるせないので，岩を踏みしめるような険しい生駒山を越えて私は向かう。）

⑤ 夕されば秋風寒し我妹子（わぎもこ）が解き洗ひ衣行きて早着む
（夕方になると秋風がひとしお身に染みる。私のいとしいあの人が解き洗いしてくれた着物を，早く着たい。）

①の歌にみえる武庫の浦は兵庫県の武庫川の河口付近で，難波（なにわ）[e]を発った遣新羅使の最初の宿泊地であったようだ。このように使人たちは新羅へと向かう途中，各地の歌を詠んだり贈答したりしたため，一行は明石の浦（兵庫県明石市），家島諸島（兵庫県姫路市），倉橋島（広島県呉市），屋代島（山口県周防大島町），熊毛の浦（山口県上関町）などの瀬戸内海[f]の港や島々を経て筑紫へと至り，さらに糸島半島や東松浦半島沖の神集島（かしわじま）（佐賀県唐津市）にて停泊した後，［ A ］と対馬を経て新羅へと渡ったことが分かる。

『万葉集』からこの遣新羅使の動きを追っていくと，春に遣新羅使が任命された後，②の歌が詠まれているが，この贈答歌の後には③，④の2首が載り，④には「しましく私家に還りて思ひを陳（の）ぶ」という注が付けられている。「しましく」は「しばらく」という意味であり，その後この遣新羅使は瀬戸内海を西へと出発したようだ。しかし⑤の歌が往路の筑紫で詠まれているので，彼等の旅路は順調ではなかったらしい。

『続日本紀』には，大使・副使・大判官・少判官の４人しか使人として名が見えないが，『万葉集』の歌の中には作者の名前が記されているものもある。また『続日本紀』には，帰路に大使阿倍継麻呂が対馬にて没したことと，副使大伴三中も病気のために帰国後の入京が遅れたことが記されているが，『万葉集』には「 A の島に到りて，雪連宅満（ゆきのむらじやかまろ）のたちまちに鬼病に遇ひて死去せし時に作る歌」が詠まれており，大使ら以外で一行に含まれていた人物の動向を知ることができる。なお，継麻呂の死去や三中・宅満の病は，737年に藤原四兄弟(g)が相次いで死去するなど各地で猛威を振るった疱瘡（天然痘）と関係しているとも言われる。

このように『万葉集』からは遣新羅使のあり方や使人たちの悲哀を窺うことができ，正史にはあらわれない貴重な情報を伝えているのである。

問１ 下線部 **b** に関連して，『三国史記』は朝鮮半島に鼎立（ていりつ）した３国の歴史を紀伝体で記したものであるが，３国のうち新羅以外の２国の国名を漢字で記せ。

問２ 空欄 A にあてはまる島の名を，現在の一般的な漢字表記で記せ。

問３ 下線部 **a** に関連して，両者の関係について述べた文として，正しいものはどれか。一つ選べ。

ア 筑紫国造磐井は，大王軍と連携して新羅を攻撃した。

イ 倭と新羅の連合軍は，白村江の戦いで唐に敗れた。

ウ 新羅は渤海と友好関係にあり，渤海と日本が国交を結ぶのを仲介した。

エ ９世紀半ば以降，日本と新羅の間では人や物の往来はなくなった。

オ 藤原仲麻呂は新羅攻撃を計画した。

問４ 下線部 **c** に関連して，遣隋使に関する史料として正しいものはどれか。一つ選べ。

ア 封国は偏遠にして，藩を外に作す。昔より祖禰（でい）躬（みずか）ら甲冑を擐（つらぬ）き，山川を跋渉（ばっしょう）して寧処に遑（いとま）あらず。東は毛人を征すること五十五国，西は衆夷を服すること六十六国，渡りて海北を平ぐること九十五国。

イ 栄叡（ようえい）・普照（ふしょう），大明寺に至り，大和尚の足下に頂礼（ちょうらい）して，具さに本意を述て曰く，仏法東流して日本国に至る。其の法有りと雖も法を伝ふるの人無し。（中略）願はくは，大和尚東遊して化を興したまへ。

ウ 倭の国王帥升等，生口百六十人を献じ，請見を願ふ。

エ 倭王あり，姓は阿毎（あめ），字は多利思比孤（たりしひこ），阿輩雞彌（おおきみ）と号す。使を遣して闕（けつ）に詣る。（中略）使者言う，倭王は天を以て兄と為し，日を以て弟と為す。（中略）高祖曰く，此れ太（はなは）だ義理なし。

オ 倭の女王，大夫難升米（なしめ）等を遣し郡に詣り，天子に詣りて朝献せんことを求む。太守劉夏，吏を遣し，将（もっ）て送りて京都に詣らしむ。

問５ 下線部 **d** に関連して，①～⑤の歌から読み取れることはどれか。一つ選べ。

ア これらの歌は，新羅にて披露するために詠まれた。

イ これらの歌は，帰国後に大使によって天皇に献上される予定であった。

ウ この遣新羅使は当初，任命された年の秋までには帰国する予定だった。

エ この遣新羅使の使人たちは，筑紫までは妻を同伴していた。

オ この遣新羅使は平城京から難波へ移動し，到着後すぐに武庫の浦へ向けて出発した。

問６ 下線部 **e** に関連して，古代の難波について述べた文として，誤っているものはどれか。一つ選べ。

ア 橘奈良麻呂の変の後に，遷都が繰り返される中で都がおかれた場所の一つである。

イ 厩戸王によって四天王寺が創建された。

ウ 難波津は平城京の外港としての役割を果たした。

エ　大化改新に際して，孝徳天皇によって大王宮がおかれた。

オ　奈良時代に摂津職によって所管された。

問7　下線部fに関連して，瀬戸内海沿岸地域について述べた文として，正しいものはどれか。一つ選べ。

ア　寒冷化が進んだ縄文時代には，瀬戸内海は陸地化していた。

イ　弥生時代には，紫雲出山遺跡にみられるような高地性集落が多くつくられた。

ウ　古墳時代には，吉備地方に箸墓古墳のような巨大な前方後円墳が築かれた。

エ　7世紀後半，讃岐平野に古代山城の大野城が築かれた。

オ　奈良時代には，公営田が設けられた。

問8　下線部gに関連して，武智麻呂・房前・宇合・麻呂の四人の兄弟は，それぞれ藤原氏の四家の祖となったが，藤原氏の人物と出身の家の組み合わせとして，正しいものはどれか。一つ選べ。

ア　仲成─京家　　イ　基経─式家　　ウ　緒嗣─北家

エ　冬嗣─南家　　オ　百川─式家

Ⅱ　次の会話文は，**写真1・2**および史料を見ている高校の生徒と教師の会話である。これを読んで，下記の**問1～8**に答えよ。**問1～6**については，それぞれの解答を選び，マーク解答用紙の記号をマークせよ。**問7～8**については，解答を記述解答用紙に記入せよ。

教師　「浄土宗を開いた法然のことは知っているね。**写真1**は鎌倉時代後期に制作された，法然の生涯を描いた絵巻物の一場面だよ」

生徒A「これはどういう場面でしょうか。何だか物々しいですが」

生徒B「鎧に身を固めた武士たちが誰かの屋敷を襲っているようにみえます」

生徒C「これはもしかして，法然の屋敷ですか？ 法然は弾圧されて流罪になった(a)と，授業で習いました」

教師　「お，いいところに気付いたね。ではこの場面がどんな場面なのか，詞書をみてみることにしよう。次の史料がその詞書の一節だよ」

〈史料〉

そもそも上人は，美作国久米南条，稲岡荘の人なり。父は久米の押領使(b)，漆(うるま)の時国，母は秦氏なり。(中略)かの時国は，先祖を尋ぬるに，仁明天皇の御後，西三条右大臣光公の後胤，式部大輔源の年(みのる)，陽明門にして蔵人兼高を殺す。その科によりて美作国に配流せらる。こゝに当国久米の押領使，神戸の大夫，漆の元国が女(むすめ)に嫁して男子を生ましむ。元国，男子なかりければ，かの外孫を以て子として，その跡を継がしむる時，源の姓を改めて，漆の盛行と号す。盛行が子・重俊，重俊が子・国弘，国弘が子・時国なり。これによりて，かの時国，いささか本姓に慢ずる心ありて，当荘の預所(c)，明石の源内武者定明伯耆守源長明が嫡男，堀河院御在位の時の［d］なりを侮りて，執務に従わず，面謁せざりければ，定明深く遺恨して，保延七年(e)の春，時国を夜討ちにす。

＊字句を一部，書き改めた箇所がある。

生徒A「法然の父は押領使であったと書いてありますね」

生徒C「押領使？」

生徒B「何か聞いたことある…，あ，武士の登場のところで出てきた用語だ！」

生徒C「と言うことは，法然って，武士の家の生まれなの？」

教師　「そういうことになるね」

生徒B「そしてその法然の父が夜討ちに遭ったと書いてありますね。ひどいなぁ。この場面では，鎧などを着ずに戦っているのが法然の父たちということですね」

教師　「そうなんだね。法然がまだ若い学僧であった時期に起こった保元の乱では，f 源義朝が夜討ちによる先制攻撃を提案して貴族たちを尻込みさせたけれど，武士たちの間では，夜討ちは普通の軍事作戦のひとつであったことが分かるね」

生徒A「ひとつの荘園に二つの武士の家があって，それらが争っていたというわけですね」

生徒C「それにしても，明石定明の軍勢はいとも簡単に法然の父の屋敷に乗り込んできましたね。武士の屋敷というと，教科書などでも防御性の高さが強調されているように思いますけど」

教師　「いいところに気付いたね。今度は**写真 2** の絵巻物を見てみよう。これは鎌倉時代後期に制作された一遍聖絵の信濃国佐久郡，大井太郎という武士の屋敷を描いた場面だよ。g **写真 1・2** を見ながら，武士の館の特徴について考えてみよう」

問 1　下線部 a に関連して，法然と同様に対立する勢力から弾圧されたものの，流罪には至らなかった僧は誰か。一人選べ。

ア　日蓮　　**イ**　明恵　　**ウ**　道元　　**エ**　親鸞　　**オ**　貞慶

問 2　下線部 b についての説明として，誤っているものはどれか。一つ選べ。

ア　平安時代に設置された令外官である。
イ　常置の職として当初から諸国に設置された。
ウ　平将門の乱を鎮圧した藤原秀郷も押領使であった。
エ　盗賊の逮捕や反乱の鎮圧を職務とした。
オ　地域で活動する有力武士がこれに採用された。

問 3　下線部 c についての説明として，正しいものはどれか。一つ選べ。

ア　任国に赴いた国司の最上席者である。
イ　荘園や郷に設置され，現地における年貢徴収や治安維持などを任務とした。
ウ　国衙に駐在してその業務に従事した役人である。
エ　荘園の領主から現地の支配を委託された開発領主らがこの職に任じられた。
オ　荘園において，割り当てられた年貢の納入の義務を負わされた。

問 4　下線部 f についての説明として誤っているのはどれか。一つ選べ。

ア　後白河上皇の近臣・藤原信頼の働きかけにより平治の乱を起こした。
イ　保元の乱では父の源為義を斬首した。
ウ　鎌倉五山の浄妙寺は義朝の屋敷跡に建立された。
エ　保元の乱では後白河天皇方として戦った。
オ　平治物語絵巻には義朝が三条殿に火を放った場面が描かれている。

問 5　下線部 g について，鎌倉時代の武士の館の特徴として**写真 1・2** から読み取れることはどれか。すべて選べ。

ア　屋根に瓦が葺かれた複数の建物が立ち並ぶ豪壮なたたずまいであった。
イ　門には扉がなく，塀すらない場合もあり，防御性には多様な実態があった。
ウ　屋内の部屋には畳が敷かれ，障壁画が描かれた障子に仕切られた部屋もあった。
エ　主屋には廂（ひさし）も縁側もなく，きわめて質素な造りであった。
オ　簡単には飛び越えられない大きな堀や，人の背丈を越える堅固な土塁で囲われていた。

写真 1

写真 2

問6　次の**ア**～**オ**の文章の中で，**〈史料〉**に述べられていないことはどれか。一つ選べ。

ア　法然の先祖は西三条右大臣と呼ばれた人物である。

イ　法然の先祖は，もともと源を名乗っていたが，後に母方の姓である漆を名乗った。

ウ　法然の父を襲ったのは受領の子であり，稲岡荘の荘官であった。

エ　法然の父が押領使であったのは，先祖の母方の官職を受け継いだからである。

オ　法然の父は，先祖が殺人の科により美作国に流罪となったことを恥じていた。

問7　[d]には，宮中の清涼殿北東の[d]を詰め所とし，宮中の警護を任務とした武士の名称が入る。[d]に入る語を漢字で記しなさい。

問8　下線部**e**の年，鳥羽上皇は出家して法皇となり，同じ年，子の天皇を強引に譲位させて，寵愛する美福門院が産んだ近衛天皇を即位させたことが，保元の乱の遠因となった。譲位させられたこの天皇は誰か。漢字で記せ。

Ⅲ　次の文章とそれに関連する史料を読み，**問1**～**10**に答えよ。**問1**～**2**については，それぞれの解答を記述解答用紙に記入せよ。**問3**～**10**については，それぞれの解答を選び，マーク解答用紙の番号をマークせよ。

下記の**〈史料〉**を書いたのは，幕末に盛岡藩で起きた三閉伊(さんへい)一揆の頭取の一人とされた，三浦命助という百姓である。陸奥国閉伊郡栗林村の村役人の家に生まれた命助は，17歳のとき，秋田藩の[A]の鉱山に出稼ぎに出るという経験をした後，父の死亡により19歳で家を継いだ。<u>農業のかたわら，海産物や農産物を売り歩く荷駄商いを行い，家計を支えた</u>(a)。28歳のとき，1847年に弘化の三閉伊一揆が起こった。これにかかわったかどうかは不明だが，34歳のとき，1853年に起こった<u>嘉永の三閉伊一揆</u>(b)では中心的な役割を果たした。

豪農の協力のもとに<u>藩財政を立て直そうとする藩政改革</u>(c)と，多額の御用金賦課に反対した弘化の一揆の結果，盛岡藩主南部利済(としただ)が隠居に追い込まれたが，藩の実権は利済が握ったまま，弘化一揆の成果は覆され，嘉永の一揆が起きることになる。一揆勢は<u>「小○」の幟</u>(d)(のぼり)を押し立てて進み，途中で藩に荷担する関係者宅を打ちこわした上，<u>隣の仙台藩領を目指した</u>(e)。2万人前後にふくれあがった一揆勢は，藩境近くになって半数を帰村させ，残りが仙台藩領に越境した。そこで仙台藩の役人に2つの願書を提出した。1つは，盛岡藩主の交代，あるいは，三閉伊地域を仙台藩領とするか幕府領とするかを求める願書（3か条），もう1つは，盛岡藩政批判の願書（49か条）である。その後，一揆勢は命助を含む45人を残して他は帰村し，仙台藩を通じて交渉を続けた。その結果，前者の3か条は実現しなかったが，後者の願書に示された要求の多くが認められ，一揆の関係者を処罰しないことを盛岡藩に確約させて一揆は終結した。

命助は一揆後，翌1854年に起こった村方騒動の際，身の危険を感じて出奔し，修験者となって仙台藩領の当山派修験寺院に身を寄せた。1856年，本山の[B]寺三宝院に修験者の免許を得ようと上京し，さらに，<u>有力公家の二条家</u>(f)へ献金してその家来になる願書を提出した。翌年それを許された命助は，「二条家御用」と記した札を持って盛岡藩領に戻ってきたところを捕らえられ，投獄された。下記の**〈史料〉**は，1864年に牢死するまでに，命助が獄中で書いた家族宛の「獄中記」冒頭の一部分である。

〈史料〉

それ人間は，借り金出きればあぐ心ん(悪心)をごる(起)なり。何にほど借り金出き候とも，あぐ心ををごしべからじ。たとえば，何程借り金御座候とも，田地，諸事の品もの，有り合わせのぶん(分)渡し心に相成り申候はゞ，少も恐るゝにたらじ(足)。尤，田地なくとも，日びに働ばしのぐ(凌)ものにて御座候間，全くびんぼう(貧乏)を恐るべからじ。ことによっては，田畑ををしみ(惜)，<u>我み(身)出ぽん(奔)致人</u>(g)多く有也。誠に大あやまり(誤)に御座候。人間と田畑をくらぶれば(比)，人間は三千年に一度さく(咲)*うどん花なり。田畑は石川ら(原)の如し。石川らををしみ，うどん花をしてる(捨)が如し。右の通り大あやまりを致しべからじ候。

＊「うどん花」：優曇華。インド原産の実在の植物を指すこともあるが，ここでは，仏教でいう三千年に一度咲く想像上の植物を指す。

命助が再び盛岡藩領に戻ってきた目的を正確に知ることは難しいが，二条家を後ろ盾に，実現できなかった願書3か条を，1人で盛岡藩に訴えるためだったのではないかと考えられる。(h)この「獄中記」の冒頭部分には，波瀾万丈の人生を経験した命助の人間観が示されている。

問1　下線部eのように，集団で他地域へ移動するという一揆の形態を何というか。漢字で記せ。

問2　空欄 B に該当する語を漢字で記せ。

問3　空欄 A に該当する語はどれか。一つ選べ。

ア　院内　イ　佐渡　ウ　生野　エ　石見　オ　別子

問4　下線部aに関連して，江戸時代の百姓の生活についての説明で，正誤の正しい組み合わせはどれか。一つ選べ。

x　百姓とは農業を行う身分のことをいい，百姓が荷駄商いのようなことを行うのは東北地方に限られたことだった。

y　江戸時代後期，商品経済の利益は多くの百姓にも共有されたため，小作地は減少した。

z　歌舞伎をまねた地芝居，各地を巡回する芸能のほか，年中行事や民間信仰が百姓の娯楽であった。

ア　x一正　y一正　z一正　イ　x一正　y一正　z一誤　ウ　x一正　y一誤　z一誤

エ　x一誤　y一誤　z一誤　オ　x一誤　y一誤　z一正　カ　x一誤　y一正　z一正

問5　下線部bより前に起こった出来事はどれか。すべて選べ。

ア　桜田門外の変　イ　池田屋事件　ウ　ビッドルの来航

エ　日米修好通商条約調印　オ　オランダ国王の開国勧告　カ　ええじゃないか

問6　下線部cのような，盛岡藩と同じ時期の19世紀に実施された藩政改革についての説明で，正しいものはどれか。一つ選べ。

ア　薩摩藩では，藩士の調所広郷が主導して黒砂糖の専売制を中止し，その利益を領民に分配した。

イ　佐賀藩では，藩主の鍋島直正が主導して均田制を実施し，百姓の経営再建をはかった。

ウ　熊本藩では，藩主の細川重賢が主導して質素倹約をすすめるとともに，検地を実施した。

エ　米沢藩では，藩主の佐竹義和が主導して林業など諸産業の振興をすすめた。

オ　岡山藩では，藩主の池田光政が主導して農政改革と新田開発をすすめた。

問7　下線部dによって一揆勢は何を訴えようとしたのか。一つ選べ。

ア　盛岡藩の政策が盛岡藩領民を困窮させるものであることを訴えた。

イ　仙台藩の政策が盛岡藩領民を困窮させるものであることを訴えた。

ウ　盛岡藩の政策が仙台藩領民を困窮させるものであることを訴えた。

エ　盛岡藩主の転封が盛岡藩領民を困窮させるものであることを訴えた。

オ　幕府の政策が盛岡藩領民を困窮させるものであることを訴えた。

問8　下線部fを含む近世の公家·朝廷に関する説明や出来事で，誤っているものはどれか。一つ選べ。

ア　吉田家は神職の免許状を発行した。

イ　土御門家は陰陽師の免許状を発行した。

ウ　朝廷内の公家が任命された武家伝奏は朝廷と幕府をつなぐ役割を担った。

エ　公家たちに尊王論を説いた竹内式部が処罰された。

オ　尊号一件のときの天皇は，徳川綱吉によって創設された閑院宮家の出身である。

問9　下線部gのような者を何というか。一つ選べ。

ア　小作　　イ　地借　　ウ　店借　　エ　無宿　　オ　日用

問10　下線部hに関連して，〈史料〉に記されていないことはどれか。一つ選べ。

ア　人間というのは借金をすると悪心を起こす。

イ　田地がなくとも毎日働けば生活はできる。

ウ　貧乏になることは恐ろしいことなので，田畑を手放してはいけない。

エ　人間は三千年に一度しか咲かない優曇華のような貴重な存在だ。

オ　田畑を売り惜しみ，人間が出奔するようなことは間違っている。

Ⅳ　次の文章を読み，**問1～9**に答えよ。**問1～2**はそれぞれの解答を記述解答用紙に記入せよ。**問3～9**については，それぞれの解答を選び，マーク解答用紙の記号をマークせよ。

文学作品には，時代や社会を映し出したものが少なくない。三人の女性の作家と作品を通して時代や社会とのかかわりを考えてみたい。

1872年に山梨県で生まれた樋口一葉は，士族の娘として育てられたが，身分制の解体(a)は樋口家に大きな困難をもたらした。家計は急速に傾き，父と兄の死後，借金と家族の扶養を負った一葉は，女戸主(b)として小説の執筆で生活をまかなおうとした。

一葉が小説を書いた1894年から翌年は，近代文学が花を開く時代にあたっていた。貧しい暮らしのなかで庶民の生活をつぶさにみた一葉は，東京で暮らす，日のあたらない女性の生活を描いた。一葉の作品は，当時すでにドイツ留学を題材にした小説［　A　］でデビューしていた森鷗外に認められた。それは，自らの人生を生きる女性の生き方，内面を描いたからであり，自我を対象にした近代文学に通じる面があったからである。ただし，一葉の執筆期間はわずか14か月であり，結核により24歳で夭折した。

1903年に生まれた林芙美子は，行商を営む両親と各地を転々としたが，10代のときに岡山県尾道市で生活が落ち着き，小学校を二年遅れで卒業，尾道高等女学校に通い，図書館の本を読みふけりながら夜は働き，卒業した。その後，上京して下足番，女給，女工，事務員などさまざまな職業で自活し，両親が上京してからは露天商を手伝った。林が生きた時代は不況に次ぐ不況の時代(c)だった。1930年に発刊した『放浪記』は，手記のかたちをとり，時代に先駆けて自由に生きる若い女性を描いた自伝的小説であり，一大ベストセラーになった。男性中心社会のなかで，林は女性の大衆小説家として名声を得た。

満州事変から日中戦争に至る過程で言論と思想の統制が強まった。(d)作家は，言いたいことを書かないか，戦争に協力するか岐路に立たされた。日中戦争が始まると，林は戦争に積極的に呼応し，1937年に新聞特派員として南京に赴き，漢口陥落後は男性作家に先駆けて漢口に一番乗りした。林が日中戦争(e)の従軍記である『戦線』を1938年に発表すると，『放浪記』に次ぐベストセラーになった。林は，大衆の欲望に応える大衆小説家として，戦争に向かう時代には，先頭をきって戦争を支持する小説を書いたといっていいだろう。戦後，林の全集が二回刊行された。理由は示されていないが，二回ともに『戦線』は収録されていない。

1926年生まれの茨木のり子は，昭和の時代をまるまる生きた詩人である。1958年発刊の第二詩集『見えない配達夫』で，茨木は，さっそうと戦後の詩壇にあらわれた。茨木のもっとも知られた詩である「わたしが一番きれいだったとき」が，そこに収録されている。

「わたしが一番きれいだったとき

まわりの人達が沢山死んだ
工場で　海で　名もない島で
わたしはおしゃれのきっかけを落してしまった」
「わたしが一番きれいだったとき
わたしの国は戦争で負けた
そんな馬鹿なことってあるものか
ブラウスの腕をまくり卑屈な町をのし歩いた」

「おしゃれのきっかけを落してしまった」と「ブラウスの腕をまくり」の表現にみられるように，f 戦時と戦後の生活の変化が詩人の鮮やかな感性によってとらえられている。茨木は新しい感受性で詩の世界を表現した女性だった。

茨木は，その後もみずみずしい詩作を続けるとともに，1976年，50歳のときに朝鮮語を習い始め，朝鮮とのかかわり人びとをよんだ詩をつくる。1982年の詩集『寸志』に収録された詩「隣国語の森」はそのひとつである。

「地図の上朝鮮国にくろぐろと墨をぬりつつ秋風を聴く
［ B ］の明治四十三年の歌
日本語がかつて蹴ちらそうとした隣国語
한글（ハングル）
消そうとして決して消し去れなかった한글（ハングル）」

茨木は，ハングルの「精髄」に「少しでも近づきたいと／あらゆる努力を払い／その美しい言語の森へと入ってゆきます」と書いた。戦後に初々しい感性で登場した茨木は，戦時と戦後だけを視野におさめて詩をつくっただけではなかった。昭和を生きた茨木は，g 日本と朝鮮の関係を含めて時代を生きようとしたのである。

問1　空欄［ A ］にあてはまる語を，漢字で記せ。

問2　空欄［ B ］にあてはまる姓名を，漢字で記せ。

問3　下線部 **a** の説明として誤っているものはどれか。一つ選べ。

ア　明治政府は金禄公債証書を発行して，士族の家禄制度を全廃する秩禄処分を断行した。
イ　政府は身分制の解体による四民平等をおし進めることで，国民皆兵による軍隊の整備を進めた。
ウ　金禄公債証書で商売に手を出した士族は失敗する者が多く，士族の商法と呼ばれた。
エ　身分制の解体は容易に進まず，士族の反乱や徴兵逃れがあらわれ，徴兵逃れがなくなるのは，日露戦争のあとからだった。
オ　北海道の開拓のなかで，士族中心の屯田兵制度がつくられた。

問4　下線部 **b** に関連して，戦前の民法について，正誤の正しい組み合わせはどれか。一つ選べ。

①　戦前の民法は，お雇い外国人ボアソナードが起草したものが施行され，戦後の民法改正まで存続した。
②　民法では，戸主権が強く，男性を優位におき，妻の権利はほとんど認められていなかったが，戸主には女性もなることができた。
③　民法の制定にあたっては，日本の伝統的な家族制度の理解をめぐり論争があった。

ア　①—正　②—誤　③—正　　**イ**　①—正　②—正　③—正　　**ウ**　①—誤　②—誤　③—正
エ　①—正　②—誤　③—誤　　**オ**　①—誤　②—正　③—正

問5　下線部 **c** について，正誤の正しい組み合わせはどれか。一つ選べ。

①　日露戦争後は，戦争による犠牲と負担，さらには重い税負担により，不況が続いた。
②　第一次世界大戦による大戦景気のもとでも，物価が高騰したので，労働者や小作農民が生活難におちいった。

③　第一次世界大戦後，ヨーロッパ各国の輸出が再開されると，日本のアジア輸出が減少し，大戦景気から一転深刻な不況になった。

ア　①―誤　②―正　③―正　　イ　①―正　②―正　③―正　　ウ　①―誤　②―誤　③―正
エ　①―正　②―誤　③―誤　　オ　①―正　②―誤　③―正

問6　下線部dの説明として誤っているものはどれか。一つ選べ。

ア　治安維持法は，制定時から共産主義思想と自由主義思想を弾圧するためのものだった。
イ　学問の自由が政府に大きく統制された例として，京都帝国大学教授滝川幸辰が休職処分にされた滝川事件があった。
ウ　美濃部達吉の天皇機関説は，国体に反するとして軍部や貴族院で非難された。
エ　日中戦争開戦後，大内兵衛・有沢広巳らの経済学者が検挙された。
オ　津田左右吉の古代史研究の著作は，不敬罪にあたるとして攻撃を受け，発禁処分になった。

問7　下線部eの時期にあたる，以下の①～④の文章を年代順に並べると，正しいものはどれか。一つ選べ。

①　日本政府は，蔣介石の国民政府を「対手」にしないという声明を出した。
②　関東軍は，ソ連の機械化部隊に惨敗した。
③　国民党と共産党の提携が実現し，抗日民族統一戦線が成立した。
④　非戦闘員を含む多数の中国人が殺害された南京事件が起きた。

ア　②→③→①→④　　イ　④→②→③→①　　ウ　③→④→②→①
エ　③→④→①→②　　オ　④→③→①→②　　カ　③→①→④→②

問8　下線部fの説明として誤っているものはどれか。一つ選べ。

ア　戦時中は米が配給制になり，衣料は切符制になった。
イ　戦時中には「ぜいたくは敵だ」というスローガンが出され，生活のきりつめが強要された。
ウ　戦争末期には，日本本土だけでなく，大日本帝国の全域で生活水準が低下した。
エ　食糧の統制や配給は，戦後すぐに解除されたものの，食料難，物資不足，通貨の乱発による激しいインフレーションで，生活は苦しかった。
オ　戦後はGHQによる統制はあったものの，さまざまな雑誌や書籍が刊行され，解放感が広がった。

問9　下線部gについて，正誤の正しい組み合わせはどれか。一つ選べ。

①　1930年代後半の朝鮮では皇民化政策が進められ，日本語の使用が強制された。
②　戦後の日本本土に残った朝鮮出身者は，日本国籍を喪失し，日本人としての法的権利から除外された。
③　韓国併合後の朝鮮では，土地調査事業と産米増殖計画によって農民が窮乏化し，日本に働き口を求める人が増えた。

ア　①―誤　②―正　③―正　　イ　①―正　②―正　③―正　　ウ　①―誤　②―誤　③―正
エ　①―正　②―正　③―誤　　オ　①―正　②―誤　③―正

V　次の文章とそれに関連する史料は，2022年に高校生の山田マコトさんと佐藤ヒロミさんが，高校の授業の日本史で，日本国憲法について調べ学習をしていたときの会話と二人が選んだ史料である（史料は現代かなづかいに改めた)。これらの文章と史料を読み，**問1～8**に答えよ。**問1～2**はそれぞれの解答を記述解答用紙に記入せよ。**問3～8**については，それぞれの解答を選び，マーク解答用紙の記号をマークせよ。

マコト：日本史の教科書に載っている史料について調べる宿題が出たので，私たちは日本国憲法の前文を選んだ。

ヒロミ：まずは読んでみましょう。

〈史料〉

日本国民は，正当に選挙された国会における代表者を通じて行動し，われらとわれらの子孫のために，諸国民との協和による成果と，わが国全土にわたって自由のもたらす恵沢を確保し，政府の行為によって再び戦争の惨禍が起ることのないようにすることを決意し，ここに主権が国民に存することを宣言し，この憲法を確定する。そもそも国政は，国民の厳粛な信託によるものであって，その権威は国民に由来し，その権力は国民の代表者がこれを行使し，その福利は国民がこれを享受する。これは人類[A]の原理であり，この憲法は，かかる原理に基づくものである。われらは，これに反する一切の憲法，法令及び詔勅を排除する。

日本国民は，恒久の平和を念願し，人間相互の関係を支配する崇高な理想を深く自覚するのであって，平和を愛する諸国民の公正と信義に信頼して，われらの安全と生存を保持しようと決意した。われらは，平和を維持し，専制と隷従，圧迫と偏狭を地上から永遠に除去しようと努めている国際社会において，名誉ある地位を占めたいと思う。われらは，全世界の国民が，ひとしく恐怖と欠乏から免かれ，平和のうちに生存する権利を有することを確認する。

われらは，いずれの国家も，自国のことのみに専念して他国を無視してはならないのであって，政治道徳の法則は，[A]的なものであり，この法則に従うことは，自国の主権を維持し，他国と対等関係に立とうとする各国の責務であると信ずる。

日本国民は，国家の名誉にかけ，全力をあげてこの崇高な理想と目的を達成することを誓う。

マコト：久しぶりに読んでみたら，忘れていたり，よく知らなかったりしたこともあって，新しい発見がたくさんありそうだ。

ヒロミ：最初の段落を読むと，国民の信託や福利が強調されており，(a)大日本帝国憲法とくらべて日本国憲法を位置づけているように読める。

マコト：そうそう。もうひとつ，「再び戦争の惨禍が起る」ことがないように，新しい(b)日本国憲法をつくることが強調されていて，そこも印象に残った。

ヒロミ：今度は二つ目の段落にいきましょう。平和を維持するために「国際社会」で「名誉ある地位を占めたいと思う」と述べている。憲法は日本についてのものだと思っていたけど，「国際社会」がすごく強調されている。ここまで強調されているとは思わなかった。

マコト：私は世界の動きと日本国憲法の関係について調べてみた。1928年に[B]条約が結ばれている。ドイツ，アメリカ，フランス，イギリス，インド，ポーランドなどと日本の15か国で結ばれた，世界ではじめての戦争放棄に関する条約です。この条約では，「国際紛争解決」で戦争に訴えない，「国家の政策」として戦争を放棄する，締結国間の紛争や紛議は「平和的手段」で解決することが定められた。多くの犠牲者を出した，はじめての世界大戦である第一次世界大戦をふまえ，二度と戦争をしないために，世界で初の戦争放棄の条約が結ばれた。憲法第九条一項には，「国際紛争を解決する手段」として「戦争」と「武力の行使」を放棄するとある。[B]条約は憲法にとても似ていてびっくりしたけど，この条約が憲法の源流のひとつになったことは間違いないと思う。(c)世界の戦争と国際的な平和をめざす動きが憲法に大きくかかわっていたことがよくわかった。

ヒロミ：私は，日本の歴史にも憲法に通じるものがなかったか調べてみた。思っていた以上に，(d)日本にかかわる歴史にも，戦争に反対したり平和を主張したりする動きがあり，この動きもまた憲法の下地になったのではないかと思った。

マコト：憲法は，アメリカ中心の占領軍に押しつけられたという考えがあるけれど，それ以前の日本の歴史にも憲法に通じる動きがあったのは，とても大事なことだ。

ヒロミ：私は今話に出た占領軍と憲法のかかわりについても調べてみた。ＧＨＱには民政局というのがあって，そこにベアテ・シロタ・ゴードンという女性がいた。ベアテは，家族関係について定めた憲法第二四条をつくるのに尽力した人です。ベアテは，戦前の滞日十年の経験で，日本の女性の低い地位をよく知っていた。ベアテの映画『シロタ家の20世紀』を見た。ユダヤ人のシロタ一族は，第二次世界大戦中に強い迫害を受けた。<u>20世紀における国際的な迫害や日本での女性の低い地位の理解をふまえて，ベアテは憲法第二四条の制定に尽力し，その尽力が憲法に反映した</u>[e]。憲法が占領軍に押し付けられたという意見は，憲法の歴史をきちんと調べずに言ってるんじゃないかな。

マコト：そうね。調べ学習をしてみて，平和や国際や［　A　］が強調されている憲法前文のことがよくわかった。

問１　空欄［　A　］にあてはまる語を，漢字で記せ。

問２　空欄［　B　］にあてはまる語を，漢字で記せ。

問３　下線部 **a** に関する説明として誤っているものはどれか。一つ選べ。

ア　天皇の意志によって制定された欽定憲法である。

イ　主権は天皇にあり，天皇は元首として，軍の統帥や条約の締結など，多くの権限を有した。

ウ　天皇みずからが政治を行う親政は認められていなかった。

エ　議会には貴族院と衆議院がおかれ，貴族院に強い権限が与えられていた。

オ　天皇は，議会閉会中に法律にかわる緊急勅令を発布できた。

問４　下線部 **b** について説明した，以下の①～③の文章について，正誤の正しい組み合わせはどれか。一つ選べ。

①　内閣は，衆議院を母体として成立し，内閣総理大臣は，衆議院議員から選ばれる議院内閣制が実現した。

②　国民の基本的人権がはじめて認められた。

③　司法権は，大日本帝国憲法では天皇の名のもとに認められていたのに対して，日本国憲法では独立が明記された。

ア　①―正　②―正　③－正　　**イ**　①―正　②―誤　③―誤　　**ウ**　①―正　②―誤　③―正

エ　①―誤　②―正　③―正　　**オ**　①―誤　②―誤　③―正

※問４については、設問に対する適切な解答がなかったため、受験生全員に得点を与える措置が取られたことが大学から公表されている。

問５　下線部 **c** に関する説明として誤っているものはどれか。一つ選べ。

ア　第一次世界大戦後，軍備縮小，安全保障による紛争の平和的解決などを掲げた国際連盟が創設され，日本はただちに参加したが，アメリカは最終的に参加しなかった。

イ　ベルサイユ体制のもとで，世界的に軍縮を進めるワシントン海軍軍縮条約やロンドン海軍軍縮条約などが結ばれた。

ウ　第一次世界大戦後のベルサイユ条約は民族自決の原則をおし進め，アジアでは帝国主義からの独立をめざす民族独立運動が広がった。

エ　帝国主義からの解放をめざす動きのなかで，インドでは，イギリスの植民地支配に対して，ガンディーによる非暴力・不服従の運動が行われた。

オ　第二次世界大戦後，国際連盟にかわる国際連合が創設され，日本はサンフランシスコ条約締結と同時に加盟が認められた。

問6　下線部**d**について説明した，以下の①～④の文章を年代順に並べると，正しいものはどれか。一つ選べ。

①　東洋経済新報社の石橋湛山は，シベリア出兵に反対した文章を書いた。

②　戦争による解決を要求する主戦論に対し，キリスト教徒の内村鑑三や社会主義者が反戦論・非戦論を唱えた。

③　白樺派の民芸評論家である柳宗悦は，日本の朝鮮支配を批判し，三・一独立運動に理解を示した。

④　京都では，ヨーロッパの反ファシズム運動を詳しく紹介した雑誌『世界文化』が発行された。

ア　③→②→④→①　　**イ**　①→②→③→④　　**ウ**　②→③→④→①

エ　②→①→③→④　　**オ**　①→③→②→④　　**カ**　②→③→①→④

問7　下線部**e**をふまえ，家族関係を定めた憲法第二四条の条文として正しいものはどれか。一つ選べ。

ア　法律は，個人の尊厳と両性の本質的自由に立脚して，制定されなければならない。

イ　法律は，個人の尊厳と両性の本質的平等に立脚して，制定されなければならない。

ウ　法律は，個人の権利と両性の本質的平等に立脚して，制定されなければならない。

エ　法律は，個人の権利と両性の本質的自由に立脚して，制定されなければならない。

オ　法律は，個人の自由と両性の本質的平等に立脚して，制定されなければならない。

問8　**〈史料〉**に記されていないものをすべて選べ。

ア　どの国も自分の国のことだけに専念して他国を無視してはならないと述べている。

イ　恒久平和を実現するためには，自由の確保が重要だと指摘している。

ウ　全世界の国民が平和のうちに生存する権利を認められていると明記されている。

エ　再び戦争の惨禍が起きないように，政府の役割が優先して強調されている。

オ　日本国憲法では，主権が国民にあることが宣言されている。

世界史

（60分）

1 世界史上における人々の移動と移住について述べた以下の**問1～3**の文章を読み，下線部(1)～(13)に関する問いについて，a～dの選択肢の中から答えを1つ選び，**マーク解答用紙**の所定欄にマークしなさい。

問1　ギリシア世界では，イオニア人やドーリア人などのギリシア人(1)が北方から移住して，その後の古代ギリシア社会の礎を築いた。イタリア半島中部では，都市国家として始まったローマがその支配を順次拡大し，前3世紀には，西地中海を勢力圏としていたカルタゴ(2)と衝突するに至った。これに勝利したローマは，前2世紀半ばには，ほぼ地中海世界全域の覇者となった。トラヤヌス帝の時代に，ローマ帝国の版図はメソポタミアにまで広がり，最大となった。しかしすでに3世紀後半には明瞭になっていたゲルマン人の民族移動の時代には，北の国境線(3)を越えて多くのゲルマン諸部族がローマ帝国領内に移住し，476年の西ローマ帝国滅亡に至るのである。

(1)　ギリシア人とその文明について，誤っている説明はどれか。

a　ギリシア人は，インド＝ヨーロッパ語系の民族である。

b　イオニア人は，クレタ文明（ミノア文明）と呼ばれる鉄器文明を営んだ。

c　ドーリア（ドーリス）人は，スパルタを建てた。

d　シュリーマンは，ミケーネ文明の遺跡を発掘した。

(2)　この植民市を建てたフェニキア人が用いていた文字の特徴ではないものはどれか。

a　アラム文字から派生した。　　b　アルファベットの起源となった。

c　セム語系言語の文字である。　　d　子音のみからなる表音文字である。

(3)　これの一部を構成していた河川はどれか。

a　オーデル川　　b　セーヌ川　　c　テムズ川　　d　ドナウ川

問2　北ヨーロッパを原住地とするヴァイキングは，8世紀以降，ヨーロッパ大陸各地へ進出し，その後の歴史に大きな影響を残した。なかでもユトランド半島を原住地とするデーン人とその子孫たちは，フランスとイングランドのみならずイタリア半島にまで移住していった(4)。スカンディナヴィア半島西部のノール人（ノルウェー人）はアメリカ大陸まで到達している(5)。これに対して，ルーシとも呼ばれるスウェーデン系ヴァイキングは，スラヴ人居住地域において，いくつかの国々を建国した。他方，フランク王国のカール大帝もスラヴ人地域への進出を本格化させていた。その後，12世紀からは東方植民と呼ばれるドイツ系の人々を中心とする移住が盛んにおこなわれて，東ヨーロッパ各地に新たな都市や農村が生み出された(6)。また，当時優勢だったローマ＝カトリック教会(7)の影響下に，スラヴ世界の西ヨーロッパ化が進められていった。

(4)　この時期の西ヨーロッパについて，正しい説明はどれか。

a　アルフレッド大王は，デーン人の侵入を撃退し，イングランドを統一した。
b　クヌート（カヌート）は，イングランドを征服したのみならずノルウェーも支配した。
c　ヘースティングズの戦いで，ノルマンディー公ウィリアムはデーン朝を滅ぼした。
d　ノルマンディーに進出したロロの子孫は，13世紀に両シチリア王国（ノルマン＝シチリア王国）を建てた。

（5）　その後，ヨーロッパ人の進出が本格化する以前から営まれていたアメリカ先住民文明について，正しい説明はどれか。
a　テノチティトランは，マヤ文明の都市国家である。
b　小麦の栽培を基礎とする農耕文化を営んだ。
c　鉄器を用いなかった。
d　ユカタン半島では，アステカ王国が繁栄した。

（6）　東方植民によって生まれた国や領邦はどれか。
a　ハンガリー王国　　b　ブランデンブルク辺境伯領
c　モラヴィア王国　　d　リトアニア大公国

（7）　中世のローマ＝カトリック教会とキリスト教文化について述べた次の文①と②の正誤の組合せとして，正しいものはどれか。
①　教皇ウルバヌス2世は，イェルサレム奪回のための十字軍とともに，アルビジョワ十字軍を提唱した。
②　12世紀ルネサンスによってもたらされたアリストテレス哲学の影響下に，スコラ学が発展した。
a　①－正　②－正　　b　①－正　②－誤
c　①－誤　②－正　　d　①－誤　②－誤

問3　大航海時代には，ヨーロッパ諸国は，帆船と火砲という技術によって，ヨーロッパの外への進出を本格化させた。16世紀には，ポルトガル(8)とスペイン(9)が先行するが，17世紀に入るとオランダ(10)とイギリス(11)，やや遅れてフランスが世界進出を競った。アメリカ大陸では，当初から植民地の獲得が目指されたのに対して，アジアでは，インド洋世界や東南アジア，中国などで産出ないし生産された物産の取引に参加すること(12)が中心だった。17世紀からは，アフリカ(13)もまた，黒人奴隷の供給地として，次第にヨーロッパ勢力が主導する経済圏に組み込まれていった。

（8）　ポルトガルの進出について，誤っている説明はどれか。
a　ヴァスコ＝ダ＝ガマはゴアを占領し，アジア貿易の拠点とした。
b　東西交易で繁栄した港市国家であるマラッカ（ムラカ）王国を占領した。
c　マカオを拠点として，アジアでの交易を展開した。
d　15世紀にセウタを攻略したが，同地はその後，スペイン領となった。

（9）　以下の航海者や探検家のうち，スペイン出身者は誰か。
a　アメリゴ＝ヴェスプッチ　　b　カブラル
c　バルボア　　d　マゼラン（マガリャンイス）

（10）　近世のオランダとその海外進出について，誤っている説明はどれか。
a　オラニエ公ウィレム（オレンジ公ウィリアム）が，ネーデルラント連邦共和国の初代総督となった。
b　ネーデルラント連邦共和国の独立は，ウェストファリア条約によって国際的に承認された。
c　台湾に進出したオランダ勢力は，清朝によって駆逐された。

d　オランダ東インド会社は，ジャワ島のバタヴィアを中心的な根拠地とした。

(11)　近世のイギリスとその海外進出について，誤っている説明はどれか。

a　航海者ドレークは，私拿捕船を率いてスペイン勢力と戦いながら，世界周航を達成した。

b　エリザベス1世を最後にテューダー朝は断絶し，スコットランド国王ジェームズ6世がジェームズ1世としてイングランド王位を継承した。

c　イギリス東インド会社は，ボンベイ（現ムンバイ），マドラス（現チェンナイ），カルカッタ（現コルカタ）を拠点として活動した。

d　17世紀に，ケープ植民地をオランダから奪った。

(12)　近世のアジアでの貿易について述べた次の文①と②の正誤の組合せとして，正しいものはどれか。

①　ヨーロッパ勢力に対抗するムスリム商人は，アチェ王国やマタラム王国などの港市をあらたな交易拠点とした。

②　スペインは，マニラとアカプルコを結ぶ航路により，中国産の絹や陶磁器，インド産の綿布を運ぶ一方，その支払いにはアメリカ大陸で産出した銀があてられた。

a　①－正　②－正　　b　①－正　②－誤

c　①－誤　②－正　　d　①－誤　②－誤

(13)　アフリカの歴史全般について，正しい説明はどれか。

a　約240万年前，アフリカにホモ＝サピエンスに属する新人が出現し，その後，全世界に拡散した。

b　マリ王国は，サハラ砂漠産の岩塩とニジェール川流域産の金の交易で繁栄したが，ムラービト朝の攻撃を受けて衰退した。

c　アフリカ大陸西岸のダホメ王国とベニン王国は，黒人奴隷交易で繁栄した。

d　ヨーロッパ商人がアメリカ大陸やカリブ地域に連れ去った黒人奴隷は，優に1億人を超えていた。

2　スウェーデンを中心とするバルト海地域について述べた以下の文章を読み，下線部(1)～(12)に関する問いについて，a～dの選択肢の中から答えを1つ選び，**マーク解答用紙**の所定欄にマークしなさい。

19世紀初頭以降，スウェーデンは，(1)中立ないし非同盟の立場を(2)貫いてきた。だが，それは，スウェーデンが地政学的に恵まれた状況にあったためではない。むしろ，18世紀初頭から19世紀初頭にかけて起きた複数の戦争での敗北と，その中で国家主権を維持する必要に迫られたという歴史がそうした立場の背景にある。

スウェーデンの支配下にあった領域は，三十年戦争(3)への参加によって獲得した西ポンメルンを含め，現在のエストニアやラトヴィアが位置するバルト海対岸(4)にまで広がっていた。しかしまもなく，北方戦争(5)での敗北により，スウェーデンはバルト海の覇権を失った。さらに，ナポレオン戦争(6)でイギリス側について戦ったスウェーデンは，フランスと講和したロシア軍の進攻を受け，ロシアに領土の一部を割譲した。この領土は，1809年，ロシア皇帝を大公とする(7)フィンランド大公国となり，ウィーン会議(8)で正式にロシア帝国領として認められた。フィンランドが独立を果たした(9)のは，1917年のことであった。一方のスウェーデンは，デンマークからノルウェーを獲得し，1905年まで続く同君連合(10)を形成した。

こうした戦争を経て，スウェーデンは，スカンディナヴィア半島の一部とその周辺の島々のみを領域とする国家となった。その後約100年の間に，北欧・バルト海地域が大きく揺れ動く(11)中でもスウェーデンの立場の根本は変わらなかったが，ナポレオン戦争から200年余りの時を経て，非同盟の原則を見直し，NATO（北大西洋条約機構）への加盟を求めるなどスウェーデンの防衛政策は大きな変化を遂げることになった。(12)

(1) 1970年代前半に，スウェーデンとアメリカの関係が冷却化した原因について，正しい説明はどれか。
a キューバ危機が起こった。
b アメリカ合衆国がソ連を承認した。
c ベトナム戦争で，アメリカ軍がハノイを爆撃した。
d アメリカ軍がアフガニスタンを攻撃した。

(2) こうした立場が影響している人物や国について，誤っている説明はどれか。
a オーストリアのウィーンで，イスラエルとＰＬＯ（パレスチナ解放機構）が相互承認を表明したパレスチナ暫定自治協定への調印が行われた。
b ネルー・周恩来会談で，平和五原則が確認された。
c ユーゴスラヴィア大統領ティトーとエジプト大統領ナセルの呼びかけで，非同盟諸国首脳会議が開催された。
d ウィーン会議で，スイスの永世中立が認められた。

(3) この戦争について述べた次の文①と②の正誤の組合せとして，正しいものはどれか。
①ベーメン（ボヘミア）王国への王による新教強制に対するカトリック教徒の反乱がきっかけとなった。
②ウェストファリア条約で，アルザスがフランス領となった。
a ①－正　②－正　　b ①－正　②－誤
c ①－誤　②－正　　d ①－誤　②－誤

(4) 中世のバルト海・北海交易圏について，主な商品でないのはどれか。
a 金　　b 毛皮　　c にしん　　d 木材

(5) この戦争の時期に起きた出来事でないのはどれか。
a ピョートル１世が，ペテルブルクの建設を開始した。
b スペインのハプスブルク家が断絶し，フランスとオーストリアの戦いを経て，ブルボン家のスペイン王位継承が認められた。
c オーストリアが，ラシュタット条約でスペイン領ネーデルラントを獲得した。
d イギリス東インド会社軍が，フランスが支援するベンガル太守の軍を破った。

(6) この戦争を題材に小説を書き，クリミア戦争にも参加した作家は誰か。
a トゥルゲーネフ　　b ドストエフスキー
c トルストイ　　d プーシキン

(7) ロシア皇帝について述べた次の文を古い順に並べた場合，３番目はどれか。
a エカチェリーナ２世が，クリミア半島に進出した。
b 後にニコライ２世として即位する皇太子ニコライが大津で切りつけられる事件が起こった。
c ナポレオン戦争に参加したロシア青年貴族士官らが，専制打倒を掲げて蜂起した。
d ナロードニキの一派「人民の意志」による皇帝爆殺事件が起きた。

(8) この会議で変更された領土帰属について，誤っている説明はどれか。
a イギリスが，セイロン島（スリランカ）の領有を認められた。
b オーストリアが，北イタリア（ロンバルディア，旧ヴェネツィア共和国）を得た。
c ロシア皇帝が，ポーランド王を兼ねることになった。
d オスマン帝国が，ベッサラビアを獲得した。

(9) 国家の独立一般について述べた次の文①と②の正誤の組合せとして，正しいものはどれか。

① 旧ポルトガル領東ティモールが，インドネシアから独立した。

② エンクルマ（ンクルマ）の指導のもと，ギニアが独立した。

a ①－正 ②－正　　b ①－正 ②－誤

c ①－誤 ②－正　　d ①－誤 ②－誤

(10) 複数の国が同一の君主の下に連合する同君連合でないのはどれか。

a カルマル同盟　　b リトアニア＝ポーランド王国

c オーストリア＝ハンガリー帝国　　d 大ブリテン＝アイルランド連合王国

(11) バルト・北欧諸国について，誤っている説明はどれか。

a リトアニアが，独立国家共同体（ＣＩＳ）に参加した。

b デンマークが，国民投票でマーストリヒト条約に反対した。

c 2008年の世界金融危機により，アイスランドの経済が危機に瀕した。

d 1972年，スウェーデンのストックホルムで国連人間環境会議が開かれた。

(12) 軍事同盟について，誤っている説明はどれか。

a 第二次世界大戦後，南北アメリカ地域の共同防衛と相互協力を約したリオ（リオデジャネイロ）協定が採択された。

b ＮＡＴＯが，ワルシャワ条約機構に対抗して設立された。

c 朝鮮戦争休戦後，米韓相互防衛条約が締結された。

d フランスは，ド＝ゴール政権下でＮＡＴＯの軍事機構から脱退した。

3 テュルクの歴史について述べた以下の文章を読み，下線部(1)～(10)に関する問いについて，また**波線部**に関する**問1～3**について，それぞれa～dの選択肢の中から答えを1つ選び，**マーク解答用紙**の所定欄にマークしなさい。

「テュルク」とはトルコ系諸言語を話す人々の総称で，その代表とも言えるのがトルコ語を話すトルコ人である。しかしその他にもタタール人，ウイグル人等もまたテュルクである。今や中国からトルコ共和国まで広範囲に展開するテュルクだが，その歴史はきわめて古い。漢文史料で紀元前3世紀頃バイカル湖の南にいたという「丁零」(1)や，5世紀にモンゴル高原で活動した「高車」といった遊牧集団はテュルクであったとされている。

突厥(2)はテュルクが6世紀半ばに建てた大帝国である。その版図はモンゴル高原から中央アジアに至る。これを滅ぼしたウイグル(3)もまたテュルクの国で，8～9世紀にモンゴル高原を支配した。その一部は西に移動しオアシス地帯に独特の文化を生み出した。ウイグルの西進によって中央アジアはテュルク化が進み，テュルクの地を意味するトルキスタンと呼ばれるようになる。ここで彼らはイスラームと出会いイスラーム化が進んだ。中でもトルコ人は，マムルーク（軍人奴隷）としてイスラーム諸王朝の軍隊において重用され，自らが君主となる者も現れた。(4)

トルコ人がアラブ人，イラン人と並ぶ西アジアの主要民族としての地位を確立したのがセルジューク朝(5)である。1071年ビザンツ帝国領のアナトリアに侵入し，この地のトルコ化・イスラーム化を促進した。13世紀末にはアナトリアの西北部でトルコ系の一集団が台頭し，14世紀の中頃バルカンに進出，1453年ビザンツ帝国を滅ぼして大帝国を築き上げた。オスマン帝国(6)である。16世紀に最盛期を迎え，版図は西アジア，バルカン，北アフリカに広がった。そこには様々な宗教，言語を持つ人々がいた。

しかし，19世紀になると，西欧から流入したナショナリズムの影響で，バルカンのキリスト教徒の諸民族に自立の機運が高まり，次々と帝国から分離していった。(7)こうした情勢下でトルコ人も民族的アイデンティティを自覚し，1908年の青年トルコ革命後(8)に政権を担ったグループは，トルコ人を中心とする国家の形成をめざすが，第一次世界大戦に敗北し(9)，オスマン帝国は消滅した。

オスマン帝国に代わって誕生したのがトルコ人の国民国家としてのトルコ共和国である。新国家は世俗主義(10)を掲げていたが，第二次大戦後民主化の流れの中でイスラーム系の政党が躍進した。現在トルコは，イスラーム世界と西欧を繋ぐ中東の主要な大国として存在感を高めつつある。

(1)　丁零が紀元前3世紀末に服属していたのは次のうちどれか。

a　エフタル　　b　匈奴　　c　柔然　　d　スキタイ

(2)　突厥について，正しい説明はどれか。

a　552年に鮮卑を倒して建国した。

b　唐の離間策によって東西に分裂した。

c　西突厥は7世紀半ばに唐に滅ぼされた。

d　東突厥は一時唐に服属するが680年頃に復興した。

(3)　ウイグルについて，誤っている説明はどれか。

a　ウイグル文字はモンゴル文字や満州文字の原型となった。

b　キルギスの侵入により840年に滅んだ。

c　ソグド人を介してマニ教を受け入れ信仰した。

d　唐に支配されていたが744年に自立した。

(4)　トルコ系軍人がアフガニスタンに立てた王朝は次のうちどれか。

a　アイユーブ朝　　b　ガズナ朝　　c　カラハン朝　　d　サーマーン朝

(5)　セルジューク朝と同時代のイスラーム世界について，誤っている説明はどれか。

a　アッバース朝のトルコ系軍人が自立してホラズム＝シャー朝を建国した。

b　ウマル＝ハイヤームが『四行詩集（ルバイヤート）』を著した。

c　サラーフ＝アッディーンのイェルサレム奪回を契機に第3回十字軍がおこされた。

d　モロッコのマラケシュを首都としてムラービト朝が成立した。

※（5）については、選択肢の記述に不適切な部分があったため、適切な解答に至らないおそれがあると判断し、受験生全員に得点を与える措置が取られたことが大学から公表されている。

(6)　オスマン帝国について，誤っている説明はどれか。

a　セリム1世は「二聖都（メッカ・メディナ）の保護者」としてスンナ派の盟主の地位を確立した。

b　スレイマン1世は2度ウィーンを包囲し，西欧諸国に「トルコの脅威」を実感させた。

c　大建築家シナンによってスレイマン＝モスクが建てられた。

d　ムラト1世はバルカン領土を拡大し，エディルネ（アドリアノープル）に都を置いた。

(7)　次のうち最初に独立したのはどの国か。

a　アルバニア　　b　ギリシア　　c　モンテネグロ　　d　ボスニア・ヘルツェゴヴィナ

(8)　青年トルコ革命について述べた①と②の正誤の組み合わせとして，正しいものはどれか。

①　スルタンの専制に反対する青年将校らの要求で，アブデュルハミト2世は憲法の復活と自らの退位を承諾した

② ミドハト＝パシャが大宰相となり帝国議会が開かれた。

a ①－正　②－正　　b ①－正　②－誤
c ①－誤　②－正　　d ①－誤　②－誤

(9) オスマン帝国の敗戦後，セーヴル条約によってフランスの委任統治下に置かれたのは次のうちどの地域か。

a イラク　　b シリア
c トランスヨルダン　　d パレスチナ

(10) トルコ共和国の世俗化政策について，誤っている説明はどれか。

a アラビア文字に代わってラテン文字を採用した。
b イスラーム法に代わる新民法で一夫多妻制が廃止された。
c イスラームを国教とする条項を憲法から削除した。
d スルタン制とカリフ制を同時に廃止した。

波線部の説明について以下の**問 1 ～ 3** に答えなさい。

現在トルコの外交は以下の３つのグループとの関係のバランスの上に成り立っている。

(イ) 同じテュルクの中央アジア諸国
(ロ) 信仰を同じくするイスラーム諸国
(ハ) 政治・軍事的に同盟関係にあるＮＡＴＯ加盟諸国

問 1 **(イ)**の中で，ティムール朝の首都だったサマルカンドがある国はどれか。

a ウズベキスタン　　b カザフスタン
c キルギス　　d トルクメニスタン

問 2 **(ロ)**の中で，オスマン帝国の版図に含まれなかった国はどれか。

a アラブ首長国連邦　　b オマーン
c サウジアラビア　　d モロッコ

※問２については、選択肢の記述に不適切な部分があったため、適切な解答に至らないおそれがあると判断し、受験生全員に得点を与える措置が取られたことが大学から公表されている。

問 3 かつてオスマン帝国の支配を経験した国や地域のうち，**(ハ)**に含まれないのはどれか。

a セルビア　　b ハンガリー　　c ブルガリア　　d ルーマニア

4 唐とその影響を受けた近隣民族について述べた以下の文章を読み，下線部(1)～(12)に関する問いについて，a～dの選択肢の中から答えを選び，**マーク解答用紙**の所定欄にマークしなさい。

唐は周辺地域の多様な要素を取り入れた国際性のある文化をつくりあげ(1)，近隣の諸民族も唐から儒教・仏教(2)・律令・漢字・都市プラン（都城制）などを適宜とりいれて固有の国家を設立したため，東アジア文化圏とも呼ばれるまとまりが生まれた。

チベットでは7世紀にソンツェン＝ガムポ王が統一国家を建て，その王国は子孫の時代に強大化し，安史の乱(3)の際には一時は長安を占領するほどの勢威があった。経典を翻訳するためにインドの文字を基にチベット文字が作られ，やがてモンゴル，満洲にまで伝播するチベット仏教(4)が生み出された。

朝鮮半島においては676年に新羅が統一政権を樹立し(5)，唐の冊封を受け中央集権体制を作り上げ，仏教文化が栄えた中国大陸東北部では7世紀に渤海(6)が建国され，その都(7)には長安の都市プランがうつしとられた。

唐の衰退・滅亡(8)とともに，唐と建国時期の近い古代チベット，新羅(9)も衰退し，北方の諸民族は攻勢を強めた。10世紀初め耶律阿保機は諸部族を統一して皇帝を称して遼(10)を建て，五代の後晋から燕雲十六州(11)を奪い取るなど華北へ勢力をのばしていった。黄河上流域では1038年にチベット系の遊牧民であるタングートの李元昊が，東西貿易の要衝を押さえて西夏(12)をたて，ここではインド・チベット由来のチベット仏教が栄えた。

(1) 唐の多様性について，正しいものを選びなさい。

a 阿倍仲麻呂が太宗に重用された。
b 祆教とはマニ教の中国名である。
c ササン朝の滅亡時に多くのイラン人が長安に移住した。
d 大秦景教流行中国碑は漢字とラテン文字で刻まれている。

(2) 仏教について述べた次の文①と②の正誤の組み合わせとして，正しいものはどれか。

① 経典を求めてインドに行った法顕はその著『仏国記』の中でヴァルダナ朝のハルシャ王を「超日王」と記した
② クシャーナ朝のカニシカ王は衆生の救済を重視する大乗仏教を保護し，クシャーナ朝の下，ヘレニズム文明の影響を受けた仏像がうみだされた。

a ①－正 ②－正　　b ①－正 ②－誤
c ①－誤 ②－正　　d ①－誤 ②－誤

(3) この乱による国土の荒廃を詠んだ「春望」の作者で詩聖と呼ばれたのは誰か。

a 王維　　b 杜甫　　c 白居易　　d 李白

(4) チベット仏教について，誤っている説明はどれか。

a アルタン＝ハンはソナムギャムツォにダライラマ号を奉呈した。
b ツォンカパがチベット仏教界を刷新しゲルク派（黄帽派）の開祖となった。
c 1959年にチベットで反中国運動が起こり，ダライラマ13世はインドへの亡命を余儀なくされた。
d フビライ＝ハンはチベット僧パスパに命じて文字（パスパ文字）を作らせた。

(5) 朝鮮半島の統一に関する以下のことがらを古い方から時代順に並べた場合に，3番目に来るものはどれか。

a 新羅により加耶諸国が滅ぶ。
b 唐と新羅の連合軍により百済が滅ぶ。
c 唐と新羅の連合軍により高句麗が滅ぶ。
d 白村江の戦い。

(6)　渤海について，誤っている説明はどれか。

a　「海東の盛国」と呼ばれた。

b　広開土王の時代に隆盛に向かった。

c　高句麗の遺民とツングース系の靺鞨人を統合した国家であった。

d　その領域は現在の中国，ロシア，北朝鮮にまたがっていた。

(7)　渤海の都はどれか。

a　開京　b 漢京　c　上京龍泉府　d 上京臨潢府

(8)　唐の衰退・滅亡について，正しい説明はどれか。

a　江南と華北を結ぶ大運河の造営に徴発された農民が困窮した。

b　塩の密売人が起こした黄巾の乱が全国に広がった。

c　タラス河畔でウマイヤ朝軍に敗れた。

d　有力な節度使が地方で自立の勢いを示した。

(9)　新羅について，誤っている説明はどれか。

a　王族から平民までを五等級に分けて社会生活を規制した。

b　唐から楽浪郡と帯方郡を奪った。

c　朝鮮半島東南部の辰韓の地に成立した。

d　仏教が栄え，金城に仏国寺が建てられた。

(10)　遼について，誤っている説明はどれか。

a　契丹文字は漢字をもとにつくられた大字とウイグル文字の影響を受けた表音文字系の小字からなる。

b　契丹（キタイ，カタイ）は中国を指す呼称としてイスラーム圏・ヨーロッパに伝わった。

c　遊牧民には猛安・謀克制を，農耕民には州県制を適用した。

d　11世紀の初めに宋に毎年多額の銀や絹を送らせる澶淵の盟をむすんだ。

(11)　燕雲十六州の燕雲とは燕州と雲州のことであるが，雲州は以下のどれか。

a　興慶　b　開封　c　大同　d　遼陽

(12)　西夏について，誤っている説明はどれか。

a　王室の李姓は唐の王室の姓をもらったものである。

b　漢字の影響をうけた西夏文字により仏典を翻訳した。

c　チンギス＝ハンに滅ぼされた。

d　ホラズム朝と対立しつつパミールの東西のトルコ人勢力をまとめた。

地理

（60分）

I　次の文章1～4は，世界や日本の湖沼について述べたものである。文章をよく読み，以下の問いに答えよ。

1．世界の陸地には大小さまざまな湖沼が点在する。分布する場所の現在の地形や気候，または成因によって，湖沼は区分されることが多い。そのひとつの区分として塩湖があげられる。有名な塩湖として中東地域に分布する死海がある。死海は地表で最も低い場所にある湖沼とされ，イスラエル，パレスチナ自治政府および（　a　）の国境沿いに位置する。その湖面高度は海抜約－430mであるが，近年では年間1mのペースで湖面高度は低下し続けている。同様の塩湖として，南アメリカ大陸中央部ボリビアにあるウユニ塩湖（塩原）も有名である。この湖の成因は，（　b　）とされる。最近，将来の社会活動に不可欠とされる有用な金属資源①が多く埋蔵されていることで注目されている。

2．北アメリカ大陸にある五大湖（スペリオル湖，ミシガン湖，ヒューロン湖，エリー湖，オンタリオ湖）は氷河湖に区分される世界最大級の面積を有する湖沼群である。最終氷期に拡大していた（　c　）氷床の融解によって形成された閉鎖的な水域である。古くから5つの湖をつなぎ大西洋へとつづく水路交通を発達させたことで，いくつもの工業都市②が生まれ周辺経済は発展した。また，飲み水としての豊富な水資源や，魚介類などの水産資源をもたらしてきたが，近年，周辺地域の都市化の影響によって様々な環境問題③が生じており，自然破壊が懸念されている。

3．環境省のまとめによると，日本の国土には1ha以上の面積をもつ自然湖沼*は約480ある。これらの成因は様々であるが，総面積は国土の約1％を占めるほどである。そのうち，青森県と秋田県の県境に位置する十和田湖は火山活動によって形成された湖沼であり，陥没したくぼ地に水がたまった（　d　）湖とも区分される。また，（　e　）県に位置する桧原湖は堰止湖に区分される。明治21年に磐梯山噴火による山体崩壊④で発生した岩屑なだれが川の流路を堰き止めて形成された。現在は年間を通じてアウトドアレジャーの場として多くの利用者を集めている。

*ため池やダムを除いた天然水面からなる水域

4．日本列島の沿岸部に位置する湖沼の多くは，かつて海であった水域が地形変化を伴いながら形成された海跡湖（あるいは潟湖）である。その中には，水質の違いで区分された（　A　）湖が存在する。このような湖では生物にとって独特な生息場所となることが多く，その一部は貴重な水産資源⑤となっている。かつて琵琶湖に次ぐ全国2位の面積を有していた秋田県の八郎潟も（　A　）湖であった。しかし，国策として昭和30～50年代に大規模な干拓事業⑥が進んだことで，現在では水域の約8割が消滅した。

問1　文中の空欄a～eに該当する語句をそれぞれ選択肢のなかから一つ選びマーク解答用紙の所定欄にマークしなさい。

a（イ．エジプト　　ロ．シリア　　ハ．ヨルダン　　ニ．レバノン）

b（イ．かつての海がプレートテクトニクスによって隆起したもの

ロ．かつて川が流れていたところが河道変遷により閉鎖され独立したもの

ハ．活発な地震活動によって形成された地溝帯に水が集まったもの
ニ．隕石の衝突によって形成されたくぼ地に水がたまったもの）

c（イ．カナディアン　ロ．スカンディナヴィア　ハ．パタゴニア　ニ．ローレンタイド）
d（イ．火口　ロ．カルデラ　ハ．断層　ニ．マール）
e（イ．群馬　ロ．栃木　ハ．福島　ニ．宮城）

問2　下線部①に関して，2019年に吉野彰氏がノーベル化学賞を受賞したことにもつながった，充電式電池の材料として需要が急増している金属の名称を記述解答用紙の所定欄に記入しなさい。

問3　下線部②に関して，世界有数の自動車産業都市として栄えてきた一方，今日では貧困率・失業率の高さや急激な人口減少問題を抱えているアメリカ合衆国の都市名を記述解答用紙の所定欄にカタカナで記入しなさい。

問4　下線部③に関して，周辺地域からの農業用肥料や生活排水の流れ込みによって水域の富栄養化が進行して，悪臭や酸素欠乏など水環境を悪化させる微細藻類が異常繁殖した状態の名称を記述解答用紙の所定欄に記入しなさい。

問5　下線部④に関して，大規模な山体崩壊によって形成されやすい地形について，最も適切なものを選択肢のなかから一つ選びマーク解答用紙の所定欄にマークしなさい。

イ．カール（圏谷）　ロ．環礁　ハ．砂州　ニ．流れ山

問6　文中の空欄Aには「淡水と海水が混じりあい，中間的な塩分を持つ水」を意味する言葉が入る。その語句を記述解答用紙の所定欄に漢字二文字で記入しなさい。

問7　下線部⑤に関して，島根県の宍道湖，青森県の十三湖や小川原湖が産地として有名で，両県の漁獲量が全国1位，2位を占め，日本全体の約7割となっている資源名を記述解答用紙の所定欄に記入しなさい。

問8　下線部⑥が計画された理由について，適切なものを選択肢のなかから一つ選びマーク解答用紙の所定欄にマークしなさい。

イ．居住地を拡大する必要があったから。
ロ．水質汚濁が進んだため，水域を埋める必要があったから。
ハ．食料増産を行う土地が必要になったから。
ニ．大規模工場を設置する土地が必要になったから。

Ⅱ 次の文章は船舶の貨物輸送について述べたものである。文章をよく読み，以下の問いに答えよ。

船舶による貨物輸送は近年急速に増加しており，船舶の専門化や港湾の整備が各国で進んでいる。経済のグローバル化にともない海上貨物の需要が高まると，航路の安全確保も重要となってきた。なかでも，領海内にもかかわらず原則として自由に航行できるいわゆる国際海峡は重要である。そのような国際海峡には，太平洋とインド洋を結びマレー半島とスマトラ島の間にあるマラッカ海峡，産油国が集中するペルシア湾からアラビア海へぬける（　a　）海峡などがある。

①商船の種類は輸送する積み荷により異なる。代表的なものに，コンテナ専用の「コンテナ船」，貨物を梱包しないでそのまま船倉に積み込み，穀物や石炭，鉄鉱石などを輸送する「ばら積み貨物船」，石油などの液状のものを輸送する「油送船」，その他には「一般貨物船」などがある。このような商船の国別船腹量が多い国は，船舶にかかる税金が安く，乗組員の国籍要件などの規制が緩いパナマやリベリアなどであり，経費節約のためにこれらの国々に籍を置く船を（　1　）という。②商船が利用する港湾については，大型船舶が停泊できるコンテナ船専用の埠頭や出入国管理施設が整備されるようになり，航空輸送における空港と同じように国際物流の拠点としての（　2　）港（ポート）が重要となり，港湾間の国際競争も激化している。

世界の主な港湾都市についてみていこう。ヨーロッパでは（　b　）川河口に位置する（　3　）にユーロポートを含む，ヨーロッパ最大級の貿易港があり，ＥＵの玄関口とも呼ばれている。ヨーロッパでは古くから河川交通が発達していたこともあり，河川と結びついて発展した港湾都市が多く，（　c　）川下流に位置するハンブルクもその一例である。アフリカでは，資源の積み出しと関わりのある港湾都市が多く，内陸国も多いために外港として発展した港湾都市もある。例えば，タンザニアのダルエスサラームには，内陸部の鉱産資源を鉄道で運び出し，輸出する積出港がある。また，ケニアの首都ナイロビの外港が立地する（　d　）はウガンダと鉄道で結ばれており，近年では東アフリカの拠点港を目指して開発が進んでいる。アメリカ合衆国では（　e　）川の流域に発達した港湾都市があり，例えば，セントルイスは支流との合流点として発展した。この川の河口に位置し，かつてフランスの植民地であったことにその名が由来する都市（　4　）には，綿花，タバコ，穀物などを輸出する港がある。また，外洋に接する港としては，アメリカ合衆国最大のコンテナ取扱量をほこる（　f　）がある。

問1　文中の空欄1～4に入る最も適した語句を記述解答用紙の所定欄に記入しなさい。

問2　文中の空欄a～fに入る最も適した語句をそれぞれ選択肢のなかから一つ選びマーク解答用紙の所定欄にマークしなさい。

a（イ．ジブラルタル　ロ．ボスポラス　ハ．ホルムズ　ニ．ロンボク）
b（イ．エルベ　ロ．ドナウ　ハ．ライン　ニ．ロアール）
c（イ．エルベ　ロ．ドナウ　ハ．ライン　ニ．ロアール）
d（イ．ケープタウン　ロ．ダーバン　ハ．モガディシュ　ニ．モンバサ）
e（イ．コロンビア　ロ．セントローレンス　ハ．ミシシッピ　ニ．リオグランデ）
f（イ．サンディエゴ　ロ．サンフランシスコ　ハ．シアトル　ニ．ロサンゼルス）

問3　下線部①に関連して，下図は商船の船種別の船腹量（トン）の構成（%）を表しており（2022年1月1日現在）A～Dは下のイ～ニのいずれかである。Aに該当するものを下から一つ選びマーク解答用紙の所定欄にマークしなさい。

イ．コンテナ船　ロ．油送船　ハ．ばら積み貨物船　ニ．一般貨物船

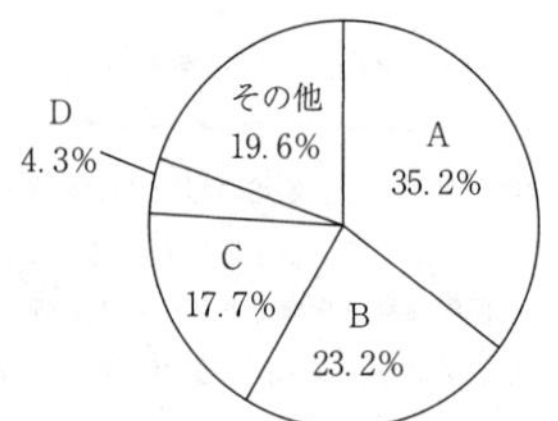

数値は世界国勢図会による。

問4　下線部②に関連して，近年，港湾別コンテナ取扱量ではアジアの港湾が上位を占める。2010年時点でコンテナ取扱量が世界第1位から第5位までの港湾を五十音順に並べてみると，深圳（シェンチェン），上海，シンガポール，釜山，香港であった。これらの5つの港湾について，2010年のコンテナ取扱量を100としたときの2020年のコンテナ取扱量，および2020年の世界での順位を示したものが下表である。この表のAに該当するものを下から一つ選び，マーク解答用紙の所定欄にマークしなさい。

イ．深圳　　**ロ**．上海　　**ハ**．シンガポール　　**ニ**．釜山　　**ホ**．香港

港湾	取扱量（2020年）	順位（2020年）
A	150	1
B	130	2
C	118	4
D	153	7
E	76	9

取扱量は2010年の値を100としたときの2020年の値。
順位は取扱量の多い方から順に並べた時の値。
数値は世界国勢図会による。

Ⅲ 地中海に面した都市，およびその都市が属する国に関する文章1～5をよく読み，以下の問いに答えよ。

1．地中海に面した湾に位置する人口約20万人の港湾都市である。都市の歴史は古く，紀元前8世紀のギリシア植民地に遡る。19世紀以降は，商業港・漁港に加えて軍港としても利用されるようになり，第二次世界大戦では空襲をうけた。また第二次世界大戦後は，国の大きな社会問題である経済の南北格差を是正するため，南部振興を目的とする［　①　］計画が進められ，この都市に鉄鋼コンビナートを核とする工業開発が行われたが，(p)必ずしも奏功してはいない。

2．地中海とつながるラグーンに面して発達した首都であり，7世紀から建設が始まった迷路状の旧市街と，フランスの保護領となった19世紀以降に建設されたヨーロッパ風の新市街とのコントラストが見られる。この都市の郊外には古代の都市国家［　②　］の遺跡があり，大きな観光資源となっている。2011年1月にこの国で発生した民衆蜂起は，国のシンボルである花の名前をとって（　q　）革命と呼ばれ，「アラブの春」と呼ばれる一連の民主化運動の先駆けともなった。

3．フェニキア語で「泉の町」を意味するこの都市は，歴史的には東地中海における貿易の中心地であった港湾都市で，（　r　）を国章とするこの国の首都でもある。国土面積は約1万km²と狭く，観光業，不動産業のほか，中東全域を視野に収めた金融ビジネスを主要産業としてきたが，1975年から約15年間続いた内戦によりその輝きは損なわれた。また，2020年8月に，港湾近くの倉庫に貯蔵されていた化学物質が大きな爆発事故を起こし，「中東のパリ」とよばれた旧市街にも大きな被害が生じた。

4．面積315km²，人口約44万人という小国の首都である。(t)その地理的位置が地中海の要衝にあたるため，古代からさまざまな勢力が支配・侵攻の対象とした。16世紀に聖ヨハネ騎士団領となり，その後オスマン帝国との間で激しい包囲戦を繰り広げたことは地中海史でも特筆される。その後，ナポレオンによる支配を経て1814年のウィーン会議で他の国が領有権を認められた。1964年に共和国として独立した後も，この国は(u)旧宗主国の連邦内にとどまっている。

5．(v)この国屈指のリゾート地として知られる都市であるが，古代ギリシア・ローマ時代の遺跡も多い。都市の名前は古代ペルガモン王国のアッタロス2世に由来する。国土全体は標高800～1,200m前後の高原が卓越するが，この都市の背後には標高3,000mを超える（　s　）山脈が連なっていることもあり，この都市では地中海性気候が卓越している。2022年2月に始まったロシアによるウクライナ侵攻をめぐっては，3月にこの都市で交戦当事国の外相同士が会談を行うなど，(w)この国が持つ外交上の独自性を印象づけた。

問1　文中の空欄［　①　］［　②　］に該当する語を記述解答用紙の所定欄に記入しなさい。

問2　文章1～3に該当する都市名を記述解答用紙の所定欄に記入しなさい。

問3　下線部(p)に関して，このような大規模開発の成果がなかなか挙がらない中で，この国中部の都市群が持つ，中世以来の伝統技術や職人のネットワークを基盤とする中小規模の産業が評価されるようになった。こうした産業が集積する地域の総称を記述解答用紙の所定欄に記入しなさい。

問4　文中の空欄（　q　）～（　s　）に該当する語句を選択肢のなかから一つずつ選び，それぞれマーク解答用紙の所定欄にマークしなさい。

q（イ．カーネーション　ロ．ジャスミン　ハ．バラ　ニ．ヒマワリ）

r（イ．オリーブ　ロ．月桂樹　ハ．杉　ニ．松）

s（イ．カルパティア　ロ．ディナルアルプス　ハ．トロス　ニ．ピンドス）

問5　下線部(t)に関して，この都市と最も近接する地名を選択肢のなかから一つ選び，マーク解答用紙の所定欄にマークしなさい。

イ．キプロス島　ロ．シエラネバダ山脈　ハ．シチリア島　ニ．ペロポネソス半島

問6　下線部(u)，(v)の国の首都に該当する雨温表を，表の**イ**～**ホ**のなかから一つずつ選び，それぞれマーク解答用紙の所定欄にマークしなさい。

		1月	2月	3月	4月	5月	6月	7月	8月	9月	10月	11月	12月	年
イ	気温（℃）	5.7	6.0	8.0	10.5	13.7	16.8	19.0	18.7	15.9	12.3	8.5	6.1	11.8
	降水量（mm）	59.7	46.6	41.7	42.6	46.9	49.7	47.2	57.7	46.1	66.3	69.3	59.6	633.4
ロ	気温（℃）	12.9	12.6	14.0	16.3	19.9	24.1	26.7	27.4	24.8	21.7	17.8	14.4	19.4
	降水量（mm）	80.0	65.2	39.5	15.2	9.8	8.4	0.0	5.9	43.8	66.6	93.7	86.8	514.9
ハ	気温（℃）	13.9	15.2	17.9	21.8	25.3	27.9	29.2	29.0	27.5	24.6	20.0	15.7	22.3
	降水量（mm）	6.0	3.2	8.9	0.9	0.0	0.0	0.0	0.0	0.2	1.2	1.2	8.1	29.7
ニ	気温（℃）	0.9	3.0	6.9	11.5	16.7	20.9	24.4	24.2	19.6	13.9	7.2	2.8	12.7
	降水量（mm）	39.2	34.9	49.3	42.1	51.7	41.6	15.9	15.0	16.3	32.9	32.6	40.9	412.4
ホ	気温（℃）	21.6	21.6	21.0	20.9	20.9	21.5	21.7	22.5	21.9	21.5	20.3	21.0	21.4
	降水量（mm）	92.5	104.1	132.1	122.1	100.3	21.6	13.9	39.2	62.4	120.2	161.5	90.6	1060.5

＊理科年表2022年版による。なお当該都市に近接した観測点を含む。

問7　下線部(w)に関して，選択肢のなかから正しいものを一つ選び，マーク解答用紙の所定欄にマークしなさい。

イ．ＮＡＴＯとＥＵの双方に加盟している

ロ．ＮＡＴＯには加盟しているがＥＵには加盟していない

ハ．ＥＵには加盟しているがＮＡＴＯには加盟していない

ニ．ＮＡＴＯとＥＵのいずれにも加盟していない

Ⅳ 次の文章は，中部アメリカの地域的特色について述べたものである。文章をよく読み，以下の問いに答えよ。

1．中部アメリカは，メキシコからパナマに至る大陸部とカリブ海を取り囲む島嶼部から構成される。いくつかのプレートが境界を接するこの地域では，プレートの境界に沿って標高の高い山地が連なっており，環太平洋火山帯の一部を構成する多くの火山が存在する。カリブ海の北から東に連なる列島は，カリブ海プレートの下に（ a ）プレートが沈み込む場所に位置しており，プレート境界には最深部が大西洋の中で最も深いプエルトリコ海溝が形成されている。こうした地形の特色を持つため，中部アメリカは地震や火山噴火などの自然災害による被害をたびたび受けてきた。とくに2010年1月に発生した（ b ）地震では，推定死者数が約30万人を超えるともいわれる世界でも最大級の被害があり，いまだに復興途上にある。一方，気候について見ると，冬季には亜熱帯高圧帯から吹く（ c ）貿易風の影響で降水量が一般に少なくなるが，夏季には（ A ）帯が北上してくるため雨が多くなる。とくに夏季には，大西洋上で発生しカリブ海域を通過することの多い（ B ）により大きな被害がもたらされる。中部アメリカの国々の中には多くの貧困層を抱える国が多いが，こうした貧困層ほど自然災害に対して脆弱であり，自然災害による被害が深刻化する重要な要因の一つとなっている。

2．大航海時代以降にヨーロッパ人による支配が始まったが，カリブ海の島々や大陸部のカリブ海沿岸地域ではイギリス・スペイン・オランダ・フランスなどの国々が植民地化を進め，彼らの資本・技術・経営能力を利用して単一作物を輸出向けに大量生産するシステムである（ C ）が導入された。とくにヨーロッパ人によって中部アメリカに導入された（ d ）の栽培は早期に軌道にのったが，彼らが持ち込んだ病原菌や過酷な強制労働などにより先住民族が激減して労働力不足に陥ったため，アフリカから奴隷として連れてこられた人々が労働に従事させられた。現在も中部アメリカのいくつかの国でアフリカにルーツを持つ人々が多数を占めるのはこのためである。19世紀の奴隷制廃止後も（ C ）は維持されたが，19世紀後半からは（ e ）系の外国資本の手によりバナナなどの栽培が本格的に導入されるとともに，経営の大規模化が進められた。しかし，第二次世界大戦後は，こうした<u>モノカルチャー経済</u>(x)からの脱皮を図るために，各国では綿花や牛肉など新たな輸出用の農・畜産物の振興に力が注がれるほか，外貨獲得を目的とした外国人観光客の誘致も積極的に行われることになった。

3．すでに20世紀の初めから（ f ）人を中心に多くの観光客を集めていたキューバをはじめ，カリブ海地域では美しい海や砂浜が重要な観光資源として注目されてきたが，中部アメリカの観光地化が本格化するのは第二次世界大戦後であった。メキシコでは，1946年に太平洋に面する（ g ）のリゾート開発が国家的な事業として開始され，とくに1959年のキューバ革命後は（ f ）人の新たな観光目的地として多くの観光客を集めることに成功し，メキシコの観光開発のモデルとなった。その後，1970年代以降はカリブ海地域の多くの国で海岸リゾートの開発が進められ観光業が主要産業の1つに成長した国も多い。一方，中部アメリカは，マヤ文明時代の遺跡や，スペインによる支配下で建設された建物や要塞などの貴重な観光資源にも恵まれており，これらを活かした（ h ）ツーリズムも盛んとなっている。また，豊かな自然や多様な動植物に恵まれたコスタリカは，持続可能な環境保全を考えながら自然環境や歴史・文化などを体験的に学ぶことに主眼を置いた観光形態である（ D ）の世界的な先進地域として知られており，今後の観光のあり方の一つとして注目されている。

問1 空欄A～Dに該当する語を記述式解答用紙の所定欄に記入しなさい。

問2 空欄a～hに該当するものを下記の語群からそれぞれ選び，その記号をマーク解答用紙の所定欄に記入しなさい

a（イ．北アメリカ　ロ．太平洋　ハ．ナスカ　ニ．南アメリカ）

b（イ．キューバ　ロ．ハイチ　ハ．プエルトリコ　ニ．ベリーズ）

c（イ．北東　ロ．北西　ハ．南東　ニ．南西）
d（イ．アブラヤシ　ロ．サトウキビ　ハ．天然ゴム　ニ．パイナップル）
e（イ．アメリカ合衆国　ロ．イギリス　ハ．オランダ　ニ．フランス）
f（イ．アメリカ　ロ．イギリス　ハ．ドイツ　ニ．ロシア）
g（イ．アカプルコ　ロ．カンクン　ハ．プエルトバヤルタ　ニ．プンタレナス）
h（イ．コンテンツ　ロ．ジオ　ハ．ヘリテージ　ニ．ボーダー）

問3　下線部(x)について，この問題点として適当でないものを下記の**イ**～**ニ**の選択肢の中から一つ選び，その記号をマーク解答用紙の所定欄に記入しなさい。

イ．栽培する農作物に病虫害などが発生した場合，経営に壊滅的な被害が生じる。
ロ．栽培する農作物の国際価格が下落した場合，国家財政が大きな打撃を受ける。
ハ．連作障害のリスクが高い農作物が多く栽培されるため，生産性が低下する。
ニ．おもに輸出用の商品作物を栽培するため，国内の食料自給率が低下する。

総合問題

◀教育学科▶

（90分）

（注）　解答に際して、文字数の指定がある場合には、改行で生じる余白および句読点も文字数に含めること。
解答欄に句読点を記入する際には、句読点も１マスに記入すること。

以下の**資料①**〜**資料③**を使って、**問一**、**問二**、**問三**に答えなさい。文字数の指定がある場合、改行で生じる余白および句読点も文字数に含む。なお、資料については、抜粋等、試験用に加工した部分がある。

問一　**資料①**は、スティーブン・ピンカー（二〇一九）（橘明美・坂田雪子訳）『21世紀の啓蒙―理性、科学、ヒューマニズム、進歩―（下）』草思社の一部を抜粋したものである。主旨を二〇〇字以内で要約しなさい。

問二　同書に関連して、人類学者と考古学者は、**資料②**のようにコメントしている。下線①および下線②を日本語に訳しなさい。

問三　**資料③**は、戦後日本の長期欠席と不登校の発生率に関するデータである。これらのデータをふまえて、以下の問いに答えなさい。

（一）　**図5**のデータだけではなく、**図6**のデータもあわせて参照することではじめて得られる知見を二〇〇字以内で記述しなさい。

（二）　**資料②**の指摘をふまえ、**資料①**の主張が抱えている問題点を挙げ、**資料①**〜**資料③**をあわせて読むことによって、不登校など教育事象を研究する上でどのような示唆が得られるかを四〇〇字以内で記述しなさい。

資料①　スティーブン・ピンカー著（橘明美・坂田雪子訳）『21世紀の啓蒙―理性、科学、ヒューマニズム、進歩―（下）』（二〇一九、草思社）より一部抜粋

Enlightenment Now by Steven Pinker

＊＊＊＊＊＊＊＊＊＊＊＊＊＊＊＊＊＊＊＊＊

「賢い人」を意味するホモ・サピエンスは、情報を有効に活用する種である。エントロピーがもたらす腐敗にも、進化がもたらす苦労にも、情報を用いることで対抗し、そのために、あらゆる場所で知識を獲得してきた。それは周囲の地形や動植物、それらを制圧するための道具や武器についての知識、さらにはその道具や武器の扱いについて、親族や仲間だけでなく敵ともネットワークや規範を築くという知識である。そしてその知識を蓄積し、言語や身振り手振り、直接の指導によって共有してきた。

やがて長い歴史のわずかな期間で、人類は文字や印刷技術、電子メディアといった技術を思いつき、その技術によって知識を何倍にも、いや何乗倍にも広げていった。その超新星のようにまばゆい知識は、人間であることの意味を絶えず考え直させてくれるものである。わたしたちは何者で、どこから来たのか、世界の仕組みはどうなっているのか、人生で大切なものは何か。こうしたことが理解できるかどうかは、拡大しつづける膨大な知識の蓄積から、どれだけのことを学びとれるかにかかっている。もちろん教育を受けていない狩猟民、牧畜民、農民も立派な人間であることに変わりはないが、人類学者がよく言及するように、彼らは「現在、地元、形而下の物事」を志向しやすい。

しかし「知ること」を通し、わたしたちはもっと外へと目を開くことができる。自国とその歴史、世界中の多様な世代のさまざまな習慣と考え方、過去の文明の失敗と成功、細胞や原子からなる小宇宙と惑星や銀河からなる大宇宙、数字と論理とパターンが織りなす目に見えない現実。これらを知ることで、意識をより高い水準に引き上げることができるのだ。それは長い歴史をもつ知性的な種に属していることの恩恵だろう。

これまでに蓄えられた文化的知識が、物語や徒弟制度によって伝えられてきてもう長い。学校教育にも数千年の歴史がある。わたしは紀元前一世紀から紀元後一世紀に生きたユダヤの律法学者（ラビ）、ヒレルの逸話を聞いて育ったものだが、それによるとヒレルが若いころ、授業料が払えなかったので、寒さで凍え死にそうになりながらも、学校の屋根に上って天窓から授業をこっそり聴いていたという。かつてさまざまな時代において、学校は実際的、宗教的、愛国主義的な教えを若者に伝授するためのものだったが、それに対して啓蒙思想では何よりも知識を大切にするため、学校の役割はそこからいっそう広げられることとなった。

教育学者のジョージ・カウンツもいう。「近代になると、学校教育はそれまでの概念をはるかに超えて重要な役割を担うようになった。過去、学校はほとんどの地域で小さな社会機関にすぎず、ごく少数の人々の人生にしか直接影響しなかった。それが近代には社会のさまざまな層に拡大し、ついには国や教会、家庭や所有地と並び、社会で最も強力な制度の一つとしてその地位を確立するまでになった」。今日、教育はほとんどの国で義務化されている。また一九六六年の「経済的、社会的及び文化的権利に関する国際規約」にこれまで調印した国連加盟国一七〇カ国によって、基本的人権として認められている。

教育が人々の意識にもたらす影響は明らかなものから目に見えにくいものまで、人生のあらゆる面に及んでいる。まず明らかな影響のほうだが、衛生面や栄養面や安全なセックスに関する知識が少しでもあれば、健康を向上させたり寿命を延ばすことに大いに役に立つ。また、現代は文字の読み書きや計算の能力が富を得るための基礎である。発展途上国で若い女性がお手伝いとして働こうにも、メモを読んだり備品を数えたりできなければ雇ってもらえない。もっと上のキャリアを求めるにつれ、専門的な事柄を理解する高い能力がますます必要になる。一九世紀に貧困の蔓延から抜け出し、それ以来どこよりも速く成長を遂げているのは、子どもの教育に熱心に取り組んだ国々だった。

ただし社会科学のあらゆる問題と同様、教育と経済成長に相関関係があるからといって、そこに因果関係もあるとは限らない。はたして「教育に力を入れると、国は豊かになる」という因果関係はあるのだろうか？　国が豊かになると、教育水準は上がるのだろうか？　この問題に答えを出すには、原因は必ず結果に先行するという事実を利用するのも一つの方法である。いくつかの研究によれば、教育を「時点1」で、豊かさをその後「時点2」で評価し、その他の条件の変動による影響を取り除いた場合、教育に力を入れた国は実際豊かになることが示唆されている。少なくとも、宗教色のない合理主義的教育が施されていれば、国は豊かになる。

というのもカトリック教会が教育を管理していたスペインでは、教育が盛んだったにもかかわらず、二〇世紀まで西洋諸国のなかで経済的に遅れをとっていたからだ。「庶民の子どもは教義や教理問答を口頭で伝授され、簡単な手仕事の技術をいくつか教わるだけだった。（中略）科学、数学、政治経済、宗教色のない歴史を教えることは、研鑽を積んだ神学者以外の人々には問題が多すぎるとみなされていた」。今日アラブ世界の一部で経済成長が遅れているのは、やはり聖職者の干渉のせいだといわれている。

もっと精神的な領域についても、教育はすばらしい恩恵を与えてくれている。それは実生活に役立つ知識や経済発展以上にすばらしいものともいえるだろう。なぜなら今日、教育に力を入れれば入れるほど、明日以降、その国はより民主的で平和な国になるからだ。ただし教育の効果は広範囲にわたるので、学校教育を受けた人々がどのような因果経路をたどり、社会的調和へとつながっていくのかを見定めるのは難しい。もちろん、なかには教育の影響がそのまま人口統計や経済面に表れる場合もある。たとえば教育を受けた女子は成長後に出産する子どもの数が少なく、すぐに暴力を振るうような若い男性を相手に若年妊娠に至る可能性も低い。また前述のとおり、国は教育に力を注ぐ国ほど豊かになり、豊かになるほど平和で民主的になる傾向がある。

また、いくつかの因果経路は、啓蒙思想の価値観の正しさを立証するものである。考えてみてほしい。教育を受けることで、どれほど多くの変化がもたらされることか！　たとえば、教育を受けていれば、「指導者は神権によって統治している」とか、「自分と似ていない人々は人間以下の生き物だ」などという盲信は危険でおかしいと思えるようになる。世界には多様な文化があり、自身が自国の文化と密接に関わっているように、どの文化もそれぞれの生活様式と密接に関わっており、どちらが優れているとか劣っているとかいうことはないと学ぶことができる。カリスマ的な救世主が国を破滅に導いてきたこと。たとえどんなに強い信念をもっていても、それがどんなに世間的に信じられていても、その自分の信念は間違いの可能性もあるということ。優れた生き方とそうでない生き方があること。他人や他の文化は自分が知らないことを知っているかもしれないこと。そうしたすべてを学ぶことができる。何より、暴力に頼ることなく争いを解決する方法があると学ぶことができる。そしてこうした思考ができるようになると、独裁者の支配に屈したり、隣人を拘束・殺害しようとする動きに同調したりしにくくなる。

だがもちろん、こういった知識は確実に得られるわけではない。とりわけ支配者が独自の教義や〝もう一つの事実（オルタナティブ・ファクト）〟、陰謀論を広めている場合は難しい。口では知識の力を褒めそやしながらも、支配者のやり方に異議を唱える国民や思想を弾圧している場合も同様だ。

教育の効果を調べた研究によると、教育を受けた人々は実際に啓蒙されている。彼らは人種差別や性差別をすることが少なく、外国人嫌悪や同性愛嫌悪、権威主義にも陥りにくい。想像力や独立心、言論の自由に高い価値を置き、投票したり、ボランティア活動に参加したり、政治的意見を表明したりすることが多い。労働組合、政党、宗教団体や地域団体などの市民団体にも積極的に所属する。さらに他の市民を信頼する傾向もある。これは「社会関係資本」と呼ばれるもので、社会を動かす貴重な万能薬の主成分だ。社会関係資本によって人々は相手を信頼することができ、周囲に騙されてばかを見るのではと恐れることなく、自信をもって、契約を結んだり、投資をしたり、法律を遵守したりできるようになる。

****

こうした理由から、教育の拡大は―何よりそれが最初にもたらす識字率の向上は―人類の進歩のなかでも最も大切になってくる。うれしいことに、その他の多くの分野における進歩と同様、教育もまた馴染み深い経過をたどってきた。つまり、啓蒙時代より前はほぼすべての人が悲惨な状態にあったが、その後いくつかの国がそこから脱却し、近年になると残りの国々もそれに追いつくようになり、まもなく教育の恩恵はほぼ世界中に広がりそうなのだ。

〔**図１**：66頁に掲載〕を見るとわかるように、一五世紀から一六世紀にかけて西ヨーロッパでは識字能力はごく一部のエリート、すなわち人口の八分の一以下の人々の特権だった。また一九世紀の世界全体の状況は、一七世紀以前の西ヨーロッパと似たような水準だった。しかし二〇世紀になると世界の識字率は二倍になり、二一世紀に入ると四倍になった。今では世界人口の八三パーセントが読み書きができるようになっている。

しかも実際には、この数字以上に読み書きのできる世界人口は増えていると考えられる。というのも、文字が読めない一七パーセントの人々は、ほとんどが中高年だからだ。中東や北アフリカの多くの国々において、六五歳以上で読み書きのできない割合は七五パーセント以上に上るが、対して一〇代から二〇代の若者で読み書きのできない割合はたったの一桁台である。二〇一〇年の若者（一五歳から二四歳）の識字率は九一パーセントにまで達していて、一九一〇年のアメリカ全体とほぼ同じ割合だった。識字率が最も低いのは、やはり戦争で荒廃した、世界で最も貧しい国々で、南スーダン（三二パーセント）、中央アフリカ共和国（三七パーセント）、アフガニスタン（三八パーセント）などになる。

読み書きはすべての教育の基礎になるが、〔**図２**：66頁に掲載〕では、基礎教育を受ける子どもが世界的に増加していることが示されている。ここでもグラフの動きはお馴染みのものだ。一八二〇年には世界の八〇パーセント以上の人々が学校に通っていなかったが、一九〇〇年までに西ヨーロッパと英語圏の先進国で大多数が基礎教育を受けられるようになった。そして今日では、世界の八〇パーセント以上の人々が教育を受けている。教育を受けた人の割合が最も低いサハラ以南のアフリカの場合でも、現在の率は一九八〇年の世界平均と同程度であり、他の地域と比べると、一九七〇年のラテンアメリカ、一九六〇年代の東アジア、一九三〇年の東ヨーロッパ、一八八〇年の西ヨーロッパと同じ水準になる。現在の予測では、国民の五分の一以上が教育を受けていない国は、今世紀半ばまでに五カ国だけになり、今世紀末には就学していない人の割合は全世界でゼロになるという。

「書物はいくら記してもきりがない。学びすぎれば体が疲れる」。この言葉にもあるように、知識の探求には際限がない。人間の幸福を測る指標には、戦争や病気のようにゼロという下限のあるものや、栄養摂取や識字率のように一〇〇パーセントという天井のあるものもあるが、知識の性質はそれらとは異なる。そして知識それ自体が無限の広がりをもつだけでなく、技術が動かす経済社会では知識への関心も急速に高まっている。

世界では識字率や基礎教育を受ける率が一〇〇パーセントへと向かいつつある一方、単科大学や総合大学、大学院で高等教育を受ける人も増加し、就学年数はすべての国で延びつづけている。アメリカでは、一四歳から一七歳の若者のうち高校在学者の割合は一九一〇年にはわずか一八パーセントだったが、一九三〇年には約五〇パーセントに上昇した。二〇一一年には八〇パーセントが高校を卒業し、うち七〇パーセントが大学に進学している。また、学士号をもつアメリカ人は、一九四〇年には五パーセント以下だったが、二〇一五年には約三分の一にまで増加した。

〔**図３**：66頁に掲載〕では、サンプルの国々の就学年数がどれも上昇していることが見てとれる。近年の水準を見ると、グラフで一番下のシエラレオネでさえ、就学年数は四年間になり、一番上のアメリカでは十三年間（一部大学を含む）にもなる。ある予測では、今世紀末までに世界人口の九〇パーセント以上が何らかの中等教育を受け、四〇パーセントが大学に進学するとされている。また教育の拡大は「世界人口が今世紀後半ピークに達し、そこから減少する」という予想の主な理由でもある。なぜなら、教育を受けた人ほど、子どもをもつ数が少ない傾向にあるからだ。

このようにまだ国によって就学年数に差があるとはいえ、現在、知識の普及が革命的に進んでいることを思えば、その差はあまり関係なくなるかもしれない。今や世界のほとんどの知識は、図書館にしまわれているのではなく、オンライン上で手に入れることができるからだ（しかもその大部分は無料）。スマートフォン一つあれば、大規模公開オンライン講座（ＭＯＯＣｓ＝ムークス）などの遠隔学習を誰でも利用できるようになりつつある。

その他の点でも教育の格差は縮小傾向にある。アメリカでは一九九八年から二〇一〇年のあいだに、低所得者層やヒスパニック系、アフリカ系アメリカ人の子どもたちの就学準備状況が大幅に改善した。理由の一つは、おそらく無料の就学前プログラムが利用しやすくなったことだろう。加えて、今日では貧困家庭でも本やコンピューターやインターネットを利用する機会が増えたことや、親が子どもと触れ合う時間が増えたことも要因だと思われる。

格差の縮小といえば、女性を学校に行かせないという究極の性差別が減少していることも大いに注目に値する。このことが重要なのは、人口の半分を占める女性が教育を受ければ、その分技能の蓄積も倍になるからというだけではない。「ゆりかごを揺らすその手が世界を支配する」からでもある。教育を受けた女性は健康状態が良くなり、少数の子どもを健康に育てる。社会への寄与も大きくなり、ひいては国の繁栄にもつながる。西洋の国々は、何世紀もかけてようやく、男性だけでなく国民全員を教育することが大切だと理解した。

〔**図4**：66頁に掲載〕を見ると、イングランドの女性の識字率は一八八五年まで男性より低かったことがわかる。世界全体では、一九七五年の時点で読み書きを教わる女子は男子の三分の二と遅れていたが、そこから急速に盛り返し、二〇一四年には男女同数が読み書きを教わるようになった。二〇一五年、国連は「ミレニアム開発目標報告」で、世界は初等・中等・高等教育におけるジェンダー平等を達成するという目標に到達したと発表した。

〔**図4**〕のアフガニスタンとパキスタンの線には国情が反映されている。アフガニスタンは女性の識字率が最も低い国だが、人間開発の度合いを測るほとんどの指標も最低に近い（二〇一一年の男女合わせた識字率も三一パーセントときわめて低い）。そのうえ、一九九六年から二〇〇一年にかけてはタリバンの支配下にあった。イスラム原理主義を報じるタリバンは数々の残虐行為をなすとともに、女性が学校に通うことも禁止し、アフガニスタンに隣接するパキスタンの一部支配地域で、女子が教育を受けるのを妨害しつづけている。

マララ・ユスフザイはそうした支配地域の一つ、パキスタンのスワート県で暮らしていた少女で、家族は学校を経営していた。彼女は一一歳だった二〇〇九年から、女子が教育を受ける権利を世界に向けて訴えていた。そして二〇一二年一〇月九日、忌まわしい日として語り継がれるであろうその日、スクールバスに乗り込んだタリバンの男に頭部を銃撃された。だが幸いにも奇跡的に生き延び、その後は史上最年少でノーベル平和賞を受賞して、世界で最も尊敬される女性の一人となっている。

これらの地域の闇は今なお濃いが、しかしそのなかにあってさえ進歩のあとを見ることはできる。この三〇年間で、アフガニスタンでは女性の識字率が二倍に、パキスタンでは一・五倍になった。パキスタンの数字は一九八〇年の世界、一八五〇年のイングランドと同じ水準になる。断言こそできないが、このまま行けば女性の識字率は積極的な運動や経済成長、良識の広まりという世界的な潮流に押され、一〇〇パーセントへと向かっていきそうである。

〔本文中の**図1**〜**図4**は、次頁に掲載〕

※　文献の引用に際して、本文中の図の番号や表記等を変更したり、一部省略したりした。

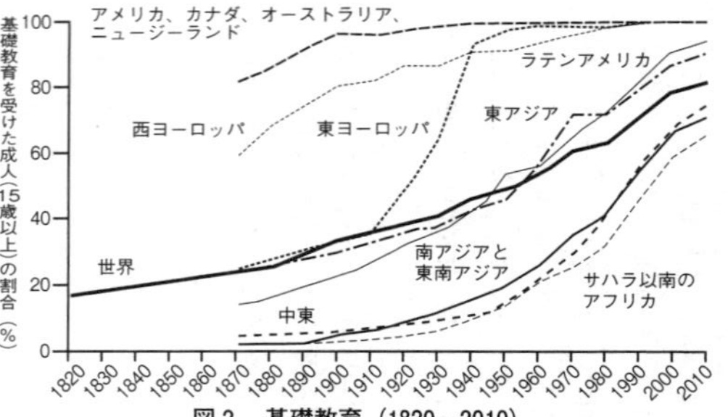

図1　識字率（1475－2010）

情報源：*Our World in Data*. Roser & Ortiz-Ospina 2016b. 次のデータも含む。【1800年以前】Buringh & van Zanden 2009.【世界】van Zanden et al. 2014.【アメリカ】National Center for Education Statistics.【2000年以降】Central Intelligence Agency 2016.

図2　基礎教育（1820－2010）

情報源：*Our World in Data*. Roser & Ortiz-Ospina 2018. van Zanden et al. 2014のデータに基づく。グラフは最低1年間教育を受けた15歳以上の人の割合を示している（あとの時代になるほど就学年数は増える）。van Leeuwen & van Leeuwen-Li 2014. pp.88–93を参照。

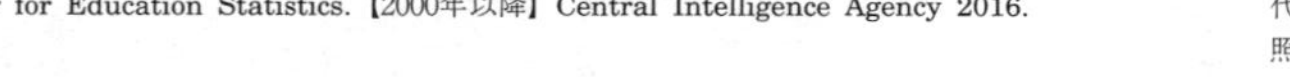

図3　就学年数（1870－2010）

情報源：*Our World in Data*. Roser & Ortiz-Ospina 2016a. Lee & Lee 2016のデータに基づく。データは15歳から64歳までの人口が対象。

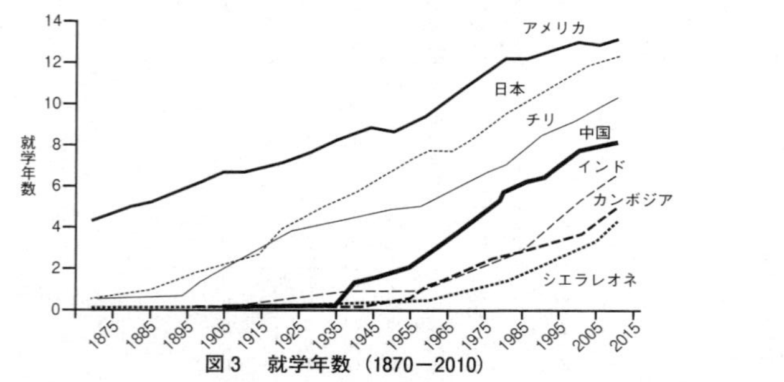

図4　女性の識字率（1750－2014）

情報源：【イングランド（成人全体）】Clark 2007. p.179.【世界，パキスタン，アフガニスタン（15歳から24歳まで）】*HumanProgress*.〈http://www.humanprogress.org/fl/2101〉. UNESCO Institute for Statisticsのデータに基づく。World Bank 2016fに概要がある。「世界」のデータは年ごとの平均だが、年によって含まれる国はわずかに異なる。

資料② David Graeber and David Wengrow (2021),*The Dawn of Everything : A New History of Humanity*, Farrar, Straus and Giroux: New York, p.18
（一部抜粋）

Whatever the unpleasantness of the past, Pinker assures us, there is every reason to be optimistic, indeed happy, about the overall path our species has taken. True, he does concede there is scope for some serious tinkering in areas like poverty reduction, income inequality or indeed peace and security; but on balance – and relative to the number of people living on earth today – what we have now is a spectacular improvement on anything our species accomplished in its history so far (unless you're Black, or live in Syria, for example). ① Modern life is, for Pinker, in almost every way superior to what came before; and here he does produce elaborate statistics which purport to show how every day in every way – health, security, education, comfort, and by almost any other conceivable parameter – everything is actually getting better and better.

It's hard to argue with the numbers, but as any statistician will tell you, statistics are only as good as the premises on which they are based. ② Has 'Western civilization' really made life better for everyone? This ultimately comes down to the question of how to measure human happiness, which is a notoriously difficult thing to do. About the only dependable way anyone has ever discovered to determine whether one way of living is really more satisfying, fulfilling, happy or otherwise preferable to any other is to allow people to fully experience both, give them a choice, then watch what they actually do. For instance, if Pinker is correct, then any sane person who had to choose between (a) the violent chaos and abject poverty of the 'tribal' stage in human development and (b) the relative security and prosperity of Western civilization would not hesitate to leap for safety.

But empirical data *is* available here, and it suggests something is very wrong with Pinker's conclusions.

〔注〕tinkering 修正すべき点／elaborate 手の込んだ／purport to 〜すると主張する／parameter 変数、特性／statistician 統計家／premise 前提／fulfilling 成就的／abject みじめな／tribal 部族の／leap 跳びつく／empirical 経験的

資料③ 不登校児童生徒の割合（1,000人あたりの不登校児童生徒数）の推移（図5）と中学校の長期欠席率（50日以上）の推移（図6）

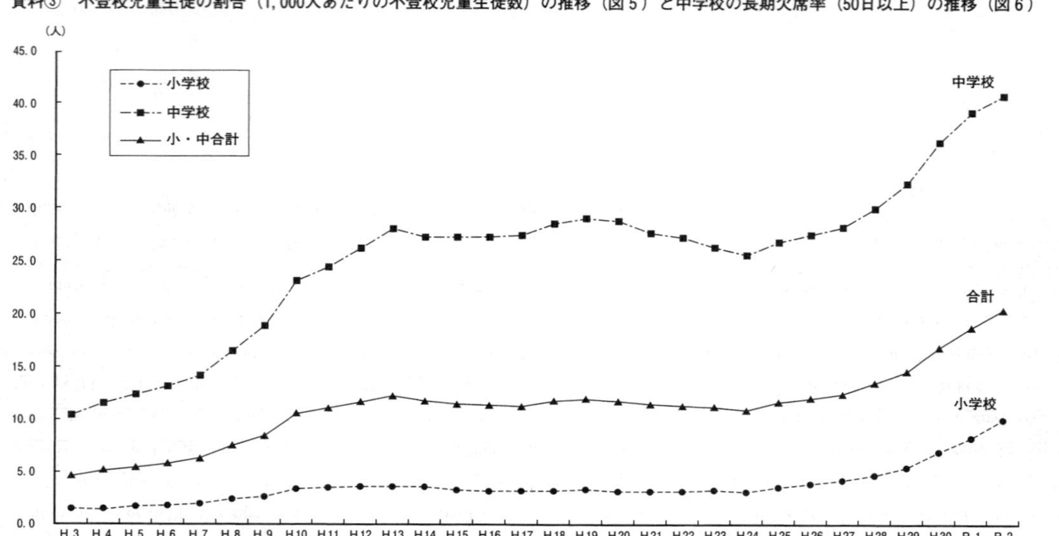

図5 不登校児童生徒の割合（1,000人あたりの不登校児童生徒数）の推移（文部科学省調べ）

注）不登校児童生徒とは「何らかの心理的、情緒的、身体的あるいは社会的要因・背景により、登校しない、あるいはしたくともできない状況にあるために**年度間で30日以上**欠席した者のうち、病気や経済的な理由による者を除いたもの」を指す。

出典：https://www.mext.go.jp/content/20211007-mxt_jidou01-100002753_1.pdf

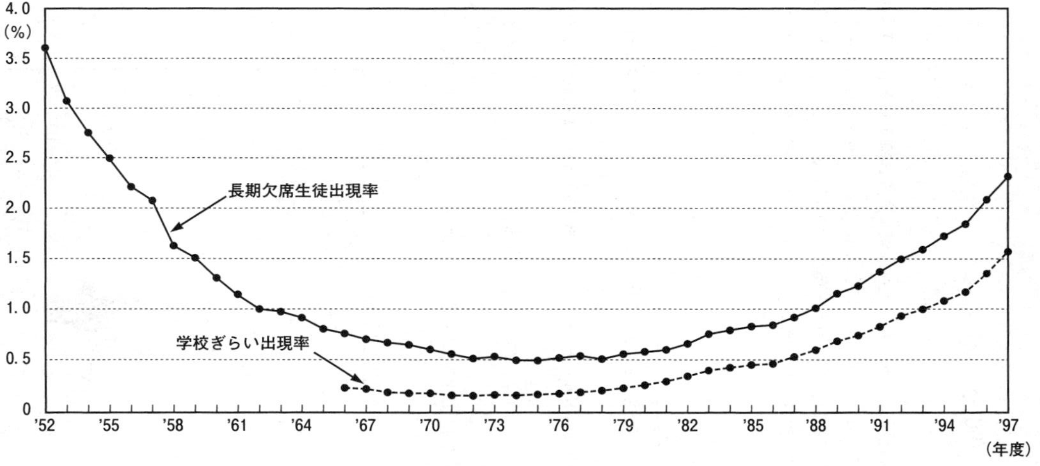

図6　中学校の長期欠席率（50日以上）の推移

注）長期欠席生徒とは、連続または断続して**年度間で50日以上**欠席した者を指す。学校ぎらい出現率は、このうち「学校ぎらい」を理由として同じく50日以上欠席した生徒の割合を意味する。

出典：保坂亨『学校を欠席する子どもたち』東京大学出版会、2000年、183頁、図８－１－ｂより抜粋。

◀社 会 科▶

（90分）

I　20世紀は「難民の世紀」と言われたが，21世紀になっても，人道危機により故郷を追われた人の数は増え続けている。国連難民高等弁務官事務所（ＵＮＨＣＲ）によれば，紛争や迫害などにより移動を強いられた人の数は，2021年末で8930万人にのぼり，そのうち難民は2710万人（パレスチナ難民を含む），国内避難民は5320万人，庇護希望者は460万人などとなっている。このように年々深刻化する難民問題について，**問1**と**2**に答えなさい。

問1　下の地図の中で黒く塗りつぶした**a**，**b**，**c**，**d**の4カ国は，いずれもアジア地域における難民の発生国である。以下の**A**～**D**の説明のなかから正しいものを一つ選びなさい。

A　**a**はシリアである。2003年，長年，強権的な政治を行ってきたフセイン政権が崩壊したことで多数の難民が発生した。国民の半数以上が故郷を離れている。

B　**b**はアフガニスタンである。1979年のソ連の軍事侵攻をきっかけとして内戦状態となり，戦火を逃れるため数百万人がパキスタンやイランに流出した。

C　**c**はネパールである。言語，宗教を異にするインド系の人々に対する政治的な迫害，軋轢により，多くのインド系住民がインドへ逃れた。

D　**d**はミャンマーである。ロヒンギャだけでなく，民主化を求める約9万人のクメール，マレー系住民たちも政府の迫害を逃れ，隣国タイで難民生活を続けている。

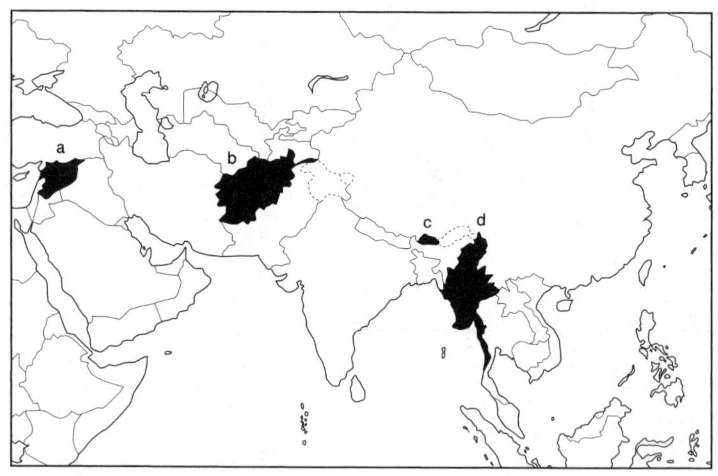

問2　下の**資料①**は難民流出のメカニズムについて書かれた論考で，**資料②**はミャンマーからバングラデシュへ逃げてきたロヒンギャ難民の帰還についての新聞記事である。ロヒンギャ難民問題の場合，**資料①**で言及されている流出

の「素因」と「要因」は具体的にどのようなものだったのか。350字以上450字以内で述べなさい。

<資料①>

難民流出に至る過程は多面的で，多層的である。これまでの歴史的・現実的な有害因子に，発生要因が付加される。有害因子とは例えば，欠乏，貧困，地域や国内統治の欠如や能力不足，緊急事態への対処不能，高度の不平等，人権侵害，基本的サービスの不足などであり，これらがつながり，危機を早め，時には永続化させる。頻発する政治紛争，権威主義体制の国でのあらゆる抑圧形態，慢性的に貧弱な統治は，これらすべてが「素因（根本原因）」となる。ただし，これらの素因が常に難民流出につながるわけではなく，テロ行為の続発，戦争，革命の勃発，大量虐殺のような「移動を助長する要因（引き金）」が必要である。　［中略］

人々の流出の正確な始まりと終わりは，あいまいである。大半の人々は生命を脅かす圧迫の下でさえ，家からすすんで離れようとはしない。自国を離れたいとは思っていない。避難はせいぜい一時的だと信じ，局地的に移動し，自分を守ろうとする。紛争での国内避難民と難民の比率は約二・五対一。数の上では，国内避難民がまさる。明らかなのは，諸要因が多層的に結合して事態が悪化すれば，人々が家を離れる決定をくだすことである。いくつか明らかな主要因はあるが，他の多くの要因はとりわけあいまいである。ソマリアからケニアに脱出した，ある難民は言う。「（自国で）安全でなかった理由を，ひとつの話で全部話すことはできない。あまりに沢山の話がある」は，このことを物語っている。当人にたずねても，うまく答えられない場合がおおい。

筆者の経験にもとづき，上記のメカニズムにそって話を進めれば，ソマリアでは，資産や家畜に武装勢力が継続して課す税は重く，ひとたび旱魃になると耐えがたいものになる。ある人々には，旱魃と飢餓は移動の直接の駆動因になるが，その根底には土台となる素因がある。きっかけとなる暴力の盛り上がりがあれば，人々の忍耐の限度はこえてしまう。しかし絶望的な状況にある人々が国境をこえて移動しない，あるいは越えることができない状況もある。［中略］

難民の流出では，リッチモンド（Anthony H. Richmond）が言う，素因（例えば政府の不適切な対応，あるいは遅れ）があり，直接の原因（上記では，旱魃と飢餓）と即座のきっかけ（例えば暴力）があり，続いて移動パターンに相互に関連があることを，局面を追って考えることは有効である。私たちはしばしば，直接の出来事や即座のきっかけに注目するが，構造的に根底にある素因には，関心をあまりはらわない。

［小泉康一（2022）『彷徨するグローバル難民政策－「人道主義」の政治と倫理』日本評論社，pp. 7－8.］

<資料②>

編集部注：問題文中の網掛け部分は個人名を置き換えています。

（世界発2019）「ロヒンギャ『帰りたくない』　ミャンマー当局へ不信感　バングラへ避難１年半」

バングラデシュ南東部コックスバザール郊外。竹の骨組みをシートで覆った無数に並ぶ簡易住居の一つを訪ねた。電気のない難民キャンプはどの家も薄暗い。

「連れ戻され，殺されるなら自分で死ぬ方がいいと思った」。　A　さん（60）が声を絞り出した。ここでの生活が１年半を超えた。

昨年11月。殺虫剤を水に混ぜ一気に飲んだ。１週間後に始まる予定だった難民帰還の第１陣リストに自分の名前があった。「知らないところで準備が進んでいた」。気を失い，キャンプの医療施設で一命を取り留めた。

帰還を拒むのは，ミャンマー側から逃れる時の光景が目に焼き付いているからだ。「村が焼かれ，遺体が転がっていた。（ミャンマー）軍の仕業だ」

約70万人が難民になる発端は，2017年８月のロヒンギャ武装組織アラカン・ロヒンギャ救済軍（ＡＲＳＡ）による警察襲撃事件だった。これに対し軍や警察が掃討作戦を実施。ミャンマー側は否定するが，国連などによると多数のロヒンギャが殺され，家を焼かれたとされる。

両政府は昨年11月，難民約２千人の帰還を始めるとしていた。だが別の帰還対象者の　B　さん（50）は「用意された10台ほどのバスに乗る人はいなかった」と振り返る。帰還は先延ばしになった。

「今の状況で帰りたい人はいない」と　B　さんは言う。難民の多くが帰還の条件とするのは，ミャンマー国籍の付与，掃討作戦をした治安部隊の訴追，そして帰還後の安全確保だ。

ミャンマー政府は，国内居住歴が確認できた難民には国籍申請資格のある身分証を渡すとしている。だが，同じく帰還リストに名前があった　C　さん（49）は「信用できない」と言う。

ロヒンギャの住んでいたラカイン州では，仏教徒らが帰還に反対。約200人が死亡した12年の仏教徒との衝突で国内避難民になった10万人超のロヒンギャですら，州内の避難民キャンプから戻れないでいる。「ましてや国外に逃れた我々が戻って，安心して暮らせるはずがない」と　C　さんは吐き捨てた。

［『朝日新聞』2019年4月10日朝刊］

Ⅱ　社会的事象を多面的・多元的に捉えることの重要性が語られるようになって久しい。しかし，それが意味するところは必ずしも自明ではない。下の**資料**①と②を読んで，**問1**と**2**に答えなさい。

問1　見方の多様性についての田野氏と宮台氏の見解の違いを75字以上125字以内で説明しなさい。

問2　なにが両氏に見解の違いをもたらしているか。あなたの考えを300字以上400字以内で述べなさい。

<資料①>「看過できない自由もある」　田野大輔さん（ナチズム研究者）

私が専門とするナチズムの領域には，「ナチスは良いこともした」という逆張りがかねてより存在します。絶対悪とされるナチスを，なぜそんな風に言うのか。私はそこに，ナチスへの関心とは別の，いくつかの欲求があると感じています。

ナチスを肯定的に評価する言動の多くは，「アウトバーンの建設で失業を解消した」といった経済政策を中心にしたもので，書籍も出版されています。研究者の世界ではすでに否定されている見方で，著者は歴史やナチズムの専門家ではありません。かつては一部の「トンデモ本」に限られていましたが，今はＳＮＳで広く可視化されるようになっています。

ツイッターで私が「ナチスの政策で肯定できることはない」と発言すると，多くの反発がありました。私にナチスの「良い政策」を示し，「こんなことも知らないのか」とばかりにあざ笑う人もたくさんいました。そんな反応を見て，逆張りの根底にある二つの欲求に気づきました。

一つは，「正しいこと」に縛られずに自由にものを言いたいという欲求です。ナチスの政策について知りたいわけではなく，ナチスは悪といった「正しさ」を息苦しく感じている。もう一つが，「他の人が知らないことを知っている」と誇示し，知的優位に立とうとする欲求です。この二つの欲求は，近年問題になっている陰謀論にはまる動機とも，共通しているように思います。

重要なのは，こうした逆張りは，需要があるから存在しているということです。ナチスについての暴論をなぜ少なからぬ日本人が称賛するのかと言えば，「正しい歴史」をひっくり返すための突破口として最適だからでしょう。世界中のだれもが認める「ナチス＝悪」が絶対じゃないとなれば，日本の戦争責任だって絶対じゃなくなる。それを信じたいという需要があるから，存在しているのです。

私はナチスの逆張りに対しては「間違っている」と言い続けてきましたし，これからも言い続けなければいけないと考えています。信じたい人たちを説得することは無理でも，「もしかしたらそうなのかも」と思っている人たちに，専門家の姿勢を示すことはできます。

「しょせんＳＮＳの世界の話じゃないか」と思う人もいるかもしれません。しかしいずれ現実の世界に拡散し，より多くの人の目にふれるかもしれない。そして「どちらが正しいか」の判断が人気投票に委ねられてしまいかねません。様々な見方すべてに，等しく価値があるわけじゃない。妥当性の高いものと低いものが存在しています。「逆張りの自由」を看過するわけにいきません。

［『朝日新聞』2022年5月28日朝刊］

<資料②>「『ここではないどこか』求めた若者」　宮台真司さん（社会学者）

――この事件*を起こしたのは日本の新左翼でした。

日本の新左翼運動は60年代後半がピークです。背景は高度成長時代の挫折。豊かさで幸せになれるはずなのが「こんなはずじゃなかった」。若者は「ここではないどこか」を求めた。一部が新左翼になってキューバや北朝鮮に憧れ，よど号ハイジャック事件も起こしました。60年代末には３Ｃ（カー，クーラー，カラーＴＶ）の普及が拡大。①総中流化で国内の階級が見えなくなったのと，②豊かなのに不幸という「こんなはずじゃなかった感」で，新左翼は階級よりも実存に傾いた。マル存主義と揶揄されつつ，「反帝国主義」を旗印に国内外で連携して世界革命を目指した。

――事件もその流れで起きたのですか。

71～72年まで中学高校紛争の中にいた僕は，住み家から追い出される成田の農民やパレスチナ人のための戦いに「帝国主義の圧制に苦しむ他者への連帯」として敬意を抱きました。当時の若者には珍しくない。だがこの事件と，同じ年の連合赤軍によるあさま山荘事件でその感情がなえた。中高紛争中に新左翼的感覚の時代遅れを感じていたので，彼らは追い詰められたのだなと思いました。

――「追い詰められた」なら，彼らに他の道はなかったのでしょうか。

「ここではないどこか」など現実には存在しないと認めた上で，自分がいる現実の中で闘う道もあった。大学紛争後に政治面から文化面にシフトした寺山修司や唐十郎らのアングラ運動や，欧州の左翼運動の一部はその道に進みました。なお，日本の世論は事件を批判したが，虐げられたパレスチナ人らは喝采しました。視座の置き場所で世界の見え方は変わる。見え方の多元性を引き受けた上で何を善とするか。素朴な勧善懲悪では複雑な社会を語れない。ウクライナ戦争中の今，そんな感受性の大切さを事件は投げかけてもいます。

［『朝日新聞』2022年５月29日朝刊］

＊テルアビブ事件のこと。1972年５月30日に日本の若者３人がイスラエルの空港で銃を乱射した。

◀複合文化学科▶

（120分）

以下の２つの資料は、外国語・文学・翻訳に関わる内容である。資料を読んで以下の問いに答えなさい。

問題１　【資料１】の内容を300字以上400字以内で要約しなさい。

問題２　【資料１】【資料２】の類似点をそれぞれの文章から引用することで指摘しつつ、「自動翻訳」の精度がますます高まりつつある昨今の状況を踏まえ、外国語・文学・翻訳についてのあなた自身の考えを1,000字以上1,200字以内で述べなさい。

【資料１】

結論からいおう。翻訳文学に興味を失った文化とその言語は、はてしない同語反復におちいり、頽廃し、衰弱する。停滞し、腐敗する。唾棄すべき外国嫌いと偏狭きわまりない自国自文化崇拝がはびこり、閉ざされた黄昏のよどんだ空気の中で、陰湿な相互攻撃ばかりがつづく。あるいは、わずかにでも異質であると感じられる人々への、容赦ない冷酷な排除が牙をむく。これだけ明確に戦うべき相手がいくらでもいる以上、はっきりいわなくてはならない。ぼくらは翻訳文学を読むべきだ。つねに読むべきだ、いくらでも読むべきだ。

もちろん、だれにとっても時間はかぎられている以上、だれもが世界のあらゆる地域の最新の文学のすべてを追いつづけるわけにはゆかない。あたりまえのことだ、地球の人口は60億に達し、だれに頼まれなくても作品を書きつづける作家はいたるところにいるのだから！　でもせめてひとつの異なった文化を背景とした、ひとつの外国語から翻訳されたひとつかふたつの作品を、それがどれほど自分とはかけ離れた世界のものであっても一年に一度は手にしてほしいと思う。それは別にきみの役には立たない。でも、心を打つかもしれない。きみを動揺させるかもしれない。そんな風に偶然手にとって読める作品、みずみずしい新鮮さにみちた強烈な作品、派手な広告とは縁遠い聞いたこともない作家の作品は、いまも、これからも、すでにきみに読めるかたちで、思いがけない片隅にころがっている。

19世紀に一応の完成を見たヨーロッパによる世界制覇が、アジア・アフリカの旧植民地のあいつぐ独立というかたちばかりの終結に達したのが、20世紀中葉以降の世界史の最大の流れだった。それで植民地主義が終わったわけではない。経済的支配のあり方が、ただ別の段階に移行したというだけのことだ。その一方で世界の人口はとめどなく成長をつづけ、国際貨幣経済を背景とする全地球的な物質交換は飛躍的に増大し、それに平行して多数の人の国境を越えた移動が日常化した。貨幣の首都とでもいうべき先進諸国の大都市では、自分とは異なった背景・言語・文化の人々と接触することはだれにとっても生活の一部となったし、そうした未知の隣人たちとのつきあいに、ある種の洗練と「正しさ」を模索することはだれにとっても義務となった。

そう、あえて「正しさ」と呼び、義務と呼ぼう。1996年末、ペルーの日本大使公邸占拠事件が起こってから、日本に住む日系ペルー人たちに投石や突然の解雇といった信じがたい嫌がらせがあいついでいるという報道に接したことは、記憶に新しい*1。それが「文学」といったいどんな関係があるのか、ときみは思うかもしれない。だがぼくは、まさにそれは「文学」の問題だと思う。それは一方で、反政府ゲリラもフジモリ政権*2の当事者もひとりひとりの国民も区別なく「ペルー人」という存在をすべて同一視して嫌がらせに走る愚昧（ぐまい）で卑劣な人間が、まさに「ペルー人」という無差別的カテゴリーを言語によって設定しそれにしたがって行動しているからであり、他方でそうした外国嫌い（異物嫌い）の無意識的噴出である嫌がらせがいかに恥ずべきことかという判断を醸成する「場」もまた、言語を使って歴史的につみかさねられてきた層にほかならないからだ。

「部分」をもってただちに「全体」に代えるのはあらゆる全体主義の常套的修辞であり、そうした全体主義の欲望を暴きだすことは（一見どんなに無力に見えようとも）まず言語という平面で試みられなくてはならない。無意識が下す命令に抵抗することができるのは、忍耐強い意識化の努力だけなのだから。語られる言葉の内容、言葉の使用法がもっとも鋭く問われるのは、「文学」という、定義上われわれが生きる「現実」からは一歩引いた地平にひろがる言語的吟味の領域でのことだ。そこでは絶えず新たな問いが問われ、新たな答えが探られる。それは「現実」の直接性（ただちに反応しなくてはならないという必要）を欠く分だけ多くの時間を費やして、ある行為や言葉の意味と射程をよく考えてみることができる。

ある唯一の宗教や社会道徳や政治的イデオロギーの専制的支配から抜けだした後の混沌とした異種並存社会に生きるとき、ぼくらの下す判断はすべて必然的に「文学的＝批評的」なものとならざるをえないし、それはぼくらにいまだかつてなかったほどの大きな自由への可能性を与える。すべては、まだはじまったばかりだ。すべては、これから試みられなくてはならない。ぼくらはつねに新たに、そう決意する権利がある。でもその自由とは、また何の保証もないことの裏返しでもある。何の保証もない真空じみた空間で、自分がどのような自分を、あるいは社会を、生きてゆきたいのかというデザインは、結局は言葉を使った終わりのない（自分との、他の人々との）対話による以外にはない。文学作品を読むこととはまったく無縁な生活をしている人だって、必ずそうしているのだ。自分の経験を言葉で描写し、反芻し、未来の計画を言葉で練り、想像し、自分という物語の束を編み上げ、それを社会に投影している。

いいかえれば文学は、実際に、人を作る。あるいは文学の核心をなす翻訳は、人の感受性と思考を造形する。「翻訳的人物だね。翻訳人です」と、みずからをさして、ある老いた小説家がいったことがある。目が覚めるような、驚くべき言葉だ。これに対して、そのころはまだ四十代半ばだった批評家は「僕も翻訳文学者たることを心掛けている」と受けた。1948年のこと。もう半世紀以上むかしの話だ[*3]。モーパッサンに心酔した自然主義作家、正宗白鳥は、自分が子供のころから「西洋崇拝」だったということを自嘲しつつそういった。けれどももちろん、それが正しかったということを、彼は知っている。これに対して、ランボーを翻訳し、ベルクソン、アラン、ヴァレリーを読んで批評家になった小林秀雄は、それを信条の問題として捉えなおした。ぼくはこの態度に与する。

じつはぼくらは、だれもが多かれ少なかれ「翻訳人」なのだと思う。西欧諸語からの翻訳によって猛烈な変形をこうむり、その混乱の中から数十年をかけてさまざまなことがいえるように鍛え上げられてきた近代日本語を使って生きるかぎり、人は「翻訳的人物」であることをまぬかれない。それをいえば、起源も系統も不明の日本語という言語は、そのはじまりから北から南から列島に移民し流入したさまざまな人々の言葉が入り交じり攪拌されて編み上げられてきたものだ、というところまで話を戻さなくてはならないだろうか。

［中略］

若き白鳥たちにとっての「西洋」は、まずは実体を欠くイメージにすぎなかったが、そのイメージの衝撃は実際に「翻訳的人物」としての私を造形し、そのような私として「この邦で」生かすことになった。翻訳が生みだす現実の亀裂、予定された世界の進行にまぎれこむ偏差が、私の生涯においてかたちをとり、実現される。私とはフィクションにすぎないが、この作られた私をおいては、私に代わって私を生きてくれる存在はない。一方、それにつづく世代にあたる小林は、文学者という職業的自己規定の上で「翻訳文学者」であることを心がけてきたのだという。翻訳というプロセスを意識し、その操作が作りだす私を意識しながら、新たに文の生産にとりくむ。自分を「日本」という社会的舞台で暮らす「翻訳的人物」だと呼ぶ白鳥よりも、小林はさらに屈曲した地点に立っている。

ここで「翻訳」という言葉に、少なくともふたつの層を区別したほうがいいかもしれない。積極的に翻訳をおこなうことを活動の中心にすえると決意する批評家がここで念頭におく翻訳が、そのもっとも根源的な層においては、単に外国語で語られた思弁の反復や理論の適用などではないことは、明らかだろう。あらゆる思考の発生の瞬間にある翻訳——見慣れないもの、徹底して異質なものを稲妻の閃光のうちに見とり、本当には語りえないその残像を言葉で包囲しながら、暴力的に切りつめ、精密さを断念しつつ文の網にすくいとってゆく行為——に、彼はここでふれている。

そうした翻訳にとっては、じつはオリジナルが外国語か自国語かというちがいは、結局はどちらでもいい。けれども同時に、通常の意味での「翻訳」という行為がもつ圧倒的な厚みと力を無視することはできない。外国語と格闘し、あるいはその翻訳文（それはすでに一種の外国語だ）を苦労しつつ読むという抵抗にみちた迂回を経てはじめて、人は自国語内の翻訳というぎこちなく苛立たしい経験さえも発見できるのだ。いかに多くの言葉が、われわれにとっては見慣れないものであることか。あるいは、その見慣れなさが突如として流れる水晶の輝きをおび、われわれの生に（たとえそれ自体は無意味であっても）輝かしい読点を打つことか。そうした経験がたしかにあると信じられるからには、小林のいう「翻訳文学者」を単に「文学者」と呼んでもさしつかえないだろう。それは異質な思考、異質な言葉のアレンジメントを、ある言語に移入しようと試みる者のことだ。「国語」の安定に奉仕し、飼い馴らされた文章の整然としたふるまいのみを期待する者は、「文学」という経験の動揺には、そもそも何の関係もない。あるいは「翻訳」という迂回がないところに、「文学」はない。

（管啓次郎『コヨーテ読書——翻訳・放浪・批評』青土社、2003年）

出題者注
＊1　この文章が書かれたのは1997年のことである。
＊2　日本大使公邸占拠事件当時、ペルーの大統領は日系人のアルベルト・フジモリだった。
＊3　＊1を参照のこと。

【資料2】

ペテルブルグで通うことになる学校に初めて着いたとき、目の前に現れたバロック様式のお城のような建物が「学校」だとは、ちょっと信じられなかった。

その語学学校は、ペテルブルグの左端にあるスモーリヌイの建物群のなかにあった。中央にあるスモーリヌイ大聖堂をぐるりと校舎が取り囲む造りのこの学校は、もとはエカテリーナ2世の時代にスモーリヌイ女学院として貴族の子女の教育のために創立された学校であり、帝政時代の女子教育の先駆け的な存在だった。そしてロシア革命期の1917年にはここでソヴィエト政権の独立宣言がなされ、首都がモスクワに移されるまでのあいだは革命本部が置かれていた。さらにソ連時代、第二次大戦期には地下が掩体壕（えんたいごう）として利用され、戦後には建物の修復作業がなされて、ペテルブルグの歴史資料展などがおこなわれていたという。

そんな歴史ある建物の一角を借りて授業がおこなわれていた語学学校は、主にヨーロッパからの留学生の多い自由な雰囲気の学校だった。ソ連崩壊から10年と少ししか経っていなかった当時、先生たちは留学生の反応をみながらこぞって新しい教育方法を模索し、新しい教科書や問題集の作成に熱心で、その意欲がこちらにもガンガン伝わってきた。

クラス分けのテストを受けて入ったクラスにいたのは、ドイツから来たジルケという女の子と、フランスから来たジャン＝フランソワという男の子、イタリア人の男の子二人組、ドイツで育ったロシア系移民の女の子、トルコ人のおじさんといった多彩なメンバーで、会話の授業では先生が楽しそうに「ロシア人はあまり笑わないって言われるけど、実際に来てみてどう？　あなたたちの故郷では街角でもみんな笑っているの？」といった話題をふっては盛りあがっていた。

会話のほかにも、筆記、文法、映画鑑賞、小話を読む、ロックの歌詞を読む、といった授業があり、それぞれ個性的な先生が教えていたが、私がいちばん好きだったのはエレーナ先生が教える文学精読の授業だった。

茶色い髪を後ろでちいさなおだんごに結いた小柄なエレーナ先生は、40歳くらいだろうか。いつもなにかに困惑したような難しい顔つきをしているけれど、話をするとその「難しい」顔がじっくりとこちらの話に聞き入ってくれるのがわかり、いつまでも話していたくなるような雰囲気がある。服装はいたって素朴で、毎日同じ紺のフリースジャケットを着ていた。日本でも1990年代後半に大ヒットしたフリースは、安価で防寒に役立つのでロシアでも幅広い層に人気を集めていたが、あまり質がいいとはいえないものも多く、連続して着ればすぐに毛羽立った。エレーナ先生の着古してぼろぼろになったジャケットはお世辞にもお洒落とか格好いいとかいう類のものではなく、むしろこの先生はそんなに生活に困窮しているのだろうかとさえ思わせた。

しかしそんなことはすぐにどうでもよくなった。エレーナ先生の服はもちろん、自分の着るものもどうでもよくなった。そのくらい、授業が楽しすぎたのだ。それまで主に散文しか読んでいなかった私は、この先生から初めてロシア語で詩を読む喜びを教わった。エレーナ先生はツヴェターエワ、アフマートワ、ブロークといったいわゆる銀の時代＊1の王道の詩をすらすらといくらでも暗唱する。その朗読があまりにすばらしいので、詩の意味などほとんどわからなくても「あんなふうに読みたい！」と憧れて、寮に帰ってからも配られたプリントに並ぶ言葉をひたすらぶつぶつと繰り返した。

［中略］

すっかりエレーナ先生の授業に夢中になっていたころ、ある幸運が舞い込んだ。学校が、手違いで私が払った学費に対し授業のコマ数が少なくなっていたから、そのぶん追加で好きな先生の個人授業を受けさせてくれるというのである（いま思えばこれはかなり良心的な対応だ。ロシアの大きな大学が資金の工面のために留学生を受け入れているような場合、在学中に予告なく授業料や寮費が数倍に値上がりした、などという話はざらに聞く）。

私は迷わずエレーナ先生を頼んだ。そうしていつもの授業のほかに、先生と一対一で好きな作品を読み、話をする機会を得てしまった。幸せだった。

ペテルブルグに来て二度目の冬が近づいていた。あたりまえのことだが、夏が白夜なら冬は暗い。朝8時のバスで学校へ向かうときはまだ夜中のように暗く、学校の食堂の昼食をとるころにわずかに空が白むが、午後の授業を受けているうちにまたあっという間に暗くなってしまう。だから通常の授業が終わったあとのエレーナ先生の個人授業はいつも薄暗かった――当時のペテルブルグでよく用いられていた照明は日本でいえばバスルームにあるような電球で、点けても部屋の中央を心もとなく照らすだけで、明るいとは言い難い。

グループの授業がひととおり終わったあと、私は薄暗い廊下をずっと進んだ先のつきあたりにあるちいさな部屋へ向かう。その部屋で私は先生と一緒に、ロシア語をはじめたきっかけでもあるレフ・トルストイを読み、新たに好きになったブロークを読んだ。トルストイなら『クロイツェル・ソナタ』*2を読みたいと言うと、エレーナ先生は「個人的にもすごく大事な作品」だからぜひ読もうと言った。あまりに目をぎらぎらと光らせて身を乗りだすので、不意に怖くなったほどだった。授業を進めながら、先生はその理由を話してくれた。『クロイツェル・ソナタ』は、主人公ポズドヌィシェフが妻の浮気を疑い、発見し、嫉妬にかられて刺し殺す話である。先生は過去に、結婚相手に暴力をふるわれ離婚していた。その経緯には相手の「嫉妬」という感情が大きく作用していたという。だからこの作品に関心を持つ理由は過去のつらい話に直結していたのだが、先生は驚くほど率直に、自分の感じたこと、後悔していること、いまでも考えていることなどを打ち明けて、私に「一緒に考えよう」と語りかける。この時期、私はそれまで知らなかった単語をたくさん知り、それを実際に使うことにドキドキしていた。しかも、そのドキドキと一緒に覚えた言葉は決して忘れないのだ。語学学習というと、一般的には表面的な会話や社交辞令のような言葉から入ることが多い。むろんその便宜性、妥当性は充分にあるにしても、しかし私たちの心の底にあるのはもっと根源的な、どろどろとした得体の知れないものだ。そのどろどろを掬(すく)って言葉にしていくことは、その言語で思考できるようになるための第一歩なのかもしれない。

そんなふうに授業を受けていたある日、エレーナ先生がふと「あっ、鳥が……」と窓の外を指した。顔をあげると確かに、雪で覆われた窓のすぐ外にある木の枝に一羽の鳥がとまっていた。先生は、「あなたは絶対にこの瞬間を忘れないわ」と続けた。「一緒に『クロイツェル・ソナタ』を読みながら、恋愛や社会制度や嫉妬や、そのほかありとあらゆる話をしたことも、窓の外には雪が降って、鳥がとまっていたことも。あの鳥を、あなたは絶対に忘れないわ」と。そう言われて、私は「ああ、ほんとうにそうなんだ」と思った。この瞬間を、あの鳥を、私は生涯忘れないだろうと。

それは言葉の魔法だった。文学に精通していたエレーナ先生は、どういうときにどういう言葉を使えばそこに魔力が宿るのかについても、知り尽くしていた——まさにあの瞬間に（ほかのときではだめなのだ）、私にそうして魔法をかけることで、あの空間やあの鳥が、特別なものになることを。

（奈倉有里『夕暮れに夜明けの歌を——文学を探しにロシアに行く』イースト・プレス、2021年）

原注

＊1　19世紀末から20世紀初頭にかけて数多くの詩人が輩出された時代で、象徴主義、未来派、印象派などさまざまな流派が生まれた。［以下略］

＊2　1887〜89年執筆。［以下略］

ロ　幕末まで大名士族に圧倒的に支持されていた世教としての儒道であったが、明治に入り政府は新たに神道と儒道を混淆した世外教を起こしそれを強化したため、儒道は廃れてかつてのような求心力も失われ、世教としての道徳的規範力を失ったから。

ハ　明治に入り政府の肝いりで勢力も大いに隆盛に向かった神道であったが、その道徳的所説は文明開化によって新時代を切り拓こうとする中等以上の人士の心をつかむことはできず、世外教としての確たる尊崇を向けられることもなく、国民的な道徳の規範とはなり得なかったから。

ニ　他国では、世教と世外教の少なくとも一つが道徳の規範として尊崇されているのが常だが、日本では維新政府が江戸時代とは相異なる規範を打ち立てようとして成功しなかったために、世教と世外教のいずれにおいても国民の道徳的規範として相応しい教えが存在しなくなったから。

ホ　儒道の一部を取り入れた国家神道と政府の圧力によって、儒道は独自性と求心力を失った一方、神道は政府の後押しもあって隆盛し、明治時代、世外教の代表として君臨して、新たな道徳規範を打ち立てるかに見えたが、仏教界の強力な反対にあい、結局、江戸時代の大名士族における世教としての儒道と同じ役割を果たせなかったから。

ものを次の中から一つ選び、解答欄にマークせよ。

イ　令人非無去悪而就善者

ロ　令人無去悪而非就善者

ハ　非無令人去悪而就善者

ニ　無非令人去悪而就善者

ホ　無令人非去悪而就善者

問九　傍線部**2**は、設問の都合上、白文「此教遂不能成立」に改めている。この白文を**すべて平仮名による**書き下し文に改め記述解答欄に記せ。

問十　傍線部**3**「我国独リ道徳ノ標準トナル者ヲ亡失シタレバナリ」とあるが、なぜ日本だけが「亡失」したのか。その説明として本文の内容に**合致しないもの**を次の中から一つ選び解答欄にマークせよ。

イ　世外教として長らく日本社会の道徳的規範でもあった仏教は、儒道全盛の江戸時代を経て、明治に入ると下層の民のみが信仰する対象となり、そのためかつての求心力は完全に失われ、全国民の道徳的規範とはなり得なくなったから。

道大ニ武門ノ家ニ行ハレ、全国ノ大名士族ハ皆儒道ノ教育ニ依ラザルハナシ。此大名士族ト云フ者他ノ三民ノ上ニ立チ、全国ノ威権ハ皆此種族ノ手ニ帰セシヲ以テ、儒道ノ流行実ニ其盛ヲ極メ、何レノ大名モ大抵儒道ノ学校ヲ其国ニ建テ、政治法律共ニ儒道ニ根拠シテ其制ヲ定メ、仏教ノ如キハ独リ下等人民ノ信仰スルニ止マリテ、其勢力大ニ儒道ニ及バズ、以テ徳川幕府ノ末ニ及ベリ。

王政維新ノ初メ、旧物ヲ一洗シテ尽ク其面目ヲ改ム。是ニ由リ従来士人ガ尊奉シテ道徳ノ標準トスル所ノ儒道ヲモ廃棄シ、別ニ神儒混淆ノ教ヲ立テ以テ之ニ代(かへ)ントセリ。然ルニ此教²遂不能成立シテ、一旦廃棄セル儒道ハ復タ起スベカラズ、是ニ依リ日本ノ中等以上ノ人士ハ道徳ノ根拠ヲ失ヒ、封建ノ時ニ比スレバ人心其固結力ヲ弛緩シ、民ノ道徳漸ク頽敗(たいはい)ノ兆ヲ萌(きざ)セリ、神道ト云フ者ハ一時政府ニテ大ニ之ニ助力シ、頗ル隆盛ニ向ハントスルノ勢アリシカドモ、到底其説ク所ハ当時人智開達ノ度ニ不能伴。仏教ハ久シク下等ノ民ノ間ニ行ハレ、中等以上ノ人士ハ之ヲ信仰スルコト極メテ罕ナルヲ以テ、共ニ人心固結ノ功力ヲ不能現、是ニ於テ道徳ノ一事ニ至リテハ、我邦ハ世界中一種特別ノ国トナレリ。何則(なんとなればすなはち)世界何レノ国ニ於テモ、或ハ世教或ハ世外教ヲ以テ道徳ヲ維持セザル者ナキニ、³我国独リ道徳ノ標準トナル者ヲ亡失シタレバナリ。

（西村茂樹『日本道徳論』による）

問七　空欄 A に相応しい漢字二字の語を、あなた自身が考えて記述解答欄に記せ。

問八　傍線部1「人ヲシテ悪ヲ去リテ善ニ就カシムルニ非ザル者ナシ」を白文に改めた場合、最も適切な語順の

ヘ　赤染衛門　　ト　紫式部　　チ　和泉式部　　リ　菅原孝標女

（三）次の文章は、明治二十一年に出版された西村茂樹『日本道徳論』の一節である。これを読んで、あとの問いに答えよ。なお、設問の都合上、原文の表記を一部改めた箇所がある。

凡ソ天下ニ道徳ヲ説クノ教（をしへ）数多（あまた）アレドモ、合（あは）セテ之ヲ見ルトキハ二種ニ過ギズ、一ヲ世教ト云ヒ、一ヲ世外教（又之ヲ［Ａ］トイフ）ト言フ。支那ノ儒道、欧洲ノ哲学ハ皆世教ナリ、印度ノ仏教西国ノ耶蘇教ハ皆世外教ナリ。何故ニ之ヲ世教トイフ、儒道哲学ハ共ニ現世ノ事ヲ説キ、此現身ヲ修ムルコトヲ説キ、此現在ノ邦国及ビ社会ヲ調和スルコトヲ説ケバナリ。仏教ト耶蘇教トハ何故ニ之ヲ世外教ト言フ、其（その）教タル現世ノ事ヲ言ハザルニ非ザレドモ、其帰着スル所ハ未来ノ応報ト死後魂魄ノ帰スル所ニ在ルヲ以テナリ。凡ソ世界万国既ニ国アルトキハ必ズ世教、世外教ノ一種アラザルハナシ、世教ハ道理ヲ主トシ、世外教ハ信仰ヲ主トス、皆以テ人心ヲ固結シ、1又人ヲシテ悪ヲ去リテ善ニ就カシムルニ非ザル者ナシ、即チ道徳ヲ教フルニ非ザル者ナシ。西洋諸国ハ多ク世外教ヲ以テ中等以下ノ人心ヲ固結シ、世教（哲学）ヲ以テ中等以上ノ人智ヲ開発ス。又東洋ニ於テ支那ノ如キハ古来ヨリ世教（儒道）ヲ以テ上下共通ノ教ト為シ、世外教（仏教）ハ中葉ヨリ其国ニ入リ来レドモ、其勢力大ニ儒道ニ及バズ、以テ今日ニ至レリ。日本ノ如キハ、世教世外教相継（あひつい）デ他国ヨリ入リ来リ、其中仏教ハ上下共ニ一般ニ行ハレ、儒道ハ独リ上等社会ニノミ行ハレタレドモ、其初メハ勢力大ニ仏教ニ及バズ、三百年以前ヨリ儒

箇所が登場する順に抜き出し、記述解答欄に記せ。なお句読点は字数に含めない。

問五　傍線部**1**「まめやかの上手の心は、されば一つなりけるにや」という作者の感慨について、本文中の人物同士の関係を踏まえて、記述解答欄に**六〇字以内**で記せ（句読点等も含む）。

問六　次の空欄に当てはまる言葉を、a～cはAの選択肢から、dはBの選択肢から選び、それぞれ解答欄にマークせよ。

問題文中の「定家」「家隆」は、どちらも勅撰和歌集『　a　』の撰者である。「定家」の親の藤原俊成は『　b　』の撰者であり、息子の為家は『続後撰和歌集』の撰者である。勅撰和歌集は『　c　』から始まり、有名な仮名序を書いた「　d　」は、日記も遺している。勅撰和歌集編纂によって、高いステータスを得ることとなった和歌文化は、問題文の時期、大きく花開いていた。

A　**イ**　万葉集　**ロ**　古今和歌集　**ハ**　後撰和歌集　**ニ**　拾遺和歌集　**ホ**　後拾遺和歌集
　　ヘ　金葉和歌集　**ト**　詞花和歌集　**チ**　千載和歌集　**リ**　新古今和歌集　**ヌ**　続古今和歌集

B　**イ**　在原業平　**ロ**　柿本人麻呂　**ハ**　紀貫之　**ニ**　紀友則　**ホ**　伊勢

（二）　次の文章を読んで、あとの問いに答えよ。

近頃、和歌の道、ことにもてなされしかば、内裏、仙洞、摂政家、いづれもとりどりに、そこをきはめさせ給へり。臣下あまた聞こえし中に、治部卿定家、宮内卿家隆とて、家の風絶ゆる事なく、その道に名を得たりし人々なりしかば、この二人にはいづれも及ばざりけるに、ある時、摂政殿、宮内卿を召して、当時正しき歌よみ多く聞こゆる中に、いづれかすぐれ侍る。心に思はんやう、ありのままにと御尋ねありければ、いづれともわきがたく候とばかり申して、思ふやうありげなるを、いかにいかにとあながちに問はせ給ひければ、ふところより畳紙を落として、やがて出でにけり。御覧ぜられければ、

明けば又秋のなかばも過ぎぬべしかたぶく月の惜しきのみかは

と書きたり。この歌は治部卿の歌なり。かかる御尋ねあるべしとはいかでか知るべき。ただ、もとよりおもしろくおぼえて、書き付けて、持たれけるなめり。

その後、又治部卿を召して、さきのやうに尋ねらるるに、これも申しやりたるかたなくて、

かささぎのわたすやいづこ夕霜の雲井に白きみねのかけはし

と、たかやかにながめて出でぬ。これは宮内卿の歌なりけり。まめやかの上手の心は、されば一つなりけるにや。（傍線1）

（『今物語』による）

問四　本文中に、和歌以外に発話箇所が三箇所ある。それぞれ、発話箇所のはじめの二字と終わりの二字を発話

イ　母親は本心を隠して振る舞うので、娘の方が想像力を働かせるべきだという価値観。

ロ　変化に乏しい日々を送る人は、華やかな若い女性の存在に慰められるという価値観。

ハ　母親は女性同士の娘と共感しやすく、男性である息子を敬遠しがちだという価値観。

ニ　親は子どもが何歳になっても心配をしているので、密に交流すべきだという価値観。

ホ　親が本音として介護されたいと考えている相手は、血縁の実子であるという価値観。

問二　作中で繰り返される言葉「はい」と「でも」とに着目して、「私」が富山のグループホームにいる母を訪問することにどのような思いを抱えているかについて、記述解答欄に**一〇〇字以内**で記せ（句読点等も含む）。

問三　作者はこの作品集の「はじめに」で、「プロフィールこそが、この本を掌編小説とする所以です」と述べているが、前半の部分とプロフィール部分の双方が示されることの読者に与える効果について、あなたの考えを記述解答欄に**二〇〇字以内**で記せ（句読点等も含む）。

からすると義理の孫であるこの二男一女は、悦子にとてもなついた。朋子にしても、ひとまわり以上年上の異母兄姉より、この二男一女のほうに、むしろ義理の弟妹のような感覚を抱いた。

朋子は県立高校卒業後、日本大学芸術学部に進学。卒業後、大手下着メーカーに就職。勤務四年目、新米気分が抜けてきたとき、父正雄が癌で他界するも、同居家族が多いので、父の死後も、朋子は母親悦子についてはそんなに心配はなかった。仕事にもやり甲斐を感じ、努力も怠らず、業績も認められ、そこそこに出世もできた。交際した男性もいた。なかには数年、同棲した相手もいたが、結婚はしなかった。

朋子41歳時、母悦子が海浜にて転倒し骨折した。高齢者の骨折はなかなか治らず、入院が長引いた。退院後から軽度ではあるが認知症の症状が出るようになる。体力も恒常的に衰える。

A男や甥姪たち、市の福祉課と相談した結果、認知症の進行を遅くするためにグループホーム入居に申し込む。二年待って空室ができて入居。

グループホーム形態の効果あって症状の進行は遅くなり体力も以前より快復し、他の同居者とも友好的に過ごしている。

（姫野カオルコ『風のささやき　介護する人への13の話』による）

問一　傍線部**1**「やっぱり娘さんだと顔つきがちがうわ。帰ってきてあげてね」とあるが、この「相手」はどのような価値観を持った存在と考えられるか、最も当てはまるものを次の**イ**～**ホ**の中から一つ選び、解答欄にマークせよ。

はい。

私は答える。
また来週、帰る。

お母さんに、私、何もしてあげられてない。
横浜なんかに住んでてすみません。

赤江朋子（あかえ・ともこ／神奈川県横浜市・43）プロフィール

朋子の母親は悦子。悦子は富山県の山間部寒村の出身。裕福とはいえない実家で父母の世話をしているうち（当時としては）婚期を逃し、34歳で、48歳の赤江正雄の後妻に。

赤江は漁具店経営。心臓麻痺で急死した先妻とのあいだにA男とB子がいた。悦子が後妻に入ったときは、二人ともすでに高校生だったため、父親の再婚に対する反感はとくになく円満に暮らす。悦子はすぐに妊娠。35歳朋子を出産。

朋子が小学校低学年のころに、先妻子のA男B子ともに結婚。A男が漁具店を継ぎ、二男一女を授かる。悦子

毎日、市営地下鉄に乗って東海道線に乗って新幹線に乗って、帰らないとならない。
でも、毎日帰っても、きっと言われるんだわ。
帰ってきてあげてねって。
会社をやめて、二十四時間、母の横にいないとだめなのね。

「お母様がとってもうれしそうだってことを言っただけなのに」
「そんなつもりじゃないのよ」

はい。

わかってる。わかってるよ。よくわかるよ。
でも、そういうふうに響くものなのよ。
でも、そういうふうに響くって、言わない。
ぜったいに言えない。

「赤ちゃんはまだなのって、結婚を祝う気持ちで言っても、辛い気持ちになる人がいる」ってことは有名になったけど、病気になった親のそばにいないってことは、いけないことに、まだ、なってるから。

「ぽんと乗って、帰ってきて」

はい。

都筑区から滑川まで。神奈川県から富山県まで。センター南から市営地下鉄。横浜から東海道線。東京から新幹線と特急。魚津から北陸線。三時間というのは「とき」と「はくたか」に乗ってるところだけの計算。じっさいには五時間くらいかかる。

でも、前よりずっと便利になった。

神奈川と富山なんてすぐになった。

だから帰ってる。

二週間に一回。

お盆のころや年末年始は週に一回か二回。

会社が休みのとき、ぜんぶ帰ってる。

だから横浜では休む日がない。

一生懸命、帰ってるつもりなんだけどな。

でも、もっと帰らないとならないんだわ。

毎日、富山に帰らないとならない。

ええ、そうですね。

はい。

私は答える。はい。

相手の言うとおりだから。はい。

「帰ってきてあげてね」

「お母さん、さびしがってらっしゃるわ。帰ってきてあげてね」

1「やっぱり娘さんだと顔つきがちがうわ。帰ってきてあげてね」

はい。

わかってる。わかってるよ。

帰るよ。帰る。

「三時間で着いてしまうんですものね」

▲C　方　式▼

（九〇分）

（一）　次の文章は、姫野カオルコの連作小説『風のささやき　介護する人への13の話』に収録された「横浜なんかに住んでてすみません」と題された作品である。この作品は、後半の「プロフィール」と併せて構成されている。これを読んで、あとの問いに答えよ。

横浜なんかに住んでてすみません

女性。製造企業総合職。都筑区在住。一人暮らし。富山県滑川市の実家は、義兄（60）と義兄の長男（37）夫婦の二世帯住宅。

赤江朋子（神奈川県横浜市・43）

実家から至近距離のグループホームに実母（78）。

はい。

一大発見と理解される。

ロ　底部にある火を焚べる鬼の画は、外見からは予想もつかない精密さで、「秘惜」にふさわしい不可視の工芸装飾と評価される。

ハ　変哲のない瓶だが、底部の火を焚べる鬼の画はあの世の苦役を描いたもので、「秘惜」たる瓶が冥界に由来することを示している。

ニ　土中から掘り出されたものだが、不思議な機能よりも底部の火を焚べる鬼の細密な画が調度品として「秘惜」の価値を増している。

ホ　一見通常の陶器と同じだが、底部にある火を焚べる鬼の細密な画はこの瓶に潜んだ「秘惜」の効能を生む仕掛けであったと推測される。

から一つ選び、解答欄にマークせよ。

イ 令　**ロ** 以　**ハ** 而　**ニ** 所　**ホ** 見

問三十一　傍線部**5**「無人能識其為何時物也」の書き下し文として、最も適切なものを次の中から一つ選び、解答欄にマークせよ。

イ　ひとのそれをよくしりてためにいづれのときのものもなきなり

ロ　ひとのよくそれをしりてためにいづれのときのものもなきなり

ハ　ひとなくしてよくそのいづれのときのものなるかをしれるなり

ニ　ひとのよくそのいづれのときのものなるかをしるなきなり

ホ　ひとなくしてそのいづれのときなるかをよくしるものなり

問三十二　この張虞卿の「瓶」についての解釈として、最も適切なものを次の中から一つ選び、解答欄にマークせよ。

イ　壊れて出現した底部の火を焚くる鬼を刻した画は、一見陳腐で取り柄のないこの瓶を「秘惜」に変えた

せよ。

イ　この瓶の不具合を詰った。
ロ　この瓶の真贋を疑い質した。
ハ　この瓶の様子を不思議がった。
ニ　この瓶の使い方に異議を唱えた。
ホ　この瓶の尋常でない効用を難じた。

問二十九　傍線部**3**「如新沸者」の解釈として、最も適切なものを次の中から一つ選び、解答欄にマークせよ。

イ　新しい沸かし方のようであった。
ロ　沸かしはじめのようであった。
ハ　間もなく沸いたようであった。
ニ　手早く沸かしたようであった。
ホ　沸かしたてのようであった。

問三十　傍線部**4**「後為酔僕触砕」の意味をよく考え、「僕」の字の後に補い得る最も適切な漢字一字を次の中

西京伊陽県小水鎮…河南省洛陽にある地名。
瀹茗…茶をいれること。
秘惜…愛惜すべき珍品をいう。

問二十六　傍線部**1**「忘去水」の意味として、最も適切なものを次の中から一つ選び、解答欄にマークせよ。

イ　寒さを忘れて給水に行った。
ロ　瓶の水を棄てるのを忘れた。
ハ　水から花を取るのを忘れた。
ニ　忘れて瓶の水を棄てさった。
ホ　水汲みに行くことを忘れた。

問二十七　空欄 **X** に入る最も適切な文字を次の中から一つ選び、解答欄にマークせよ。

イ　他　**ロ**　古　**ハ**　動　**ニ**　彼　**ホ**　廃

問二十八　傍線部**2**「異之」とあるが、その意味として最も適切なものを次の中から一つ選び、解答欄にマーク

（四）次の文章を読んで、あとの問いに答えよ。設問の都合上、返り点・送り仮名を省いた箇所がある。

張虞卿者、居西京伊陽県小水鎮。得古瓦瓶於土中。色甚黒。頗愛之。置書室養花。方冬極寒。一夕[1]忘去水。意為凍裂。明日視之、凡 X 物有水者皆凍、独此瓶不然。[2]異之。試注以湯、終日不冷。張或与客出郊、置瓶於篋。傾水瀹茗、[3]皆如新沸者。自是始知秘惜。[4]後為酔僕触砕。視其中、与常陶器等。但夾底厚幾二寸、有鬼執火以燎。刻画甚精。[5]無人能識其為何時物也。

（宋の洪邁『夷堅志』による）

（注）張虞卿…宋の真宗朝の宰相張斉賢（九四三年～一〇一四年）の子孫。

に答えよ。

(Ⅰ)「むすびつる」相手として最も適切なものを次の中から一つ選び、解答欄にマークせよ。

イ　法皇　**ロ**　成親卿　**ハ**　小松殿　**ニ**　姫君　**ホ**　兵衛佐

(Ⅱ)「ほどけもやせむ」の解釈として最も適切なものを次の中から一つ選び、解答欄にマークせよ。

イ　ほどいてしまおうか、どうしようか。

ロ　ほどいてしまうのではないか、どうだろうか。

ハ　ほどけもしようか、いやほどけるはずがない。

ニ　ほどけてくれるといいのだが、どうだろうか。

ホ　ほどけでもしたらどうしようか、困ってしまう。

問二十五　『平家物語』と同じく、鎌倉時代に成立した軍記物語を次の中から一つ選び、解答欄にマークせよ。

イ　義経記　**ロ**　太平記　**ハ**　陸奥話記　**ニ**　承久記　**ホ**　応仁記

イ　法皇　ロ　成親卿　ハ　小松殿　ニ　姫君　ホ　兵衛佐

問二十二　傍線部5「この世ならぬ心の中」とはどのような思いか。最も適切なものを次の中から一つ選び、解答欄にマークせよ。

イ　小松殿への深い愛情。
ロ　法皇の姫君への深い愛情。
ハ　成親卿の姫君への深い愛情。
ニ　成親卿に勘当された深い悲しみ。
ホ　法皇の愛情を拒絶しなければならないことへの畏れ。

問二十三　（X）の和歌「雲井より吹きくる風のはげしくて涙の露のおちまさるかな」の中の「風」とは何をさしているか。最も適切なものを次の中から一つ選び、解答欄にマークせよ。

イ　御書　ロ　御返事　ハ　父母　ニ　成親卿　ホ　世の人

問二十四　（Y）の和歌「むすびつる情けもふかきもとひにはちぎる心はほどけもやせむ」について、次の問い

ロ　父の冷たさを恨みに感じている思い。

ハ　世の中ははかないものだという思い。

ニ　すでに愛する人がいるのだという思い。

ホ　法皇からの愛は畏れ多くて受けられないという思い。

問二十　傍線部**2**「かく御心をおかせ給ひけるこそ心うけれ」の解釈として、最も適切なものを次の中から一つ選び、解答欄にマークせよ。

イ　姫君がこれほどあの方にお心を傾けていらっしゃるご様子なのは、残念に思われます。

ロ　姫君に法皇様がこんなに執着していらっしゃるご様子なのは、大変残念に思われます。

ハ　姫君がこのように父上様から疎まれて勘当されておられるのは、大変困ったことです。

ニ　姫君がこのように私に対して心の隔てを置いていらっしゃるのが、大変つらいことです。

ホ　姫君がこのように罪ふかき身であることに悩んでおられるさまを見ると、痛ましく思われます。

問二十一　傍線部**3**「見初めたりし」、**4**「聞かざりけれ」の主語として、最も適切なものをそれぞれ次の中から一つ選び、解答欄にマークせよ。（同じものを複数回選択してもよい。）

（注）小松殿…三位中将平維盛のこと。平清盛の孫。
殿上の淵酔…宮中で正月・五節などの後に、天皇臨席のもとに清涼殿で殿上人が催した酒宴。

問十七　空欄 A ・ B に入る語として、最も適切なものを次の中からそれぞれ一つ選び、解答欄にマークせよ。

イ　うつくしけれ　**ロ**　くやしけれ　**ハ**　いやしけれ　**ニ**　やさしけれ　**ホ**　おそろしけれ

問十八　傍線部a～cの「奉り」の敬意の対象として、最も適切なものを次の中からそれぞれ一つ選び、解答欄にマークせよ。（同じものを複数回選択してもよい。）

イ　法皇　**ロ**　成親卿　**ハ**　小松殿　**ニ**　姫君　**ホ**　兵衛佐

問十九　傍線部1「色に出でぬる心の中」とはどのような思いか。最も適切なものを次の中から一つ選び、解答欄にマークせよ。

イ　自分は罪深いという思い。

と、口すさび給ひけるこそ［ A ］。父成親卿、法皇の御書のあるよし聞き給ひて、あわて悦び給へども、姫君聞き入れ給はねば、「親のため不孝の人にておはしけるを、今まで父子の義を思ひけるこそ［ B ］。今日より後は父子の契り離れ[a]奉りぬ。かの方へ人行き通ふべからず」とのたまひければ、上下おそれ[b]奉りて、通ふ人もなし。乳母子に、兵衛佐と申しける女房一人ぞ、わづかにゆるされて通ひける。これに付けても、姫君、世の憂き事をぞ、御もとゆひにてすさび給ひける。

むすびつる情けもふかきもとひにはちぎる心はほどけもやせむ　（Y）

と書きすさみて、引き結びて捨て給へり。兵衛佐、これを見て後にこそ、思ひある人とは知りにけれ。[1]「色に出でぬる心の中をいかでか知るべき」と、やうやうに諫め申されけるは、「女の御身と成らせ給ひては、かやうの御幸ひをこそ、神にも祈り仏にも申してあらまほしき御事にて候へ」と申しければ、姫君、御涙をおさへて、「我が身につきせぬ思ひの罪深ければ、なにごともよしなきぞとよ」とて、引きかづきて臥し給ひぬ。兵衛佐、又申しけるは、「幼くより立ち去る方もなくこそ、なれ宮仕へ奉りつるに、[2]かく御心をおかせ給ひけるこそ心うけれ」と、さまざまによもすがらうらみ[c]奉りければ、姫君、理にまけて、「ありし殿上の淵酔に[3]見初めたりし人の、ひたすら穂にあらはれて言ひし事を、[4]聞かざりけれど、[5]この世ならぬ心の中を知らせたりしかば。いかばかり、かくと聞かば歎かむずらむと思ひてぞよ」とのたまへば、「小松殿こそ申させ給ふと聞きしか。さてはその御事にや」とて、兵衛佐、小松殿へ参りて、しかしかの御事なむ申しければ、三位中将、「さる事ありき」とて、忍びていそぎ御車を遣はして、迎へ奉りてけり。

（延慶本『平家物語』による）

問十六 この文章の趣旨はどこにあると考えられるか。その説明として最も適切なものを次の中から一つ選び、解答欄にマークせよ。

イ 人の身体は、世界に空間的広がりをもって存在している。

ロ 神経構成主義は、世界の存在を認めない点でまちがっている。

ハ 自己の脳と他者の脳は互いに互いを表象として構築している。

ニ 人の意識は世界から超越しているのではなく、世界の中にある。

ホ 人は閉じられたシステムによってではなく、相互的な関係によって安定する。

（三）

次の文章を読んで、あとの問いに答えよ。

この北の方と申すは、故中御門の新大納言成親卿の御娘なり。容顔世にこえて、心の優なる事も、世の常にはあり難かりければ、なべての人にみせむ事いたはしく思はれて、「女御・后にも」とぞ父母思ひ給ひける。かく聞こえければ、これを聞く人、「あはれ」と思はぬはなかりけり。法皇、このよし聞こしめして、御色にそめる御心にて、忍びて御書ありけれども、これもよしなしとて、御返事も申させ給はず。

雲井より吹きくる風のはげしくて涙の露のおちまさるかな　（X）

と捉えること。

問十五　傍線部**5**「私が自己の身体を、物体と同じようにケルパーとして把握することができるようになるのは、他者の身体との出会いを介してである」とはどういうことか。その説明として最も適切なものを次の中から一つ選び、解答欄にマークせよ。

イ　人は生物学的・生理学的に閉じられた系だが、それが他者との相互的な応答関係を経て、安定した物体のような存在となること。

ロ　人は新生児模倣によって他者認識を獲得するので、その根底的な相互関係を支えていたライプを特別な物体として把握していること。

ハ　人はライプとして他者と応答する前にすでにケルパーとして他者と応答しており、ライプより先にケルパーを自己として把握すること。

ニ　人は新生児の時に単なるケルパーとしての自己を通して他者を模倣するが、その体験が世界におけるライプとしての自己を形成すること。

ホ　人はケルパーとして他者と相互の関係を構築することを通して、自己の身体を他者にも認識できるモノと同じように空間的広がりをもって世界に存在するのだと把握すること。

ロ　主観身体を脳内だけの現象だとするなら、もともと脚があったこと自体が問題となり得ないから。

ハ　身体が実体ではなく表象でしかないことを幻肢だけで説明したら、身体の肉体としてのあり方を理解できなくなるから。

ニ　幻肢をもともと身体は神経表象であって実体がないのだと説明したなら、身体が世界に埋め込まれていることが認識できなくなるから。

ホ　幻肢における脳内表象を根拠として身体は神経表象だとしたのでは、幻肢の「失われた脚があるように感じる」感覚が説明できなくなるから。

問十四　傍線部**4**「しかし」とあるが、何と何とが逆接の関係にあるのか。その説明として最も適切なものを次の中から一つ選び、解答欄にマークせよ。

イ　新生児模倣を単なる体の反応であると捉えることと、新生児模倣を他者への応答だと捉えること。

ロ　新生児模倣を閉じたシステム内の現象だと捉えることと、新生児模倣をライプの混乱と捉えること。

ハ　新生児模倣を養育者の表情の模倣であると捉えることと、新生児模倣を社会的反応であると捉えること。

ニ　新生児模倣を主観的に経験された世界だと捉えることと、新生児模倣を様々な出来事の一つだと捉えること。

ホ　新生児模倣を自己のライプを介して他者を認識することだと捉えることと、新生児模倣を単なる模倣だ

イ　自己の身体のかゆい場所を他者が脳の内部に閉ざされた表象として指し示すことができることと、他者が私のかゆい位置を物理的刺激を手がかりに特定できること。

ロ　自己の身体は自己のケルパーと表象空間において出会うことが可能であることと、私たちが経験するライプとしての身体とケルパーとしての身体とが一致しないこと。

ハ　神経構成主義の前提を拡大すれば私の脳の表象は他者の脳の表象に出会うことができないという事実と、現実には私の脳は他者の脳をケルパーとして認識してしまうこと。

ニ　神経構成主義の前提を拡大すれば自己のかゆみは自己完結した形でイメージ化されているはずであることと、実際には自己のかゆい位置は自己と他者とで共有されていること。

ホ　神経構成主義の立場に立てば他者は私のかゆい場所を指し示すことができるはずであることと、現実には身体は世界に別々に存在していて自己の身体と他者の身体とは相互関係にないこと。

問十三　傍線部**3**「幻肢を根拠として身体を神経表象に還元する見方は、ケルパーを主観的経験の外部に押しやってしまうため、ライプとケルパーの不一致として認識される幻肢を、かえって認識不可能な現象にしてしまうのである」とあるが、それはなぜか。その理由として最も適切なものを次の中から一つ選び、解答欄にマークせよ。

イ　身体が脳内の表象にすぎないとすると、そもそも幻肢という現象は起きえないことになるから。

するとする見方。

ニ　自己の脳の生み出すイメージと他者の脳が生み出すイメージとが、自己の脳の生み出すイメージにおいて一致するとする見方。

ホ　自己が自己完結した脳のイメージを持つように他者も自己完結した脳のイメージを持つとする、自己も他者もイメージにすぎないとする見方。

(Ⅱ)「主観的に経験される世界を神経表象に還元しようとする見方にとって、もっとも収まりが悪いのは身体である」とあるが、なぜか。その理由として最も適切なものを次の中から一つ選び、解答欄にマークせよ。

イ　ある人の身体が経験していることを他者も知ることができるから。

ロ　身体は主観的に経験されているのに、他者の主観的に取り込まれてしまうから。

ハ　自己と他者はそれぞれの脳で世界を表象化しているが、身体だけは表象にならないから。

ニ　自己の脳内で特定されるかゆい場所が、他者によって物理的に指し示されてしまうから。

ホ　ある人の脳内に生み出された身体表象は、他者の脳内に生み出された身体表象と同じだから。

問十二　傍線部**2**「ところが」とあるが、何と何とが逆接の関係にあるのか。その説明として最も適切なものを次の中から一つ選び、解答欄にマークせよ。

問九　傍線部**a**「カン欠的」と同じ漢字を使う言葉を次の中から選び、解答欄にマークせよ。

イ　カン板　**ロ**　カン性　**ハ**　達カン　**ニ**　カン破　**ホ**　民カン

問十　傍線部**b**「タイ謝」と同じ漢字を使う言葉を次の中から選び、解答欄にマークせよ。

イ　タイ感　**ロ**　応タイ　**ハ**　世ダイ　**ニ**　タイ破　**ホ**　容ダイ

問十一　傍線部**1**「主観的に経験される世界を神経表象に還元しようとする見方にとって、もっとも収まりが悪いのは身体である」について、次の二つの問いに答えよ。

(Ⅰ)「主観的に経験される世界を神経表象に還元しようとする見方」とはどのような「見方」だと思われるか。本文全体を踏まえて考え、最も適切なものを次の中から一つ選び、解答欄にマークせよ。

イ　自己の身体が経験することは、いかに主観的であっても他者の経験と一致するとする見方。

ロ　自己の経験は自己の外部世界に根拠を持たず、すべて脳が創り出したイメージであるとする見方。

ハ　自己のかゆいとイメージする場所と他者が差し示す場所とが一致するように、身体に関する認識は一致

私たちはそれに知らず知らずのうちに何らかの行為で応じてしまう。たまたま電車に乗り合わせた人たち同士でも、私たちはお互い自然に距離を取り、立ち位置や座席間隔を調整し、視線をあまり合わせないようにふるまっている。

哲学者メルロ＝ポンティは、他者の身体を知覚することが自己の身体において何らかの行為やその可能性を誘発し、逆に自己の身体が他者において何らかの行為やその可能性を誘発するような相互的な関係を「間身体性（intercorporéité）」と呼んだ。私たちは、「自己の身体」と「他者の身体」を明示的に区別できるようになる以前から、このような相互的関係を生きているし、個体化された自己の身体を経験できるようになった後も、この関係は身体の根底ではたらき続けている。だから、身体性から出発して自己について考えることは、身体を介して他者について考えることに通じているし、他者について論じることなく自己についての議論は閉じられない。

ライプとして私が経験しているところの自己の身体は、それがケルパーとして私自身に現れるようになる前に、ケルパーとして私の世界に現れる他者の身体と深く絡まり合っている。むしろ、私が自己の身体を、物体と同じようにケルパーとして把握することができるようになるのは、他者の身体との出会いを介してである。その意味で、自己の身体は、たんに自己による主観的な経験の領域に閉じているわけではなく、最初から他者と共有される間主観的な領域で構成される。これはたんに身体の問題ではない。意識が身体化されているという先の論点と合わせて考えるなら、意識は身体を介して、他者と共有される世界へと接続しているということを意味するのである。

（田中彰吾『自己と他者　身体性のパースペクティヴから』による）

的に経験される世界は、たんに「自己」について論じて話が閉じる構造にはなっていない。というのも、私が「私の身体」として経験しているものは、ケルパーとしての側面を介して他者の経験する世界に登場するし、逆もまた同様だからである。誕生して間もない新生児を思い浮かべてみよう。新生児はきっと、寒いとか空腹だとか不快だとか、自己の身体内部に由来するさまざまな出来事を[a]カン欠的に経験している。その一方で、母親や父親のような養育者の身体、とくにその顔に頻繁に出会っている。新生児は、ケルパーとして現れる自己の顔を知るようになるずっと前に、他者の顔に出会うのである。

しかも、そのような場面で新生児模倣が生じる。新生児模倣とは、舌を突き出す、口を開くといったしかたで呈示された大人の表情を新生児が模倣する現象である。模倣といっても、新生児は特定の表情を意図的に模倣するわけではなく、たんに共鳴的に反復しているだけである。[4]しかし、そうであるからこそ、自己の身体（自己のライプ）は他者の身体（他者のケルパー）と最初から絡まり合って経験されているとも言える。新生児は、他者の顔を物体と同じしかたで知覚しているわけではなく、同じ表情を自己の顔に引き起こしうる特別な物体として知覚しているのである。

そう考えると、私が「自己の身体」として経験しているこの身体も、もともときわめて社会的なしかたで構成されているに違いない。生物学的に、あるいは生理学的に見れば、自己の身体は一定の範囲で個体として閉じたシステムを形成している。たとえば[b]タイ謝や免疫といった現象に沿って見れば、身体は安定した個体として機能しているだろう。しかし、知覚と行為を出発点にしてとらえると、身体はつねに他者の身体とのあいだで相互的な関係に置かれている。新生児に限らず、大人になっても、他者の身体が何らかのしかたで知覚できる場面では、

のあった空間に本人はその痛みを定位することができるものの、その空間にはケルパーは存在しないし、他者から見ても痛みの原因になるような何かがそこに存在するわけではない。この現象だけを取り上げると、主観的に感じられる身体の空間性は決して物理的な次元に根拠を持っているわけではなく、たんに脳内で構築されている表象である、さらに言うなら、身体そのものが脳によって生み出された表象であって実体がないのだ、とも言えそうである。実際、神経科学者のヴィラヤヌル・ラマチャンドランは、幻肢に則してその種の考えを明確に示している。

しかし、私たちの経験する身体がもともと脳の生み出した表象でしかないとすると、そもそも最初からそれはケルパーとして空間的広がりを備えていなくてもよいのである。他の物体と同じように空間中に現れる必要がないし、ライプとケルパーが空間的に対応していることそれ自体が、ここでは最初から問題になりえない。3 幻肢を根拠として身体を神経表象に還元する見方は、ケルパーを主観的経験の外部に押しやってしまうため、ライプとケルパーの不一致として認識される幻肢を、かえって認識不可能な現象にしてしまうのである。幻肢が幻肢として認識されるのは、そもそも、脳内の表象に還元されない、四肢の主観的な空間的広がりを、私たちがもともと知っているからに他ならない。

私たちの主観的経験は、脳内だけに収まっているわけではなく、外部の空間へと広がるしかたで受肉している。別の言い方をすると、意識は、脳内に閉ざされているわけでもなく、外界と別の次元にあるわけでもなく、身体化され、世界へと埋め込まれている。

先の場面で、私と友人という二人の人物が登場していたことに留意しておこう。身体性を重視するなら、主観

知覚している私の身体上の一点と、友人が赤い腫れを知覚している私の身体上の一点は、空間中の同じ位置として共有可能なしかたで、それぞれの世界に出現しているのである。

現象学ではしばしば、かゆいと感じる部位を掻く経験のように、知覚と行為を通じて主観的に経験しているところの身体をライプ（Leib 生きられた身体 lived body）、他のさまざまな物体と同じように空間内の一対象として物理的に現れる身体をケルパー（Körper 物理的身体 physical body）として区別する。私が経験している自己の身体そのものがライプとしての側面とケルパーとしての側面を持つが、それらは空間的に別々のしかたで存在するのではなく、重なり合うしかたで存在する。私はかゆみをライプの空間的広がりの一点において感じるが、友人は、ケルパーとして現れている私の身体の一点に、かゆみの原因になる赤い腫れを見出す。そして両者は、空間中の同じ位置に重なり合うのである。

神経構成主義からすると、かゆみや痛みの感覚が生じるのは、脳内に構築される身体表象においてであって、それが脳の外部へと投射されることであたかも脳の外側でそれらの感覚が生じているのかのように感じられる、という説明になる。私たちが経験しているのは基本的にライプであって、ケルパーは投射を通じて再構成されたものでしかない。したがって、ライプとして経験される私の身体の空間性が、ケルパーとして現れる私の身体の空間性と一致するとは限らないことになる。とくに、そのケルパーを他者が知覚する場合には、両者の空間的な一致はまったく保証されない。

ところで、四肢の一部を失った当事者がしばしば経験する「幻肢」の現象は、一見すると神経構成主義の見方を支持する証拠であるように思われるかもしれない。幻肢にはしばしば痛みの感覚がともない、もともと腕や脚

（二）　次の文章を読んで、あとの問いに答えよ。

1 主観的に経験される世界を神経表象に還元しようとする見方にとって、もっとも収まりが悪いのは身体である。自己の身体は、主観的に経験される私の現象空間と、他者が経験している現象空間とが一致する場所に現れるからである。次のような場面を考えてみるといい。あなたは、しばらく前から右肘のあたりにかゆみを感じていて、思わず左手がそこに伸びて掻いている。ところが、かゆみを感じる部位は腕を回してもちょうど見えないので、友人に見てもらった。友人はそこに蚊に刺された跡のような、小さい赤い腫れを見つけ、「ここ？」と言いながら押さえてくれたが、それはまさにあなたが先ほどからかゆみを感じているその場所だった。

神経構成主義の前提を拡大し、他者もまた脳を持つ存在として、物質的世界から受け取った刺激をもとにして構築された世界の表象を保持していると考えてみよう。この場合、私が経験している主観的な世界の表象と同様に、他者の脳もまた、世界についての表象を生み出している。ただし、私が出会うことができるのは、私の世界に現れる他者の表象であって、他者の脳そのものではない。ましてや、他者の脳の内部で構成されている世界像には接近するすべがない。自己の脳と他者の脳はそれぞれ、物質的世界に由来する刺激をもとに、それぞれの世界をそれぞれのしかたで構築しているのであり、別々の世界に閉ざされたしかたで存在することになる。

2 ところが、私の身体は、まさにこうした考え方を否定するしかたで存在する。私がかゆみを主観的に経験している空間的位置と、そのかゆみを生じさせている物理的刺激（虫刺され）の空間的位置は一致している。加えて、物理的刺激が生じている空間的位置は、他者から見ても正確に同じ場所に特定することができる。私がかゆみを

問八　傍線部**6**「テクノロジーから距離を取ることがいかに困難であるか」とあるが、それはなぜか。その理由として本文の説明と**合致しないもの**を次の中から一つ選び、解答欄にマークせよ。

イ　テクノロジーは、人間の科学的な認識の仕方そのものと分かちがたく結びついたものであるため。

ロ　テクノロジーが人間の日常生活に広く浸透しており、その技術がなくなれば生活の利便性が大きく損なわれてしまうため。

ハ　テクノロジーは、対象を作るように理解する科学的な認識の仕方によって生み出されているため。

ニ　テクノロジーが、自然の力のように変化しつつ増え広がり、まわりの世界に深く浸透しているため。

ホ　テクノロジーは、対象を似通った単位に分けたり、組み合わせたりする認識の仕方と不可分な関係をもっているため。

ホ　リアリティを欠いた虚像

問七　傍線部**5**「テクノロジーの根源」とあるが、それは何か。その説明として最も適切なものを次の中から一つ選び、解答欄にマークせよ。

イ　対象を、最小の単位に分解できるようなものとしてとらえ、その単位が自然のどういった対象にも含まれているものとしてとらえること。

ロ　対象を、人間によって変形できる単位のようにとらえ、その単位の多寡によって対象の性質をとらえようとすること。

ハ　対象を、似たような形式の最小単位を組み合わせ、操作することで作り出されるものとしてとらえようとすること。

ニ　対象を、変化しない同一の要素の組み合わせとしてとらえ、その組み合わせを自然そのものの本質ととらえること。

ホ　対象を、数値のような単位の組み合わせや数式によってあらわせるものとしてとらえ、人間に役立つものに変えようとすること。

イ　実験は、ある対象を作りだすプロセスをなぞるような営みであり、それが対象を知るという確信に結びついているものだから。

ロ　実験は、近代においてある対象を知るために科学に取り入れられたものであり、それによって有用なテクノロジーが数多く生まれたから。

ハ　実験は、人間が自然の事象と同じようなものを作ろうとするものであり、それが科学の発展に大きく寄与したものだから。

ニ　実験は、観察する対象を作り出すような営みであり、それが近代における技術の際限のない広がりに結びついていくから。

ホ　実験は、自然の現象を客観的に検証するための行為であり、その検証を通して人間の科学的な確信が生み出されているから。

問六　空欄 B に入る語句として、最も適切なものを次の中から一つ選び、解答欄にマークせよ。

イ　法則に忠実な自然現象

ロ　際限のない不可知の運動体

ハ　増殖を繰り返す自然物

ニ　技術的に制作された人工物

ハ　同床異夢
ニ　同工異曲
ホ　一蓮托生

問四　傍線部**3**「科学はそれ自体がある意味でテクノロジーである」とあるが、なぜそう言えるのか。その理由の説明として最も適切なものを次の中から一つ選び、解答欄にマークせよ。

イ　科学は、自然を客観的に認識することを通して、人間にとって有用なものを作ろうとする営みであるため。
ロ　科学は、テクノロジーを支えている多様な技術を生み出すうえで必要不可欠な知識となっているため。
ハ　科学は、テクノロジーと同じく、人間をとりまく自然を作り変えようとする性質をもっているため。
ニ　科学は、対象をどのように作り出せるのかというとらえかたがその認識の土台となっているため。
ホ　科学は、具体的な技術やテクノロジーの恩恵を人間が受けることによって、はじめてその存在が実感できるものであるため。

問五　傍線部**4**「実験」とあるが、なぜここで「実験」がとりあげられているのか。その理由の説明として最も適切なものを次の中から一つ選び、解答欄にマークせよ。

問二　傍線部**2**「こうした観点」とあるが、それはどういうことか。その説明として最も適切なものを次の中から一つ選び、解答欄にマークせよ。

イ　テクノロジーが、自然環境と人工的な世界とを融合させていく力をもったものとする見方。

ロ　テクノロジーが、人間が生きている自然に影響を与え、その自然を次第に損なっていくものであるとする見方。

ハ　テクノロジーが、自然環境を人間に必要な人工的に作られた環境へと作り変えていくものであるとする見方。

ニ　テクノロジーが、それ自身で動き、広がっていく力によって自ら全体としての調和を作り出していくとする見方。

ホ　テクノロジーが、人間の意図や目的通りに動かすことができない自然の力のように広がっていくものとする見方。

問三　空欄 **A** に入る四字熟語として、最も適切なものを次の中から一つ選び、解答欄にマークせよ。

イ　面従腹背

ロ　二律背反

知るということが、それが何によって構成されているかを知ることである、という思考法から自由にならない限り、私たちは依然としてテクノロジーのもとに従属し続けていることになるからである。

（戸谷洋志・百木漠『漂泊のアーレント　戦場のヨナス』による）

（注）ヨナス…ドイツ出身の哲学者、一九〇三年～一九九三年。
アーレント…ドイツ出身の哲学者、一九〇六年～一九七五年。大学生時代から長くヨナスと交流があった。

問一　傍線部**1**「こうした特性」とあるが、それはどういうことか。その説明として最も適切なものを次の中から一つ選び、解答欄にマークせよ。

イ　自然の中の不調和を絶えず調整していこうとする性質。
ロ　全体として調和している状態と、それを乱す状態との間を揺れ動く性質。
ハ　生きているかのようにそれ自体で勝手に増えていくような性質。
ニ　全体としての調和を乱そうとする動きが、際限なく続いていく性質。
ホ　どこまでも際限のない運動を続けていこうとする性質。

を有している。応用は近代科学の理論モデル像それ自体に付随している操作的な様相によってのみ可能である。事物がその諸要素からどのように構成されているかが示されれば、それによって、そのような諸要素から事物がどのように構成されうるかも、原則的に示されている。制作は、本質的には産出とは異なって、前もって存在している素材を組みあわせること、あるいは前もって存在している部品を組み換えることである。これと同様に、科学的認識も本質的には分布の分析、すなわち諸要素が関係しあっている諸条件の分析であって、その諸要素それ自体の本質を把握するという課題に煩わされはしない。諸要素が何であるかではなく、諸要素がそのような特殊な諸条件のもとで、すなわちその関係の組み合わせにおいてどのように振る舞うか——それが科学の追究しうる主題であり、追究すべき主題なのである。

ヨナスは、アーレントと同様に、自然科学における真理の探究を、自然現象が何であるかを問うものとしてではなく、「その関係の組み合わせにおいてどのように振る舞うか」を問うものとして解釈している。そのとき、自然現象はあたかも「制作」されたものであるかのように解釈されるのであり、そうした解釈に基づいて、あらゆる自然が技術的な操作の対象として準備されるのだ。

この二人の立場は、テクノロジーが発動する局面を、テクノロジーの生産物の制作だけに限定せず、科学的な認識の局面にまで遡行させるものである。そしてそれは現代社会に生きる人間にとって 6 テクノロジーから距離を取ることがいかに困難であるかをも示している。単に製品や機械の使用を止めたり、それらを処分したりしても、テクノロジーから離れることはできない。私たちが、現在の科学的な認識を放棄しない限り、すなわち、何かを

に答えるものになる。そこで問われているのは、自然現象がどのような要素の組み合わせによって成り立ち、どのような法則によってそうした組み合わせが説明されるのか、ということでしかない。そしてその組み合わせや法則性は人間が実験によって再現できるものでなければならない。したがって、自然科学が対象とする宇宙は、それ自体があたかも［B］であるかのように説明される。アーレントによれば、「現代科学が扱っている宇宙というのは、実験のなかに現れる自然の行動にあわせて解釈され、作業場のリアリティに技術的に翻訳できる原理そのものにあわせて解釈されている」。すなわち、この宇宙は人間の制作能力によって条件づけられ、それを超えるものではない、ということになる。

　ヨナスもまた、アーレントと同様に、科学において宇宙全体が技術的なものとして解釈される、と指摘している。ヨナスによれば、自然科学を特徴づけている方法は「分析」である。分析とは、ある自然現象を、それよりも低次の自然現象の複合へと還元していく方法である。こうした方法が科学に適用されるとき、その背景では、あらゆる自然現象が最小の物質によって構成されている、という自然像が前提にされていなければならない。こうした自然像は、「作用をおよぼしている自然をもっとも単純な力学的諸要素として捉える」ものであり、「これらの要素は、方程式に代入され、結びつけられ、変形されうるような、同じ形式の量的な数値によって表現される」。ヨナスはこうした自然現象の最小の物質への分析を「自然の根源的な存在論的還元」と表現し、ここにテクノロジーの根源が示されていると解釈する。

〔自然現象に対する〕存在論的分析は、実際のあらゆる応用に先立って、それ自体でテクノロジー的な含意

ジーが前提としている世界観を描き出していく。

アーレントによれば、テクノロジーを生み出した近代の特徴の一つは、科学の中に4実験が取り入れられた、ということである。実験とは、人間が自然の事象を模倣し、実験室のなかでそうした事象を再現することである。実験による再現の可能性が科学的認識の妥当性の条件である以上、科学的な認識は人間が制作可能なものでなければならない。それが意味しているのは、人間の知りうることが、人間に作ることのできるものと等しくなる、ということである。アーレントは次のように述べる。

> 実験とは、観察さるべき現象を作り出すことであり、したがって、そもそもの最初から人間の生産的能力に依存している。知識を得るために実験を用いるということは、すでに、人間は自分自身が作るものだけを知ることができると信じていればこそである。この確信は、人間が作らなかった物についても、それらの物が生じてきた過程を突き止め、模倣すれば、それらの物について知ることができる、ということを意味していたのである。よく議論されたことであるが、科学の歴史における重点が、あるものが「なに」であり、「なぜ」あるのかという古い問題から、それが「いかに」生じたかという新しい問題に移動したのは、このような確信の直接的結果であり、したがって、その回答はただ実験においてのみ発見できるのである。実験は、あたかも人間自身が自然の対象物を作ろうとしているかのように、自然過程を繰り返す。

ここで述べられているとおり、実験によって得られる知識は、自然現象が「『いかに』生じたか」という問い

服従していたように、服従している」のである。

　テクノロジーが自然と化している――そうアーレントとヨナスが言うとき、二人が念頭に置いている「自然」とは、美しく調和の取れた自然などではない。それはむしろ、人間にはコントロールできず、一旦運動が始まったら制御することが不可能であり、際限なくどこまでも増殖していく、理不尽で荒々しい必然性の力に他ならない。

　テクノロジーの定義として一般に語られるのは、テクノロジーとは科学を応用した技術である、というものだ。テクノロジーが科学と［A］であることは疑いえない。しかし、この一般的な理解には問題がある。というのもそれは、あたかも科学とテクノロジーが明確に切り離され、科学がテクノロジーを必要とせずに成立しうるかのように解釈されうるからだ。しかし、アーレントとヨナスはこうした解釈を拒絶し、科学もまたテクノロジーによって支えられている、というよりもむしろ、科学とテクノロジーを区別すること自体が不可能であり、3科学はそれ自体がある意味でテクノロジーである、という立場を取る。

　テクノロジーが何かを作る営みだとしたら、科学は何かを認識する営みである。両者が一致しているのだとしたら、それは「作ること」が「知ること」と同一視され、認識の対象が制作の対象になる、ということを意味している。科学が認識の対象とするのはすべての自然現象だ。そうである以上、科学が同時に技術であるのだとしたら、すべての自然現象が制作の対象であり、存在するすべてのものが技術的操作の対象である、ということになる。では、そのとき科学＝技術によって処理されうるように用立てられた存在とは何を意味しているのだろうか。二人はそうした観点から、個別の生産物に注目するのではなく、その背景にある存在論に遡って、テクノロ

アーレントはテクノロジーの本質的な特徴を「オートメーション」のうちに洞察する。テクノロジーにおいて生産物の制作は新しい生産物の制作を要請するのであり、進歩はテクノロジーの自己運動によって規定されている。こうした、「自分で動き、したがって意図的で目的を持った介入の範囲外にあるすべての運動過程」が、テクノロジーの持つオートメーションとしての性格に他ならない。

アーレントによれば、こうした性格はむしろ自然の事物のうちに見出されるものである。そうである以上、テクノロジーとは自然の力のごときものなのであり、テクノロジーが社会に蔓延していくという事態は、自然が世界を侵食する過程として理解されうる。2こうした観点から、「今日のテクノロジーは自然力を人間の工作物の世界に流し込むことによって成り立っている」と、アーレントは述べている。

一方、ヨナスもまたテクノロジーのうちにある種の自然性を洞察している。ヨナスによれば、テクノロジーの進歩における「相互的なフィードバックの仕組みによって、理論〈科学〉はある新しい必然性の領域を現実にもたらした」のであり、その必然性とは、「理論が人間をその必然性から解放するはずだった第一の自然に代わる第二の自然である」。第一の自然とは、人間が科学的な認識を得る前の状態であり、この状態において人間は生物学的な条件に拘束され、その盲目的な必然性に従属していた。これに対して、「理論」＝科学はそうした条件から人間を解放し、普遍的な認識を得ることを促し、それによって人間を自由にするはずだった。しかし、「理論」はやがて技術と癒合してテクノロジーになったのである。前述のとおり、テクノロジーは無限に進歩しようとするのであり、その最中において人間には進歩を停止させるという選択肢などない。つまり、理論は再び人間の自由を否定する必然性と化したのである。ヨナスによれば「この第二の自然に対して、人間は根源的な自然に

国語

▲A方式▼

（九〇分）

（一）　次の文章を読んで、あとの問いに答えよ。

ヨナスによれば、テクノロジーは問題を解決したり全体を調和させたりするものではなく、むしろ、全体に対して絶え間なく不調和を引き起こすものである。その不調和を調整すること自体が、テクノロジーの進歩の燃料になる。しかしその「フィードバック」もまた新たな不調和を引き起こす。そうして無限に自己増殖していく点にヨナスはテクノロジーの本質を洞察している。

こうしたテクノロジーの際限のない自己増殖は、あたかも苔が地面を覆い尽くし、キノコが所狭しと群生していく様子にも似ている。実際に、アーレントもヨナスも[1]こうした特性を持つテクノロジーを一つの「自然」として解釈している。

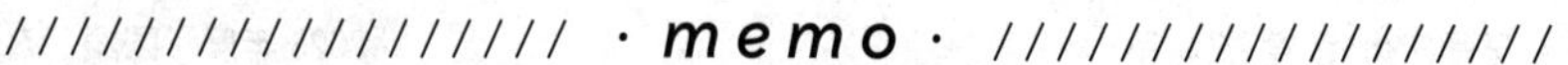

2022年度

問題編

■一般選抜：文科系（A方式）

問題編

▶試験科目・配点

教　科	科　目	配　点
外国語	「コミュニケーション英語Ⅰ・Ⅱ・Ⅲ，英語表現Ⅰ・Ⅱ」，ドイツ語，フランス語のうちから１科目選択	50 点
地歴・公民	日本史Ｂ，世界史Ｂ，地理Ｂ，政治・経済のうちから１科目選択	50 点
国　語	国語総合，現代文Ｂ，古典Ｂ	50 点

▶備　考

- 教育学科初等教育学専攻，複合文化学科志願者は，文科系（Ａ方式）または理科系（Ｂ方式）のどちらかを選択する。
- 英語英文学科志願者は，外国語において必ず英語を選択しなければならない。
- 英語英文学科・複合文化学科受験者の外国語，国語国文学科受験者の国語の得点は調整後の得点を 1.5 倍する。
- すべての教科で合格基準点（非公表）を設けている。基準点に満たない教科がある場合は，合計点が合格最低点を超えていても不合格となる。また，上記に加え，国語国文学科は国語，英語英文学科は英語の合格基準点（当該学科の全受験者の平均点）も設けている。
- 英語以外の外国語は省略。

英語

(90分)

I Read this article and answer the questions below.

[1] In 1871, Charles Darwin tackled "the highest and most interesting problem for the naturalist ... the descent of man." Challenging the status quo, Darwin deployed natural and sexual selection, and his recently adopted "survival of the fittest," producing scenarios for the emergence of humankind. He explored evolutionary histories, anatomy, mental abilities, cultural capacities, race, and sex differences. Some conclusions were innovative and insightful. His recognition that differences between humans and other animals were of degree, not of kind, was trailblazing. His focus on cooperation, social learning, and cumulative culture remains core to human evolutionary studies. However, some of Darwin's other assertions were dismally, and dangerously, wrong. "Descent" is a text from which to learn, but not to venerate.

[2] Darwin saw humans as part of the natural world, animals that evolved (descended) from ancestral primates according to processes and patterns similar for all life. For Darwin, to know the human body and mind, we must know other animals and their (and our) descent with modification across lineages and time. But despite these ideal frames and some innovative inferences, "Descent" is often problematic, prejudiced, and injurious. Darwin thought he was relying on data, objectivity, and scientific thinking in describing human evolutionary outcomes. But for much of the book, he was not. "Descent," like so many of the scientific tomes of Darwin's day, offers a racist and sexist view of humanity.

[3] Darwin portrayed Indigenous peoples of the Americas and Australia as less than Europeans in capacity and behavior. Peoples of the African continent were consistently referred to as cognitively depauperate, less capable, and of a lower rank than other races. These assertions are [A] because in "Descent" Darwin offered refutation of natural selection as the process differentiating races, noting that traits used to characterize them appeared nonfunctional relative to capacity for success. As a scientist this should have given him pause, yet he still, baselessly, asserted evolutionary differences between races. He went beyond simple racial rankings, offering justification of empire and colonialism, and genocide, through "survival of the fittest." This too is [B] given Darwin's robust stance against slavery.

[4] In "Descent," Darwin identified women as less capable than (White) men, often akin to the "lower races." He described man as more courageous, energetic, inventive, and intelligent, invoking natural and sexual selection as justification, despite the lack of concrete data and biological assessment. His adamant assertions about the centrality of male agency and the passivity of the female in evolutionary processes, for humans and across the animal world, resonate with both Victorian and contemporary misogyny.

[5] In Darwin's own life he learned from (1) <u>an African-descendant South American naturalist, John Edmonstone in Edinburgh, and experienced substantive relations with the Fuegians aboard the HMS Beagle</u>. His daughter Henrietta was a key editor of "Descent." Darwin was a perceptive scientist whose views on race and sex should have been more influenced by data and his own lived experience. But Darwin's racist and sexist beliefs, echoing the views of scientific colleagues and his society, were powerful mediators of his perception of reality.

[6] Today, students are taught Darwin as the "father of evolutionary theory," a genius scientist. They should also be taught

Darwin as an English man with injurious and unfounded prejudices that warped his view of data and experience. Racists, sexists, and white supremacists, some of them academics, use concepts and statements "validated" by their presence in "Descent" as support for erroneous beliefs, and the public accepts much of it uncritically.

[7] "The Descent of Man" is one of the most influential books in the history of human evolutionary science. We can acknowledge Darwin for key insights but must push against his unfounded and harmful assertions. Reflecting on "Descent" today one can look to data demonstrating unequivocally that race is not a valid description of human biological variation, that there is no biological coherence to "male" and "female" brains or any simplicity in biological patterns related to gender and sex, and that "survival of the fittest" does not accurately represent the dynamics of evolutionary processes. The scientific community can reject the legacy of bias and harm in the evolutionary sciences by recognizing, and acting on, the need for diverse voices and making inclusive practices central to evolutionary inquiry. In the end, learning from "Descent" illuminates the highest and most interesting problem for human evolutionary studies today: moving toward an evolutionary science of humans instead of "man."

1. How can we describe the relationship between paragraphs [1] and [2]?
   a. Paragraph 2 provides additional evidence to support the argument in the previous paragraph.
   b. Paragraph 2 contrasts with the previous paragraph.
   c. Paragraph 2 discusses a different topic from the previous paragraph.
   d. Paragraph 2 deepens the discussion provided in the previous paragraph.

2. Both [　A　] and [　B　] can best be filled by

出典追記："The Descent of Man," 150 years on, Science Magazine Vol. 372, Issue 6544

a. confounding
b. cumulative
c. appealing
d. influential

3. The author mentions the people in underline (1) to indicate that
a. Darwin's relations with these people formed the grounds for his evolutionary theory.
b. Darwin held a racist and sexist view toward these people based on personal experiences with them.
c. Darwin had biased views about race and sex even though he had close relationships with these people.
d. Darwin wrote his most important work together with these people.

4. What does the author think about Charles Darwin and his theory of evolution?
a. Looking more closely at his unfounded and harmful assertions, we can recognize Darwin's view of scientific data and experience.
b. Respecting Darwin's contributions to science, we should also recognize the prejudice and danger in his evolutionary theory.
c. By learning more about "The Descent of Man," we can develop our understanding of the biological traits of males and females.
d. Based on the idea of "survival of the fittest," we should critically reconsider the importance of human evolution.

5. According to the author, Darwin's view toward women is
a. naïve
b. discriminatory
c. subtle
d. obsessive

6. According to the article, which of the following statements is true?
a. Most of Darwin's analyses of humans and other animals have been scientifically proven wrong.
b. The theories of "survival of the fittest" and "natural selection" should be treated separately.
c. Darwin's ideas about men and women reflect the era's gender

stereotypes.

d. Students should learn more about racists, sexists, and white supremacists.

7. Which **TWO** of the following statements are **NOT** in line with the content of the article?

a. Darwin's gender bias should be acknowledged together with his contributions to science.

b. Darwin's theory of evolution affects present-day notions of the struggle for existence in Europe.

c. Darwin's ideas contain numerous controversial aspects of which many people are unaware.

d. Darwin abandoned his theory of natural selection because of counterevidence from racial differences.

e. Darwin believed that there were differences in the mental abilities of Europeans and non-Europeans.

8. Based on the passage, how does the author believe Darwin should be treated?

a. We should reject Darwin's ideas to better understand human evolution.

b. Darwin should be acknowledged as a pioneer of gender and racial equality.

c. We should present Darwin in light of both positive and negative aspects of his theories.

d. Darwin should be excluded from textbooks for his sexist and racist views.

9. It can be reasonably inferred that the article is written from the perspective of someone who is

a. a renowned social scientist making a field report.

b. a participant in a recent debate in the field of anthropology.

c. a psychologist looking at racial and gender differences.

d. a legal activist for scholars' right of free speech.

10. Which of the following is **NOT** a good example of the kind of

research the author would support?

a. Research that focuses on the role that women played in human evolution.

b. Research that further exposes how Darwin's ideas were used to justify colonialism.

c. Research that uses genetic tests to identify racial superiority.

d. Research that questions the dual nature of sex differences.

II Read this article and answer the questions below.

[1] Who took care of the first baby? The trouble with this extremely good question is that it presupposes we know facts we do not actually know. Or, as Tim White, a helpful and not-at-all sardonic paleoanthropologist at the University of California, Berkeley, put it, (1)"Good luck finding the first baby!"

[2] His point is that the chain of evolution is long and has no clear beginning. It's easy to look at the fossil record and sort what you find into categories of "human" and "not human," but that comes from the vantage point of hindsight. (And even that categorization isn't really all that easy. But we'll get to that later.)

[3] (2)In the moment nobody would have known any specific baby was the first human. There was never a day when an ape-like Lucy the Australopithecus gave birth to a human baby and everybody was like, (3)"Whoa! What the heck is up with THAT kid!?" (Translated from the original Australopithecine) There wasn't even a moment when our more closely related immediate ancestors, Homo erectus, were standing around staring at a Homo sapiens baby. Instead, it's more like when you spot the first buds on trees ... and then look around one day and realize spring is in full bloom. It didn't happen overnight. There was a slow, gradual change.

[4] The job of sorting living things into separate tidy categories is simultaneously valuable science ... and also kind of (4)a load of pure

applesauce. The idea of "species"(5) originally came from a time before the theory of evolution had been pieced together. Carl Linnaeus and the other European protoscientists believed that the Christian God had created animals, plants, and humans in their current forms — each species clearly distinct from one another.

[5] But taxonomy, like the things it classifies, has evolved. Part of that evolution is the recognition that the boundaries between species are actually pretty messy. The ways we visually identify a species aren't fixed — over a few generations, animals will change behavior and appearance if they move somewhere new or if the places where they live change. When that happens, are they still the same species?

[6] Likewise, in school, you may have learned that different species can't produce viable offspring together. And, yet, animals of different species are often able to interbreed. (Consider the liger.)

[7] "[A] classification doesn't reflect [B] evolution, it just can't be done," White said.

[8] And if classifying living, breathing animals into clear and obvious species is that complicated, imagine trying to do it with the fossil record, where you may have only a couple of incomplete specimens of any given possible species. To take one tiny group of fossils and compare them with another and decide, yeah, we all pretty much agree those are two different species "can sometimes take decades of uncertainty and debate," said paleoanthropologist Rick Potts, who heads the Human Origins Program at the Smithsonian Institution.

[9] In general, he told me, scientists distinguish between Homo sapiens and the not-quite humans who came before based on features like a rounded skull, "as opposed to something that looks longer and more drawn-out, with a low forehead," Potts said. He also characterized Homo sapiens as having a distinctly small face that sits almost completely beneath the part of the skull that holds our brains.

"Early humans, the face looks hafted onto the front of the brain case. It sticks out," he said.

[10] But these distinctions don't always make it easy to decide what is a modern human and what isn't. Take, for example, the 259,000-year-old fossil remains found at the Florisbad site in South Africa. This partial skull is among the examples that vie for the title "world's oldest human remains," but whether it's truly human or proto-human depends on context we just don't have, Potts said.

[11] The skull is round, as you'd expect for a Homo sapiens, but it's also thicker than our skulls typically are. For the most part it's got characteristics that are clearly Homo sapiens, but it's also got a few others you'd associate with older species. If we had a bunch of skulls from that site, we would have a clearer picture of what was going on, Potts said. We could see whether this was a group of particularly early Homo sapiens or one individual in a group of proto-humans who just happened to be a little more on the human side. But there's just the one skull. So the scientists keep arguing about it.

[12] Whoever the first baby was, somebody did take care of it. Evolutionarily, somebody had to, because modern human babies require more care, for longer periods of time (and probably by more people) than ancestral apes' babies did. Three million years ago, those ancestors grew up much faster than we do today. Examination of layers of enamel in fossil teeth shows that early hominids were getting their first molar at age 3, twice as fast as us. Modern humans grow up more slowly because the development of our large, complex brain takes lots of energy, Potts said. "Brains are really expensive. We grow up slowly, and it takes a long time for that brain to mature."

[13] And as our species developed, so did the rituals and culture we placed around caring for babies — and losing them.

[14] Just last week, the journal *Nature* published a paper documenting the oldest known human burial on the continent of

Africa. Found under an overhang in a cave in Kenya, the grave pit contained the bones of a 2- or 3-year-old child who lived some 78,000 years ago. Unambiguously Homo sapiens, the child was also (6) unambiguously cared for. The positioning of the bones suggests that the body had been wrapped tightly in a shroud and laid on its side, its head on a pillow.

[15] That kind of elaborate caring behavior and the whole concept of human babies existing are inextricably linked together. As brains got bigger, babies needed more, and their ever-larger-brained parents had more creativity to fulfill those needs. You're [C]. The change was too gradual for that. But the process of creating a fully human baby also created fully human caregivers.

[16] "To that child's mother and father, it was their baby," White said. "And it died."

1. Why did Tim White say underline (1)?
   a. Because it was an extremely good question.
   b. Because, although willing to help, he could not do the research himself.
   c. Because he was skeptical about the chances of success.
   d. Because he thinks we should take the vantage point of hindsight.

2. Underline (2) can best be replaced by
   a. At this current time
   b. When the time was right
   c. At that point in time
   d. In no time at all

3. Why did the author add that underline (3) was translated from the Australopithecine language?
   a. To provide additional information
   b. To add a humorous flavor to the text
   c. To avoid any possible misunderstanding about the language

出典追記：Who Took Care Of The First Baby?, FiveThirtyEight on May 11, 2021 by Maggie Koerth

that Lucy spoke

d. To strengthen the force of the argument made about Lucy

4. What is the meaning of underline (4)?

a. a bunch of nonsense

b. a lot of good science

c. a well-formed recipe

d. an important discovery

5. Why did the author put the word "species" in underline (5) between quotation marks?

a. Species is not a word that most people know.

b. The idea of a species has changed since the term was coined.

c. Babies are a different species of human and need care.

d. Human beings are special species compared to other animals.

6. [A] and [B] can best be filled by

a. [A] Dynamic [B] flexible

b. [A] Static [B] rigid

c. [A] Rigid [B] dynamic

d. [A] Flexible [B] static

7. Which sentence best summarizes paragraph [9]?

a. Early humans and pre-humans had different skull features.

b. Humans with larger faces are more closely related to pre-humans.

c. Homo sapiens faces protrude noticeably forwards.

d. The rounded homo sapiens skull is the cause of our smaller faces.

8. Which of the following words **CANNOT** replace underline (6)?

a. definitely **b.** obviously

c. unimaginably **d.** unquestionably

9. Use the eight choices below to fill in [C] in the best way. Indicate your choices for the **THIRD** and **SIXTH** positions.

a. find **b.** a human **c.** never

d. nonhuman e. with f. going to
g. baby h. parents

10. Which of the following statements is in line with the content of the article?
   a. Scientists associate relatively low foreheads with more complex brains.
   b. An increase in human brain size increased the demand for caregiving.
   c. Human skulls gradually became thicker due to a growth in size of the human brain.
   d. Layers of enamel in fossil teeth form evidence for greater childcare capacity.

III Read this article and answer the questions below.

[1] After Britt Wray married in 2017, she and her husband began discussing whether or not they were going to have children. The conversation quickly turned to climate change and to the planet those children might inherit.

[2] "It was very, very heavy," said Dr. Wray, now a postdoctoral fellow at Stanford University and the London School of Hygiene and Tropical Medicine. "I wasn't expecting it." She said she became sad and stressed, crying when she read new climate reports or heard activists speak.

[3] Jennifer Atkinson, an associate professor of environmental humanities at the University of Washington, Bothell, became depressed after students told her they couldn't sleep because they feared social collapse or mass extinction.

[4] There are different terms for what the two women experienced, including eco-anxiety and climate grief, and Dr. Wray calls it eco-distress. "It's not just anxiety that shows up when we're waking up to the climate crisis," she said. "It's dread, it's grief, it's

fear."

[5] It's also not unusual. Over the past five years, according to researchers at Yale University and George Mason University, the number of Americans who are "very worried" about climate change has more than doubled, to 26 percent. In 2020, an American Psychiatric Association poll found that more than half of Americans are concerned about climate change's effect on their mental health.

[6] Dr. Lise Van Susteren, a psychiatrist based in Washington, D. C., and co-founder of the Climate Psychiatry Alliance, an organization building a directory of climate-aware therapists, said she had "absolutely" seen a surge in patients seeking help with climate anxiety in recent years.

[7] But as the prevalence of climate anxiety has grown, so has the number of people working to alleviate it, both for themselves and those around them.

[8] Dr. Wray, for example, who holds a Ph. D. in science communication, began reading everything she could about anxiety and climate change, eventually shifting her own research to focus on it entirely. She shares her findings and coping techniques in a weekly newsletter, *Gen Dread*, with more than 2,000 subscribers. In the spring of 2022, she plans to publish a book on the topic.

[9] "My overall goal is to help people feel less alone," Dr. Wray said. "We need to restore ourselves so we don't burn out and know how to be in this crisis for the long haul that it is."

[10] Dr. Atkinson, in hopes of assuaging her feelings and those of her students, designed a seminar on eco-grief and climate anxiety.

[11] Eco-distress can manifest in a range of ways, from anguish over what the future will hold to extreme guilt over individual purchases and behaviors, according to Dr. Van Susteren. Though its symptoms sometimes mirror those of clinical anxiety, she said she saw eco-distress as a reasonable reaction to scientific facts — one that, in mild cases, should be addressed but not pathologized. (In cases of

extreme anxiety, Dr. Van Susteren said it was important to seek professional help.)

[12] For many Americans, counseling for climate distress is relatively [A]. In some communities, however, especially in less wealthy countries, it may seem more like a rare privilege.

[13] Kritee, a senior climate scientist at the Environmental Defense Fund, has feet in (1)both worlds. Based in Boulder, Colorado, Dr. Kritee (she has a single name) leads workshops and retreats for people experiencing climate grief. She also works with farmers in India whose livelihoods are directly threatened by the extreme droughts and floods that come with climate change.

[14] Dr. Kritee, who has a doctorate in biochemistry and microbiology, said she believed people of all backgrounds should process their feelings about climate change. She makes her services affordable through scholarships, scaled payments and donation-based classes. Some of her sessions are open only to people of color, who are often on the front lines of climate change, and whose ecological grief, she said, is often compounded by racial trauma.

[15] Regarding the white and affluent, who most likely will not feel climate change's worst effects, Dr. Kritee said it was crucial they confront their grief, too. In doing so, she said, they can begin to contemplate questions like, "If I am hurting so much, what is happening to people who are less privileged?"

[16] Some of her past workshop participants have been inspired to make lifestyle changes or volunteer for environmental campaigns, choices that could, when undertaken collectively, benefit the planet as a whole. "We cannot encourage people to take radical action without giving them tools to express their anger and grief and fear," Dr. Kritee said.

[17] Sherrie Bedonie, a social worker and co-founder of the Native American Counseling and Healing Collective, a group practice owned by four Native American women, shared that view. While her clients

don't use terms like eco-anxiety, Ms. Bedonie said Native people were "always grieving" the loss of their land and culture and encourages her clients to face their feelings. "If people aren't ready or they run from grief, it'll continue to haunt them," she said.

[18] As for non-Native people, Ms. Bedonie said she hoped part of their grieving process would be acknowledging past and present traumas inflicted upon Indigenous communities. Then, she said, we'll be able to "come together" and "(2) start the healing process of Mother Earth."

[19] And that's what people dealing with climate grief generally underscore: that grief for the planet shouldn't be buried. In fact, when processed communally, it might actually be a potent weapon.

[20] "What's really important is we start normalizing this," Dr. Wray said. "Not only to help people who are dealing with this very [B] distress, but also because allowing those transformations to happen is hugely energizing for [C] climate movement."

[21] According to Dr. Wray, the growing number of people worried about climate change could be the catalyst for its solution — so much so, that she and her husband have decided to try for a baby. "As soon as we're not alone in these feelings anymore," she said, "it's not nearly as bad."

[22] Science backs her up: Studies suggest that social support can provide resilience to stress and that feelings of belonging can increase motivation.

[23] Dr. Atkinson, too, said she thought her seminar's greatest value has been its ability to connect like-minded people. As she put it: "Who wants to stand up and fight the system when they feel like they're doing it alone?"

[24] Over the years, however, her views on eco-distress have changed. "Our anger comes from a desire for justice, our grief arises from compassion," she said. "If we got rid of those feelings, we'd lose the whole motivation to stay in this fight. So that's been the real

surprise: The thing I wanted to overcome turned out to be a kind of superpower."

1. Which of the following is **NOT** mentioned as an example of eco-anxiety?
   a. Lack of sleep due to anxiety about social collapse and mass extinction
   b. Taking part in a tree-planting program due to worry about severe deforestation
   c. Becoming sorrowful and depressed when hearing climate reports or activist warnings
   d. Fearing climate change and the future of the earth where one's children will live
2. Which of the following is the best summary of paragraphs [5] through [8]?
   a. As climate anxiety has been widely prevalent, famous universities have played important roles in extending help to anxious people.
   b. As climate anxiety has been widely prevalent, people have started to look out for themselves first.
   c. As climate anxiety has been widely prevalent, academic publications have been regarded as important sources of correct information.
   d. As climate anxiety has been widely prevalent, people have begun to work to decrease the anxiety about climate issues.
3. [A] can best be filled by
   a. unavailable **b.** extravagant
   c. accessible **d.** expensive
4. Underline (1) refers to which **TWO** of the following?
   a. biochemistry and microbiology
   b. different types of communities
   c. workshops and retreats for patients

d. the United States and India

5. Which of the following is **NOT** appropriate for the description of Dr. Kritee's workshops?

a. Her workshops enable individuals to share their thoughts and feelings regardless of their different backgrounds.

b. Her workshops enable wealthy people to recognize how their lives are increasingly subject to environmental problems.

c. Her workshops enable individuals to express their negative emotions without taking action.

d. Her workshops enable people of color to notice that their ecological disturbance is intertwined with racial trauma.

6. In underline (2), Ms. Bedonie expresses that

a. we should know that Indigenous people always suffer distinctive problems that others cannot understand.

b. we should understand that people of different backgrounds need to work together while embracing a traditional sentiment.

c. we should save the natural environment because the earth is essentially important for Indigenous people like a mother.

d. we should coin a new term instead of "eco-anxiety" because it is not suitable for Indigenous people and their background.

7. [B] and [C] can best be filled by

a. [B] reasonable [C] actionable

b. [B] reasonable [C] irrational

c. [B] irrational [C] actionable

d. [B] irrational [C] reasonable

8. Which of the following is **NOT** mentioned in paragraphs [21] through [24]?

a. Dr. Atkinson's workshop can connect similarly oriented people.

b. Scientific studies can increase people's feelings of belonging.

c. People's anxiety can turn into a prescription to cope with it.

d. Negative feelings can incite people to fight against the problem.

9. The author believes the most important way to confront eco-anxiety is to
   a. consult a doctor when feeling extreme anxiety about climate issues.
   b. solve economic disparity and racial discrimination through taxation programs.
   c. share people's anxieties and let them feel more connected to take action.
   d. convert one's anxiety into joy and hope for climate change success.

10. Which of the statements about scientists/activists is true?
   a. Ms. Bedonie believes that too much grief over the earth should be avoided because it hinders interracial understandings of the environmental distress.
   b. Dr. Kritee emphasizes the importance of sympathy for the less fortunate in her workshops in the first world.
   c. Dr. Atkinson can ease her students' anxiety about the future of the earth because she teaches them how to endure eco-distress without outside assistance.
   d. Dr. Wray and her husband have given up having children because their future will be less hopeful in a racially diverse society.

IV Read passages 1 and 2 and answer the questions below.

Passage 1

5 Reasons to Support Affirmative Action in College Admission

For much of American history, elite colleges and universities were largely reserved for wealthy, predominantly white Americans. Only in the 20th century did these institutions begin to actively prioritize diversity and expand access by adopting tools such as affirmative action — the narrowly tailored practice of considering race and ethnicity as part of a holistic evaluation of a student's application. Affirmative action is one of the best tools colleges and universities have to promote diversity and ensure that those who are (1)<u>otherwise</u> shut out of the American postsecondary system have a chance to earn a quality degree*.

While the U.S. Supreme Court has repeatedly upheld the use of race in admissions, some groups continue to undermine access for students of color. (A)<u>These forces have found a strong ally in the Trump administration, which has leveraged the might of the federal government to threaten affirmative action</u>. After failing to demonstrate that affirmative action hurts white students, they have changed tactics and began to promote the myth that helping some students of color access education results in (2)<u>discrimination against well-qualified Asian American students</u>. This harmful myth perpetuates inaccurate narratives of homogeneity in Asian American communities; disregards significant socio-economic differences between ethnicities; and ignores the stark intraracial disparities affirmative action helps to alleviate. (B)<u>This tactic is not new; groups and individuals that seek to preserve unfair systems have long attempted to sow division in communities of color</u>.

Despite their efforts to impede the nation's progress toward educational equity and pit communities of color against each other, leading civil rights groups continue to defend the use of affirmative action, and research continues to demonstrate its need. Race-conscious admissions practices remain necessary in the fight for racial equity in higher education. In this column, we explore five reasons to support affirmative action in college admissions.

Table 1. Five reasons to support affirmative action in college admissions

1. Students of color remain underrepresented on college campuses
2. Prioritizing diversity benefits students of all races
3. Affirmative action in education promotes diversity in ways a focus on income alone cannot
4. Affirmative action helps colleges take steps toward greater equity in admissions
5. Affirmative action helps promote social mobility

(C) For decades, elite colleges and universities closed their doors to students of color. As a result, students of color remain vastly underrepresented at the country's top-tier institutions. Affirmative action combats the effects of this discrimination by allowing colleges and universities to be more intentional in the ways they evaluate applicants. Put simply, affirmative action ensures colleges and universities provide opportunity to those historically shut out of the system because of their race, ethnicity, income, or identity. For this reason, (D) it is critically important that policymakers and legislators work to protect the use of race-conscious admissions policies across the country. If not, inequality will continue to persist, and the American higher education system will fail to serve those that could benefit the most.

注 degree 学位

Passage 2

Affirmative action opponents ask Supreme Court to hear case over Harvard's policy

I. Opponents of affirmative action asked the Supreme Court on Thursday to use their case against Harvard to overrule precedent that has long allowed consideration of race in admissions and particularly enhanced opportunities for Black and Hispanic students.

Ⅱ. The challengers claim that as Harvard College favors certain minority students, it unlawfully discriminates against Asian Americans by stereotyping them and limiting their numbers in the first-year class.

Ⅲ. If the justices agree to hear the dispute, Students for Fair Admissions v. Harvard, it will set up a major confrontation over university practices first endorsed by the high court in 1978 and affirmed in 2003. (3)The challengers say a 2003 ruling in a University of Michigan case, Grutter v. Bollinger, should be struck down.

Ⅳ. Arising in this era of accelerated racial tensions and reckoning*, the case would present one of the biggest battles of the 2021-22 Supreme Court session. The filing comes too late for the current term.

Ⅴ. "Harvard's mistreatment of Asian-American applicants is appalling," the SFFA challengers contend, arguing that "Harvard engages in racial balancing and ignores race-neutral alternatives" for campus diversity.

Ⅵ. Lower US courts sided with Harvard, rejecting the assertions of bias, racial balancing and workable race-neutral alternatives to generate diversity. (4)In November, a Boston-based US appeals court ruled that Harvard's screening process does not stereotype or penalize Asian-American applicants.

注 reckoning:（人種的不平等の）是正

1. Based on Passage 1, why did colleges and universities adopt affirmative action in the 20th century?

a. The U.S. Supreme Court upheld the use of race in a holistic evaluation in the process of reviewing applications.

b. Some measures were needed to prevent the discrimination against well-qualified Asian American students.

c. Some groups continued to support access for students of color to elite colleges and universities.

d. Colleges and universities hoped to admit students with different ethnic and racial backgrounds.

2. Based on Passage 1, which of the following phrases is **NOT** relevant to affirmative action?

a. Promoting diversity on campus

b. Considering ethnicity in admissions

c. Sowing division in communities of color

d. Supporting racial equity in higher education

3. Which of the following best paraphrases underline (1)?

a. if affirmative action is not taken

b. if diversity is promoted

c. if a quality degree is not earned

d. if race and ethnicity are considered

4. Which **TWO** paragraphs in Passage 2 together exemplify underline (2)?

a. Paragraph Ⅰ

b. Paragraph Ⅱ

c. Paragraph Ⅲ

d. Paragraph Ⅳ

e. Paragraph Ⅴ

f. Paragraph Ⅵ

5. Which of the "five reasons" in *Table 1* is best illustrated by the following passage?

> Despite the barriers low-income students and students of color face to gain access to higher education, research has shown that once admitted to top-tier institutions, low-income students complete their degree at higher rates and earn almost as much as wealthy students postgraduation. These findings suggest that all students, regardless of background, benefit from the value top-

tier institutions provide. So while some argue that low-income students and students of color may be overwhelmed by the academic rigor at selective colleges, research suggests the opposite.

Affirmative action can help to level the playing field by ensuring all students — regardless of wealth, privilege, or background — have a chance to benefit from the advantages selective colleges provide. As a result, low-income students and students of color increase their chances of emerging from poverty and stepping into the middle class.

a. 1　**b**. 2　**c**. 3　**d**. 4　**e**. 5

6. What is the relationship between passages 1 and 2?
   - **a**. Passage 2 supports the view of Passage 1 with some concrete examples.
   - **b**. Passage 2 exemplifies a case against affirmative action discussed in Passage 1.
   - **c**. Passage 2 elaborates on the benefits of affirmative action explained in Passage 1.
   - **d**. Passage 2 focuses on causes of affirmative action; Passage 1 on its effects.

7. According to Passage 2, why did opponents of affirmative action argue against Harvard's policy?
   - **a**. Harvard allegedly overruled precedent that had long allowed consideration of race in admissions.
   - **b**. Harvard may have unfairly admitted many more Asian American students than Black and Hispanic students.
   - **c**. Harvard may have used affirmative action to discriminate against a certain minority group of students.
   - **d**. Harvard's use of affirmative action in admissions may have achieved racial and educational equity.

8. It can be reasonably inferred that “the challengers” in underline

(3) believe that the use of affirmative action in college admissions is

a. unconstitutional because it is considered to lead to racial balancing.

b. constitutional if it treats race as one factor among many.

c. unconstitutional even if it promotes diversity in the classroom.

d. constitutional because it treats all applicants equally.

9. The author of Passage 1 would be most likely to perceive underline (4) to be

a. an unexpected and irrational decision.

b. a court decision in favor of Asian-American students.

c. a rational decision in support of affirmative action.

d. a decision in support of homogeneity in Asian American communities.

10. Which of the underlined sentences (A, B, C, D) in Passage 1 provides the best evidence for the answer to Question 9?

a. A b. B c. C d. D

出典追記：

[Passage 1および設問5] 5 Reasons to Support Affirmative Action in College Admissions, the Center for American Progress on October 1, 2019 by Connor Maxwell and Sara Garcia (https://www.americanprogress.org/article/5-reasons-support-affirmative-action-college-admissions/)

[Passage 2] Affirmative action opponents ask Supreme Court to hear case over Harvard's policy, CNN on February 25, 2021 by Joan Biskupic

日本史

（60 分）

I　次の文章を読み，下記の問 1 ～ 9 に答えよ。問 1 ～ 2 については，それぞれの解答を記述解答用紙に記入せよ。問 3 ～ 9 については，それぞれの解答を選び，マーク解答用紙の記号をマークせよ。

歴史上の出来事の名称は，起こった時点で名付けられたとは限らない。また，その出来事についての解釈や評価が変わったり，社会状況の変化などに応じて，名称が変更されることもある。

平安時代初頭に，ともに桓武天皇[a]の子である平城太上天皇と [A] 天皇が争った政争は，かつては「薬子の変」と呼ばれていた。しかし現在では，「平城太上天皇の変」という表記が一般的になりつつある。なぜなのだろうか。

809 年，平城天皇は病により譲位し，皇太弟であった賀美能(かみの)親王が [A] 天皇として即位した。平城太上天皇は旧都である平城京[b]の地に宮を営み，太政官の役人の一部は平城太上天皇の宮で勤務することとなった。810 年の正月に [A] 天皇の健康が悪化すると，太上天皇と天皇との関係は微妙なものとなる。こうした状況の下で 3 月には，巨勢野足(こせののたり)と藤原 [B] が初めて蔵人頭に任じられ，天皇の意思を太政官に円滑に伝達するための仕組みが整備された。そして 9 月 6 日，平城太上天皇が平安京から平城京への遷都を命じたことで，両者の衝突は決定的なものとなった。

遷都の命令による人心の混乱の中で天皇方はいち早く対抗策を講じ，9 月 10 日には東国へ向かう経路上にあたる伊勢・近江・ [C] の三国の国府と三関に向けて使者を派遣し，関を閉鎖した。翌 11 日，東国へ向かう太上天皇の動きを察知した天皇方は，坂上田村麻呂を派遣して東国への道を押さえさせたが，これは太上天皇方が東国で兵を集めることを防ぐための措置[c]であった。この夜には薬子の兄である藤原 [D] が平安京にて射殺された。そして 12 日，大和国内で前途を天皇方の兵に遮られた太上天皇は平城宮に戻り剃髪し，薬子は薬を飲んで自殺した。ここに政変は収束する。

この後，太上天皇の皇子のうち皇太子だった高丘親王は廃太子され，阿保親王は大宰権帥(d)に左遷されたが，太上天皇本人の罪が問われることはなかった。『日本後紀』には，薬子について以下のような［ A ］天皇の宣命が記されている(e)。

〈史料〉

今，太上天皇の国を譲り給へる大き慈(みめぐみ)深き志を知らずして，己(おの)が威権を擅(ほしいまま)にせむとして，御言(みこと)には非ざる事を御言と云ひつつ，褒貶(ほうへん)すること心の任(まま)にして，曽(かつ)て恐れ憚かる所なし。此くの如き悪事種種在るとも，太上天皇に親しく仕へ奉るに依りて思ひ忍びつつ御坐(いま)せり。然るに猶ほ飽き足らずとして，二所朝廷をも言ひ隔てて，遂には大乱を起こすべし。また先帝の万代宮(よろづよのみや)と定め賜へる平安京を棄て賜ひ，停め賜ひてし平城古宮に遷さむと奏し勧めて，天下を擾乱し，百姓を亡弊(ぼうへい)す。

また『日本後紀』では［ D ］についても，太上天皇の寵愛を一身に集める薬子の権勢に乗じて，傍若無人な振る舞いが多かったとする。

このように描かれているのは，皇族内での対立を避けるという［ A ］天皇の意向を反映した結果であると考えられる。実際，［ A ］天皇は高丘親王を廃太子した直後に，自らの皇子ではなく異母弟である大伴親王を皇太子に据え，兄との対立を前面に出さないようにした。そこで，変の責任はすべて薬子と［ D ］に着せられ，平城太上天皇はあくまで受動的な立場であったとされたのである。

こうした『日本後紀』の編纂方針により，この事件は「薬子の変」として理解されてきた。そして戦前の歴史学の下でも，太上天皇と天皇の間の紛争を描いたり，太上天皇の責任を追及することを忌避する風潮もあって，この評価が定着していた。

しかしこの事件は，天皇と太上天皇が対立し，それぞれが太政官組織を統率して衝突する(f)という公的な性格を持つもので，平城太上天皇に主体的な意志がなければ起こり得ないものであった。そこで近年，変の経過を詳細に検討し，『日本後紀』の記述を批判的に分析する研究が進むことで，「平城太上天皇の変」として再評価されるようになったのである。

問1　空欄［ A ］にあてはまる天皇の名を，漢字で記せ。

問2　下線部 **c** に関連して，古代における皇位継承をめぐる争いのうち，東国の兵の動員に成功した側の勝利に終わった内乱の名称を 4 字で記せ。

問3　下線部 **a** の在位中の出来事として，正しいものはどれか。すべて選べ。

ア　勘解由使の設置　　イ　検非違使の設置

ウ　元慶官田の設置　　エ　健児制の導入

オ　『弘仁格式』の完成　　カ　『文華秀麗集』の成立

問4　下線部 **b** について述べた文として，正しいものはどれか。一つ選べ。

ア　京内は条里制によって区画されていた。

イ　平城宮の正門を羅城門という。

ウ　西大寺や大安寺などの寺院は京外に置かれた。

エ　元明天皇の下で藤原京から遷都した。

オ　平安遷都後も南都として栄え，大極殿などの建物は維持された。

問5　空欄［ B ］・［ D ］に入る人名の組み合わせとして，正しいものはどれか。一つ選べ。

ア　B　基　経　D　実　頼　　イ　B　冬　嗣　D　百　川

ウ　B　緒　嗣　D　百　川　　エ　B　基　経　D　仲　成

オ　B　冬　嗣　D　仲　成　　カ　B　緒　嗣　D　実　頼

問6　空欄［ C ］にあてはまる国はどれか。一つ選べ。

ア　飛　騨　　イ　和　泉　　ウ　志　摩

エ　美　濃　　オ　但　馬

問7　下線部 **d** に関連して，大宰府における出来事として，誤っているものはどれか。一つ選べ。

ア　藤原広嗣が反乱を起こした。

イ　藤原純友によって攻め落とされた。

ウ　刀伊の入冦を，大宰権帥の藤原隆家が指揮して撃退した。

エ　道鏡が左遷され，客死した。

オ　菅原道真が左遷され，客死した。

問8　下線部 **e** に関連して，〈史料〉で述べられていることとして，正しいものはどれか。一つ選べ。

ア　平城太上天皇は，薬子を通して本心を臣下に伝えていた。

イ　平城太上天皇は，薬子の悪事に気付いていなかった。

ウ　薬子は，奈良と東国にそれぞれ朝廷を置こうとする「二所朝廷」を構想した。

エ　薬子は，平安京への遷都が人民の疲弊をもたらしたと主張した。

オ　桓武天皇は，平安京を恒久的な都と定めた。

問9　下線部 **f** は，律令の規定で天皇と太上天皇が同格とされたからこそ可能であった。同様の背景の下で引き起こされた政争・反乱の事例として正しいものはどれか。一つ選べ。

ア　阿衡の紛議　　イ　恵美押勝の乱　　ウ　橘奈良麻呂の変

エ　安和の変　　オ　平忠常の乱

II

次の〈史料 1〉・〈史料 2〉を読んで，問 1 ～ 8 に答えよ。問 1 ～ 6 については，それぞれの解答を選び，マーク解答用紙の記号をマークせよ。問 7 ～ 8 については，解答を記述解答用紙に記入せよ。

〈史料 1〉『大乗院寺社雑事記』文正元年（一四六六）九月十三日条

近日の京都の様，一向に諸大名相計らう。公方[a]は御見所(注1)なり。今出河殿(注2)また，諸事仰せ計らわると云々。公方の儀は正体なし[b]と云々。もっての外の事也。行く末，心元無きもの也。ことさら［ A ］・［ B ］両人，大名の頭として相計らうと云々。今出川殿は［ B ］の屋形に御座す。奉行以下，参り申すと云々。そもそも風聞(注3)の趣は，今出川殿・［ A ］は，衛門佐[c]のこと扶持(注4)あるべしと云々。［ B ］は当畠山管領に合力すべしと云々。両方の所存，如何なるべきことか。今出川殿，また今度御身上(注5)につき憑み思し召され，［ B ］に御座の上は，彼の所存に背くべきの条，如何。かたがたもって世上心元無きもの也。

〈史料 2〉『大乗院寺社雑事記』応仁元年（一四六七）五月・六月条

（五月二十五日）

京都合戦これあるの由，風聞す。今日早旦よりの事也と云々。去る正月の大乱，当月に響くか。武田(注6)・讃州(注7)一所として一色(注8)の屋形に押し寄せ焼亡す。この事につき［ A ］以下，［ B ］屋形に押し寄せ，相戦うと云々。雑説一定せざるもの也。

（五月二十九日）

京都ヨリ昨日返事到来す。二十六日の合戦に焼亡の所々，窪寺悉皆，百万反，香堂，誓願寺の奥堂，小御堂，冷泉中納言宅，この他村雲橋を北と西とは悉く以て焼亡し了んぬ。

また二十七日の合戦，旧光院花坊に［ A ］方これあり責め破り了んぬ。すなわち彼の両所焼き払い了んぬ。二十六日より毎日，所々において合戦ならびに焼亡以ての外の次第也。北は<u>船岡山</u>d，南は二条辺に至り，日夜焼亡也。実相院門跡・洞院家(注9)，皆以て陣と成し了んぬ。e<u>家門</u>の儀，今の如くんば，正体あるべからず候と云々。

（六月二日）

京都の儀，尚々珍事々々。なかんずく家門の儀の御迷惑，これに過ぐべからずと云々。京中の売買，叶うべからず。（中略）よって［ B ］より近日，f<u>内府</u>(注10)亭焼き払うべしと云々。内府亭，堀を掘らる。家門へも夫銭(注11)をまいらす。大門・小門前に大堀を成され畢んぬ。万一火事出来これあらば，御出の道あるべからざるの間，<u>御生涯に及ぶべし</u>gと云々。珍事この事也。家門の大門・小門の御前も日々夜々，合戦場也。

（注1）見所：傍観すること。（注2）今出川殿・今出河殿：足利義視。
（注3）風聞：うわさ。（注4）扶持：支援すること。
（注5）御身上：今出川殿自身の身の上のこと。
（注6）武田：武田信賢。当時，一色義直と対立していた。
（注7）讃州：細川成之のこと。当時，讃岐守であった。
（注8）一色：丹後守護などを務めた一色義直。
（注9）実相院門跡・洞院家：門跡は天皇家から院主を迎えた寺院。洞院家は西園寺家から分家した公卿の家。
（注10）内府：内大臣。（注11）夫銭：夫役の代わりに納めさせる銭。

問1　下線部**a**はこの時の将軍を指している。この人物に関する記述として，誤っているものはどれか。一つ選べ。

ア　一時中断していた勘合貿易を再開させた将軍義教の子である。
イ　将軍在任中，寛正の大飢饉に見舞われた。
ウ　京都の東山に山荘を営み，持仏堂として東求堂を建立した。
エ　能・作庭・立花などに秀でた芸能者たちを同朋衆として組織した。
オ　兄の政知は鎌倉において，鎌倉公方を継承した。

問2　この史料の筆者が下線部**b**のように感じたのは何故だと考えられる

か。一つ選べ。

ア 将軍がどんな性格だか分からないから。

イ 将軍が不在であるから。

ウ 将軍は政治に意欲を失っているから。

エ 将軍は弟を亡くして落胆しているから。

オ 将軍は息子に実権を委ねていたから。

問3 空欄 A ・ B の語が指す人物の組み合わせとして，正しいものはどれか。一つ選べ。

ア A 山名氏清・B 細川政元

イ A 畠山満家・B 斯波義敏

ウ A 斯波義廉・B 赤松満祐

エ A 山名宗全・B 細川勝元

オ A 細川晴元・B 上杉憲実

問4 下線部 **c** は誰を指しているか。一つ選べ。

ア 畠山満家 イ 畠山持国 ウ 畠山義就

エ 畠山持富 オ 畠山政長

問5 下線部 **f** が指している人物の妹は，下線部 **a** の人物の妻となった人物である。この人物に関する記述として，誤っているものはどれか。一つ選べ。

ア 実子の義尚は近江守護六角氏を討伐しこれを滅ぼした。

イ 足利義満の正妻も同じ一族の出身である。

ウ 大名への高利貸活動を行った。

エ この人物の実家は，京都南郊にある法界寺を氏寺とした。

オ 兄の死後，幕政に深く関与するようになった。

問6 この史料の筆者が下線部 **g** のように思ったのは何故か。史料から読み取れるその理由として当てはまるものを一つ選べ。

ア 屋敷の周りに堀を掘り，門の前まで掘ってしまえば，万一の時にも敵に攻め込まれないから。

イ 屋敷の周りに堀を掘ったが，火事の時には脱出できるように道を作ったから。

ウ 屋敷の周りに堀を掘ったが，門の前だけ掘らなければ，そこから敵に攻め込まれてしまうから。

エ　屋敷の周りに堀を掘っても，門の前だけ掘らなければ，万一の時も屋敷から出られるから。

オ　屋敷の周りに堀を掘っても，門の前まで掘ってしまっては，火事が起こっても屋敷から出られないから。

問 7　下線部 **d** の南麓一帯は，この戦乱で一方の軍の陣地が置かれたことにちなむ地名で呼ばれているが，その後，手工業品の産地として知られるようになった。その手工業品を何というか。漢字で記せ。

問 8　下線部 **e** に含まれる人々の中には，この〈史料 1〉〈史料 2〉の筆者の父で，当代随一の学者として知られた人物もいた。この人物の著書で，当時の将軍に上呈された政治意見書は何か。漢字で記せ。

III

次の文章とそれに関連する史料を読み，問 1 〜10 に答えよ。問 1 〜 2 については，それぞれの解答を記述解答用紙に記入せよ。問 3 〜10 については，それぞれの解答を選び，マーク解答用紙の番号をマークせよ。

江戸時代の日本では，幕府への権力集中が実現したことから，一方的な強権政治が行われていたとイメージされがちである。しかし実際には，幕府や領主に［ A ］と呼ばれた訴状が多数，届けられており，権力者がそれらを無視することはできなかった。

たとえば 1633 年，出羽国白岩郷の百姓が幕府に届けた白岩［ A ］という訴状がある。白岩一揆と呼ばれる直訴事件の原因は，この地域の領主酒井忠重の暴政であった。百姓たちは将軍［ B ］が派遣した巡見使に何度も窮状を訴えたが，受け付けてもらえなかったため，幕府に直接，訴え出たのである。この訴状がどのように扱われたかは不明であるが，1637 年に西九州で起こった［ C ］の影響もあり，その終結直後に，白岩郷は領主から没収され幕府領となった。

しかし，百姓たちの不満は収まらず騒動は継続したため，隣接する山形藩の藩主で，［ B ］の異母弟の［ D ］が裁定した。一揆の指導者 30 数人が処刑され，事件は終結したが，この一揆はその後，長く語り継がれることになる。白岩［ A ］は多くの写本が作成されるとともに，寺子屋[a]の手習いの手本としても使用されるなど，広く流布したからである。百姓の訴訟能力は，こうした過去の訴状をひな形として蓄えられていった。

1603年に出された〈史料1〉に示されているように，そもそも幕府は当初から，直訴をいっさい認めないという態度ではなかった。直訴は原則として禁止であるが，<u>実務役人に落ち度がある場合は直訴を認める</u>[b]という方針であった。幕府は，年貢を徴収する対象である百姓を保護するという原則のもと，農政に直接かかわる役人が私欲をはたらかせて百姓の経営を脅かす行為を規制しようとした。

いくつかの藩では，民衆の訴状を受け付ける制度があった。幕府でも，将軍［　E　］が訴状を受け付ける箱を設置した。その目的と，直訴するべき内容について記しているのが，1721年に江戸日本橋に掲げられた高札の〈史料2〉である。<u>非合法の百姓一揆</u>[c]の際の訴状の他，民の声をすくい上げる合法システムの存在により，実務役人の不正を防止する役割が期待された。もちろん，すべての訴状が取り上げられたのではないし，現実の政治には民の生活を省みない面もあったが，幕藩体制には民の声を無視しない姿勢があった。

〈史料1〉

一　<u>年貢未進等これあらば，隣郷の取りをもって，奉行所において互いに出入勘定せしめ，相済み候上，何方になりとも住居すべき事</u>[ア]

一　<u>地頭(注1)の儀申し上げ候事，その郷中を立ち退くべき覚悟にてこれを申し上げるべし</u>[イ]，(中略)

一　<u>免相(注2)の事，近郷の取りをもってこれを相はからうべし</u>[ウ]，つけたり，年貢高下の儀，直に目安上げ候儀，曲事におぼしめす事

一　<u>惣別目安の事，直にさし上げる儀かたく御法度たり</u>[エ]，ただし，人質をとられ，せんかたなきについては，是非におよばず，まず御代官をもってこれを申し上げるべし，(中略)

一　<u>御代官衆の儀，非分これあるにおいては，届なしに直目安申し上げるべき事</u>[オ]

（注1）地頭：領主　（注2）免相：年貢率

〈史料2〉

一　ちかきころは度々所々え，けみやうならびに住所等これなきすてふみ

いたし，法外の事共もこれあり候，これによりて［ F ］において，当八月より毎月二日十一日二十一日，［ F ］そとの腰かけの内に，はこ出し置き候間，書付持参のもの，右のはこへ入れ申すべく候，（中略）

一　御仕置筋の儀に付，御為になるべき品の事

一　諸役人をはじめ，私曲ひぶんこれある事

一　訴訟これある時，役人せんぎをとげず，永々すて置きにおいては，直訴すべきむね相ことわり候上出すべき事

右の類直訴すべき事

一　自分ためによろしき儀あるいは私のいこんをもって，人の悪事申すまじき事

（中略）

右の類は取り上げなし，（中略）訴人の名ならびに宿書付これなくは，これまた取り上げざるもの也

問1　空欄［ A ］に該当する語を，〈史料1〉で使用されている語の中から探して，漢字2字で記せ。

問2　空欄［ F ］には，江戸幕府の最高裁判機関の名称が入る。漢字で記せ。

問3　空欄［ B ］が将軍であったときの出来事でないのはどれか。すべて選べ。

ア　高山右近がマニラに追放された。

イ　毎年四月中，大名が参勤交代する制度が，武家諸法度に書き加えられた。

ウ　シャクシャインの戦いが起こった。

エ　オランダ商館が平戸から長崎の出島に移された。

オ　紫衣事件が起こった。

問4　空欄［ C ］の事件についての説明で，誤っているものはどれか。一つ選べ。

ア　この事件は肥前国を越えて広がらなかった。

イ　一度棄教したキリシタンが再び信仰を表明して武力蜂起した。

ウ　一揆の背景に領主の暴政があった。

エ　松平信綱が事件の処理にあたった。

オ　一揆の指導者は牢人だった。

問5　空欄 D に該当する人物についての説明で，正しいものはどれか。一つ選べ。

ア　将軍の座をめぐって， B と争った。

イ　山形藩主の後，米沢藩主となった。

ウ　徳川家綱の叔父として，家綱政権を支えた。

エ　朱子学を重んじ，主君への殉死を美徳と考えた。

オ　熊沢蕃山を登用して，陽明学を学んだ。

問6　下線部 **a** のほか，江戸時代に庶民が学ぶことのできた施設に郷学がある。そのうち，18 世紀に設立されたものはどれか。一つ選べ。

ア　閑谷学校　　イ　含翠堂　　ウ　古義堂

エ　日新館　　オ　弘道館

問7　〈史料１〉の下線部ア～オのなかで，下線部 **b** のことを述べている条文はどれか。一つ選べ。

問8　空欄 E が将軍であったとき，〈史料２〉にしたがって行われた投書によって実現したものはどれか。一つ選べ。

ア　公事方御定書の編纂　　イ　足高の制の施行

ウ　相対済し令の発令　　エ　小石川養生所の設立

オ　上米の制の実施

問9　〈史料２〉に示されていないことはどれか。一つ選べ。

ア　訴訟の際，役人がきちんと吟味をせず，そのまま放置している場合は，直訴することを断った上で，申し出るべきである。

イ　個人的な恨みのために，他人の悪事を申し出ることについては受け付けない。

ウ　役人が自分の利益だけを考えて不正を行っていることを見つけたら，直訴するべきである。

エ　幕府が政治を行っていく上でためになることは，直訴するべきである。

オ　近年，名前と住所のない訴状がところどころに捨て置いてある。歓迎するべき行為なので，訴状を受け付ける箱を設置する。

問10　17 世紀に起こった事件で，下線部 **c** の指導者として処刑された，と伝承されている人物をすべて選べ。

ア 戸次庄左衛門　イ 磔茂左衛門　ウ 佐野政言
エ 由井正雪　オ 佐倉惣五郎

Ⅳ

次の文章を読み，問1～7に答えよ。問1～2はそれぞれの解答を記述解答用紙に記入せよ。問3～7については，それぞれの解答を選び，マーク解答用紙の記号をマークせよ。

日本の近現代史を振り返ると，産業の発展期には，必ずといっていいほど鉱山の採掘や地域開発による環境破壊の問題が引き起こされてきた。

戦前を代表する環境破壊である足尾鉱毒事件は，資本主義が発展した産業革命[a]の時期に起きた。［ A ］財閥を率いる［ A ］市兵衛の経営する栃木県の足尾銅山から出た鉱毒が渡良瀬川などに流れ込み，流域に大きな被害をおよぼした。被害を受けた農民は，第1回衆議院議員選挙[b]において栃木県から選出されて衆議院議員となった田中正造を先頭に，鉱毒防止と被害民の救済を求める運動を起こした。政府は，土地収用法をだして鉱毒の被害を受けた［ B ］村の廃村を強制的に決定したが，［ B ］村に残った農民は仮小屋を建てて抵抗を続けた。田中正造は議会でこの問題について政府を追及し，生涯をかけてこの問題にとりくんだ。

戦後の1950年代後半から1960年代になると，大規模な設備投資と技術革新が進み，高度経済成長の時代[c]に入った。重化学工業のコンビナート建設をはじめ，沿岸部の地域開発が大規模に進められた。その結果，大気汚染や水質汚濁など，かつてみられなかった公害[d]が引き起こされた。このころ，作家の石牟礼道子は，熊本県の水俣病を題材にして『苦海浄土』を著し，アメリカではレイチェル・カーソンが『沈黙の春』を発刊し，環境問題の重要性をそれぞれ世に問うた。1960年代後半には，水俣病を含む四大公害裁判が提起され，公害は大きな社会問題になった。このように，1960年代後半から1970年代に入ると，高度経済成長のひずみが各所にあらわれ，問い直されるようになった[e]。

問1　空欄［ A ］にあてはまる語を，漢字で記せ。

問2　空欄［ B ］にあてはまる語を，漢字で記せ。

問3　下線部aの説明として，正誤の正しい組合わせはどれか。一つ選べ。

① エネルギーの供給では，電力が蒸気力をしのぐようになった。
② 産業革命の中心を担ったのは紡績業であり，綿糸の輸出高が輸入高を上まわった。
③ 機械工業や鉄鋼業など，民間の重工業は立ち遅れ，政府は軍備拡張のために官営の軍事工場を積極的に建設した。

ア ①―誤　②―正　③―正　　イ ①―正　②―正　③―正
ウ ①―誤　②―正　③―誤　　エ ①―誤　②―誤　③―誤
オ ①―正　②―正　③―誤

問4　下線部**b**の説明として，誤っているものはどれか。一つ選べ。

ア　衆議院議員の選挙権は，直接国税 15 円以上を納める 25 歳以上の男子に限られた。
イ　帝国議会のもとに国民が選挙権を有する衆議院が設置されたことにより，日本は憲法と議会を備えた東アジア最初の立憲国家となった。
ウ　第 1 回衆議院議員選挙の結果，民権運動の流れをくむ立憲自由党や立憲改進党など民党が，政府支持の吏党に議席数でまさった。
エ　第 1 議会で吏党は，地主の要望にこたえるため，「政費節減・民力休養」を掲げた。
オ　当初の有権者は，総人口の約 1 %にすぎなかった。

問5　下線部**c**の説明として，誤っているものはどれか。一つ選べ。

ア　1950 年代半ばには，「神武景気」と呼ばれる大型の好景気があらわれ，経済企画庁の『経済白書』で「もはや戦後ではない」と記された。
イ　国民のなかでは自身が社会の中層に位置していると考える中流意識が広がった。
ウ　大企業では，終身雇用・年功賃金・労使協調を特徴とする日本的経営が確立した。
エ　夫は外で働き，妻は専業主婦で子どもは少ない核家族が多くなった。
オ　世界経済の体制のもとで，1960 年代の日本の為替相場は，固定相場制から変動相場制に移行した。

問6　下線部**d**の説明として，正誤の正しい組合わせはどれか。一つ選べ。

① 政府は経済成長を優先したために公害対策が遅れ，公害病に苦しむ被害者の被害も甚大になった。
② 四大公害裁判は，いずれも被害者側の勝訴に終わった。

③　水俣病は工場排水に含まれた有機水銀が原因だった。

ア　①－誤　②－正　③－正　　イ　①－正　②－正　③－正

ウ　①－誤　②－正　③－誤　　エ　①－正　②－誤　③－正

オ　①－正　②－正　③－誤

問7　下線部 **e** の説明として，正誤の正しい組合わせはどれか。一つ選べ。

①　大都市部では，市民参加を進め，福祉・環境政策を積極的に進める革新自治体が成立した。

②　1960年代後半以降，経済成長の限界を自覚した若者は，学生運動や文化を通じて，既成の秩序や権威を問い直した。

③　公害問題の出現により，1960年代の企業は，省エネルギー化や産業用ロボットを導入する減量経営を進めた。

ア　①－誤　②－誤　③－正　　イ　①－正　②－正　③－正

ウ　①－正　②－正　③－誤　　エ　①－誤　②－正　③－誤

オ　①－正　②－誤　③－誤

※問7については，選択肢の記述に不適切な部分があったため，解答の有無・内容にかかわらず，受験生全員に得点を与える措置を取ったことが大学から公表されている。

V

次の文章とそれに関連する史料を読み，問1～8に答えよ。問1～2はそれぞれの解答を記述解答用紙に記入せよ。問3～8については，それぞれの解答を選び，マーク解答用紙の記号をマークせよ。

戦前に農業関係の雑誌を発刊後，農民運動の指導者をしていた人物として中沢弁次郎がいる。のちに掲載する史料は，中沢が1924年に刊行した『農民生活と小作問題』の一節であり，地主と小作農民の関係について述べている。

地主と小作農民の関係として，松方デフレ[a]以降，没落した農民の土地を集積した地主のなかに，農業生産から離れ，小作料だけで生活する地主（寄生地主）があらわれてきた。

第1次世界大戦後になると，生活難や米騒動などの影響を受けて，小作農民は地主に小作料の減額を求める小作争議を起こし，小作農民の全国組織として日本農民組合が結成された。

普通選挙制による第1回の総選挙の実施が決まると，農民組合や労働組合の関係者は単一の無産政党の結成をめざし，1926年，［ A ］党が結成された。［ A ］党はその後分裂したが，第1回普選には，無産政党から89名が立候補し，8名が当選した。岐阜県を中心にした中部日本農民組合の組合長だった中沢は，岐阜第2区から第1回普選に立候補したが，落選している。

戦前の画家や小説家のなかには，農村や小作農民に題材を求める者もいた。画家の和田英作が描いた「渡頭の夕暮」は農民を描いた代表的な絵画である。小説家である［ B ］が発表した小説『土』は，鬼怒川沿いの小作農家の生活を描いたものであり，$_{\text{b}}$自然主義の流れをくむものだった。

〈史料〉

我々の先輩は$_{\text{c}}$明治維新の大改革によって国家と資本家とを発見した。$_{\text{d}}$欧州戦争によって起った思想革命によって$_{\text{e}}$社会と労働者（主として都会地の）とを発見した。けれども明治維新以来にわかに台頭した地主階級（土地資本家）の政治的，経済的，社会的勢力の陰に，長くおおい隠されていた農村における小作人階級を発見したのは，それ以後のきわめて最近のことであった。(中略)

地主階級のもとに存在していた，小作人階級が彼らから人間的人格を認めていられなかったということは言を要さずして明瞭である。しかしながらかくのごとき屈従関係，かくのごとき犠牲道徳がいつまでも強制的に継続されるべきではない。ついに小作人階級の生活にも人間的目覚めの黎明期が来た。(中略) 従属的生活より独立対等生活のより権威あり自由であるのを知った。温情主義という名によって体裁のよい拘束を受けるよりも，自由平等生活のより貴重にして，しかも快適であることを悟るにいたった。かくて小作人階級は地主階級の経済的束縛より脱することを努力した。地主の社会的冷遇より解放されんことに努めた。かくのごとくにして彼らの自由への努力が，社会のある水平線にまで到達するにいたって，国家もまた社会も初めて彼らを発見するにいたった。

問1　空欄［ A ］にあてはまる語を，漢字で記せ。

問2　空欄［ B ］にあてはまる人物の名前を，漢字で記せ。

問3　下線部 **a** に関連した説明として正しいものはどれか。一つ選べ。

ア　福島事件や秩父事件が起きた背景には，デフレによる物価の下落，生活難があった。

イ　不景気と税負担に耐えていた都市民衆は不満を爆発させ，暴動をおこした。

ウ　不景気と文明開化への違和感が重なり，大規模な農民の反政府一揆がおきた。

エ　不景気とコレラの流行が重なり，コレラ騒動がおきた。

オ　政府による不換紙幣の発行によってデフレーションになり，米や繭・生糸などの価格が下落した。

問4　下線部 **b** の説明として，正誤の正しい組合わせはどれか。一つ選べ。

①　自然主義に対立するかたちで，夏目漱石や森鷗外の小説があらわれた。

②　自然主義を継承するかたちで，武者小路実篤らの白樺派が登場した。

③　フランス・ロシアの自然主義文学の影響を強く受けていた。

ア　①―正　②―誤　③―正　　イ　①―正　②―正　③―正

ウ　①―正　②―正　③―誤　　エ　①―誤　②―誤　③―正

オ　①―正　②―誤　③―誤

問5　下線部 **c** の「資本家の発見」に関連して，日本資本主義の形成の説明として，正誤の正しい組合わせはどれか。一つ選べ。

①　政府が設立した官営模範工場の多くは，のちに三井，三菱などの政商に払い下げられ，財閥形成の一つの基礎になった。

②　鉄道・紡績・鉱業などで会社設立のブーム（企業勃興）がおきた。

③　海運では当初三井が独占していたが，三井会社と半官半民の共同運輸会社の合併により，日本郵船会社が設立された。

ア　①―誤　②―誤　③―正　　イ　①―正　②―正　③―正

ウ　①―正　②―正　③―誤　　エ　①―正　②―誤　③―正

オ　①―正　②―誤　③―誤

問6　下線部 **d** に関連して，第1次世界大戦にともなう世界の変化の説明として，誤っているものはどれか。一つ選べ。

ア　民族独立の機運が高まり，中国では日本の二十一ヵ条要求などに反対する五四運動が起きた。

イ　国際紛争解決のための戦争を非とする不戦条約がワシントン会議で結ばれ，日本も加入・調印した。

ウ　国際紛争の平和的解決や軍備縮小を掲げた国際連盟が創設された。

エ　デモクラシーが世界の大勢になった。

オ　国際的な労働機関であるILOが設置された。

問7　下線部**e**の「社会と労働者の発見」に関連した説明として，誤っているものはどれか。一つ選べ。

ア　演劇では，小山内薫らが創設した築地小劇場が新劇運動の中心となり，知識人のあいだに大きな反響を呼んだ。

イ　労働者の組織である大日本労働総同盟友愛会が中心になり，第1回のメーデーが開かれた。

ウ　マルクス主義が知識人に大きな影響を与え，昭和初期には日本資本主義論争が展開された。

エ　大戦景気による物価高のもとで，賃金引き上げを求める労働運動が大きく高揚した。

オ　平塚らいてうらにより，女性解放をめざす運動のなかで青鞜社が結成された。

問8　〈史料〉の説明として誤っているものはどれか。すべて選べ。

ア　小作人の生活では，人間的目覚めの黎明期がきたと書かれている。

イ　地主による温情主義を通じて自由平等生活にすべきだと述べている。

ウ　地主階級の陰に隠されていた小作人階級が発見されたのは，最近のことであると書かれている。

エ　小作人階級は，資本家の発見とともに見出されたと述べている。

オ　地主階級は長い間，政治的，経済的，社会的勢力を誇っていたと書かれている。

世界史

(60 分)

1 古代と中世のヨーロッパの疫病の影響について述べた以下の文章を読み，下線部(1)～(12)に関する問いについて，a～dの選択肢の中から答えを1つ選び，マーク解答用紙の所定欄にマークしなさい。

ヨーロッパの歴史上，疫病の流行は幾度も繰り返されてきた。(1)前429年，スパルタと戦争中だったアテネを襲った疫病の正体は解明されていない。14世紀半ばの西ヨーロッパ諸国では，(2)黒死病の流行によって人口の多くが失われ，その後も，16世紀まで人口が14世紀前半の水準に回復することはなかったとも言われる。

その影響は(3)社会経済全体に及んだが，特に大きく変動したのは農村社会だった。人口が減少し，その労働力が売り手市場となった(4)農民の地位が高まった一方で，中小封建領主層の多くは所領経営に失敗したのである。

これに対して，経済的統一を望む(5)都市の市民層の支持も背景にして，(6)イベリア半島の諸王国，(7)フランス，(8)イングランドなどでは国王によって，(9)ドイツなどでは有力諸侯によって，中央集権化政策が実施されていった。このような動向は，その後の(10)絶対王政につながった点で重要である。

他方，東ヨーロッパでは，(11)西スラヴ諸国がローマ・カトリックを受け入れて西欧化を進めたのに対して，(12)ロシアでは，ツァーリ（皇帝）を名乗る支配者の下で専制君主体制が成立していった。

(1) この時の疫病によって指導者を失ったアテネのその後の政治の形態とされるものはどれか。

a　貴族政治　　　b　財産政治

c　僭主政治　　　d　衆愚政治

(2) この時の黒死病とはどの病気だったか。

a　コレラ　　　b　赤　痢

c　チフス　　d　ペスト

(3)　14～15 世紀の西ヨーロッパの社会経済について，誤っている説明はどれか。

a　貨幣経済が発展した。

b　フランクフルトの豪商フッガー家は，神聖ローマ皇帝にも融資していた。

c　羊毛は主要な国際商品だった。

d　ロンドンは北海貿易の中心のひとつだった。

(4)　14～15 世紀の西ヨーロッパの農民と領主の一般的な状況について，誤っている説明はどれか。

a　領主が得ていた所領からの収入は減少した。

b　多くの農民が農村を離れて近隣の都市へ移住した。

c　農民を確保するために，農奴制が強化された。

d　農民は余剰生産物を市場で売却して利益をあげることができた。

(5)　中世都市について，正しい説明はどれか。

a　キエフには，ハンザ同盟の在外四大商館のひとつが置かれた。

b　ジェノヴァとミラノは，共和国として存続した。

c　司教座都市などを典型として，古代ローマ時代から続く中世都市は多かった。

d　ドミニコ修道会が，パリで設立された。

(6)　12 世紀半ば以降，15 世紀までのカスティリャ王国の政治的中心都市であるとともに，アラビア語文献の翻訳活動が盛んだった都市はどこか。

a　サラゴサ　　b　トレド

c　バルセロナ　　d　マドリード

(7)　百年戦争期のフランス王国について，正しい説明はどれか。

a　ジャンヌ・ダルクは，パリを包囲していたイングランド軍を撃退した。

b　百年戦争開始時，ヘンリ 5 世はフランス王位の継承権を主張していた。

c　百年戦争では，フランス王権に対抗する有力諸侯ブルゴーニュ公が，イングランドと結ぶ局面もあった。

d　百年戦争後も，ワインの輸出港として重要だったボルドーは，イングランドの支配下に留まった。

(8) 中世のイングランド王国について，正しい説明はどれか。

a　ジェントリは，地方貴族の代表として，議会の上院に参加した。

b　バラ戦争の結果，ランカスター派だったヘンリ7世が即位した。

c　百年戦争で活躍したエドワード黒太子は，その後，エドワード4世として即位した。

d　15世紀までに，アイルランドとウェールズを併合した。

(9) 中世のドイツについて述べた次の文①と②の正誤の組合せとして，正しいものはどれか。

①　皇帝フリードリヒ2世は，第3回十字軍で中心的役割を果たした。

②　大空位時代は，金印勅書の発布により終息した。

a　①―正　②―正　　b　①―正　②―誤

c　①―誤　②―正　　d　①―誤　②―誤

(10) 絶対王政期の文化や学術の内容として，誤っているものはどれか。

a　帰納法によるデカルトの経験論

b　シノワズリ（中国趣味）の流行

c　重商主義による国家の経済統制の主張

d　重農主義による経済活動の自由放任の主張

(11) 中世の西スラヴ諸国ならびにその近隣諸国について，誤っている説明はどれか。

a　ルーマニア人は，東方正教会を受け入れて，ワラキア公国とモルダヴィア公国を建てた。

b　チェック人の建てたベーメン王国は，神聖ローマ帝国に含まれていた。

c　ハンガリー王国は，ローマ・カトリックを受け入れて，西欧化を進めた。

d　ヤゲウォ（ヤゲロー）朝リトアニア＝ポーランド王国はワルシャワを首都とし，大学を創設した。

(12) 中世のロシアについて述べた次の文①と②の正誤の組合せとして，正しいものはどれか。

①　10世紀末，キエフ大公ウラディミル1世はギリシア正教を国教とした。その後，モスクワにその主教座が移されて，ロシア正教会とし

て発展することとなる。

② モスクワ大公イヴァン4世は，「タタールのくびき」から脱して，東北ロシアの統一に成功した。

a ①―正　②―正　　b ①―正　②―誤

c ①―誤　②―正　　d ①―誤　②―誤

2 両大戦間期のドイツ・ポーランド関係について述べた以下の文章を読み，下線部(1)～(9)に関する問いについて，a～dの選択肢の中から答えを1つ選び，マーク解答用紙の所定欄にマークしなさい。また，波線部に関する設問について問1，問2の答えを選択肢の中から選び，マーク解答用紙の所定欄にマークしなさい。

1919年6月，パリ(1)郊外のヴェルサイユで，第一次世界大戦における連合国(2)とドイツとの間で講和条約が調印された。この条約により，ドイツ西部ではアルザス・ロレーヌがフランスに割譲され，炭鉱地帯のザールは国際連盟(3)の管理下に置かれることになった。一方，ドイツ東部では，ポーゼンおよび西プロイセンがポーランド(4)に割譲された。講和条約発効後に住民投票が実施されたオーバーシュレジエン(5)（上シュレジエン）は分割され，南東部がポーランドの一部となった。こうしてドイツは，旧ドイツ帝国(6)の約13%の領土と700万人あまりの人口を失った。戦後，ポーランドとなった地域には多くの民族的ドイツ人が居住していた。これらのドイツ人は，ポーランドという国の民族的なマイノリティとなったのである。

第一次世界大戦後，ドイツは，巨額の賠償支払い(7)，帝政派や右翼による反共和国活動などから経済的にも政治的にも安定しなかった。1923年に首相兼外相となり，その後も長く外相を務めた［(ア)］(8)は，内政ではインフレーションの危機を収拾し，対外的には，フランス外相［(イ)］(8)とともに国際協調体制の立役者となった。その［(ア)］が解決に尽力したのが，ポーランドとの間に生じたドイツ人マイノリティ問題であった。ポーランド西部のドイツ人のうちドイツ国籍者となった者は追放の憂き目にあい，ポーランド国籍を取得できた者も補償なしで所有地が収用されたり，居住権が剥奪されたりした。とはいえ，ドイツ政府の側にも，これをマイノリティ問題として国際社会に訴え，旧領土の回復につなげようという思惑がなかったわけではない。

ポーランドとの交渉は幾度も暗礁に乗り上げるが，ヨーロッパの平和を重視するフランスの後押しや通商関係構築などをてこに，ドイツは，上述のドイツ人問題解決に資する協定締結にこぎつけた。1929年(9)10月31日のことであった。この協定締結に心血を注いだ ㋐ は，協定締結に道筋をつけたものの，同月初旬に突然の発作に倒れてすでにこの世を去っており，その実現を見ることはなかった。

(1) 1919年1月に開始されたパリ講和会議について，誤っている説明はどれか。

a 日本は，ドイツ権益の継承を認められ，赤道以北のドイツ領南洋諸島の委任統治権を得た。

b 中国では北京大学の学生らの抗議デモや五・三〇運動が起こり，政府はヴェルサイユ条約の調印を拒否した。

c アメリカ合衆国の上院は，ヴェルサイユ条約の批准を拒否した。

d トリアノン条約で，旧ハンガリー領からはトランシルヴァニアが分離した。

(2) 20世紀前半のイタリアについて，誤っている説明はどれか。

a ロンドン秘密条約により，「未回収のイタリア」の割譲が約束された。

b 第一次世界大戦の講和条約でフィウメの領有が認められた。

c アルバニアを保護国化した。

d ローマ教皇庁と和解し，ヴァチカン市国の独立を認めた。

(3) 国際連盟について，誤っている説明はどれか。

a 日本は，常任理事国となった。

b ジュネーヴに，国際労働機関や常設国際司法裁判所が設置された。

c 満州事変に対する中国の提訴を受け，リットン調査団を派遣した。

d フィンランドへの侵略を理由に，ソ連を除名した。

(4) 20世紀前半のポーランドについて，誤っている説明はどれか。

a リガでソヴィエト＝ロシアと休戦条約を結んだ。

b 独立運動の指導者ピウスツキが，クーデタにより政治の実権を握った。

c　ダンツィヒの返還に関するヒトラーの要求に応じた。

d　ソ連軍の侵攻を受けた。

(5)　シュレジエンについて述べた次の文①と②の正誤の組合せとして，正しいものはどれか。

①　資源の豊富なシュレジエンを占領したフリードリヒ2世は，スペインに支援されたオーストリアと戦い，アーヘンの和約でその領有を確定した。

②　マリア＝テレジアは，シュレジエン奪還を目指し，フランスと同盟して戦った（七年戦争）が，プロイセンのシュレジエン領有は変わらなかった。

a　①―正　②―正　　b　①―正　②―誤

c　①―誤　②―正　　d　①―誤　②―誤

(6)　ドイツ帝国の保護領だったのはどれか。

a　カメルーン　　b　シエラレオネ

c　ソマリランド　　d　マダガスカル

(7)　ドイツによる巨額の賠償金の支払いについて述べた次の文①と②の正誤の組合せとして，正しいものはどれか。

①　ドーズ案により賠償額の減額と支払い期限の延長が認められた。

②　ヤング案により支払総額が大幅に減額されたが，世界恐慌の影響で支払いが困難になり，ローザンヌ会議でさらに総額30億金マルクに減額された。

a　①―正　②―正　　b　①―正　②―誤

c　①―誤　②―正　　d　①―誤　②―誤

(8)　空欄 ㋐ と ㋑ に入る組合せとして，正しいものはどれか。

a　㋐　ヒンデンブルク　　㋑　クレマンソー

b　㋐　タフト　　㋑　ダラディエ

c　㋐　シュトレーゼマン　　㋑　ブリアン

d　㋐　ハーディング　　㋑　ケロッグ

(9)　この年に始まる世界的な恐慌への対応策について，誤っている説明はどれか。

a　合衆国のフーバー大統領は，賠償・戦債支払いの1年間停止を宣言した。

b　メキシコのカルデナス政権は，石油資源の国有化を推進した。

c　イギリスでは，保守党のマクドナルドが挙国一致内閣を組織し，金本位制の停止と財政削減を実施した。

d　フランスは，自国の植民地を囲い込んでフラン＝ブロックを築いた。

波線部について以下の問1，問2に答えなさい。

問1　次の(A)～(C)の文中の空欄に当てはまる地名を第1群の選択肢a～eから，また，その地名の説明として適当なものを第2群の選択肢f～jから，それぞれ1つ選べ。

(A)　[　　　]条約により，ドイツ西部国境の現状維持のほか，ラインラントの非武装化が確認された。

(B)　東アジア・太平洋地域をめぐる国際秩序について，合衆国・イギリス・フランス・日本などによる条約が結ばれ，[　　　]体制と呼ばれた。

(C)　フランスとアメリカ合衆国が提唱し，[　　　]で調印された不戦条約は，戦争違法化の先例となった。

〈第1群〉

a　パ　リ　　b　ロカルノ　　c　ローザンヌ

d　ロンドン　　e　ワシントン

〈第2群〉

f　首都とするために新たに建設され，1800年に政府所在地が移転した。

g　ローマ時代に建設されたロンディニウムを起源とする。

h　スイス南部に位置するイタリア語圏ティチーノ州の都市である。

i　スイス西部の都市で，国際オリンピック委員会の本部が置かれている。

j　第3回万国博覧会が開催された。

問2　問1の(A)，(B)，(C)を年代の古い順に並べたものはどれか。

a　(A)→(B)→(C)　　b　(A)→(C)→(B)

c　(B)→(A)→(C)　　d　(B)→(C)→(A)

e　(C)→(A)→(B)　　f　(C)→(B)→(A)

3　イラクの歴史について述べた以下の文章を読み，下線部(1)〜(10)に関する問いについて，また波線部に関する問1，問2について，それぞれa〜dの選択肢の中から答えを1つ選び，マーク解答用紙の所定欄にマークしなさい。

イラクの国土はチグリス川とユーフラテス川に挟まれた沃野を擁し，古来数多くの文明を生み，様々な勢力がこの地の覇権を争った。

古代メソポタミアでは，紀元前3000年頃から(1)シュメール，アッカド，アッシリア，(2)バビロニアなどが興亡を繰り返した。その後，アケメネス朝，(3)ササン朝といった王朝の支配下にあったが，7世紀後半には(4)イスラーム勢力に征服され，イスラーム化，アラブ化が進行した。

8世紀，(5)アッバース朝が建国し，イラク平原の中心に首都(6)バグダードが建設された。バグダードはアッバース朝の繁栄とともにイスラーム世界の政治・文化の中心として黄金時代を謳歌した。しかし，11世紀以後アッバース朝の衰退にともなって，カリフの政治的実権は失われ宗教的な権威を有するのみとなった。1258年バグダードは(7)モンゴル軍に征服され，以後，イル＝ハン国，ティムール朝などの支配を受けた。

1534年に(8)オスマン帝国がこの地域を征服するとその属州となった。19世紀になるとオスマン帝国の衰退とともに(9)中東地域への列強の進出が加速し，イラクもまたその渦中にあった。第一次世界大戦でオスマン帝国が敗れるとイギリス軍に占領され，戦後イギリスの委任統治領となった。

イラクは1932年に独立王国となるが，1958年軍事クーデタの結果，共和制に移行した。ただ，その後も政情は安定せず，1979年からはサダム＝フセインが独裁体制を敷いた。フセイン政権は，1991年の(10)湾岸戦争に敗北した後も存続したが，2003年に米英軍の攻撃によって崩壊した。その後は暫定統治下にあったが，2005年10月に国民投票によって新憲法が承認され新政府の下で再独立を果たした。イラクは，国民の大半がムスリムだが，イスラーム宗派間の対立，「クルド問題」を抱え，隣国イランとの関係も緊張をはらんでおり，中東情勢の行方を左右する重要な国の一つである。

(1)　シュメール人はメソポタミア南部に数多くの都市国家を形成した。これに含まれないのはどれか。

a　ウ　ル　　b　ウルク

c　ニネヴェ　　d　ラガシュ

(2)　バビロン第1王朝について，誤っている説明はどれか。

a　最盛期の王ネブカドネザル2世はユダ王国を滅ぼした。

b　セム語系遊牧民のアムル人が建国した。

c　ヒッタイトにより滅ぼされた。

d　第6代の王が制定したハンムラビ法典は同害復讐の原則に立つ。

(3)　ササン朝について，誤っている説明はどれか。

a　アルダシール1世がセレウコス朝を倒して建国した。

b　アルダシール1世がクテシフォンを都とし，ゾロアスター教を国教とした。

c　シャープール1世がシリアに侵入し，ローマ軍を破って皇帝を捕虜にした。

d　ホスロー1世が突厥と結んでエフタルを破った。

(4)　イスラーム勢力は642年ニハーヴァンドの戦いでササン朝軍を破った。この時のイスラーム側の指導者（カリフ）は誰か。

a　アブー・バクル　　b　アリー

c　ウマル　　d　ムアーウィア

(5)　アッバース朝について，正しい説明はどれか。

a　アッバース朝に対抗して，ファーティマ朝，アイユーブ朝の君主もカリフの称号を用いた。

b　カリフ・ハールーン＝アッラシードの治世に最盛期を迎えた。

c　正統カリフ・アリーの子孫であるアッバース家がウマイヤ朝を倒して建国した。

d　全ムスリムの平等の理念のもとで，ズィンミーと呼ばれた非アラブ人改宗者も政府の要職についた。

(6)　バグダードについて，誤っている説明はどれか。

a　カリフ・マンスールの治世に建設された。

b　周囲を城壁に囲まれた円形都城が造営された。

c　「知恵の館」ではギリシア語の文献をアラビア語に翻訳する事業が行われた。

d　ユーフラテス川の西岸に位置し，水上交通を活用した。

(7)　バグダードを征服したモンゴル軍を率いていたのは誰か。

a　ハイドゥ　b　バトゥ
c　フラグ　d　モンケ

(8)　イラクを征服した当時のオスマン帝国のスルタンはスレイマン１世である。次のうち彼の治世中の出来事ではないのはどれか。

a　ウィーン包囲を行ったが征服には至らなかった。
b　エジプトに遠征しマムルーク朝を滅ぼした。
c　プレヴェザの海戦でスペイン・ヴェネツィア・ローマ教皇の連合艦隊を破った。
d　モハーチの戦いでハンガリーを破り支配下に置いた。

(9)　ドイツのいわゆる「３Ｂ政策」もその一例である。この呼称は，ベルリンとバグダードを結ぼうとしたドイツの中東戦略において，拠点となる都市の頭文字をとったものだが，もう一つのＢとは次のうちどこか。

a　イェルサレム　b　イスタンブル
c　カイロ　d　テヘラン

(10)　湾岸戦争に関連する出来事について，正しい説明はどれか。

a　アラブ諸国はイスラームの同胞との戦いを避けるため，湾岸戦争に加わらなかった。
b　イラク軍によるクウェート侵攻に対して行われた。
c　サダム＝フセインは湾岸戦争の敗北の責任追及を回避しようとイラン・イラク戦争を起こした。
d　日本はアメリカを中心とする国連軍を支援するため自衛隊を派遣した。

波線部の説明について以下の問１，問２に答えなさい。

問１　イスラームにおける宗派間紛争の最大のものはスンナ派とシーア派の対立である。次のうち，国民の過半数がシーア派である国の組み合わせとして正しいのはどれか。

a　イラク―イラン　b　イラク―トルコ
c　イラン―シリア　d　シリア―トルコ

問２　古来クルド人が多く住み，「クルド人の地」を意味するクルディスタンと呼ばれる地域は，現在国境線によって複数の国に分断されている。その結果，いずれの国も「クルド問題」を抱えているが，次のうちクルド人の数が最も多い国はどこか。

a　イラク　　b　イラン
c　シリア　　d　トルコ

4

華夷思想について述べた以下の文章を読み，下線部(1)～(10)に関する問いについて，また，波線部に関する設問について，問1～問3の空欄に当てはまる答えを，a～dの選択肢の中から答えを選び，マーク解答用紙の所定欄にマークしなさい。

自国を世界の中心にある文明国とし，周囲の民族を未開人とみなす華夷思想(1)は中国に始まり，周辺国に広がった。この思想に基づき，中華に君臨する皇帝が周辺諸国の支配者に称号・印璽を与えてその地位を認める冊封と，冊封を受けた側が臣下として皇帝に定期的に贈り物を送る朝貢という外交関係が生じ，これら二つが東アジアの国際秩序を19世紀半ばまで特徴づけた。

明の朝貢貿易は広い範囲で活発に行われた。永楽帝(2)は鄭和に命じてインド洋からアフリカまで遠征させ(3)東南アジアの国々に明への朝貢を促した。

明は朝貢国を属国とみなしていたが，各国の内部ではそれぞれの国家意識が存在していた。朝鮮(4)は明の制度を取り入れて朱子学(5)を盛んにし，15世紀の世宗の時代には特色ある文化事業が行われた。また琉球(6)も明との朝貢貿易でえた物資を用いて南海諸国の貿易の要になった。日本でも南北朝が合一し，遣唐使以来途絶えていた明との朝貢貿易が復活した(7)。

大航海時代(8)が本格化すると，アジアに進出したヨーロッパ諸国や東南アジアの新興の交易国家は明の権威にたよらず自らの力で勢力を拡大しようとし(9)，明を中心とする朝貢体制は動揺を始める。

満洲人が明を征服して立てた清朝においては，西北諸民族との外交は理藩院(10)が統括し，一方，東南アジアの朝貢国との外交は礼部が管轄し，これらの地域の習慣や宗教について干渉することはなかった。

(1)　華夷思想における方位と異民族の名の組み合わせで正しいものを選び

なさい。

a　東夷・西狄・南蛮・北戎　　b　東戎・西夷・南狄・北蛮

c　東狄・西蛮・南夷・北戎　　d　東夷・西戎・南蛮・北狄

(2)　永楽帝について，正しい説明はどれか。

a　即位前は北平を根拠地とし燕王と呼ばれた。

b　靖康の変で伯父から政権を奪った。

c　民衆教化のための六諭を定めた。

d　六部を皇帝に直属させ皇帝が直接決定する体制を作った。

(3)　鄭和について，誤っている説明はどれか。

a　鄭和はイスラーム教徒の宦官であった。

b　鄭和の艦隊はアフリカのタンジールまで到達した。

c　鄭和の南海遠征は7回におよんだ。

d　鄭和がマラッカに基地をおいたため，マラッカ王国が急成長した。

(4)　李氏朝鮮について，誤っている説明はどれか。

a　漢城（現ソウル）を都とした。

b　豊臣秀吉が朝鮮に侵攻した際，明の援軍を受けた。

c　仏教が栄え大蔵経が出版された。

d　李成桂は倭寇を破って名声を得た。

(5)　朱子学について，正しい説明はどれか。

a　日本，朝鮮，ヴェトナムで官学として繁栄した。

b　無学な庶民にも真正の道徳が備わっていると主張した。

c　代表的な思想家に李贄がいる。

d　知行合一を唱え実践を重んじた。

(6)　琉球について，正しい説明はどれか。

a　18世紀に薩摩の島津氏に服属した。

b　清代の琉球国王印は満洲語と漢語で刻まれていた。

c　今帰仁城を拠点とした中山王が琉球を統一した。

d　琉球の貢物をのせた船は春に中国に向い秋に帰港した。

(7)　永楽帝から日本国王号を冊封された将軍は誰か。

a　足利尊氏　　b　足利義教

c　足利義満　　d　足利義持

※(7)については，設問の記述に不適切な部分があったため，解答の有無・内容にかかわらず，受験生全員に得点を与える措置を取ったことが大学から公表されている。

(8) 大航海時代の航海者について述べた次の文①と②の正誤の組み合わせとして，正しいものはどれか。

① クックはオーストラリアの領有宣言を行った。

② バルボアは「太平洋」（静かな海）の命名者である。

a ①—正　②—正　　b ①—正　②—誤

c ①—誤　②—正　　d ①—誤　②—誤

※(8)については，設問の記述に不適切な部分があったため，解答の有無・内容にかかわらず，受験生全員に得点を与える措置を取ったことが大学から公表されている。

(9) ヨーロッパのアジア進出に関する以下のことがらを古い方から時代順に並べた場合に，3番目にくるものはどれか。

a イギリスが東インド会社を設立する。

b オランダが東インド会社を設立する。

c ポルトガルがゴアを占領する。

d レガスピがマニラに城郭都市を建設する。

(10) 理藩院の統括下にあった地域のうち現在の中国に含まれないものはどれか。

a チベット　　b チャハル

c 新　疆　　d ハルハ

波線部について，冊封の一例として以下の問1～問3に答えなさい。

中国の史書である［ A ］には，紀元57年に「倭の奴の国王が［ B ］に朝貢使節を派遣してきたので，国王の印綬を与えた」という記載がある。これに対応すると思われる金印が18世紀末に福岡県から出土した。この金印のつまみは［ C ］の形をしていることから中国は奴国を南海諸国の一つとみなしていたのではないかと言われている。

問1 空欄［ A ］にあてはまるのはどれか。

a 『漢書』　　b 『後漢書』

c 『史記』　　d 『春秋』

問2 空欄［ B ］にあてはまるのは誰か。

a　王　莽　　b　光武帝

c　武　帝　　d　文　帝

問3　空欄 [C] にあてはまるのはどれか。

a　魚　　b　虎

c　羊　　d　蛇

地理

(60 分)

I 次の文章1～4は，それぞれ島嶼，あるいは島嶼の一部を領土に持つアジアの国に関する内容を述べたものである。文章をよく読み，以下の問いに答えよ。

1．この国は（ A ）湾に位置する30あまりの島々からなる国であるが，全土でBW気候が卓越しており，都市人口率は90％近くに達する。住民の60％以上は（ a ）系である。輸出総額の48.1％を，一次資源を加工した［ p ］が占めており，1人あたりGDPも23,504ドルと高い。

2．この国は小スンダ列島に位置する（ B ）島の東半分と，周辺の島々が領土の中心をなす国である。1975年にいったん独立を宣言したが，1976年に島の西半分を領有する国(1)に併合された。その後も武力紛争が続き，国連の暫定統治を経て2002年に独立を回復した。住民の大部分は（ b ）系であるが，旧宗主国の影響から（ c ）の信者の比率が高い。

3．この国は（ d ）ほどの面積の主島と，周辺の50あまりの小島から形成された都市国家であり，1965年に（ C ）水道を隔てた国から独立した。人口密度は8,069人/km^2，1人あたりGDPは64,103ドルと，いずれも際だって高い。国の経済を支える産業は製造業のほか金融業や貿易業であり，国際空港はアジアを代表するハブ空港の一つとして知られている。

4．この国は（ D ）海峡で大陸と隔てられた島嶼国であり，現在の国名は多数派（ e ）人の言語で「光り輝く島」を意味する。総人口の約80％を占める（ e ）人と，約10％を占める少数派民族との内戦状態が長く続いてきたが，2009年に一応の終結をみた。近年では工業化が進み，輸出総額の約45％を衣類が占めているが，旧国名を冠したブランドで知られる [q] も約11%でこれに続いている。

＊文中の統計は，世界国勢図会 2021/22，データブック オブ・ザ・ワールド 2021 による。

問 1　文中の空欄 a ～ e に該当する語句をそれぞれ選択肢のなかから一つ選びマーク解答用紙の所定欄にマークしなさい。

a （イ．アラブ　ロ．インド
ハ．トルコ　ニ．マレー）

b （イ．ジャワ　ロ．ポリネシア
ハ．ミクロネシア　ニ．メラネシア）

c （イ．イスラム教　ロ．カトリック
ハ．ヒンドゥー教　ニ．プロテスタント）

d （イ．沖縄本島　ロ．九　州
ハ．四　国　ニ．淡路島）

e （イ．シンハラ　ロ．タミル
ハ．マレー　ニ．ムーア）

問 2　文中の空欄 A ～ D に該当する地名を記述解答用紙の所定欄に記入しなさい。

問 3　下線部(1)に該当する国名を記述解答用紙の所定欄に記入しなさい。

問 4　以下の表中の u ～ z は，それぞれある品目の輸出量上位 3 カ国を示している。このうち文中の品目 [p]，[q] に該当するものを選択肢のなかから一つずつ選び，それぞれマーク解答用紙の所定欄にマークしなさい。

順位	u	v	w
①	アメリカ合衆国	ブラジル	インドネシア
②	ロシア	アメリカ合衆国	オーストラリア
③	サウジアラビア	アルゼンチン	ロシア

順位	x	y	z
①	インド	ケニア	サウジアラビア
②	タイ	中国	ロシア
③	ベトナム	インド	イラク

統計は，世界国勢図会 2021/2022 による。

イ. u　ロ. v　ハ. w　ニ. x　ホ. y　ヘ. z

Ⅱ

次の文章は，世界の食料生産と食文化について述べたものである。文章をよく読み，以下の問いに答えよ。

1．この国では稲作が盛んであり，主な生産地域は首都の存在する平野と南部の（　a　）川の下流平野である。かつては集団農業生産が行われていたが，1980年代から集団農業生産が実質的に解体されたことにより，農家の生産意欲が刺激され，米の生産量が飛躍的に増加した。米の生産量では世界の上位5カ国の中に入り，輸出量でも世界第3位（2019年）である。生産された米は，炊飯して食されるほか，米から作られる麺である（　A　）も多く消費される。米を主食とするが，旧宗主国である（　b　）の食文化の影響から，都市部を中心にパンを食べる習慣も根づいている。

2．この国では，一般に年間の降水量が1,000mm以上の地域においては主に米が，北部の1,000mm未満の地域では主に（　c　）が生産され，これらの穀物の生産量はいずれも世界第2位である。著しい経済成長を遂げる中で国民の所得水準も向上しており，穀物中心から肉類など多様な食物を摂取する食生活へと変化しつつある。肉類の中でも消費量が最も多いのは（　d　）肉で，これら肉類生産の急成長は「ピンクの革命」とも呼ばれている。また，この国の人々の栄養源として重要なミルクの生産量・消費量も増加しており，(x)「白い革命」として知られている。

3．この国では，農耕に不適な土地と見なされていた（　e　）の農業開発が日本の政府開発援助を受けて行われ，大豆の中心的な産地にまで成長した。この国は，現在では世界第1位（2019年）の大豆生産国であるが，生産量の約半分は輸出される。その最大の輸出先は，需要が増加している（　f　）である。大豆と同様，とうもろこしの生産量も近年増加しており，世界第3位（2019年）の生産量となっているが，これは単位あたり収量の増加によるところが大きい。一方，肉類で一人あたり消費量が最も多いのが（　g　）肉であり，今世紀に入ってからの自給率は120%を超え，現在では世界最大の輸出国となっている。

4．この国では，1960年代に国民の所得水準が向上したのに伴い，米・魚・野菜が中心であった食生活が大きく変化し，肉類・小麦・果実などの消費量が増加した。食生活の変化に伴って主食である米の消費量が減少し，米の生産を抑制する（　B　）政策も行われた。また，食料の輸入は拡大し続けたため，カロリーベースの食料自給率は 38%（2019 年）にまで低下し，穀類の中でほぼ自給を達成できているのは米などに限られる。その一方で，食料が日常的に大量に廃棄される（　C　）と呼ばれる問題も発生しており，食品を廃棄しない工夫など，資源の有効な活用が求められている。

問 1　空欄 A ～ C に該当する語を記述式解答用紙の所定欄に記入しなさい。

問 2　空欄 a ～ g に該当するものを下記の語群からそれぞれ選び，その記号をマーク解答用紙の所定欄にマークしなさい。

a　（イ．エーヤワディー　　ロ．ガンジス
　　ハ．チャオプラヤ　　ニ．メコン）

b　（イ．イギリス　　ロ．オランダ
　　ハ．ドイツ　　ニ．フランス）

c　（イ．大　麦　　ロ．小　麦
　　ハ．ソルガム　　ニ．とうもろこし）

d　（イ．牛　　ロ．鶏
　　ハ．羊　　ニ．豚）

e　（イ．セラード　　ロ．セルバ
　　ハ．パンパ　　ニ．リャノ）

f　（イ．中　国　　ロ．ドイツ
　　ハ．日　本　　ニ．ポルトガル）

g　（イ．牛　　ロ．鶏
　　ハ．羊　　ニ．豚）

問 3　下線部(X)について，この背景として適当でないものを下記のイ～ニの選択肢の中から一つ選び，その記号をマーク解答用紙の所定欄にマークしなさい。

イ．菜食主義者が多く，ミルクが重要なタンパク源となっているため。
ロ．牛肉の需要の増加にともない，牛の飼育頭数が増加したため。
ハ．冷蔵輸送や家庭用冷蔵庫が普及したため。
ニ．バター・チーズ類などの乳加工品の消費量が増加したため。

問4　次の表は，問題文1～4の4カ国に関するデータを示したものである。このうち問題文2に相当する国を表中のイ～ニの中から一つ選び，その記号をマーク解答用紙の所定欄にマークしなさい。

	イ	ロ	ハ	ニ
1人1日あたり食料供給栄養量（kcal）2018年	2,533	3,025	3,301	2,705
乳児死亡率（‰）2019年	28.3	15.9	12.4	1.8
平均寿命（年）2019年	70.8	73.7	75.9	84.3
1人あたりGNI（ドル）2019年	2,092	2,525	8,523	41,513

世界国勢図会による。

Ⅲ

次の文章はアメリカ合衆国について述べたものである。文章をよく読み，以下の問いに答えよ。

アメリカ合衆国の面積は日本の26倍と広大である。同国のおおよその範囲は，北米大陸にかぎっても，北緯25°～70°，西経65°～170°である。また，同国の領土には多くの島嶼①が含まれる。そのため，探査・開発・保全および管理を行う排他的な権利のおよぶ海域である（　A　）の広さは，世界トップクラスである。

このような広大な国土には，多様な自然環境②がみられる。例えば，州の中で最も広い面積のW州には，北米大陸で最も標高の高い山があり，全長3,000kmを超える（　B　）川が流れる。同州では地震が多く，1964年にはマグニチュード9を超える大地震が起きた。それに対し，全長3,000kmを超える上記とは別の河川の下流部に位置するX州には，海岸付近に大規模なデルタが形成されている。同州では地震は少ないが，たびたびハリケーンが通過する。同州最大の人口規模の都市（　C　）では，2005年のハリケーンで中心市街地の約8割が浸水するなどの甚大な被害を受けた。

多様な自然環境の存在は，アメリカ合衆国の産業の基礎になっている。例えば農業では，③西経100°の経線に沿って，南から北にかけて綿花，冬小麦，春小麦の栽培地域が広がっている。このような地域による農業の違いは，その土地の自然条件・社会条件に最適な作物を選んで農業経営を行うという（　D　）を反映している。アメリカ合衆国の州の中で最大の農産額をほこるＹ州では[1)]，灌漑整備が進み，野菜や果樹，米などの多くの品目が栽培されている。

また，鉱産資源も豊富である。なかでも19世紀から本格的な生産の始まった原油は，アメリカ合衆国の工業化④や経済成長⑤に大きく貢献した。原油の生産に携わる企業の中には，成長して国際石油資本（メジャー）と呼ばれるまでに巨大化し，世界各地の資源開発やエネルギー供給に大きな影響力をもつものもある。20世紀後半に同国の原油生産量は低迷し，輸入が増えていた。しかし，2000年代に入って頁岩層からの（　E　）オイルの生産が可能になると状況が変わり，原油生産量は増加基調に転じた。

アメリカ合衆国の多様さは，自然環境や産業にとどまらず，文化の面でもみられる。その背後には，多くの移民を受け入れてきたことがある。移民がもたらしたさまざまな文化が混じり合い，新たな文化を生み出してきたのである。その一方で，「サラダボウル」と称されることがあるように，人種・民族間の違いが見えやすい面もある。例えば，住む場所については，住み分けを意味する（　F　）と呼ばれる現象が知られている。また，宗教や宗派⑥によって信者の人種・民族構成は異なる。2002年に冬季オリンピックが開催されたＺ州の都市（　G　）に本拠地をおく宗派の場合，その信者の85%が白人であるのに対し，黒人は1%に満たない[2)]。

1）データブック　オブ・ザ・ワールド2021による。
2）Pew Research Centerの2014 Religious Landscape Studyによる。

問１　文中の空欄Ａ～Ｇに入る最も適した語句を記述解答用紙の所定欄に記入しなさい。ただし，空欄Ａには，アルファベット３文字からなる略称を記入しなさい。

問２　下線部①に関して，太平洋に位置するグアム島の経度に最も近い都市を次の中から一つ選び，マーク解答用紙の所定欄にマークしなさい。

イ．ウェリントン　　ロ．メルボルン
ハ．名古屋　　ニ．ヤクーツク

問３　下線部②に関して，都市Ｃの気候区（ケッペン）を次の中から一つ選び，マーク解答用紙の所定欄にマークしなさい。

イ．Am　ロ．Cs　ハ．Cfa　ニ．Df

問4　下線部③に関して，年間降水量の等値線を描いたときに西経100°におおむね重なる年間降水量を次の中から一つ選び，マーク解答用紙の所定欄にマークしなさい。

イ．250mm　ロ．500mm　ハ．750mm　ニ．1,000mm

問5　下線部④に関して，次に示すアメリカの4つの州の工業に関する記述のなかからＹ州のものを一つ選び，マーク解答用紙の所定欄にマークしなさい。

イ．食品加工業や農業用機器製造が盛んであるほか，バイオサイエンス産業が発展しており，全米有数のバイオエタノール生産量を誇る。

ロ．先端技術産業が盛んなシリコンマウンテンと呼ばれる地域があるほか，航空宇宙産業も盛んである。鉱産資源に恵まれる一方，国立再生可能エネルギー研究所があり，再生可能エネルギー産業も盛んである。

ハ．鉱産資源に恵まれ，二つの大都市を中心に先端技術産業が盛んである。半導体工場やコンピュータ・ICT関連企業が多く立地するほか，近年は電気自動車や車の自動運転技術に関連する産業も盛んである。

ニ．五大湖の水運や周辺の鉱産資源を背景に自動車関連産業が集まる。長らくアメリカ合衆国の工業の中心の一つであったが，現在では産業の空洞化などが起きている。

問6　下線部⑤に関して，経済成長の恩恵には地域差がある。Ｗ～Ｚ州の貧困状態にある人口の割合を調べたところ，高い方から順に19.0%，11.8%，10.1%，8.9%であった*。このうち，最も高い値を示した州を次の中から一つ選び，マーク解答用紙の所定欄にマークしなさい。

*U.S. Census Bureauの2019 American Community Surveyによる。

イ．Ｗ州　ロ．Ｘ州　ハ．Ｙ州　ニ．Ｚ州

問7　下線部⑥に関して，下表はアメリカにおける宗教別にみた信者の人種・民族構成（%）の調査結果のうち，イスラム教，キリスト教（カトリック），ヒンドゥー教，仏教，ユダヤ教について示している。このうちイスラム教にあたるものを表中のイ～ホから一つ選び，マーク解答用紙の所定欄にマークしなさい。

宗教	白人	黒人	アジア系	ヒスパニック	その他
イ	4	2	91	1	2
ロ	38	28	28	4	3
ハ	44	3	33	12	8
ニ	59	3	3	34	2
ホ	90	2	2	4	2

注）四捨五入の関係で数値の合計が100にならない場合がある。
Pew Research Center の 2014 Religious Landscape Study による。

Ⅳ 次の文章は高等学校の地理の教科書について問題点を指摘した論文からの引用（一部改変）である。文章をよく読み，以下の問いに答えよ。

地理Ｂ科目の自然環境の「世界の大地形」に関して，多くの教科書に共通している内容を要約すると，1）（　A　）変動や（　B　）活動はプレート境界の変動帯で起こる，2）山岳（の地形）が形成される地帯が造山帯である，3）（　C　）に形成された造山帯は新期造山帯(X)とよばれ，けわしい大山脈を形づくっている，4）（　D　）に形成された造山帯は古期造山帯(Y)とよばれ，長期間の侵食によって低くなだらかな山地になっている，5）古期造山帯より古い陸地は安定陸塊（安定大陸）で（　A　）変動が起こらず平坦である，というものである。

このような説明の問題点は次のように三つにまとめられる。

i）　変動帯と造山帯の説明が不正確，あるいは誤っている。地向斜造山論由来の造山帯と，プレート論由来の変動帯との区別が不十分であり不適当である。

ii）　山岳地域を含めた世界の大地形の説明に，新期造山帯・古期造山帯・（　E　）という地質学の概念を使っていることの問題。つまり，地形と地質の概念を混同している。

iii）　新期造山帯の山は険しく，それ以外の山はなだらかという説明は事実と異なっている。

（出典）岩田修二：高校地理教科書の「造山帯」を改訂するための提案　より

問1　文中の空欄A～Eにもっともよくあてはまる語をそれぞれ以下より選び，マーク解答用紙の所定欄にマークしなさい。

A　（イ．海　面　ロ．火　山　ハ．地　殻
ニ．氷　河　ホ．隆　起）

B　（イ．海　面　ロ．火　山　ハ．地　殻
ニ．氷　河　ホ．隆　起）

C　（イ．古生代　ロ．新生代　ハ．新生代と中生代
ニ．先カンブリア代　ホ．中生代と古生代）

D　（イ．古生代　ロ．新生代　ハ．新生代と中生代
ニ．先カンブリア代　ホ．中生代と古生代）

E　（イ．ケスタ　ロ．高原・台地　ハ．大陸棚
ニ．楯状地・卓状地　ホ．中央海嶺）

問2　文中の下線部(X)と(Y)にあてはまらないものをそれぞれ以下より選び，マーク解答用紙の所定欄にマークしなさい。

(X)　（イ．アトラス山脈　ロ．アルタイ山脈
ハ．カスケード山脈　ニ．カフカス山脈
ホ．カラコルム山脈）

(Y)　（イ．カルパティア山脈　ロ．グレートディヴァイディング山脈
ハ．サヤン山脈　ニ．テンシャン山脈
ホ．ドラケンスバーグ山脈）

問3　著者が挙げる問題点ⅰ)～ⅲ)に関連して，以下の文章イ～ニのうち誤っているものを一つ選び，マーク解答用紙の所定欄にマークしなさい。

イ．著者によれば，多くの教科書では現在の険しい山は新期造山帯で，なだらかな山は古期造山帯，平坦なところは安定陸塊であると記述している。

ロ．著者によれば，変動帯はプレート論，造山帯は地向斜造山理論による言葉で，前者は現在は主流ではない。

ハ．著者によれば，造山帯とは地質学の概念であり，険しいとかなだらかとかには関係しない。

ニ．著者によれば，古期造山帯にも険しい山脈はある。

問4　著者は，問題点ⅱ）であげた地質学の概念は，地下資源の分布を説明するには便利であると述べている。以下の文章中の空欄①～⑤にあて

はまる語を記述解答用紙の所定欄に記入しなさい。

世界で大規模に採掘されている鉄鉱床は，約20億年前に海底で沈殿・堆積した縞状鉄鉱であり，オーストラリアのウェスタンオーストラリア州（　①　）地区，ブラジルのカラジャス鉄山などがある。

一方，世界のおもな炭田は，アメリカのアパラチア炭田や，インド北東部にあり国内最大の（　②　）炭田などのように，造山帯内に形成された堆積盆や周辺の湿地帯（デルタ地域など）に成立した「森林の化石」といえる。

石油鉱床は，油を通さない岩層で遮られた（　③　）構造部分に形成される。アラビアプレートとユーラシアプレートの接する中東地域は世界有数の油田地帯であり，サウジアラビアの（　④　）油田は世界最大の埋蔵量を持つ。一方，近年はナイジェリアなど（　⑤　）湾沿岸部やブラジル大西洋岸などの安定陸塊周辺の海底でも大規模油田が発見されている。

政治・経済

（60 分）

I　次の文章を読み，設問に答えなさい。

国際資本移動は直接投資，間接投資，経済援助・賠償に大別される。1950 年代初めには IMF 8 条国は米国など数か国で，日本を含む大部分の国は国際収支上の理由から為替制限を行っていた。1961 年に西欧主要国が 8 条国に移行，日本に対する自由化圧力が強まった。日本は，(a)1963 年に GATT 11 条国，翌 64 年には IMF 8 条国に移行，OECD にも加盟し，貿易・資本の自由化を進めた。対内直接投資については 1967 年の第 1 次自由化以降，対象業種を順次拡大し，73 年の第 5 次自由化により例外 5 業種以外の全業種で原則 100% 自由化となった。一方，対外直接投資は対日貿易赤字による貿易摩擦を回避する目的で，1980 年代以降，自動車産業を中心に米国などの消費地における工場建設が相次いだ。さらに，(b)1980 年代後半以降の円高により製造業は安価な労働力を求めてアジア諸国への直接投資を増やし，進出先で日本国内向け，欧米向けの生産を拡大した。

東西冷戦が 1980 年代末に終わり，旧社会主義国が市場経済化を進めると，貿易と国際資本移動の範囲は旧社会主義国を含めた全世界に拡大し，(c)グローバリゼーションが進展した。中・東欧諸国への直接投資は，EU 加盟の動きが具体化した 90 年代後半から急増した。中国に対しても特に［ d ］加盟以降，直接投資が急増する。これらの資本移動により新興国は高い経済成長を達成したが，一方で(e)短期資金の流出による金融危機も幾度か発生した。日本や米国などの資本の送り出し側においては製造業の生産拠点が新興国に移転された結果，産業の空洞化による雇用機会の喪失も問題となった。

企業が生産拠点を選択する場合，安価で良質な労働力・土地に加え，安価で安定した電力供給なども勘案される。また，原材料や部品の産地，製品の消費地との距離とそこまでの道路・鉄道・港湾などの物流インフラも重要である。さらに自然災害・国際紛争などの発生に備えてサプライチェーンにおける生産，物流の拠点を［　f　］することも求められる。民間企業が世界的にコストの低い活動拠点を求める中，各国は進出企業のための環境整備のほかに，税制上の優遇措置を設け，法人税率の引き下げによって企業誘致を図った。その結果，国外から企業を呼び込み，あるいは国内に企業を引き留めるための法人税率の引き下げが進み，1980 年代以降，世界的に(g)税率が大きく低下している。法人税の引き下げ競争に歯止めをかけるべく，2021 年，OECD の加盟国を中心とした 136 の国と地域は，法人税の最低税率を 15%とすることに最終合意した。

国境を超えて活動する企業に対する課税では，二重課税や税逃れを防止するルールも必要となる。さらに一部の多国籍企業は売上高が発生した地域にかかわらず，利益を低課税国・地域に移転したため，企業が実質的に業務を行っている国においては本来得られるはずの税収が失われる事態も生じていた。OECD では 2012 年に税源浸食と利益移転（BEPS: Base Erosion and Profit Shifting）に関するプロジェクトを立ち上げた。その最終報告書は 2015 年に提出されたが，15 の行動計画の下，包括的に BEPS に対応する諸措置を勧告している。

企業活動における社会的責任を重視する立場から，サプライチェーンの構築にあたっては，企業収益の最大化だけではなく，人権侵害や環境汚染のリスクを特定し，予防策や是正策をとることが求められる。国連において 2011 年に採択された「ビジネスと人権に関する指導原則」は，サプライチェーンの展開における人権デュー・デリジェンスの必要性が意識される契機となり，2015 年に英国現代奴隷法，2021 年にドイツのサプライチェーン法など関連する立法が各国で進んでいる。

OECD は，武器・航空機・原子力・宇宙開発・電気・ガス・熱供給・通信・放送・鉄道等を安全保障関連業種に認定し，投資規制を導入することを認めている。近年は経済安全保障を重視する立場から，先端技術の流出阻止のため，輸出管理と投資管理が強化される流れにあり，(h)外国企業による自国企業の買収についての制限を設ける国が増加している。日本においても，2019 年の外国為替及び外国貿易法改正で安全保障上重要な企業については上場会社の取得時事前届出の閾値を 10%から 1 %に引き下げた。さらに新型コロナウイルスの世界的流行は，(i)経済安全保障の範囲を医療関連分野にまで拡大させた。医療分野にかかわる物品の生産拠点を国内に構築する，あるいは海外に置く場合は一つの国に集中させないなどの対策が取られ，医療分野の輸出制限を設ける国の数も増加した。日本においても，安全保障上，特に重要な業種（分野）に医薬品，医療機器等を新たに指定し，生産拠点の集中度が高く，サプライチェーンの途絶によるリスクが大きい重要な製品・部素材，または国民が健康な生活を営む上で重要な製品・部素材について，生産拠点の国内回帰と多元化を行う企業に対して補助を開始した。

設問

(1) 下線部(a)の時期は日本の高度成長期（1960～1973年）にあたるが，この時期の日本経済について，正しい説明をすべて選びなさい。

① 日本の高度成長は輸出主導型であり，対日貿易赤字が先進国で政治問題化した結果，半導体・工作機械の輸出自主規制が行われた。

② 高度成長期の企業の資金調達は主に間接金融に依存していた。

③ 高度成長期前の1950年には日本の国民所得に占める第1次産業の比率は50%を超えていた。

④ 第2次産業の就業人口は，高度成長期には第3次産業を上回っていたが，1990年代半ば以降は第3次産業を下回るようになった。

⑤ 第2次産業の就業人口は，高度成長期の間に第1次産業の就業人口を上回る規模になった。

(2) 下線部(b)に関連して，1980年代後半の日本経済について，正しい説明をすべて選びなさい。

① 日本銀行が円高を防ぐために公定歩合を2％台まで下げたことはバブル発生の一因となった。

② プラザ合意以降の急速な円高により，輸入品の価格が下落，国内物価全般に影響が及び，価格破壊と呼ばれた。

③ 自国の金融政策の独立性を確保しつつ，為替相場も固定するためには資本移動の制限が必要となる。

④ 原油価格は二度の石油危機によって上昇したが，円高により円建ての原油価格は第1次石油危機前とほぼ同じ水準にまで低下した。

⑤ 大蔵省は円高のスピードを緩和するために為替介入を行ったが，こ

れによりマネーストックが増加し，バブル拡大に拍車がかかった。

(3)　下線部(c)に関連して，1870年代から1914年までの期間を第1次グローバリゼーションと呼ぶ場合があるが，この時期の世界経済について正しい説明をすべて選びなさい。

①　ブレトンウッズ体制下と比較して，国境を越えた資本移動が自由であった。

②　各国政府は公共事業などの財政政策により総需要をコントロールして景気変動を抑制しようとした。

③　国内の所得格差は大きかったが，所得再分配を行った国もあった。

④　金本位制を採用していた主要国間の為替レートは，各国の金保有量により交換レートが決まる変動相場制であった。

(4)　空欄 d に当てはまる国際機関を1つ選びなさい。

①　GATT　②　IMF　③　OECD
④　TPP　⑤　WTO

(5)　下線部(e)における金融危機に該当するものをすべて選びなさい。

①　アジア通貨危機　②　ロシア通貨危機　③　欧州通貨危機
④　ギリシャ債務危機　⑤　ドル危機

※設問(5)については，設問の記述に不適切な部分があったため，解答の有無・内容にかかわらず，受験生全員に得点を与える措置を取ったことが大学から公表されている。

(6)　空欄 f に当てはまるもっとも適当な語句を選びなさい。

①　安定化　②　効率化　③　集中化
④　分散化　⑤　長期化

(7)　下線部(g)に関連して，中央政府と地方政府を併せた法定法人税率を記載した表の空欄 A ～ C にあてはまる国名の組み合わせを①～⑥から1つ選びなさい。

	A	米国	B	C
2000年	40.87%	39.34%	30.0%	24.0%
2021年	29.74%	25.75%	19.0%	12.5%

（出典　The OECD Tax Database, https://www.oecd.org/tax/tax-policy/tax-database）

①　A　アイルランド　B　英　国　C　日　本

② A アイルランド　B 日　本　C 英　国
③ A 英　国　B アイルランド　C 日　本
④ A 英　国　B 日　本　C アイルランド
⑤ A 日　本　B アイルランド　C 英　国
⑥ A 日　本　B 英　国　C アイルランド

(8) 下線部(h)に関連して，企業買収について，正しい説明をすべて選びなさい。

① 企業買収が成立するためには，被買収企業の株主総会と債権者総会のそれぞれで買収案が過半数以上の賛成を得る必要がある。
② 買収によって一定の取引分野における市場シェアが著しく上昇し，競争が実質的に制限されることが予想される場合，独占禁止法にもとづき公正取引委員会が排除措置命令を出すことができる。
③ 株式の持ち合いが崩れた2000年代後半以降，持株会社が敵対的買収からの企業防衛において主要な役割を果たすようになった。
④ 1960年代後半，貿易・資本の自由化に伴う国際競争の激化を予想して大型合併が相次ぎ，財閥解体や過度経済力集中排除法などで分割・解体された旧財閥系企業も多くが再結集した。

(9) 下線部(i)に関連し，食料とエネルギーの安定的確保について，正しい説明をすべて選びなさい。

① G7を構成している国は農産物に対する関税を低く抑えており，農林水産省が試算したカロリーベースの食料自給率が100%を上回るのは米国とカナダのみである。
② 日本の農業生産がコメから果物・野菜に移行した結果，農林水産省が算出したカロリーベースの食料自給率は40%をやや下回る水準が続いているが，生産額ベースの食料自給率は60%を上回っている。
③ 2010年に導入された所得補償制度は農業経営の赤字補填であり，効率化に寄与しないとして，2014年から農地の多面的機能の維持に着目した日本型直接支払制度が創設された。
④ 日本の1次エネルギー自給率は東日本大震災後に下落し，現在でも1割前後の水準だが，G7を構成する国の中で1次エネルギー自給率が5割を上回るのはカナダのみである。

Ⅱ　次の文章を読み，設問に答えなさい。

2006 年に施行された会社法(a)に規定される株式会社には，毎年定期的に又は必要に応じて臨時に開催される株主総会というものがある。株主総会は株主(b)が集まって開く最高の［ア］であり，「株式会社の組織，運営，管理その他株式会社に関する一切の事項」について決議することができる。株主総会の議決は原則として持株数に応じた多数決原理が採用されており，持株比率の大きい一部の大株主(c)が大きな影響力をもつ。そのため配当と株価の動きに関心があり，経営それ自体に興味がない多数の一般株主は，株主総会に出席して直接議決権を行使することは少なく，株主総会は形式的な場となりしばしば形骸化する傾向がみられる。このように株主総会が形骸化し，もっぱら専門経営者が経営を行うことを，「［イ］」と呼ぶ。「［イ］」が進んだ企業では，専門経営者が株主の利益を顧みずに経営を行うことが起こりうる。この状況を防ぐための手段の一つとして，経営者に［ウ］を付与することがある。［ウ］では，経営者が権利を行使した場合，一定の価格で自社株式を購入したうえで，時価で売却することができる。このため，経営者は株価を上げる努力をすることが期待されるが，この努力の方向性は株主の利害と一致すると言える。

会社法で定められた会社は，一般的に私企業に分類される。私企業は基本的に株主のために，他社との競争の中で，より良い商品やサービスを提供することで顧客満足度を高め，利潤を追求することが求められる。企業が生み出した商品やサービスは，一国の国内総生産にカウントされる(d)。私企業以外の企業形態としては，公企業とその中間的な組織形態である公私混合企業(e)がある。公企業は，政府や地方自治体が所有・経営する企業を言い，利潤の追求に向かない事業を主に行う。

設問

(1)　下線部(a)「会社法」に定められている会社形態に関連した記述について，最も適当なものを一つ選びなさい。

①　2006 年の会社法施行に伴い有限会社法が廃止されたので，既存の有限会社は商号の変更を迫られた。

②　合同会社は，無限責任の社員からなる会社である。

③　合名会社は，2006年の会社法施行によってはじめて設立可能となった会社形態である。

④　2020年の年間設立件数は，多い順に株式会社，合同会社，合資会社，合名会社である。

⑤　持分会社における社員は出資金額に関わらず，すべての債務を弁済する責任を負う。

(2)　文章中の［ア］に該当する語句として，最も適当なものを一つ選びなさい。

①　諮問機関　②　審査機関　③　監査機関
④　意思決定機関　⑤　統合参謀本部

(3)　文章中の［イ］に該当する語句として，最も適当なものを一つ選びなさい。

①　大株主支配　②　同族支配　③　専門家の独立
④　従業員の独立　⑤　所有と経営の分離

(4)　下線部(b)「株主」に関連した記述について，最も正しくない説明をしているものを一つ選びなさい。

①　株主は通常，会社解散時に残余財産の分配を受ける権利を有している。

②　株主は保有する株式を一定の金額で発行した会社に買い取らせる権利を有する。

③　議決権のない株式を無議決権株式と呼ぶ。

④　会社の業績が悪化した場合，株主であっても配当を受けられない可能性がある。

(5)　会社法に定められた指名委員会等設置会社について，正しくない説明をしているものをすべて選びなさい。

①　指名委員会は取締役の選任・解職を決議する。

②　代表取締役は指名委員会の委員になることができる。

③　各委員会は3名以上の委員で構成され，委員の3分の1以上は社外取締役でなければならない。

④　各委員会の委員は取締役会の決議によって選任・解職される。

(6)　下線部(c)「大株主」に関連した記述について，最も正しい説明をしているものを一つ選びなさい。

① 企業の環境問題への取り組みなどを評価・選別して株式投資する方法を ESG 投資と呼ぶ。

② 多額の保有財産を使って株式投資を行う個人投資家を機関投資家という。

③ 投資銀行とは，個人から小口の預金を集め，その資金で積極的に株式投資を行う銀行を指す。

④ 機関投資家の典型的な投資手法は，株式の売買を短期的に繰り返して利益を稼ぐというものである。

(7) 文章中の［ウ］に該当する語句として，最も適当なものを一つ選びなさい。

① キャピタル・ゲイン　② ストック・オプション

③ ゴールデン・パラシュート　④ マネジメント・バイアウト

⑤ 第三者割当増資

(8) 下線部(d)「国内総生産にカウントされる」というように，国内企業によって生み出された付加価値は国内総生産に組み込まれることとなる。ここで，ある企業 A はパンを製造し，消費者に販売しているとする。1 年間にパンの原材料となる小麦粉を 300 万円分購入・使用し，1 個 200 円のパンを 4 万個製造し完売した。このプロセスで企業 A が支払った人件費は 200 万円であった。この場合，企業 A が 1 年間に生み出した付加価値金額はいくらになるか。国民経済計算の計算方法に沿って計算し，最も適当なものを一つ選びなさい。なお，企業 A のパン製造・販売における減価償却費はゼロとし，小麦粉の代金と人件費以外は一切かからなかったとする。

① 100 万円　② 200 万円　③ 300 万円　④ 400 万円

⑤ 500 万円　⑥ 600 万円　⑦ 700 万円　⑧ 800 万円

(9) 下線部(e)「公私混合企業」は公私合同企業とも言うが，現在のそれの例として最も適当でないものを一つ選びなさい。

① 日本製鉄株式会社　② 日本銀行

③ 日本電信電話株式会社　④ 日本たばこ産業株式会社

⑤ 北海道旅客鉄道株式会社

※設問(9)については，解答の有無・内容にかかわらず，受験生全員に得点を与える措置を取ったことが大学から公表されている。

III　次の文章を読み，設問に答えなさい。

憲法が通常の法律よりも厳格な手続きによらなければ改正できない場合，それを［　A　］憲法と呼び，通常の法律と同様の手続きで改正しうる場合，［　B　］憲法と呼ぶ。

この区別は，(a)ブライスによってなされたもので，彼は，成典か否かの区別を前提とせずに，憲法一般にこの分類をあてはめた。一国における実質的意味の憲法がすべて成典化されることは実際上あり得ず，従って，それがすべて［　A　］化されることもあり得ない。［　A　］憲法の国か［　B　］憲法の国かの区別は，その国に［　A　］の憲法典があるか否かの区別としてとらえられるべきである。

［　C　］は，一般に憲法の成典化とその［　A　］化とを推し進めた。国家機関への拘束と人民の権利の内容を成典化し，明確にすればその遵守を期待することができるし，そうして生まれた憲法を，通常の法律より厳格な手続きでしか変更できない憲法とすれば，そのときどきの議会多数派の手から少数者の権利や社会生活の基礎となる価値を保障することができ，また(b)改正手続きに国民投票を取り入れることで，国民の意思を憲法に反映すると同時に，憲法の正統性を強めることも可能となる。

もっとも，憲法改正手続きが厳格であることは，必ずしも実際の改正が困難であることを意味しない。改正がなされるか否かは，政治情勢や憲法擁護に対する国民の考え方にも大きく依存する。他方，改正が困難であると，実際の状況に合わせて不文の慣習が補充的にあるいは憲法典に反する形で生成することがある。しかし，憲法典の解釈が柔軟になされるならば，憲法典が同一のままであっても，様々な状況の変化に対応することが可能となる。

［　C　］が国民の権利・自由を保障するうえで，議会・内閣・裁判所などの国家機関の仕組みや権限に着目するのは，これらの機関こそが国家権力の実際の担い手であると考えるからである。この前提は，現代社会において権力が行使される状況を正確に反映しているであろうか。

バジョットは，『イギリス憲政論』（1867 年）の中でイギリスの国家体制を分析する際，憲法の尊厳的部分と機能的部分とを区別した。前者は，国民の崇敬と信従を喚起し，維持する部分であり，後者が実際の統治に携わる。バジョットによれば，当時のイギリスの国家制度のうち王室や貴族院は前者であり，庶民院や内閣は後者にあたる。

この区別に即して現代の日本の政治制度を分析するとどうなるだろう。［ D ］は明らかに尊厳的部分に属しているが，さらに，唯一の立法機関とされる国会や行政権を統括するはずの［ E ］も，次第に尊厳的部分へと追いやられているように見える。実際に統治活動の中心にあるのは，大部分の法案を準備し予算案を編成する［ F ］と，財界・産業界・各種圧力団体の要請と支援を受け，ときには外国政府の圧力を受けて官僚の活動に影響力を行使する［ G ］である。そして，統治活動の態様も，法律およびそれに基づく国民の権利自由の制約ではなく，補助金の交付や行政指導，人員の派遣など，法的コントロールになじみにくい形をとることが増えている。

このような憲法の機能的部分の活動を厳格な法のコントロールの下に置くことは，とりわけ行政活動の肥大した現代国家では難しい。それは，彼ら自身が立法・行政活動の主体でもあり，そうである以上，法的措置をとる以前に，他の方法で所期の効果を達成することができるからである。いずれにしろ最後は法的措置をとられるとわかっている以上，相手方も長期的観点からなるべくコストがかからず，摩擦の少ない形で機能的部分の要求に対処しようとするであろう。

もちろん，機能的部分に属する人々も全く無制約で活動するわけではない。数年ごとに行われる国政選挙のため，有権者の意思を無視することは許されない。従って，世論に影響を与えるマスメディアの批判も大きな効果を持つ。また，機能的部分の権力の主要な源泉が，国会や［ E ］など憲法の尊厳的部分の活動をコントロールしうる点にある以上，国会や［ E ］の活動を規律する憲法典，各種の法令および慣習は遵守せざるを得ない。

もっとも，これらのルールは，そのすべてが裁判所によって強行されるわけではないため，彼ら自身によって承認されている限りにおいて，彼らの行動を縛るという性格は残る。裁判所の違憲審査権が行使される場合でさえ，最終的に有権解釈権者たる［ H ］によって解釈された限りにおける憲法が適用されるにすぎない。権力の拘束を使命とする憲法は，究極的には，権力者自身によって受け入れられている限りにおいて，権力を拘束することができる。もちろんそうは言っても，憲法と現実の距離には許容限度があろう。憲法を単なる［ I ］として軽視することは，機能的部分の権力の基礎を掘り崩すことになる。機能的部分の機能性もその［ I ］によって支えられているからである。

出典：長谷部恭男著『憲法第 7 版』（新世社，2019 年）21-23 頁

設問

(1) 本文中の空欄［ A ］から［ D ］に当てはまる最も適当な語句を下に掲げる語句群Ⅰの中から一つ選びなさい。

（語句群Ⅰ）

① 神　社　② 天皇制　③ 硬　性
④ 議院内閣制　⑤ 啓蒙主義　⑥ 理　法
⑦ 平和主義　⑧ 厳罰化　⑨ 軟　性
⑩ 厳　格　⑪ 近代立憲主義　⑫ 暫　定
⑬ 実　定

(2) 本文中の空欄［ E ］から［ I ］に当てはまる最も適当な語句を下に掲げる語句群Ⅱの中から一つ選びなさい。

（語句群Ⅱ）

① 天皇制　② 政権政党　③ 教育制度
④ 理　法　⑤ 平和主義　⑥ 神　話
⑦ 最高法規　⑧ 最高裁判所　⑨ 財務省
⑩ 内　閣　⑪ 中央官僚機構　⑫ 伝家の宝刀
⑬ 自民党総裁

(3) 下線部(a)の説明として正しいものを，次の①～④のうちから一つ選びなさい。

① ブライスは，多数決原理が民主主義の基本であると唱え，多数による判断が少数意見の無視や少数者の権利の侵害につながることがあっても，それは民主主義を実現するための代償であると説き，フランスの思想家トクヴィルとともに多数者の専制を支持する論陣を張った。

② ブライスは，基本的人権は生命・自由・財産などの個人の人格的自由とともに，経済的な自由を確保することが基本であり，そのためには政府は市民の私的生活に立ち入らないことが重要であると主張し，

アダム＝スミスに先駆けて自由放任の原則の重要性を唱えた。

③　13 世紀の法律家ブラクトンは「国王といえども神と法のもとにあるべきだ」と述べたが，ブライスは，ブラクトンの言葉を引用し，イギリスでの中世以来の慣習法＝コモン・ロー（普通法）が王権をも支配すると主張した。

④　トクヴィルは，地方自治が住民に身近な地域における政治参加の機会を提供し，主権者としての意識を磨き高める制度であるとしてその意義を強調したが，ブライスは，こうした地方自治を「民主主義の学校」だと述べている。

(4)　下線部(b)の説明として正しいものを，次の①～④のうちから一つ選びなさい。

①　日本国憲法は憲法改正手続きについて規定を置いており，それによれば，改正には，各議院の総議員の 3 分の 2 以上の賛成で国会が改正について発議し，国民に提案してその承認を経なければならず，この承認には特別の国民投票で，その 3 分の 2 以上の賛成を得なければならない。

②　日本国憲法は，憲法改正手続きについては規定していなかったため，新たに憲法改正手続き法が制定された。同法は，改正には各議院の総議員の 3 分の 2 以上の賛成で国会が改正について発議し，国民投票が行われることを規定している。同法の規定により，国民投票で 3 分の 2 以上の賛成が得られた場合には改正が行われることになった。

③　日本国憲法が規定する憲法改正手続きによれば，各議院の総議員の 3 分の 2 以上の賛成で，国会がこれを発議し，国民に提案してその承認を経なければならず，この承認には，特別の国民投票または国会の定める選挙の際行われる投票において，その過半数の賛成を必要とする。国民投票については，法律が制定されており，それによれば，日本国民で年齢満 18 年以上の者が投票権を有するものと定められている。

④　日本国憲法は憲法改正について一切規定を置いていなかったため，改正および国民投票について新たに法律が制定された。同法によれば，改正には各議院の総議員の 3 分の 2 以上の賛成で国会が改正の発議を行い，国民投票が行われる。国民投票では，日本国民で年齢満 20 年

以上の者に投票権が与えられている（同年齢は成人年齢の改正に伴い，現在では「満18年以上の者」となっている）。国民投票で過半数を得た場合に改正が行われることになる。

IV　次の文章を読み，設問に答えなさい。

[A] または代表者について

公共の職務が，市民たちの主要な仕事でなくなり，また市民たちが自分の身体で奉仕するよりも，自分の財布で奉仕するほうを好むようになると，そのときにはもはや国家は滅亡に瀕しているのである。戦闘に赴かなければならないとしようか。彼らは軍隊に金を払って，自分は家に残る。会議に出向かなければならないとしようか。彼らは [A] を任命して，自分は家に残る。怠惰と金銭のおかげで，彼らはついには兵隊を雇って祖国を奴隷化したのである。【中略】

国家がよく構成されていればいるほど，市民の心のなかでは，公共の問題が [ア] よりも優越してゆく。[ア] ははるかに減少しさえする。[B]。うまく運営されている都市国家では，各人は [イ] へ駆けつけてゆくものだが，悪い政府のもとでは，だれもそこへ赴くために一足でも足を進める気になれない。なぜなら，そこで行われることにだれも関心を持たないし，また，そこでは [C] 意志が支配しないことがはじめからわかっているし，最後に，家事にすっかり忙殺されているからである。良法は，ますますよい法律をつくるが，悪法は，さらに悪い法律をもたらす。国事について，だれかが「私の知ったことか」などと言いだすやいなや，国家は滅びてしまったものと考えるべきである。

祖国愛の減退，私的な利益の活力，国土の広大さ，征服，政府の職権乱用が，国民の集会に人民の [A] または代表者を送るという方法を考えつかせた。ある国では，これらの人々のことをあえて第三身分(a)と呼んでいる。こうなると，［僧侶と貴族の］二つの身分の特殊な利益が第一位と第二位に置かれ，公共の利益は第三位でしかなくなる。

主権は代表されえないが，それは，主権を譲り渡すことができないのと同じ理由による。主権は，本質上，[C] 意志のなかに存する。ところで，意志というものはけっして代表されはしない。意志は同じもの［＝同じ主体に属する意志］であるか，そうでなければ別のもの［＝別の主体に属する意志］であって，そこには中間というものはない。だから，人民の［A］は，人民の代表者ではないし，代表者たりえない。彼らは，人民の代理人であるにすぎない。彼らは何ごとをも最終的に取り決めることはできない。人民がみずから承認したものでない法律は，すべて無効であり，断じて法律ではない。［D］人民は，自分たちは自由だと思っているが，それは大間違いである。［E］。自由であるこの短い期間に，彼らが自由をどう用いているかを見れば，自由を失うのも当然と思われる。

代表者という着想は近世のものである。それは封建政体，すなわちあの不正で不条理な政体から今日に受け継がれている。【中略】［F］共和国においては，いや君主国においてさえ，人民はけっして代表者を持たなかった。こうした語を，人々は知らなかったのだ。

ジャン＝ジャック・ルソー『［G］』作田啓一訳，白水社，2010年，142-144頁より引用（原著は1762年出版）。角括弧内は訳者による補足である。

設問

(1)　空欄［A］に当てはまる言葉として，最も適切なものを一つ選びなさい。

①　代議士　②　役　員　③　大　臣　④　執政官

(2)　空欄［ア］と空欄［イ］に当てはまる言葉の組み合わせとして，最も適切なものを一つ選びなさい。

①　ア　私的な問題　イ　投票所
②　ア　経済の問題　イ　取引所
③　ア　私的な問題　イ　集　会
④　ア　経済の問題　イ　元老院

(3)　空欄［B］に当てはまる一文として，最も適切なものを一つ選びなさい。

①　なぜなら，共同の幸福の総和が，各個人の幸福よりも小さな部分しか占めるようにならないので，各個人はいっそう自分自身の幸福を積極的に求める必要が出てくるからである

②　なぜなら，共同の幸福の総和が，各個人の幸福にとっていっそう大きな部分を占めるようになるので，各個人が個別的に配慮して自分の

幸福を求める必要は少なくなるからである

③　なぜなら，共同の幸福の総和が，各個人の幸福よりも小さな部分しか占めるようにならないので，各個人は利他的になり，他人の幸福を積極的に追い求めるからである

④　なぜなら，共同の幸福の総和が，各個人の幸福にとっていっそう大きな部分を占めるようになるので，各個人はいっそう自分自身の幸福を積極的に求める必要が出てくるからである

(4)　空欄 [C] に当てはまる言葉として，最も適切なものを一つ選びなさい。

①　一　般　　②　全　体　　③　特　殊　　④　個　別

(5)　本文中の用語である「[C] 意志」の説明として，最も適切なものを一つ選びなさい。

①　共同体の成員それぞれがもつ特殊利害の妥協が行われ，全員が満足している状態。

②　共同体の成員それぞれの意志が偏りなく反映されている，共同体の基本的指針。

③　共同体の成員のなかで指導的な立場のものが，うまく全員の意見をまとめている状態。

④　共同体に設置された議会が，成員それぞれの意見を適切に代表している状態。

(6)　下線部(a)に関して，『第三身分とは何か』の著者名として，最も適切なものを一つ選びなさい。

①　コンドルセ　　②　ロベスピエール

③　シエイエス　　④　バブーフ

(7)　空欄 [D] に当てはまる言葉として，最も適切なものを一つ選びなさい。

①　イギリス　　②　フランス　　③　イタリア　　④　ロシア

(8)　空欄 [E] に当てはまる一文として，最も適切なものを一つ選びなさい。

①　彼らが自由なのは，議員に職務を任せているあいだだけのことで，選挙になると，彼らは奴隷となり，一切の責任を負わなければならない

② 彼らが奴隷なのは，議員に支配されているあいだだけのことで，選挙になると，彼らは自由となり，主権の一切を行使する立場となる

③ 彼らが奴隷なのは，議員を選挙するあいだだけのことで，議員が選ばれてしまうと，彼らは自由となり，一切の義務から解放される

④ 彼らが自由なのは，議員を選挙するあいだだけのことで，議員が選ばれてしまうと，彼らは奴隷となり，何ものでもなくなる

(9) 空欄 F に当てはまる言葉として，最も適切なものを一つ選びなさい。

① 近代の　② 現代の　③ 未来の　④ 古代の

(10) 空欄 G に当てはまる著作名として，最も適切なものを一つ選びなさい。

① 国家論　② 社会契約論　③ 統治二論　④ 法の精神

ニ　富裕な農家が余裕をもった耕作するのと同じように、人材も遮二無二促成を目指すのではなく、じっくりと時間をかけて育成すべきである。

ホ　昔の人が今の人に大きく勝っているのは、何事につけ大らかだったという点であり、今のように目的の早期達成のため手段を選ばないというのと違っている。

ヘ　今の人材育成方法は、耕地に隙間なく穀物を植えて土地を痩せ細らせるのに類似しており、人が自然に成熟し切るのを待って採用する昔と大きな違いがある。

意味である。この意味に沿う返り点として最も適切なものを次の中から一つ選び、解答欄にマークせよ。

イ　古之人、其才非㆓有㆑以大過㆑今之人㆒也。

ロ　古之人、其才非㆘有㆓以大過㆒㆑今之人㆖也。

ハ　古之人、其才非㆑有㆔以大過㆓今之人㆒也。

ニ　古之人、其才非㆑有㆓以㆑大過㆑今之人㆒也。

ホ　古之人、其才非㆘有㆓以大㆒過㆗今之人㆖也。

問三十三　空欄 A ・ B にはそれぞれ漢字一字が入る。A・Bの組み合わせとして最も適切なものを次の中から一つ選び、解答欄にマークせよ。

イ　A　毅　B　亡

ロ　A　空　B　滅

ハ　A　強　B　迅

ニ　A　剛　B　充

ホ　A　柔　B　実

問三十四　本文の内容に合致するものを次の中から二つ選び、解答欄にマークせよ。

イ　今の人材育成は本人の自発的成長を待つばかりでなく、錬磨の機会を多くして、三十歳過ぎには仕官できるようにするのが一般的である。

ロ　人材の育成は富裕な農家の耕作に見習うべきであり、可能な限りすべての資材を集約的に投与し、むだなく効果的に行うのが理想である。

ハ　昔は今と違って理想的な社会であったから、もともと優れた人材を余裕のある態勢でじっくり育成したので、完璧な人材が多数生まれ出た。

問二十九　傍線部1「盍嘗観於富人之稼乎」の読み方として最も適切なものを次の中から一つ選び、解答欄にマークせよ。

イ　なんぞこころみにふじんのかをみんや。
ロ　なんぞこころみにふじんのかをみざるや。
ハ　なんすれぞこころみにふじんのかをみるや。
ニ　けだしこころみにふじんのかをみるならんや。
ホ　けだしこころみにふじんのかをみるべけんや。

問三十　傍線部2「可以更休、而地力得全」とはどういう意味か。最も適切なものを次の中から一つ選び、解答欄にマークせよ。

イ　かわるがわる休耕にすることができるので、土地も痩せ細らず完全な状態を保てる。
ロ　休憩と耕作を交互に行えるので、人も耕地も、それぞれ常に十全な状態でいられる。
ハ　おまけに耕作を休むこともできるので、いつでも体力を温存して完璧な耕作ができる。
ニ　たとえ休耕しても、土地の栄養分と労働力はその間に十分回復して完全な状態に戻れる。
ホ　さらに十分な休みを取ることもできるので、本来の地力を完全に発揮できるようになる。

問三十一　傍線部3「日夜以望之」の説明として最も適切なものを次の中から一つ選び、解答欄にマークせよ。

イ　日夜欠かさず作物の生育に心を配る、あり得べき農家の理想を形容している。
ロ　日夜欠かさず作物の生育に心を配る、農家としての職業常識を確認している。
ハ　日夜欠かさず作物の生育に心を配る、作物への最高の慈しみを形容している。
ニ　日夜欠かさず作物の生育に心を配る、勤勉なる農家の有り様を賛美している。
ホ　日夜欠かさず作物の生育に心を配る、余裕のない切迫した様を強調している。

問三十二　傍線部4「古之人、……今之人也」は、「昔の人は才能が今の人より大いに優れていたわけではない」という

ハ　松浦宮物語
ニ　有明の別れ
ホ　浜松中納言物語

四　次の文章は、北宋・蘇軾の「稼の説（穀物の育て方について）」の一節である。これを読んで、あとの問いに答えよ。なお、設問の都合上、返り点・送り仮名を省略した箇所がある。

1盍嘗観於富人之稼乎。其田美而多、其食足而有余。其田美而多、則2可以更休、而地力得全。其食足而有余、則種之常不後時、而斂之常及其熟。故富人之稼常美、少秕而多実、久蔵而不腐。今吾十口之家、而共百畝之田。寸寸而取之、3日夜以望之、鋤耰銍艾、相尋於上者如魚鱗、而地力竭矣。種之常不及時、而斂之常不待其熟。此豈能復有美稼哉。

4古之人、其才非有以大過今之人也。平居所以自養而不敢軽用以待其成者、閔閔焉如嬰児之望長也。弱者養之以至於［A］、虚者養之以至於［B］。三十而後仕、五十而後爵。信於久屈之中、而用於既足之後、流於既溢之余、而発於持満之末。此古之人所以大過人、而今之君子所以不及也。

（注）秕…中身のつまっていない穀物。　百畝…古代より標準的とされる田畑の広さ。
鋤耰銍艾…土を耕し種まきして土をならし鎌で刈ること。　平居…常日頃。
閔閔焉…心配し気をもむ様。　爵…爵位を得ること。　信…伸と同じ。

問二十五　傍線部5「尋ねうかがはせたまへど」の解釈として最も適切なものを次の中から一つ選び、解答欄にマークせよ。

イ　夫が通う家を尋ねてうかがうことをなさったが。
ロ　姫君の様子を探って見させることをなさったが。
ハ　夫が愛している女性を探させることをなさったが。
ニ　姫君がどこにいるのかを尋ねて探させることをなさったが。
ホ　心当たりの人を夫に尋ねて様子をうかがうことをなさったが。

問二十六　傍線部7の和歌には掛詞があるが、どこにあるか。最も適切なものを次の中から一つ選び、解答欄にマークせよ。

イ　初句　　ロ　第二句　　ハ　第三句　　ニ　第四句　　ホ　末句

問二十七　傍線部8「なる」とは異なる「なる」「なり」はどれか。最も適切なものを次の中から一つ選び、解答欄にマークせよ。

イ　花さそふあらしの庭の雪ならでふりゆく物は我が身なりけり
ロ　筑波嶺の峰よりおつるみなの川恋ぞつもりてふちとなりぬる
ハ　吹く風の色のちくさに見えつるは秋の木の葉の散ればなりけり
ニ　ももしきやふるき軒ばのしのぶにもなほあまりある昔なりけり
ホ　春の夜の夢ばかりなるたまくらにかひなくたたん名こそをしけれ

問二十八　『夜の寝覚』と同じ頃に成立した物語はどれか。最も適切なものを次の中から一つ選び、解答欄にマークせよ。

イ　落窪物語
ロ　うつほ物語

ニ　楽しいなあ
ホ　つまらないなあ

Ⅱ　傍線部6
イ　人恋しくて
ロ　わけがわからず
ハ　夢中になって
ニ　心が晴れず
ホ　いらいらしながら

問二十三　傍線部3「人の心を折りて、おぼし咎むばかりの振舞は、よもしはべらじ」の解釈として最も適切なものを次の中から一つ選び、解答欄にマークせよ。
イ　あなたの心を踏みにじってしまうような、非難すべき行動は、全くないでしょう。
ロ　あの人の心を打ち砕いてしまって、あなたが私を非難するような振舞は、絶対しないつもりです。
ハ　人間の心を折ってしまって、世間の人から厳しく非難されるような言動は、絶対にしないでしょう。
ニ　あなたの心を踏みにじり、あなたが私を非難するような行動は、まさかしないつもりです。
ホ　人の心を知らずに折ってしまうような、ただとがめだてなさるだけの振舞は、まさかないでしょうね。

問二十四　傍線部4「なほなほしき」の対義語として、最も適切なものを次の中から一つ選び、解答欄にマークせよ。
イ　うるはしき
ロ　なつかしき
ハ　つきづきしき
ニ　やむごとなき
ホ　おどろおどろしき

イ　大殿（関白）
ロ　大納言
ハ　かの御方（大君）
ニ　姫君
ホ　こなた（中君）

問二十　傍線部①〜⑤のうち、一つだけ主語の人物が異なるものがあるが、それはどれか。最も適切なものを次の中から一つ選び、解答欄にマークせよ。

イ　①　　ロ　②　　ハ　③　　ニ　④　　ホ　⑤

問二十一　傍線部1「さしてそのこととなきには、おのづから深くも咎められたまはぬに」の解釈として最も適切なものを次の中から一つ選び、解答欄にマークせよ。

イ　特にその原因がない以上は、自然に深くもとがめたりなさることはなかったが。
ロ　特別な事件は起こらなかったので、それ以上深く非難されてしまうことはなかったが。
ハ　誰とは思い当たらなかったので、自然にその人を厳しく非難したりなさらなかったが。
ニ　何か特に罪を犯したわけではなかったので、自身を深くも反省はなさらなかったが。
ホ　二人の間には何もなかった以上は、いつしか世間から深くもとがめられなかったが。

問二十二　傍線部2「わりなしや」、傍線部6「いぶせくて」の現代語訳として、最も適切なものを次の中から一つずつ選び、解答欄にマークせよ。

Ⅰ　傍線部2　　イ　こわいなあ
　　　　　　　ロ　困るなあ
　　　　　　　ハ　馬鹿だなあ

御五十日、百日など過ぎて、この君、目もあやに、日に添へて光を添へおはするさま、あまりゆゆしきを、いとあはれと見つつ、鼠鳴きしかけたまへば、物語をいと高くしかけて、高々とうち笑ひうち笑ひしたまふにほひ、「かの石山にて、あるかなきかなりし火影に、いとよく似たりかし」と、まもりたまふに、いと悲しければ、見あまりたまひて、うつるばかり赤き紙に、撫子を折りて包みて、

「[7]よそへつつあはれとも見よ見るままににほひにまさるなでしこの花

ただ今御覧ぜさせばや」などばかり、例のやうに言葉がちにもあらず、優に書きたまへるを、これにも、御前の壺なる、童べ下ろして、草ひきつくろはせて見[c]たまふほどなりければ、例ならず目とどめられたまふに、対の君なども、「いとあはれに思ひやらるる御程[8]なるを、このたびは」と、そそのかしきこゆれど、「いかでか」と、 B 、きこえたまはず。

（注）大殿…大納言の父関白邸。　弁の乳母…大君の乳母。　宰相の君…姫君の乳母。
対の君…大君、中君の従姉妹。中君の世話役。

問十八　空欄 A と空欄 B に入る語の組み合わせとして、最も適切なものを次の中から一つ選び、解答欄にマークせよ。

イ　A　はかなげに　　B　うつくしげにて
ロ　A　あはれげに　　B　ゆかしげにて
ハ　A　ものしげに　　B　つつましげにて
ニ　A　なめげに　　B　いとほしげにて
ホ　A　にくげに　　B　たのもしげにて

問十九　傍線部a～cはそれぞれ誰に対する敬意をあらわしているか。最も適切なものを次の中から一つずつ選び、解答欄にマークせよ。なお重複するものを選択してもよい。

三

次の文章は、『夜の寝覚』の一場面である。男主人公の大納言と、彼の妻であり、女主人公の寝覚の君（中君）の姉である「かの御方」（大君）との夫婦の会話から始まっている。これを読んで、あとの問いに答えよ。

大殿には、ことごとなく、この御かしづきを明け暮れしたまふ。御五十日の日を数へて、世の営み、響きを、かの御方には聞きたまひて、「かかる人出で来る所もありけるを、知らざりけるよ」と、いとなべて世の中恨めしく、［A］おぼしたるを見[a]たまひて、大納言は、「ひとりはべりしほど、ときどきうち忍びつつ通ひし所に、かかることのありけるも、知らざりけるほどに、殿に、聞きたまひて、迎へ取りたまへりけるにぞ、見はべる。にくからぬさまのしたれば、いかでか、ひとりも思ひ捨てはべらむ。さるべからむついでに、いかでか見せ[b]たてまつらむ。同じ御心に[①]おぼせよ」と申したまへど、うち赤みて、年ごろも、[②]おぼしのどめたる上べばかりさりげなくて、世には、もの嘆かしげに、静心なげなる御気色とは見つれど、[1]さしてそのこととなきには、おのづから深くも咎(とが)められたまはぬに、姫君迎へられたまひて後、身の宿世つらくおぼし知られて、やすげなき御気色を、「[2]わりなしや。生まれたるほどを[③]おぼせ。我が後(のち)かと。たとひさるにても、男はさのみこそはべれ。されど、あやしく実法にて、埋もれ木などのやうになりはべりにし身なれば、[3]人の心を折りて、おぼし咎むばかりの振舞は、よもしはべらじ」ときこえても、あなたうち見やられて、まづものぞあはれなる。

かくのみやすげなく、[④]おぼし恨みたる気色なれど、「などかく[⑤]おぼすべき。あまたかかづらひ通ふは、世のつねの男の性、[4]なほなほしき際こそ、かかる筋をかく思ふなれ。ふさはしからず」などおぼせば、姫君はた、一日の隔て、昼間のほども恋しくおぼつかなければ、大殿がちにのみなりたまひつつ、枝さしぐめるほどに通ひたまへるを、[5]尋ねうかがはせたまへど、げに、「そこに、その人をおぼす」とも聞かねば、いみじく嘆かしく、弁の乳母の、心焦(い)られ鎮(しづ)めもあへず思ひ言ふを、こなたには、聞くにも、いとどわづらはしきままに、御返りなども、いとど絶えてなし。おぼつかなく、[6]いぶせくて過ぎゆく慰めには、姫君を、ただ明け暮れ抱き見たてまつらせたまふ。宰相の君といふ人の、乳あゆる、御乳母に召したり。

ハ　カミは個人の信仰心の有無を超えてすでに一般社会に広く浸透しているから。
ニ　カミの存在を念頭に置くことで人は自身の中に利他的な思考を育て得るから。
ホ　カミを想定することで人は互い同士や生死の境界を考える公共圏を作り得るから。

問十七　次の中から、本文の趣旨に当てはまらないものを一つ選び、解答欄にマークせよ。

イ　神仏や死者は、現代の人間にとってすでに畏れる存在ではなく、カミへの信仰心や先祖崇拝は形骸化し、人々の関心からは外れてしまった。
ロ　社会を活性化し、世界の多様な価値観を受け入れて行くためには、神仏が道標であった時代に回帰して、改めて人間を見つめ直すべきである。
ハ　近代におけるカミの存在の空無化は、人間あるいは国同士の利害の対立を激化させ、死を受け入れるための想像力を阻害する結果をもたらした。
ニ　死はすべての終焉ではなく、生と深いかかわりを持っているという有史以来の教えは、死に向き合おうとしない現代人にとって、今後の課題となる。
ホ　生命維持装置という科学の産物は、それによって生かされる人間とその恩恵から疎外される人間を峻別し、近代のヒューマニズムを問い直している。

※問十七については、選択肢の記述に不適切な部分があったため、解答の有無・内容にかかわらず、受験生全員に得点を与える措置を取ったことが大学から公表されている。

イ　果てしない海の底　　ロ　険しい崖のきわ　　ハ　濃霧の林の中
ニ　痩せた山の尾根　　ホ　見知らぬ街の路地

問十四　空欄 C に入る語として最も適切なものを次の中から一つ選び、解答欄にマークせよ。
イ　崇拝　　ロ　放逐　　ハ　対置　　ニ　無視　　ホ　等閑

問十五　傍線部3「他方でこの変動は深刻な問題を惹き起こすことになった」とあるが、その理由として最も適切なものを次の中から一つ選び、解答欄にマークせよ。
イ　近代においては人同士の交流が発展の基盤であるという気付きによって、それまで重要視されていたカミや死者も有効に利用されたから。
ロ　近代においてはカミの意思を具現化するのは人間であるという主張がなされ、その教えを実践する人間をめぐる争いが新たに起こったから。
ハ　近代においては人間を特権的存在と考え、それまで重要視されていた神仏への配慮を失って、個人生活の充実のために経済が重視されたから。
ニ　近代においては生存する者が世界を豊かにし得るという考え方が重要視されたので、生きて社会に貢献することがあらゆることに優先されたから。
ホ　近代においてはカミを排除し、人権を尊重することを優先したために、人同士の間で利害が対立した際に調整する存在を想定することが困難になったから。

問十六　傍線部4「信仰の有無にかかわらず、大方の人にとってカミはなくてはならない存在なのである」とあるが、その理由として最も適切なものを次の中から一つ選び、解答欄にマークせよ。
イ　カミは人間が創造した理想の形であることを現代人が自覚したから。
ロ　カミが歴史上果たした役割は近現代のヒューマニズムを超えているから。

イ　人間が死を迎えるには生者たちによる儀式が最優先であり、儀式の中で死者と生者は交信する可能性があるということ。
ロ　死と生との境は極めて曖昧であり、最終的にその人間に対してカミが死を宣告するまでは生き返る可能性があるということ。
ハ　死が一瞬を境とする不可逆なものとしてはとらえられておらず、死者と生者とが互いに影響し合う可能性があるということ。
ニ　現世と他界との間には明確な隔絶がないために、生者と死者とはそれぞれの存在する空間を入れ替わる可能性があるということ。
ホ　死者とは、生者と祖霊とを結びつけてくれる存在であり、生存する人間は死者を忘却することで他界に関わる可能性があるということ。

問十一　空欄 A に入る語として最も適切なものを次の中から一つ選び、解答欄にマークせよ。

イ　往還　　ロ　転換　　ハ　巡回　　ニ　因循　　ホ　可逆

問十二　傍線部2「死者の側の能動性は失われ」とあるが、なぜ失われるのか。その説明として最も適切なものを次の中から一つ選び、解答欄にマークせよ。

イ　近現代においては、死者は生活から即時に排除されるべきであると考えられているから。
ロ　近現代においては、死者は生者の記憶にだけ出現する存在であると考えられているから。
ハ　近現代においては、個人の死が共同体の歴史とは関係を持たないと考えられているから。
ニ　近現代においては、肉体の死により死者からの働きかけがなくなると考えられているから。
ホ　近現代においては、生者は科学的思考によって死者の声に応じないと考えられているから。

問十三　空欄 B に当てはまる表現として最も適切なものを次の中から一つ選び、解答欄にマークせよ。

していた。それゆえ、わたしたちが前近代の国家や社会を考察しようとする場合、その構成要素として人間を視野に入れるだけでは不十分である。人を主役とする従来の欧米中心の「公共圏」に関わる議論を超えて、人間と人間を超える存在が、いかなる関係をたもちながら公共空間を作り上げているかを明らかにできるかどうかが重要なポイントとなる。これまでの歴史学の主流をなしていた人間による「神仏の利用」という視点を超えて、人とカミが密接に関わり合って共存する前近代世界のコスモロジーの奥深くに錘鉛（すいえん）を下ろし、その構造に光を当てていくことが求められているのである。

（佐藤弘夫『日本人と神』による）

（注）ムカサリ絵馬…山形県村山地方に伝わる、あの世での架空の結婚式を描いた絵馬。

問九　傍線部a～d（aは二箇所とも同じ漢字が入る）のカタカナを漢字で表現したとき、同じ漢字をカタカナの部分に用いるものを、次の中からそれぞれ一つ選び、解答欄にマークせよ。

a　追ゼン
イ　座ゼン　　ロ　ゼン処　　ハ　ゼン途　　ニ　修ゼン　　ホ　雑ゼン

b　隠ペイ
イ　ヘイ害　　ロ　憲ペイ　　ハ　ヘイ塞感　　ニ　偏ペイ足　　ホ　建ペイ率

c　アワただしい
イ　シン重論　　ロ　繁ボウ期　　ハ　哀トウの辞　　ニ　世界恐コウ　　ホ　絶滅危グ種

d　重トク者
イ　隠トク　　ロ　人トク　　ハ　トク志家　　ニ　トク促状　　ホ　利害トク失

問十　傍線部1「生者と死者は、交流を続けながら同じ空間を共有していた」とあるが、どういうことか。最も適切なものを次の中から一つ選び、解答欄にマークせよ。

いった時に、あるいは「社会」といった時に、その構成員として人間しか頭に思い浮かばない。しかし、中世や近世の人々の場合は違った。そこでは人間だけではなく、神・仏・死者・先祖など、不可視のカミをも含めた形でこの世界が成り立っていると考えられていた。

　動物や植物も同じ仲間だった。カミはときには人間以上に重要な役割を果たす、欠くべからざる構成員だった。人がカミの声を聞きその視線を感じ取っていた時代の方が、人類の歴史のなかでは圧倒的に長い期間を占めていたのである。

　ヨーロッパ世界から始まる近代化の波動は、公共圏から神や仏や死者を追放するとともに、特権的存在としての人間をクローズアップしようとする動きだった。これは人権の観念を人々に植え付け、人格の尊厳の理念を共有する上できわめて重要な変革だった。近代に確立する人間中心主義としてのヒューマニズムが、社会の水平化と生活者の地位向上に果たした偉大な役割は疑問の余地がない。

　しかし、3他方でこの変動は深刻な問題を惹（ひ）き起こすことになった。カミが公共空間を生み出す機能を停止したことに伴う人間間、集団間の緩衝材の消失であり、死後世界との断絶だった。その結果、絶海の無人島の領有をめぐって国民間の敵愾（てきがい）心が高揚するような異様な時代が到来した。かつてのように親族が重dトク者を取り囲んで見守り、その穏やかな臨終と死後の安息を祈る光景は姿を消し、生命維持装置につながれた患者が、本人の意思にかかわりなく生かされ続けるような姿が常態化することになったのである。

　およそこれまで存在した古今東西のあらゆる民族と共同体において、カミをもたないものはなかった。4信仰の有無にかかわらず、大方の人にとってカミはなくてはならない存在なのである。

　わたしたちが大切にする愛情や信頼も実際に目にすることはできない。人生のストーリーは可視の世界、生の世界だけでは完結しない。たとえそれが幻想であっても、大多数の人間は不可視の存在を取り込んだ、生死の双方の世界を貫くストーリーを必要としている。

　かつて人々は神仏や死者を大切な仲間として扱った。目に見えぬものに対する強いリアリティが共同体のあり方を規定

とが可能となった。そこでは死はすべての終焉ではなく、再生に向けての休息であり、生者と死者との新しい関係の始まりだった。死はだれもが経験しなければならない自然の摂理であることを、日々の生活のなかで長い時間をかけて死者と付き合うことによって、人々は当たり前のこととして受け入れていったのである。

しかし、死者との日常的な交流を失った現代社会では、人間の生はこの世だけで完結するものとなった。死後世界はだれも足を踏み入れたことのない闇の風景と化した。ひとたび死の世界に踏み込んでしまえば、二度とわが家に帰ることはできない。親しい人、愛する人にも、もはや会うことは叶わないのである。

宮城県で長年にわたって緩和ケアの仕事に従事し、二〇〇〇名の患者を看取った故岡部健医師は、みずからがガンになって死を意識したときの心境を、次のように語っている。

> がん患者になったとき、[B]を歩いている気分だった。（中略）晴れ渡った右の生の世界には、やれ化学療法だ、やれ緩和医療だ、やれ疼痛管理だとか、数えきれないほどの道しるべが煌々と輝いていた。
> ところが、反対側の死の世界に降りていく斜面は、黒々とした闇に包まれ、道しるべがひとつもないのだ［奥野修司『看取り先生の遺言』文藝春秋　二〇一三］。

近代人にとって、死は現世と切断された孤独と暗黒の世界だった。死がまったく道標のない未知の道行であるゆえに、人は生死の一線を越えることを極度に恐れるようになった。どのような状態であっても、患者を一分一秒でも長くこちら側の世界に留めることが近代医学の使命となった。いま多くの日本人が生の質を問うことなく、延命を至上視する背景には、生と死を峻別する現代固有の死生観があるのである。

これまで述べてきたように、近代社会の特色は、この世界から人間以外の神・仏・死者などの超越的存在＝カミを、他者として[C]してしまったところに求めることができる。

中世でも近世でも、人と死者は親密な関係をたもっていた。神仏もはるかに身近な存在だった。近現代人は「世界」と

しするための供養が中心となった。

前近代の社会では、生と死が交わる領域は呼吸が停止してからの限られた期間だけではなかった。生前から、死後の世界へ向かう助走ともいうべきさまざまな儀礼が営まれた。死が確定して以降も、長期にわたって追ゼン[a]供養が続けられた。生と死のあいだに一定の幅があるだけではない。その前後に生者の世界と死者の世界が重なり合う長い期間があるという認識が、前近代の人々の一般的な感覚だった。[1]生者と死者は、交流を続けながら同じ空間を共有していた。生と死そのものが、決して本質的に異なる状態とは考えられていなかったのである。

こうした前近代の死生観と対比したとき、近代が生と死のあいだに［A］不可能な一線を引くことによって、生者の世界から死を完全に排除しようとした時代であることが理解できるであろう。

いまの日本では死は周到に隠ペイ[b]され、人間でも人以外の動物でも、生々しい死体を直接目にする機会はほとんどなくなってしまった。普段の食事で、牛や鳥や魚の死体を口に運んでいるという感覚を持つことはまずありえない。だれもが死ぬという当たり前の事実すら、公然と口にすることを憚（はばか）る風潮がある。

いったん人が死の世界に足を踏み入れてしまえば、アワ[c]ただしい形式的な葬儀を終えて、親族はただちに日常生活に戻ってしまう。別世界の住人であるがゆえに、死者はもはや対等の会話の相手とはなりえなかった。[2]死者の側の能動性は失われ、生者による一方的な追憶と供養の対象と化してしまうのである。

かつて人々は死後も縁者と長い交流を継続した。それは、やがて冥界で先に逝った親しい人々と再会できるという期待に裏打ちされた行為だった。それはまた、自分自身もいつかは墓のなかから子孫の行く末を見守り、折々に懐かしい家に帰ってくつろぐことができるという感覚の共有にほかならなかった。「供養絵額」や「[注]ムカサリ絵馬」のように、死者の世界を可視的に表現した記憶装置も数多く作られた。

死後も親族縁者と交歓できるという安心感が社会のすみずみまで行き渡ることによって、人は死の恐怖を乗り越えるこ

ホ　社会統計学が、一六―一七世紀のさまざまな科学を総合して人間の学としての地位を築こうとしていたから。

問八　「人口」という概念は、本文で論じられている以外にも問題を生み出す可能性がある。それを説明した次の文の空欄に入る言葉として、最も適切なものを次の中から一つ選び、解答欄にマークせよ。

人口を調査するときに、肌の色、性別、年齢等、人間をその［　　］によって分類することが多い。これは差別の誘因となる可能性がある。

イ　経歴　　ロ　出自　　ハ　属性　　ニ　平均　　ホ　本質

二

次の文章を読んで、あとの問いに答えよ。

人間を包み込むカミの実在を前提とする前近代の世界観は、そこに生きる人々の死生観をも規定していた。

わたしたち現代人は、生と死のあいだに明確な一線を引くことができると考えている。ある一瞬を境にして、生者が死者の世界に移行するというイメージをもっている。だがわたしたちにとって常識となっているこうした死生観は、人類の長い歴史のなかでみれば、近現代にだけみられる特殊な感覚だった。

前近代の社会では、生と死のあいだに、時間的にも空間的にもある幅をもった中間領域が存在すると信じられていた。呼吸が停止しても、その人は亡くなったわけではない。生と死の境界をさまよっていると考えられたのである。

その期間の周囲の人々の言動は、背景にあるコスモロジーと死生観に強く規定された。日本列島についていえば、身体から離れた魂が戻れない状態になったときに死が確定すると考えられていた古代では、遊離魂を体内に呼び戻すことによって死者を蘇生させようとする試みがなされた。不可視の理想世界（浄土）が人々に共有される中世になると、死者を確実に他界に送り出すことを目的とした追ゼン[a]の儀礼が行われた。死者が遠くに去ることなく、いつまでも墓場に住むという感覚が強まる近世では、亡者が現世で身にまとった怒りや怨念を振り捨て、穏やかな祖霊へと上昇していくことを後押

民を統治しやすくなると考えられていたから。

問五　傍線部5「規範が現にある社会に内在化されるとともに、個人の正常性からの逸脱の度合いが数値によって測定され、それにしたがって分類、階級づけされるようになる」とは究極的にはどういう事態を招く可能性があるだろうか。それを説明した次の文の空欄に入る言葉として適切でないものを次の中から一つ選び、解答欄にマークせよ。

人々が平均的であることがもっとも優れた状態だと信じることで、様々な[　　]を生む。

イ　個性　　ロ　差別　　ハ　序列　　ニ　優劣　　ホ　落差

問六　傍線部6「『外部のない秩序』を可能にする」とはどういうことか。その説明として最も適切なものを次の中から一つ選び、解答欄にマークせよ。

イ　平均値から外れた人を超越的な規範によって位置づけること。
ロ　平均人ではないとしても、秩序のない外部に位置づけてしまうこと。
ハ　平均人以外の人を、秩序を乱す存在として社会の外部に排除すること。
ニ　平均人でない人をある社会に特有な数値によって超越的な存在とみなすこと。
ホ　平均値からずれた人をも特定の価値観によって社会に位置づけてしまうこと。

問七　傍線部7「社会統計学が当初から遺伝学や優生学と結びつき、生物としてみた人間の正常／異常の分類への関心を併せ持っていたのは決して偶然ではない」とあるが、なぜ「偶然ではない」と言えるのか。その理由として最も適切なものを次の中から一つ選び、解答欄にマークせよ。

イ　社会統計学は、個人を平均的な数値に当てはめようとするから。
ロ　社会統計学が、社会の秩序は生物としての人間の優劣によって保たれると信じていたから。
ハ　社会統計学は、国家が政治的・経済的最大値を達成するために個人を利用することが目的だから。
ニ　社会統計学が、人口の発見だけではなく、平均的な人間をつくるという問題意識と結びついていたから。

るようになったから。

問三　傍線部3「フーコーがいう「人口」に当たるもの」とあるが、それは何か。最も適切なものを次の中から一つ選び、解答欄にマークせよ。

イ　政治組織としての国家。
ロ　国家の一部としての地域。
ハ　人々を人口として見た全体。
ニ　特定の集合体としての社会。
ホ　人口学によって見いだされた個人。

問四　傍線部4「生政治の展開の中で、ある人口の出生率と死亡率、生殖能力や罹病率などの全体が、「経済や政治の多くの問題と結びつけられ」（フーコー）重視されるようになった」とあるが、それはなぜか。その理由として最も適切なものを次の中から一つ選び、解答欄にマークせよ。

イ　人口を一定に保つためには、出生率と死亡率、生殖能力や罹病率などを規範に合わせなければならないと考えられていたから。
ロ　出生率、死亡率、自殺率、犯罪率こそが社会秩序を不安定にするので、正常性を基準とすることでそれらを一定に保てると考えられていたから。
ハ　国家にとっては人口構成が一定であるのが望ましいので、出生率と死亡率、生殖能力や罹病率が変動しないようにすべきだと考えられていたから。
ニ　国家にとって人口構成は最重要項目なので、その変動要因となる数値をコントロールすることで人口を望ましいレベルに管理できると考えられていたから。
ホ　生政治では、たとえば人口構成を出生率と死亡率、生殖能力や罹病率などの様々な数値を一定の値に保つことで国

問一　傍線部1「個と全体の近代特有の結合」とあるが、どういうことを指しているか。その説明として最も適切なものを次の中から一つ選び、解答欄にマークせよ。

イ　国家と個人の利害の結びつきを前提とすること。

ロ　国家が個人も幸福になるような理論を構築すること。

ハ　国家の力を増大させるために個人の幸福を実現すること。

ニ　イデオロギーよりも具体的な政策として国家が個人を管理すること。

ホ　国家の力と個人の幸福とが同時に増大または減少するようにすること。

問二　傍線部2「社会に固有の「自然性」によって構成される人口という対象の発見あるいは発明が、生政治を可能にしている」とあるが、それはなぜか。その理由として最も適切なものを次の中から一つ選び、解答欄にマークせよ。

イ　生政治は出生率や死亡率などの人口構成に関わる数値と不可分の関係にあるが、それは遺伝学や優生学の影響を受けるので、容易に個人のレベルの問題に還元され得ることによって可能となっているから。

ロ　生政治の目的は国家の力の元になる公衆衛生の向上にあったので、人々の生活に即した実態としての人口が重要で、それを数字で表すことができる人口統計学の発明で人々の生活に即した国家権力を行使できるから。

ハ　生政治とは人間が生きることとそれ自体に関する政治なので、単なる個人の集合としての全体の数字ではなく、人間が生きることに関わる様々な側面に即した数値に分けることによって人々をきめ細かく統治できるから。

ニ　生政治は国民を統治するには全体的かつ個別的に人々に働きかけることが求められるとする国家理性論を元にしているが、それには全体と個別を同時に計測できる人口統計学がなければならず、それは一七世紀以降に可能になったから。

ホ　近代以前は統計学が未発達だったので、地域ごとの特質を反映させた数字を人口と捉えることができず、人々にとって特に重要な公衆衛生を国家の問題として発見できなかったが、その後の人口統計学の発展によって生政治が行え

きる。ケトレ（一七九六—一八七四）は、兵士の身長計測などの結果得られる山型カーブの「理念型」が正規曲線（ノーマルカーブ）となることを示し、曲線の中央の最も山が高くなる位置に来る人間を「平均人」と名付けた。そして、平均人を規範的な存在、理想の人間像として提示し、そこから離れることを規範からの隔たりと同一視した。ここで正常性＝平均＝規範的状態は、現実社会の外にある超越的な規範（たとえば自然法）によって根拠づけられることはなく、特定の社会におけるデータ計測に基づいて得られる数値自体のうちに含まれる。これによって、5規範が現にある社会に内在化されるとともに、個人の正常性からの逸脱の度合いが数値によって測定され、それにしたがって分類、階級づけされるようになる。個人はその人が属する社会のどこかに必ず位置を占める。したがって、規範の社会への内在化と数値による計測は、どんな逸脱をも数字に還元して把握できるようにする、6「外部のない秩序」を可能にするといえる。

7社会統計学が当初から遺伝学や優生学と結びつき、生物として見た人間の正常／異常の分類への関心を併せ持っていたのは決して偶然ではない。正常と異常、正常と病理といった問題系は、統計学のみならず、医学・生理学、生物学、遺伝学、精神医学、犯罪学など多くの分野にまたがっている。もちろん「正常であること」の概念化のされ方はそれぞれの分野に応じて異なるが、それらが正常性からの逸脱の度合いという尺度で個々人の位置を定めるという共通性を持っている。それらが互いに緩やかなつながりを保ちつつ、「正常と異常に関わる人間科学」を発展させていったことに注目すべきである。

社会全体のレベルでの正常性と、その社会を構成する個人の正常性とがこのように結びつけられることは、生政治と、フーコーが『監獄の誕生』で詳細に分析した、「規律権力」との関係にも示唆を与えてくれる。個人の身体、所作、行動、身振りを細かい規則に合致するよう監視し訓育する規律のテクノロジーは、社会全体のレベルでの正常性の構成要素としての個人の正常性という規範・尺度を与えられ、正常な個人を作り出す技術として利用されるからである。

（重田園江『フーコーの風向き』による）

（注）カンギレム…フランスの科学哲学者、一九〇四年～一九九五年。

ここでノルムとは何を意味するだろう。彼は近代医療の歴史について考察する中で、ノルム社会では「社会を支配するのは法典ではなく、正常と異常のたえざる分割であり、正常性の体系をつねに再構築しようとする試みである」と述べている。こうした正常と異常の分割、とくに医学において正常なものと病理的なものとを区別する「尺度」への注目は、フーコーが[注]カンギレムから受け継いだものである。「ノルム」の語は規範と訳されるように、法規範と同義に用いられる場合もある。しかし、カンギレムの近代医学・生理学の概念史におけるのと同様、ここでのノルムは法規範一般とは区別される「正常性」に関わる。そしてさらにこの「正常性」は、カンギレム自身『正常と病理』の中で考察を加えているとおり、医学のみならず統計学に関係している。フーコーは統計学―医学―正常と異常―生政治の間の関係を掘り下げて考察していないが、他の文献も参照しつつこれについて整理しておく。

4 生政治の展開の中で、ある人口の出生率と死亡率、生殖能力や罹病（りびょう）率などの全体が、「経済や政治の多くの問題と結びつけられ」（フーコー）重視されるようになった。これらのデータの集積・分析は統計学の発達によって可能となり、また逆に人口に関わる統計需要の増大は、統計学の技術的、理論的な発達を促した。その統計学が、人口レベルでの生の管理のための公衆衛生医療に不可欠な医事統計を発展させたのであり、「マスとしての人口の管理・調整」を準拠点として、統計学、医学、生政治は一連のつながりを有している。

　ここで、正常性は人口レベルでの統治の基準、尺度となる。というのは、社会の大量現象における「率」の一定性（出生率、死亡率、自殺率、犯罪率などの一定性）は、社会に秩序が保たれていることの証左であり、率の激しい変動は、上昇にせよ下降にせよ介入のための指標となるからである。たとえば、出生率が死亡率に比して極端に高い上昇曲線を示している場合には、その上昇を抑える施策が必要かどうかが、政治的・経済的目標との関連で検討される。

　ここから生じるきわめて重大な帰結について述べておく。フーコー自身は明確には論じていないが、こうした人口や社会というマスのレベルでの正常性を指標とする管理が、人口を構成する個人のレベルに容易に転化することに注目すべきである。このことはたとえば、社会統計学の創始者の一人であるケトレの「平均人」概念の中に端的に見て取ることがで

この「人口の発見」は、近代思想史や近代の法・政治概念を再考する上で示唆に富むものだが、ここでは後の議論との関係で、統計学および医学との関わりを中心に説明しておく。集合体を人口として捉えるための技術、手法として、近代における統計学および人口統計学の発展を見落とすことはできない。国家理性論の中で定式化された国家の力の管理という問題系の中から、国家が有する富を物質的に、かつ量に還元して計測する手だてとして、一七世紀以来統計学が発達してきた。なかでも、一定地域に居住する住民の死亡者数や出生者数、また病気や疫病、事故など、死因に関する統計データの蓄積は、公衆衛生を有効に機能させるという要請に応え、公衆衛生としての医療の発展をもたらすのに役立った。

そして、はじめは数字の数え上げ（政治算術）か国家の状態の記述（国情学）でしかなかった統計学は、一八―一九世紀にかけて、さまざまな数字の間の関連づけや年次推移の比較などを通じて、ここで3フーコーがいう「人口」に当たるものを発見してゆく。統計学の発展は、単なる個人の総和ではなく、また法令などによって外部から直接規制可能な単純な集合体でもなく、有機体のような複雑さと固有の規則性を有する実体としての人口という認識を促したのである。

それによって、それまで要素である個とその単純な和としての国家全体という二つのレベルでしか考えられなかった国家による管理の対象に、集合体に固有のレベルである人口という新しい次元がつけ加わる。これ以後、国家統治はこうした意味での集合体、すなわち「社会」を、要素としての個人に分解することなくそれ自体として扱い、社会を調整することを目指すようになる。したがって、「全体的かつ個別的」な近代統治のあり方の一つとしての生政治における「全体」とは、固有の規則性・自然性を有するものとして認識された社会および人口を指している。この新しい「全体」の発見によって、人間の生のあり方に積極的に介入する権力は、ますます複雑で多様な生の実情に合わせた管理を行うことができるようになるのである。

つぎに、こうした集合体としての人口というレベルを対象化し、それを管理し調整しようとする生政治が個人をどのように扱うかについて、一九世紀に頻繁に用いられた「正常性」という概念を手がかりに考察してゆく。

フーコーは生政治が展開する時代を、ノルム化が進展する時代、ノルムが法を凌駕（りょうが）する時代と規定している。では、

近代国家が個人を犠牲にしてその力を蓄えたことを意味するのではない。むしろここでフーコーが問題としているのは、全体と個の利害を結びつけ、国家の力と個人の幸福とが相関して増大したり減少したりするようなしかたで両者を同時に生み出す、知と権力の枠組みである。

たとえば、健康で衛生的な生活を送ることは、個人にとって幸福であると同時に、公衆衛生や都市の秩序形成に役立ち、また国家の経済的生産性を高めることにも寄与する。そしてこれが単にイデオロギーとして唱えられるのではなく、公衆衛生のための医療の展開や都市計画の徹底など、さまざまな装置を用いた身体への働きかけを伴うことで、個人と国家の健康管理を実現してゆく。[1]こうした個と全体の近代特有の結合を最初に構想した政治理論として、国家理性論が位置づけられるのである。ここで国家理性論は、国家とは何か、その繁栄と秩序維持のために必要な事柄とは何かという問題設定と、個人とは何か、その幸福と安定した生のために必要な事柄とは何かという問題設定とを不可分に結びつけ、その意味で全体と個を同時に対象として構成する知のあり方と見なされている。

そして、国家理性論に見られるような全体と個、国家の繁栄と個人の幸福との結合という問題構成上に、その手法の一つとして生政治が位置づけられるのである。生政治が対象とする、集合体に固有の次元である「人口」について述べておく。生政治とは、すでに引用した部分で述べられているとおり、人口を対象とする政治である。ではここで「人口」とは何か。「それは単に多くの人間からなる集団ではない。生物学的な過程と法則によって貫かれ、制御され、支配された生ける者である。人口は特定の出生率、死亡率、年齢構成曲線、年齢分布図、健康状態を有し、また危機に瀕(ひん)したり発展したりする」。したがってpopulationは、ある特定地域に居住する人口（住民）を意味するとともに、年齢や階層別に分類される人の集合であり、また統計上の母集団、一定地域に生息する生物個体群をも意味する。こうした人口という対象、国家を構成する個人の単なる総和には還元しえず、また人工的構成物である「主権国家」とも異なる、風土、住環境の生物学的条件、人々の相互交通など、[2]社会に固有の「自然性」によって構成される人口という対象の発見あるいは発明が、生政治を可能にしている。

国語

（九〇分）

一

次の文章を読んで、あとの問いに答えよ。

生政治（せいせいじ）とは、生（生活／生命）に関わる事柄、生きること、生まれること、死ぬこと、生活することのすべてが、政治の対象となり、生全体が「政治化」してゆくことを指している。はじめに、ミシェル・フーコーが『知への意志』以来行った近代統治に関する研究の中で、生政治をどのように規定しているかを見ておこう。

「これ〔生政治〕は、「人口」を、共存する生き物の総体として扱おうとする。特殊な生物学的・病理学的特徴を示し、そのため特定の知と技術に属する総体として扱うということだ。そして、この「生政治」そのものが、早くも一七世紀に発展した国家の力の管理というテーマのうちに含まれていたにちがいないのである」。

この文章は生政治が生物学的総体としての人口を扱うという部分と、その系譜を一七世紀における国家の力の管理というテーマにまでさかのぼれるという部分の二つに分けることができる。そこでまず、フーコーが生政治の展開の土壌と見なす一七世紀における国家の力の管理について検討する。

フーコーによると、近代国家権力は「全体的かつ個別的」なしかたで働きかけることにその特徴がある。一六―一七世紀に盛んであった国家理性論と呼ばれる政治理論の中で、国家の力をいかに強め、維持するかが主題となっていた。そこでは国家全体の富や豊かさの増大、国家の力の増大は、その中に生きる個人の幸福や健康な生と結びつけられた。これは、

////////////////////// · memo · //////////////////////

2021年度

問題編

■一般選抜：文科系（A方式）

問題編

▶試験科目・配点

教　科	科　目	配　点
外国語	「コミュニケーション英語Ⅰ・Ⅱ・Ⅲ，英語表現Ⅰ・Ⅱ」，ドイツ語，フランス語のうちから1科目選択	50点
地歴・公民	日本史B，世界史B，地理B，政治・経済のうちから1科目選択	50点
国　語	国語総合，現代文B，古典B	50点

▶備　考

- 教育学科初等教育学専攻，複合文化学科志願者は，文科系（A方式）または理科系（B方式）のどちらかを選択する。
- 英語英文学科志願者は，外国語において必ず英語を選択しなければならない。
- 英語英文学科・複合文化学科受験者の外国語，国語国文学科受験者の国語の得点は調整後の得点を1.5倍する。
- すべての教科で合格基準点（非公表）を設けている。基準点に満たない教科がある場合は，合計点が合格最低点を超えていても不合格となる。また，上記に加え，国語国文学科は国語，英語英文学科は英語の合格基準点（当該学科の全受験者の平均点）も設けている。
- 英語以外の外国語は省略。

英語

(90 分)

I　Read this article and answer the questions below.

We began our collaboration by wondering out loud. Japanese researcher Shinobu wondered why American life was so weird. American researcher Hazel countered with anecdotes about the strangeness of Japan. Cultural psychology is about making the strange familiar and the familiar strange. Our shared cultural encounters astonished us and convinced us that when it comes to psychological functioning, culture matters.

After weeks of lecturing in Japan to students with a good command of English, Hazel wondered why the students did not say anything — no questions, no comments. She assured (1)[in / ideas / she / that / from / were / interested / different / was / hers / students], so why was there no response? Where were the arguments, debates, and signs of critical thinking? Even if she asked a straightforward question, "Where is the best noodle shop?" the answer was invariably an audible intake of air followed by, "[2]." Didn't Japanese students have preferences, ideas, opinions, and attitudes? What is inside a head if it isn't these things? How could you know someone if she didn't tell you what she was thinking?

Shinobu was curious [3] American students shouldn't just listen to a lecture and why they felt the need to be constantly interrupting each other and talking over each other and the professor. Why did the comments and questions reveal strong emotions and have a competitive edge? What was the point of this arguing? Why did intelligence seem to be associated with (4)getting the best of another person, even within a class where people knew each other well?

Shinobu expressed his amazement at American hosts who bombard their guests with choices. Do you want wine or beer, or soft drinks or juice, or coffee or tea? Why burden the guest with [5]? Surely the host knew what would be good refreshment on this occasion and could simply provide something appropriate.

Choice as a burden? Hazel wondered if this could be the key to one particularly humiliating experience in Japan. A group of eight — all native Japanese except for Hazel — was in a French restaurant, and everyone was following the universal restaurant script and [6] the menu. The waiter approached and stood nearby. Hazel announced her choice of appetizer and entrée. Next was a tense conversation among the Japanese host and the Japanese guests. When the meal was served, it was not what she had ordered. Everyone at the table was served the same meal. This was deeply disturbing. If you can't choose your own dinner, how could it be enjoyable? What was the point of the menu if everybody is served the same meal?

Could [7] be a good or a desirable feeling in Japan? When Hazel walked around the grounds of a temple in Kyoto, there was a fork in the path and a sign that read: "ordinary path." Who would want to take the ordinary path? Where was the special, less-traveled path? Choosing the non-ordinary path may be an obvious course for Americans, but in this case it (8) led to the temple dump outside the temple grounds. The ordinary path did not denote the dull and unchallenging way, but meant the appropriate and the good way.

These exchanges inspired our experimental studies and remind us that there are ways of life beyond the ones that each of us knows best. So far, most of psychology has been produced by psychologists in middle-class White American settings studying middle-class White

American respondents. In other sociocultural contexts, there can be different ideas and practices about how to be a person and how to live a meaningful life, and these differences have an influence on psychological functioning. This realization <u>fuels</u>(9) our continuing interest in collaboration and in cultural psychology.

1. When the underlined words in sentence (1) are put in the correct order, what are the fifth and ninth words?
   a. from / ideas **b.** students / that
   c. was / that **d.** in / different
2. What is the best possible answer for [2]?
   a. There are three noodle shops I can tell you
   b. It depends
   c. At the end of the second avenue
   d. We do not have a noodle shop around here
3. Choose the best answer that fits in [3].
   a. about what **b.** about why
   c. as to **d.** as for
4. Which is the best phrase that is consistent with (4)?
   a. getting along with **b.** triumphing over
   c. getting rid of **d.** communicating with
5. Choose the best answer that fits in [5].
   a. limited selections **b.** heavy choices
   c. significant concerns **d.** trivial decisions
6. Choose the best answer that fits in [6].
   a. studying **b.** teaching
   c. learning **d.** emphasizing
7. Choose the best answer that fits in [7].
   a. an expectation of success
   b. a sympathetic answer
   c. an impression of weirdness
   d. a sense of sameness

出典追記：Social Psychology by David G. Myers, McGraw-Hill Education

8. What does underline (8) indicate?

a. the ordinary path
b. the non-ordinary path
c. the obvious course
d. the fork in the path

9. Underline (9) CANNOT be replaced by

a. inspires
b. provokes
c. allows
d. stimulates

10. Which of the following is true about the text?

a. The authors encourage the reader to consider incorporating nonwestern contexts into psychology.
b. Hazel has a definitive answer for why Japanese people emphasize sameness.
c. Shinobu suggests that American students who attempt to argue about an issue are not intelligent.
d. Shinobu thinks Japanese people are more emotionally stable than American people.

II

Read this article and answer the questions below.

Beginning in kindergarten, Ja'Patrick Smith was taught in Spanish most of the school day. At first it was confusing and difficult, because his family speaks English. Teachers used pictures and pantomimed so he could learn words and concepts. He felt frustrated and misunderstood, as though he had entered a strange new world.

But now that he's in sixth grade, he can speak, read and write well in both languages. He also feels at home in both cultures. His babysitter and her family, who come from Mexico and speak mostly Spanish, have become his second family, sharing cultural celebrations and family vacations with him.

Ja'Patrick's ability to move comfortably between two languages and cultures (1) is a benefit of the dual immersion (DI) program he attends at Victoria Magathan Elementary School in Adelanto. When the program began seven years ago, most parents were skeptical. But times have changed. Now there's a waiting list, and the school has added another kindergarten class to meet demand.

The increasing popularity of DI programs throughout the state reflects an understanding that multilingual skills are an asset that can give students a competitive (2) edge in today's global marketplace. In fact, the California Education for a Global Economy (Ed. G. E.) Initiative, supported by CTA* on the November ballot, seeks to solidify this edge by expanding students' access to multilingual education, and allowing teachers, parents and schools more control over the curriculum.

A GROWING TREND

DI begins in kindergarten, with 90 percent of instruction in a second language and 10 percent in English. English instruction increases gradually; by fourth grade the ratio is 50:50. Schools may vary this formula with a higher percentage of English in the beginning. The goal is to foster biliteracy, so students can speak, read and write fluently in two languages.

Schools throughout California have expanded DI programs to meet the demands of parents, who believe a second language benefits children in a diverse state and a global economy. Over the past decade, the number of DI programs in the U.S. has increased tenfold, notes the U.S. Department of Education. California has 369 dual-language schools, most of them Spanish, according to the California Department of Education (CDE).

"It's definitely becoming a trend in our diverse state of California," comments Elena Fajardo, administrator of the CDE's Language Policy and Leadership Office.

Most of the districts that implemented DI did so fairly recently, and the majority of their programs are in elementary schools. Districts with older DI programs, such as San Francisco and Chico, have created programs at the secondary level, while others are scrambling to create them so students can continue what they've started. Fremont, for example, has a Mandarin DI program in the works for children about to enter middle school.

The programs are also popular with immigrant families who want their children to read and write in their native language — and (3) ethnic families who want their children to maintain their heritage.

After Proposition 227 of 1998 mandated that English learners be taught in English, Latino parents turned to DI programs to replace bilingual education programs that were (4) dismantled. Because they are open to all students and not specifically English learners, DI programs have flourished. (The Ed. G. E. Initiative would repeal Prop. 227.)

At Magathan Elementary School, many DI enrollees are from Mexico and Latin America, says Ruby Sandoval, who teaches Ja'Patrick's fifth- and sixth-grade combination class.

"For English learners living in a country where English is the main language, a dual immersion program is a way of preserving students' language and culture," says the Adelanto District Teachers Association member.

Adrian Ruiz, a sixth-grader who has been in the program since kindergarten, enjoys being able to converse with his grandparents in Spanish. "They don't speak English, so without this class, I would not be able to communicate with them," he says.

RESULTS ARE NOT IMMEDIATE

A Stanford Graduate School of Education study in 2014 echoes findings of earlier studies: Students in English-only classrooms perform better in the short term, but over the long term, DI students catch up to their counterparts and eventually surpass them academically and linguistically. The Stanford study finds that by middle school, students in DI programs score substantially higher than students enrolled in English-only programs.

Research shows other benefits: Bilingualism improves students' reasoning skills, attention control, problem-solving skills, and when they're older, the delay of dementia.

"Learning a second language helps to stimulate students' brains," says Sandoval. "In a dual immersion program, students exercise their brains more, so everything comes easier to them. Even students with learning disabilities do better academically when they learn a second language."

In the rural community of Chico, Rosedale Elementary School's Spanish DI program has helped create a more inclusive environment, say teachers who work there.

"Typically at schools you (5) have a group of students on one side of the playground and another group from another culture on the other side of the playground," observes Don Kinslow, a fifth-grade teacher and member of the Chico Unified Teachers Association. "But in an immersion program, the students are so intertwined, there aren't factions. There's just one big community."

First-grade teacher Lourdes Cassetta agrees. "It expands children's understanding and acceptance of others," she says. "And it gives them a perspective of what it's like to be in a different culture without them having to leave the country to see what another culture looks like."

But in the beginning, she admits, it can be difficult. Sometimes DI parents worry that their children aren't verbalizing much in kindergarten, and take them to a doctor. Often, says Cassetta, the children are merely "processing" both languages and it's a bit overwhelming. Eventually, something "clicks" for children, and in most cases, verbalization takes off.

*CTA: California Teachers Association

1. Which of the following best paraphrases underline (1)?

a. to go back and forth between two countries

b. to speak, read, and write in foreign languages

c. to overcome linguistic and cultural barriers

d. to attend multicultural events

2. Which of the uses of "edge" in the following sentences has a meaning similar to underline (2)?

a. I walked to the edge of the river.

b. Universities are looking for more researchers to get an edge.

c. There was an edge of hostility in his voice.

d. My mother and I were on the edge of panic.

3. Which of the following is most appropriate as an example of underline (3)?

a. Spanish-speaking families in the US who expect their children to use English as fluently as their classmates.

b. Mandarin-speaking families in the US who expect their children to read and write in Mandarin, the official language of China.

c. Korean-speaking families in the US who expect their children to read and write English rather than Korean.

d. Native English-speaking families in the US who expect to enter a Spanish dual immersion (DI) program.

4. Choose the word closest in meaning to underline (4).

a. abolished　　b. implemented

c. enforced　　d. decreased

5. Choose the word which best describes underline (5).

a. inclusive　　b. intertwined

c. factious　　d. assimilated

6. Which of the following descriptions is NOT correct with regard to dual immersion (DI) programs?

a. popular with immigrant families

b. up to 90% of instruction in a second language

c. fostering children's cultural competence

d. more common at the secondary level

7. Which of the following findings is NOT applicable to students in dual immersion (DI) programs?

a. DI students outperform students in English-only programs in the short term.

b. It may take a while for DI students to develop both academic and language skills.

c. DI students may develop better problem-solving skills than students in English-only classrooms.

d. DI programs may allow even students with learning difficulties to perform better academically.

8. The most appropriate title for this article is:

a. Foreign language education

b. Effective inclusive education

c. Bilingual and bicultural education

d. Early childhood education

9. What is NOT the goal of the dual immersion program?

a. to foster children's positive attitudes toward different cultures

b. to develop children's speaking, reading and writing skills in two languages

c. to help immigrants' children to conform to US culture

d. to have children perform well academically, linguistically, and culturally

10. What is the potential problem with the dual immersion program?

a. Students may experience serious deficiencies in their native language.

b. Parents may be concerned about their children's language development.

c. Parents may become distant from their children in the program.

d. Students may have pressure to catch up to their peers in English-only programs.

III

Read this article and answer the questions below.

For 340 days, Scott Kelly circled the Earth aboard the International Space Station, gathering data about himself. He drew blood from his arms. He saved his urine. He played computer games to test his memory and reaction speed. He measured the shape of his eyes.

Two hundred and forty miles below, Mr. Kelly's twin brother, Mark, who also served as an astronaut, carried out identical tests. Now, a comparison of these two men has provided a unique opportunity to learn what happens to the human body in space — down to the molecular level. On Thursday, just over three years after Mr. Kelly, 55, returned to Earth, NASA researchers reported that his body experienced a vast number of changes while in orbit. DNA mutated in some of his cells. His immune system produced a host of new signals. His microbiome gained new species of bacteria.

Many of these biological changes seemed harmless, disappearing after he returned to Earth. But others — including genetic mutations and, after his return, declines in cognitive test scores — did not correct themselves, provoking concern among scientists. Some considered the risks manageable, while others wondered [1] to take long journeys to Mars or beyond. Final answers will depend on studies of (2)still more astronauts.

"I believe it's the most comprehensive assessment of human beings (3)to date," said Dr. Eric Topol, director of the Scripps Research Translational Institute, who was not involved in the study. "I don't know that there's been anything close to (4)this."

Although astronauts have been carried aloft for almost six decades, there's much about life in space that scientists still don't understand. With investigations like the NASA Twins Study, published in the journal *Science*, the agency hopes to answer some of the questions before sending astronauts on longer flights.

In 2012, NASA picked (5a)Mr. Kelly to join the Russian cosmonaut Mikhail Kornienko aboard the space station for a yearlong examination of the challenges of space travel, twice as long as previous studies.

In the run-up to the mission's announcement, Mr. Kelly (5b) asked officials if they had any plans to compare him to his twin. "We have these two guys who are genetically identical," Mr. Kelly recalled telling them. "They'd make for an interesting experiment."

Officials had no such plans, but soon decided to take him [6] the offer. Mark Kelly agreed, and the NASA Twins Study was born. By comparing the brothers, NASA hoped to better understand the changes that Scott Kelly experienced during his mission.

"The fact that they're twins really narrows down the alternatives, (7)" said Susan Bailey, a cancer biologist at Colorado State University and a co-author of the new study. "We can say that, as best as we can tell, these changes are due to spaceflight."

Ten research teams designed experiments for the twins; they are likely to bring an avalanche of (8) research. But to Mr. Kelly, the experience didn't feel very different from previous missions. Drawing his own blood in zero gravity, for example, was a familiar routine. "I've had a couple spills in my time," Mr. Kelly said. "You just reach out and grab the blobs of blood."

By many measures, the scientists eventually found, Mr. Kelly changed about as much as astronauts who stayed on the space station for only six months. Eventually the pace of biological change slowed, [9] that perhaps the human body reaches a new equilibrium in space.

1. [1] CANNOT be filled by
  a. whether it would ever be safe for astronauts
  b. whether for astronauts it would ever be safe
  c. whether it ever would be safe for astronauts
  d. whether for astronauts would it ever be safe
2. Underline (2) can best be replaced by
  a. until **b.** yet
  c. quite **d.** quiet

3．Underline (3) CANNOT be replaced by

a．so far b．up to now

c．as yet d．in time

4．Underline (4) CANNOT be replaced by

a．this experiment b．this mission

c．this comparison d．this institute

5．Underlines (5a) and (5b) stand for

a．(5a) Mark Kelly (5b) Scott Kelly

b．(5a) Scott Kelly (5b) Mark Kelly

c．(5a) Mark Kelly (5b) Mark Kelly

d．(5a) Scott Kelly (5b) Scott Kelly

6．[6] can best be filled by

a．in on b．on in

c．up on d．on up

7．The meaning of underline (7) can best be paraphrased as:

a．We are sure that the changes observed are due to spaceflight.

b．We have no choice but conduct the experiments as planned.

c．We will send both of the twin brothers simultaneously into space.

d．We will develop other options than biological tests of the twins.

8．Underline (8) can best be replaced by

a．a lightning of b．a whole lot of

c．harmful d．speedy

9．[9] can best be filled by

a．insisting b．proposing

c．suggesting d．advising

10. Which of the following is true about the text?

a．Scott Kelly travelled to space more than once.

b．Mark Kelly followed his brother into space.

c．Scott Kelly was in space twice as long as his brother.

d．Mark Kelly accidently hurt himself while in space.

IV　Read this article and answer the questions below.

You might hesitate to make a character judgment about someone based on a first encounter. Most adults would probably want to see how a stranger acts in several different circumstances, to decide whether someone new is nice, mean or trustworthy.

Young children are strikingly less cautious when making character judgments. They often show a positivity bias: a tendency to focus on positive actions or selectively process information that promotes positive judgments about the self, others, or even animals and objects.

Why does it matter if children see the world through rose-colored glasses? Children who are overly optimistic may unwittingly find themselves in unsafe situations, or they may be unable or unwilling to learn from constructive feedback. And in an era of "fake news" and (1) myriad informational sources, it's more important than ever to raise strong critical thinkers who will grow into adults who make informed life decisions. Psychologists like me investigate this optimism that seems to emerge very early in life to figure out more about how (2a) it works — and how and why (2b) it eventually decreases over time.

In many ways, children are sophisticated thinkers. In early childhood, they carefully gather data from their environment to construct theories about the world. For example, children understand that animate objects, such as animals, operate very differently from inanimate objects, such as chairs. Even preschoolers can tell the difference between experts and non-experts, and they understand that different kinds of experts know different things — like how doctors know how human bodies work and mechanics know how cars work. Children even track people's records of accuracy to decide whether they can be trusted as learning sources for things like the names of unknown objects.

This level of skepticism is impressive, but it is sorely lacking when children are asked to make evaluative rather than neutral judgments. (3)Here, children show clear evidence of a positivity bias.

For example, my colleagues and I have shown that 3- to 6-year-olds only need to see one positive behavior to judge a story character as nice, but several negative behaviors to judge a character as mean. I've also found that children reject negative trait descriptions about strangers (such as "mean") from credible judges of character, but readily accept positive trait descriptions (like "nice").

Whereas children use information about expertise effectively in non-evaluative domains — like when learning about dog breeds — they are reluctant to trust experts who make negative evaluations. For example, my lab found that 6- and 7-year-olds trusted positive descriptions of an unfamiliar animal (such as "friendly") by a zookeeper, but disregarded negative descriptions (like "dangerous"). Instead they trusted a non-expert who gave positive descriptions.

In our other research, children (4)mistrusted an expert's negative assessment of artwork and instead trusted a group of laypeople who judged it positively. And preschoolers tend to evaluate their own performance on problem solving and on drawing positively even after being told that they were outperformed by a peer.

Altogether, research reveals that the positivity bias (5)[as / present / years / is / of / early / as / 3 / age], peaks in middle childhood, and weakens only in late childhood.

Psychologists don't know for sure why kids are so optimistic. It's likely due in part to the positive social experiences that most children are lucky enough to have early in life.

With age, children are exposed to harsher realities. They begin to see differences in performance among people, including their peers, and this gives them a sense of where they stand in relation to others. They eventually receive evaluative feedback from their teachers and start to experience a greater variety of negative relational experiences, like bullying.

Even so, children often remain stubbornly optimistic despite contrary evidence. There may be different forces at play here: Because positivity is so ingrained in children's minds, they may struggle to pay attention to and integrate contradictory evidence into their working theories about people. American children are also taught not to say mean things about others and may question the intentions of well-meaning people that speak hard truths. This may be the reason that children prioritize (6) benevolence over expertise when learning new information.

1. Underline (1) can best be replaced by
   a. countless　　b. virtual
   c. dubious　　d. unconfirmed
2. Underlines (2a) and (2b) stand for
   a. (2a) optimism　　(2b) life
   b. (2a) life　　(2b) optimism
   c. (2a) optimism　　(2b) optimism
   d. (2a) life　　(2b) life
3. What does underline (3) refer to?
   a. when children make neutral judgments
   b. when children make evaluative judgments
   c. when children make positive judgments
   d. when children make skeptical judgments
4. Underline (4) can best be replaced by
   a. doubted　　b. perceived
   c. misunderstood　　d. disrespected
5. When the underlined words in sentence (5) are put in the correct order, what are the fifth and ninth words?
   a. present / early　　b. as / age
   c. as / present　　d. early / years
6. Underline (6) has the same accent as
   a. generosity　　b. accomplishment

出典追記：Children are natural optimists — which comes with psychological pros and cons, The Conversation on April 17, 2018 by Janet J. Boseovski

c. optimism d. verification

7. The positivity bias as referred to in the article can best be paraphrased as
   a. a tendency to learn from positive feedback
   b. the effective use of positive information
   c. a preference for positive evaluations
   d. the capacity to make positive decisions

8. Which of the following is NOT mentioned in the description of the experiments in the article?
   a. Children readily accept negative evaluations when they come from experts.
   b. Children evaluate their own performance very positively.
   c. Children tend to ignore negative evaluations such as "dangerous."
   d. Children are capable of making neutral judgments in non-evaluative domains.

9. Which of the following statements best agrees with the article?
   a. American preschoolers are taught to say what they mean.
   b. One likely reason for the positivity bias is "fake news."
   c. Children trust non-experts more than they trust experts.
   d. It is not entirely clear where the positivity bias comes from.

10. According to the article, why is the positivity bias a problem?
   a. Because it puts children at risk.
   b. Because it decreases over time.
   c. Because it involves bullying and other negative experiences.
   d. Because it pays too much attention to contradictory evidence.

V

Read this dialogue and choose the best answer for each question.

Marie: Ugh, seriously, Anna? I thought you were going to clean up this room more often.

Anna: That was my New Year's resolution ...

Marie: But?

Anna: Those things only last until the end of January.

Marie: Resolutions only count in January ...? So that's why you've been sitting around in your pajamas, eating junk food and not going to the gym all week.

Anna: I just got tired of feeling so sore every morning. It's hard to get up and go to class when everything hurts. Besides, I finished the free month trial last week and I'm out of cash.

Marie: [A] I'm worried about you. Did you even go to class this week?

Anna: I already know I'm not graduating with you next year, so what's the point? Besides, this show is way better than class.

Marie: You really need to get some discipline.

Anna: Like you?

Marie: My room is clean, I finished my final reports, and I only ate vegetarian food today.

Anna: Potatoes are a vegetable.

Marie: Potato chips aren't. This is really sad, Anna.

Anna: Maybe I like who I am and don't need New Year's resolutions.

Marie: I like who you are too, but I still want you to do better. Look, we may share the rent, but I'm not going to clean up after you.

Anna: Ugh, fine. I'll throw away the pizza boxes.

Marie: That's a start. Maybe you could pick up some broccoli and carrots at the store downstairs, too.

Anna: <u>Baby steps</u>(1), Marie.

1. What is NOT a likely reason why Marie is upset in this dialogue?

   a. Anna has no money.

   b. Anna does not do her fair share.

   c. Anna gave up her New Year's resolution.

   d. Anna needs to get some discipline.

2. Which phrase best fits in [A]?

a. Why didn't you go see a doctor?

b. What did you eat for breakfast?

c. You quit the gym after only a month?

d. You don't like exercise?

3. What is Anna and Marie's relationship?

a. mother and daughter **b.** co-workers

c. roommates **d.** landlady and tenant

4. What does Anna mean by the phrase in underline (1)?

a. "I am going to walk downstairs with very small steps."

b. "I really want to have a child."

c. "I want to improve, but cannot change all at once."

d. "I don't want to be left alone."

5. Which characterization of Marie and Anna is the most accurate?

a. The two have similar interests and responsibilities.

b. The two are struggling to make enough rent money.

c. The two do not value each other.

d. The two have very different personalities.

6. What is one reason Anna stopped going to the gym?

a. Exercise made her ill.

b. If she continued, she would have to pay money.

c. She couldn't watch her favorite TV shows.

d. It made it hard for her to concentrate in class.

7. What is the most likely month for this conversation to occur?

a. January **b.** February

c. November **d.** December

8. Which of these foods did Marie most likely have for lunch?

a. a hamburger meal from a fast food restaurant

b. a fresh salad from the grocery store

c. home-made fried chicken

d. a bacon, lettuce, and tomato sandwich

9. What is probably on the first floor of their building?

a. a pizza restaurant
b. a clothing store
c. a fitness center
d. a supermarket

10. What does Marie think of Anna?

a. She wants her to move out.
b. She likes her but finds her frustrating.
c. She loves her just the way she is.
d. She hates her but needs rent money.

日本史

(60 分)

I 次の文章を読み，問 1 〜 9 に答えよ。問 1 〜 2 については，それぞれの解答を記述解答用紙に記入せよ。問 3 〜 9 については，それぞれの解答を選び，マーク解答用紙の記号をマークせよ。

律令国家の下では，地域支配の深化にともなって新たに郡や国が置かれた。[a]蝦夷との戦争が進められた東北では，708 年，越後国の北方に出羽郡が設置され，さらに 712 年に陸奥国の置賜郡・最上郡とあわせて出羽国が新たに設置された。そして太平洋側の陸奥国と日本海側の出羽国では，[b]蝦夷との境界領域に城柵が設置された。

南九州では，8 世紀初頭に隼人が反乱を起こしたのをきっかけに，［ A ］国から薩摩国を分立させた。また，『続日本紀』の記事に「［ A ］国の肝坏(きもつき)・贈於(そお)・大隅・姶羅(あいら)の四郡を割きて，始めて大隅国を置く」とあり，713 年には大隅国が置かれた。しかし，720 年には大隅国守であった陽侯(やこの)史(ふひと)麻呂(まろ)が殺害される事件が発生し，朝廷は[c]大伴旅人を征隼人持節大将軍として派遣した。こうした事件は，[d]中央による支配の強化に対する抵抗として捉えることができる。

境界地域においては，行政区画を整備するだけでなく，移住政策も行われた。東北では，『続日本紀』の 715 年の記事に，「相模・上総・常陸・上野・武蔵・下野の六国の富民千戸を移して，陸奥に配す」とあり，関東などから移住させた［ B ］に開拓を担わせた。また，725 年には公民化した蝦夷である［ C ］を関東以西に移住させた。南九州においても，714 年に隼人は道理に暗く法に従わないとして，豊前国の民二百戸を隼人の居住地域に移住させた。また，隼人の一部は畿内に移住させて，衛門府の下におかれた隼人司に管轄させた。隼人は「異民族」として扱われ，その特殊な力で王権を守護することなどが期待されたため，[e]平城宮跡からは独特の模様が描かれた「隼人の盾」が出土している。

このような移住政策は，日本だけでなく当時の東アジアの古代国家で共通して行われていた。古代朝鮮半島についての歴史書である『三国史記』の新羅本紀には，781 年に使者を派遣して大同江（現在のピョンヤン付近を流れる川）以南の州郡の視察を行い，翌年には漢山州（現在のソウル近郊）の人々をそれらの地域に移したことが記されている。これは，中国東北部から朝鮮半島北部を支配していた［ D ］に対抗するため，［ D ］との境界地域に移住させたということであると考えられる。

では，以上のような政策はどのような結果をもたらしたのだろうか。大隅国建国 1300 年を記念し，大隅国府の推定地に立てられた説明板には，「建国は当時の人々にとっては決して朗報ではありませんでしたが，国府が当地に置かれたことで，政治経済の中心となって発展し」たと書かれている。国家による地域支配の深化は，その地域に発展をもたらす面があった一方で，人々への収奪の強化や地域社会の破壊にもつながった。<u>歴史を考える際には国家だけに注目するのではなく，地域からの視点も意識しなければならないのである</u>[f]。

問 1　空欄［ A ］にあてはまる，九州最大の古墳を有する西都原古墳群などが所在する国の名を，漢字で記せ。

問 2　空欄［ D ］にあてはまる国の名を，漢字で記せ。

問 3　下線部 **a** について述べた文として，正しいものはどれか。一つ選べ。

ア　7 世紀，太平洋側に渟足柵・磐舟柵が設けられた。

イ　7 世紀，安倍頼時が東北に遣わされた。

ウ　8 世紀，伊治呰麻呂は反乱を起こし，白河関を焼いた。

エ　8 世紀，文室綿麻呂が東北に遣わされた。

オ　9 世紀，坂上田村麻呂は阿弖流為を帰順させた。

問 4　下線部 **b** に該当しないものはどれか。一つ選べ。

ア　志波城　　イ　秋田城　　ウ　基肄城

エ　多賀城　　オ　胆沢城

問 5　下線部 **c** について述べた文として，正しいものはどれか。一つ選べ。

ア　この人物は，『類聚国史』の編者である。

イ　この人物は，『凌雲集』の編者である。

ウ　この人物の歌は，『万葉集』に収められている。

エ　この人物の父である大伴家持は，『万葉集』の編者である。

オ　この人物の父である大伴金村は，継体天皇を擁立した。

問6　下線部 **d** に該当する事件として，正しいものはどれか。一つ選べ。

ア　恵美押勝の乱　　イ　磐井の乱　　ウ　昌泰の変

エ　乙巳の変　　オ　刀伊の入寇

問7　空欄 [B]・[C] に入る語の組み合わせとして，正しいものはどれか。一つ選べ。

ア　B　官戸　C　部曲　　イ　B　柵戸　C　部曲

ウ　B　田堵　C　防人　　エ　B　官戸　C　防人

オ　B　柵戸　C　俘囚　　カ　B　田堵　C　俘囚

問8　下線部 **e** に関連して，古代の宮都について述べた文として，誤っているものはどれか。一つ選べ。

ア　大化の改新に際して，孝徳天皇の下で飛鳥から難波に遷都した。

イ　白村江での敗戦の後，中大兄皇子の下で近江大津宮に遷都した。

ウ　持統天皇の時代に建設された藤原宮には，瓦葺・礎石立ちの大極殿が設けられた。

エ　長屋王邸は，平城京の左京八条二坊に位置していた。

オ　法勝寺などの六勝寺は，平安京の京域の外に建立された。

問9　下線部 **f** に関連して，地域の歴史について述べた文として，誤っているものはどれか。一つ選べ。

ア　信濃川流域では，装飾性の高い縄文土器である火炎土器が発達した。

イ　弥生時代の東北地方の墓制は，沿海州の影響を受けた支石墓が主流であった。

ウ　群馬県や岡山県には，全長が 100 m をこえる古墳時代中期の大型前方後円墳が分布する。

エ　律令国家の下での西海道諸国の支配は，大宰府を通して行われた。

オ　東大寺の他，下野薬師寺と筑紫観世音寺にも戒壇がおかれた。

Ⅱ

次の会話文は，写真1の絵画および図1の地図を見ている高校の生徒A・B・Cと教師の会話である。この会話文を読み，下記の問1～9に答えよ。問1～6については，それぞれの解答を選び，マーク解答用紙の記号をマークせよ。問7～9については，それぞれの解答を記述解答用紙に記入せよ。なお，設問に関係しない空欄もある。

教師　「みんなは，鎌倉という町の名前を聞いて，どんなイメージを思い浮かべるかな？」

生徒A「源頼朝が源氏ゆかりの地ということで初めて幕府を開いた場所です」(a)

生徒B「三方を山に囲まれ，もう一方は海なので，外からは非常に攻撃されにくいというイメージがあります」

生徒C「その海は遠浅で船がよく難破したので，往阿弥陀仏という僧が少し離れたところに港を築いたと聞いたことがあります」

教師　「　A　のことだね。鶴岡八幡宮の修理をした時の材木などを，ここから搬入したという記録もあるようだよ」

生徒A「三方を山に囲まれているからと言って，攻撃されにくいというのは本当でしょうか？」

教師　「鎌倉幕府を滅ぼそうと鎌倉を攻撃した新田義貞は，軍勢を三つに分けて，鎌倉市中へと通じる切通(b)を突破しようとして，はじめ失敗しているね」

生徒C「それで，稲村ヶ崎で潮が引くのを待って，海岸線伝いに突破したんですね」

生徒B「切通って，聞いたことはあるけど，どんな場所なんでしょうか？」

教師　「鎌倉時代の切通の様子を描いた絵巻物があるよ。写真1を見てごらん」

生徒A「左からゾロゾロと頭を丸めたお坊さんの集団が歩いてきていますね」

生徒C「右端の方では馬に乗った人がそのお坊さんの集団を指差していますが，この人たちは武士ですか？」

教師　「この場面について説明した絵巻物の詞書によると，この絵は各地を遊行して念仏を広めようとした　B　が，巨福呂坂から鎌倉に入ろうとするところを，北条時宗(c)に制止されている場面なんだ」

生徒C「馬に乗っているのが北条時宗なんですね」

教師　「そうだね。そして多くの僧侶の集団(d)の先頭にいて，時宗と向かい

写真1

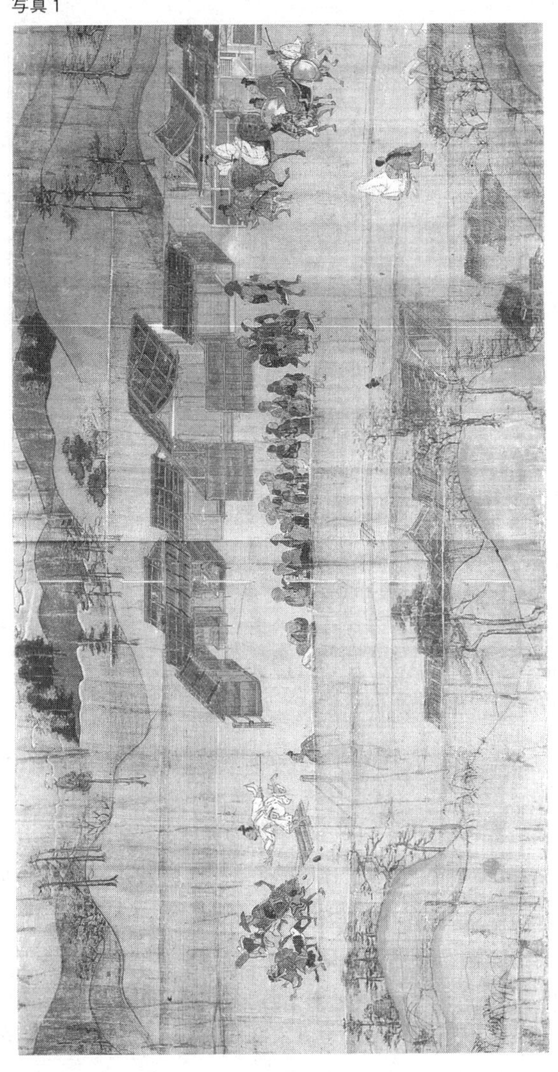

合っているのが［　B　］ということになる」

生徒A「図1の地図を見ると，巨福呂坂の切通というのが鶴岡八幡宮の北の方にありますね」

教師「この絵巻物が描いているのは，まさにその巨福呂坂の切通なんだ。画面の上下に山並みが描かれていて，両側に家々が立ち並び，大

図1

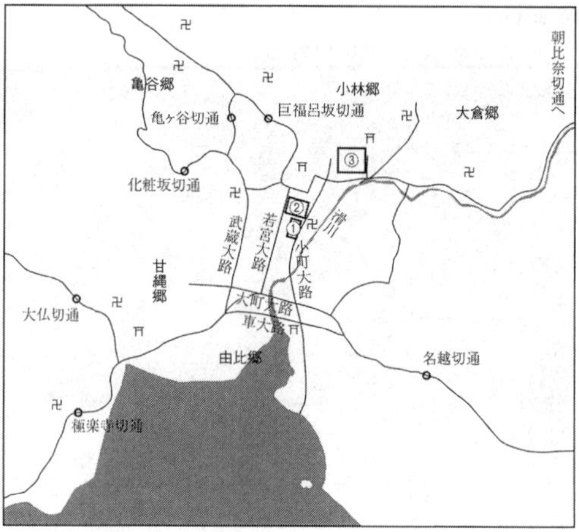

勢の人が行き交う道がその間を通っているね」

生徒B「その家並みが途切れたあたりで，役人風の人が2人いて，そのうちの1人が誰かを追い払っていますね」

生徒C「追い払われているのは，どのような人たちなんでしょうか。服装や肌の色が，他の人たちとはだいぶ違ってみえますが」

教師　「いいところに気が付いたね。［　C　］」

生徒A「この人たちは鎌倉の中に入ろうとして追い払われているんですか？」

教師　「一説によると，彼らはこの僧侶の集団と一緒に旅をしていたとも考えられているけれど，いずれにしても彼らは一般の都市住民からは疎外された存在と考えられているよ」

生徒B「写真1の絵巻物をよく見ると，家並みが途切れたあたりに門か，垣根のようなものが見えますね」

教師　「そう。この門のようなものが鎌倉の北の境界なんだ。そしてその境界のギリギリのところまで，何かものを売っているお店のような建物[e]や，一般庶民の住居が軒を連ねて並んでいるね。他の切通もすべて同じような状況であったかは分からないけれど，中世の鎌倉には，都市の領域の境界付近にまで人の居住域が広がっていた様子がうかがえるね」

問1 写真1の絵巻物の名称は何か。一つ選べ。

ア 法然上人絵伝　　イ 石山寺縁起絵巻

ウ 北野天神縁起絵巻　　エ 一遍聖絵

オ 粉河寺縁起絵巻

問2 下線部**a**に関連する記述として誤っているものはどれか。一つ選べ。

ア 頼朝は千葉氏ら南関東の武士たちの求めに応じて鎌倉に入った。

イ 頼朝は鶴岡八幡宮の参道として若宮大路を整備した。

ウ 頼朝は平泉や京都の町並みを参考に，鎌倉の都市作りを進めていった。

エ 頼朝は最初，父義朝の屋敷があった現在の寿福寺の地に幕府を構えようとした。

オ 前九年合戦の後，源義家は石清水八幡宮を勧請して鶴岡八幡宮を建立した。

問3 下線部**b**に関連する記述として誤っているものはどれか。一つ選べ。

ア 巨福呂坂切通を北へ抜けると，鎌倉五山の建長寺・円覚寺・浄智寺がある。

イ 真言律宗の忍性は，極楽寺切通近くの極楽寺に招かれて，その中興となった。

ウ 鎌倉の外港として栄えた六浦津は，名越切通を越えた先にあった。

エ 鎌倉五山の浄妙寺の前を通る道は，朝比奈切通方面へと続いていた。

オ 大仏切通付近にある高徳院の阿弥陀像（鎌倉大仏）は，当初，木造であった。

問4 下線部**c**に関する記述として誤っているものはどれか。一つ選べ。

ア 父の時頼は，執権の地位を譲った後も，得宗として政治の実権を掌握した。

イ 後に霜月騒動で誅殺された安達泰盛は舅であった。

ウ 服属を要求して国書を送ってきたモンゴルに対し，一切，返書を送らなかった。

エ 異国防御を目的に賦課された異国警固番役は，弘安の役の直後に廃止された。

オ 朝廷がもっていた権限の一部を吸収し，公方と呼ばれるようになった。

問5　空欄［　C　］に入る教師の言葉として最も適切なのはどれか。一つ選べ。

ア　彼らは下人と呼ばれた人々で，武士の屋敷内に居住した家内奴隷のような存在だけど，売買の対象にはならず，人格的には自立した人たちと考えられているよ。

イ　彼らは，非人と呼ばれた人々で，都市の周縁部や交通の要衝に住み，死んだ牛馬の処理などの仕事に従事していた人たちだよ。

ウ　彼らは河原者などと呼ばれた人々で，河原などに集住して差別を受けていたけれど，庭園造りなどで才能を発揮して将軍に仕えた人もいたよ。

エ　彼らは乞食とかキヨメと呼ばれた人々で，農村に居住して，物乞いや清掃などを生業としていた人たちだよ。

オ　彼らは所従と呼ばれた人々で，貴族の家に隷属しつつ仕えた下層民たちだよ。

問6　鎌倉における将軍の御所は，図1の地図中，①〜③の位置を移転している。移転の順序として，正しいものはどれか。一つ選べ。

ア　③→①→②　　イ　③→②→①　　ウ　②→①→③

エ　①→②→③　　オ　①→③→②

問7　空欄［　A　］に入る語句を漢字で記せ。

問8　下線部**d**の僧侶の集団を何と呼ぶか。

問9　下線部**e**のような常設の建物の軒端で商品を販売する施設のことを何というか。漢字三文字で答えなさい。

III

次の文章と史料を読み，問1〜10に答えよ。問1〜2については，それぞれの解答を記述解答用紙に記入せよ。問3〜10については，それぞれの解答を選び，マーク解答用紙の記号をマークせよ。

江戸時代後期になると，幕藩体制の矛盾がさまざまな場面で噴出した。それは学問にも影響を及ぼし，国学と蘭学の発達を促した。

古代日本の古典を研究する国学は，17 世紀後半，［　A　］らを起点とし，次いで 18 世紀，［　B　］らにより深められていった。それらを受けついだ本居宣長は，その著『直毘霊（なおびのみたま）』〈史料1〉にあるように，儒教・仏教を
a

批判した上，中国由来の精神である「漢意(からごころ)」を排し，日本の古代人の精神に返ることを主張するに至る。18 世紀末には[b]塙保己一により，古典研究のための和学講談所が開設された。19 世紀に入ると，[C]が復古主義を強め，国学に神道の思想を積極的に持ち込んだ。国学は幕藩体制の動揺を背景に，儒教の精神から離れて，古代日本の古典の精神に日本の進むべき方向を見いだそうとする学問であった。

これに対して，将軍[D]による[c]漢訳洋書の輸入緩和を契機に発達したのが蘭学である。当時の日本がヨーロッパと接触した唯一の国であったオランダを通じて，江戸時代の人々は西洋の学問・思想を受け入れた。蘭学は実学として学ばれ始め，その成果は，前野良沢・杉田玄白らによる，解剖書『ターヘル＝アナトミア』の翻訳となって示された。その後 19 世紀にかけて，医学・物理学・天文学・軍学などの他，美術にも影響を与えていく。この間，[E]という弾圧事件に象徴されるように，蘭学の発展は幕府の対外政策を批判する人々を生み出した。加えて，[d]蘭学が物事を相対化する精神を育てていったことは，[F]の寓話『風流志道軒伝(ふりゅうしどうけんでん)』〈史料 2〉によく表れている。これは，蘭学の知識を生かして寒暖計など新奇なものを製作した著者により創作された物語で，主人公が想像上の外国を遍歴するという内容のものである。[e]蘭学は，交渉相手がオランダに限られなくなった幕末には，他の欧米の学問とともに洋学と呼ばれるようになり，その技術と精神が近代への扉を開いた。

このように，国学と蘭学は幕藩体制の矛盾の進行とともに展開した学問であった。いずれも社会状況の変化に応じて興隆し，その後に成立した近代国家に大きな影響を与えた。

〈史料 1〉

そもそも吉凶(よしあし)き万(よろず)の事を，あだし国(注 1)にて，[G]の道には因果とし，[H]の道々には天命といひて，天のなすわざと思へり，これらみなひがこと(注 2)なり，（中略）[H]国の天命の説(こと)は，かしこき人もみな惑ひて，いまだひがことなることをさとれる人なければ，今これを論(あげつら)ひさとさむ，そもそも天命といふことは，彼ノ国にて古(いにしえ)に，君を滅し国を奪ひし聖人の，己(おの)が罪をのがれむために，かまへ出(いで)たる託言(ことつけごと)なり

（注 1）あだし国：外国。（注 2）ひがこと：正しくないこと。

〈史料 2〉

唐の法が皆あしきにはあらず，されども風俗に応じて教へざれば，又却つて害あり，日本人は小人島を虫のごとく思へば，また大人は日本人を見せものにし，穿胸国（せんきょう）(注 1)では全き人(注 2)をかたはと心得，手長・足長のふつり合なること，皆是土地の風俗なり。天竺の右肩合掌（うけんがっしょう）(注 3)，日本の小笠原(注 4)，其仕うちは替れども，礼といへば皆礼なり。只聖人のすみがねにて，普請は家内の人数によつて，長くも短くも大にも小にも，変に応じて作るべし。

（注 1）穿胸国：胸に穴のあいた人たちの国で，想像上の国。
（注 2）全き人：身体に欠け損じているところがない人。
（注 3）右肩合掌：右肩を脱いで合掌する作法。
（注 4）小笠原：武家の作法の一つ。小笠原流。

問 1　下線部 **b** により編集・刊行された古典の叢書（そうしょ）を何というか。漢字四字で記せ。

問 2　空欄 [F] に該当する人物の氏名を漢字で記せ。

問 3　空欄 [A] と空欄 [B] に該当する人物の組み合わせで，正しいものはどれか。一つ選べ。

ア　A－伴信友　B－荷田春満　　イ　A－海保青陵　B－北村季吟
ウ　A－佐藤信淵　B－頼山陽　　エ　A－藤田幽谷　B－戸田茂睡
オ　A－契沖　B－賀茂真淵

問 4　下線部 **a** に関連して，史料 1 の空欄 [G] と空欄 [H] に該当する語の組み合わせで，正しいものはどれか。一つ選べ。

ア　G－漢　H－仏　　イ　G－仏　H－漢
ウ　G－漢　H－和　　エ　G－和　H－漢
オ　G－仏　H－和

問 5　空欄 [C] の影響を受けた，尊王攘夷の運動家は誰か。一つ選べ。

ア　山県大弐　　イ　石田梅岩　　ウ　安藤昌益
エ　松尾多勢子　　オ　竹内式部

問 6　空欄 [D] に該当する将軍の政治に当てはまらないものはどれか。すべて選べ。

ア　寄場組合の設置　　イ　新田開発の推進　　ウ　日光社参

エ 御触書集成の編纂 オ 株仲間の解散 カ 倹約令

問7 下線部 **c** 以前に，世界の地理や民俗を考察した将軍側近に関する説明で，誤っているものはどれか。一つ選べ。

ア キリシタン宣教を目的に屋久島に潜入してきたイタリア人を尋問した。

イ 朝廷財政の削減のため，新しい宮家の増設に反対した。

ウ 将軍の対外的呼称を日本国大君から日本国王に変更させた。

エ 金の含有率を高めた小判を鋳造させ，物価を抑えようとした。

オ 将軍就任の慶賀のために派遣された朝鮮通信使の待遇を簡素化した。

問8 空欄 E の事件に関する説明で，正しいものはどれか。一つ選べ。

ア 蘭学者がフェートン号事件における幕府の対応を批判したために起こった。

イ 逮捕された蘭学者は吟味の結果みなゆるされ，釈放された。

ウ 蘭学者が批判した事件のアメリカ船には日本の漂流民が乗っていた。

エ 国外への持ち出しを禁じられていた日本地図を蘭学者がオランダ人にわたしたことが，事件の契機であった。

オ この事件により，オランダ商館の医師が国外追放になった。

問9 下線部 **d** に関連して，史料2の大意はどれか。一つ選べ。

ア 中国の法が悪いわけではないから，日本にもそのまま適応できる。

イ 体格の小さな日本人は，大きな体格の外国人にはかなわない。

ウ 日本の風俗こそが優れているから，外国の礼儀を見習う必要はない。

エ その土地それぞれの風俗に応じて，価値観は異なる。

オ 儒教の聖人のいうことにしたがうと，異変が起こる。

問10 下線部 **e** の状況において，幕末の日本に来日して影響を与えた外国人は誰か。二つ選べ。

ア モース イ フルベッキ ウ ヘボン

エ ベルツ オ ボアソナード

Ⅳ

次の文章を読み，問1～8に答えよ。問1～2については，それぞれの解答を記述解答用紙に記入せよ。問3～8については，それぞれの解答を選び，マーク解答用紙の記号をマークせよ。

日本の近現代史のなかで，沖縄には固有の歴史が刻まれている。高校の『日本史B』を読むと，近代以降，沖縄が登場するのは幕末維新期，沖縄戦から戦後のアメリカ占領，沖縄返還の時期などに限られているが，それらの記述だけでも，沖縄に刻まれた歴史の特徴の一端を理解することができる。現在の沖縄の問題を理解するためには，沖縄の歴史を知ることが欠かせない。

沖縄県が設置される以前の琉球諸島の人びとは，中国や日本など周辺の国家や集団と交流をはかりながら，長い間，独自の社会をつくってきた。江戸時代の琉球は，事実上，薩摩藩に支配されたが，他方で清に朝貢し，貿易によって支えられていた。明治政府は，$_{\mathbf{a}}$廃藩置県で琉球を鹿児島県に編入し，翌年には琉球藩を設置して，最後の国王尚泰を藩王としたが，1879年には，沖縄県の設置を一方的に決めた。これを［　A　］と呼ぶ。これにより，$_{\mathbf{b}}$近代日本の国土が確定した。

1945年3月下旬，アメリカ軍の大部隊が沖縄攻撃作戦を開始し，4月，沖縄本島に上陸した。これに先立つ2月，［　B　］は早期講和を天皇に上奏したが却下され，その後，アメリカ軍による東京大空襲などの都市での無差別爆撃や，$_{\mathbf{c}}$沖縄戦が始まった。沖縄戦の犠牲者は15万人をこえ，3か月に及んだ激烈な戦闘ののち，6月末，沖縄の守備隊は壊滅し，沖縄はアメリカ軍に占領された。現在，8月15日は終戦記念日とされているが，沖縄県では，6月23日を沖縄戦の終了日として「慰霊の日」に定めている。

沖縄戦後，沖縄は日本本土から切り離されてアメリカ軍の占領下におかれた。1952年，$_{\mathbf{d}}$サンフランシスコ平和条約が発効すると，日本は独立を回復したが，沖縄はアメリカの施政権下におかれた。1960年代に$_{\mathbf{e}}$ベトナム戦争がおきたとき，アメリカの統治下にあった沖縄のアメリカ軍基地からは，多くの爆撃機がベトナムに飛び立った。1971年に$_{\mathbf{f}}$沖縄返還協定が結ばれ，翌72年，沖縄の日本復帰が実現したが，沖縄にはアメリカ軍基地の多くが存在している。

問1　空欄［　A　］にあてはまる語を，漢字で記せ。

問2　空欄［　B　］にあてはまる人物の氏名を，漢字で記せ。

問3　下線部**a**にかんする説明として，正誤の正しい組み合わせはどれか。

一つ選べ。

① 廃藩置県に先立って，薩長土肥の4藩主が版籍の奉還を願い出て，諸藩もそれに続き，藩主は知事に任命された。

② 薩長土3藩の兵による親兵1万が東京に集められ，その武力を背景に廃藩置県が断行された。

③ 廃藩置県後，薩長土肥4藩出身の士族で政治の中枢を占めた人々は藩閥官僚と呼ばれ，以後政府で実権を握った。

ア ①―正　②―正　③―誤　　イ ①―正　②―正　③―正

ウ ①―誤　②―正　③―誤　　エ ①―誤　②―正　③―正

オ ①―誤　②―誤　③―正

問4 下線部 **b** にかかわる明治政府の国境・領土の確定と地方制度の制定の説明として，誤っているものはどれか。一つ選べ。

ア 明治政府は小笠原諸島の領有を各国に通告し，日本領であることを確定した。

イ 明治政府は，北海道旧土人保護法を制定し，アイヌの日本への同化をはかった。

ウ 北海道庁設置後の北海道では，他府県と同様に衆議院議員選挙法が施行された。

エ ロシアとの間で樺太・千島交換条約を結び，北方での日本領を決めた。

オ 沖縄では，県設置後も地方制度や選挙制度の整備が遅れた。

問5 下線部 **c** の説明として，正誤の正しい組み合わせはどれか。一つ選べ。

① 沖縄の中学校や高等女学校などの生徒たちは，鉄血勤皇隊やひめゆり学徒隊などに編成された。

② 沖縄の住民のなかには，日本軍によって集団自決を強いられたり，スパイ容疑で虐殺されたりした人びとがいた。

③ 日本軍は，沖縄戦を本土決戦準備の時間稼ぎとして位置づけ，物資補給は現地調達で持久作戦をとったので，犠牲が甚大になった。

ア ①―正　②―正　③―誤　　イ ①―正　②―正　③―正

ウ ①―誤　②―正　③―正　　エ ①―正　②―誤　③―正

オ ①―誤　②―誤　③―正

問6　下線部**d**の説明として，誤っているものはどれか。一つ選べ。

ア　平和条約締結に先立ち，日本国内では全面講和運動がおこった。

イ　平和条約と同時に日米安全保障条約が調印され，引き続きアメリカ軍の日本駐留と基地使用が認められた。

ウ　サンフランシスコ講和会議には，アメリカ，イギリス，ソ連，中国，インド，日本などが参加した。

エ　沖縄以外に，奄美，小笠原の各諸島に対するアメリカの施政権が継続承認された。

オ　平和条約締結に先立ち，沖縄・奄美では日本への復帰運動がもりあがった。

問7　下線部**e**の説明として，正誤の正しい組み合せはどれか。一つ選べ。

①　ベトナム戦争の背景には，米ソによる東西対立および民族解放運動の高まりがあった。

②　日本経済はベトナム戦争による特需の恩恵を受け，高度経済成長を促進させた。

③　米ソ対立が強く影響したので，アメリカや日本でベトナム戦争に反対する動きは弱かった。

ア　①―正　②―正　③―誤　　イ　①―正　②―正　③―正

ウ　①―誤　②―正　③―正　　エ　①―正　②―誤　③―正

オ　①―誤　②―誤　③―正

問8　下線部**f**の説明として，正誤の正しい組み合せはどれか。一つ選べ。

①　1960年代の沖縄では，日本への祖国復帰運動が盛り上がった。

②　アメリカは，沖縄基地機能安定のために，佐藤首相・ジョンソン大統領会談で施政権返還を約束した。

③　ベトナムにおける共産主義の拡大を恐れたアメリカは，北爆によりベトナムへの軍事介入を本格化させた。

ア　①―正　②―正　③―誤　　イ　①―正　②―正　③―正

ウ　①―誤　②―正　③―正　　エ　①―正　②―誤　③―正

オ　①―誤　②―誤　③―正

V

次の史料を読み，問1～7に答えよ。問1～2については，それぞれの解答を記述解答用紙に記入せよ。問3～7については，それぞれの解答を選び，マーク解答用紙の記号をマークせよ。なお，設問に関係しない空欄もある。

〈史料〉

［ A ］主義という文字は，日本語としては極めて新しい用例である。従来は民主主義という語をもって普通に唱えられておったようだ。時としてはまた民衆主義とか，［ B ］主義とか呼ばれたこともある。しかし民主主義といえば，［ C ］などという場合におけるがごとく，「国家の主権は人民にあり」という危険なる学説と混同されやすい。また［ B ］主義といえば，［ B ］と貴族とを対立せしめ，貴族を敵にして［ B ］に味方するの意味に誤解せらるるの恐れがある。ひとり民衆主義の文字だけは，以上のごとき欠点はないけれども，民衆を「重んずる」という意味があらわれない嫌いがある。我々がみてもって憲政の根底となすところのものは，政治上一般民衆を重んじ，その間に貴賤上下を立てず，しかも国体の君主制たると共和制たるとを問わず，普（あまね）く通用するところの主義たるがゆえに，［ A ］主義という比較的新しい用語が一番適当であるかと思う。

問1　空欄［ B ］にあてはまる語を，漢字で記せ。

問2　空欄［ C ］にあてはまる政党は何か，漢字で記せ。

問3　史料にかかわる説明として，誤っているものはどれか。一つ選べ。

ア　大日本帝国憲法では天皇が元首であり，天皇の権限を強く認めていた。

イ　第一次世界大戦後，デモクラシーは世界の大勢になった。

ウ　［ B ］主義の思想の拡大をめざし，黎明会が結成された。

エ　主権が国民にあるかどうかを問わない考えである。

オ　政治の目的は国民の福祉の増進にあるという考えである。

問4　史料にかかわるデモクラシーの政治としておきた，第一次護憲運動の説明として正しいものはどれか。すべて選べ。

ア　大正政変により，山本権兵衛内閣は，わずか50日余りで退陣を余儀なくされた。

イ　軍部の力を制限するなかで，陸軍高官の軍艦購入にかかわる贈収賄事件がおきた。

ウ　西園寺公望首相は，天皇を政治利用したとして批判を浴び，憲政擁護運動がおきた。

エ　憲政擁護運動には，立憲政友会の尾崎行雄，立憲国民党の犬養毅らが参加した。

オ　都市では，民衆により政府系新聞社や交番を襲う事件がおきた。

問 5　史料にかかわるデモクラシーの政治としておきた，第二次護憲運動の説明として，正誤の正しい組み合わせはどれか。一つ選べ。

①　護憲三派内閣として加藤高明が首相に選出されて以降，犬養毅内閣終了まで，政党内閣が慣例になった。

②　憲政会，立憲政友会，立憲国民党は連合して普選断行などを掲げた第二次護憲運動をおこした。

③　第二次護憲運動は，衆議院を無視する清浦圭吾内閣に反対する動きのなかでおきた。

ア　①―正　②―正　③―正　　イ　①―正　②―誤　③―正
ウ　①―誤　②―正　③―誤　　エ　①―誤　②―正　③―正
オ　①―誤　②―誤　③―正

※問 5 については，不適切な表記があり適切な解答に至らないおそれがあるため，受験生全員に得点を与えることとしたと大学から発表があった。

問 6　史料にかかわる普通選挙の説明として誤っているものはどれか。一つ選べ。

ア　選挙資格の納税上の制限を撤廃し，25 歳以上の男性に選挙権を認める普通選挙法が制定された。

イ　田中義一内閣は，無産政党の議会進出を妨害するとともに社会運動を弾圧し，共産党員などを検挙した。

ウ　普選実施にともない，労働者や農民は無産政党をつくったが，選挙で当選者を出せなかった。

エ　普通選挙法と同時に治安維持法が制定され，共産主義思想などへの取り締まりが強められた。

オ　普選実施とともに，宇垣軍縮の名で知られる陸軍軍縮も行われた。

問 7　史料にかかわる大正期の出来事の説明として，正誤の正しい組み合わせはどれか。一つ選べ。

①　石橋湛山らの『東洋経済新報』は，シベリア出兵反対の論陣をはっ

た。

② 第一次世界大戦後には，民衆解放や社会改造を唱える雑誌『白樺』が創刊された。

③ 美濃部達吉の憲法学説は国体に反するとして天皇機関説事件がおきた。

ア ①—正 ②—正 ③—正　　イ ①—正 ②—誤 ③—正
ウ ①—誤 ②—正 ③—誤　　エ ①—誤 ②—正 ③—正
オ ①—正 ②—誤 ③—誤

世界史

（60分）

1　バルカンの歴史について述べた以下の文章を読み，下線部(1)～(10)に関する問いについて，また波線部に関する問1，問2について，a～dの選択肢の中から答えを1つ選び，マーク解答用紙の所定欄にマークしなさい。

バルカンもしくはバルカン半島といわれる地域は，地理的・歴史的定義によって，その範囲をしばしば異にする。主にドナウ川以南のヨーロッパ東南部をさすが，歴史的観点からルーマニアを含めることも多い。そもそも「バルカン」という呼称が広く使われるようになるのは近代以後のことである。とはいえ，この地域の歴史はきわめて古く，紀元前に遡る。

前16世紀頃から(1)ミケーネ文明が栄え，前8世紀頃にはポリスと呼ばれる都市国家が生まれた。前5世紀，アテネとスパルタが強勢を競い(2)ペロポネソス戦争が勃発した。前334年アレクサンドロス大王の東方遠征の出発点となり，そのマケドニアもやがてローマ帝国の支配下に置かれた。ローマ帝国が東西に分裂すると，東ローマ（ビザンツ）帝国の都(3)コンスタンティノープルの存在と共にバルカンの地政学的重要性は一段と高まった。

6～7世紀には南スラヴ人の定着が進行した。いわゆるバルカンのスラヴ化である。彼らは8～9世紀にスラヴ諸国家の礎となる国々を建国した。同時に，ギリシア正教への改宗が進み東方キリスト教文化が広まった。中世のバルカンで繁栄を謳歌したのは(4)ブルガリア帝国である。

情勢が大きく変化するのは，この地にイスラーム勢力である(5)オスマン朝が侵入して征服を開始する14世紀中頃のことである。1453年にコンスタンティノープルが陥落してビザンツ帝国が滅亡すると，(6)バルカンのほぼ全域がオスマン帝国の領土となった。しかし，数世紀に及ぶその支配の間にイスラーム化が完結したわけではない。オスマン帝国はイスラーム法に従い征服地のキリスト教徒，ユダヤ教徒を保護民としてイスラームへの同化を強要しなかったため，バルカンの人々は自らの宗教，言語，文化的アイデンティティを保持し続けたのである。

近代になると，バルカンは西欧列強，(7)ロシア，オスマン帝国間の国際関係に翻弄されるようになる。同時に，キリスト教徒諸民族の間にナショナリズムの思想が高揚し，オスマン帝国からの分離，独立をめざして反乱を起こすに至る。19 世紀初頭にギリシアが独立を果たし，(8)ルーマニア，セルビア，モンテネグロ，ブルガリアも相次いでオスマン帝国の支配から離脱していった。しかし，その過程において列強の利害対立に巻き込まれ，バルカンの情勢は安定せず「ヨーロッパの火薬庫」とまで言われた。

20 世紀には，2 度のバルカン戦争，第一次世界大戦を経てバルカンはルーマニア，ユーゴスラヴィア，ブルガリア，ギリシア，アルバニアといった独立国家群から構成されることとなった。第二次世界大戦後は，ギリシアを除いていずれも共産党政権の下にあり，(9)多くは東側陣営に属したが，東西冷戦の終結によって(10)民主化が進んだ。ただその民族構成の複雑さもあって地域紛争が絶えず，ユーゴスラヴィアの解体時には内戦となり多くの犠牲者が出た。その後も争いの火種は消えることなく今もなお燻っている。

(1)　ミケーネ文明の遺跡はギリシア各地に点在するが，ミケーネ，ピュロスと同様にペロポネソス半島に位置するのはどれか。

a　クノッソス　　b　ティリンス
c　トロイヤ　　d　ミレトス

(2)　ペロポネソス戦争についての説明で誤っているのはどれか。

a　アテネ中心のデロス同盟とスパルタ中心のコリントス同盟の戦争である。
b　アテネはペリクレスの指導の下ではじめは優勢だった。
c　この戦争中デマゴーゴス（デマゴーグ）という大衆政治家が民衆を扇動した。
d　スパルタはペルシアの支援を受けてアテネに勝利した。

(3)　コンスタンティノープル（現イスタンブル）に現存するハギア＝ソフィア大聖堂を 6 世紀に建設した皇帝は誰か。

a　コンスタンティヌス帝　　b　テオドシウス帝
c　ユスティニアヌス帝　　d　ユリアヌス帝

(4)　ブルガリア帝国についての説明で誤っているのはどれか。

a　7 世紀後半，ブルガール人がバルカン半島北部で建国した（第 1 次ブルガリア帝国）。

b　10 世紀前半，シメオン 1 世時代に第 1 次ブルガリア帝国は最盛期を迎えた。

c　11 世紀前半，ビザンツ帝国に併合されてギリシア正教への改宗が始まった。

d　12 世紀後半，再び独立を回復した（第 2 次ブルガリア帝国）。

(5)　オスマン朝スルタン・バヤジット 1 世のバルカン征服についての説明文①と②の正誤の組合せとして，正しいものはどれか。

①　1396 年，ニコポリスの戦いでハンガリー王ジギスムントの率いるキリスト教国連合軍（いわゆる「ニコポリス十字軍」）に勝利した。

②　1402 年，アンカラの戦いでティムール軍に敗れたが，直後にバルカンに戻って征服活動を再開した。

a　①―正　②―正　　b　①―正　②―誤

c　①―誤　②―正　　d　①―誤　②―誤

(6)　オスマン帝国がバルカンでキリスト教徒の少年を徴用した制度はどれか。

a　イクター制　　b　ティマール制

c　デヴシルメ制　　d　ミッレト制

(7)　ロシアとオスマン帝国の対立についての説明で誤っているのはどれか。

a　エジプト＝トルコ戦争で，ロシアはムハンマド＝アリーに協力した。

b　ニコライ 1 世はギリシアの独立戦争を外交的に援護した。

c　ロシアはバルカン諸民族への影響を強めようとして，パン＝スラヴ主義運動を支援した。

d　ロシアはバルカンのキリスト教徒の保護を口実に，オスマン帝国に内政干渉した。

(8)　バルカン諸国の自立に関する出来事を古い順に並べたとき 3 番目にくるのはどれか。

a　セルビアがオスマン帝国宗主権下の自治公国となった。

b　ブルガリアがロシア保護下の自治公国となった。

c　モンテネグロの独立が国際的に承認された。

d　ルーマニア自治公国の成立をオスマン帝国が承認した。

(9) ティトー首相が独自路線をとったためユーゴスラヴィアを除名した国際的な共産党の機関はどれか。

a　コミンテルン　　b　コミンフォルム
c　コメコン　　d　ワルシャワ条約機構

(10) 民主化運動でチャウシェスク独裁政権が倒れたのはどの国か。

a　アルバニア　　b　ブルガリア
c　ルーマニア　　d　ユーゴスラヴィア

波線部の説明について以下の問いに答えなさい。

ボスニア＝ヘルツェゴヴィナでは，もとは同じ民族系統で言語が共通であるにもかかわらず，歴史上服属した大国の影響で信仰が異なる三つの集団の間で内戦が勃発した。この三者は以下のように図式化される。

宗教／民族集団	信仰	受容に最も影響を与えた国
ムスリム	イスラーム	オスマン帝国
セルビア人	正教	ビザンツ帝国
A	カトリック	B

問1　Aにあてはまるのはどれか。

a　クロアティア人　　b　スロヴェニア人
c　マケドニア人　　d　モンテネグロ人

問2　Bにあてはまるのはどれか。

a　神聖ローマ帝国　　b　ハンガリー王国
c　フランク王国　　d　ランゴバルド王国

2 大学について述べた以下の文章を読み，下線部(1)～(10)に関する問いについて，a～dの選択肢の中から答えを1つ選び，マーク解答用紙の所定欄にマークしなさい。また，波線部に関する設問について，問1～問3の空欄に当てはまる答えを，a～jの選択肢の中から各2つ選び，マーク解答用紙の所定欄にマークしなさい。

高等教育機関としての大学は，ヨーロッパ以外の地域で先に発達した。例えば，現存するイスラーム最古の大学・教育機関とされるアズハル学院は，ファーティマ朝時代に(1)　［　　］(2)に創設された。一方，ヨーロッパの大学の起源とされるのは，教会付属学校や修道院学校を母体に，教授と学生の一種のギルド(3)として自治権を与えられた団体である。わたしたちが現在，「大学」と訳している「University（Universitas）」は，もともとは団体を意味する単語であった。

宗教改革(4)を受け，16 世紀から 17 世紀初頭にかけては大学拡張の時代であった。プロテスタントの地域では，君主による監督が強化され，カトリックの地域では，イエズス会(5)による統制が行われた。しかしながら，大学がその出発点とする団体としての自治が否定されていたわけではない。近世のヨーロッパの大学(6)は，基本的財産として与えられた土地などの不動産から独立した収入を得て，これを自治の基盤としていたのである。これがもっぱら，国家や学生の授業料に依存するようになるのは，フランス革命(7)後のことであった。

1806 年(8)，ナポレオンにより帝国大学が創設されたが，これはその名から想像されるような高等学術機関ではなく，公的な中等・高等教育を統制する団体であった。これとほぼ同時期に，［　　］(9)でもフンボルトによる改革が進められた。1810 年に新設されたフリードリヒ＝ヴィルヘルム大学（現ベルリン＝フンボルト大学）は，研究と教育の統合という大学モデルを示してヨーロッパのみならずアメリカやアジアの大学にも影響を及ぼした。19 世紀初頭は，ヨーロッパの大学の歴史の中で最も重要な画期の一つとして見なされてきた。自由主義・産業化(10)・ナショナリズムといったこの時代を特徴づける諸現象と大学の発展との間に密接な関係が見られるのである。この時代，国家アイデンティティやその価値を共有する専門職業従事者や官僚の養成は，大学の重要な役割であった。

(1)　この王朝と同時代に起きた出来事はどれか。

a　アユタヤ朝の成立

b　靖難の変

c　大憲章（マグナ＝カルタ）の承認

d　ノルマンディー公国の成立

(2) 空欄にあてはまる都市はどれか。

a カイロ　　b コンスタンティノープル

c バグダード　　d メディナ

(3) ギルドについて述べた次の文①と②の正誤の組合せとして，正しいものはどれか。

① 遠隔地貿易に従事した大商人は，商業利益や相互扶助を目的としてギルドを結成した。

② ギルドは非組合員の商業活動を禁止して市場を独占した。

a ①―正 ②―正　　b ①―正 ②―誤

c ①―誤 ②―正　　d ①―誤 ②―誤

(4) 宗教改革について，誤っている説明はどれか。

a マルティン＝ルターが贖宥状を批判する九十五カ条の論題を発表した。

b カール5世を支持してシュマルカルデン同盟が結成された。

c チューリヒでツヴィングリが宗教改革を開始した。

d イギリスでは，ヘンリ8世が教皇と対立して宗教改革が始まった。

(5) イエズス会について，正しい説明はどれか。

a イエズス会の宣教師は中国での布教にあたり，信者に孔子の崇拝を認めた。

b モンテ＝コルヴィノは，暦の作成に貢献した。

c フランシスコ＝ザビエルは，中国で布教活動を行った。

d 15世紀に結成され，カトリック教会の勢力回復に貢献した。

(6) ヨーロッパの大学について，誤っている説明はどれか。

a サレルノ大学は医学校を前身とする。

b 音楽は，中世の大学の教養科目として，自由七科に含まれていた。

c パリ大学では，ソルボンが神学部を設置した。

d オクスフォード大学はケンブリッジ大学を模範として設立された。

(7) フランス革命期のフランス国内における出来事を古い順に並べた場合，3番目に来るものはどれか。

a 王権が停止された。

b 人権宣言が採択された。

c 徴兵制が実施された。

d　反ロベスピエール派がクーデタをおこした。

(8)　この年に消滅した帝国について，誤っている説明はどれか。

a　ウェストファリア条約で，デンマークに西ポンメルンを割譲した。

b　皇帝ジギスムントの提唱により，教会大分裂を解消するためのコンスタンツ公会議が開かれた。

c　皇帝フランツ２世のオーストリア軍が，アウステルリッツの三帝会戦でナポレオンに敗れた。

d　レヒフェルトの戦いでマジャール人を撃退したオットー１世が皇帝となった。

(9)　空欄に当てはまる国について，誤っている説明はどれか。

a　ティルジット条約により，アルザス＝ロレーヌを獲得した。

b　ユンカーと呼ばれる地主貴族が農民を支配した。

c　北ドイツ連邦の盟主となった。

d　ヴィルヘルム１世（1797～1888）が初代ドイツ皇帝となった。

(10)　産業革命について，誤っている説明はどれか。

a　大量生産を可能にする技術革新は，毛織物業の分野でマンチェスターを中心に始まった。

b　ワットが蒸気機関を改良し，紡績機などの動力として利用されて生産の効率が高まった。

c　バーミンガムが製鉄業・機械工業の中心地として発展した。

d　機械制工場の発達によって生活を脅かされた手工業者が機械打ちこわし運動を起こした。

波線部について以下の問いに答えなさい。

次の文中の空欄に当てはまる最も適当な語を選べ。

問１　イギリスでは，［　　］が，第２回選挙法改正や女性の［　　］を提唱した。

問２　功利主義哲学の創始者である［　　］は，人生の目的である［　　］は量的に測定できると考えた。

問３　［　　］は，国家の［　　］への介入を排除する自由放任主義を主張した。

a　アダム＝スミス　　b　ジョン＝スチュアート＝ミル
c　スペンサー　　d　ベンサム
e　マルサス　　f　救　済
g　経済活動　　h　幸　福
i　参政権　　j　宗　教

3　民族の移住・征服・融合について述べた以下の文章を読み，下線部(1)～(11)に関する問い，および空欄(12)(13)に関する問いについて，a～dの選択肢の中から答えを1つ選び，マーク解答用紙の所定欄にマークしなさい。

複数の民族が融合して新しい社会・文化を作る現象，あるいはある民族が大規模に移住し，他地域を征服してその地に新しい社会・文化をもたらす現象は，世界史を理解する一つの根幹と言ってよいであろう。

この観点から中国の歴史を見てみると，かつては「黄河文明を形成した漢民族はどこから来たのか」という問題が，欧米の学界を中心に真剣に議論されていた。しかし，考古学の進展によって，中国では新石器時代にすでに各地に文明が存在し，しかもそれらに地域差のあること(1)が明瞭となってきた。この地域差は，やがて春秋・戦国時代(2)の各国の文化へとつながり，そして秦と漢の統一(3)によってそれらが融合し，中華文明の基礎が作られた。続く三国・西晋期は，政治的には分裂したものの，文化的には漢代のそれを継承したと見てよい。それが一変するのは五胡十六国時代(4)である。外来民族が華北に多くの国を建てて抗争し，一部の漢族は江南に移住して南朝を開き(5)，中国史は新しい時代を迎えた。

東洋で五胡十六国という現象がおきたころ，ヨーロッパではゲルマン人の大移動(6)がおこっている。この両者は，連動した現象と見てよいであろう。西暦4世紀以降のユーラシアは，民族移動の時代だったのである。ゲルマン人の移動は約2世紀にわたって続き，やがてフランク王国(7)に結実した。その後も中央・東ヨーロッパには様々な民族が進入し(8)，こうして今日のヨーロッパの原型が形成された。

五胡十六国は北魏(9)によって統一され，北魏は約70年間華北を統治した。ただし，ゲルマン諸国にはそれよりも長く存続した国もあることを考えれば，北魏の時代は過渡期と見ることもできる。北魏の末期には北辺の軍鎮が反乱をおこし，それを機に中国では何度目かの大規模な民族南下現象がおこった。後に隋や唐を建てる一族は，この時に北方から華北に移住したのである。ほかの地域に目を移しても，(10)移動と征服によってその地に新しい社会・文化が形成される現象は，決して珍しくはないであろう。特に，(11)北方ステップ地帯の遊牧民族が他地域に移住する現象はしばしば見られた。

そもそも遊牧民族は，［(12)］遊牧国家は形成された。そして，農耕地帯やオアシス都市を支配し，そこからの貢納や隊商交易による利益を得ていた。一方，オアシス都市の商業民は，交易の安全を求めて遊牧勢力に依存する傾向にあった。［(13)］の関係は，その典型的な例である。こうした体制を維持できなくなると，遊牧民は大規模に移動することがあった。

(1)　中国各地の新石器文明について，誤っている説明はどれか。

a　黄河流域にはアワ・キビなどを栽培する畑作文化が形成された。

b　長江下流域の半坡遺跡で水田耕作が確認された。

c　黄河中流域の仰韶文化は彩陶を文化の特色とする。

d　黄河下流域を中心に竜山文化圏では黒陶が作られた。

(2)　春秋・戦国時代について，誤っている説明はどれか。

a　紙が普及し，『春秋』『戦国策』などの書物が著された。

b　鉄製農具と牛耕農法によって農業生産力が高まった。

c　春秋五覇とは列国を主導する五人のリーダーをいい，戦国七雄とは七つの強国をいう言葉である。

d　尊王攘夷の思想が生まれ，異民族を夷・狄・戎・蛮と蔑称した。

(3)　秦と漢の統一事業について，誤っている説明はどれか。

a　秦は文字を隷書に，漢は篆書に統一した。

b　秦は全国の物量単位（度・量・衡）を統一した。

c　秦は統一通貨として半両銭を発行した。

d　漢は諸子の思想のうち儒学を官学とした。

(4)　五胡に含まれない民族はどれか。

a　羌　　b　羯　　c　氐　　d　契　丹

(5)　南朝の時代について，誤っている説明はどれか。

a　梁の昭明太子は名文を集めて『文選』を編纂した。

b　謝霊運は「蘭亭序」を書いて山水の美を詠った。

c　南朝が都を置いた建康は今日の南京である。

d　南朝には倭の五王が外交使節を派遣した。

(6)　ゲルマン人移動期とゲルマン諸国について，誤っている説明はどれか。

a　フン人はカタラウヌムの戦いで西ローマ・ゲルマン連合軍を破り，中央ヨーロッパに進出した。

b　西ゴート人はゲルマン人大移動のきっかけを作り，アラリック王はローマを掠奪した。

c　東ゴート人はイタリアに王国を建てたが，ビザンツのユスティニアヌスによって滅ぼされた。

d　ゲルマン人傭兵隊長オドアケルは西ローマ帝国を滅ぼしたが，テオドリックに敗れた。

(7)　メロヴィング朝フランク王国の出来事について述べた次の文①と②の正誤の組合せとして，正しいものはどれか。

①　ブルグンド王国を滅ぼした。

②　教皇レオ３世により，国王が戴冠された。

a　①―正　②―正　　b　①―正　②―誤

c　①―誤　②―正　　d　①―誤　②―誤

(8)　ヨーロッパに進入した民族について述べた次の文①と②の正誤の組合せとして，正しいものはどれか。

①　ポーランド人・チェック人・ウクライナ人など，西方に広がったスラヴ系の人々を西スラヴ人という。

②　マジャール人はハンガリー王国を建てた。

a　①―正　②―正　　b　①―正　②―誤

c　①―誤　②―正　　d　①―誤　②―誤

(9)　北魏に関する以下のことがらを古い方から時代順に並べた場合に，３番目に来るものはどれか。

a　三長制を施行した。　　b　洛陽に遷都した。

c　華北を統一した。　　d　道武帝が即位した。

(10)　各地のこうした現象について，誤っている説明はどれか。

a　アフガニスタンのゴール朝はインドに侵入し，北インドにおけるイスラーム教徒の支配の基礎を作った。

b　中央アジアのトルコ系民族が西アジアにセルジューク朝を建てた。

c　ウズベク族の将軍の一人がイランにサファヴィー朝を建てた。

d　中央アジアに移住したウイグル人の一派は西ウイグル王国を建てた。

(11)　北方ステップ地帯の遊牧民について，誤っている説明はどれか。

a　匈奴は冒頓単于の下で強大な勢力となり，月氏を破った。

b　柔然はモンゴリア北部にいたキルギスの攻撃を受けて崩壊した。

c　突厥は大遊牧国家となったが，東西に分裂した。

d　ウイグルは安史の乱に際して唐に援軍を送った。

(12)　空欄 [(12)] に入る文として，ふさわしいものはどれか。

a　首長をもつ村落共同体からなり，村落間の支配・被支配によって

b　単一家族の集合体からなり，喜捨と巡礼によって

c　合同家族の集落からなり，王の神権政治によって

d　血縁的な部族の集団からなり，部族の連合によって

(13)　空欄 [(13)] に入る語句として，ふさわしいものはどれか。

a　東胡とバクトリア人　　b　鮮卑とカーリミー商人

c　突厥とソグド人　　d　モンゴルと客家

4

清朝末期の変動について述べた以下の文章を読み，下線部(1)～(12)に関する問いについて，a～dの選択肢の中から答えを選び，マーク解答用紙の所定欄にマークしなさい。

清朝(1)最盛期の皇帝乾隆帝(2)は，ヨーロッパ船の来航を広州一港に制限し，特定の商人組合である公行に貿易を管理させた。1792 年，イギリスはマカートニーを乾隆帝の宮廷に送り自由貿易を要求したが，清朝は貿易を皇帝からの恩恵と考える「中華」の立場を崩さなかった。

19 世紀半ばとなり，ヨーロッパ諸国がアジアへの攻勢を強めるとアジアの伝統的な世界秩序は動揺しはじめた。1842 年，アヘン戦争(3)に敗北した清はイギリスとの間に自由貿易の原則を掲げた南京条約(4)を締結した。さらにイギリス・フランスとの間でおきたアロー戦争(5)に敗れ，ロシアも東方への進出を続ける(6)中で，ヨーロッパ諸国に有利な内容の国際条約の締結が続いたため，知識人は西洋諸国の地理を研究し，近代化の必要性を提唱し(7)

た。日本の明治維新は，アジア諸国の成功モデルとして認識され，戊戌の変法は明治維新を強く意識してなされたものであった。
(8)

19 世紀には，経済成長の鈍化から社会の不満が高まり，清朝の各地で反乱がおき，とくに太平天国の乱は各地の不満を吸収しつつ拡大しながら北上した。これら一連の反乱を鎮圧したのは八旗(9)などの清朝の正規軍ではなく，漢人官僚や外国人が組織した義勇軍(10)であった。清朝の権威が低下する中，東南アジア(11)や東アジアの，清朝がかつて朝貢国とみなしていた国々も次々と外国の支配下に入っていった(12)。

(1)　清朝期の長編小説とその作者の組合せで正しいものはどれか。

a　呉敬梓―『儒林外史』　　b　曹雪芹―『長生殿伝奇』

c　馬致遠―『聊斎志異』　　d　蒲松齢―『紅楼夢』

(2)　乾隆帝の治世下におきた出来事をすべて選べ。

a　キャフタ条約を締結し，ロシアとの境界を定めた。

b　経・史・子・集の書籍を網羅した『四庫全書』を編纂した。

c　皇帝直属の諮問機関，軍機処を創設した。

d　ジュンガルを滅ぼし，東トルキスタンを占領した。

(3)　アヘン戦争前の状況について，誤っている説明はどれか。

a　アヘンを常飲した人が廃人となり，清の社会問題となっていた。

b　イギリスは清のアヘンをインドに，インドの茶をイギリスに，イギリスの綿製品を清に輸出する三角貿易を行った。

c　清は林則徐を広州に派遣し，アヘン貿易の中止を迫った。

d　米英の商人，華商も参画してアヘン貿易は拡大していた。

(4)　南京条約の内容に含まれるものはどれか。

a　外国公使の北京滞在

b　外国人内地旅行の自由

c　上海・厦門・福州・広州・天津五港の開港

d　香港島の割譲

(5)　アロー戦争の際，英仏軍が略奪した清朝の離宮はどれか。

a　円明園　　b　紫禁城

c　盛京皇宮　　d　熱河離宮

(6)　ロシア帝国の東方進出について，誤っている説明はどれか。

a　アロー戦争を利用して清に圧力をかけ，黒竜江以北を清との共同管理地とした。

b　イスラーム教徒の反乱を機にイリを占領し，清との国境を有利に改定した。

c　東シベリア総督ムラヴィヨフは，極東のウラジヴォストークに海軍基地を開いた。

d　中央アジアのブハラ，ヒヴァ両ハン国を保護国とした。

(7)　このような世界情勢を受け，魏源が編纂した世界地理書はどれか。

a　『海国図志』　　b　『海国兵談』

c　『皇輿全覧図』　　d　『天工開物』

(8)　日本について，誤っている説明をすべて選べ。

a　日本に支持された開化派の大院君は1884年，反乱を起こした。

b　下関条約により，台湾，澎湖諸島は日本へ割譲された。

c　長崎清国水兵事件は日本の海軍力が清を圧倒していることを印象づけた。

d　宮古島島民が台湾先住民に殺害された事件を口実に台湾出兵は行われた。

(9)　八旗について，誤っている説明はどれか。

a　清の初代ハン，ホンタイジが創始した。

b　黄・白・紅・藍の四色とその四色にふちどりをつけた計八色の旗を標識とした。

c　女真人の社会組織に立脚した軍事・行政組織である。

d　満洲八旗についで蒙古八旗・漢軍八旗も編成された。

(10)　次の文①，②，③について，正誤の組合せとして，正しいものはどれか。

①　曾国藩が淮軍を組織した。

②　アメリカ人ウォードが常勝軍を組織した。

③　李鴻章が捻軍を組織した。

a　①－正　②－正　③－正　　b　①－正　②－誤　③－正

c　①－誤　②－正　③－誤　　d　①－誤　②－誤　③－誤

(11)　東南アジアの諸王朝について，正しい説明をすべて選べ。

a　アンコールワットの回廊にはインド神話『マハーバーラタ』の物語

が刻まれている。

b　タウングー朝はイラワジ川下流域のモン人がたてた王朝である。

c　チュラロンコン大王は留学を推奨し外国人専門家を招いて近代化に成功した。

d　パガン朝にはスリランカとの交流により大乗仏教が広まった。

⑿　以下のことがらを古い方から時代順に並べた場合に，3番目に来るものはどれか。

a　コンバウン朝は三次にわたる戦争の後インド帝国に併合された。

b　清は天津条約でベトナムへのフランスの保護権を承認した。

c　日本が韓国を併合した。

d　明治政府が琉球王国を廃止し琉球藩を設置した。

地理

（60分）

I　次の文章を読み，以下の問いに答えよ。

1．2011年以降，シリア①の内戦により周辺諸国へ大量の難民が流出している。その総数は600万人以上に達し（国連による），隣接する国のうち（　X　）（300万人以上），レバノン②（約100万人），ヨルダン，イラクなどが難民を受け入れているが，サウジアラビア，クウェート，（　A　）連邦などの湾岸協力理事会加盟6カ国は国連の難民条約に署名していないため，彼らを「難民」としては受け入れていない。

2．2014年3月に，（　Y　）南部のクリミア自治共和国における住民投票で，ロシア③への編入賛成が多数を占めた，としてロシアはクリミアを併合したが，その後の国連総会は併合を無効とした。（　Y　）は黒海に面し，肥沃な（　B　）地帯からなる平野は穀倉地帯で「欧州のパンかご」として知られる。EU加盟を目指しているが，東部や南部には親ロシアの住民が多い。ロシアの作曲家ムソルグスキーの「展覧会の絵」にはこの国の首都が登場する。

3．2017年8月以降，ミャンマー④西部のラカイン州から隣国の（　Z　）へ，70万人以上のロヒンギャが難民として逃れた。国連の調査団によれば，ロヒンギャの武装勢力がミャンマーの警察施設を襲撃し，これに対しミャンマー国軍がロヒンギャの弾圧を行ったとして非難した。ミャンマーでは（　C　）教徒のロヒンギャは自国民として認められず，「不法移民」として扱われてきた。

4．2018年5月，アメリカのトランプ大統領はイスラエル⑤のアメリカ大使館をエルサレムへ移転した。エルサレムはユダヤ教，イスラム教，キリスト教の聖地であり，旧市街におけるユダヤ教の聖地は「（　D　）」，イスラム教の聖地は「岩のドーム」，キリスト教の聖地は「聖墳墓教会」が代表的である。イスラエルはエルサレムを「分割されない永遠の首都」と主張するが，(x)国際社会でさまざまな波紋をよんでいる。

問1 文中の空欄X～Zにあてはまる国名をそれぞれ以下の選択肢イ～ニより選び，マーク解答用紙の所定欄にマークしなさい。

X （イ．イラン　ロ．エジプト　ハ．トルコ　ニ．パキスタン）

Y （イ．ウクライナ　ロ．カザフスタン　ハ．ベラルーシ　ニ．モルドバ）

Z （イ．インド　ロ．スリランカ　ハ．タ イ　ニ．バングラデシュ）

問2 文中の空欄A～Dにあてはまる語をそれぞれ記述解答用紙の所定欄に記入しなさい。

問3 下表は文中の下線部①～⑤の国の二つの宗教人口の割合（%）を示すものである。これらのうち，①，②，⑤にあたるものを表中のア～オの中から選び，マーク解答用紙の所定欄にマークしなさい。

国名	イスラム教	キリスト教
ア	88	8
イ	59	41
ウ	17	2
エ	8	58
オ	3	6

データブック オブ・ザ・ワールド 2020 年版による

問4 文中の波線部(x)に関する情勢について，以下より誤っているものを二つ選び，マーク解答用紙の所定欄にマークしなさい。

ア 日本をはじめ多くの国は，イスラエルにおいて大使館をエルサレムではなくテルアビブに置いている。

イ パレスチナは東エルサレムを将来の首都と考えている。

ウ パレスチナは東エルサレムとゴラン高原を占領し，（ヨルダン川）西岸地区に入植をすすめている。

エ 1993 年の「オスロ合意」等にもとづき，パレスチナは西岸地区とガザ地区で自治を行っている。

オ イスラエルはエジプトおよびイランと和平条約を結んでいる。

Ⅱ　以下の文章A～Dは，それぞれ世界のある国における貿易や，加盟する貿易協定に関する内容を述べたものである。文章をよく読み，以下の問いに答えよ。

A．この国は，1973 年に当時の（　a　）に加盟したが，2020 年にこの地域連合から脱退した。脱退を決定づけた国民投票では，地域連合が推進する国境を越えた労働力の移動自由化で雇用を脅かされる層が，移民の制限を求めて脱退を支持したことが大勢に影響を与えた。しかし，(p)地域連合からの脱退は域内非関税を前提とする大きな経済圏からの離脱を意味するため，今後，この経済圏での経済活動を維持しようとする国や企業が，A国から工場などの拠点を他の加盟国に移すことが懸念されている。

B．この国は，歴史的にはA国と密接な貿易関係を持っていたが，1973 年にA国が関税同盟としての機能を持つ地域連合に加盟して以降は，同じ大洋に面し，(q)海運を利用しやすい国々との貿易拡大に力を注いできた。2006 年に，この大洋に面した 4 カ国を原加盟国としてスタートした経済協定は，やがて 11 カ国が加盟する経済協定（　b　）として 2018 年 12 月に発効されたが，B国もここに参加している。その一方でB国は，原則として多国間協定には消極的で，自由貿易協定（　c　）を 2 国間で結ぶ政策を進めている。

C．この国は，独自の政治体制も手伝って，多国間での貿易協定の枠組みに参加することには消極的であった。しかし 2010 年には，近接する国々が加盟する地域協力機構（　d　）との間に，物品貿易，サービス貿易，投資を含む本格的な（　c　）を締結した。また 2013 年には，C国が主導する形で約 70 カ国の交通・経済・情報インフラの整備を支援するという，大規模な開発投資をともなう貿易政策にも着手している。しかしこの政策に対しては，投資先に対する政治的支配や港湾の軍事利用を招くといった批判も出ている。

D．この国は，同じ大陸の 2 カ国を含む，計 3 カ国による（　e　）を 1994 年に発効させた。D国の隣国には世界最大の GDP を持つ国があり，D国はこの隣国との国境沿いに(r)保税輸出加工区を設けて原料や半製品を加工し，隣国へ輸出するために投資を呼び込んだ。しかし近年では，D

国からの入国者をめぐってこの隣国との間に摩擦が生じている。2018年に締結された3カ国の新しい協定でも，この隣国は自国を想定した高賃金地域での部材生産を輸入品の免税条件としており，D国の経済政策への悪影響も予想されている。

問1　文中の空欄a～eに該当する語句をそれぞれ選択肢イ～ニのなかから一つ選び，マーク解答用紙の所定欄にマークしなさい。

a　（イ．EC　　ロ．ECSC
　　ハ．EU　　ニ．EEC）
b　（イ．OECD　　ロ．SADC
　　ハ．TPP　　ニ．OAS）
c　（イ．GATT　　ロ．WTO
　　ハ．FTA　　ニ．WFP）
d　（イ．APEC　　ロ．ASEAN
　　ハ．SAARC　　ニ．GCC）
e　（イ．NAFTA　　ロ．CARICOM
　　ハ．ALADI　　ニ．MERCOSUR）

問2　下線部(p)に関して，この出来事を意味する造語（アルファベット6文字）を記述解答用紙の所定欄に記入しなさい。

問3　下線部(q)に関して，こうした貿易拡大を図るため，B国は人種差別的と批判されていた移民政策を1979年に撤回している。この政策名を記述解答用紙の所定欄に記入しなさい。

問4　下線部(r)に関して，こうした保税輸出加工区を示す語句をカタカナで記述解答用紙の所定欄に記入しなさい。

問5　以下は，世界の6カ国について，2017年における輸出上位5品目とその金額（百万ドル），および輸出総額に占める構成比（%）を示している。このうち，A国～D国に当てはまるものを選択肢イ～へのなかから一つずつ選び，それぞれマーク解答用紙の所定欄にマークしなさい。

u			v		
輸出品目	百万ドル	%	輸出品目	百万ドル	%
機械類	979,752	43.3	鉄鉱石	48,521	21.1
衣類	157,464	7.0	石炭	43,296	18.8
繊維品	109,595	4.8	液化天然ガス	19,669	8.5
金属製品	85,832	3.8	金（非貨幣用）	13,520	5.9
自動車(部品含む)	73,699	3.3	肉類	9,085	3.9
輸出総額	2,263,371	100.0	輸出総額	230,163	100.0

w			x		
輸出品目	百万ドル	%	輸出品目	百万ドル	%
大豆	25,718	11.8	機械類	94,875	21.5
鉄鉱石	19,199	8.8	自動車	51,995	11.8
機械類	17,609	8.1	医薬品	33,500	7.6
原油	16,625	7.6	航空機	20,515	4.6
肉類	15,115	6.9	原油	19,145	4.3
輸出総額	217,739	100.0	輸出総額	442,066	100.0

y			z		
輸出品目	百万ドル	%	輸出品目	百万ドル	%
機械類	147,672	36.1	石油製品	35,498	12.1
自動車(部品含む)	101,473	24.8	機械類	26,420	9.0
原油	19,930	4.9	ダイヤモンド	24,640	8.4
精密機械	15,960	3.9	衣類	18,313	6.2
野菜・果実	14,911	3.6	繊維品	17,078	5.8
輸出総額	409,451	100.0	輸出総額	294,364	100.0

世界国勢図会 2019/20 による

（イ．u　ロ．v　ハ．w　ニ．x　ホ．y　ヘ．z）

III 次の文章は南アメリカの4カ国について述べたものである。文章をよく読み，以下の問いに答えよ。

1．太平洋に面したこの国は海岸部のコスタ，高原山岳部のシエラ，東方の低地に3区分される。首都はアンデス山脈の麓にあり，都市は主にコスタとシエラに分布し，シエラにはこの国の主要輸出品である銅鉱やすず鉱の鉱山都市が分布する。インカ帝国の都とされる（　a　）もあり，マチュピチュ遺跡と共に観光客を引き寄せている。また，アンデス山脈の山中では海抜高度により気候が異なるため①高度によって栽培作物の違いが見られる。

2．この国の国土は南北に長く，南部は（ b ）と呼ばれ，寒冷な西風が卓越する半乾燥地域の台地で牧羊が盛んである。首都は（ A ）川河口の右岸にあり，パンパを後背地とするこの国最大の貿易港である。パンパでは小麦やトウモロコシが栽培され，肉牛を中心とした牧畜が発達している。南アメリカでは大土地所有制が残存しており，大農園の呼称は国により異なるが，この国ではエスタンシアと呼んでいる。また，南アメリカではモンゴロイド系の先住民とヨーロッパ系移民，アフリカ系移民が混在・混血しているが，この国ではヨーロッパ系移民の割合が高い。エスタンシアで働く牧夫を（ B ）と呼ぶが，（ B ）には先住民とヨーロッパ系移民の混血が多い。

3．この国の国土の大部分は安定陸塊であり，世界最大の流域面積をほこる河川の流域である盆地部と高原部からなっている。高原部では良質な鉄鉱石を産出し日本へも輸出されている。1967 年に発見された（ c ）鉄山の開発が進み，1990 年代には産出量が世界 1 位にまでなった。この国の都市は高原の縁辺部に多く分布し，都市人口率はヨーロッパやアメリカ並に高く，近年では地方中心都市の成長が著しい。人口集中により都市内部では（ C ）と呼ばれるスラムの拡大が問題となっている。この国の最大都市である（ d ）はコーヒーの集散地として発展し，②日系人が多く住んでいる。かつては鉱産資源や嗜好品に依存した貿易構造であったこの国は，近年では工業の発展に伴って③貿易構造に変化が見られるようになった。

4．この国の主な地勢は西部にメリダ山脈，中央部にラテンアメリカ有数の大河であるオリノコ川の流域のオリノコ平原，南東部のギアナ高地からなり，オリノコ平原はサバナ型の熱帯草原で（ e ）と呼ばれ，分布面積は日本の国土面積と等しい。西部の（ D ）湖周辺では原油が産出しており，この国はラテンアメリカで数少ない④OPEC 加盟国である。国名は先住民が水上生活をしていたのをベネチアにたとえて，「小ベネチア」と呼んだことに由来している。

問1　文中の空欄A～Dに入る最も適した語句を記述解答用紙の所定欄に記入しなさい。

問2　文中の空欄a～eに入る最も適した語句をそれぞれ選択肢イ～ニのなかから一つ選び，マーク解答用紙の所定欄にマークしなさい。

a　(イ．グアヤキル　　ロ．クスコ
　　ハ．ラパス　　ニ．リ　マ)

b　(イ．セラード　　ロ．セルバ
　　ハ．パタゴニア　　ニ．リャノ)

c　(イ．イタビラ　　ロ．カラジャス
　　ハ．チュキカマタ　　ニ．ピルバラ)

d　(イ．サンパウロ　　ロ．ブエノスアイレス
　　ハ．モンテビデオ　　ニ．リオデジャネイロ)

e　(イ．セラード　　ロ．セルバ
　　ハ．パタゴニア　　ニ．リャノ)

問3　下線部①に関して，この山脈周辺で栽培されている下記の作物のうち，一般に栽培地の標高が最も低いものを一つ選び，マーク解答用紙の所定欄にマークしなさい。

イ．カカオ　　ロ．コーヒー
ハ．ジャガイモ　　ニ．綿　花

問4　下線部②に関して，この国における日系人はおよそどれくらいか。最も近い数字を次のなかから一つ選び，マーク解答用紙の所定欄にマークしなさい。

イ．60万人　　ロ．200万人
ハ．600万人　　ニ．2000万人

問5　下線部③に関して，この国の最大の輸出相手国を次のなかから一つ選び，マーク解答用紙の所定欄にマークしなさい。

イ．アメリカ　　ロ．中　国
ハ．日　本　　ニ．ポルトガル

問6　下線部④に関して，この組織に加盟していない国を次のなかから一つ選び，マーク解答用紙の所定欄にマークしなさい。

イ．アンゴラ　　ロ．イラン
ハ．ブルネイ　　ニ．リビア

Ⅳ　次のヨーロッパに関する文章をよく読み，以下の問いに答えよ。

1．古代ローマ帝国は，ヨーロッパに多くの都市をつくり広大な領域を支配したが，当時の農業は基本的には後に（　A　）式の農業と呼ばれるものであった。この農業の特色は，農地の2分の1を（　a　）としていたところにある。その後，中世になって（　a　）が3分の1ですむ農業に進化していったが，（　a　）を必要とした理由は，畑作における（　B　）の回復の困難さにあった。ヨーロッパの畑作が（　a　）を必要としないものに進化するのは，18 世紀の（　b　）のノーフォーク地方での輪栽式農業の成立まで待たなければならなかった。

2．アルプス山脈の谷は氷河に侵食されたものが多く，その断面形状から（　C　）谷と呼ばれる。氷河が土石を押し出したため，その末端には（　c　）と呼ばれる地形が形成されることがしばしばあり，氷河の後退後にその上流部が小さな湖になっているところも多い。氷河が削った谷に海水が浸入して深い湾になっている地形は（　d　）と呼ばれ，ノルウェーの沿岸部に多く存在する。

3．ドイツはヨーロッパを代表する工業国であり，基本的な産品である粗鋼の生産量は EU 諸国の中で最も多い。しかし世界に目を転じると，粗鋼生産量については，アジア諸国の中では，中国・日本・インドに加えて，近年（　e　）もドイツより上位にある。ドイツの重工業を牽引してきたのは多数の工業都市が集積するルール地方であり，その南縁部を流れるルール川は，この地方で産出され工業発展の主因ともなった（　D　）の輸送にかつては盛んに利用された。一方，その南には刃物製造で世界的にも有名な都市（　f　）があるように，伝統的な製造業も健在である。

4．工業は，ある時期までは原料の産地を中心とした資源立地型が多かった。しかし近年では，複数の原料を船で運び込むのに便利な臨海立地型が多くなっており，ヨーロッパにおけるそのタイプの新興製鉄工業都市としては（　g　）が著名である。なお，このタイプの日本の新興工業地域で代表的なものに，1960 年代から掘込港湾の建設が進められた（　h　）臨海工業地域がある。

問1　文中の空欄A～Dに該当する語を記述解答用紙の所定欄に記入しなさい。

問2　文中の空欄a～hに該当するものを下記の語群からそれぞれ選び，その記号をマーク解答用紙の所定欄にマークしなさい。

a（イ．休閑地　ロ．夏作地
ハ．冬作地　ニ．牧草地）

b（イ．イギリス　ロ．オランダ
ハ．ドイツ　ニ．フランス）

c（イ．エスカー　ロ．エスチュアリー
ハ．ドリーネ　ニ．モレーン）

d（イ．カール　ロ．トンボロ
ハ．フィヨルド　ニ．ホルン）

e（イ．韓　国　ロ．タ　イ
ハ．ベトナム　ニ．マレーシア）

f（イ．カールスルーエ　ロ．ケルン
ハ．コブレンツ　ニ．ゾーリンゲン）

g（イ．グダニスク　ロ．バルセロナ
ハ．ナルヴィク　ニ．タラント）

h（イ．宇　部　ロ．鹿　島
ハ．東三河　ニ．水　島）

問3　下の表は，次に示すヨーロッパの4カ国の主要な農産物の2017年の自給率（%）を示したものである。各国の農業生産の特徴を踏まえ，表中のdに該当する国を次のイ～ニのなかから選び，マーク解答用紙の所定欄にマークしなさい。

（イ．イギリス　ロ．イタリア　ハ．スペイン　ニ．フランス）

国	小麦	米	とうもろこし	いも類	大豆	肉類
a	187	14	131	136	45	100
b	97	0	0	90	0	72
c	47	124	37	66	0	140
d	62	202	51	57	43	74

世界国勢図会 2020/21 による

政治・経済

（60分）

I　次の文章を読み，設問に答えなさい。

選挙制度は，大政党と小政党の間の力関係を左右するだけではなく，有権者が政党と候補者のどちらに票を投じるかを規定する。その結果，候補者が行う選挙運動の戦略や，候補者と政党指導部の力関係も大きな影響を受ける。

【政党中心の制度と候補者中心の制度】
有権者が候補者個人に投票する制度の下では，候補者の選挙運動による支持者の獲得が当選の鍵を握るため，政党指導部が選挙運動で果たす役割は小さくなる。これに対して，有権者が政党に投票する制度の下では，候補者が政党の公認を得ない限り当選できないため，政党指導部の影響力は強くなり，選挙結果が候補者の選挙運動に依存する度合いは小さくなる。

ここから，選挙制度の分類に新たな視野が開ける。小選挙区制は候補者中心の選挙制度だが，候補者が政党からの資金にどれほど依存しているかによって，政党指導部の影響力は異なる。また，比例代表制は必ずしも政党中心の選挙制度ではない。拘束名簿式の比例代表制の下では，政党指導部が比例名簿を決定するため，政党中心の選挙が行われる。これに対して，ある時期までのイタリアや，[A]のように，非拘束名簿式の比例代表制を用いる場合，有権者は政党だけでなく候補者個人にも投票し，その候補者の得票に応じて名簿上の順位と政党の得票数が決まる。そのため，候補者は自分の支持者を獲得する必要がある。

この議論をジェンダーの視点(a)から見た場合，拘束名簿式の比例代表制の下では女性議員の割合が高くなりやすい。というのも，この制度の下では候補者個人の選挙運動に依存する部分が少ないため，選挙運動において女性が不利になることの影響が小さく，政党指導部が女性の擁立に積極的になれば，その分だけ当選者に占める女性の割合は上昇する。実際，女性議員の割合が高いことで知られる国々では，軒並み拘束名簿式の比例代表制が用いられている。また，この制度は選挙区定数(b)が大きい点でも候補者個人の選挙運動に依存する部分が少なく，女性候補者に有利となる。選挙区定数が一である小選挙区制の場合，トップの得票者だけが当選するため，選挙運動で不利になる女性候補者が議席を確保するのは難しくなる。

［中略］選挙区定数という点で見れば，日本で長く用いられてきた［ D ］制は，比例代表制に似ている点もあった。他方，この制度は，同じ選挙区で同一政党の候補者同士が争うため，候補者個人が後援会などの形で地盤を組織化し，個人的な政治資金源を確保する必要のある候補者中心の制度であった。そのため，公共事業や補助金を用いた有権者の動員を目的とする利益誘導合戦が起き，［ C ］に象徴されるような政治腐敗がはびこっていた。

一九九四年の選挙制度改革で衆議院の［ D ］制が廃止され，［ E ］制が導入されたことの背景には，こうした政治腐敗に対する有権者の批判がある。この局面で，当時の日本の女性議員の間では，改革への反対論が強かった。もともと［ D ］制は，候補者中心の制度である点で女性候補者には不利だったが，小選挙区制は選挙区定数が小さい点で女性に一層不利だと考えられていたからである。

結果論になるが，こうした女性議員たちの懸念は，杞憂に終わった。［中略］小選挙区から当選している女性の割合は，［ D ］時代に比べて上昇している。つまり，当時予想されていた以上に，日本の女性議員は選挙に強かったのである。

この一九九四年の選挙制度改革の過程では，ジェンダーの視点は全く考慮されなかったと言ってよい。比例代表制が導入されたのは，女性議員を増やすためではなく，小選挙区制の下では不利になる［ F ］の反対を和らげるためであった。言い換えれば，その下で女性議員が増えたのは，あくまで改革の副産物である。

より意図的に議員に占める男女の不均衡是正に取り組むには，別の種類の選挙制度を考える必要があるだろう。その制度とは，ジェンダー・クオータである。ジェンダー・クオータは，一般に「クオータ制」と呼ばれる制度の一種であり，候補者や議席の一定割合を女性と男性に割り当てる仕組みである。

クオータ制は何も，特殊な制度ではない。選挙に参加する特定の集団に何らかの形で候補者や議席に一定の枠を設ける仕組みは，古くから用いられてきた。

(前田健太郎『女性のいない民主主義』岩波新書，2019年，192-196頁。引用にあたって，一部を省略した。)

設問

(1)　空欄 A に当てはまる言葉を一つ選びなさい。

①　今日の日本の参議院

②　第二次世界大戦前の日本の貴族院

③　今日のアメリカの上院

④　今日のフランスの元老院

(2)　下線部(a)に関連して，セックスとジェンダーの違いを最も適切に定義した説明を一つ選びなさい。

①　ジェンダーが生物学的な両性の差異を示す概念であるのに対して，セックスは社会的に意味付与された両性の差異を示す概念である。

②　セックスが生物学的な両性の差異を示す概念であるのに対して，ジェンダーは社会的に意味付与された両性の差異を示す概念である。

③　セックスがホッブズによってはじめて提唱された概念であるのに対して，ジェンダーはマルクスによってはじめて提唱された概念である。

④　ジェンダーがホッブズによってはじめて提唱された概念であるのに対して，セックスはマルクスによってはじめて提唱された概念である。

(3)　本文に示した，前田健太郎氏の著書が出版された2019年9月時点における，日本の国会における女性議員割合を最も適切に表したものを一つ選びなさい。

①　衆議院：35％程度　参議院：25％程度

②　衆議院：5％程度　参議院：2.5％程度

③　衆議院：10％程度　参議院：20％程度

④　衆議院：25％程度　参議院：50％程度

(4)　拘束名簿式あるいは非拘束名簿式についての最も適切な説明を一つ選

びなさい。

① 順位付けされた候補者名簿を政党があらかじめ作成し，有権者は政党に投票することで，政党の得票数に応じて名簿順に当選者が決まる。この方式を，拘束名簿式と呼ぶ。

② 順位付けされた候補者名簿を政党があらかじめ作成するものの，有権者は政党か候補者個人のどちらかに投票することができるので，政党の候補者名簿に囚われずに当選者が決まる。この方式を，非拘束名簿式と呼ぶ。

③ 順位付けされた候補者名簿を政党が事前に作成することはできず，有権者は候補者個人に投票することで当選者が決まる。各政党は，当選者確定後に，自党の当選者一覧を名簿にまとめて選挙管理委員会に提出する。この方式を，拘束名簿式と呼ぶ。

④ 順位付けされた候補者名簿を政党が事前に作成することはできないものの，有権者は政党に投票することで，政党ごとの当選者数が決まる。各政党は，政党ごとの当選者数確定後に，順位付けされた候補者名簿を作成し，誰が当選するかを決定する。この方式を，非拘束名簿式と呼ぶ。

(5) 以下は，日本の女性議員の位置付けについて述べた，前田健太郎『女性のいない民主主義』岩波新書，20-21 頁から引用した文である。空欄 [B] に入る人名を一つ選びなさい。

> 政治家を志す女性たちは，常にダブル・バインドに直面してきた。例えば，一九八六年に日本社会党（社会党）の委員長として登場した [B] は，男性の政治家たちから独身であることをしばしば揶揄された。同じ頃，「主婦」であることをセールスポイントにする議員は，「家事・育児をおろそかにしている」「台所の感覚で政治をやろうと勘違いしている」といった批判を浴びていた。

① 市川房枝　　② 中山マサ
③ 園田天光光　　④ 土井たか子

(6) 下線部(b)にある「選挙区定数」という用語の説明として，最も適切なものを一つ選びなさい。

① 選挙区ごとに選出される議員の数。

② 選挙区ごとの立候補者数。

③　当該選挙区から選出できる議員数を定める係数。

④　選挙区ごとの有権者と被選挙人の割合を示した値。

(7)　空欄 C に当てはまる事件を一つ選びなさい。

①　シーメンス事件　　②　下山事件

③　ロッキード事件　　④　KDD事件

(8)　空欄 D と空欄 E に当てはまる最も適切な言葉の組み合わせを一つ選びなさい。

①　空欄 D ：中選挙区　空欄 E ：小選挙区比例代表並立

②　空欄 D ：中選挙区　空欄 E ：小選挙区比例代表併用

③　空欄 D ：大選挙区　空欄 E ：小選挙区比例代表併用

④　空欄 D ：大選挙区　空欄 E ：小選挙区比例代表並立

(9)　空欄 E に当てはまる制度の説明として最も適切なものを一つ選びなさい。

①　選挙区の大きさに応じて定められる数の当選者を選挙区ごとに選出する方法と，政党が獲得した票数に応じて，あらかじめ政党がブロックごとに選挙管理委員会に提出した名簿順に当選者を選出する方法を合わせた制度。

②　各政党への議席の配分は比例代表選挙の結果によって定めた上で，小選挙区で当選した候補者に議席を割り当て，もし議席が余る場合は政党の候補者名簿順に議員が選出される制度。

③　選挙の結果，過半数議席を得た政党がない場合，四割以上の票を得た第一党に自動的に過半数議席を与え，残りの議席を第二党以下の政党に配分することによって，小党の乱立を防ぐ制度。

④　一人の当選者を選挙区ごとに選出する方法と，政党が獲得した票数に応じて，あらかじめ政党がブロックごとに選挙管理委員会に提出した名簿順に当選者を選出する方法を合わせた制度。

(10)　空欄 F に当てはまる言葉を一つ選びなさい。

①　女性有権者　　②　大政党

③　利益団体　　④　小政党

(11)　本文の説明から理解される，ジェンダー・クオータ制の具体的なあり方として，適切と考えられるものをすべて選びなさい。

①　女性候補者のほうが選挙で不利である事実に鑑みて，女性候補者の

得票数に一定の係数を掛けることで不利を挽回する方法。

② 当落線上において二名またはそれ以上の候補者の得票数が拮抗した場合に，女性有権者の投票に比重を付けた上で当選者を決めることを法的に義務付ける方法。

③ 議席の一定割合に関して候補者を女性に限定し，残りの議席に男女双方の候補者を割り当てる方法。

④ すべての政党に対して候補者の一定割合を女性とすることを法的に定める方法。

Ⅱ 次の文章を読み，設問に答えなさい。

第二次大戦後，国際連合(a)等を中心として国際的な人権条約が締結され，国際人権保障が進展してきた。その出発点となったのが［ア］の採択である。［ア］は，「人種，性，言語又は宗教による差別なくすべての者のために人権及び基本的自由を尊重するように助長奨励することについて，国際協力を達成すること」（1条3項）を国際連合の目的の一つに掲げた。

もっとも，［ア］第2条7項は，同文書の「いかなる規定も，本質上いずれかの国の国内管轄権内にある事項に干渉する権限を国際連合に与えるものではな」いと規定している。かつてアパルトヘイトが行われていた南アフリカ共和国は，同国における人種差別政策に対する国連の場での非難の声に対して，この規定を拠り所に，これは「国内問題」であり干渉は許されないと反論していた。しかし，1973 年に国連総会で「アパルトヘイト犯罪の抑圧及び処罰に関する国際条約」が採択されるなど，国連による粘り強い取り組みの結果，同国は 1990 年代に入り人種差別政策を放棄し，1994 年には反アパルトヘイトの活動家であった［エ］氏が大統領に選出された。

［ア］が掲げる人権保障の目的，そして人権保障を国際的に達成するためのこれまでの国連の取り組みを踏まえれば，人権に関わる問題は，もはや「国内問題」として国際社会からの声を退けられるものではないだろう。

人権保障という国際連合の目的について，人権の具体的な内容を規定するため，1948 年には［イ］が採択された。［イ］は前文と 30 カ条からなり，すべての人間の自由と平等（1条），生命，自由及び身体の安全に対する権利（3条），奴隷，苦役の禁止（4条），移動と居住の自由（13条），思想・良心及び宗教の自由（18条）などの自由権的権利とともに，社会保障の権利（22条），労働の権利（23条），生活水準についての権利（25条）などの社会権的権利を保障している。但し，［イ］は条約としての法的拘束力を伴わないため，これを条約化する作業が開始され，1966年，［ウ］が採択されることとなった。またこれに先立ち1965年には国連総会で［オ］が採択されている。

［ウ］の採択後も，1979年，(b)「女子に対するあらゆる形態の差別の撤廃に関する条約」（女子差別撤廃条約），1989年，「児童の権利に関する条約」（子どもの権利条約），2006年には(c)「障害者の権利に関する条約」（障害者権利条約）が採択されている。

設問

(1) 本文中の空欄［ア］，［イ］，［ウ］に当てはまる語句の組み合わせとして最も適当なものを，つぎの①～④のうちから一つ選びなさい。

① ア 国際人権規約　イ 国連憲章　ウ 世界人権宣言
② ア 国連憲章　イ 国際人権規約　ウ 世界人権宣言
③ ア 国連憲章　イ 世界人権宣言　ウ 国際人権規約
④ ア 世界人権宣言　イ 国連憲章　ウ 国際人権規約

(2) 本文中の空欄［エ］に当てはまる最も適当な語句を，次の①～④のうちから一つ選びなさい。

① ヴァンダナ・シヴァ　② ネルソン・マンデラ
③ ロドニー・キング　④ マーティン・ルーサー・キング

(3) 本文中の空欄［オ］に当てはまる最も適当な語句を，次の①～④のうちから一つ選びなさい。

① ヨーロッパ人権条約　② 拷問等禁止条約
③ 先住民族の権利に関する宣言　④ 人種差別撤廃条約

(4) 下線部(a)の説明として正しいものを，次の①～④のうちから一つ選びなさい。

① 1945年4月～6月，アメリカ合衆国，イギリス，フランス，ソビエト連邦，中華人民共和国を中心としてサンフランシスコ会議が開かれ，同年10月，原加盟51カ国をもって国際連合は誕生した。

② 原加盟国51カ国はすべて第二次大戦中の連合国の一員であり，連合国のなかの5大国（アメリカ合衆国，イギリス，フランス，ソビエト連邦，中華民国）の優越的地位が，安全保障理事会を中心に保障された。

③ 第二次大戦中の枢軸国である日本，ドイツ，イタリアのうち，イタリアとドイツは，1945年10月の国際連合誕生時から加盟が認められていた。

④ 第二次大戦の敗戦国である日本は，1956年に国連加盟が認められたが，東西に分裂していたドイツの加盟は1990年の再統一を待たなければならなかった。

(5) 下線部(b)の説明として正しいものを，次の①～④のうちから一つ選びなさい。

① 日本では，女子差別撤廃条約が採択される前から男女雇用機会均等法を制定し，雇用に関わる女子差別の撤廃に取り組んでいた。

② 日本は，女子差別撤廃条約を批准するにあたり男女雇用機会均等法を成立させ，同法のもと雇用に関わる女子差別の撤廃に取り組むこととなった。

③ 日本では，女子差別撤廃条約の批准前から存在した男女雇用機会均等法を1985年に部分改正し，同時に男女共同参画社会基本法を制定し全般的な女子差別の撤廃に取り組むこととなった。

④ 日本政府は，国連女性差別撤廃委員会から，日本の国内法についての問題点につき勧告を受けたことはない。

(6) 下線部(c)の説明として正しいものを，次の①～④のうちから一つ選びなさい。

① 障害者権利条約では，当該国内手続を尽くしても権利が保障されない場合，障害者権利条約委員会に通報できる制度を定めた選択議定書も併せて締結されている。日本は同条約加盟に併せて，この選択議定書にも署名し，批准した。

② 障害者権利条約は，条約名として「権利」を謳っているが，障害者を権利の主体として位置づけるのではなく，単に福祉の対象とするにとどまっている。

③ 障害者権利条約は，経済的環境とりわけ雇用面での排除や制限を「差別」として扱っているが，政治的，社会的，文化的，市民的分野

での平等，基本的自由の行使を害し妨げることは「差別」から除外されている。

④ 障害者権利条約は，「障害のある人が障害を理由として教育制度一般から排除されないこと」を求めており，いわゆる教育現場での分けない（inclusive な）教育の必要性を定めている。

Ⅲ 次の文章と図を参照しながら，設問に答えなさい。

2020 年は，健康であることの大切さを全世界が痛感する年となった。そこで以下では，健康のために重要な医療保険について考えてみよう。

健康確保のためには，予防対策の徹底と並行して，病気になった場合に誰もが安心して治療を受けられる医療体制が整っていることが不可欠である。幸い，現在の日本では国民皆保険が整備されているが，この制度は全ての国で実現しているわけではない。例えば，OECD 加盟国でも［ ア ］のように国民の約 8 %（2018 年時点）が無保険の状態の国もある。日本でも国民皆保険が実現する以前は，国民の約 3,000 万人が医療保険に未加入であり，日本の社会保障の大きな課題となっていた。2021 年は国民皆保険が日本で開始してから，ちょうど［ A ］年にあたる。

公的医療保険は会社などに勤めている人が加入する被用者保険，自営業者・年金生活者・非正規雇用者等が加入する［ イ ］，75 歳以上の全員を対象とする［ ウ ］の 3 つに大別できる。さらに被用者保険は，主に大企業のサラリーマンが加入している［ エ ］，中小企業のサラリーマンを中心とした協会けんぽ，公務員を対象とした［ オ ］などに分けることができる。

日本の医療保険は社会保険料方式を基本としているものの，皆保険を維持するため，公費も投入されている。図 1 は，財源別国民医療費の負担構造を時系列で示したものであり，系列［ カ ］は保険料（事業主・被保険者計）を，系列［ キ ］は公費（国庫・地方計）の推移を表している。国民一人当たりの医療費は対 GDP 比で年々増加傾向にあり，今後さらに高齢化が進む中，医療費の抑制は大きな課題である。

増大する医療費抑制のために，これまでも様々な政策が実施されてきた。その一つが，患者の窓口での自己負担割合の増加である。2020 年時点では，医療費に対する自己負担の割合は原則として，小学生未満と 70 歳～

74 歳が 2 割，小学校入学から 70 歳未満は［ B ］割，75 歳以上が［ C ］割となっている（自治体や所得の違いによっても異なる)。ただし 70 歳～74 歳については，2014 年以前は 1 割負担であった。自己負担割合の増加は，患者にとって窓口支払い額が増すため，必要性の低い医療サービスが抑制されるという効果が見込める一方，支払いが負担となり本当に必要な医療サービスを受けることを控える人がでてしまうリスクもある。後者の影響の方が大きければ，自己負担の増加により人々が健康を損ねるということにもなりかねない。果たしてこの制度変更は，医療費の抑制や人々の健康にどのように影響しただろうか。検証においては，相対的に健康な人が多い現役世代と，健康に不安を抱える人が多い高齢世代を単純に比較しても意味がない。そこで，別所・古村氏らは 70～74 歳の窓口負担の制度変更により，1944 年 4 月以降に生まれた人は 2 割負担となったのに対し，同年 3 月以前に生まれた人は 1 割負担に据え置かれているという点に着目した（つまり，たった 1 か月の生まれ月の違いで窓口の負担割合が異なることになる)。ポイントは，この制度の境界にいる人々である。生まれ月が 1 か月早かったグループと遅かったグループとでは，平均でみれば加齢による健康や就業状態等はほとんど異ならないと考えられる。この生まれ月の違いによって窓口負担が 1 割のままの人と，2 割になった人とで受診行動や健康状態が制度変更後にどの程度異なることになったかを検証した結果が，図 2 である。両図はともに右上がりとなっていることから，年齢が高くなるほど受診行動も健康悪化の度合いも高まることが確認できる。しかし，窓口負担の違いの境界部分に着目して左右の結果を比較すると，［ ク ］と読み取ることができる。こうした客観的な証拠に基づく政策効果の検証（政策立案）は［ ケ ］と呼ばれ，昨今は国内外でその重要性が指摘されている。国民皆保険という大切な社会インフラを維持・持続させていくためには，政策や制度変更が果たして意図した効果をもたらしたのかという検証を重ねていくことが重要である。

（参照文献：別所俊一郎・古村典洋「経済教室」日本経済新聞，2020 年 5 月 6 日）

設問

(1)　文章中の［ ア ］に該当する国として，最も適当なものを一つ選びなさい。

①　中　国　②　インド　③　フランス
④　イギリス　⑤　スウェーデン　⑥　アメリカ

(2)　文章中の A に該当する数値として，最も適当なものを一つ選びなさい。

①　30　②　40　③　50　④　60　⑤　70
⑥　80　⑦　90　⑧　100　⑨　110

(3)　文章中の イ ， ウ に該当する用語として，最も適当なものをそれぞれ一つ選びなさい。

①　国民健康保険　②　年金保険　③　高齢保険
④　自営保険　⑤　扶養保険　⑥　後期高齢者医療制度

(4)　文章中の エ ， オ に該当する用語として，最も適当なものをそれぞれ一つ選びなさい。

①　協会組合　②　健康保険組合　③　勤労者組合
④　共済組合　⑤　雇用保険　⑥　共済健保

(5)　文章中の カ ， キ に該当するものを，それぞれ一つ選びなさい。

①　A　②　B　③　C

(6)　文章中の B ， C に該当する数値として，最も適当なものをそれぞれ一つ選びなさい。

①　0　②　1　③　2　④　3　⑤　4
⑥　5　⑦　6

(7)　文章中の ク に該当する説明文として，最も適当なものを一つ選びなさい。

①　窓口負担が 1 割か 2 割の違いは受診行動にも健康度にも影響していなかった
②　窓口負担が 1 割の人に比べて 2 割の人は受診行動を抑制させた一方，健康度には違いがなかった
③　窓口負担が 1 割の人に比べて 2 割の人は受診行動を増加させたものの，健康度には違いがなかった
④　窓口負担の 1 割から 2 割への引き上げは受診行動を抑制させたため，健康を悪化させた
⑤　窓口負担の 1 割から 2 割への引き上げは受診行動には変化をもたらさなかった一方，健康を悪化させた

(8)　文章中の［　ケ　］に該当する用語として，最も適当なものを一つ選びなさい。

① IAEA　　② EPA　　③ SDGs
④ EFTA　　⑤ digital government　　⑥ EBPM

図１：財源別・国民医療費の構成割合の推移

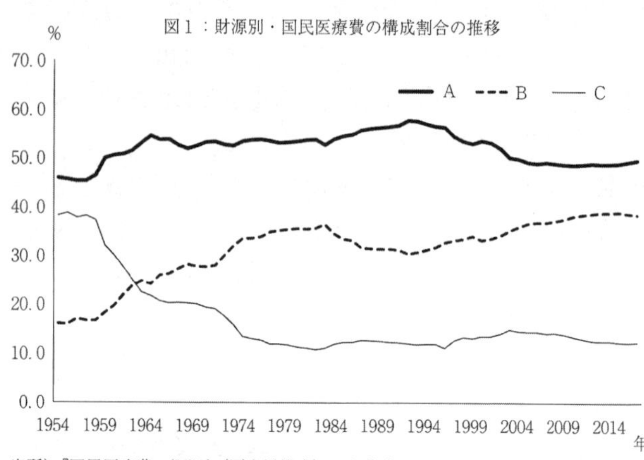

出所）『国民医療費の概況』（厚生労働省）より作成

図２：窓口負担割合変更の影響

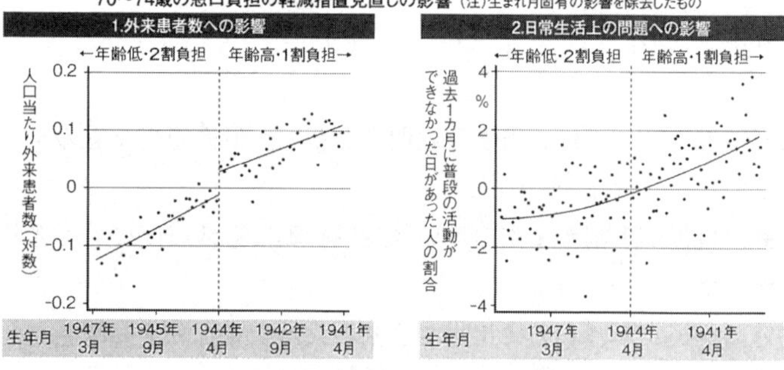

出所）別所俊一郎・古村典洋（2020）の図を転用。

備考）　左・右図の横軸は右にいくほど年齢が高くなること，図の中央の縦線を境に左側は制度変更により２割負担となった人，右側は１割負担に据え置かれた人を示している。左図の縦軸は受診行動を，右図は主観的な健康度に相当し，それぞれ縦軸の上にいくほど左図は受診行動が増加することを，右図は主観的健康度が悪化することを示している。両図とも制度改正から２～３年後の影響を示しており，図中の点は生まれ月，実線は統計的手法を用いた推定結果である。

Ⅳ　次の文章を読み，設問に答えなさい。

『経済学は人間を幸せにできるのか』（平凡社，2010 年）を書いた，著名なジャーナリストの斎藤貴男氏のインタビューを受けた際に，考えさせられることが多かった。たとえば，2003 年に，それまで街の人口や同業者からの距離制限など，厳しく規制されていた酒の小売販売免許が自由化された。これは斎藤氏によれば，大資本のスーパーマーケットが零細酒店を圧迫する，Ⓐ「資本の論理」に基づいた，弱者を切り捨てる政策であったという。

たしかに酒をどの店でも販売できるようになれば，大量に仕入れて販売する大型小売店の方が，より低い価格で販売でき，零細な酒屋が経営不振になる場合は少なくない。他方で，同じ零細店舗でも，酒屋出身のコンビニでは酒を売れるのに，米屋出身のコンビニでは売れないというのは，経営努力に関わりない話で，公平な競争とは言えない。また，大型小売店が安い価格で販売すれば，消費者にとっては疑いもなく利益である。Ⓑ安価で競争者を駆逐した後は，価格を大幅に引き上げるという懸念は，大型スーパー同士が激烈な競争を行っている限り不可能といえる。このように「資本の論理」を糾弾する論者は，消費者の視点が欠けていることが，大きな特徴である。

Ⓒ新自由主義の視点で考えれば，Ⓓ市場経済では，個人とは異なり，企業には「生存権」はなく，消費者に選ばれない生産者は生き延びられない。現に零細酒店でも，消費者に好まれるワインや関連商品の品揃えを工夫することで繁盛している例は少なくない。親が酒屋でなくとも参入できる，ビジネス機会の平等性を大原則とすべきである。

もともと，酒の小売免許制度は税制の確保を建て前としていた。しかし，多くの店で販売するほうが税収入も増えるはずで，およそ根拠に乏しい規制であった。実は，酒税法の改正で小売免許の取得制限が 2001 年以降段階的に撤廃された後も，既存業者を守る議員立法が制定され，酒の小売組合事務局の使い込みの発覚などにより，ようやく 2006 年に終止符が打たれたという因縁があった。このように，特定の事業者だけに免許という既得権を保障する，一種のⒺ販売カルテルは，「弱者保護」などを名目に政治的な利権と結びつき，長期間持続しがちである。同様の例は，酒以外にもいくつも存在している。

（八代尚宏『新自由主義の復権　日本経済はなぜ停滞しているのか』中公新書，2011 年，16-17 頁。）

設問

(1)　下線部Ⓐの「資本の論理」に関連して，大企業や中小企業の資金調達について説明した記述のうち，最も適当なものを選択肢から一つ選びなさい。

①　一般的に中小企業の方が大企業よりも銀行融資を受けやすい。

②　大企業は株式の上場など直接金融での資金調達が中小企業と比較して行いやすい。

③　大企業は社債やコマーシャルペーパーの発行などいわゆる間接金融での資金調達がしやすい。

④　中小企業は株式の発行を通じた資金調達はできない。

⑤　ベンチャー企業は投資ファンドから出資を受けている企業を指す。

(2)　下線部Ⓑ「安価で競争者を駆逐した後は，価格を大幅に引き上げるという懸念」はいわゆる不当廉売を意味するが，国内市場を対象としたそのような行為に関する記述のうち，正しい説明をしているものを選択肢からすべて選びなさい。

①　不当廉売は独占禁止法で禁止されている。

②　企業の創意工夫によってコストを下げて，他社よりも安く商品を販売する行為は常に不当廉売にあたる。

③　不当廉売は，消費者にとって短期的にも長期的にもまったくメリットがない。

④　公正取引委員会は不当廉売に対して法的措置をとる権限を有する。

⑤　小売店が生鮮食品の売れ残りを一時的に原価以下で販売する行為は不当廉売にあたる。

(3)　下線部Ⓒの「新自由主義」に関連した記述のうち，正しい内容のものを選択肢からすべて選びなさい。

①　新自由主義はケインズが唱えた考え方で，政府による市場介入は経済の安定に欠かせないと考える。

②　新自由主義では，市場メカニズムを信頼し，政府による市場への介

入は最小限とするべきと考える。

③　新自由主義では，いわゆる「大きな政府」の下で，企業が自由に競争することが望ましいと考える。

④　新自由主義はミルトン・フリードマンを中心としたいわゆるシカゴ学派の思想から影響を受けている。

⑤　1980 年代に中曽根内閣が行った国鉄や電電公社の民営化は新自由主義の考えに沿った政策と言える。

(4)　下線部Ⓓの市場経済に関連して，ある地域に小規模な酒屋が多数存在し，同質のビールを供給している仮想的な市場を想定したうえで，以下の(a)(b)(c)のそれぞれのケースについての問いに答えなさい。なお，ビールの供給曲線は右上がり，需要曲線は右下がりとなっていると仮定する。

(a)　この地域に新たにビールを販売する大型ディスカウントストアが開店した。この場合に考えられるビール市場の供給曲線と需要曲線の変化について，最も適切に説明をしているものを選択肢から一つ選びなさい。

①　需要曲線はそのままで，供給曲線が左にシフトすると考えられる。

②　需要曲線はそのままで，供給曲線は右にシフトすると考えられる。

③　需要曲線は右にシフトし，供給曲線はそのままであると考えられる。

④　需要曲線は左にシフトし，供給曲線はそのままであると考えられる。

⑤　需要曲線も供給曲線も変化がない。

(b)　ワインの主原料となるぶどうの突然の不作により，ビール需要と密接な代替関係にあるワインの供給量が一時的に急減した。この場合に考えられるビール市場の供給曲線と需要曲線の変化について，最も適切に説明しているものを選択肢から一つ選びなさい。

①　需要曲線はそのままで，供給曲線が左にシフトすると考えられる。

②　需要曲線はそのままで，供給曲線は右にシフトすると考えられる。

③　需要曲線は右にシフトし，供給曲線はそのままであると考えられる。

④　需要曲線は左にシフトし，供給曲線はそのままであると考えられ

る。

⑤　需要曲線も供給曲線も変化がない。

(c)　政府はこの地域でのビール販売店の新たな参入を禁止した。この場合に考えられるビール市場の供給曲線と需要曲線の変化について，最も適切に説明しているものを選択肢から一つ選びなさい。

①　需要曲線はそのままで，供給曲線が左にシフトすると考えられる。

②　需要曲線はそのままで，供給曲線は右にシフトすると考えられる。

③　需要曲線は右にシフトし，供給曲線はそのままであると考えられる。

④　需要曲線は左にシフトし，供給曲線はそのままであると考えられる。

⑤　需要曲線も供給曲線も変化がない。

(5)　下線部Ⓔ「販売カルテル」について関連した記述について，正しくない説明をしているものを選択肢からすべて選びなさい。

①　販売カルテルによって，商品の価格は低下すると考えられる。

②　販売カルテルは，価格の面で消費者側にもメリットが大きい。

③　販売カルテルには通常，大型スーパーマーケットは参加することができない。

④　すべてのカルテル行為は違法である。

⑤　販売地域を分け合う形のカルテル行為もありうる。

(6)　筆者の八代尚宏氏は小売免許制度や市場経済についてどのように考えているか。筆者の考えとして正しい説明をしているものを選択肢からすべて選びなさい。

①　筆者は，小売免許制度を自由化することによって，零細業者が倒産することを危惧しており，避けるべきだと考えている。

②　筆者は，小売免許制度は特定の事業者のビジネス機会を奪っており，公平な競争を妨げていると考えている。

③　筆者は，「資本の論理」によって，仮に大型小売店が参入すれば酒の価格が大幅に引き下がる可能性を懸念している。

④　筆者は，新自由主義の考えに立ち，消費者に選ばれないような生産者は，零細業者であれ，大型小売店であれ淘汰されてもやむを得ないと考えている。

⑤　筆者は，酒の小売免許制度のように，特定の事業者に既得権益を保障するような行為は，消費者にとって望ましくないと考えている。

解答欄にマークせよ。

イ　出兵を請われても、病気を口実にして出陣しないのがよい。

ロ　戦功を褒められても、病気を口実にして出兵を断るのがよい。

ハ　引見を命ぜられても、病気を口実にして命令を退けるのがよい。

ニ　対面を求められても、病気を口実にして応対しないのがよい。

ホ　戦況を問われても、病気を口実にして分析を断るのがよい。

ハ　百発百中の技量を披露した上で、指導を拒まれた不愉快さ。

ニ　百発百中の技量を認められながら、射撃の欠点を直された不満。

ホ　百発百中の技量にもかかわらず、射撃を教えるといわれての憤懣(まん)。

問三十一　傍線部C「不以善息」は「善いところで息(や)めておかなければ」という意味である。この意味に沿った返り点として最も適切なものを次の中から一つ選び、解答欄にマークせよ。

イ　不㆓以善息㆒

ロ　不㆑以㆑善㆑息

ハ　不㆓以㆑善息㆒

ニ　不㆑以㆓善息㆒

ホ　不㆓以善㆑息

問三十二　傍線部D「一発不中者、百発尽息」はどのような意味か。最も適切なものを次の中から一つ選び、解答欄にマークせよ。

イ　一発はずしたならば、百発射る意味はない。

ロ　一発でも射はずせば、百発百中の評価は潰(つい)える。

ハ　一発射はずすだけで、百発打つ気力はそがれる。

ニ　一発射はずせば、百中するまで息を抜けなくなる。

ホ　一発でも射はずした者は、百発を射ることはできない。

問三十三　傍線部E「公」は誰を指すか。最も適切なものを一つ選び、解答欄にマークせよ。

イ　蘇厲　　ロ　周君　　ハ　白起　　ニ　養由基　　ホ　師武

問三十四　傍線部F「不如称病而無出」はどのような内容を説いたものか。その解釈として最も適切なものを一つ選び、

教子支左詘右也。夫去柳葉百歩而射之、百発而百中之、C不以善息、少焉気衰力倦、弓撥矢鉤、D一発不中者、百発尽息』。今破韓・魏、扑師武、北取趙藺・離石者、E公之功多矣。今又将兵出塞、過両周、倍韓攻梁。一挙不得、前功尽棄。F公不如称病而無出」。

（注）蘇厲…遊説家蘇秦の弟。　周君…周の君。
秦・韓・魏・趙・梁・周…国名。
師武…魏の将軍。　藺・離石……地名。
白起…秦の将軍。　両周……東周と西周。

問二十九　傍線部A「君何不令人説白起乎」とあるが、蘇厲がこう提言したのはどのような戦況分析に基づくものか。最も適切なものを次の中から一つ選び、解答欄にマークせよ。

イ　天命をかしこむ秦王が自ら梁の要塞を撃てば梁は敗北して、危険が周に迫る。
ロ　蘇厲とともに白起が自ら戦陣に立って梁を打ち破っても、周は危険に曝される。
ハ　敵将である白起が軍を率いて梁に攻撃をかけ梁が敗れたならば、周が危うくなる。
ニ　秦の将兵が要塞を出て戦う梁を攻撃して梁が破られたならば、周の国が危険になる。
ホ　蘇厲が周の軍を率いて梁に出撃し梁を破り得たにしても、周の国の危険は避けがたい。

問三十　傍線部B「客安能教我射乎」には、養由基のいかなる思いがうかがえるか。最も適切なものを次の中から一つ選び、解答欄にマークせよ。

イ　百発百中の技量を全く認められず、嘲笑された不快感。
ロ　百発百中の技量ながら、それを理解されないもどかしさ。

ロ　道理をわきまえて道理を教えられる人を賢者という。そのような賢者となるのが仏教の最終的な目標であり、厳融坊はその境地には達していなかった。

ハ　厳融坊は真の仏教の修行者でなかったために、人の情愛を理解できなかった。妹に子供との死別を受け入れるように迫ったのは、仏教の教えとは異なっている。

ニ　仏教はその教義を日常的に実践することの方が困難である。従って、教義をたくさん学んだほうが仏教を究める上では近道といえる。

ホ　知識があっても実行が伴わないことは、仏教だけの問題ではない。しかし、深遠な教義を持つ仏教では、特にそのような弊害に陥りがちである。

問二十八　次の中で、鎌倉時代の成立ではない説話集はどれか。一つ選び、解答欄にマークせよ。

イ　宇治拾遺物語　　ロ　古事談　　ハ　日本霊異記　　ニ　古今著聞集　　ホ　十訓抄

【乙】　次に示すのは『史記』巻四「周本紀」において、蘇厲が周君に強大化する秦の侵攻をかわす方策を進言したことばである。その発言中に現れる「養由基」は、問題文【甲】の二重傍線部にいう「弓箭を取る人」として、中国史に名高い人物である。これを読んで、あとの問いに答えよ。なお、設問の都合上、返り点・送り仮名を省略した箇所がある。

秦破二韓・魏一、扑二師武一、北取二趙藺・離石一者、皆白起也。是善用レ兵、又有二天命一。今又将レ兵、出レ塞攻レ梁。梁破、則周危矣。A君何不令人説白起乎。曰、「楚有二養由基者一。善レ射者也。去二柳葉一百歩而射レ之、百発而百中レ之。左右観者数千人、皆曰、『善射』。有二一夫一立二其旁一、曰、『善、可レ教レ射矣』。養由基怒、釈レ弓搤レ剣、曰、『B客安能教我射乎』。客曰、『非三吾能

空欄 Ⅲ

イ　無常迅速　　ロ　老少不定　　ハ　四苦八苦　　ニ　怨親平等　　ホ　盛者必衰

問二十二　傍線部2「離るる」・傍線部4「怖ぢ」の活用型はそれぞれ何か。最も適切なものを次の中から一つずつ選び、解答欄にマークせよ。

イ　四段活用　　ロ　上一段活用　　ハ　上二段活用　　ニ　下一段活用　　ホ　下二段活用

問二十三　傍線部3「疑ひにや及ぶ」の解釈として最も適切なものを次の中から一つ選び、解答欄にマークせよ。

イ　疑うに越したことはない。

ロ　疑いを持つにいたる。

ハ　疑ってみたい。

ニ　疑いの余地はない。

ホ　疑ってみるべきだ。

問二十四　空欄 Ⅳ ・ Ⅴ に入る語として最も適切なものを次の中から一つずつ選び、解答欄にマークせよ。

イ　行　　ロ　理　　ハ　宝　　ニ　知　　ホ　過　　へ　身

問二十五　空欄 Ⅵ ・ Ⅶ に入る語として最も適切なものを次の中から一つずつ選び、解答欄にマークせよ。

イ　実　　ロ　善　　ハ　知　　ニ　俗　　ホ　僧　　へ　行

問二十六　空欄 Ⅷ ・ Ⅸ に入る語として最も適切なものを次の中から一つずつ選び、解答欄にマークせよ。

イ　智恵　　ロ　愚痴　　ハ　不覚　　ニ　名利　　ホ　多聞　　へ　恥辱

問二十七　本文の内容として最も適切なものを次の中から一つ選び、解答欄にマークせよ。

イ　弓矢をとる武士は合戦に出て、いつでも死ぬ覚悟ができているから、実戦であたふたすることはない。これはすぐれた法師と共通する心の持ちようである。

学者をそしるべからず」と申ししかば、道理にをれ侍りき。かの上人、この道理を弁へずして、なかなか在家の人につまりけり。妹は［Ⅷ］は劣り、［Ⅸ］は勝りて、返てつめてけるにこそ。

（注）時・非時…正午以前の食事と正午以後の本来食事をしてはならない時の食事。
南浮…南閻浮提（なんえんぶだい）の略。仏教で須弥山（しゅみせん）の南方海上にあると考えられた大陸。人間の住む世界。

問十八　傍線部1「常には心よからずのみありけれども、よき学生なりければ、忍びてこそ学問しけれ」の解釈として最も適切なものを次の中から一つ選び、解答欄にマークせよ。

イ　修行者たちはいつも不愉快だったが、心根の良い学生たちだったので、真剣に学問を学んでいた。
ロ　修行者たちはいつも不愉快だったが、厳融坊が心根は良い学僧だったので、静かに学問を学んでいた。
ハ　厳融坊はいつも不愉快だったが、優れた学僧だったので、修行者たちはがまんして学問を学んでいた。
ニ　厳融坊はいつも不愉快だったが、心根は良い学僧だったので、修行者たちは内密に学問を学んでいた。
ホ　厳融坊はいつも不愉快だったが、優れた学僧だったので、厳融坊はその気持ちを抑えて学問を学んでいた。

問十九　空欄［Ⅰ］に入る語として最も適切なものを次の中から一つ選び、解答欄にマークせよ。

イ　うたて　　ロ　あはれ　　ハ　いとし　　ニ　かしこ　　ホ　むざん

問二十　波線イ～ホのうち、一つだけ文法的な用法が異なるものがある。それはどれか。最も適切なものを一つ選び、解答欄にマークせよ。

問二十一　空欄［Ⅱ］・［Ⅲ］に入る語として最も適切なものを、次の中からそれぞれ一つずつ選び、解答欄にマークせよ。

空欄［Ⅱ］

イ　怨憎会苦　　ロ　求不得苦　　ハ　輪廻転生　　ニ　愛別離苦　　ホ　一期一会

るかひか。不覚や」とて、いよいよ責めふせけり。

さて、かの女房、涙を押しのごひて、「そもそも人の腹立ち候ふ事は、あしき事か、又苦しからぬ事か」といへば、「それは貧瞋痴(とんじんち)の三毒とて、宗との煩悩の一なり。3疑ひにや及ぶ。恐ろしき過(とが)なり」といふ時、「などさらば、それほど御心ハ得のあるに、御腹はあまりにあしきぞ」といふに、はたとつまりて、いひやりたる事はなくして、「よしさらばいかにも思ふさまに歎き給へ」とて、叱りて出でにけり。まことにつまりてぞ聞えける。

物の理を知ると、知るがごとく行ずるは、道異なり。されば過を知りて、過をあらため、理を弁へて、理をみだらざるは、実の賢人智者なるべし。多聞広学なれども、身の過をあらためず、心のひがみ直さずは、いたづらに他の宝を数ふるに似たり。されば七種の聖財の中に、智者と多聞とは別なり。学生のニ才覚あるも、いかでか知れるがごとく行ぜむ。行ぜむ智者といふは、広く物を知らざれども、道理を弁へて知れるがごとく、Ⅳ を恐れ Ⅴ を心得て、心明らかに悟りあるをいふなり。如実の行は、多聞よりおこるとて、多聞は実智を生ずる因縁とはなるなり。

或る俗いはく、「智恵なく愚痴なる在俗の、不当不善なるは、さるべきことなり。多聞広学なる僧の中に、心得ぬ事どもホの見聞え候ふは、何を習ひ知り給へる、かひこそなけれ」と申ししをば、この道理をもて、「Ⅵ と Ⅶ とは異なり。されば書にいはく、知る事のかたきにはあらず。よくする事のかたきなり」といへり。「まず世間に弓箭を取る人、合戦の場に名をも惜しまず、命をも捨てず、逃げ隠れ、4怖ぢふためくは、口惜しき恥とは知りて侍るか」といふに、「いかでか知らぬ者候ふべき」と答ふ。「さて、この事知れる人は、人ごとに心も剛なるや」といふに、「さる人は希(まれ)なり」といふ時、「されば世間の事は無始より慣れ来て、名利をも思ひ、恥辱弁へて、かけくみ打ち合ひ、身を忘れ命を捨てむ事は、多生に慣れ来たる事にて、よにやすかるべき道に、なほ心たけきは希に、不覚なるは多し、まして仏法はその道高く、その理かすかなり。学びがたく、まどひやすし。知る事なほたやすからず、行ずる事いよいよかたし。無始より今に知らずして、今日はじめてあへり。希にも信じ行ずるこそありがたけれ。仏の心を知つて、仏の行を学ぶ、いかでかたやすからむ。我が身にやすき世間の事を、知るままになす事のかたきをもて、仏法の習ひがたく、行じがたき事を推して、

三　次の甲・乙を読んで、あとの問いに答えよ。

【甲】　次の文章は、鎌倉時代に成立した『沙石集』に収められた一説話である。これを読んで、あとの問いに答えよ。

中比、甲斐国に厳融房といふ学生ありけり。修行者多く給仕奉事仕て、学問しけり。あまりに腹のあしき上人にて、修行者ども、時、非時、さばくり荷用するに、湯の熱きも、又ぬるきも叱り、遅きをも腹立て、とく持て来れば、「法師に物食はせじとするか」とて、食ひさしてうち置きて叱りけり。そのあはひを見むとて、障子のひまより覗けば、「あれは何を見るぞ」とていよいよ腹立しければ、1常には心よからずのみありけれども、よき学生なりければ、忍びてこそ学問しけれ。

妹の女房、最愛の一子に遅れて、人の親の習ひといひながら、あながちに嘆きければ、よその人も訪ひ哀れみけるに、この上人訪はざりける事を、「あら［Ⅰ］や。これほどの嘆きを上人の訪はれぬよ。よその人だにも情けをかくるに」といひければ、弟子の中に聞きて、「かの女房の恨み申され候ふなるに、御訪ひ候へ」といへば、例の腹立して、「無下の女房かな。法師が妹なんどいはん者は、普通の在家の人に似るべからず。生老病死の国にをりながら、［Ⅱ］の愁ひなかるべしと思ひけるか。あら不覚や。いひかひなき女房かな。いでいで行きて、つめふせて来む」とて、かさかさとして行きぬ。「実にや、わ女房の嘆きを訪はぬと恨み給ふなるは」といへば、「あまりの嘆きに、心もあられぬままに、さる事も申してもや候ひけん」といへば、「無下の人かな。さすがこの法師が親しきしるしには、世の常の人にや似給ふべき。生ある者必ず滅す。会者は定めて2離るる、南浮は本より［Ⅲ］の国なり。前後の相違、母子の別れ、世になき事か。始めて歎き驚くべきにあらず。かへすがへすいひかひなし」と、叱りければ、「形のごとく、その道理は承りて侍れども、身をわけて出で来、なつけて候ひつる上、心ざまもかひかひしく候ひつれば、何の道理も忘れて、ただ別れのみ悲しく覚え候ふ」とて、涙もかきあへず歎きければ、「あら愚痴や。道理を知りながら、なほ歎くべきか。されば、それは知りた

ニ　文字の読み書きが価値ある能力であるとする見方が自明ではないということを、広く共有していくような考え方をすること。

ホ　文字や文章を書く能力は多くの人にとって有用なため、非識字者はしだいに減り、やがてすべて識字者となるという考え方をすること。

問十六　傍線部6「差別を固定化・再生産していく」とあるが、それはなぜか。その説明として最も適切なものを次の中から一つ選び、解答欄にマークせよ。

イ　識字者は、非識字者に対する否定的な評価を、多数者の側に立って正当化してしまう傾向があるため。

ロ　識字者は社会の多数を占めており、互いの結びつきによって少数の識字者よりも優位な立場をとることができるため。

ハ　識字者は、社会の中で多数を占めており、自分たちのもつ価値観が疑わしいということを意識できないため。

ニ　識字者にとって有利な規準が温存されて、少数者の非識字者側が最初から不利な条件下におかれてしまうため。

ホ　識字者は社会の多数を占めており、かつ多くの場合、社会の生産性を高めていこうという意識を強く持っているため。

問十七　傍線部7「二義的なものである」とあるが、その説明として最も適切なものを次の中から一つ選び、解答欄にマークせよ。

イ　多くの人々が、意識せずに識字者を当然とする行為や考え方を身につけていることがより重要な問題である。

ロ　識字運動をする人々が、意識しないうちに識字を当然とする価値観を広げてしまうことがより重要な問題である。

ハ　識字者が、少数者である非識字者のもっている考え方や価値観を否定してしまうことがより重要な問題である。

ニ　識字運動が、日常的な営みの中で意識しないうちに非識字者を排除、差別してしまうことがより重要な問題である。

ホ　多くの人々が、文字を使うことを通して非識字者を意図的に排除、差別することがより重要な問題である。

イ　A　とすれば　B　だが　C　しかし
ロ　A　とはいえ　B　しかし　C　したがって
ハ　A　しかし　B　あるいは　C　もちろん
ニ　A　あるいは　B　とはいえ　C　つまり
ホ　A　だが　B　とすれば　C　しかし

問十四　傍線部4「非対称な関係を維持する」とあるが、それはなぜか。その説明として最も適切なものを次の中から一つ選び、解答欄にマークせよ。

イ　社会で多数を占める識字者が、文字を使えない少数者の側の苦しみを、当然のものととらえているため。
ロ　社会における少数者の側の人々が、差別されているという意識をそれほど強く感じてはいないため。
ハ　社会における多数者の側の人々にとって、少数者の側である非識字者の権利や意見が分かりにくいため。
ニ　社会において非識字者は少数で、その意見が弱く、多数を占める識字者にまでその声がとどかないため。
ホ　社会の多数者の側の人々が、少数の非識字者のために自らの権利や便利さに制限を受けてしまうため。

問十五　傍線部5「識字運動に同化主義をもちこんでいる」とあるが、その説明として最も適切なものを次の中から一つ選び、解答欄にマークせよ。

イ　多数者の側と少数者の側の両方が、文字や文章を高く評価する価値観を共有することをよしとする考え方をすること。
ロ　読み書きができた方がよいという多数の側の価値観にあわせて、非識字者を変えていくことが当然であるという考え方をすること。
ハ　文字や文章に高い価値があるという考え方が、多数の人によって共有されているがゆえに、その価値が正当であるという考え方をすること。

ニ　比喩するものとされるものとの間にある違いが、明確に指摘できないほど微妙なものであるため。
ホ　比喩するものとされるものが、しだいに互いの性質を似通わせていくようになるため。

問十一　傍線部2「多数者（識字者）の作為」とあるが、その説明として最も適切なものを次の中から一つ選び、解答欄にマークせよ。

イ　社会の中で識字者が多くを占めているため、非識字者が苦しい思いをしばしば経験してしまうということ。
ロ　識字者が社会の中では大多数ではあるが、多くの人々はそれを積極的に認めようとはしないということ。
ハ　多数者となっている識字者は、少数者である非識字者の側の価値を、必ずしも無視してはいないということ。
ニ　社会で多数者となっている識字者の人々が、文字を使う能力を積極的に価値づけているということ。
ホ　識字者の方が社会で多数者となるため、少数者の側の権利がしばしば見過ごされてしまうようになるということ。

問十二　傍線部3「過剰な意味づけ」とあるが、その後に引かれている事例はなぜそう言えるのか。その説明として最も適切なものを次の中から一つ選び、解答欄にマークせよ。

イ　これらの事例では、私たちの感受性や考え方を形作るうえで、文字がまるで必要不可欠であるかのように表現しているため。
ロ　これらの事例では、本来は表面に出てこない表現者の心理や内面についてまで踏み込んで表現しているため。
ハ　これらの事例では、文字を使うという能力が本来もっている価値を、必要以上に強めた形で表現しているため。
ニ　これらの事例では、文字を使うことができない人々をあらかじめ除外したうえで、文字の価値を表現しているため。
ホ　これらの事例では、文字を使うことによって生まれる価値を、文字そのものがもっているかのように表現しているため。

問十三　空欄［A］・［B］・［C］に入れるのに最も適切な語句の組合せを次の中から一つ選び、解答欄にマークせよ。

は、文字使用を自明視する社会、その社会を日々維持しつづけている識字者の日常的行為である。病院で看板をみて必要な窓口をみつけ、役所でもとめられる書類をかき、保育園の連絡帳で保育者とやりとりをする。こうした識字者にとっては日常の行為のつみかさねが、よみかき能力を生活の前提とする社会をささえ、同時に非識字者を排除・差別しつづける社会の維持を可能にしているのである。ここには、差別に「加担」している意識などないひとびとによって少数者が排除されるという構造がある。

（かどやひでのり『識字の社会言語学』による）

問九　傍線部a・b・cのカタカナを漢字で表現したとき、同じ漢字をカタカナの部分に用いるものを、次の中からそれぞれ一つ選び、解答欄にマークせよ。

a　ガン意
イ　弾ガン　ロ　溶ガン　ハ　祈ガン　ニ　ガン蓄　ホ　彼ガン

b　ト露
イ　ト航　ロ　ト息　ハ　ト労　ニ　遷ト　ホ　ト装

c　称ヨウ
イ　ヨウ解　ロ　面ヨウ　ハ　ヨウ綱　ニ　掲ヨウ　ホ　ヨウ少

問十　傍線部1「意図的な「ずらし」と現実の混同」とあるが、それが起こるのはなぜか。その説明として最も適切なものを次の中から一つ選び、解答欄にマークせよ。

イ　比喩するものとされるものに本質的にある違いが、次第に社会的な問題を引き起こすようになるため。
ロ　比喩するものとされるものが、もともと同じものと見なされやすい特徴をもっているため。
ハ　比喩するものとされるものとは、完全に一致するものではないという意識が薄れてしまうため。

る。このイデオロギーは識字者の権力を正当化し、識字者・非識字者間の4非対称な関係を維持するための道具だてである。「文字」や「かくこと」を特別視し、特権化するこの思考は、識字者社会の内部でもたびたび言語化されている。

　くりかえすなら、非識字者差別の基礎となっているのは、「識字を前提とする社会」や「識字に価値がおかれること」である。こうした差別の社会的基礎を、差別に対峙するはずの識字運動内の言説がそろって肯定し、非識字者差別をみずから強化するという矛盾が生じているのである。ここには、識字運動のなかで主導的役割をはたし、言説をつむいでいるひとびと（識字者）が5識字運動に同化主義をもちこんでいるという構図をみいだすことができる。ありていにいえば、「文字は空気のように必要なものです。おまけに、文字にはすばらしくたかい価値があります。だからみんな識字者にならなければならない・なるべきなのです」ということである。つまり、識字運動の中心にいる識字者は、圧倒的なマイノリティである非識字者を、多数者（識字者）の権力をうんでいるイデオロギーに順応させようとしている。

　少数者が多数者に「所属がえ」し、差別を解消しようとするのは非常に困難であるし、そうした運動のありかた自体が6差別を固定化・再生産していくというのは、差別研究のもたらした知見でもある。劣勢言語使用者がいくら優勢言語を学習しても、母語話者に「所属がえ」することは、原理的に不可能である。いわゆる「女」がいくら「男」なみをめざしても、まず「男」にはなれないし、性差別は原理的に解消しない。老齢期にはいってから必死の学習によって文字をおぼえ、「識字者」になったとしても、多数派である識字者と同等のよみかき能力の獲得は、ほとんど不可能なのが現実である。同化主義的主張はそれ自体、差別的なのである。「同化を達成しても、秩序に順応して適切に振る舞っても、社会は私たちを排除し続けている」ということがおこる。問題とすべきなのは、いかに所属・属性をかえるかではない。真の問題は、所属・属性を「発見」し、つくりあげ、それを「もとからあったもの」のようにみせて本質化し、差別をおこなう多数者や社会のありかたにある。

　非識字者に対する差別が社会のありように起因していること、非識字者に対する識字化の奨励、文字の称cヨウは同化主義・差別行為であるほかないことを確認した。しかし、これは7二義的なものである。非識字者差別の母体となっているの

るのである。つまり、「文字は空気だ」「文字をとりもどす」というかんがえかたは、非識字者差別の原因である「社会のありよう」「文字の価値が社会によってつくられていること」をみすごしており、差別構造を再生産・強化してしまっているのである。

　同様の問題は、識字運動関係者にみられる、文字・文章への[3]過剰な意味づけにもみいだされる。

「文字は人びとのものの見かた・考えかたをかたちづくる力をもっている」

「『文章は、人間の心を運ぶ車』といいます。綴る活動の魅力を示す言葉でしょう」

「文字を持たない生活とは、人間として感性まで奪われた生活である」

「文字を学ぶということは、自分の想いを綴るということです。言葉では話せない想いを他人に伝えたり、今の自分の心境を綴ったり、過去の自分と出会うことができるのも、文字が読み書きできるおかげではないでしょうか」

　文字に「人びとのものの見かた・考えかたをかたちづくる力」や「過去の自分と出会わせてくれる」はたらきがあり、「文章が人間の心を運ぶ車」なのは本当かもしれない。[A]、「人びとのものの見かた・考えかたをかたちづくる力」や「人間の心を運ぶ車」としての機能は、ほかの表現手段にはないのだろうか。[B]、あったとしても、そのなかで文字・文章がもっとも重要ですぐれたものだ、といえるのだろうか。さらにいえば、非識字者、無文字社会のひとびとは、「ものの見かた・考えかた」がかたちづくられておらず、「人間として感性」がないのだろうか。[C]、これらの問いはすべて反語である。文字・文章について、その「力」「魅力」を特別に強調しなければならない理由はなにもない。そこで意図されているのは、文字・文章への過剰な意味づけをしようとすることだけである。文字を「人間の感性」にまで直結できる合理的根拠はありえず、それはただ文字に普遍的価値をあたえようとするイデオロギーの[b]ト露にすぎないのであ

二

次の文章を読んで、あとの問いに答えよ。

「文字は空気だ」というスローガンは、「空気＝どこにでもある、人間の生存に不可欠なもの」という[a]ガン意の比喩である。文字＝空気に、非常にたかい価値が付与されているのがその特徴である。「たしかにそうだ」と、一瞬うなずいてしまいそうになることばであるが、そこにはおおきな矛盾がある。識字運動全体がかかえこんでいる、根本的な矛盾である。

現在の社会は、成員が文字のよみかき能力をもつことを前提につくられ、運営されている。その結果、識字は人間の生存（社会生活）に不可欠なものとして、まさに空気と同等の価値をもつにいたっている。文字がもつ「空気と同等の価値」は、文字それ自体に由来するものではない（人類は無文字社会を普遍的に経験しているが、人類史に無空気社会はありえない）。つまり、文字にたかい価値があり、その結果、非識字者に対する差別がうみだされているのは、「社会がそのようにしている」からである。文字の価値と非識字者差別は社会がつくりだしたものである。

「文字は空気だ」というレトリックは、レトリック特有の「ずらし」をふくんでいる。そのために、文字には人間の体にとっての空気同様、それ自体に内在する「本質的な」価値があるかのような錯覚をうみだすのである。レトリックは、そのおもしろさ・表現としての効果をうむ「意味のずらし」が意識されなくなり、ひとりあるきするとき、別の効果をうみだす。[1]意図的な「ずらし」と現実の混同である。文字のよみかきができなければ、それだけで呼吸困難にもひとしいくるしみを甘受しなければならない状態においこまれる。しかし、それは「文字をしらないこと」が原因なのではなく、そのような社会をつくっている[2]多数者（識字者）の作為が原因である。「文字は空気だ」というスローガンがそのままうけとられることによって、非識字者差別の根本原因からは自動的に目がそむけられ、「空気とおなじだから、それをえるのは権利である」との主張がなされるにとどまってしまうのである。

非識字者が識字者になっていけば、非識字者差別はへる。しかし、非識字者差別をうみだす社会はなにもかわらない。そのまま放置される。とりのこされた非識字者、あらたに社会へ参入した非識字者は、ひきつづき差別にさらされつづけ

問七　傍線部４「話すことと行いを通して人は自分の違いを表す」とあるが、具体的にはどういうことか。その説明として最も適切なものを次の中から一つ選び、解答欄にマークせよ。

イ　われわれは、自分が何者かというアイデンティティを相手や場面に応じて作りかえている、ということ。

ロ　われわれは、集団の中で意見をまとめていく作業を通じて自分の存在する意義を確認している、ということ。

ハ　われわれは、コミュニケーションを通じて自分を表現しあうことで互いを「人間」と認め合っている、ということ。

ニ　われわれは、言葉で世界とかかわることを通じて「人間」としての集合的な価値観を作り上げている、ということ。

ホ　われわれは、立場の異なる相手と意見をやりとりする中で「人間」として成長していく、ということ。

問八　次の中から本文の趣旨として最も適切なものを一つ選び、解答欄にマークせよ。

イ　アーレントは、「人間」一般にあてはまる特質を具体的に考える作業を通じて、新しい「政治」のあり方を見出そうとする思索を行っていた。

ロ　「人間」は、他の生物とは異なり過去や未来を想像する力を持っているので、最終的な意見の一致を目指した「政治」の場を切り開くことができる。

ハ　アーレントにとって、人々が異なる「政治」的な立場によって分断されているという認識が、「人間」の複数性を考える重要な契機となっていた。

ニ　自らの関心や利益の追求のみを優先し、世界のあり方に対して発言する意志を持たない人々は、そもそも「政治」に参加する資格を持っていない。

ホ　人々が互いの差異を認め合い、異なる意見をためらいなく発言できる場を作り上げていくことが、アーレントの考える「政治」の条件となっている。

われわれは、われわれを「われわれ」として認識している。だから「話せばわかる」はずである。しかし同時に、われわれは、同一のものではなく互いに差異を持つものであると認識している。だから「話さなければわからない」。

イ　Ⅰ　ロ　Ⅱ　ハ　Ⅲ　ニ　Ⅳ　ホ　Ⅴ

問四　空欄 X に入る語として最も適切なものを次の中から一つ選び、解答欄にマークせよ。

イ　人間　ロ　他者　ハ　群衆　ニ　個人　ホ　自己

問五　空欄 Y に入る語句として最も適切なものを次の中から一つ選び、解答欄にマークせよ。

イ　特権的　ロ　帰納的　ハ　絶対的　ニ　経験的　ホ　形式的

問六　傍線部3「人間の複数性とは、唯一存在の逆説的な複数性である」とあるが、ここには、アーレントの考える「人間」のどのような特質が表現されているか。その説明として最も適切なものを次の中から一つ選び、解答欄にマークせよ。

イ　人間は、ひとりひとりが自分自身の存在を誰かに訴えかける能力を持っているという意味で、本質的に対等な存在の集合である、ということ。

ロ　人間は、生物としては同じ種に属しているものの、生まれつき異なる身体を持っている以上、一人一人を固有の存在と見なすことができる、ということ。

ハ　人間は、おのずと集団を作り上げてしまう存在なので、相互に自分を伝え合うためにはいったん他人との間に距離を設ける必要がある、ということ。

ニ　人間は、日常的なコミュニケーションの中で意見の対立を確認しあうことでしか、それぞれの差異を認識することができない、ということ。

ホ　人間は、他の生物とは異なり、種としての同一性と個としての多様性の二つの側面を兼ねそなえる矛盾をはらんだ存在である、ということ。

ハ　「人間」という概念を主語にして考える発想は、「人間」をそれ以上分割できない基本的な単位と考えてしまうため、個人の中にある複数の側面を議論することが難しくなる、ということ。

ニ　「人間」という概念を主語にして考える発想は、「人間」という抽象的な理念を議論の前提に持ち込んでしまうので、現実に存在する個人の多様性が見えなくなってしまう、ということ。

ホ　「人間」という概念を主語にして考える思考は、特定の「人間」観のみを取り上げることで、時代や文化によって異なる「人間」という理念の複数性を抑圧してしまう、ということ。

問二　傍線部2「この多数性のうちにわれわれの複数性が常に現実化されているとは言えない」とあるが、どういうことか。その説明として最も適切なものを次の中から一つ選び、解答欄にマークせよ。

イ　群衆の中で人間は、その集団と一体化することで、他の人々に影響を受けやすい存在になってしまう。このように、多くの人々が集まることで人間の個別性や多様性が失われてしまう、ということ。

ロ　机の上の消しゴムの消しかすをつぶさに観察すると、一つ一つの形状が異なっていることが見えてくる。このように、多数であることと複数であることは決して矛盾するものではない、ということ。

ハ　群衆という概念は、集まった人々の多様性よりも同一性や均質性に注目する立場で用いられる。このように、多数であることと複数であることとは、必ずしも一致するわけではない、ということ。

ニ　机の上の消しゴムの消しかすをいくら集めても、結局のところ消しゴムの残骸にしかならない。このように、取るに足らないものが集まっても、個性を持った複数の集合とは言えない、ということ。

ホ　群衆が大きな力を発揮するのは、人々が同じテーマについて明確な意志を持って集まるときである。このように、多くの人々があえて自分の個性を主張しない場面もある、ということ。

問三　文中からは左の段落が脱落している。この段落が入る箇所として最も適切なものを次の中から一つ選び、解答欄にマークせよ。

＝存在することができる。「行いをしたり話したりすることの中で、人々は自分が誰であるかを示し、唯一の自分のパーソナルなアイデンティティを積極的に明らかにし、こうして人間の世界にその姿を現す」のである。逆に言えば、話すことと行いを通して自らを表現しない限り、人間は存在することができない、のだ。

それがアーレントの考える人間の条件であり、人間の本来性なのである。

だが、そもそも「人間」について、あるいは人間の本来性について語ることは可能なのか？

アーレントの言い方を借りれば、普遍的な「人間」は存在しないのではなかったか？「人間が存在する」のではなく、「固有性を持つ唯一のその人たち」として構成される「人々」しか現実には存在しないのではなかったか？それなのに「人間」について語ることが可能なのか？

いや、むしろそれがアーレントにおいて「人間」というものの唯一可能なあり方なのである。つまり、「人間」という抽象は、具体的な個の複数性において存在するのだ。差異ある個々人の複数性が確保される空間が「人間」の空間なのだ。「人間」が存在するためには、人々が――その人の持つ差異、その人によって表明される、その人唯一の差異によって構成される、差異を持つ複数の彼―達の存在が――前提されなければならないのだ。

（五十嵐沙千子『この明るい場所』による）

問一　傍線部１「単一的「人間」の規範性がわれわれの本来のあり方を疎外する」とあるが、どういうことか。その説明として最も適切なものを次の中から一つ選び、解答欄にマークせよ。

イ　「人間」という概念を主語にして考える思考は、「人間」と他の生物とを区別する上では有効であるものの、「人間」一般にあてはまる性質を詳しく検討するには不十分である、ということ。

ロ　「人間」という概念を主語にして考える発想は、一つの「人間」という理念を強調するあまり、国家や民族などの集団の中でしか生きられない個人のあり方を捉えられない、ということ。

「われ―われ」――であるという、「間」を持つわれわれの特殊な複数性を証明しているのである。……［V］

このことは、実はわれわれのあり方にとって決定的である。

「有機的生命の場合には、同じ種に属する個体の間においてさえ、すでに多様さと差異が含まれている。しかし、この差異を表明し、他と自分を区別することができるのは人間だけである。そして、人間だけが、何かあるものを――例えば渇き、飢え、愛情、歓喜、恐怖などのようなものを――伝えることができるだけでなく、自分自身をも伝えることができるのである。このように、人間は、他性（otherness）をもっているという点で、存在する一切のものと共通しており、差異性をもっているという点で、生あるものすべてと共通しているが、この他性と差異性は、人間においては、唯一性となる。したがって、[3]人間の複数性とは、唯一存在の逆説的な複数性である。

話すこと（speech）と行い（action）が、この唯一的な差異を明らかにする。そして、人々は、話すことと行いを通じて、ただ単に違っているというだけではなく、互いの区別を認め合うのである。つまり話すことと行いは、実に、人間が、物理的な対象としてではなく、人々として、互いに現われる様式なのである。」

結局のところ、人間の唯一的な差異を明らかにするのは、彼の「話すこと（speech）と行い（action）」なのだ。そもそも「私たちがくだす定義はすべて差異のことにほかならず、他の物と区別しなければそれが何であるかということを言うことはできない」としても、外から観察される違いがその人を存在させるわけではない。それが違いを構成するわけではない。人間の場合には、見た目の「客観的な」あれこれの違いが「人間の複数性」を作るのではない。人間は、ただ「そこにいる」だけでは存在することができないのだ。ただ「そこにいる」だけでは、その人の差異は明らかにならず、他の人と区別されることができないのである。

自らを伝えて初めて、人は他者の眼前に現れることができる。

そうアーレントは言う。そしてそれがわれわれの特殊な複数性を構成するのである、と。話すことと行いを通して、人は自らを語る。[4]話すことと行いを通して人は自分の違いを表す。そのことによって初めて、彼はわれわれの眼前に現れる

もしわれわれが余りにも異なるものだったとしたら、われわれはそもそも互いに話し合おうとしたり、何かの行いをしようとしたりなどはしないだろう。われわれが、誰かに対して、何かを話したり、何かの行いをするとすれば、それは、その相手が「わかる＝伝わる」相手であるからに他ならない。同時に、そうわれわれが互いに行為するとすれば、それはわれわれが互いに「等しい」者であるから、あるいは「等しい」者であると信じているからである。

だが、もしわれわれがまったく「同一」のものだったとしたら――たとえば大文字の「人間」という一者しかいなかったとしたら――そもそも「わかり合う」必要ははじめからないだろう。話し合う必要はないし、行いによって何かを伝える必要もない。そこには実はすでに一つのもの、単数かつ同一の「われ」しかいないのだ。……［Ⅲ］

この単数の「われ」の同一性の中には、当然のことながら「間」がない。だとすれば「われ」が別の「われ」に向かって――自分とは違う他の「われ」に向かって――自分を伝える余地＝距離はそもそも存在しない。そして、もともと差異も距離もない同一者しかいないとしたら、そこには、わかってもらわなければならない異他的なもの――「　X　」はいない。

だが、実際には、われわれはいつも、互いに話し合っている。誰かに対して何かを行っている。そうして自分を伝えている。

この事実自体が、まさに「人間の複数性という事実」の証拠だ、と、アーレントは言うのである。われわれが現に話し合っている、何かを伝え合っている、というこの事実こそ、われわれが等しいものであり、同時に異なるものである、ということの証である、と。……［Ⅳ］

だからこそ、われわれは話すのだ。

つまり、われわれが、互いの（差異を含みうる）考えを理解し合おうとして（理解できるだろうと信じて）向き合い、話し合い、互いの眼前でパフォーマンスしあっている、という、誰もが現に今そこかしこで行っている　Y　事実こそが、われわれが「われわれ」である、という共通性と共に、だが「われ」と「われ」が同一ではなく差異を持つもの――

あるにもかかわらず、また、だからこそ人間の最も基本的な条件であるにもかかわらず、常に実現しているとは限らないのである。多数は必ずしも複数ではないのだ。

例えば群衆を見てわれわれは「たくさんの人々が歩いている」と思う。確かに群衆は多数である。だが、群衆の「多数」性とは何だろう？いったい、群衆を見て数えようと思う人がいるだろうか？

そもそも同じものをわれわれは区別しない。同じものはわれわれにとって「一」としてしか存在しない。机の上の消しゴムの消しかす（多数）は、通常われわれにとってひとまとまりの消しかす（単数）であって、それが「いくつ」あるか数えることはできない。だが、いくつあるか数えることができないとすれば、実はそこには数えられるものはないのだ。そこには、数えられる異他的なものはないのである。

多数であることが複数であることを保証するわけではないのだ。……［Ⅰ］

それでは、複数性はいかにして確保されるのか。つまり「数えられる異他的なもの」はいかにして確保されるのか。

アーレントは言う。

「人間の複数性は、行い（action）をしたり話したり（speech）することの基本的条件である。それは等しさと差異という二重の性格をもっている。もし人間たちが互いに等しくなかったとしたら、お互い同士を理解できず、自分たちよりも以前にこの世界に生まれた人たちを理解できない。そのうえ未来のために計画したり、自分たちよりも後にやってくるはずの人たちの欲求を予見したりすることもできないだろう。しかし他方、もし人間たちに差異がなかったとしたら……そもそも自分たちを理解させようとして話したり行いをしたりする必要がない。なぜならその場合には、万人に同一の直接的な欲求と欲望を伝達するサインと音がありさえすれば、それで十分だからである。」

ここで、複数性は、等しさと差異を条件として語られる。……［Ⅱ］

まず、われわれは人間同士として「等しい」。あるいは、ある「等しさ」を持っている。あるいは、「等しい」という前提を互いに持っている。

国語

（九〇分）

一　次の文章は、ドイツに生まれ、アメリカで活躍した思想家ハンナ・アーレント（一九〇六～七五）が考えた「政治」のあり方について述べたものである。これを読んで、あとの問いに答えよ。

複数性が政治の——同時に人間の——条件だというのはいったいどういうことなのか。それは、一般的によく言われる言い方——「いろんな人がいる」ということ、あるいは「大勢の人間がいるのだから調整の必要もあるだろう」という、政治についての単純で日常的な言いぐさ——と、いったい何が違うのか。

まずアーレントは、それ——複数性——が事実であるという点に立つ。「地球上に生き世界に住むのが人間（Man）ではなく、人々（Men）であるという事実」が、まず現実に生きているわれわれの存在の動かしがたい事実である。

さて、この複数性を集約＝解消する[1]単一的「人間」の規範性がわれわれの本来のあり方を疎外するものとして退けられたとすれば、次にわれわれは、アーレントとともにこの「人々（Men）」の複数性それ自体を問わなければならない。つまり、「Men」という複数形は常に人間の複数的なあり方を実現しうるのか、というふうに。人がたくさんいるという事実、その事実の中に常にその本来性としての複数性が実現されていると言えるのか、というふうに。

たしかに人は、常にたくさんいる。いることはいるのだ。

だが、それにもかかわらず、[2]この多数性のうちにわれわれの複数性が常に現実化されているとは言えない。単純に言って、いくら人がたくさんいても、アーレントから見れば、それは複数的な人々のあり方ではない。人間の複数性は事実で

/////////////////// · memo · ///////////////////

//////////////////// · memo · ////////////////////

教学社 刊行一覧

2025年版 大学赤本シリーズ

374大学556点
全都道府県を網羅

国公立大学（都道府県順）

全国の書店で取り扱っています。店頭にない場合は，お取り寄せができます。

1 北海道大学（文系－前期日程）
2 北海道大学（理系－前期日程） 医
3 北海道大学（後期日程）
4 旭川医科大学（医学部〈医学科〉） 医
5 小樽商科大学
6 帯広畜産大学
7 北海道教育大学
8 室蘭工業大学／北見工業大学
9 釧路公立大学
10 公立千歳科学技術大学
11 公立はこだて未来大学 総推
12 札幌医科大学（医学部） 医
13 弘前大学 医
14 岩手大学
15 岩手県立大学・盛岡短期大学部・宮古短期大学部
16 東北大学（文系－前期日程）
17 東北大学（理系－前期日程） 医
18 東北大学（後期日程）
19 宮城教育大学
20 宮城大学
21 秋田大学 医
22 秋田県立大学
23 国際教養大学 総推
24 山形大学 医
25 福島大学
26 会津大学
27 福島県立医科大学（医・保健科学部） 医
28 茨城大学（文系）
29 茨城大学（理系）
30 筑波大学（推薦入試） 医 総推
31 筑波大学（文系－前期日程）
32 筑波大学（理系－前期日程） 医
33 筑波大学（後期日程）
34 宇都宮大学
35 群馬大学 医
36 群馬県立女子大学
37 高崎経済大学
38 前橋工科大学
39 埼玉大学（文系）
40 埼玉大学（理系）
41 千葉大学（文系－前期日程）
42 千葉大学（理系－前期日程） 医
43 千葉大学（後期日程） 医
44 東京大学（文科） DL
45 東京大学（理科） DL 医
46 お茶の水女子大学
47 電気通信大学
48 東京外国語大学 DL
49 東京海洋大学
50 東京科学大学（旧 東京工業大学）
51 東京科学大学（旧 東京医科歯科大学） 医
52 東京学芸大学
53 東京藝術大学
54 東京農工大学
55 一橋大学（前期日程）
56 一橋大学（後期日程）
57 東京都立大学（文系）
58 東京都立大学（理系）
59 横浜国立大学（文系）
60 横浜国立大学（理系）
61 横浜市立大学（国際教養・国際商・理・データサイエンス・医〈看護〉学部）
62 横浜市立大学（医学部〈医学科〉） 医
63 新潟大学（人文・教育〈文系〉・法・経済科・医〈看護〉・創生学部）
64 新潟大学（教育〈理系〉・理・医〈看護を除く〉・歯・工・農学部） 医
65 新潟県立大学
66 富山大学（文系）
67 富山大学（理系） 医
68 富山県立大学
69 金沢大学（文系）
70 金沢大学（理系） 医
71 福井大学（教育・医〈看護〉・工・国際地域学部）
72 福井大学（医学部〈医学科〉） 医
73 福井県立大学
74 山梨大学（教育・医〈看護〉・工・生命環境学部）
75 山梨大学（医学部〈医学科〉） 医
76 都留文科大学
77 信州大学（文系－前期日程）
78 信州大学（理系－前期日程） 医
79 信州大学（後期日程）
80 公立諏訪東京理科大学 総推
81 岐阜大学（前期日程） 医
82 岐阜大学（後期日程）
83 岐阜薬科大学
84 静岡大学（前期日程）
85 静岡大学（後期日程）
86 浜松医科大学（医学部〈医学科〉） 医
87 静岡県立大学
88 静岡文化芸術大学
89 名古屋大学（文系）
90 名古屋大学（理系） 医
91 愛知教育大学
92 名古屋工業大学
93 愛知県立大学
94 名古屋市立大学（経済・人文社会・芸術工・看護・総合生命理・データサイエンス学部）
95 名古屋市立大学（医学部〈医学科〉） 医
96 名古屋市立大学（薬学部）
97 三重大学（人文・教育・医〈看護〉学部）
98 三重大学（医〈医〉・工・生物資源学部） 医
99 滋賀大学
100 滋賀医科大学（医学部〈医学科〉） 医
101 滋賀県立大学
102 京都大学（文系）
103 京都大学（理系） 医
104 京都教育大学
105 京都工芸繊維大学
106 京都府立大学
107 京都府立医科大学（医学部〈医学科〉） 医
108 大阪大学（文系） DL
109 大阪大学（理系） 医
110 大阪教育大学
111 大阪公立大学（現代システム科学域〈文系〉・文・法・経済・商・看護・生活科〈居住環境・人間福祉〉学部－前期日程）
112 大阪公立大学（現代システム科学域〈理系〉・理・工・農・獣医・医・生活科〈食栄養〉学部－前期日程） 医
113 大阪公立大学（中期日程）
114 大阪公立大学（後期日程）
115 神戸大学（文系－前期日程）
116 神戸大学（理系－前期日程） 医
117 神戸大学（後期日程）
118 神戸市外国語大学 DL
119 兵庫県立大学（国際商経・社会情報科・看護学部）
120 兵庫県立大学（工・理・環境人間学部）
121 奈良教育大学／奈良県立大学
122 奈良女子大学
123 奈良県立医科大学（医学部〈医学科〉） 医
124 和歌山大学
125 和歌山県立医科大学（医・薬学部） 医
126 鳥取大学 医
127 公立鳥取環境大学
128 島根大学 医
129 岡山大学（文系）
130 岡山大学（理系） 医
131 岡山県立大学
132 広島大学（文系－前期日程）
133 広島大学（理系－前期日程） 医
134 広島大学（後期日程）
135 尾道市立大学 総推
136 県立広島大学
137 広島市立大学
138 福山市立大学 総推
139 山口大学（人文・教育〈文系〉・経済・医〈看護〉・国際総合科学部）
140 山口大学（教育〈理系〉・理・医〈看護を除く〉・工・農・共同獣医学部） 医
141 山陽小野田市立山口東京理科大学 総推
142 下関市立大学／山口県立大学
143 周南公立大学 新 総推
144 徳島大学 医
145 香川大学 医
146 愛媛大学 医
147 高知大学 医
148 高知工科大学
149 九州大学（文系－前期日程）
150 九州大学（理系－前期日程） 医
151 九州大学（後期日程）
152 九州工業大学
153 福岡教育大学
154 北九州市立大学
155 九州歯科大学
156 福岡県立大学／福岡女子大学
157 佐賀大学 医
158 長崎大学（多文化社会・教育〈文系〉・経済・医〈保健〉・環境科〈文系〉学部）
159 長崎大学（教育〈理系〉・医〈医〉・歯・薬・情報データ科・工・環境科〈理系〉・水産学部） 医
160 長崎県立大学 総推
161 熊本大学（文・教育・法・医〈看護〉学部・情報融合学環〈文系型〉）
162 熊本大学（理・医〈看護を除く〉・薬・工学部・情報融合学環〈理系型〉） 医
163 熊本県立大学
164 大分大学（教育・経済・医〈看護〉・理工・福祉健康科学部）
165 大分大学（医学部〈医・先進医療科学科〉） 医
166 宮崎大学（教育・医〈看護〉・工・農・地域資源創成学部）
167 宮崎大学（医学部〈医学科〉） 医
168 鹿児島大学（文系）
169 鹿児島大学（理系） 医
170 琉球大学 医

2025年版　大学赤本シリーズ

国公立大学 その他

171 〔国公立大〕医学部医学科 総合型選抜・学校推薦型選抜※ 医 総推
172 看護・医療系大学〈国公立 東日本〉※
173 看護・医療系大学〈国公立 中日本〉※
174 看護・医療系大学〈国公立 西日本〉※
175 海上保安大学校／気象大学校
176 航空保安大学校
177 国立看護大学校
178 防衛大学校 総推
179 防衛医科大学校（医学科） 医
180 防衛医科大学校（看護学科）

※No.171～174の収載大学は赤本ウェブサイト（http://akahon.net/）でご確認ください。

私立大学①

北海道の大学（50音順）

201 札幌大学
202 札幌学院大学
203 北星学園大学
204 北海学園大学
205 北海道医療大学
206 北海道科学大学
207 北海道武蔵女子大学・短期大学
208 酪農学園大学（獣医学群〈獣医学類〉）

東北の大学（50音順）

209 岩手医科大学（医・歯・薬学部） 医
210 仙台大学 総推
211 東北医科薬科大学（医・薬学部） 医
212 東北学院大学
213 東北工業大学
214 東北福祉大学
215 宮城学院女子大学 総推

関東の大学（50音順）

あ行（関東の大学）

216 青山学院大学（法・国際政治経済学部－個別学部日程）
217 青山学院大学（経済学部－個別学部日程）
218 青山学院大学（経営学部－個別学部日程）
219 青山学院大学（文・教育人間科学部－個別学部日程）
220 青山学院大学（総合文化政策・社会情報・地球社会共生・コミュニティ人間科学部－個別学部日程）
221 青山学院大学（理工学部－個別学部日程）
222 青山学院大学（全学部日程）
223 麻布大学（獣医、生命・環境科学部）
224 亜細亜大学
226 桜美林大学
227 大妻女子大学・短期大学部

か行（関東の大学）

228 学習院大学（法学部－コア試験）
229 学習院大学（経済学部－コア試験）
230 学習院大学（文学部－コア試験）
231 学習院大学（国際社会科学部－コア試験）
232 学習院大学（理学部－コア試験）
233 学習院女子大学
234 神奈川大学（給費生試験）
235 神奈川大学（一般入試）
236 神奈川工科大学
237 鎌倉女子大学・短期大学部
238 川村学園女子大学
239 神田外語大学
240 関東学院大学
241 北里大学（理学部）
242 北里大学（医学部） 医
243 北里大学（薬学部）
244 北里大学（看護・医療衛生学部）
245 北里大学（未来工・獣医・海洋生命科学部）
246 共立女子大学・短期大学
247 杏林大学（医学部） 医
248 杏林大学（保健学部）
249 群馬医療福祉大学・短期大学部
250 群馬パース大学 総推
251 慶應義塾大学（法学部）
252 慶應義塾大学（経済学部）
253 慶應義塾大学（商学部）
254 慶應義塾大学（文学部） 総推
255 慶應義塾大学（総合政策学部）
256 慶應義塾大学（環境情報学部）
257 慶應義塾大学（理工学部）
258 慶應義塾大学（医学部） 医
259 慶應義塾大学（薬学部）
260 慶應義塾大学（看護医療学部）
261 工学院大学
262 國學院大學
263 国際医療福祉大学 医
264 国際基督教大学
265 国士舘大学
266 駒澤大学（一般選抜T方式・S方式）
267 駒澤大学（全学部統一日程選抜）

さ行（関東の大学）

268 埼玉医科大学（医学部） 医
269 相模女子大学・短期大学部
270 産業能率大学
271 自治医科大学（医学部） 医
272 自治医科大学（看護学部）／東京慈恵会医科大学（医学部〈看護学科〉）
273 実践女子大学 総推
274 芝浦工業大学（前期日程）
275 芝浦工業大学（全学統一日程・後期日程）
276 十文字学園女子大学
277 淑徳大学
278 順天堂大学（医学部） 医
279 順天堂大学（スポーツ健康科・医療看護・保健看護・国際教養・保健医療・医療科・健康データサイエンス・薬学部） 総推
280 上智大学（神・文・総合人間科学部）
281 上智大学（法・経済学部）
282 上智大学（外国語・総合グローバル学部）
283 上智大学（理工学部）
284 上智大学（TEAPスコア利用方式）
285 湘南工科大学
286 昭和大学（医学部） 医
287 昭和大学（歯・薬・保健医療学部）
288 昭和女子大学
289 昭和薬科大学
290 女子栄養大学・短期大学部 総推
291 白百合女子大学
292 成蹊大学（法学部－A方式）
293 成蹊大学（経済・経営学部－A方式）
294 成蹊大学（文学部－A方式）
295 成蹊大学（理工学部－A方式）
296 成蹊大学（E方式・G方式・P方式）
297 成城大学（経済・社会イノベーション学部－A方式）
298 成城大学（文芸・法学部－A方式）
299 成城大学（S方式〈全学部統一選抜〉）
300 聖心女子大学
301 清泉女子大学
303 聖マリアンナ医科大学 医
304 聖路加国際大学（看護学部）
305 専修大学（スカラシップ・全国入試）
306 専修大学（前期入試〈学部個別入試〉）
307 専修大学（前期入試〈全学部入試・スカラシップ入試〉）

た行（関東の大学）

308 大正大学
309 大東文化大学
310 高崎健康福祉大学
311 拓殖大学
312 玉川大学
313 多摩美術大学
314 千葉工業大学
315 中央大学（法学部－学部別選抜）
316 中央大学（経済学部－学部別選抜）
317 中央大学（商学部－学部別選抜）
318 中央大学（文学部－学部別選抜）
319 中央大学（総合政策学部－学部別選抜）
320 中央大学（国際経営・国際情報学部－学部別選抜）
321 中央大学（理工学部－学部別選抜）
322 中央大学（5学部共通選抜）
323 中央学院大学
324 津田塾大学
325 帝京大学（薬・経済・法・文・外国語・教育・理工・医療技術・福岡医療技術学部）
326 帝京大学（医学部） 医
327 帝京科学大学 総推
328 帝京平成大学 総推
329 東海大学（医〈医〉学部を除く－一般選抜）
330 東海大学（文系・理系学部統一選抜）
331 東海大学（医学部〈医学科〉） 医
332 東京医科大学（医学部〈医学科〉） 医
333 東京家政大学・短期大学部 総推
334 東京経済大学
335 東京工科大学
336 東京工芸大学
337 東京国際大学
338 東京歯科大学
339 東京慈恵会医科大学（医学部〈医学科〉） 医
340 東京情報大学
341 東京女子大学
342 東京女子医科大学（医学部） 医
343 東京電機大学
344 東京都市大学
345 東京農業大学
346 東京薬科大学（薬学部） 総推
347 東京薬科大学（生命科学部） 総推
348 東京理科大学（理学部〈第一部〉－B方式）
349 東京理科大学（創域理工学部－B方式・S方式）
350 東京理科大学（工学部－B方式）
351 東京理科大学（先進工学部－B方式）
352 東京理科大学（薬学部－B方式）
353 東京理科大学（経営学部－B方式）
354 東京理科大学（C方式、グローバル方式、理学部〈第二部〉－B方式）
355 東邦大学（医学部） 医
356 東邦大学（薬学部）

2025年版　大学赤本シリーズ

私立大学②

357 東邦大学(理・看護・健康科学部)
358 東洋大学(文・経済・経営・法・社会・国際・国際観光学部)
359 東洋大学(情報連携・福祉社会デザイン・健康スポーツ科・理工・総合情報・生命科・食環境科学部)
360 東洋大学(英語〈3日程×3カ年〉)
361 東洋大学(国語〈3日程×3カ年〉)
362 東洋大学(日本史・世界史〈2日程×3カ年〉)
363 東洋英和女学院大学
364 常磐大学・短期大学 総推
365 獨協大学
366 獨協医科大学(医学部) 医

な行(関東の大学)

367 二松学舎大学
368 日本大学(法学部)
369 日本大学(経済学部)
370 日本大学(商学部)
371 日本大学(文理学部〈文系〉)
372 日本大学(文理学部〈理系〉)
373 日本大学(芸術学部〈専門試験併用型〉)
374 日本大学(国際関係学部)
375 日本大学(危機管理・スポーツ科学部)
376 日本大学(理工学部)
377 日本大学(生産工・工学部)
378 日本大学(生物資源科学部)
379 日本大学(医学部) 医
380 日本大学(歯・松戸歯学部)
381 日本大学(薬学部)
382 日本大学(N全学統一方式－医・芸術〈専門試験併用型〉学部を除く)
383 日本医科大学 医
384 日本工業大学
385 日本歯科大学
386 日本社会事業大学 総推
387 日本獣医生命科学大学
388 日本女子大学
389 日本体育大学

は行(関東の大学)

390 白鷗大学(学業特待選抜・一般選抜)
391 フェリス女学院大学
392 文教大学
393 法政大学(法〈Ⅰ日程〉・文〈Ⅱ日程〉・経営〈Ⅱ日程〉学部－A方式)
394 法政大学(法〈Ⅱ日程〉・国際文化・キャリアデザイン学部－A方式)
395 法政大学(文〈Ⅰ日程〉・経営〈Ⅰ日程〉・人間環境・グローバル教養学部－A方式)
396 法政大学(経済〈Ⅰ日程〉・社会〈Ⅰ日程〉・現代福祉学部－A方式)
397 法政大学(経済〈Ⅱ日程〉・社会〈Ⅱ日程〉・スポーツ健康学部－A方式)
398 法政大学(情報科・デザイン工・理工・生命科学部－A方式)
399 法政大学(T日程〈統一日程〉・英語外部試験利用入試)
400 星薬科大学 総推

ま行(関東の大学)

401 武蔵大学
402 武蔵野大学
403 武蔵野美術大学
404 明海大学
405 明治大学(法学部－学部別入試)
406 明治大学(政治経済学部－学部別入試)
407 明治大学(商学部－学部別入試)
408 明治大学(経営学部－学部別入試)
409 明治大学(文学部－学部別入試)
410 明治大学(国際日本学部－学部別入試)
411 明治大学(情報コミュニケーション学部－学部別入試)
412 明治大学(理工学部－学部別入試)
413 明治大学(総合数理学部－学部別入試)
414 明治大学(農学部－学部別入試)
415 明治大学(全学部統一入試)
416 明治学院大学(A日程)
417 明治学院大学(全学部日程)
418 明治薬科大学 総推
419 明星大学
420 目白大学・短期大学部

ら・わ行(関東の大学)

421 立教大学(文系学部－一般入試〈大学独自の英語を課さない日程〉)
422 立教大学(国語〈3日程×3カ年〉)
423 立教大学(日本史・世界史〈2日程×3カ年〉)
424 立教大学(文学部－一般入試〈大学独自の英語を課す日程〉)
425 立教大学(理学部－一般入試)
426 立正大学
427 早稲田大学(法学部)
428 早稲田大学(政治経済学部)
429 早稲田大学(商学部)
430 早稲田大学(社会科学部)
431 早稲田大学(文学部)
432 早稲田大学(文化構想学部)
433 早稲田大学(教育学部〈文科系〉)
434 早稲田大学(教育学部〈理科系〉)
435 早稲田大学(人間科・スポーツ科学部)
436 早稲田大学(国際教養学部)
437 早稲田大学(基幹理工・創造理工・先進理工学部)
438 和洋女子大学 総推

中部の大学(50音順)

439 愛知大学
440 愛知医科大学(医学部) 医
441 愛知学院大学・短期大学部
442 愛知工業大学 総推
443 愛知淑徳大学
444 朝日大学 総推
445 金沢医科大学(医学部) 医
446 金沢工業大学
447 岐阜聖徳学園大学 総推
448 金城学院大学
449 至学館大学 総推
450 静岡理工科大学
451 椙山女学園大学
452 大同大学
453 中京大学
454 中部大学
455 名古屋外国語大学 総推
456 名古屋学院大学 総推
457 名古屋学芸大学 総推
458 名古屋女子大学 総推
459 南山大学(外国語〈英米〉・法・総合政策・国際教養学部)
460 南山大学(人文・外国語〈英米を除く〉・経済・経営・理工学部)
461 新潟国際情報大学
462 日本福祉大学
463 福井工業大学
464 藤田医科大学(医学部) 医
465 藤田医科大学(医療科・保健衛生学部)
466 名城大学(法・経営・経済・外国語・人間・都市情報学部)
467 名城大学(情報工・理工・農・薬学部)
468 山梨学院大学

近畿の大学(50音順)

469 追手門学院大学 総推
470 大阪医科薬科大学(医学部) 医
471 大阪医科薬科大学(薬学部) 総推
472 大阪学院大学 総推
473 大阪経済大学 総推
474 大阪経済法科大学 総推
475 大阪工業大学 総推
476 大阪国際大学・短期大学部 総推
477 大阪産業大学 総推
478 大阪歯科大学(歯学部)
479 大阪商業大学 総推
480 大阪成蹊大学・短期大学 総推
481 大谷大学 総推
482 大手前大学・短期大学 総推
483 関西大学(文系)
484 関西大学(理系)
485 関西大学(英語〈3日程×3カ年〉)
486 関西大学(国語〈3日程×3カ年〉)
487 関西大学(日本史・世界史・文系数学〈3日程×3カ年〉)
488 関西医科大学(医学部) 医
489 関西医療大学 総推
490 関西外国語大学・短期大学部 総推
491 関西学院大学(文・法・商・人間福祉・総合政策学部－学部個別日程)
492 関西学院大学(神・社会・経済・国際・教育学部－学部個別日程)
493 関西学院大学(全学部日程〈文系型〉)
494 関西学院大学(全学部日程〈理系型〉)
495 関西学院大学(共通テスト併用日程〈数学〉・英数日程)
496 関西学院大学(英語〈3日程×3カ年〉)
497 関西学院大学(国語〈3日程×3カ年〉)
498 関西学院大学(日本史・世界史・文系数学〈3日程×3カ年〉)
499 畿央大学 総推
500 京都外国語大学・短期大学 総推
502 京都産業大学(公募推薦入試) 総推
503 京都産業大学(一般選抜入試〈前期日程〉)
504 京都女子大学 総推
505 京都先端科学大学 総推
506 京都橘大学 総推
507 京都ノートルダム女子大学 総推
508 京都薬科大学 総推
509 近畿大学・短期大学部(医学部を除く－推薦入試) 総推
510 近畿大学・短期大学部(医学部を除く－一般入試前期)
511 近畿大学(英語〈医学部を除く3日程×3カ年〉)
512 近畿大学(理系数学〈医学部を除く3日程×3カ年〉)
513 近畿大学(国語〈医学部を除く3日程×3カ年〉)
514 近畿大学(医学部－推薦入試・一般入試前期) 医 総推
515 近畿大学・短期大学部(一般入試後期) 医
516 皇學館大学 総推
517 甲南大学 総推
518 甲南女子大学(学校推薦型選抜) 新 総推
519 神戸学院大学 総推
520 神戸国際大学 総推
521 神戸女学院大学 総推
522 神戸女子大学・短期大学 総推
523 神戸薬科大学 総推
524 四天王寺大学・短期大学部 総推
525 摂南大学(公募制推薦入試) 総推
526 摂南大学(一般選抜前期日程)
527 帝塚山学院大学 総推
528 同志社大学(法、グローバル・コミュニケーション学部－学部個別日程)

2025年版　大学赤本シリーズ

私立大学③

29 同志社大学（文・経済学部－学部個別日程）
30 同志社大学（神・商・心理・グローバル地域文化学部－学部個別日程）
31 同志社大学（社会学部－学部個別日程）
32 同志社大学（政策・文化情報〈文系型〉・スポーツ健康科〈文系型〉学部－学部個別日程）
33 同志社大学（理工・生命医科・文化情報〈理系型〉・スポーツ健康科〈理系型〉学部－学部個別日程）
34 同志社大学（全学部日程）
35 同志社女子大学 総推
36 奈良大学 総推
37 奈良学園大学 総推
38 阪南大学 総推
39 姫路獨協大学 総推
40 兵庫医科大学（医学部） 医
41 兵庫医科大学（薬・看護・リハビリテーション学部） 総推
42 佛教大学 総推
43 武庫川女子大学 総推
44 桃山学院大学 総推
45 大和大学・大和大学白鳳短期大学部 総推
46 立命館大学（文系－全学統一方式・学部個別配点方式）／立命館アジア太平洋大学（前期方式・英語重視方式）
547 立命館大学（理系－全学統一方式・学部個別配点方式・理系型3教科方式・薬学方式）
548 立命館大学（英語〈全学統一方式3日程×3カ年〉）
549 立命館大学（国語〈全学統一方式3日程×3カ年〉）
550 立命館大学（文系選択科目〈全学統一方式2日程×3カ年〉）
551 立命館大学（IR方式〈英語資格試験利用型〉・共通テスト併用方式）／立命館アジア太平洋大学（共通テスト併用方式）
552 立命館大学（後期分割方式・「経営学部で学ぶ感性＋共通テスト」方式）／立命館アジア太平洋大学（後期方式）
553 龍谷大学（公募推薦入試） 総推
554 龍谷大学（一般選抜入試）

中国の大学（50音順）

555 岡山商科大学 総推
556 岡山理科大学 総推
557 川崎医科大学 医
558 吉備国際大学 総推
559 就実大学 総推
560 広島経済大学
561 広島国際大学 総推
562 広島修道大学
563 広島文教大学 総推
564 福山大学／福山平成大学
565 安田女子大学 総推

四国の大学（50音順）

567 松山大学

九州の大学（50音順）

568 九州医療科学大学
569 九州産業大学
570 熊本学園大学
571 久留米大学（文・人間健康・法・経済・商学部）
572 久留米大学（医学部〈医学科〉） 医
573 産業医科大学（医学部） 医
574 西南学院大学（商・経済・法・人間科学部－A日程）
575 西南学院大学（神・外国語・国際文化学部－A日程／全学部－F日程）
576 福岡大学（医学部医学科を除く－学校推薦型選抜・一般選抜系統別日程） 総推
577 福岡大学（医学部医学科を除く－一般選抜前期日程）
578 福岡大学（医学部〈医学科〉－学校推薦型選抜・一般選抜系統別日程） 医 総推
579 福岡工業大学
580 令和健康科学大学 総推

医 医学部医学科を含む
総推 総合型選抜または学校推薦型選抜を含む
DL リスニング音声配信　新 2024年 新刊・復刊

掲載している入試の種類や試験科目，収載年数などはそれぞれ異なります。詳細については，それぞれの本の目次や赤本ウェブサイトでご確認ください。

akahon.net
赤本　検索

難関校過去問シリーズ

出題形式別・分野別に収録した「入試問題事典」

20大学 73点

定価2,310～2,640円（本体2,100～2,400円）

先輩合格者はこう使った!
「難関校過去問シリーズの使い方」

61年，全部載せ!
要約演習で，総合力を鍛える

東大の英語 要約問題 UNLIMITED

国公立大学

大の英語25カ年[第12版] 改
大の英語リスニング20カ年[第9版] DL 改
大の英語 要約問題 UNLIMITED
大の文系数学25カ年[第12版] 改
大の理系数学25カ年[第12版] 改
大の現代文25カ年[第12版] 改
大の古典25カ年[第12版] 改
大の日本史25カ年[第9版] 改
大の世界史25カ年[第9版] 改
大の地理25カ年[第9版] 改
大の物理25カ年[第9版] 改
大の化学25カ年[第9版] 改
大の生物25カ年[第9版] 改
工大の英語20カ年[第8版] 改
工大の数学20カ年[第9版] 改
工大の物理20カ年[第5版] 改
工大の化学20カ年[第5版] 改
橋大の英語20カ年[第9版] 改
橋大の数学20カ年[第9版] 改
一橋大の国語20カ年[第6版] 改
一橋大の日本史20カ年[第6版] 改
一橋大の世界史20カ年[第6版] 改
筑波大の英語15カ年 新
筑波大の数学15カ年 新
京大の英語25カ年[第12版]
京大の文系数学25カ年[第12版]
京大の理系数学25カ年[第12版]
京大の現代文25カ年[第2版]
京大の古典25カ年[第2版]
京大の日本史20カ年[第3版]
京大の世界史20カ年[第3版]
京大の物理25カ年[第9版]
京大の化学25カ年[第9版]
北大の英語15カ年[第8版]
北大の理系数学15カ年[第8版]
北大の物理15カ年[第2版]
北大の化学15カ年[第2版]
東北大の英語15カ年[第8版]
東北大の理系数学15カ年[第8版]
東北大の物理15カ年[第2版]
東北大の化学15カ年[第2版]
名古屋大の英語15カ年[第8版]
名古屋大の理系数学15カ年[第8版]
名古屋大の物理15カ年[第2版]
名古屋大の化学15カ年[第2版]
阪大の英語20カ年[第9版]
阪大の文系数学20カ年[第3版]
阪大の理系数学20カ年[第9版]
阪大の国語15カ年[第3版]
阪大の物理20カ年[第8版]
阪大の化学20カ年[第6版]
九大の英語15カ年[第8版]
九大の理系数学15カ年[第7版]
九大の物理15カ年[第2版]
九大の化学15カ年[第2版]
神戸大の英語15カ年[第9版]
神戸大の数学15カ年[第5版]
神戸大の国語15カ年[第3版]

私立大学

早稲田の英語[第11版] 改
早稲田の国語[第9版] 改
早稲田の日本史[第9版] 改
早稲田の世界史[第2版] 改
慶應の英語[第11版] 改
慶應の小論文[第3版] 改
明治大の英語[第9版] 改
明治大の国語[第2版] 改
明治大の日本史[第2版] 改
中央大の英語[第9版] 改
法政大の英語[第9版] 改
同志社大の英語[第10版]
立命館大の英語[第10版]
関西大の英語[第10版]
関西学院大の英語[第10版]

DL リスニング音声配信
新 2024年 新刊
改 2024年 改訂

共通テスト対策関連書籍

共通テスト対策も赤本で

① 過去問演習

2025年版

全12点

共通テスト 赤本シリーズ

A5判／定価1,320円
(本体1,200円)

- 英国数には新課程対応オリジナル実戦模試 掲載！
- 公表された新課程試作問題はすべて掲載！
- くわしい対策講座で得点力UP
- 英語はリスニングを10回分掲載！赤本の音声サイトで本番さながらの対策！

- 英語 リーディング／リスニング DL
- 数学I, A／II, B, C
- 国語
- 歴史総合, 日本史探究
- 歴史総合, 世界史探究
- 地理総合, 地理探究
- 公共, 倫理
- 公共, 政治・経済
- 物理
- 化学
- 生物
- 物理基礎／化学基礎／生物基礎／地学基礎

DL 音声無料配信

② 自己分析

赤本ノートシリーズ　過去問演習の効果を最大化

▶共通テスト対策には

赤本ノート
(共通テスト用)

赤本ルーズリーフ
(共通テスト用)

共通テスト
赤本シリーズ

新課程攻略
問題集

全26点
に対応!!

▶二次・私大対策には

大学赤本
シリーズ

全556点
に対応!!

赤本ノート(二次・私大用)

③ 重点対策

共通テスト
赤本プラス

新課程攻略問題集

基礎固め&苦手克服のための分野別対策問題集!!
厳選された問題でかしこく対策

- 英語リーディング
- 英語リスニング DL
- 数学I, A
- 数学II, B, C
- 国語(現代文)
- 国語(古文, 漢文)
- 歴史総合, 日本史探究
- 歴史総合, 世界史探究
- 地理総合, 地理探究
- 公共, 政治・経済
- 物理
- 化学
- 生物
- 情報I

DL 音声無料配信

全14点
好評発売中！

A5判／定価1,320円(本体1,200円)

手軽なサイズの実戦的参考書

目からウロコの
コツが満載！

直前期にも！

満点のコツ
シリーズ

赤本
ポケット

いつも受験生のそばに — 赤本

大学入試シリーズ＋α
入試対策も共通テスト対策も赤本で

入試対策

赤本プラス

赤本プラスとは，**過去問演習の効果を最大にする**ためのシリーズです。「赤本」であぶり出された弱点を，赤本プラスで克服しましょう。

- 大学入試 すぐわかる英文法 DL
- 大学入試 ひと目でわかる英文読解
- 大学入試 絶対できる英語リスニング DL
- 大学入試 すぐ書ける自由英作文
- 大学入試 ぐんぐん読める 英語長文〔BASIC〕 DL
- 大学入試 ぐんぐん読める 英語長文〔STANDARD〕 DL
- 大学入試 ぐんぐん読める 英語長文〔ADVANCED〕 DL
- 大学入試 正しく書ける英作文
- 大学入試 最短でマスターする 数学Ⅰ・Ⅱ・Ⅲ・A・B・C
- 大学入試 突破力を鍛える最難関の数学
- 大学入試 知らなきゃ解けない 古文常識・和歌
- 大学入試 ちゃんと身につく物理
- 大学入試 もっと身につく 物理問題集（①力学・波動）
- 大学入試 もっと身につく 物理問題集（②熱力学・電磁気・原子）

入試対策

英検® 赤本シリーズ

英検®（実用英語技能検定）の対策書。過去問集と参考書で万全の対策ができます。

▶過去問集（2024年度版）

- 英検®準1級過去問集 DL
- 英検®2級過去問集 DL
- 英検®準2級過去問集 DL
- 英検®3級過去問集 DL

▶参考書

- 竹岡の英検®準1級マスター DL
- 竹岡の英検®2級マスター CD DL
- 竹岡の英検®準2級マスター CD DL
- 竹岡の英検®3級マスター CD DL

CD リスニングCDつき　DL 音声無料配信
新 2024年新刊・改訂

入試対策

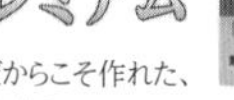

赤本プレミアム

赤本の教学社だからこそ作れた、過去問ベストセレクション

- 東大数学プレミアム
- 東大現代文プレミアム
- 京大数学プレミアム［改訂版］
- 京大古典プレミアム

入試対策

赤本メディカルシリーズ

過去問を徹底的に研究し，独自の出題傾向をもつメディカル系の入試に役立つ内容を精選した実戦的なシリーズ。

- 〔国公立大〕医学部の英語［3訂版］
- 私立医大の英語〔長文読解編〕［3訂版］
- 私立医大の英語〔文法・語法編〕［改訂版］
- 医学部の実戦小論文［3訂版］
- 医歯薬系の英単語［4訂版］
- 医系小論文 最頻出論点20［4訂版］
- 医学部の面接［4訂版］

入試対策

体系シリーズ

国公立大二次・難関私大突破へ，自学自習に適したハイレベル問題集。

- 体系英語長文
- 体系英作文
- 体系現代文
- 体系世界史
- 体系物理［第7版］

入試対策

単行本

▶英語

- Q&A即決英語勉強法
- TEAP攻略問題集 CD
- 東大の英単語［新装版］
- 早慶上智の英単語［改訂版］

▶国語・小論文

- 著者に注目! 現代文問題集
- ブレない小論文の書き方 樋口式ワークノート

▶レシピ集

- 奥薗壽子の赤本合格レシピ

入試対策　共通テスト対策

赤本手帳

- 赤本手帳（2025年度受験用）プラムレッド
- 赤本手帳（2025年度受験用）インディゴブルー
- 赤本手帳（2025年度受験用）ナチュラルホワイト

入試対策

風呂で覚えるシリーズ

水をはじく特殊な紙を使用。いつでもどこでも読めるから，ちょっとした時間を有効に使える！

- 風呂で覚える英単語［4訂新装版］
- 風呂で覚える英熟語［改訂新装版］
- 風呂で覚える古文単語［改訂新装版］
- 風呂で覚える古文文法［改訂新装版］
- 風呂で覚える漢文［改訂新装版］
- 風呂で覚える日本史〔年代〕［改訂新装版］
- 風呂で覚える世界史〔年代〕［改訂新装版］
- 風呂で覚える倫理［改訂版］
- 風呂で覚える百人一首［改訂版］

共通テスト対策

満点のコツシリーズ

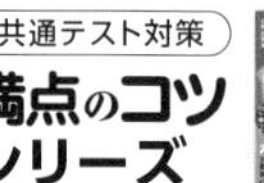

共通テストで満点を狙うための実戦的参考書。重要度の増したリスニング対策は「カリスマ講師」竹岡広信が一回読みにも対応できるコツを伝授！

- 共通テスト英語〔リスニング〕 満点のコツ［改訂版］ 新 DL
- 共通テスト古文 満点のコツ［改訂版］ 新
- 共通テスト漢文 満点のコツ［改訂版］ 新

入試対策　共通テスト対策

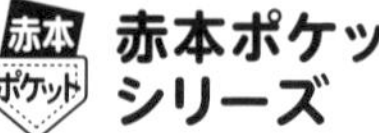

赤本ポケットシリーズ

▶共通テスト対策

- 共通テスト日本史〔文化史〕

▶系統別進路ガイド

- デザイン系学科をめざすあなたへ

大学赤本シリーズ

別冊問題編

2025

2025 年版　大学赤本シリーズ　No. 433
早稲田大学（教育学部〈文科系〉）

2024 年 6 月 25 日　第 1 刷発行
ISBN978-4-325-26492-7
定価は裏表紙に表示しています

編　集　教学社編集部
発行者　上原 寿明
発行所　教学社
〒606-0031
京都市左京区岩倉南桑原町56
電話　075-721-6500
振替　01020-1-15695
印　刷　共同印刷工業